KB041742

최신중요

판례를 통한 형법의 이해

박상진

박영사

제2판 머리말

감사하게도 형법 판례집(형법판례총론·형법판례각론)을 2년 만에 다시 개정할 기회를 가지게 되었습니다. 짧은 기간이지만 그 사이에도 대법원은 사회 변화에 맞추어 주요한 판결을 다수 내렸습니다. 가장 의미 있는 판결로, 2022. 12. 22. 대법원은 한시법의 추급효와 관련하여 60여 년간 견지해 왔던 동기설을 폐기하였습니다(대법원 2022. 12. 22. 선고 2020도16420 전원합의체 판결). 이 판결의 의미는 매우 큽니다. 그동안 법원은 '동기설'이라는 법리로 제1조 제2항의 입법 취지를 형해화하여 왔으나 이번 판결로 죄형법정주의를 다시 확인하게 되었습니다(하지만 대법원은 동기설을 폐기하면서도, 유형에 따라 제1조 제2항의 적용 여부가 달라질 수 있다는 새로운 법리를 제시하고 있습니다).

그리고 근래 성범죄에 대한 우리의 인식이 크게 변화되면서 법원도 성범죄의 성립범위를 계속 확장해 오고 있습니다. '기습추행'의 인정(2015도6980), '행위자의 성적 의도'의 배제(2013도5856), 성폭행이나 성희롱 사건 심리 시에 '성인지감수성'에 대한 고려 요청(2018도7709) 등은 이러한 흐름에서 이해될 수 있습니다. 최근 대법원은 여기서 한 걸음 더 나아가 '기습추행'이 아닌 '폭행·협박 선행형'의 강제추행의 경우도 폭행·협박의 의미를 완화하기에 이릅니다. 기존의 항거불능이나 항거곤란할 수준의 폭행·협박이 아니라 일반 폭행·협박죄의 그것과 같은 정도이어도 강제추행죄는 성립한다고 판시하였습니다(대법원 2023. 9. 21. 선고 2018도13877 전원합의체 판결). 따라서 이제 강제추행죄는 상대방의 신체에 대해 불법한 유형력을 행사하거나 상대방으로 하여금 공포심을 일으킬 정도의 해악을 고지하여 추행한 경우에도 범죄는 성립하게 되었습니다. 그러나 한편으로, 최근 대법원은 사건 심리에 있어서 '성인지감수성'을 충분히 고려하되 그러한 관점이 「성범죄 피해자 진술의 증명력을 제한 없이 인정하여야 한다거나 그에 따라 해당 공소사실을 무조건 유죄로 판단해야 한다는 의미는 아니다」라고 밝히어, 무죄추정의 형사법 대원칙을 환기시키고 있습니다(대법원 2024. 1. 4. 선고 2023도13081 판결).

재산범죄로 넘어와서는, 최근 헌법재판소는 71년간 유지되어 왔던 '친족상도례'에 대해 2025. 12. 31.을 시한으로 입법자가 개정할 때까지 형법 제328조(친족 간의 범행과 고소)의 적용을 중지하는 헌법 불합치 결정을 내렸습니다(헌법재판소 2024. 6. 27.자 2020헌바341 결정). 헌법재판소는 가족 구성원 사이에서 발생하는 수인 가능한 수준의 재산범죄에 대한 형사소추나 처벌에 관한 특례의 필요성은 인정하였으나, 현행 규정은 너무 넓은 범위의 친족 간의 범죄에 대해 일률적으로 형을 면제하여 구체적 사안에서 피해자의 재판절차진술권을 형해화시킬 우려가 있음을 지적하고 있습니다.

그리고 최근 10여 년 동안 재산범죄와 관련된 큰 흐름으로, 대법원은 일련의 판결을 통하여 타인의 재산을 보호 또는 관리하는 것이 전형적·본질적 내용이 아닌 통상의 계약관계에 있어서 '배임죄'나 '횡령죄'의 성립을 부정해 오고 있습니다. 그 선상에서 대법원은 채권양도인이 채무자에게 채권양도 통지를 하는 등으로 채권양도의 대항요건을 갖추어 주지 않은 채 채무자로부터 양도한 채권을 추심하여 수령한 금전을 임의로 처분하더라도 횡령죄는 성립하지 않는다고 보았습니다(대법원 2022. 6. 23. 선고 2017도3829 전원합의체 판결). 이는 형사처벌이 사법(私法)상 권리의무관계를 보호하는 것 이상의 의미가 있어야 한다는 대법원의 변경된 입장을 다시 한번 더 확인한 판결입니다.

지금은 유튜브 시대입니다. 형사 판례를 발표하는 학생들 중에도 종종 유튜브를 활용하는데, 듣는 이들의 집중도가 높았습니다. 관련 영상을 통해 판례를 압축적으로, 입체적으로 이해할 수 있었습니다. 이런 연유로 이번 개정판에 QR을 통한 관련 영상들을 연결하였으니, 사건과 법리를 이해하시는 데 조금이나마 도움이 되었으면 합니다.

이번 개정 작업에도 초판의 편집을 맡아주신 윤혜경 대리님과 기획을 도와주신 김한유 과장님이 수고해 주셨습니다. 깊은 감사의 마음을 전합니다.

2024. 8. 18.

박 상 진

머리말

이 책은 형법의 주요 판례를 좀 더 쉽게 이해하는 데 주안을 두었습니다. 판례는 사실상의 규범력을 가지고 있기 때문에 규범에 사실을 적용하는 구체적 작업을 판례로부터 배우지 않으면 안 됩니다. 그런 의미에서 판례에 대한 이해와 학습의 중요성은 아무리 강조해도 지나치지 않습니다.

근래 변호사시험을 비롯한 각종 공무원시험에서 판례의 비중은 압도적으로 높습니다. 그리고 그 출제의 범위도 광범위하여 수험생들에게 큰 부담이 되고 있습니다. 대학에서 학생들을 가르치며 안타까운 마음으로 보는 장면이 있습니다. 수험을 준비하는 학생들이 시간에 쫓겨 판례의 사실관계나 법리를 정확히 이해하지 못한 채, 키워드나 두문자 등을 기계적으로 암기해 수험에 임하는 모습입니다.

암기의 방편으로 그러한 방법이 나쁘다고는 생각지 않습니다. 하지만 사실관계나 법리의 이해 없이 급속 암기한 뒤 시험을 치고 나오면서 머리까지 포맷하는 것은 너무 소모적이라 생각합니다.

"이해 없는 암기는 공허하고, 암기 없는 이해는 불안하다."

이해와 암기는 별개로 존재하지 않습니다. 시간이 좀 걸리더라도 사실관계와 판결요지를 잘 이해하게 되면 자연스럽게 그 내용도 머리에 오래 남게 되는 것입니다.

판결문을 읽다 보면 '법리'란 용어를 자주 볼 수 있습니다. 우리는 판결문의 법리에 주목하여야 합니다. 법리(法理)란 법(法)에 있어서의 이(理)치를 말합니다. 여기서 '理'란 일정한 법칙을 의미합니다. '理'란 한자의 자원(字源)에는 구슬 옥(玉)이 들어가 있습니다(玉 + 里). 이는 옥에 결이 있듯이 '理'라는 것은 일정한 질서를 의미하는 것입니다(자전에서 '理'는 다스리다, 길, 조리, 결, 천성, 평소의 몸가짐 등의 뜻으로 나오고, 유학과 관련해서는 "*所以然之故*", 즉 '존재에는 반드시 그러한 까닭이 있다'는 뜻으로 이해되고 있습니다).

판결문에는 내재적인 결(理)이 있습니다. 그것이 표현된 것이 있고 되지 않은 것도 있지만 모두 일정한 법리 하에서 판결은 내려지고 있습니다. 판사는 자의적으로 판단하지 않습니다. 법과 그에 내재하여 있는 법리에 따라 판단하는 것입니다. 이 책이 이러한 법리를 독자들이 좀 더 이해하기 쉽도록 안내해 줄 것이라 믿습니다. 나아가 판례를 통해 형법을 좀 더 쉽게 이해할 수 있을 것이라 기대합니다.

끝으로 감사의 마음을 전할 분들이 있습니다. 『일본형법판례』(총론편, 각론편)의 공저자인 김잔디 교수님은 이 책의 원고를 꼼꼼히 읽고 조언을 주셨습니다. 그리고 언제나 기대 이상으로 편집 작업을 해주신 박영사의 김명희 차장님과 기획을 도와주신 김한유 과장님께 깊은 감사의 마음을 전합니다.

2022. 1. 17.

박 상 진

차 례

PART 1
죄형법정주의

PART 2
형법의 적용범위

PART 3
구성요건해당성

PART 4

위법성

PART 5

책임

PART 6

미수론

PART 7

공범론

PART 8

특수한 범죄유형(과실범, 결과적 가중범, 부작위범)

PART 9

죄수론

PART 10

형벌론

참고문헌

김성돈, 형법총론(제6판), SKKUP, 2020.
김성천/김형준, 형법총론(제3판), 동현출판사, 2018.
김일수/서보학, 새로쓴 형법총론(제11판), 박영사, 2006.
김혜정/박미숙/안경옥/원혜욱/이인영, 형법총론(제2판), 피엔씨미디어, 2019.
박상기/신양균/조상제/전지연/천진호, 판례교재 형법총론, 준커뮤니케이션즈, 2010.
박현준, 경찰형법의 이해, 박영사, 2017.
배종대, 형법총론(제11판), 홍문사, 2014.
변종필, 형법해석과 논증, 세창출판사, 2012.
손동권/김재윤, 새로운 형법총론, 2011.
신동운, 형법총론(제15판), 법문사, 2023.
신동운, 신판례백선 형법총론, 경세원, 2009.
신동운/한인섭/이용식/조국/이상원, 로스쿨 형법총론, 박영사, 2009.
신동운, 판례분석 형법총론, 법문사, 2015.
이승준, 형법판례의 이해 Ⅰ, 피엔씨미디어, 2015.
이용식, 형법총론, 박영사, 2018.
이임성, 형법스케치[총론], 미래와 사람, 2020.
이재상/장영민/강동범, 형법총론(제10판), 박영사, 2019.
이재상, 형법기본판례 총론, 박영사, 2011.
이정원, 형법총론, 신론사, 2012.
이주원, 형법총론(제2판), 박영사, 2023.
임웅, 형법총론, 법문사, 2018.
유기천, 영인본 형법학, 법문사, 2011.
오영근, 형법총론(제5판), 박영사, 2019.
정영일, 형법강의(총론), 학림, 2015.
최병천, 판례중심 형법총론, 피엔씨미디어, 2017.
하태영, 사회상규, 법문사, 2018.
한상훈/안성조, 형법개론(제2판), 정독, 2020.
한국형사판례연구회, 형법판례 150선, 박영사, 2019.
한국형사판례연구회, 형사판례연구(1~31권), 박영사, 1999~2024.
前田雅英 · 星周一郎/박상진 · 김잔디(역), 최신중요 일본형법판례 250선(총론편), 2021.

범례(凡例)

1 【판지】와 【해설】에서는 판례집 등에서 직접 인용한 부분에 대해 「 」를 사용했다.

2 판례 표기와 관련하여 (1) 대상판결의 경우는 선고일자와 사건번호를 모두 표기했으나 (2) 【해설】과 【Reference】에서는 사건번호만 표기했다.

죄형법정주의

형법

[시행 2023. 8. 8.] [법률 제19582호, 2023. 8. 8., 일부개정]

제1편 총칙

제1장 형법의 적용범위

제1조(범죄의 성립과 처벌) ① 범죄의 성립과 처벌은 행위 시의 법률에 따른다.

② 범죄 후 법률이 변경되어 그 행위가 범죄를 구성하지 아니하게 되거나 형이 구법보다 가벼워진 경우에는 신법에 따른다.

③ 재판이 확정된 후 법률이 변경되어 그 행위가 범죄를 구성하지 아니하게 된 경우에는 형의 집행을 면제한다.

제2조(국내범) 본법은 대한민국영역내에서 죄를 범한 내국인과 외국인에게 적용한다.

제3조(내국인의 국외범) 본법은 대한민국영역외에서 죄를 범한 내국인에게 적용한다.

제4조(국외에 있는 내국선박 등에서 외국인이 범한 죄) 본법은 대한민국영역외에 있는 대한민국의 선박 또는 항공기내에서 죄를 범한 외국인에게 적용한다.

제5조(외국인의 국외범) 본법은 대한민국영역외에서 다음에 기재한 죄를 범한 외국인에게 적용한다.

1. 내란의 죄
2. 외환의 죄
3. 국기에 관한 죄
4. 통화에 관한 죄
5. 유가증권, 우표와 인지에 관한 죄
6. 문서에 관한 죄중 제225조 내지 제230조
7. 인장에 관한 죄중 제238조

제6조(대한민국과 대한민국국민에 대한 국외범) 본법은 대한민국영역외에서 대한민국 또는 대한민국국민에 대하여 전조에 기재한 이외의 죄를 범한 외국인에게 적용한다. 단 행위지의 법률에 의하여 범죄를 구성하지 아니하거나 소추 또는 형의 집행을 면제할 경우에는 예외로 한다.

제7조(외국에서 집행된 형의 산입) 죄를 지어 외국에서 형의 전부 또는 일부가 집행된 사람에 대해서는 그 집행된 형의 전부 또는 일부를 선고하는 형에 산입한다.

제8조(총칙의 적용) 본법 총칙은 타법령에 정한 죄에 적용한다. 단, 그 법령에 특별한 규정이 있는 때에는 예외로 한다.

제2장 죄

제1절 죄의 성립과 형의 감면

제9조(형사미성년자) 14세되지 아니한 자의 행위는 벌하지 아니한다.

제10조(심신장애인) ① 심신장애로 인하여 사물을 변별할 능력이 없거나 의사를 결정할 능력이 없는 자의 행위는 벌하지 아니한다.

② 심신장애로 인하여 전항의 능력이 미약한 자의 행위는 형을 감경할 수 있다.

③ 위험의 발생을 예견하고 자의로 심신장애를 야기한 자의 행위에는 전2항의 규정을 적용하지 아니한다.

제11조(청각 및 언어 장애인) 듣거나 말하는 데 모두 장애가 있는 사람의 행위에 대해서는 형을 감경한다.

제12조(강요된 행위) 저항할 수 없는 폭력이나 자기 또는 친족의 생명, 신체에 대한 위해를 방어할 방법이 없는 협박에 의하여 강요된 행위는 벌하지 아니한다.

제13조(고의) 죄의 성립요소인 사실을 인식하지 못한 행위는 벌하지 아니한다. 다만, 법률에 특별한 규정이 있는 경우에는 예외로 한다.

제14조(과실) 정상적으로 기울여야 할 주의(注意)를 게을리하여 죄의 성립요소인 사실을 인식하지 못한 행위는 법률에 특별한 규정이 있는 경우에만 처벌한다.

제15조(사실의 착오) ① 특별히 무거운 죄가 되는 사실을 인식하지 못한 행위는 무거운 죄로 벌하지 아니한다.

제16조(법률의 착오) 자기의 행위가 법령에 의하여 죄가 되지 아니하는 것으로 오인한 행위는 그 오인에 정당한 이유가 있는 때에 한하여 벌하지 아니한다.

제17조(인과관계) 어떤 행위라도 죄의 요소되는 위험발생에 연결되지 아니한 때에는 그 결과로 인하여 벌하지 아니한다.

제18조(부작위범) 위험의 발생을 방지할 의무가 있거나 자기의 행위로 인하여 위험발생의 원인을 야기한 자가 그 위험발생을 방지하지 아니한 때에는 그 발생된 결과에 의하여 처벌한다.

제19조(독립행위의 경합) 동시 또는 이시의 독립행위가 경합한 경우에 그 결과발생의 원인된 행위가 판명되지 아니한 때에는 각 행위를 미수범으로 처벌한다.

제20조(정당행위) 법령에 의한 행위 또는 업무로 인한 행위 기타 사회상규에 위배되지 아니하는 행위는 벌하지 아니한다.

1 법률주의(성문법주의) – 위임입법의 한계 –

* 대법원 1999. 2. 11. 선고 98도2816 전원합의체 판결
* 참조조문: 총포·도검·화약류등단속법 제2조 제1항,[1] 본법시행령 제3조 제1항 제3호[2]

「총포 · 도검 · 화약류등단속법 시행령」 제3조 제1항 제3호가 위임입법의 한계를 벗어나 죄형법정주의 원칙에 위배되어 무효인가?

●**사실**● 피고인 X는 1996.7. 중순경부터 1998.1.18.경까지 자신의 집에서 총포신[3], 공이치기가 부착된 노리쇠 등 총포의 **부품을 소지**하였다. 검사는 X를 「총포 · 도검 · 화약류등단속법」 위반으로 기소하였다. 당시 이법 제12조 제1항은 총포를 소지하기 위해서는 관할 지방경찰청장 또는 경찰서장의 허가를 받아야 하고 이를 위반할 경우에는 10년 이하의 징역 또는 2천만 원 이하의 벌금에 처하였다(본법 70①). 그리고 제2조 제1항은 총포에 관하여 규정하면서 총에 대하여는 일정 종류의 총을 총포에 해당하는 것으로 규정하면서 **그 외의 부품과 관련해서는 대통령령에 위임**하였다. 이를 받아 이법 시행령 제3조 제1항은 "법 제2조 제1항의 규정에 따른 총포는 다음 각 호의 총과 포 및 **총포의 부품을 말한다.**"라고 규정하였다. 이에 X는 시행령 제3조 제1항은 법 제2조 제1항의 위임에 따라 총포의 범위를 정하면서 모법의 위임범위를 벗어나 **총의 부품까지 총포에 속하는 것으로 규정**함으로써 죄형법정주의에 반한다고 다투었다. 제1심과 원심은 피고인의 주장을 받아들여 무죄를 선고하였다. 이에 검사가 상고하였다.

●**판지**● **상고기각.** 「일반적으로 법률의 시행령은 모법인 법률에 의하여 위임받은 사항이나, 법률이 규정한 범위 내에서 법률을 현실적으로 집행하는 데 필요한 세부적인 사항만을 규정할 수 있을 뿐, 법률의 위임 없이 법률이 규정한 개인의 권리·의무에 관한 내용을 변경·보충하거나 법률에서 규정하지 아니한 새로운 내용을 규정할 수 없는 것이고, 특히 법률의 시행령이 형사처벌에 관한 사항을 규정하면서 법률의 명시적인 위임 범위를 벗어나 그 처벌의 대상을 확장하는 것은 헌법 제12조 제1항[4]과 제13조 제1항[5]에서 천명하고 있는 죄형법정주의의 원칙에도 어긋나는 것으로 결코 허용될 수 없다고 할 것인데, **「총포·도검·화약류 등 단속법」 제2조 제1항**은 총포에 관하여 규정하면서 총에 대하여는 일정 종류의 총을 총포에 해당하는 것으로 규정하면서 그 외의 장약총이나 공기총도 금속성 탄알이나 가스 등을 쏠 수 있는 성능이 있는 것은 총포에 해당한다고 규정하고 있으므로, 여기서 말하는 총은 비록 모든 부품을 다 갖추지는 않았더라도 적어도 금속성 탄알 등을 **발사하는 성능**을 가지고 있는 것

---

1) 총포·도검·화약류 등 단속법 제2조(정의) ① 이 법에서 **"총포"란** 권총, 소총, 기관총, 포, 엽총, 금속성 탄알이나 가스 등을 쏠 수 있는 장약총포(裝藥銃砲), 공기총(가스를 이용하는 것을 포함한다) 및 총포신·기관부 등 **그 부품으로서 대통령령으로 정하는 것을 말한다.**

2) 총포·도검·화약류 등 단속법 시행령 제3조 제1항은 「법 제2조 제1항의 규정에 의한 총포는 다음 각 호의 총과 포 및 **총포의 부품을 말한다**」고 규정하고 있었다.

3) **총포신**이란 탄이 지나가는 부분으로 보통 금속으로 된 총관이며, 이것으로 인해서 제어를 받는 폭발이나 빠른 가스 확장을 일으킴으로써 빠른 속도로 발사체를 추진할 수 있다. 포신(砲身), 총신(銃身), 총열, 건 배럴(gun barrel)이라고도 한다.

4) 헌법 제12조 ① 모든 국민은 신체의 자유를 가진다. 누구든지 법률에 의하지 아니하고는 체포·구속·압수·수색 또는 심문을 받지 아니하며, 법률과 적법한 절차에 의하지 아니하고는 처벌·보안처분 또는 강제노역을 받지 아니한다.

5) 헌법 제13조 ① 모든 국민은 행위 시의 법률에 의하여 범죄를 구성하지 아니하는 행위로 소추되지 아니하며, 동일한 범죄에 대하여 거듭 처벌받지 아니한다.

을 가리키는 것이고, 단순히 총의 부품에 불과하여 금속성 탄알 등을 **발사할 성능**을 가지지 못한 것까지 총포로 규정하고 있는 것은 아니라고 할 것임에도 불구하고 같은 법 시행령 제3조 제1항은 같은 법 제2조 제1항의 위임에 따라 총포의 범위를 구체적으로 정하면서도 **제3호에서 모법의 위임 범위를 벗어나 총의 부품까지 총포에 속하는 것으로 규정**함으로써, 같은 법 제12조 제1항 및 제70조 제1항과 결합하여 **모법보다 형사처벌의 대상을 확장**하고 있으므로, 이는 결국 **위임입법의 한계를 벗어나고 죄형법정주의 원칙에 위배**된 것으로 무효라고 하지 않을 수 없다」.

●**해설**● 1 "법률 없으면 범죄 없고 형벌 없다."라는 말로 표현되는 죄형법정주의는 국가형벌권의 자의적 행사로부터 개인의 자유와 권리를 보장하려는 법치국가 형법의 기본원칙이다. 따라서 범죄와 형벌은 **반드시 국회가 제정한 법률에 규정**되어야 하고, 명령이나 규칙, 자치법규 등에 의해 범죄와 형벌을 규정할 수는 없다. 이를 '법률주의'라 한다(이 원칙은 민주주주의·삼권분립사상에 기초한다). 이와 같이, 죄형법정주의 원칙은 범죄와 형벌을 입법부가 제정한 **형식적 의미의 법률**로 규정하는 것을 그 핵심적 내용으로 한다.

2 하지만 사회현상의 복잡다기화와 국회의 전문적·기술적 능력의 한계 및 시간적 적응능력의 한계로 인하여 형사처벌에 관한 모든 법규를 예외 없이 형식적 의미의 법률에 따라 규정한다는 것은 사실상 불가능하기 때문에 위임입법이 금지되어 있지는 않다. 사실 현실적으로 입법자가 모든 사건의 범죄 구성요건해당성을 모두 예측하여 미리 입법해 둘 수는 없기에 입법기술상 **보충규범**[6]에 위임할 수밖에 없다. 헌법도 **위임입법을 인정**한다(헌법 75[7][8]).

3 그러나 처벌법규의 위임은 국민의 자유와 권리에 심각한 영향을 미칠 수 있음으로 ① 특히 **긴급한 필요**가 있거나 미리 법률로써 자세히 정할 수 없는 **부득이한 사정**이 있는 경우에 한정되어야 하고 ② 이 경우에도 법률에서 범죄의 구성요건은 처벌대상인 행위가 어떠한 것일 것이라고 이를 **예측할 수 있을 정도로 구체적**으로 정하고 ③ **형벌의 종류 및 그 상한과 폭**을 명백히 규정하여야 한다. **이상의 요건을 전제로 위임입법은 허용**되며, 이러한 위임입법은 죄형법정주의에 반하지 않는다(헌재 91헌가4, Ref 10). 따라서 구체적·세부적 위임입법은 허용되나 전면적이고 포괄적 위임입법은 죄형법정주의에 반한다.

4 대상판결도 **위임입법의 한계**가 문제 된 사안이다. 대상판결에서 법원은 본법 제2조 제1항에서의 총포에 관한 규정이 장약총이나 공기총도 금속성 탄알이나 가스 등을 쏠 수 있는 성능이 있어 총포에 해당한다고 규정하고 있음으로 본 법에서 말하는 「총은 비록 모든 부품을 다 갖추지는 않았더라도 **적어도 금속성 탄알 등을 발사하는 성능을 가지고 있는 것**을 가리키는 것이고, 단순히 총의 부품에 불과하여 금속

6) 위임하는 모법을 **'백지형법'**이라고 하고, 세부사항을 규정하는 하위법규를 **'보충규범'** 또는 **'충전규범'**이라고 한다.

7) 헌법 제75조 대통령은 **법률에서 구체적으로 범위를 정하여 위임**받은 사항과 법률을 집행하기 위하여 필요한 사항에 관하여 대통령령을 발할 수 있다.

8) 대통령, 총리령, 부령 등을 **행정입법**이라고 한다. 행정입법에는 법규명령과 행정규칙(행정명령)이 있다. **법규명령**은 국민의 권리의무에 영향을 미치는 등의 법규성을 가지는 것으로 대통령령, 총리령, 부령이 그것인데 법명으로는 **시행령(대통령령), 시행규칙(총리령, 부령)**이라고 불린다. **행정규칙**은 원칙적으로 행정 외부의 국민에게는 영향을 직접 미치지 않는 행정내부의 사무처리 등을 위한 지침으로서 **훈령, 내규, 고시** 등의 명칭으로 불리는 것이다. 행정규칙은 법규명령과 같은 엄격한 제정 및 개정절차를 요하지 않는다(정재황, 헌법입문(제4판), 652면).

성 탄알 등을 발사할 성능을 가지지 못한 것까지 총포로 규정하고 있는 것은 아닌」 것으로 받아들이고 있다. 때문에 **총의 부품까지 총포에 속하는 것**으로 규정하는한 것은 모법보다 형사처벌의 대상을 확장한 것으로 위임입법의 한계를 벗어나 죄형법정주의에 위배된 것으로 무효로 판단하였다.

5 법원은 법률의 '시행령'이 형사처벌에 관한 사항을 규정하면서 법률의 명시적인 위임 범위를 벗어나 처벌 대상을 확장하는 경우, 위임입법의 한계를 벗어나 무효로 본다. 즉「법률의 시행령은 모법인 법률의 위임 없이 법률이 규정한 개인의 권리·의무에 관한 내용을 변경·보충하거나 법률에서 규정하지 아니한 새로운 내용을 규정할 수 없고, 특히 **법률의 시행령이 형사처벌에 관한 사항을 규정하면서** 법률의 명시적인 위임 범위를 벗어나 처벌의 대상을 확장하는 것은 죄형법정주의의 원칙에도 어긋나는 것이므로, 그러한 시행령은 위임입법의 한계를 벗어난 것으로서 무효이다」(대판 2015도16014 전원합의체, Ref 1).

6 관습법배제의 원칙과 예외 '법률주의'와 관련하여 관습법 적용이 문제 된다. 관습법은 그 존재와 내용이 불명확하므로 그 법원성(法源性)을 인정할 경우 형법의 보장적 기능을 위태롭게 할 우려가 크기 때문에 이를 근거로 시민을 처벌할 수는 없다(**관습법금지의 원칙**). 하지만 이 원칙은 새로운 구성요건 창설이나 형벌 가중에 관한 것이므로, 행위자에게 **유리한 관습형법적용까지 배제하는 것은 아니다**. 따라서 관습법에 따라 위법성조각사유를 인정하는 것은 죄형법정주의에 위배되지 않는다.[9]

Reference

1 위임입법의 한계를 벗어난 것으로 무효로 본 판결

1 [대판 2015도16014 전원합의체] [의료법 시행령 제18조 제1항이 위임입법의 한계를 벗어나 무효인지 여부(적극)] **[다수의견]** 법률의 시행령은 모법인 법률의 위임 없이 법률이 규정한 개인의 권리·의무에 관한 내용을 변경·보충하거나 법률에서 규정하지 아니한 새로운 내용을 규정할 수 없고, 특히 법률의 시행령이 형사처벌에 관한 사항을 규정하면서 법률의 명시적인 위임 범위를 벗어나 처벌의 대상을 확장하는 것은 죄형법정주의의 원칙에도 어긋나는 것이므로, 그러한 시행령은 위임입법의 한계를 벗어난 것으로서 무효이다. …… 의료법(2016.12.20. 법률 제14438호로 개정되기 전의 것) 제41조는 "각종 병원에는 응급환자와 입원환자의 진료 등에 필요한 **당직의료인을 두어야 한다.**"라고 규정하는 한편, 제90조에서 제41조를 위반한 사람에 대한 처벌규정을 두었다. 이와 같이 의료법 제41조는 각종 병원에 응급환자와 입원환자의 진료 등에 필요한 당직의료인을 두어야 한다고만 규정하고 있을 뿐, 각종 병원에 두어야 하는 당직의료인의 수와 자격에 아무런 제한을 두고 있지 않고 이를 하위 법령에 위임하고 있지도 않다. 그런데도 **의료법 시행령 제18조 제1항**은 "법 제41조에 따라 각종 병원에 두어야 하는 당직의료인의 수는 입원환자 200명까지는 의사·치과의사 또는 한의사의 경우에는 1명, 간호사의 경우에는 2명

9) 이와 같이 "관습법은 새로운 구성요건을 설정하거나 형벌을 가중하는 사유가 될 수 없다는 의미에서 그 직접적 법원성이 부정되는 것이지, 형법 제18조 부작위범에 있어서의 보증인의 지위, 제20조 정당행위에 있어서의 사회상규, 제184조 수리방해죄에 있어서의 수리권 등을 해석하는 경우에 있어서처럼 관습법이 형법해석의 충전적 기능을 가질 수는 있으므로 이른바「**간접적 법원성**」(間接的 法源性)은 인정된다"고 하겠다(임웅, 형법총론(제7정판), 20－21면). 예를 들어, 수리방해죄(법184)에서 수리권의 근거나 부진정부작위범(법18)에서 작위의무의 발생근거는 관습법에서 구할 수 있다.

을 두되, 입원환자 200명을 초과하는 200명마다 의사·치과의사 또는 한의사의 경우에는 1명, 간호사의 경우에는 2명을 추가한 인원수로 한다."라고 규정하고 있다. 의료법 제41조가 "환자의 진료 등에 필요한 당직의료인을 두어야 한다."라고 규정하고 있을 뿐인데도 **시행령 조항은 당직의료인의 수와 자격 등 배치기준을 규정하고 이를 위반하면 의료법 제90조에 의한 처벌의 대상이 되도록 함으로써 형사처벌의 대상을 신설 또는 확장하였다.** 그러므로 시행령 조항은 위임입법의 한계를 벗어난 것으로서 무효이다.[10)]

2 **[대판 2010두19270 전원합의체]** [법률의 위임 없이 주민의 권리제한 또는 의무부과에 관한 사항을 정한 조례의 효력(=무효)] 지방자치법 제22조, 행정규제기본법 제4조 제3항에 의하면 지방자치단체가 조례를 제정함에 있어 그 내용이 주민의 권리제한 또는 의무부과에 관한 사항이나 벌칙인 경우에는 법률의 위임이 있어야 하므로, 법률의 위임 없이 주민의 권리제한 또는 의무부과에 관한 사항을 정한 조례는 효력이 없다.

3 **[대판 2006도8189]** [초등학교 졸업 이상의 학력을 가진 문맹자에게 운전면허 구술시험의 응시를 제한하고 있는 자동차운전면허 사무처리지침 제8조 제1항의 효력(무효)] 구 도로교통법 시행령 제49조 제1항의 **입법 취지는 글을 알지 못하는 문맹자에게도 글을 아는 사람과 동일하게 운전면허를 취득할 기회를 부여하려는 데 있다**고 할 것인데, 구 도로교통법 시행령 제49조 제7항, 구 도로교통법 시행규칙 제69조 제1항의 위임에 따라 제정된 자동차운전면허 사무처리지침은 그 제8조 제1항에서 "구 도로교통법 시행령 제49조 제1항 단서 중 **'글을 알지 못하는 사람'**이라 함은 **초등학교 중퇴 이하의 학력자**로서 글을 전혀 읽지 못하거나 잘 읽을 수 없는 사람을 말한다."고 규정하고, 같은 조 제2항에서 구술시험을 희망하는 문맹자는 자신이 초등학교 중퇴 이하의 학력자로서 글을 알지 못하고 있다는 내용이 기재된 인우보증서를 제출하도록 규정함으로써, **설령 글을 알지 못한다 하더라도 초등학교 졸업 이상의 학력을 가진 사람에게는 구술시험의 응시를 허용하지 않고 있는바**, 이는 초등학교 졸업 이상의 학력을 가진 문맹자가 구술시험을 통하여 운전면허를 취득할 수 있는 기회를 합리적인 근거 없이 제한한 것으로서 모법의 위임 범위를 벗어나 무효이다.

4 **[헌재 2003헌마289]** [행형법상 징벌의 일종인 금치처분을 받은 자에 대하여 **금치기간 중 집필을 전면 금지**한 행형법시행령 제145조 제2항 본문 중 "집필" 부분이 법률유보의 원칙에 위반되는지 여부(적극)] 행형법상 징벌의 일종인 금치처분을 받은 자에 대하여 금치기간 중 집필을 전면 금지한 행형법시행령 제145조 제2항 본문 부분(이하 '이 사건 시행령조항'이라 한다)은, 금치대상자의 자유와 권리에 관한 사항을 규율하는 것이므로 모법의 근거 및 위임이 필요하다. 행형법 제46조 제2항 제5호는 징벌의 일종으로 **'2월 이내의 금치'를 규정**하고 있으나, 금치의 개념 자체로부터는 그 사전적 의미가 제시하는 징벌실 수용이라는 특수한 구금형태만을 추단할 수 있을 뿐이고 거기에 집필의 전면적 금지와 같은 일정한 처우의 제한 내지 박탈이라는 금치의 효과 내지 집행방법까지 포함되어 있다거나 동 조항으로부터 곧바로 제한되는 처우의 내용이 확정된다고 볼 수 없고, 행형법 제46조 제4항은 징벌을 부과함에 있어 필요한 기준을 법무부장관이 정하도록 규정하고 있으나, 그 위임사항이 '징벌의 부과 기준'이지 '징벌의 효과나 대상자의 처우'가 아님은 문언상 명백하므로, 모두 이 사건 시행령조항의 법률적 근거가 된다고 할 수 없다. 다만 행형법 제33조의3 제1항은 수용자에 대하여 원칙적으로 집필을 금지하고 있다고 볼 수 있으나, 이 사건 시행령조항

10) 이 판결 이후 의료법 제41조는 개정·신설된다. 의료법 제41조(당직의료인) ① 각종 병원에는 응급환자와 입원환자의 진료 등에 **필요한 당직의료인**을 두어야 한다. <개정 2016. 12. 20.> ② 제1항에 따른 당직의료인의 수와 배치 기준은 병원의 종류, 입원환자의 수 등을 고려하여 **보건복지부령**으로 정한다. <신설 2016. 12. 20.>

은 같은 조항에서 규정하고 있는 접견이나 서신수발 등과 달리 교도소장이 예외적으로라도 이를 허용할 가능성마저 봉쇄하고 있고, 위 행형법 제33조의3 제1항보다 **가중된 제한을, 그것도 모법과 상이한 사유를 원인으로 집필의 자유를 박탈**하고 있으므로 이 역시 이 사건 시행령조항의 법률적 근거가 된다고 할 수 없어 이 사건 시행령조항은 금치처분을 받은 수형자의 집필에 관한 권리를 법률의 근거나 위임 없이 제한하는 것으로서 법률유보의 원칙에 위반된다.

5 [헌재 99헌마480] [공공의 안녕질서 또는 미풍양속을 해하는 것으로 인정되는 통신의 대상 등을 대통령령으로 정하도록 한 같은법 제53조 제2항이 포괄위임입법금지원칙에 위배되는지 여부(적극)] 전기통신사업법 제53조 제2항은 "제1항의 규정에 의한 공공의 안녕질서 또는 미풍양속을 해하는 것으로 인정되는 통신의 대상 등은 대통령령으로 정한다"고 규정하고 있는바 이는 **포괄위임입법금지원칙에 위배된다**. 왜냐하면, 위에서 본 바와 같이 "공공의 안녕질서"나 "미풍양속"의 개념은 대단히 추상적이고 불명확하여, 수범자인 국민으로 하여금 어떤 내용들이 대통령령에 정하여질지 그 기준과 대강을 예측할 수도 없게 되어 있고, 행정입법자에게도 적정한 지침을 제공하지 못함으로써 그로 인한 행정입법을 제대로 통제하는 기능을 수행하지 못한다. 그리하여 행정입법자는 다분히 자신이 판단하는 또는 원하는 "안녕질서", "미풍양속"의 관념에 따라 헌법적으로 보호받아야 할 표현까지 얼마든지 규제대상으로 삼을 수 있게 되어 있다. 이는 위 조항의 위임에 의하여 제정된 전기통신사업법시행령 제16조 제2호와 제3호가 위 전기통신사업법 제53조 제1항에 못지않게 불명확하고 광범위하게 통신을 규제하고 있는 점에서 더욱 명백하게 드러난다. **cf)** 헌법재판소는 공공의 안녕질서 또는 미풍양속을 해하는 내용의 통신을 금하는 전기통신사업법 제53조 제1항이 **명확성의 원칙**에도 위배되고 **과잉금지원칙**에도 위배된다고 결정하였다.

6 [헌재 99헌가15] ["약국을 관리하는 약사 또는 한약사는 보건복지부령으로 정하는 약국관리에 필요한 사항을 준수하여야 한다"는 약사법 제19조 제4항의 규정 위반자를 200만원 이하의 벌금에 처하도록 한 약사법 제77조 제1호 중 '제19조 제4항 부분'의 죄형법정주의 내지 포괄위임금지원칙 위배 여부(적극)] ●**사실**● 약사 갑은 일신약국을 경영하던 중, 흰색 위생복에 명찰을 달지 않고 성명불상의 고객들에게 의약품을 판매하였다는 이유로 약사법 제77조 제1호, 제19조 4항[11] 위반으로 기소되었다. ●**결정요지**● 이 사건 법률조항은 **'약국관리에 필요한 사항'**이라는 처벌법규의 구성요건 부분에 관한 기본사항에 관하여 보다 구체적인 기준이나 범위를 정함이 없이 그 내용을 모두 하위법령인 보건복지부령에 포괄적으로 위임함으로써, 약사로 하여금 광범위한 개념인 **'약국관리'**와 관련하여 준수하여야 할 사항의 내용이나 범위를 구체적으로 **예측할 수 없게** 하고, 나아가 헌법이 예방하고자 하는 행정부의 자의적인 행정입법을 초래할 여지가 있으므로, 헌법상 포괄위임입법금지 원칙 및 죄형법정주의의 명확성원칙에 위반된다.

7 [대판 98도1759 전원합의체] [구 근로기준법시행령 제12조가 죄형법정주의에 위배되고 위임입법의 한계를 벗어나 무효인지 여부(적극)] 구 근로기준법 제30조[12] 단서에서 임금·퇴직금 청산기일의 **연장합의의 한도에 관하여 아무런 제한을 두고 있지 아니함에도 불구하고**, 같은 법 시행령 제12조에 의하여 같은 법 제

11) 약사법 제19조(약국의 관리의무) 제4항: 약국을 관리하는 약사 또는 한약사는 **보건복지부령으로 정하는 약국관리에 필요한 사항**을 준수하여야 한다.

12) 구 근로기준법(1997. 3. 13. 법률 제5309호로 개정되기 전의 것) 제30조(금품청산) 사용자는 근로자가 사망 또는 퇴직한 경우에는 그 지급사유가 발생한 때로부터 14일 이내에 임금·보상금 기타 일체의 금품을 지급하여야 한다. 다만, 특별한 사정이 있을 경우에는 당사자간의 합의에 의하여 기일을 연장할 수 있다.

30조 단서에 따른 기일연장을 **3월 이내로 제한**한 것은 같은 법 시행령 제12조가 같은 법 제30조 단서의 내용을 변경하고 같은 법 제109조와 결합하여 형사처벌의 대상을 확장하는 결과가 된다 할 것인바, 이와 같이 법률이 정한 형사처벌의 대상을 확장하는 내용의 법규는 법률이나 법률의 구체적 위임에 의한 명령 등에 의하지 않으면 아니 된다고 할 것이므로, 결국 모법의 위임에 의하지 아니한 같은 법 시행령 제12조는 죄형법정주의의 원칙에 위배되고 위임입법의 한계를 벗어난 것으로서 무효이다.

8 **[대판 97도2231 전원합의체]** [외국환관리규정 제6－15조의4 제2호 (나)목에 규정된 '도박 기타 범죄 등 **선량한 풍속 및 사회질서에 반하는 행위**'라는 요건이 죄형법정주의의 원칙에 위배되고 모법의 위임 범위를 벗어난 것으로서 무효의 규정인지 여부(적극)] 외국환관리규정(재정경제원고시 제1996－13호) 제6－15조의4 제2호 (나)목 소정의 '도박 기타 범죄 등 선량한 풍속 및 사회질서에 반하는 행위'라는 요건은, 이를 한정할 합리적인 기준이 없다면, 형벌법규의 구성요건 요소로서는 지나치게 광범위하고 불명확하다고 할 것인데, …… 이와 같이 지나치게 광범위하고 불명확한 사유인 '범죄, 도박 등 선량한 풍속 및 사회질서에 반하는 행위와 관련한 지급 등'을 허가사유로 규정한 것은 모법인 외국환관리법 제17조 제1항에서 규정한 지급 등의 규제요건 및 위 법률조항의 위임에 따라 외국환관리법시행령 제26조 제1항에서 규정한 허가규제기준을 넘어서는 것으로서, 모법의 위임 범위를 벗어난 것이라고 보지 않을 수 없으므로, 외국환관리규정 제6－15조의4 제2호 (나)목의 규정은 죄형법정주의에 위배된 것일 뿐만 아니라 **위임입법의 한계도 벗어난 것으로서 무효**이다.

9 **[헌재 93헌바50]** [「특정범죄가중처벌 등에 관한 법률」 제4조의 위헌 여부] 특정범죄가중처벌 등에 관한 법률 제4조 제1항의 **"정부관리기업체"**라는 용어는 수뢰죄와 같은 이른바 신분범에 있어서 그 주체에 관한 구성요건의 규정을 지나치게 광범위하고 불명확하게 규정하여 전체로서의 **구성요건의 명확성을 결여한 것으로 죄형법정주의에 위배**되고 나아가 그 법률 자체가 불명확함으로 인하여 그 법률에서 대통령령에 규정될 **내용의 대강을 예측할 수 없는 경우라 할 것이므로 위임입법의 한계를 일탈**한 것으로서 위헌이다.

10 **[헌재 91헌가4]** [복표발행, 「현상 기타 사행행위단속법」 제9조의 위헌 여부] [1] 죄형법정주의는 이미 제정된 정의로운 법률에 의하지 아니하고는 처벌되지 아니한다는 원칙으로서 이는 무엇이 처벌될 행위인가를 국민이 예측가능한 형식으로 정하도록하여 개인의 법적안정성을 보호하고 성문의 형벌법규에 의한 실정법질서를 확립하여 **국가형벌권의 자의적 행사로부터 개인의 자유와 권리를 보장하려는 법치국가 형법의 기본원리**이다. [2] 위임입법에 관한 헌법 제75조는 처벌법규에도 적용되는 것이지만 처벌법규의 위임은 특히 긴급한 필요가 있거나 미리 법률로써 자세히 정할 수 없는 부득이한 사정이 있는 경우에 한정되어야 하고 이 경우에도 법률에서 범죄의 구성요건은 처벌대상인 행위가 어떠한 것일 것이라고 이를 예측할 수 있을 정도로 구체적으로 정하고 **형벌의 종류 및 그 상한과 폭을 명백히 규정하여야 한다.** [3] 복표발행, 현상기타사행행위단속법 제9조는 벌칙규정이면서도 형벌만을 규정하고 범죄의 구성요건의 설정은 완전히 각령에 백지위임하고 있는 것이나 다름없어 위임입법의 한계를 규정한 헌법 제75조와 죄형법정주의를 규정한 헌법 제12조 제1항, 제13조 제1항에 위반된다.

2 위임입법의 한계를 벗어나지 않는다고 본 판결

11 **[대판 2018도7989] ['신상정보의 제공 시기'**를 규정한 결혼중개업의 관리에 관한 법률 시행령 제3조의2 제3항이 구 결혼중개업의 관리에 관한 법률 제10조의2 제4항에서 위임한 범위를 일탈하여 위임입법의 한계를 벗어난 것인지 여부(소극)] 구 결혼중개업의 관리에 관한 법률(2017. 3. 21. 법률 제14700호로 개정되기 전의 것, 이하 '결혼중개업법'이라 한다) 제26조 제2항 제4호는 '제10조의2 제1항을 위반하여 신상정보를 제공하지 아니한 자는 3년 이하의 징역 또는 2천만 원 이하의 벌금에 처한다.'라고 규정하고, 제10조의2 제1항은 '국제결혼중개업자는 계약을 체결한 이용자와 결혼중개의 상대방으로부터 혼인경력, 건강상태, 직업, 범죄경력 등의 신상정보를 받아 각각 해당 국가 공증인의 인증을 받은 다음 신상정보(증빙서류 포함)를 상대방과 이용자에게 서면으로 제공하여야 한다.'라고 규정하며, 제10조의2 제4항은 "제1항에 따른 신상정보의 제공 시기 및 절차, 입증방법 등에 필요한 사항은 대통령령으로 정한다."라고 규정하고 있다. 그 위임에 따른 결혼중개업의 관리에 관한 법률 시행령 제3조의2 제3항은 '국제결혼중개업자는 신상정보를 이용자와 상대방이 각각 이해할 수 있는 언어로 번역·제공한 후 이용자와 상대방이 모두 만남에 서면 동의한 경우에 만남을 주선하여야 한다.'라고 규정하여 국제결혼중개업자에게 '이용자와 상대방의 만남 이전'에 신상정보를 제공할 의무를 부과하고 있다. 위와 같은 결혼중개업법과 같은 법 시행령의 규정 내용과 체계에다가 국제결혼중개업자를 통한 국제결혼의 특수성과 실태 등을 관련 법리에 비추어 살펴보면, 결혼중개업법 제10조의2 제4항에 의하여 대통령령에 규정하도록 위임된 '신상정보의 제공 시기'는 적어도 이용자와 상대방의 만남 이전이 될 것임을 충분히 예측할 수 있으므로, 결혼중개업법 시행령 제3조의2 제3항이 결혼중개업법 제10조의2 제4항에서 위임한 범위를 일탈하여 위임입법의 한계를 벗어났다고 볼 수 없다.

12 **[대판 2017도13426]** [구 어선법 시행규칙 제63조 제1항 제1호 (가)목에 따른 [별지 제61호 서식]에서 어선검사증서에 기재할 사항을 구체적으로 규정하면서 **총톤수를 포함**시킨 것이 구 어선법의 위임에 따른 것으로서 위임입법의 한계를 준수한 것인지 여부(적극)] 총톤수는 선박의 크기를 나타내기 위하여 사용되는 지표로서(선박법 제3조 제1항) 어선검사 대상인 설비 중 하나인 선체와 관련되고 어선의 안전성과도 밀접한 관련이 있다. 어선검사증서는 정기검사에 합격하는 경우에 발급되고, 정기검사를 받기 위해서는 어선검사신청서를 제출하여야 하는데 어선검사신청서에도 총톤수를 기재하도록 되어 있다(법 제21조 제1항 제1호, 시행규칙 제43조 제1항, [별지 제40호 서식]). 총톤수는 어선등록 시 어선원부에도 기재하여야 하는 사항이고, 등록을 한 어선에 대하여 선박국적증서, 선적증서, 등록필증을 발급하는 기준이 된다(법 제13조, 시행규칙 제23조 제1항 제11호). 법 제21조 제1항 단서는 총톤수 5t 미만의 무동력어선 등 해양수산부령으로 정하는 어선을 어선검사 대상에서 제외하고 있다. 위와 같은 총톤수에 대한 규제를 법의 입법목적, 전반적인 규정체계와 내용, 법 제27조 제1항 제1호에서 예시하고 있는 어선검사증서 기재사항들에 비추어 보면, 시행규칙 제63조 제1항 제1호 (가)목에 따른 [별지 제61호 서식]에서 어선검사증서에 기재할 사항을 구체적으로 규정하면서 총톤수를 포함시킨 것은 법의 위임에 따른 것으로서 위임입법의 한계를 벗어났다고 보기 어렵다.

13 **[헌재 2017헌바438, 2020헌바91(병합)]** [누구든지 게임물의 유통질서를 저해하는 행위로서, 게임물의 이용을 통하여 획득한 유·무형의 결과물(점수, 경품, 게임 내에서 사용되는 가상의 화폐로서 대통령령이

정하는 **게임머니 및 대통령령이 정하는 이와 유사한** 것을 말한다)을 환전 또는 환전 알선하거나 재매입을 업으로 하는 행위를 하여서는 아니 된다고 규정한 '게임산업진흥에 관한 법률' 제32조 제1항 제7호가 죄형법정주의 및 포괄위임금지원칙에 위배되는지 여부(소극)] 환전업 등이 금지되는 게임결과물에 관한 내용은, 전문적 · 기술적 사항으로서 **게임산업 환경의 변동에 따른 탄력적 대응**과 다양한 방식의 위법 · 탈법적인 행위의 신속한 차단을 위하여 하위 법령에 위임할 필요성이 인정된다. 대통령령으로 정하는 '게임머니' 및 '이와 유사한 것'에 대해서는, '게임 내에서 사용되는 가상의 화폐'라는 기준, 게임물의 유통질서를 저해하는 게임물 이용을 조장하는 행위를 차단하는 조항의 기능, 게임물의 유통질서를 저해하는 행위를 유형별로 나열하고 있는 게임산업법 제32조 제1항 각 호를 비롯하여 게임물의 내용과 이용 방식을 규제하는 게임산업법 및기타 관련법 등을 토대로 그 구체적인 내용의 대강을 예측할 수 있다. 따라서 이 사건 금지조항은 죄형법정주의 및 포괄위임금지원칙에 위배되지 아니 한다.

14 [대판 2013도1685] [공공기관의운영에관한법률 제53조가 공기업의 임직원으로서 공무원이 아닌 사람은 형법 제129조[13]의 적용에서는 이를 공무원으로 본다고 규정하고 있을 뿐 **구체적인 공기업의 지정에 관하여는 하위규범인 기획재정부장관의 고시에 의하도록 규정**한 것이 죄형법정주의에 위배되거나 위임입법의 한계를 일탈한 것인지 여부(소극)] 공공기관의운영에관한법률 제4조, 제5조 제1항, 제2항, 제3항 제1호 (가)목, 제53조, 공공기관의운영에관한법률 시행령 제7조의 취지와 내용에 더하여 (가) 법의 입법 목적과 경제상황이나 정책상 목적에 따라 **공공기관의 사업 내용이나 범위 등이 계속적으로 변동할 수밖에 없는 현실**, (나) 국회가 공공기관의 재정상태와 직원 수의 변동, 수입액 등을 예측하기 어렵고 그러한 변화에 대응하여 그때마다 법률을 개정하는 것도 용이하지 아니한 점 등을 감안할 때 공무원 의제규정의 적용을 받는 공기업 등의 정의규정을 법률이 아닌 시행령이나 고시 등 그 하위규범에서 정하는 것에 **부득이한 측면이 있고,** … **죄형법정주의에 위배되거나 위임입법의 한계를 일탈한 것으로 볼 수 없다. cf)** 사안은 한국전력공사의 자회사인 한국수력원자력의 직원을 공무원으로 의제하고 있는 「공공기관의 운영에 관한 법률 시행령」 및 기획재정부고시가 「공공기관의 운영에 관한 법」의 위임 범위를 벗어나는지 여부가 다투어졌다.

15 [대판 2008도11017] [게임산업진흥에 관한 법률 제32조 제1항 제7호, 같은 법 시행령 제18조의3이 형벌법규의 포괄위임금지 원칙이나 죄형법정주의에 반하는지 여부(소극)] 게임산업진흥에 관한 법률 제32조 제1항 제7호가 '환전, 환전 알선, 재매입 영업행위를 금지하는 **게임머니 및 이와 유사한 것**'을 대통령령이 정하도록 위임하고 있는 것은 사회현상의 복잡다기화와 국회의 전문적 · 기술적 능력의 한계 및 시간적 적응능력의 한계로 인하여 형사처벌에 관련된 모든 법규를 예외 없이 형식적 의미의 법률에 의하여 규정한다는 것은 사실상 불가능할 뿐만 아니라 실제에 적합하지도 아니하기 때문에, 특히 긴급한 필요가 있거나 미리 법률로써 자세히 정할 수 없는 부득이한 사정이 있다는 고려에서 비롯된 것이다. 위 조항은 처벌대상인 행위의 객체인 '게임물의 이용을 통하여 획득한 유 · 무형의 결과물'에 관하여 "점수, 경품, 게임 내에서 사용되는 가상의 화폐로서 대통령령이 정하는 게임머니 및 대통령령이 정하는 이와 유사한 것을 말한다."라고 규정하고 있는데, 그 문언 자체에 의하더라도 누구나 게임물의 이용을 통하여 획득한 유 · 무형의 결과물이 무엇인지 이해할 수 있고, 대통령령에 위임될 사항이 어떠한 것인지도 예측할 수 있다. …… 따라서 게임산업진흥에 관한 법률 제32조 제1항 제7호, 같은 법 시행령 제18조의3은 형벌법규의 포괄위임

13) 형법 제129조(수뢰, 사전수뢰) ① 공무원 또는 중재인이 그 직무에 관하여 뇌물을 수수, 요구 또는 약속한 때에는 5년 이하의 징역 또는 10년 이하의 자격정지에 처한다.

입법금지 원칙이나 죄형법정주의에 위배되지 않는다.

16 **[대판 2002도2998]** [식품위생법 제11조 및 같은법시행규칙 제6조 제1항의 규정이 위임입법의 한계나 죄형법정주의에 위반된 것이라고 볼 수 있는지 여부(소극)] [1] 식품위생법 제11조 제2항이 과대광고 등의 범위 및 기타 필요한 사항을 보건복지부령에 위임하고 있는 것은 과대광고 등으로 인한 형사처벌에 관련된 법규의 내용을 빠짐없이 형식적 의미의 법률에 의하여 규정한다는 것은 **사실상 불가능하다는 고려**에서 비롯된 것이고, 또한 같은 법 시행규칙 제6조 제1항은 처벌대상인 행위가 어떠한 것인지 예측할 수 있도록 구체적으로 규정되어 있다고 할 것이므로 식품위생법 제11조 및 같은 법 시행규칙 제6조 제1항의 규정이 위임입법의 한계나 죄형법정주의에 위반된 것이라고 볼 수는 없다. [2] 일반식품에 질병치료의 효능이 있다 하더라도 의약품으로 공인받지 못한 식품을 표시하거나 광고함에 있어서 의약품과 혼동할 우려가 있는 표현을 사용한 경우, 식품위생법 제11조에 위반된다. [3] 일간지 등에 게재한 건강보조식품에 관한 광고가 이를 보는 사람들로 하여금 마치 비만을 치유하는 데 특별한 효능이 있는 것으로 인식하게 할 가능성이 크다고 보아 과대광고에 해당한다.

17 **[대판 2000도4187]** [유해화학물질관리법 제35조 제1항[14] 및 유해화학물질관리법시행령 제22조의 규정이 법치주의 및 죄형법정주의에 위반되는지 여부(소극)] ●**판시**● **유해화학물질관리법 제35조 제1항** 및 유해화학물질관리법 시행령 제22조의 규정이 법치주의 및 죄형법정주의에 위반되는지 여부(소극) ●**판지**● 유해화학물질관리법 제35조 제1항에서 금지하는 환각물질을 구체적으로 명확하게 규정하지 아니하고 다만 그 성질에 관하여 **'흥분 · 환각 또는 마취의 작용을 일으키는 유해화학물질로서 대통령령이 정하는 물질'**로 그 한계를 설정하여 놓고, 같은 법 시행령 제22조에서 이를 구체적으로 규정하게 한 취지는 과학기술의 급격한 발전으로 말미암아 흥분 · 환각 또는 마취의 작용을 일으키는 **유해화학물질이 수시로 생겨나기 때문**에 이에 신속하게 대처하려는 데에 있으므로, 위임의 한계를 벗어난 것으로 볼 수 없고, 한편 그러한 환각물질은 누구에게나 그 섭취 또는 흡입행위 자체가 금지됨이 마땅하므로, 일반적으로 술을 마시는 행위 자체가 금지된 것이 아니라 주취상태에서의 자동차 운전행위만이 금지되는 도로교통법상의 주취상태를 판정하는 혈중 알코올농도와 같이 그 섭취 기준을 따로 정할 필요가 있다고 할 수 없으므로, 같은 법 제35조 제1항의 **'섭취 또는 흡입'**의 개념이 추상적이고 불명확하다거나 지나치게 광범위하다고 볼 수도 없다.

18 **[헌재 99헌가16]** [**행정기관인 청소년보호위원회** 등으로 하여금 청소년유해매체물을 결정하도록 하고, 그 결정된 매체물을 청소년에게 판매 등을 하는 경우 형사처벌하도록 하는 것이 죄형법정주의에 위반되는지 여부(소극)] 청소년에게 유해한 매체물을 적시하여 청소년에 대한 판매 · 대여 등을 제한하고자 하는 경우에는 각 매체물의 내용을 실제로 확인하여 유해성 여부를 판단할 수밖에 없는데, 그때마다 법 또는 하위법령을 개정하여 직접 개별 매체물을 규정하는 것은 현실적으로 거의 불가능하고 법령의 개정에 소요되는 시일로 인하여 규제의 실효성도 기할 수 없게 될 것이므로 청소년유해매체물이 결과적으로 범죄의 구성요건의 일부를 이루게 되더라도 이 사건 법률조항에서 직접 청소년유해매체물의 범위를 확정하지 아니하고 행정기관(청소년보호위원회 등)에 **위임하여 그 행정기관으로 하여금 청소년유해매체물을 확정하도록 하는 것은 부득이하다**고 할 것이다.

---

14) 유해화학물질관리법 제35조(환각물질의 흡입등의 금지) ① 누구든지 흥분 · 환각 또는 마취의 작용을 일으키는 유해화학물질로서 대통령령이 정하는 물질(이하 "*幻覺物質*"이라 한다)을 섭취 또는 흡입하거나 이러한 목적으로 소지하여서는 아니 된다.

19 [헌재 91헌바20] [군형법 제47조[15]가 위임입법의 한계를 벗어난 것인지 여부] 군통수를 위하여 일정한 행위의무를 부과하는 명령은 그 형식에 관계없이 특정되어 존재하는 한 준수되어야 하며 명령의 구체적 내용이나 발령조건을 미리 법률로 정하는 것은 불가능하고, 군에서의 명령은 지휘계통에 따라 군통수권을 담당하는 기관이 그에게 부여된 권한 범위 내에서 발할 수 있는 것이나 구체적인 명령의 제정권자를 일일이 법률로 정하는 것도 불가능하며, 또한 군형법 제47조는 명령위반죄의 구성요건의 내용에 관한 사항을 명령에 위임한 형태를 취하고 있지만 본래의 취지는 군 내부에서 명령의 절대성을 보호하기 위한 것이고 명령위반행위에 대한 **형벌의 종류와 내용은 법률에서 구체적으로 정해**져 있으며 그 피적용자인 **군인은 이를 충분히 예측할 수 있는 지위**에 있으므로, 정당한 명령에 대한 준수의무를 과하고 그 위반에 대하여 **구체적 형벌의 종류와 범위를 명시**하고 있는 위 법률규정이 위임입법의 한계를 벗어난 것이라고 할 수는 없다.

---

15) 군형법 제47조(명령 위반) 정당한 **명령** 또는 규칙을 준수할 의무가 있는 사람이 이를 위반하거나 준수하지 아니한 경우에는 2년 이하의 징역이나 금고에 처한다.

2 명확성의 원칙과 '미네르바' 사건

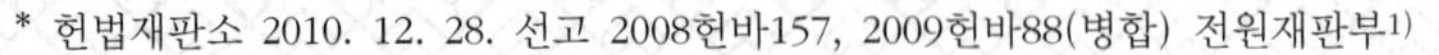

* 헌법재판소 2010. 12. 28. 선고 2008헌바157, 2009헌바88(병합) 전원재판부[1]

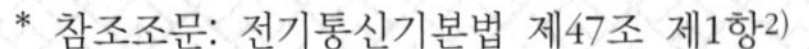

* 참조조문: 전기통신기본법 제47조 제1항[2]

'공익'을 해할 목적으로 전기통신설비에 의하여 공연히 '허위'의 통신을 한 자를 형사 처벌하는「전기통신기본법」제47조 제1항은 죄형법정주의의 명확성원칙에 반하는가?

●사실● 청구인 X는 2008.7.3.경 인터넷 포털 사이트 다음(Daum)의 '아고라' 경제토론방에 '드디어 외환보유고가 터지는구나'라는 제목 하에 외환보유고가 고갈되어 외화예산 환전 업무가 중단된 것처럼 허위내용의 글을 작성, 게시하여 수만 명이 열람하도록 함으로써 정부의 외환정책 및 대외지급능력에 대한 신뢰도와 우리 경제의 대외신인도에 의문을 갖게 하였다. 그리고 2008.12.29. 위 토론방에 '대정부 긴급 공문발송－1보'라는 제목 하에 주요 7대 금융기관 및 수출입 관련 주요기업에 달러 매수를 금지할 것을 긴급공문 전송했다는 취지의 허위내용의 글을 작성, 게시하여 약 10만 명 이상이 열람하도록 하였다.

검사는 X를「전기통신기본법」제47조 제1항 위반, 즉 **공익을 해할 목적**으로 전기통신설비를 이용하여 공연히 **허위의 통신**을 하였다는 혐의로 기소하였다. 제1심 재판 계속 중 위 법률조항에 대하여 위헌법률심판제청신청이 이루어졌다.[3] 법원은 2009.4.20. 위 청구인에 대하여 무죄판결을 선고하면서 위 신청을 기각하였는 데, 검사가 이에 불복하여 항소하자 X는 2009.5.14. 위 법률조항의 위헌확인을 구하는 헌법소원심판을 청구하였다.[4]

●판지● **헌법위반.**「이 사건 법률조항은 **표현의 자유에 대한 제한입법**이며, 동시에 **형벌조항**에 해당하므로, 엄격한 의미의 명확성원칙이 적용된다. 그런데 이 사건 법률조항은 **"공익을 해할 목적"**의 허위의 통신을 금지하는바, 여기서의 **"공익"**은 형벌조항의 구성요건으로서 구체적인 표지를 정하고 있는 것이 아니라, 헌법상 기본권 제한에 필요한 최소한의 요건 또는 헌법상 언론·출판의 자유의 한계를 그대로 법률에 옮겨 놓은 것에 불과할 정도로 **그 의미가 불명확하고 추상적이다.**

따라서 (가) 어떠한 표현행위가 "공익"을 해하는 것인지, 아닌지에 관한 판단은 사람마다의 가치관, 윤리관에 따라 크게 달라질 수밖에 없으며, 이는 판단주체가 법전문가라 하여도 마찬가지이고, 법집행자의 통상적 해석을 통하여 그 의미내용이 객관적으로 확정될 수 있다고 보기 어렵다. 나아가 (나) 현재의 다원적이고 가치상대적인 사회구조 하에서 구체적으로 어떤 행위상황이 문제되었을 때에 문

---

1) 대상판결은 이른바 **'미네르바 사건'**으로 칭해지는 사안으로 2008년 하반기 미네르바라는 필명으로 인터넷 포털 사이트 다음 '아고라'에서 2008년 하반기 리먼 브라더스의 부실과 환율폭등 및 금융위기의 심각성 그리고 당시 대한민국 경제 추이를 예견하는 글로 주목을 받던 인터넷 논객 박대성이 허위사실유포혐의로 체포 및 구속되었다가 무죄로 석방된 사건이다. 이후 박대성은 허위사실유포죄에 해당 하는 전기통신기본법 제47조 제1항에 대한 헌법소원심판을 청구하였고, 위헌판결을 받았다. ko.wikipedia.org

2) 전기통신기본법 제47조(벌칙) ① **공익을 해할 목적**으로 전기통신설비에 의하여 공연히 허위의 통신을 한 자는 5년 이하의 징역 또는 5천만 원 이하의 벌금에 처한다. cf) 본 판결 이후 위헌결정 된 제47조 제1항은 이후 2015.12.22. 법률 제13586호에 의해 삭제되었다.

3) **위헌법률심판제청**이란 법률이 헌법에 위반되는지 여부가 재판의 전제가 된 경우에는 법원이 직권으로 또는 소송당사자의 신청에 의한 결정으로 헌법재판소에 위헌법률심판을 제청하는 것을 말한다. 이 경우 법원은 헌법재판소의 위헌법률심판 이후에 따라 재판을 진행한다.

4) **헌법소원심판**은 공권력의 행사 또는 불행사로 인하여 헌법상 보장된 기본권을 침해받은 당사자가 법률에 의하여 더는 권리를 구제할 수 없을 때 헌법재판소에 청구하는 헌법에 의한 최후적인 권리구제 절차이다.

제되는 공익은 하나로 수렴되지 않는 경우가 대부분인바, (다) 공익을 해할 목적이 있는지 여부를 판단하기 위한 공익 간 형량의 결과가 언제나 객관적으로 명백한 것도 아니다. 결국, 이 사건 법률조항은 수범자인 국민에 대하여 일반적으로 허용되는 **'허위의 통신'** 가운데 어떤 목적의 통신이 금지되는 것인지 고지하여 주지 못하고 있으므로 **표현의 자유에서 요구하는 명확성의 요청 및 죄형법정주의의 명확성원칙에 위배하여 헌법에 위반된다**」.

해설 1 「범죄와 형벌은 법률로서 미리 규정되어 있어야 한다」는 죄형법정주의는 형법이론상의 기본원칙일 뿐만 아니라 **헌법상의 요청**이기도 하다(헌법 12, 13).[5] 이로 인해 죄형법정주의에서 벗어나는 형벌법규는 위헌이며 무효이다. 죄형법정주의는 법률주의, 소급효금지, 유추해석금지, 명확성원칙, 적정성의 원칙을 그 내용으로 삼고 있다.

2 대상판결은 법률의 명확성 여부가 다투어진 판례이다. 가벌적 행위는 법률상 '명확하게' 규정되어야 한다. 비록 법관의 보충적 해석이 불가피하더라도 최소한 **처벌하는 행위**가 무엇이며 그에 대한 **'처벌의 종류와 정도'**가 무엇인지를 통상의 판단능력을 가진 일반인이라면 '누구나 예견'할 수 있도록 명확하게 규정해 두어야 한다(① **구성요건의 명확성**과 ② **형사제재의 명확성**).

3 불명확한 형벌법규는 국민의 행위 시의 **예측가능성과 법적 안정성**을 빼앗고, **표현의 자유** 등을 위축시킬 우려가 있다. 특히 불명확한 형벌법규는 그 존재만으로 국민에게 어떤 행위가 처벌될지 모른다는 불안감을 주어 **위축효과를 발생**시킨다. 그리고 명확한 법은 **행위 기준**으로서의 역할을 감당한다. 때문에 명확성원칙은 죄형법정주의를 구현하는 개별원칙 가운데에서 가장 중요한 위치를 차지하고 있다.[6]

4 하지만 법규범의 문언은 어느 정도 가치개념을 포함한 일반적, **규범적 개념**[7]을 사용하지 않을 수 없는 것이기 때문에 **명확성의 원칙**이란 「(가) 기본적으로 최대한이 아닌 **최소한의 명확성을 요구**하는 것으로서, (나) 그 문언이 **법관의 보충적인 가치판단**을 통해서 그 의미내용을 확인할 수 있고, (다) 그러한 보충적 해석이 해석자의 개인적인 취향에 따라 좌우될 가능성이 없다면 명확성의 원칙에 반한다고 할 수 없다」(헌재 2004헌바45).

5 처벌법규의 구성요건이 어느 정도 명확하여야 하는가는 일률적으로 정할 수 없다. 각 구성요건의 특수성과 그러한 법적 규제의 원인이 된 여건이나 처벌의 정도 등을 고려하여 종합적으로 판단하여야 한다(대판 2008도1857). 헌법재판소는 명확성의 원칙과 관련하여 「통상의 판단능력을 가진 사람이 그 의미를 이해할 수 있었는가」라는 기준을 제시한다(헌재 89헌가104). 결국 명확성의 판단은 **통상의 판단능력을 가진 일반인**이 구체적 사안에서 당해 행위가 그 적용을 받을 것인지 대해 판단할 수 있는 기준의 파

5) 헌법 제12조 ① 모든 국민은 신체의 자유를 가진다. 누구든지 **법률에 의하지 아니하고는** 체포·구속·압수·수색 또는 심문을 받지 아니하며, **법률과 적법한 절차에 의하지 아니하고는** 처벌·보안처분 또는 강제노역을 받지 아니한다. 제13조 ① 모든 국민은 **행위 시의 법률**에 의하여 범죄를 구성하지 아니하는 행위로 소추되지 아니하며, 동일한 범죄에 대하여 거듭 처벌받지 아니한다.

6) 미국에서는 법의 일반원칙으로서 「불명확하기 때문에 무효」(void for vagueness)라는 이론이 판례에 의해 형성되어 있다(Black's Law Dictionary, 5th ed., 1979, 1412면).

7) 규범적 판단을 요하는 대표적인 것이 **'음란'**개념이다. 음란개념은 평가적, 정서적 판단을 요하는 규범적 구성요건요소로 이 개념이 죄형법정주의에 반하는 것으로는 보지 않는다(대판 94도2413, Ref 31).

악가능 여부에 따른다.

6 대상판결에서 헌법재판소는 **'공익'**이란 개념은 ① 사람마다 가치관, 윤리관에 따라 크게 달라질 수 있다는 점과 ② 현재의 다원적이고 가치 상대적인 사회구조 아래에서 문제되는 공익에 대한 판단이 하나로 수렴되기 어렵다는 점을 들어 위 벌칙규정은 헌법에 위배된다고 판단하였다. 나아가 이 사건 보충의견은 **'허위의 통신'** 부분도 명확성원칙에 반한다고 판단하였다.

7 조문은 다양한 뉘앙스를 포함하지 않을 수가 없는 '문언'으로 구성될 수밖에 없다. 문제는 어느 정도 '명확'한가에 있다. 이는 ① 명확한 문언을 통해 얻어지는 국민의 행동의 자유에 대한 이익 및 형벌권 남용이 방지되는 이익과 ② 현대사회에서 당벌성이 높은 행위를 처벌함으로 인해 얻을 수 있는 국민의 이익 간의 비교형량을 통해 판단하여야 할 것이다.

8 **형사제재의 명확성**(절대적 부정기형의 금지) 형사제재와 관련하여 (가) 형의 장·단기가 전혀 정해지지 않는 **절대적 부정기형**은 명확성의 원칙에 반하여 허용되지 않지만, (나) 장·단기 또는 장기가 규정되는 **상대적 부정기형**은 현행 법률에서 허용된다(판례·통설의 입장). 특히 소년에 대한 상대적 부정기 선고형은 행형단계에서 소년의 개선·교육이라고 하는 특별예방적 목적이 반영된 것이다(소년법60[8]).

Reference 1

명확성의 판단기준

1 **[헌재 95헌가16]** 명확성의 원칙은 법치국가원리의 한 표현으로서 기본권을 제한하는 법규범의 내용은 명확하여야 한다는 헌법상의 원칙이며, 그 근거는 법규범의 의미내용이 불확실하면 법적안정성과 예측가능성을 확보할 수 없고, 법집행 당국의 자의적인 법해석과 집행을 가능하게 할 것이기 때문이다. 그러나 법규범의 문언은 어느 정도 가치개념을 포함한 일반적, 규범적 개념을 사용하지 않을 수 없는 것이기 때문에 **명확성의 원칙이란 기본적으로 최대한이 아닌 최소한의 명확성을 요구하는 것**으로서, 법문언이 법관의 보충적인 가치판단을 통해서 그 의미내용을 확인할 수 있고, 그러한 보충적 해석이 해석자의 개인적인 취향에 따라 좌우될 가능성이 없다면 명확성의 원칙에 반한다고 할 수 없다.

2 **[헌재 93헌바65]** 처벌법규의 구성요건이 명확하여야 한다고 하더라도 입법권자가 모두 구성요건을 단순한 의미의 서술적인 개념에 의하여 규정하여야 한다는 것은 아니다. 처벌법규의 구성요건이 다소 광범위하여 어떤 범위에서는 법관의 보충적인 해석을 필요로 하는 개념을 사용하였다고 하더라도 그 점만으로 헌법이 요구하는 처벌법규의 명확성의 원칙에 반드시 배치되는 것이라고 볼 수 없다. 즉, (가) 건전한 상식과 통상적인 법감정을 가진 사람으로 하여금 (나) 그 적용대상자가 누구이며 구체적으로 어떠한 행위가 금지

8) 소년법 제60조(부정기형) ① 소년이 법정형으로 장기 2년 이상의 유기형에 해당하는 죄를 범한 경우에는 **그 형의 범위에서 장기와 단기를 정하여 선고**한다. 다만, 장기는 10년, 단기는 5년을 초과하지 못한다. ② 소년의 특성에 비추어 상당하다고 인정되는 때에는 그 형을 감경할 수 있다. ③ 형의 집행유예나 선고유예를 선고할 때에는 제1항을 적용하지 아니한다. ④ 소년에 대한 부정기형을 집행하는 기관의 장은 형의 단기가 지난 소년범의 행형(行刑) 성적이 양호하고 교정의 목적을 달성하였다고 인정되는 경우에는 관할 검찰청 검사의 지휘에 따라 그 형의 집행을 종료시킬 수 있다.

되고 있는지 충분히 알 수 있도록 규정되어 있다면 죄형법정주의의 명확성의 원칙에 위배되지 않는다고 보아야 한다. 그렇게 보지 않으면 처벌법규의 구성요건이 **지나치게 구체적이고 정형적이 되어 부단히 변화하는 다양한 생활관계를 제대로 규율할 수 없게 될 것이기 때문**이다.

3 **[헌재 2014헌바266]** 처벌법규에 대한 예측가능성의 유무는 당해 특정조항 하나만으로 판단할 것이 아니라, 관련 법 조항 전체를 유기적 · 체계적으로 종합하여 판단하여야 하고, 그것도 각 대상법률의 성질에 따라 구체적 · 개별적으로 검토하여야 하며, 일반적이거나 불확정한 개념이 사용된 경우에는 당해 법률의 입법목적과 당해 법률의 다른 규정들을 원용하거나 **다른 규정과의 상호관계**를 고려하여 합리적으로 해석할 수 있는지 여부에 따라 가려야 한다.

Reference 2

명확성원칙에 반한다고 본 판결

1 **[대판 2008도4233]** [구 대외무역법 제21조 제3항, 제4항 제2호의 위임에 의하여 산업자원부장관이 공고한 구 전략물자수출입공고(산업자원부 고시 제2002-123호)에서 수출제한지역으로 규정하는 **'국제평화와 지역안전을 저해할 우려가 있는 지역'** 부분이 죄형법정주의가 요구하는 명확성 원칙에 반하는지 여부(적극)] ●**사실**● 이 사건은 피고인들이 수출허가를 받지 아니하고 미얀마에 전략물자를 수출했다는 이유로 구 대외무역법 제54조 제2호에 위반된 사례이다. ●**판지**● 구 전략물자수출입공고 제48조의 **'국제평화와 지역안전을 저해할 우려가 있는 지역' 부분**은 형벌법규의 구성요건을 보충하는 요소라고 할 것인바, 이는 그 내용 자체에 의하더라도 이를 한정할 다른 합리적인 기준이 없는 한 형벌법규의 구성요건 요소로서는 지나치게 광범위하고 불명확하다고 할 것이고 나아가 구 대외무역법의 입법목적이나 그 전체적 내용과 체계, 법률의 개정 경위 등을 종합하여 살펴보아도 사물의 변별능력을 제대로 갖춘 일반인의 이해와 판단으로서도 그 구성요건 요소에 해당하는 지역 유형을 정형화하거나 한정할 합리적 해석기준을 찾기도 어려우므로, 죄형법정주의가 요구하는 형벌법규의 명확성원칙에 반한다.

2 **[헌재 99헌마480]** **[공공의 안녕질서 또는 미풍양속**을 해하는 내용의 통신을 금하는 전기통신사업법 제53조 제1항이 명확성의 원칙에 위배되는지 여부(적극)] ●**사실**● 청구인은 게시판에 "서해안 총격전, 어설프다 김대중!"이라는 제목의 글을 게시하였는 데, 운영자가 정보통신부장관의 명령에 따라 게시물을 삭제하고 청구인에 대하여 통신망 이용을 1개월 중지시켰다. 이에 청구인은 전기통신사업법이 표현의 자유, 학문과 예술의 자유를 침해하고, 적법절차 및 과잉금지원칙에 어긋나는 위헌조항이라고 주장하면서, 이 사건 헌법소원심판을 청구하였다. ●**판지**● (당시) 전기통신사업법 제53조(불온통신단속) 제1항, 제2항은 표현행위를 제한할 수 있는 근거로 '**공공의 안녕질서 또는 미풍양속**을 해하는 내용'을 두고 있다. … '공공의 안녕질서', '미풍양속'이라는 것은 매우 추상적인 개념이어서 어떠한 표현행위가 과연 '공공의 안녕질서'나 '미풍양속'을 해하는 것인지, 아닌지에 관한 판단은 **사람마다의 가치관, 윤리관에 따라 크게 달라질 수밖에 없고**, 법집행자의 통상적 해석을 통하여 그 의미내용을 객관적으로 확정하기도 어렵다.

3 **[헌재 99헌가8]** **불량만화**를 '미성년자에게 **음란성** 또는 **잔인성을 조장**할 우려가 있거나 기타 미성년자로 하여금 **범죄의 충동**을 일으킬 수 있게 하는 만화'로 정의한 구 미성년자보호법 제2조의 2[불량만화등의

판매금지등]는 모호하고 막연한 개념을 사용함으로써 적용범위를 법 집행기관의 자의적 판단에 맡기고 있어 죄형법정주의의 명확성원칙에 위배된다.

4 **[대판 97도2231 전원합의체]** [외국환관리규정 제6-15조의4 제2호 (나)목에 규정된 '도박 기타 범죄 등 선량한 풍속 및 사회질서에 반하는 행위'라는 요건이 죄형법정주의의 원칙에 위배되고 모법의 위임 범위를 벗어난 것으로서 무효의 규정인지 여부(적극)] 외국환관리규정 제6-15조의4 제2호 (나)목 소정의 '도박 기타 범죄 등 **선량한 풍속 및 사회질서에 반하는 행위**'라는 요건은 (가) 이를 한정할 합리적인 기준이 없다면, 형벌법규의 구성요건 요소로서는 지나치게 광범위하고 불명확하다고 할 것인데, (나) 외국환관리에 관한 법령의 입법 목적이나 그 전체적 내용, 구조 등을 살펴보아도 사물의 변별능력을 제대로 갖춘 일반인의 이해와 판단으로서도 그 구성요건 요소에 해당하는 행위유형을 정형화하거나 한정할 합리적 해석기준을 찾기 어려우므로, 죄형법정주의가 요구하는 형벌법규의 명확성의 원칙에 반한다.[9]

5 **[헌재 93헌바50]** ●**사실**● 청구인은 **정부관리기업체인 포항제철의 간부직원**으로 설비계획업무를 총괄하던 자이다. 업무총괄기간 중 3차례에 걸쳐 거래업체에 종사하는 담당자 등으로부터 설비공급수주를 받도록 해준 것에 대한 사례의 명목 등으로 뇌물을 수수하였다는 범죄사실로 구속기소 되었다. ●**판지**● 특정범죄가중처벌 등에 관한 법률 제4조(뇌물수수) 1항의 "형법 제129조 내지 제132조의 적용에 있어서는 정부**관리기업체**의 간부직원은 이를 공무원으로 본다."는 규정에서 **"관리"**라는 용어는 정부가 어떤 목적과 법적 근거에서, 어떤 사항에 대하여 어떤 내용과 정도의 관리를 함을 의미하는지를 가늠할 수 없는 지나치게 **추상적이고 광범위한 구성요건**으로서 명확성원칙에 반한다.

명확성원칙에 반하지 않다고 본 판결

6 **[헌재 2014헌바434]** ['정보통신망 이용촉진 및 정보보호 등에 관한 법률'(2008.6.13. 법률 제9119호로 개정된 것) 제74조 제1항 제3호 중 '제44조의7 제1항 제3호를 위반하여 **공포심이나 불안감을 유발하는 문언**을 반복적으로 상대방에게 도달하게 한 자' 부분 및 제44조의7 제1항 제3호 중 '**공포심이나 불안감을 유발하는 문언**을 반복적으로 상대방에게 도달하도록 하는 내용의 정보' 부분이 죄형법정주의의 명확성원칙에 위배되는지 여부(소극)] 심판대상조항의 문언 및 입법목적, 법원의 해석 등을 종합하여 보면, '공포심이나 불안감을 유발하는 문언을 반복적으로 도달하게 한 행위'란 '사회통념상 일반인에게 두려워하고 무서워하는 마음, 마음이 편하지 아니하고 조마조마한 느낌을 일으킬 수 있는 내용의 문언을 되풀이하여 전송하는 일련의 행위'를 의미하는 것으로 풀이할 수 있다. 건전한 상식과 통상적인 법감정을 가진 수범자는 심판대상조항에 의하여 금지되는 행위가 어떠한 것인지 충분히 알 수 있고, **법관의 보충적인 해석을 통하여 그 의미가 확정될 수 있으므로,** 심판대상조항은 명확성원칙에 위배되지 않는다.

---

9) 또한 이 규정은 **위임입법의 한계도 벗어난 것**으로 대법원은 판단하였다. 「이와 같이 지나치게 광범위하고 불명확한 사유인 '범죄, 도박 등 선량한 풍속 및 사회질서에 반하는 행위와 관련한 지급 등'을 허가사유로 규정한 것은 모법인 외국환관리법 제17조 제1항에서 규정한 지급 등의 규제요건 및 위 법률조항의 위임에 따라 외국환관리법시행령 제26조 제1항에서 규정한 허가규제기준을 넘어서는 것으로서, **모법의 위임 범위를 벗어난 것**이라고 보지 않을 수 없으므로, 외국환관리규정 제6-15조의4 제2호 (나)목의 규정은 죄형법정주의에 위배된 것일 뿐만 아니라 위임입법의 한계도 벗어난 것으로서 무효이다」.

7 **[대판 2014두8469]** [구 국가공무원법 제66조 제1항이 금지하는 **'공무 외의 일을 위한 집단행위'**의 의미 및 위 규정이 명확성의 원칙과 과잉금지의 원칙에 반하는지 여부(소극)/ 국가공무원법 제63조에서 정한 품위 유지의 의무에서 **'품위'**의 의미 및 이 규정이 명확성의 원칙과 과잉금지의 원칙에 위배되는지 여부(소극)] [1] 구 국가공무원법 제66조 제1항은 "공무원은 노동운동이나 그 밖에 **공무 외의 일을 위한 집단행위**를 하여서는 아니 된다. 다만, 사실상 노무에 종사하는 공무원은 예외로 한다."라고 규정하고 있다. 국가공무원법이 위와 같이 '공무 외의 일을 위한 집단행위'라고 다소 포괄적이고 광범위하게 규정하고 있다 하더라도, 이는 공무가 아닌 어떤 일을 위하여 공무원들이 하는 모든 집단행위를 의미하는 것이 아니라, 언론·출판·집회·결사의 자유를 보장하고 있는 헌법 제21조 제1항, 공무원에게 요구되는 헌법상의 의무 및 이를 구체화한 국가공무원법의 취지, 국가공무원법상의 성실의무 및 직무전념의무 등을 종합적으로 고려하여 **'공익에 반하는 목적을 위한 행위로서 직무전념의무를 해태하는 등의 영향을 가져오는 집단적 행위'**라고 해석된다. 위 규정을 위와 같이 해석한다면 … 위 규정이 명확성의 원칙에 반한다고 볼 수 없다. [2] … 국가공무원법 제63조[10]에 규정된 **'품위'유지의무란** 공무원이 직무의 내외를 불문하고, 국민의 수임자로서의 직책을 맡아 수행해 나가기에 손색이 없는 인품에 걸맞게 본인은 물론 공직사회에 대한 국민의 신뢰를 실추시킬 우려가 있는 행위를 하지 않아야 할 의무라고 해석할 수 있고, … 위 규정은 명확성의 원칙에 위배되지 아니한다.

8 **[대판 2013도9003]** [뇌물죄를 적용할 때 공무원으로 의제하는 규정인 건설기술관리법 제45조 제1호가 형법법규의 명확성 원칙에 반하거나 과잉금지원칙 또는 평등원칙을 침해하는지 여부(소극)]건설기술관리법 제45조 제1호에서 **지방위원회 위원 중 공무원이 아닌 위원을 형법 제129조 내지 제132조까지의 규정을 적용함에 있어서 공무원으로 의제하는 규정**을 둔 취지와 그 내용 등에 비추어 보면, 위 조항이 형법법규의 명확성의 원칙에 반한다거나 과잉금지원칙 또는 평등원칙을 침해하는 것이라고 볼 수 없다.

국가기밀 · 군사기밀과 명확성원칙

9-1 **[대판 2013도2511] [왕재산간첩단 사건[11]]** [국가보안법 제4조 제1항 제2호 (나)목에서 정한 '국가기밀'의 의미 및 위 규정이 명확성의 원칙, 책임주의 원칙, 평등원칙 등에 위배되는지 여부(소극)] 국가보안법 제4조 제1항 제2호 (나)목에 규정된 **'국가기밀'**은 '그 기밀이 정치, 경제, 사회, 문화 등 각 방면에서 반국가단체에 대하여 비밀로 하거나 확인되지 아니함이 대한민국의 이익이 되는 모든 사실, 물건 또는 지식으로서, 그것들이 국내에서 적법한 절차 등을 거쳐 이미 일반인에게 널리 알려진 공지의 사실, 물건 또는 지식에 속하지 아니한 것이어야 하고, 또 그 내용이 누설되는 경우 국가의 안전에 위험을 초래할 우려가 있어 기밀로 보호할 실질가치를 갖춘 것'일 경우에 한정된다고 보는 것이 대법원 1997.9.16. 선고 97도985 전원합의체 판결 이래 대법원의 확립된 견해이다. **'국가기밀'의 일반적 의미를 위와 같이 제한적으로 해석하는** … 위 규정이 헌법에 위배된다고 할 정도로 죄형법정주의가 요구하는

10) 국가공무원법 제63조(품위 유지의 의무) 공무원은 직무의 내외를 불문하고 그 품위가 손상되는 행위를 하여서는 아니 된다.

11) **왕재산간첩단 사건**은 조선민주주의인민공화국의 지령을 받아 간첩 행위를 한 혐의로 김덕용 외 5명이 중형을 선고받은 사건이다. 관련자의 이적 행위 혐의는 유죄판결이 내려졌지만, 왕재산이라는 단체 결성 혐의에 대해서는 증거 불충분으로 무죄판결이 내려졌다. 왕재산(旺載山)은 함경북도 온성군에 위치한 산으로 북한에서는 김일성의 항일유적지(1933년 3월 11일 김일성이 항일 유격대 부대를 소집하고 항일 무장 투쟁을 조선으로 확대하는 전략을 제시한 이른바 '왕재산 회의'를 열었던 곳)로서 개발되고 있다. ko.wikipedia.org

명확성의 원칙에 반한다고 할 수 없다.

9-2 **[헌재 92헌바6 · 26, 93헌바34 · 36 병합]** 현행 국가보안법 제4조에서 **'국가기밀'**이라는 개념의 내용이 다소 불명확하기는 하지만 일반적인 의미를 헌법합치적으로 한정해석을 한다면, 죄형법정주의의 명확성원칙에 위반한다고 볼 수는 없다.

9-3 **[헌재 89헌가104]** [군사기밀보호법 제6조에서 "군사상의 기밀"과 "부당한 방법으로" 탐지하거나 수집한 자를 처벌하도록 하고 있는 규정이 명확성의 원칙에 위배되는지 여부] [1] 군사기밀보호법상의 **"군사상의 기밀"**은 그 범위의 광범성이나 내용의 애매성이 문제될 소지가 있지만 (가) 그 대상에 대하여 군사기밀인 표지를 갖추게 하고 있으니 실제에 있어 그 애매성이 문제될 소지는 크지 않은 것이며 (나) 다만 그 범위의 광범성에 있어서는 "그 내용이 누설되는 경우 국가안전보장상 해로운 결과를 초래할 우려가 있을" 것이라는 요건이 헌법합치적으로 해석된다면 헌법 제37조 제2항에 저촉되지 않으면서 동 법률 조항의 존립목적이 달성될 수 있다. [2] **"부당한 방법**으로 탐지 · 수집한 자"라는 구성요건은 관계법령이 정하고 있는 적법한 절차에 의하지 아니하고 군사기밀을 탐지 · 수집한 자를 의미하는 것임이 분명하며 이러한 내용은 통상의 판단능력을 가진 사람이라면 충분히 그 의미를 이해할 수 있다고 사료되므로 "부당한 방법으로"라는 용어를 썼다는 이유만으로 구성요건의 구체성 내지 명확성을 결여하였다고 할 수는 없는 것이다.

10 **[대판 2012도7455]** [압수 · 수색영장을 집행할 때 피의자 등에 대한 **사전통지를 생략**할 수 있는 예외를 규정한 형사소송법 제122조 단서에서 **'급속을 요하는 때'의 의미** 및 위 규정이 명확성 원칙 등에 반하여 위헌인지 여부(소극)] 피의자 또는 변호인은 압수 · 수색영장의 집행에 참여할 수 있고(형사소송법 제219조, 제121조), 압수 · 수색영장을 집행함에는 원칙적으로 미리 집행의 일시와 장소를 피의자 등에게 통지하여야 하나(형사소송법 제122조 본문), '급속을 요하는 때'에는 위와 같은 통지를 생략할 수 있다(형사소송법 제122조 단서). **여기서 '급속을 요하는 때'라고 함은** 압수 · 수색영장 집행 사실을 미리 알려주면 **증거물을 은닉할 염려** 등이 있어 압수 · 수색의 실효를 거두기 어려울 경우라고 해석함이 옳고, 그와 같이 합리적인 해석이 가능하므로 형사소송법 제122조 단서가 명확성의 원칙 등에 반하여 위헌이라고 볼 수 없다.

11 **[대판 2012도4637] [곽노현 서울시 교육감 사건[12]]** [공직선거법 제232조 제1항 제2호가 죄형법정주의의 명확성 원칙에 위배되는지 여부(소극)] 공직선거법 제232조 제1항 제2호[13]의 경우, 그 의미와 내용을 명확하게 파악할 수 있는 합리적 해석기준을 어렵지 않게 도출할 수 있고, **처벌대상을 후보자를 사퇴한 데 대한 대가를 목적으로 '후보자이었던 사람에게 재산상의 이익이나 공사의 직을 제공하는 행위' 및 '후보자이었던 사람이 이를 수수하는 행위'에 한정하고 있으므로,** 건전한 상식과 통상적인 법감정을 가진 일반인이라면 위 규정의 적용대상자와 구체적으로 금지되는 행위의 내용을 충분히 알고 이에 비추어 자신의 행위를 결정할 수 있으며, 나아가 법을 해석 · 집행하는 기관이 위 규정을 자의적으로 해석하거나 집행할 우려가 있

12) 사안은 곽노현이 2010년 6월에 실시된 서울특별시 교육감 선거와 관련해 당시 후보였던 박명기에게 돈을 건넨 것이 후보단일화를 위한 대가로 '지방교육자치에 관한 법률' 위반인지가 쟁점이 되었다. 대법원은 후보자 사퇴에 대한 대가로 돈을 수수하거나 제공하였다고 판단하였다.

13) 공직선거법 제232조(후보자에 대한 매수 및 이해유도죄) ① 다음 각 호의 1에 해당하는 자는 7년 이하의 징역 또는 500만원 이상 5천만원 이하의 벌금에 처한다. 1. …… 2. 후보자가 되고자 하는 것을 중지하거나 후보자를 사퇴한데 대한 대가를 목적으로 후보자가 되고자 하였던 자나 후보자이었던 자에게 제230조 제1항 제1호에 규정된 행위를 한 자 또는 그 이익이나 직의 제공을 받거나 제공의 의사표시를 승낙한 자

다고 보기도 어렵다. 따라서 위 규정이 죄형법정주의의 명확성원칙 등에 위배된다고 볼 수 없다.

12-1 **[헌재 2012헌바323]** [유사석유제품을 제조하여 조세를 포탈한 자를 처벌하도록 규정한 구 조세범 처벌법 제5조가 죄형법정주의의 명확성원칙에 위배되는지 여부(소극)] 청구인은 심판대상조항이 "**유사석유제품을 제조하여 조세를 포탈한 자**"를 처벌하도록 규정하고 있을 뿐, 어떤 행위가 조세포탈 행위인지에 관하여 구체적인 기준을 전혀 규정하고 있지 않아 명확성원칙에 위배된다고 주장한다. …… (그러나) 심판대상조항은 이미 규정 자체에서 "유사석유제품을 제조"하는 행위와 관련하여 조세를 포탈한 자로 한정하고 있다. 따라서 심판대상조항에서 "조세를 포탈한 자"라는 문구만 보면 그 내용이 광범위하다고 볼 여지도 있으나 그 앞에 "유사석유제품을 제조"하는 구체적인 행위로 한정되어 있기 때문에 그와 관련한 행위, 즉 물품의 반출 내지 재화의 공급으로 교통·에너지·환경세, 교육세, 부가가치세 등의 납부 의무가 발생하고, 그 세금을 신고·납부기한 내에 납부하지 아니하는 등의 사유로 조세포탈의 기수에 이른 행위로 좁혀질 수 있다. 따라서 심판대상조항은 죄형법정주의의 명확성원칙에 위배되지 아니한다.

12-2 **[헌재 2006헌바24]** [유사석유제품의 생산 또는 판매를 금지하는 구 석유사업법 제33조 제3호, 제26조 중 유사석유제품의 생산 또는 판매에 관한 부분이 죄형법정주의의 명확성원칙에 위배되는지 여부(소극)] 구 석유사업법상 '**유사석유제품**'은 …… 이는 통상 "석유제품에 유사한 것" 따라서 "정품이 아닌 가짜 석유제품"으로 넉넉히 파악될 수 있다. 거기에다 이 사건 법률조항의 입법경위나 입법취지 그리고 20년 넘게 자동차 등의 연료로 사용 가능한 물질 중 그와 같은 용도로 유통시킬 의도로 생산, 판매하는 이른바 가짜 휘발유의 경우에만 적용되는 것으로 **그 의미를 한정해서 해석·적용**하여 온 운용의 실태를 아울러 본다면 이 사건 법률규정의 해석상 일어날 수 있는 적용범위의 광범성은 치유되었다고 보아야 할 것이다. 따라서 죄형법정주의의 명확성의 원칙을 위반하였다고 볼 수 없다.

13 **[헌재 2009헌바199] 모욕죄에 있어서 '공연성'**은 불특정 또는 다수인이 인식할 수 있는 상태에 있을 것임을 의미하는 데 개개의 사안에 따라 불특정 또는 다수인이 인식할 수 있는 상태에 있을 것을 인정할 수 있는 상황이 다를 수 있으므로 (가) 입법자가 공연성을 인정할 만한 개개의 유형 및 기준을 일일이 세분하여 구체적으로 한정한다는 것은 입법기술상 불가능하거나 현저히 곤란하고, (나) **'공연성'이나 '모욕' 여부를 판단하는 기준**은 추상적·일반적으로 결정될 수 없는 성질의 것으로서 사회통념과 건전한 상식에 따라 구체적·개별적으로 정해질 수밖에 없다. 결국 (다) 이 사건 형법 조항이 지닌 약간의 불명확성은 법관의 통상적인 해석 작용에 의하여 보완될 수 있고, (라) 이 사건 형법 조항의 입법목적 등을 고려하면 건전한 상식과 통상적인 법감정을 가진 일반인이라면 이 사건 형법 조항에 의하여 금지되는 행위가 무엇인지를 예측하는 것이 현저히 곤란하다고 보기는 어려울 뿐만 아니라, (마) 법집행기관이 이 사건 형법 조항을 자의적으로 확대하여 해석할 염려도 없으므로 이 사건 형법 조항이 죄형법정주의의 명확성원칙에 위반된다고 할 수 없다.

14 **[헌재 2009헌바90]** 조합임원에게 **조합원의 열람·등사 요청에 '즉시 응할' 의무를 부과**하고, 이를 위반하면 조합임원을 형사처벌하도록 규정하고 있는 구 '도시 및 주거환경정비법'(2007.12.21. 법률 제8785호로 개정되고, 2009.5.27. 법률 제9729호로 개정되기 전의 것) 제81조 제1항 및 '도시 및 주거환경정비법'(2007.12.21. 법률 제8785호로 개정된 것) 제86조 제6호는 … 단어의 의미와 조합임원에게 조합원의 열람·등사 요청에 응할 의무를 강제하는 취지 등을 종합하여 보면, 조합원의 열람·등사 요청에 **즉시 응하지 아니하는** 조합임원이면 누구라도 형사처벌의 대상자가 된다는 것을 충분히 예측할 수 있고, … 이 사건 법률

조항은 죄형법정주의의 명확성원칙에 위반되지 않는다.

15 [대판 2009도13332] [총포 · 도검 · 화약류 등 단속법 시행령 제23조 제2항에서 정한 '쏘아 올리는 꽃불류의 사용'에 '설치행위'도 포함되는지 여부(적극)] 총포 · 도검 · 화약류등단속법 제72조 제6호, 제18조 제4항 및 같은 법 시행령 제23조의 입법목적이 꽃불류의 설치 및 사용과정에서의 안전관리상의 주의의무 위반으로 인한 위험과 재해를 방지하고자 하는 것으로, 다른 꽃불류에 비하여 위험성의 정도가 높은 쏘아 올리는 꽃불류의 경우에는 같은 법 시행령 제23조 제1항 각 호에서 정한 기준을 준수하는 것만으로는 위와 같은 입법목적을 달성하기 어렵다고 보아 제2항에서 그 사용을 화약류관리보안책임자의 책임 하에 하여야 한다고 별도로 규정하고 있는 것으로 보이는 점 등에 비추어, 위 법 시행령 제23조 제2항에서의 **'사용'에는 쏘아 올리는 꽃불류의 '설치행위'도 포함**되는 것으로 해석되고, 이러한 해석이 형벌법규의 명확성의 원칙에 반하는 것이거나 죄형법정주의에 의하여 금지되는 확장해석이나 유추해석에 해당하는 것으로 볼 수는 없다.

16 [대판 2009도5945] [지방교육자치에 관한 법률 제22조 제3항이 죄형법정주의가 요구하는 명확성의 원칙에 반하는지 여부(소극)] 지방교육자치에관한법률 제22조 제3항에서 "교육감 선거에 관하여 이 법에 정한 것을 제외하고는 **그 성질에 반하지 않는 범위 안에서 공직선거법의 시 · 도지사선거에 관한 규정을 준용한다.**"고 정한 것이 죄형법정주의가 요구하는 명확성의 원칙에 위반된다고 볼 수 없다. … 위와 같은 포괄적 준용 조항을 둔 것은 공직자를 선출하기 위한 선거라는 본질적으로 같은 성질의 절차를 가능한 한 공직선거법이라는 단일한 법률에 의하여 통일적으로 규율하기 위한 것이어서 예측가능성의 면에서는 오히려 바람직한 면도 있다.

17 [대판 2008도9581] 구 정보통신망이용촉진및정보보호등에관한법률 제65조 제1항 제3호에서 규정하는 **"불안감"**은 평가적 · 정서적 판단을 요하는 **규범적 구성요건요소**이고, "불안감"이란 개념이 사전적으로 "마음이 편하지 아니하고 조마조마한 느낌"이라고 풀이되고 있어 이를 불명확하다고 볼 수는 없으므로, 위 규정 자체가 죄형법정주의 및 여기에서 파생된 명확성의 원칙에 반한다고 볼 수 없다.

18 [헌재 2008헌가21] ["계간(鷄姦) **기타 추행한** 자는 1년 이하의 징역에 처한다."라고 규정한 구 군형법 제92조 중 "기타 추행"에 관한 부분이 죄형법정주의의 명확성원칙에 위반되는지 여부] **"기타 추행"이란**, 계간에 이르지 아니한 동성애 성행위 등 객관적으로 일반인에게 혐오감을 일으키게 하고 선량한 성적 도덕관념에 반하는 성적 만족 행위로서 군이라는 공동사회의 건전한 생활과 군기를 침해하는 것을 의미한다고 할 것이고, 이에 해당하는지 여부는 행위자의 의사, 구체적 행위태양, 행위자들 사이의 관계, 그 행위가 공동생활이나 군기에 미치는 영향과 그 시대의 성적 도덕관념 등 제반 사정을 종합적으로 고려하여 신중히 결정되어야 할 것이다. 그렇다면 (가) 건전한 상식과 통상적인 법 감정을 가진 군형법 피적용자는 어떠한 행위가 이 사건 법률조항의 구성요건에 해당되는지 여부를 충분히 파악할 수 있고, (나) 그 전형적인 사례인 **'계간'은 '추행'이 무엇인지를 해석할 수 있는 판단지침**이 되며, (다) 대법원 판결 등에 의하여 구체적이고 종합적인 해석기준이 제시되고 있는 이상, 이 사건 법률조항은 죄형법정주의의 명확성원칙에 위배되지 아니한다.

19 [대판 2008도1857] [「폭력행위 등 처벌에 관한 법률」 제4조의 '활동' 부분이 명확성의 원칙에 반하

는지 여부(소극)] 폭력행위등처벌에관한법률 제4조 제1항에서 규정하고 있는 **범죄단체 구성원**으로서의 **"활동"**의 개념이 (가) 다소 추상적이고 포괄적인 측면이 있지만, (나) 폭력행위 등 처벌에 관한 법률이 집단적·상습적인 폭력범죄를 엄히 처벌하기 위하여 제정되었고, (다) 특히 이 사건 법률조항은 범죄단체의 사회적 해악의 중대성에 비추어 범죄의 실행 여부를 불문하고 범죄의 예비·음모의 성격을 갖는 범죄단체의 생성 및 존속 자체를 막으려는 데 그 입법 취지가 있는 점, (라) 범죄단체활동죄는 범죄단체 구성·가입죄가 즉시범으로 공소시효가 완성된 경우에는 이들을 처벌할 수 없다는 불합리한 점을 감안하여 그 처벌의 근거를 마련한 것이라는 점에서 범죄단체의 구성·가입죄와 별도로 범죄단체활동죄를 처벌할 필요성이 있는 점, (마) 어떠한 행위가 위 "활동"에 해당할 수 있는지는 구체적인 사건에 있어서 위 규정의 입법 취지 및 처벌의 정도 등을 고려한 법관의 합리적인 해석과 조리에 의하여 보충될 수 있는 점 등을 종합적으로 판단하면, 이 사건 법률조항 중 "활동" 부분이 죄형법정주의의 명확성의 원칙에 위배된다고 할 수 없다.

20 [대판 2007도6185] [건설공사의 수주 및 시공과 관련하여 부정한 청탁에 의한 금품수수행위를 금지하는 건설산업기본법 제38조의2[14] 규정 중 **'이해관계인' 부분**이 명확성의 원칙에 위배되는지 여부(소극)] 건설공사의 수주 및 시공과 관련하여 발주자, 수급인, 하수급인 또는 이해관계인이 부정한 청탁에 의한 금품을 수수하는 것을 금지하고 형사처벌하는 건설산업기본법 제38조의2와 제95조의2의 입법목적, 같은 법 제38조의2의 문언, 규정체계 등을 종합하여 볼 때, 같은 법 제38조의2의 **'이해관계인'**이란 (가) 건설공사를 도급 또는 하도급을 받을 목적으로 (나) 도급계약을 체결하기 위하여 경쟁하는 자로서 (다) 도급계약의 체결 여부에 직접적이고 법률적인 이해관계를 가진 자를 의미하고, 이러한 의미를 가진 '이해관계인' 규정이 죄형법정주의의 명확성의 원칙에 위배된다고 할 수 없다.

21 [헌재 2005헌바19] [사람의 궁박한 상태를 이용하여 현저하게 부당한 이익을 취득한 자는 3년 이하의 징역 또는 1천만 원 이하의 벌금에 처하도록 한 형법 제349조 제1항 중 '궁박', '현저하게 부당한 이익' 등의 용어들이 불명확한 개념으로서 죄형법정주의의 명확성의 원칙에 위배되는지 여부(소극)] (형법 제349조 제1항[15] 부당이득죄에 있어) **'궁박'**이나 **'현저하게 부당한 이익'**이라는 개념도 형법상의 **'지려천박(知慮淺薄)'**, **'기망'**, **'임무에 위배'** 등과 같이 범죄구성요건을 형성하는 개념 중 구체적 사안에 있어서 일정한 해석을 통하여 적용할 수 있는 일반적, 규범적 개념의 하나로서, **'궁박한 상태를 이용하여 현저하게 부당한 이익을 취득'**하였는지 여부는 (가) 사회통념 또는 건전한 상식에 따라 거래당사자의 신분과 상호 간의 관계, (나) 피해자가 처한 상황의 절박성의 정도, (다) 계약의 체결을 둘러싼 협상과정 및 피해자의 이익, (라) 피해자가 그 거래를 통해 추구하고자 한 목적을 달성하기 위한 다른 적절한 대안의 존재 여부 등 제반 상황을 종합한다면 합리적으로 판단할 수 있다고 할 것이므로 … 명확성의 원칙에 위배되지 아니한다.

22 [대판 2005도6525] [피고인의 광고 내용인 화상채팅 서비스가 청소년보호법 제8조 등에 의한 청소년보호위원회 고시에서 규정하는 **'불건전 전화 서비스 등'**에 포함된다고 해석하는 것이 형벌법규의 명확성 원칙에 반하지 아니한다고 한 사례] 이 사건 고시의 제정취지와 목적은 '폰팅, 전화방, 화상대화방 및 그

14) 건설산업기본법 제38조의2(부정한 청탁에 의한 재물 또는 재산상의 이익 취득 및 공여의 금지) 도급계약의 체결 또는 건설공사의 시공과 관련하여 발주자, 수급인, 하수급인 또는 **이해관계인**은 부정한 청탁에 의한 재물 또는 재산상의 이익을 취득하거나 공여하여서는 아니된다.

15) 형법 제349조(부당이득) ① 사람의 **궁박**한 상태를 이용하여 현저하게 **부당한 이익**을 취득한 자는 3년 이하의 징역 또는 1천만원 이하의 벌금에 처한다. [2020.12.8. 개정 전 조문]

와 동일시 할 수 있을 정도의 서비스 전화번호 광고' 혹은 '폰팅, 전화방, 화상대화방 및 그와 동일시 할 수 있을 정도의 서비스 이용을 안내하는 전화번호 광고'를 '불건전 전화 서비스 등 전화번호 광고'로 규제하려는 것임을 알 수 있는바, …… 따라서 화상채팅 서비스는 폰팅 및 화상대화방 서비스와 동일시 할 수 있을 정도의 것으로서 이 사건 고시의 '불건전 전화 서비스 등'에 포함된다고 보는 것이 상당하며, 이러한 해석이 형벌법규의 명확성의 원칙에 반하는 것이거나 죄형법정주의에 의하여 금지되는 확장해석이나 유추해석에 해당한다고 할 수도 없다.

23 [헌재 2004헌바45] [진술을 요할 자가 외국거주로 인하여 진술할 수 없는 경우에 예외적으로 전문증거의 증거능력을 인정하는 **형사소송법 제314조[16] 중 '외국거주'에 관한 부분**이 명확성원칙에 위배되는지 여부(소극)] 이 사건 법률조항의 외국거주의 의미에 대하여 형사소송법에서 아무런 정의규정을 두고 있지 않다. 그러나 이 사건 법률조항의 외국거주의 의미는 일상적으로 많이 사용되는 언어로서 일반인도 그 의미를 쉽게 알 수 있을 뿐만 아니라 형사소송법 제314조의 취지와 규정에 비추어 보면 이 사건 법률조항의 외국거주는 외국거주가 장기화하여 공판이 계속되는 동안 귀국할 가망이 없는 경우만을 뜻한다는 것을 알 수 있다. 또한 대법원도 이러한 취지에서 "외국거주라고 함은 진술을 요할 자가 외국에 있다는 것만으로는 부족하고, 가능하고 상당한 수단을 다하더라도 그 진술을 요할 자를 법정에 출석하게 할 수 없는 사정이 있어야" 한다고 판시하고 있다. 따라서 이 사건 법률조항은 보통의 상식을 가진 일반인이라면 그 의미를 충분히 알 수 있고, 법관의 보충적인 가치판단을 통해서 그 의미내용을 확인할 수 있을 뿐만 아니라 그러한 보충적 해석이 해석자의 개인적인 취향에 따라 좌우될 가능성이 없으므로 명확성의 원칙에 반하지 않는다.

24 [대판 2003도5980] [청소년보호법 제26조의2 제8호가 명확성의 원칙에 반하여 실질적 죄형법정주의에 반하는지 여부(소극)] 청소년보호법 제26조의2 제8호 소정의 "**풍기를 문란하게 하는 영업행위**를 하거나 그를 목적으로 장소를 제공하는 행위"의 의미는 청소년보호법의 입법 취지, 입법연혁, 규정형식에 비추어 볼 때 "청소년이 건전한 인격체로 성장하는 것을 침해하는 영업행위 또는 그를 목적으로 장소를 제공하는 행위"를 의미하는 것으로 보아야 할 것이고, 그 구체적인 예가 바로 위 규정에 열거된 "청소년에 대하여 이성혼숙을 하게 하거나 그를 목적으로 장소를 제공하는 행위" 등이라고 보이는바, … 위 법률조항은 명확성의 원칙에 반하지 아니하여 실질적 죄형법정주의에도 반하지 아니한다.

25 [헌재 2003헌바52] [공무원이 정당한 이유없이 그 직무수행을 거부하거나 그 직무를 유기한 때에는 1년 이하의 징역이나 금고 또는 3년 이하의 자격정지에 처하도록 한 형법 제122조 중 '직무', '유기' 등의 용어들이 불명확한 개념으로서 죄형법정주의의 명확성의 원칙에 위배되는지 여부(소극)] **형법 제122조[17] 중 '직무' 또는 '유기'의 의미**가 무엇인지, 그에 해당하는 범위가 어디까지인지는 다소 불분명한 점이 있으

16) 형사소송법 제314조(증거능력에 대한 예외) 제312조 또는 제313조의 경우에 공판준비 또는 공판기일에 진술을 요하는 자가 사망·질병·외국거주·소재불명 그 밖에 이에 준하는 사유로 인하여 진술할 수 없는 때에는 그 조서 및 그 밖의 서류(피고인 또는 피고인 아닌 자가 작성하였거나 진술한 내용이 포함된 문자·사진·영상 등의 정보로서 컴퓨터용디스크, 그 밖에 이와 비슷한 정보저장매체에 저장된 것을 포함한다)를 증거로 할 수 있다. 다만, 그 진술 또는 작성이 특히 신빙할 수 있는 상태 하에서 행하여졌음이 증명된 때에 한한다.

17) 형법 제122조(직무유기) 공무원이 정당한 이유 없이 그 직무수행을 거부하거나 그 **직무를 유기**한 때에는 1년 이하의 징역이나 금고 또는 3년 이하의 자격정지에 처한다.

나, 직무유기죄의 입법 취지 및 보호법익, 그 적용대상의 특수성 등을 고려할 때, '직무'란 공무원이 법령의 근거 또는 특별한 지시, 명령에 의하여 맡은 일을 제 때에 집행하지 아니함으로써 그 집행의 실효를 거둘 수 없게 될 가능성이 있는 때의 구체적인 업무를 말한다 할 것이고, '유기'는 직무의 의식적 방임 내지 포기로서 단순한 태만, 분망, 착각 등으로 인하여 직무를 성실히 수행하지 아니한 경우나 형식적으로 또는 소홀히 직무를 수행하였기 때문에 성실한 직무수행을 못한 것에 불과한 경우는 제외된다고 해석할 수 있는바, 이 사건 법률조항이 지닌 약간의 불명확성은 법관의 통상적인 해석 작용에 의하여 충분히 보완될 수 있고, 건전한 상식과 통상적인 법감정을 가진 일반인 및 이 사건 법률조항의 피적용자인 공무원이라면 금지되는 행위가 무엇인지 예측할 수 있다고 할 것이므로 이 사건 법률조항은 죄형법정주의에서 요구되는 명확성의 원칙에 위배되지 아니 한다.

26 **[헌재 2003헌바51]** [노동운동 기타 공무 이외의 일을 위한 집단적 행위를 금지하면서, 사실상 노무에 종사하는 공무원 중 대통령령 등이 정하는 자에 한하여 노동3권을 인정하는 국가공무원법 제66조 제1항 중 '노동운동', '공무 이외의 일을 위한 집단행위', '사실상 노무에 종사하는 공무원' 부분이 명확성원칙에 위반되는지 여부(소극)] **'노동운동'**의 개념은 근로자의 근로조건의 향상을 위한 단결권 · 단체교섭권 · 단체행동권 등 근로3권을 기초로 하여 이에 직접 관련된 행위를 의미하는 것으로 좁게 해석하여야 하고, **'공무 이외의 일을 위한 집단행위'**의 개념도 모든 집단행위를 의미하는 것이 아니라 공무 이외의 일을 위한 집단행위 중 공익에 반하는 행위로 축소하여 해석하여야 하는데, 법원도 위 개념들을 해석 · 적용함에 있어서 위와 유사하게 해석하고 있다. 아울러 **'사실상 노무에 종사하는 공무원'**의 개념은 공무원의 주된 직무를 정신활동으로 보고 이에 대비되는 신체활동에 종사하는 공무원으로 명확하게 해석된다.

27 **[헌재 2002헌바35]** [예비군 훈련 소집 통지서를 수령할 의무가 있는 자가 그 수령을 거부한 때 처벌하도록 규정하면서 **수령의무자의 범위에 관하여** 아무런 정의를 하지 아니하고 있는 향토예비군설치법 제15조 제9항 후문이 죄형법정주의 상 요구되는 명확성의 원칙에 위배되어 위헌인지 여부(소극)] 향토예비군설치법에 규정되어 있는 예비군훈련에 관한 제반 내용을 종합해 볼 때, 향토예비군설치법 제15조 제9항 후문에서 규정한 **'소집통지서를 수령할 의무가 있는 자'**란 (가) 향토예비군설치법에 따른 향토예비군 대원으로서 국방부장관의 예비군훈련의 소집대상이 된 자임을 용이하게 파악할 수 있다고 할 것이고 (나) 건전한 상식과 통상적인 법감정을 가진 사람이라면 향토예비군설치법 소정의 훈련소집 대상 예비군대원이 위 통지서의 수령의무자가 된다는 점을 충분히 알 수 있다고 할 것이므로 이 사건 법률조항은 죄형법정주의에서 요구하는 명확성의 원칙에 위배되지 아니한다.

28 **[대판 2000도4187]** [유해화학물질관리법 제35조 제1항 및 유해화학물질관리법시행령 제22조의 규정이 법치주의 및 죄형법정주의에 위반되는지 여부(소극)] 유해화학물질관리법 제35조 제1항에서 금지하는 환각물질을 구체적으로 명확하게 규정하지 아니하고 다만 그 성질에 관하여 **'흥분 · 환각 또는 마취의 작용을 일으키는 유해화학물질**로서 대통령령이 정하는 물질'로 그 한계를 설정하여 놓고, 같은 법 시행령 제22조에서 이를 구체적으로 규정하게 한 취지는 과학 기술의 급격한 발전으로 말미암아 흥분 · 환각 또는 마취의 작용을 일으키는 유해화학물질이 수시로 생겨나기 때문에 이에 신속하게 대처하려는 데에 있으므로, **위임의 한계를 벗어난 것으로 볼 수 없고,** 한편 그러한 환각물질은 누구에게나 그 섭취 또는 흡입행위 자체가 금지됨이 마땅하므로, 일반적으로 술을 마시는 행위 자체가 금지된 것이 아니라 주취상태에서의

자동차 운전행위만이 금지되는 도로교통법상의 주취상태를 판정하는 혈중 알코올농도와 같이 그 섭취 기준을 따로 정할 필요가 있다고 할 수 없으므로, 같은 법 제35조 제1항의 **'섭취 또는 흡입'의 개념**이 추상적이고 불명확하다거나 지나치게 광범위하다고 볼 수도 없다.

29 **[대판 2000도1007]** [구 식품위생법 제7조 제1항 및 구 식품공전 제3.의 규정이 죄형법정주의에 위배되는지 여부(소극)] 구 식품위생법 제7조 제1항 소정의 식품 또는 식품첨가물은 지극히 다양할 뿐만 아니라 … ① **일반인들의 전래적인 식생활이나 통념상 식용으로 하지 아니하는 것, ③ 식품원료로서 안전성 및 건전성이 입증되지 아니한 것"**이라고 규정하고 있는바, 위 '일반인들의 전래적인 식생활이나 통념상 식용으로 하지 아니하는 것', '식품원료로서 안전성 및 건전성이 입증되지 아니한 것'의 **개념이 다소 불명확하다고 보여지나,** 일반인들이 식용으로 하는 것과 식용으로 하지 아니하는 것은 너무 다양하여 일일이 나열할 수 없고, 또 안전성 및 건전성이 입증되지 아니한 식품원료를 미리 예측하여 규정하는 것이 사실상 불가능한 점에 비추어 보면, … **명확성을 결한 것이라고는 할 수 없다.**

30 **[헌재 97헌바23]** [형법 제314조 중 '위력' '업무' '방해' 등의 용어들이 불명확한 개념으로서 죄형법정주의의 한 내용인 명확성의 원칙에 반하는지 여부(소극)] 위 법조항(형법 제314조[18]) 중 **'위력' '업무' '방해'** 등의 용어들이 다소 광범위한 해석의 여지를 두고 있는 것은 사실이나 위 법조항의 보호법익, 같이 규정된 다른 행위태양인 '허위사실의 유포'나 '위계' 그리고 위 법조항 규정과 함께 같은 장에 규정되어 있는 신용훼손죄나 경매방해죄의 해석, 그외 형사법상의 폭력, 폭행, 협박 등의 개념과 관련지어 볼 때 일반적으로 **'위력'이라 함은** 사람의 의사의 자유를 제압·혼란케 할 만한 일체의 세력을 뜻하고, **'업무'란** 사람이 그 사회적 지위에 있어서 계속적으로 종사하는 사무 또는 사업을 뜻하며, **'방해'란** 업무에 어떤 지장을 주거나 지장을 줄 위험을 발생하게 하는 것을 뜻하는 것으로 해석할 수 있고, 이러한 해석은 건전한 상식과 통상적인 법감정을 가진 일반인으로서도 능히 인식할 수 있는 것으로서 어떠한 행위가 이에 해당하는지 의심을 가질 정도로 불명확한 개념이라고는 볼 수 없다.

31 **[대판 94도2413]** **["즐거운 사라" 사건[19]]** 형법 제243조(음화반포등),[20] 제244조(음화제조등)[21]에서 규정하는 **"음란"은 평가적, 정서적 판단을 요하는 규범적 구성요건 요소**이고, **"음란"이란 개념**이 일반 보통인의 성욕을 자극하여 성적 흥분을 유발하고 정상적인 성적 수치심을 해하여 성적 도의관념에 반하는 것이라고 풀이되고 있으므로 이를 불명확하다고 볼 수 없기 때문에, 형법 제243조와 제244조의 규정이 죄형법정주의에 반하는 것이라고 할 수 없다.

32 **[헌재 93헌바65]** [「보건범죄단속에 관한 특별조치법」 제5조 중 "한방의료행위"부분이 죄형법정주의

18) 형법 제314조(업무방해) ① 제313조의 방법 또는 **위력**으로써 사람의 **업무를 방해**한 자는 5년 이하의 징역 또는 1천 500만원 이하의 벌금에 처한다.

19) **'즐거운 사라' 사건**은 연세대교수인 마광수교수가 1991년 소설 《즐거운 사라》를 출간하면서, 외설논쟁에 휘말리게 되고, 그 이듬해인 1992년에는 본 서적이 음란물로 분류되어 음란물 제작 및 배포 혐의로 전격 구속되었다. 당시 표현의 자유의 한계와 관련하여 큰 이슈가 된 사건이다.

20) 형법 제243조(음화반포등) **음란한** 문서, 도화, 필름 기타 물건을 반포, 판매 또는 임대하거나 공연히 전시 또는 상영한 자는 1년 이하의 징역 또는 500만원 이하의 벌금에 처한다.

21) 형법 제244조(음화제조등) 제243조의 행위에 공할 목적으로 **음란한** 물건을 제조, 소지, 수입 또는 수출한 자는 1년 이하의 징역 또는 500만원 이하의 벌금에 처한다.

에 위배 되는지 여부] 의료법의 입법목적, 의료인의 사명에 관한 의료법상의 여러 규정들과 한방의료행위에 관련된 법령의 변천과정 등에 비추어 보면 **"침시술행위"**는 그 시술방법과 원리를 보거나 현행 한의사의 시험과목에 침구학을 추가하는 한편 비록 기존의 침사·구사의 시술행위는 인정하나 새로운 침사·구사의 자격을 부여하지 아니한 사실 등에 미루어 한방의료행위에 포함되는 것이 명백하고, 보건범죄단속에 관한특별조치법 제5조 중 **"한방의료행위" 부분**은 우리의 옛 선조들로부터 전통적으로 내려오는 한의학을 기초로 한 질병의 예방이나 치료행위를 하는 것을 의미한다고 볼 수 있기 때문에 그 개념이 불명확한 것으로 볼 수 없으므로 죄형법정주의에서 요구하는 형벌법규의 명확성의 원칙에 위배된다고 볼 수 없다.

3 형벌법규의 흠결과 해석의 한계(1) – 허용된 해석과 금지된 유추 –

* 대법원 1994. 12. 20. 선고 94모32 전원합의체결정
* 참조조문: 형법 제164조 제1항,[1] 제165조,[2] 제166조,[3] 제167조,[4] 제170조[5]

형법 제170조 제2항에서 '자기의 소유에 속하는 제166조 또는 제167조에 기재한 물건'의 해석과 죄형법정주의 원칙

●**사실**● 피고인 X는 1993.3.23. 16:00경 대전 대덕구 송천동 피해자 A 등 소유의 사과나무 밭에서 바람이 세게 불어 담뱃불을 붙이기 어렵게 되자 마른풀을 모아 놓고 성냥불을 켜 담뱃불을 붙인 뒤, 그 불이 완전히 소화되었는지 여부를 확인하지 않은 채 자리를 이탈한 **과실로** 남은 불씨가 주변에 있는 잔디와 피해자들의 사과나무에 옮겨 붙어 시가 671만원 상당을 소훼하였다.

검사는 X를 형법 제170조(실화죄) 제2항을 적용하여 공소를 제기하였다. 제1심법원은 형법 제170조 제2항은 **타인의 소유에 속하는 제167조에 기재한 물건**을 불태운 경우에는 적용될 수 없다고 하여 공소기각 결정(형소법 328①)을 하였고 이 결정에 대해 검사가 즉시항고 하였다. 그러나 원심법원은 검사의 즉시항고를 기각하여 제1심의 결정을 유지하였다. 검사는 다시 대법원에 재항고 하였다. 대법원은 검사의 재항고를 인용하여 제1심 결정 및 원심 결정을 모두 취소하고 사건을 제1심법원에 환송하였다.

●**결정요지**● 「**[다수의견]** 형법 제170조 제2항에서 말하는 '자기의 소유에 속하는 제166조 또는 제167조에 기재한 물건'이라 함은 '자기의 소유에 속하는 제166조에 기재한 물건 또는 **자기의 소유에 속하든, 타인의 소유에 속하든 불문하고** 제167조에 기재한 물건'을 의미하는 것이라고 해석하여야 하며, 제170조 제1항과 제2항의 관계로 보아서도 제166조에 기재한 물건(일반건조물 등) 중 타인의 소유에 속하는 것에 관하여는 제1항에서 규정하고 있기 때문에 제2항에서는 그중 자기의 소유에 속하는 것에 관하여 규정하고, 제167조에 기재한 물건에 관하여는 소유의 귀속을 불문하고 그 대상으로 삼아 규정하고 있는 것이라고 봄이 관련조문을 **전체적, 종합적으로 해석하는 방법**일 것이고, 이렇게 해석한다고 하더라도 그것이 **법규정의 가능한 의미를 벗어나 법형성이나 법창조 행위에 이른 것이라고는 할 수 없어** 죄형법정주의의 원칙상 금지되는 유추해석이나 확장해석에 해당한다고 볼 수는 없을 것이다.

---

1) 형법 제164조(현주건조물 등에의 방화) ① 불을 놓아 사람이 주거로 사용하거나 사람이 현존하는 건조물, 기차, 전차, 자동차, 선박, 항공기 또는 지하채굴시설을 불태운 자는 무기 또는 3년 이상의 징역에 처한다.

2) 형법 제165조(공용건조물 등에의 방화) 불을 놓아 공용으로 사용하거나 공익을 위해 사용하는 건조물, 기차, 전차, 자동차, 선박, 항공기 또는 지하채굴시설을 불태운 자는 무기 또는 3년 이상의 징역에 처한다.

3) 형법 제166조(일반건조물 등에의 방화) ① 불을 놓아 전2조에 기재한 이외의 건조물, 기차, 전차, 자동차, 선박, 항공기 또는 광갱을 불태운 자는 2년 이상의 유기징역에 처한다. ② 자기 소유에 속하는 제1항의 물건을 불태워 공공의 위험을 발생하게 한 자는 7년 이하의 징역 또는 1천만원 이하의 벌금에 처한다.

4) 형법 제167조(일반물건에의 방화) ① 불을 놓아 전3조에 기재한 이외의 물건을 불태워 공공의 위험을 발생하게 한 자는 1년 이상 10년 이하의 징역에 처한다. ② 제1항의 물건이 자기의 소유에 속한 때에는 3년 이하의 징역 또는 700만원 이하의 벌금에 처한다.

5) 형법 제170조(실화) ① 과실로 제164조 또는 제165조에 기재한 물건 또는 타인 소유인 제166조에 기재한 물건을 불태운 자는 1천 500만원 이하의 벌금에 처한다. ② 과실로 자기 소유인 제166조의 물건 또는 제167조에 기재한 물건을 불태워 공공의 위험을 발생하게 한 자도 제1항의 형에 처한다. **cf)** 대상판결의 이해를 돕기 위해 2020.12.8. 개정되기 전의 형법 제170조 제2항을 옮겨둔다.
형법 제170조(실화) ② 과실로 인하여 **자기의 소유에 속하는 제166조 또는 제167조에 기재한 물건**을 소훼하여 공공의 위험을 발생하게 한 자도 전항의 형과 같다.

[반대의견] 형법 제170조 제2항은 명백히 '자기의 소유에 속하는 제166조 또는 제167조에 기재한 물건'이라고 되어 있을 뿐 '자기의 소유에 속하는 제166조에 기재한 물건 또는 제167조에 기재한 물건'이라고는 되어 있지 아니하므로, **우리말의 보통의 표현방법으로는 '자기의 소유에 속하는'이라는 말은 '제166조 또는 제167조에 기재한 물건'을 한꺼번에 수식하는 것으로 볼 수밖에 없고**, 같은 규정이 '자기의 소유에 속하는 제166조에 기재한 물건 또는 아무런 제한이 따르지 않는 단순한, 제167조에 기재한 물건'을 뜻하는 것으로 볼 수는 없다」.

●**해설**● 1 대상판결은 유추해석의 의미를 되새기게 하는 대표적인 사안으로 소개된다. **유추해석**이란 일정한 사항에 대해 아직 직접 적용할 법규가 없는 상황(**입법의 흠결상황**)과 관련된다. 이런 상황에도 법관은 재판을 회피할 수 없고 사법 판단을 내려야 한다. 추상적 규범과 구체적 사실 사이에서 법률보충적 법관의 해석은 필연적이다. 이때 이와 비슷한 기존의 법규를 차용하여 적용하는 것이 유추해석이다.

2 일반적으로 '유추해석은 금지되지만, 확장해석은 허용된다'고 한다[6]. 그리고 허용된 확장해석의 한계는 **'문언의 가능한 의미'의 범위**에 의해 결정된다고 한다. 따라서 '문언의 가능한 의미' 내에 있으면 허용되는 해석이지만, 이를 벗어나면 법관에 의한 법 창조로 금지되는 유추로 본다(헌법상의 권력분립정신에 반한다). 하지만 그 한계는 미묘하다.

3 **'문언의 가능한 의미'**의 기준은 **국민의 예측가능성의 범위**를 기준으로 판단되어야 할 것이다. 법의 1차적 수범자는 법관이 아니라 일반 국민이다. 따라서 법률상의 언어와 문장에 대한 해석은 일반 국민의 예측가능한 범위 내에서 이루어져야 하고 이러한 예측가능한 한계가 바로 해석의 한계가 되어야 한다.

4 때문에 행위 시의 형벌법규로 보아 국민이 예측불가능한 행위를 처벌하여서는 안 된다. 다만 예측가능한지 여부는 재판 시점에서 실질적으로 판단되어야 한다. 문언의 가능한 의미의 범위 내에서 선택할 수 있는 복수의 해석 중에서 어떤 것이 가장 합리적인지를 찾아내기 위해서는 법문의 본래적 의미(핵심부분)로부터의 거리와 해당 범죄유형의 법익보호의 필요성과의 비교형량이 필요하다. 그리고 그러한 판단을 객관화하기 위하여 범죄론의 체계화, 보호법익에 대한 분석 등이 이루어져야 한다.[7]

5 대상사안에서 대법원의 다수의견과 반대의견은 과실로 인하여 '타인의 소유에 속하는 일반물건을 소훼하여 공공의 위험을 발생하게 한 경우' 그 처벌에 대한 필요성이 있다는 점(처벌의 흠결)에 대해서는 의견을 같이하였다. 사안에서 다투어진 점은 형법 제170조 제2항의 "자기의 소유에 속하는"이라는 구절이 "제166조"만 수식하는지 아니면 "제167조"까지 수식하는지였다.

6 (a) **다수의견**은 "자기의 소유에 속하는 제166조에 기재한 물건 또는 **자기의 소유에 속하든, 타인의 소유에 속하든 불문하고** 제167조에 기재한 물건"을 의미하는 것이라고 해석하더라도 법 규정의 가능한 의미를 벗어난 유추해석이 아니라고 본 반면 (b) **소수의견**은 "자기의 소유에 속하는 제166조 또는 제167조에 기재한 물건"이라는 말에서 "자기의 소유에 속하는"은 제166조에 또는 제167조에 기재한 물건을

---

6) 하지만 대법원은 대상판결에서 확장해석도 유추해석과 같이 금지되는 것으로 판시하고 있다.

7) 前田雅英 · 星周一郎/박상진 · 김잔디(역), 최신중요 일본형법판례 250선(총론편), 4면.

한꺼번에 수식한다고 보는 것이 우리말 표현 방법에 맞다고 보아 다수의견과 같이 해석하는 것은 유추해석금지에 반하는 것으로 판단한다.

7 다수의견은 과실로 자신의 물건을 소훼한 경우가 처벌된다면, '당연히' 다른 사람의 물건을 소훼한 경우도 처벌되어야 한다는 '물론해석(勿論解釋)'의 형태를 취한 것이다(**법익보호적 관점**). 이에 반해 반대의견은 「그 처벌의 필요성은 법의 개정을 통하여 이를 충족시켜야 할 것이고 법의 개정에 의하지 아니한 채 형법의 처벌규정을 우리말의 보통의 표현방법으로는 도저히 해석할 수 없는 다른 의미로 해석하는 것에 의하여 그 목적을 달성하려고 한다면 그것은 **죄형법정주의의 정신을 훼손**할 염려가 크다」고 판단하였다.

8 대상판결과 유사한 판결이 있다. 「구 화물자동차 운수사업법 제48조 제4호, 제39조의 처벌대상인 '자가용화물자동차를 **유상으로** 화물운송용에 제공**하거나** 임대하는 행위'란 자가용화물자동차를 '유상으로 화물운송용에 제공하는 행위'**와** '임대하는 행위'를 의미한다」고 판시하여 그 처벌의 대상을 확장하였다(대판 2008도6693, Ref 1-7).

Reference 1

형벌법규 해석의 법리

1 **[대판 2018도3443] [죄형법정주의 취지에 따른 형벌법규의 해석 원칙]** 죄형법정주의는 국가형벌권의 자의적인 행사로부터 개인의 자유와 권리를 보호하기 위하여 범죄와 형벌을 법률로 정할 것을 요구한다. 그러한 취지에 비추어 보면 형벌법규의 해석은 엄격하여야 하고, 명문의 형벌법규의 의미를 피고인에게 불리한 방향으로 지나치게 확장해석하거나 유추해석하는 것은 죄형법정주의의 원칙에 어긋나는 것으로서 허용되지 아니하나, 형벌법규의 해석에서도 법률문언의 통상적인 의미를 벗어나지 않는 한 그 법률의 입법취지와 목적, 입법연혁 등을 고려한 **목적론적 해석**이 배제되는 것은 아니다.

2 **[대판 2017도13182]** 형벌법규의 해석은 엄격해야 하고 명문규정의 의미를 지나치게 확장해석하거나 유추해석하는 것은 죄형법정주의 원칙에 어긋나는 것으로서 허용되지 않는다. 그리고 이러한 법해석의 원리는 형벌법규의 적용대상이 행정법규가 규정한 사항을 내용으로 하고 있는 경우에 그 **행정법규를 해석할 때에도 마찬가지로 적용**된다.

3 **[대판 2015도8335 전원합의체]** 죄형법정주의는 국가형벌권의 자의적인 행사로부터 개인의 자유와 권리를 보호하기 위하여 범죄와 형벌을 법률로 정할 것을 요구한다. 그러한 취지에 비추어 보면 (가) **형벌법규의 해석**은 엄격하여야 하고, 문언의 가능한 의미를 벗어나 피고인에게 불리한 방향으로 해석하는 것은 죄형법정주의의 내용인 확장해석금지에 따라 허용되지 아니한다. (나) 법률을 해석할 때 입법 취지와 목적, 제·개정 연혁, 법질서 전체와의 조화, 다른 법령과의 관계 등을 고려하는 체계적·논리적 해석 방법을 사용할 수 있으나, (다) **문언 자체가 비교적 명확한 개념으로 구성되어 있다면 원칙적으로 이러한 해석 방법은 활용할 필요가 없거나 제한될 수밖에 없다**. 죄형법정주의 원칙이 적용되는 형벌법규의 해석에서는 더욱 그러하다.

4 **[대판 2007도2162]** 형벌법규의 해석에 있어서도 가능한 문언의 의미 내에서 당해 규정의 입법 취지와 목적 등을 고려한 법률체계적 연관성에 따라 그 문언의 논리적 의미를 분명히 밝히는 **체계적 · 논리적 해석** 방법은 그 규정의 본질적 내용에 가장 접근한 해석을 위한 것으로서 죄형법정주의의 원칙에 부합한다.

5 **[대판 2004도4049]** (가) 형벌법규의 해석에 있어서 유추해석이나 확장해석도 피고인에게 유리한 경우에는 가능한 것이나, (나) 문리를 넘어서는 이러한 해석은 그렇게 해석하지 아니하면 그 결과가 현저히 형평과 정의에 반하거나 심각한 불합리가 초래되는 경우에 한하여야 할 것이고, (다) 그렇지 아니하는 한 입법자가 그 나름대로의 근거와 합리성을 가지고 입법한 경우에는 입법자의 재량을 존중하여야 하는 것이다.

6 **[대판 96도1167 전원합의체]** 형벌법규의 해석에 있어서 법규정 문언의 가능한 의미를 벗어나는 경우에는 유추해석으로서 죄형법정주의에 위반하게 된다. 그리고 유추해석금지의 원칙은 (가) 모든 형벌법규의 구성요건과 가벌성에 관한 규정에 준용되는 데, (나) **위법성 및 책임의 조각사유나 소추조건, 또는 처벌조각사유인 형면제** 사유에 관하여 그 범위를 **제한적으로 유추적용**하게 되면 행위자의 **가벌성의 범위는 확대**되어 행위자에게 불리하게 되는바, 이는 가능한 문언의 의미를 넘어 범죄구성요건을 유추적용하는 것과 같은 결과가 초래되므로 죄형법정주의의 파생원칙인 유추해석금지의 원칙에 위반하여 허용될 수 없다.

대상판결과 유사한 판례

7 **[대판 2008도6693]** [구 화물자동차 운수사업법 제48조 제4호, 제39조의 처벌대상인 **'자가용화물자동차를 유상으로 화물운송용에 제공하거나 임대하는 행위'의 의미**] [1] **원심은**, 법 제39조와 제48조 제4호의 규정이 실질적인 유상 화물운송행위의 금지를 그 주된 목적으로 하는 것일 뿐 자가용화물자동차의 유상 임대행위 자체를 금지하고자 하는 취지는 아니고, 자가용화물자동차의 대여행위는 재산권 보장에 관한 헌법 제23조, 직업선택의 자유에 관한 헌법 제15조 등에 의하여 보장되는 것이므로 이를 제한하는 법률은 엄격하게 해석되어야 하는 점 등에 비추어, 위 규정들은 자가용화물자동차의 소유자 등이 그 자동차를 이용하여 불법적으로 운수사업을 경영하는 등의 방법으로 각종 규제를 잠탈하는 것을 방지하기 위하여, 자가용화물자동차를 '유상으로 화물운송용에 제공'함으로써 실질적으로 화물자동차 운수사업을 영위하거나 '유상으로 화물운송용에 임대'함으로써 간접적으로 화물자동차 운수사업에 관여하는 행위를 금지하는 규정이라고 봄이 상당하다고 전제한 다음, 법 제39조 위반을 이유로 자가용화물자동차의 소유자 등을 처벌하려면 자가용화물자동차를 유상으로 타인의 사용에 제공하거나 임대한 것만으로는 안 되고 그에 더하여 그 자동차에 의한 화물운송행위 역시 유상으로 이루어진 사실, 즉 임대인이 화물운송의 대가를 수수하기로 하였거나 유상 화물운송을 위하여 임대한 사실까지 인정되어야 하는데, 피고인들이 공소사실 기재와 같이 자가용화물자동차를 **임대한 사실은 인정되나 '유상으로 화물운송용에' 제공하거나 임대하였다고 볼 증거가 없어** 결국 피고인들은 유상 화물운송과는 무관하게 자가용화물자동차를 임대한 것이라고 보아, 피고인들에게 **무죄를 선고**하였다. [2] 그러나 원심의 위와 같은 판단은 수긍하기 어렵다. 화물자동차 운수사업법은 화물의 원활한 운송을 도모함으로써 공공복리의 증진에 기여함을 목적으로 하고 있고(법 제1조), '화물자동차 운수사업'이란 화물자동차 운송사업, 화물자동차 운송주선사업 및 화물자동차 운송가맹사업만을 의미하는 것이어서(법 제2조 제2항) 화물자동차 대여사업은 이에 포함되지 않을 뿐 아니라, 여객자동차 운수사업법 제30조와 그 시행규칙 제67조에서도 화물자동차는 자동차대여사업에 사용할 수 있는 자동차의

범위에 포함되어 있지 않은 점, 화물의 원활한 운송 및 공공복리의 증진이라는 화물자동차 운수사업법의 목적 및 이를 달성하기 위해 국내 물류운송 시장의 건전한 발전과 그 과정에서의 왜곡을 방지하고자 하는 위 규정들의 취지, 그 밖에 관련 법률의 체계와 상호관계 및 화물자동차 운수사업과 관련된 입법정책 등을 종합해 보면, 이 사건 처벌의 대상이 되는 '자가용화물자동차를 유상으로 화물운송용에 제공하거나 임대하는 행위'라 함은 자가용화물자동차를 **'유상으로 화물운송용에 제공하는 행위'와 '임대하는 행위'를 의미**한다고 보아야 할 것이다.

Reference 2

대상행위가 문언의 '가능한 의미 범위 내'에 있다고 본 판결

예) [대판 2017도 16732]

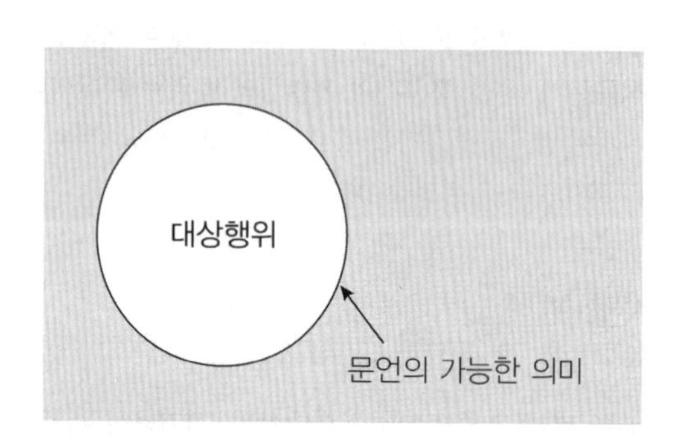

전기가 흐르는
쇠꼬챙이를 개의
주둥이에 대어
감전케 한 행위

"잔인한 방법"

1 [대판 2020도12017] [**법정소동죄 등을 규정한 형법 제138조**[8]**에서의 '법원의 재판'에 '헌법재판소의 심판'을 포함시키는 해석**이 피고인에게 불리한 확장해석이나 유추해석에 해당하는지 여부(소극)] 법원의 재판 또는 국회의 심의를 방해 또는 위협할 목적으로 법정이나 국회회의장 또는 그 부근에서 모욕 또는 소동한 자를 처벌하는 형법 제138조의 규정은, 법원 혹은 국회라는 국가기관을 보호하기 위한 것이 아니라 법원의 재판기능 및 국회의 심의기능을 보호하기 위하여 마련된 것으로, 제정 당시 그 입법경위를 살펴보면 행정기관의 일상적인 행정업무와 차별화되는 위 각 기능의 중요성 및 신성성에도 불구하고 경찰력 등 자체적 권력집행수단을 갖추지 못한 국가기관의 한계에서 생길 수 있는 재판 및 입법기능에 대한 보호의 흠결을 보완하기 위한 것임을 알 수 있다. 이와 같은 본조의 보호법익 및 입법 취지에 비추어 볼 때 헌법재판소의 헌법재판기능을 본조의 적용대상에서 제외하는 해석이 입법의 의도라고는 보기 어렵다. 본조 제정 당시 헌법재판소가 설치되어 있지 않았고 오히려 당시 헌법재판의 핵심적 부분인 위헌법률심사 기능을 맡은 헌법위원회가 헌법상 법원의 장에 함께 규정되어 있었으며 탄핵심판 기능을 맡은 탄핵재판소 역시 본조의 적용대상인 국회의 장에 함께 규정되어 있었고, 더 나아가 1962년 제3공화국 헌법에서는 위헌법률심사와 정당해산심판 기능이 대법원 관장사항으로 규정되기까지 한 사정도 이를 뒷받침한다. 이는 본조의 적용대상으로 규정한 법원의 '재판기능'에 '헌법재판기능'이 포함된다고 보는 것이 입법 취지나 문언의 통상적인 의미에 보다 충실한 해석임을 나타낸다. …… 결국, 본조에서의 **법원의 재판에 헌법재판소의 심판이**

8) 형법 제138조(법정 또는 국회회의장모욕) **법원의 재판** 또는 국회의 심의를 방해 또는 위협할 목적으로 법정이나 국회회의장 또는 그 부근에서 모욕 또는 소동한 자는 3년 이하의 징역 또는 700만원 이하의 벌금에 처한다.

포함된다고 보는 해석론은 문언이 가지는 가능한 의미의 범위 안에서 그 입법 취지와 목적 등을 고려하여 문언의 논리적 의미를 분명히 밝히는 체계적 해석에 해당할 뿐, 피고인에게 불리한 확장해석이나 유추해석이 아니라고 볼 수 있다.

2 **[대판 2019도11294 전원합의체]** [1] 공전자기록등위작죄에서 말하는 전자기록의 **'위작'**에, 전자적 방식에 의한 정보의 생성·처리·저장·출력을 목적으로 구축하여 설치·운영하는 시스템의 설치·운영 주체와의 관계에서 전자기록의 생성에 관여할 **권한이 없는 사람**이 전자기록을 작출하거나 전자기록의 생성에 필요한 단위정보의 입력을 하는 경우 외에 시스템의 설치·운영 주체로부터 각자의 직무 범위에서 개개의 단위정보의 입력 **권한을 부여받은 사람**이 그 권한을 남용하여 허위의 정보를 입력함으로써 시스템 설치·운영 주체의 의사에 반하는 전자기록을 생성하는 경우도 포함된다. 그리고 위 법리는 사전자기록등위작죄에서 행위의 태양으로 규정한 '위작'에 대해서도 마찬가지로 적용된다. [2] [다수의견] 형법 제227조의2[9]의 공전자기록등위작죄는 사무처리를 그르치게 할 목적으로 공무원 또는 공무소의 전자기록 등 특수매체기록을 위작 또는 변작한 경우에 성립한다. 대법원은, 형법 제227조의2에서 위작의 객체로 규정한 전자기록은 그 자체로는 물적 실체를 가진 것이 아니어서 별도의 표시·출력장치를 통하지 아니하고는 보거나 읽을 수 없고, 그 생성 과정에 여러 사람의 의사나 행위가 개재됨은 물론 추가 입력한 정보가 프로그램에 의하여 자동으로 기존의 정보와 결합하여 새로운 전자기록을 작출하는 경우도 적지 않으며, 그 이용 과정을 보아도 그 자체로서 객관적·고정적 의미를 가지면서 독립적으로 쓰이는 것이 아니라 개인 또는 법인이 전자적 방식에 의한 정보의 생성·처리·저장·출력을 목적으로 구축하여 설치·운영하는 시스템에서 쓰임으로써 예정된 증명적 기능을 수행하는 것이므로, 위와 같은 시스템을 설치·운영하는 주체와의 관계에서 전자기록의 생성에 관여할 권한이 없는 사람이 전자기록을 작출하거나 전자기록의 생성에 필요한 단위정보의 입력을 하는 경우는 물론 시스템의 설치·운영 주체로부터 각자의 직무 범위에서 개개의 단위정보의 **입력 권한을 부여받은 사람이 그 권한을 남용하여 허위의 정보를 입력**함으로써 시스템 설치·운영 주체의 의사에 반하는 전자기록을 생성하는 경우도 형법 제227조의2에서 말하는 **전자기록의 '위작'에 포함된다**고 판시하였다. 위 법리는 형법 제232조의2의 사전자기록등위작죄에서 행위의 태양으로 규정한 '위작'에 대해서도 마찬가지로 적용된다.

3 **[대판 2018도12270]** [병영생활에서 '분대장'이 분대원의 '상관'에 해당하는지 여부(적극) 및 분대장과 분대원이 모두 병(兵)인 경우 달리 보아야 하는지 여부(소극)] [1] 부대지휘 및 관리, 병영생활에 있어 분대장과 분대원은 명령복종 관계로서 분대장은 분대원에 대해 명령권을 가진 사람 즉 상관에 해당하고, 이는 분대장과 분대원이 모두 병(兵)이라 하더라도 달리 볼 수 없다. [2] (가) 군형법 제64조 제1항은 "상관을 그 면전에서 모욕한 사람은 2년 이하의 징역이나 금고에 처한다."라고 규정하고, 제2조 제1호는 "'상관'이란 명령복종 관계에서 명령권을 가진 사람을 말한다. 명령복종 관계가 없는 경우의 상위 계급자와 상위 서열자는 상관에 준한다."라고 규정하고 있다. (나) 군형법 제64조 제1항에서 규정한 상관모욕죄는 상관의 명예 등의 개인적 법익뿐만 아니라 군 조직의 위계질서 및 통수체계 유지도 보호법익으로 한다. (다) '명령복종 관계'는 구체적이고 현실적인 관계일 필요까지는 없으나 법령에 의거하여 설정된 상하의 지휘계통 관계를 말한다. 한편 명령복종의 관계에 있는지를 따져 명령권을 가

9) 형법 제227조의2 (공전자기록위작·변작) 사무처리를 그르치게 할 목적으로 공무원 또는 공무소의 전자기록등 특수매체기록을 위작 또는 변작한 자는 10년 이하의 징역에 처한다.

지면 상관이고 이러한 경우 계급이나 서열은 문제가 되지 아니한다. 군의 직무상 하급자가 명령권을 가질 수도 있기 때문이다.

4 **[대판 2017도16732]** [동물에 대한 도살방법이 구 동물보호법 제8조 제1항 제1호에서 금지하는 '잔인한 방법'인지 판단하는 기준 및 이때 고려하여야 할 사항] [1] 구 동물보호법 제8조 제1항은 "누구든지 동물에 대하여 다음 각 호의 행위를 하여서는 아니 된다."라고 규정하면서 그 제1호에서 "목을 매다는 등의 **잔인한 방법**으로 죽이는 행위"를 들고 있고, 구 동물보호법 제46조 제1항은 같은 법 제8조 제1항 제1호를 위반한 사람을 처벌하도록 규정하고 있다. '잔인'은 사전적 의미로 '인정이 없고 아주 모짊'을 뜻하는데, 잔인성에 관한 논의는 시대와 사회에 따라 변동하는 상대적, 유동적인 것이고, 사상, 종교, 풍속과도 깊이 연관된다. 따라서 형사처벌의 구성요건인 구 동물보호법 제8조 제1항 제1호에서 금지하는 잔인한 방법인지 여부는 특정인이나 집단의 주관적 입장에서가 아니라 사회 평균인의 입장에서 그 시대의 사회통념에 따라 객관적이고 규범적으로 판단하여야 한다. [2] 개 농장을 운영하는 피고인이 농장 도축시설에서 개를 묶은 상태에서 **전기가 흐르는 쇠꼬챙이를 개의 주둥이에 대어 감전**시키는 방법으로 잔인하게 도살하였다고 하여 구 동물보호법 위반으로 기소된 사안에서, 구 동물보호법 제8조 제1항 제1호에서 금지하는 **잔인한 방법**에 해당하는지는 해당 도살방법의 허용이 동물의 생명존중 등 국민 정서에 미치는 영향, 동물별 특성 및 그에 따라 해당 도살방법으로 인해 겪을 수 있는 고통의 정도와 지속시간, 대상 동물에 대한 그 시대, 사회의 인식 등을 종합적으로 고려하여 판단하여야하는데, … 공소사실을 **무죄로 판단한 원심판결**에 구 동물보호법 제8조 제1항 제1호의 잔인한 방법의 판단기준, 같은 법 제46조 제1항의 구성요건 해당성에 관한 법리를 오해하여 필요한 심리를 다하지 아니한 **잘못이 있다**고 한 사례. **cf)** 제1심과 제2심은 전기살인이 '잔인한 방법'에 해당되지 않는다고 하여 무죄를 선고하였다.

5 **[대판 2017도3196]** [**수면제와 같은 약물**을 투약하여 피해자를 일시적으로 수면 또는 의식불명 상태에 이르게 한 것이 강간치상죄나 강제추행치상죄에서 말하는 상해에 해당하는 경우] [1] 강간치상죄나 강제추행치상죄에 있어서의 상해는 피해자의 신체의 완전성을 훼손하거나 생리적 기능에 장애를 초래하는 것, 즉 피해자의 건강상태가 불량하게 변경되고 생활기능에 장애가 초래되는 것을 말하는 것으로, 여기서의 생리적 기능에는 육체적 기능뿐만 아니라 정신적 기능도 포함된다. 따라서 수면제와 같은 약물을 투약하여 피해자를 일시적으로 수면 또는 의식불명 상태에 이르게 한 경우에도 약물로 인하여 피해자의 건강상태가 불량하게 변경되고 생활기능에 장애가 초래되었다면 자연적으로 의식을 회복하거나 외부적으로 드러난 상처가 없더라도 이는 강간치상죄나 강제추행치상죄에서 말하는 **상해에 해당**한다. [2] 피해자(여, 40세)는 평소 건강에 별다른 이상이 없었던 사람으로 피고인으로부터 졸피뎀(Zolpidem) 성분의 수면제가 섞인 커피를 받아 마신 다음 곧바로 정신을 잃고 깊이 잠들었다가 약 4시간 뒤에 깨어났는데, 피고인이 피해자에게 투약한 수면제는 성인 권장용량의 1.5배 내지 2배 정도에 해당하는 양이었다. 피해자는 그때마다 잠이 든 이후의 상황에 대해서 제대로 기억하지 못하였고, 가끔 정신이 희미하게 든 경우도 있었으나 자신의 의지대로 생각하거나 행동하지 못한 채 곧바로 기절하다시피 다시 깊은 잠에 빠졌다. 피고인은 13회에 걸쳐 이처럼 피해자를 항거불능 상태에 빠뜨린 후 피해자를 강간하거나 강제로 추행하였다. 피해자가 의식을 회복한 다음 그때마다 특별한 치료를 받지는 않았으나, 결국 피고인의 반복된 약물 투약과 그에 따른 강간 또는 강제추행 범행으로 외상 후 스트레스 장애까지 입은 것으로 보인다.

6 [대판 2015도10254] [구 총포 · 도검 · 화약류 등 단속법 제17조 제2항의 취지 및 위 규정에서 정한 총포 등의 **'사용'의 의미** 및 탄알 · 가스 등의 격발에 의한 발사에까지 이르지 아니하였으나 그와 밀접한 관련이 있는 행위로서 그로 인하여 인명이나 신체에 위해가 발생할 위험이 초래되는 경우가 **'사용'에 해당하는지 여부(적극)**] [1] 구 총검단속법(2015.1.6. 법률 제12960호 총포 · 도검 · 화약류 등의 안전관리에 관한 법률로 개정되기 전의 것) 제17조 제2항[10]의 입법 취지와 내용 등에 비추어 보면, 위 규정에서 정한 총포 등의 **'사용'**이란 총포 등의 본래의 목적이나 기능에 따른 사용으로서 공공의 안전에 위험과 재해를 일으킬 수 있는 행위를 말하므로, 총포 등의 사용이 본래의 목적이나 기능과는 전혀 상관이 없거나 그 행위로 인하여 인명이나 신체에 위해가 발생할 위험이 없다면 이를 위 규정에서 정한 '사용'이라고 할 수는 없으나, **반드시 탄알 · 가스 등의 격발에 의한 발사에까지 이르지 아니하였더라도** 그와 밀접한 관련이 있는 행위로서 그로 인하여 인명이나 신체에 대하여 위해가 발생할 위험이 초래된다면 이는 총포 등의 본래의 목적이나 기능에 따른 사용으로서 **위 규정에서 정한 '사용'에 해당**한다. [2] 피고인이 **탄알이 장전되어 있지 아니한 총포를 공중으로 격발하였다 하더라도,** 사람을 협박할 목적으로 상대방에게 위해를 가할 것 같은 태도를 보이면서 상대방의 면전에서 위와 같은 행위에 이른 것이라면, 이는 총포가 지닌 전형적인 위험성의 하나인 사람에 대한 위협을 실현하기 위한 행위로서 인명이나 신체에 대하여 위해 발생의 위험을 초래한 경우에 해당하여 총포의 본래의 목적이나 기능에 따른 사용으로 볼 수 있으므로, 달리 정당한 사유가 없는 한 구 총검단속법 제17조 제2항에서 금지하는 허가받은 용도 외의 사용에 해당한다고 봄이 타당하다.

7 [대판 2013도8032] [의사인 피고인이 자신이 운영하는 병원에서 VBAC(브이백) 시술을 받은 환자들이 병원 홈페이지에 그 성공소감을 게시하면 분만비를 할인해 주는 방법으로 의료광고를 하였다고 하여 의료법 위반으로 기소된 사안에서, **브이백 시술은 치료에 해당**하고, 그 경험담은 의료법 시행령 제23조 제1항 제2호에서 금지하는 '환자의 치료경험담'으로서, **피고인의 행위는 의료광고에 해당한다**고 한 사례] 의사인 피고인이 자신이 운영하는 병원에서 VBAC(Vaginal Birth After Cesarean, 제왕절개 후 자연분만, 이하 '브이백'이라 한다) 시술을 받은 환자들이 병원 홈페이지에 그 성공소감을 게시하면 분만비를 할인해 주는 방법으로 의료광고를 하였다고 하여 의료법 위반으로 기소된 사안에서, 의료법령상 '질병'이나 '치료'에 관하여 정의를 내리고 있는 법조문이 없어 구체적 사안에 따라 사회통념에 의하여 정할 수밖에 없는데, '치료'라는 표현이 좁은 의미의 질병에 대한 의료행위만을 의미하는 용어로 사용되고 있다고 보기 어려운 점, 일반적으로 출산을 앞둔 산모의 상태를 질병으로 분류하기 어렵다고 하더라도 미용성형이나 모발이식수술 등을 받는 사람과 달리 산모는 일반적인 상태에서 벗어난 비정상적인 건강상태에 있다고 할 수 있고, 특히 제왕절개 경험이 있는 산모가 자연분만을 시도하는 경우에는 그렇지 않은 경우에 비하여 산모나 태아의 생명, 신체에 위험을 초래할 가능성이 높아 전문 의료인에 의한 특별한 관리와 검사, 시술이 요구되는 점 등을 고려하면 그러한 상태에 있는 산모의 출산을 돕는 브이백 시술은 치료에 해당하고, **그 경험담은 의료법 시행령 제23조 제1항 제2호[11]에서 금지하는 '환자의 치료경험담'으로서 시술이 갖는 위험성과 경험**

---

10) 총포 · 도검 · 화약류 등의 안전관리에 관한 법률 제17조(총포 · 도검 · 분사기 · 전자충격기 · 석궁의 휴대 · 운반 · 사용 및 개조 등의 제한) ① …… ② 제12조 또는 제14조에 따라 총포 · 도검 · 분사기 · 전자충격기 · 석궁의 소지허가를 받은 자는 허가받은 용도나 그 밖에 정당한 사유가 있는 경우 외에는 그 총포 · 도검 · 분사기 · 전자충격기 · 석궁을 **사용하여서는 아니 된다.** <개정 2015. 7. 24.>

11) 의료법 시행령 제23조(의료광고의 금지 기준) ① 법 제56조 제2항에 따라 금지되는 의료광고의 구체적인 기준은 다음 각 호와 같다. 1... 2. 특정 의료기관 · 의료인의 기능 또는 진료 방법이 질병 치료에 반드시 효과가 있다고 표현하거나 **환자의 치료경험담**이나 6개월 이하의 임상경력을 광고하는 것 3...

담의 구체적 내용에 비추어 볼 때, 소비자를 현혹하거나 국민건강에 중대한 위해를 발생하게 할 우려가 있는 의료광고에 해당한다.

8 **[대판 2013도7572]** [의사가 한방 의료행위에 속하는 침술행위를 하는 것이 '면허된 것 이외의 의료행위'를 한 경우에 해당하는지 여부(적극)] [1] 한방 의료행위란 '우리 선조들로부터 전통적으로 내려오는 한의학을 기초로 한 질병의 예방이나 치료행위'로서 의료법 관련 규정에 따라 한의사만이 할 수 있고, 이에 속하는 침술행위는 '침을 이용하여 질병을 예방, 완화, 치료하는 한방 의료행위'로서, **의사가 위와 같은 침술행위를 하는 것은 '면허된 것 이외의 의료행위'를 한 경우에 해당**한다. [2] 의사인 피고인이 자신이 운영하는 정형외과의원에서 환자들에게 침을 놓아 치료를 함으로써 '면허된 것 이외의 의료행위'를 하였다고 하여 구 의료법 위반으로 기소된 사안에서, 피고인의 행위는 한방 의료행위인 침술행위에 해당할 여지가 많은데도, 이와 달리 보아 무죄를 인정한 원심판결에 법리오해 등의 위법이 있다고 한 사례.

9 **[대판 2013도4555]** [군형법상 상관모욕죄의 객체인 '상관'에 대통령이 포함되는지 여부(적극)] 군형법상 상관모욕죄는 상관에 대한 사회적 평가, 즉 외부적 명예 외에 군 조직의 질서 및 통수체계 유지 역시 보호법익으로 하는 점, 상관모욕죄의 입법 취지, 군형법 제2조 제1호, 제64조 제2항 및 헌법 제74조, 국군조직법 제6조, 제8조, 제9조, 제10조, 군인사법 제47조의2, 군인복무규율 제2조 제4호의 체계적 구조 등을 종합하면, **상관모욕죄의 '상관'에 대통령이 포함된다**고 보아야 한다.

10 **[대판 2013도850 전원합의체]** [의사나 치과의사의 의료행위가 **'면허된 것 이외의 의료행위'**에 해당하는지 판단하는 기준 및 치과의사의 의료행위의 경우 더 고려할 사항] 치과의사인 피고인이 보톡스 시술법을 이용하여 환자의 눈가와 미간의 주름 치료를 함으로써 면허된 것 이외의 의료행위를 하였다고 하여 의료법 위반으로 기소된 사안에서, …… 의학과 치의학은 의료행위의 기초가 되는 학문적 원리가 다르지 아니하고, 각각의 대학 교육과정 및 수련과정도 공통되는 부분이 적지 않게 존재하며, 대부분의 치과대학이나 치의학전문대학원에서 보톡스 시술에 대하여 교육하고 있고, 치과 의료 현장에서 보톡스 시술이 활용되고 있으며, 시술 부위가 안면부라도 치과대학이나 치의학전문대학원에서는 치아, 혀, 턱뼈, 침샘, 안면의 상당 부분을 형성하는 저작근육과 이에 관련된 주위 조직 등 악안면에 대한 진단 및 처치에 관하여 중점적으로 교육하고 있으므로, 보톡스 시술이 의사만의 업무영역에 전속하는 것이라고 단정할 수 없는 점 등을 종합하면, **환자의 안면부인 눈가와 미간에 보톡스를 시술한 피고인의 행위가 치과의사에게 면허된 것 이외의 의료행위라고 볼 수 없고, 시술이 미용 목적이라 하여 달리 볼 것은 아니다.**

11 **[대판 2012도11505]** ['게임산업진흥에 관한 법률' 제32조 제1항 제7호에서 정한 **'환전'**에 '게임결과물을 수령하고 돈을 교부하는 행위' 외에 '게임결과물을 교부하고 돈을 수령하는 행위'도 포함되는지 여부(적극)] '게임산업진흥에 관한 법률'(이하 '게임산업법'이라고 한다) 제32조 제1항 제7호는 "누구든지 게임물의 이용을 통하여 획득한 유·무형의 결과물(점수, 경품, 게임 내에서 사용되는 가상의 화폐로서 대통령령이 정하는 게임머니 및 대통령령이 정하는 이와 유사한 것을 말한다)을 환전 또는 환전알선하거나 재매입을 업으로 하는 행위를 하여서는 아니된다"고 정하고 있다. 여러 사정을 종합하여 보면, 위 조항이 정한 '환전'에는 '게임결과물을 수령하고 돈을 교부하는 행위'뿐만 아니라 '게임결과물을 교부하고 돈을 수령하는 행위'도 포함되는 것으로 해석함이 상당하고, 이를 지나친 확장해석이나 유추해석이라고 할 수 없다.

12 **[대판 2011도3934]** [이미 성매매 의사를 가지고 있었던 아동·청소년에게 성을 팔도록 권유하는 행위도 아동·청소년의 성보호에 관한 법률 제10조 제2항에서 정한 **'성을 팔도록 권유하는 행위'**에 포함되는지 여부(적극)] [1] 아동·청소년의성보호에관한법률 제10조 제2항은 '아동·청소년의 성을 사기 위하여 아동·청소년을 유인하거나 **성을 팔도록 권유한 자'를 처벌**하도록 규정하고 있는데, 위 법률조항의 문언 및 체계, 입법 취지 등에 비추어, **아동·청소년이 이미 성매매 의사를 가지고 있었던 경우에도** 그러한 아동·청소년에게 금품이나 그 밖의 재산상 이익, 직무·편의제공 등 대가를 제공하거나 약속하는 등의 방법으로 성을 팔도록 권유하는 행위도 위 규정에서 말하는 **'성을 팔도록 권유하는 행위'에 포함된다**고 보아야 한다. [2] 피고인이 인터넷 채팅사이트를 통하여, 이미 성매매 의사를 가지고 성매수 행위를 할 자를 물색하고 있던 청소년 甲(여, 16세)과 성매매 장소, 대가, 연락방법 등에 관하여 구체적인 합의에 이른 다음, 약속장소 인근에 도착하여 甲에게 전화를 걸어 '속바지를 벗고 오라'고 지시한 사안에서, 피고인의 일련의 행위가 아동·청소년의 성보호에 관한 법률 제10조 제2항에서 정한 '아동·청소년에게 성을 팔도록 권유하는 행위'에 해당한다고 본 원심판단을 수긍한 사례.

13 **[대판 2011도6287]** ['약국 개설자가 아니면 의약품을 판매하거나 판매 목적으로 취득할 수 없다'고 규정한 구 약사법 제44조 제1항의 **'판매'**에 무상으로 의약품을 양도하는 **'수여'를 포함시키는 해석**은 죄형법정주의에 위배되는지 여부(소극)] [1] 甲 주식회사 임원인 피고인들이 회사 직원들 및 그 가족들에게 수여할 목적으로 다량의 의약품을 매수하여 취득하였다고 하여 구 약사법 위반죄로 기소된 사안에서, 위 행위가 같은 법 제44조 제1항 위반행위에 해당한다는 전제에서, 사회상규에 위배되지 아니하는 정당행위로서 위법성이 조각된다는 취지의 주장을 배척한 원심의 조치를 정당하다고 한 사례 [2] 구 약사법 제2조 제1호가 약사법에서 사용되는 '약사(藥事)'의 개념에 대해 정의하면서 (가) **'판매(수여를 포함한다)'**라고 규정함으로써 구 약사법 제44조 제1항을 포함하여 위 정의규정 이하 조항의 '판매'에는 '수여'가 포함됨을 명문으로 밝히고 있는 점, (나) … 의약품은 국민의 보건과 직결되는 것인 만큼 엄격한 의약품 관리를 통하여 의약품이 남용 내지 오용되는 것을 막고 의약품이 비정상적으로 유통되는 것을 막고자 구 약사법 제44조 제1항에서 **약국 개설자가 아니면 의약품을 판매하거나 또는 판매 목적으로 취득할 수 없다고 규정**한 것인데, 국내에 있는 불특정 또는 다수인에게 무상으로 의약품을 양도하는 수여의 경우를 처벌대상에서 제외한다면 약사법의 위와 같은 입법목적을 달성하기 어려울 것이고, 따라서 이를 처벌대상에서 제외하려는 것이 입법자의 의도였다고 보기는 어려운 점 등을 종합하면, 결국 국내에 있는 **불특정 또는 다수인에게 무상으로 의약품을 양도하는 수여행위도 구 약사법 제44조 제1항의 '판매'에 포함된다고 보는 것이 체계적이고 논리적인 해석이**라 할 것이고, 그와 같은 해석이 죄형법정주의에 위배된다고 볼 수 없다.

14 **[대판 2010도8265]** ●**사실**● 피고인이 구 형의실효등에관한법률에서 정한 경우 외의 용도에 사용할 목적으로 같은 아파트에 거주하는 **甲으로부터 그가 휴대폰으로 촬영하여 출력한 乙의 범죄경력조회서 영인본을 취득**하였다. ●**판지**● 구 형의실효등에관한법률(2010.3.31. 법률 제10211호로 개정되기 전의 것) 제6조 제3항은 누구든지 위 법에서 정하는 경우 외의 용도에 사용할 목적으로 범죄경력자료 또는 수사경력자료를 **취득하여서는 아니된다**고 규정하면서, 제10조 제2항에서 이를 위반하여 범죄경력자료 등을 **취득한 자를 처벌**하고 있다. 위 법이 전과기록 및 수사자료의 관리와 형의 실효에 관한 기준을 정함으로써 전과자의 정상적인 사회복귀를 보장하고자 함을 입법목적으로 하고 있는 점(제1조), 같은 법 제6조 제4항이 범죄경력자료 등을 법령에 규정된 용도 외에 사용하는 것을 금하면서 그 주체를 제1항의 규정에 의하여 범죄경력자료 등을

회보 받거나 취득한 자로 한정함으로써 같은 법 제6조 제3항에 위반하여 범죄경력자료 등을 취득한 자가 법령에 규정된 용도 외에 범죄경력자료 등을 사용하는 경우에는 이 법에 의하여 별도로 처벌할 수 없는 점 등을 종합하면, 위 법 **제6조 제3항에서 말하는 '범죄경력자료 등의 취득'**이 수사자료표를 관리하는 사람이나 직무상 수사자료표에 의한 범죄경력조회를 하는 사람으로부터 **직접 취득하는 경우에 한정된다고 볼 수는 없다.**

15 [대판 2010도1920] 도로변에 자동차를 주차한 후 운전석 문을 열다가 후방에서 진행하여 오던 자전거의 핸들 부분을 충격하여 운전자에게 상해를 입히고도 아무런 구호조치 없이 현장에서 이탈한 경우, 구 특정범죄가중처벌 등에 관한 법률 제5조의3 제1항의 **'도주차량 운전자'에 해당한다**고 본 사례.

16 [대판 2010도1388] [의사가 환자와 대면하지 아니하고 전화나 화상 등을 이용하여 환자의 용태를 스스로 듣고 판단하여 처방전 등을 발급한 행위가 2007. 4. 11. 개정되기 전 구 의료법 제18조 제1항에서 정한 **'자신이 진찰한 의사'** 또는 2007. 4. 11. 개정된 구 의료법 제17조 제1항에서 정한 **'직접 진찰한 의사'**가 아닌 자가 처방전 등을 발급한 경우에 해당하는지 여부(소극)] 2007.4.11. 법률 제8366호로 전부 개정되기 전의 구 의료법 제18조 제1항은 '의료업에 종사하고 **자신이 진찰한 의사**'가 아니면 진단서 · 검안서 · 증명서 또는 처방전을 작성하여 환자에게 교부하지 못한다고 규정하고, 2007.4.11. 법률 제8366호로 전부 개정된 구 의료법(2009.1.30. 법률 제9386호로 개정되기 전의 것) 제17조 제1항은 '의료업에 종사하고 **직접 진찰한 의사**'가 아니면 처방전 등을 작성하여 환자에게 교부하지 못한다고 규정하고 있다. 개정 전후의 위 조항은 어느 것이나 스스로 진찰을 하지 않고 처방전을 발급하는 행위를 금지하는 규정일 뿐 **대면진찰**을 하지 않았거나 충분한 진찰을 하지 않은 상태에서 처방전을 발급하는 행위 일반을 금지하는 조항이 아니다. 따라서 죄형법정주의 원칙, 특히 유추해석금지의 원칙상 **전화 진찰을 하였다는 사정만으로 '자신이 진찰'하거나 '직접 진찰'을 한 것이 아니라고 볼 수는 없다.**

17 [대판 2009도13332] [총포 · 도검 · 화약류 등 단속법 시행령 제23조 제2항에서 정한 '쏘아 올리는 꽃불류의 **사용**'에 **'설치행위'**도 포함되는지 여부(적극)] 총포 · 도검 · 화약류 등 단속법 제72조 제6호, 제18조 제4항 및 같은 법 시행령 제23조의 입법목적이 꽃불류의 설치 및 사용과정에서의 안전관리상의 주의의무 위반으로 인한 위험과 재해를 방지하고자 하는 것으로, 다른 꽃불류에 비하여 위험성의 정도가 높은 쏘아 올리는 꽃불류의 경우에는 같은 법 시행령 제23조 제1항 각 호에서 정한 기준을 준수하는 것만으로는 위와 같은 입법목적을 달성하기 어렵다고 보아 제2항에서 그 사용을 화약류관리보안책임자의 책임하에 하여야 한다고 별도로 규정하고 있는 것으로 보이는 점 등에 비추어, 위 법 시행령 제23조 제2항에서의 '사용'에는 쏘아 올리는 꽃불류의 '설치행위'도 포함되는 것으로 해석된다.

18 [대판 2008도7438] 구 대기환경보전법 제28조 제1항을 위반하여 비산먼지의 발생을 억제하기 위한 시설을 **설치하지 아니한 자**를 처벌하는 구 대기환경보전법 제57조 제4호의 입법 취지와 목적 등을 고려할 때, 비산먼지의 발생을 억제하기 위한 시설을 설치하였으나 이를 가동하지 아니한 자도 위 조항에 위반된다고 봄이 상당하다.

19 [대판 2007도2162] [정보통신망 이용촉진 및 정보보호 등에 관한 법률 제49조 및 제62조 제6호의 '타인'에 이미 사망한 자가 포함되는지 여부(적극)] 「정보통신망 이용촉진 및 정보보호 등에 관한 법률」제

49조는 "누구든지 정보통신망에 의하여 처리 · 보관 또는 전송되는 **타인의 정보**를 훼손하거나 타인의 비밀을 침해 · 도용 또는 누설하여서는 아니 된다."고 규정하고, 제62조 제6호에서는 "제49조의 규정을 위반하여 **타인의 정보**를 훼손하거나 타인의 비밀을 침해 · 도용 또는 누설한 자"를 5년 이하의 징역 또는 5천만 원 이하의 벌금에 처하도록 하고 있는바, 여기에서 말하는 **'타인'**에 이미 사망한 자가 포함되는지에 관하여 보건대 … 형벌법규에서 '타인'이 반드시 생존하는 사람만을 의미하는 것은 아니며, 예컨대 문서의 진정에 대한 공공의 신용을 그 보호법익으로 하는 문서위조죄에 있어서 '타인의 문서'에는 이미 사망한 자의 명의로 작성된 문서도 포함되는 것으로 해석하고 있는 점(대판 2002도18 전원합의체) 등에 비추어 보면, 법 제49조 및 제62조 제6호 소정의 **'타인'에는 생존하는 개인뿐만 아니라 이미 사망한 자도 포함된다**고 보는 것이 **체계적이고도 논리적인 해석**이라 할 것이다.

20 [대판 2006도8644] [1] 정보통신망이용촉진및정보보호등에관한법률 제49조는 "누구든지 정보통신망에 의하여 처리 · 보관 또는 전송되는 타인의 정보를 훼손하거나 **타인의 비밀**을 침해 · 도용 또는 누설하여서는 아니 된다."고 규정하고 있고, 제62조 제6호에서는 "제49조의 규정을 위반하여 타인의 정보를 훼손하거나 타인의 비밀을 침해 · 도용 또는 누설한 자"를 5년 이하의 징역 또는 5천만 원 이하의 벌금에 처하도록 규정하고 있는바, 여기서 **비밀의 '누설'**이란 비밀을 아직 알지 못하는 타인에게 이를 알려 주는 행위를 말하고, 그 방법에 제한이 있다고 볼 수 없으므로 구두의 고지, 서면에 의한 통지 등 모든 방법이 가능하다. [2] 자신의 뇌물수수 혐의에 대한 결백을 주장하기 위하여 제3자로부터 사건 관련자들이 주고받은 **이메일 출력물을 교부받아 징계위원회에 제출한 사안**에서, 이메일 출력물 그 자체는 정보통신망 이용촉진 및 정보보호 등에 관한 법률에서 말하는 '정보통신망에 의하여 처리 · 보관 또는 전송되는' 타인의 비밀에 해당하지 않지만, 이를 징계위원회에 제출하는 행위는 '정보통신망에 의하여 처리 · 보관 또는 전송되는 타인의 비밀'인 이메일의 내용을 **'누설하는 행위'에 해당한다.**

21 [대판 2005도6525] [피고인의 광고 내용인 화상채팅 서비스가 청소년보호법 제8조 등에 의한 청소년보호위원회 고시에서 규정하는 **'불건전 전화 서비스 등'**에 포함된다고 해석하는 것이 형벌법규의 명확성 원칙에 반하거나 죄형법정주의에 의하여 금지되는 확장해석 내지 유추해석에 해당하지 아니한다고 한 사례] 피고인의 광고 내용인 **화상채팅 서비스**는 컴퓨터를 이용하여 상대방의 용모 등을 보면서 글자 또는 음성으로 상대방과 대화를 주고받을 수 있게 한다는 점에서 폰팅의 기능 및 그 이상의 기능을 함께 포함하는 한편, 화상대화방 서비스 제공자의 물적 시설 이용이라는 공간적 개념의 차이 외에는 화상대화방 서비스와도 별다른 차이가 없다고 보여진다. 따라서 화상채팅 서비스는 폰팅 및 화상대화방 서비스와 동일시할 수 있을 정도의 것으로서 이 사건 고시의 **'불건전 전화 서비스 등'에 포함된다**고 보는 것이 상당하며, 이러한 해석이 형벌법규의 명확성의 원칙에 반하는 것이거나 죄형법정주의에 의하여 금지되는 확장해석이나 유추해석에 해당한다고 할 수도 없다.

22 [대판 2005도3045] ['범죄수익은닉의 규제 및 처벌 등에 관한 법률'상의 범죄수익 및 수수의 개념] 「범죄수익은닉의 규제 및 처벌 등에 관한 법률」 제2조 제2호 (가)목에서 정한 **'중대범죄의 범죄행위에 의하여 생긴 재산'**에는 중대범죄의 범죄행위에 의하여 새로 만들어진 재산뿐만 아니라 그러한 범죄행위에 의하여 취득한 재산도 포함되는 것이고, 범죄수익 등의 처분이나 운용을 규제함으로써 범죄를 억제하고자 하는 위 법률의 입법 취지에 비추어 볼 때 범죄수익 등의 소유권을 취득하는 행위는 물론 범죄수익 등을

채권의 담보로 취득하는 행위 역시 위 법률 제4조의 '정을 알면서 범죄수익 등을 수수'하는 행위에 해당한다.

23 **[대판 2003도6733]** 특정경제범죄 가중처벌 등에 관한 법률 제9조 제1항에 정해진 "저축을 하는 자"의 의미] 특정경제범죄가중처벌등에관한법률 제9조의 입법 취지를 감안하면, 같은 조 제1항에 정해진 **"저축을 하는 자"**에는 사법상 법률효과가 귀속되는 '저축의 주체'가 아니라고 하더라도, **'저축과 관련된 행위를 한 자'도 포함**되고, 그러한 자가 금융기관 임직원들의 유치 활동의 대상이 되어 당해 저축과 관련하여 특별한 이익을 수수하였다면 그 구성요건에 해당된다고 할 것이며, 이러한 해석이 "저축을 하는 자"라는 문언의 의미 한계를 넘어선 해석은 아니므로 죄형법정주의에 위반된 해석이라고 할 수도 없다.

24 **[대판 2002도6829]** [약사법 제5조 제3항이 금지하는 **'면허증의 대여'**의 의미] [1] 약사법의 입법 취지와 약사면허증에 관한 규정내용을 종합하여 보면, 약사법 제5조 제3항에서 금지하는 '면허증의 대여'라 함은, 다른 사람이 그 면허증을 이용하여 그 면허증의 명의자인 약사(藥師)인 것처럼 행세하면서 약사(藥事)에 관한 업무를 하려는 것을 알면서도 면허증 그 자체를 빌려 주는 것을 의미한다고 해석함이 상당하다. [2] 면허증 대여의 상대방 즉 차용인이 무자격자인 경우는 물론, 자격 있는 약사인 경우에도 그 대여 이후 면허증 차용인에 의하여 대여인 명의로 개설된 약국 등 업소에서 대여인이 직접 약사로서의 업무를 행하지 아니한 채 차용인에게 약국의 운영을 일임하였다면 약사면허증을 대여한 데 해당한다.

25 **[대판 2002도2363]** [컴퓨터 등 정보처리장치에 권한 없이 명령을 입력하는 행위가 구 형법 제347조의2 규정에 의한 처벌대상이 되는지 여부(적극)] 구 형법 제347조의2 규정의 입법취지와 목적은 프로그램 자체는 변경(조작)함이 없이 명령을 입력(사용)할 **권한 없는 자가 명령을 입력하는 것도 부정한 명령을 입력하는 행위에 포함한다**고 보아, 진실한 자료의 권한 없는 사용에 의한 재산상 이익 취득행위도 처벌대상으로 삼으려는 것이었음을 알 수 있고, 오히려 그러한 범죄유형이 프로그램을 구성하는 개개의 명령을 부정하게 변경, 삭제, 추가하는 방법에 의한 재산상 이익 취득의 범죄 유형보다 훨씬 손쉽게 또 더 자주 저질러질 것임도 충분히 예상되었던 점에 비추어 이러한 입법취지와 목적은 충분히 수긍할 수 있으며, 그와 같은 권한 없는 자에 의한 명령 입력행위를 '명령을 부정하게 입력하는 행위' 또는 '부정한 명령을 입력하는 행위'에 포함된다고 해석하는 것이 그 문언의 통상적인 의미를 벗어나는 것이라고 할 수도 없다.

26 **[대판 2001도6213]** **렉카 회사**가 무전기를 이용하여 한국도로공사의 상황실과 순찰차간의 무선전화통화를 청취한 경우 무전기를 설치함에 있어 한국도로공사의 정당한 계통을 밟은 결재가 있었던 것이 아닌 이상 전기통신의 당사자인 한국도로공사의 동의가 있었다고는 볼 수 없으므로 통신비밀보호법상의 **감청에 해당**한다.

27 **[대판 2001도2819 전원합의체]** [후보자의 배우자가 선거사무원에게 유권자 제공용으로 금전을 교부한 행위가 공직선거및선거부정방지법 제112조 제1항 소정의 '기부행위'에 해당하는지 여부(적극)] **후보자의 배우자와 선거사무원 사이의 현금 수수**는 후보자의 배우자가 특정의 선거인에게 전달하기 위하여 선거사무원에게 단순히 보관시키거나 돈 심부름을 시킨 것이 아니라 그로 하여금 불특정 다수의 선거인들을 매수하여 지지표를 확보하는 등의 부정한 선거운동에 사용하도록 제공한 것으로서 공직선거법 제112조 제1항[12] 소정의 **'기부행위'**에 해당한다 할 것이고, 이를 들어 기부행위를 실행하기 위한 준비 내지 예비

행위에 불과하다고 할 수는 없다.

28 **[대판 2001도1335]** [음란한 부호 등이 전시된 웹페이지에 대한 링크(link)행위가 그 음란한 부호 등의 전시에 해당하는지 여부] 음란한 부호 등으로 **링크를 해 놓는** 행위자의 의사의 내용, 그 행위자가 운영하는 웹사이트의 성격 및 사용된 링크기술의 구체적인 방식, 음란한 부호 등이 담겨져 있는 다른 웹사이트의 성격 및 다른 웹사이트 등이 음란한 부호 등을 실제로 전시한 방법 등 모든 사정을 종합하여 볼 때, 링크를 포함한 일련의 행위 및 범의가 다른 웹사이트 등을 단순히 소개·연결할 뿐이거나 또는 다른 웹사이트 운영자의 실행행위를 방조하는 정도를 넘어, 이미 음란한 부호 등이 **불특정·다수인에 의하여 인식될 수 있는 상태에 놓여 있는 다른 웹사이트를 링크의 수법으로 사실상 지배·이용함으로써 그 실질에 있어서 음란한 부호 등을 직접 전시하는 것과 다를 바 없다고 평가**되고, 이에 따라 불특정·다수인이 이러한 링크를 이용하여 별다른 제한 없이 음란한 부호 등에 바로 접할 수 있는 상태가 실제로 조성되었다면, 그러한 행위는 **전체로 보아 음란한 부호 등을 공연히 전시한다는 구성요건을 충족**한다고 봄이 상당하며, 이러한 해석은 죄형법정주의에 반하는 것이 아니라, 오히려 링크기술의 활용과 효과를 극대화하는 초고속정보통신망 제도를 전제로 하여 신설된 구 전기통신기본법 제48조의2 규정의 입법 취지에 부합하는 것이라고 보아야 한다.

29 **[대판 99도5395]** [이른바 **사실혼으로 인하여** 형성되는 인척이 성폭력범죄의처벌및피해자보호등에관한법률 제7조 제5항 소정의 **'사실상의 관계에 의한 친족'에 해당**하는지 여부(적극)] 성폭력범죄의처벌및피해자보호등에관한법률 제7조 제1항은 친족관계에 있는 자가 형법 제297조(강간)의 죄를 범한 때에는 5년 이하의 유기징역에 처한다고 규정하고 있고, 같은 법 제7조 제4항은 제1항의 친족의 범위는 4촌 이내의 혈족과 2촌 이내의 인척으로 한다고 규정하고 있으며, 같은 법 제7조 제5항은 제1항의 친족은 사실상의 관계에 의한 친족을 포함한다고 규정하고 있는바, 법률이 정한 혼인의 실질관계는 모두 갖추었으나 법률이 정한 방식, 즉 혼인신고가 없기 때문에 법률상 혼인으로 인정되지 않는 이른바 사실혼으로 인하여 형성되는 인척도 같은 법 제7조 제5항이 규정한 사실상의 관계에 의한 친족에 해당한다.

30 **[대판 98도2734]** [국외에서 국외로 운반중인 히로뽕이 경유지인 국내 공항에서 환적을 위하여 항공사측에 의하여 **일시적으로 지상반출**된 경우, 향정신성의약품의 **'수입'**에 해당한다고 본 사례] 향정신성의약품관리법에 정한 향정신성의약품의 수입이라 함은 그 목적이나 의도에 관계 없이 향정신성의약품을 국외로부터 우리 나라의 영토 내로 양륙하는 등으로 반입하는 행위를 뜻하는 것이고, 한편 향정신성의약품관리법은 향정신성의약품의 오용 또는 남용으로 인한 보건위생상의 위해를 방지하기 위하여 필요한 규제를 행함을 목적으로 하는 것으로서, 이러한 위해발생의 위험성은 향정신성의약품의 양륙 또는 지상반입에 의하여 이미 발생하고, 위와 같은 의약품을 선박이나 항공기로부터 양륙 또는 지상에 반입함으로써 기수에 달하는 것이다(**=선박·항공기로부터의 양륙 또는 지상 반입시**).

31 **[대판 98도98]** [형법 제62조에 의하여 집행유예를 선고하는 경우에 같은 법 제62조의2 제1항에 규정

---

12) 공직선거법 제112조(**기부행위**의 정의 등) ① 이 법에서 "기부행위"라 함은 당해 선거구안에 있는 자나 기관·단체·시설 및 선거구민의 모임이나 행사 또는 당해 선거구의 밖에 있더라도 그 선거구민과 연고가 있는 자나 기관·단체·시설에 대하여 금전·물품 기타 재산상 이익의 제공, 이익제공의 의사표시 또는 그 제공을 약속하는 행위를 말한다.

된 보호관찰과 사회봉사를 동시에 명할 수 있는지 여부(적극)] 형법 제62조의2 제1항은 "형의 집행을 유예하는 경우에는 **보호관찰을 받을 것을 명하거나 사회봉사 또는 수강을 명할 수 있다.**"고 규정하고 있는바, 그 문리에 따르면, 보호관찰과 사회봉사는 각각 독립하여 명할 수 있다는 것이지, 반드시 그 **양자를 동시에 명할 수 없다는 취지로 해석되지는 아니할 뿐더러,** 소년법 제32조 제3항, 성폭력범죄의처벌및피해자보호등에관한법률 제16조 제2항, 가정폭력범죄의처벌등에관한특례법 제40조 제1항 등에는 보호관찰과 사회봉사를 동시에 명할 수 있다고 명시적으로 규정하고 있는바, 일반 형법에 의하여 보호관찰과 사회봉사를 명하는 경우와 비교하여 특별히 달리 취급할 만한 이유가 없으며, 제도의 취지에 비추어 보더라도, 범죄자에 대한 사회복귀를 촉진하고 효율적인 범죄예방을 위하여 양자를 병과할 필요성이 있는 점 등을 종합하여 볼 때, 형법 제62조에 의하여 집행유예를 선고할 경우에는 같은 법 **제62조의2 제1항에 규정된 보호관찰과 사회봉사 또는 수강을 동시에 명할 수 있다고 해석함이 상당하다.**

32 **[대판 97도597]** [폭력행위등처벌에관한법률 제3조 제1항의 '위험한 물건' 및 '휴대'의 의미] [1] 「폭력행위 등 처벌에 관한 법률」제3조 제1항[13]에 있어서 **'위험한 물건'**이라 함은 흉기는 아니라고 하더라도 널리 사람의 생명, 신체에 해를 가하는 데 사용할 수 있는 일체의 물건을 포함한다고 풀이할 것이므로, 본래 살상용·파괴용으로 만들어진 것뿐만 아니라 다른 목적으로 만들어진 칼·가위·유리병·각종공구·자동차 등은 물론 화학약품 또는 사주된 동물 등도 그것이 사람의 생명·신체에 해를 가하는 데 사용되었다면 **본조의 '위험한 물건'이라 할 것**이며, 한편 이러한 물건을 **'휴대하여'라는 말은 소지뿐만 아니라 널리 이용한다는 뜻도 포함**하고 있다. [2] 견인료납부를 요구하는 교통관리직원을 승용차 앞 범퍼 부분으로 들이받아 폭행한 사안에서, **승용차**가 폭력행위 등 처벌에 관한 법률 제3조 제1항 소정의 **'위험한 물건'에 해당**한다.

33 **[대판 87도506 전원합의체] [복사문서가 문서위조 및 동행사죄의 객체인 문서에 해당하는지 여부(적극)] [다수의견]** 사진기나 복사기 등을 사용하여 기계적인 방법에 의하여 원본을 복사한 문서, 이른바 복사문서는 사본이더라도 필기의 방법 등에 의한 단순한 사본과는 달리 (가) **복사자의 의식이 개재할 여지가 없고,** (나) 그 내용에서부터 규모, 형태에 이르기까지 원본을 실제 그대로 재현하여 보여주므로 관계자로 하여금 그와 동일한 원본이 존재하는 것으로 믿게 할 뿐만 아니라 (다) **그 내용에 있어서도 원본 그 자체를 대하는 것과 같은 감각적 인식을 가지게 하고,** (라) 나아가 오늘날 일상거래에서 **복사문서가 원본에 대신하는 증명수단으로서의 기능이 증대되고 있는 실정**에 비추어 볼 때 이에 대한 사회적 신용을 보호할 필요가 있으므로 복사한 문서의 사본은 문서위조 및 동 행사죄의 객체인 **문서에 해당한다.**[14]

13) 폭력행위 등 처벌에 관한 법률 제3조 제1항: 단체나 다중의 위력으로써 또는 단체나 집단을 가장하여 위력을 보임으로써 제2조 제1항에 열거된 죄를 범한 자 또는 **흉기 기타 위험한 물건을 휴대하여** 그 죄를 범한 자는 3년 이상의 유기징역에 처한다.

14) 국회는 1995년 형법개정을 통하여 복사문서의 문서성을 입법화 하였다. 형법 제237조의2(복사문서 등) 이 장의 죄에 있어서 전자복사기, 모사전송기 기타 이와 유사한 기기를 사용하여 복사한 문서 또는 도화의 사본도 문서 또는 도화로 본다.

4 형벌법규의 흠결과 해석의 한계(2) – 문언의 '가능한 의미의 범위' –

* 대법원 1997. 3. 20. 선고 96도1167 전원합의체 판결
* 참조조문: 형법 제52조 제1항,[1] 국가보안법 제16조,[2] 공직선거법 제262조[3]

범행발각이나 지명수배 여부와 관계없이 체포 전에만 자수하면 「공직선거 및 선거부정방지법」 제262조의 자수에 해당하는가?

●사실● 피고인 X는 1995.3.25. 당시 주소가 안양시 동구 비산 1동이고 또 실제로 그곳에 주민등록이 되어 있어 같은 해 6.27. 실시되는 안양시의회의원 비산 1동 선거구의 선거인 자격을 가지고 있었다. X는 위 선거구에서 시의원 선거에 출마를 예정하고 있다가 실제로 출마한 Y를 당선되게 할 목적으로 같은 해 3.25.경 위 주소지에서 자신이 의장으로 있는 정당 1 비산 1동 협의회의 조직관리장 등을 동원하여 주기로 하고 그 활동비 명목으로 Y의 선거사무장인 Z로부터 세 번에 걸쳐 금 7,800,000원을 받았다.

7.14.경 당시 수사기관은 X의 이러한 범행을 인지하고 X를 지명수배하는 한편, 7.24. 및 8.24. 두 번에 걸쳐 구속영장까지 발부받아 집행하려 하였으나 X의 도피로 영장을 집행하지 못하였다. 이어 같은 해 9.25.자로 기소중지 하였는 데 10.23. X는 검찰청에 자진 출두하여 범행을 자백하였다.

제1심은 「공직선거법」 제262조에 따라 형의 면제를 선고하였다. 그러나 원심은 제1심판결을 파기하고 X에 대하여 형을 선고하였다. 이에 X가 상고하였다.

●판지● **파기환송. 「[다수의견]** 형벌법규의 해석에 있어서 법규정 문언의 가능한 의미를 벗어나는 경우에는 유추해석으로서 죄형법정주의에 위반하게 된다. 그리고 유추해석금지의 원칙은 모든 형벌법규의 구성요건과 가벌성에 관한 규정에 준용되는데, 위법성 및 책임의 조각사유나 소추조건, 또는 처벌조각사유인 형면제 사유에 관하여 그 범위를 제한적으로 유추적용하게 되면 행위자의 가벌성의 범위는 확대되어 행위자에게 불리하게 되는바, 이는 가능한 문언의 의미를 넘어 범죄구성요건을 유추적용하는 것과 같은 결과가 초래되므로 죄형법정주의의 파생원칙인 유추해석금지의 원칙에 위반하여 허용될 수 없다.

한편 형법 제52조나 국가보안법 제16조 제1호에서도 공직선거법 제262조에서와 같이 모두 '범행발각 전'이라는 제한 문언 없이 "자수"라는 단어를 사용하고 있는데 형법 제52조나 국가보안법 제16조 제1호의 "자수"에는 범행이 발각되고 지명수배된 후의 자진 출두도 포함되는 것으로 판례가 해석하고 있으므로 이것이 "자수"라는 단어의 관용적 용례라고 할 것인바, **공직선거법 제262조의 "자수"를 '범행발각 전에 자수한 경우'로 한정하는 풀이는** "자수"라는 단어가 통상 관용적으로 사용되는 용례에서 갖는 개념 외에 **'범행발각 전'이라는 또 다른 개념을 추가하는 것으로서 결국은 '언어의 가능한 의미'를 넘어 공직선거법 제262조의 "자수"의 범위를 그 문언보다 제한**함으로써 공직선거법 제230조 제1항 등의

1) 형법 제52조(자수, 자복) ① **죄를 지은 후 수사기관에 자수**한 경우에는 형을 **감경하거나 면제할 수 있다.**

2) 국가보안법 제16조(형의 감면) 다음 각 호의 1에 해당한 때에는 그 형을 **감경 또는 면제한다. 1. 이 법의 죄를 범한 후 자수한 때** 2. 이 법의 죄를 범한 자가 이 법의 죄를 범한 타인을 고발하거나 타인이 이 법의 죄를 범하는 것을 방해한 때

3) 공직선거법 제262조(자수자에 대한 특례) ① 다음 각 호의 어느 하나에 해당하는 사람이 **자수한 때**에는 그 형을 **감경 또는 면제한다.** 1. 제230조 제1항·제2항, 제231조 제1항 및 제257조 제2항을 위반한 사람 중 금전·물품, 그 밖의 이익 등을 받거나 받기로 승낙한 사람(후보자와 그 가족 또는 사위의 방법으로 이익 등을 받거나 받기로 승낙한 사람은 제외한다) 2. 다른 사람의 지시에 따라 제230조 제1항·제2항 또는 제257조 제1항을 위반하여 금전·물품, 그 밖의 재산상의 이익이나 공사의 직을 제공하거나 그 제공을 약속한 사람

처벌범위를 실정법 이상으로 확대한 것이 되고, 따라서 이는 단순한 목적론적 축소해석에 그치는 것이 아니라, **형면제 사유에 대한 제한적 유추를 통하여 처벌범위를 실정법 이상으로 확대한 것으로서 죄형법정주의의 파생원칙인 유추해석금지의 원칙에 위반된다.**

[반대의견] 공직선거 및 선거부정방지법 제262조의 자수를 선거법 위반행위의 발견 전에 행하여진 것에 한정된다고 해석하지 아니하고 그 시기에 있어서 제한 없이 체포 전에만 하면 이에 해당하여 형이 필요적으로 면제된다고 해석하게 되면, 첫째 범행발견에 아무런 기여를 한 바가 없음에도 불구하고 같은 법 제262조의 특혜를 주는 것이 되어 같은 법 제262조가 자수에 대하여 **형의 필요적 면제를 규정한 입법 취지에 반하고**, 둘째 범죄와 형벌의 균형에 관한 국민 일반의 **법감정에 맞지 않아 정의와 형평에도 현저히 반하며**, 셋째 형법 제52조에 의하여 형이 임의적으로 감경되는 다른 범죄의 자수자, 특히 공직선거및선거부정방지법 제230조 제1항 등 3개 죄의 금품 등의 제공범행을 한 후 자수한 자와는 달리 위 3개 범죄의 범행을 하고 범행발각 후에 자수한 자만 아무런 합리적 이유도 없이 필요적 형면제라는 차별적 특혜를 받게 되어 **헌법 제11조 제1항의 평등위반이라는 위헌의 소지**도 있게 된다. 그러므로 공직선거및선거부정방지법 제262조의 자수를 그 입법 취지와 목적에 비추어 위 규정과 형의 필요적 면제의 대상이 되지 아니하는 같은 법상의 다른 처벌규정 등을 전체적, 종합적으로 헌법에 합치되게 해석하려면 '범행발각 전에 수사기간에 자진 출두하여 자백한 경우'만을 의미하는 것으로 해석하여야 되는 것이다」.

●**해설**● 1 유추해석이란 법률에 규정이 없는 사항에 대하여 그것과 유사한 성질을 가지는 사항에 관한 법률을 적용하는 것을 뜻한다. 죄형법정주의는 형법의 유추해석을 금지한다. 이는 유추해석은 **법원에 의한 사후 입법**에 지나지 않고, 법률주의 및 사후입법금지에 반하기 때문이다. 따라서 형법해석은 가급적 '엄격해석'에 입각해야 함을 의미한다. 대법원도 「형벌법규의 해석은 엄격하여야 하고 명문규정의 의미를 피고인에게 불리한 방향으로 지나치게 확장해석하거나 유추해석하는 것은 죄형법정주의의 원칙에 어긋나는 것으로서 허용되지 않는다」(대판 92도3126)고 판시하고 있다.

2 원심은 공직선거법 제262조에서 자수한 자에게 필요적 면제를 규정한 취지를 중시하였다. 특히 필요적 형면제를 규정한 제262조의 주된 입법 취지는 이러한 범죄유형은 당사자 사이에 은밀히 이루어져 그 **범행발견이 어렵다는 점을 고려**하여 금품 등을 제공받은 사람으로 하여금 사실상 **신고를 하도록 유도함으로써 금품 등의 제공자를 효과적으로 처벌**하려는 데 있다. 그런데 이 사건의 경우는 X 및 관련 범죄자의 범죄사실이 모두 발견되었고 X에 대한 조사를 제외하고는 관련자에 대한 수사가 완료되었으며 X에 대한 구속영장까지 발부된 이후라고 한다면 자수가 범죄의 발견에 유용하다고 할 수 없다. 나아가 X는 수사기관의 지명수배를 받고 구속영장까지 발부되었음에도 상당기간 도피하였다가 뒤늦게 수사기관에 자진 출두한 경우이다. 이런 상황에 있는 피고인에게까지 형을 무조건 면제하는 것은 명백히 부당하다고 보아 이러한 자진 출두행위는 공직선거법상의 자수에 해당하지 아니한다고 원심은 판단하였다.

3 그러나 대법원 다수의견은 원심이 공직선거법 제262조가 자수의 시기에 관한 제한을 하지 아니한 것을 가리켜 법률의 흠결이라고 단정한 것은 잘못된 판단이라고 판시한다. 물론 다수의견도 제262조에서 자수의 시기에 관한 제한을 두지 않은 것은 바람직하지 않다고 본다. 그러나 그렇다고 법원이 법률해석을 통하여 이러한 제한을 도출할 수는 없다고 판단하였다.

4 형벌법규의 해석에 있어서 법 규정 문언의 가능한 의미를 벗어나는 경우에는 유추해석으로서 죄형법정주의에 위배된다. 그리고 유추해석금지의 원칙은 「모든 형벌법규의 구성요건과 가벌성에 관한 규정에 준용되는 데 **위법성 및 책임의 조각사유나 소추조건에 관하여 그 범위를 제한적으로 유추적용하게 되면 행위자의 가벌성의 범위는 확대되어 행위자에게 불리**하게 되는바, 이는 가능한 문언의 의미를 넘어 범죄구성요건을 유추적용하는 것과 같은 결과가 초래되므로 죄형법정주의의 파생원칙인 유추해석금지의 원칙에 위반하여 허용될 수 없다」고 할 것이다.

5 형의 면제는 유죄로는 인정하되 형벌만을 과하지 아니하는 것으로서 처벌을 조각하는 사유이다. 형면제 사유에 관하여도 법규정의 문언보다 축소하는 **제한적 유추적용을 하게 되면 처벌되는 범위가 확대되어 행위자에게 불리하게 되므로 허용될 수 없다**고 다수의견은 판단한 것이다.

Reference

대상행위가 문언의 '가능한 의미 범위 밖'에 있다고 본 판결

1 **[대판 2022도12175 전원합의체]** ●**사실**● 피고인은 2021. 7. 9. 승용차를 운전하여 편도 4차로 도로의 1차로를 진행하다가 진로변경을 제한하는 **안전표지인 백색실선**이 설치되어 있어 진로를 변경하지 아니할 업무상 주의의무가 있음에도 1차로에서 2차로로 진로를 변경하였다. 당시 2차로를 따라 진행하던 개인택시의 운전자가 추돌을 피하기 위해 갑자기 정지하였고, 이로 인하여 택시 승객인 피해자가 약 2주간의 치료가 필요한 경추의 염좌 및 긴장 등의 상해를 입었다. 원심은 도로면의 백색실선이 「교통사고처리 특례법」 제3조 제2항 단서 제1호에서 정한 '통행금지를 내용으로 하는 안전표지'에 해당하지 않으며, 피고인이 운전한 승용차가 **자동차종합보험에 가입**되어 있었으므로 이 사건 공소제기의 절차가 법률의 규정을 위반하여 무효인 때에 해당한다고 보아 검사의 공소를 기각한 제1심판결을 그대로 유지하였다. 이에 검사가 상고하였다. ●**판지**● **상고기각**. 「진로변경을 금지하는 안전표지인 백색실선은 단서 제1호에서 정하고 있는 '통행금지를 내용으로 하는 안전표지'에 해당하지 않으므로, 이를 침범하여 교통사고를 일으킨 운전자에 대하여는 처벌특례가 적용된다고 보아야 한다. …… 도로교통법 제6조 제1항은 '도로에서의 위험을 방지하고 교통의 안전과 원활한 소통을 확보하기 위하여 필요하다고 인정한 때'에는 '구간을 정하여 **통행을 금지하거나 제한**'할 수 있도록 규정하는 한편, 통행금지 또는 제한을 위반한 행위를 같은 법 제156조 제2호에 따라 처벌하고 있다. 반면 도로교통법 제14조 제5항 본문은 '안전표지가 설치되어 특별히 진로변경이 금지된 곳에서는 차마의 진로를 변경하여서는 아니 된다.'고 규정하는 한편, **진로변경금지나 제한**을 위반한 행위를 같은 법 제156조 제1호에 따라 처벌하고 있다. 도로교통법 제156조가 제1호와 제2호의 위반행위에 대하여 동일한 형을 정하고 있기는 하나, 도로교통법은 **'통행금지'와 '진로변경금지'를 구분**하여 규율하면서 처벌 체계를 달리하고 있으므로, 통행금지와 진로변경금지에 관하여 서로 **다른 금지규범을 규정**한 것으로 보아야 한다. 따라서 진로변경금지 위반을 통행금지 위반으로 보아 단서 제1호에 해당한다고 보는 것은 **문언의 객관적인 의미를 벗어나 피고인에게 불리한 해석**을 하는 것이다.

2 **[대판 2022도1013]** [특정범죄 가중처벌 등에 관한 법률 제5조의10에서 정한 '자동차'가 도로교통법상 자동차를 의미하는지 여부(적극) 및 도로교통법상 **원동기장치자전거가 '자동차'에 포함되는지 여부(소극)**] 피고인이 운행 중인 오토바이 운전자인 피해자를 폭행하여 피해자에게 상

해를 가하였다는 사안에서, 특정범죄 가중처벌 등에 관한 법률(이하 '특정범죄가중법') 제5조의10 제1항은 "운행 중(여객자동차 운수사업법 제2조 제3호에 따른 여객자동차운송사업을 위하여 사용되는 자동차를 운행하는 중 운전자가 여객의 승차·하차 등을 위하여 일시 정차한 경우를 포함한다)인 자동차의 운전자를 폭행하거나 협박한 사람은 5년 이하의 징역 또는 2천만 원 이하의 벌금에 처한다.", 제2항은 "제1항의 죄를 범하여 사람을 상해에 이르게 한 경우에는 3년 이상의 유기징역에 처하고, 사망에 이르게 한 경우에는 무기 또는 5년 이상의 징역에 처한다."라고 규정하여 운행 중인 자동차의 운전자를 폭행·협박하거나 이로 인하여 상해 또는 사망에 이르게 한 경우를 가중처벌하고 있다. 특정범죄가중법 제5조의10의 문언 형식, 입법 취지 및 보호법익, 특정범죄가중법상 다른 자동차 등 관련 범죄의 가중처벌 규정과의 체계적 해석 등을 종합하면, 특정범죄가중법 제5조의10의 '자동차'는 도로교통법상의 자동차를 의미하고 도로교통법상 원동기장치자전거는 '자동차'에 포함되지 않는다.

3 **[대판 2020도9994]** [도로교통법 제2조 제26호에서 규정하는 **'운전'의 의미**] [1] 피고인이 STOP&GO 기능이 있는 차량에서 내림으로써 그 기능이 해제되어 시동이 완전히 꺼졌으나 이후 이를 인식하지 못한 상태에서 시동을 걸지 못하고 제동장치를 조작하다 차량이 후진하면서 추돌 사고를 야기하여 특정범죄 가중처벌 등에 관한 법률 위반(위험운전치상)으로 기소된 사안에서, 피고인이 차량을 운전하려는 의도로 제동장치를 조작하여 차량이 뒤로 진행하게 되었다고 해도, 시동이 켜지지 않은 상태였던 이상 자동차를 본래의 사용방법에 따라 사용했다고 보기 어려우므로 무죄를 선고한 원심판단을 정당하다고 한 사례. [2] 도로교통법 제2조 제26호는 '운전'이란 차마 또는 노면전차를 본래의 사용방법에 따라 사용하는 것을 말한다고 정하고 있다. 그중 자동차를 본래의 사용방법에 따라 사용했다고 하기 위해서는 **엔진 시동을 걸고 발진조작**을 해야 한다.

4 **[대판 2020도9789]** [원인불명으로 **재산상 이익인 가상자산**을 이체받은 자가 가상자산을 사용·처분한 경우, **신의칙을 근거로 배임죄로 처벌할 수 있는지 여부**(소극)] [1] 피고인이 알 수 없는 경위로 갑의 특정 거래소 가상지갑에 들어 있던 비트코인을 자신의 계정으로 이체받은 후 이를 자신의 다른 계정으로 이체하여 재산상 이익을 취득하고 갑에게 손해를 가하였다고 하여 특정경제범죄 가중처벌 등에 관한 법률 위반(배임)의 예비적 공소사실로 기소된 사안에서, 비트코인이 법률상 원인관계 없이 갑으로부터 피고인 명의의 전자지갑으로 이체되었더라도 피고인이 신임관계에 기초하여 갑의 사무를 맡아 처리하는 것으로 볼 수 없는 이상 갑에 대한 관계에서 '타인의 사무를 처리하는 자'에 해당하지 않는다고 한 사례. [2] 가상자산 권리자의 착오나 가상자산 운영 시스템의 오류 등으로 법률상 원인관계 없이 다른 사람의 가상자산 전자지갑에 가상자산이 이체된 경우, 가상자산을 이체받은 자는 가상자산의 권리자 등에 대한 부당이득반환의무를 부담하게 될 수 있다. 그러나 이는 당사자 사이의 민사상 채무에 지나지 않고 이러한 사정만으로 가상자산을 이체받은 사람이 신임관계에 기초하여 가상자산을 보존하거나 관리하는 지위에 있다고 볼 수 없다. 가상자산은 국가에 의해 통제받지 않고 블록체인 등 암호화된 분산원장에 의하여 부여된 경제적인 가치가 디지털로 표상된 정보로서 재산상 이익에 해당한다. 가상자산은 보관되었던 전자지갑의 주소만을 확인할 수 있을 뿐 그 주소를 사용하는 사람의 인적사항을 알 수 없고, 거래 내역이 분산 기록되어 있어 다른 계좌로 보낼 때 당사자 이외의 다른 사람이 참여해야 하는 등 일반적인 자산과는 구별되는 특징이 있다. 이와 같은 가상자산에 대해서는 현재까지 관련 법률에 따라 법정화폐에 준하는 규제가 이루어지지 않는 등 법정화폐와 동일하게 취급되고 있지 않고 그 거래에 위험이 수반되므로, 형법을

적용하면서 법정화폐와 동일하게 보호해야 하는 것은 아니다. 원인불명으로 재산상 이익인 가상자산을 이체받은 자가 가상자산을 사용·처분한 경우 이를 형사처벌하는 명문의 규정이 없는 현재의 상황에서 **착오송금 시 횡령죄 성립을 긍정한 판례를 유추하여 신의칙을 근거로 피고인을 배임죄로 처벌하는 것은 죄형법정주의에 반한다.**

5 [대판 2020도2642] [증거위조죄에서 말하는 '위조'의 의미 / 사실의 증명을 위해 작성된 문서가 그 사실에 관한 내용이나 작성명의 등에 아무런 허위가 없는 경우, '증거위조'에 해당하는지 여부(소극)] [1] 형법 제155조 제1항은 타인의 형사사건 또는 징계사건에 관한 증거를 인멸, 은닉, 위조 또는 변조하거나 위조 또는 변조한 증거를 사용한 자를 처벌하고 있고, 여기서의 **'위조'란 문서에 관한 죄의 위조 개념과는 달리 새로운 증거의 창조를 의미**한다. 그러나 사실의 증명을 위해 작성된 문서가 그 사실에 관한 내용이나 작성명의 등에 아무런 허위가 없다면 '증거위조'에 해당한다고 볼 수 없다. 설령 사실증명에 관한 문서가 형사사건 또는 징계사건에서 허위의 주장에 관한 증거로 제출되어 그 주장을 뒷받침하게 되더라도 마찬가지이다. [2] 비록 피고인이 공소외 4 명의 □□은행 계좌에서 공소외 2 회사 명의 △△은행 계좌에 금원을 **송금하고 다시 되돌려 받는 행위를 반복**한 후 그 중 송금자료만을 발급받아 이를 3억 5,000만 원을 변제하였다는 허위 주장과 함께 법원에 제출한 행위는 형법상 증거위조죄의 보호법익인 사법기능을 저해할 위험성이 있다. 그러나 앞서 본 법리에 비추어 보면, 피고인이 제출한 입금확인증 등은 금융기관이 금융거래에 관한 사실을 증명하기 위해 작성한 문서로서 그 내용이나 작성명의 등에 아무런 허위가 없는 이상 이를 증거의 '위조'에 해당한다고 볼 수 없고, 나아가 '위조한 증거를 사용'한 행위에 해당한다고 볼 수도 없다.

6 [대판 2019도16782] 파기환송. [담배가공을 위한 일정한 작업을 수행하지 않은 자의 행위를 무허가 담배제조로 인한 담배사업법 제11조, 제27조 제1항 제1호 위반죄로 의율하는 것이 죄형법정주의의 내용인 확장해석금지 원칙에 어긋나는지 여부(원칙적 적극)] [1] 피고인이 불특정 다수의 손님들에게 연초 잎, 담배 필터, 담뱃갑을 제공하여 손님으로 하여금 담배제조기계를 조작하게 하거나 자신이 직접 그 기계를 조작하는 방법으로 담배를 제조하고, 손님에게 담배를 판매함으로써 담배제조업 허가 및 담배소매인 지정을 받지 아니하고 담배를 제조·판매하였다는 이유로 **담배사업법 위반**으로 기소된 사안에서, 피고인이 담배를 제조하였다거나 제조된 담배를 소비자에게 판매하였다고 보기 어려운데도, 이와 달리 본 원심판단에 법리오해의 잘못이 있다고 한 사례 [2] (가) 담배사업법 제2조 제1호는, "담배"란 연초의 잎을 원료의 전부 또는 일부로 하여 피우거나, 빨거나, 증기로 흡입하거나, 씹거나, 냄새 맡기에 적합한 상태로 제조한 것을 말한다고 규정한다. 담배사업법 제11조에 규정된 '담배의 제조'는 일정한 작업으로 담배사업법 제2조의 '담배'에 해당하는 것을 만들어 내는 것을 말한다. (나) 어떠한 영업행위가 여기서 말하는 **'담배의 제조'**에 해당하는지는, 그 영업행위의 실질적인 운영형태, 담배가공을 위해 수행된 작업의 경위·내용·성격, 담배사업법이 담배제조업을 허가제로 규정하고 있는 취지 등을 종합적으로 고려하여 사회통념에 비추어 합리적으로 판단하여야 한다. 한편 '담배의 제조'는 담배가공을 위한 일정한 작업의 수행을 전제하므로, 그러한 작업을 수행하지 않은 자의 행위를 무허가 담배제조로 인한 담배사업법 제27조 제1항 제1호, 제11조 위반죄로 의율하는 것은 특별한 사정이 없는 한 문언의 가능한 의미를 벗어나 피고인에게 불리한 방향으로 해석한 것이어서 죄형법정주의의 내용인 확장해석금지 원칙에 어긋난다.

7 **[대판 2019도13328 전원합의체]** **●판시●** 지방자치단체장 선거의 후보자인 피고인이, 사실은 시장으로 재직할 당시 수회에 걸쳐 관할 보건소장 등에게 자신의 친형 갑에 대하여 정신보건법에 따른 강제입원 절차를 진행하도록 지시하였음에도 방송사 초청 공직선거 후보자 토론회에서 상대 후보자 을이 위 강제입원 절차 관여 여부에 대하여 한 질문에 이를 부인하면서 갑을 정신병원에 입원시키려고 한 적이 없다는 취지로 발언(답변)을 함으로써 **허위사실을 공표하였다고 하여 공직선거법 위반으로 기소**된 사안에서, 피고인의 발언은 공직선거법 제250조 제1항[4]에서 정한 허위사실의 공표에 해당하지 않는다고 한 사례. 사안은 허위사실공표와 관련해 제1심에서는 무죄, 항소심에서는 유죄 다시 대법원에서는 무죄판결이 나왔다. **●판지●** 형벌법규 해석의 원칙을 토대로 정치적 표현의 자유와 선거운동의 자유의 헌법적 의의와 중요성, 공직선거법상 후보자 토론회를 비롯한 선거운동에 관한 제반 규정의 내용과 취지, 후보자 토론회의 기능과 특성 등을 함께 고려하면, 공직선거 후보자 등이 후보자 토론회의 토론과정 중에 한 발언을 이유로 공직선거법 제250조 제1항에서 정한 허위사실공표죄로 처벌하는 것에는 신중을 기하여야 하고, 공직선거법 제250조 제1항에 의하여 형사처벌의 대상이 되는 행위의 범위에 관하여 보다 구체적이고 분명한 기준을 제시할 필요가 있다. 그러므로 후보자 등이 후보자 토론회에 참여하여 질문 · 답변을 하거나 주장 · 반론을 하는 것은, 그것이 토론회의 주제나 맥락과 관련 없이 **일방적으로 허위의 사실을 드러내어 알리려는 의도에서 적극적으로 허위사실을 표명한 것이라는 등의 특별한 사정이 없는 한 공직선거법 제250조 제1항에 의하여 허위사실공표죄로 처벌할 수 없다**고 보아야 한다. …… 토론 중 질문 · 답변이나 주장 · 반론하는 과정에서 한 표현이 선거인의 정확한 판단을 그르칠 정도로 **의도적으로 사실을 왜곡한 것이 아닌 한, 일부 부정확 또는 다소 과장되었거나 다의적으로 해석될 여지가 있는 경우에도 허위사실 공표행위로 평가하여서는 안 된다.**

8 **[대판 2017도17762]** [아파트 단지 내 지하주차장이 도로교통법 제2조 제1호에서 정한 '도로'에 해당하는지 판단하는 기준] [1] 피고인이 자동차운전면허를 받지 않고 **아파트 단지 안에 있는 지하주차장 약 50m 구간에서 승용차를 운전**하여 도로교통법 위반(**무면허운전**)으로 기소된 사안에서, 위 주차장이 아파트 주민이나 그와 관련된 용건이 있는 사람만 이용할 수 있고 경비원 등이 자체적으로 관리하는 곳이라면 도로에 해당하지 않을 수 있는데, 도로교통법 제2조 제1호에서 정한 **도로에 해당하는지가 불분명**하여 피고인의 자동차 운전행위가 도로교통법에서 금지하는 무면허운전에 해당하지 않는다고 볼 여지가 있는데도, 아파트 단지와 주차장의 규모와 형태, 아파트 단지와 주차장의 진 · 출입에 관한 구체적인 관리 · 이용 상황 등에 관하여 심리하지 아니한 채 피고인의 자동차 운전행위가 무면허운전에 해당한다고 보아 유죄를 인정한 원심판결에 심리미진 및 도로교통법에서 정한 도로와 무면허운전에 관한 법리오해의 잘못이 있다. [2] 위에서 본 도로가 아닌 곳에서 운전면허 없이 운전한 경우에는 무면허운전에 해당하지 않는다. 도로에서 운전하지 않았는데도 무면허운전으로 처벌하는 것은 유추해석이나 확장해석에 해당하여 죄형법정주의에 비추어 허용되지 않는다. 따라서 운전면허 없이 자동차 등을 운전한 곳이 위와 같이 일반교통경찰권이 미치는 공공성이 있는 장소가 아니라 특정인이나 그와 관련된 용건이 있는 사람만 사용할 수 있고 자체적으로 관리되는 곳이라면 **도로교통법에서 정한 '도로에서 운전'한 것이 아**

4) 공직선거법 제250조(허위사실공표죄) ① 당선되거나 되게 할 목적으로 연설 · 방송 · 신문 · 통신 · 잡지 · 벽보 · 선전문서 기타의 방법으로 후보자(후보자가 되고자 하는 자를 포함한다)에게 유리하도록 후보자, 후보자의 배우자 또는 직계존비속이나 형제자매의 출생지 · 가족관계 · 신분 · 직업 · 경력 등 · 재산 · 행위 · 소속단체, 특정인 또는 특정단체로부터의 지지여부 등에 관하여 **허위의 사실**[학력을 게재하는 경우 제64조제1항의 규정에 의한 방법으로 게재하지 아니한 경우를 포함한다]을 **공표하거나 공표하게 한** 자와 허위의 사실을 게재한 선전문서를 배포할 목적으로 소지한 자는 5년 이하의 징역 또는 3천만원이하의 벌금에 처한다.

니므로 무면허운전으로 처벌할 수 없다.

9 **[대판 2017도13182]** [무면허운전 처벌규정의 적용대상인 구 도로교통법 제2조 제18호에서 정한 '자동차'가 구 자동차관리법 제2조 제1호에서 정한 자동차로서 같은 법 제3조에서 정한 각종 자동차에 해당하는 것에 한정되는지 여부(적극) 및 농업기계화 촉진법 제2조 제1호에서 정한 농업기계인 **'농업용 동력운반차'**가 이에 해당하는지 여부(소극)] …… 위에서 본 규정을 체계적·종합적으로 살펴보면, 구 도로교통법 제152조 제1호, 제43조의 무면허운전 처벌규정의 적용대상인 구 도로교통법 제2조 제18호에서 정한 자동차는 구 자동차관리법 제2조 제1호에서 정한 자동차로서 같은 법 제3조에서 정한 각종 자동차에 해당하는 것에 한정된다고 보아야 한다. 농업용 동력운반차는 농업기계화 촉진법 제2조 제1호에서 정한 농업기계로서 구 자동차관리법 제2조 제1호에서 정한 자동차나 이를 전제로 하는 구 자동차관리법 제3조에서 정한 각종 자동차에 해당하지 않으므로 무면허운전 처벌규정의 적용대상인 구 도로교통법 제2조 제18호에 정한 **자동차에도 해당하지 않는다.**

10 **[대판 2017도5977]** [외국에서 미결구금되었다가 무죄판결을 받은 사람의 미결구금일수를 형법 제7조의 유추적용에 의하여 그가 국내에서 같은 행위로 인하여 선고받는 형에 산입할 수 있는지 여부(소극)] ●**사실**● 피고인이 외국에서 살인죄를 범하였다가 무죄 취지의 재판을 받고 석방된 후 국내에서 다시 기소되어 제1심에서 징역 10년을 선고받게 되자 자신이 외국에서 미결 상태로 구금된 5년여의 기간에 대하여도 '외국에서 집행된 형의 산입' 규정인 형법 제7조[5]가 적용되어야 한다고 주장하였다. ●**판지**● **'외국에서 형의 전부 또는 일부가 집행된 사람'**이란 문언과 취지에 비추어 '외국 법원의 유죄판결에 의하여 자유형이나 벌금형 등 형의 전부 또는 일부가 **실제로** 집행된 사람'을 말한다고 해석하여야 한다. 따라서 형사사건으로 외국 법원에 기소되었다가 무죄판결을 받은 사람은, 설령 그가 무죄판결을 받기까지 상당 기간 **미결구금되었더라도 이를 유죄판결에 의하여 형이 실제로 집행된 것으로 볼 수는 없으므로,** '외국에서 형의 전부 또는 일부가 집행된 사람'에 해당한다고 볼 수 없고, 그 미결구금 기간은 형법 제7조에 의한 산입의 대상이 될 수 없다. … 결국 미결구금이 자유박탈이라는 효과 면에서 형의 집행과 일부 유사하다는 점만을 근거로, 외국에서 형이 집행된 것이 아니라 단지 미결구금되었다가 무죄판결을 받은 사람의 미결구금일수를 형법 제7조의 **유추적용에 의하여** 그가 국내에서 같은 행위로 인하여 선고받는 형에 산입하여야 한다는 것은 허용되기 어렵다.

11 **[대판 2016도21314 전원합의체[6]]** [한의사가 **초음파 진단기기**를 한의학적 진단의 보조수단으로 사용하는 것이 **한의사의 '면허된 것 이외의 의료행위'**에 해당하는지 여부(소극)] [다수의견] 한의사가 진단용 의료기기를 사용하는 것이 한의사의 '면허된 것 이외의 의료행위'에 해당하는지에 관한 새로운 판단 기준에 따르면, 한의사가 초음파 진단기기를 사용하여 환자의 신체 내부를 촬영하여 화면에 나타난 모습을 보고 이를 한의학적 진단의 보조수단으로 사용하는 것은 한의사의 '면허된 것 이외의 의료행위'에 해당하지 않는다고 보는 것이 타당하다. 이유는 다음과 같다. (가) 한의사의 초음파 진단기기 사용을 금지하는 취지의 규정은 존재하지 않는다. (나) 초음파 진단기기가 발전해온 과학기술문

---

5) 형법 제7조(외국에서 집행된 형의 산입) 죄를 지어 외국에서 형의 전부 또는 일부가 집행된 사람에 대해서는 그 집행된 형의 전부 또는 일부를 선고하는 형에 산입한다.

6) 대법원 2022. 12. 22. 선고 2016도21314 전원합의체 판결

화의 역사적 맥락과 특성 및 그 사용에 필요한 기본적·전문적 지식과 기술 수준을 감안하면, 한의사가 한방의료행위를 하면서 진단의 보조수단으로 이를 사용하는 것이 의료행위에 통상적으로 수반되는 수준을 넘어서는 보건위생상 위해가 생길 우려가 있는 경우에 해당한다고 단정하기 어렵다. (다) 전체 의료행위의 경위·목적·태양에 비추어 한의사가 초음파 진단기기를 사용하는 것이 한의학적 의료행위의 원리에 입각하여 이를 적용 또는 응용하는 행위와 무관한 것임이 명백히 증명되었다고 보기도 어렵다.

12 **[대판 2016도19170]** [한국환경공단이 환경부장관의 위탁을 받아 건설폐기물 인계·인수에 관한 내용 등의 전산처리를 위한 전자정보처리프로그램인 올바로시스템을 구축·운영하고 있는 경우, 그 업무를 수행하는 **한국환경공단 임직원**을 공전자기록의 작성권한자인 **공무원**으로 보거나 한국환경공단을 **공무소**로 볼 수 있는지 여부(소극)] [1] 형법 제227조의2(공전자기록위작·변작)는 "사무처리를 그르치게 할 목적으로 공무원 또는 공무소의 전자기록 등 특수매체기록을 위작 또는 변작한 자는 10년 이하의 징역에 처한다." 라고 규정하고 있다. 여기에서 **'공무원'**이란 원칙적으로 법령에 의해 공무원의 지위를 가지는 자를 말하고, **'공무소'**란 공무원이 직무를 행하는 관청 또는 기관을 말하며, '공무원 또는 공무소의 전자기록'은 공무원 또는 공무소가 직무상 작성할 권한을 가지는 전자기록을 말한다. 따라서 그 행위주체가 공무원과 공무소가 아닌 경우에는 형법 또는 특별법에 의하여 공무원 등으로 의제되는 경우를 제외하고는 **계약 등에 의하여 공무와 관련되는 업무를 일부 대행하는 경우가 있더라도 공무원 또는 공무소가 될 수 없다.** 형벌법규의 구성요건인 공무원 또는 공무소를 법률의 규정도 없이 확장해석하거나 유추해석하는 것은 죄형법정주의 원칙에 반하기 때문이다. [2] 그런데 한국환경공단은 한국환경공단법에 의해 설립된 법인으로서, **그 임직원은 공무원이 아니고** 단지 같은 법 제11조, 건설폐기물법 제61조, 폐기물관리법 제62조의2 등에 의하여 형법 제129조부터 제132조까지의 규정을 적용할 때 **공무원으로 의제될 뿐**이며, 한국환경공단 임직원을 공전자기록 등 위작죄에서 공전자기록 작성권한자인 공무원으로 의제하거나 한국환경공단이 작성하는 전자기록을 공전자기록으로 의제하는 취지의 명문규정은 없다. 이러한 관련 법령을 법리에 비추어 살펴보면, 한국환경공단이 환경부장관의 위탁을 받아 건설폐기물 인계·인수에 관한 내용 등의 전산처리를 위한 전자정보처리프로그램인 올바로시스템을 구축·운영하고 있더라도, 그 업무를 수행하는 한국환경공단 임직원을 공전자기록의 작성권한자인 공무원으로 보거나 한국환경공단을 공무소로 볼 수는 없다. 그리고 한국환경공단법 등이 한국환경공단 임직원을 형법 제129조 내지 제132조의 적용에 있어 공무원으로 본다고 규정한다고 하여 그들 또는 그들이 직무를 행하는 한국환경공단을 형법 제227조의2에 정한 공무원 또는 공무소에 해당한다고 보는 것은 형벌법규를 피고인에게 불리하게 확장해석하거나 유추해석하는 것이어서 죄형법정주의 원칙에 반한다. 이는 한국환경공단 또는 그 임직원이 환경부장관으로부터 위탁받은 업무와 관련하여 직무상 작성한 문서를 공문서로 볼 수 없는 것과 마찬가지이다.

13 **[대판 2016도5083]** [야생생물 보호 및 관리에 관한 법률 제70조 제3호 및 제10조에 규정되어 있는 '그 밖에 야생동물을 포획할 수 있는 도구'의 의미] 야생생물법 제70조 제3호 및 제10조의 문언상 '그 밖에 야생동물을 포획할 수 있는 도구'는 '덫, 창애, 올무'와 병렬적으로 규정되어 있으므로 '그 밖에 야생동물을 포획할 수 있는 도구' 사용의 위험성이 덫, 창애, 올무 사용의 위험성에 비견될 만한 것이어야 할 것인 점 등을 종합하여 보면, **야생생물법 제70조 제3호 및 제10조에 규정되어 있는 '그 밖에 야생동물을 포획할 수 있는 도구'**란 그 도구의 형상, 재질, 구조와 기능 등을 종합하여 볼 때 덫, 창애, 올무와 유사한 방법으로 야생동물을 포획할 용도로 만들어진 도구를 의미한다고 할 것이다. 이러한 법리에 따라 살펴보면, 피

고인이 소지하였던 **'전파발신기를 부착한 사냥개와 전파수신기, 수렵용 칼'**은 야생동물을 포획하는 데 사용된 도구일 뿐이지, 덫, 창애, 올무와 유사한 방법으로 야생동물을 포획할 용도로 만들어진 도구라고 보기 어렵다.

14 [대판 2015도8335 전원합의체] [대한한공 086편 회항 사건[7)]] ●**사실**● 갑 항공사 부사장인 피고인이 외국 공항에서 국내로 출발 예정인 자사 여객기에 탑승하였다가, 담당 승무원이 일등석 승객인 자신에게 견과를 대접하는 방식이 자기가 알고 있는 객실서비스 설명서에 규정된 방법과 다르다는 이유로 화가 나 폭언하면서 승무원을 비행기에서 내리도록 하기 위해, 기장으로 하여금 계류장의 탑승교에서 분리되어 푸시백(Pushback, 계류장의 항공기를 차량으로 밀어 유도로까지 옮기는 것) 중이던 비행기를 다시 탑승구 쪽으로 돌아가게 함으로써 위력으로 운항 중인 항공기의 항로를 변경하게 하였다고 하여 항공보안법 제42조 위반으로 기소된 사안이다. ●**판지**● **[다수의견]** (가) 항공보안법 제42조는 "위계 또는 **위력**으로써 운항 중인 항공기의 **항로를 변경**하게 하여 정상 운항을 방해한 사람은 1년 이상 10년 이하의 징역에 처한다."라고 규정하고 있다. 같은 법 제2조 제1호는 '운항 중'을 '승객이 탑승한 후 항공기의 모든 문이 닫힌 때로부터 내리기 위하여 문을 열 때까지'로 정의하였다. 그러나 항공보안법에 **'항로'가 무엇인지에 관하여 정의한 규정은 없다.** … (다) 법령에서 쓰인 용어에 관해 정의규정이 없는 경우에는 원칙적으로 사전적인 정의 등 일반적으로 받아들여진 의미에 따라야 한다. 국립국어원의 표준국어대사전은 **항로를 '항공기가 통행하는 공로(공로)'로 정의**하고 있다. 국어학적 의미에서 항로는 공중의 개념을 내포하고 있음이 분명하다. 항공기 운항과 관련하여 '항로'가 지상에서의 이동 경로를 가리키는 용어로 쓰인 예를 찾을 수 없다. … (바) 본죄의 객체는 '운항 중'의 항공기이다. 그러나 위계 또는 위력으로 변경할 대상인 '항로'는 별개의 구성요건요소로서 그 자체로 죄형법정주의 원칙에 부합하게 해석해야 할 대상이 된다. 항로가 공중의 개념을 내포한 말이고, 입법자가 그 말뜻을 사전적 정의보다 넓은 의미로 사용하였다고 볼 자료가 없다. 지상의 항공기가 이동할 때 '운항 중'이 된다는 이유만으로 그때 다니는 **지상의 길까지 '항로'로 해석하는 것은 문언의 가능한 의미를 벗어난다.** (사) 지상에서 이동하는 항공기의 경로를 함부로 변경하는 것은 다른 항공기나 시설물과 충돌할 수 있어 위험성이 큰 행위임이 분명하다. 그러나 **처벌의 필요성만으로 죄형법정주의 원칙을 후퇴시켜서는 안 된다.** 그런 행위는 기장에 대한 업무방해죄로 처벌할 수 있을 뿐만 아니라, 많은 경우 폭행·협박 또는 위계를 수반할 것이므로 10년 이하의 징역으로 처벌 가능한 직무집행방해죄(항공보안법 제43조) 등에 해당할 수 있어 처벌의 공백이 생기는 것도 아니다.

15 [대판 2015도17847] [전화, 우편, 컴퓨터나 그 밖에 일반적으로 통신매체라고 인식되는 수단을 이용하지 아니한 채 직접 상대방에게 말, 글, 물건 등을 도달하게 하는 행위를 성폭력범죄의 처벌 등에 관한 특례법 제13조로 처벌할 수 있는지 여부(소극)] ●**사실**● 피고인은 2013.11.26.부터 2013.12.16.까지 사이에 6회에 걸쳐 성적 수치심 등을 일으키는 내용의 각 **편지를 작성**한 다음 이를 옆집에 사는 피해자의 주거지 **출입문에 직접 끼워 넣었다.** 원심판결은 성폭력처벌법 제13조를 적용하여 유죄로 판단하였다. ●**판지**● 성폭력범죄의 처벌 등에 관한 특례법 제13조는 "자기 또는 다른 사람의 성적 욕망을 유발하거나 만족시킬 목적으로 전화, 우편, 컴퓨터, 그 밖의 통신매체를 통하여 성적 수

7) 일명 **"땅콩회항" 사건**으로 불리는 이 사건은 2014년 12월 5일 존 F. 케네디 국제공항을 출발하여 인천국제공항으로 향하던 대한항공 여객기 내에서, 당시 대한항공 부사장이 객실승무원의 마카다미아 제공 서비스를 문제 삼아 항공기를 램프 유턴 시킨 뒤 사무장을 강제로 내리게 할 것을 요구하고, 기장이 이에 따름으로써 항공편이 46분이나 지연된 사건이다.

치심이나 혐오감을 일으키는 말, 음향, 글, 그림, 영상 또는 물건을 상대방에게 도달하게 한 사람은 2년 이하의 징역 또는 500만 원 이하의 벌금에 처한다."고 규정하고 있다. 위 규정 문언에 의하면, 위 규정은 자기 또는 다른 사람의 성적 욕망을 유발하는 등의 목적으로 **'전화, 우편, 컴퓨터나 그 밖에 일반적으로 통신매체라고 인식되는 수단을 이용**하여' 성적 수치심 등을 일으키는 말, 글, 물건 등을 상대방에게 전달하는 행위를 처벌하고자 하는 것임이 문언상 명백하므로, 위와 같은 **통신매체를 이용하지 아니한 채 '직접' 상대방에게 말, 글, 물건 등을 도달하게 하는 행위까지 포함하여 위 규정으로 처벌할 수 있다고 보는 것은 법문의 가능한 의미의 범위를 벗어난 해석**으로서 실정법 이상으로 처벌 범위를 확대하는 것이다.

16 [대판 2015도5789] [인터넷 이용자가 링크 부분을 클릭함으로써 링크된 웹페이지나 개개의 게시물에 직접 연결되는 경우, 링크를 하는 행위가 게시물의 전송에 해당하는지 여부(소극)/ 이러한 법리는 휴대전화 문자메시지에 링크 글을 기재함으로써 수신자가 링크 부분을 클릭하면 링크된 게시물에 연결되도록 한 경우에도 마찬가지로 적용되는지 여부(적극)] **인터넷 링크(Internet link)**는 인터넷에서 링크하고자 하는 웹페이지나, 웹사이트 등의 서버에 저장된 개개의 게시물 등의 웹 위치 정보나 경로를 나타낸 것에 불과하여, 인터넷 이용자가 링크 부분을 클릭함으로써 링크된 웹페이지나 개개의 게시물에 직접 연결된다 하더라도 **링크를 하는 행위는 게시물의 전송에 해당하지 아니한다.** 이러한 법리는 휴대전화 문자메시지에 링크 글을 기재함으로써 수신자가 링크 부분을 클릭하면 링크된 게시물에 연결되도록 하였다고 하더라도 마찬가지로 적용된다.

17 [대판 2015도354] '**대가를 약속받고** 접근매체를 대여하는 행위'를 구 전자금융거래법 제49조 제4항 제2호, 제6조 제3항 제2호에서 정한 '**대가를 받고** 접근매체를 대여'함으로 인한 같은 법 위반죄로 처벌하는 것은 처벌의 필요성이 있다고 하더라도 형벌법규의 확장해석 또는 유추해석으로서 죄형법정주의에 반하여 허용될 수 없다.

18-1 [대판 2014도14191] [국내 특정 지역의 수삼과 다른 지역의 수삼으로 만든 홍삼을 주원료로 하여 특정 지역에서 제조한 홍삼절편의 제품명이나 제조·판매자명에 특정 지역의 명칭을 사용한 경우, 이를 곧바로 **'원산지를 혼동하게 할 우려가 있는 표시를 하는 행위'**로 볼 수 있는지 여부(소극)] 홍삼절편과 같은 농산물 가공품의 경우 특별한 사정이 없는 한 제조·가공한 지역의 명칭을 제품명에 사용하는 것도 법령상 허용되고 있다. 여기에다 인삼류는 농산물 품질관리법에서 명성·품질 등이 본질적으로 국내 특정 지역의 지리적 특성에 기인하는 농산물로는 취급되지 않고 있다는 점과 형벌법규는 문언에 따라 엄격하게 해석·적용하여야 하고 피고인에게 불리한 방향으로 확장해석하거나 유추해석하여서는 아니 된다는 점까지 더하여 보면, 국내 특정 지역의 수삼과 다른 지역의 수삼으로 만든 홍삼을 주원료로 하여 특정 지역에서 제조한 홍삼절편의 제품명이나 제조·판매자명에 특정 지역의 명칭을 사용하였다고 하더라도 이를 곧바로 '원산지를 혼동하게 할 우려가 있는 표시를 하는 행위'라고 보기는 어렵다.

18-2 [대판 2012도3575] 파기환송. [1] 피고인들이 강원도 횡성군 지역이 아닌 다른 지역에서 생산된 소를 구매하여 도축한 후 **'횡성한우'**로 표시하여 판매함으로써 구 농산물품질관리법상 **원산지 표시 규정을 위반("허위표시")**하였다는 내용으로 기소된 사안에서, 횡성군 지역에서 출생·사육되지 아니한 소를 횡성군 지역으로 이동시킨 후 도축 시까지의 기간이 2개월 미만인 경우는 모두 일률적으로 도축의 준비행위 또는 단순한 보관행위에 불과하다고 보아 유죄를 인정한 원심판결에 법리오해 등 잘못이 있다. [2] 형벌법규는

그 문언에 따라 엄격하게 해석·적용하여야 하고 피고인에게 불리한 방향으로 지나치게 확장해석하거나 유추해석하여서는 안 되는 것이 원칙이므로 국내에서 출생한 소가 그 출생지 외의 지역에서 사육되다가 도축된 경우 당해 소가 어느 정도의 기간 동안 사육되면 비로소 그 사육지 등을 원산지로 표시할 수 있는지에 관하여 관계 법령에 아무런 규정이 없다면 특정 지역에서 단기간이라도 일정 기간 사육된 소의 경우 그 쇠고기에 해당 시·도명이나 시·군·구명을 그 원산지로 표시하여 판매하였다고 하더라도 이를 곧바로 위와 같은 원산지 표시 규정 위반행위에 해당한다고 단정할 수는 없다.

19 [대판 2013도15031] [연습운전면허를 받은 사람이 '주행연습 외의 목적으로 운전하여서는 아니된다'는 준수사항을 위반하여 운전한 경우, 도로교통법상 무면허운전이라고 보아 처벌할 수 있는지 여부(소극)] **연습운전면허**를 받은 사람이 운전을 함에 있어 주행연습 외의 목적으로 운전하여서는 아니된다는 준수사항을 지키지 않았다고 하더라도 준수사항을 지키지 않은 것에 대하여 연습운전면허의 취소 등 제재를 가할 수 있음은 별론으로 하고 그 운전을 **무면허운전**이라고 보아 처벌할 수는 없다.

20 [대판 2013도15002] [구 식품위생법 제13조 제1항에서 금지하는 '식품에 관하여 의약품과 혼동할 우려가 있는 광고'의 의미 및 식품 판매자가 식품을 판매하면서 특정 구매자에게 그 식품이 질병 치료에 효능이 있다고 설명하고 상담한 행위가 이에 해당하는지 여부(소극)] 구 식품위생법 제97조 제1호, 제13조 제1항, 제2항, 구 식품위생법 시행규칙 제8조의 내용을 종합하면, 법 제13조 제1항에서 금지하는 **'식품에 관하여 의약품과 혼동할 우려가 있는 광고'**란 라디오·텔레비전·신문·잡지·음악·영상·인쇄물·간판·인터넷, 그 밖의 방법으로 식품 등의 품질·영양가·원재료·성분 등에 대하여 질병의 치료에 효능이 있다는 정보를 나타내거나 알리는 행위를 의미한다고 보아야 한다. 따라서 식품 판매자가 식품을 판매하면서 특정 구매자에게 그 식품이 질병의 치료에 효능이 있다고 설명하고 상담하였다고 하더라도 이를 가리켜 법 제13조 제1항에서 금지하는 **'광고'**를 하였다고 볼 수 없고, 그와 같은 행위를 반복하였다고 하여 달리 볼 것은 아니다.

21 [대판 2013도8389] [외국환거래법 제30조가 범인이 해당 행위로 인하여 취득한 외국환 기타 지급수단 등을 몰수·추징의 대상으로 규정하는 취지 및 여기서 '취득'의 의미] [1] 외국환거래법 제30조가 규정하는 몰수·추징의 대상은 범인이 해당 행위로 인하여 취득한 외국환 기타 지급수단 등을 뜻하고, 이는 범인이 외국환거래법에서 규제하는 행위로 인하여 취득한 외국환 등이 있을 때 이를 몰수하거나 추징한다는 취지로서, 여기서 **취득이란 해당 범죄행위로 인하여 결과적으로 이를 취득한 때를 말한다고 제한적으로 해석함이 타당**하다. [2] 갑 재단법인의 이사 겸 사무총장으로서 자금관리 업무를 총괄하는 피고인이, 거주자인 갑 재단법인이 비거주자인 을 회사로부터 원화자금 및 외화자금을 차입하는 자본거래를 할 때 신고의무를 위반하였다는 내용으로 외국환거래법 위반죄가 인정된 사안에서, 금전대차계약의 차용 당사자는 갑 재단법인으로서, 비록 피고인이 금전대차 거래행위를 실제로 집행하였지만 갑 재단법인을 대표하는 지위에 있지 아니하여 갑 재단법인의 기관으로서 한 것이라고 볼 수 없는 점, 위 계약에 따른 차입금은 모두 대여자인 을 회사로부터 갑 재단법인 계좌로 입금되었다가 그 후 갑 재단법인으로부터 그 금액이 을 회사에 반환되었고, 피고인은 갑 재단법인 계좌로 직접 입금된 차입금을 교부받았다고 볼 수 없으며, 달리 차입금을 피고인이 개인적으로 분배받는 등으로 실질적으로 자신에게 귀속시켰다고 인정할 만한 자료가 없는 점 등의 사정에 비추어 보면, 피고인이 금전대차계약에 의하여 결과적으로 외국환거래법에서 규제하는

차입금을 취득하였다고 인정하기 어려워 피고인의 취득을 이유로 외국환거래법 제30조에 따라 피고인으로부터 차입금을 몰수하거나 그 가액을 추징할 수 없는데도, 이와 달리 본 원심판결에 외국환거래법 제30조에서 정한 추징에 관한 법리오해의 위법이 있다.

22 [대판 2013도4279] [피고인이 피해자 甲과 인터넷 화상채팅 등을 하면서 휴대전화를 이용하여 甲의 신체 부위를 甲의 의사에 반하여 촬영하였다고 하여 구 성폭력범죄의 처벌 등에 관한 특례법 위반(카메라등이용촬영)으로 기소된 사안에서, 피고인이 촬영한 대상은 甲의 신체 이미지가 담긴 영상일 뿐 甲의 신체 그 자체는 아니라는 이유로 무죄를 인정한 원심판단을 정당하다고 한 사례] 피고인이 피해자 甲(여, 14세)과 인터넷 화상채팅 등을 하면서 카메라 기능이 내재되어 있는 피고인의 휴대전화를 이용하여 甲의 유방, 음부 등 신체 부위를 甲의 의사에 반하여 촬영하였다고 하여 구 성폭력범죄의처벌등에관한특례법 제13조 제1항(2012.12.18. 법률 제11556호로 전부 개정되기 전의 것) 위반(카메라등이용촬영)[8]으로 기소된 사안에서, 법원은 (가) 구 성폭력범죄의 처벌 등에 관한 특례법 제13조 제1항은 "카메라나 그 밖에 이와 유사한 기능을 갖춘 기계장치를 이용하여 성적 욕망 또는 수치심을 유발할 수 있는 다른 사람의 신체를 그 의사에 반하여 촬영"하는 행위를 처벌대상으로 삼고 있는데, **"촬영"**의 사전적·통상적 의미는 "사람, 사물, 풍경 따위를 사진이나 영화로 찍음"이라고 할 것이고, 위 촬영의 대상은 "성적 욕망 또는 수치심을 유발할 수 있는 다른 사람의 신체"라고 보아야 함이 문언 상 명백하므로 **위 규정의 처벌대상은 '다른 사람의 신체 그 자체'**를 카메라 등 기계장치를 이용해서 **'직접' 촬영하는 경우에 한정**된다고 해석함이 타당하다고 전제한 다음, (나) 甲은 스스로 자신의 신체 부위를 화상카메라에 비추었고 카메라 렌즈를 통과한 상의 정보가 디지털화되어 피고인의 컴퓨터에 전송되었으며, 피고인은 수신된 정보가 영상으로 변환된 것을 휴대전화 내장 카메라를 통해 동영상 파일로 저장하였으므로 피고인이 촬영한 대상은 **甲의 신체 이미지가 담긴 영상일 뿐 甲의 신체 그 자체는 아니라고 할 것이어서 법 제13조 제1항의 구성요건에 해당하지 않으며,** 형벌법규의 목적론적 해석도 해당 법률문언의 통상적인 의미 내에서만 가능한 것으로, 다른 사람의 신체 이미지가 담긴 **영상도 위 규정의 '다른 사람의 신체'에 포함된다고 해석하는 것은 법률문언의 통상적인 의미를 벗어나는 것**이므로 죄형법정주의 원칙상 허용될 수 없다는 이유로 피고인에게 무죄를 인정한 원심판단을 정당하다.

23 [대판 2012도4644] [통신비밀보호법상 **'감청'**의 의미 및 이미 **수신이 완료된 전기통신** 내용을 지득하는 등의 행위도 이에 포함되는지 여부(소극)] 통신비밀보호법 제2조 제3호 및 제7호에 의하면 같은 법상 '감청'은 전자적 방식에 의하여 모든 종류의 음향·문언·부호 또는 영상을 송신하거나 수신하는 전기통신에 대하여 당사자의 동의 없이 전자장치·기계장치 등을 사용하여 통신의 음향·문언·부호·영상을 청취·공독하여 그 내용을 지득 또는 채록하거나 전기통신의 송·수신을 방해하는 것을 말한다. 그런데 해당 규정의 문언이 송신하거나 수신하는 전기통신 행위를 감청의 대상으로 규정하고 있을 뿐 송·수신이 완료되어 보관 중인 전기통신 내용은 대상으로 규정하지 않은 점, 일반적으로 감청은 다른 사람의 대화나

---

8) 구 성폭력특례법 제13조 제1항은 "카메라나 그 밖에 이와 유사한 기능을 갖춘 기계장치를 이용하여 성적 욕망 또는 수치심을 유발할 수 있는 **다른 사람의 신체를 그 의사에 반하여 촬영**하거나 그 촬영물을 반포·판매·임대 또는 공공연하게 전시·상영한 자는 5년 이하의 징역 또는 1천만원 이하의 벌금에 처한다."고 규정하고 있었다(현행 성폭력특례법 제14조 제1항도 내용은 같다). 본 사안에서 검사는 카메라 등 이용촬영죄의 입법목적을 고려하면 다른 사람의 신체 이미지가 담긴 영상을 촬영하는 행위도 다른 사람의 신체를 촬영하는 행위에 포함시켜야 한다고 주장하였다.

통신 내용을 몰래 엿듣는 행위를 의미하는 점 등을 고려하여 보면, 통신비밀보호법상 '감청'이란 대상이 되는 전기통신의 송·수신과 동시에 이루어지는 경우만을 의미하고, **이미 수신이 완료된 전기통신의 내용을 지득하는 등의 행위는 포함되지 않는다.**

24 **[대판 2011도16167]** 구 전자금융거래법에서 말하는 **'양도'**에는 단순히 접근매체를 빌려 주거나 일시적으로 사용하게 하는 행위는 포함되지 아니한다고 보아야 한다.

25 **[대판 2011도15097] 파기환송.** ['음식류의 조리·판매보다는 **주로 주류**의 조리·판매를 목적으로 하는 소주방·호프·카페 등의 형태로 운영되는 영업'이 구 식품위생법상 일반음식점 영업자가 적법하게 할 수 있는 행위에 속하는지 여부(적극) 및 일반음식점 영업자가 위와 같은 형태로 영업한 행위를 '주류만을 판매하는 행위'를 금지한 구 식품위생법상 준수사항을 위반한 것으로 볼 수 있는지 여부(소극)] 일반음식점 영업자인 피고인이 바텐더 형태의 영업장에서 주로 술과 안주를 판매함으로써 구 식품위생법상 준수사항을 위반하였다는 내용으로 기소된 사안에서, 위 준수사항 중 **'주류만을 판매하는 행위'**에는 일반음식점영업 허가를 받고 안주류와 함께 주로 주류를 판매하는 행위도 포함된다고 해석하여 유죄를 인정한 원심판결에 관계 법령의 해석 및 죄형법정주의에 관한 법리오해의 위법이 있다고 한 사례. **cf)** 원심은, 위 준수사항 중 "주류만을 판매하는 행위"에는 이 사건 영업장과 같이 일반음식점영업 허가를 받고 안주류와 함께 주로 주류를 판매하는 행위도 포함된다고 해석하면서, 그 전제에서 일반음식점 영업자인 피고인이 바텐더 형태의 이 사건 영업장에서 술과 안주를 판매함으로써 위 준수사항을 위반하였다는 이 사건 공소사실을 유죄로 인정한 제1심판결을 그대로 유지하였다. 참고로 구 식품위생법시행령(2010. 3. 15. 대통령령 제22075호로 개정되기 전의 것) 제21조(영업의 종류)에서 일반음식점과 단란주점, 유흥주점을 다음과 같이 구분하고 있다. ① **일반음식점영업**: 음식류를 조리·판매하는 영업으로서 식사와 함께 부수적으로 음주행위가 허용되는 영업, ② **단란주점영업**: 주로 주류를 조리·판매하는 영업으로서 손님이 노래를 부르는 행위가 허용되는 영업 ③ **유흥주점영업**: 주로 주류를 조리·판매하는 영업으로서 유흥종사자를 두거나 유흥시설을 설치할 수 있고 손님이 노래를 부르거나 춤을 추는 행위가 허용되는 영업. 하급심(1·2심)은 형식적으로 하위 영업형태(일반음식점영업)로 신고하여 허가를 받은 후 실제로는 상위 영업형태(단란주점영업 또는 유흥주점영업)로 운영하는 것은 이러한 식품위생법의 입법목적에 정면으로 반하는 것이고, 이런 규제회피행위는 적극적으로 금지함이 타당하다는 사고에서 유죄를 인정하였다.

26 **[대판 2011도15057, 2011전도249 전원합의체]** ['특정 범죄자에 대한 위치추적 전자장치 부착 등에 관한 법률' 제5조 제1항 제3호에서 부착명령청구 요건으로 정한 '성폭력범죄를 2회 이상 범하여(유죄의 확정판결을 받은 경우를 포함한다)'에 '소년보호처분을 받은 전력'이 포함되는지 여부(소극)] [1] [다수의견] (가) 죄형법정주의 원칙상 형벌법규는 문언에 따라 엄격하게 해석·적용하여야 하고 피고인에게 불리한 방향으로 지나치게 확장해석하거나 유추해석하여서는 안 되는 것이 원칙이고, 이는 특정 범죄자에 대한 위치추적 전자장치 부착명령의 요건을 해석할 때에도 마찬가지이다. (나) '특정 범죄자에 대한 위치추적 전자장치 부착 등에 관한 법률'(이하 '전자장치부착법') 제5조 제1항 제3호는 검사가 전자장치 부착명령을 법원에 청구할 수 있는 경우 중의 하나로 '성폭력범죄를 2회 이상 범하여(유죄의 확정판결을 받은 경우를 포함한다) 그 습벽이 인정된 때'라고 규정하고 있는데, 이 규정 전단은 문언상 '유죄의 확정판결을 받은 전과사실을 포함하여 성폭력범죄를 2회 이상 범한 경우'를 의미한다고 해석된다. 따라서 피부착명령청구자가 소

년법에 의한 보호처분(이하 '소년보호처분')을 받은 전력이 있다고 하더라도, 이는 유죄의 확정판결을 받은 경우에 해당하지 아니함이 명백하므로, 피부착명령청구자가 2회 이상 성폭력범죄를 범하였는지를 판단할 때 소년보호처분을 받은 전력을 고려할 것이 아니다. [2] 피고인이 성폭력범죄로 소년법에 의한 보호처분을 받은 전력이 있는데 다시 강간상해죄를 범하여 '특정 범죄자에 대한 위치추적 전자장치 부착 등에 관한 법률' 제5조 제1항 제3호에 근거하여 부착명령이 청구된 사안에서, 피부착명령청구자가 피고사건 범죄사실인 강간상해죄를 1회 범한 것 외에 과거에 성폭력범죄로 소년보호처분을 받은 사실이 있다는 사유만으로는 위 규정에서 정한 '성폭력범죄를 2회 이상 범한 경우'에 해당하지 않는다고 보아 부착명령청구를 기각한 원심판단을 정당하다고 한 사례.

27 **[대판 2011도7725]** ['운전면허를 받지 아니하고'라는 법률문언의 통상적 의미에 '운전면허를 받았으나 그 후 운전면허의 효력이 정지된 경우'가 당연히 포함되는지 여부(소극)] [1] 피고인이 '원동기장치자전거면허의 효력이 정지된 상태에서' 원동기장치자전거를 운전하였다고 하며 도로교통법 위반(무면허운전)으로 기소된 사안에서, 위 행위가 도로교통법 제154조 제2호, 제43조 위반죄에 해당하지 않는다고 본 원심판단을 수긍한 사례. [2] 도로교통법 제43조는 **무면허운전 등을 금지**하면서 "누구든지 제80조의 규정에 의하여 지방경찰청장으로부터 운전면허를 받지 아니하거나 운전면허의 효력이 정지된 경우에는 자동차 등을 운전하여서는 아니된다."고 정하여, 운전자의 금지사항으로 (가) 운전면허를 받지 아니한 경우와 (나) 운전면허의 효력이 정지된 경우를 구별하여 대등하게 나열하고 있다. 그렇다면 **'운전면허를 받지 아니하고'**라는 법률문언의 통상적인 의미에 **'운전면허를 받았으나 그 후 운전면허의 효력이 정지된 경우'**가 당연히 **포함된다고는 해석할 수 없다.**

28 **[대판 2011도2749]** [특정범죄 가중처벌 등에 관한 법률 제5조의4 제6항에서 정한 **'실형을 선고받은 경우'**에 형의 집행유예를 선고받은 후 집행유예가 실효되거나 취소된 경우가 포함되는지 여부(소극)] 특정범죄 가중처벌 등에 관한 법률 제5조의4 제6항(이하 '특가법'이라 한다)은 "제1항 또는 제2항의 죄로 두 번 이상 실형을 선고받고 그 집행이 끝나거나 면제된 후 3년 이내에 다시 제1항 또는 제2항의 죄를 범한 경우에는 그 죄에 대하여 정한 형의 단기의 2배까지 가중한다."고 규정하고 있다. 위 규정의 문언에 비추어, 형의 집행유예를 선고받은 후 집행유예가 실효되거나 취소된 경우가 특가법 제5조의4 제6항에서 정한 '실형을 선고받은 경우'에 포함된다고 볼 수 없다.

29 **[대판 2010도8336]** ['블로그' 등 사적(私的) 인터넷 게시공간의 운영자가 게시공간에 게시된 타인의 글을 삭제할 권한이 있는데도 삭제하지 아니하고 그대로 두었다는 사정만으로 운영자가 타인의 글을 국가보안법 제7조 제5항에 따라 '소지'하였다고 볼 수 있는지 여부(소극)] 죄형법정주의로부터 파생된 유추해석금지 원칙과 국가보안법 제1조 제2항, 제7조 제1항, 제5항에 비추어 볼 때, '블로그', '미니 홈페이지', '카페' 등의 이름으로 개설된 사적(私的) 인터넷 게시공간의 운영자가 사적 인터넷 게시공간에 게시된 타인의 글을 삭제할 권한이 있는데도 이를 삭제하지 아니하고 그대로 두었다는 사정만으로 사적 인터넷 게시공간의 운영자가 타인의 글을 국가보안법 제7조 제5항에서 규정하는 바와 같이 **'소지'하였다고 볼 수는 없다.** cf) 국가보안법 제7조 제5항의 죄는 제1, 3, 4항에 규정된 이적행위를 할 목적으로 문서 · 도화 기타의 표현물을 제작 · 수입 · 복사 · 소지 · 운반 · 반포 · 판매 또는 취득하는 것으로서 이른바 목적범이다. 목적범에서의 목적은 범죄 성립을 위한 초과주관적 위법요소로서 고의 외에 별도로 요구되는 것이

므로, 행위자가 표현물의 이적성을 인식하고 제5항 소정의 행위를 하였다고 하더라도 이적행위를 할 목적이 인정되지 아니하면 그 구성요건은 충족되지 아니한다.

30 **[대판 2009도6058 전원합의체]** [청소년의성보호에관한법률 제16조에 규정된 반의사불벌죄에서 피해 청소년이 처벌불원 여부 등의 의사표시(의사표시를 할 당시 나이가 14세 10개월)를 하는 데에 법정대리인의 동의가 필요한지 여부(소극)] **[다수의견]** [1] 형사소송법상 소송능력이라 함은 소송당사자가 유효하게 소송행위를 할 수 있는 능력, 즉 피고인 또는 피의자가 자기의 소송상의 지위와 이해관계를 이해하고 이에 따라 방어행위를 할 수 있는 의사능력을 의미한다. 의사능력이 있으면 소송능력이 있다는 원칙은 피해자 등 제3자가 소송행위를 하는 경우에도 마찬가지라고 보아야 한다. 따라서 반의사불벌죄에 있어서 피해자의 피고인 또는 피의자에 대한 처벌을 희망하지 않는다는 의사표시 또는 처벌을 희망하는 의사표시의 철회는, 위와 같은 형사소송절차에 있어서의 소송능력에 관한 일반원칙에 따라, **의사능력이 있는 피해자가 단독**으로 이를 할 수 있고, 거기에 법정대리인의 동의가 있어야 한다거나 법정대리인에 의해 대리되어야만 한다고 볼 것은 아니다. 나아가 청소년의성보호에관한법률이 형사소송법과 다른 특별한 규정을 두고 있지 않는 한, 위와 같은 반의사불벌죄에 관한 해석론은 청소년의성보호에관한법률의 경우에도 그대로 적용되어야 한다. 그러므로 청소년의성보호에관한법률 제16조에 규정된 반의사불벌죄라고 하더라도, 피해자인 청소년에게 의사능력이 있는 이상, 단독으로 피고인 또는 피의자의 처벌을 희망하지 않는다는 의사표시 또는 처벌희망 의사표시의 철회를 할 수 있고, 거기에 **법정대리인의 동의가 있어야 하는 것으로 볼 것은 아니다.** [2] 만약 반의사불벌죄에 있어서 피해자에게 의사능력이 있음에도 불구하고 그 처벌을 희망하지 않는다는 의사표시 또는 처벌희망 의사표시의 철회에 법정대리인의 동의가 있어야 하는 것으로 본다면, 이는 피고인 또는 피의자에 대한 처벌희망 여부를 결정할 수 있는 권한을 **명문의 근거 없이 새롭게 창설하여 법정대리인에게 부여**하는 셈이 되어 부당하며, 형사소송법 또는 청소년성보호법의 해석론을 넘어서는 입론이라고 할 것이다. 뿐만 아니라, 처벌을 희망하지 않는다는 의사표시 또는 처벌희망 의사표시의 철회는 이른바 소극적 소송조건에 해당하고, **소송조건에는 죄형법정주의의 파생원칙인 유추해석금지의 원칙이 적용된다**고 할 것인데, 명문의 근거 없이 그 의사표시에 법정대리인의 동의가 필요하다고 보는 것은 유추해석에 의하여 소극적 소송조건의 요건을 제한하고 피고인 또는 피의자에 대한 처벌가능성의 범위를 확대하는 결과가 되어 죄형법정주의 내지 거기에서 파생된 **유추해석금지의 원칙에도 반한다.**

31 **[대판 2008도6693]** [구 화물자동차 운수사업법 제48조 제4호, 제39조의 처벌대상인 '자가용화물자동차를 유상으로 화물운송용에 제공하거나 임대하는 행위'의 의미] [1] 피고인들이 자가용화물자동차를 유상으로 임대하였다고 하여 구 화물자동차운수사업법 위반으로 기소된 사안에서, 위 임대행위가 같은 법 제48조 제4호, 제39조의 처벌대상에 해당한다고 보아야 하는데도, 이와 달리 판단하여 피고인들에게 무죄를 선고한 원심판결에 위 규정의 해석·적용을 그르친 위법이 있다고 한 사례. [2] 피고인들이 구 화물자동차운수사업법(2008.2.29. 법률 제8852호로 개정되기 전의 것) 위반으로 기소된 사안에서, 법 제48조 제4호, 제39조의 처벌대상이 되는 **'자가용화물자동차를 유상으로 화물운송용에 제공하거나 임대하는 행위'**란 자가용화물자동차를 (가) '유상으로 화물운송용에 제공하는 행위'와 (나) '임대하는 행위'를 의미한다고 보아야 할 것이다.

32 **[대판 2008도4762]** [독점규제 및 공정거래에 관한 법률 제71조 제1항이 소추조건으로 명시하고 있

는 공정거래위원회의 '고발'에 '고소불가분의 원칙'을 규정한 형사소송법 제233조를 유추적용할 수 있는지 여부(소극)] [1] 독점규제및공정거래에관한법률 제71조 제1항은 "제66조 제1항 제9호 소정의 부당한 공동행위를 한 죄는 공정거래위원회의 **고발이 있어야 공소를 제기할 수 있다.**"고 규정함으로써 그 소추조건을 명시하고 있다. 반면에 위 법은 공정거래위원회가 같은 법 위반행위자 중 일부에 대하여만 고발을 한 경우에 그 고발의 효력이 나머지 위반행위자에게도 미치는지 여부, 즉 (가) 고발의 주관적 불가분원칙의 적용 여부에 관하여는 명시적으로 규정하고 있지 아니하고, (나) **형사소송법도 제233조에서 친고죄에 관한 고소의 주관적 불가분원칙을 규정하고 있을 뿐 고발에 대하여 그 주관적 불가분의 원칙에 관한 규정을 두고 있지 않고,** 또한 (다) **형사소송법 제233조를 준용하고 있지도 아니하다.** 이와 같이 명문의 근거 규정이 없을 뿐만 아니라 소추요건이라는 성질상의 공통점 외에 그 고소·고발의 주체와 제도적 취지 등이 상이함에도, 친고죄에 관한 고소의 주관적 불가분원칙을 규정하고 있는 형사소송법 제233조가 공정거래위원회의 고발에도 유추적용된다고 해석한다면 이는 공정거래위원회의 고발이 없는 행위자에 대해서까지 형사처벌의 범위를 확장하는 것으로서, 결국 피고인에게 불리하게 형벌법규의 문언을 유추해석한 경우에 해당하므로 죄형법정주의에 반하여 허용될 수 없다. [2] 공정거래위원회의 고발 대상에서 제외된 피고인들에 대한 독점규제 및 공정거래에 관한 법률 위반의 공소사실에 관하여, 소추요건의 결여를 이유로 공소기각판결을 선고한 원심의 조치를 수긍한 사례.

33 **[대판 2008도3014]** 적법한 신고 없이 집회를 개최하려던 사회단체 회원 등이 집회예정장소가 사전봉쇄되자 **인근 교회에 잠시 머문 것**이 구 집회및시위에관한법률(2007.5.11. 법률 제8424호로 전문 개정되기 전의 것)상 해산명령의 대상인 **'집회'에 해당하지 않는다.**

34 **[대판 2008도1191]** [구 병역법 제2조 제1항 제5호가 범행주체로 규정하고 있는 **'고용주'**에 사기업체의 대표이사가 아닌 **실제 경영자**가 포함되는 것으로 해석하는 것이 유추해석금지의 원칙에 위배되는지 여부(적극)] 병역법 제2조 제1항 제5호는 산업기능요원 편입 관련 부정행위로 인한 병역법위반죄, 종사의무위반으로 인한 병역법위반죄 및 신상이동통보불이행으로 인한 병역법위반죄 등의 범행주체인 '고용주'를 "병역의무자를 고용하는 근로기준법의 적용을 받는 공·사기업체나 공·사단체의 장을 말한다"고 규정하고 있는바, 여기서 '사기업체의 장'이라 함은 일반적으로 그와 같은 사기업체를 대외적으로 대표할 수 있는 대표이사를 의미한다고 봄이 상당하므로, 사기업체의 대표이사가 아닌 **실제 경영자**를 병역법 제2조 제1항 제5호에서 규정한 '고용주'에 해당하는 것으로 해석하는 것은 형벌법규를 피고인에게 불리한 방향으로 지나치게 유추하거나 확장해석하는 것으로서 죄형법정주의의 원칙에 어긋나 허용될 수 없다.

35 **[대판 2008도763]** [압수·수색영장에 압수대상물을 압수장소에 **'보관중인 물건'**으로 기재한 경우, 이를 **'현존하는 물건'**으로 해석가능한지 여부(소극)] 헌법과 형사소송법이 구현하고자 하는 적법절차와 영장주의의 정신에 비추어 볼 때, 법관이 압수·수색영장을 발부하면서 '압수할 물건'을 특정하기 위하여 기재한 문언은 엄격하게 해석하여야 하고, 함부로 피압수자 등에게 불리한 내용으로 확장 또는 유추 해석하여서는 안 된다. 따라서 압수·수색영장에서 압수할 물건을 '압수장소에 보관중인 물건'이라고 기재하고 있는 것을 '압수장소에 현존하는 물건'으로 해석할 수는 없다.

36 **[대판 2006도5147]** [당좌수표의 발행인이 **허위의 사고신고**를 하여 수표가 지급거절된 경우 부정수표

단속법 제2조 제2항 위반죄의 성립 여부(소극)] 부정수표단속법 제2조 제2항의 지급거절 사유는 제한적으로 열거된 것이라고 보아야 하므로, 수표가 발행인 또는 작성자의 책임으로 돌릴 수 있는 사유로 인하여 지급거절되었다 하더라도 그 지급거절이 위 규정의 **'예금부족 · 거래정지처분 또는 수표계약의 해제 · 해지'** 이외의 사유로 인한 것인 때에는 그 수표의 발행인 또는 작성자에 대하여 부정수표단속법 제2조 제2항 위반죄가 성립하지 않는다. 따라서 당좌수표가 그 발행인의 허위의 사고신고서 제출 및 지급정지 의뢰로 지급되지 않았다면, 그 당좌수표는 같은 법 제2조 제2항의 '예금부족으로 인하여' 지급되지 않았다고 볼 수 없고, '거래정지처분이나 수표계약의 해제 또는 해지로 인하여' 지급되지 않은 경우에 해당하지도 않으며, 당좌수표가 지급거절될 당시 그 수표의 당좌계정의 예금 잔고가 부족하여 발행인의 사고신고서 제출 및 지급정지 의뢰가 없었더라도 예금부족으로 인하여 지급이 거절될 수밖에 없었다거나 제출된 사고신고서의 내용이 허위임이 밝혀졌다고 하더라도, 허위신고자 및 그 공모자가 부정수표단속법 제4조의 허위신고죄로 처벌받을 수 있을지언정 그러한 사정만으로 위 당좌수표가 부정수표단속법 제2조 제2항의 '예금부족으로 인하여' 지급되지 않았다고 볼 수는 없다.

37 [대판 2006도4582] ['모페드'형이 아닌 **'50cc 미만의 경량 오토바이'**가 구 대기환경보전법상의 자동차에 해당하는지 여부(소극)] 구 대기환경보전법(2005. 3. 31. 법률 제7458호로 개정되기 전의 것) 제55조 제3호, 제32조 제1항 소정의 자동차에 관하여 규정하고 있는 같은 법 제2조 제11호, 같은 법 시행규칙(2005. 12. 30. 부령 제192호로 개정되기 전의 것) 제7조 [별표 5] 비고 제7호의 "엔진배기량이 50cc 미만인 이륜자동차는 모페드형에 한한다"고 한 규정에서 말하는 '모페드(moped)형'이라 함은 원래 '모터와 페달을 갖춘 자전거의 일종으로서 오토바이처럼 달리다가 페달을 밟아 달릴 수도 있는 것'을 의미하지만, 그 개념이 확장되어 널리 '50cc 미만의 경량 오토바이'를 의미하는 것으로 사용되고 있으나, 만일 위와 같이 확장된 개념에 따라 '50cc 미만의 경량 오토바이'도 모페드형에 포함되는 것으로 보게 되면 위 규정은 동어반복에 불과하여 그 규정의 취지가 불명확해지므로, 위 규정에서 정한 **'모페드형'**은 원래의 개념에 따라 '모터와 페달을 갖춘 자전거의 일종으로서 오토바이처럼 달리다가 페달을 밟아 달릴 수도 있는 것'을 의미하는 것으로 보아야 하고, 이를 '50cc 미만의 경량 오토바이'까지 포괄하는 의미로 해석하는 것은 형벌규정을 피고인에게 불리한 방향으로 지나치게 확장 해석하거나 유추 해석하는 것으로서 허용될 수 없다.

38 [대판 2006도4549 전원합의체] [정부투자기관의 임원인 **한국수자원공사 사장이 변호사법 제111조에서 규정하는 '법령에 의하여 공무원으로 보는 자'에 해당하는지 여부(소극)**] [다수의견] 변호사법 제111조에서 규정하고 있는 공무원이 아닌 자를 공무원으로 보는 법령은, 개별 법령의 내용이 구체적으로 변호사법 제111조의 적용에 있어서 공무원으로 의제한다거나 또는 일반적으로 공무원이 범죄구성요건으로 들어가 있는 모든 형사처벌 조항의 적용에 있어서 공무원으로 의제하는 경우 등을 비롯하여, 공무원이 아닌 자가 취급하는 사건 또는 사무에 대해서도 공무원이 취급하는 사건 또는 사무와 동일시하여 그에 관하여 청탁 또는 알선이 이루어지는 경우에는 일반적으로 형사처벌의 대상으로 삼아 그들을 공무원으로 의제한다는 뜻을 담고 있는 때로 한정함이 상당하다. 그런데 정부투자기관 관리기본법 제18조의 공무원 의제조항은 정부투자기관의 임 · 직원에게 형법이 규정하고 있는 뇌물에 관한 죄를 적용함에 있어서 공무원으로 의제한다는 의미에 불과하고, 그러한 경우가 아닌 일반적인 사안에서 그들이 취급하는 사건 또는 사무가 청탁 · 알선행위의 대상으로 되기만 하면 모두 이를 형사처벌하겠다는 취지는 아니라고 할 것이므로, 위 공무원 의제조항만으로는 정부투자기관의 임 · 직원이 변호사법 제111조에서 규정하고 있는 '법령에 의하여

공무원으로 보는 자'에 해당한다고 볼 수 없다. 그러므로 한국수자원공사 사장은 **변호사법 제111조에 정한 '법령에 의하여 공무원으로 보는 자'에 해당한다고 볼 수 없어** 한국수자원공사 사장이 취급하는 사무에 대하여 청탁 또는 알선한다는 명목으로 금품을 수령한 행위가 변호사법 제111조에 위반된다고 할 수 없다.

39 [대판 2006도2621] [성폭력범죄의 처벌 및 피해자보호 등에 관한 법률 제5조 제2항에 규정된 범죄의 행위주체] 성폭력범죄의처벌및피해자보호등에관한법률 제5조 제2항에 정하는 **특수강도강제추행죄의 주체**는 형법의 제334조 소정의 특수강도범 및 특수강도미수범의 신분을 가진 자에 한정되는 것으로 보아야 하고, 형법 제335조, 제342조에서 규정하고 있는 준강도범 내지 준강도미수범은 성폭력범죄의처벌및피해자보호등에관한법률 제5조 제2항의 행위주체가 될 수 없다.

40 [대판 2004도7977] [향토예비군설치법 제15조 제9항 후문의 **'소집통지서를 수령할 의무 있는 자'**에 같은 법 제6조의2 제2항에 규정된 **'동일 세대 내의 세대주나 가족 중 성년자 또는 그의 고용주'**가 포함되는지 여부(소극)] 향토예비군설치법 제3조 제1항 제1호, 제2호, 제6조, 제6조의2 제1항의 규정 등을 종합하면, 같은 법 소정의 훈련소집 대상 **예비군대원 본인**이 소집통지서의 수령의무자가 된다는 점은 일반인의 이해와 판단으로서도 충분히 알 수 있다고 할 것이나, 이 '소집통지서를 수령할 의무가 있는 자'의 의미나 범위에 관하여 향토예비군 대원 본인 외에 '그와 동일 세대 내의 세대주나 가족 중 성년자 또는 그의 고용주'도 포함된다고 하기 위하여는 같은 법 제6조의2 제3항의 소집통지서 전달의무가 수령의무를 전제로 하는 것이고, 같은 조 제2항이 본인이 부재중인 때에는 '그와 동일 세대 내의 세대주나 가족 중 성년자 또는 그의 고용주'에게 소집통지서를 전달하도록 규정함으로써 전달의무자에게 수령의무를 부과한 것으로 확장 내지 유추해석할 수밖에 없지만, 이러한 해석방법은 같은 법 제15조 제9항, 제6조의2 제2항, 제3항의 법률 문언이 갖는 통상적인 의미를 벗어난 것이거나 형벌법규 명확성의 원칙에 위배되는 것이라고 아니할 수 없으므로, 같은 법 제6조의2 제2항에 규정된 '그와 동일 세대 내의 세대주나 가족 중 성년자 또는 그의 고용주'는 같은 법 제15조 제9항 후문의 '소집통지서를 수령할 의무 있는 자'에 포함되지 아니한다.

41 [대판 2004도7615] [상대방에게 전화를 걸 때 상대방 전화기에서 울리는 **'전화기의 벨소리'**가 「정보통신망이용촉진및정보보호등에관한법률」제65조 제1항 제3호에 정한 **'음향'**에 해당하는지 여부(소극)] 「정보통신망이용촉진및정보보호등에관한법률」제65조 제1항 제3호에서 '정보통신망을 통하여 공포심이나 불안감을 유발하는 음향을 반복적으로 상대방에게 도달하게 한다는 것'은 상대방에게 전화를 걸어 반복적으로 음향을 보냄(송신)으로써 이를 받는(수신) 상대방으로 하여금 공포심이나 불안감을 유발케 하는 것으로 해석되고, 상대방에게 전화를 걸 때 상대방 전화기에서 울리는 '전화기의 벨소리'는 정보통신망을 통하여 상대방에게 송신된 음향이 아니므로, 반복된 전화기의 벨소리로 상대방에게 공포심이나 불안감을 유발케 하더라도 이는 같은 법 제65조 제1항 제3호 위반이 될 수 없다.

42 [대판 2004도1228 전원합의체] [화물자동차로 형식승인을 받고 등록된 밴형 자동차가 구 자동차관리법시행규칙에서 정한 승용 또는 승합자동차에 해당하는지 여부(소극)] **화물자동차로 형식승인을 받고 등록한 밴형 자동차**를 구 자동차관리법시행규칙서 정한 **승용 또는 승합자동차에 해당한다고 보는 것은 죄형법정주의에 반한다.** 「… 그와 같은 해석은 그 자동차에 대하여 화물자동차로 형식승인을 받아 화물자동차로 등록하거나 경우에 따라서는 화물자동차운송사업의 등록이나 허가까지 받은 자의 예상을 뛰어 넘는 것으로

서 법적 안정성을 해치는 것이 되며, 형벌법규의 명확성이나 그 엄격해석을 요구하는 죄형법정주의의 원칙에도 반하는 것이어서 허용될 수 없다」.

43 **[대판 2004도1109]** [도로교통법상 '운전'의 의미/ 자동차를 움직이게 할 의도 없이 다른 목적을 위하여 자동차의 시동을 걸었으나 실수 등으로 인하여 자동차가 움직이게 된 경우, 자동차의 운전에 해당하는지 여부(소극)] [1] 도로교통법 제2조 제19호는 **'운전'이라 함은** 도로에서 차를 그 본래의 사용 방법에 따라 사용하는 것을 말한다고 규정하고 있는바, 여기에서 말하는 운전의 개념은 그 규정의 내용에 비추어 목적적 요소를 포함하는 것이므로 **고의의 운전행위만을 의미**하고 자동차 안에 있는 사람의 의지나 관여 없이 자동차가 움직인 경우에는 운전에 해당하지 않는다. [2] 어떤 사람이 자동차를 움직이게 할 의도 없이 다른 목적을 위하여 자동차의 원동기(모터)의 시동을 걸었는데(술에 취한 피고인이 자동차 안에서 잠을 자다가 추위를 느껴 히터를 가동시키기 위하여 시동을 걸었다), 실수로 기어 등 자동차의 발진에 필요한 장치를 건드려 원동기의 추진력에 의하여 자동차가 움직이거나 또는 불안전한 주차상태나 도로여건 등으로 인하여 자동차가 움직이게 된 경우는 **자동차의 운전에 해당하지 아니한다.**

44 **[대판 2003도6535]** [타인에 의하여 이미 생성된 주민등록번호를 단순히 사용한 경우, 주민등록법 제21조 제2항 제3호의 구성요건을 충족하는지 여부(소극)] ●**사실**● 피고인은 2002.12.6. 온라인 게임 '뮤'에 회원으로 가입하면서, 이전에 허위의 주민등록번호를 알려 주는 인터넷 카페에서 알게 된 공소외 성명불상자가 주민등록번호 생성 프로그램으로 만든 주민등록번호를 입력하여 허위의 주민등록번호를 재산상 이익을 위해 사용하여 주민등록법 위반으로 기소되었다. ●**판지**● 주민등록법 제21조 제2항 제3호는 같은 법 제7조 제4항의 규정에 의한 주민등록번호 부여 방법으로 **허위의 주민등록번호를 생성**하여 자기 또는 다른 사람의 재물이나 재산상의 이익을 위하여 이를 사용한 자를 처벌한다고 규정하고 있으므로, 피고인이 허위의 주민등록번호를 생성하여 사용한 것이 아니라 타인에 의하여 **이미 생성된 주민등록번호를 단순히 사용한 것에 불과**하다면, 피고인의 이러한 행위는 피고인에게 불리한 유추해석을 금지하는 법리에 비추어 위 법조 소정의 구성요건을 충족시켰다고 할 수 없다.

45 **[대판 2003도3487] 파기환송.** [일반인의 관점에서 통용할 것이라고 오인할 가능성이 있는 외국의 지폐가 형법 제207조 제3항에서 규정한 '외국에서 통용하는 외국의 지폐'에 해당하는지 여부(소극)] [1] 형법 제207조 제3항은 "행사할 목적으로 **외국에서 통용하는** 외국의 화폐, 지폐 또는 은행권을 위조 또는 변조한 자는 10년 이하의 징역에 처한다."고 규정하고 있는바, 여기에서 **외국에서 통용한다고 함은 그 외국에서 강제통용력을 가지는 것을 의미**하는 것이므로 외국에서 통용하지 아니하는, 즉 **강제통용력을 가지지 아니하는 지폐**는 그것이 비록 일반인의 관점에서 통용할 것이라고 오인할 가능성이 있다고 하더라도 위 형법 제207조 제3항에서 정한 외국에서 통용하는 외국의 지폐에 해당한다고 할 수 없고, 만일 그와 달리 위 형법 제207조 제3항의 외국에서 통용하는 지폐에 일반인의 관점에서 **통용할 것이라고 오인할 가능성이 있는 지폐까지 포함시키면** 이는 위 처벌조항을 **문언상의 가능한 의미의 범위를 넘어서까지 유추해석 내지 확장해석하여 적용**하는 것이 되어 죄형법정주의의 원칙에 어긋나는 것으로 허용되지 않는다. [2] 미국에서 발행된 적이 없이 단지 여러 종류의 관광용 기념상품으로 제조, 판매되고 있는 미합중국 **100만 달러 지폐**와 과거에 발행되어 은행 사이에서 유통되다가 현재는 발행되지 않고 있으나 화폐수집가나 재벌들이 이를 보유하여 오고 있는 미합중국 **10만 달러 지폐**가 막연히 일반인의 관점에서 미합중국에서 강제통용력을 가

졌다고 오인할 수 있다는 이유로 형법 제207조 제3항의 외국에서 통용하는 지폐에 포함된다고 판단한 원심판결을 파기한 사례.

46 [대판 2003도889] [농업협동조합법 제50조 제2항[9] 소정의 호별방문죄는 '임원이 되고자 하는 자'가 스스로 호별방문행위를 한 경우만을 처벌하는 것인지 여부(적극)] 농업협동조합법 제50조 제2항 소정의 호별방문죄는 '임원이 되고자 하는 자'라는 신분자가 스스로 호별방문을 한 경우만을 처벌하는 것으로 보아야 하고, 비록 신분자가 비신분자와 통모하였거나 신분자가 비신분자를 시켜 방문케 하였다고 하더라도 비신분자만이 호별방문을 한 경우에는 신분자는 물론 비신분자도 같은 죄로 의율하여 처벌할 수는 없다.

47 [대판 2002도6829] 파기환송. [약사법 제5조 제3항이 금지하는 '면허증의 대여'의 의미/자격 있는 약사가 약사면허증을 빌려 대여인 명의로 약국을 개설하고 대여인이 차용인에게 약국의 운영을 일임한 경우, 약사면허증의 대여에 해당하는지 여부(적극)] 약사법의 입법 취지와 약사면허증에 관한 규정내용을 종합하여 보면, 약사법 제5조 제3항에서 금지하는 **'면허증의 대여'**라 함은, 다른 사람이 그 면허증을 이용하여 그 면허증의 명의자인 약사인 것처럼 행세하면서 약사(藥事)에 관한 업무를 하려는 것을 알면서도 면허증 그 자체를 빌려 주는 것을 의미한다고 해석함이 상당하다. 따라서 그 면허증 대여의 상대방, 즉 (가) 차용인이 무자격자인 경우는 물론이요, (나) 자격 있는 약사인 경우에도, 그 대여 이후 면허증 차용인에 의하여 대여인 명의로 개설된 약국 등 업소에서 **대여인이 직접 약사로서의 업무를 행하지 아니한 채 차용인에게 약국의 운영을 일임하고 말았다면 약사면허증을 대여한 데 해당한다.** **cf)** 원심은 공동피고인이 원래 약사면허가 있는 약사인데 채무가 많아 자기의 이름으로는 약국을 운영하기 어려운 처지에 있게 되자, 피고인으로부터 약사면허증을 빌려 피고인 이름으로 약국을 개설한 후 제1심 공동피고인 자신이 의약품의 조제 및 판매 업무를 전담하였고 피고인은 전혀 이에 관여하지 아니한 사실을 인정하고서도, **단지 무자격자가 약사 업무를 행하는 일이 일어나지 않았다는 이유만으로** 피고인의 행위가 약사법 제5조 제3항 소정의 면허증의 대여에 해당하는 것으로 볼 수 없다고 판단하여 죄의 성립을 부정하였으나 대법원은 원심을 파기환송하였다.

48 [대판 2002도2539] [전화를 통하여 상관을 모욕한 경우 상관면전모욕죄가 성립하는지 여부(소극)] 군형법 제64조 제1항의 상관면전모욕죄의 구성요건은 '상관을 그 면전에서 모욕하는' 것인데, 여기에서 **'면전에서'**라 함은 얼굴을 마주 대한 상태를 의미하는 것임이 분명하므로, **전화를 통하여 통화하는 것을 면전에서의 대화라고는 할 수 없다.**

49 [대판 2001도6503] [불실의 사실이 기재된 공정증서의 정본을 그 정을 모르는 법원 직원에게 교부한 행위가 불실기재공정증서원본행사죄에 해당하는지 여부(소극)] 형법 제229조, 제228조 제1항의 규정과 형벌법규는 문언에 따라 엄격하게 해석하여야 하고 피고인에게 불리한 방향으로 지나치게 확장해석하거나 유추해석하여서는 아니되는 원칙에 비추어 볼 때, 위 각 조항에서 규정한 **'공정증서원본'에는 공정증서의 정본이 포함된다고 볼 수 없으므로**[10] 불실의 사실이 기재된 공정증서의 정본을 그 정을 모르는 법원 직

9) 농업협동조합법 제50조 ② 임원이 되고자 하는 자는 정관이 정하는 기간 중에는 선거운동을 위하여 조합원을 호별로 방문하거나 특정장소에 모이게 할 수 없다.

10) **원본**이란 최초의 확정적으로 작성된 문서를 말한다. 예를 들어 판결의 원본과 같이 작성자가 확정적으로 작성한 최초의 서류를 지칭한다. 그리고 **정본**이란 공증권한이 있는 공무원이 특히 정본이라고 표시한 문서의 등

원에게 교부한 행위는 형법 제229조의 불실기재공정증서원본행사죄에 해당하지 아니한다.

50 **[대판 2001도2479]** [구 약사법 제35조 제1항 소정의 '판매'에 의약품의 수출행위도 포함되는지 여부(소극)] 구 약사법 제35조 제1항 소정의 **'판매'**는 국내에서 불특정 또는 다수인에게 의약품을 유상으로 양도하는 행위를 말하고, 여기에 의약품을 다른 나라로 **수출하는 행위는 포함되지 아니한다.**

51 **[대판 2000도223]** [구 아동복지법 제18조 제5호 소정의 '아동에게 음행을 시키는' 행위에 행위자 자신이 직접 아동의 음행의 상대방이 되는 것이 포함되는지 여부(소극)] 구 아동복지법 제18조 제5호는 **'아동에게 음행을 시키는' 행위**를 금지행위의 하나로 규정하고 있는바, 여기에서 '아동에게 음행을 시킨다'는 것은 행위자가 아동으로 하여금 제3자를 상대방으로 하여 음행을 하게 하는 행위를 가리키는 것일 뿐 행위자 자신이 직접 그 아동의 음행의 상대방이 되는 것까지를 포함하는 의미로 볼 것은 아니다.

52 **[대판 99도337]** [**손도끼**가 총포 · 도검 · 화약류등단속법 소정의 **'도검'**에 해당하는지 여부(소극)] 총포 · 도검 · 화약류등단속법시행령 제4조 제1항 제10호는 같은 법 제2조 제2항 후단의 규정에 따라 같은법 시행령 제4조 제1항 제1호 내지 제9호 소정의 도검류의 형태를 갖추었으나 칼날의 길이가 15㎝ 미만인 것 중에서 칼날의 길이가 6㎝ 이상이고 흉기로 사용될 수 있는 위험성이 뚜렷이 있는 것을 도검의 종류의 하나로 규정하고 있다고 보아야 할 것이므로, 손도끼는 같은 법 소정의 **도검에 해당하지 않음이 분명**하다.

53 **[대판 98도1719]** [군형법 제74조 소정의 군용물분실죄의 법적 성질(=과실범) 및 '분실'의 의미/군용물을 편취당한 경우, 군형법 제74조 소정의 군용물분실죄의 성립 여부(소극)] ●**사실**● 해안초소 야간 상황병 갑은 "군단에서 온 백소령"이라고 사칭하며 갑자기 상황실에 들어온 乙이 상황실 총기대에 거치되어 있던 총기를 어깨에 매면서 "해안순찰을 가야 하는데 여기는 간첩도 오고 위험하니 실탄을 좀 달라."고 하자 乙의 소속이나 직책을 확인하지 아니한 채 탄약고열쇠를 이용하여 보관하고 있던 탄약을 건네주었다. ●**판지**● [1] 군형법 제74조[11] 소정의 **군용물분실죄**라 함은 같은 조 소정의 군용에 공하는 물건을 보관할 책임이 있는 자가 선량한 보관자로서의 주의의무를 게을리 하여 그의 **'의사에 의하지 아니하고 물건의 소지를 상실'**하는 소위 **과실범을 말한다** 할 것이므로, **군용물분실죄에서의 분실은 행위자의 의사에 의하지 아니하고 물건의 소지를 상실한 것을 의미한다**고 할 것이며, 이 점에서 하자가 있기는 하지만 행위자의 의사에 기해 재산적 처분행위를 하여 재물의 점유를 상실함으로써 **편취당한 것과는 구별된다**고 할 것이고, **분실의 개념**을 군용물의 소지 상실시 행위자의 의사가 개입되었는지의 여부에 관계없이 군용물의 보관책임이 있는 자가 결과적으로 군용물의 소지를 상실하는 모든 경우로 확장해석하거나 유추해석할 수는 없다. [2] 피고인의 의사에 의한 재산적 처분행위에 의하여 상대방이 재물의 점유를 취득함으로써 피고인이 군용물의 소지를 상실한 이상 그 후 편취자가 군용물을 돌려주지 않고 가버린 결과가 피고인의 의사에 반한다고 하더라도 처분행위 자체는 피고인의 하자 있는 의사에 기한 것이므로 **편취당한 것이 군용물분실죄에서의 의사에 의하지 않은 소지의 상실이라고 볼 수 없다.**

본을 말한다.

11) 군형법 제74조(군용물분실) 총포, 탄약, 폭발물, 차량, 장구, 기재, 식량, 피복 기타 군용에 공하는 물건을 보관할 책임이 있는 자로서 이를 분실한 자는 5년 이하의 징역 또는 300만원 이하의 벌금에 처한다.

54 **[대판 97도3392]** [구 성폭력범죄의처벌및피해자보호등에관한법률 제8조에 규정된 **'신체장애'에 정신장애가 포함되는지 여부**(소극)] 구 성폭력범죄의처벌및피해자보호등에관한법률(1997. 8. 22. 법률 제5343호로 개정되기 전의 것) 제8조는, 신체장애로 항거불능인 상태에 있음을 이용하여 여자를 간음하거나 사람에 대하여 추행한 자는 형법 제297조(강간) 또는 제298조(강제추행)에 정한 형으로 처벌한다고 규정하고 있는바, 관련 법률의 장애인에 관한 규정과 형법상의 유추해석 금지의 원칙에 비추어 볼 때, 이 규정에서 말하는 '신체장애'에 정신박약 등으로 인한 정신장애도 포함된다고 보아 그러한 정신장애로 인하여 항거불능 상태에 있는 여자를 간음한 경우에도 이 규정에 해당한다고 해석하기는 어렵다. **cf)** 이 판례 이후 이 법률에 '정신장애'가 추가된다.

55 **[대판 97도1769]** [저작권법 제98조 제1호 소정의 권리침해 태양인 '복제 · 공연 · 방송 · 전시 등'에 '배포'행위가 포함되는지 여부(소극)] 저작권법 제98조 제1호는 저작재산권 그 밖의 저작권법에 의하여 보호되는 재산적 권리를 **"복제 · 공연 · 방송 · 전시"** 등의 방법으로 침해한 자를 처벌한다고 규정하고 있는바, 저작권법상 저작재산권의 하나로 배포권이 인정되나, 그렇다고 하여 권리침해의 복제행위 외에 **'배포'행위**까지 위 법조에 의해 반드시 처벌되어야 하는 것은 아니라고 할 것이어서, (가) 위와 같이 처벌규정에 명시적으로 규정되어 있지 아니한 '배포'행위를 복제행위 등과 별도로 처벌하는 것은 유추해석이나 확장해석을 금하는 죄형법정주의의 원칙상 허용되지 않는다고 보일 뿐만 아니라, (나) 저작권법은 권리의 침해에 대한 민사상의 구제에 관하여는 제91조 제1항에서 "저작권 그 밖의 이 법에 의하여 보호되는 권리를 가진 자는 그 권리를 침해하는 자에 대하여 침해의 정지를 청구할 수 있다."고 규정하여 권리침해의 구체적인 태양을 구분하지 아니하나, 처벌규정인 제98조 제1호에서는 굳이 **권리침해행위의 태양을 '복제 · 공연 · 방송 · 전시 등'이라고 열거하면서도 '배포'는 들고 있지 않는 점**에 비추어 이를 처벌의 대상에서 제외하려는 취지로 볼 수 있다.

56 **[대판 95도3073] 파기환송.** [지방세의 수납업무를 일부 관장하는 시중은행의 **세금수납영수증**은 공문서에 해당하지 않는다고 본 사례] [1] 형법 제225조의 공문서변조나 위조죄의 객체인 공문서는 공무원 또는 공무소가 그 직무에 관하여 작성하는 문서이고, 그 **행위주체가 공무원과 공무소가 아닌 경우**에는 형법 또는 기타 특별법에 의하여 공무원 등으로 의제되는 경우(예컨대 정부투자기관관리기본법 제18조, 지방공기업법 제83조, 한국은행법 제112조의2, 특정범죄가중처벌등에관한법률 제4조)를 제외하고는 계약 등에 의하여 공무와 관련되는 업무를 일부 대행하는 경우가 있다 하더라도 공무원 또는 공무소가 될 수는 없고, 특히 형벌법규의 구성요건을 법률의 규정도 없이 **유추확대해석하는 것은 죄형법정주의원칙에 반한다.**

57 **[대판 90도1287]** [주택건설촉진법 제38조의3 제1항, 같은법시행령 제37조 제1항, 같은법시행규칙 제34조의2 제1항에 의하여 같은 법 제52조의 적용대상인 국민주택의 전매 또는 전대가 금지되는 기간의 해석과 죄형법정주의] **입주개시일로부터 6개월간 전매 또는 전대를 금지하고 있는 주택건설촉진법 제52조의 규정을 입주개시일 전에 전매한 자에게 적용하는 것은 유추해석금지의 원칙에 반한다.**

58 **[대판 87도1952] [형법 제323조 소정의 '취거'의 의미]** 형법 제323조[12] 소정의 권리행사방해죄에 있어

---

12) 형법 제323조(권리행사방해) 타인의 점유 또는 권리의 목적이 된 자기의 물건 또는 전자기록등 특수매체기록을 **취거**, 은닉 또는 손괴하여 타인의 권리행사를 방해한 자는 5년 이하의 징역 또는 700만원 이하의 벌금에 처한다.

서의 **취거**라 함은 타인의 점유 또는 권리의 목적이 된 자기의 물건을 그 **점유자의 의사에 반하여** 그 점유자의 점유로부터 자기 또는 제3자의 점유로 옮기는 것을 말하므로 **점유자의 의사나 그의 하자있는 의사에 기하여 점유가 이전된 경우**에는 여기에서 말하는 취거로 볼 수는 없다.

59 [대판 77도405] ●**사실**● 위생적인 육류를 공급하기 위하여 **축산물가공처리법**이 제정되어 있다. 이 법 제2조는 **"소, 돼지, 말, 양**을 위생처리시설이 아닌 장소에서 도축한 자는 3년 이하의 징역에 처 한다."고 규정하고 있다. 그런데 피고인은 흑염소 소주를 만들 생각으로 야산에서 흑염소를 도축하였다. ●**판지**● 살피건대 **"양"과 "염소"**는 다 같이 우과에 속하는 반추하는 가축이기는 하나 같은 동물이라고는 할 수 없다 할 것인즉, 죄형법정주의의 정신에 미루어서 보면 형벌법규인 축산물가공처리법소정의 "수축"중의 하나인 **"양"의 개념 속에 "염소"가 당연히 포함되는 것으로 유추해석할 수는 없다고 봄이 상당하다.**

5 소급효의 금지

* 대법원 1997. 6. 13. 선고 97도703 판결
* 참조조문: 형법 제1조 제1항,[1] 제62조의2,[2] 헌법 제13조 제1항[3]

개정 형법 시행 이전에 죄를 범한 자에 대하여 개정 형법에 따라 보호관찰을 명할 수 있는가?

●**사실**● 피고인 X는 1995.6.27.에 실시된 성남시장 선거에서 시장 후보로 출마한 Y의 선거운동을 하면서 같은 달 11일까지 2회에 걸쳐 기초조사 등을 하여 주는 과정에서 정식 용역 대금 이외의 금액을 받거나 식사를 제공받았다(금원 1,314,000원). 그리고 같은 달 이적표현물을 소지한 혐의로 「공직선거법」 위반 및 「국가보안법」 위반으로 기소되었다.

제1심은 X에게 징역 1년에 2년의 집행유예를 선고하였다. 검사와 피고인이 항소하였다. 원심은 검사의 양형부당을 받아들여 제1심을 파기하고 X에게 징역 1년 6월에 3년간 집행유예를 선고하면서 **보호관찰**을 명하였다. 그런데 집행유예의 경우에 보호관찰을 명할 수 있게 한 것을 내용으로 하는 **개정형법 제62조의2는 1997.1.1.부터 시행**되었다. 이에 X는 개정형법 전의 행위에 대해 보호관찰을 명하는 것은 형벌불소급의 원칙에 반한다는 이유로 상고하였다.

●**판지**● **상고기각.** 「개정 형법 제62조의2 제1항에 의하면 형의 집행을 유예를 하는 경우에는 보호관찰을 받을 것을 명할 수 있고, 같은 조 제2항에 의하면 제1항의 규정에 의한 보호관찰의 기간은 집행을 유예한 기간으로 하고, 다만 법원은 유예기간의 범위 내에서 보호관찰의 기간을 정할 수 있다고 규정되어 있는바, 위 조항에서 말하는 **보호관찰은 형벌이 아니라 보안처분의 성격을 갖는 것**으로서, 과거의 불법에 대한 책임에 기초하고 있는 제재가 아니라 **장래의 위험성으로부터 행위자를 보호하고 사회를 방위하기 위한 합목적적인 조치**이므로, 그에 관하여 반드시 행위 이전에 규정되어 있어야 하는 것은 아니며, 재판시의 규정에 의하여 보호관찰을 받을 것을 명할 수 있다고 보아야 할 것이고, 이와 같은 해석이 형벌불소급의 원칙 내지 죄형법정주의에 위배되는 것이라고 볼 수 없다」.

●**해설**● 1 죄형법정주의의 배후에는 **민주주의의 원리**가 존재한다. 즉 무엇이 범죄로서 처벌의 대상이 되는가는 국민이 '정당하게 선출한 대표자(국회)'을 통해서만 스스로 결정하는 원리이다(법률주의 원칙). 또한 죄형법정주의 배후에는 **자유주의 원리**가 존재한다. 즉 무엇이 범죄인가는 법률에 의해 정해지는 것만으로 부족하고 그것이 사전(행위 이전)에 규정되어져 있을 것을 요한다. 소급적용은 행동의 예측가능성을 해하고 시민의 자유를 현저하게 침해하기 때문이다.

2 이와 같이, 죄형법정주의란 「범죄와 형벌은 **법률**로서 **미리** 규정되어 있어야 한다」는 원칙으로 **법률주의**와 **사후입법금지**를 기본으로 한다. 사후입법 금지는 소급효금지의 원칙을 말한다. 이는 「범죄와 형

1) 형법 제1조(범죄의 성립과 처벌) ① 범죄의 성립과 처벌은 **행위 시의 법률**에 의한다.
2) 형법 제62조의2(보호관찰, 사회봉사·수강명령) ① 형의 집행을 유예하는 경우에는 **보호관찰을 받을 것을 명하거나** 사회봉사 또는 수강을 명할 수 있다. ② 제1항의 규정에 의한 보호관찰의 기간은 집행을 유예한 기간으로 한다. 다만, 법원은 유예기간의 범위 내에서 보호관찰기간을 정할 수 있다. ③ 사회봉사명령 또는 수강명령은 집행유예기간 내에 이를 집행한다.
3) 헌법 제13조 ① 모든 국민은 **행위 시의 법률**에 의하여 범죄를 구성하지 아니하는 행위로 소추되지 아니하며, 동일한 범죄에 대하여 거듭 처벌받지 아니한다.

벌은 행위 시의 법률에 규정되어 있어야 한다」는 원칙으로 행위 이후에 사후적으로 행위자에게 불리하게 처벌규정을 만들거나 형벌을 가중하는 입법은 금지된다는 원칙이다. 소급입법금지원칙은 죄형법정주의 원리의 본질을 이룬다. 헌법 제13조와 형법 제1조도 이 원칙을 명시하고 있다.

3 소급효금지의 원칙은 ① 법규범에 대한 **예측가능성**을 보장함으로써 시민 생활의 불안을 제거하려는 법치주의의 요구인 동시에 ② 소급처벌이 형법적으로는 책임과 결부되지 않아 부당하고 ③ 형사정책적으로는 어떠한 예방적 효과도 기대할 수 없다는 점에 근거한다. 죄형법정주의는 시민의 **법적 안정성**을 보장해 주는 대원칙이다.

4 소급입법의 금지원칙과 관련해서는 몇 가지 쟁점이 있다. ① 피고인에게 불리하게 변경된 **판례**를 소급적용할 수 있는가? ② 법률이 아닌 **보안처분**의 경우에도 소급효금지가 적용되는가? ③ 이 원칙이 실체법이 아닌 **절차법**에 대해서도 적용되는가? 대상판결은 ②의 경우이다. 이 경우 변경된 법률로서 피고인에게 불리한 보안처분을 소급적용할 수 있는지가 다투어졌다.

5 형법 제62조의2 제1항에서 말하는 **보호관찰**은 「형벌이 아닌 **보안처분의 성격**을 갖는 것으로서, 과거의 불법에 대한 책임에 기초하고 있는 제재가 아니라 **장래의 위험성**으로부터 행위자를 보호하고 사회를 방위하기 위한 **합목적적인 조치**이다.[4] 보호관찰은 …… 대상자의 교화·개선을 통해 **범죄를 예방하고 재범을 방지**하려는 데에 그 제도적 의의」가 있다(대판 2010도6403). 이러한 입장에서 대법원은 사안의 경우 X에 대해 재판 시의 규정에 의하여 보호관찰을 받을 것을 명할 수 있다고 판단하고 있다.

6 형벌과 보안처분은 기본적으로 성격이 다르다. 형벌이 **과거의 범죄행위**에 대한 제재라면 보안처분은 **장래의 재범위험성**에 대한 제재이다. 즉 보안처분은 장래에 범죄를 저지를 위험성이 있는 범죄인의 재범을 방지하고 이를 통해 사회 일반인의 안전을 확보하기 위한 형사제재를 말한다. 형벌에서는 **책임주의**가 강조되나 보안처분은 **비례의 원칙**에 의해 지배된다는 점에서 본질적 차이가 있다.

7 한편 소급입법은 새로운 입법으로 이미 종료된 사실관계 또는 법률관계에 작용케 하는 (a) **진정소급입법**과 현재 진행 중인 사실관계 또는 법률관계에 작용케 하는 (b) **부진정소급입법**으로 나눌 수 있다. 부진정소급입법은 원칙적으로 허용[5]되지만(대판 2020도3694, Ref 9), 진정소급입법은 개인의 신뢰보호와 법적 안정성을 내용으로 하는 법치국가원리에 의하여 특별한 사정이 없는 한 헌법적으로 허용되지 아니하는 것이 원칙이다. 「다만 일반적으로 (가) 국민이 소급입법을 예상할 수 있었거나 (나) 법적 상태가 불확실하고 혼란스러워 보호할 만한 신뢰이익이 적은 경우와 (다) 소급입법에 의한 당사자의 손실이 없거나 아주 경미한 경우 그리고 (라) 신뢰보호의 요청에 우선하는 **심히 중대한 공익상의 사유**가 소급입법을 정당화하는 경우 등에는 **예외적으로 진정소급입법이 허용된다**」(헌재 97헌바76; 대판 96도3376, Ref 12).

8 소급효금지의 원칙은 범죄자에게 유리한 경우에는 적용되지 않는다(형법1②).[6] 하지만 형을 가볍게

---

4) 보안처분으로는 치료감호, 보호관찰, 위치추적장치(전자발찌)의 부착, 성충동약물치료 등이 있다.

5) 공소시효제도에 근거한 개인의 신뢰와 공소시효의 연장을 통하여 달성하려는 공익을 비교형량하여 공익이 개인의 신뢰보호이익에 우선하는 경우에는 헌법상 정당화 될 수 있다고 본다(헌재 97헌바76).

개정하면서 그 부칙으로 개정법 시행 전의 범죄에 대하여 종전의 법을 적용하도록 규정하는 것은 형벌불소급원칙이나 신법우선주의에 반하는지 않는다(대결 99초76).

Reference

(1) 피고인에게 불이익하게 판례가 변경된 경우와 소급효금지의 원칙

* 판례변경에 대한 소급효원칙의 적용 여부와 관련해서는 (a) 소급효긍정설, (b) 금지착오원용설, (c) 소급효부정설의 견해가 제시되고 있다. 판례는 **소급효긍정설**의 입장이다.

1 **[대판 2015도15398]** [허위로 신고한 사실이 무고행위 당시 형사처분의 대상이 될 수 있었으나 이후 형사범죄가 되지 않는 것으로 판례가 변경된 경우, 이미 성립한 무고죄에 영향을 미치는지 여부(원칙적 소극)] 타인에게 형사처분을 받게 할 목적으로 '허위의 사실'을 신고한 행위가 무고죄를 구성하기 위해서는 신고된 사실 자체가 형사처분의 대상이 될 수 있어야 하므로, 가령 허위의 사실을 신고하였더라도 신고 당시 그 사실 자체가 형사범죄를 구성하지 않으면 무고죄는 성립하지 않는다. 그러나 허위로 신고한 사실이 무고행위 당시 형사처분의 대상이 될 수 있었던 경우에는 국가의 형사사법권의 적정한 행사를 그르치게 할 위험과 부당하게 처벌받지 않을 개인의 법적 안정성이 침해될 위험이 이미 발생하였으므로 **무고죄는 기수에 이르고**, 이후 그러한 사실이 형사범죄가 되지 않는 것으로 **판례가 변경되었더라도 특별한 사정이 없는 한 이미 성립한 무고죄에는 영향을 미치지 않는다.**

2 **[대판 2000도1985 전원합의체]** [제3자로부터 신분확인을 위하여 신분증명서의 제시를 요구받고 **다른 사람의 운전면허증을 제시한 경우, 공문서부정행사죄**에 해당하는지 여부(적극)] [다수의견] 운전면허증은 운전면허를 받은 사람이 운전면허시험에 합격하여 자동차의 운전이 허락된 사람임을 증명하는 공문서로서, 운전면허증에 표시된 사람이 운전면허시험에 합격한 사람이라는 **'자격증명'**과 이를 지니고 있으면서 내보이는 사람이 바로 그 사람이라는 **'동일인증명'**의 기능을 동시에 가지고 있다. … 한편 우리 사회에서 운전면허증을 발급받을 수 있는 연령의 사람들 중 절반 이상이 운전면허증을 가지고 있고, 특히 경제활동에 종사하는 사람들의 경우에는 그 비율이 훨씬 더 이를 앞지르고 있으며, 금융기관과의 거래에 있어서도 운전면허증에 의한 실명확인이 인정되고 있는 등 현실적으로 운전면허증은 주민등록증과 대등한 신분증명서로 널리 사용되고 있다. 따라서, 제3자로부터 신분확인을 위하여 신분증명서의 제시를 요구받고 다른 사람의 운전면허증을 제시한 행위는 그 사용목적에 따른 행사로서 **공문서부정행사죄에 해당**한다고 보는 것이 옳다.

3 **[대판 95도2870 전원합의체]** [구 건축법 제57조[7]의 양벌규정이 위반행위의 이익귀속주체인 업무주에 대한 처벌규정임과 동시에 행위자의 처벌규정인지 여부(적극)] ●**사실**● 이 사건 아파트 공사는 부산광역시 도시개발공사가 발주하고 A 주식회사가 시공하였던 사실 및 위 회사 소속 건축기사인 피고인 X가 위 회사

6) 형법 제1조(범죄의 성립과 처벌) ② **범죄 후 법률이 변경**되어 그 행위가 범죄를 구성하지 아니하게 되거나 형이 구법보다 가벼워진 경우에는 신법에 따른다.

7) 구 건축법 제57조(양벌규정) 법인의 대표자 또는 법인이나 자연인의 대리인, 사용인 **기타 종업원**이 그 법인 또는 자연인의 업무에 관하여 제54조 내지 제56조의 규정에 해당하는 행위를 하였을 때에는 행위자를 벌하는 외에 그 법인 또는 자연인에 대하여도 각 본조의 벌금형을 과한다. 다만, 위반행위를 방지하기 위하여 상당한 주의와 감독을 태만히 하지 아니하였을 때에는 그러하지 아니한다.

의 대표이사인 피고인 Y의 포괄적 위임에 따라 위 아파트 공사의 현장소장 겸 현장대리인으로서 자신의 책임 하에 아파트 공사의 시공 전반을 지휘·감독하면서 위 발주자측 현장감독인인 Z와 공모하여 위 아파트의 지하주차장 시공의 순서와 방법을 그르치고, 그것이 원인이 되어 위 아파트가 기울어짐으로써 안전한 구조를 가지지 못하게 되었다. ●**판지**● **[다수의견] [1] 형사처벌의 근거가 되는 것은 법률이지 판례가 아니고,** 구 건축법 제57조에 관한 판례의 변경은 그 법률조항의 내용을 확인하는 것에 지나지 아니하여 이로써 위 법률조항 자체가 변경된 것이라고 볼 수는 없으므로, **행위 당시의 판례에 의하면 처벌대상이 되지 아니하는 것으로 해석되었던 행위를 판례의 변경에 따라 확인된 내용의 위 법률조항에 근거하여 처벌한다고 하여 그것이 형벌불소급의 원칙에 반한다고 할 수는 없다 할 것**이다. [2] 구 건축법(1991.5.31. 법률 제4381호로 전문 개정되기 전의 것) 제54조 내지 제56조의 벌칙규정에서 그 적용대상자를 건축주, 공사감리자, 공사시공자 등 일정한 업무주(業務主)로 한정한 경우에 있어서, 같은 법 제57조의 양벌규정은 업무주가 아니면서 당해 업무를 실제로 집행하는 자가 있는 때에 위 벌칙규정의 실효성을 확보하기 위하여 그 적용대상자를 당해 업무를 실제로 집행하는 자에게까지 확장함으로써 그러한 자가 당해 업무집행과 관련하여 위 벌칙규정의 위반행위를 한 경우 위 양벌규정에 의하여 처벌할 수 있도록 한 행위자의 처벌규정임과 동시에 그 위반행위의 이익귀속주체인 업무주에 대한 처벌규정이라고 할 것이다. ●**해설**● 종전의 판례에 의하면 건축법의 관련 처벌규정은 사용자인 **'건축주'**에게만 적용되고 **'종업원'**인 현장소장에게는 적용되지 않았다. 대법원은 이러한 종전의 해석이 적절하지 않다고 보고 판례를 변경하여 '종업원'도 처벌대상에 포함하기로 하였다. 그러자 피고인은 이는 헌법 제13조가 규정한 소급효금지의 원칙에 위배되는 것이라 주장하며 다투었다.

(2) 피고인에게 불이익한 보안처분적용의 경우와 소급효금지의 원칙

* 불이익한 보안처분의 적용과 관련해서는 (a) 긍정설, (b) 부정설, (c) 개별적 적용설의 견해가 제시되고 있다. 판례는 **개별적 적용설**의 입장에서 '개별적 검토'를 통해 소급효를 인정하기도 하고 부정하기도 한다. 이는 보안처분의 경우 그 범주가 상당히 넓고 다양하기 때문에 일괄적으로 불소급의 원칙을 적용하기에는 적절하지 않다는 이유에서 나온 것이다.

소급효를 긍정한 판례

4 **[대판 2010도11996] [전자장치 부착에 대한 소급효인정]** 특정 범죄자에 대한 위치추적 전자장치부착 등에관한법률에 의한 **전자감시제도**는, 성폭력범죄자의 재범방지와 성행교정을 통한 재사회화를 위하여 그의 행적을 추적하여 위치를 확인할 수 있는 전자장치를 신체에 부착하게 하는 부가적인 조치를 취함으로써 성폭력범죄로부터 국민을 보호함을 목적으로 하는 **일종의 보안처분**이다. 이러한 전자감시제도의 목적과 성격, 그 운영에 관한 위 법률의 규정 내용 및 취지 등을 종합해 보면, 전자감시제도는 범죄행위를 한 자에 대한 응보를 주된 목적으로 그 책임을 추궁하는 사후적 처분인 형벌과 구별되어 그 본질을 달리하는 것으로서 형벌에 관한 소급입법금지의 원칙이 그대로 적용되지 않으므로, **위 법률이 개정되어 부착명령 기간을 연장하도록 규정하고 있더라도 그것이 소급입법금지의 원칙에 반한다고 볼 수 없다.**

5 **[대판 2010도14393] [신상정보 공개명령제도에 대한 소급효인정]** 아동·청소년의성보호에관한법률에 정한 공개명령 제도는, 아동·청소년 대상 성범죄자의 성명, 나이, 주소 및 실제거주지(읍·면·동까지로 한다), 신체정보(키와 몸무게), 사진 및 아동·청소년 대상 성범죄 요지를 일정기간 정보통신망을 이용하여 공

개하도록 하는 조치를 취하여 성인인증 및 본인 확인을 거친 사람은 누구든지 인터넷을 통해 공개명령 대상자의 공개정보를 열람할 수 있도록 함으로써 아동·청소년 대상 성범죄를 효과적으로 예방하고 성범죄로부터 아동·청소년을 보호함을 목적으로 하는 **일종의 보안처분**이다. 이러한 공개명령 제도의 목적과 성격, 그 운영에 관한 위 법률의 규정 내용 및 취지 등을 종합해 보면, 공개명령 제도는 범죄행위를 한 자에 대한 응보 등을 목적으로 그 책임을 추궁하는 **사후적 처분인 형벌과 구별되어 그 본질을 달리하는 것**으로서 형벌에 관한 소급입법금지의 원칙이 그대로 적용되지 않으므로, 공개명령 제도가 시행된 2010.1.1. 이전에 범한 범죄에도 공개명령 제도를 적용하도록 아동·청소년의성보호에관한법률이 2010.7.23. 법률 제10391호로 개정되었다고 하더라도 **그것이 소급입법금지의 원칙에 반한다고 볼 수 없다.**

소급효를 부정한 판례

6 [대판 2013도6220] [2012. 12. 18. 개정된 특정 범죄자에 대한 보호관찰 및 전자장치 부착 등에 관한 법률 제9조 제1항 단서에서 정한 **전자장치 부착기간 하한 가중** 규정이 같은 법 시행 전에 19세 미만의 사람에 대하여 특정범죄를 저지른 경우에도 소급적용되는지 여부(소극)] 2012.12.18. 법률 제11558호로 개정된 전자장치부착법은 제5조 제1항에서 '19세 미만의 사람에 대하여 성폭력범죄를 저지른 때(제4호)에 해당하고 성폭력범죄를 다시 범할 위험성이 있다고 인정되는 사람에 대하여 전자장치 부착명령을 청구할 수 있다'고 규정하고, 제9조 제1항 단서에서 '19세 미만의 사람에 대하여 특정범죄를 저지른 경우에는 부착기간 하한을 같은 항 각 호에 따른 부착기간 하한의 2배로 한다'고 규정함으로써, 16세 미만의 사람에 대하여 성폭력범죄를 저지르고 재범의 위험성이 있는 경우 부착명령을 청구할 수 있도록 하고, 13세 미만의 사람에 대하여 특정범죄를 저지른 경우 부착기간 하한을 가중할 수 있도록 하였던 개정 전 법률보다 부착명령청구요건과 부착기간 하한 가중 요건을 완화·확대하였다. 그런데 위 개정법률 부칙은 제2조 제2항에서 제5조 제1항 제4호의 개정규정에 따른 부착명령 청구를 위 법 시행 전에 저지른 성폭력범죄에 대하여도 적용하도록 규정하고 있으나, **19세 미만의 사람에 대하여 특정범죄를 저지른 경우 부착기간 하한을 2배 가중하도록 한 위 법 제9조 제1항 단서의 소급적용에 관하여는 명시적인 경과규정을 두지 않고 있다.** 이와 같이 형벌 조항이 피고인에게 불리한 내용으로 개정된 경우 그 조항의 소급적용에 관하여 명시적인 경과규정이 없는 이상 원칙적으로 그 **조항의 소급적용을 부정하는 것이 형법 제1조 제1항에서 정한 행위시법 적용의 원칙 또는 죄형법정주의의 원칙에 부합**한다.

7 [대결 2008어4] [사회봉사명령에 대한 소급효부정] [1] 가정폭력범죄의처벌등에관한특례법이 정한 보호처분 중의 하나인 **사회봉사명령**은 가정폭력범죄를 범한 자에 대하여 환경의 조정과 성행의 교정을 목적으로 하는 것으로서 형벌 그 자체가 아니라 보안처분의 성격을 가지는 것이 사실이다. 그러나 한편으로 이는 가정폭력범죄행위에 대하여 형사처벌 대신 부과되는 것으로서, 가정폭력범죄를 범한 자에게 의무적 노동을 부과하고 여가시간을 박탈하여 **실질적으로는 신체적 자유를 제한**하게 되므로, 이에 대하여는 원칙적으로 **형벌불소급의 원칙에 따라 행위시법을 적용함이 상당**하다. [2] 가정폭력범죄의처벌등에관한특례법상 사회봉사명령을 부과하면서, 행위시법상 사회봉사명령 부과시간의 상한인 **100시간**을 초과하여 상한을 **200시간**으로 올린 **신법을 적용한 것은 위법**하다. **cf)** 판례는 보안처분이라고 할지라도 상대방에게 의무적 노동을 부과하고 여가시간을 박탈하여 실질적으로는 신체적 자유를 제한하게 될 경우에는 원칙적으로 형벌불소급의 원칙을 취하고 있다.

(3) 피고인에게 불이익하게 '절차법'이 변경된 경우와 소급효금지의 원칙

* 소급효금지의 원칙은 실체법인 형법에 적용되고 절차법인 형사소송법에 대하여는 적용되지 않는다는 **소급효인정설**이 판례의 입장이다. 절차법은 그 속성상 범죄의 성립여부와는 무관할 뿐만 아니라 예측가능성을 침해하는 것도 아니기 때문이다. 문제가 되는 경우로는 ① **친고죄를 비친고죄**로 하거나 ② **공소시효기간을 연장**한 경우이다.

8 **[대판 2020도7154]** 2018.12.24. 법률 제16037호로 개정된 도로교통법 제148조의2 제1항에서 정한 '도로교통법 제44조 제1항 또는 제2항을 **2회 이상 위반한 사람**'에 개정 도로교통법 시행 이전에 구 도로교통법 제44조 제1항 또는 제2항을 위반한 전과가 포함된다고 보아야 한다. 이와 같이 해석하더라도 형벌불소급의 원칙이나 일사부재리의 원칙에 위배되지 않는다. 개정 도로교통법 부칙 제2조는 도로교통법 제82조 제2항과 제93조 제1항 제2호의 경우 위반행위의 횟수를 산정할 때에는 2001. 6. 30. 이후의 위반행위부터 산정하도록 한 반면, 제148조의2 제1항에 관한 위반행위의 횟수 산정에 대해서는 특별히 정하지 않고 있다. 이처럼 제148조의2 제1항에 관한 위반행위의 횟수를 산정하는 기산점을 두지 않았다고 하더라도 그 위반행위에 개정 도로교통법 시행 이후의 음주운전 또는 음주측정 불응 전과만이 포함되는 것이라고 해석할 수 없다.

9 **[대판 2020도3694]** [아동학대범죄의 공소시효 정지 규정인 아동학대범죄의 처벌 등에 관한 특례법 제34조의 취지/ 같은 법 제34조 제1항은 **완성되지 않은 공소시효의 진행을 일정한 요건에서 장래를 향하여 정지**시키는 것인지 여부(적극) 및 그 시행일 당시 범죄행위가 종료되었으나 아직 공소시효가 완성되지 않은 아동학대범죄에 대해서도 적용되는지 여부(적극)] [1] 공소시효를 정지·연장·배제하는 특례조항을 신설하면서 소급적용에 관한 명시적인 경과규정을 두지 않은 경우 그 조항을 소급하여 적용할 수 있는지에 관해서는 **보편타당한 일반원칙이 존재하지 않고**, 적법절차원칙과 소급금지원칙을 천명한 헌법 제12조 제1항과 제13조 제1항의 정신을 바탕으로 하여 법적 안정성과 신뢰보호원칙을 포함한 법치주의 이념을 훼손하지 않는 범위에서 신중히 판단해야 한다. [2] 아동학대범죄의 처벌 등에 관한 특례법(2014.1.28. 제정되어 2014.9.29. 시행되었으며, 이하 '아동학대처벌법'이라 한다)은 아동학대범죄의 처벌에 관한 특례 등을 정함으로써 아동을 보호하여 아동이 건강한 사회 구성원으로 성장하도록 함을 목적으로 다음과 같은 규정을 두고 있다. 제2조 제4호 (타)목은 아동복지법 제71조 제1항 제2호, 제17조 제3호에서 정한 '아동의 신체에 손상을 주거나 신체의 건강 및 발달을 해치는 신체적 학대행위'를 아동학대범죄의 하나로 정하고 있다. 제34조는 '공소시효의 정지와 효력'이라는 제목으로 제1항에서 "아동학대범죄의 공소시효는 형사소송법 제252조에도 불구하고 해당 아동학대범죄의 피해아동이 성년에 달한 날부터 진행한다."라고 정하고, 부칙은 "이 법은 공포 후 8개월이 경과한 날부터 시행한다."라고 정하고 있다. 아동학대처벌법은 신체적 학대행위를 비롯한 아동학대범죄로부터 피해아동을 보호하기 위한 것으로서, 제34조는 아동학대범죄가 피해아동의 성년에 이르기 전에 공소시효가 완성되어 처벌대상에서 벗어나는 것을 방지하고자 그 진행을 정지시킴으로써 피해를 입은 18세 미만 아동(아동학대처벌법 제2조 제1호, 아동복지법 제3조 제1호)을 실질적으로 보호하려는 데 취지가 있다. 아동학대처벌법은 제34조 제1항의 소급적용에 관하여 명시적인 경과규정을 두고 있지는 않다. 그러나 이 규정의 문언과 취지, 아동학대처벌법의 입법 목적, 공소시효를 정지하는 특례조항의 신설·소급에 관한 법리에 비추어 보면, 이 규정은 완성되지 않은 공소시효의 진

행을 일정한 요건에서 장래를 향하여 정지시키는 것으로서, 그 시행일인 2014. 9. 29. 당시 범죄행위가 종료되었으나 아직 공소시효가 완성되지 않은 아동학대범죄에 대해서도 적용된다고 봄이 타당하다. 한편 대법원 2015.5.28. 선고 2015도1362, 2015전도19 판결은 공소시효의 배제를 규정한 구 성폭력범죄의 처벌 등에 관한 특례법(2012.12.18. 법률 제11556호로 전부 개정되기 전의 것) 제20조 제3항에 대한 것으로, 공소시효의 적용을 영구적으로 배제하는 것이 아니고 공소시효의 진행을 장래에 향하여 정지시키는 데 불과한 아동학대처벌법 제34조 제1항의 위와 같은 해석 · 용에 방해가 되지 않는다.

10 **[대판 2015도1362]** [공소시효를 정지 · 연장 · 배제하는 내용의 특례조항을 신설하면서 소급적용에 관한 명시적인 경과규정을 두지 아니한 경우, **그 조항을 소급하여 적용할 것인지 판단할 때 고려할 사항**] 법원이 어떠한 법률조항을 해석 · 적용함에 있어서 한 가지 해석방법에 의하면 헌법에 위배되는 결과가 되고 다른 해석방법에 의하면 헌법에 합치하는 것으로 볼 수 있을 때에는 위헌적인 해석을 피하고 헌법에 합치하는 해석방법을 택하여야 한다. 이는 입법방식에 다소 부족한 점이 있어 어느 법률조항의 적용 범위 등에 관하여 불명확한 부분이 있는 경우에도 마찬가지이다. 이러한 관점에서 보면, 공소시효를 정지 · 연장 · 배제하는 내용의 특례조항을 신설하면서 소급적용에 관한 명시적인 경과규정을 두지 아니한 경우에 그 조항을 소급하여 적용할 수 있다고 볼 것인지에 관하여는 **이를 해결할 보편타당한 일반원칙이 존재할 수 없는 터이므로** 적법절차원칙과 소급금지원칙을 천명한 헌법 제12조 제1항과 제13조 제1항의 정신을 바탕으로 하여 법적 안정성과 신뢰보호원칙을 포함한 법치주의 이념을 훼손하지 아니하도록 신중히 판단하여야 한다. [2] 원심은, 이 사건 법률을 통하여 **피고인에게 불리한 내용의 공소시효 배제조항을 신설**하면서 신법을 적용하도록 하는 **경과규정을 두지 아니한 경우** 그 공소시효 배제조항의 시적 적용 범위에 관하여는 보편타당한 일반원칙이 존재하지 아니하므로 각국의 현실과 사정에 따라 그 적용 범위를 달리 규율할 수 있는데, 2007.12.21. 법률 제8730호로 개정된 형사소송법이 종전의 공소시효 기간을 연장하면서도 그 부칙 제3조에서 "이 법 시행 전에 범한 죄에 대하여는 종전의 규정을 적용한다."고 규정함으로써 소급효를 인정하지 아니한다는 원칙을 밝힌 점, 특별법에 소급적용에 관한 명시적인 경과규정이 없는 경우에는 일반법에 규정된 경과규정이 적용되어야 하는 점 등에 비추어 공소시효가 피고인에게 불리하게 변경되는 경우에는 피고인에게 유리한 종전 규정을 적용하여야 하고, 이 사건 법률에는 소급적용에 관한 명시적인 경과규정이 없어 이 사건 장애인 준강간의 점에 대하여는 이 사건 법률 제20조 제3항을 소급하여 적용할 수 없으므로 그 범행에 대한 공소가 범죄행위 종료일부터 7년이 경과한 후에 제기되어 공소시효가 완성되었다는 이유로, 이를 유죄로 판단한 제1심판결을 파기하고 이 부분 공소사실에 대하여 면소를 선고하였다. 원심판결 이유를 앞서 본 법리에 비추어 살펴보면 원심의 판단은 정당하고, 거기에 상고이유의 주장과 같이 형벌불소급의 원칙 및 공소시효 배제규정에 대한 부진정소급효에 관한 법리를 오해하는 등으로 판결 결과에 영향을 미친 위법이 없다.

11 **[헌재 96헌가2]** [5 · 18민주화운동등에관한특별법[8] 제2조[9]가 소급입법에 해당하는지 여부] [1] 형벌불

8) **5 · 18 민주화운동 등에 관한 특별법**은 1979년 12월 12일과 1980년 5월 18일을 전후하여 발생한 헌정질서파괴범죄행위에 대한 공소시효정지 등에 관한 사항 등을 규정함으로써 국가기강을 바로잡고 민주화를 정착시키며 민족정기를 함양함을 목적으로 1995년 12월 21일 제정된 법률이다(동법 제1조). 12.12 사건과 관련해 5.18 특별법이 적용되어 반란모의참여죄, 반란중요임무종사죄로 기소된 장세동, 최세창은 위헌법률 심판을 신청했고, 황영시 외 5인은 5.18 특별법 2조가 위헌이라면서 헌법소원을 냈다. 판시사항은 크게 다섯 가지이나, '당해 법률 조항 제2조가 소급입법인지에 대해서'에 관한 판단과, '부진정소급입법으로 볼 경우 및 진정소급입법으로

소급의 원칙은 "행위의 가벌성", 즉 형사소추가 "언제부터 어떠한 조건하에서" 가능한가의 문제에 관한 것이고, **"얼마동안" 가능한가의 문제에 관한 것은 아니므로,** 과거에 이미 행한 범죄에 대하여 **공소시효를 정지시키는 법률**이라 하더라도 그 사유만으로 헌법 제12조 제1항 및 제13조 제1항에 규정한 죄형법정주의의 파생원칙인 형벌불소급의 원칙에 언제나 위배되는 것으로 단정할 수는 없다. [2] 공소시효가 아직 완성되지 않은 경우 위 법률조항은 단지 진행 중인 공소시효를 연장하는 법률로서 이른바 부진정소급효를 갖게 되나, 공소시효제도에 근거한 개인의 신뢰와 공시시효의 연장을 통하여 달성하려는 공익을 비교형량하여 **공익이 개인의 신뢰보호이익에 우선하는 경우에는 소급효를 갖는 법률도 헌법상 정당화될 수 있다.** 위 법률조항의 경우에는 왜곡된 한국 반세기 헌정사의 흐름을 바로 잡아야 하는 시대적 당위성과 아울러 집권과정에서의 헌정질서파괴범죄를 범한 자들을 응징하여 정의를 회복하여야 한다는 중대한 공익이 있는 반면, 공소시효는 행위자의 의사와 관계없이 정지될 수도 있는 것이어서 아직 공소시효가 완성되지 않은 이상 예상된 시기에 이르러 반드시 시효가 완성되리라는 것에 대한 보장이 없는 불확실한 기대일 뿐이므로 공소시효에 대하여 보호될 수 있는 신뢰보호이익은 상대적으로 미약하여 위 법률조항은 헌법에 위반되지 아니한다.

12 **[대판 96도3376]** [5·18민주화운동등에관한특별법 제2조가 같은 법 시행 당시 공소시효가 완성된 헌정질서파괴범죄행위에 대하여도 적용되는지 여부(적극)] 5·18민주화운동등에관한특별법 제2조는 그 제1항에서 그 적용대상을 '1979년 12월 12일과 1980년 5월 18일을 전후하여 발생한 헌정질서파괴범죄의공소시효등에관한특례법 제2조의 헌정질서파괴범죄행위'라고 특정하고 있으므로, 그에 해당하는 범죄는 5·18민주화운동등에관한특별법의 시행 당시 이미 형사소송법 제249조에 의한 공소시효가 완성되었는지 여부에 관계없이 모두 그 적용대상이 됨이 명백하다고 할 것인데, 위 법률조항에 대하여는 헌법재판소가 1996.2.16. 선고 96헌가2, 96헌바7, 96헌바13사건에서 위 법률조항이 헌법에 위반되지 아니한다는 합헌결정을 하였으므로, 위 법률조항의 적용범위에 속하는 범죄에 대하여는 이를 그대로 적용할 수밖에 없다. cf) 이상과 같이 헌법재판소와 대법원은 **진정소급입법일지라도 예외적인 경우에 한하여 허용된다는 입장을 취하고 있다.**

(4) 소급효금지원칙과 관련된 기타 주요 판례

13 **[대판 2022도10660]** [신설된 포괄일죄 처벌법규가 시행되기 이전의 행위에 대하여 신설된 법규를 적용하여 처벌할 수 있는지 여부(소극) 및 이는 신설된 처벌법규가 상습범을 처벌하는 구성요건인 경우에도 마찬가지인지 여부(적극)] 파기환송. ●**판지**● 포괄일죄에 관한 기존 처벌법규에 대하여 그 표현이나 형량과 관련한 개정을 하는 경우가 아니라 **애초에 죄가 되지 않던 행위를 구성요건의 신설로 포괄일죄의 처벌대상으로 삼는 경우**에는 신설된 포괄일죄 처벌법규가 시행되기 이전의 행위에 대하여는 신설된 법규를 적용하여 처벌할 수 없고(형법 제1조 제1항), 이는 신설된 처벌법규가 상습범을 처벌하는 구성요건인 경우에도 마찬가지이다. ●**사실**● 피고인은 2015. 2. 28.부터 2021. 2. 10.까지 상습으로 아동·청소년인 피해자 124명에게 신체의 전부 또는 일부를 노출한 사진을 촬영하도록 하여 총 1,929개의 아동·청소년성착취물인 사진

볼 경우 각 경우에 위헌인지'에 관한 판단에서 재판관들은 견해 차이를 보였다.

9) 5·18 민주화운동 등에 관한 특별법 제2조(공소시효의 정지) ① 1979년 12월 12일과 1980년 5월 18일을 전후하여 발생한 헌정질서파괴범죄의공소시효등에관한특례법 제2조의 헌정질서파괴범죄행위에 대하여 국가의 소추권행사에 장애사유가 존재한 기간은 공소시효의 진행이 정지된 것으로 본다. ② 제1항에서 "국가의 소추권행사에 장애사유가 존재한 기간"이라 함은 당해 범죄행위의 종료일부터 1993년 2월 24일까지의 기간을 말한다.

또는 동영상을 제작하였다. 청소년성보호법 제11조 제1항에서 아동·청소년성착취물을 제작하는 행위를 처벌하는 규정을 두고 있는데, 청소년성보호법이 2020. 6. 2. 법률 제17338호로 개정되면서 상습으로 아동·청소년성착취물을 제작하는 행위를 처벌하는 조항인 제11조 제7항을 신설하고 그 부칙에서 개정 법률은 공포한 날부터 시행한다고 정하였다. 원심은 포괄하여 청소년성보호법 제11조 제7항, 제1항을 적용하여 전부 유죄로 판단하였다.

14 [대판 2021도14878] [위헌결정의 소급효] 도로교통법 위반(음주운전)죄로 1회 이상 형사처벌을 받은 전력이 있는 피고인이 음주측정을 요구받고도 이에 응하지 않았다는 도로교통법 위반(음주측정거부)의 공소사실에 대하여, 원심이 도로교통법 제148조의2 제1항, 제44조 제2항을 적용하여 유죄를 선고하였는데, 원심판결 선고 후 헌법재판소가 도로교통법 제148조의2 제1항 중 '제44조 제1항을 1회 이상 위반한 사람으로서 다시 같은 조 제2항을 위반한 사람'에 관한 부분에 대하여 위헌결정을 선고한 사안에서, 위 법률조항 부분은 헌법재판소법 제47조 제3항 본문[10]에 따라 소급하여 효력을 상실하였으므로 해당 법조를 적용하여 기소한 피고사건은 죄가 되지 않는 경우에 해당한다.

15 [대판 2021도14530[11]] [피고인이 위력으로써 13세 미만 미성년자인 피해자 갑(녀, 12세)에게 유사성행위와 추행을 하였다는 「성폭력범죄의 처벌 등에 관한 특례법」위반의 공소사실에 대하여, 원심이 갑의 진술과 조사 과정을 촬영한 영상물과 속기록을 중요한 증거로 삼아 유죄로 인정하였는데, 피고인은 위 영상물과 속기록을 증거로 함에 동의하지 않았고, 조사 과정에 동석하였던 신뢰관계인에 대한 증인신문이 이루어졌을 뿐 원진술자인 갑에 대한 증인신문은 이루어지지 않은 사안에서, 위 영상물과 속기록을 유죄의 증거로 삼은 **원심판결에 법리오해 또는 심리미진의 잘못**이 있다고 한 사례] 피고인이 위력으로써 13세 미만 미성년자인 피해자 갑(녀, 12세)에게 유사성행위와 추행을 하였다는 「성폭력범죄의 처벌 등에 관한 특례법」(이하 '성폭력처벌법') 위반의 공소사실에 대하여, 원심이 갑의 진술과 조사 과정을 촬영한 영상물과 속기록을 중요한 증거로 삼아 유죄로 인정하였는데, 피고인은 **위 영상물과 속기록을 증거로 함에 동의하지 않았고**, 조사 과정에 동석하였던 신뢰관계인에 대한 증인신문이 이루어졌을 뿐 원진술자인 갑에 대한 증인신문은 이루어지지 않은 사안에서, 헌법재판소는 2021. 12. 23. 성폭력처벌법 제30조 제6항 중 19세 미만 성폭력범죄 피해자의 진술을 촬영한 영상물의 증거능력을 규정한 부분(이하 '위헌 법률 조항')에 대해 과잉금지 원칙 위반 등을 이유로 위헌결정을 하였는데, **위 위헌결정의 효력은 결정 당시 법원에 계속 중이던 사건에도 미치므로** 위헌 법률 조항은 위 영상물과 속기록의 증거능력을 인정하는 근거가 될 수 없고, 한편 피고인의 범행은 「아동·청소년의 성보호에 관한 법률」(이하 '청소년성보호법') 제26조 제1항의 아동·청소년대상 성범죄에 해당하므로 같은 법 제26조 제6항에 따라 영상물의 증거능력이 인정될 여지가 있으나, 청소년성보호법 제26조 제6항 중 위헌 법률 조항과 동일한 내용을 규정한 부분은 위헌결정의 심판대상이 되지 않았지만 위헌 법률 조항에 대한 위헌결정 이유와 마찬가지로 과잉금지 원칙에 위반될 수 있으므로, 청소년성보호법 제26조 제6항의 위헌 여부 또는 그 적용에 따른 위헌적 결과를 피하기 위하여 갑을 증인으로 소환하여 진

10) 헌법재판소법 제47조(**위헌결정의 효력**) ① 법률의 위헌결정은 법원과 그 밖의 국가기관 및 지방자치단체를 기속(羈束)한다. ② 위헌으로 결정된 법률 또는 법률의 조항은 그 결정이 있는 날부터 효력을 상실한다. ③ 제2항에도 불구하고 **형벌에 관한 법률 또는 법률의 조항은 소급하여 그 효력을 상실**한다. 다만, 해당 법률 또는 법률의 조항에 대하여 종전에 합헌으로 결정한 사건이 있는 경우에는 그 결정이 있는 날의 다음 날로 소급하여 효력을 상실한다.

11) 대법원 2022. 4. 14. 선고 2021도14530, 2021전도143(병합) 판결

술을 듣고 피고인에게 반대신문권을 행사할 기회를 부여할 필요가 있는지 여부 등에 관하여 심리·판단하였어야 한다는 이유로, 이와 같은 심리에 이르지 않은 채 위 영상물과 속기록을 유죄의 증거로 삼은 원심판결에 법리오해 또는 심리미진의 잘못이 있다고 한 사례. ●**해설**● 대상판결에서 다투어진 쟁점은 두 가지로 첫째는 원심 선고 당시는 위헌결정이 없었고, 이 사건 위헌결정은 원심 선고 이후에 이루어졌는데, 위와 같은 위헌결정의 효력이 상고심 단계에 이른 이 사건에도 미치는지(=위헌결정의 효력이 소급하여 이 사건에 미치는지) 여부와 둘째는 이 사건 위헌결정은 성폭력처벌법에 대한 것이고 청소년성보호법에 대하여는 아직 위헌결정이 이루어지지 않는데, 위헌결정이 없었다는 이유만으로 청소년성보호법을 적용하는 것은 적법한지 여부이다. 이 중 첫 번째 쟁점에 대해 대법원은 위헌결정의 효력이 병행사건(위헌결정 당시 법원에 계속 중인 사건)에 미치기 때문에 이 사건에는 위헌결정된 성폭력처벌법 제 30조 제6항을 적용할 수 없다고 판단(위헌결정의 효력이 이 사건에도 미친다고 판단) 보았다. 즉 **이 사건 규정은 형벌에 관한 법률 또는 법률의 조항은 아닌 비형벌조항**이고, 비형벌조항에 대한 위헌결정에 대해서는 원칙적으로 위헌결정의 소급효를 규정한 헌법재판소법 제47조 제3항이 아니라 장래효를 규정한 제2항이 적용된다. 그러나 비형벌조항의 경우에도 당해사건(위헌법률심판 제청 또는 헌법소원의 기초가 된 당해 본안사건), 병행사건(위헌결정 당시 위헌결정 대상인 조항이 적용되는 상태로 계속 중인 사건)에 대해서는 **위헌결정 의 효력이 (소급하여) 미친다고 해석하는 것이 대법원의 확립된 입장**이다(대법원 2017. 3. 9. 선고 2015다233982 판결 등). 즉, 대법원에 의해 종래 확립된 법리에 의하면, 비형벌조항의 경우도 당해사건과 병행사건에 대해서는 위헌결정의 효력이 소급하여 인정되며 대법원은 이러한 법리에 따라 이 사건도 병행사건이므로 이 사건 위헌 결정의 효력이 이 사건에 미친다고 본 것이다. scourt.go.kr

16-1 [대판 2017도17809] 노역장유치기간의 하한을 정한 형법 제70조 제2항[12]의 시행 전에 행해진 피고인의 범죄행위에 대하여, 원심이 피고인을 징역 5년 6개월과 벌금 13억 1,250만 원에 처하면서 형법 제70조 제1항, 제2항을 적용하여 노역장유치기간(525일)을 정한 판결을 선고하였는데, 원심판결 선고 후 헌법재판소가 형법 제70조 제2항을 시행일 이후 최초로 공소 제기되는 경우부터 적용하도록 한 형법 부칙(2014.5.14.) 제2조 제1항이 헌법상 형벌불소급원칙에 위반되어 위헌이라고 판단한 사안에서, **헌법재판소의 위헌결정 선고로 위 부칙조항은 소급하여 효력을 상실하였으므로, 원심판결은 유지될 수 없다**고 한 사례. **cf)** 2014년 5월 형법이 개정되기 전에는 노역장유치기간의 양정을 법관의 재량에 맡겨두다 보니 **황제노역**[13]의 문제가 발생하였다. 이를 개선하기 위해 2014년 5월 14일 형법개정법률은 **일정 액수 이상의 벌금형을 선고할 경우에는 노역장유치의 최소기간을 규정**하여 노역장유치제도를 무력화 하지 못하도록 만들었다. 문제는 노역장 유치기간에 대한 불합리한 변경이 '형벌'에 대한 변경으로 볼 수 있는가 다투어졌다. 대법원은 이를 형벌로 파악하여 소급효금지의 대상이 된다고 보았다.

---

12) 형법 제70조(노역장유치) ① 벌금 또는 과료를 선고할 때에는 납입하지 아니하는 경우의 유치기간을 정하여 동시에 선고하여야 한다. [개정 2014.5.14.] ② 선고하는 벌금이 1억원 이상 5억원 미만인 경우에는 300일 이상, 5억원 이상 50억원 미만인 경우에는 500일 이상, 50억원 이상인 경우에는 1,000일 이상의 유치기간을 정하여야 한다. [신설 2014.5.14]

13) **황제노역이란** 2014년 3월 대주그룹 허재호 회장의 비자금 조성과 탈세 의혹을 조사하는 과정에서 2010년 당시 광주고등법원 형사1부장 판사가 동일 사건에 대해 허 회장에게 254억 원의 벌금에 대해 **1일당 5억 원의 환형유치 노역 판결**이 내려져서 논란이 된 사건이다. 이로 인하여 황제노역이라는 말이 생겼다. 이 5억 원도 당초 선고된 벌금액을 반으로 깎아주면서 설정된 것이었다. 이후 국회는 이런 문제를 개선하기 위해 지금의 **형법 제70조 제2항을 신설**하였다.

16-2 [헌재 2015헌바239, 2016헌바177(병합)] [노역장유치조항(1억 원 이상의 벌금형을 선고할 경우 노역장유치기간의 하한을 정한 형법 제70조 제2항)을 시행일 이후 최초로 공소제기되는 경우부터 적용하도록 한 형법 부칙(2014. 5. 14. 법률 제12575호) 제2조 제1항이 형벌불소급원칙에 위반되는지 여부(적극)] [1] 형벌불소급원칙에서 의미하는 '처벌'은 형법에 규정되어 있는 형식적 의미의 형벌 유형에 국한되지 않으며, 범죄행위에 따른 제재의 내용이나 실제적 효과가 형벌적 성격이 강하여 신체의 자유를 박탈하거나 이에 준하는 정도로 신체의 자유를 제한하는 경우에는 형벌불소급원칙이 적용되어야 한다. **노역장유치**는 그 실질이 신체의 자유를 박탈하는 것으로서 **징역형과 유사한 형벌적 성격을 가지고 있으므로 형벌불소급원칙의 적용대상**이 된다. [2] 노역장유치조항은 1억 원 이상의 벌금형을 선고받는 자에 대하여 유치기간의 하한을 중하게 변경시킨 것이므로, 이 조항 시행 전에 행한 범죄행위에 대해서는 범죄행위 당시에 존재하였던 법률을 적용하여야 한다. 그런데 부칙조항은 노역장유치조항의 시행 전에 행해진 범죄행위에 대해서도 공소제기의 시기가 노역장유치조항의 시행 이후이면 이를 적용하도록 하고 있으므로, 이는 범죄행위 당시 보다 불이익한 법률을 소급 적용하도록 하는 것으로서 **헌법상 형벌불소급원칙에 위반**된다.

17 [대판 2010도4416] **●사실●** 피고인 X는 (1) 2008.10.8. 서울 영등포구 소재 영등포시장 부근 노상에서 접근매체인 A주식회사 명의의 우리은행통장, 현금카드, 보안카드 등을 성명불상자에게 400,000원을 받고 양도하고, (2) 2009.1.16.경 고양시 일산구 소재 마두역 근처에서 접근매체인 B명의의 우리은행통장, 현금카드, 보안카드 등을 성명불상자에게 400,000원을 받고 전달한 후 그 무렵 B에게 위 금원을 교부하여 접근매체의 양도 및 양수행위를 알선하였다는 혐의로 기소되었다. 제1심과 원심은 전자금융거래법 제49조 제4항 제1호, 제4호, 제6조 제3항 제1호, 제4호를 적용하여 유죄로 인정하였다. 이에 X는 상고하였다. **●판지●** **파기환송.** 접근매체의 '양도' 당시 시행되던 구 전자금융거래법 제49조 제5항 제1호, 제6조 제3항에 비하여 그 후 개정된 전자금융거래법 제49조 제4항 제1호, 제6조 제3항 제1호의 **법정형이 더 무거워 행위시법인 구법을 적용**하여야 함에도, 신법을 적용한 원심판단에 법령적용의 위법이 있다.

18 [대판 2009도11448] [1] 대법원 양형위원회가 설정한 **'양형기준'**이 발효하기 전에 공소가 제기된 범죄에 대하여 위 '양형기준'을 참고하여 형을 양정한 사안에서, **피고인에게 불리한 법률을 소급하여 적용한 위법이 있다고 할 수 없다**고 한 사례. [2] 법원조직법 제81조의2 이하의 규정에 의하여 마련된 대법원 양형위원회의 양형기준은 법관이 합리적인 양형을 정하는 데 참고할 수 있는 구체적이고 객관적인 기준으로 마련된 것이다. **위 양형기준은 법적 구속력을 가지지 아니하고**(같은 법 제81조의7 제1항 단서), 단지 위와 같은 취지로 마련되어 그 내용의 타당성에 의하여 일반적인 설득력을 가지는 것으로 예정되어 있으므로 **법관의 양형에 있어서 그 존중이 요구되는 것일 뿐**이다.

19 [대판 2008도11017] 게임산업진흥에관한법률의시행령 제18조의3에 규정된 게임머니의 환전, 환전 알선, 재매입 영업행위가 처벌되는 것이므로, **그 시행일 이전에** 위 시행령 조항 각 호에 규정된 게임머니를 환전, 환전 알선, 재매입한 영업행위를 처벌하는 것은 형벌법규의 **소급효금지 원칙에 위배**된다.

20 [대판 2007도9220] 특정범죄가중처벌등에관한법률 위반(도주차량)으로 운전면허취소처분을 받은 자가 자동차를 운전하였다고 하더라도 그 후 피의사실에 대하여 무혐의 처분을 받고 이를 근거로 행정청이 운전면허 취소처분을 철회하였다면, 위 운전행위는 (소급해서) **무면허운전에 해당하지 않는다.**

21 **[대판 96도1731] [인지(認知)14)의 소급효]** 형법 제344조, 제328조 제1항 소정의 친족 간의 범행에 관한 규정이 적용되기 위한 친족관계는 원칙적으로 범행 당시에 존재하여야 하는 것이지만, 부가 혼인 외의 출생자를 인지하는 경우에 있어서는 민법 제860조에 의하여 **그 자의 출생 시에 소급하여 인지의 효력이 생기는 것**이며, 이와 같은 인지의 소급효는 친족상도례에 관한 규정의 적용에도 미친다고 보아야 할 것이므로, 인지가 범행 후에 이루어진 경우라고 하더라도 그 소급효에 따라 형성되는 친족관계를 기초로 하여 친족상도례의 규정이 적용된다. **cf)** 사안에서 피고인은 범행 후 재판상 인지의 확정판결을 받음으로써 피해자와의 사이에 형법 제328조 제1항의 친족관계가 소급하여 발생하여 형을 면제받았다.

위헌결정과 소급효

22 **[대판 2021도14878]** 도로교통법 위반(음주운전)죄로 1회 이상 형사처벌을 받은 전력이 있는 피고인이 음주측정을 요구받고도 이에 응하지 않았다는 도로교통법 위반(음주측정거부)의 공소사실에 대하여, 원심이 도로교통법 제148조의2 제1항, 제44조 제2항을 적용하여 유죄를 선고하였는데, 원심판결 선고 후 헌법재판소가 도로교통법 제148조의2 제1항 중 '제44조 제1항을 1회 이상 위반한 사람으로서 다시 같은 조 제2항을 위반한 사람'에 관한 부분에 대하여 위헌결정을 선고한 사안에서, **위 법률조항 부분은 소급하여 효력을 상실**하였으므로 해당 법조를 적용하여 기소한 피고사건은 **죄가 되지 않는 경우에 해당**한다고 한 사례

23 **[대판 2008도7562 전원합의체]** [집회 및 시위에 관한 법률 중 '야간옥외집회 금지규정'에 대한 헌법불합치결정이 위헌결정인지 여부(적극) 및 이로 인하여 **위 규정이 소급하여 효력을 상실하는지 여부(적극)**] [1] 헌법재판소의 헌법불합치결정은 헌법과 헌법재판소법이 규정하고 있지 않은 변형된 형태이지만 법률조항에 대한 위헌결정에 해당하고, 집회 및 시위에 관한 법률(2007.5.11. 법률 제8424호로 전부 개정된 것, 이하 '집시법'이라 한다) 제23조 제1호는 집회 주최자가 집시법 제10조 본문을 위반할 것을 구성요건으로 삼고 있어 집시법 제10조 본문은 집시법 제23조 제1호와 결합하여 형벌에 관한 법률조항을 이루게 되므로, 집시법의 위 조항들(이하 '이 사건 법률조항')에 대하여 선고된 헌법불합치결정(헌법재판소 2009.9.24. 선고 2008헌가25 전원재판부 결정, 이하 '이 사건 헌법불합치결정'이라 한다)은 형벌에 관한 법률조항에 대한 위헌결정이다. 그리고 헌법재판소법 제47조 제2항 단서는 형벌에 관한 법률조항에 대하여 위헌결정이 선고된 경우 그 조항이 소급하여 효력을 상실한다고 규정하고 있으므로, 형벌에 관한 법률조항이 소급하여 효력을 상실한 경우에 당해 조항을 적용하여 공소가 제기된 피고사건은 범죄로 되지 아니한 때에 해당하고, 법원은 이에 대하여 형사소송법 제325조 전단에 따라 무죄를 선고하여야 한다. [2] 피고인이 야간옥외집회를 주최하였다는 취지의 공소사실에 대하여 원심이 집회및시위에관한법률 제23조 제1호, 제10조 본문을 적용하여 유죄를 인정하였는데, 원심판결 선고 후 헌법재판소가 위 법률조항에 대해 헌법불합치결정을 선고하면서 개정시한을 정하여 입법개선을 촉구하였는데도 위 시한까지 법률 개정이 이루어지지 않은 사안에서, **위 법률조항은 소급하여 효력을 상실**하므로 이를 적용하여 공소가 제기된 위 피고사건에 대하여 **무죄를 선고**하여야 한다.

---

14) **인지**는 민법에서 생부 또는 생모가 자(子)를 자신의 친생자로 인정하는 것을 말한다. 혼인 외의 출생자와 그 부의 부자 관계는 오로지 인지에 의해서만 생기는 반면, 모와의 친자 관계는 출생에 의해 당연히 생긴다. 인지는 그 자의 출생시에 소급하여 효력이 생긴다(민법 860).

6 적정성의 원칙 – 책임원칙 –

* 헌법재판소 2004. 12. 16. 선고 2003헌가12 전원재판부
* 참조조문: 형법 제283조 제1항,[1] 폭력행위등 처벌에 관한 법률 제3조 제2항[2]

야간에 흉기 기타 위험한 물건을 휴대하여 협박죄를 범한 자를 5년 이상의 유기징역에 처하도록 규정한 폭처법 제3조 제2항 부분이 형벌과 책임 간의 비례성원칙에 위배되는가?

●**사실**● 피고인 X는 2002.12.25. 03:40경 서울 월계동 소재 조흥은행 앞길에서, 그 곳을 지나가던 피해자 A(여, 16세) 및 B(여, 16세) 일행에게 아무런 이유 없이 시비를 걸었다가 피해자들이 화를 낸다는 이유로 주먹 등으로 이들을 때려 상해를 가하였다. 그리고 같은 일시 경 위 조흥은행 앞 인근의 '두꺼비핵교' 호프집에서, X로부터 맞은 A 및 B 그리고 C(여, 16세)가 위 호프집 안으로 X를 쫓아오자 그곳 주방에 놓여 있던 식칼을 손에 들고 피해자들을 향하여 휘두르면서 생명이나 신체에 어떠한 해악을 가할 듯한 태도를 보였다.

검사는 X를 「폭력행위등 처벌에 관한 법률」(폭처법) 제3조 제2항 중 "야간에 흉기 기타 위험한 물건을 휴대하여 형법 제283조 제1항(협박)의 죄를 범한 자"에 해당한다고 보아 기소하였다. X는 소송계속 중에 폭처법 제3조 제2항의 형이 너무 과중하여 형벌과 책임 간의 비례성원칙에 위배되어 위헌이라고 주장하며 위헌제청신청을 하였고, 법원은 신청을 받아들여 이 사건 위헌제청을 하였다.

●**결정요지**● **헌법위반.** 「[1] 형사법상 책임원칙은 기본권의 최고이념인 인간의 존엄과 가치에 근거한 것으로, 형벌은 **범행의 경중과 행위자의 책임 즉 형벌 사이에 비례성**을 갖추어야 함을 의미한다. 따라서 기본법인 형법에 규정되어 있는 구체적인 법정형은 개별적인 보호법익에 대한 통일적인 가치체계를 표현하고 있다고 볼 때, 사회적 상황의 변경으로 인해 특정 범죄에 대한 형량이 더 이상 타당하지 않을 때에는 원칙적으로 법정형에 대한 새로운 검토를 요하나, 특별한 이유로 형을 가중하는 경우에도 **형벌의 양은 행위자의 책임의 정도를 초과해서는 안 된다.**

이 사건 법률조항을 포함한 폭처법 제3조 제2항은 동 조항의 적용대상인 형법 본조에 대하여 **일률적으로 5년 이상의 유기징역**에 처하는 것으로 규정하고 있다. 그런데 위 각 형법상의 범죄는 죄질과 행위의 태양 및 그 위험성이 사뭇 다르고, 이에 따라 원래의 법정형은 낮게는 폭행(법260①)이나 협박(법283①)과 같이 구류 또는 과료가 가능한 것에서부터 높게는 상해(법257①) 또는 공갈(법350)과 같이 10년 이하의 징역에 이르기까지 그 경중에 차이가 많음을 알 수 있다. 그럼에도 불구하고, 그 행위가 야간에 행해지고 흉기 기타 위험한 물건을 휴대하였다는 사정만으로 일률적으로 5년 이상의 유기징역형에 처하도록 규정한 것은 실질적 법치국가 내지는 사회적 법치국가가 지향하는 죄형법정주의의 취지에 어긋날 뿐만 아니라 기본권을 제한하는 입법을 함에 있어서 지켜야 할 헌법적 한계인 **과잉금지의 원칙** 내지는 **비례의 원칙**에도 어긋난다.

[2] 폭처법 제3조 제2항에 해당하는 범죄와 유사하거나 관련 있는 범죄로서 동 조항에 해당하지 아니하는 범죄를 살펴보면, 예컨대 형법 제259조 제1항의 상해치사의 경우 사람의 사망이라는 엄청난 결과를 초래한 범죄임에도 3년 이상의 유기징역형으로 그 법정형이 규정되어 있다. 그런데, 상해치사

---

1) 형법 제283조(협박) ① 사람을 협박한 자는 3년 이하의 징역, 500만원 이하의 벌금, 구류 또는 과료에 처한다.
2) 폭력행위등 처벌에 관한 법률 제3조(집단적 폭행 등) ① 단체나 다중의 위력으로써 또는 단체나 집단을 가장하여 위력을 보임으로써 제2조 제1항에 열거된 죄를 범한 자 또는 흉기 기타 위험한 물건을 휴대하여 그 죄를 범한 자는 3년 이상의 유기징역에 처한다. ② **야간에 제1항의 죄를 범한 자는 5년 이상의 유기징역에 처한다.**

의 범죄를 야간에 흉기 기타 물건을 휴대하여 범한 경우에도 그 법정형은 여전히 3년 이상의 유기징역형임을 고려하면, 야간에 흉기 기타 위험한 물건을 휴대하여 형법 제283조 제1항의 **협박죄를 범한 자를 5년 이상의 유기징역에 처하도록 규정하고 있는 이 사건 법률조항의 법정형은 형벌의 체계정당성에 어긋난다**」.

●**해설**● 1 형사법상 **책임원칙**은 "책임 없으면 형벌 없다."는 말로 요약된다. 이는 기본권의 최고이념인 인간의 존엄과 가치에 근거한 것이다. 나아가 책임원칙은 형벌은 범행의 경중과 행위자의 책임, 즉 형벌 사이에 **비례성**을 갖추어야 할 것을 요구한다. 본 판례에서도「어떤 행위를 범죄로 규정하고 어떠한 형벌을 과할 것인가 하는 데 대한 입법자의 입법형성권이 무제한으로 인정될 수는 없다. 즉, **법정형의 종류와 범위**를 정할 때는 형벌의 위협으로부터 인간의 존엄과 가치를 존중하고 보호하여야 한다는 헌법 제10조의 요구에 따라야 하고, 헌법 제37조 제2항[3]이 규정하고 있는 **과잉입법금지의 정신**에 따라 형벌개별화 원칙이 적용될 수 있는 범위의 법정형을 설정하여 **실질적 법치국가의 원리**를 구현하도록 하여야 하며, 형벌이 죄질과 책임에 상응하도록 **적절한 비례성**」을 지킬 것을 요구한다.

2 대상사건의 법률조항(폭처법3②)은 지나치게 과중한 형벌을 규정함으로써 죄질과 그에 따른 행위자의 책임 사이에 비례관계가 준수되지 않아 인간의 존엄과 가치를 존중하고 보호하려는 실질적 법치국가 이념에 어긋나고 있다. 본 조항은 동 조항의 적용대상인 형법 본조에 대하여 **일률적으로 5년 이상의 유기징역에 처하는 것**으로 규정하고 있다. 따라서 야간에 위험한 물건을 휴대하여 '협박'의 죄를 범한 자도 5년 이상의 유기징역에 처하게 된다. 하지만 각 형법상의 범죄는 죄질과 행위의 태양 및 그 위험성이 다름에도 불구하고 그 행위가 야간에 행해지고 흉기 기타 위험한 물건을 휴대하였다는 사정만으로 일률적으로 5년 이상의 유기징역형에 처하는 것은 실질적 법치국가가 지향하는 죄형법정주의의 취지에 어긋나는 것으로 법원은 판단하였다.

3 즉, 야간에 위험한 물건을 휴대하여 상해를 가한 자 또는 체포·감금, 갈취한 자를 5년 이상의 유기징역에 처하는 것이 폭력행위의 근절이라는 입법목적을 달성하기 위하여 불가피한 입법자의 선택이었다 하더라도, **이 사건 법률조항은 이러한 폭력행위자를 행위내용 및 결과불법이 전혀 다른, "협박"을 가한 자**를 야간에 위험한 물건의 휴대라는 범죄의 시간과 수단을 매개로, **상해를 가한 자 또는 체포·감금, 갈취한 자와 동일하다고 평가하고 있다.** 이것은 달리 취급하여야 할 것을 명백히 자의적으로 동일하게 취급한 결과로서, **형벌체계상의 균형성을 현저히 상실하여 평등원칙에도 위배된다**」고 법원은 보았다.

4 죄형법정주의의 파생원칙 중 적정성의 원칙은 실질적 적법절차에서 유래한다. **적정성의 원칙이란** 형식적으로 적법한 절차를 거쳐서 제정된 법률이라 할지라도 ① 응당 범죄로 할 만한 행위만을 범죄로 해야 되고(범죄 규정의 적정성) ② 그 처벌의 양이 그 행위의 불법과 책임의 양에 상응(형벌 규정의 적정성)하지 않으면 헌법에 위배된다는 원칙이다(**실질적 죄형법정주의**). 제2차 세계대전 이후의 죄형법정주의의 현대적 의의는 형식적으로 "법률 없으면 범죄 없고 형벌 없다."는 원칙에 그치는 것이 아니라 그 내용이 **실질적 정의**에 합치되는 "**적정한 법률** 없으면 범죄 없고 형벌 없다."는 원칙을 의미한다.

---

3) 헌법 제37조 ① 국민의 자유와 권리는 헌법에 열거되지 아니한 이유로 경시되지 아니한다. ② 국민의 모든 자유와 권리는 국가안전보장·질서유지 또는 공공복리를 위하여 필요한 경우에 한하여 법률로써 제한할 수 있으며, 제한하는 경우에도 자유와 권리의 **본질적인 내용을 침해할 수 없다.**

Reference

과잉금지원칙에 위배된다고 본 사례

1 [헌재 2021헌가30] ●**결정요지**● (가) 심판대상조항은 도로교통법 제44조 제1항의 음주운전 금지규정을 위반한 전력 또는 같은 조 제2항을 위반하여 음주측정을 거부한 전력이 1회 이상 있는 사람이 다시 같은 조 제1항을 위반하여 음주운전을 함으로써 반복하여 반규범적 행위를 한 경우 그에 대한 책임을 형량에 반영하여 **2회째 이상의 음주운전에 대한 처벌을 강화**하고자 한 규정으로서, 반복적인 음주운전은 교통안전을 해하고 국민의 생명·신체·재산을 반복하여 위험에 처하게 하는 행위이므로 이를 엄히 처벌해야 한다는 점에 관하여는 이견이 있을 수 없다. (나) 그런데 심판대상조항은 그 구성요건을 제44조 제1항 또는 제2항을 1회 이상 위반한 사람으로서 다시 같은 조 제1항을 위반한 경우로 규정하여 가중요건이 되는 과거의 음주운전 금지규정 위반행위 또는 음주측정거부행위와 처벌대상이 되는 **재범 음주운전 금지규정 위반행위 사이에 아무런 시간적 제한을 두고 있지 않고**, 과거의 위반행위가 형의 선고나 유죄의 확정판결을 받은 전과일 것을 요구하지도 않는다. 그런데 과거의 위반행위가 상당히 오래 전에 이루어져 그 이후 행해진 음주운전 금지규정 위반행위를 '교통법규에 대한 준법정신이나 안전의식이 현저히 부족한 상태에서 이루어진 반규범적 행위' 또는 '반복적으로 사회구성원에 대한 생명·신체 등을 위협하는 행위'라고 평가하기 어렵다면, 이를 가중처벌할 필요성이 인정된다고 보기 어렵다. …… (다) 그런데 심판대상조항은 음주운전 금지규정 위반 또는 음주측정거부 전력을 가중요건으로 삼으면서 해당 전력과 관련하여 형의 선고나 유죄의 확정판결을 받을 것을 요구하지 않는데다 아무런 시간적 제한도 두지 않은 채 뒤에 행해진 음주운전 금지규정 위반행위를 가중처벌하도록 하고 있어, 과거의 위반행위 이후 상당히 오랜 시간이 지나 '반규범적 행위'나 '반복적인 행위' 등이라고 평가하기 어려운 음주운전 금지규정 위반행위를 한 사람에 대해서는 **책임에 비해 과도한 형벌을 규정**하고 있다고 하지 않을 수 없다. ●**심판대상조항**● 도로교통법(2020. 6. 9. 법률 제17371호로 개정된 것) 제148조의2(벌칙) ① 제44조 제1항 또는 제2항을 **2회 이상 위반한 사람**(자동차등 또는 노면전차를 운전한 사람으로 한정한다. 다만, 개인형 이동장치를 운전하는 경우는 제외한다. 이하 이 조에서 같다)은 2년 이상 5년 이하의 징역이나 1천만 원 이상 2천만 원 이하의 벌금에 처한다.

2 [헌재 2016헌가13] ['심판대상조항'이 책임과 형벌 사이의 비례성 원칙에 위반되는지 여부(적극)] ●**결정요지**● [1] 예비행위란 아직 실행의 착수조차 이르지 아니한 준비단계로서, 실질적인 법익에 대한 침해 또는 위험한 상태의 초래라는 결과가 발생한 기수와는 그 행위태양이 다르고, 법익침해가능성과 위험성도 다르므로, 이에 따른 불법성과 책임의 정도 역시 다르게 평가되어야 한다. 그럼에도 **예비행위를 본죄에 준하여 처벌하도록 하고 있는 심판대상조항은 그 불법성과 책임의 정도에 비추어 지나치게 과중한 형벌을 규정하고 있는 것이다.** 또한 예비행위의 위험성은 구체적인 사건에 따라 다름에도 심판대상조항에 의하면 위험성이 미약한 예비행위까지도 본죄에 준하여 처벌하도록 하고 있어 **행위자의 책임을 넘어서는 형벌이 부과**되는 결과가 발생한다. 나아가 관세법과 '특정범죄 가중처벌 등에 관한 법률'은 관세범의 특성과 위험성에 대응할 수 있도록 여러 규정을 두어 규율하고 있으므로 관세범의 특성과 위험성에 대응하기 위하여 반드시 **밀수입 예비행위**를 본죄에 준하여 처벌하여야 할 필요성이 도출된다고 볼 수도 없다. 따라서 심판대상조항은 구체적 행위의 개별성과 고유성을 고려한 양형판단의 가능성을 배제하는 가혹한 형벌로서 **책임과 형벌 사이의 비례성의 원칙에 위배**된다. [2] 심판대상조항이 적용되는 밀수입 예비죄보다 불법성과 책임이 결코 가볍다고 볼 수 없는 내란, 내란목적살인, 외환유치, 여적 예비죄나 살인 예비죄의 법정형이 심판대상조항이

적용되는 밀수입 예비죄보다 도리어 가볍다는 점에 비추어 보면, 심판대상조항이 예정하는 법정형은 형평성을 상실하여 지나치게 가혹하다고 할 것이다. 그러므로 심판대상조항은 **형벌체계의 균형성**에 반하여 헌법상 평등원칙에 어긋난다. **●심판대상조문●** 특정범죄 가중처벌 등에 관한 법률(2010.3.31. 법률 제10210호로 개정된 것) 제6조 제7항 중 관세법 제271조 제3항 가운데 제269조 제2항에 관한 부분

3 **[헌재 2015헌가3 · 9 · 14 · 18 · 20 · 21 · 25(병합)]** [심판대상조항이 형벌체계상의 균형을 상실하여 평등원칙에 위배되는지 여부(적극)] **●결정요지●** [1] 형법 제261조(특수폭행), 제284조(특수협박), 제369조(특수손괴)의 '위험한 물건'에는 '흉기'가 포함된다고 보거나, '위험한 물건'과 '흉기'가 동일하다고 보는 것이 일반적인 견해이며, 심판대상조항의 '흉기'도 '위험한 물건'에 포함되는 것으로 해석된다. 그렇다면 심판대상조항의 구성요건인 '흉기 기타 위험한 물건을 휴대하여'와 형법 조항들의 구성요건인 '위험한 물건을 휴대하여'는 그 의미가 동일하다. 그런데 심판대상조항은 형법 조항들과 똑같은 내용의 구성요건을 규정하면서 징역형의 하한을 1년으로 올리고, 벌금형을 제외하고 있다. [2] 흉기 기타 위험한 물건을 휴대하여 폭행죄, 협박죄, 재물손괴죄를 범하는 경우, 검사는 심판대상조항을 적용하여 기소하는 것이 특별법 우선의 법리에 부합하나, 형법 조항들을 적용하여 기소할 수도 있다. 그런데 **위 두 조항 중 어느 조항이 적용되는지에 따라 피고인에게 벌금형이 선고될 수 있는지 여부가 달라지고, 징역형의 하한을 기준으로 최대 6배에 이르는 심각한 형의 불균형이 발생**한다. 심판대상조항은 가중적 구성요건의 표지가 전혀 없이 법적용을 오로지 검사의 기소재량에만 맡기고 있으므로, 법집행기관 스스로도 법적용에 대한 혼란을 겪을 수 있고, 이는 결과적으로 국민의 불이익으로 돌아올 수밖에 없다. 법집행기관이 이러한 사정을 피의자나 피고인의 자백을 유도하거나 상소를 포기하도록 하는 수단으로 악용할 소지도 있다. 따라서 **심판대상조항은 형벌체계상의 정당성과 균형을 잃은 것이 명백하므로, 인간의 존엄성과 가치를 보장하는 헌법의 기본원리에 위배될 뿐만 아니라 그 내용에 있어서도 평등원칙에 위배된다.** **●심판대상조문●** 구폭력행위등처벌에관한법률(2006.3.24. 법률 제7891호로 개정되고, 2014.12.30. 법률 제12896호로 개정되기 전의 것) 제3조(집단적 폭행등) ① 단체나 다중의 위력으로써 또는 단체나 집단을 가장하여 위력을 보임으로써 제2조 제1항에 열거된 죄를 범한 자 또는 흉기 기타 위험한 물건을 휴대하여 그 죄를 범한 자는 제2조 제1항 각 호의 예에 따라 처벌한다. ②~④ 생략 ; 폭력행위등처벌에관한법률(2014.12.30. 법률 제12896호로 개정된 것) 제3조 (집단적 폭행 등) ① 단체나 다중의 위력으로써 또는 단체나 집단을 가장하여 위력을 보임으로써 제2조 제1항 각 호에 규정된 죄를 범한 사람 또는 흉기나 그 밖의 위험한 물건을 휴대하여 그 죄를 범한 사람은 제2조 제1항 각 호의 예에 따라 처벌한다. ②~④ 생략

4 **[헌재 2012헌마409, 510, 2013헌마167(병합)]** **●결정요지●** [1] **심판대상조항은 집행유예자와 수형자에 대하여 전면적 · 획일적으로 선거권을 제한하고 있다.** 심판대상조항의 입법목적에 비추어 보더라도, 구체적인 범죄의 종류나 내용 및 불법성의 정도 등과 관계없이 일률적으로 선거권을 제한하여야 할 필요성이 있다고 보기는 어렵다. **범죄자가 저지른 범죄의 경중을 전혀 고려하지 않고 수형자와 집행유예자 모두의 선거권을 제한하는 것은 침해의 최소성원칙에 어긋난다.** 특히 집행유예자는 집행유예 선고가 실효되거나 취소되지 않는 한 교정시설에 구금되지 않고 일반인과 동일한 사회생활을 하고 있으므로, 그들의 선거권을 제한해야 할 필요성이 크지 않다. 따라서 심판대상조항은 청구인들의 선거권을 침해하고, 보통선거원칙에 위반하여 집행유예자와 수형자를 차별취급하는 것이므로 평등원칙에도 어긋난다. [2] 심판대상조항 중 수형자에 관한 부분의 위헌성은 지나치게 전면적 · 획일적으로 수형자의 선거권을 제한한다는 데 있다. 그런데 그 위헌성

을 제거하고 수형자에게 헌법합치적으로 선거권을 부여하는 것은 입법자의 형성재량에 속하므로 심판대상조항 중 수형자에 관한 부분에 대하여 헌법불합치결정을 선고한다. ●**심판대상조문**● 공직선거법(2005.8.4. 법률 제7681호로 개정된 것) 제18조 제1항 제2호 중 '유기징역 또는 유기금고의 선고를 받고 그 집행이 종료되지 아니한 자'에 관한 부분, '유기징역 또는 유기금고의 선고를 받고 그 집행유예 기간 중인 자'에 관한 부분, 형법(1953.9.18. 법률 제293호로 제정된 것) 제43조 제2항 중 수형자와 집행유예자의 '공법상의 선거권'에 관한 부분

5 **[헌재 2008헌바58, 2009헌바191]** [형법 제304조 중 "**혼인을 빙자하여 음행의 상습없는 부녀를 기망하여 간음**한 자" 부분이 헌법 제37조 제2항의 과잉금지원칙을 위반하여 남성의 성적자기결정권 및 사생활의 비밀과 자유를 침해하는지 여부(적극)] 이 사건 법률조항의 경우 입법목적에 정당성이 인정되지 않는다. 첫째, 남성이 위력이나 폭력 등 해악적 방법을 수반하지 않고서 여성을 애정행위의 상대방으로 선택하는 문제는 그 행위의 성질상 국가의 개입이 자제되어야 할 사적인 내밀한 영역인데다 또 그 속성상 과장이 수반되게 마련이어서 우리 형법이 혼전 성관계를 처벌대상으로 하지 않고 있으므로 혼전 성관계의 과정에서 이루어지는 통상적 유도행위 또한 처벌해야 할 이유가 없다. 다음 여성이 혼전 성관계를 요구하는 상대방 남자와 성관계를 가질 것인가의 여부를 스스로 결정한 후 자신의 결정이 착오에 의한 것이라고 주장하면서 상대방 남성의 처벌을 요구하는 것은 여성 스스로가 자신의 성적 자기결정권을 부인하는 행위이다. 또한 혼인빙자간음죄가 다수의 남성과 성관계를 맺는 여성 일체를 '음행의 상습 있는 부녀'로 낙인찍어 보호의 대상에서 제외시키고 보호대상을 '음행의 상습없는 부녀'로 한정함으로써 여성에 대한 남성우월적 정조관념에 기초한 가부장적·도덕주의적 성 이데올로기를 강요하는 셈이 된다. 결국 이 사건 법률조항은 남녀평등의 사회를 지향하고 실현해야 할 국가의 헌법적 의무(헌법 제36조 제1항)에 반하는 것이자, **여성을 유아시(幼兒視)함**으로써 여성을 보호한다는 미명 아래 사실상 국가 스스로가 여성의 성적자기결정권을 부인하는 것이 되므로, 이 사건 법률조항이 보호하고자 하는 여성의 성적자기결정권은 여성의 존엄과 가치에 역행하는 것이다.

6 **[헌재 2007헌가10 · 16(병합)]** ['특정강력범죄의 처벌에 관한 특례법'(이하 '특강법') 제3조 중 "특정강력범죄로 형을 받아 그 집행을 종료하거나 면제받은 후 3년 이내에 다시 형법 제337조의 죄 또는 그 미수죄를 범하여 '특정범죄 가중처벌 등에 관한 법률'(이하 '특가법') 제5조의5에 의하여 가중처벌되는 때"에 관한 부분이 책임과 형벌의 비례를 요구하는 책임원칙에 위반되는지 여부(적극)] 이 사건 법률조항에서 정한 요건에 해당하는 경우에는 특가법 제5조의5와 특강법 제3조가 거듭 적용됨으로 인하여 사실상 그 형이 **사형, 무기 또는 20년 이상의 징역**이 되는바, 위 두 조항은 강도상해죄 등의 누범자로부터 국민의 생명과 신체의 안전을 보장하고 범죄로부터 사회를 방위하고자 하는 동일한 목적을 위하여 하나의 범죄행위에 대한 형을 거듭 가중하는 것으로, 이 사건 법률조항에 의하여 ' 특가법 제5조의5에서 규정한 전범과 후범의 존재' 및 '누범기간'이라는 형식적인 누범요건이 존재하기만 하면 특강법 제3조까지 적용하여 형법 제337조에서 정한 **7년 이상의 유기징역보다 3배 가까이 가중된 20년 이상**의 유기징역에 처할 수 있게 하는 것은 사실상 그 형의 하한이 형법상 유기징역형의 원칙적 상한인 징역 15년보다도 더 높게 되는 결과가 되어 형벌 본래의 기능과 목적을 달성함에 있어 필요한 정도를 현저히 일탈하여 형벌체계상 지나치게 과중한 형벌을 부과한 것으로 책임과 형벌의 비례를 요구하는 책임원칙에 반한다.

7 **[헌재 2006헌가13] 상관을 살해**한 경우 **사형만을 유일한 법정형**으로 규정하고 있는 군형법(1962.1.20. 법률 제1003호로 제정된 것) 제53조 제1항이 형벌과 책임 간의 비례원칙에 위배된다.

8 **[헌재 2005헌가10]** [종업원의 위반행위에 대하여 양벌조항으로서 개인인 영업주에게도 동일하게 무기 또는 2년 이상의 징역형의 법정형으로 처벌하도록 규정하고 있는 '보건범죄단속에 관한 특별조치법' 제6조 중 제5조에 의한 처벌 부분(이하 '이 사건 법률조항')이 형사법상 책임원칙에 반하는지 여부(적극)] **[다수의견]** [1] 이 사건 법률조항이 종업원의 업무 관련 **무면허의료행위가 있으면 이에 대해 영업주가 비난받을 만한 행위가 있었는지 여부와는 관계없이 자동적으로 영업주도 처벌하도록 규정**하고 있고, 그 문언 상 명백한 의미와 달리 "종업원의 범죄행위에 대해 영업주의 선임감독상의 과실(기타 영업주의 귀책사유)이 인정되는 경우"라는 요건을 추가하여 해석하는 것은 문리해석의 범위를 넘어서는 것으로서 허용될 수 없으므로, 결국 위 법률조항은 다른 사람의 범죄에 대해 그 책임 유무를 묻지 않고 형벌을 부과함으로써, 법정형에 나아가 판단할 것 없이, 형사법의 기본원리인 **'책임없는 자에게 형벌을 부과할 수 없다'는 책임주의에 반한다.** [2] 가사 위 법률조항을 종업원에 대한 선임감독상의 과실 있는 영업주만을 처벌하는 규정으로 보더라도, **과실밖에 없는 영업주를 고의의 본범(종업원)과 동일하게 '무기 또는 2년 이상의 징역형'**이라는 법정형으로 처벌하는 것은 그 책임의 정도에 비해 지나치게 무거운 법정형을 규정하는 것이므로, 두 가지 점을 모두 고려하면 형벌에 관한 책임원칙에 반한다.

9 **[헌재 2003헌마289]** 금치처분을 받은 자에 대하여 집필의 목적과 내용 등을 묻지 않고, 또 대상자에 대한 교화 또는 처우 상 필요한 경우까지도 예외 없이 **일체의 집필행위를 금지**하고 있음은 입법목적 달성을 위한 필요최소한의 제한이라는 한계를 벗어난 것으로서 과잉금지원칙에 위배된다.

10 **[헌재 2003헌마377]** [은닉, 보유 · 보관된 당해 문화재의 필요적 몰수를 규정한 구 법 제81조 제5항 중 제4항 부분, 제82조 제7항 중 제4항 부분 및 법 제103조 제5항 중 제4항 부분, 제104조 제7항 중 제4항 부분이 책임과 형벌 간 비례원칙에 위배되는지 여부(적극)] 문화재는 원칙적으로 사적 소유권의 객체가 될 수 있고, 문화재의 은닉이나 도굴된 문화재인 정을 알고 보유 또는 **보관하는 행위의 태양이 매우 다양함에도** 구체적 행위 태양이나 적법한 보유권한의 유무 등에 관계없이 **필요적 몰수형**을 규정한 것은 형벌 본래의 기능과 목적을 달성함에 있어 필요한 정도를 현저히 일탈하여 지나치게 과중한 형벌을 부과하는 것으로 책임과 형벌 간의 비례원칙에 위배된다.

11 **[헌재 2002헌바24]** [마약의 단순매수를 영리매수와 동일한 법정형으로 처벌하는 규정이 책임과 형벌 간의 비례성 원칙 및 실질적 법치국가원리의 위반되는지 여부(적극)] [1] 마약의 매수 가운데 **'영리매수'**는 마약의 대량확산에 크게 기여할 뿐만 아니라 타인의 정신적 · 육체적 황폐화를 통하여 영리를 도모한다는 점과 공급이 수요를 창출하는 마약류시장의 특성상 그 불법성과 비난가능성은 일반범죄의 영리범의 경우보다 더욱 크다. 반면에 **'단순매수'**는 기본적으로 수요의 측면에 해당되고 마약의 유통구조상 최종단계를 형성하므로 마약확산에의 기여도와 그 행위의 구조, 위험성 및 비난가능성 등 죄질에 있어서 **영리매수와는 질적으로 다르다.** 이에 따라 마약류관리에관한법률에서도 마약매수의 영리범 · 상습범, 단순범, 미수범, 예비범 · 음모범의 경우를 구별하여 법정형을 정하고 있다. 그런데 특정범죄가중처벌등에관한법률(이하, "특가법"이라 한다) 제11조 제1항에서는 마약 매수의 영리범 · 상습범, 단순범, 미수범, 예비범 · 음모범의 경우를

가리지 않고 **일률적으로 영리범 · 상습범의 법정형과 동일한 사형 · 무기 또는 10년 이상의 징역**에 처하도록 하고 있다. 또한 특가법은 매수한 마약의 양이나 위험성의 정도, 마약사용의 결과로 타인의 신체에 상해나 사망을 일으켰느냐의 여부 등 죄질이나 비난가능성의 정도를 구별하지 않는다. 결국 위 특가법 조항은 그나마 존재하던 마약류관리에관한법률상의 단순범과 영리범의 구별조차 소멸시켜 불법의 정도, 죄질의 차이 및 비난가능성에 있어서의 질적 차이를 무시함으로써 죄질과 책임에 따라 적절하게 형벌을 정하지 못하게 하는바, 책임과 형벌간의 비례성 원칙과 실질적 법치국가원리에 위반된다. [2] 위 특가법 조항은 단순매수나 단순판매목적소지의 마약사범에 대하여도 사형 · 무기 또는 10년 이상의 징역에 처하도록 규정하고 있어, 예컨대 단 한 차례 극히 소량의 마약을 매수하거나 소지하고 있었던 경우 실무상 작량감경을 하더라도 별도의 법률상 감경사유가 없는 한 집행유예를 선고할 수 없도록 법관의 양형선택과 판단권을 극도로 제한하고 있고 또한 범죄자의 귀책사유에 알맞은 형벌을 선고할 수 없도록 법관의 양형결정권을 원천적으로 제한하고 있어 매우 부당하다.

12 **[헌재 95헌가5]** [반국가행위자의 처벌에 관한 특별조치법(이하 "특조법") 제8조의 전재산 몰수형이 과잉금지원칙 등을 위배한 것인지 여부] 특조법 제8조는 피고인의 **소환불응에 대하여 전재산 몰수를 규정**한바, 설사 반국가행위자의 고의적인 소환불응을 범죄행위라고 규정하는 취지라 해도 이러한 행위에 대해 **전재산의 몰수라는 형벌은 행위의 가벌성에 비해 지나치게 무거워 적정하지 못하고** 일반형사법체계와 조화를 이루지 못하고 있다. 결국 이는 행위책임의 법리를 넘어서 **자의적이고 심정적인 처벌**에의 길을 열어 둠으로써 형벌체계상 정당성과 균형을 벗어나 적법절차 및 과잉금지의 원칙에 어긋난다.

13 **[헌재 90헌바24]** **●결정요지●** 본 법률조항에서 **과실로 사람을 치상**하게 한 자가 구호행위를 하지 아니하고 도주하거나 고의로 유기함으로써 치사의 결과에 이르게 한 경우에 **살인죄와 비교하여 그 법정형을 더 무겁게 한 것은 형벌체계상의 정당성과 균형을 상실한 것**으로서 헌법 제10조의 인간으로서의 존엄과 가치를 보장한 국가의 의무와 헌법 제11조의 평등의 원칙 및 헌법 제37조 제2항의 과잉입법금지의 원칙에 반한다. **●심판대상조문●** 특정범죄가중처벌등에관한법률 제5조의3(도주차량운전자의 가중처벌) ① 생략 ② 사고운전자가 피해자를 사고 장소로부터 옮겨 유기하고 도주한 때에는 다음의 구분에 따라 가중처벌한다. 1. 피해자를 치사하고 도주하거나 도주 후에 피해자가 사망한 때에는 사형 · 무기 또는 10년 이상의 징역에 처한다. 2. 생략 **cf)** 이 판결 이후 이 조문은 **5년 이상으로 개정**되었다.

과잉금지원칙에 위배되지 않는다고 본 사례

14 **[헌재 2015헌바239, 2016헌바177(병합)]** [**1억 원 이상의 벌금형을 선고하는 경우 노역장유치기간의 하한을 정한** 형법(2014.5.14. 법률 제12575호로 개정된 것) 제70조 제2항[4]이 과잉금지원칙에 반하여 청구인들의 신체의 자유를 침해하는지 여부(소극)] 벌금에 비해 노역장유치기간이 지나치게 짧게 정해지면 경제적 자력이 충분함에도 고액의 벌금 납입을 회피할 목적으로 복역하는 자들이 있을 수 있으므로, 벌금 납입을 심리적으로 강제할 수 있는 최소한의 유치기간을 정할 필요가 있다. 또한 고액 벌금에 대한 유치기간의 하한

4) 형법 제70조(노역장유치)① 벌금 또는 과료를 선고할 때에는 납입하지 아니하는 경우의 유치기간을 정하여 동시에 선고하여야 한다. ② 선고하는 벌금이 1억원 이상 5억원 미만인 경우에는 300일 이상, 5억원 이상 50억원 미만인 경우에는 500일 이상, 50억원 이상인 경우에는 1,000일 이상의 유치기간을 정하여야 한다. <신설 2014. 5. 14.>

을 법률로 정해두면 1일 환형유치금액 간에 발생하는 불균형을 최소화할 수 있다. 노역장유치조항은 주로 특별형법상 경제범죄 등에 적용되는데, 이러한 범죄들은 범죄수익의 박탈과 함께 막대한 경제적 손실을 가하지 않으면 범죄의 발생을 막기 어렵다. 노역장유치조항은 벌금 액수에 따라 유치기간의 하한이 증가하도록 하여 범죄의 경중이나 죄질에 따른 형평성을 도모하고 있고, 노역장유치기간의 상한이 3년인 점과 선고되는 벌금 액수를 고려하면 그 하한이 지나치게 장기라고 보기 어렵다. 또한 노역장유치조항은 유치기간의 하한을 정하고 있을 뿐이므로 법관은 그 범위 내에서 다양한 양형요소들을 고려하여 1일 환형유치금액과 노역장유치기간을 정할 수 있다. 이러한 점들을 종합하면 노역장유치조항은 과잉금지원칙에 반하여 청구인들의 신체의 자유를 침해한다고 볼 수 없다.

15 **[대판 2013도2511]** [국가보안법 제4조 제1항 제2호 (나)목에서 정한 '국가기밀'의 의미 및 위 규정이 명확성의 원칙, 책임주의 원칙, 평등원칙 등에 위배되는지 여부(소극)] 군사기밀보호법 제11조가 군사기밀 탐지 · 수집행위의 법정형을 10년 이하의 징역으로 규정하고 있는 것과 달리 국가보안법 제4조 제1항 제2호 (나)목의 법정형이 **사형 · 무기 또는 7년 이상의 징역**으로 규정되어 있다는 등의 사정만으로 위 조항이 지나치게 무거운 형벌을 규정하여 책임주의 원칙에 반한다거나 법정형이 형벌체계상 균형을 상실하여 평등원칙에 위배되는 조항이라고 할 수 없으며, 법관의 양형 판단 및 결정권을 중대하게 침해하는 것이라고 볼 수도 없다.

16 **[대판 2009도1947]** 특정 성폭력범죄자에 대한 **위치추적 전자장치 부착**에 관한 법률에 의한 전자감시제도는 …… 성폭력범죄로부터 국민을 보호함을 목적으로 하여, 징역형을 종료한 이후에도 성폭력범죄를 다시 범할 위험성이 있다고 인정되는 자에 대하여 일정한 요건 아래 검사의 청구에 의해 성폭력범죄사건의 판결과 동시에, 10년의 범위 내에서 부착기간을 정하여 선고되는 법원의 부착명령에 의해 이루어지는 점에서 **일종의 보안처분**으로 볼 수 있고, 이러한 보안처분은 범죄행위를 한 자에 대한 응보를 주된 목적으로 그 책임을 추궁하는 **사후적 처분인 형벌과 구별되어 그 본질을 달리하는 것**으로서 형벌에 관한 일사부재리의 원칙이 그대로 적용되지 않으며, …… **위 조항이 평등원칙, 과잉금지의 원칙, 일사부재리의 원칙 등에 위배된다고 볼 수는 없다.**

17 **[대판 2007도694]** [주택재건축조합의 임원을 뇌물죄의 적용에 있어서 공무원으로 의제하고 있는 도시 및 주거환경정비법 제84조가 헌법상 과잉금지원칙에 위반되는지 여부(소극)] 주택재건축사업이 (가) 공공성을 지니고 있을 뿐만 아니라 주택재건축조합의 임원은 그 조합원들의 재산권에 대하여 중대한 영향을 미칠 수 있기 때문에 (나) 공무원에 버금가는 고도의 청렴성과 업무의 불가매수성이 요구되는바, (다) 그 임원이 직무와 관련하여 금품을 수수하는 등의 비리를 저질렀을 경우에는 이를 공무원으로 보아 엄중하게 처벌함으로써 주택재건축사업의 정상적인 운영과 조합 업무의 공정성 보장을 도모할 필요성이 있으므로 **도시 및 주거환경정비법 제84조가 주택재건축조합의 임원을 뇌물죄의 적용에 있어서 공무원으로 의제**한 것은 (라) 그 목적이 정당하고, 그 목적 달성을 위하여 적절하고 필요한 수단이라 할 것이며, (마) 이러한 제한으로 인하여 보호하려는 공익과 침해되는 사익 사이에 불균형이 발생한다고 할 수 없으므로 과잉금지의 원칙에 위반된다고 볼 수도 없다.

18 **[헌재 96헌바9] [형법 제335조의 위헌 여부]** 절도가 체포를 면탈할 목적으로 폭행 협박한 것을 준강도

(제335조)로 처벌하는 것은 그 행위의 죄질이 강도와 등가로 평가할 수 있기 때문인 것이므로 국민의 신체의 자유권을 제한함에 있어서 범죄와 형벌간의 균형성과 최소성을 상실하여 과잉금지의 원칙을 위배하였다고 할 수 없다.

19 **[헌재 93헌바60]** [강도상해죄의 법정형의 하한을 살인죄의 그것보다 중하게 규정한 것이 합리성과 비례성의 원칙에 위배되는지 여부(소극)] [1] 어느 범죄에 대한 법정형의 하한도 여러 가지 기준의 종합적 고려에 의하여 정해지는 것으로서 죄질의 경중과 법정형의 하한의 높고 낮음이 반드시 정비례하는 것은 아니므로, 강도상해죄의 법정형의 하한을 **살인죄의 그것보다 높였다고 해서 바로 합리성과 비례성의 원칙을 위배하였다고는 볼 수 없다.** [2] **강도상해죄(무기 또는 7년 이상 징역)의 법정최저형이 살인죄의 그것보다 높으나** 이는 (가) 살인죄에 있어서는 그 행위의 태양이나 동기가 극히 다양하므로 그 죄질 또는 비난가능성의 정도가 매우 가변적임에 비하여 (나) 강도상해죄의 경우 그 행위태양이나 동기가 비교적 단순하여 죄질과 정상의 폭이 넓지 않다 할 것이고 (다) 일반적으로 행위자의 비난가능성도 크다고 할 것이므로 준강도가 범한 강도상해죄의 법정형의 하한이 살인죄의 그것보다 높다고 하여 바로 과잉금지의 원칙을 위배하였다고 할 수 없다. **cf)** 강도상해죄를 집행유예선고조차 불가능한 무기 또는 7년 이상의 유기징역에 처하도록 한 이유는 재물탈취의 불법성, 행위 태양의 적극 · 공격성, 그 결과의 중대성에 근거한 것으로 볼 수 있다.

20 **[대결 92초38]** [어떤 범죄에 대한 법정형의 형종과 형량이 헌법에 위반되는지 여부의 판단에 있어 고려할 사항/특정범죄가중처벌등에관한법률 제5조의7 제6항이 헌법 제11조 제1항의 평등의 원칙에 위반되는지 여부(소극)] [1] 어떤 범죄행위를 어떻게 처벌할 것인가 하는 문제, 즉 법정형의 형종과 형량은 그 범죄의 죄질과 보호법익의 성격에 대한 고려뿐만 아니라 그 나라의 역사와 문화, 입법 당시의 시대적 상황과 국민 일반의 가치관 내지 법감정 그리고 범죄예방을 위한 형사정책적 측면 등 여러 면을 종합적으로 고려하여 입법부가 결정하는 사항으로서 기본적으로 국가의 입법정책에 속하는 문제이므로, 그 내용이 형벌의 목적과 기능에 본질적으로 배치된다든가 또는 평등의 기본원리인 합리성과 비례성의 원칙을 현저하게 침해하는 것이 아닌 한 이를 쉽사리 헌법에 위반된다고 단정할 수는 없다. [2] 특정범죄가중처벌등에관한법률 제5조의7 제6항 소정의 **특수강간치상죄의 법정형이 무기 또는 7년 이상의 징역으로 그 하한이 살인죄의 그것보다 높지만**, 위 법률조항의 입법배경, 죄질의 경중과 법정형의 하한의 높고 낮음이 반드시 정비례하는 것이 아닌 점, 위 특수강간치상죄에 대하여도 별도의 법률상 감경사유가 있고, 정상에 참작할 만한 사유가 있는 경우에는 살인죄와 같이 집행유예의 선고가 가능한 점 등에 비추어 위 법률조항이 헌법 제11조 제1항의 법 앞에 평등의 원칙에 위반되는 무효의 규정이라고 볼 수 없다.

형법의 적용범위

형법

[시행 2023. 8. 8.] [법률 제19582호, 2023. 8. 8. 일부개정]

제1편 총칙

제1장 형법의 적용범위

제1조(범죄의 성립과 처벌) ① 범죄의 성립과 처벌은 행위시의 법률에 따른다.

② 범죄 후 법률이 변경되어 그 행위가 범죄를 구성하지 아니하게 되거나 형이 구법보다 가벼워진 경우에는 신법에 따른다.

③ 재판이 확정된 후 법률이 변경되어 그 행위가 범죄를 구성하지 아니하게 된 경우에는 형의 집행을 면제한다.

제2조(국내범) 본법은 대한민국영역내에서 죄를 범한 내국인과 외국인에게 적용한다.

제3조(내국인의 국외범) 본법은 대한민국영역외에서 죄를 범한 내국인에게 적용한다.

제4조(국외에 있는 내국선박 등에서 외국인이 범한 죄) 본법은 대한민국영역외에 있는 대한민국의 선박 또는 항공기내에서 죄를 범한 외국인에게 적용한다.

제5조(외국인의 국외범) 본법은 대한민국영역외에서 다음에 기재한 죄를 범한 외국인에게 적용한다.

1. 내란의 죄
2. 외환의 죄
3. 국기에 관한 죄
4. 통화에 관한 죄
5. 유가증권, 우표와 인지에 관한 죄
6. 문서에 관한 죄중 제225조 내지 제230조
7. 인장에 관한 죄중 제238조

제6조(대한민국과 대한민국국민에 대한 국외범) 본법은 대한민국영역외에서 대한민국 또는 대한민국국민에 대하여 전조에 기재한 이외의 죄를 범한 외국인에게 적용한다. 단 행위지의 법률에 의하여 범죄를 구성하지 아니하거나 소추 또는 형의 집행을 면제할 경우에는 예외로 한다.

제7조(외국에서 집행된 형의 산입) 죄를 지어 외국에서 형의 전부 또는 일부가 집행된 사람에 대해서는 그 집행된 형의 전부 또는 일부를 선고하는 형에 산입한다.

제8조(총칙의 적용) 본법 총칙은 타법령에 정한 죄에 적용한다. 단, 그 법령에 특별한 규정이 있는 때에는 예외로 한다.

제2장 죄

제1절 죄의 성립과 형의 감면

제9조(형사미성년자) 14세되지 아니한 자의 행위는 벌하지 아니한다.

제10조(심신장애인) ① 심신장애로 인하여 사물을 변별할 능력이 없거나 의사를 결정할 능력이 없는 자의 행위는 벌하지 아니한다.

② 심신장애로 인하여 전항의 능력이 미약한 자의 행위는 형을 감경할 수 있다.

③ 위험의 발생을 예견하고 자의로 심신장애를 야기한 자의 행위에는 전2항의 규정을 적용하지 아니한다.

제11조(청각 및 언어 장애인) 듣거나 말하는 데 모두 장애가 있는 사람의 행위에 대해서는 형을 감경한다.

제12조(강요된 행위) 저항할 수 없는 폭력이나 자기 또는 친족의 생명, 신체에 대한 위해를 방어할 방법이 없는 협박에 의하여 강요된 행위는 벌하지 아니한다.

제13조(고의) 죄의 성립요소인 사실을 인식하지 못한 행위는 벌하지 아니한다. 다만, 법률에 특별한 규정이 있는 경우에는 예외로 한다.

제14조(과실) 정상적으로 기울여야 할 주의(注意)를 게을리하여 죄의 성립요소인 사실을 인식하지 못한 행위는 법률에 특별한 규정이 있는 경우에만 처벌한다.

제15조(사실의 착오) ① 특별히 무거운 죄가 되는 사실을 인식하지 못한 행위는 무거운 죄로 벌하지 아니한다.

제16조(법률의 착오) 자기의 행위가 법령에 의하여 죄가 되지 아니하는 것으로 오인한 행위는 그 오인에 정당한 이유가 있는 때에 한하여 벌하지 아니한다.

제17조(인과관계) 어떤 행위라도 죄의 요소되는 위험발생에 연결되지 아니한 때에는 그 결과로 인하여 벌하지 아니한다.

제18조(부작위범) 위험의 발생을 방지할 의무가 있거나 자기의 행위로 인하여 위험발생의 원인을 야기한 자가 그 위험발생을 방지하지 아니한 때에는 그 발생된 결과에 의하여 처벌한다.

제19조(독립행위의 경합) 동시 또는 이시의 독립행위가 경합한 경우에 그 결과발생의 원인된 행위가 판명되지 아니한 때에는 각 행위를 미수범으로 처벌한다.

7 형법의 시간적 적용범위(1) – 행위시점의 구체적 판단기준 –

* 대법원 1992. 12. 8. 선고 92도407 판결
* 참조조문: 형법 제1조 제1항[1)]

수질환경보전법의 시행 이전에 시작되어 시행 이후 종료된 수질오염물질배출행위에 대하여 수질환경보전법을 적용한 것이 행위시법주의와 법률불소급의 원칙에 반하는가?

●**사실**● 피고인 X 등은 구미공장에 설치된 수질오염 방지시설인 폐수 소각로 2대 중 1대가 고장이 나자 나머지 1대로는 페놀수지의 생산 공정에서 발생하는 폐수를 전부 소각할 수 없음을 알고도 1990.10.21. 경부터 1991.3.20.경까지 배출허용기준에 적합하지 아니한 오염물질이 방류되는 것을 용인·방치하였다.[2)] 이 사건 「**수질환경보전법**」은 1991.2.1.부터 시행되었다.

제1심과 원심은 피고인들에 대해 「수질환경보전법」 위반으로 유죄를 인정하였다. 이에 변호인은 페놀방류가 전체로서 하나의 행위인 데 그 행위가 시작될 때에 이를 처벌하는 규정이 없었기 때문에 사후에 법을 새로 제정하여 처벌하는 것은 소급처벌이라 주장하며 상고하였다.

●**판지**● **상고기각.** 「수질환경보전법이 시행된 1991.2.1. 전후에 걸쳐 계속되다가 1991.3.20.에 종료된 수질오염물질배출행위는 같은 법 부칙 제15조가 규정하고 있는 "이 법 시행 전에 행한 종전의 환경보전법 위반행위"라고 볼 수 없으므로 **그 행위가 종료된 때에 시행되고 있는** 수질환경보전법을 적용한 것은 행위시법주의와 법률불소급의 원칙에 반하지 아니한다」.

●**해설**● 1 형법이 어느 때를 표준으로 하여 적용되는가의 문제가 형법의 시간적 적용범위이다. 이 문제는 행위시와 재판시 사이에 형벌법규의 변경이 있을 때 발생한다. 이 경우 행위시법(구법)을 적용하게 되면 구법의 추급효(追及效)를 인정하는 것이며, 재판시법(신법)을 적용하게 되면 신법의 소급효(遡及效)을 인정하는 것이 된다. 형법 제1조 제1항은 전자의 경우이고 제1조 제2항은 후자의 경우를 규정하고 있다. 즉 형법 제1조 제1항은 "범죄의 성립과 처벌은 행위 시의 법률에 의한다."라고 하여 행위시법주의를 취하고 있다. 이는 소급효금지원칙의 다른 이름이다.

2 대상판결은 범죄 '행위 시'의 의미를 잘 보여주는 사례이다. 여기서 **'행위 시'**라 함은 **'범죄 실행행위 종료 시(결과발생은 포함되지 않는다)'**를 의미한다. 따라서 수질환경보전법이 시행된 1991.2.1. 이후에도 계속되어 온 이 사건 범행(폐수방류)을 같은 법 부칙 제15조가 규정하고 있는 "이 법 시행 전에 행한 종전의 환경보전법의 위반행위"로도 볼 수 없다. 때문에 이 사건 범행을 **계속범**으로 보고 그 행위가 종료된 때인 1991.3.20.에 이미 시행되고 있던 수질환경보전법의 관계 규정을 적용한 법원의 입장은 행위시법주의와 법률불소급의 원칙에 반하지 않는다. 다시 말해, 실행행위의 도중에 법률의 변경이 있어 실행

---

1) 형법 제1조(범죄의 성립과 처벌) ① 범죄의 성립과 처벌은 **행위 시의 법률**에 의한다.

2) 사안은 **낙동강 페놀 오염 사건**으로 구미 공업단지 안의 두산전자에서 1991년 3월 14일과 4월 22일 두 차례에 걸쳐 각각 페놀 30여 톤과 1.3톤이 두 번에 걸쳐 낙동강으로 유출된 사건이다. 페놀은 대구 지역의 상수원으로 사용되는 다사취수장으로 유입되었으며, 염소를 이용한 정수처리 과정에서 클로로 페놀로 변하면서 악취를 유발하였다. 이후 페놀은 낙동강을 타고 밀양과 함양, 부산까지 피해를 주었다. 이 과정에서 낙동강 수계에 있는 1천만 영남지역 주민들이 페놀오염 수돗물로 고통을 겪어야 했던 수질오염 사건으로 녹색연합에서는 1999년 "50년대 이후 발생한 대한민국 환경 10대 사건" 중 낙동강 페놀오염 사건을 1위로 선정하였다. ko.wikipedia.org

행위가 신·구법에 걸쳐 행하여진 때에는 실행행위는 신법시행시에 행하여진 것이므로 당연히 행위시법인 **신법이 적용**되어야 한다.

3 위의 폐놀방류 사건과 같은 맥락에서 이해되는 것이 **포괄일죄**이다. 포괄일죄는 수 개의 행위가 개별적으로 각 범죄의 구성요건에 해당하지만 법익이나 행위의 연관성 등으로 인하여 일죄로 취급하는 경우를 말한다. 포괄일죄(상습범, 영업범, 직업범 등)는 수 개의 행위로 이루어져 있지만 **형법상으로는 한 개의 범죄**이다(【69】 참조). 이 경우 포괄일죄로 묶이는 일련의 행위들이 진행되는 동안에 형벌법규가 변경될 수 있다. 이 경우에 행위시점은 일련의 행위가 **종료하는 최종시점**이다.

4 따라서 포괄일죄의 중간에 개정된 법률은 재판시법으로서가 아니라 **처음부터 행위시법(신법)으로 적용**된다. **판례**도 「포괄일죄로 되는 개개의 범죄행위가 법 개정 전후에 걸쳐서 행해진 경우는 신·구법의 법정형에 대한 경중을 비교하여 볼 필요도 없이 **신법을 적용**하여 **포괄일죄로 처벌**한다」고 판시하고 있다(대판 97도183, Ref 6).

5

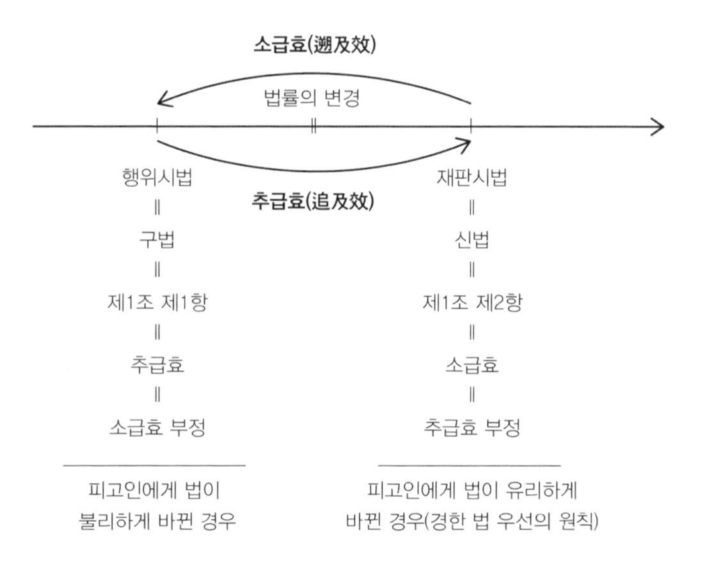

Reference

형의 시간적 적용범위와 관련된 판례들

1 [대판 2015도15669] [죄가 되지 아니하던 행위를 구성요건 신설로 포괄일죄의 처벌대상으로 삼는 경우, 신설된 포괄일죄 처벌법규가 시행되기 이전의 행위에 대하여 신설된 법규를 적용하여 처벌할 수 있는지 여부(소극)/ 구성요건이 신설된 상습강제추행죄가 시행되기 이전의 범행을 상습강제추행죄로 처벌할 수 있는지 여부(소극) 및 이 경우 소추요건은 강제추행죄에 관한 것이 구비되어야 하는지 여부(적극)] 포괄일죄에 관한 기존 처벌법규에 대하여 그 표현이나 형량과 관련한 개정을 하는 경우가 아니라 애초에 죄가 되

지 아니하던 행위를 구성요건의 신설로 포괄일죄의 처벌대상으로 삼는 경우에는 신설된 포괄일죄 처벌법규가 시행되기 이전의 행위에 대하여는 신설된 법규를 적용하여 처벌할 수 없다(형법1①). 이는 신설된 처벌법규가 상습범을 처벌하는 구성요건인 경우에도 마찬가지라고 할 것이므로, 구성요건이 신설된 상습강제추행죄가 시행되기 이전의 범행은 상습강제추행죄로는 처벌할 수 없고 **행위시법에 기초하여 강제추행죄**로 처벌할 수 있을 뿐이며, **이 경우 그 소추요건도 상습강제추행죄에 관한 것이 아니라 강제추행죄에 관한 것이 구비**되어야 한다.

2 **[대판 2010도1939] 파기환송**. 원심은, 이 사건 공소사실 중 상습사기 범행과 확정판결을 받은 단순사기 범행은 피고인의 사기 습벽으로 인한 것이고 위 각 사기범행은 실체법상 상습사기의 일죄로 포괄될 수 있는 관계에 있었다고 할 것이나, 피고인이 위 확정판결에서 단순사기죄로 처단되는 데 그친 이상 그 기판력이 사실심판결 선고 전의 나머지 사기범죄에 미치지는 않고, 상습사기 범행의 중간에 단순사기죄에 관한 확정판결이 있으므로 원래 일죄로 포괄될 수 있었던 일련의 범행은 그 확정판결의 전후로 분리되고 이와 같이 분리된 각 사건은 서로 동일성이 있다고 할 수 없다는 이유로, 주문에서 각각의 형을 선고하였다. 그러나 상습사기의 범행이 단순사기죄의 확정판결의 전후에 걸쳐서 행하여진 경우에는 **그 죄는 두 죄로 분리되지 않고 확정판결 후인 최종의 범죄행위 시에 완성**되는 것이므로, 피고인의 이 사건 상습사기의 범죄는 2003. 8. 17. 확정된 단순사기죄와의 관계에서 그 후에 이루어진 **포괄일죄의 범행**으로 봄이 상당하다.

3 **[대판 2008도7562 전원합의체]** [집회 및 시위에 관한 법률 중 '야간옥외집회 금지규정'에 대한 헌법불합치결정이 위헌결정인지 여부(적극) 및 이로 인하여 위 규정이 소급하여 효력을 상실하는지 여부(적극)] **[다수의견]** 피고인이 야간옥외집회를 주최하였다는 취지의 공소사실에 대하여 원심이 집회 및 시위에 관한 법률 제23조 제1호, 제10조 본문을 적용하여 유죄를 인정하였는데, 원심판결 선고 후 헌법재판소가 위 법률조항에 대해 헌법불합치결정을 선고하면서 개정시한을 정하여 입법개선을 촉구하였는데도 위 시한까지 법률 개정이 이루어지지 않은 사안에서, **위 법률조항은 소급하여 효력을 상실하므로 이를 적용하여 공소가 제기된 위 피고사건에 대하여 무죄를 선고하여야 한다. cf)** 본 사안에서는 위 법률조항이 소급해서 효력이 상실되어 피고사건에게 무죄를 선고하여야 하느냐 아니면 위 법률조항이 위 개정시한 만료 다음날부터 효력을 상실하므로 면소를 선고하여야 하느냐가 다투어졌다. 다수의견은 헌법재판소법 **제47조 제2항 단서는 형벌에 관한 법률조항에 대하여 위헌결정이 선고된 경우 그 조항이 소급하여 효력을 상실한다고 규정**하고 있으므로, 형벌에 관한 법률조항이 소급하여 효력을 상실한 경우에 당해 조항을 적용하여 공소가 제기된 피고사건은 범죄로 되지 아니한 때에 해당하고, 법원은 이에 대하여 형사소송법 제325조 전단에 따라 무죄를 선고하여야 한다고 판단하였다.

4 **[대판 2001도3990] [계속범에 있어서 그 적용 법률이 개정되면서 경과규정을 두고 있는 경우, 그 범죄행위에 대한 시기별 적용 법률]** [1] 일반적으로 계속범의 경우 실행행위가 종료되는 시점에서의 법률이 적용되어야 할 것이나, 법률이 개정되면서 그 부칙에서 '개정된 법 시행 전의 행위에 대한 벌칙의 적용에 있어서는 종전의 규정에 의한다'는 경과규정을 두고 있는 경우 개정된 법이 시행되기 전의 행위에 대해서는 개정 전의 법을, 그 이후의 행위에 대해서는 개정된 법을 각각 적용하여야 한다. [2] 계속범의 성질을 갖는 건축법상 무단 용도변경 및 사용의 공소사실을, 그 행위기간 사이의 건축법에 대한 위헌결정 및 건축법 개정에 기인한 처벌규정의 효력상실과 경과규정 등으로 인하여, 시기별로 각각의 독립된 행위로 평가하여 적

용 법률을 특정하고 그에 따라 유·무죄의 판단을 달리하여야 한다고 본 사례.

5 **[대판 83도1988]** [조세법이 개정되어 세율에 변경이 있는 경우 포탈세액을 산정함에 있어 적용할 법규] 무단 반출한 물품에 대한 세율이 범행 당시는 100%였으나 그 후 관세법의 개정으로 40%로 변경되었다고 하더라도 조세채권의 성립요건이 충족된 후에 조세법이 개정되더라도 그 구조세법의 규정에 의하여 발생한 조세채권의 내용에는 아무 영향이 없고, **세율의 변경은 형의 변경이라고 할 수도 없어 포탈세액을 종전의 세율에 따라 산정한 것은 적법**하다.

6 **[대판 97도183] [법 개정 전후에 걸친 포괄일죄에 대한 법령 적용]** 포괄일죄로 되는 개개의 범죄행위가 법 개정의 전후에 걸쳐서 행하여진 경우에는 신·구법의 법정형에 대한 경중을 비교하여 볼 필요도 없이 범죄 실행 종료시의 법이라고 할 수 있는 **신법을 적용**하여 포괄일죄로 처단하여야 한다.

8 형법의 시간적 적용범위(2) – 형의 경중비교 –

* 대법원 1992. 11. 13. 선고 92도2194 판결
* 참조조문: 형법 제1조 제2항[1)]

형의 경중 비교 시의 기준형(=법정형) 및 병과형 또는 선택형이 있는 경우 법정형의 경중 비교방법

●사실● 피고인 X는 암달러상이다. X는 여행자수표(환가하여 3백만 원 상당)를 한화로 매입하여 취득하고도 국내의 외국환은행에 매각하지 아니한 채, 이를 홍콩교포에게 매도하였다. X는 「외국환관리법」의 관련조문 위반혐의로 기소되었다.

X에 대한 재판이 진행되던 도중에 「외국환관리법」의 벌칙조항이 개정되었다. ① **개정 전 벌칙조항은 「10년 이하의 징역 또는 1천만원 이하의 벌금**에 처하되 위반행위 목적물의 가액이 1천만원을 초과하는 경우에는 그 벌금은 목적물 가액의 3배 이하로 한다」라고 규정하고 있었다. 이에 대해 ② **개정 후의 벌칙조항**은 형을 「**3년 이하의 징역 또는 2천만원 이하의 벌금**에 처한다」고 규정하여 징역형은 가벼워졌으나 벌금형은 오히려 더 무거워졌다. 이 경우 어떤 것을 기준으로 형의 경중을 비교할 것인가가 다투어졌다. 원심은 구법을 적용했다. 이에 X는 상고하였다.

●판지● **파기환송.** 「**형의 경중의 비교는 원칙적으로 법정형을 표준**으로 할 것이고 처단형이나 선고형에 의할 것이 아니며[2)], 법정형의 경중을 비교함에 있어서 법정형 중 병과형 또는 선택형이 있을 때에는 이 중 **가장 중한 형을 기준으로 하여 다른 형과 경중을 정하는 것이 원칙이다**」.

●해설● 1 형법 **제1조 제1항**은 「범죄의 성립과 처벌은 행위 시의 법률에 의한다」라고 하여 **행위시법주의**를 원칙으로 규정하고 있다. 행위시법주의는 시민의 법적 안정성과 예측가능성을 보장하기 위한 원칙으로 소급효금지원칙(【5】 참조)에서 살펴보았다. 형법이 기본적으로 행위시법주의를 채택하는 이유는 피고인의 인권을 보장하기 위해서이다. 따라서 신법이 **행위시법(구법)**보다 경하게 변경된 경우에는 **신법(재판시법)**을 적용하여도 문제되지 않는다.

2 형법도 **제1조 제2항**에서 「범죄 후 법률의 변경에 의하여 그 행위가 범죄를 구성하지 아니하거나 형이 구법보다 경한 때에는 신법에 의한다」고 규정하여, 행위자에게 유리하게 변경된 경우에는 **재판시법**을 적용하도록 하고 있다. 이와 같이 ① 형의 변경이 행위자에게 **불리하게** 바뀐 경우에는 제1조 제1항 행위시법(구법의 추급효)으로, ② 형의 변경이 행위자에게 **유리하게** 바뀐 경우에는 제1조 제2항 재판시법(신법의 소급효)을 적용한다.

3 따라서 행위시법과 재판시법 중 어느 것을 적용할 것인가를 결정하기 위해서는 우선 (1) 형의 경중을 비교하여야 한다. 사안도 형의 경중이 다투어진 사례이다. 형의 경중 비교와 관련해서는 형식적 기준설과 실질적 기준설의 대립이 있으며, 대법원은 「형의 경중의 비교는 원칙적으로 **법정형을 표준**으로」하

1) 형법 제1조(범죄의 성립과 처벌) ② 범죄 후 **법률의 변경**에 의하여 그 행위가 **범죄를 구성하지 아니하거나 형이 구법보다 경한 때**에는 **신법**에 의한다.
2) **처단형**이란 법정형에서 형벌의 종류를 선택한 후, 이를 법률상 및 재판상의 가중·감경을 한 형벌을 말한다. 그리고 **선고형**이란 처단형의 범위 내에서 법관이 구체적으로 형량을 결정하여 선고하는 형벌을 말한다.

는 **형식적 기준설**을 취하고 있다. 그리고 (2) 형의 가중·감경이 있는 경우에는 가중·감경한 처단형을 비교한다(대판 4293형상296). 또한 (3) 본 조항의 **"법률의 변경"**에서 말하는 법률은 가벌성과 관련하는 **모든 법**상태**(총체적 법률상태)**를 뜻한다. 따라서 국회제정의 법률에 한하지 않고, **명령·조례도 포함**된다. 다만 절차법인 형사소송법의 변경은 법률의 변경에 포함되지 않는다. 그리고 (4) **행위 시와 재판 시 사이에 여러 차례 법령의 변경**이 있는 경우에는 그 중 가장 형이 경한 법률을 적용한다(대판 68도1324, Ref 11-1).

4 위의 「외국환관리법」 벌칙조항에 규정된 형은 징역형과 벌금형이다. 그런데 징역형의 개정 전후의 형은 10년에서 3년으로 내려갔으나 벌금형은 1천만 원에서 2천만 원 이하의 벌금으로 올라갔다. 이 경우에 법원이 벌금형만을 선고하고자 했을 때 어느 쪽을 기준으로 할지가 문제된다. 법정형의 경중을 비교함에 있어서 법정형 중 병과형 또는 선택형이 있을 때에는 이 중 가장 중한 형을 기준으로 하여 다른 형과 경중을 정하는 것이 원칙이다(대판 83도2499, Ref 9).

5 따라서 대상판례에서 「외국환관리법」 벌칙조항에 규정된 형은 징역형과 벌금형이고 징역이 벌금보다 중한 형이므로 기준이 되는 것은 징역형이다. **징역형만을 놓고 볼 때 신법이 구법보다 경하다.** 그렇다면 재판 시에 법원이 적용해야 할 형벌법규는 개정된 「외국환관리법」이다. 따라서 X의 위 범죄사실에 대하여는 경한 법인 신법이 적용되어야 할 것이므로 위 범죄사실에 대하여 구법을 적용한 원심판결은 형사소송법 제383조 제2호[3]에 의하여 유지될 수 없다.

6 한편, 형을 가볍게 개정하면서 **부칙으로** 개정 전의 범죄에 대하여는 **종전의 형벌법규를 추급하여 적용**하도록 규정하였다면, 죄형법정주의에 반하거나 범죄 후 형의 변경이 있는 경우라 할 수 없다(대판 94도2787).

Reference

형의 경중과 관련된 판례들

1-1 [대판 2012도7198] [불이익변경금지 원칙의 의미 및 선고된 형이 피고인에게 불이익하게 변경되었는지 판단하는 기준] 제1심이 뇌물수수죄를 인정하여 피고인에게 징역 1년 6월 및 추징을 선고한 데 대해 피고인만이 항소하였는데, 원심이 제1심이 누락한 필요적 벌금형 병과규정을 적용하여 피고인에게 징역 1년 6월에 집행유예 3년, 추징 및 벌금 50,000,000원을 선고한 사안에서, 집행유예의 실효나 취소가능성, 벌금 미납 시 노역장 유치 가능성과 그 기간 등을 전체적·실질적으로 고찰할 때 원심이 선고한 형은 제1심이 선고한 형보다 무거워 피고인에게 불이익하다고 한 사례.

1-2 [대판 2009도7230] [**양벌규정에 면책규정이 신설**된 것이 범죄 후 법률의 변경에 의하여 그 행위가 범죄를 구성하지 않거나 형이 구법보다 경한 경우에 해당하는지 여부(적극)] 구 주택법 제100조의 양벌규정은 2009. 2. 3. 법률 제9405호로 개정되면서 사업주인 법인이 그 위반행위를 방지하기 위하여 해당 업무에

---

3) 형사소송법 제383조(상고이유) 다음 사유가 있을 경우에는 원심판결에 대한 상고이유로 할 수 있다. 1. 판결에 영향을 미친 헌법·법률·명령 또는 규칙의 위반이 있는 때 **2. 판결 후 형의 폐지나 변경** 또는 사면이 있는 때 3. 재심청구의 사유가 있는 때 4. 사형, 무기 또는 10년 이상의 징역이나 금고가 선고된 사건에 있어서 중대한 사실의 오인이 있어 판결에 영향을 미친 때 또는 형의 양정이 심히 부당하다고 인정할 현저한 사유가 있는 때

관하여 상당한 주의와 감독을 게을리하지 아니한 경우에는 양벌규정에 의하여 처벌하지 않는다는 내용의 단서 규정이 추가되었는바, 이는 범죄 후 법률의 변경에 의하여 그 행위가 범죄를 구성하지 아니하거나 형이 구법보다 경한 경우에 해당한다고 할 것이어서 형법 제1조 제2항에 따라 피고인 3 주식회사에게는 위와 같이 개정된 주택법의 양벌규정이 적용되었어야 할 것이다.

2 [대판 2005도4462] 파기환송. 원심판결 선고 후에 근로기준법이 개정되어 근로기준법 제112조 제1항, 제36조 위반죄가 **반의사불벌죄로 개정됨에 따라** 부칙에는 그 적용과 관련한 경과규정이 없지만 개정법률이 피고인에게 더 유리할 것이므로 형법 제1조 제2항에 의하여 피고인에 대하여는 **개정법률을 적용**하여 원심판결을 파기하고 자판한 사례.

3 [대판 2000도3350] [법률의 개정 전후를 통하여 형의 경중의 차이가 없는 경우 검사가 개정 후 신법의 적용을 구하였더라도 법원이 공소장변경절차 없이 행위시법인 구법을 적용할 수 있는지 여부(적극)] 법원이 인정하는 범죄사실이 공소사실과 차이가 없이 동일한 경우에는 비록 검사가 재판시법인 개정 후 신법의 적용을 구하였더라도 그 범행에 대한 **형의 경중의 차이가 없으면** 피고인의 방어권 행사에 실질적으로 불이익을 초래할 우려도 없어 공소장 변경절차를 거치지 않고도 정당하게 적용되어야 할 **행위시법인 구법을 적용할 수 있다.**

4 [대판 99도3003] [1] [범죄 후 법률의 변경에 의하여 형이 구법보다 경한 경우, **신법에 경과규정을 두어 신법의 적용을 배제하는 것이 허용되는지 여부(적극)**] 형법 제1조 제2항 및 제8조에 의하면 범죄 후 법률의 변경에 의하여 형이 구법보다 경한 때에는 신법에 의한다고 규정하고 있으나 신법에 경과규정을 두어 이러한 신법의 적용을 배제하는 것도 허용된다. [2] [**기소된 공소사실에 대한 적용법조가 헌법재판소의 위헌결정으로 소급하여 실효된 경우**, 그 피고 사건은 범죄로 되지 아니하는 때에 해당하는지 여부(적극)] 헌법재판소의 위헌결정으로 인하여 형벌에 관한 법률 또는 법률조항이 소급하여 그 효력을 상실한 경우에는 당해 법조를 적용하여 기소한 피고 사건은 범죄로 되지 아니하는 때에 해당하므로, 결국 이 부분 공소사실은 무죄라 할 것이다.

5 [대판 99도1695] [형을 가볍게 개정하면서 그 부칙으로 개정법 시행 전의 범죄에 대하여 종전의 법을 적용하도록 규정하는 것이 형벌불소급원칙이나 신법우선주의에 반하는지 여부(소극)] 형법 제1조 제2항 및 **제8조**에 의하면 범죄 후 법률의 변경에 의하여 형이 구법보다 경한 때에는 신법에 의한다고 규정하고 있으나 **신법에 경과규정을 두어 이러한 신법의 적용을 배제하는 것도 허용되는 것**으로서, 형을 종전보다 가볍게 형벌법규를 개정하면서 그 **부칙으로** 개정된 법의 시행 전의 범죄에 대하여 종전의 형벌법규를 적용하도록 규정한다(중한 구법의 적용을 의미) 하여 헌법상의 **형벌불소급의 원칙이나 신법우선주의에 반한다고 할 수 없다.**

6 [대판 96도1158] 1995.12.29. 법률 제5057호로 개정되어 1996.7.1.부터 시행되는 형법 제231조, 제234조에 의하면 구 형법의 같은 조항의 법정형이 "5년 이하의 징역"이었던 것이 "5년 이하의 징역 또는 1천만원 이하의 벌금"이 되어 **벌금형이 추가됨으로써 원심판결 후에 형이 가볍게 변경**되었음이 분명하므로, … **cf)** 이 경우 징역형 자체는 변경되지 않았지만 벌금형이 선택형으로 추가되었으므로 구법보다 형이 경한 때에 해당하여 신법이 적용된다.

7 [대판 91도1911] [법률의 변경이 있더라도 **형의 경중에 변화가 없는 경우**] 특정경제범죄가중처벌 등에 관한 법률 제3조 제1항이 1990.12.31. 개정되었다 하더라도 범행으로 취득한 이득이 5억원인 경우는 개정 전후를 통하여 형의 경중은 없으므로, **행위시법인 개정 전 법률을 적용**하여야 한다.

8 [대판 90도2560] [구 특정경제범죄가중처벌등에관한법률 제3조 제1항 제3호를 적용하여 가중처벌하는 항소심판결 선고후 위 법률이 개정되어 위 법 제3조 제1항 제3호가 삭제된 경우 상고사유인 "판결 후 형의 변경이 있는 때"에 해당하는지 유무(적극)] 피고인이 사기죄로 인하여 취득하거나 제3자로 하여금 취득하게 한 재산상이익의 가액이 **1억원 이상** 10억원 미만인 때에 해당한다는 이유로 구 특정경제범죄가중처벌등에관한법률 제3조 제1항 제3호를 적용하여 가중처벌하는 항소심판결이 선고된 뒤인 1990.12.31. 법률 제4292호로 위 법률이 개정되어 위의 이득액이 **5억원 이상**인 때에만 그 죄를 범한 자를 가중 처벌할 수 있도록 규정됨과 아울러 제3조 제1항 제3호가 삭제되었으므로 위 공소사실에 관하여는 형사소송법 제383조 제2호 소정의 "판결 후 형의 변경이 있는 때"에 해당하는 사유가 있다고 보아야 한다.

9 [대판 83도2499] [병과형 또는 선택형이 있는 경우 법정형의 경중 비교방법] 행위시법인 구 변호사법(1982.12.31 개정전의 법률) 제54조에 규정된 형은 징역 3년이고 재판시법인 현행 변호사법 제78조에 규정된 형은 5년 이하의 징역 또는 1천만원 이하의 벌금으로서 신법에서는 벌금형의 선택이 가능하다 하더라도 법정형의 경중은 병과형 또는 선택형 중 가장 중한 형을 기준으로 하여 다른 형과 경중을 정하는 것이므로 행위시법인 구법의 형이 더 경하다.

10 [대판 87도84] [범죄 후 법률의 변경으로 형이 가벼워진 경우 공소시효기간의 기준] 범죄 후 법률의 개정에 의하여 법정형이 가벼워진 경우에는 형법 제1조에 의하여 당해 범죄사실에 적용될 가벼운 법정형 **(신법의 법정형)이 공소시효기간의 기준**으로 된다.

11-1 [대판 68도1324] 행위 시와 재판 시 사이에 수차 법령의 변경이 있는 경우에는 이 점에 관한 당사자의 주장이 없더라도 본 조 제2항에 의하여 직권으로 행위시법과 제1, 2 심판시법의 세 가지 규정에 의한 형의 경중을 비교하여 **그 중 가장 형이 경한 법규정을 적용**하여 심판하여야 한다.

11-2 [대판 2012도7760] [특정강력범죄의 처벌에 관한 특례법이 2010. 3. 31. 개정되기 전에 단순 강간행위에 의한 강간 등 상해 · 치상죄가 이루어진 경우, 위 죄가 위와 같이 개정된 같은 법 제2조 제1항 제3호에 규정된 '특정강력범죄'에 해당하는지 여부(소극) 및 위 규정이 2011. 3. 7. 개정되면서 2010. 3. 31. 개정 전과 같은 내용이 되었더라도 여전히 '특정강력범죄'에 해당하지 않는지 여부(적극)] 2010. 3. 31. 법률 제10209호로 개정된 특정강력범죄의 처벌에 관한 특례법(이하 '법률 제10209호 특강법'이라고 한다) 제2조 제1항 제3호는 개정 전과 달리 형법 제301조에 관해서도 '흉기나 그 밖의 위험한 물건을 휴대하거나 2인 이상이 합동하여 범한'이라는 요건을 갖추어야 '특정강력범죄'에 해당하는 것으로 규정하였고, 이는 개정된 조항의 의미와 취지 등에 비추어 피고인에게 유리하게 법률 개정이 이루어진 것으로서 형법 제1조 제2항에 규정된 '범죄 후 법률의 변경에 의하여 형이 구법보다 경한 때'에 해당한다고 보는 것이 타당하다. 따라서 법률 제10209호 특강법 개정 전에 이루어진 강간 등 상해 · 치상의 행위가 흉기나 그 밖의 위험한 물건을 휴대하거나 2인 이상이 합동하여 저질러진 경우가 아니라 단순 강간행위에 의하여 저질러진 경우에는 그 범죄행위에 의하여 상해라는 중한 결과가 발생하였더라도 그 강간 등 상해 · 치상의 죄(형법 제301조의 죄)

는 법률 제10209호 특강법 제2조 제1항 제3호에 규정된 '특정강력범죄'에 해당하지 않는다. 한편 법률 제10209호 특강법 제2조 제1항 제3호는 2011. 3. 7. 법률 제10431호로 개정됨으로써 2010. 3. 31. 개정되기 전과 같이 단순 강간행위에 의한 상해 · 치상죄도 '특정강력범죄'의 범위에 포함시켰으나, 범죄행위 시와 재판시 사이에 여러 차례 법령이 개정되어 형의 변경이 있는 경우에는 이 점에 관한 당사자의 주장이 없더라도 형법 제1조 제2항에 의하여 직권으로 그 전부의 법령을 비교하여 **그 중 가장 형이 가벼운 법령**을 적용하여야 하므로, 법률 제10209호 특강법 개정 전에 이루어진 단순 강간행위에 의한 상해 · 치상의 죄는 2011. 3. 7.의 개정에도 불구하고 여전히 '특정강력범죄'에 해당하지 않는다.

9 한시법과 추급효

* 대법원 2022. 12. 22. 선고 2020도16420 전원합의체 판결

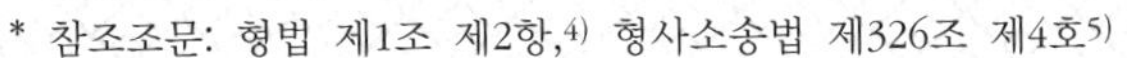
* 참조조문: 형법 제1조 제2항,[4] 형사소송법 제326조 제4호[5]

한시법의 추급효에 대한 대법원의 새로운 입장

●**사실**● 피고인 X는 「도로교통법」위반(음주운전)죄로 처벌받은 전력이 있음에도 술에 취한 상태로 전동킥보드를 운전하다 구 도로교통법 위반(음주운전)으로 기소되었다. 문제는 구 도로교통법이 2020.6.9.로 개정되어 원심판결 선고 후인 2020.12.10. 개정 도로교통법이 시행되면서 제2조 제19호의2 및 제21호의2에서 이 사건 전동킥보드와 같은 '개인형 이동장치'와 이를 포함하는 '자전거등'에 관한 정의규정을 새로 신설하였다. 이에 따라 **개인형 이동장치는 자전거 등에 해당**하게 되었으므로, **자동차등 음주운전** 행위를 처벌하는 제148조의2의 적용 대상에서 '개인형 이동장치'를 운전하는 경우를 제외하는 한편, 개인형 이동장치 음주운전 행위에 대하여 자전거등 음주운전 행위를 처벌하는 제156조 제11호를 적용하도록 규정하였다. 따라서 도로교통법 제44조 제1항 위반 전력이 있는 사람이 다시 술에 취한 상태로 전동킥보드를 운전한 행위에 대하여, 법률 개정 전에는 구 도로교통법 제148조의2 제1항을 적용하여 **2년 이상 5년 이하의 징역이나 1천만 원 이상 2천만 원 이하의 벌금**으로 처벌하였으나, **법률 개정 후**에는 도로교통법 제156조 제11호를 적용하여 **20만 원 이하의 벌금이나 구류 또는 과료**로 처벌하게 되었다. 이 사건의 법률 개정은 이러한 내용의 신법 시행 전에 이루어진 구 도로교통법 제148조의2 제1항 위반행위에 대하여 종전 법령을 그대로 적용할 것인지에 관하여 **별도의 경과규정을 두고 있지 아니하였다.**

●**판지**● **파기환송.** 「[다수의견] [1] (가) 범죄 후 법률이 변경되어 그 행위가 범죄를 구성하지 아니하게 되거나 형이 구법보다 가벼워진 경우에는 신법에 따라야 하고(형법 제1조 제2항), 범죄 후의 법령 개폐로 형이 폐지되었을 때는 판결로써 면소의 선고를 하여야 한다(형사소송법 제326조 제4호). 이러한 형법 제1조 제2항과 형사소송법 제326조 제4호의 규정은 입법자가 법령의 변경 이후에도 종전 법령 위반행위에 대한 형사처벌을 유지한다는 내용의 **경과규정을 따로 두지 않는 한 그대로 적용**되어야 한다. 따라서 범죄의 성립과 처벌에 관하여 규정한 **형벌법규 자체 또는 그로부터 수권 내지 위임을 받은 법령의 변경**에 따라 범죄를 구성하지 아니하게 되거나 형이 가벼워진 경우에는, 종전 법령이 범죄로 정하여 처벌한 것이 부당하였다거나 과형이 과중하였다는 **반성적 고려에 따라 변경된 것인지 여부를 따지지 않고 원칙적으로 형법 제1조 제2항과 형사소송법 제326조 제4호가 적용된다.** (나) 형벌법규가 대통령령, 총리령, 부령과 같은 법규명령이 아닌 고시 등 행정규칙 · 행정명령, 조례 등에 구성요건의 일부를 **수권 내지 위임한 경우에도** 이러한 고시 등 규정이 위임입법의 한계를 벗어나지 않는 한 형벌법규와 결합하여 법령을 보충하는 기능을 하는 것이므로, 그 변경에 따라 범죄를 구성하지 아니하게 되거나 형이 가벼워졌다면 마찬가지로 형법 제1조 제2항과 형사소송법 제326조 제4호가 적용된다.
그러나 (다) 해당 형벌법규 자체 또는 그로부터 **수권 내지 위임을 받은 법령이 아닌 다른 법령이 변경된 경우** 형법 제1조 제2항과 형사소송법 제326조 제4호를 적용하려면, 해당 형벌법규에 따른 범죄의 성립 및 처벌과 직접적으로 관련된 **형사법적 관점의 변화를 주된 근거**로 하는 법령의 변경에 해당

4) 형법 제1조(범죄의 성립과 처벌) ① 범죄의 성립과 처벌은 **행위 시의 법률**에 의한다. ② 범죄 후 법률이 변경되어 그 행위가 범죄를 구성하지 아니하게 되거나 형이 구법보다 가벼워진 경우에는 신법에 따른다.

5) 형사소송법 제326조(면소의 판결) 다음 경우에는 판결로써 면소의 선고를 하여야 한다. 1. 확정판결이 있은 때 2. 사면이 있은 때 3. 공소의 시효가 완성되었을 때 4. **범죄 후의 법령개폐로 형이 폐지되었을 때**

하여야 하므로, **이와 관련이 없는 법령의 변경**으로 인하여 해당 형벌법규의 가벌성에 영향을 미치게 되는 경우에는 형법 제1조 제2항과 형사소송법 제326조 제4호가 적용되지 않는다.[6] 한편 (라) 법령이 개정 내지 폐지된 경우가 아니라, **스스로 유효기간을 구체적인 일자나 기간으로 특정하여 효력의 상실을 예정하고 있던 법령이 그 유효기간을 경과**함으로써 더 이상 효력을 갖지 않게 된 경우도 형법 제1조 제2항과 형사소송법 제326조 제4호에서 말하는 **법령의 변경에 해당한다고 볼 수 없다**.

[2] 피고인이 도로교통법 위반(음주운전)죄로 처벌받은 전력이 있음에도 술에 취한 상태로 전동킥보드를 운전하였다고 하여 구 도로교통법 위반(음주운전)으로 기소되었는데, 구 도로교통법이 개정되어 원심판결 선고 후에 개정 도로교통법이 시행되면서 제2조 제19호의2 및 제21호의2에서 전동킥보드와 같은 '개인형 이동장치'와 이를 포함하는 '자전거 등'에 관한 정의규정을 신설함에 따라 개인형 이동장치 음주운전 행위는 자동차 등 음주운전 행위를 처벌하는 제148조의2의 적용 대상에서 제외되는 한편 자전거 등 음주운전 행위를 처벌하는 제156조 제11호가 적용되어 법정형이 종전보다 가볍도록 법률이 변경되고 별도의 경과규정은 두지 않은 사안에서, **이러한 법률 개정은 구성요건을 규정한 형벌법규 자체의 개정에 따라 형이 가벼워진 경우에 해당함이 명백**하므로, 종전 법령이 반성적 고려에 따라 변경된 것인지를 따지지 않고 형법 제1조 제2항에 따라 신법인 도로교통법 제156조 제11호, 제44조 제1항으로 처벌할 수 있을 뿐이라는 이유로, 행위시법인 구 도로교통법 제148조의2 제1항, 도로교통법 제44조 제1항을 적용하여 공소사실을 유죄로 인정한 원심판결은 더 이상 유지될 수 없다고 한 사례」.

●**해설**● 1 대상판결은 한시법의 추급효와 관련하여 대법원이 1963년부터 견지해 왔던 동기설을 폐기한 판결로서 그 의의가 매우 크다. **한시법(限時法)**이란 법률이 일정한 기간만 효력을 지니고 있고 그 일정한 기간이 지나면 효력을 상실하는 법을 말한다. 한시법의 개념과 관련하여 ① 미리 구체적 일자나 기간을 특정하여 유효기간을 한정한 법률만을 한시법으로 파악하는 **협의설**(협의의 한시법; 판지 (라)의 경우가 그러하다)과 ② 법령의 내용과 목적이 일시적 특수사정에 대처하기 위한 것으로서 그 유효기간이 사실상 제한되는 법률까지도 한시법에 포함시키는 광의설이 대립한다.

2 한시법의 경우, 형법 제1조 제2항의 **재판시법주의에 대한 예외**로서 인정할 것인가가 문제되어 왔었다. 즉, 법률의 유효기간 또는 일시적 특수사정이 경과하여 한시법이 실효된 뒤에 **그 유효기간 중에 행해진 범죄**행위가 적발되었을 때, 이를 이미 실효된 한시법으로써 **추급(追及)**하여 처벌할 수 있는지가 문제된다.

3 **추급효(追及效)**와 관련하여 형법은 명문 규정을 두고 있지 않다. 이런 상황에서 (a) 다수설은 형법 제1조 제2항을 적용하여 피고인에게 유리한 법 적용을 하여 행위시법은 폐지된 법률이므로 법원은 피고인에게 **면소판결**을 선고하여야 한다고 보았다(**추급효부정설**). 그러나 (b) **종래 대법원**은 이 경우 법률개폐의 **동기를 고려**하여 추급효 여부를 인정하는 견해를 취하였다(**동기설**). 즉 동기설은 한시법이 실효된 계기의 동기를 기준으로 하여 먼저 금지하던 행위자체에 대한 ① **사회윤리적 평가가 변화**했기 때문(애당초 잘못된 선택이라는 **반성적 고려 등 법적 평가의 변경**으로)에 법률이 변경된 경우에는 추급효를 부정하지

6) 판결문 전문은 이를 「해당 형벌법규와 수권 내지 위임관계에 있지 않고 보호목적과 입법취지를 달리하는 **민사적·행정적 규율의 변경**이나, 형사처벌에 관한 **규범적 가치판단의 요소가 배제된 극히 기술적인 규율의 변경** 등에 따라 간접적인 영향을 받는 것에 불과한 경우는 형법 제1조 제2항과 형사소송법 제326조 제4호에서 말하는 법령의 변경에 해당한다고 볼 수 없다」고 설명하고 있다.

만, ② 행위자체의 반사회성에 대한 평가는 변하지 않은 상태에서 일시적 위급상태의 호전이라는 단순 **사실관계만 변화**해서 법률이 변경(단순한 정책상의 고려로)되는 경우에는 추급효를 인정하였다.

4 그러나 대법원은 대상판결에서 오랜 세월 유지해왔던 동기설을 폐기하고 **원칙적으로 추급효부정설**을 채택하였다. 다만 **협의의 한시법**의 경우에는 추급효를 전면적으로 인정하고 있다(대법원은 이 경우를 처음부터 '법령이 변경'된 상황으로 보지 않았다). 대상판결의 쟁점은 이 사건 법률 개정과 같이 범죄 후 법령의 변경에 의하여 그 행위가 범죄를 구성하지 아니하게 되거나 형이 가벼워진 경우 형법 제1조 제2항과 형사소송법 제326조 제4호를 적용하여 피고인에게 유리하게 변경된 신법에 따를 것인지 여부이다. 앞서도 언급했듯이 종래 대법원은 이러한 경우, **입법자의 동기를 고려**하여 '사실관계의 변경'인지 아니면 '법이념의 반성적 고려에 의한 변경'인지를 따져 추급효인정 여부를 결정하여 왔었다.

5 그런데 대법원은 대상판결에서 이러한 법률 개정은 구성요건을 규정한 형벌법규 자체의 개정에 따라 형이 가벼워진 경우에 해당함이 명백하므로, **종전 법령이 반성적 고려에 따라 변경된 것인지를 따지지 않고** 형법 제1조 제2항에 따라 신법인 도로교통법 제156조 제11호, 제44조 제1항으로 처벌할 수 있을 뿐이라고 판시하였다. 즉 다수의견의 판지를 간략히 정리하면, (가)·(나)의 경우에는 추급효가 부정(형법 제1조 제2항의 적용)되는 상황이고, (다)·(라)의 경우에는 추급효가 인정(형법 제1조 제1항의 적용)됨을 판시하고 있다.

6 대상판결은 한시법과 관련하여 종래의 대법원판례가 기준으로 제시한 반성적 고려 유무는 그 개념상의 한계와 판단의 어려움으로 인하여 행위시법주의의 예외가 인정되어야 하는 영역을 과도하게 위축시키고 행위시법과 재판시법 사이에서 어떤 법령이 적용되는지에 관한 수범자의 **예측가능성을 저해**하는 문제가 있었음을 지적하고 이러한 반성적 고려 유무를 기준으로 삼은 종래 대법원판례 법리를 폐기하고, 형벌법규의 가벌성에 관한 **형사법적 관점의 변화를 새로운 기준으로 제시한 점에서 그 의의가 크다**. 하지만 '협의의 한시법'에 대해서는 여전히 명문의 규정이 없이 사실상의 추급효를 긍정하는 입장에 서고 있어 이에 대한 비판은 여전하다.

Reference

종래 대법원이 취하였던 '동기설'

'법률이념'의 변경·폐지로 보아(반성적 고려) 가벌성을 부정한 판례(신법적용)

1 **[대판 2015도17907]** 형법 제257조 제1항의 가중적 구성요건을 규정하고 있던 구 폭력행위등처벌에 관한법률 제3조 제1항을 삭제하는 대신 같은 구성요건을 형법 제258조의2 제1항에 신설하면서 법정형을 구 폭력행위 등 처벌에 관한 법률 제3조 제1항보다 낮게 규정한 것이 **종전의 형벌규정이 과중하다는 데에서 나온 반성적 조치로서 형법 제1조 제2항의 '범죄 후 법률의 변경에 의하여 형이 구법보다 경한 때'에 해당한다.**

'사실관계'의 변경으로 보아 가벌성을 인정한 판례(구법적용)

2 **[대판 2000도764]** 식품위생법 제30조의 규정에 의하여 단란주점의 영업시간을 제한하고 있던 보건복지부 고시가 유효기간 만료로 실효되어 그 영업시간 제한이 해제됨으로써 그 후로는 이 사건과 같은 영업시간제한 위반행위를 더 이상 처벌할 수 없게 되기는 하였으나, 이와 같은 영업시간제한의 해제는 법률 이념의 변천으로 종래의 규정에 따른 처벌 자체가 부당하다는 반성적 고려에서 비롯된 것이라기보다는 **사회상황의 변화에 따른** 식품접객업소의 영업시간제한 필요성의 감소와 그 위반행위의 단속과정에서 발생하는 부작용을 줄이기 위한 **특수한 정책적인 필요 등에 대처하기 위하여 취하여진 조치**에 불과하므로, 위와 같이 영업시간제한이 해제되었다고 하더라도 그 이전에 범하여진 피고인의 이 사건 위반행위에 대한 가벌성이 소멸되는 것은 아니다.

10 형법의 장소적 적용범위

* 대법원 2011. 8. 25. 선고 2011도6507 판결
* 참조조문: 형법 제234조,[1] 형법 제5조, 제6조

형법 제6조 본문에서 정한 '대한민국 또는 대한민국 국민에 대하여 죄를 범한 때'의 의미

●**사실**● 캐나다 시민권자인 피고인 X는 2008.11.경 캐나다 브리티시 컬럼비아주 밴쿠버시에 있는 29 회사 사무실에서 A에게 투자금을 입금할 계좌를 알려주면서 그 계좌가 안전하다고 안심시키기 위하여, 캐나다 브리티시 컬럼비아주 금융감독원(약칭 BCSC)의 로고가 찍힌 종이에 "피고인 명의의 Bank of Montreal 계좌, Korea Exchange Bank 계좌는 BCSC의 감독 하에 있고, 위 계좌와 관련된 거래는 BCSC에 보고된다."는 취지의 영문이 기재된 BCSC 수석검사 Tyree Thomas 명의의 사실증명에 관한 위조사문서 1장을 교부하여 행사하였다. 그리고 X는 2008.4.24.부터 2009.3.경까지 8회에 걸쳐 투자자를 상대로 위조사문서를 각 행사하였다.

원심은 X의 위조사문서행사 행위가 외국인의 국외범으로서 우리나라에 재판권이 있다고 판단하여 이 부분 공소사실을 유죄로 인정하였다. 이에 X가 상고하였다.

●**판지**● **파기환송.**「형법 제5조, 제6조의 각 규정에 의하면, 외국인이 외국에서 죄를 범한 경우에는 (가) 형법 제5조 제1호 내지 제7호에 열거된 죄를 범한 때와 (나) 형법 제5조 제1호 내지 제7호에 열거된 죄 이외에 대한민국 또는 대한민국 국민에 대하여 죄를 범한 때에만 대한민국 형법이 적용되어 우리나라에 재판권이 있게 되고, (다) 여기서 **'대한민국 또는 대한민국 국민에 대하여 죄를 범한 때'라 함**은 대한민국 또는 대한민국 국민의 **법익이 직접적으로 침해**되는 결과를 야기하는 죄를 범한 경우를 의미한다.

그런데 (라) 형법 제234조의 위조사문서행사죄는 형법 제5조 제1호 내지 제7호에 열거된 죄에 해당하지 않고, (마) 위조사문서행사 행위를 형법 제6조의 대한민국 또는 대한민국 국민의 법익을 직접적으로 침해하는 행위라고 볼 수도 없으므로, 이 사건 공소사실 중 **캐나다 시민권자인 피고인이 캐나다에서 위조사문서를 행사한 행위에 대하여는 우리나라에 재판권이 없다**고 할 것이다. 그럼에도 불구하고 원심은 피고인의 위조사문서행사 행위가 외국인의 국외범으로서 우리나라에 재판권이 있다고 판단하여 이 부분 공소사실을 유죄로 인정하였으니, 원심판결에는 재판권 인정에 관한 법리를 오해한 위법이 있고 이는 판결 결과에 영향을 미쳤음이 분명하다」.

●**해설**● 1 어떠한 사건에 대하여 우리나라가 재판권을 행사할 수 있느냐의 문제가 형법의 장소적 적용범위의 문제이다. 장소적 효력과 관련해 형법은 여러 입법주의 – ① 속지주의, ② 속인주의, ③ 기국주의, ④ 보호주위, ⑤ 세계주의 – 를 병행하여 규정하고 있다.

2 ① **속지주의**란 범죄가 자국의 영역 내에서 발생한 범죄인 경우에는 범죄자의 국적 여부를 불문하고 자국 형법을 적용한다는 원칙을 말한다. 형법은 제2조에서 장소적 적용범위의 가장 기본적 원칙인 속지주의를 취하고 있으며, 제4조에서는 속지주의의 확장으로 ③ **기국주의**를 취하고 있다. 대법원은 **범죄지**

1) 형법 제234조(위조사문서등의 행사) 제231조 내지 제233조의 죄에 의하여 만들어진 문서, 도화 또는 전자기록 등 특수매체기록을 행사한 자는 그 각 죄에 정한 형에 처한다.

를 결정하는 구별기준으로 범죄행위지 또는 결과발생지 중 어느 하나라도 범죄지가 국내인 경우에는 이를 국내범으로 보아 우리 형법이 적용된다고 판시하여 **보편기준설**에 따르고 있다. 나아가 **공모공동정범의 경우에 공모지**도 범죄지가 된다(대판 98도2734, Ref 1−3). 속지주의를 따를 경우 국외에서 발생하는 범죄에 대하여 형벌권을 행사할 수 없다는 문제점으로 인해 다른 입법주의의 보완이 필요하다.

3 ② **속인주의**란 자국민이 범죄를 범한 경우에는 어디에서 범죄를 행하였는지를 불문하고 자국의 형법을 적용한다는 원칙이다(법3). ④ **보호주의**란 자국 또는 자국민의 법익을 침해하는 범죄에 대하여는 누구에 의하든 그리고 범죄지를 불문하고 자국형법을 적용하겠다는 원칙이다(법5, 6). ⑤ **세계주의**란 행위자의 국적이나 범죄행위가 발생한 지역을 불문하고 범죄가 인류 공동의 법익을 침해하는 경우에는 자국형법을 적용하겠다는 원칙을 말한다(법292조의2). 따라서 헌법에 의하여 체결·공표된 조약은 국내법적 효력을 가지므로 우리나라가 비준한 조약에 의하여 외국인의 국외범에 대하여도 형법이 적용된다(대판 84도39, Ref 1−13).

4 대상판결은 형법 제6조의 의미를 명확하게 판단한 판결이다. **캐나다 시민권자**인 X가 **캐나다에서** 위조사문서를 행사하고 있다. 속지주의와 속인주의에 따라 우리 형법을 적용할 수 없고 다음으로 보호주의를 적용할 수 있는지가 문제 된다. 대법원은 ① 형법 제234조의 위조사문서행사죄는 형법 제5조 제1호 내지 제7호에 열거된 죄에 해당하지 않고, ② 위조사문서행사(사회적 법익침해의 범죄) 행위를 형법 제6조의 대한민국 또는 대한민국 국민의 **법익을 직접적으로 침해하는 행위에도 해당하지 않는다**고 보았다.

5 형법의 장소적 적용범위와 관련된 현행 형법 규정

제2조(국내범) 본 법은 대한민국 **영역**[2] **내**에서 죄를 범한 **내국인과 외국인**에게 적용한다. (속지주의)
제3조(내국인의 국외범) 본법은 대한민국 **영역 외**에서 죄를 범한 **내국인에게 적용**한다. (속인주의)

제4조(국외에 있는 내국선박 등에서 외국인이 범한 죄) 본법은 대한민국 **영역 외**에 있는 **대한민국의 선박 또는 항공기 내**에서 죄를 범한 **외국인**에게 적용한다.[3] (기국주의)

제5조(외국인의 국외범) 본 법은 대한민국 **영역 외**에서 다음에 기재한 죄를 범한 **외국인**에게 적용한다. (무조건부 적용) (보호주의)
1. 내란의 죄
2. 외환의 죄
3. 국기에 관한 죄
4. 통화에 관한 죄
5. 유가증권, 우표와 인지에 관한 죄
6. 문서에 관한 죄 중 제225조 내지 제230조
7. 인장에 관한 죄 중 제238조

제6조(대한민국과 대한민국국민에 대한 국외범) 본 법은 대한민국 **영역 외**에서 **대한민국 또는 대한민국국민**에 대하여 전조에 기재한 이외의 죄를 범한 외국인에게 적용한다. 단 행위지의 법률에 의하여 범죄를 구성하지 아니하거나 소추 또는 형의 집행을 면제할 경우에는 예외로 한다[4]. (조건부적용) (보호주의 · 상호주의)

제296조의2(세계주의) 제287조부터 제292조까지 및 제294조는 대한민국 영역 밖에서 죄를 범한 외국인에게도 적용한다. [본조신설 2013.4.5.][5]

입법주의	범죄지	범죄인의 국적
속지주의(제2조)	대한민국 내	내 · 외국인 불문
속인주의(제3조)	대한민국 외	내국인
기국주의(제4조)	대한민국 외 (대한민국선박이나 항공기 내)	외국인
보호주의(제5조, 제6조)	대한민국 외	외국인
세계주의(제296조의2)	대한민국 외	외국인

2) 헌법 제3조 대한민국의 영토는 한반도와 그 부속도서로 한다.

3) 대한민국의 선박이나 항공기인지 여부에 대한 판단은 소유자의 국적이 아니라 **'등록지를 기준'**으로 판단한다.

4) 따라서 제6조에 의한 보호주의의 요건을 다시 정리하면, 외국인의 국외범이라 하더라도 제5조에 기재한 범죄 이외의 죄를 저지른 경우에는 다음의 요건을 충족시키면 처벌하겠다는 취지이다. 즉 ① 행위지의 법률에 의해서도 처벌가능 하여야 하며, ② **대한민국 국가나 대한민국 국민**에 대한 범죄이어야 한다. 이 요건을 충족시키지 못하면 재판권을 행사할 수 없다. 대법원은 중국 국적자가 중국에서 대한민국 국적 주식회사의 인장을 위조한 사례에서 **사인위조죄**는 형법 제6조에 해당되지 않는다고 보아 재판권이 없다고 판시하였다(대판 2002도4929, Ref 1－11)

5) 2013년 형법 일부개정으로 인신매매죄가 새로 들어오면서 **약취 · 유인 및 인신매매죄**는 인류 일반의 보편타당한 인권을 유린하는 범죄로 규정되었다(**세계주의**).

Reference 1

1 속지주의와 관련된 판례

1 **[대판 2004도4899 전원합의체] [송두율교수 사건[6]]** ●**판지**● [1] 국가보안법 제6조 제2항의 "반국가단체나 그 구성원의 지령을 받거나 받기 위하여 또는 그 목적수행을 협의하거나 협의하기 위하여 잠입하거나 탈출한 자" 및 같은 법 제8조 제1항의 "국가의 존립·안전이나 자유민주적 기본질서를 위태롭게 한다는 정을 알면서 반국가단체의 구성원 또는 그 지령을 받은 자와 회합·통신 기타의 방법으로 연락을 한 자"의 적용과 관련하여, 독일인이 독일 내에서 북한의 지령을 받아 베를린 주재 북한이익대표부를 방문하고 그곳에서 북한공작원을 만났다면 위 각 구성요건상 **범죄지는 모두 독일이므로 이는 외국인의 국외범**에 해당하여, 형법 제5조와 제6조에서 정한 요건에 해당하지 않는 이상 위 각 조항을 적용하여 처벌할 수 없다. [2] 대한민국 국민이 아닌 사람이 외국에 거주하다가 그곳을 떠나 반국가단체의 지배하에 있는 지역으로 들어가는 행위는, 대한민국의 영역에 대한 통치권이 실지로 미치는 지역을 떠나는 행위 또는 대한민국의 국민에 대한 통치권으로부터 벗어나는 행위 어디에도 해당하지 않으므로, 이는 국가보안법 제6조 제1항, 제2항의 탈출 개념에 포함되지 않는다. [3] 대한민국 국민이던 사람이 대한민국 국적을 상실하기 전 4회에 걸쳐 북한의 초청에 응하여 거주하고 있던 독일에서 출발하여 북한을 방문하였고, 그 후 독일 국적을 취득함에 따라 대한민국 국적을 상실한 후에도 거주지인 독일에서 출발하여 북한을 방문한 사안에서, 대한민국 국적을 상실하기 전의 방문행위는 국가보안법 제6조 제2항의 탈출에 해당하지만 **대한민국 국적을 상실한 후의 방문행위**는 국가보안법 제6조 제2항의 탈출 개념에 해당하지 않는다고 본 사례. ●**해설**● 본 사안은 재독학자 송두율교수 사건으로 1심 후, 항소심은 피고인의 행위가 **외국인의 국내범**에 해당한다고 보아 **유죄를 인정**하였다(영토기준설). 그러나 대법원은 종전의 입장을 바꾸어 피고인의 행위가 **외국인의 국외범에 해당**한다(통치기준설)는 이유로 원심판결을 파기환송하였다.

2 **[대판 99도3403]** ●**사실**● **미국인이 미국 내**에서 한국인으로부터 주미한국대사관 영사에게 알선해달라는 전화부탁을 받고 **한국에 입국한 다음** 그 알선명목으로 금원을 수수하여 변호사법위반죄를 범하였다. ●**판지**● 외국인이 대한민국 공무원에게 알선한다는 명목으로 **금품을 수수하는 행위가 대한민국 영역 내에서 이루어진 이상**, 비록 금품수수의 명목이 된 알선행위를 하는 장소가 대한민국 영역 외라 하더라도 대한민국 영역 내에서 죄를 범한 것이라고 하여야 할 것이므로, 형법 제2조에 의하여 대한민국의 형벌법규인 구 변호사법 제90조 제1호가 적용되어야 한다.

3 **[대판 98도2734]** ●**사실**● 미국인 X는 한국에서 괌으로 들어가는 승객들에 대하여는 소지품 검색이 비교적 심하지 아니하다는 사실을 알고 홍콩에서 히로뽕을 구입하여 이를 괌에서 판매하기로 **서울 강남의 K 호텔에서 다른 피고인들(Y · Z)과 공모**하였다. 그 후 X는 홍콩에 가서 히로뽕을 구입하여 Y의 여행용가방 밑에 감춘 후 Y는 홍콩에서 서울을 경유하여 괌으로 가는 항공편으로, X는 히로뽕을 소지하지 않은 채 홍콩

---

6) 독일 철학자 위르겐 하버마스의 제자이자 뮌스턴 대학 교수인 송두율은 1968년 독일 유학을 떠난 뒤 1970년대 유신정권에 반대하는 운동을 벌여 '반체제 인물'로 분류됐고, 1991년 북한을 방문해 '친북인사'로 분류됐다. 2003년 민주화운동기념사업회의 초청으로 37년 만에 귀국한 송교수는 다음 날 바로 국정원조사를 받아야 했다. 이 사건이 법원에 넘어간 뒤, 2004년 7월 2심 판결에서 일부무죄 및 집행유예를 선고받고 석방된 송교수는 다시 독일로 돌아갔다. 1년 뒤 대법원은 나머지 혐의에 대해서도 무죄를 선고했다. 이와 관련된 다큐멘터리 영화로는 《경계도시 1》, 《경계도시 2》가 있다.

에서 서울로 가는 항공편으로 김포국제공항에서 도착하였다가 히로뽕 밀수정보를 입수한 수사관들에 의하여 체포되었다. ●**판지**● 형법 제2조를 적용함에 있어서 **공모공동정범의 경우 공모지도 범죄지로 보아야 한다.** ●**해설**● 본 사안에서 원심은 공모지는 범죄지로 볼 수 없다고 보았다. 따라서 미국인 X가 이 사건 향정신성의약품을 매수한 행위는 외국인의 국외범에 해당한다고 판시하여 형법을 적용할 수 없다고 보았다. 그러나 대법원은 '공모'가 실행행위와 주관적 인과성에 의해 밀접히 연결된 것이고 범죄사실의 중요부분을 차지하고 있는 이상, **공모지도 범죄지이고,** 따라서 그 공모가 대한민국의 영역 내에서 이루어졌으므로 속지주의에 의하여 우리나라 형법이 적용된다고 본 사례이다.

2 속인주의와 관련된 판례

4-1 [대판 2002도2518] [도박죄를 처벌하지 않는 외국 카지노에서의 도박행위의 위법성 여부(적극)] 도박죄를 처벌하지 않는 **미국 네바다 주 소재의 카지노**에서 한국인 갑이 도박한 사안이다. 갑은 우리 형법이 적용되지 않는다고 주장하였으나 법원은 속인주의에 입각하여 **갑에게 유죄를 인정**하였다. ●**판지**● 형법 제3조는 "본법은 대한민국 영역 외에서 죄를 범한 내국인에게 적용한다."고 하여 형법의 적용범위에 관한 속인주의를 규정하고 있고, 또한 국가 정책적 견지에서 도박죄의 보호법익보다 좀 더 높은 국가이익을 위하여 예외적으로 내국인의 출입을 허용하는 폐광지역개발지원에관한특별법 등에 따라 카지노에 출입하는 것은 법령에 의한 행위로 위법성이 조각된다고 할 것이나, 도박죄를 처벌하지 않는 외국 카지노에서의 도박이라는 사정만으로 그 위법성이 조각된다고 할 수 없다.

4-2 [고판 2017노2802] 내국인의 대한민국 영역 외에서의 행위가 행위지의 법령이나 사회상규에 의하여 당연히 허용되는 것이라면, 그러한 행위에 대하여 국내법을 적용하여 처벌함에 있어서는 그 행위가 국내법이 보호하고자 하는 법익을 침해하여 **우리나라의 국가안전보장 · 질서유지 또는 공공복리를 위하여 금지할 필요가 있는지 여부를 먼저 살핀 후,** 그 필요성이 인정되는 경우에 한하여 내국인의 자유와 권리의 본질적인 내용을 침해하지 않는 범위 내에서만 처벌이 이루어지도록 제한적으로 국내법을 해석, 적용하여야 한다. 만약 그렇게 하지 아니하고 내국인이 대한민국 영역 외에서 한 모든 행위에 대하여, 그 행위가 행위지에서는 법령이나 사회상규에 의하여 당연히 허용되는 행위로서 국내법이 보호하고자 하는 법익을 침해하지 아니하여 우리나라의 국가안전보장 · 질서유지 또는 공공복리와는 무관한 경우까지도 국내법에 의하여 처벌할 수 있다는 취지로 해석하여 운용한다면, 이는 대한민국 영역 외에서 내국인의 자유와 권리를 헌법이 규정한 기본권 제한의 한계를 초과하여 제한하는 결과를 가져와 위헌이라고 보아야 한다. 뿐만 아니라 **위와 같은 무제한적인 국내법의 적용과 해석은** 그 행위가 행위지법이 강제되는 것인 경우 내국인이 국내법을 준수할 경우 행위지법에 의하여 처벌받게 함으로써 **내국인의 자유와 권리가 침해되는 헌법정신에 반하는 결과**를 가져오기도 한다. cf) 기존의 대법원 입장은 **'절대적 속인주의'**의 입장에서 대한민국의 국민이 외국에서 범한 범죄에도 당연히 우리나라 형법이 적용된다고 판단하여 왔다(대판 2002도2518). 그러나 근래 서울고등법원 2018.6.14. 선고 2017노2802 판결은 기존의 '절대적 속인주의'를 따르지 않고 국내법으로 처벌되는 행위라도 행위를 한 외국에서 허용하는 경우에 특정 조건을 충족하면 위법성을 조각시킬 수 있다고 판시하였다. 즉 서울고등법원은 그 행위가 국내법이 보호하고자 하는 법익을 침해하여 **우리나라의 국가안전보장 · 질서유지 또는 공공복리를 위하여 금지할 필요가 있는 경우에 한해** 처벌할 수 있다는 기준을 처음으로 제시하였고 그 점에서 의의가 크다. 하지만 동 판결에서 피고인들에게 위법성조각을 인정하지는 않았다. 이어 대법원은 "국가안전보장 · 질서유지 또는 공공복리"라는 기준에 대한 제시 없이 위법성조각사유만 언급하고

동 판결을 확정시켰다(대판 2018도10042).

5 **[대판 99도3354]** [대한민국의 국민이 **미국의 시민권을 취득한 경우, 국적상실의 시기**] 미국은 호주나 캐나다 등과 같이 그 나라의 국민이 되는 자격으로서 국적제도를 두지 아니하고 시민권제도를 두고 있는바, 이러한 국가에서의 시민권은 국적과 그 법적 성격이나 기능이 거의 동일하다고 할 것이어서, **대한민국의 국민이 미국의 시민권을 취득하면** 구 국적법(1997. 12. 13. 법률 제5431호로 전문 개정되기 전의 것) 제12조 제4호 소정의 '자진하여 외국의 국적을 취득한 자'에 해당하여 우리 나라의 국적을 상실하게 되는 것이지 대한민국과 미국의 '이중국적자'가 되어 구 국적법 제12조 제5호의 규정에 따라 법무부장관의 허가를 얻어 대한민국의 국적을 이탈하여야 비로소 대한민국의 국적을 상실하게 되는 것은 아니라고 할 것이므로, 대한민국의 국적을 가진 상태에서 미국으로 이민하여 생활하다가 미국의 시민권을 취득한 공소외 최○애는 이 사건 토지 취득 당시 대한민국의 국적을 가지지 아니한 **외국인에 해당**한다. ●**해설**● 대한민국의 국적을 가진 상태에서 미국의 시민권을 취득한 최가 대한민국 내에 있는 토지를 매수하면서 한국인인 X에게 위 토지에 대한 명의신탁을 한 경우, X는 외국인에 의한 취득이 금지된 토지를 외국인을 위하여 외국인의 자금으로 취득한 것이므로 「특정범죄가중처벌 등에 관한 법률」위반(외국인을 위한 재산취득)죄의 죄책을 진다.

6 **[대판 99도3337]** 형법 제3조는 '본법은 대한민국 영역 외에서 죄를 범한 내국인에게 적용한다.'고 하여 형법의 적용범위에 관한 속인주의를 규정하고 있는바, **필리핀국에서 카지노**의 외국인 출입이 허용되어 있다 하여도, 형법 제3조에 따라, 필리핀국에서 도박을 한 피고인에게 우리나라 형법이 당연히 적용된다.

7 **[대판 86도403] [서울 미문화원 점거 농성 사건[7)]]** [대한민국 내의 **미국문화원**에서 범죄행위를 한 자에 대한 대한민국의 재판권유무] 국제협정이나 관행에 의하여 **대한민국 내에 있는 미국문화원**이 치외법권지역이고 그 곳을 미국영토의 연장으로 본다 하더라도 그 곳에서 죄를 범한 대한민국 국민에 대하여 우리 법원에 먼저 공소가 제기되고 미국이 자국의 재판권을 주장하지 않고 있는 이상 **속인주의**를 함께 채택하고 있는 우리나라의 재판권은 동인들에게도 당연히 미친다 할 것이며 미국문화원 측이 동인들에 대한 처벌을 바라지 않았다고 하여 그 재판권이 배제되는 것도 아니다.

3 보호주의와 관련된 판례

8 **[대판 2016도17465]** [내국 법인의 대표자인 외국인이 내국 법인이 외국에 설립한 특수목적법인에 위탁해 둔 자금을 정해진 목적과 용도 외에 임의로 사용하여 횡령한 경우, 횡령죄의 피해자(=당해 금전을 위탁한 내국 법인) 및 그 행위가 외국에서 이루어졌더라도 우리 법원에 재판권이 있는지 여부(원칙적 적극)] (가) 법인 소유의 자금에 대한 사실상 또는 법률상 지배·처분 권한을 가지고 있는 대표자 등은 법인에 대한 관계에서 자금의 보관자 지위에 있으므로, 법인이 특정 사업의 명목상의 주체로 특수목적법인을 설립하여 그 명의로 자금 집행 등 사업진행을 하면서도 자금의 관리·처분에 관하여는 실질적 사업주체인 법인이 의사결정권한을 행사하면서 특수목적법인 명의로 보유한 자금에 대하여 현실적 지배를 하고 있는 경우에

7) 이 사건은 1985년 5월 23일 삼민투위 주도로 서울대, 고려대 등 5개 대학 남녀 학생 73명이 현재의 서울특별시청 을지로청사 자리에 있던 서울 미국문화원을 기습 점거했다. 미문화원 도서관에서 '광주학살 책임지고 미국은 공개 사죄하라'는 등의 구호를 적은 종이를 창문에 붙이고 주한 미국대사와 면담을 요구하며 2층에서 단식농성을 벌이다 72시간 만인 5월 26일 자진 해산하고 연행됐다. ko.wikipedia.org

는, 사업주체인 법인의 대표자 등이 특수목적법인의 보유 자금을 정해진 목적과 용도 외에 임의로 사용하면 위탁자인 법인에 대하여 횡령죄가 성립할 수 있다. (나) **이는 법인의 대표자 등이 외국인인 경우에도 마찬가지**이므로, **내국 법인의 대표자인 외국인**이 내국 법인이 외국에 설립한 특수목적법인에 위탁해 둔 자금을 정해진 목적과 용도 외에 임의로 사용한 데 따른 **횡령죄의 피해자는 당해 금전을 위탁한 내국 법인**이다. 따라서 그 행위가 외국에서 이루어진 경우에도 행위지의 법률에 의하여 범죄를 구성하지 아니하거나 소추 또는 형의 집행을 면제할 경우가 아니라면 그 외국인에 대해서도 **우리 형법이 적용되어(형법 제6조), 우리 법원에 재판권이 있다.**

9 **[대판 2008도4085] [1]** 피고인이 뉴질랜드 시민권을 취득함으로써 우리나라 국적을 상실하였으므로, 그 후 뉴질랜드에서 대한민국 국민에 대하여 사기행위를 하였더라도 외국인이 대한민국 영역 외에서 대한민국 국민에 대하여 범죄를 저지른 경우에 해당한다. [2] 한편 형법 제6조 본문에 의하여 외국인이 대한민국 영역 외에서 대한민국 국민에 대하여 범죄를 저지른 경우에도 우리 형법이 적용되지만, 같은 조 단서에 의하여 행위지의 법률에 의하여 범죄를 구성하지 아니하거나 소추 또는 형의 집행을 면제할 경우에는 우리 형법을 적용하여 처벌할 수 없다고 할 것이고, 이 경우 행위지의 법률에 의하여 범죄를 구성하는지 여부에 대해서는 **엄격한 증명**에 의하여 **검사가 이를 입증**하여야 할 것이다.

10 **[대판 2006도5010]** [외국인이 중국 북경시에 소재한 대한민국 영사관 내에서 여권발급신청서를 위조하였다는 취지의 공소사실에 대하여, 외국인의 국외범에 해당한다는 이유로 피고인에 대한 재판권이 없다고 한 사례] 중국 북경시에 소재한 대한민국 영사관 내부는 여전히 중국의 영토에 속할 뿐 이를 대한민국의 영토로서 그 영역에 해당한다고 볼 수 없을 뿐 아니라, 사문서위조죄가 형법 제6조의 대한민국 또는 대한민국 국민에 대하여 범한 죄에 해당하지 아니함은 명백하다. …… (따라서) 외국인의 국외범에 해당한다는 이유로 피고인에 대한 재판권이 없다고 판단한 것은 옳다.

11 **[대판 2002도4929]** [사인위조죄가 형법 제6조 소정의 대한민국과 대한민국국민에 대한 국외범에 해당하는지 여부(소극)] ●**사실**● 중국 국적의 X는 중국에서 대한민국 국적 A주식회사의 인장을 위조하였다. 이에 검사는 X을 형법 제239조 제1항[8]의 사인(私印)위조죄로 기소하였다. X의 피고사건은 제1심을 거쳐 항소심에 계속되었다. 항소심 법원은 X의 행위가 **외국인의 국외범**으로서 재판권이 없다는 이유로 공소기각판결(형소법 제327조 제1호)을 선고하였다. 검사는 항소심판결에 불복 상고하였다. ●**판지**● 형법 제239조 제1항의 **사인위조죄**는 형법 제6조의 대한민국 또는 대한민국 국민에 대하여 범한 죄에 해당하지 아니하므로 중국 국적자가 중국에서 대한민국 국적 주식회사의 인장을 위조한 경우에는 **외국인의 국외범**으로서 그에 대하여 **재판권이 없다. cf) 사인위조죄**는 형법 제6조의 대상인 대한민국(국가적 법익) 또는 대한민국 국민(개인적 법익)에 대한 범한 죄가 아닌 **'사회적 법익'**을 침해한 범죄이므로 **재판권이 없다고 본 판결이다.**

12 **[대판 97도1142] 피고인들(중국 국적의 조선족 선원들)**은 참치잡이 원양어선 페스카마(PESCA MAR) 15호(**니카라과 선적**)에 승선하여 **남태평양 해상**에서 근무하던 중 한국인 선원들이 피고인들에 대하여 조업거부 등을 이유로 징계의결을 하고 피고인들을 하선시키기 위하여 사모

8) 형법 제239조(사인 등의 위조, 부정사용) ① 행사할 목적으로 타인의 인장, 서명, 기명 또는 기호를 위조 또는 부정사용한 자는 3년 이하의 징역에 처한다.

아로 회항하게 되자, 자신들의 의사에 반하여 하선당하는 데 불만을 품은 나머지, 1등 항해사를 제외한 선장, 갑판장 등 한국인 선원 7명을 살해하고, 인도네시아인, 조선족 중국인 등 선원 10명은 어창에 감금하여 동사시켜 선박을 그들의 지배하에 넣어 한국이나 일본 부근으로 항해하여 선박을 매도하거나 침몰시킨 후 한국이나 일본으로 밀입국하기로 결의한 다음, 합세하여 선장을 비롯하여 한국인 선원 7명을 차례로 살해하였다. …… **해상강도살인죄**로 의율한 조치는 모두 정당하다.

4 세계주의와 관련된 판례

13 **[대판 84도39]** [외국인에 의한 국외에서의 민간항공기납치 사건에 대한 우리나라의 항공기 운항안전법 적용 여부] ●**사실**● 피고인들은 중공의 정치, 사회현실에 불만을 품고 자유중국으로 탈출하고자, 중국 국적의 P민항기가 상하이 상공을 지나던 중 피고인 X는 P민항기의 기내 보안관 A에게 총격을 가하여 총상을 입혔다. 이어 X는 조종사 B에게 P민항기의 기수를 서울로 돌리게 하여 서울공항에 착륙하였다. ●**판지**● 항공기운항안전법 제3조,[9] "항공기내에서 범한 범죄 및 기타 행위에 관한 협약"(도쿄협약) 제1조, 제3조, 제4조 "항공기의 불법납치 억제를 위한 협약"(헤이그협약) 제1조, 제3조, 제4조, 제7조의 각 규정들을 종합하여 보면 민간항공기납치 사건에 대하여는 항공기등록지 국에 원칙적인 재판관 할권이 있는 외에 항공기 착륙국인 우리나라에도 경합적으로 재판 관할권이 생기어 우리나라 항공기 운항안전법은 외국인의 국외범까지도 적용대상이 된다고 할 것이다**(중공민항기사건)**.

Reference 2

형법은 이중처벌의 부당함을 완화하기 위해 제7조를 규정

제7조(외국에서 집행된 형의 산입) 죄를 지어 외국에서 형의 전부 또는 일부가 집행된 사람에 대해서는 그 집행된 형의 전부 또는 일부를 선고하는 형에 **산입한다.** [전문개정 2016.12.20.]

* 외국에서 처벌 받은 경우이더라도 국내법으로 이를 다시 처벌하는 것이 위법은 아니다(대판 78도831). 다만 피고인의 입장에서는 이중처벌이 되어 너무 가혹하기 때문에 형법은 제7조를 규정하여 외국에서 집행된 형의 전부 또는 일부를 우리나라에서 선고하는 형에 반드시 산입하도록 하고 있다.

1 **[대판 2017도5977 전원합의체]** [외국에서 **미결구금**되었다가 무죄판결을 받은 사람의 미결구금일수를 형법 제7조의 **유추적용**에 의하여 그가 국내에서 같은 행위로 인하여 선고받는 형에 산입할 수 있는지 여부(소극)] ●**사실**● 피고인이 외국에서 살인죄를 범하였다가 무죄 취지의 재판을 받고 석방된 후 국내에서 다시 기소되어 제1심에서 징역 10년을 선고받게 되자 자신이 외국에서 미결상태로 구금된 5년여의 기간에 대하여도 '외국에서 집행된 형의 산입' 규정인 형법 제7조가 적용되어야 한

9) 항공보안법 제3조(국제협약의 준수) ① 민간항공의 보안을 위하여 이 법에서 규정하는 사항 외에는 다음 각 호의 국제협약에 따른다. 1.「항공기 내에서 범한 범죄 및 기타 행위에 관한 협약」2.「항공기의 불법납치 억제를 위한 협약」3.「민간항공의 안전에 대한 불법적 행위의 억제를 위한 협약」4.「민간항공의 안전에 대한 불법적 행위의 억제를 위한 협약을 보충하는 국제민간항공에 사용되는 공항에서의 불법적 폭력행위의 억제를 위한 의정서」 5.「가소성 폭약의 탐지를 위한 식별조치에 관한 협약」② 제1항에 따른 국제협약 외에 항공보안에 관련된 다른 국제협약이 있는 경우에는 그 협약에 따른다.

다고 주장하였다. ●**판지**● **'외국에서 형의 전부 또는 일부가 집행된 사람'**이란 문언과 취지에 비추어 '외국 법원의 유죄판결에 의하여 자유형이나 벌금형 등 형의 전부 또는 일부가 실제로 집행된 사람'을 말한다고 해석하여야 한다. 따라서 형사사건으로 외국 법원에 기소되었다가 무죄판결을 받은 사람은, 설령 그가 무죄판결을 받기까지 상당 기간 **미결구금되었더라도 이를 유죄판결에 의하여 형이 실제로 집행된 것으로 볼 수는 없으므로,** '외국에서 형의 전부 또는 일부가 집행된 사람'에 해당한다고 볼 수 없고, **그 미결구금 기간은 형법 제7조에 의한 산입의 대상이 될 수 없다.** cf) 2016년 형법 개정 이후의 제7조의 해석에 관한 판결로 의미가 있다.

2-1 [대판 77도629] 형법 제7조 규정의 취지에 비추어 외국판결에 의하여 **몰수추징의 선고가 있었던 경우라도** 관세법 제198조의 몰수할 수 없는 때에 해당한다 할 것이므로 그 물품의 범칙 당시의 국내도매가격에 상당한 금액을 피고인으로부터 **추징하여야 마땅**하다.

2-2 [비교판례] [대판 78도831] 국내에 밀수입하여 관세포탈을 기도하다가 외국에서 적발되어 압수된 물품이 그후 몰수되지 아니하고 피고인의 소유 또는 점유로 환원되었으나 몰수할 수 없게 되었다면 관세법 제198조에 의하여 범칙 당시의 국내 도매가격에 상당한 금액을 추징하여야 할 것이나, 동 물품이 **외국에서 몰수되어 그 소유가 박탈**되므로서 몰수할 수 없게 된 경우에는 위 법조에 의하여 **추징할 수 없다.**

구성요건해당성

형법

[시행 2023. 8. 8.] [법률 제19582호, 2023. 8. 8. 일부개정]

제1편 총칙

제1장 형법의 적용범위

제1조(범죄의 성립과 처벌) ① 범죄의 성립과 처벌은 행위 시의 법률에 따른다.

제2장 죄

제1절 죄의 성립과 형의 감면

제9조(형사미성년자) 14세되지 아니한 자의 행위는 벌하지 아니한다.

제10조(심신장애인) ① 심신장애로 인하여 사물을 변별할 능력이 없거나 의사를 결정할 능력이 없는 자의 행위는 벌하지 아니한다.

② 심신장애로 인하여 전항의 능력이 미약한 자의 행위는 형을 감경할 수 있다.

③ 위험의 발생을 예견하고 자의로 심신장애를 야기한 자의 행위에는 전2항의 규정을 적용하지 아니한다.

제11조(청각 및 언어 장애인) 듣거나 말하는 데 모두 장애가 있는 사람의 행위에 대해서는 형을 감경한다.

제12조(강요된 행위) 저항할 수 없는 폭력이나 자기 또는 친족의 생명, 신체에 대한 위해를 방어할 방법이 없는 협박에 의하여 강요된 행위는 벌하지 아니한다.

제13조(고의) 죄의 성립요소인 사실을 인식하지 못한 행위는 벌하지 아니한다. 다만, 법률에 특별한 규정이 있는 경우에는 예외로 한다.

제14조(과실) 정상적으로 기울여야 할 주의(注意)를 게을리하여 죄의 성립요소인 사실을 인식하지 못한 행위는 법률에 특별한 규정이 있는 경우에만 처벌한다.

제15조(사실의 착오) ① 특별히 무거운 죄가 되는 사실을 인식하지 못한 행위는 무거운 죄로 벌하지 아니한다.

② 결과 때문에 형이 무거워지는 죄의 경우에 그 결과의 발생을 예견할 수 없었을 때에는 무거운 죄로 벌하지 아니한다.

제16조(법률의 착오) 자기의 행위가 법령에 의하여 죄가 되지 아니하는 것으로 오인한 행위는 그 오인에 정당한 이유가 있는 때에 한하여 벌하지 아니한다.

제17조(인과관계) 어떤 행위라도 죄의 요소되는 위험발생에 연결되지 아니한 때에는 그 결과로 인하여 벌하지 아니한다.

제18조(부작위범) 위험의 발생을 방지할 의무가 있거나 자기의 행위로 인하여 위험발생의 원인을 야기한 자가 그 위험발생을 방지하지 아니한 때에는 그 발생된 결과에 의하여 처벌한다.

제19조(독립행위의 경합) 동시 또는 이시의 독립행위가 경합한 경우에 그 결과발생의 원인된 행위가 판명되지 아니한 때에는 각 행위를 미수범으로 처벌한다.

제20조(정당행위) 법령에 의한 행위 또는 업무로 인한 행위 기타 사회상규에 위배되지 아니하는 행위는 벌하지 아니한다.

제21조(정당방위) ① 현재의 부당한 침해로부터 자기 또는 타인의 법익(法益)을 방위하기 위하여 한 행위는 상당한 이유가 있는 경우에는 벌하지 아니한다.

② 방위행위가 그 정도를 초과한 경우에는 정황에 따라 그 형을 감경하거나 면제할 수 있다.

③ 제2항의 경우에 야간이나 그 밖의 불안한 상태에서 공포를 느끼거나 경악하거나 흥분하거나 당황하였기 때문에 그 행위를 하였을 때에는 벌하지 아니한다.

제22조(긴급피난) ①자기 또는 타인의 법익에 대한 현재의 위난을 피하기 위한 행위는 상당한 이유가 있는 때에는 벌하지 아니한다.

② 위난을 피하지 못할 책임이 있는 자에 대하여는 전항의 규정을 적용하지 아니한다.

③ 전조 제2항과 제3항의 규정은 본조에 준용한다.

제23조(자구행위) ① 법률에서 정한 절차에 따라서는 청구권을 보전할 수 없는 경우에 그 청구권의 실행이 불가능해지거나 현저히 곤란해지는 상황을 피하기 위하여 한 행위는 상당한 이유가 있는 때에는 벌하지 아니한다.

② 제1항의 행위가 그 정도를 초과한 경우에는 정황에 따라 그 형을 감경하거나 면제할 수 있다.

·
·
·

제263조(동시범) 독립행위가 경합하여 상해의 결과를 발생하게 한 경우에 있어서 원인된 행위가 판명되지 아니한 때에는 공동정범의 예에 의한다.

11 양벌규정의 법적 성격

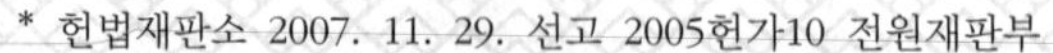

* 헌법재판소 2007. 11. 29. 선고 2005헌가10 전원재판부

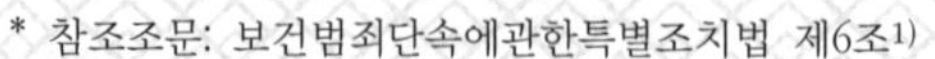

* 참조조문: 보건범죄단속에관한특별조치법 제6조[1]

종업원의 위반행위에 대하여 양벌조항으로서 개인인 영업주에게도 동일하게 무기 또는 2년 이상의 징역형을 규정한 「보건범죄 단속에 관한 특별조치법」 제6조는 책임원칙에 반하는가?

●**사실**● 피고인 X와 Y는 2004.12.29. 「보건범죄 단속에 관한 특별조치법」 위반(부정의료업자)으로 공소제기 되었다. 그 요지는 ① Y에 대하여는 "X가 운영하는 ○○기공소의 직원으로서 치과의사면허 없이 위 기공소에서 2004.10.15.경부터 같은 해 10.17.경까지 7명에 대한 치과치료를 해주고 그 대가로 합계 320만 원을 받아 무면허 치과의료 행위를 업으로 하였다."라는 것이고, ② X에 대하여는 "위 ○○기공소를 운영함에 있어서 그 사용인인 Y가 위 범죄사실과 같이 치과의료 행위를 업으로 하였다."라는 것이다.

제1심에서 Y는 징역 1년 6월 및 벌금 100만 원에 집행유예 3년의 형을 선고받아 판결이 확정되었고, X는 Y의 치과의료 행위가 객관적 외형상 치과기공업무의 범주에 포함되지 않는다는 이유로 무죄판결을 받았다. 이 무죄판결에 대하여 검사가 항소하여 당해 사건의 소송계속 중, 제청법원은 2005.6.16. 직권으로 이 법 **제6조의 양벌규정 중 개인인 업주에 관하여 벌금형 외에 무기 또는 2년 이상의 징역형까지 부과**하도록 한 규정이 형벌과 책임 간의 비례성의 원칙에 위배된다며 그 위헌 여부의 심판을 제청하였다.

●**판지**● **헌법위반.** 「[1] 이 사건 법률조항이 종업원의 업무 관련 무면허의료행위가 있으면 이에 대해 영업주가 비난받을 만한 행위가 있었는지 여부와는 관계없이 **자동적으로 영업주도 처벌하도록 규정**하고 있고, 그 문언 상 명백한 의미와 달리 "종업원의 범죄행위에 대해 영업주의 선임감독상의 과실(기타 영업주의 귀책사유)이 인정되는 경우"라는 요건을 추가하여 해석하는 것은 문리해석의 범위를 넘어서는 것으로서 허용될 수 없으므로, 결국 위 법률조항은 **다른 사람의 범죄에 대해 그 책임 유무를 묻지 않고 형벌을 부과**함으로써, 법정형에 나아가 판단할 것 없이, 형사법의 기본원리인 '책임없는 자에게 형벌을 부과할 수 없다'는 **책임주의에 반한다.**

[2] 일정한 범죄에 대해 형벌을 부과하는 법률조항이 정당화되기 위해서는 (가) 범죄에 대한 귀책사유를 의미하는 책임이 인정되어야 하고, (나) 그 법정형 또한 책임의 정도에 비례하도록 규정되어야 하는데, 이 사건 법률조항은 문언 상 종업원의 범죄에 아무런 귀책사유가 없는 영업주에 대해서도 그 처벌가능성을 열어두고 있을 뿐만 아니라, 가사 위 법률조항을 종업원에 대한 선임감독상의 과실 있는 영업주만을 처벌하는 규정으로 보더라도, **과실밖에 없는 영업주를 고의의 본범(종업원)과 동일하게 '무기 또는 2년 이상의 징역형'이라는 법정형으로 처벌하는 것은 그 책임의 정도에 비해 지나치게 무거운 법정형을 규정**하는 것이므로, 두 가지 점을 모두 고려하면 형벌에 관한 책임원칙에 반한다」.

---

1) 이 조문은 본 위헌판결 이후 2009.12.29.에 전문이 개정되었다. 개정되기 전과 개정된 이후의 조문은 다음과 같다. ① **개정되기 전 제6조**(양벌규정) 법인의 대표자 또는 법인이나 개인의 대리인·사용인 기타 종업원이 그 법인 또는 개인의 업무에 관하여 제2조 내지 제5조의 위반행위를 한 때에는 행위자를 처벌하는 외에 법인 또는 개인에 대하여도 각 본조의 예에 따라 처벌한다. ② **개정된 후의 제6조**(양벌규정) 법인의 대표자나 법인 또는 개인의 대리인, 사용인, 그 밖의 종업원이 그 법인 또는 개인의 업무에 관하여 제2조, 제3조, 제4조 및 제5조의 어느 하나에 해당하는 위반행위를 하면 그 행위자를 벌하는 외에 그 법인 또는 개인을 1억원 이하의 벌금에 처한다. **다만 법인 또는 개인이 그 위반행위를 방지하기 위하여 해당 업무에 관하여 상당한 주의와 감독을 게을리하지 아니한 경우에는 그러하지 아니하다.**

●해설● 1 형법에는 법인 처벌에 대한 특별규정이 없지만, 행정형법에는 법인을 처벌하는 규정이 많다. 기업에게 범죄에 대한 책임을 귀속시키려면 그 전제로서 법인의 범죄(행위)능력이 문제 된다. 사법이나 행정법의 영역에서 법인 등 기업체의 행위를 인정하는 것은 당연한 것으로 받아들이지만 형법의 경우 통설과 판례는 법인의 **범죄능력, 의사능력을 부정**한다. 따라서 법인 자체에 대하여는 의사결정을 귀속시킬 수 없고 단지 자연인인 회사의 대표이사가 범죄의 주체가 되어 처벌될 수 있다고 본다(대판 82도2595 전원합의체, Ref 18-1).

2 그러나 실제 사회정책적 필요성에 따라 법인을 처벌하는 행정 형벌법규는 상당히 많이 있다. 그리고 이러한 처벌규정의 형태가 **양벌규정**임에 주의해야 한다. 양벌규정이란 형벌법규를 직접 위반한 자연인뿐만 아니라 그 자연인과 일정한 관계를 맺고 있는 법인(또는 개인)도 함께 처벌하는 특별법상의 규정을 말한다. 양벌규정은 법인에 대해서도 형사책임을 부과하기 위해 인위적으로 만든 규정이다. 이와 같이 현재 판례는 법인의 범죄능력은 부정하지만 행정형법상의 양벌규정의 존재를 전제로 법인의 형벌능력은 인정하고 있다.

3 대상판결에서 헌법재판소는 **면책규정이 없는 양벌규정은 위헌**이라 결정하였다. 종래 사업주의 형사처벌을 둘러싸고 그 근거에 대해 다양한 견해(무과실책임설, 과실추정설, 과실의제설, 순과실설 등)가 대립하였으나 헌법재판소는 대상판결에서 양벌규정의 처벌근거를 **과실책임설**에서 구해야 한다고 보았다. 2007년 헌재의 위헌결정 이후 우리나라 양벌규정은 면책조항을 신설하는 방향으로 대대적인 개정작업이 이루어졌다.

4 사안에서 헌법재판소는 사업주가 고용한 사용인이 그 업무와 관련하여 범죄행위를 한 경우에 그와 같은 사용인의 범죄행위에 대해 사업주에게 비난받을 만한 행위가 있었는지 여부와 관계없이 사용인의 범죄행위가 있으면 자동으로 사업주도 처벌하도록 한 양벌규정에 대해 **책임주의위반**을 이유로 위헌을 선언하였다.

5 형벌에 관한 형사법의 기본원리인 '**책임원칙**'은 두 가지 의미를 포함한다. 하나는 형벌의 부과 자체를 정당화하는 것으로 범죄에 대한 귀책사유, 즉 책임이 인정되어야만 형벌을 부과할 수 있다는 것이고('**책임 없는 형벌 없다**'), 다른 하나는 책임의 정도를 초과하는 형벌을 과할 수 없다는 것이다(**책임과 형벌 간의 비례의 원칙**). 따라서 일정한 범죄에 대해 형벌을 부과하는 법률조항이 정당화되기 위해서는 ① 범죄에 대한 귀책사유를 의미하는 **책임이 인정**되어야 하고, ② 그 법정형 또한 **책임의 정도에 비례**하도록 규정되어야 한다.

6 따라서 ① 귀책사유로서의 책임이 인정되는 자에 대해서만 형벌을 부과할 수 있다는 것은 법치국가의 원리에 내재하는 원리인 동시에 인간의 존엄과 가치 및 자유로운 행동을 보장하는 **헌법 제10조**[2]로부터 도출되는 것이고, ② 책임의 정도에 비례하는 법정형을 요구하는 것은 과잉금지원칙을 규정하고 있는 **헌법 제37조 제2항**[3]으로부터 도출되는 것이다.

---

2) 헌법 제10조 모든 국민은 인간으로서의 존엄과 가치를 가지며, 행복을 추구할 권리를 가진다. 국가는 개인이 가지는 불가침의 기본적 인권을 확인하고 이를 보장할 의무를 진다.

3) 헌법 제37조 제2항 국민의 모든 자유와 권리는 국가안전보장·질서유지 또는 공공복리를 위하여 필요한 경우에 한하여 법률로써 제한할 수 있으며, 제한하는 경우에도 자유와 권리의 본질적인 내용을 침해할 수 없다.

7 그런데 이 사건 법률조항은 영업주가 업무와 관련한 종업원의 행위를 지도하고 감독하는 노력을 게을리 하였는지 여부와는 전혀 관계없이 **종업원의 범죄행위가 있으면 자동적으로 영업주도 처벌**하도록 규정하고 있다.「**이것은 아무런 비난받을 만한 행위를 한 바 없는 자에 대해, 다른 사람의 범죄행위를 이유로 처벌하는 것**으로서 형벌에 관한 책임주의에 반하는 것이라 하지 않을 수 없다」고 헌재는 판단한 것이다. 나아가 그 행위가 고의에 의한 것과 과실에 의한 것 사이에는 비례의 원칙상 그에 따른 책임의 정도가 다르게 판단되어야 함을 적시하였다.

8 양벌규정에 의하여 처벌받는 법인 · 개인 등 업무주의 범위 이와 관련하여 먼저 ① **지방자치단체**의 경우, 국가가 본래 그의 사무의 일부를 지방자치단체의 장에게 위임하여 그 사무를 처리하게 하는 **기관위임사무**(대판 2008도6530, Ref 8－1)의 경우 있어 지방자치단체는 국가기관의 일부로 볼 수 있기에 처벌대상이 될 수 없으나 지방자치단체가 **그 고유의 자치사무**(대판 2004도2657, Ref 8－2)를 처리하는 경우는 독립한 공법인으로서 양벌규정에 의한 처벌대상이 되는 법인에 해당된다. ② 처벌받는 '법인 또는 개인'은 형식상의 사업주가 아니라 가기의 계산으로 사업을 하는 **'실질적 사업주(경영자)'**를 말한다(대판 2000도3570, Ref 11). ③ **회사가 합병할 경우,** 형사책임인 벌금은 그 성질상 이전이 허용되지 않으므로 합병으로 인하여 존속하는 법인에 승계되지 않는다(대판 2005도4471, Ref 10). ④ **법인격 없는 사단에 고용된 사람**이 위반행위를 하였더라도 법인격 없는 사단의 구성원 개개인은 양벌규정에서 정한 업무주인 '개인'의 지위에 있다 하여 그를 처벌할 수는 없다(대판 2017도13982, Ref 4).

9 법인의 범죄능력과 형벌능력 형법에서 행위의 주체를 사람(自然人)으로 보는 것이 자연스럽다. 문제는 자연인이 아닌 법인(法人)도 범죄행위의 주체가 될 수 있는가?(**법인의 '범죄능력'**) 나아가 법인도 형사처벌을 받을 수 있는가?(**법인의 '형벌능력'**)이다. 먼저 ① 법인의 '범죄능력'과 관련해서는 이를 인정하는 긍정설이 있으나 통설과 판례는 법인의 범죄능력을 부정한다(Ref 2). 대법원은 회사의 대표이사가 회사 명의의 계약에 따라 부담하고 있는 사무처리의무에 위배되는 행위를 하여 타인에게 손해를 끼쳤다면「그 법인을 대표하여 사무를 처리하는 **자연인인 대표기관이 바로 타인의 사무를 처리하는 자, 즉 배임죄의 주체**가 된다」고 판시하여 법인자체에 대하여는 의사결정을 귀속시킬 수 없다는 입장이다(대판 82도2595 전원합의체). 그리고 ② 법인의 '범죄능력'을 인정하는 입장에서는 당연히 법인의 '형벌능력'도 긍정한다. 반면 법인의 '범죄능력'을 부정하는 입장에서도 다수설은 법인의 '형벌능력'은 긍정한다. 행정형법에서 행정적 필요에 따라 법인을 처벌할 수 있다는 것을 이유로 한다. 실제 상당수의 법률에서 법인에 대한 형사처벌이 규정되어 있다. 그 대표적 예가 이 장에서 논해지고 있는 **'양벌규정'**이다.

Reference

1 [대판 2021도701] [양벌규정 중 '법인의 대표자' 관련 부분은 대표자의 책임을 요건으로 하여 법인을 처벌하는 것인지 여부(적극) 및 그 **대표자의 처벌까지 전제조건이 되는지 여부(소극)**] 정보통신망 이용촉진 및 정보보호 등에 관한 법률 제75조 및 영화 및 비디오물의 진흥에 관한 법률 제97조는 법인의 대표자 등이 그 법인의 업무에 관하여 각 법규위반행위를 하면 그 행위자를 벌하는 외에 그 법인에도 해당 조문의 벌금을 과하는 양벌규정을 두고 있다. 위와 같이 양벌규정을 따로 둔 취지는, 법인은 기관을 통하여 행위하

므로 법인의 대표자의 행위로 인한 법률효과와 이익은 법인에 귀속되어야 하고, 법인 대표자의 범죄행위에 대하여는 법인 자신이 책임을 져야 하는바, 법인 대표자의 법규위반행위에 대한 법인의 책임은 법인 자신의 법규위반행위로 평가될 수 있는 행위에 대한 법인의 **직접책임**이기 때문이다. 따라서 대표자의 고의에 의한 위반행위에 대하여는 법인 자신의 고의에 의한 책임을, 대표자의 과실에 의한 위반행위에 대하여는 법인 자신의 과실에 의한 책임을 져야 한다. 이처럼 양벌규정 중 법인의 대표자 관련 부분은 대표자의 책임을 요건으로 하여 법인을 처벌하는 것이지 그 대표자의 처벌까지 전제조건이 되는 것은 아니다.

2 **[대판 2020도1942]** [**'법인격 없는 공공기관'**을 위 양벌규정에 의하여 처벌할 수 있는지 여부(소극) 및 이 경우 행위자를 위 양벌규정으로 처벌할 수 있는지 여부(소극)] ●**사실**● 경찰관인 피고인 X는 2017.1.13. 09:26경 형사과 사무실에서, Y가 약속한 변제일 까지 돈을 갚지 않자, Y가 실제 거주하고 있는 주소지 외의 다른 거주지에 전입신고 되어 있는지 등을 확인하기 위하여, 자신의 컴퓨터를 이용하여 형사사법정보시스템(KICS) 온라인망에 접속해 Y의 전입 신고된 주소지 및 수배 여부 등을 확인하였다. 이후 X는 또 한 차례 Y와 Y의 처 Z의 주소지 및 수배 여부 등을 확인하였다. 이로써 X는 소관 업무의 수행을 위하여 불가피한 경우 등의 이용 범위를 초과하여 개인정보를 각 이용하였다는 혐의로 기소되었다. 원심은 위 공소사실에 대하여 「개인정보 보호법」(2020. 2. 4. 법률 제16930호로 개정되기 전의 것, 이하 구「개인정보 보호법」이라고 한다) 제74조 제2항, 제71조 제2호, 제18조 제1항을 적용하여 유죄로 인정하면서, 피고인이 비록 개인정보처리자는 아니나 위 법 제74조 제2항에 따른 양벌규정에 의하여 처벌범위가 확장되어 같은 법 제71조 제2호의 적용대상자가 된다고 판단하였다. ●**판지**● 구 개인정보 보호법(2020. 2. 4. 법률 제16930호로 개정되기 전의 것, 이하 같다) 제71조 제2호는 같은 법 제18조 제1항을 위반하여 이용 범위를 초과하여 개인정보를 이용한 개인정보처리자를 처벌하도록 규정하고 있고, 같은 법 제74조 제2항에서는 법인의 대표자나 법인 또는 개인의 대리인, 사용인, 그 밖의 종업원이 그 법인 또는 개인의 업무에 관하여 같은 법 제71조에 해당하는 위반행위를 하면 그 행위자를 벌하는 외에 그 법인 또는 개인에게도 해당 조문의 벌금형을 과하도록 하는 양벌규정을 두고 있다. 위 법 제71조 제2호, 제18조 제1항에서 벌칙규정의 적용대상자를 개인정보처리자로 한정하고 있기는 하나, 위 양벌규정은 벌칙규정의 적용대상인 개인정보처리자가 아니면서 그러한 업무를 실제로 처리하는 자가 있을 때 벌칙규정의 실효성을 확보하기 위하여 적용대상자를 해당 업무를 실제로 처리하는 행위자까지 확장하여 그 행위자나 개인정보처리자인 법인 또는 개인을 모두 처벌하려는 데 그 취지가 있으므로, 위 양벌규정에 의하여 개인정보처리자 아닌 행위자도 위 벌칙규정의 적용대상이 된다. 그러나 구 개인정보 보호법은 제2조 제5호, 제6호에서 공공기관 중 법인격이 없는 '중앙행정기관 및 그 소속 기관' 등을 개인정보처리자 중 하나로 규정하고 있으면서도, 양벌규정에 의하여 처벌되는 개인정보처리자로는 같은 법 제74조 제2항에서 '법인 또는 개인'만을 규정하고 있을 뿐이고, 법인격 없는 공공기관에 대하여도 위 양벌규정을 적용할 것인지 여부에 대하여는 **명문의 규정을 두고 있지 않으므로**, 죄형법정주의의 원칙상 '법인격 없는 공공기관'을 위 양벌규정에 의하여 처벌할 수 없고, 그 경우 행위자 역시 위 양벌규정으로 처벌할 수 없다고 봄이 타당하다.

3 **[헌재 2019헌가2]** 구 수질환경보전법 제61조 중 '법인의 대리인, 사용인 기타의 종업원이 그 법인의 업무에 관하여 제57조 제5호의 위반행위를 한 때에는 그 법인에 대하여도 해당조의 벌금형을 과한다' 부분('심판대상조항')이 책임주의원칙에 위배되는지 여부(적극)] ●**결정요지**● 심판대상조항은 종업원 등의 범죄행위에 관하여 비난할 근거가 되는 법인의 독자적인 책임에 관하여 전혀 규정하지 않은 채, 단순히 법인이

고용한 종업원 등이 업무에 관하여 범죄행위를 하였다는 이유만으로 법인에 대하여 형벌을 부과하도록 정하고 있는바, 이는 헌법상 법치국가원리로부터 도출되는 **책임주의원칙에 위배**된다. ●**심판대상조문**● 구 수질환경보전법(1995.12.29. 법률 제5095호로 개정되고, 2004.10.22. 법률 제7240호로 개정되기 전의 것) 제61조 중 '법인의 대리인, 사용인 기타의 종업원이 그 법인의 업무에 관하여 제57조 제5호의 위반행위를 한 때에는 그 법인에 대하여도 해당조의 벌금형을 과한다' 부분.

4 [대판 2017도13982] [법인격 없는 사단에 고용된 사람이 구 건축법 제108조 제1항에 따른 위반행위를 한 경우, 법인격 없는 사단의 구성원 개개인이 같은 법 제112조 제4항 양벌규정에서 정한 '개인'의 지위에 있다 하여 그를 처벌할 수 있는지 여부(소극)] [1] 구 건축법(2015. 7. 24. 법률 제13433호로 개정되기 전의 것) 제108조 제1항은 같은 법 제11조 제1항에 의한 허가를 받지 아니하고 건축물을 건축한 건축주를 처벌한다고 규정하고, 같은 법 제112조 제4항은 양벌규정으로서 "개인의 대리인, 사용인, 그 밖의 종업원이 그 개인의 업무에 관하여 제107조부터 제111조까지의 규정에 따른 위반행위를 하면 행위자를 벌할 뿐만 아니라 그 개인에게도 해당 조문의 벌금형을 과한다."라고 규정하고 있다. 그러나 법인격 없는 사단에 고용된 사람이 위반행위를 하였더라도 법인격 없는 사단의 구성원 개개인이 위 법 제112조에서 정한 '개인'의 지위에 있다 하여 그를 처벌할 수는 없다. [2] 갑 교회의 총회 건설부장인 피고인이 관할시청의 허가 없이 건물 옥상층에 창고시설을 건축하는 방법으로 건물을 불법 증축하여 건축법 위반으로 기소된 사안에서, **갑 교회는 을을 대표자로 한 법인격 없는 사단**이고, 피고인은 갑 교회에 고용된 사람이므로, 을을 구 건축법 제112조 제4항 양벌규정의 '개인'의 지위에 있다고 보아 **피고인을 같은 조항에 의하여 처벌할 수는 없다**고 한 사례.

5 [대판 2015도10388] [법인이 **설립되기 이전**에 자연인이 한 행위에 대하여 양벌규정을 적용하여 법인을 처벌할 수 있는지 여부(원칙적 소극)] 일반적으로 자연인이 법인의 기관으로서 범죄행위를 한 경우에도 행위자인 자연인이 그 범죄행위에 대한 형사책임을 지는 것이고, 다만 법률이 그 목적을 달성하기 위하여 특별히 규정하고 있는 경우에만 행위자를 벌하는 외에 법률효과가 귀속되는 법인에 대하여도 벌금형을 과할 수 있는 것인 만큼, 법인이 설립되기 이전에 어떤 자연인이 한 행위의 효과가 설립 후의 법인에게 당연히 귀속된다고 보기 어려울 뿐만 아니라, 양벌규정에 의하여 사용자인 법인을 처벌하는 것은 형벌의 자기책임원칙에 비추어 위반행위가 발생한 그 업무와 관련하여 사용자인 법인이 상당한 주의 또는 관리감독 의무를 게을리한 선임감독상의 과실을 이유로 하는 것인데, 법인이 설립되기 이전의 행위에 대하여는 법인에게 어떠한 선임감독상의 과실이 있다고 할 수 없으므로, 특별한 근거규정이 없는 한 **법인이 설립되기 이전에 자연인이 한 행위에 대하여 양벌규정을 적용하여 법인을 처벌할 수는 없다**고 봄이 타당하다.

6 [헌재 2009헌가25] [1] [구 농산물품질관리법 제37조 중 "법인의 대리인·사용인 기타의 **종업원**이 그 법인의 업무에 관하여 제34조의2의 위반행위를 한 때에는 그 법인에 대하여도 해당 조의 벌금형을 과한다."는 부분('**종업원관련 부분**')이 책임주의에 반하여 헌법에 위반되는지 여부(적극)] '종업원' 관련 부분은 법인이 고용한 종업원 등의 범죄행위에 관하여 비난할 근거가 되는 법인의 의사결정 및 행위구조, 즉 종업원 등이 저지른 행위의 결과에 대한 법인의 독자적인 책임에 관하여 전혀 규정하지 않은 채, 단순히 법인이 고용한 종업원 등이 업무에 관하여 범죄행위를 하였다는 이유만으로 법인에 대하여 형사처벌을 과하고 있는바, 이는 다른 사람의 범죄에 대하여 그 책임 유무를 묻지 않고 형벌을 부과함으로써 법치국가의 원리 및 죄형법정주의로부터 도출되는 **책임주의원칙에 반한다**. [2] [구 농산물품질관리법 제37조 중 **"법인의 대표**

자가 그 법인의 업무에 관하여 제34조의2의 위반행위를 한 때에는 그 법인에 대하여도 해당 조의 벌금형을 과한다."는 부분(**'대표자 관련부분'**)이 책임주의에 반하여 헌법에 위반되는지 여부(소극)] 법인은 기관을 통하여 행위하므로 법인이 대표자를 선임한 이상 그의 행위로 인한 법률효과는 법인에게 귀속되어야 하고, **법인 대표자의 범죄행위에 대하여는** 법인 자신이 **자신의 행위**에 대한 책임을 부담하여야 하는바, 법인 대표자의 법규 위반행위에 대한 법인의 책임은 법인자신의 법규 위반행위로 평가될 수 있는 행위에 대한 **법인의 직접책임**으로서, 대표자의 고의에 의한 위반행위에 대하여는 법인 자신의 고의에 의한 책임을, 대표자의 과실에 의한 위반행위에 대하여는 **법인 자신의 과실에 의한 책임을 부담**하는 것이다.

7 **[헌재 2008헌가14] [YTN 시청자퀴즈 사건]** ['사행행위등규제및처벌특례법'(2006.3.24. 법률 제7901호로 개정된 것) 제31조 중 "법인의 대리인·사용인 기타 종업원이 그 법인의 업무에 관하여 제30조 제2항 제1호의 위반행위(**무허가 사행행위영업**)를 한 때에는 **그 법인에 대하여도 동조의 벌금형을 과한다.**"는 부분이 책임주의에 반하여 헌법에 위반되는지 여부(적극)] ●**결정요지**● 이 사건 법률조항은 법인이 고용한 종업원 등이 업무에 관하여 같은 법 제30조 제2항 제1호를 위반한 범죄행위를 저지른 사실이 인정되면, 법인이 그와 같은 종업원 등의 범죄에 대해 어떠한 잘못이 있는지를 전혀 묻지 않고 곧바로 그 종업원 등을 고용한 법인에게도 종업원 등에 대한 처벌조항에 규정된 벌금형을 과하도록 규정하고 있는바, 오늘날 법인의 반사회적 법익침해활동에 대하여 법인 자체에 직접적인 제재를 가할 필요성이 강하다 하더라도, **입법자가 일단 "형벌"을 선택한 이상, 형벌에 관한 헌법상 원칙, 즉 법치주의와 죄형법정주의로부터 도출되는 책임주의원칙이 준수**되어야 한다. 그런데 이 사건 법률조항에 의할 경우 법인이 종업원 등의 위반행위와 관련하여 선임·감독상의 주의의무를 다하여 아무런 잘못이 없는 경우까지도 법인에게 형벌을 부과될 수밖에 없게 되어 법치국가의 원리 및 죄형법정주의로부터 도출되는 책임주의원칙에 반하므로 헌법에 위반된다. cf) 이 결정 이전에는 양벌규정이 대부분 무과실책임으로 규정되어 있었으나 이 결정으로 이러한 태도는 헌법에 위배된다고 판단하기 시작하였다. 그 결과 현재 법인에 대한 양벌규정은 사업주의 면책규정이 들어가게 되었다.

8-1 **[대판 2008도6530] [지방자치단체가 양벌규정에 의한 처벌대상이 되는 법인에 해당하는지 여부]** [1] (가) 국가가 본래 그의 사무의 일부를 지방자치단체의 장에게 위임하여 처리하게 하는 **기관위임사무**의 경우 지방자치단체는 국가기관의 일부로 볼 수 있고, (나) 지방자치단체가 **그 고유의 자치사무**를 처리하는 경우 지방자치단체는 국가기관의 일부가 아니라 국가기관과는 별도의 **독립한 공법인**으로서 양벌규정에 의한 처벌대상이 되는 **법인에 해당**한다. [2] 지방자치단체 소속 공무원이 **지정항만순찰 등의 업무**를 위해 관할관청의 승인없이 개조한 승합차를 운행함으로써 구 자동차관리법을 위반한 사안에서, 지방자치법, 구 항만법, 구 항만법 시행령 등에 비추어 위 항만순찰 등의 업무가 지방자치단체의 장이 국가로부터 위임받은 **기관위임사무에 해당**하여, 해당 지방자치단체가 구 자동차관리법 제83조의 양벌규정에 따른 **처벌대상이 될 수 없다.**

8-2 **[비교판례] [대판 2004도2657]** [지방자치단체가 도로법 제86조의 양벌규정의 적용대상이 되는 법인에 해당하는지 여부(한정 적극)] 지방자치단체 소속 공무원이 **압축트럭 청소차를 운전**하여 고속도로를 운행하던 중 제한축중을 초과 적재 운행함으로써 도로관리청의 차량운행제한을 위반한 사안에서, 해당 지방자치단체가 도로법 제86조의 **양벌규정에 따른 처벌대상이 된다.** cf) 지방자치단체 소속 공무원이 지방자치단체 **고유사무**를 수행하던 중 도로법 제81조 내지 제85조의 규정에 의한 위반행위를 한 경우에는 지방자치단체는 국가기관의 일부가 아니라 국가기관과는 별도의 독립한 공법인으로서 양벌규정에 의한 처벌대상이 되는 법인에 해당한다.

9 **[대판 2007도7920]** [식품위생법 제79조에 정한 양벌규정의 취지] [1] 식품위생법 제79조는 법인의 대표자나 법인 또는 개인의 대리인·사용인 기타의 종업원이 그 법인 또는 개인의 업무에 관하여 법 제74조 내지 제77조의 위반행위를 한 때에는 그 행위자를 벌하는 외에 그 법인이나 개인에 대하여도 해당 각조의 벌금형을 과하도록 하는 양벌규정으로서 식품영업주의 그 종업원 등에 대한 감독태만을 처벌하려는 규정이다. [2] 종업원이 **무허가 유흥주점 영업**을 할 당시 식품영업주가 교통사고로 입원하고 있었다는 사유만으로 양벌규정에 따른 책임을 면할 수는 없다.

10 **[대판 2005도4471]** [합병으로 소멸한 법인이 양벌규정에 따라 부담하던 형사책임이 합병 후 존속회사에 승계되는지 여부(소극)] **회사합병**이 있는 경우 피합병회사의 권리·의무는 사법상의 관계나 공법상의 관계를 불문하고 모두 합병으로 인하여 존속하는 회사에 승계되는 것이 원칙이지만, 그 성질상 이전을 허용하지 않는 것은 승계의 대상에서 제외되어야 할 것인바, 양벌규정에 의한 법인의 처벌은 어디까지나 형벌의 일종으로서 행정적 제재처분이나 민사상 불법행위책임과는 성격을 달리하는 점, 형사소송법 제328조가 '피고인인 법인이 존속하지 아니하게 되었을 때'를 공소기각결정의 사유로 규정하고 있는 것은 형사책임이 승계되지 않음을 전제로 한 것이라고 볼 수 있는 점 등에 비추어 보면, 합병으로 인하여 소멸한 법인이 그 종업원 등의 위법행위에 대해 **양벌규정에 따라 부담하던 형사책임은 그 성질상 이전을 허용하지 않는 것**으로서 **합병으로 인하여 존속하는 법인에 승계되지 않는다.**

11 **[대판 2000도3570]** [법인이 아닌 약국을 실질적으로 경영하는 약사가 다른 약사를 고용하여 그 고용된 약사를 명의상의 개설약사로 등록하게 해두고 약사 아닌 종업원을 직접 고용하여 영업하던 중 그 종업원이 약사법위반 행위를 한 경우, 약사법 제78조의 양벌규정상의 형사책임의 주체(=**실질적 경영자**)] 법인이 아닌 약국에서의 영업으로 인한 사법상의 권리의무는 그 약국을 개설한 약사에게 귀속되므로 대외적으로 그 약국의 영업주는 그 약국을 개설한 약사라고 할 것이지만, 그 약국을 **실질적으로 경영하는 약사가 다른 약사를 고용**하여 그 고용된 약사를 명의상의 개설약사로 등록하게 해두고 실질적인 영업약사가 약사 아닌 종업원을 직접 고용하여 영업하던 중 그 종업원이 약사법 위반행위를 하였다면 약사법 제78조의 양벌규정상의 **형사책임은 그 실질적 경영자가 지게 된다.**

12 **[대판 95도2870 전원합의체]** [구 건축법 제57조의 양벌규정이 위반행위의 이익귀속주체인 업무주에 대한 처벌규정임과 동시에 행위자의 처벌규정인지 여부(적극)] ●**사실**● 부산광역시 도시개발공사가 발주하고 공소외 주식회사가 시공하였던 사실 및 위 회사소속 건축기사인 피고인2가 위 회사의 대표이사인 피고인1의 포괄적 위임에 따라 위 아파트 공사의 현장소장 겸 현장대리인으로서 자신의 책임 하에 아파트 공사의 시공전반을 지휘·감독하면서 위 발주자 측 현장감독인인 피고인3과 공모하여 아파트의 지하주차장 시공의 순서와 방법을 그르치고, 그것이 원인이 되어 아파트가 기울어짐으로써 안전한 구조를 가지지 못하게 하였다. ●**판지**● **[다수의견]** 구 건축법(1991.5.31.법률 제4381호로 전문 개정되기 전의 것) 제54조 내지 제56조의 벌칙규정에서 그 적용대상자를 건축주, 공사감리자, 공사시공자 등 일정한 업무주로 한정한 경우에 있어서, 같은 법 제57조의 양벌규정은 업무주가 아니면서 **당해 업무를 실제로 집행하는 자**가 있는 때에 위 벌칙규정의 실효성을 확보하기 위하여 그 적용대상자를 당해 업무를 실제로 집행하는 자에게까지 확장함으로써 그러한 자가 당해 업무집행과 관련하여 위 벌칙규정의 위반행위를 한 경우 위 양벌규정에 의하여 처벌할 수 있도록 한 행위자의 처벌규정임과 동시에 그 위반행위의 이익귀속주체인 업무주에 대한 처벌규정

이라고 할 것이다. cf) 양벌규정에 의하여 신분자 아닌 실제 행위자를 처벌할 수 있는가에 관해 종래 대법원의 태도는 일관되지 못하였다. 그러나 본 판결에서 대법원은 전원합의체판결을 통하여 영업주 아닌 신분 없는 실제행위자를 처벌할 수 있다고 판시하여 입장을 정리하였다.

13 **[대판 95도1893]** [양벌규정이 있는 경우 회사를 처단함에 있어 회사 대표자의 위반행위에 대한 형 선고와 같은 조치를 취하여야 하는지 여부] 회사 대표자의 위반행위에 대하여 징역형의 형량을 작량감경하고 병과하는 벌금형에 대하여 선고유예를 한 이상 양벌규정에 따라 그 회사를 처단함에 있어서도 같은 조치를 취하여야 한다는 논지는 독자적인 견해에 지나지 아니하여 받아들일 수 없다.

14 **[대판 95도391]** [양벌규정에 의한 법인의 형사책임에 관하여 자수감경이 적용되는 경우] 법인의 직원 또는 사용인이 위반행위를 하여 양벌규정에 의하여 법인이 처벌받는 경우, 법인에게 자수감경에 관한 형법 제52조 제1항의 규정을 적용하기 위하여는 **법인의 이사 기타 대표자가 수사책임이 있는 관서에 자수한 경우에 한하고**, 그 위반행위를 한 직원 또는 사용인이 자수한 것만으로는 위 규정에 의하여 형을 감경할 수 없다.

15 **[대판 94도2423]** [**친고죄의 경우 양벌규정에 의하여 처벌받는 자에 대하여 별도의 고소를 요하는지 여부(소극)**] 고소는 범죄의 피해자 또는 그와 일정한 관계가 있는 고소권자가 수사기관에 대하여 범죄사실을 신고하여 범인의 처벌을 구하는 의사표시이므로, 고소인은 범죄사실을 특정하여 신고하면 족하고 범인이 누구인지 나아가 범인 중 처벌을 구하는 자가 누구인지를 적시할 필요도 없는바, 저작권법 제103조의 양벌규정은 직접 위법행위를 한 자 이외에 아무런 조건이나 면책조항 없이 그 업무의 주체 등을 당연하게 처벌하도록 되어 있는 규정으로서 당해 위법행위와 별개의 범죄를 규정한 것이라고는 할 수 없으므로, 친고죄의 경우에 있어서도 행위자의 범죄에 대한 고소가 있으면 족하고, 나아가 양벌규정에 의하여 처벌받는 자(법인)에 대하여 별도의 고소를 요한다고 할 수는 없다.

16 **[대판 92도2324]** 중기관리법 제36조의 규정취지는 각 본조의 위반행위를 중기소유자인 법인이나 개인이 직접 하지 않은 경우에도 그 행위자와 중기소유자 쌍방을 모두 처벌하려는 데에 있으므로, **이 양벌규정에 의하여 중기소유자가 아닌 행위자도 중기소유자에 대한 각 본조의 벌칙규정의 적용대상이 된다. cf) 벌칙조항이 신분자만을 규정하고 있어도 양벌규정에 근거하여 비신분자도 처벌할 수 있다.**

영업주의 과실책임설을 취한 판례

17-1 **[대판 87도1213]** [종업원의 미성년자보호법 위반죄의 구성요건상 자격흠결과 양벌규정에 의한 영업주의 범죄성립 여부] ●**사실**● 극장을 경영하는 피고인에 대하여 그 극장에서 미성년자의 관람이 금지된 영화가 상영되고 있음에도 불구하고 제1심 공동피고인으로 하여금 14세의 미성년자 2명을 위 극장에 출입하게 하였다. ●**판지**● [1] (미성년자보호법상) 양벌규정에 의한 영업주의 처벌은 금지위반행위자인 종업원의 처벌에 종속하는 것이 아니라 독립하여 **그 자신의 종업원에 대한 선임감독상의 과실로 인하여 처벌되는 것**이므로 영업주의 위 과실책임을 묻는 경우 금지위반행위자인 종업원에게 구성요건상의 자격이 없다고 하더라도 영업주의 범죄성립에는 아무런 지장이 없다. [2] 객관적 **외형상으로 영업주의 업무에 관한 행위**이고 종업원이 그 영업주의 업무를 수행함에 있어서 위법행위를 한 것이라면 그 위법행위의 동기가 종업원 기타 제3자의 이익을 위한 것에 불과하고 영업주의 영업에 이로운 행위가 아니라 하여도 영업주는 그 감독해태

에 대한 책임을 면할 수 없다.

17-2 [대판 2005도7673] [양벌규정에 의한 영업주의 처벌에 있어서 종업원의 범죄성립이나 처벌을 요하는지 여부(소극)] [1] 양벌규정에 의한 **영업주의 처벌**은 금지위반행위자인 **종업원의 처벌에 종속하는 것이 아니라 독립하여 그 자신의 종업원에 대한 선임감독상의 과실로 인하여 처벌**되는 것이므로 종업원의 범죄성립이나 처벌이 영업주 처벌의 전제조건이 될 필요는 없다. [2] 피고인의 종업원인 공소외인이 이 사건 사진을 피고인 운영의 여행사 홈페이지에 게시할 당시 이 사건 사진의 저작권자가 누구인지 몰랐다고 하더라도 타인의 저작물을 영리를 위하여 임의로 게시한다는 인식이 있었으므로 이 사건 사진에 대한 저작권자의 저작권을 침해하였다고 인정한 조치는 옳다

18-1 [대판 82도2595 전원합의체] [타인의 사무를 처리할 의무의 주체가 법인인 경우 그 법인의 대표기관이 배임죄의 주체가 될 수 있는지 여부(적극)] **[다수의견]** 형법 제355조 제2항의 배임죄에 있어서 타인의 사무를 처리할 의무의 주체가 법인이 되는 경우라도 **법인은 다만 사법상의 의무주체가 될 뿐 범죄능력이 없는 것**이며 그 타인의 사무는 법인을 대표하는 자연인인 대표기관의 의사결정에 따른 대표행위에 의하여 실현될 수밖에 없어 그 대표기관은 마땅히 법인이 타인에 대하여 부담하고 있는 의무내용 대로 사무를 처리할 임무가 있다 할 것이므로 법인이 처리할 의무를 지는 타인의 사무에 관하여는 **법인이 배임죄의 주체가 될 수 없고** 그 법인을 대표하여 사무를 처리하는 **자연인인 대표기관이 바로 타인의 사무를 처리하는 자, 즉 배임죄의 주체**가 된다. **cf)** 이 판결은 법인 자체는 범죄능력이 없어 범죄의 주체가 될 수 없지만 그 법인의 대표자인 자연인이 의무의 주체가 되어서 범죄의 주체가 될 수 있다고 판시한 중요한 판결이다.

18-2 [대판 2016도21283] [건축물의 용도변경에 관하여 신고의무를 지는 자가 '법인격 없는 사단'인 경우, 구 건축법 제110조 제1호에서 정한 '도시지역 밖에서 제19조를 위반하여 무신고 용도변경 행위를 한 건축주'의 의미(=**법인격 없는 사단의 대표기관인 자연인**)] 법인격 없는 사단과 같은 단체는 법인과 마찬가지로 사법상의 권리의무의 주체가 될 수 있음은 별론으로 하더라도 법률에 명문의 규정이 없는 한 그 범죄능력은 없고, 그 단체의 업무는 단체를 대표하는 자연인인 대표기관의 의사결정에 따른 대표행위에 의하여 실현될 수밖에 없다.

19 [대판 81도2545] [양벌규정의 법인과 공동정범] [실행행위를 분담하지 아니한 법인의 사용인이 소속된 법인의 죄책] 양벌규정에 의하여 법인이 처벌받는 경우에 법인의 사용인들이 범죄행위를 공모한 후 일방법인의 사용인이 그 실행행위에 직접 가담하지 아니하고 다른 공모자인 타법인의 사용인만이 분담실행한 경우에도 그 **법인은 공동정범의 죄책을 면할 수 없다.**

Reference 2

법인의 범죄능력 인정 여부에 대한 견해

범죄능력 부정설	범죄능력 긍정설
1. 범죄는 자연인의 의사활동에 따른 행위이므로 의사와 육체가 없는 법인은 행위주체가 될 수 없다.	1. 법인은 기관을 통해 의사형성과 행위를 할 수 있으므로 법인에게도 의사능력과 행위능력을 인정할 수 있다.
2. 법인에게는 자유의사가 없으므로 도의적 책임을 물을 수 없다.	2. 책임의 근거를 반사회적 위험성으로 이해한다면 사회적 책임이 인정된다.
3. 행위자를 처벌하고 나아가 법인을 처벌하는 것은 이중처벌에 해당한다.	3. 법인의 기관의 행위는 기관의 구성원인 개인의 행위임과 동시에 법인의 행위라는 양면성을 가지므로 법인을 처벌한다고 하여 이중처벌이 되는 것은 아니다.
4. 법인은 정관이라는 목적 범위 내에서만 활 동할 수 있는데 범죄는 법인의 목적이 될 수 없다.	4. 법인이 사회적 존재로서 활동하는 현실에서는 그 활동과정에서 범죄행위를 할 수 있다.
5. 형법의 주요형벌인 사형과 자유형을 법인에게 집행할 수 없다.	5. 생명형과 자유형에 해당되는 형벌로서 법인의 해산과 업무정지를 생각할 수 있고, 재산형인 벌금은 효과적인 형벌이 될 수 있다.
6. 법인처벌의 효과가 실질적으로 법인의 구성원에게까지 미치게 되므로 범죄와 무관한 사람을 처벌하는 것은 자기책임의 원칙에 반한다.	6. 법인의 반사회적 활동으로부터 사회를 방위하기 위하여는 법인의 범죄능력을 인정할 필요가 있다.

12 피해자의 특이체질과 인과관계

* 대법원 1978. 11. 28. 선고 78도1961 판결
* 참조조문: 형법 제17조,[1] 제262조[2]

피해자가 특이체질이거나 지병이 있거나 허약한 건강상태인 경우와 인과관계

●**사실**● 고등학교 교사인 피고인 X는 3학년 학생인 피해자 A가 민방공훈련에 불참하였다는 이유를 들어 주의를 환기하고자 왼쪽 뺨을 한번 살짝 때렸다. 이 순간 A가 뒤로 넘어지면서 머리를 지면에 부딪쳐 우측 측두골 부위에 선상골절상을 입고 지주막하출혈 및 뇌타박상을 일으켜 사망하였다.

원심은 피해자가 위와 같이 뒤로 넘어진 것은 피고인으로부터 뺨을 맞은 탓이 아니라 그 피해자의 평소 허약상태에서 온 급격한 뇌압 상승 때문이었고, 또 위 사망의 원인이 된 측두골 골절이나 뇌타박상은 보통 사람의 두개골은 3㎜ 내지 5㎜인데 비하여 피해자는 0.5㎜ 밖에 안 되는 **비정상적인 얇은 두개골**이었다는 사실과 더불어 뇌수종이 있었던데 연유한 것이라는 사실과 피고인은 이 피해자가 다른 학생에 비하여 체질이 허약함은 알고 있었으나 위와 같은 두뇌의 특별이상이 있음은 미처 알지 못하였던 것을 인정하여 폭행치사를 인정하지 않았다. 검사가 상고하였다.

●**판지**● **상고기각.** 「고등학교 교사가 제자의 잘못을 징계코자 왼쪽 뺨을 때려 뒤로 넘어지면서 사망에 이르게 한 경우 위 피해자는 두께 0.5㎜ 밖에 안 되는 비정상적인 얇은 두개골이었고 또 뇌수송을 가진 심신허약자로서 좌측 뺨을 때리자 급성뇌성압상승으로 넘어지게 된 것이라면 위 소위와 피해자의 사망 간에는 이른바 **인과관계가 없는 경우에 해당**한다」.

●**해설**● 1 불법한 행위가 되기 위해서는 행위와 발생한 결과 사이에 일정한 인과적 관련이 있어야 한다. 형법 제17조는 "어떤 행위라도 죄의 요소 되는 위험발생에 연결되지 아니한 때에는 그 결과로 인하여 벌하지 아니한다."고 하여 이 점을 규정하고 있다. 만약 행위와 결과 사이에 인과관계가 인정되지 않으면 범죄 기수는 되지 못한다. 형법에서 인과관계는 **객관적 구성요건요소**이다. 그리고 인과관계는 결과발생을 요하는 모든 범죄에서 문제된다. 따라서 고의범은 물론 과실범이나 결과적 가중범, 부작위범에서도 인과관계의 입증은 범죄성립에 있어 중요하다. 반면 추상적 위험범이나 단순 거동범의 경우는 인과관계가 문제되지 않는다.

2 피해자의 특이체질로 인하여 인과관계가 다투어지는 대부분 유형에서 법원은 인과관계를 인정하여 왔다(대판 85도2433 등). 그런 측면에서 볼 때, 인과관계를 부정한 본 사안은 아주 드문 사례로 그 의미가 있다. 이런 유형에서 종종 문제 되는 상황은 가해자가 폭행을 하였지만 피해자 본인에게 심장질환이 있어 심정지로 인해 사망한 사안들이다(Ref 1, 2, 3). 이 경우 행위자가 행한 행위(폭행), 얼핏 보면 결과 발생의 위험성이 낮은 행위가 사망의 결과를 실현하였다고 평가할 수 있는지가 문제 된다. 법원은 폭행이 특수한 사정과 맞물려 치사의 결과를 발생시킨 것으로 보아 대부분 인과관계를 인정하였다.

---

1) 형법 제17조(인과관계) 어떤 행위라도 죄의 요소되는 위험발생에 **연결되지 아니한 때에는** 그 결과로 인하여 벌하지 아니한다.

2) 형법 제262조(폭행치사상) 제260조와 제261조의 죄를 지어 사람을 사망이나 상해에 이르게 한 경우에는 제257조부터 제259조까지의 예에 따른다.

3 행위와 발생한 결과 사이에 **'어떠한 연관 관계'**가 있을 경우에 인과관계를 인정할 수 있을 것인가와 관련해 법원은 **상당인과관계설**의 입장에 있다. 상당인과관계설은 행위와 결과 사이에 **'상당성'**이라는 **규범적 판단**으로 인과관계를 판단하자는 학설이다(여기서 '상당성'이란 '고도의 개연성'을 의미한다). 그리고 그 규범적 판단의 기초가 되는 사정을 무엇으로 할 것인가에 따라 객관설, 주관설, 절충설로 나뉜다.

4 먼저 (a) **객관설**은 '행위 당시에 발생한 모든 사정'을 기초로 판단하기에 특이한 두개골과 뇌수종을 앓고 있는 A의 사정도 판단의 요소에 들어간다. 때문에 폭행과 사망 간에 인과관계가 인정된다. 그러나 (b) **주관설**은 '행위자가 행위 시에 그러한 특수한 사실을 인식하거나 인식할 수 있었던 경우에 한하여 그것을 고려'하기에 X에게는 그런 인식이 없어 인과관계가 부정된다. 그리고 (c) **절충설**은 '행위 당시에 통찰력 있는 일반인이 특별한 사정(특이한 두개골과 뇌수종)을 인식할 수 있었던 경우와 행위자가 그것을 특별히 알고 있었던 사정'을 판단의 기초로 삼기에 인과관계는 인정되지 않는다.

5 결과에 '책임'을 묻기 위해서는 **반드시 '주된 원인'이나 '직접적 원인'일 필요는 없지만, 행위가 가지는 위험성이 행위 시의 특수사정이나 이상한 개재(介在) 사정과 상응하여 결과가 발생한 경우**에 한정된다. 본 사안의 경우와 같이 확실히 가해진 행위로부터 거의 발생할 것 같지 않은 결과가 발생한 경우에는 책임을 돌릴 수 없지만, 조건관계가 인정되는 이상 설령 직접적인 사인(심장질환 등)을 예견할 수 없었다 하더라도 사망의 결과를 발생시킬 수 있는 폭행이 가해지면 결과는 객관적으로 귀책될 수 있을 것이다.

6 **인과관계에 관한 학설**　　인과관계에 대한 학설로는 먼저 전통적 이론인 (a) **조건설**이 있다. 조건설은 행위와 결과 사이에 조건적 관계만 있으면 인과관계를 인정하는 견해이다. 즉 "만약 그 행위가 없었더라면 그 결과도 발생하지 않았을 것"으로 판단되면 인과관계를 인정한다(절대적 제약관계, condito sine qua non). 조건관계가 인정되는 모든 행위들 사이에 우열은 없다(등가설). 조건설은 인과관계를 간단히 검증해 낼 수 있다는 장점은 있으나 인과관계의 범위가 무한히 확장되는 문제점이 있다. 그리고 앞서 설명한 판례의 입장인 (b) **상당인과관계설**이 있으며, 등가설적 조건설을 수정한 (c) **합법칙적 조건설**이 있다. 합법칙적 조건설은 행위와 결과 사이에 일상적·자연적 경험법칙적 관련성이 있어야 인과관계를 인정하자는 견해이다. 합법칙적 조건설은 객관적 귀속이론과 결합한다. **객관적 귀속이론**은 자연과학적 인과관계가 인정되는 결과를 행위자의 행위에 객관적 귀속(결과를 행위자의 행위 탓으로 돌릴 수 있는지 여부로 규범적 판단에 의한다)시킬 수 있는가를 확정하는 이론이다.

Reference 1

(심장)질환이 있는 피해자에 대한 폭행과 그로 인한 사망 사이에 인과관계를 인정한 사례들

1 [대판 89도556] 피고인이 피해자의 멱살을 잡아 흔들고 주먹으로 가슴과 얼굴을 1회씩 구타하고 멱살을 붙들고 넘어뜨리는 등 신체 여러 부위에 표피박탈, 피하출혈 등의 외상이 생길 정도로 심하게 폭행을 가함으로써 평소에 오른쪽 관상동맥폐쇄 및 심실의 허혈성심근섬유화증세 등의 **심장질환을 앓고 있던 피해자의 심장에 더욱 부담을 주어 나쁜 영향을 초래**하도록 하였다면, **비록 피해자가 관상동맥부전과 허혈성심근경**

색 등으로 사망하였더라도, 피고인의 폭행의 방법, 부위나 정도 등에 비추어 피고인의 폭행과 피해자의 사망 간에 상당인과관계가 있었다고 볼 수 있다.

2 **[대판 85도2433]** 피해자를 2회에 걸쳐 두 손으로 힘껏 밀어 땅바닥에 넘어뜨리는 폭행을 가함으로써 그 충격으로 인한 쇼크성 심장마비로 사망케 하였다면 비록 위 피해자에게 (가) **그 당시 심관성동맥경화 및 심근섬유화 증세 등의 심장질환의 지병**이 있었고 (나) **음주로 만취된 상태**였으며 그것이 피해자가 사망함에 있어 영향을 주었다고 해서 피고인의 폭행과 피해자의 사망 간에 **상당인과관계가 없다고 할 수 없다.**

3 **[대판 79도2040]** 피해자가 **평소 병약한 상태에 있었**고 피고인의 폭행으로 그가 사망함에 있어서 지병이 또한 사망 결과에 영향을 주었다고 하여 폭행과 사망 간에 **인과관계가 없다고 할 수 없다.**

Reference 2

* 대상판결과 유사하지만 객관설의 입장에서 엄격하게 판단하여 인과관계를 인정한 일본판례를 소개한다. 사안은 안면을 발로 차서 10일 정도의 상해를 입혔지만 당시 피해자가 뇌 매독에 걸려 비정상적으로 약해진 뇌 조직이 파괴되어 사망한 경우로 상해치사죄의 성립여부가 다투어 졌다[最2小判昭和25年3月31日(刑集4巻3号469頁)]. ●**사실**● 피고인 X는 피해자 V의 왼쪽 눈 부분을 오른발로 차 상해를 입혀, V를 사망에 이르게 했다. 원심이 증거로써 채용한 감정인 A의 감정서 중 V의 사체 외상으로 좌측 상하 안검(眼瞼)은 직경 약 5cm의 부분이 부어 짙은 보라색이 되었고, 왼쪽 눈 동공의 왼쪽 각막에 직경 0.5cm의 선홍색 멍이 들어 있었다고 기재되어 있어 X의 가격으로 인해 왼쪽 눈의 상처가 생긴 것이 명확해졌다. 그러나 X의 폭행과 그로 인한 **상처 자체는 치명적인 것이 아니었지만**(의사 B는 10일 정도면 상처가 회복될 것으로 보았다), V는 뇌 매독에 걸려 뇌에 고도의 병적인 변화를 앓고 있는 상태에서 안면에 심한 외상을 입었기 때문에, 뇌 조직을 어느 정도 붕괴시켜 그 결과 사망에 이르게 되었다는 점이 감정인 A와 C의 각 감정서의 기재로부터 충분히 인정된다. 원심이 상해치사죄의 성립을 인정함에 피고 측이 치사의 결과에 대한 인과관계를 다투며 상고하였다. ●**판시**● **상고기각**. 「논지는 위 감정인의 감정에 따르면, 경험칙에 비추어 볼 때 X의 행위로 인해 뇌조직의 붕괴를 일으킨 것이라는 인과관계를 단정하는 것이 불가능하고, 또한 다른 증거를 종합하여 생각해 보면 X의 행위와 V의 사망간의 인과관계를 인정할 수 없다는 주장이다. 하지만 위 감정인의 감정에 의해 X의 행위와 V 사망 간에 인과관계를 인정할 수 있고, 이러한 판단은 조금도 경험칙에 반하는 것이 아니다. 또한 X의 행위가 V의 뇌 매독에 의한 뇌의 고도의 병적 변화라는 특수한 사정이 없었다면 치사의 결과가 발생하지 않았을 것이라고 인정되는 경우에서 **X가 행위 당시 그 특수한 사정이 있음을 인식하지 못하거나 예측할 수 없었다 하더라도** 그 행위가 그 **특수한 사정과 맞물려서 치사의 결과를 발생시킨 때에는 그 행위와 결과 간에 인과관계를 인정할 수 있다**」.[3)]

3) 前田雅英 · 星周一郎/박상진 · 김잔디(역), 최신중요 일본형법판례 250선(총론편), 2021, 38-39면.

Reference 3

인과관계의 주요 학설

	조건설	합법칙적 조건설	상당인과관계설
의의	조건설은 '그러한 행위가 없었더라면(선행사실) 그러한 결과도 발생하지 않았을 것'이라는 논리적 조건관계만 있으면 인과관계를 인정하는 학설이다.	합법칙적 조건설은 결과가 행위에 시간적으로 뒤따르면서 그 행위와 자연법칙적으로 연관되어 있을 때 행위와 결과 간에 인과관계를 인정할 수 있다는 견해이다.	상당인과관계설은 어느 행위로부터 어느 결과가 발생하는 것이 경험칙상 상당하다고 판단될 때에 인과관계를 인정한다.
비판점	조건설은 각 조건들을 결과에 대한 동등한 원인으로 간주하여 인과관계의 범위가 지나치게 확장된다.	합법칙적 조건설에 대해서는 조건설과 마찬가지로 인과관계가 지나치게 확장될 수 있다는 비판이 있다. 때문에 이 설은 객관적 귀속이론에 의하여 형법적 귀책의 범위를 제한하고자 한다.	인과관계를 일상적인 생활경험으로 제한하여 형사처벌의 확장을 방지하는 장점이 있으나 '상당성'의 판단이 모호하여 법적 안정성을 해칠 우려가 있다.

13 피해자의 과실이 개재된 경우와 인과관계

* 대법원 1994. 3. 22. 선고 93도3612 판결
* 참조조문: 형법 제17조,[1] 제250조[2]

피해자의 과실이 개재되어 사망에 이른 경우

●**사실**● 피고인 X는 자신의 동료들을 납치해 폭행을 가한 타워파 폭력조직원들에 대해 보복을 하기로 결의한 후, 동료인 W, Y, Z 등과 함께 1993.2.15. 05:30경 전주시 덕진구 금암동 소재 여관으로 찾아가서 상호 공동하여 흉기를 각 소지하고 302호실로 들어갔다. 그곳에서 잠을 자던 피해자 A와 B를 타워파의 일행인 줄 잘못 알고 각기 각목과 쇠파이프로 그들의 머리와 몸을 마구 때리고, 낫으로 팔과 다리 등을 닥치는 대로 여러 차례 힘껏 내리찍었다. 이로 인해 A는 1993.2.15. 당시 입은 **자상으로 인하여 급성신부전증[3]이 발생**하여 치료를 받다가 다시 폐렴 패혈증[4] 범발성 혈액 응고 장애 등의 합병증이 발생하여 1993.3.17. 사망하였다. 급성신부전증의 예후는 핍뇨형이나 원인 질환이 중증인 경우에 더 나쁜데, **사망률은 30% 내지 60% 정도**에 이르고 특히 수술이나 외상 후에 발생한 급성신부전증의 경우 사망률이 가장 높다. 급성신부전증을 치료할 때에는 수분의 섭취량과 소변의 배설량을 정확하게 맞추어야 하는데 당시 A는 외상으로 인하여 급성신부전증이 발생하였고 또 소변량도 심하게 감소한 상태여서 음식과 수분의 섭취를 더욱 철저히 억제하여야 하는데, 이와 같은 사실을 모르고 **콜라와 김밥 등을 함부로 먹은 탓**으로 체내에 수분 저류가 발생하여 위와 같은 **합병증이 유발**됨으로써 사망에 이르게 되었다.

원심은 「위 피고인들의 이 사건 범행이 위 피해자를 사망하게 한 **직접적인 원인이 된 것은 아니지만,** 그 범행으로 인하여 위 피해자에게 급성신부전증이 발생하였고 또 그 합병증으로 위 피해자의 직접사인이 된 패혈증 등이 유발된 이상, **비록 그 직접사인의 유발에 위 피해자 자신의 과실이 개재되었다고 하더라도** 이와 같은 사실은 **통상 예견할 수 있는 것으로 인정**되므로, 위 피고인들의 이 사건 범행과 위 피해자의 사망과의 사이에는 인과관계가 있다고 보지 않을 수 없다고 보아 피고인에게 유죄」를 인정하였다. 피고인들이 이 점에 대해 상고하였다.

●**판지**● **상고기각.** 「살인의 실행행위가 피해자의 사망이라는 (가) 결과를 발생하게 한 유일한 원인이거나 직접적인 원인이어야만 되는 것은 아니므로, (나) 살인의 **실행행위와 피해자의 사망과의 사이에 다른 사실이 개재**되어 그 사실이 치사의 직접적인 원인이 되었다고 하더라도 (다) 그와 같은 사실이 **통상 예견할 수 있는** 것에 지나지 않는다면 살인의 실행행위와 피해자의 사망과의 사이에 **인과관계가 있는 것**으로 보아야 한다」.

---

1) 형법 제17조(인과관계) 어떤 행위라도 죄의 요소되는 위험발생에 **연결되지 아니한 때에는** 그 결과로 인하여 벌하지 아니한다.
2) 형법 제250조(살인, 존속살해) ① 사람을 살해한 자는 사형, 무기 또는 5년 이상의 징역에 처한다. ② 자기 또는 배우자의 직계존속을 살해한 자는 사형, 무기 또는 7년 이상의 징역에 처한다.
3) 급성신부전(急性腎不全, Acute kidney injury)이란 신장 기능이 수 시간에서 수일에 걸쳐 급격하게 저하되는 것을 말한다. 신장기능 저하의 결과로 신체 내에 질소 노폐물이 축적되어 혈액 내에 고질 소혈증이 일어나고, 체액 및 전해질 균형에 이상이 생긴다. 신부전에 걸린 환자가 요독증에 걸리는 것을 방지하기 위해, 외부 수단을 통해 혈액의 노폐물 제거, 전해질 유지, 수분 유지를 해야 한다.
4) 패혈증(敗血症)이란 세균이 혈액 속에 들어가 번식하면서 그 생산한 독소에 의해 중독 증세를 나타내거나, 전신에 감염증을 일으키는 병명을 지칭한다.

●해설● 1 대상판결은 어떠한 범죄행위와 발생 결과의 중간에 다른 사실(피해자의 과실)이 개재되어도 인과관계를 인정할 수 있다고 본 판례이다. **비유형적 인과관계**이다. 인과관계의 유형으로는 ① 택일적(이중적) 인과관계 ② 중첩적(누적적) 인과관계 ③ 가설적 인과관계 ④ 추월적 인과관계 ⑤ 단절적 인과관계 ⑥ 비유형적 인과관계 등이 있다. 이 중 인과관계의 판단과 관련해 가장 까다롭고 많이 논의되는 것이 '비유형적 인과관계'이다.

2 **비유형적 인과관계**란 결과에 이르는 과정에 다른 조건이 비유형적으로 개입하여 최초의 원인행위와 결합하여 결과를 발생시킨 경우를 말한다. 예를 들어 행위자의 실행행위 이후에 나타난 교통사고나 의사의 실수, 피해자의 특이체질이나 지병(【12】 참조) 등과 같은 비유형적인 요인이 개재되어 종국적인 사망의 결과가 발생하는 경우 등이다. 이에 대한 해결과 관련해 여러 논의가 있지만 개별적인 사례에 따라서 구체적으로 검토하는 것이 바람직하다.

3 대상판결도 살인의 원인행위가 있었지만 현장에서는 사망하지 않았고, 병원에 입원한 후에 위중하지만 회복할 수 있는 가능성이 있는 상태에서 피해자 본인인 A가 음식 섭취에 조심하지 않고 콜라와 김밥을 먹어 사망에 이른 경우이다. 본 사안의 직접적 사인은 '합병증 유발'인데 이 합병증을 유발하는데 **피해자의 과실이 개재**된 것이다. 그리고 이렇게 개입된 피해자의 과실행위는 '통상 예견할 수 있는 것'으로 보아 피고인들의 행위와 사망의 결과 사이의 인과관계를 인정하였다. 대법원은 비유형적 인과관계가 문제 된 사례에서 **'통상의 예견가능성'**을 기준으로 삼아 인과관계를 판단하고 있다(대판 2014도6206, Ref 2).

4 대상판결에서도 법원은 「비록 그 직접사인의 유발에 위 피해자 자신의 과실이 개재되었다고 하더라도 이와 같은 사실은 **통상 예견할 수 있는 것으로 인정**되므로, 위 피고인들의 이 사건 범행과 위 피해자의 사망과의 사이에는 인과관계가 있다고 보지 않을 수 없다」고 판단하고 있다. 대법원은 상당인과관계설에 있어서 '상당성 판단'과 관련해 「살인의 실행행위가 피해자의 사망이라는 결과를 발생하게 한 **유일한 원인이거나 직접적인 원인이어야만 되는 것은 아니라**」고 본다.

5 행위 이후 개재사정이 존재할 경우의 인과관계의 판단은 ① **행위가 갖는 위험성(결과발생의 확률)의 대소**, ② **개재사정의 객관적 이상성(異常性)의 정도**(개재사정이 실행행위로부터 유발된 것인가, 관계없이 발생된 것인가) ③ **개재사정의 결과발생에 대한 기여의 정도**에 의해서 판단할 수 있을 것이다. 여기서 ② **개재사정의 이상성**은 단순히 '개재사정이 희귀한 경우인지 여부'를 문제 삼는 것이 아니라 실행행위와의 관계에서 어느 정도의 통상성을 가지는가를 따져보아야 한다. 즉, 행위자의 행위로부터 필연적으로 야기되는 것인지, 단순히 유발되는 것인지, 그와 같은 행위에 부수되어 종종 발생되는 것인지, 아니면 좀처럼 발생되지 않는 것인지를 묻는다. 끝으로 갈수록 점점 인과성이 부정될 가능성이 높아지게 된다. ③ **개재사정의 결과발생에 기여한 정도도 인과성의 판단에 있어 중요**하다. ㉠ 이미 실행행위로 인해 발생된 빈사상태에서 나중에 폭행행위가 가하여져 사망의 시기가 조금 빨라진 진 경우라면, 사망이 개재행위로 발생된 것처럼 보이더라도 처음의 실행행위에 귀속된다. 반대로 ㉡ 아무리 중상을 입었다 하더라도 '고의로 사살'한 경우와 같이 선행의 행위를 능가하는 사정이 개재된 경우에는 중상을 입게 한 행위와 사망 간의 인과성은 부정된다.[5]

5) 前田雅英 · 星周一郎/박상진 · 김잔디(역), 최신중요 일본형법판례 250선(총론편), 41면.

Reference

1 **[대판 2018도2844]** 피고인의 수술 후 복막염에 대한 진단과 처치 지연 등의 과실로 피해자가 제때 필요한 조치를 받지 못하였다면 피해자의 사망과 피고인의 과실 사이에는 인과관계가 인정된다. **비록 피해자가 피고인의 지시를 일부 따르지 않거나 퇴원한 적이 있더라도**, 그러한 사정만으로는 피고인의 과실과 피해자의 사망 사이에 인과관계가 단절된다고 볼 수 없다.

2 **[대판 2014도6206]** [교통방해치사상죄의 성립 요건 및 교통방해 행위와 사상의 결과 사이에 상당인과관계를 인정할 수 있는 경우] [1] 형법 제188조에 규정된 교통방해에 의한 치사상죄는 결과적 가중범이므로, 위 죄가 성립하려면 교통방해 행위와 사상(死傷)의 결과 사이에 상당인과관계가 있어야 하고 행위 시에 결과의 발생을 예견할 수 있어야 한다. 그리고 교통방해 행위가 피해자의 사상이라는 결과를 발생하게 한 유일하거나 직접적인 원인이 된 경우만이 아니라, **그 행위와 결과 사이에 피해자나 제3자의 과실 등 다른 사실이 개재된 때에도** 그와 같은 사실이 **통상 예견될 수 있는 것이라면 상당인과관계를 인정할 수 있다.** [2] 이 사건 당시 1·2차로에 차량들이 정상 속도로 꾸준히 진행하고 있어 1차로에 갑자기 차량을 세울 경우 1차로를 진행하던 차량들이 미처 이를 피하지 못하고 추돌하여 대형사고로 이어질 수 있는 상황임에도, 피고인은 2차로를 따라 시속 110~120km 정도로 진행하여 1차로를 진행하던 피해자 공소외 1의 차량 앞에 급하게 끼어든 후 곧바로 제동하여 약 6초 만에 정차하였고, 뒤따르던 피해자 공소외 1의 차량과 이어서 승용차 한 대 및 트럭 한 대는 급하게 제동하여 정차하였으나, 그 뒤에 따라오던 피해자 공소외 2가 운전하는 5톤 카고트럭은 이를 피하거나 정차하지 못하고 피고인 차량 정차 후 약 5~6초 만에 앞서 정차하여 있는 맨 뒤의 트럭을 들이받아 그 충격으로 차량들이 차례로 앞으로 밀리면서 연쇄적으로 충돌한 사고를 발생시켜, 피해자 공소외 2를 사망에 이르게 하고 나머지 차량 운전자 등 피해자들에게 상해를 입혔다'는 이 사건 일반교통방해치사상의 공소사실에 관하여, 피해자 공소외 2가 주의의무를 다하지 못한 과실이 있다고 섣불리 인정하기도 어려운 데다가, **설령 피해자 공소외 2에게 주의의무를 위반한 과실이 있다 하더라도 그러한 사정만으로** 피고인의 일반교통방해의 범행과 피해자들의 사상의 결과 사이에 인과관계가 단절되었다고 볼 수 없다. ●**해설**● 대법원은 이 사건에서 설령 피해자들의 사상의 결과 발생에 피해자 공소외 2의 **과실이 어느 정도 개재되었다 하더라도**, 피고인의 정차 행위와 그와 같은 결과 발생 사이에 상당인과관계가 없다고 할 수 없다고 판단하였다. 그리고 비록 피고인 차량 정차 후 세 대의 차량이 급정차하여 겨우 추돌을 피하기는 하였으나, 그것만으로 통상의 운전자라면 피해자 공소외 2가 처했던 상황에서 추돌을 피할 수 있었다는 개연성을 인정할 만한 특별한 사정이 있다고 보기는 어렵다고 보았다.

3 **[대판 2008도1697]** [착오에 빠진 원인 중에 **피기망자 측의 과실이 있는 경우에도** 사기죄가 성립하는지 여부(적극)] 대부업자가 새마을금고와 제3자에 대한 차량담보대출채권을 담보로 제공하고 개개 자동차담보채권액만큼 대출받는 것을 내용으로 하는 '대출채권담보대출 중개운용에 관한 업무협약 및 채권담보계약'을 체결하였음에도, 계약 취지와 달리 대출금을 기존 채무의 변제에 사용하고 새마을금고의 허락 없이 임의로 차량에 설정된 근저당권을 해제하는 등 새마을금고에 대한 채무변제를 성실히 이행하지 않은 사안에서, 위 대부업자가 대출 당시 대출금채무를 변제할 의사나 능력이 없음에도 있는 것처럼 새마을금고를 기망하여 이에 속은 새마을금고로부터 대출금을 편취하였고 그 편취의 범의도 인정된다고 보아, 위 대출이 새마을금고의 재무상태 등에 대한 실사를 거쳐 실행됨으로써 새마을금고가 위 대출이 가능하다는 착오에

빠지는 원인 중에 새마을금고 측의 과실이 있더라도 사기죄의 성립이 인정된다.

4 **[대판 93도2524]** 정신과질환인 조증으로 입원한 환자의 주치의사는 환자의 건강상태를 사전에 면밀히 살펴서 그 상태에 맞도록 조증치료제인 클로르포르마진을 가감하면서 투여하여야 하고, 클로르포르마진의 과다투여로 인하여 환자에게 기립성저혈압이 발생하게 되었고 당시 환자의 건강상태가 갑자기 나빠지기 시작하였다면 좀 더 정확한 진찰과 치료를 위하여 내과전문병원 등으로 전원조치를 하여야 할 것이고, 그러지 못하고 환자의 혈압상승을 위하여 포도당액을 주사하게 되었으면 그 과정에서 환자의 전해질이상 유무를 확인하고 투여하여야 함에도 의사에게 요구되는 이러한 일련의 조치를 취하지 아니한 과실이 있다면, 그러한 과실로 환자가 전해질이상 · 빈혈 · 저알부민증 등으로 인한 쇼크로 사망하였음을 인정할 수 있고, **그 치료 과정에서 야간당직의사의 과실이 일부 개입하였다고 하더라도** 그의 주치의사 및 환자와의 관계에 비추어 볼 때 환자의 주치의사는 업무상과실치사죄의 책임을 면할 수는 없다고 한 사례.

5 일본 판례 중에도 **피해자의 적절치 못한 행동이 개재**된 경우와 과실범의 인과관계 성립여부가 다투어진 사례가 있다[最1小決平成4年12月17日(刑集46卷9号683頁 · 判時1451号160頁)]. ●**사실**● 스쿠버다이빙 강사 X는 보조자 3명을 지휘하면서, 비가 내려 시야가 흐리고, 풍속 4m전후의 바람이 불던 밤에 A등 6명의 수강생에게 강습을 하였는데, 보조자 2명이 지시에 따르지 않고 있음을 알아차리고, 처음 시작한 지점으로 돌아왔지만 보조자 1명과 수강생 6명을 발견할 수 없었다. 동보조자는 수강생들과 함께 앞바다로 수중이동하던 중, A의 압축공기탱크의 공기잔압량이 적어지고 있음을 확인하고, 일단 바다 위로 올라왔지만 풍파때문에 수면이동이 곤란하다고 판단하여 다시 수중이동을 지시하였다. 이를 따르던 A는 수중이동 중에 공기를 다 써 버려서 공황상태에 빠졌고, 스스로 적절한 조치를 취하지 못하여 사망에 이른다. A와 보조자의 과실이 개재하고 있어, X의 주의의무위반과 익사 간의 인과관계가 문제가 되었다. ●**결정요지**● 최고재판소는 수강생 6명은 잠수 중 압축공기탱크의 공기잔압량을 자주 확인하여 공기잔압량이 적어졌을 경우에 바다 위로 부상할 것 등의 주의사항은 지도받았지만, 아직 초급자로 혼자서 적절한 조치를 취하지 못할 우려가 있고, 보조자들도 야간잠수 경험은 적었으며, 바다 속에서 일행을 놓쳤을 경우 바다 위로 올라온 뒤 대기하도록 하는 일반적 주의 이외에 구체적 지시는 주어지지 않고 있었음을 인정한 뒤, 「X가 야간잠수의 강습 지도 중, 수강생들의 동향을 예의주시하지 못하고 부주의하게 이동시키다가 수강생들로부터 떨어져 이들을 놓치는 것에 이른 행위는 그것 자체가 지도자로부터의 적절한 지시나 유도가 없으면 사태에 맞는 조치를 강구할 수 없는 우려가 있었던 A로서, 바다 속에서 공기를 다 소진하고 혼자서는 적절한 조치를 강구할 수 없어, 어쩔 수 없이 사망의 결과를 야기할 위험성을 지니는 것이어서, X를 놓친 후의 **보조자 및 A의 부적절한 행동이 있었던 점은 부정할 수 없지만, 그것은 X의 위 행위로부터 유발된 것**이기에 X의 행위와 A의 사망 간의 인과관계를 긍정함에 방해되지 않는다」고 판시하였다. ●**해설**● 사안에서 최고재판소는 바다에서의 A 등의 부적절한 대응은 X의 과실행위에서부터 유발된 것이며, A의 반응 또한 일반적으로 예상할 수 있는 것이어서, 개재사정의 이상성(異常性)은 적고 따라서 결과발생에 대한 인과관계는 인정된다고 판단하였다.

14 피해자의 피난행위와 인과관계

* 대법원 1995. 5. 12. 선고 95도425 판결
* 참조조문: 형법 제17조,[1] 제15조 제2항[2], 제301조[3]

강간하려는 행위와 이를 피하려다 사망에 이르게 된 사실 사이에 인과관계를 인정할 수 있는가?

●**사실**● 피고인 X는 자신이 경영하는 속셈학원의 강사로 이 사건 범행 사흘 전에 채용된 피해자 A(여, 20세)를 학원으로 불러내어 함께 인천 남동구 소재 관광호텔 9층 일식당에 가서 술을 곁들여 점심식사를 한 다음, A 몰래 미리 예약해 놓은 같은 호텔 703호 객실 앞까지 A를 유인하여 들어가고자 하였다. 그러나 A가 객실로 들어가지 않으려 하자 A를 붙잡아 강제로 객실 안으로 끌고 들어간 후 객실에서 나가려는 A를 붙잡거나 객실방문을 가로막아 못나가게 하고 여러 차례에 걸쳐 집요하게 A를 강제로 끌어안아 침대에 넘어뜨리고 키스하려고 하는 등 A의 반항을 억압한 후 강간하려 하였다.

당시 X는 A가 자신은 처녀이기 때문에 피고인의 요구에 응할 수 없다고 하였음에도 이를 묵살하고 2시간 정도에 걸쳐 계속적으로 위와 같은 방법으로 A를 강간하려고 하였다. 당시 A는 X의 얼굴을 할퀴고 비명을 지르며 필사적으로 반항하였다. 그러던 중 객실의 예약된 대실시간이 끝나가자 시간을 연장하기 위하여 X가 호텔 프런트에 전화를 하는 사이에 A는 더 이상 객실 안에 있다가는 자신의 순결을 지키기 어렵겠다는 생각이 들어 객실을 빠져나가려 하였다. 하지만 출입문 쪽에서 X가 전화를 하고 있어 출입문 쪽으로 나가려다가는 X에게 잡힐 것 같은 생각이 들어 다급한 나머지 위 객실 창문(가로 85cm, 세로 33cm)을 열고 뛰어내리다가 28m 아래 지상으로 추락하여 두개골골절상 등을 입고 사망하였다. 당시 A는 왼쪽, 오른쪽의 순서로 발과 다리부분부터 차례로 창틀을 넘어간 후 머리부분이 맨 마지막으로 밖으로 빠져나가는 형태로 탈출을 시도하다 추락하였다. 원심은 X에게 강간치사죄를 인정하였다. 이에 X는 상고하였다.

●**판지**● **상고기각.** 「피고인이 자신이 경영하는 속셈학원의 강사로 피해자를 채용하고 학습교재를 설명하겠다는 구실로 유인하여 호텔 객실에 감금한 후 강간하려 하자, 피해자가 완강히 반항하던 중 피고인이 대실시간 연장을 위해 전화하는 사이에 객실 창문을 통해 **탈출하려다가 지상에 추락하여 사망**한 사안에서, 피고인의 강간미수행위와 피해자의 사망과의 사이에 **상당인과관계가 있다**고 보아 피고인을 강간치사죄로 처단한 원심의 판단은 정당하다 할 것이다」.

●**해설**● 1 사안은 **결과적 가중범에서의 상당인과관계를 인정**한 판례이다. 인과관계가 문제되는 결과범에는 결과적 가중범과 과실범, 고의결과범 등이 있다. **결과적 가중범**의 경우 기본범죄가 있고 중한 결과가 발생하였고 양자 사이에 인과관계가 있는 경우에는 결과적 가중범이 성립할 수 있으나 인과관계가 없는 경우에는 기본범죄만이 성립한다.

---

1) 형법 제17조(인과관계) 어떤 행위라도 죄의 요소되는 위험발생에 **연결되지 아니한 때에는** 그 결과로 인하여 벌하지 아니한다.
2) 형법 제15조(사실의 착오) ② 결과 때문에 형이 무거워지는 죄의 경우에 그 결과의 발생을 예견할 수 없었을 때에는 무거운 죄로 벌하지 않는다.
3) 형법 제301조의2(강간등 살인·치사) 제297조, 제297조의2 및 제298조부터 제300조까지의 죄를 범한 자가 사람을 살해한 때에는 사형 또는 무기징역에 처한다. 사망에 이르게 한 때에는 무기 또는 10년 이상의 징역에 처한다.

2 대상판결은 폭행이나 협박을 가하여 간음을 하려는 행위와 이에 극도의 흥분을 느끼고 공포심에 사로잡혀 이를 피하려다 사상에 이르게 된 결과 간에 상당인과관계가 있어 강간치사죄로 처단할 수 있다고 판단하였다.

3 대상판결에서 법원은 ① A의 당시 나이가 20세로서 겨우 성년에 이른데다가 아직 아무런 성경험이 없는 처녀의 몸이었던 점, ② A가 탈출하기 전에 X에 의하여 이미 2시간 이상이나 감금되어 있었으므로 A로서는 위와 같은 상황에서 벗어나기 위하여 어떤 방법으로든지 탈출을 시도할 가능성이 높았던 점 ③ A가 극도의 흥분을 느끼고 몹시 당황한 상태에서 자신이 끌려들어간 위 객실이 고층에 위치하고 있다거나 밖에 베란다가 없다는 사실 등을 순간적으로 의식하지 못한 점 등으로 보아 「**일반 경험칙상** 위 피해자가 강간을 모면하기 위하여 창문을 통하여서라도 탈출하려다가 지상에 추락하여 사망에 이르게 될 수도 있음을 **충분히 예견할 수 있었다**」고 판단하였다.

4 대법원은 일반인의 사회생활상의 경험에 비추어 통상 그 결과가 발생하는 것이 상당하다고 인정되는 경우에 대하여 인과관계를 인정하는 **상당인과관계설**을 취하고 있다. 행위 후에 특수한 사정이 개재(피해자의 돌발적인 피난행위)하여 결과가 발생한 경우에 있어서는 실행행위가 특수사정·개재사정과 맞물려 결과를 초래한 것으로 인정될 수 있는지 여부를 판단한다.

5 사안의 경우, 28m 높이의 객실 창문에서 뛰어내리는 행위는 일반적으로는 생각하기 어렵다. 하지만, 좁은 호텔방에서 피고인이 강간하기 위해 폭행과 협박을 하는 상황 하에서 **유발된 것**이고 나이 어린 피해자가 극도의 공포심 하에서 낙하를 결행한 것이 현저하게 부자연스럽거나 상당하지 못하다고는 말할 수 없다.

Reference

가해자의 가해행위와 피해자의 피난행위로 인한 중한 결과발생 간에 인과관계를 긍정한 판례

1 **[대판 99도5286]** 승용차로 피해자를 가로막아 승차하게 한 후 피해자의 하차 요구를 무시한 채 당초 목적지가 아닌 다른 장소를 향하여 시속 약 60km 내지 70km의 속도로 진행하여 피해자를 차량에서 내리지 못하게 한 행위는 감금죄에 해당하고, **피해자가 그와 같은 감금상태를 벗어날 목적으로 차량을 빠져 나오려다가 길바닥에 떨어져 상해를 입고 그 결과 사망**에 이르렀다면 감금행위와 피해자의 사망 사이에는 **상당인과관계**가 있다고 할 것이므로 감금치사죄에 해당한다.

2 **[대판 96도1142]** [피해자가 피고인의 폭행·협박행위를 피하려다 상해를 입게 된 경우 강도치상죄의 성립을 인정한 사례] 피고인이 피해자와 함께 도박을 하다가 돈 3,200만 원을 잃자 도박을 할 때부터 같이 있었던 일행 2명 외에 후배 3명을 동원한 데다가 피고인은 식칼까지 들고 위 피해자로부터 돈을 빼앗으려고 한 점, 위 피해자는 이를 피하려고 도박을 하고 있었던 위 집 안방 출입문을 잠그면서 출입문이 열리지 않도록 완강히 버티고 있었던 점, 이에 피고인이 위 피해자에게 "이 새끼 죽여 버리겠다."고 위협하면서 위 출입문 틈 사이로 위 식칼을 집어넣어 잠금장치를 풀려고 하고 발로 위 출입문을 수회 차서 결국 그 문을

열고 위 안방 안으로 들어 왔으며, 칼을 든 피고인 외에도 그 문 밖에 피고인의 일행 5명이 있어 그 문을 통해서는 밖으로 탈출하기가 불가능하였던 점 등을 종합하여 보면 피고인의 위 폭행 · 협박행위와 위 피해자의 상해 사이에는 **상당인과관계**가 있고, 피고인으로서는 위 피해자가 위 도박으로 차지한 **금원을 강취당하지 않기 위하여 반항하면서 경우에 따라서는 베란다의 외부로 통하는 창문을 통하여 위 주택 아래로 뛰어 내리는 등 탈출을 시도할 가능성이 있고** 그러한 경우에는 위 피해자가 상해를 입을 수 있다는 예견도 가능하였다고 봄이 상당하므로, 피고인의 위 범죄 사실은 강도치상죄를 구성한다.

3 **[대판 96도529]** [상해행위를 피하려고 하다가 차량에 치어 사망한 경우 상해행위와 피해자의 사망 사이에 상당인과관계가 있다고 본 사례] 피고인이 이 사건 범행일시 경 계속 교제하기를 원하는 자신의 제의를 피해자가 거절한다는 이유로 얼굴을 주먹으로 수회 때리자 피해자는 이에 대항하여 피고인의 손가락을 깨물고 목을 할퀴게 되었고, 이에 격분한 피고인이 다시 피해자의 얼굴을 수회 때리고 발로 배를 수회 차는 등 폭행을 하므로 피해자는 이를 모면하기 위하여 도로 건너편의 추어탕 집으로 도망가 도움을 요청하였으나, 피고인은 이를 뒤따라 도로를 건너간 다음 피해자의 머리카락을 잡아 흔들고 얼굴 등을 주먹으로 때리는 등 폭행을 가하였고, 이에 견디지 못한 피해자가 다시 도로를 건너 도망하자 피고인은 계속하여 쫓아가 주먹으로 피해자의 얼굴 등을 구타하는 등 폭행을 가하여 전치 10일간의 흉부피하출혈상 등을 가하였고, **피해자가 위와 같이 계속되는 피고인의 폭행을 피하려고 다시 도로를 건너 도주하다가 차량에 치여 사망**한 사실을 인정한 다음, 위와 같은 사정에 비추어 보면 피고인의 위 **상해행위와 피해자의 사망 사이에 상당인과관계**가 있다. **cf)** 도로로 진입하는 개재행위는 일반적으로는 생각하기 어렵지만, 피고인의 행위로 유발된 것은 명확하며, 또한 극도의 공포심 하에서 현저하게 부자연하거나 불상당했다고는 말할 수 없다. 사망의 결과는 상해행위로 인하여 직접 야기 된 것으로 볼 수 있다(직접성의 원칙).

4 **[대판 91도2085]** 피고인이 아파트 안방에서 안방 문에 못질을 하여 동거하던 피해자가 술집에 나갈 수 없게 감금하고, 피해자를 때리고 옷을 벗기는 등 가혹한 행위를 하여 피해자가 이를 피하기 위하여 창문을 통해 밖으로 뛰어 내리려 하자 피고인이 이를 제지한 후, 피고인이 거실로 나오는 사이에 갑자기 안방 창문을 통하여 알몸으로 아파트 아래 잔디밭에 뛰어 내리다가 다발성 실질장기파열상 등을 입고 사망한 경우, 피고인의 **중감금행위와 피해자의 사망 사이에는 인과관계가 있어** 피고인은 중감금치사죄의 죄책을 진다.

5 **[대판 90도1786]** 피고인들이 공동하여 피해자를 폭행하여 **당구장 3층**에 있는 화장실에 숨어 있던 피해자를 다시 폭행하려고 피고인 갑은 화장실을 지키고, 피고인 을은 당구치는 기구로 문을 내려쳐 부수자 위협을 느낀 피해자가 화장실 창문 밖으로 숨으려다가 실족하여 떨어짐으로써 사망한 경우에는 피고인들의 위 폭행행위와 피해자의 사망 사이에는 **인과관계가 있다**고 할 것이므로 **폭행치사죄의 공동정범**이 성립된다.

가해자의 가해행위와 피해자의 피난행위로 인한 중한 결과발생 간에 인과관계를 부정한 판례

6 **[대판 92도3229] 파기환송.** [강간을 모면하기 위하여 4층 여관방의 창문을 넘어 뛰어내리다가 상해를 입은 데 대하여 예견가능성이 없다는 이유로 강간치상죄로 처벌할 수 없다고 한 사례] ●**사실**● 피고인 X가 **캬바레에서 만나 함께 춤을 추면서 알게** 된 피해자 A(37세)를 여관으로 유인한 다음 강간하기로 마음먹고, 1991.8.11. 01:15경 판시 여관 4층의 509호실에 A를 데리고 들어가서 방문을 걸어 잠그고 A에게 "너 나가면 죽이겠다. 내가 육사출신인데 너 하나 못이기겠느냐."고 협박하면서 양손으로 A의 유방을 만지며 소파에 밀어 넘어뜨려 A를 강간하려고 하다가, A가 "나는 남편이 있는 몸이니 제발 살려달라."고 하면서 반항하여 그 뜻을 이루지 못하고, 이어 X가 소변을 보기 위하여 위 여관방의 화장실에 가면서 A가 도망을 가지 못하도록 A의 핸드백을 목에 걸고 감으로 인하여, A가 그 곳에 계속 있으면 X로부터 강간당할 것이라는 위협을 느끼고 위 4층 여관방의 유리창을 통하여 창문 밖으로 뛰어내려 전치 약 24주간의 상해를 입었다. **제1심은 공소기각을 선고하였고 원심은 이를 파기하고 유죄를 선고하였다. 그러나 대법원은 다시 원심을 파기환송**하였다. ●**판지**● 원심의 위와 같은 판단은 납득하기 어렵다. 결과로 인하여 형이 중한 죄에 있어서 그 결과의 발생을 예견할 수 없었을 때에는 중한 죄로 벌할 수 없는 것인바(법15②), 이 사건에 있어서 원심이 판시한 바에 의하더라도, (가) 피해자가 피고인과 만나 함께 놀다가 큰 저항 없이 여관방에 함께 들어갔으며, (나) 피고인이 강간을 시도하면서 한 폭행 또는 협박의 정도가 강간의 수단으로는 비교적 경미하였고, (다) 피해자가 여관방 창문을 통하여 아래로 뛰어내릴 당시에는 피고인이 소변을 보기 위하여 화장실에 가 있는 때이어서 피해자가 일단 급박한 위해상태에서 벗어나 있었을 뿐 아니라, (라) 무엇보다도 4층에 위치한 위 방에서 밖으로 뛰어내리는 경우에는 크게 다치거나 심지어는 생명을 잃은 수도 있는 것인 점을 아울러 본다면, 이러한 상황아래에서 피해자가 강간을 모면하기 위하여 4층에서 창문을 넘어 뛰어내리거나 또는 이로 인하여 상해를 입기까지 되리라고는 **예견할 수 없다고 봄이 경험칙에 부합**한다 할 것인 바, 원심이 판시 증거 만에 의하여 피고인이 이 사건 당시 피해자의 상해를 예견할 수 있었다고 보아 **강간치상죄로 처단**한 것은 결과적 가중범에 있어서의 예견가능성에 관한 법리오해 또는 채증법칙위배의 위법의 소치라 할 것이고, 이 점을 지적하는 상고논지는 이유 있다.

15 제3자 행위의 개입과 인과관계 – 교통사고를 중심으로 –

* 대법원 1990. 5. 22. 선고 90도580 판결
* 참조조문: 형법 제17조,[1] 제268조[2]

제3자의 과실행위가 개입하여 결과가 발생한 경우, 피고인의 과실과 피해자의 사망 사이의 인과관계를 인정할 수 있는가?

●**사실**● 피고인 X는 야간에 오토바이를 운전하고 시속 약 50㎞의 속도로 제2차선상을 진행하다가 진행 방향 왼쪽에서 오른쪽으로 도로를 **무단횡단하던 피해자** A를 충격하여 A가 위 도로 제1, 2차선 경계선상 위로 넘어졌다(제1행위). 그리고 그로부터 약 40초 내지 60초 후에 **다른 사람인 Y가 운전하던 타이탄 트럭이 도로 위에 전도되어 있던 피해자를 역과**하여 사망케 하였다(제2행위).

당시 이 사건 사고 장소는 차량의 왕래가 빈번한 편도 2차선 도로 중 경보 등이 설치되어 있는 횡단보도 부근으로서 양편에 인가가 밀집되어 있고, 또한 사고지점 부근의 도로는 우측으로 약 103도 정도의 곡각을 이루고 있어 야간에는 맞은편에서 오는 차량들의 전조등 불빛에 의하여 시야의 장애를 받는 곳이었다.

제1심은 제3자의 독립된 과실행위가 개입하고 있어 선행행위와 결과 간에는 인과관계가 단절된다고 보아 X에게 **무죄**를 **선고**하였다. 그러나 원심은 X에게 업무상과실치사죄를 인정하였다. X는 상고하였다.

●**판지**● **상고기각.** 「피고인 X가 **야간에 오토바이**를 운전하다가 도로를 무단횡단하던 피해자를 충격하여 피해자로 하여금 위 도로상에 전도케 하고, 그로부터 약 40초 내지 60초 후에 다른 사람(을)이 운전하던 **타이탄 트럭**이 도로 위에 전도되어 있던 피해자를 역과하여 사망케 한 경우, 피고인이 전방 좌우의 주시를 게을리한 과실로 피해자를 충격하였고 나아가 이사건 사고지점 부근 도로의 상황에 비추어 야간에 피해자를 충격하여 위 도로에 넘어지게 한 후 **40초 내지 60초 동안** 그대로 있게 한다면 후속차량의 운전사들이 조금만 전방주시를 태만히 하여도 **피해자를 역과할 수 있음이 당연히 예상되었던 경우**라면 **피고인의 과실행위**는 피해자의 사망에 대한 **직접적 원인을 이루는 것**이어서 양자 간에는 상당인과관계가 있다」.

●**해설**● 1 대상판결은 제3자의 행위가 개재한 경우에 대한 대법원 판결이다. 인과관계의 상당성에서 가장 문제 되는 것이 실행행위와 결과발생 사이에 제3자의 행위가 개재한 경우이다. 자주 논의가 되는 범죄유형으로는 결과적 가중범이나 과실범 등이 중심이 되며, 더욱 구체적인 경우로는 상해행위와 사망의 결과 사이에 의료과오가 개재되는 사안 등이 눈에 띈다. 그 전형으로는 상해를 치료함에 있어 의사의 과실이 개재되어 사망에 이른 사안에서 판례는 상해치사죄의 성립을 인정해 왔다. 의사의 과실이 개재된 경우이더라도 인과성이 부정되는 경우는 통상 생각하기 어렵다(【16】 참조).

2 대법원은 야간에 피해자를 치어 넘어지게 한 후 교통량이 많은 도로 위에 40초 내지 60초 동안 그

---

1) 형법 제17조(인과관계) 어떤 행위라도 죄의 요소되는 위험발생에 **연결되지 아니한 때에는** 그 결과로 인하여 벌하지 아니한다.

2) 형법 제268조(업무상과실·중과실 치사상) 업무상 과실 또는 중대한 과실로 사람을 사망이나 상해에 이르게 한 자는 5년 이하의 금고 또는 2천만원 이하의 벌금에 처한다.

대로 있게 한 경우라면 뒤따르는 차량이 조금만 전방 주시를 게을리 하여도 피해자를 칠 수 있음은 객관적으로 예견가능하다. 판례의 법리도 「자신의 행위로 초래된 위험이 그대로 또는 그 일부가 범죄 결과로 현실화된 경우라면 비록 그 결과 발생에 제3자의 행위가 일부 기여하였다 할지라도 그 결과에 대한 죄책을 면할 수 없는 것이다」고 한다(대판 84도831).

3 행위 시에 특수한 사정이나 개재사정이 존재할 경우의 상당성은 ① 행위가 가지는 결과발생 확률의 크고 작음, ② 개재사정의 객관적 이상성(異常性)의 정도, ③ 개재사정의 결과발생에 대한 기여의 정도에 따라 판별될 수 있다(【13】 참조).

4 선행 교통사고와 후행 교통사고 중 어느 쪽이 원인이 되어 피해자가 사망에 이르게 되었는지 밝혀지지 않은 경우 후행 교통사고를 일으킨 사람의 과실과 피해자의 사망 사이에 인과관계가 인정되기 위해서는 후행 교통사고를 일으킨 사람이 주의의무를 게을리하지 않았다면 피해자가 사망에 이르지 않았을 것이라는 사실이 증명되어야 하고, 그 증명책임은 검사에게 있다(대판 2005도8822).

Reference 1

제3자 행위의 개입이나 다른 원인이 결합한 경우와 인과관계

1 **[대판 2011도17648] 파기환송.** [1] 피고인이 甲의 뺨을 1회 때리고 오른손으로 목을 쳐 甲으로 하여금 뒤로 넘어지면서 머리를 땅바닥에 부딪치게 하여 상해를 가하고 그로 인해 사망에 이르게 하였다는 내용으로 기소된 사안에서, 甲이 두부 손상을 입은 후 병원에서 입원치료를 받다가 **합병증으로 사망**에 이르게 되어 피고인의 범행과 甲의 사망 사이에 인과관계를 부정할 수 없고, 사망 결과에 대한 예견가능성이 있었는데도, 이와 달리 보아 상해치사의 공소사실을 무죄로 판단한 원심판결에 법리오해의 위법이 있다. [2] 피고인의 행위가 피해자를 사망하게 한 직접적 원인은 아니었다 하더라도 이로부터 발생된 다른 간접적 원인이 결합되어 사망의 결과를 발생하게 한 경우 그 행위와 사망 사이에는 인과관계가 있다고 할 것이다.

2-1 **[대판 88도928]** [피고인의 차량에 치어 반대차선에 넘어진 피해자가 다른 차량에 치어 사망한 경우의 피고인의 죄책] 피고인이 운행하던 자동차로 도로를 횡단하던 피해자를 충격하여 **피해자로 하여금 반대차선의 1차선상에 넘어지게 하여 피해자가 반대차선을 운행하던 자동차에 역과되어 사망**하게 하였다면 피고인은 그와 같은 사고를 충분히 예견할 수 있었고 또한 피고인의 과실과 피해자의 사망 사이에는 인과관계가 있다고 할 것이므로 피고인은 업무상과실치사죄의 죄책을 면할 수 없다.

2-2 **[비교판례] [대판 84도813]** [반대차선에서 과속으로 진행해 온 오토바이 운전자가 도로변의 돌에 부딪쳐 피고인차량 앞으로 **튀어 들어와 역사한 경우** 피고인의 과실유무] 피고인의 진행차선의 반대차선에서 피해자가 오토바이 뒤에 공소외 (갑)을 태우고 시속 약 70킬로미터로 도로 우측변을 따라 진행해 오다가 사고지점 전방 약 15미터 지점에서 도로변을 걸어가던 공소외 (을)을 충격하여 넘어 뜨리고 계속 도로변을 따라 약 14미터쯤 진행하다가 도로변 땅에 박힌 돌을 오토바이 앞바퀴로 충돌하면서 그 충격으로 오토바이 뒤에 탔던 (갑)을 중앙선 부근에 떨어뜨리고 피해자가 반대차선에서 운행중인 피고인 차량 전방 1 내지 2미터 지점까지 튀어 들어와 넘어짐으로써 피고인이 자동차 앞바퀴 부분으로 피해자를 **역과하여 사망**케 한 경우 피고인에게는 반대방향 차선 도로변으로 오토바이를 운행해 오던 피해자가 갑자기 도로변의 돌에 부

뒷쳐 넘어지면서 그 충격으로 피고인 운행차선까지 튀어 들어올 것을 미리 예견하여 운전하여야 할 업무상 주의의무를 인정할 수 없다.

3-1 [대판 84도831] [폭행치사사건에 있어서 피해자에 대한 의사의 수술지연과 인과관계] 피고인이 주먹으로 피해자의 복부를 1회 강타하여 **장파열로 인한 복막염**으로 사망케 하였다면, 비록 **의사의 수술지연 등 과실이 피해자의 사망의 공동원인이 되었다 하더라도** 피고인의 행위가 사망의 결과에 대한 **유력한 원인**이 된 이상 그 폭력행위와 치사의 결과 간에는 인과관계가 있다 할 것이어서 피고인은 피해자의 사망의 결과에 대해 폭행치사의 죄책을 면할 수 없다.

3-2 [대판 93도2524] 정신과질환인 조증으로 입원한 환자의 주치의사는 환자의 건강상태를 사전에 면밀히 살펴서 그 상태에 맞도록 조증치료제인 클로르포르마진을 가감하면서 투여하여야 하고, 클로르포르마진의 과다투여로 인하여 환자에게 기립성저혈압이 발생하게 되었고 당시 환자의 건강상태가 갑자기 나빠지기 시작하였다면 좀 더 정확한 진찰과 치료를 위하여 내과전문병원 등으로 전원조치를 하여야 할 것이고, 그러지 못하고 환자의 혈압상승을 위하여 포도당액을 주사하게 되었으면 그 과정에서 환자의 전해질이상 유무를 확인하고 투여하여야 함에도 의사에게 요구되는 이러한 일련의 조치를 취하지 아니한 과실이 있다면, 그러한 과실로 환자가 전해질이상 · 빈혈 · 저알부민증 등으로 인한 쇼크로 사망하였음을 인정할 수 있고, 그 치료 과정에서 **야간당직의사의 과실이 일부 개입하였다고 하더라도** 그의 주치의사 및 환자와의 관계에 비추어 볼 때 환자의 주치의사는 업무상과실치사죄의 책임을 면할 수는 없다고 한 사례.

4 일본 판례 중 제3자 행위의 개입과 인과관계 성립여부가 다투어진 두 사례를 소개한다. 먼저 피해자를 승용차 트렁크에 감금한 뒤 도로에 정차해 두었는데, 후방에서 주행해오던 차가 충돌하여 피해자가 사망한 사건이 있었다. 이 경우 감금치사죄를 인정할 수 있는지가 다투어졌다. [最1小決平成18年3月27日(刑集60巻3号382頁 · 判時1930号172頁)] **●사실●** 피고인 X는 Y · Z와 공모하여 2004년 3월 6일 오전 3시40분쯤 승용차 트렁크에 A를 밀어 넣고 잠군 뒤, 차를 몰고 호출한 지인과 합류하기 위해 K시내의 한 도로에 정차하였다. 정차 지점은 차도의 폭이 약 7.5m의 편도 1차선의 거의 직선도로였다. 잠시 수분 뒤인 오전 3시50분 경 후방에서 승용차가 주행해왔고, 그 운전자는 전방부주의로 정차 중인 상기 차량이 근접해 있음을 인지하지 못한 상태에서 시속 60km로 동 차량의 후방을 정면으로 충돌하였다. 이로 인해 트렁크는 그 중앙부가 움푹 파여 트렁크 안에 갇혀있던 A는 제2 · 제3 경수좌상의 상해를 입고 즉사하였다. 제1심 판결은 「자동차 트렁크에 감금한 뒤 도로를 주행하는 것 **자체가 매우 위험한 행위**이고, 본 건과 같이 제3자의 과실에 의한 추돌사고로 트렁크에 감금되어 있던 자가 사망하는 것은 **경험칙상 충분히 예측**할 수 있는 것이다」고 판시하여 인과관계를 긍정했다. 원심도 「후속차량의 운전자가 한눈을 팔면서 운전하여 전방을 주시하지 않음으로 인해 정지하고 있던 앞차의 뒷부분을 충돌하는 사고태양은 교통사고로써 **특이한 사태가 아니다**」라는 점 등을 판시하여 제1심 판결을 긍정했다. **●판시●** 상고기각. 최고재판소도 「……이상의 사실관계 하에서 A의 사망원인이 직접적인 추돌사고를 발생시킨 **제3자의 큰 과실행위에 있다 하더라도** 도로에서 정차중인 승용차 트렁크에 A를 감금한 본 **감금행위와 A의 사망 사이의 인과관계를 긍정할 수 있다.** 따라서 본 건에서 체포감금치사죄의 성립을 인정한 원판결은 정당하다」고 하였다.[3)]

5 다른 하나는 심한 폭행으로 피해자를 의식불명상태에 빠뜨린 후, 자재처리장에 방치해 두었는데 제3

3) 前田雅英 · 星周一郎/박상진 · 김잔디(역), 최신중요 일본형법판례 250선(총론편), 2021, 44-45면.

자가 다시 폭행을 가해 사망의 시기가 앞당겨진 사건에서 인과관계를 인정할 수 있을 것인지가 다투어졌다. [最3小決平成2年11月20日(刑集44卷8号837頁 · 判時1368号153頁)] ●**사실**● 피고인 X는 1981년 1월 15일 오후 8시경부터 9시경 사이 자신이 운영하는 미에현 T마을소재의 식당에서 세숫대야와 가죽혁대로 피해자 A의 머리 등을 수회 구타하였다. 그 결과, 공포심에 의한 심리적 압박으로 A의 혈압을 상승시켜 **내인성고혈압성교뇌출혈**로 의식불명 상태에 빠지게 되었다. 이에 피고인은 동인을 오사카 스미노에구(住之江區) 남항(南港) 소재의 건재회사의 자재처리장까지 차로 운반하고, 같은 날 오후 10시40분경에 그곳에 방치한 뒤 떠났다. A는 다음날인 16일 미명, **내인성고혈압성교뇌출혈로 사망에 이른다.** 단지, 상기 자재처리장에서 엎드린 상태로 쓰러져 있던 A는 생존 중에, 누군가에 의해 다시 각목으로 정수리 부분을 수회 구타당하였다. 그 **폭행은 이미 진행되고 있던 내인성고혈압성교뇌출혈을 확대시켰고,** 이로 인해 사망의 시기가 어느 정도 앞당겨지는데 영향을 주었다. 제1심은 식당에서의 폭행과 사망간의 인과관계를 인정하였고, 원심도 남항에서 누군가의 폭행행위가 개재되었지만 인과관계는 인정된다고 보았다. ●**결정요지**● 상고기각. 「이러한 **범인의 폭행에 의해 피해자의 사망의 원인이 된 상해가 형성된 경우에는** 만일 이후 제3자에 의해 더하여진 폭행으로 **사기(死期)가 앞당겨졌다 하더라도,** 범인의 폭행과 피해자의 사망 간의 인과관계를 긍정할 수 있으며, 따라서 본 건에서 상해치사죄의 성립을 인정한 원심의 판단은 정당하다」.[4)]

Reference 2

교통사고와 관련해 인과관계를 인정한 판례

1 **[대판 2014도6206]** [교통방해치사상죄의 성립요건과 교통방해 행위와 사상의 결과 사이에 상당인과관계를 인정할 수 있는 경우] 피고인이 고속도로 2차로를 따라 자동차를 운전하다가 **1차로를 진행하던 甲의 차량 앞에 급하게 끼어든 후 곧바로 정차**하여, 甲의 차량 및 이를 뒤따르던 차량 두 대는 연이어 급제동하여 정차하였으나, 그 뒤를 따라오던 乙의 차량이 앞의 차량들을 연쇄적으로 추돌케 하여 乙을 사망에 이르게 하고 나머지 차량 운전자 등 피해자들에게 상해를 입힌 사안에서, **편도 2차로의 고속도로 1차로 한가운데에 정차한 피고인**은 현장의 교통상황이나 일반인의 운전 습관 · 행태 등에 비추어 고속도로를 주행하는 다른 차량 운전자들이 제한속도 준수나 안전거리 확보 등의 주의의무를 완전하게 다하지 않을 수도 있다는 점을 알았거나 충분히 알 수 있었으므로, 피고인의 **정차 행위와 사상의 결과발생 사이에 상당인과관계가 있고**, 사상의 결과발생에 대한 예견가능성도 인정된다는 이유로, 피고인에게 일반교통방해치사상죄를 인정한 원심 판단이 정당하다.

2 **[대판 2011도17117] 파기환송.** 택시 운전자인 **피고인이 교통신호를 위반하여 4거리 교차로를 진행한 과실로** 교차로 내에서 甲이 운전하는 승용차와 충돌하여 甲 등으로 하여금 상해를 입게 하였다고 하여 교통사고처리 특례법 위반으로 기소된 사안에서, 피고인의 택시가 차량 신호등이 적색 등화임에도 횡단보도 앞 정지선 직전에 정지하지 않고 상당한 속도로 정지선을 넘어 횡단보도에 진입하였고, 횡단보도에 들어선 이후 차량 신호등이 녹색 등화로 바뀌자 교차로로 계속 직진하여 교차로에 진입하자마자 교차로를 거의 통과하였던 甲의 승용차 오른쪽 뒤 문짝 부분을 피고인 택시 앞 범퍼 부분으로 충돌한 점 등을 종합할 때, **피고인이 적색 등화에 따라 정지선 직전에 정지하였더라면 교통사고는 발생하지 않았을 것임이 분명**하여 피고인의 **신호위반행위가 교통사고 발생의 직접적인 원인이 되었다**고 보아야 하는데도, 이와 달리 보아 공소를 기각한

4) 前田雅英 · 星周一郎/박상진 · 김잔디(역), 최신중요 일본형법판례 250선(총론편), 2021, 42-43면.

원심판결에 신호위반과 교통사고의 인과관계에 관한 법리오해의 위법이 있다.

3 **[대판 2009도12671]** 피고인이 자동차를 운전하다 횡단보도를 걷던 보행자 甲을 들이받아 그 충격으로 횡단보도 밖에서 **甲과 동행하던 피해자 乙이 밀려 넘어져 상해를 입은 사안**에서, 위 사고는, 피고인이 횡단보도 보행자 甲에 대하여 구 도로교통법(2009.12.29. 법률 제9845호로 개정되기 전의 것) 제27조 제1항에 따른 주의의무를 위반하여 운전한 업무상 과실로 야기되었고, 乙의 상해는 이를 직접적인 원인으로 하여 발생하였다는 이유로, 피고인의 행위가 구 교통사고처리 특례법(2010.1.25. 법률 제9941호로 개정되기 전의 것) 제3조 제2항 단서 제6호에서 정한 횡단보도 보행자 보호의무의 위반행위에 해당한다.

4 **[대판 2001도5005]** [선행차량에 이어 피고인 운전 차량이 피해자를 연속하여 역과하는 과정에서 피해자가 사망한 경우, 피고인 운전 차량의 역과와 피해자의 사망 사이의 인과관계를 인정한 사례] ●**사실**● 사고 당시는 01:10경으로서 **야간인데다가 비까지 내려 시계가 불량**하고 내린 비로 인하여 노면이 다소 젖어있는 상태였으며, 이 사건 사고지점은 **비탈길의 고개마루를 지나 내리막길이 시작되는 곳**으로부터 가까운 지점인 사실, 피고인은 이 사건 사고차량을 운전하고 편도 2차선 도로 중 2차로를 시속 약 **60km의 속도로 선행차량과 약 30m가량의 간격을 유지**한 채 진행하다가 선행차량에 역과된 채 진행 도로상에 누워있는 피해자를 뒤늦게 발견하고 급제동을 할 겨를도 없이 이를 그대로 역과하였다. ●**판지**● 앞차를 뒤따라 진행하는 차량의 운전사로서는 앞차에 의하여 전방의 시야가 가리는 관계상 앞차의 어떠한 돌발적인 운전 또는 사고에 의하여서라도 자기 차량에 연쇄적인 사고가 일어나지 않도록 앞차와의 충분한 안전거리를 유지하고 진로 전방 좌우를 잘 살펴 진로의 안전을 확인하면서 진행할 주의의무가 있다. **선행차량에 이어 피고인 운전 차량이 피해자를 연속하여 역과하는 과정에서 피해자가 사망한 경우,** 피고인 운전 차량의 역과와 피해자의 사망 사이의 인과관계를 인정하였다.

5 **[대판 96도2030]** 파기환송. ●**판지**● **야간에 2차선의 굽은 도로 상에 미등과 차폭등을 켜지 않은 채 화물차를 주차**시켜 놓음으로써 오토바이가 추돌하여 그 운전자가 사망한 사안에서, 주차행위와 사고발생 사이에 인과관계가 없다고 보아 무죄를 선고한 원심판결을 심리미진 등을 이유로 파기하였다. ●**사실**● 피고인은 1톤 화물차 운전자로, 1995.3.27. 00:00경 경북 의성군 사곡면 매곡리 마을 앞 지방도 상에 업무로서 위 차를 주차하게 되었다. **당시는 야간**이고 그 곳은 흰색 점선으로 차선이 설치된 편도 2차선 도로로서 **심한 좌곡각 지점**이므로 주차를 하여서는 아니되며, 혹시 주차를 하게 되었을 경우 **안전표지를 설치하거나 미등, 차폭등을 켜 안전조치를 취하여야 할 업무상 주의의무**가 있음에도 이를 게을리한 채 아무런 조치를 취하지 아니하고 위 차의 좌측 앞뒤 바퀴가 2차선 도로 상에 걸치도록 주차시켜 놓은 업무상 과실로, 때마침 의성 방면에서 청송방면으로 진행하던 피해자(남, 39세) 운전의 125cc오토바이 의 진로를 방해하여 피해자우측 몸통이 위 차의 좌측 후사경을 들이받고 그 충격으로 피해자를 넘어지게 하여 도로 상에 적치되어 있는 시멘트블록에 다시 충돌케 하여 동인으로 하여금 두개골 골절 등을 입게 하여 현장에서 사망에 이르게 하였다.

6 일본 판례 중 고속도로 위에서 자차 및 타인이 운전하는 차를 정지시킨 과실행위와 자차가 지나간 후에 후속차가 추돌한 교통사고로 인해 발생한 사상과의 인과관계가 문제된 다소 복잡한 사건이 있다. [最3小決平成16年10月19日(刑集58巻7号645頁 · 判時1879号150頁)] ●**사실**● 피고인 X는 오전 6시경 지인의 여성을 조수석에 태우고 승용차를 운전하여 고속도로(단측 3차로)를 주행하던 중 트레일러를 운전하던 A의 운

전 태도에 화가 나 A차를 정지시킨 뒤, 따지고 사과 받고자 마음먹었다. X는 전조등이나 깜빡이를 점멸하기도 하고 차를 붙이거나 창문을 통해 오른손을 내밀어 A에게 정지할 것을 요구했다. A도 X가 집요하게 정지를 요구해오자 X 차량의 감속에 맞추어 감속하고, 오전 6시경 X가 3차선에 자차를 정지시킨 후 A도 X차의 후방에 자차를 정지시켰다. 현장 부근은 조명시설이 없는 어두운 장소이며, 어느 정도 교통량이 있었다. X는 하차해 A차 까지 걸어가서 '사과해!!'라고 고함을 지르고 스텝에 올라가 자동차 키를 빼앗기 위해 손을 뻗기도 하고, A의 얼굴을 주먹으로 구타했다. 이 때문에, A는 X로부터 키를 빼앗길 것을 우려하여 키를 뽑아 바지 주머니에 넣어 두었다. X는 A를 자차까지 끌고 가서 동승녀에게 사과를 시키고, 이에 그치지 않고 A의 허리 등을 걷어차고 구타하였다. 이에 A는 X의 안면에 박치기를 하고 코 윗부분을 때리는 등의 반격을 가했다. X가 상기 폭행을 가하고 있을 즈음, 본건 현장 부근 도로의 3차선을 달리고 있던 B차 및 C차는 A차를 피하려다 2차로로 차선변경을 했는데, C차가 B차를 들이받으면서 C차는 3차선 앞쪽에, B차는 C차 앞쪽에 각각 멈췄다. X는 앞서 오전 6시 17분쯤 동승자 여성이 자신의 차를 운전하게 하고 본건 현장에서 떠났다. 이후 A는 자차를 출발시키려 했으나 키를 찾지 못해 X에게 던져진 것으로 착각하여 차를 이동시키는 것이 늦었다. 더욱이 A는 전방에 C차와 B차가 정지하고 있어, 자차를 3차로로 충분히 가속해 안전하게 발진시킬 수 없다고 판단하고, C차와 B차에 진로를 내어줄 것을 요청하고자 다시 자차에서 내려 C차를 향해 걷기 시작한 오전 6시 25분쯤 정차 중이던 A차 뒤편에서 이 통행로를 따라오던 승용차가 충돌해 이 차의 운전자 및 동승자 3명이 사망하고 동승자 1명이 전치 약 3개월의 중상을 입은 사안이다. ●**결정요지**● 상고기각. 「A에 대해 불평을 토로하고 사죄받기 위해 동트기 전의 어두운 고속도로 상의 3차로에서 자차 및 A차를 정지시킨 X의 본건 과실행위는 그 자체로 후속차 추돌 등으로 인한 인명사고로 이어질 **중대한 위험성**을 가지고 있었던 것으로 보아야 할 것이다. 그리고 본 사고는 X의 상기 과실행위 후, A가 스스로 자동차 키를 바지 주머니에 넣은 사실을 잊고 주위에서 찾는 등, X차가 본건 현장을 떠난 뒤 7, 8분 뒤까지, 위험한 본건 현장에 자차를 계속 정지시킨 점 등, 적지 않은 **타인의 행동 등이 개재하여 발생된 것으로 그것들은 X의 상기 과실행위 및 이와 밀접하게 관련된 일련의 폭행 등으로 유발**된 것이라 말할 수 있다. 그렇다면 X의 과실행위와 피해자들의 사상 사이에는 인과관계가 있다고 보아야 한다」. ●**해설**● 동트기 전 고속도로 위에서 자차 및 A차를 정지시킨 과실행위와 4명의 사상의 결과 간의 인과관계의 인정여부와 관련하여 ① X가 A의 운전태도에 화가 나서 A차를 정지시킨 행위의 위험성 정도, ② A가 자동차 키를 어디에 두었는지 몰라 트레일러를 장시간 정차시켜 피해자의 충돌로 이어진 행위 ③ C차가 B차를 추돌하고, C차·B차가 3차로에 정차해 A차의 이동을 어렵게 한 행위, 나아가 ④ 정차하고 있던 A차를 추돌한 피해자의 행위에 각각 과실을 생각할 수 있다.하지만 여기서 ④의 피해자의 과실은 ①이 유발한 것으로 인과성을 부정하는 사정이 될 수 없다. 그리고 ②와 ③의 개재사정도 ①에 의해 유발된 것이다. 나아가 ②의 자동차 키의 소재를 잊어버린 점도 ①의 영향이 있었던 것으로 볼 수 있다.[5]

5) 前田雅英·星周一郎/박상진·김잔디(역), 최신중요 일본형법판례 250선(총론편), 2021, 46-47면.

Reference 3

교통사고에 있어서 피고인에게 과실이 있었다하더라도 인과관계를 부정한 경우

1 [대판 2000도2671] **파기환송.** ●**판지**● (가) 고속도로를 운행하는 자동차의 운전자로서는 일반적인 경우에 고속도로를 횡단하는 보행자가 있을 것까지 예견하여 보행자와의 충돌사고를 예방하기 위하여 급정차 등의 조치를 취할 수 있도록 **대비하면서 운전할 주의의무가 없고,** 다만 (나) 고속도로를 무단횡단하는 보행자를 충격하여 사고를 발생시킨 경우라도 운전자가 상당한 거리에서 보행자의 무단횡단을 **미리 예상할 수 있는 사정이 있었고,** (다) 그에 따라 즉시 감속하거나 급제동하는 등의 조치를 취하였다면 보행자와의 충돌을 피할 수 있었다는 등의 **특별한 사정이 인정되는 경우에만 자동차 운전자의 과실이 인정될 수 있다** ●**전문**● 피해자와 그 일행 한 사람은 함께 우측 도로변에 서 있다가 피고인이 1차로에서 2차로로 진로를 변경하여 고속버스를 추월한 직후에 피고인 운전의 자동차 30 내지 40m 전방에서 **고속도로를 무단횡단하기 위하여 2차로로 갑자기 뛰어들었고,** 피고인은 그제서야 위와 같이 **무단횡단**하는 피해자 등을 발견하였는데 충격을 피할 수 있는 조치를 하기에 이미 늦어 피고인 운전의 자동차로 피해자 등을 충격하게 된 것이므로, 피고인이 급제동 등의 조치로 피해자 등과의 충돌을 피할 수 있는 상당한 거리에서 피해자 등의 **무단횡단을 미리 예상할 수 있었다고 할 수 없고,** 이 사건 사고 지점이 인터체인지의 진입로 부근이라 하여 달리 볼 수 없으며, 또 원심이 판시한 바와 같이 피고인에게 야간에 고속버스와의 안전거리를 확보하지 아니한 채 진행하다가 고속버스의 우측으로 제한최고속도를 시속 **20km 초과하여 고속버스를 추월한 잘못이 있더라도,** 이 사건 사고경위에 비추어 볼 때 **피고인의 위와 같은 잘못과 이 사건 사고결과와의 사이에 상당인과관계가 있다고 할 수도 없다.**

2 [대판 95도1200] [좌회전 금지구역에서 좌회전한 행위와 사고발생 사이에 상당인과관계가 인정되지 않는다고 보아 피고인의 행위가 도주차량에 해당하지 않는다고 본 사례] 피고인이 좌회전 금지구역에서 **좌회전한 것은 잘못이나** 이러한 경우에도 피고인으로서는 50여 미터 후방에서 따라오던 후행차량이 중앙선을 넘어 피고인 운전차량의 좌측으로 돌진하는 등 극히 **비정상적인 방법으로 진행할 것까지를 예상하여 사고발생 방지조치를 취하여야 할 업무상 주의의무가 있다고 할 수는 없고,** 따라서 좌회전 금지구역에서 좌회전한 행위와 사고발생 사이에 상당인과관계가 인정되지 아니한다는 이유로 피고인의 과실로 사고가 발생하였음을 전제로 하는 특정범죄가중처벌 등에 관한 법률위반(도주차량)의 점에 관하여 무죄를 선고한 원심판결을 수긍한 사례이다.

3 [대판 92도2579] ●**사실**● 자동차 운전자 **甲은 ㅏ자형 삼거리를 통과**하고 있었다. 甲은 직진신호를 보고 주행하였는데 제한속도 시속 60킬로미터를 10킬로 정도 초과하여 진행하고 있었다. 이때 갑자기 맞은쪽에서 오토바이를 탄 A가 중앙선을 침범하여 좌회전하면서 교차로에 진입하였다. 甲은 급제동을 하였으나 A를 충격하여 즉사하였다. 검사는 갑을 교통사고처리특례법위반죄(대인사고)와 도로교통법위반죄(대물사고)로 기소하였다. 제1심은 갑에게 유죄를 선고하였으나 항소심은 무죄를 인정하였다. 이에 검사는 갑의 과속운전으로 인해 교통사고가 발생하였음을 주장하며 상고하였다. ●**판지**● 신호등에 의하여 교통정리가 행하여지고 있는 ㅏ자형 삼거리의 교차로를 녹색등화에 따라 직진하는 차량의 운전자는 특별한 사정이 없는 한 다른 차량들도 교통법규를 준수하고 충돌을 피하기 위하여 적절한 조치를 취할 것으로 믿고 운전하면 족하고, 대향차선 위의 다른 차량이 신호를 위반하고 직진하는 자기 차량의 앞을 가로질러 좌회전할 경우까지

예상하여 그에 따른 사고발생을 미리 방지하기 위한 특별한 조치까지 강구하여야 할 업무상의 주의의무는 없고, 위 직진차량 운전자가 사고지점을 통과할 무렵 **제한속도를 위반하여 과속운전한 잘못이 있었다 하더라도 그러한 잘못과 교통사고의 발생과의 사이에 상당인과관계가 있다고 볼 수 없다.** ●**해설**● 객관적 귀속의 관점에서 본 판례를 해설하면 '규범의 보호목적'의 기준으로 이해할 수 있다. **'규범의 보호목적'이란** 행위자가 어떤 규범을 위반하여 결과가 발생하였지만, 발생한 결과가 행위자가 위반한 규범이 보호하려는 범위 밖에 위치하는 것이라면 결과의 객관적 귀속이 부정된다는 기준이다. 사안의 경우도 甲이 사고의 시점에 사고지점을 통과하였기 때문에 A를 사망에 이르게 하였더라도 **A의 사망은 甲이 위반한 속도제한규정의 보호범위 바깥에 위치한다.** 요컨대 갑은 사고를 냈지만 A의 사망을 갑의 과속운전 탓으로 돌릴 수는 없다.

4 [대판 82도3222] 피고인 운전의 차가 이미 정차하였음에도 뒤쫓아 오던 차의 충돌로 인하여 앞차를 충격하여 사고가 발생한 경우, 설사 **피고인에게 안전거리를 준수하지 않은 위법이 있었다 할지라도** 그것이 이 사건 피해결과에 대한 인과관계가 있었다고 단정할 수 없다. cf) 이러한 방식으로 사고가 나는 것은 일반적 생활 경험에 비추어 볼 때 상당하다고 볼 수 없다. 도로교통의 신뢰원칙은 앞차가 정지하면 뒤차도 당연히 따라서 정지할 것으로 기대할 수 있다.

16 과실범의 인과관계 – 주의의무위반관련성과 적법한 대체행위 –

* 대법원 1990. 12. 11. 선고 90도694 판결
* 참조조문: 형법 제17조,[1] 제268조[2]

적법한 대체행위와 인과관계의 성부

●사실● 수술주관의사인 X와 마취담당의사인 Y는 난소종양절제수술에 앞서 혈청의 생화학적 반응에 의한 검사 등으로 종합적인 간 기능검사를 철저히 하여 피해자 A가 간 손상 상태에 있는지의 여부를 확인한 후에 마취 및 수술을 시행하였어야 했다. 그러나 X·Y는 시진, 문진 등의 검사결과와 정확성이 떨어지는 소변에 의한 간검사 결과만을 믿고 피해자의 간 상태를 정확히 파악하지 아니한 채 **할로테인으로 전신마취**를 실시한 다음 개복수술을 감행하였다. 그 결과 수술 후 22일 만에 환자가 급성전격성간염으로 인하여 사망하였다.

원심은 X·Y에 대해 종합적인 간 기능검사를 전혀 시행하지 아니한 일련의 과실로 피해자가 급성전격성간염에 빠져들어 사망에 이르게 된 것으로 판단하여 **업무상과실치사죄**를 인정하였다. X·Y는 상고하였다.

●판지● **파기환송.**「혈청에 의한 간기능검사를 시행하지 않거나 이를 확인하지 않은 피고인들의 과실과 피해자의 사망 간에 인과관계가 있다고 하려면 피고인들이 **수술 전에 피해자에 대한 간 기능검사를 하였더라면 피해자가 사망하지 않았을 것임이 입증되어야 할 것**인데도(수술 전에 피해자에 대하여 혈청에 의한 간기능검사를 하였더라면 피해자의 간기능에 이상이 있었다는 검사결과가 나왔으리라는 점이 증명되어야 할 것이다) 원심은 피해자가 수술당시에 이미 간 손상이 있었다는 사실을 증거 없이 인정함으로써 채증법칙위반 및 인과관계에 관한 법리오해의 위법을 저지른 것이다」.

●해설● 1 대상판결은 의료과오의 인과관계를 다룬 중요한 판례이다. 사안의 쟁점은 과실범에서의 인과관계의 유무 인정이다. 형법에서 인과관계는 거동범에서는 문제되지 않고 **결과범에서만 문제**된다. 형법 제17조가 "**그 결과로 인하여** 벌하지 아니한다."고 규정한 것은 이러한 의미이다. **과실범도 결과범**이기 때문에 과실범이 성립하기 위해서는 반드시 인과관계가 입증되어야 한다. 때문에 주의의무를 위반하고 결과도 발생하였지만, 양자 사이에 인과관계가 없을 경우에는 과실범이 성립하지 않는다.

2 대법원은 사안의 경우 피고인들에게 업무상과실이 있음은 인정하였다. 즉, 수술주관의사 또는 마취담당의사가 할로테인을 사용한 전신마취에 의하여 난소종양절제수술을 함에 앞서 혈청의 생화학적 반응에 의한 간 기능 검사로 환자의 간 상태를 정확히 파악하지 아니한 채 개복수술을 시행하여 환자가 급성전격성간염으로 인하여 사망한 경우에는 피고인들에게 업무상과실이 있다고 보았다. 그러나 그러한 **의사의 과실과 환자의 사망에 대한 인과관계는 원심과 달리 부정**하고 있다.

3 인과관계 유무 판단과 관련하여 우리 법원은 '상당인과관계설'을 취하고 있다. (a) **상당인과관계설은**

---

1) 형법 제17조(인과관계) 어떤 행위라도 죄의 요소되는 위험발생에 **연결되지 아니한 때에는** 그 결과로 인하여 벌하지 아니한다.
2) 제268조(업무상과실·중과실 치사상) 업무상 과실 또는 중대한 과실로 사람을 사망이나 상해에 이르게 한 자는 5년 이하의 금고 또는 2천만원 이하의 벌금에 처한다.

행위와 결과 사이에 상당인과관계가 인정되면 형법적 인과관계를 긍정한다. 그리고 **'상당한'** 인과관계인지 여부는 **사람들의 일상적인 경험**에 비추어 판단된다. 이에 반해 학계의 다수설은 (b) 객관적 귀속론을 받아들이고 있다. **객관적 귀속론**은 자연과학적 인과관계를 인정하는 문제와 형사책임의 범위를 정하는 문제를 분리하여 판단하자는 입장이다. 자연과학적 인과관계는 **규범적 귀속판단**에 의해 보완되어야 한다고 생각한다. 이 이론은 합법칙적 조건설에 의해 인과관계를 확정하고 형사책임의 귀속범위는 객관적 귀속론에 의해 결정한다.[3)]

4 객관적 귀속과 관련해서는 다양한 척도가 제시되고 있다. ① 위험감소의 원칙, ② 구성요건적 결과의 지배가능성의 원칙, ③ 위험증대이론, ④ 규범의 보호범위의 이론, ⑤ 합법적 대체행위이론 등이 그것이다. 대상판결은 그중에서 **'적법한 대체행위'**와 관련된 판례로 소개되고 있다. 상당인과관계설을 취하는 우리 법원도 행위자가 주의에 합치되는 행위(적법한 대체행위)를 하였더라면 결과를 방지할 수 있었는가를 물어 이것이 부정되면 결과발생에 대한 인과관계도 부정하는 법리를 취하고 있는 것이다.

5 합법적 대체행위론은 **특히 과실범의 경우에 의미**가 있다. 과실범에서 주의의무를 다했더라도 동일한 결과가 발생하였을 것이 확실한 경우에는 발생한 결과를 행위자의 주의의무위반으로 귀속시킬 수 없다는 이론을 말한다. 다시 말해, 행위자가 적법한 대체행위를 했더라면 그러한 결과발생을 피할 수 있었는지 여부를 따져보는 것이다.

6 사안에서 대법원은 간 기능검사를 하지 않은 과실과 A의 사망 간에 인과관계가 있다고 하려면 수술전에 간 기능검사를 하였더라면 A가 사망하지 않았을 것이라는 사실이 증명되어야 한다고 판시한다. 이는 **과실범의 결과귀속을 위해서는 주의의무위반관련성**이 있어야 함을 요청한 것으로 여기에 이 판결의 의의가 있다. 과실범의 결과는 그것이 주의의무위반으로 발생할 때에만 행위자에게 객관적으로 귀속될 수 있다(**주의의무위반관련성**). 그러나 「원심이 거시한 증거들만으로는 피해자가 수술당시에 이미 간 손상이 있었다는 사실을 인정할 수 없고 그밖에 기록에 의하여도 이를 인정할 아무런 자료를 발견할 수 없다」고 보아 **인과관계를 부정**하였다.

7 과실범의 인과관계에 있어서 "주의의무에 의해서 요구된 행위(=적법한 대체행위)가 있었더라면 결과가 회피되었을 것이라는 높은 개연성 내지 확실성 판단을 할 수 있는 경우에는 귀속은 인정되며, 법관이 이에 관하여 확신을 할 수 없는 경우에는 '의심스러운 경우에는 피고인에 유리하게'의 원칙이 적용되어 귀속을 부정하는 것이 타당"하다.[4)]

8 그리고 결과가 주의의무 위반에 귀속되기 위하여는 그 결과가 규범의 보호범위 안에서 발생하여야 한다. 규범을 위반하여 위험을 증대·야기시킨 경우라고 하더라도 **그 규범의 보호범위 밖에서 결과가 발생**하였다면 그 규범의 위반에 의한 것으로는 볼 수 없기 때문이다(**보호목적관련성**).

---

3) 객관적 귀속이론은 인과관계가 인정되는 것을 전제로 하여 **법적·규범적 관점에서 결과귀속의 범위를 구성요건 단계에서 제한**하려는 이론이다. 그리고 인과관계는 행위와 결과 사이에 **(합법칙적) 조건관계**가 있으면 인정된다.

4) 이재상/장영민/강동범, 형법총론(제10판), 215면.

9 부작위범의 인과관계 한편 과실범의 인과관계와 같이 **가정적 판단**이 필요한 것이 **부작위범의 인과관계**이다. 부작위범론의 중심 중 하나는 "無에서 有는 발생되지 않는다."라는 의문에서 출발한 인과성의 문제이다. 다만 부작위를 '절대적 무위'가 아닌 기대된 일정한 작위를 하지 않은 것으로 이해함으로서 그 인과성의 문제를 해결한다. 즉, "요구되는 행위(작위)를 하였다면 결과가 발생하지 않았을 것이다."라는 관계가 인정되면 인과관계가 긍정된다. 세월호 사건에서 법원은 이를 명확하게 밝히고 있다(대판 2015도6809, Ref 2－1).

Reference 1

'적법한 대체행위' 이론을 원용한 것으로 보이는 대법원의 판례들

1 **[대판 2021도1833] 파기환송.** [의사에게 의료행위로 인한 업무상과실치사상죄를 인정하기 위한 요건 중 '업무상과실과 상해·사망 등 결과 발생 사이에 인과관계가 있음'에 대한 증명책임 소재(＝검사) 및 증명 정도(＝합리적인 의심의 여지가 없을 정도) / 형사재판에서의 인과관계에 관한 판단이 동일 사안의 민사재판과 달라질 수 있는지 여부(적극)] [1] 의사에게 의료행위로 인한 업무상과실치사상죄를 인정하기 위해서는, 의료행위 과정에서 공소사실에 기재된 업무상과실의 존재는 물론 그러한 업무상과실로 인하여 환자에게 상해·사망 등 결과가 발생한 점에 대하여도 **엄격한 증거에 따라 합리적 의심의 여지가 없을 정도로 증명**이 이루어져야 한다. 따라서 검사는 공소사실에 기재한 업무상과실과 상해·사망 등 결과 발생 사이에 인과관계가 있음을 합리적인 의심의 여지가 없을 정도로 증명하여야 하고, 의사의 업무상과실이 증명되었다는 사정만으로 인과관계가 추정되거나 증명 정도가 경감되는 것은 아니다. 이처럼 형사재판에서는 인과관계 증명에 있어서 '합리적인 의심이 없을 정도'의 증명을 요하므로 **그에 관한 판단이 동일 사안의 민사재판과 달라질 수 있다.** [2] 마취통증의학과 의사인 피고인이 수술실에서 환자인 피해자 갑(73세)에게 마취시술을 시행한 다음 간호사 을에게 환자의 감시를 맡기고 수술실을 이탈하였는데, 이후 갑에게 저혈압이 발생하고 혈압 회복과 저하가 반복됨에 따라 을이 피고인을 수회 호출하자, 피고인은 수술실에 복귀하여 갑이 심정지 상태임을 확인하고 마취해독제 투여, 심폐소생술 등의 조치를 취하였으나, 갑이 심정지 등으로 사망에 이르게 된 사안에서, 피고인이 갑에게 마취가 진행되는 동안 마취간호사도 아니고 마취간호 업무를 시작한 지 2~3개월밖에 안 된 을에게 환자의 감시 업무를 맡긴 채 다른 수술실로 옮겨 다니며 다른 환자들에게 마취시술을 하고, 갑의 활력징후 감시장치 경보음을 들은 을로부터 호출을 받고도 신속히 수술실로 가지 않고 휴식을 취하는 등 마취유지 중 환자감시 및 신속한 대응 업무를 소홀히 한 업무상과실이 있다고 본 원심판단은 정당하나, 한편 갑은 반복적인 혈압상승제 투여에도 불구하고 알 수 없는 원인으로 계속적으로 혈압 저하 증상을 보이다가 사망하였는데, 검사가 제출한 증거만으로는 피고인이 직접 갑을 관찰하거나 을의 호출을 받고 신속히 수술실에 가서 대응하였다면 구체적으로 어떤 조치를 더 할 수 있는지, **그러한 조치를 취하였다면 갑이 심정지에 이르지 않았을 것인지 알기 어렵고**, 갑에게 심정지가 발생하였을 때 피고인이 갑을 직접 관찰하고 있다가 심폐소생술 등의 **조치를 하였더라면 갑이 사망하지 않았을 것이라는 점에 대한 증명도 부족하므로,** 피고인의 업무상과실로 갑이 사망하게 되었다는 점이 합리적인 의심의 여지가 없을 정도로 증명되었다고 보기 어렵다는 이유로, 이와 달리 피고인의 업무상과실로 인하여 갑이 사망하였다고 보아 피고인에게 업무상과실치사죄를 인정한 원심판단에 **의사의 업무상과실과 피해자의 사망 사이의 인과관계 증명 등에 관한 법리오해의 잘못이 있다.**

2 **[대판 2014도11315] 파기환송.** [의사가 설명의무를 위반한 채 의료행위를 하였다가 환자에게 상해 또는 사망의 결과가 발생한 경우, 의사에게 업무상 과실로 인한 형사책임을 지우기 위한 요건] 피해자의 남편 공소외 2는 피해자가 화상을 입기 전 다른 의사로부터 피해자가 간경변증을 앓고 있기 때문에 어떠한 수술이라도 받으면 사망할 수 있다는 말을 들었고, 이러한 이유로 피해자와 공소외 2는 피고인의 거듭된 수술 권유에도 불구하고 계속 수술을 받기를 거부하였던 사실을 알 수 있다. 이로 보건대, 피해자와 공소외 2는 피고인이 수술의 위험성에 관하여 설명하였는지 여부에 관계없이 간경변증을 앓고 있는 피해자에게 이 사건 수술이 위험할 수 있다는 점을 이미 충분히 인식하고 있었던 것으로 보인다. 그렇다면 **피고인이 피해자나 공소외 2에게 공소사실 기재와 같은 내용으로 수술의 위험성에 관하여 설명하였다고 하더라도 피해자나 공소외 2가 수술을 거부하였을 것이라고 단정하기 어렵다.** 원심이 유지한 제1심이 적법하게 채택한 증거를 종합하여 보더라도 피고인의 설명의무 위반과 피해자의 사망 사이에 상당인과관계가 있다는 사실이 합리적 의심의 여지가 없이 증명되었다고 보기 어렵다. **그런데도 이와 달리 설명의무를 위반한 피고인의 과실로 인하여 피해자가 사망에 이르렀다고 보아 공소사실을 유죄로 판단한 원심**판결에는 의사의 설명의무 위반으로 인한 업무상과실치사죄의 인과관계에 관한 법리를 오해한 잘못이 있다.

3 **[대판 2010도10104] [한의사 봉침 사건]** 의료사고에 있어서 (가) **의사의 과실을 인정하기 위해**서는 의사가 결과발생을 예견할 수 있었음에도 불구하고 그 결과발생을 예견하지 못하였고 그 결과발생을 회피할 수 있었음에도 불구하고 그 결과발생을 회피하지 못한 과실이 검토되어야 하고, (나) **그 과실의 유무를 판단함에는** 같은 업무와 직무에 종사하는 보통인의 주의정도를 표준으로 하여야 하며, 이에는 사고 당시의 일반적인 의학의 수준과 의료환경 및 조건, 의료행위의 특수성 등이 고려되어야 하고, 이러한 법리는 **한의사**의 경우에도 마찬가지라도 할 것이다. …… 피해자는 이전에도 여러 차례 **봉침시술**을 받아왔었고 봉침시술로 인하여 아나필락시 쇼크 및 면역치료가 필요한 상태에 이르는 발생빈도가 낮은 점 등에 비추어 피고인 1이 봉침시술에 앞서 **피해자에게 설명의무를 다하였다 하더라도 피해자가 반드시 봉침시술을 거부하였을 것이라고 볼 수 없으므**로, 피고인 1의 설명의무 위반과 피해자의 상해 사이에 **상당인과관계를 인정하기는 어렵다.**

4 **[대판 2005도8822]** 선행 교통사고와 후행 교통사고 중 어느 쪽이 원인이 되어 피해자가 사망에 이르게 되었는지 밝혀지지 않은 경우 후행 교통사고를 일으킨 사람의 과실과 피해자의 사망 사이에 인과관계가 인정되기 위해서는 **후행 교통사고를 일으킨 사람이 주의의무를 게을리하지 않았다면 피해자가 사망에 이르지 않았을 것이라는 사실이 증명**되어야 하고, 그 **증명책임은 검사**에게 있다.

5-1 **[대판 98도1854]** [직진신호에 따라 교차로를 통과하는 운전자의 주의의무 및 그 경우 운전자의 과속행위와 교통사고 사이에 상당인과관계가 있는지 여부(한정 소극)] ●**사실**● 피고인은 택시를 운전하여 8차선 간선도로의 2차로를 따라 진행하던 중 직진신호에 따라 교차로를 통과하고 있었다. 피고인의 택시가 지나던 교차로는 폭 28m의 왕복 8차선 도로와 폭 10m의 왕복 2차선 도로가 만나는 **'ㅏ'자형 삼거리**였다. 이때 피해자가 운전하는 승용차가 피고인 진행 방향 오른쪽의 접속도로에서 **갑자가 피고인이 운전하는 택시 앞을 가로질러 좌회전**하려고 하였다. 피고인은 피해자가 운전하는 승용차를 약 5m 전방에서 발견하고 이를 피하려 하였으나 피하지 못하고 피해자의 승용차를 충돌하였다. 이 사건에서 교차로는 피해자의 진행 방향에서 보면 신호등이 설치되어 있지 아니하였고, 피고인 진행 차선에는 황색 실선의 중앙선과 횡단보도가 설치되어 있어서 접속도로로부터 8차선 도로에 진입하기 위한 좌회전이 허용되지 아니하였으며, 또한 8차선 도로

로부터 접속도로에 진입하기 위한 좌회전도 허용되지 아니하였다. ●**판지**● 녹색등화에 따라 왕복 8차선의 간선도로를 직진하는 차량의 운전자는 특별한 사정이 없는 한 왕복 2차선의 접속도로에서 진행하여 오는 다른 차량들도 교통법규를 준수하여 함부로 금지된 좌회전을 시도하지는 아니할 것으로 믿고 운전하면 족하고, (가) 접속도로에서 진행하여 오던 차량이 아예 허용되지 아니하는 좌회전을 감행하여 직진하는 자기 차량의 앞을 가로질러 진행하여 올 경우까지 예상하여 그에 따른 사고발생을 미리 방지하기 위하여 특별한 조치까지 강구할 주의의무는 없다 할 것이고, 또한 (나) **운전자가 제한속도를 지키며 진행하였더라면 피해자가 좌회전하여 진입하는 것을 발견한 후에 충돌을 피할 수 있었다는 등의 사정이 없는 한** 운전자가 제한속도를 초과하여 과속으로 진행한 잘못이 있다 하더라도 그러한 잘못과 교통사고의 발생 사이에 상당인과관계가 있다고 볼 수는 없다.

5-2 [대판 92도2579] 신호등에 의하여 교통정리가 행하여지고 있는 ㅏ자형 삼거리의 교차로를 녹색등화에 따라 직진하는 차량의 운전자는 특별한 사정이 없는 한 다른 차량들도 교통법규를 준수하고 충돌을 피하기 위하여 적절한 조치를 취할 것으로 믿고 운전하면 족하고, 대향차선 위의 다른 차량이 신호를 위반하고 직진하는 자기 차량의 앞을 가로질러 좌회전할 경우까지 예상하여 그에 따른 사고발생을 미리 방지하기 위한 특별한 조치까지 강구하여야 할 업무상의 주의의무는 없고, 위 직진차량 운전자가 사고지점을 통과할 무렵 제한속도를 위반하여 과속운전한 잘못이 있었다 하더라도 그러한 잘못과 교통사고의 발생과의 사이에 상당인과관계가 있다고 볼 수 없다.

6 [대판 95도2710] [농배양을 하지 아니한 과실과 피해자의 사망 사이의 인과관계의 판단 방법] 피고인(치과의사)이 농배양을 하지 않은 과실이 피해자의 사망에 기여한 인과관계 있는 과실이 된다고 하려면, **농배양을 하였더라면** 피고인이 투약해 온 항생제와 다른 어떤 항생제를 사용하게 되었을 것이라거나 어떤 다른 조치를 취할 수 있었을 것이고, 따라서 피해자가 사망하지 않았을 것이라는 점을 심리 · 판단하여야 한다.

7 [대판 90도2856] [트럭의 왼쪽 바퀴를 중앙선 위에 올려놓은 상태에서 운전한 것이 교통사고의 직접적인 원인이 된 것이 아니라고 본 사례] 피고인이 트럭을 운전하여 판시도로의 중앙선 위를 왼쪽바깥바퀴가 걸친 상태로 운행하던 중 그 판시와 같은 경위로 그 50m 앞쪽 반대방향에서 피해자가 승용차를 운전하여 피고인이 진행하던 차선으로 달려오다가 급히 자기차선으로 들어가면서 피고인이 운전하던 위 트럭과 교행할 무렵 다시 피고인의 차선으로 들어와 그 차량의 왼쪽앞부분으로 위 트럭의 왼쪽뒷바퀴 부분을 스치듯이 충돌하였고 이어서 위 트럭을 바짝 뒤따라 운전해오던 공소외 이OO의 운전차량을 들이받았다면 **설사 피고인이 중앙선 위를 달리지 아니하고 정상차선으로 달렸다 하더라도 이 사건 사고는 피할 수 없다 할 것이므로** 피고인이 트럭의 왼쪽바퀴를 중앙선 위에 올려놓은 상태에서 운전한 것만으로는 이 사건 사고의 **직접적인 원인이 되었다고는 할 수 없다.**

8 [대판 82도3222] [안전거리를 확보치 않은 차가 뒷차의 충격으로 앞차와 충돌한 경우에 있어서 인과관계 유무] 피고인 운전의 차가 이미 정차하였음에도 뒤쫓아오던 차의 충돌로 인하여 앞차를 충격하여 사고가 발생한 경우, 설사 피고인에게 안전거리를 준수치 않은 위법이 있었다 할지라도 그것이 이 사건 피해결과에 대하여 인과관계가 있다고 단정할 수 없다.

Reference 2

부작위범의 인과관계

1 **[대판 2015도6809] [세월호 사건(【67】 참조)]** 선박침몰 등과 같은 조난사고로 승객이나 다른 승무원들이 스스로 생명에 대한 위협에 대처할 수 없는 급박한 상황이 발생한 경우에는 (가) 선박의 운항을 지배하고 있는 선장이나 갑판 또는 선내에서 구체적인 구조행위를 지배하고 있는 선원들은 적극적인 구호활동을 통해 (나) **보호능력이 없**는 승객이나 다른 승무원의 (다) **사망 결과를 방지하여야 할 작위의무**가 있으므로, 법익침해의 태양과 정도 등에 따라 요구되는 개별적·구체적인 구호의무를 이행함으로써 (라) 사망의 결과를 쉽게 방지할 수 있음에도 그에 이르는 사태의 핵심적 경과를 그대로 방관하여 사망의 결과를 초래하였다면, (마) **부작위는 작위에 의한 살인행위와 동등한 형법적 가치**를 가지고, (바) **작위의무를 이행하였다면 결과가 발생하지 않았을 것이라는 관계가 인정될 경우에는 작위를 하지 않은 부작위와 사망의 결과 사이에 인과관계가 있다. cf)** 부작위는 규범적 관점에서 '작위와 결과의 불발생'간의 **'가설적'인과관계**로서 고찰하는 점에 특이성이 있다. 요구(기대)된 일정한 작위가 행해졌더라면 결과가 발생하지 않았으리라는 연관관계가 '확실에 가까운 개연성'으로 긍정되면, 부진정부작위범에 있어서의 인과관계가 인정된다.

실화죄와 이중적 인과관계

2 **[대판 2022도16120]** [피고인들이 분리수거장 방향으로 담배꽁초를 던져 버리고 현장을 떠난 후 화재가 발생하여 각각 실화죄로 기소된 사안에서, 피고인들 각자의 실화죄 책임을 인정할 수 있는가?] [형법상 **부작위범의 성립 요건 / 실화죄에 있어서 공동의 과실이 경합되어 화재가 발생한 경우**, 적어도 각 과실이 화재의 발생에 대하여 하나의 조건이 된 이상 그 공동적 원인을 제공한 사람들은 각자 실화죄의 책임을 지는지 여부(적극)] [1] 형법이 금지하고 있는 법익침해의 결과발생을 방지할 법적인 작위의무를 지고 있는 자가 그 의무를 이행함으로써 결과발생을 쉽게 방지할 수 있는데도 결과발생을 용인하고 방관한 채 의무를 이행하지 아니한 것이 범죄의 실행행위로 평가될 만한 것이라면 부작위범으로 처벌할 수 있다. 실화죄에 있어서 공동의 과실이 경합되어 화재가 발생한 경우 적어도 각 과실이 화재의 발생에 대하여 하나의 조건이 된 이상은 그 공동적 원인을 제공한 사람들은 각자 실화죄의 책임을 면할 수 없다. [2] 피고인들이 분리수거장 방향으로 담배꽁초를 던져 버리고 현장을 떠난 후 화재가 발생하여 각각 실화죄로 기소된 사안에서, 피고인들 각자 본인 및 상대방이 버린 담배꽁초 불씨가 살아 있는지를 확인하고 이를 완전히 제거하는 등 화재를 미리 방지할 주의의무가 있음에도 이를 게을리 한 채 만연히 현장을 떠난 과실이 인정되고 이러한 피고인들 각자의 과실이 경합하여 위 화재를 일으켰다고 보아, 피고인들 각자의 실화죄 책임을 인정한 원심판결을 수긍하는 한편, 원심판단 중 위 화재가 피고인들 중 누구의 행위에 의한 것인지 인정하기에 부족하다는 취지의 부분은 '피고인들 중 누구의 담배꽁초로 인하여 위 화재가 발생하였는지 인정할 증거가 부족하다.'는 의미로 선해할 수 있고, 이는 피고인들의 각 주의의무 위반과 위 화재의 발생 사이에 인과관계가 인정된다는 취지의 부가적 판단이므로, 이와 다른 전제에서 '원인행위가 불명이어서 피고인들은 실화죄의 미수로 불가벌에 해당하거나 적어도 피고인들 중 일방은 실화죄가 인정될 수 없다.'는 취지의 피고인들 주장은 받아들이기 어렵다. **cf)** 누구의 행위로 인한 것인지 밝힐 수는 없지만 피고인들 중 한 명은 이 사건 화재 발생의 직접적 원인이 되는 행위를 한 과실이 있고, 적어도 다른 한 명은

위와 같이 충분히 예견이 가능함에도 불구하고 그 불씨가 살아있는지를 확인하고 이를 완전히 제거하는 등의 조치를 취하지 않은 채 만연히 현장을 떠난 과실이 있으며, 이들 피고인들 각자의 과실이 경합하여 이 사건 화재를 일으켰다고 봄이 상당하다. 특히 바람이 많이 불고 종이류가 근처에 적재되어 있는 곳에서 담뱃재를 털거나 꽁초를 함부로 버릴 경우 화재가 발생할 수 있다는 점은 충분히 예견할 수 있었을 것으로 보이므로, 피고인들은 이 사건 화재 발생의 책임을 면할 수 없다.

17 상당인과관계설에서 '상당성'판단

* 대법원 1981. 9. 8. 선고 81도53 판결
* 참조조문: 형법 제17조,[1] 제268조[2]

화약류 취급책임자가 면허 없는 자에게 화약류를 취급케 한 행위와 화약류 폭발사고 간에 인과관계를 인정할 수 있는가?

●**사실**● 태원탄광덕대[3]인 피고인 X는 화약류 취급책임자로 면허가 없는 Y에게 화약고 열쇠를 맡겼다. Y는 1980.3.10. 17:00경 위 탄광 총무 Z로부터 곧 부여경찰서에서 화약고 검열을 나올 것이니 장부와 재고량을 맞추어 잘 대비하라는 지시를 받고 화약고에서 뇌관 50개, 도화선 3m, 폭약 20개(3kg)를 꺼내어 그곳에서 약 15m 떨어진 탄광 노무자 숙소 아궁이에 감추어 두었다. 당시 X는 위와 같은 지시를 한 일도 없고, 그 지시 사실마저 알지 못하였다. 그리고 이러한 사정을 전혀 알지 못하는 피해자 A가 그달 14일 10:30경 그 아궁이에 불을 때다 폭발물에 인화되어 폭발되는 위력으로 현장에서 즉사하고 그 외 두 사람이 상해를 입었다.

검사는 열쇠를 맡긴 X에 대해서도 책임이 있다고 보아 기소하였다. 그러나 원심은 X에 대해 결과 발생에 대한 인과관계를 인정할 수 없다 하여 업무상과실치사에 대해 무죄를 선고하였다. 이에 검사가 상고하였다.

●**판지**● **상고기각.** 「탄광덕대인 피고인이 화약류 취급책임자 면허가 없는 갑에게 화약고 열쇠를 맡기었던바 갑이 경찰관의 화약고 검열에 대비하여 임의로 화약고에서 뇌관, 폭약 등을 꺼내어 이를 노무자 숙소 아궁이에 감추었고, 이 사실을 모르는 자가 위 아궁이에 불을 때다 위 폭발물에 인화되어 폭발위력으로 사람을 사상에 이르게 한 경우에는 피고인으로서는 위와 같은 사고를 **예견할 수 있었다고 보기 어려울뿐** 아니라 피고인이 갑에게 위 열쇠를 보관 시키고 화약류를 취급하도록 한 행위와 위 사고발생 간에는 **인과관계가 있다고 할 수 없다**」.

●**해설**● 1 대상판례는 대법원이 취하는 상당인과관계설과 관련하여 의미 있는 사례로 주목된다. 본 판례에서 주의할 부분은 대법원이 화약류 취급 면허 없는 자에게 화약류를 취급하도록 한 행위로부터 아궁이 폭발사고가 발생한다는 것은 **"우리들의 경험칙상 당연히 예상할 수 있는 것이라고는 도저히 인정되지 않는다."**라고 판시한 부분이다. 대법원은 상당인과관계라는 표현을 사용하고 있지는 않지만 위의 기준을 제시함으로써 상당인과관계설에 입각하고 있음을 보여주고 있다."[4]

2 상당인과관계설은 조건설에 의하여 제한 없이 확장되는 인과관계를 '상당성'[5]이라는 기준을 통하여

---

1) 형법 제17조(인과관계) 어떤 행위라도 죄의 요소되는 위험발생에 **연결되지 아니한 때에는** 그 결과로 인하여 벌하지 아니한다.
2) 제268조(업무상과실 · 중과실 치사상) 업무상 과실 또는 중대한 과실로 사람을 사망이나 상해에 이르게 한 자는 5년 이하의 금고 또는 2천만원 이하의 벌금에 처한다.
3) '덕대'란 광주(鑛主)와 계약을 맺고 그 광산의 일부를 맡아 채광하는 사람을 말한다.
4) 신동운, 신판례백선 형법총론, 211면.
5) 여기서 '상당성'이란 '고도의 가능성' 즉 **'개연성(높은 확률)'**을 의미한다. 따라서 행위에 의하여 높은 확률로 발생하는 결과는 인과관계를 인정하고 낮은 확률로 발생하는 결과는 인과관계를 인정하지 않는 것으로 이해할

제한하려는 견해이다. 즉, 상당인과관계설이란 결과를 발생시키는 것이 **일상적 경험칙상 상당한 조건에 대해서만 인과관계를 인정**하는 견해이다. 여기서 상당하다는 말은 **사회통념상 예견가능한 범위 내**에 있다는 의미이다. 법원은 오래전부터 상당성판단에 예견가능성을 판단의 척도로 인용해오고 있다.

3 따라서 상당인과관계설을 따르게 되면 **일상적인 생활 경험의 범위** 내에 속하지 않는 사태진행은 모두 형법적 인과관계의 고찰대상에서 제외된다. 결과발생에 대하여 이례적인 조건이나 희귀한 조건, 또는 통상적인 사태진행 과정에 속한다고 볼 수 없는 조건들은 발생된 결과에 대하여 인과관계가 부정된다.[6] 상당인과관계는 그 판단기준으로 우리의 '일상적 생활 경험'을 사용하고 있다. 하지만 상당인과관계설은 **사실판단과 규범판단의 문제를 혼동**하고 있다는 비판을 받고 있다.

4 대법원은 피고인 X가 화약류 취급 면허 없는 Y에게 화약고 열쇠를 소지하고 화약류를 취급하도록 할 당시 그로 인하여 동인이 화약류를 노무자 숙소 아궁이에 넣어 두어서 위와 같은 사고가 발생할 것이라는 데 대하여 도저히 예견할 수 있었다고는 보기 어려울 뿐 아니라 X가 Y에게 화약고 열쇠를 소지하고 화약류를 취급하도록 한 행위와 이 사건 사고발생 결과 간에는 인과관계가 있다고 보기 어렵다고 판단하고 있다.

5 형법에서 인과관계는 행위와 결과간의 관계로서 **객관적 구성요건요소**에 해당한다. 행위가 있고 결과가 발생하였다고 해서 결과에 대한 책임을 행위자에게 모두 귀속시킬 수는 없다. 행위와 결과 사이에 반드시 인과관계가 인정되어야 한다. 만일 인과관계가 입증되지 않으면 미수범으로 처벌되는 것이 원칙이다. 인과관계에 대한 판단과 관련해 대법원은 **상당인과관계설**을 취하고 있다. 하지만 학계의 다수설은 (자연과학적)인과관계를 인정하는 문제와 형사책임의 범위를 정하는 문제를 분리하는 **객관적 귀속론**의 입장이다. 이 이론은 **합법칙적 조건설**에 의해 인과관계를 확정하고 형사책임의 귀속범위는 이 이론에 의해 결정한다(【16】 참조).

Reference

인과관계를 부정한 판례 -'일상적 생활 경험' 밖의 사례 -

1 **[대판 2008도10308] 파기환송.** 주점 **도우미**인 피해자와의 윤락행위 도중 시비 끝에 피해자를 이불로 덮어씌우고 폭행한 후 이불 속에 들어 있는 피해자를 두고 나가다가 탁자 위의 피해자 손가방 안에서 현금을 가져간 사안에서, 폭행에 의한 **강도죄의 성립**을 인정한 **원심을 파기**한 사례: [본문] … 비록 위 재물의 취득이 피해자에 대한 폭행 직후에 이루어지긴 했지만 **위 폭행이 피해자의 재물 탈취를 위한 피해자의 반항 억압의 수단으로 이루어졌다고 단정할 수 없어** 양자 사이에 **인과관계가 존재한다고 보기 어렵다.**

2 **[대판 2001도6601]** [초등학교 6학년생이 파도수영장에서 물놀이 도중 사망한 사고에 있어서 수영장 안전요원과 수영장 관리책임자에게 그 업무상 주의의무를 게을리 한 과실이 있다고 인정한 원심판결을 법리오해 및 심리미진 등의 위법을 이유로 파기한 사례] 파도수영장에서 물놀이하던 초등학교 6학년생이 수

수 있다.

6) 신동운, 형법총론(제8판), 165면.

영장 안에 엎어져 있는 것을 수영장 안전요원이 발견하여 인공호흡을 실시한 뒤 의료기관에 후송하였으나 후송 도중 사망한 사고에 있어서 **그 사망원인이 구체적으로 밝혀지지 아니한 상태**에서 수영장 안전요원과 수영장 관리책임자에게 업무상 주의의무를 게을리 한 과실이 있고 그 주의의무 위반으로 인하여 피해자가 사망하였다고 인정한 원심판결을 업무상과실치사죄에 있어서의 과실 및 인과관계에 관한 법리오해 및 심리미진 등의 위법을 이유로 파기한 사례.

3 **[대판 2000도1155]** [금융대출을 위한 차용인의 기망행위와 금융기관의 대출행위 사이에 인과관계를 인정할 수 없다는 이유로 사기죄의 성립을 부정한 사례] **전문적으로 대출을 취급**하면서 차용인에 대한 체계적인 신용조사를 행하는 금융기관이 금원을 대출한 경우에는, 비록 대출 신청 당시 차용인에게 변제기 안에 대출금을 변제할 능력이 없었고, 금융기관으로서 자체 신용조사 결과에는 관계없이 '변제기 안에 대출금을 변제하겠다'는 취지의 차용인 말만을 그대로 믿고 대출하였다고 하더라도, 차용인의 이러한 기망행위와 금융기관의 대출행위 사이에 인과관계를 인정할 수는 없다 할 것이다.

4 **[대판 89도1084]** 피고인이 선단의 **책임선인 제1봉림호의 선장**으로 조업 중이었다 하더라도 피고인으로서는 종선의 선장에게 조업상의 지시만 할 수 있을 뿐 **선박의 안전관리는 각 선박의 선장이 책임**지도록 되어 있었다면 그 같은 상황 하에서 피고인이 풍랑 중에 종선에 조업지시를 하였다는 것만으로는 종선의 풍랑으로 인한 매몰사고와의 사이에 인과관계가 성립할 수 없다.

5 **[대판 87도297] [부작위에 의한 과실범과 인과관계] 초지조성공사**를 도급받은 수급인이 불경운작업(산불작업)을 하도급을 준 이후에 계속하여 그 작업을 감독하지 아니한 잘못이 있다하더라도 이는 도급자에 대한 도급계약상의 책임이지 위 하수급인의 과실로 인하여 발생한 산림실화에 상당인과관계가 있는 과실이라고 할 수 없다.

6-1 **[대판 84도3085]** 임대인이 연탄아궁이의 외부 굴뚝 보수공사를 마친 뒤에도 임차인이 약 1개월동안 아무런 이상 없이 위 방실을 점유사용해 오다가 사고당일에 부엌에서 출입문과 환기창을 모두 닫아놓고 연탄아궁이에 연탄불을 피워 놓은 채 목욕을 하다가 그 연탄아궁이에서 새어나온 연탄가스의 일산화탄소에 중독되어 사망한 것이라면 비록 임대인이 위 외부 굴뚝 보수공사를 함에 있어 연통이음새로 시멘트가 내부로 흘러 들어가게 하여 연통내부의 하단 부분을 메우게 한 **과실이 있었다 하더라도 임차인의 사망이 위와 같은 임대인의 과실에 기인된 것이라고 보기 어렵다.**

6-2 **[대판 93도196]** 임대차 목적물상의 하자의 정도가 그 목적물을 사용할 수 없을 정도의 파손 상태라고 볼 수 없다든지 임대인에게 수선의무가 있는 대규모의 것이라고 볼 수 없어 **임차인의 통상의 수선 및 관리의무에 속한다고 보여지는 경우에는 그 하자로 인하여 가스 중독사가 발생하였더라도 임대인에게 과실이 있다 할 수 없으나,** 이러한 판단을 함에 있어 단순히 하자 자체의 상태만을 고려할 것이 아니라 (가) 그 목적물의 구조 및 전반적인 노후화 상태 등을 아울러 참작하여 대규모적인 수선이 요구되는지를 판단하여야 하며, (나) 대규모의 수선 여부가 분명하지 아니한 경우에는 임대차 전후의 임대차 목적물의 상태 내지 하자로 인한 위험성의 징후 여부와 (다) 평소 임대인 또는 임차인의 하자 상태의 지실 내지 발견가능성 여부, 임차인의 수선 요구 여부 및 (라) 이에 대한 임대인의 조치 여부 등을 종합적으로 고려하여 임대인의 과실 유무를 판단하여야 한다.

7 **[대판 83도2746] [항행유지선 조선자의 견시의무 해태와 사고발생 간의 인과관계]** 어로작업중인 항행유지선이라고 할지라도 피항선이 피항하지 않음으로써 충돌의 위험이 닥친 경우에 스스로 방향을 바꾸거나 감속 또는 정선함으로써 사고를 미연에 방지할 수 있다면 그 같은 조치를 취할 주의의무가 있으나, 만일 항행유지선 조선자가 견시의무를 다하여 미리 피항선의 근접을 발견하였더라도 충돌의 위험이 닥친 단계에서 스스로 방향변경 등의 방법으로 위험을 피할 도리가 없는 이상 항행유지선 조선자의 견시의무를 소홀히 한 과실은 사고발생과 상당인과관계가 있다고 볼 수 없다.

8 **[대판 82도1446] 강간 당한 피해자**가 집에 들어가 **수치심**과 장래에 대한 절망감 등으로 **음독자살한 경우**에 **자살행위가 강간의 당연한 결과가 아니기 때문에** 양자 사이에는 인과관계가 없다. 따라서 강간치사죄가 성립하지 않는다.

9 **[대판 73도1727]** 이 사건 폭발원인이 일정한 용기 안에 물과 **카바이트**가 접촉되어 가스가 발생 유발하도록 기제를 적극적으로 접착 조작한 것이라면, 피고인이 그 기제들을 분리된 채로 방치하고 그 장소를 이탈하였다 하더라도, 이것과 이 사건 사고와는 아무런 인과관계가 없다고 할 것이다.

10-1 **[대판 71도1082]** 운전사가 발동을 끄고 **시동열쇠를 꽂아 둔 채로 하차**한 동안에 **조수**가 이를 운전하다가 사고를 낸 경우에 시동열쇠를 그대로 꽂아 둔 행위와 상해의 결과발생 사이에는 특별한 사정이 없는 한 인과관계가 없다.

10-2 **[비교판례][대판 86도1048]** 운전자가 차를 세워 시동을 끄고 1단 기어가 들어가 있는 상태에서 시동열쇠를 끼워놓은 채 **11세 남짓한 어린이**를 조수석에 남겨두고 차에서 내려온 동안 동인이 시동열쇠를 돌리며 액셀러레이터 페달을 밟아 차량이 진행하여 사고가 발생한 경우, 비록 동인의 행위가 사고의 직접적인 원인이었다 할지라도 그 경우 운전자로서는 위 어린이를 먼저 하차시키던가 운전기기를 만지지 않도록 주의를 주거나 손브레이크를 채운 뒤 시동열쇠를 빼는 등 사고를 미리 막을 수 있는 제반조치를 취할 업무상 주의의무가 있다 할 것이어서 이를 게을리 한 과실은 사고결과와 법률상의 **인과관계가 있다고 봄이 상당**하다. cf) 사안은 10-1 판례와 유사한 상황이지만 인과관계를 인정하고 있다.

11 **[대판 70도1526]** 완전한 제동장치를 아니하고 화물(3톤)을 적재한 채 단지 양쪽 뒷바퀴에 받침돌만 괴어 경사진 포장도로상에 세워 둔 삼륜차의 한쪽 **뒷바퀴를 구두발로 찬 행위**와 그 삼륜차의 후진으로 인한 사고발생 간에는 특별한 사정이 없는 한 인과관계를 인정할 수 없다.

인과관계를 긍정한 판례 - '일상적 생활 경험' 내의 사례 -

12 **[대판 2022도1401]** [횡단보행자용 신호기가 설치되지 않은 횡단보도를 횡단하는 보행자가 있을 경우, 자동차 운전자의 보행자에 대한 주의의무] ●**사실**● 피고인은 봉고 차량의 운전업무에 종사하는 사람으로서 2020. 4. 8. 16:30경 고양시 ○○백화점 앞 횡단보도를 복지센터 방면에서 □□시장 방면으로 미상의 속도로 진행하였다. 당시 그곳에는 **신호등이 없는 횡단보도가 설치**되어 있었으므로, 자동차의 운전업무에 종사하는 사람은 보행자가 있을 경우를 대비하여 서행함으로써 사고를 미리 방지하여야 할 업무상의 주의의무가 있었다. 그럼에도 피고인은 이를 게을리한 채 그대로 진행하다가 횡단보도 근처를 피고인 진행방향

왼쪽에서 오른쪽으로 횡단하는 피해자(만 9세, 여, 초등학교 4학년)을 뒤늦게 발견하고 제동을 하였으나 미처 멈추지 못하고 피고인 차량 앞 범퍼 부분으로 피해자의 오른쪽 무릎 부위를 충격하여 피해자에게 약 2주간의 치료를 요하는 우측 족근관절염좌 등의 상해를 입게 하였음에도 피해자를 구호하는 등의 조치를 취하지 않고 그대로 도주하였다. 원심은 피고인이 공소사실 기재 사고 발생을 예견하거나 회피할 업무상 주의의무를 다하지 못하였다고 인정하기 어렵다는 이유로 유죄로 판단한 제1심판결을 파기하고 무죄로 판단하였다. ●**판지**● (가) 사고 지점 부근의 도로 상황, 사고 발생 시각, 사고 당시의 교통량, 횡단보도 부근의 보행자 현황 등을 종합해 볼 때, 트럭을 운전하던 피고인으로서는 횡단보행자용 신호기가 설치되어 있지 않은 횡단보도 구간을 통과한 직후 그 부근에서 도로를 횡단하려는 보행자가 흔히 있을 수 있음을 충분히 예상할 수 있었으므로, 무단횡단하는 보행자를 발견한 즉시 안전하게 정차할 수 있도록 제한속도 아래로 속도를 더욱 줄여서 행하고 전방과 좌우를 면밀히 주시하여 안전하게 운전함으로써 사고를 미연에 방지할 업무상 주의의무가 있었다. (나) 사고 전후의 경위와 관련자들의 진술에 비추어, 피고인의 트럭 앞 범퍼 부위로 피해자의 우측 무릎 부위를 직접 충격하여 피해자를 도로에 넘어지게 하였다고 볼 여지가 충분하다. **설령, 피고인의 트럭이 피해자를 직접 충격한 것이 아니었다고 할지라도**, 피해자가 도로에 넘어진 직접적인 원인은 횡단보도를 통과하면서 감속하지 않은 피고인의 차량이 급정거한 때문으로 봄이 합리적이다. (다) 피고인의 트럭이 피해자를 직접 충격하지 않았더라도 피고인이 횡단보도 부근에서 안전하게 서행하였더라면 사고 발생을 충분히 피할 수 있었을 것이므로, 피고인의 업무상 주의의무 위반과 사고 발생 사이의 상당인과관계를 부정하기는 어렵다.

13 **[대판 2015도9436 전원합의체]** 위계에 의한 간음죄에서 '위계'란 행위자의 행위목적을 달성하기 위하여 피해자에게 오인, 착각, 부지를 일으키게 하여 이를 이용하는 것을 말한다. 이러한 위계의 개념 및 성폭력범행에 특히 취약한 사람을 보호하고 행위자를 강력하게 처벌하려는 입법태도, 피해자의 인지적·심리적·관계적 특성으로 온전한 성적 자기결정권 행사를 기대하기 어려운 사정 등을 종합하면, 행위자가 간음의 목적으로 피해자에게 오인, 착각, 부지를 일으키고 피해자의 그러한 심적 상태를 이용하여 간음의 목적을 달성하였다면 위계와 간음행위 사이의 인과관계를 인정할 수 있고, 따라서 위계에 의한 간음죄가 성립한다. 왜곡된 성적 결정에 기초하여 성행위를 하였다면 왜곡이 발생한 지점이 성행위 그 자체인지 성행위에 이르게 된 동기인지는 성적 자기결정권에 대한 침해가 발생한 것은 마찬가지라는 점에서 핵심적인 부분이라고 하기 어렵다. 피해자가 오인, 착각, 부지에 빠지게 되는 대상은 간음행위 자체일 수도 있고, 간음행위에 이르게 된 동기이거나 간음행위와 결부된 금전적·비금전적 대가와 같은 요소일 수도 있다. 다만 행위자의 위계적 언동이 존재하였다는 사정만으로 위계에 의한 간음죄가 성립하는 것은 아니므로 위계적 언동의 내용 중에 피해자가 성행위를 결심하게 된 중요한 동기를 이룰 만한 사정이 포함되어 있어 피해자의 자발적인 성적 자기결정권의 행사가 없었다고 평가할 수 있어야 한다. 이와 같은 인과관계를 판단할 때에는 피해자의 연령 및 행위자와의 관계, 범행에 이르게 된 경위, 범행 당시와 전후의 상황 등 여러 사정을 종합적으로 고려하여야 한다.

14 **[대판 2012도2744]** [1] 피교사자가 범죄의 실행에 착수한 경우 그 범행결의가 교사자의 교사행위에 의하여 생긴 것인지는 교사자와 피교사자의 관계, 교사행위의 내용 및 정도, 피교사자가 범행에 이르게 된 과정, 교사자의 교사행위가 없더라도 피교사자가 범행을 저지를 다른 원인의 존부 등 제반 사정을 종합적으로 고려하여 사건의 전체적 경과를 객관적으로 판단하는 방법에 의하여야 하고, 이러한 판단 방법에 의

할 때 **피교사자가 교사자의 교사행위 당시에는 일응 범행을 승낙하지 아니한 것으로 보여진다 하더라도 이후 그 교사행위에 의하여 범행을 결의한 것으로 인정되는 이상 교사범의 성립에는 영향이 없다.** [2] 피고인이 결혼을 전제로 교제하던 여성 甲의 임신 사실을 알고 수회에 걸쳐 낙태를 권유하였다가 거부당하자, 甲에게 출산 여부는 알아서 하되 더 이상 결혼을 진행하지 않겠다고 통보하고, 이후에도 아이에 대한 친권을 행사할 의사가 없다고 하면서 낙태할 병원을 물색해 주기도 하였는데, 그 후 甲이 피고인에게 알리지 아니한 채 자신이 알아본 병원에서 낙태시술을 받은 사안에서, 피고인은 甲에게 직접 낙태를 권유할 당시뿐만 아니라 출산 여부는 알아서 하라고 통보한 이후에도 계속 낙태를 교사하였고, 甲은 이로 인하여 낙태를 결의·실행하게 되었다고 보는 것이 타당하며, 甲이 당초 아이를 낳을 것처럼 말한 사실이 있다는 사정만으로 **피고인의 낙태교사행위와 甲의 낙태결의 사이에 인과관계가 단절되는 것은 아니라는 이유**로, 피고인에게 낙태교사죄를 인정한 원심판단을 정당하다.

15 **[대판 2009도12671]** 피고인이 자동차를 운전하다 횡단보도를 걷던 보행자 甲을 들이받아 그 충격으로 횡단보도 밖에서 甲과 동행하던 피해자 乙이 밀려 넘어져 상해를 입은 사안에서, 위 사고는, 피고인이 횡단보도 보행자 甲에 대하여 구 도로교통법(2009. 12. 29. 법률 제9845호로 개정되기 전의 것) 제27조 제1항에 따른 주의의무를 위반하여 운전한 업무상 과실로 야기되었고, 乙의 상해는 이를 직접적인 원인으로 하여 발생하였다는 이유로, 피고인의 행위가 구 교통사고처리 특례법(2010. 1. 25. 법률 제9941호로 개정되기 전의 것) 제3조 제2항 단서 제6호에서 정한 횡단보도 보행자 보호의무의 위반행위에 해당한다.

16 **[대판 2009도7070]** [1] 피고인이 제왕절개수술 후 대량출혈이 있었던 피해자를 **전원조치**하였으나 전원받는 병원 의료진의 조치가 다소 미흡하여 도착 후 **약 1시간 20분이 지나 수혈이 시작**된 사안에서, **피고인의 전원지체 등의 과실**로 신속한 수혈 등의 조치가 지연된 이상 피해자의 사망과 피고인의 과실 사이에 인과관계가 인정된다. [2] 피고인이 제왕절개수술을 시행 중 태반조기박리를 발견하고도 피해자의 출혈 여부 관찰을 간호사에게 지시하였다가 수술 후 약 45분이 지나 대량출혈을 확인하고 전원(轉院) 조치하였으나 그 후 피해자가 사망한 사안에서, 피고인에게 대량출혈 증상을 조기에 발견하지 못하고, 전원을 지체하여 피해자로 하여금 신속한 수혈 등의 조치를 받지 못하게 한 과실이 있다고 본 사례.

17 **[대판 2007도10120]** 피고인들이 의도적으로 피해자를 술에 취하도록 유도하고 **수차례 강간한 후 의식불명 상태에 빠진 피해자를 비닐창고로 옮겨 놓아 피해자가 저체온증으로 사망**한 사안에서, 위 **피해자의 사망과 피고인들의 강간 및 그 수반행위와의 인과관계** 그리고 피해자의 **사망에 대한 피고인들의 예견가능성이 인정되므로,** 위 비닐창고에서 피해자를 재차 강제추행, 강간하고 하의를 벗겨 놓은 채 귀가한 피고인이 있다 하더라도 피고인들은 피해자의 사망에 대한 책임을 면한다고 볼 수 없어 강간치사죄가 인정된다.

18 **[대판 2002도4315] 4일 가량** 물조차 제대로 마시지 못하고 잠도 자지 아니하여 거의 탈진 상태에 이른 피해자의 **손과 발을 17시간 이상 묶어 두고 좁은 차량 속에서 움직이지 못하게 감금**한 행위와 묶인 부위의 혈액 순환에 장애가 발생하여 혈전이 형성되고 그 혈전이 폐동맥을 막아 사망에 이르게 된 결과 사이에는 상당인과관계가 있다.

19 **[대판 99도5286]** 승용차로 피해자를 가로막아 승차하게 한 후 피해자의 하차 요구를 무시한 채 당초 목적지가 아닌 다른 장소를 향하여 시속 약 60km 내지 70km의 속도로 진행하여 피해자를 차량에서 내리

지 못하게 한 행위는 감금죄에 해당하고, 피해자가 그와 같은 감금상태를 벗어날 목적으로 차량을 빠져 나오려다가 길바닥에 떨어져 상해를 입고 그 결과 사망에 이르렀다면 **감금행위와 피해자의 사망 사이에는 상당인과관계가 있다**고 할 것이므로 감금치사죄에 해당한다.

20 [대판 99도5086] 임차인이 자신의 비용으로 설치·사용하던 가스설비의 **휴즈콕크를 아무런 조치 없이 제거하고 이사를 간** 후 가스공급을 개별적으로 차단할 수 있는 주밸브가 열려져 가스가 유입되어 폭발사고가 발생한 경우, 구 액화석유가스의안전및사업관리법상의 관련 규정 취지와 그 주밸브가 누군가에 의하여 개폐될 가능성을 배제할 수 없다는 점 등에 비추어 그 휴즈콕크를 제거하면서 그 제거부분에 아무런 조치를 하지 않고 방치하면 주밸브가 열리는 경우 유입되는 가스를 막을 아무런 안전장치가 없어 가스 유출로 인한 대형사고의 가능성이 있다는 것은 **평균인의 관점에서 객관적으로 볼 때 충분히 예견할 수 있다**는 이유로 임차인의 과실과 가스폭발사고 사이의 상당인과관계가 인정된다.

21 [대판 96도776] 건설업자가 토공사 및 흙막이공사의 감리업무까지 수행하기로 약정하였음에도 이에 위반하여 실질적인 감리업무를 수행할 수 있는 사람을 **감리자로 파견하지 않은 상태**에서, 건설업법 제33조, 건설업법시행령 제36조 제2항 제2호 소정의 건설기술자를 현장에 배치할 의무를 위반하여 건설기술자조차 현장에 배치하지 아니한 과실은 공사현장 인접 소방**도로의 지반침하 방지를 위한 그라우팅공사 과정에서 발생한 가스폭발사고와 상당한 인과관계가 있다.**

22 [대판 95도906] [현장감독 공무원의 감독의무 위반과 붕괴사고로 인한 치사상의 결과 사이에 상당인과관계를 인정한 사례] 공사를 발주한 구청 소속의 현장감독 공무원인 피고인이 갑 회사가 전문 건설업 면허를 소지한 을 회사의 명의를 빌려 원수급인인 병 회사로부터 콘크리트 타설공사를 하도급받아 전문 건설업 면허나 건설기술 자격이 없는 개인인 정에게 재하도급주어 이 사건 공사를 시공하도록 한 사실을 알았거나 쉽게 알 수 있었음에도 불구하고 그 직무를 유기 또는 태만히 하여 정의 시공방법상의 오류와 그 밖의 안전상의 잘못으로 인하여 콘크리트 타설작업 중이던 건물이 붕괴되는 사고가 발생할 때까지도 이를 적발하지 아니하였거나 적발하지 못한 잘못이 있다면, 피고인의 위와 같은 직무상의 의무위반 행위는 이 사건 붕괴사고로 인한 치사상의 결과에 대하여 상당인과관계가 있다.

23 [대판 95도245] [피해자가 회복하기 어려운 상태에서 다른 병원으로 전원한 후 사망한 사안에서, 전원 전 진료 담당 의사의 과실과 피해자의 사망 사이의 인과관계를 인정한 사례] [1] 피해자가 다른 병원으로 **전원**할 당시 이미 후복막에 농양이 광범위하게 형성되어 있었고 췌장이나 십이지장과 같은 후복막 내 장기 등 조직의 괴사가 진행되어 **이미 회복하기 어려운 상태에 빠져 있었다면**, 피해자가 다른 병원으로 전원하여 진료를 받던 중 사망하였다는 사실 때문에 **피고인의 진료상의 과실과 피해자의 사망과의 사이의 인과관계**가 단절된다고 볼 수는 없다. [2] 전원 전 진료 담당 의사인 피고인(일반외과 전문의)이 피해자의 후복막 전체에 형성된 혈종을 발견한 지 14일이 지나도록 전산화단층촬영 등 후복막 내의 장기 손상이나 농양 형성 여부를 확인하기에 적절한 진단방법을 시행하지 않은 채, 피해자가 보인 염증 증상의 원인을 단순히 장간막 봉합수술에 따른 후유증 정도로만 생각하고 필요한 적절한 진단 및 치료조치를 취하지 아니한 것은 진단 및 치료 상의 주의의무를 다하지 아니한 것으로서 과실이 있다.

24 **[대판 90도2106]** 파도가 치는 바닷가 바위 위에서 곧 전역할 병사를 **헹가레**쳐서 장난삼아 바다에 빠뜨리려고 하다가 그가 발버둥치는 바람에 그의 발을 붙잡고 있던 피해자가 미끄러져 익사한 경우 헹가레치려 했던 동료 내무반원에게 과실치사책임이 인정된다.

25 **[대판 90도2547]** 연탄가스 중독환자가 퇴원 시 자신의 병명을 물었으나 환자를 그 병명으로 진단, 치료한 의사가 **아무런 요양방법을 지도하여 주지 아니**하여 병명을 알지 못한 환자가 퇴원 즉시 처음 사고 난 방에서 다시 자다가 재차 연탄가스에 중독된 경우 의사의 업무상과실과 재차의 연탄가스 중독 간에는 인과관계가 있다.

26 **[대판 89도866]** [사고차량에 직접 충돌되지 않은 피해자의 부상에 대해 운전자의 과실을 인정한 사례] 자동차의 운전자가 그 운전상의 주의의무를 게을리하여 열차건널목을 그대로 건너는 바람에 그 자동차가 열차좌측 모서리와 충돌하여 20m쯤 열차 진행방향으로 끌려가면서 튕겨나갔고 피해자는 타고 가던 자전거에서 내려 위 자동차 왼쪽에서 **열차가 지나가기를 기다리고 있다가 위 충돌사고로 놀라 넘어져 상처를 입었다**면 비록 위 **자동차와 피해자가 직접 충돌하지는 아니하였더라도 자동차 운전자의 위 과실과 피해자가 입은 상처 사이에는 상당한 인과관계가 있다.**

27 **[대판 84도2347] 피해자의 머리를 한번 받고 경찰봉으로 때렸고** 그 시간이 01 :30경이었다 하더라도 피해자는 출항 시부터 머리가 아프다고 배에 누워있다 입항할 즈음 23:00경 외상성 뇌경막하 출혈로 사망하였다는 것이니 **범행시간과 피해자의 사망시간 간에 20여 시간 경과하였다하더라도** 그 사이에 사망의 중간원인을 발견할 자료가 없는 이상 위 시간적 간격이 있었던 사실만으로 피고인의 구타와 피해자의 사망 사이에 인과관계를 인정할 수 있다.

28 **[대판 82도2525]** 피고인의 자상행위가 피해자를 사망하게 한 직접적 원인은 아니었다 하더라도 이로부터 발생된 **다른 간접적 원인이 결합되어 사망의 결과를 발생하게 한 경우라도 그 행위와 사망 간에는 인과관계가 있다**고 할 것인바, 이 사건 진단서에는 직접사인 심장마비, 호흡부전, 중간선행사인 패혈증, 급성심부전증, 선행사인 자상, 장골정맥파열로 되어 있으며, 피해자가 부상한 후 1개월이 지난 후에 위 패혈증 등으로 사망하였다 하더라도 **그 패혈증이 위 자창으로 인한 과다한 출혈과 상처의 감염 등에 연유한 것**인 이상 자상행위와 사망과의 사이에 인과관계의 존재를 부정할 수 없다.

29 **[대판 72도296]** 피고인의 **강타**로 인하여 **임신 7개월의 피해자**가 지상에 넘어져서 4일 후에 낙태하고 위 낙태로 유발된 심근경색증으로 죽음에 이르게 된 경우 피고인의 구타행위와 피해자의 사망 간에는 인과관계가 있다.

30 **[대판 4288형상88] [구타와 치사의 인과관계]** 안면 및 흉부에 대한 구타는 생리적 작용에 중대한 영향을 줄 뿐 아니라 신경에 강대한 자극을 줌으로써 정신의 흥분과 이에 따르는 혈압의 항진을 초래하여 뇌일혈을 야기케 할 수 있고 이는 누구든지 예견할 수 있음으로 구타와 뇌일혈 사이에 인과관계가 있다 할 것이다.

18 고의의 내용

* 대법원 2000. 8. 18. 선고 2000도2231 판결
* 참조조문: 형법 제13조,[1] 제250조 제1항[2]

피고인이 살인의 범의를 자백하지 않고 상해 또는 폭행의 범의만이 있었을 뿐이라고 다투는 경우, 살인의 범의에 대한 판단기준은?

●**사실**● 피해자 A가 먼저 피고인 X를 할퀴고, X의 고환을 잡고 늘어지는 등 폭행을 가하자 인체의 급소를 잘 알고 있는 **무술교관 출신**의 X는 **무술의 방법**으로 A의 울대(聲帶)[3]를 가격하여 사망케 하였다. 원심은 살인죄를 인정하였다. X는 살인의 범의는 없었다고 주장하며 상고하였다.

●**판지**● **상고기각.** 「살인죄에 있어서의 범의는 (가) 반드시 살해의 목적이나 계획적인 살해의 의도가 있어야만 인정되는 것은 아니고 (나) 자기의 행위로 인하여 타인의 사망의 결과를 발생시킬 만한 **가능 또는 위험이 있음을 인식하거나 예견하면 족한 것**이고 (다) 그 인식 또는 예견은 확정적인 것은 물론 불확정적인 것이라도 이른바 **미필적 고의로도 인정**되는 것인데, (라) 피고인이 살인의 범의를 자백하지 아니하고 **상해 또는 폭행의 범의**만이 있었을 뿐이라고 다투고 있는 경우에 피고인에게 범행 당시 살인의 범의가 있었는지 여부는 피고인이 범행에 이르게 된 경위, 범행의 동기, 준비된 흉기의 유무·종류·용법, 공격의 부위와 반복성, 사망의 결과발생가능성 정도, 범행 후에 있어서의 결과회피행동의 유무 등 **범행 전후의 객관적인 사정을 종합하여 판단**할 수밖에 없다」.

●**해설**● 1 형법은 제13조에 '범의(犯意)'라는 표제 하에 "**죄의 성립요소인 사실을 인식**하지 못한 행위는 벌하지 아니한다. 다만, 법률에 특별한 규정이 있는 경우에는 예외로 한다."고 규정하여 원칙적으로 고의가 있어야 범죄가 성립한다. 고의는 **주관적 구성요건요소**이다. 구성요건적 고의가 인정되기 위해서는 원칙적으로 범죄구성요건에 해당하는 객관적 사실의 중요 부분(고의의 대상)을 인식함과 동시에 그 의미의 인식이 필요하다.

2 하지만 고의는 신체의 오관(五官)을 통해 직접관찰이 불가능한 **'성향개념[4]'**에 속하기 때문에 외부에서 인식하기가 어렵다. 사안의 경우도 X는 A를 가격하여 사망케 했지만 살인의 고의는 없었다고 항변한다. 이러한 고의의 특성 때문에 소송법적으로도 고의는 피고인의 자백이 없는 이상 **정황증거에 의한 우회적 추론만이 가능**하다. 특히 살인이나 강간 등의 강력범죄가 아닌 사기나 배임과 같은 재산범죄의 경우에는 더욱 그러하다.

3 법원도 피고인이 고의를 부인하는 경우에는「그것을 입증함에 있어서는 사물의 성질상 **고의와 상당한 관련성이 있는 간접사실을 증명**하는 방법에 의할 수밖에 없는 것이나, 그때에 무엇이 상당한 관련성이

1) 형법 제13조(범의) 죄의 **성립요소인 사실을 인식**하지 못한 행위는 벌하지 아니한다. 다만, 법률에 특별한 규정이 있는 경우에는 예외로 한다.
2) 형법 제250조(살인) ① 사람을 살해한 자는 사형, 무기 또는 5년 이상의 징역에 처한다.
3) 울대는 남성의 목 정면 중앙에 방패연골이 튀어나온 부분을 말한다. 후두융기(喉頭隆起) 또는 아담의 사과(Adam's Apple)라고도 부른다.
4) 배종대, 형법총론(제11판), 248-251면에서 '고의개념의 법이론적 특징' 참조.

있는 간접사실에 해당할 것인가는 **정상적인 경험칙에 바탕**을 두고 치밀한 관찰력이나 분석력에 의하여 **사실의 연결상태를 합리적으로 판단하는 것 외에 다른 방법은 없다**」(대판 94도1949)고 한다. 공소 제기된 범죄사실의 주관적 요소인 고의 존재에 대한 증명책임은 검찰관에게 있다.

4 대상판결에서 X는 일반인과는 달리 무술교관 출신으로서 인체의 급소를 잘 알고 있는 사람이다. 그런 사람이 무술의 방법으로 A의 울대를 가격하여 피해자를 사망케 하였다면 살인의 범의가 있는 것으로 추론이 가능하다고 대법원은 판단하였다. 살인죄의 범의는 자기의 행위로 인하여 피해자가 사망할 수도 있다는 사실을 인식·예견하는 것으로 족하고 피해자의 사망을 희망하거나 목적으로 할 필요는 없고, 또 확정적인 고의가 아닌 **미필적 고의**로도 족하다.

5 객관적 구성요건요소에 대한 인식 형법 제13조 규정에서와 같이 고의는 '범죄의 성립요소인 사실에 대한 인식'이다. 그리고 여기서 말하는 범죄의 성립요소는 모두 객관적 구성요건요소이다. 따라서 ① 객관적 구성요건요소인 **행위주체, 행위객체, 실행행위, 결과발생, 인과관계, 특수한 행위사정**(야간주거침입절도죄에서 '야간'이라는 상황), **구체적 위험범에서의 위험**[5] 등을 인식하여야 범죄가 성립한다. 나아가 ② 가중적 구성요건의 **형의 가중적 요소**에 해당하는 사실(존속살인죄에서 존속)과 감경적 구성요건의 **형의 감경적 요소**에 해당하는 사실의 인식도 필요로 한다. 그러나 ③ **객관적 처벌조건**이나 **소송조건** 그리고 **초과주관적 구성요건요소**(목적, 경향성)[6]에 대한 인식은 요하지 않는다. 상습범에서 **'상습성'** 또한 고의의 인식대상이 아니다.

6 구성요건의 객관적 요소들은 기술적(記述的) 요소와 규범적 요소로 나누어질 수 있다. 먼저 ① **기술적 구성요건요소**란 행위의 외관을 있는 그대로 나타내는 구성요건표지이다. 예컨대 사람, 상해, 공무원 등이 그것이다. 이에 대해 ② **규범적 구성요건요소**는 절도죄에서 재물의 '타인성'이나 음란물반포죄에서의 '음란성' 등과 같이 그 사실에 대한 법적·사회적 '의미'에 대한 인식까지 있어야 고의가 성립한다(대판 83도1762, Ref 2-12).

7 행정상의 단속을 주안으로 하는 법규라 하더라도 명문규정이 있거나 해석상 과실범도 벌할 뜻이 명확한 경우를 제외하고는 형법의 원칙에 따라 고의가 있어야 벌할 수 있다(대판 85도108).

8 공범의 고의 **교사자의 고의**는 정범에게 범죄의 결의를 갖게 하고 정범에 의하여 범죄를 실행할 고의를 의미한다. 따라서 교사범은 교사의 고의뿐만 아니라 정범의 고의도 구비해야 한다(**이중의 고**

---

5) **구체적 위험범**은 법익 침해의 위험성이 범죄의 성립요건으로 명시되어 있다(예를 들어, 형법 제167조 일반물건방화죄에서 "… 물건을 불태워 공공의 위험을 발생하게 한" 등으로 명시). 따라서 구체적 위험범의 경우는 '위험발생'이 객관적 구성요건의 일부이므로 고의의 인식대상으로서 그에 대한 인식과 인용이 필요하다. 반면 **추상적 위험범**은 구성요건적 행위(내지 결과)가 있으면 족하고 보호법익에 대한 구체적·현실적 위험발생을 요하지 않는다. 따라서 이 경우에는 고의의 내용으로 위험발생에 대한 인식이나·인용을 요하지 않는다.

6) **초과주관적 구성요건요소라 함은** 구성요건적 고의 이외에 추가적으로 요구되는 주관적 구성요건요소로서 행위자가 실현시키는 불법 가운데 결과불법보다는 **행위불법을 더욱 강조**하려고 할 때 입법자가 사용하는 표지이다. 그 예로는 목적범에 있어서의 **목적**, 경향범에 있어서의 **경향성**, 표현범에 있어서의 **표현성** 등을 들 수 있다. 고의의 인식대상의 범위는 객관적 구성요건요소에 한정되므로 초과주관적 구성요건요소는 고의의 인식대상이 아니다.

의). **방조범의 경우**도 방조의 고의와 정범의 고의가 있어야 한다. 따라서 종범은 정범에 의하여 실현되는 범죄의 본질적 요소는 인식하여야 하나 정범의 「일시나 장소, 객체 등을 구체적으로 인식할 필요가 없으며, 나아가 정범이 누구인지 확정적으로 인식할 필요도 없다」(대판 2005도872).

9 고의의 인식대상

고의의 인식대상에 속하는 사실	고의의 인식대상에 속하지 아니하는 사실
• 주체(수뢰죄에서 공무원이라는 '신분') • 객체(문서위조죄에서 '문서') • 행위(특수폭행죄에서 '위험한 물건의 휴대') • 결과(살인죄에서 사람의 '사망') • 인과관계 • 행위사정(야간주거침임절도죄에서 '야간') • 구체적 위험범에서의 위험(자기소유물건방화죄에서 '공공의 위험발생') • 가중적 · 감경적 구성요건에서 가중적 · 감경적 요소(존속살해죄의 '직계존속', 영아살해죄의 '영아') · 규범적 구성요건요소(재물의 '타인성', 음란물반포죄에서 '음란성', 유가증권위조죄에서 '유가증권') • 부진정결과적 가중범에서 중한 결과	• 객관적 처벌조건(사전수뢰죄에서 공무원 또는 중재인이 된 사실) • 인적 처벌조각사유(친족상도례에서 '친족관계') • 소추조건(친고죄에서 피해자의 '고소', 반의사불벌죄에서 피해자의 처벌희망의 의사) • 책임요소(책임능력과 기대가능성) • 추상적 위험범에서의 '위험' • 상습범에서의 '상습성' • 고의 이외의 주관적 요소('목적', '동기', '불법영득의사') • 형벌법규 • 결과적 가중범에서의 중한 결과

Reference 1

살인의 고의와 관련된 판례들

1 **[대판 2009도7150] [살인예비죄의 성립 요건]** [1] 형법 제255조, 제250조의 **살인예비죄가 성립하기 위하여는** 형법 제255조에서 명문으로 요구하는 살인죄를 범할 목적 외에도 **살인의 준비에 관한 고의**가 있어야 하며, 나아가 실행의 착수까지에는 이르지 아니하는 살인죄의 실현을 위한 준비행위가 있어야 한다. 여기서의 준비행위는 물적인 것에 한정되지 아니하며 특별한 정형이 있는 것도 아니지만, 단순히 범행의 의사 또는 계획만으로는 그것이 있다고 할 수 없고 객관적으로 보아서 살인죄의 실현에 실질적으로 기여할 수 있는 외적 행위를 필요로 한다. [2] 甲이 乙을 살해하기 위하여 丙, 丁 등을 고용하면서 그들에게 대가의 지급을 약속한 경우, 甲에게는 살인죄를 범할 목적 및 살인의 준비에 관한 고의뿐만 아니라 살인죄의 실현을 위한 준비행위를 하였음을 인정할 수 있다는 이유로 살인예비죄의 성립을 인정한 사례.

2 **[대판 2002도4089]** 피해자에 대한 가해행위를 직접 실행한 피고인 3, 4가 피해자의 머리나 가슴 등 치명적인 부위가 아닌 **허벅지나 종아리 부위 등을 주로 찔렀다고 하더라도 칼로 피해자를 20여 회나 힘껏 찔러 그로 인하여 피해자가 과다실혈로 사망**하게 된 이상 피고인 3, 4가 자기들의 가해행위로 인하여 피해자가 사망할 수도 있다는 사실을 인식하지 못하였다고는 볼 수 없고, 오히려 살인의 미필적 고의가 있었다고 볼

수 있을 뿐이다.

3 [대판 2001도6425] **강도가** 도망을 가려는 피해자의 어깨를 잡아 방으로 끌고 와 침대에 엎드리게 하고 이불을 뒤집어 씌운 후 침대에 있던 베개로 피해자의 머리부분을 약 3분간 힘껏 누르자, 이에 피해자가 손발을 휘저으며 발버둥치다가 움직임을 멈추고 **사지가 늘어졌음에도 계속하여 약 10초간 누르고 있었다면** 살해의 고의가 있다.

4 [대판 2001도4392] 이 사건 범행은 피고인의 **운전 부주의로 승용차가 저수지에 추락하여 발생한 것이 아니라**, 피고인이 교통사고를 가장하여 피해자인 자녀들을 살해하고 보험금을 수령하여 자신의 경제적 곤란을 해결하고 신변을 정리하는 한편, 그 범행을 은폐할 목적으로 보험의 피보험자인 자녀들 외에 조카들과 피해자 1을 승용차에 태운 후에 고의로 승용차를 저수지에 추락시켜 피해자들을 사망하게 한 것으로서 피해자들에 대한 살인의 범의가 인정된다.

5 [대판 2000도5590] 건장한 체격의 군인이 왜소한 체격의 피해자를 폭행하고 특히 급소인 **목을 설골(舌骨)**[7]**이 부러질 정도**로 세게 졸라 사망케 한 행위에 살인의 범의가 있다.

6 [대판 94도2511] 피고인이 9세의 여자 어린이에 불과하여 항거를 쉽게 제압할 수 있는 **피해자의 목을 감아서 졸라 실신시킨 후 그곳을 떠나버린** 이상 그와 같은 자신의 가해행위로 인하여 피해자가 사망에 이를 수도 있다는 사실을 인식하지 못하였다고 볼 수 없으므로, 적어도 그 범행 당시에는 피고인에게 살인의 범의가 있었다.

7 [대판 93도3612] 소론과 같이 피해자들의 머리나 가슴 등 **치명적인 부위를 낫이나 칼로 찌르지는 않았다고 하더라도, 쇠파이프와 각목으로 피해자들의 머리와 몸을 마구 때리고 낫으로 팔과 다리를 난자**한 이상(그로 인하여 피해자 1은 10일이 지나도록 의식조차 회복하지 못하였고, 피해자 2는 16주 내지 18주의 치료를 요하는 상해를 입었다), 위 피고인들이 소론과 같이 자기들의 가해행위로 인하여 피해자들이 사망할 수도 있다는 사실을 인식하지 못하였다고 볼 수 없고(오히려 살인의 미필적 고의가 있었다고 볼 수 있다), 또 여관의 안내실에서 종업원을 감시한 피고인 4로서도 위와 같은 경위로 집단적인 보복을 할 목적으로 **낫과 쇠파이프** 등을 가지고 여관으로 들어간 위 피고인들이 **피해자들을 살해할 수도 있다는 사실을 인식하였을 것이다.**

8 [대판 91도2174] 피고인이 소란을 피우는 피해자를 말리다가 피해자가 한 쪽 다리를 저는 피고인에게 **'병신새끼'라고 욕하는 데 격분**하여 예리한 칼로 피해자의 팔꿈치 부분에 길이 13㎝, 허리 부분에 길이 3㎝, 왼쪽 가슴 부분에 길이 6㎝의 상처가 나도록 찔렀고 그 가슴의 상처깊이가 무려 **17㎝나 되어 곧 바로 좌측 심낭까지 절단**된 사실을 인정한 다음 피고인에게 살인의 고의가 있다.

9 [대판 86도367] **길이 26㎝ 가량의 식칼로 피해자의 복부를 1회 찌르고** 다시 도망하다가 배를 움켜쥐고 엎드려 있는 피해자를 20m 가량 추격하여 **오른쪽 옆구리를 1회 찔러** 그 자리에서 사망케 한 경우, 살의가

7) 설골은 목뿔뼈(Hyoid bone)라고도 하며 말굽 모양의 뼈로, 턱과 갑상 연골 사이의 목의 앞부분 중간쯤에 위치해 있다.

있었다고 판단한 것은 정당하다.

10 **[대판 83도1817]** 피고인이 정교관계를 가졌던 피해자로부터 금품요구와 협박을 받아 오다가 위 피해자를 타이르던 중 반항하는 위 피해자를 **순간적으로 살해하기로 결의**하고 양손으로 피해자의 목을 졸라 질식사망케 한 사실이 인정된다면 피고인에게 살인의 **확정적 범의**가 있었음이 분명하고 과실이나 결과적 가중범의 범의를 논할 여지가 없다.

Reference 2

살인 이외의 다른 범죄의 '범의'와 관련된 판례들

1 **사기죄. [대판 2017도20682] 파기환송.** [1] 사기죄의 주관적 구성요건인 편취의 고의는 피고인이 자백하지 않는 한 범행 전후 피고인의 재력, 환경, 범행의 내용, 거래의 이행과정, 피해자와의 관계 등과 같은 객관적인 사정을 종합하여 판단하여야 한다. **민사상 금전대차관계에서 채무불이행 사실**을 가지고 바로 차용금 편취의 고의를 인정할 수는 없으나 (가) 피고인이 확실한 변제의 의사가 없거나 또는 (나) 차용 시 약속한 변제기일 내에 변제할 능력이 없는데도 **변제할 것처럼 가장하여 금원을 차용한 경우에는 편취의 고의를 인정할 수 있다.** [2] 피고인이 갑 저축은행에 대출을 신청하여 심사를 받을 당시 동시에 다른 저축은행에 대출을 신청한 상태였는데도 갑 저축은행으로부터 다른 금융회사에 동시에 진행 중인 대출이 있는지에 대하여 질문을 받자 '없다'고 답변하였고, 갑 저축은행으로부터 대출을 받은 지 약 6개월 후에 신용회복위원회에 대출 이후 증가한 채무를 포함하여 **프리워크아웃**[8]을 신청한 사안에서, 피고인은 갑 저축은행에 대하여 다른 금융회사에 동시에 진행 중인 대출이 있는지를 허위로 고지하였고, 갑 저축은행이 제대로 된 고지를 받았더라면 대출을 해주지 않았을 것으로 판단되며, 그 밖에 피고인의 재력, 채무액, 대출금의 사용처, 대출일부터 약 6개월 후 프리워크아웃을 신청한 점과 그 경위 등의 사정을 종합하면, 기망행위, 기망행위와 처분행위 사이의 인과관계와 **편취의 고의가 인정된다**고 볼 여지가 있다는 이유로, 이와 달리 보아 피고인에 대한 사기 공소사실을 무죄라고 판단한 원심판결에 사기죄에서 기망행위, 기망행위와 처분행위 사이의 인과관계와 편취의 고의에 관한 법리를 오해한 잘못이 있다.

2 **직권남용체포죄와 직권남용권리행사방해죄. [대판 2013도16162]** 현행범인 체포의 요건을 갖추었는지에 관한 검사나 사법경찰관 등의 판단에는 상당한 재량의 여지가 있으나, 체포 당시 상황으로 보아도 요건 충족 여부에 관한 검사나 사법경찰관 등의 판단이 경험칙에 비추어 현저히 합리성을 잃은 경우 그 체포는 위법하다. 그리고 범죄의 고의는 확정적 고의뿐만 아니라 결과발생에 대한 인식이 있고 이를 용인하는 의사인 이른바 미필적 고의도 포함하므로, 피고인이 인신구속에 관한 직무를 집행하는 사법경찰관으로서 체포 당시 상황을 고려하여 경험칙에 비추어 현저하게 합리성을 잃지 않은 채 판단하면 **체포 요건이 충족되지 아니함을 충분히 알 수 있었는데도, 자신의 재량 범위를 벗어난다는 사실을 인식하고 그와 같은 결과를 용인한 채** 사람을 체포하여 권리행사를 방해하였다면, 직권남용체포죄와 직권남용권리행사방해죄가 성립한다.

---

8) **프리워크아웃**은 채무조정이 필요한 과중채무자에게 연체이자 전액 감면, 이자율 인하, 상환기간 연장 등의 채무조정을 통해 금융채무불이행자로 전락하지 않도록 사전 지원하는 제도를 말한다. 원리금(원금+이자)분할상환방식으로 원리금상환이 완료되면 이행이 종료된다.

3 **명예훼손죄. [대판 2013도12430]** 형법 제307조 제2항의 허위사실 적시에 의한 명예훼손죄에서 적시된 사실이 허위인지 여부를 판단함에 있어서는 적시된 사실의 내용 전체의 취지를 살펴볼 때 세부적인 내용에서 진실과 약간 차이가 나거나 다소 과장된 표현이 있는 정도에 불과하다면 이를 허위라고 볼 수 없으나, 중요한 부분이 객관적 사실과 합치하지 않는다면 이를 허위라고 보아야 한다. 나아가 행위자가 그 사항이 허위라는 것을 인식하였는지 여부는 성질상 외부에서 이를 알거나 증명하기 어려우므로, 공표된 사실의 내용과 구체성, 소명자료의 존재 및 내용, 피고인이 밝히는 사실의 출처 및 인지 경위 등을 토대로 피고인의 학력, 경력, 사회적 지위, 공표 경위, 시점 및 그로 말미암아 예상되는 파급효과 등의 여러 객관적 사정을 종합하여 판단할 수밖에 없으며, **범죄의 고의는 확정적 고의뿐만 아니라 결과발생에 대한 인식이 있고 그를 용인하는 의사인 이른바 미필적 고의도 포함**하므로 허위사실 적시에 의한 명예훼손죄 역시 미필적 고의에 의하여도 성립하고, 위와 같은 **법리는 형법 제308조의 사자명예훼손죄의 판단에서도 마찬가지로 적용**된다.

4-1 **업무방해죄. [대판 2011도7943] 업무방해죄의 성립**에 있어서 업무방해의 결과가 실제로 발생하여야만 하는 것은 아니고 업무방해의 결과를 초래할 위험이 있으면 충분하므로, 고의 또한 반드시 업무방해의 목적이나 계획적인 업무방해의 의도가 있어야만 하는 것은 아니고 **자기의 행위로 인하여 타인의 업무가 방해될 가능성 또는 위험에 대한 인식이나 예견으로 충분**하며, 그 인식이나 예견은 확정적인 것은 물론 불확정적인 것이라도 이른바 미필적 고의로 인정된다.

4-2 **공무집행방해죄. [대판 94도1949]** 공무집행방해죄에 있어서의 **범의**는 상대방이 직무를 집행하는 공무원이라는 사실, 그리고 이에 대하여 폭행 또는 협박을 한다는 사실을 인식하는 것을 그 내용으로 하고, 그 인식은 불확정적인 것이라도 소위 미필적 고의가 있다고 보아야 하며, **그 직무집행을 방해할 의사를 필요로 하지 아니한다」.** cf) 반면 **위계에 의한 공무집행방해죄**가 성립되려면 자기의 위계행위로 인하여 공무집행을 '방해하려는 의사'가 존재하여야 한다(대판 69도2260).

5-1 **무고죄. [대판 2007도1423] 무고죄에 있어서 범의**는 (가) 반드시 확정적 고의임을 요하지 아니하고 미필적 고의로서도 족하다 할 것이므로, (나) 무고죄는 신고자가 진실하다는 확신 없는 사실을 신고함으로써 성립하고 그 신고사실이 허위라는 것을 확신함을 필요로 하지 않는다고 할 것이고, 또 (다) 고소를 한 목적이 상대방을 처벌받도록 하는 데 있지 않고 **시비를 가려달라는 데에 있다고 하여 무고죄의 범의가 없다고 할 수는 없다.**

5-2 **[대판 2002도5939]** 무고죄는 타인으로 하여금 형사처분 또는 징계처분을 받게 할 목적으로 공무소 또는 공무원에 대하여 허위의 사실을 신고하는 때에 성립하는 것인데, 여기에서 **허위사실의 신고라 함은** 신고사실이 객관적 사실에 반한다는 것을 확정적이거나 미필적으로 인식하고 신고하는 것을 말하는 것으로서, 설령 고소사실이 객관적 사실에 반하는 허위의 것이라 할지라도 **그 허위성에 대한 인식이 없을 때에는 무고에 대한 고의가 없다 할 것**이고, 고소내용이 터무니없는 허위사실이 아니고 사실에 기초하여 **그 정황을 다소 과장한 데 지나지 아니한 경우에는 무고죄가 성립하지 아니한다.**

5-3 **[대판 2000도1908]** 무고죄에 있어서 허위사실의 신고라 함은 신고사실이 객관적 사실에 반한다는 것을 확정적이거나 미필적으로 인식하고 신고하는 것을 말하는 것이므로 객관적 사실과 일치하지 않는 것이라도 **신고자가 진실이라고 확신하고 신고하였을 때에는 무고죄가 성립하지 않는다**고 할 것이나, 여기에서 진실이라고 확신한다 함은 신고자가 알고 있는 객관적인 사실관계에 의하더라도 신고사실이 허위라거나 또는 허위일 가능성이 있다는 인식을 하지 못하는 경우를 말하는 것이지, 신고자가 알고 있는 객관적 사실

관계에 의하여 신고사실이 허위라거나 허위일 가능성이 있다는 인식을 하면서도 이를 무시한 채 무조건 자신의 주장이 옳다고 생각하는 경우까지 포함되는 것은 아니다.

6-1 장물죄. [대판 2004도6084] 전당포영업자가 보석들을 전당잡으면서 인도받을 당시 장물인 정을 몰랐다가 그 후 **장물일지도 모른다고 의심하면서 소유권포기각서를 받은 행위**는 장물취득죄에 해당하지 않고, 또한 전당포영업자가 대여금채권의 담보로 보석들을 전당잡은 경우에는 이를 점유할 권한이 있는 때에 해당하여 장물보관죄 역시 성립하지 않는다.

6-2 [대판 94도1968] 장물취득죄에 있어서 장물의 인식은 확정적 인식임을 요하지 않으며 **장물일지도 모른다는 의심을 가지는 정도의 미필적 인식으로서도 충분**하고, 또한 장물인 정을 알고 있었느냐의 여부는 장물 소지자의 신분, 재물의 성질, 거래의 대가 기타 상황을 참작하여 이를 인정할 수밖에 없다.

6-3 [대판 85도2472] 장물인 정을 모르고 장물을 보관하였다가 **그 후에 장물인 정을 알게 된 경우 그 정을 알고서도 이를 계속하여 보관하는 행위는 장물죄를 구성**하는 것이나 이 경우에도 점유할 권한이 있는 때에는 이를 계속하여 보관하더라도 장물보관죄가 성립한다고 할 수 없다.

6-4 [대판 71도468] 장물취득죄는 취득 당시 장물인 정을 알면서 재물을 취득하여야 성립하는 것이므로 피고인이 재물을 **인도받은 후에 비로소 장물이 아닌가 하는 의구심을 가졌다고 하여 그 재물수수행위가 장물취득죄를 구성한다고 할 수 없다.**

7 배임죄. [대판 2004도5742] 기업의 경영에는 원천적으로 위험이 내재하여 있어서 경영자가 아무런 개인적인 이익을 취할 의도 없이 선의에 기하여 가능한 범위 내에서 수집된 정보를 바탕으로 기업의 이익에 합치된다는 믿음을 가지고 신중하게 결정을 내렸다 하더라도 그 예측이 빗나가 기업에 손해가 발생하는 경우가 있을 수 있는바, 이러한 경우에까지 고의에 관한 해석기준을 완화하여 **업무상배임죄의 형사책임**을 물을 수는 없으나, 기업의 경영자가 문제된 행위를 함에 있어 합리적으로 가능한 범위 내에서 수집한 정보를 근거로 하여 당해 기업이 처한 경제적 상황이나 그 행위로 인한 손실발생과 이익획득의 개연성 등의 **제반 사정을 신중하게 검토하지 아니한 채**, 당해 기업이나 경영자 개인이 정치적인 이유 등으로 곤란함을 겪고 있는 상황에서 벗어나기 위해서는 비록 경제적인 관점에서 기업에 재산상 손해를 가하는 결과가 초래되더라도 이를 용인할 수밖에 없다는 인식하에 의도적으로 그와 같은 행위를 하였다면 업무상배임죄의 고의는 있었다고 봄이 상당하다.

8 공연음란죄. [대판 2000도4372] 형법 제245조 소정의 '음란한 행위'라 함은 일반 보통인의 성욕을 자극하여 성적 흥분을 유발하고 정상적인 성적 수치심을 해하여 성적 도의관념에 반하는 것을 가리킨다고 할 것이고, 위 죄는 주관적으로 성욕의 흥분 또는 만족 등의 성적인 목적이 있어야 성립하는 것은 아니지만 **그 행위의 음란성에 대한 의미의 인식이 있으면 족하다고 할 것**인바, 원심이 인정한 바와 같이 피고인이 불특정 또는 다수인이 알 수 있는 상태에서 옷을 모두 벗고 알몸이 되어 성기를 노출하였다면, 그 행위는 일반적으로 보통인의 정상적인 성적 수치심을 해하여 성적 도의관념에 반하는 음란한 행위라고 할 것이고, 또 피고인이 승용차를 손괴하거나 타인에게 상해를 가하는 등의 행패를 부리던 중 **경찰관이 이를 제지하려고 하자 이에 대항하여 위와 같은 행위**를 한 데에는 피고인이 알몸이 되어 성기를 드러내어 보이는 것이 타인의 정상적인 성적 수치심을 해하는 음란한 행위라는 인식도 있었다고 보아야 할 것이다. 그럼에도 불구하고 원심이 피고인이 시위조로 공중 앞에서 단순히 알몸을 노출시킨 행위가 음란한 행위에 해당한다고 보기

어렵다는 이유로 이 부분 공연음란의 공소사실에 대하여 무죄를 선고한 것은, **공연음란죄의 음란한 행위와 그 고의에 관한 법리를 오해하여 판결에 영향을 미친 위법**을 저지른 것이라고 할 것이다. cf) 음란성이라는 표지는 **규범적 구성요건요소**이다. 규범적 구성요건요소는 사회 일반인들이 부여하는 의미내용을 특징으로 하는 구성요건표지이다. 사회 일반인의 건전한 성적 도의감정에 비추어 볼 때 지나치게 성욕을 자극하거나 흥분시킨다는 성질이다. 규범적 구성요건요소의 경우에는 행위자가 어떠한 인식을 가졌는가 하는 점은 중요시되지 않는다. 이 경우에는 사회 일반인들이 부여하는 의미내용이 중요하다.

9-1 상해죄. [대판 99도4341] 상해죄의 성립에는 상해의 원인인 폭행에 대한 인식이 있으면 충분하고 상해를 가할 의사의 존재까지는 필요하지 않다.

9-2 [대판 87도1745] [목적한 사람이 아닌 다른 사람에게 상해를 입한 경우 상해죄의 성부] 갑이 을등 3명과 싸우다가 힘이 달리자 식칼을 가지고 이들 3명을 상대로 휘두르다가 이를 말리면서 식칼을 뺏으려던 피해자 병에게 상해를 입혔다면 갑에게 **상해의 범의가 인정**되며 상해를 입은 사람이 목적한 사람이 아닌 다른 사람이라 하여 **과실상해죄에 해당한다고 할 수 없다.**

10 문서죄. [대판 99도4101] 공무원이 여러 차례의 출장반복의 번거로움을 회피하고 민원사무를 신속히 처리한다는 방침에 따라 사전에 출장조사한 다음 출장조사내용이 변동없다는 확신하에 출장복명서를 작성하고 다만 그 출장 일자를 작성일자로 기재한 것이라면 **허위공문서작성의 범의가 있었다고 볼 수 없다.**

11 주거침입죄. [대판 94도2561] 주거침입죄는 사실상의 주거의 평온을 보호법익으로 하는 것이므로, 반드시 행위자의 신체의 전부가 범행의 목적인 타인의 주거 안으로 들어가야만 성립하는 것이 아니라 **신체의 일부만 타인의 주거 안으로 들어갔다고 하더라도 거주자가 누리는 사실상의 주거의 평온을 해할 수 있는 정도에 이르렀다면 범죄구성요건을 충족**하는 것이라고 보아야 하고, 따라서 **주거침입죄의 범의**는 반드시 신체의 전부가 타인의 주거 안으로 들어간다는 인식이 있어야만 하는 것이 아니라 **신체의 일부라도 타인의 주거 안으로 들어간다는 인식이 있으면 족하다.** cf) 제1심과 원심은 주거침입미수죄가 성립하기 위하여서는 **신체의 전부**가 목적물에 들어간다는 인식 아래 그러한 행위의 실행의 착수가 있어야 한다고 할 것인데, 피고인에게 피해자의 방안을 들여다본다는 인식이 있었을 뿐 그 안에 들어간다는 인식이나 의사를 가지고 있었다고는 보기 어려워 피고인의 **주거침입의 실행행위에 착수하였다고는 볼 수 없다고 하여 무죄를 선고**하였다. 하지만 **대법원은 위의 판지와 같이 주거침입기수죄를 인정하고 있다.**

12 절도죄. [대판 83도1762] **●사실●** 피고인이 이건 고양이를 들고 간 것은 사실이지만 절취할 의사로 가져간 것이 아니고 그날 피고인이 다른데서 빌려가지고 있다가 잃어버린 고양이인 줄로 잘못 알고 가져가다가 주인이 자기 것이라고 하여 돌려주었다. **●판지●** 절도죄에 있어서 **재물의 타인성을 오신**하여 그 재물이 자기에게 취득(빌린 것)할 것이 허용된 동일한 물건으로 오인하고 가져온 경우에는 **범죄사실에 대한 인식이 있다고 할 수 없으므로 범의가 조각되어 절도죄가 성립하지 아니한다.** cf) 본 사안에서와 같이 '재물의 타인성'과 같은 규범적 구성요건요소도 고의의 인식대상이다.

13 강도죄. [대판 2013도11899] [피고인이 **강도의 범의 없이** 공범들과 함께 피해자의 반항을 억압함에 충분한 정도로 피해자를 폭행하던 중 공범들이 계속하여 폭행하는 사이에 피해자의 재물을 취거한 경우, 강

도죄의 성립 여부(적극) 및 그 과정에서 피해자가 상해를 입은 경우, 강도상해죄의 성립 여부(적극)] 형법 제333조의 강도죄는 사람의 반항을 억압함에 충분한 폭행 또는 협박을 사용하여 타인의 재물을 강취하거나 재산상의 이익을 취득함으로써 성립하는 범죄이므로, 피고인이 강도의 범의 없이 공범들과 함께 피해자의 반항을 억압함에 충분한 정도로 피해자를 폭행하던 중 공범들이 피해자를 계속하여 폭행하는 사이에 피해자의 재물을 취거한 경우에는 피고인 및 공범들의 위 폭행에 의한 반항억압의 상태와 재물의 탈취가 시간적으로 극히 밀접하여 전체적·실질적으로 재물 탈취의 범의를 실현한 행위로 평가할 수 있으므로 강도죄의 성립을 인정할 수 있고, 그 과정에서 피해자가 상해를 입었다면 강도상해죄가 성립한다고 보아야 한다.

14 방조범의 고의. [대판 2010도9500] 방조범은 정범의 실행을 방조한다는 이른바 방조의 고의와 정범의 행위가 구성요건에 해당하는 행위인 점에 대한 **정범의 고의**가 있어야 하나, 이와 같은 고의는 내심적 사실이므로 피고인이 이를 부정하는 경우에는 사물의 성질상 고의와 상당한 관련성이 있는 간접사실을 증명하는 방법에 의하여 입증할 수밖에 없고, 이때 무엇이 상당한 관련성이 있는 간접사실에 해당할 것인가는 정상적인 경험칙에 바탕을 두고 치밀한 관찰력이나 분석력에 의하여 사실의 연결상태를 합리적으로 판단하는 외에 다른 방법이 없다고 할 것이며, 또한 방조범에 있어서 정범의 고의는 정범에 의하여 실현되는 범죄의 구체적 내용을 인식할 것을 요하는 것은 아니고 미필적 인식 또는 예견으로 충분하다.

19 개괄적 고의와 인과과정의 착오

* 대법원 1988.6.28. 선고 88도650

* 참조조문: 형법 제13조,[1] 제250조 제1항[2]

개괄적 고의의 내용

●**사실**● 피고인 X는 피해자 A가 자신의 부인(정신장애자)을 희롱하는 데 불만을 가지고 있었다. 사건 당일에도 A가 자신의 부인을 희롱했다는 말을 듣고 Y와 함께 A의 배 위에 올라타 A를 구타하던 중 순간적으로 **살인의 고의**를 가지고 A의 머리를 돌멩이로 후려쳤다(제1행위). A가 정신을 잃고 축 늘어지자 X는 A가 **죽은 것으로 오인**하고 사체를 몰래 파묻어 증거를 인멸할 목적으로 A를 그곳에서 약 150m 떨어진 개울가로 끌고 가 웅덩이를 파고 매장하였다(제2행위). A의 실제 사망원인은 구타에 의한 사망이 아니라 매장으로 인한 질식사였다. 제1심과 원심은 X에 대해 살인죄를 인정하였다. 이에 X가 상고하였다.

●**판지**● **상고기각.** 「피해자가 피고인들이 살해의 의도로 행한 구타 행위에 의하여 직접 사망한 것이 아니라 죄적을 인멸할 목적으로 행한 매장행위에 의하여 사망하게 되었다 하더라도 **전과정을 개괄적으로 보면** 피해자의 살해라는 처음에 예견된 사실이 결국은 실현된 것으로서 피고인들은 살인죄의 죄책을 면할 수 없다 할 것이므로 같은 취지에서 피고인들을 살인죄로 의율한 제1심 판결을 유지한 원심의 조치는 정당하고 거기에 아무런 잘못도 없다」.

●**해설**● 1 사안은 실제 피해자가 첫 번째 행위로 인해 맞아 죽은 것이 아니라 두 번째 행위로 인해 질식사한 경우이다. 이 경우 살인의 기수를 인정하여야 할 것인지가 문제 된다. **법원은 살인의 개괄적 고의를 인정**하고 있다. 행위의 전 과정을 개괄적으로 보면 A를 살해하겠다는 처음에 마음먹은 사실이 결국에는 실현되었으므로 살인 기수를 인정한다. 그러나 학설은 이런 경우를 인과과정의 착오나 객관적 귀속으로 해결하고자 한다.

2 사안의 경우, 문제는 돌멩이로 가슴을 타격하는 첫 번째 행위 시에는 살인의 고의가 있었지만 사망하지 않았고, 매장하는 두 번째 행위 시에는 살인의 고의가 없었으나 질식사했다는 점이다. 고의는 **'행위 시'에 존재**하여야 한다. 따라서 이러한 결과발생과 고의행위 간의 불일치가 있는 경우에 고의의 살인죄를 인정할 수 있는지 아니면 다른 범죄가 성립할지가 문제 된다.

3 이와 관련해 다음의 학설이 제시되고 있다. (a) 제1행위와 제2행위를 포괄하여 하나의 개괄적 고의를 인정하여 사망의 결과발생이 있으면 살인죄의 고의기수범을 인정하자는 **개괄적 고의설**, (b) 행위자가 인식한 인과과정과 실제로 진행된 인과과정의 차이가 "본질적이거나 중요"하지 않다면 그대로 고의가 인정되는 것으로 보는 **인과관계착오설**, (c) 인과과정은 행위자의 주관에 의하여 결정되는 것이 아니라 현실적으로 야기된 결과가 객관적으로 귀속될 수 있는지 여부로 판단하자는 **객관적 귀속설**, (d) 제1행위와 제2행위를 독자적으로 판단하여 후행행위에 대해서는 살인의 고의가 없었기 때문에 전체적으로 고의미

---

1) 형법 제13조(범의) 죄의 **성립요소인 사실을 인식**하지 못한 행위는 벌하지 아니한다. 다만, 법률에 특별한 규정이 있는 경우에는 예외로 한다.

2) 형법 제250조(살인) ① 사람을 살해한 자는 사형, 무기 또는 5년 이상의 징역에 처한다.

수범과 과실범의 경합을 인정하는 (살인)**미수와 과실(치사)의 실체적 경합범설(미수범설)**이 있다. 법원은 대상판결에서와 같이 개괄적 고의설을 취하고 있다. 대상판결에서 사용된 '개괄적으로'라는 표현은 행위자의 신체 거동을 별도로 나누지 않고 **하나의 범죄사실로 포섭**하여 판단하겠다는 의미를 갖고 있다. 이러한 대법원의 입장은 과실범의 경우에서도 유사하게 반복되고 있다(대판 94도2361).

4 그러나 판례가 취하고 있는 개괄적 고의설은 학설사적으로 보아 불법한 결과발생에 대비하여 형사책임을 확보하는 방안으로 사용 된 것으로 지나치게 결과책임을 중시한 나머지 처벌이 가혹해지며, **행위 당시에 고의가 존재해야 한다는 '행위와 책임의 동시존재의 원칙'에 비추어 볼 때** 제1행위 시의 고의를 제2행위의 그것으로 인정하는 사전고의를 인정하는 결함이 있다는 비판이 강하다.[3)]

Reference

'개괄적 과실'에 해당되는 사안

1 [대판 94도2361] [피고인의 구타행위로 상해를 입은 피해자가 정신을 잃고 빈사상태에 빠지자 사망한 것으로 오인하고, 자신의 행위를 은폐하고 피해자가 자살한 것처럼 가장하기 위하여 피해자를 베란다 아래의 바닥으로 떨어뜨려 사망케 하였다면, 피고인의 행위는 포괄하여 단일의 상해치사죄에 해당한다고 한 사례] 피고인이 1993.10.3. 01:50경 피해자와 함께 낙산비치호텔 325호실에 투숙한 다음, 손으로 피해자의 빰을 수회 때리고 머리를 벽쪽으로 밀어 붙이며 붙잡고 방바닥을 뒹구는 등 하다가 피해자의 어깨를 잡아 밀치고 손으로 우측 가슴부위를 수회 때리고 멱살을 잡아 피해자의 머리를 벽에 수회 부딪치게 하고 바닥에 넘어진 피해자의 우측 가슴부위를 수회 때리고 밟아서 피해자에게 우측 흉골골절 및 우측 제2, 3, 4, 5, 6번 늑골골절상과 이로 인한 우측심장벽좌상과 심낭내출혈 등의 상해를 가함으로써, 피해자가 바닥에 쓰러진 채 정신을 잃고 빈사상태에 빠지자, **피해자가 사망한 것으로 오인**하고 피고인의 위와 같은 행위를 은폐하고 피해자가 자살한 것처럼 가장하기 위하여, 같은 날 03:10경 피해자를 베란다로 옮긴 후 베란다 밑 약 13미터 아래의 바닥으로 떨어뜨려 피해자로 하여금 현장에서 좌측 측두부 분쇄함몰골절에 의한 뇌손상 및 뇌출혈 등으로 사망에 이르게 하였다면, 피고인의 판시 소위는 **포괄하여 단일의 상해치사죄에 해당**한다. **cf)** 이 사안에서 법원은 피고인에게 살인의 고의를 인정하지 않고 있음을 주의해야 한다. 사안은 기본범죄 이후에 행위자의 과실이 개입되어 중한 결과가 발생한 '개괄적 과실'이 문제된 경우이다.

3) 신동운, 형법총론(제8판), 223-224면.

20 미필적 고의와 인식있는 과실

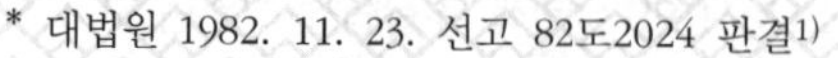
* 대법원 1982. 11. 23. 선고 82도2024 판결[1]

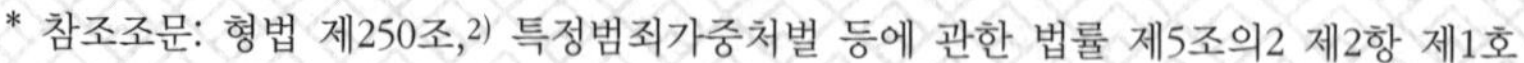
* 참조조문: 형법 제250조,[2] 특정범죄가중처벌 등에 관한 법률 제5조의2 제2항 제1호

살인의 미필적 고의의 인정 여부

●**사실**● 중학교 교사인 피고인 X는 돈을 요구할 생각으로 1980.11.13. 17:30경 피해자 A(학생)를 자신의 아파트로 유인하여 양 손목과 발목을 노끈으로 묶고 입에는 반창고를 두 겹으로 붙인 다음, 양 손목을 묶은 노끈은 창틀에 박힌 시멘트 못에, 양 발목을 묶은 노끈은 방문 손잡이에 각각 잡아매고 얼굴에는 모포를 씌워 포박 감금하였다. 이후 수차 그 방을 출입하던 중 같은 달 15일 07:30경 아파트에 들어갔을 때는 이미 A가 탈진상태에 있었다.

X는 A에게 박카스를 먹여보려 했으나 입에서 흘려버릴 뿐 마시지 못하기에 얼굴에 모포를 다시 덮어씌워 놓고 그대로 위 아파트에서 나와 버렸다. 그때 X는 A를 **그대로 두면 죽을 것 같은 생각**이 들어 병원에 옮기고 자수할 것인가, 그대로 두어 A가 죽으면 시체를 처리하고 범행을 계속할 것인가 아니면 자살할 것인가 등 두루 고민하다가 결국 병원에 옮기고 자수할 용기가 생기지 않아 **혼란스러운 상태**에서 그대로 나와 일단 학교로 출근했다가 같은 날 14:00경에 돌아와 보니 A가 죽어 있었다.

검사는 X를 「특정범죄가중처벌에 관한 법률」 제5조의2에 규정된 **유괴살인죄로 기소**하였다. 변호인은 X에게 유괴살인죄가 아니라 형법의 미성년자약취죄(법287)와 유기치사죄(법275)의 실체적 경합이 성립할 뿐이라고 주장하였다. 유괴살인죄가 인정되면 법정형이 **사형 또는 무기징역**임에 반하여 미성년자약취유인죄와 유기치사죄의 실체적 경합이 인정되면 최소한 사형은 피할 수 있기 때문이다. 하지만 제1심과 원심 모두 살인죄를 인정하였다. X는 상고하였다.

●**판지**● **상고기각.** 「피해자가 이미 탈진 상태에 이르러 박카스를 마시지 못하고 그냥 흘려버릴 정도였고 피고인이 피해자의 얼굴에 모포를 덮어씌워 놓고 그냥 나오면서 피해자를 그대로 두면 죽을 것 같다는 생각이 들었다면, 피고인이 위와 같은 **결과발생의 가능성을 인정하고 있으면서도** 피해자를 병원에 옮기지 않고 사경에 이른 피해자를 그대로 방치한 소위는 피해자가 사망하는 결과에 이르더라도 **용인할 수밖에 없다는 내심의 의사**, 즉 살인의 **미필적 고의가 있다**고 할 것이다」.

●**해설**● 1 고의란 구성요건사실의 **'인식'**과 **'의욕'**이다. 따라서 고의는 범죄의 객체를 확정적으로 인식하고 범죄 결과발생을 확실히 의욕하는 확정적 고의가 일반적 경우이다. 하지만 구성요건결과에 대한 인식 또는 예견이 불명확한 불확정적 고의로서 미필적 고의도 인정된다. 대법원도 대상판결에서와 같이 미필적 고의를 인정하고 있다.

1) **이윤상 유괴살해 사건**으로 알려진 본 사례는 1980년 11월 13일 당시 중학교 1학년에 재학 중이던 이윤상이 납치되어 해가 바뀌도록 용의자의 신원이 확인되지 않았다. 피해자 안전을 위해 비공개수사로 진행되었으나, 사건 발생 120일 뒤 공개수사로 진행되었다. 범인 주 교사는 이윤상을 이불로 덮어 질식사시킨 뒤 전화를 걸어 피해자의 부모에게 돈을 요구하였다. 주 교사는 노름빚 1천만 원을 갚기 위해 자신이 가르치던 중학교의 제자를 납치하였으며, 수사과정에서 주 교사를 따르던 여고생 2명이 주 교사의 범행을 도운 것으로 드러났다. 이윤상은 납치된 지 1년 만에 강변 야산에서 시신으로 발견되었다.

2) 형법 제250조(살인) ① 사람을 살해한 자는 사형, 무기 또는 5년 이상의 징역에 처한다.

2 미필적 고의[3]란 「결과의 발생이 불확실한 경우, 즉 행위자에 있어서 그 결과발생에 대한 확실한 예견은 없으나 **그 가능성은 인정하는 것**으로, 이러한 미필적 고의가 있었다고 하려면 결과발생의 가능성에 대한 인식이 있음은 물론 나아가 **결과발생을 용인**하는 내심의 의사가 있음」(대판 86도2338)을 요한다고 하여 법원은 **용인설**의 입장이다. 즉 용인설에 따라 '고의'를 다시 정의하면, "구성요건의 객관적 요소에 해당하는 사실을 인식하고, **구성요건의 실현을 용인**하는 것"이라 할 수 있다.

3 그리고 그 행위자가 범죄사실이 발생할 가능성을 용인하고 있었는지의 여부는 「행위자의 진술에 의존하지 아니하고 외부에 나타난 행위의 형태와 행위의 상황 등 구체적인 사정을 기초로 하여 **일반인이라면** 당해 범죄사실이 발생할 가능성을 어떻게 평가할 것인가를 고려하면서 **행위자의 입장에서 그 심리상태를 추인**」하여야 한다(대판 2004도74, Ref 21).

4 미필적 고의와 인식 있는 과실 미필적 고의는 **인식 있는 과실**과 구별된다. 인식 있는 과실은 미필적 고의와 같이 결과발생의 가능성에 대한 인식이 있으나 결과발생의 위험을 받아들이겠다는 의사가 전혀 없다. 즉, 결과가 발생하지 않을 것이라고 신뢰한 점에서 결과발생의 위험을 받아들이는 미필적 고의와 차이가 있다(미필적 고의는 그러한 결과가 발생하더라도 '어쩔수 없다'는 내심의 상태라면, 인식있는 과실은 '설마' 그러한 결과가 발생하겠는가 하는 상태로 이해될 수 있다). 그리고 이 점이 미필적 고의에 비해 비난을 적게 받는 이유가 된다. 고의는 결과가 발생할 것을 인식하고도 행위로 나아갔다는 점에서 과실범보다 더 큰 비난 요소가 있다.

5 고의에 대한 입증책임과 입증의 정도 공소가 제기된 「범죄사실의 주관적 요소인 **미필적 고의의 존재에 대한 입증책임은 검사에게 있는 것**이며, 한편, 유죄의 인정은 법관으로 하여금 합리적인 의심을 할 여지가 없을 정도로 공소사실이 진실한 것이라는 확신을 가지게 하는 증명력을 가진 증거에 의하여야 하므로, 그와 같은 증거가 없다면 설령 피고인에게 유죄의 의심이 간다고 하더라도 피고인의 이익으로 판단할 수밖에 없다」(대판 2004도74). 그리고 그와 같은 심증이 반드시 직접증거에 의하여 형성되어야만 하는 것은 아니고 「경험칙과 논리법칙에 위반되지 아니하는 한 **간접증거에 의하여 형성되어도 되는 것**이며, 간접증거가 개별적으로는 범죄사실에 대한 완전한 증명력을 가지지 못하더라도 전체 증거를 상호 관련 하에 종합적으로 고찰할 경우 그 단독으로는 가지지 못하는 종합적 증명력이 있는 것으로 판단되면 그에 의하여도 범죄사실을 인정」할 수 있다(대판 99도3273).

6 '고의'의 증명방법 및 미필적 고의의 판단방법 피고인이 범죄구성요건의 주관적 요소인 **고의를 부인하는 경우**, 「범의 자체를 객관적으로 증명할 수는 없으므로 사물의 성질상 범의와 관련성이 있는 간접사실 또는 정황사실을 증명하는 방법으로 이를 증명할 수밖에 없다. 이때 무엇이 관련성이 있는 간접사실 또는 정황사실에 해당하는지는 정상적인 경험칙에 바탕을 두고 치밀한 관찰력이나 분석력으로 사실의 연결상태를 합리적으로 판단하는 방법에 의하여 판단하여야 한다」. 그리고 고의의 일종인 「미필적 고의는 중대한 과실과는 달리 범죄사실의 발생 가능성에 대한 인식이 있고 나아가 범죄사실이 발생할 위험을 용인하는 내심의 의사가 있어야 한다. 행위자가 범죄사실이 발생할 가능성을 용인하고 있었는지는 행위자의 진술에 의존하지 않고 외부에 나타난 행위의 형태와 행위의 상황 등 구체적인 사정을 기초

---

3) 미필적 고의에서 미필(未必)이란 반드시 필(必)연적이지 않다(未)는 뜻이다.

로 일반인이라면 범죄사실이 발생할 가능성을 어떻게 평가할 것인지를 고려하면서 **행위자의 입장에서 그 심리상태를 추인**하여야 한다」(대판 2016도15470).

Reference

미필적 고의를 인정한 사례

1 **[대판 2015도6809] [세월호 사건4)] 부진정부작위범의 고의**는 (가) 반드시 구성요건적 결과발생에 대한 목적이나 계획적인 범행 의도가 있어야 하는 것은 아니고 (나) 법익침해의 결과발생을 방지할 법적 작위의무를 가지고 있는 사람이 의무를 이행함으로써 결과발생을 쉽게 방지할 수 있었음을 예견하고도 결과발생을 용인하고 이를 방관한 채 의무를 이행하지 아니한다는 인식을 하면 족하며, (다) 이러한 작위의무자의 예견 또는 인식 등은 확정적인 경우는 물론 불확정적인 경우이더라도 **미필적 고의로 인정될 수 있다.**

2 **[대판 2014도5173]** 청소년 보호법의 입법목적 등에 비추어 볼 때, 유흥주점과 같은 청소년유해업소의 업주에게는 청소년 보호를 위하여 청소년을 당해 업소에 고용하여서는 아니 될 매우 엄중한 책임이 부여되어 있으므로 … 따라서 **성을 사는 행위를 알선하는 행위를 업으로 하는 자가 성매매알선을 위한 종업원을 고용**하면서 고용대상자에 대하여 아동·청소년의 보호를 위한 위와 같은 **연령확인의무의 이행을 다하지 아니한 채** 아동·청소년을 고용하였다면, 특별한 사정이 없는 한 적어도 아동·청소년의 성을 사는 행위의 알선에 관한 **미필적 고의는 인정된다**고 봄이 타당하다.

3-1 **[대판 2012도8374] 파기환송.** 제1종 운전면허 소지자인 피고인이 정기적성검사기간 내에 적성검사를 받지 아니하였다고 하여 구 도로교통법 위반으로 기소된 사안에서, **운전면허증 소지자가 운전면허증만 꺼내 보아도 쉽게 알 수 있는 정도의 노력조차 기울이지 않는 것은** 적성검사기간 내에 적성검사를 받지 못하게 되는 결과에 대한 방임이나 용인의 의사가 존재한다고 봄이 타당한 점 등에 비추어 볼 때, 피고인이 적성검사기간 도래 여부에 관한 확인을 게을리하여 기간이 도래하였음을 알지 못하였더라도 적성검사기간 내에 적성검사를 받지 않는 데 대한 미필적 고의는 있었다고 봄이 타당한데도, 이와 달리 보아 무죄를 선고한 원심판결에 진정부작위범의 미필적 고의에 관한 법리오해 등으로 판단을 그르친 잘못이 있다.

3-2 **[대판 2002도4203]** [적성검사 미필로 운전면허가 취소되고 그 취소사실의 통지에 갈음하여 적법한 공고가 있었으나 면허취소사실을 모르고 운전한 경우, 무면허운전에 해당하는지 여부(적극)] (가) 면허증에 그 유효기간과 적성검사를 받지 아니하면 면허가 취소된다는 사실이 기재되어 있고, (나) 이미 적성검사 미필로 **면허가 취소된 전력**이 있는데도 (다) 면허증에 기재된 유효기간이 5년 이상 지나도록 적성검사를 받지 아니한 채 자동차를 운전하였다면 비록 적성검사 미필로 인한 운전면허 취소사실이 (라) **통지되지 아니하고**

---

4) **세월호 침몰 사고**는 2014년 4월 16일 오전 8시 50분경 전라남도 진도군 조도면 부근 해상에서 여객선 세월호가 전복되어 침몰한 사고이다. 세월호는 안산시의 단원고등학교 학생이 주요 구성원을 이루는 탑승 인원 476명을 수용한 청해진해운 소속의 인천발 제주행 연안 여객선으로 4월 16일 오전 8시 58분에 병풍도 북쪽 20km 인근에서 조난 신호를 보냈다. 2014년 4월 18일 세월호는 완전히 침몰하였으며, 이 사고로 시신 미수습자 5명을 포함한 304명이 사망하였다. 사고 당시 승객들을 선박에 두고 1차 탈출한 선장을 비롯한 선박직 승무원들에 대하여 책임이 거론되었다.

공고되었다 하더라도 면허취소사실을 알고 있었다고 보아야 하므로 무면허운전죄가 성립한다.

4-1 **[대판 2010도10029] 파기환송.** [1] 청소년유해업소의 업주는 청소년을 고용하여서는 아니 됨에도 피고인이 자신이 운영하는 유흥주점에 청소년인 甲(17세)을 종업원으로 고용하였다는 청소년보호법 위반의 공소사실에 대하여, 업주인 피고인이 甲을 직접 고용하였다고 볼 수 없고 위 주점의 지배인이 甲을 고용한 것으로 보일 뿐이라는 이유로 피고인에게 무죄를 선고한 원심판결에 같은 법 제24조의 '고용'의 해석 및 그 적용에 관한 법리오해의 위법이 있다. [2] 갑이 면접 당시 지배인 을로부터 **주민등록증을 보여 달라는 요구를 받고도 이를 제시하지 않고 자신의 나이를 속였음에도 피고인이 채용을 보류하거나 거부하지 아니하였고,** 그 후 갑이 2주 동안 위 유흥주점에서 일하였는데도 그의 신분과 연령을 확인하지 아니한 이상 피고인에게는 청소년임에도 불구하고 갑을 고용한다는 점에 관하여 미필적 고의가 있었다고 봄이 상당하다.

4-2 **[대판 2006도477]** [청소년고용금지업소의 업주에 대하여 **청소년고용에 관한 미필적 고의**가 있음을 인정한 사례] 피고인들이 주장하는 바와 같이 소개업자와 Y 등의 말이나 차용증 또는 현금보관증상의 주민등록번호 기재를 그대로 믿었다거나, Y가 가르쳐준 연락처로 전화하여 공소외 1의 모친이라는 사람과 통화하였다거나, Y 등의 외모가 청소년이라고 생각할 수 없을 정도였다거나, 성년자의 주민등록번호가 기재된 보건증을 확인하였다거나, 분실한 주민등록증을 다시 발급받아 오도록 독촉하였다거나, Y 등의 고용을 업소마담이나 지배인에게 맡겨두었을 뿐이라는 등의 사유가 있었다고 하더라도, 그러한 사정만으로는 피고인들이 청소년유해업소 업주로서의 청소년연령확인에 관하여 필요한 조치를 다하였다고는 할 수 없고, 그렇다면 피고인들에게는 위 Y 등이 청소년임에도 이들을 고용한다는 점에 관하여 적어도 미필적 고의가 있었다고 볼 것이다.

5 **[대판 2007도1794]** 피고인이 피해자와 말다툼을 하다가 건초더미에 있던 낫을 들고 반항하는 피해자로부터 낫을 빼앗아 그 낫으로 피해자의 가슴, 배, 등, 뒤통수, 목, 왼쪽 허벅지 부위 등을 10여 차례 찔러 피해자로 하여금 다발성 자상에 의한 기흉 등으로 사망하게 하였다면, 피고인에게는 이 사건 범행 당시 적어도 살인의 미필적 고의는 있었다고 판단된다.

6 **[대판 2005도741]** [체계적인 사업계획 없이 무리하게 쇼핑몰 상가 분양을 강행한 경우 편취의 범의를 인정할 수 있다고 한 사례] 쇼핑몰 상가 분양사업을 계획하면서 사채와 분양대금만으로 사업부지 매입 및 공사대금을 충당할 수 있다는 막연한 구상 외에 체계적인 사업계획 없이 무리하게 쇼핑몰 상가 분양을 강행한 경우 편취의 범의를 인정할 수 있다고 한 원심의 판단을 수긍한 사례.

7 **[대판 2002도995] [보라매병원 사건[5)]] [살인죄에 있어서 범의의 인정 기준]** [1] 살인죄에 있어

5) **보라매병원 사건**은 1997년 12월 4일 술에 취해 화장실에 가다 넘어져 머리를 다친 남편을 부인이 퇴원시킨 사건이다. 부인은 남편이 금은방 사업에 실패한 후 직업 없이 가족에 대한 구타를 일삼고 있었으며 남편이 이 상태에서 살아남을 경우 가족에게 짐만 될 것이고, 이미 치료비 발생과 추가 치료비에 대한 경제적 부담을 이유로 퇴원을 요구했다. 12월 6일 오후 2시 의료진은 퇴원 시 사망가능성을 설명한 후 아내와 의료진은 퇴원 후 피해자의 사망에 대해 법적인 이의를 제기하지 않겠다는 귀가서약서에 서명했다. 의료진은 인공호흡기를 제거한 후 수동 인공호흡을 한 채 구급차로 이송하다가 피해자의 자택에서 피해자의 부인에게 이 사실을 고지한 후 인공호흡을 중단하고 환자를 인계했다. 5분 뒤 피해자는 사망하였다. 대법원은 판결을 통해 의학적 권고에 반하는 환자의 퇴원(discharge against medical advice)]에 대해 **의사를 살인방조죄**로 처벌하였다.

서의 고의는 반드시 살해의 목적이나 계획적인 살해의 의도가 있어야 하는 것은 아니고 자기의 행위로 인하여 타인의 사망의 결과를 발생시킬 만한 가능 또는 위험이 있음을 **인식하거나 예견하면 족한 것**이고 그 인식 또는 예견은 확정적인 것은 물론 불확정적인 것이더라도 소위 미필적 고의로서 살인의 범의가 인정된다. [2] 기록에 의하면, 피해자는 경막하 출혈상을 입고 9시간 동안 두개골 절제술 및 혈종 제거수술을 받은 후 중환자실로 옮겨져 인공호흡기를 부착한 상태로 계속 합병증 및 후유증에 대한 치료를 받고 있었는데 그로부터 불과 하루 남짓이 경과한 상태에서 피해자에게서 인공호흡기를 제거하는 등 치료를 중단하는 경우 종국에는 사망할 가능성 내지 위험성이 있음이 예견되었고, 피고인들 또한, 담당 전문의와 주치의로서 이러한 사실을 인식하고 있었는바, 이러한 점에 비추어 보면 피고인들이 비록 원심 공동피고인의 요청에 의하여 마지못해 치료를 중단하였다고 하더라도 그 당시 **피해자의 사망이라는 결과발생에 대한 미필적 인식 내지 예견마저 없었다고 보기는 어려우므로,** 피고인들에게 정범의 고의가 없다고 본 **원심의 판단은 잘못된 것이다.**

8 **[대판 2002도2425] 유흥업소의 업주**로서는 다른 공적 증명력 있는 증거를 확인해 봄이 없이 **단순히 건강진단결과서상의 생년월일 기재만을 확인하는 것**으로는 청소년보호를 위한 연령확인의무이행을 다한 것으로 볼 수 없고, 따라서 이러한 의무이행을 다하지 아니한 채 대상자가 성인이라는 말만 믿고 타인의 건강진단결과서만을 확인한 채 **청소년을 청소년유해업소에 고용한 업주**에게는 적어도 청소년 고용에 관한 미필적 고의가 있음을 인정한 사례이다.

9 **[대판 98도980]** 가로 15㎝, 세로 16㎝, 길이 153㎝, 무게 7㎏의 각이 진 목재로 길바닥에 누워 있던 피해자의 머리를 때려 피해자가 외상성뇌지주막하출혈로 사망한 경우에 **살인의 미필적 고의를 인정**한 사례이다.

10 **[대판 94도2511]** 피고인이 **9세의 여자 어린이에 불과**하여 항거를 쉽게 제압할 수 있는 **피해자의 목을 감아서 졸라 실신시킨 후 그곳을 떠나버린** 이상 그와 같은 자신의 가해행위로 인하여 피해자가 사망에 이를 수도 있다는 사실을 인식하지 못하였다고 볼 수 없으므로, 적어도 그 범행 당시에는 피고인에게 **살인의 범의가 있었다.**

11 **[대판 94도1949]** [공무집행방해죄에 있어서의 범의의 내용, 정도 및 입증방법] [1] **공무집행방해죄에 있어서의 범의**는 상대방이 직무를 집행하는 공무원이라는 사실, 그리고 이에 대하여 폭행 또는 협박을 한다는 사실을 인식하는 것을 그 내용으로 하고, 그 인식은 불확정적인 것이라도 소위 미필적 고의가 있다고 보아야 하며, 그 직무집행을 방해할 의사를 필요로 하지 아니하고 이와 같은 범의는 **피고인이 이를 자백하고 있지 않고 있는 경우**에는 그것을 입증함에 있어서는 (가) 사물의 성질상 고의와 상당한 관련성이 있는 간접사실을 증명하는 방법에 의할 수밖에 없는 것이나, 그때에 (나) 무엇이 상당한 관련성이 있는 간접사실에 해당할 것인가는 정상적인 경험칙에 바탕을 두고 치밀한 관찰력이나 분석력에 의하여 사실의 연결 상태를 합리적으로 판단하는 것 외에 다른 방법은 없다. [2] 의무경찰이 학생들의 가두캠페인 행사관계로 직진하여 오는 택시의 운전자에게 좌회전 지시를 하였음에도 택시의 운전자가 계속 직진하여 와서 택시를 세우고는 항의하므로 그 의무경찰이 택시 약 30㎝ 전방에 서서 이유를 설명하고 있는데 그 **운전자가 신경질적으로 갑자기 좌회전하는 바람에 택시 우측 앞 범퍼부분으로 의무경찰의 무릎을 들이받은 사안**에서, 그 사건의 경위, 사고 당시의 정황, 운전자의 연령 및 경력 등에 비추어 특별한 사정이 없는 한 택시의 회전반경 등 자

동차의 **운전에 대하여 충분한 지식과 경험을 가졌다고 볼 수 있는 운전자**에게는, 사고 당시 최소한 택시를 일단 후진하였다가 안전하게 진행하거나 의무경찰로 하여금 안전하게 비켜서도록 한 다음 진행하지 아니하고 그대로 좌회전하는 경우 그로부터 불과 30㎝ 앞에서 서 있던 의무경찰을 충격하리라는 사실을 쉽게 알고도 이러한 결과발생을 용인하는 내심의 의사, 즉 미필적 고의가 있었다고 봄이 경험칙상 당연하다.

12 [대판 93도3612] 피해자들에 대한 가해행위를 분담하여 직접 실행한 피고인 1·3·5·6 등이 소론과 같이 피해자들의 머리나 가슴 등 **치명적인 부위를 낫이나 칼로 찌르지는 않았다고 하더라도**, 쇠파이프와 각목으로 피해자들의 머리와 몸을 마구 때리고 낫으로 팔과 다리를 난자한 이상(그로 인하여 피해자 1은 10일이 지나도록 의식조차 회복하지 못하였고, 피해자 2는 16주 내지 18주의 치료를 요하는 상해를 입었다), 위 피고인들이 소론과 같이 자기들의 가해행위로 인하여 피해자들이 사망할 수도 있다는 사실을 인식하지 못하였다고 볼 수 없고(오히려 **살인의 미필적 고의가 있었다**고 볼 수 있다), 또 여관의 안내실에서 종업원을 감시한 피고인 4로서도 위와 같은 경위로 집단적인 보복을 할 목적으로 낫과 쇠파이프 등을 가지고 여관으로 들어간 **위 피고인들이 피해자들을 살해할 수도 있다는 사실을 인식하였을 것이므로,** 피고인 1·3·5·6은 물론 피고인 4에게도 살인의 범의가 있었다. **cf)** 이 판례는 인과관계 부분에서도 중요한 케이스이다(【13】 참조).

13 [대판 93도1408] 어음이 지급기일에 결제되지 않으리라는 점을 예견하였거나 지급기일에 지급될 수 있다는 확신이 없으면서도 그러한 내용을 수취인에게 고지하지 아니하고 이를 속여서 할인을 받았다면 **사기죄가 성립**된다.

14 [대판 88도184] 채무자가 채권자로부터 금원을 차용하면서 담보를 제공한 부동산 위에 채권자가 은행으로부터 금원을 차용하고서 설정한 저당권에 기하여 임의경매절차가 진행되고 있는 동안에 위 채무자가 차용원리금을 변제공탁한 것을 채권자가 아무런 이의도 없이 이를 수령하고서도 위 경매절차에 대하여 손을 쓰지 아니하는 바람에 타인에게 경락되게 하고 그 부동산의 경락잔금까지 받아간 경우라면, 비록 채권자가 민사법상 이의의 유보없는 공탁금수령의 법률상의 효과에 대한 정확한 지식이 없었다 하더라도 금전소비대차거래에 있어서 이자제한법의 존재가 공지의 사실로 되어 있는 거래계의 실정에 비추어 **막연하게나마 자기의 행위에 대한 위법의 인식이 있었다고 보지 못할 바 아니므로 위 채권자의 미필적 고의는 인정할 수 있다.**

15 [대판 85도221] 피고인들이 피조개양식장에 피해를 주지 아니하도록 할 의도에서 선박의 닻줄을 7샤클(175m)에서 5샤클(125m)로 감아놓았고 그 경우에 피조개양식장까지의 거리는 약 30m까지 근접한다는 것이므로 닻줄을 50미터 더 늘여서 7샤클로 묘박하였다면 선박이 태풍에 밀려 피조개양식장을 침범하여 **물적 손해를 입히리라는 것은 당연히 예상되는 것**이고, 그럼에도 불구하고 태풍에 대비한 선박의 안전을 위하여 선박의 닻줄을 7샤클로 늘여 놓았다면 이는 피조개양식장의 물적 피해를 인용한 것이라 할 것이어서 **재물손괴의 점에 대한 미필적 고의를 인정할 수 있다. cf)** 이 판례는 위법성조각사유인 긴급피난 부분에서도 중요한 케이스이다(【25】 참조).

16 [대판 83도340 전원합의체] [기업이 도산에 직면한 상황을 숨기고 생산자재용물품을 납품받은 경우와 편취의 미필적 고의] 피고인이 경영하던 기업이 과다한 금융채무부담, 덤핑판매로 인한 재무구조악화 등으로 특별한 금융혜택을 받지 않는 한 도산이 불가피한 상황에 이르렀는데 피고인이 특별한 금융혜택을 받을

수 없음에도 위 상황을 숨기고 **대금지급이 불가능하게 될 가능성을 충분히 인식**하면서 피해자로부터 생산자 재용 물품을 납품받았다면 **편취의 미필적 범의가 인정**된다.

미필적 고의를 부정한 사례

17 **[대판 2015도18555] 파기환송.** [기업경영자가 파산에 의한 채무불이행 가능성을 인식할 수 있었으나 그러한 사태를 피할 수 있는 가능성이 있다고 믿었고, 계약이행을 위해 노력할 의사가 있었을 경우, 사기죄의 고의가 있었다고 단정할 수 있는지 여부(소극)] 피해자가 피고인의 신용상태를 인식하고 있어 **장래의 변제지체 또는 변제불능에 대한 위험을 예상하고 있거나 예상할 수 있었다**면, 피고인이 구체적인 변제의사, 변제능력, 거래조건 등 거래 여부를 결정지을 수 있는 중요한 사항을 허위로 말하였다는 등의 사정이 없는 한, 피고인이 그 후 **제대로 변제하지 못하였다는 사실만 가지고 변제능력에 관하여 피해자를 기망하였다거나 사기죄의 고의가 있었다고 단정할 수 없다.** 또한 사업의 수행과정에서 이루어진 거래에 있어서 그 채무불이행이 예측된 결과라고 하여 그 기업경영자에 대한 사기죄의 성부가 문제된 경우, 그 거래시점에서 그 사업체가 경영부진 상태에 있었기 때문에 사정에 따라 파산에 이를 수 있다고 예견할 수 있었다는 것만으로 사기죄의 고의가 있다고 단정하는 것은 발생한 결과에 따라 범죄의 성부를 결정하는 것과 마찬가지이다. 따라서 (가) 설사 기업경영자가 파산에 의한 채무불이행의 가능성을 인식할 수 있었다고 하더라도 (나) 그러한 사태를 피할 수 있는 가능성이 있다고 믿었고, (다) 계약이행을 위해 노력할 의사가 있었을 때에는 사기죄의 고의가 있었다고 단정하여서는 안 된다.

18 **[대판 2015도6809 전원합의체] [세월호사건]** [항해 중이던 선박의 선장 피고인 甲, 1등 항해사 피고인 乙, 2등 항해사 피고인 丙이 배가 기울어져 멈춘 후 침몰하고 있는 상황에서 피해자인 승객 등이 안내방송 등을 믿고 대피하지 않은 채 선내에 대기하고 있음에도 아무런 구조조치를 취하지 않고 퇴선함으로써, 배에 남아있던 피해자들을 익사하게 하고, 나머지 피해자들의 사망을 용인하였으나 구조되었다고 하여 **살인 및 살인미수로 기소**된 사안에서, **피고인 乙, 丙의 부작위**를 작위에 의한 살인의 실행행위와 동일하게 평가하기 어렵고, **살인의 미필적 고의로 피고인 甲의 부작위에 의한 살인행위에 공모 가담하였다고 단정하기도 어렵다**고 한 사례] [1] **부진정부작위범의 고의**는 (가) 반드시 구성요건적 결과발생에 대한 목적이나 계획적인 범행 의도가 있어야 하는 것은 아니고 (나) 법익침해의 결과발생을 방지할 법적 작위의무를 가지고 있는 사람이 의무를 이행함으로써 결과발생을 쉽게 방지할 수 있었음을 예견하고도 결과발생을 용인하고 이를 방관한 채 의무를 이행하지 아니한다는 인식을 하면 족하며, (다) 이러한 작위의무자의 예견 또는 인식 등은 확정적인 경우는 물론 불확정적인 경우이더라도 **미필적 고의로 인정될 수 있다.** (라) 이때 작위의무자에게 이러한 고의가 있었는지는 작위의무자의 진술에만 의존할 것이 아니라, 작위의무의 발생근거, 법익침해의 태양과 위험성, 작위의무자의 법익침해에 대한 사태지배의 정도, 요구되는 작위의무의 내용과 이행의 용이성, 부작위에 이르게 된 동기와 경위, 부작위의 형태와 결과발생 사이의 상관관계 등을 종합적으로 고려하여 작위의무자의 심리상태를 추인하여야 한다. [2] **피고인 乙, 丙은** 간부 선원이기는 하나 나머지 선원들과 마찬가지로 선박침몰과 같은 비상상황 발생 시 각자 비상임무를 수행할 현장에 투입되어 선장의 퇴선명령이나 퇴선을 위한 유보갑판으로의 대피명령 등에 대비하다가 선장의 실행지휘에 따라 승객들의 이동과 탈출을 도와주는 임무를 수행하는 사람들로서, 임무의 내용이나 중요도가 선장의 지휘 내용이나 구체적인 현장상황에 따라 수시로 변동될 수 있을 뿐 아니라 퇴선유도 등과 같이 경우에 따라서는 승객이나 다른 승무

원에 의해서도 비교적 쉽게 대체 가능하고, 따라서 승객 등의 퇴선을 위한 선장의 아무런 지휘·명령이 없는 상태에서 피고인 乙, 丙이 단순히 비상임무 현장에 미리 가서 추가 지시에 대비하지 아니한 채 선장과 함께 조타실에 있었다거나 혹은 기관부 선원들과 함께 3층 선실 복도에서 대기하였다는 사정만으로, 선장과 마찬가지로 선내 대기 중인 승객 등의 사망 결과나 그에 이르는 사태의 핵심적 경과를 계획적으로 조종하거나 저지·촉진하는 등 사태를 지배하는 지위에 있었다고 보기 어려운 점 등 제반 사정을 고려하면, …… 살인의 미필적 고의로 피고인 甲의 부작위에 의한 살인행위에 공모 가담하였다고 단정하기도 어려우므로, **피고인 乙, 丙에 대해 부작위에 의한 살인의 고의를 인정하기 어렵다고** 한 원심의 조치는 정당하다.

19 [대판 2012도7377] 피고인이 13세 미만 미성년자인 피해자(여, 12세)를 강간하였다고 하여 구 성폭력범죄의 처벌 및 피해자보호 등에 관한 법률 위반으로 기소된 사안에서, 13세 미만의 여자에 대한 강간죄에서 피해자가 13세 미만이라고 하더라도 피고인이 **피해자가 13세 미만인 사실을 몰랐다고 범의를 부인하는 경우**에는 다른 범죄와 마찬가지로 상당한 관련성이 있는 **간접사실 또는 정황사실에 의하여 증명 여부가 판단**되어야 하는데, 제반 사정에 비추어 피고인이 범행 당시 이를 **미필적으로라도** 인식하고 있었다는 것이 합리적 의심의 여지없이 증명되었다고 단정할 수 없는데도, "피해자가 13세 미만의 여자인 이상 그 당시의 객관적인 정황에 비추어 피고인이 피해자가 13세 미만의 여자라는 사실을 인식하였더라면 강간행위로 나아가지 아니하였으리라고 인정할 만한 합리적인 근거를 찾을 수 없다면" 같은 법 제8조의2 제1항에서 정하는 강간죄에 관한 미필적 고의가 인정될 수 있다는 법리에 따라 유죄를 인정한 원심판결에 형사재판의 증명책임에 관한 법리를 오해하는 등의 위법이 있다고 한 사례. **cf)** 당시 피해자가 만 12세 6개월인 중학교 1학년생이고, 몇 살이냐는 피고인의 질문에 '중학교 1학년이라서 14살이다'라고 대답했고, 피해자는 155cm, 50kg 정도로 중학교 1년생으로는 오히려 큰 편에 속하였고, 피고인이 모텔로 피해자를 데리고 들어갈 때에도 모텔 관리자로부터 특별한 제지를 받은 바 없었던 점 등을 고려할 때 피고인에게 **만 13세 미만 미성년자강간죄의 미필적 고의가 없다**고 본 판결이다.

20 [대판 2004도6480] [[1] 운전면허증 **앞면에 적성검사기간이 기재되어 있고, 뒷면 하단에 경고 문구**가 있다는 점만으로 피고인이 정기적성검사 미필로 면허가 취소된 사실을 미필적으로나마 인식하였다고 추단하기 어렵다고 한 사례] 도로교통법 제109조 제1호, 제40조 제1항 위반의 죄는 유효한 운전면허가 없음을 알면서도 자동차를 운전하는 경우에만 성립하는, 이른바 고의범이므로, 기존의 운전면허가 취소된 상태에서 자동차를 운전하였더라도 **운전자가 면허취소사실을 인식하지 못한 이상** 도로교통법위반(무면허운전)죄에 해당한다고 볼 수 없고, 관할 경찰당국이 운전면허취소처분의 통지에 갈음하는 적법한 공고를 거쳤다 하더라도, 그것만으로 운전자가 면허가 취소된 사실을 알게 되었다고 단정할 수는 없으며, 이 경우 운전자가 그러한 사정을 알았는지는 각각의 사안에서 면허취소의 사유와 취소사유가 된 위법행위의 경중, 같은 사유로 면허취소를 당한 전력의 유무, 면허취소처분 통지를 받지 못한 이유, 면허취소 후 문제된 운전행위까지의 기간의 장단, 운전자가 면허를 보유하는 동안 관련 법령이나 제도가 어떻게 변동하였는지 등을 두루 참작하여 구체적·개별적으로 판단하여야 한다. **cf)** 앞의 4-1, 2와 비교되는 판례이다.

21 [대판 2004도74] [대구 지하철 사건[6]**]** 대구 지하철 화재 사고 현장을 수습하기 위한 청소

6) **대구 지하철 화재 사건**은 2003년 2월 18일 대구 도시철도 1호선 중앙로역에서 김대한의 방화로 일어난 화재 참사이자 대한민국에서 가장 인명 피해가 큰 철도사고이다. 이로 인해 2개 편성 12량의 전동차가 모두 불타고 뼈대만 남았으며, 192명의 사망자와 6명의 실종자 그리고 148명의 부상자라는 대구 상인동 가스폭발 사고와

작업이 한참 진행되고 있는 시간 중에 실종자 유족들로부터 이의제기가 있었음에도 **대구지하철공사 사장**이 즉각 청소 작업을 중단하도록 지시하지 아니하였고 수사기관과 협의하거나 확인하지 아니하였다고 하여 위 사장에게 그러한 청소 작업으로 인하여 증거인멸의 결과가 발생할 가능성을 용인하는 내심의 의사까지 있었다고 단정하기는 어렵다. [2] 범죄구성요건의 주관적 요소로서 미필적 고의라 함은 범죄사실의 발생 가능성을 불확실한 것으로 표상하면서 이를 용인하고 있는 경우를 말하고, **미필적 고의가 있었다고 하려면 범죄사실의 발생 가능성에 대한 인식이 있음은 물론 나아가 범죄사실이 발생할 위험을 용인하는 내심의 의사가 있어야 하며,** 그 행위자가 범죄사실이 발생할 가능성을 용인하고 있었는지의 여부는 행위자의 진술에 의존하지 아니하고 외부에 나타난 행위의 형태와 행위의 상황 등 구체적인 사정을 기초로 하여 일반인이라면 당해 범죄사실이 발생할 가능성을 어떻게 평가할 것인가를 고려하면서 **행위자의 입장에서 그 심리상태를 추인**하여야 하고, 이와 같은 경우에도 공소가 제기된 범죄사실의 주관적 요소인 미필적 고의의 존재에 대한 입증책임은 검사에게 있는 것이며, 한편, 유죄의 인정은 법관으로 하여금 합리적인 의심을 할 여지가 없을 정도로 공소사실이 진실한 것이라는 확신을 가지게 하는 증명력을 가진 증거에 의하여야 하므로, 그와 같은 증거가 없다면 설령 피고인에게 유죄의 의심이 간다고 하더라도 피고인의 이익으로 판단할 수밖에 없다.

22 **[대판 99도4101]** 공무원이 여러 차례의 출장반복의 번거로움을 회피하고 민원사무를 신속히 처리한다는 방침에 따라 사전에 출장조사한 다음 출장조사내용이 변동없다는 확신 하에 출장복명서를 작성하고 다만 그 출장 일자를 작성일자로 기재한 것이라면 허위공문서작성의 범의가 있었다고 볼 수 없다.

23 **[대판 98도1949]** [무고죄에 있어서 고소사실의 허위성에 대한 인식 요부(적극)] 무고죄는 타인으로 하여금 형사처분 또는 징계처분을 받게 할 목적으로 공무소 또는 공무원에 대하여 허위의 사실을 신고하는 때에 성립하는 것인데, 여기에서 허위사실의 신고라 함은 신고사실이 객관적 사실에 반한다는 것을 확정적이거나 미필적으로 인식하고 신고하는 것을 말하는 것으로서, 설령 고소사실이 객관적 사실에 반하는 허위의 것이라 할지라도 그 **허위성에 대한 인식이 없을 때에는 무고에 대한 고의가 없다.**

24 **[대판 95도2998]** 진실한 객관적인 사실들에 근거하여 고소인이 피고소인의 주관적인 의사에 관하여 갖게 된 의심을 고소장에 기재하였을 경우에 **법률 전문가 아닌 일반인의 입장**에서 볼 때 그와 같은 의심을 갖는 것이 충분히 합리적인 근거가 있다고 볼 수 있다면, 비록 그 의심이 나중에 진실하지 않는 것으로 밝혀졌다고 하여 곧바로 고소인에게 무고의 미필적 고의가 있었다고 단정하여서는 안된다는 이유로 무고죄를 유죄로 인정한 원심판결을 파기한 사례.

25 **[대판 85도588]** [목사가 진위확인을 위하여 교회집사들에게 전임목사의 불미스런 소문에 관하여 물은 경우 명예훼손죄의 성부] 명예훼손죄의 주관적 구성요건으로서의 범의는 행위자가 피해자의 명예가 훼손되는 결과를 발생케 하는 사실을 인식하므로 족하다 할 것이나 새로 목사로서 부임한 피고인이 전임목사에 관한 교회 내의 **불미스러운 소문의 진위를 확인하기 위하여** 이를 교회집사들에게 물어보았다면 이는 경험칙상 충분히 있을 수 있는 일로서 명예훼손의 고의 없는 단순한 확인에 지나지 아니하여 사실의 적시라고 할 수 없다 할 것이므로 이 점에서 피고인에게 명예훼손의 고의 또는 미필적 고의가 있을 수 없다고 할

삼풍백화점 붕괴 사고 이후 최대 규모의 사상자가 발생했다.

수밖에 없다.

미필적 인식으로 족한 사례

26 [대판 2018도7658] 형법상 방조행위는 정범이 범행을 한다는 정을 알면서 그 실행행위를 용이하게 하는 직접·간접의 행위를 말하므로, 방조범은 정범의 실행을 방조한다는 이른바 방조의 고의와 정범의 행위가 구성요건에 해당하는 행위인 점에 대한 정범의 고의가 있어야 하나, 이와 같은 고의는 내심적 사실이므로 피고인이 이를 부정하는 경우에는 사물의 성질상 고의와 상당한 관련성이 있는 간접사실을 증명하는 방법에 의하여 증명할 수밖에 없다. 이때 무엇이 상당한 관련성이 있는 간접사실에 해당할 것인가는 정상적인 경험칙에 바탕을 두고 치밀한 관찰력이나 분석력에 의하여 사실의 연결상태를 합리적으로 판단하여야 하고, 방조범에서 요구되는 정범의 고의는 정범에 의하여 실현되는 범죄의 구체적 내용을 인식할 것을 요하는 것은 아니고 **미필적 인식이나 예견으로 족하다**.

27 [대판 2014도10978] 내란선동죄에서 **'국헌을 문란할 목적'**이란 "헌법 또는 법률에 정한 절차에 의하지 아니하고 헌법 또는 법률의 기능을 소멸시키는 것(형법 제91조 제1호)" 또는 "헌법에 의하여 설치된 국가기관을 강압에 의하여 전복 또는 그 권능행사를 불가능하게 하는 것(같은 조 제2호)"을 말한다. 국헌문란의 목적은 범죄 성립을 위하여 **고의 외에 요구되는 초과주관적 위법요소**로서 엄격한 증명사항에 속하나, 확정적 인식임을 요하지 아니하며, 다만 미필적 인식이 있으면 족하다. 그리고 국헌문란의 목적이 있었는지 여부는 피고인들이 이를 자백하지 않는 이상 외부적으로 드러난 피고인들의 행위와 그 행위에 이르게 된 경위 등 사물의 성질상 그와 관련성 있는 간접사실 또는 정황사실을 종합하여 판단하면 되고, 선동자의 표현 자체에 공격대상인 국가기관과 그를 통해 달성하고자 하는 목표, 실현방법과 계획이 구체적으로 나타나 있어야만 인정되는 것은 아니다.

21 사실의 착오

* 대법원 1984. 1. 24. 선고 83도2813 판결
* 참조조문: 형법 제13조,[1] 제15조,[2] 제250조[3]

방법의 착오와 살인의 고의

●**사실**● 피고인 X는 형수인 B에 대해 살의를 갖고 소나무 몽둥이(길이 85㎝ 직경 9㎝)를 양손에 집어 들고 힘껏 후려쳤고 그로 인해 B는 피를 흘리며 마당에 고꾸라졌다. 이어 다시 X는 B를 향해 몽둥이로 휘둘렀으나 B가 이를 피하고자 몸을 돌렸고 대신 B가 업고 있던 조카 A(남, 1세)의 머리가 맞아 현장에서 두개골절 및 뇌좌상으로 사망하였다.

검사는 X를 살인죄로 기소하였고 원심도 살인죄를 인정하였다. 그러나 X는 등에 업혀 있던 자신의 조카에 대하여는 살인의 고의가 없었으니 과실치사죄가 성립할 뿐이라고 상고하였다.

●**판지**● **상고기각.** 「피고인이 먼저 피해자 1을 향하여 살의를 갖고 소나무 몽둥이를 양손에 집어들고 힘껏 후려친 가격으로 피를 흘리며 마당에 고꾸라진 동녀와 동녀의 등에 업힌 피해자 2의 머리 부분을 위 몽둥이로 내리쳐 피해자 2를 현장에서 두개골절 및 뇌좌상으로 사망케 한 소위를 살인죄로 의율한 원심조처는 정당하게 긍인되며 **소위 타격의 착오가 있는 경우라 할지라도 행위자의 살인의 범의 성립에 방해가 되지 아니한다**」.

●**해설**● 1 일반적으로 착오란 행위자가 주관적으로 인식한 것과 객관적으로 발생한 사실이 일치하지 않는 것을 말한다. 즉, **현실과 인식의 불일치**라 정의할 수 있다. 형법총칙에서 착오라는 명칭 하에 규정되어 있는 것은 사실의 착오(법15)와 법률의 착오(법16)이다. 사안은 구성요건사실을 인식하지 못하거나 잘못 인식한 사실의 착오에 관한 사례이다. 즉, 대상판결에서는 X가 인식한 것은 형수 A인데 발생된 현실은 조카 C의 사망이다. 이 경우 법적으로 어떻게 처리할 것인지가 문제 된다. 고의와 사실의 착오는 동전의 양면과 같이 밀접한 관계에 있다.

2 착오의 효과 이상의 착오(방법의 착오)를 해결하기 위해 구체적 부합설과 법정적 부합설이 제시되고 있다[4]. (a) **구체적 부합설**은 행위자가 인식한 사실과 실제 발생한 사실이 구체적으로 부합한 경우에 한해서만 고의기수범을 인정한다. 그렇지 못한 경우는 인식사실의 미수범과 발생사실의 과실범의 상상적 경합으로 처리한다. (b) **법정적 부합설**은 인식한 사실과 발생한 사실이 법률에 규정되어 있는 만큼(동일구성요건) 부합하는 경우에는 발생사실의 고의기수죄를 인정한다. 대법원의 입장이다. 결국 양자는 '방법의 착오'의 경우에 있어 결론을 달리 한다.

---

1) 형법 제13조(고의) **죄의 성립요소인 사실을 인식**하지 못한 행위는 벌하지 아니한다. 다만, 법률에 특별한 규정이 있는 경우에는 예외로 한다.
2) 형법 제15조(사실의 착오) ① 특별히 무거운 죄가 되는 사실을 인식하지 못한 행위는 무거운 죄로 벌하지 아니한다. ② 결과로 때문에 형이 무거워지는 죄의 경우에 그 결과의 발생을 예견할 수 없었을 때에는 무거운 죄로 벌하지 아니한다.
3) 형법 제250조(살인) ① 사람을 살해한 자는 사형, 무기 또는 5년 이상의 징역에 처한다.
4) 구체적 사실의 착오 중 **객체의 착오의 경우**에는 구체적 부합설이나 법정적 부합설 모두 발생사실의 고의기수를 인정하고 있다.

3 (a) **구체적 부합설**은 착오의 주장을 되도록 넓게 인정함으로써(착오의 범위를 넓게 인정하면 할수록 고의범의 성립범위는 그만큼 줄어든다) 과도한 형사처벌을 억제한다는 장점을 가지고 있으나, 사람을 살해하고자 해서 사람을 죽였는데 살인죄를 인정하지 않는 것은 **일반인의 법감정에 맞지 않다**는 비판이 있다. (b) **법정적 부합설**에 대해서는 고의의 특정성을 무시한다는 지적이 있다. 고의란 어디까지나 '특정한' 범죄에 대한 고의이어야 하여야 하는 이를 무시하고 단순히 발생한 대상에 대해 고의를 인정하는 것은 고의의 성립범위를 너무 확장시키는 것으로 **법치국가형법에 어긋난다**는 비판이 있다.

4 사안의 경우 판례는 조카 A에 대해 살인의 고의가 없었으니 과실치사죄가 성립할지언정 살인죄가 성립될 수 없다는 X의 주장에 대해 「소위 타격의 착오가 있는 경우라 할지라도 행위자의 살인의 범의성립에 방해가 되지 아니한다」고 판시하여, **A에 대한 살인죄** 성립을 인정하였다. 이로 보아 법원의 입장은 **법정적 부합설**에 서는 것으로 보는 것이 일반적이다. 만약 **구체적 부합설**의 입장에서 이 사안을 적용해 보면, 형수 B에 대한 살인미수와 조카 A에 대한 과실치사의 상상적 경합[5]으로 결론적으로는 **형수 B에 대한 살인미수**가 성립할 것이다.

5 착오의 양상 한편 사실의 착오를 그 대상에 따라 나누어 보면 객체의 착오, 방법의 착오, 인과과정의 착오로 나눌 수 있다. ① 행위자가 인식한 대상에 대해 공격은 하였으나 행위객체의 동일성(identity)에 대해 착오를 일으킴으로써 의욕·인용한 결과와 다른 결과를 발생시킨 경우를 **객체의 착오**라 한다. ② 행위자가 행위객체의 동일성에 대해서는 정확하게 파악하였지만 그 방법이 잘못되어 인식한 목표물이 아니라 다른 대상에 결과가 발생한 경우를 **방법의 착오(타격의 착오)**라 한다. 대상판결이 그러하다. ③ 행위자가 행위와 결과 사이의 인과과정을 정확하게 인식하지 못한 경우를 **인과과정의 착오**라 한다(【19】 참조).

6 사실의 착오의 효과에 대한 학설

구분		구체적 부합설	법정적 부합설(판례)
구체적 사실의 착오[6]	객체의 착오	발생사실의 고의기수	발생사실의 고의기수
	방법의 착오	인식사실의 미수와 발생사실의 과실의 상상적 경합	발생사실의 고의기수

7 가중적 구성요건요소에 대한 착오 형법 제15조 제1항은 "특별히 무거운 죄가 되는 사실을 인식하지 못한 행위는 무거운 죄로 벌하지 아니한다"고 하여, 가벼운 구성요건사실을 인식했으나 무거운 구성요건사실을 발생시킨 상황에 대해 규정하고 있다. 판례는 이런 경우 「직계존속임을 알지 못하고 살인을 한 경우에는 형법 제15조 소정의 특히 중한 죄가 되는 사실을 인식하지 못한 행위에 해당한다」(대

5) 형법 제40조(상상적 경합) 한 개의 행위가 여러 개의 죄에 해당하는 경우에는 **가장 무거운 죄에 대하여 정한 형**으로 처벌한다.

6) **구체적 사실의 착오**란 인식사실과 발생사실이 동일한 구성요건에 속한 경우를 말하고(A를 살해하려다 B를 살해한 경우), **추상적 사실의 착오**란 인식사실과 발생사실이 서로 다른 구성요건에 속하는 경우를 말한다(A를 살해하려다 A의 개를 살해한 경우).

판 4293형상494)고 하여 보통살인죄 성립을 인정하고 있다.

Reference

법정적 부합설의 입장에 있는 판례들

1 **[대판 87도1745]** 갑이 을 등 3명과 싸우다가 힘이 달리자 식칼을 가지고 이들 3명을 상대로 휘두르다가 이를 말리면서 식칼을 뺏으려던 피해자 병에게 상해를 입혔다면 갑에게 **상해의 범의가 인정**되며 상해를 입은 사람이 **목적한 사람이 아닌 다른 사람이라 하여 과실상해죄에 해당한다고 할 수 없다.**

2 **[대판 75도727]** 사람을 살해할 목적으로 총을 발사한 이상 그것이 목적하지 아니한 다른 사람에게 명중되어 사망의 결과가 발생하였다 하더라도 살의를 저각하지 않는 것이라 할 것이니 원심인정과 같이 피고인이 하사 **공소외 1을 살해할 목적으로 발사한 총탄**이 이를 제지하려고 피고인 앞으로 뛰어들던 병장 공소외 2에게 명중되어 공소외 2가 사망한 본건의 경우에 있어서의 **공소외 2에 대한 살인죄가 성립한다** 할 것이므로 공소외 2에 대한 피고인의 살의를 부정하는 논지도 이유 없다.

Reference 2

사실의 착오에 있어서 병발사례(併發事例)

사실의 착오와 관련하여 **병발사례**란 하나의 행위가 예상외로 '두 개 이상의 결과'를 발생시킨 경우를 말한다. 예를 들어 갑을 살해하고자 총을 발사했는데 갑을 관통하여 사망케 한 총알이 뒤에 있던 을까지 관통하여 사망케 한 경우를 들 수 있다. 병발사례와 관련하여 우리나라에서 다투어진 판례는 아직 보이지 않는다. 일본 판례 중에 한명을 살해하고자 했는데 두 명에게 사망의 위험을 발생케 한 경우, 두개의 살인미수죄가 성립하는지가 다투어진 사례가 있어 소개한다.

1 **[最3小判昭和53年7月28日(刑集32巻5号1068頁 · 判時900号58頁)]** ●**사실**● 피고인 X는 게릴라 투쟁을 위해 경찰관이 소지하고 있는 권총을 탈취하고자 신주쿠역 서쪽입구 부근에서, 주위에 인적이 드물어진 틈을 타 순찰 중인 경찰 A의 배후 약1m까지 접근하여, 콘크리트 벽에 못을 박는 건설용 총을 개조한 격심총을 한발 발사하여, A에게 약5주간을 요하는 우측흉부관통총창을 입혔지만, 권총탈취는 하지 못하고 그대로 도주하였다. 그런데 A를 관통한 격침이 마침 A의 오른쪽 전방 약30m 앞에서 통행 중이던 은행원 B의 신체를 관통하여 약2개월을 요하는 상해를 입혔다. 검찰은 X에게 A · B에 대한 살의가 있었다고 보아 **강도살인미수의 상상적 경합**으로 기소했으나 제1심은 A에 대한 살의를 부정하고, **강도상해죄의 상상적 경합**을 인정했다. 그러나 원심인 동경고등재판소는 검찰의 주장을 받아들여 A에 대해 **강도살인미수죄의 상상적 경합**을 인정하였다. 이에 X가 상고하였다. ●**판지**● 상고 기각. 「범죄의 고의가 있다고 하기 위해서는 **죄가 되는 사실의 인식**을 필요로 하지만, **범인이 인식한 죄가 되어야 할 사실과 현실적으로 발생한 사실이 반드시 구체적으로 일치할 것을 요하는 것은 아니고, 양자가 법정의 범위 내에서 일치하는 것으로 충분다**고 해석해야 …… 하기 때문에, 사람을 살해할 의사 하에 살해행위로 나온 이상, 범인이 인식하지 못하였던 사람에 대하여 결과가 발생했을 경우에도, 위 결과에 대한 살인의 고의가 있는 것이다.」「피고인이 사람을 살해할 의사 하에 수제장약총을 발사해서 살해행위로 나간 결과, 피고인이 의도한 순경 A의 우측흉부관통총창을 입게 하였지

만 살해에 이르지 못하였기 때문에, 동 순경에 대한 살인미수죄가 성립하고, 동시에 피고인이 예기하지 못한 통행인 B에게 복부관통총창의 결과가 발생하고, 또한, 위 살해행위와 B의 상해결과 간에 인과관계가 인정되기 때문에, **동인에 대한 살인미수죄 또한 성립한다** ……, 더욱이 피고인의 위 살인미수의 소위는 동 순경에 대한 강도의 수단으로서 행하여진 것이기 때문에, 강도와의 결합범으로서 피고인의 A에 대한 소위에 관해서는 물론, B에 대한 소위에 관해서도 강도살인미수죄가 성립한다고 보아야 한다. 따라서 원판결이 위 각소위에 대해서 형법 제240조 후단, 제243조를 적용한 점에 잘못은 없다」.[7]

7) 前田雅英 · 星周一郎/박상진 · 김잔디(역), 최신중요 일본형법판례 250선(총론편), 2021, 62-63면.

위법성

형법

[시행 2023. 8. 8.] [법률 제19582호, 2023. 8. 8. 일부개정]

제1편 총칙

제1장 형법의 적용범위

제1조(범죄의 성립과 처벌) ① 범죄의 성립과 처벌은 행위 시의 법률에 따른다.

·
·
·

제2장 죄

제1절 죄의 성립과 형의 감면

제9조(형사미성년자) 14세되지 아니한 자의 행위는 벌하지 아니한다.

·
·
·

제20조(정당행위) 법령에 의한 행위 또는 업무로 인한 행위 기타 사회상규에 위배되지 아니하는 행위는 벌하지 아니한다.

제21조(정당방위) ① 현재의 부당한 침해로부터 자기 또는 타인의 법익을 방위하기 위하여 한 행위는 상당한 이유가 있는 경우에는 벌하지 아니한다.

② 방위행위가 그 정도를 초과한 경우에는 정황에 따라 그 형을 감경하거나 면제할 수 있다.

③ 제2항의 경우에 야간이나 그 밖의 불안한 상태에서 공포를 느끼거나 경악하거나 흥분하거나 당황하였기 때문에 그 행위를 하였을 때에는 벌하지 아니한다.

제22조(긴급피난) ① 자기 또는 타인의 법익에 대한 현재의 위난을 피하기 위한 행위는 상당한 이유가 있는 때에는 벌하지 아니한다.

② 위난을 피하지 못할 책임이 있는 자에 대하여는 전항의 규정을 적용하지 아니한다.

③ 전조 제2항과 제3항의 규정은 본조에 준용한다.

제23조(자구행위) ① 법률에서 정한 절차에 따라서는 청구권을 보전(保全)할 수 없는 경우에 그 청구권의 실행이 불가능해지거나 현저히 곤란해지는 상황을 피하기 위하여 한 행위는 상당한 이유가 있는 때에는 벌하지 아니한다.

② 제1항의 행위가 그 정도를 초과한 경우에는 정황에 따라 그 형을 감경하거나 면제할 수 있다.

제24조(피해자의 승낙) 처분할 수 있는 자의 승낙에 의하여 그 법익을 훼손한 행위는 법률에 특별한 규정이 없는 한 벌하지 아니한다.

제2절 미수범

제25조(미수범) ① 범죄의 실행에 착수하여 행위를 종료하지 못하였거나 결과가 발생하지 아니한 때에는 미수범으로 처벌한다.

② 미수범의 형은 기수범보다 감경할 수 있다.

제26조(중지범) 범인이 실행에 착수한 행위를 자의(自意)로 중지하거나 그 행위로 인한 결과의 발생을 자의로 방지한 경우에는 형을 감경하거나 면제한다.

제27조(불능범) 실행의 수단 또는 대상의 착오로 인하여 결과의 발생이 불가능하더라도 위험성이 있는 때에는 처벌한다. 단, 형을 감경 또는 면제할 수 있다.

제28조(음모, 예비) 범죄의 음모 또는 예비행위가 실행의 착수에 이르지 아니한 때에는 법률에 특별한 규정이 없는 한 벌하지 아니한다.

제29조(미수범의 처벌) 미수범을 처벌할 죄는 각칙의 해당 죄에서 정한다.

제3절 공범

제30조(공동정범) 2인 이상이 공동하여 죄를 범한 때에는 각자를 그 죄의 정범으로 처벌한다.

제31조(교사범) ① 타인을 교사하여 죄를 범하게 한 자는 죄를 실행한 자와 동일한 형으로 처벌한다.

② 교사를 받은 자가 범죄의 실행을 승낙하고 실행의 착수에 이르지 아니한 때에는 교사자와 피교사자를 음모 또는 예비에 준하여 처벌한다.

③ 교사를 받은 자가 범죄의 실행을 승낙하지 아니한 때에도 교사자에 대하여는 전항과 같다.

제32조(종범) ① 타인의 범죄를 방조한 자는 종범으로 처벌한다.

② 종범의 형은 정범의 형보다 감경한다.

제33조(공범과 신분) 신분이 있어야 성립되는 범죄에 신분 없는 사람이 가담한 경우에는 그 신분 없는 사람에게도 제30조부터 제32조까지의 규정을 적용한다. 다만, 신분 때문에 형의 경중이 달라지는 경우에 신분이 없는 사람은 무거운 형으로 벌하지 아니한다.

제34조(간접정범, 특수한 교사, 방조에 대한 형의 가중) ① 어느 행위로 인하여 처벌되지 아니하는 자 또는 과실범으로 처벌되는 자를 교사 또는 방조하여 범죄행위의 결과를 발생하게 한 자는 교사 또는 방조의 예에 의하여 처벌한다.

22 정당방위에서 방위행위의 상당성과 침해의 현재성 판단(1)

* 대법원 2001. 5. 15. 선고 2001도1089 판결
* 참조조문: 형법 제21조,[1] 제259조 제1항[2]

이혼소송 중인 남편이 찾아와 가위로 폭행하고 변태적 성행위를 강요하는 데에 격분하여 처가 미리 숨겨 둔 칼로 남편의 복부를 찔러 사망에 이르게 한 경우, 그 행위는 정당방위나 과잉방위에 해당하는가?

●**사실**● 피고인 X는 남편 A와의 사이에 두 명의 자녀를 두고 있었다. A는 노동에 종사하여 돈을 잘 벌지 못하면서도 낭비와 도박의 습벽이 있고, 사소한 이유로 평소 X에게 자주 폭행·협박을 하였으며, 변태적인 성행위를 강요하였다. 이러한 사유로 결혼생활이 파탄되어 1999년 11월경부터 별거하기에 이르고, 2000.1.10.경에는 X가 서울가정법원에 이혼소송을 제기하였다. 그리고 그 소송이 계속 중이던 같은 해 4월 23일 10:40경 A가 X의 월세방으로 찾아왔다. 문밖의 사람이 A라는 것을 안 X는 A가 칼로 행패를 부릴 것을 염려하여 부엌에 있던 **부엌칼 두 자루를 방의 침대 밑에 숨겨 두었다.**

X가 문을 열어 주어 방에 들어온 A는 X에게 이혼소송을 취하하고 재결합하자고 요구하였으나 X가 이를 거절하면서 밖으로 도망가려 하자, A는 X를 붙잡아 방안으로 데려온 후 부엌에 있던 가위를 가지고 와 X의 오른쪽 무릎 아랫부분을 긋고 X의 목에 겨누면서 이혼하면 죽여버리겠다고 협박하였다. 이어 계속하여 X의 옷을 강제로 벗기고 자신도 옷을 벗은 다음, 자신의 성기를 애무하게 하는 등의 행위를 하게 한 후 침대에 누워 X에게 성교를 요구하였으나 X가 이에 응하지 않자 손바닥으로 뺨을 2~3회 때리고, 재차 X에게 침대 위로 올라와 성교할 것을 요구하며 "너 말을 듣지 않으면 죽여버린다."고 소리치면서 침대 위에서 상체를 일으키는 순간, 계속되는 A의 요구와 폭력에 격분한 X가 그 상황에서 벗어나고 싶은 생각에서 침대 밑에 숨겨두었던 칼(길이 34㎝, 칼날 길이 21㎝) 한 자루를 꺼내 들고 A의 복부 명치 부분을 1회 힘껏 찔러 살해하였다.

검사는 X를 상해치사죄로 공소제기하였다. 제1심법원은 X에게 유죄를 인정하고 징역 3년에 5년간 집행유예를 선고하였다. 검사가 양형부당을 이유로 항소하자, 원심법원은 제1심판결을 파기하고 X에게 징역 2년의 형을 선고하였다. 이에 X가 정당방위 또는 과잉방위를 주장하며 상고하였다.

●**판지**● **상고기각.** 「피고인이 이와 같이 피해자로부터 먼저 폭행·협박을 당하다가 이를 피하기 위하여 피해자를 칼로 찔렀다고 하더라도, 피해자의 폭행·협박의 정도에 비추어 피고인이 칼로 피해자를 찔러 즉사하게 한 행위는 피해자의 폭력으로부터 자신을 보호하기 위한 방위행위로서의 한도를 넘어선 것이라고 하지 않을 수 없고, 따라서 **이러한 방위행위는 사회통념상 용인될 수 없는 것**이므로, (가) 자기의 법익에 대한 현재의 부당한 침해를 방어하기 위한 행위로서 상당한 이유가 있는 경우라거나, (나) 방위행위가 그 정도를 초과한 경우에 해당한다고 할 수 없다. 따라서 피고인의 이 사건 범행은 **정당방위 또는 과잉방위에 해당하지 아니한다**」.

---

1) 형법 제21조(정당방위) ① **현재의** 부당한 침해로부터 자기 또는 타인의 법익을 방위하기 위하여 한 행위는 **상당한 이유**가 있는 경우에는 벌하지 아니한다. ② 방위행위가 그 **정도를 초과**한 경우에는 정황에 따라 그 형을 감경하거나 면제할 수 있다. ③ 제2항의 경우에 **야간이나 그 밖의 불안한 상태에서 공포를 느끼거나 경악하거나 흥분하거나 당황하였기** 때문에 그 행위를 하였을 때에는 벌하지 아니한다.

2) 형법 제259조(상해치사) ① 사람의 신체를 상해하여 사망에 이르게 한 자는 3년 이상의 유기징역에 처한다.

●해설● 1 정당방위는 대표적인 위법성조각사유로 그 특징은 "법은 불법에 양보할 필요가 없다."는 표현에서 잘 나타난다. 따라서 설혹 가혹한 결과가 발생하더라도 법질서는 이를 받아들인다. 그리고 같은 맥락에서 정당방위는 **부당한 침해에 대한 방어행위**라는 점에서 긴급피난과 구별된다. 이러한 특징 때문에 정당방위는 상당성 심사에 있어 긴급피난보다 엄격하지 않다.

2 사안에서 법원은 남편의 **폭행과 협박의 정도에 비추어** 칼로 남편을 찔러 즉사하게 한 행위는 방위행위로서의 한도를 넘어선 것으로 보았다. 이러한 부인의 행위는 **사회 통념상 용인될 수 없는 것**으로 그 행위가 상당하지도 않고 방위행위가 그 정도를 초과한 경우에도 해당하지 않는 것으로 보아 정당방위와 과잉방위 모두 부정하고 있다. 과잉방위조차 인정하지 않은 것은 상당성을 현저히 일탈한 사건으로 법원이 판단하고 있는 것이다.

3 정당방위의 성립요건 정당방위가 성립하기 위해서는 객관적 요소로서 ① 자기 또는 **타인의 법익**[3]에 대한 현재의 부당한 침해(**객관적 정당화 상황**)가 있고, ② 그 침해를 방위하기 위한 방위행위가 있어야 하며, ③ 방위행위는 **상당한 이유**가 있어야 한다. 그리고 주관적 요소로 위법성이 조각되는 행위를 하고 있다는 것을 인식 내지 의욕 하는 ④ **주관적 정당화 요소**가 필요하다. 대법원은 본 사안을 위법성을 조각시킬 만한 상당한 이유가 있는 경우는 아니라고 판단하였다.

4 정당방위에 있어서 '상당성' 심사 '상당한 이유'의 유무는 상당성 심사라고도 표현되는 데 그 심사기준의 요소로 방위행위의 **필요성**, 방위행위의 **보충성**, 법익의 **균형성** 등이 거론된다. 먼저 ① 정당방위는 그 자체가 매우 강렬한 성격을 갖는다. 때문에 방위행위는 공격행위를 저지하기 위하여 **필요최소한**에 그쳐야 한다. 필요한의 범위를 초과하는 방위행위를 가리켜서 **과잉방위**라 한다. ② 정당방위는 부당한 침해상황에 대한 대응(**부정 대 정**의 관계[4])이므로 정이 부정에 양보할 필요가 없기 때문에 원칙적으로 **보충성이 요구되지 않는다**. ③ 같은 맥락에서 정당방위는 정당방위의 특수한 상황으로 인해 **법익균형성의 원칙도 적용되지 않는다**. 이상의 요소들 중 판례가 중점을 둔 것은 필요최소성의 판단이다. 방어행위는 침해행위를 유효하고도 종국적으로 차단할 수 있는 것으로서 가장 경한 것일 때 인정된다. 사안에서 X가 굳이 치명적 수단인 식칼을 사용하지 않고도 자신을 방위할 수 있었지 않았냐는 의문이 든 것이다.

5 이처럼 대법원은 본 사안을 상당성이 벗어난 행위로 파악하고 있으나 대상판결은 현재성 심사와 관련해서도 생각해 볼 수 있다. 정당방위가 인정되기 위해서는 **현재의** 부당한 침해가 있어야 한다. 정당방위에서 현재성 판단은 '법익에 대한 침해가 **임박한 상태**에 있거나 **바로 발생하였거나 아직 계속되고 있는** 것'을 기준으로 한다. 따라서 실행에 착수하지 않은 행위이더라도 부당한 침해가 **임박한 상태**에 있으면 정당방위를 인정할 수 있다.

---

3) 정당방위는 자기의 법익 침해뿐만 아니라 **타인의 법익에 대한** 현재의 부당한 침해를 방위하기 위한 행위인 경우에도 상당한 이유가 있으면 정당방위에 해당하여 위법성이 조각된다(대판 2013도2168).

4) 정당방위의 특징은 **'不正 대 正'의 관계**로 묘사된다. 이와 같이, 정당방위상황은 '위법한 침해'가 있을 것을 요한다. 따라서 적법한 침해에 대해서는 정당방위를 할 수 없다. 때문에 정당방위나 긴급피난에 대한 정당방위는 불가능하다. 반면 정당방위나 긴급피난에 대한 긴급피난은 가능하다.

6 대상판결의 경우 X는 남편의 **폭력을 예상하여** 부엌칼을 미리 침대 밑에 숨겨두고 있다. 이런 상황에서 임박한 상태의 정당방위의 현재성을 인정하기는 곤란하다. 물론 침해가 미리 예상된 경우의 모든 사안에서 '현재성'이 상실되는 것은 아니다. 침해를 예견하고 있어도 현재성이 없어지지 않지만, 행위자에게 적극적 가해 의사가 인정될 경우에는 현재성이 결여된다. X는 남편 A와 이혼을 결심할 정도로 예전부터 증오의 마음을 가지고 있었던 것으로 보이며 사건 당일 평소와 같이 공격받을 것을 예상하였고 이 경우 적극적인 가해행위로 나갈 마음으로 미리 부엌칼을 침대 밑에 숨겨 둔 것으로 판단할 수 있다. 이런 상황에서는 침해의 현재성은 인정하기가 어려울 것으로 본다.

7 부당한 공격의 현재성과 관련하여 특별한 형사정책적 목적을 위하여 **현재성 요건을 완화하는 경우**가 있다. 「폭력행위 등 처벌에 관한 법률」 제8조 제1항은 "이 법에 규정된 죄를 범한 자가 흉기 기타 위험한 물건 등으로 사람에게 위해를 가하거나 가하려 할 때 이를 **예방** 또는 방위하기 위하여 한 행위는 벌하지 아니한다."고 규정하고 있어 형법의 정당방위에 비하여 현재성의 요건을 크게 완화하고 있다.

Reference 1

정당방위를 부정하고 제21조 제3항(책임조각)에 해당되어 무죄를 선고한 사례

1 **[대판 2005도2807]** 야간에 남자가 6명이나 되는 피해자 일행으로부터 별다른 이유 없이 갑자기 주먹으로 맞는 등 폭행을 당하고 특히 자신뿐만 아니라 자신의 처(처 포함하여 여자 2명)까지 위협을 당하던 중에 피해자 일행으로 하여금 더 이상 가해행위를 하지 못하도록 겁을 주려는 목적에서 근처에 있던 빈 맥주병을 들었음에도 피해자 일행이 물러서지 않고 피고인에게 달려들어 붙잡고 쓰러뜨린 후 폭행을 계속하는 상황 하에서 **순간적으로 공포, 흥분 또는 당황 등으로 말미암아 위와 같은 행위에 이르게 되었다고 인정된다**는 이유로 피고인의 행위는 형법 제21조 제3항에 의하여 벌할 수 없는 경우에 해당한다.

2 **[대판 73도2380]** [1] 피고인의 행위가 형법 제21조2항 소정의 과잉방위에 해당한다 할지라도 위 행위가 당시 야간에 술이 취한 피해자의 불의의 행패와 폭행으로 인한 불안스러운 상태에서의 공포, 경악, 흥분 또는 당황에 기인된 것이라면 형법 제21조3항이 적용되어 피고인은 무죄이다. [2] 피고인이 1969.8.30. 22:40경 그의 처 공소외 1(31세)과 함께 극장구경을 마치고 귀가하는 도중 피해자(19세)가 피고인의 질녀 공소외 2(14세) 등의 소녀들에게(음경을 내놓고 소변을 보면서) 키스를 하자고 달려드는 것을 피고인이 술에 취했으니 집에 돌아가라고 타이르자 도리어 피고인의 뺨을 때리고 돌을 들어 구타하려고 따라오는 것을 피고인이 피하자, 위 피해자는 피고인의 처 공소외 1을 땅에 넘어뜨려 깔고 앉아서 구타하는 것을 피고인이 다시 제지하였지만 듣지 아니하고 돌로서 위 공소외 1을 때리려는 순간 피고인이 그 침해를 방위하기 위하여 농구화 신은 발로서 위 피해자의 복부를 한차례 차서 그 사람으로 하여금 외상성 12지장 천공상을 입게 하여 동년 10.13. 06:25경 사망에 이르게 했다는 것이다. 이와 같은 객관적인 사실에 의하여 볼 때 피고인의 행위는 형법 제21조 제2항 소정의 이른바 과잉방위에 해당한다 할 것이고, 다시 원심판결에 적시된 여러 가지 증거를 기록에 의하여 대조 검토하면, 피고인의 이 행위는 **당시 야간에 술이 취한 위 피해자의 불의의 행패와 폭행으로 인한 불안스러운 상태에서의 공포, 경악, 흥분 또는 당황에 기인되었던 것**임을 알 수 있다. 그러므로 같은 취지에서 원심이 형법 제21조 제3항을 적용하여 피고인에게 무죄를 선고한 제1심 판결을

유지하였음은 정당하다.

Reference 2

싸움과 정당방위 - '침해의 부당성'과 관련하여 -

1 [대판 2000도228] ●**사실**● 피고인 X는 1996.8.19. 10:00경 피해자 A가 술에 만취하여 자신의 누나인 B와 말다툼을 하다가 B의 머리채를 잡고 때리는 것을 목격하고 화가 나서 A와 싸우게 되었다. 그 과정에서 몸무게가 85kg 이상이나 되는 A가 62kg의 X를 침대 위에 넘어뜨리고 X의 가슴 위에 올라타 목부분을 누르자 호흡이 곤란하게 된 X가 안간힘을 쓰면서 허둥대다가 그 곳 침대 위에 놓여있던 과도로 A에게 상해를 가해 약 14일간의 치료를 요하는 좌측대퇴외측부 심부자상을 입혔다. **원심은** 사건의 발생경위와 그 진행과정을 고려하여 피고인의 행위는 피고인의 신체에 대한 현재의 부당한 침해를 방위하기 위한 행위가 그 정도를 초과한 경우인 **과잉방위행위에 해당한다**고 판단하였다. 이에 불복하여 검사가 상고하였다.

●**판지**● **파기환송.** 「가해자의 행위가 피해자의 부당한 공격을 방위하기 위한 것이라기 보다는 **서로 공격할 의사로 싸우다가** 먼저 공격을 받고 이에 대항하여 가해하게 된 것이라고 봄이 상당한 경우, 그 가해행위는 방어행위인 동시에 공격행위의 성격을 가지므로 **정당방위 또는 과잉방위행위라고 볼 수 없다**」. ●**해설**● 맞붙어 싸움을 하는 사람 사이에서는 공격행위와 방어행위가 연달아 행하여지고 방어행위가 동시에 공격행위인 양면적 성격을 띠기 때문에 어느 한쪽 당사자의 행위만을 가려내어 방어를 위한 '정당행위'라거나 '정당방위'에 해당한다고 보기 어려운 것이 보통이다. 때문에 **싸움의 경우, 대상판례에서와 같이 법원은 원칙적으로 정당방위를 인정하지 않는다.** 그러나 (1) 싸움에서도 일반적으로 예상할 수 없는 방법으로 갑자기 흉기를 들이댈 경우(대판 68도370, Ref 2-4), (2) 외관상 서로 격투를 하는 것처럼 보이는 경우라고 할지라도 **실지로는 한쪽 당사자가 일방적으로 불법한 공격을 가하고** 상대방은 이러한 불법한 공격으로부터 자신을 보호하고 이를 벗어나기 위한 저항수단으로 유형력을 행사한 경우라면, 그 행위가 적극적인 반격이 아니라 소극적인 방어의 한도를 벗어나지 않는 한 그 행위에 이르게 된 경위와 그 목적수단 및 행위자의 의사 등 제반 사정에 비추어 볼 때 사회통념상 허용될 만한 상당성이 있는 행위로서 위법성이 조각된다(대판 99도3377, Ref 2-2).

2 [대판 99도3377] [**외관상 서로 격투를 한 당사자 중 일방의 유형력의 행사**가 타방의 일방적인 불법 폭행에 대하여 자신을 보호하고 이를 벗어나기 위한 **저항수단으로서 소극적인 방어의 한도를 벗어나지 않았다는 이유로 위법성이 조각된다**고 본 사례] A(54세, 여)가 남편인 B(59세, 남)와 함께 1998.5.19. 10:00 피고인 X(66세, 여)가 묵을 만드는 외딴 집을 찾아와 피고인이 자신이 첩의 자식이라는 헛소문을 퍼뜨렸다며 먼저 X의 멱살을 잡고 밀어 넘어뜨리고 배 위에 올라타 주먹으로 팔, 얼굴 등을 폭행하였고, B도 이에 가세하여 X의 얼굴에 침을 뱉으며 발로 밟아 폭행을 한 사실, 이에 연로한 탓에 힘에 부쳐 달리 피할 방법이 없던 X는 이를 방어하기 위하여 A, B의 폭행에 대항하여 A의 팔을 잡아 비틀고, 다리를 무는 등으로 하여 A에게 오른쪽 팔목과 대퇴부 뒤쪽에 멍이 들게 하여 약 2주간의 치료를 요하는 상해를 가하였다. …… 오십대의 남녀로서 부부인 A, B가 66세의 여자인 X가 혼자 묵을 만들고 있는 외딴 장소에 찾아와 X를 넘어뜨리고 함께 일방적으로 불법한 폭행을 가함에 대하여 X가 취한 위와 같은 행위는 자신을 보호하고 이를 벗어나기 위한 저항수단으로서 소극적인 방어의 한도를 벗어나지 않는 것이라고 할 것이고, 그 밖에 기록에 나타난 X의 위와 같은 행위의 경위와 그 목적수단 및 X의 의사 등 제반 사정에 비추어 볼 때 X의 위와 같은 행위

는 사회통념상 허용될 만한 상당성이 있는 행위로서 위법성이 조각된다고 보아야 할 것이다.

3 **[대판 71도527]** 서로 공격할 의사로 싸우다가 상대방으로 부터 먼저 공격을 받고 이에 대항하여 가해한 행위는 방위행위인 동시에 공격행위의 성격을 가진다 할 것이므로 정당방위 또는 과잉방위가 성립될 수 없다.

4 **[대판 68도370]** ●**사실**● 피고인은(피고인은 상병이다) 소속대의 경비병으로 복무를 하고 있는 자로서 1967.7.28. 오후 10시부터 동일 오후 12시까지 소속 연대장숙소 부근에서 초소근무를 하라는 명령받고 근무중, 그 이튿날인 1967.7.27. 오전 1시30분경 동소에서 다음번 초소로 근무를 하여야 할 상병 공소외인과 교대시간이 늦었다는 이유로 언쟁을 하다가 피고인이 동인을 구타하자 공소외인(22세)은 소지하고 있던 카빙소총을 피고인의 등뒤에 겨누며 실탄을 장전하는등 발사할 듯이 위협을 하자 피고인은 당황하여 먼저 동인을 사살치 않으면 위험하다고 느낀 피고인은 뒤로 돌아서면서 소지하고 있던 카빙소총을 동인의 복부를 향하여 발사함으로서 동인을 사망케 하였다 ●**판지**● 싸움을 함에 있어서의 격투자의 행위는 서로 상대방에게 대하여 공격을 함과 동시에 방위를 하는 것이므로 그중 일방 당사자의 행위만을 부당한 침해라하고, 다른 당사자의 행위만을 정당방위에 해당하는 행위라고는 할 수 없을 것이나, 격투를 하는 자중의 한사람의 공격이 그 격투에서 **당연히 예상을 할 수 있는 정도를 초과**하여 살인의 흉기 등을 사용하여 온 경우에는 이는 역시 부당한 침해라고 아니할 수 없으므로 이에 대하여는 **정당방위를 허용하여야 한다고 해석**하여야 할 것이다.

Reference 3

주관적 정당화요소를 결한 경우(우연방위)의 효과

1 정당방위를 비롯하여 위법성이 조각되기 위해서는 객관적 요소로서 **객관적 정당화 상황이** 존재하고 이런 정당화상황을 인식하고 이에 기하여 행위할 것을 요하는 **주관적 정당화 요소가 있어야 한다(정당방위나 긴급피난에 있어서의 '방위의사'나 '피난의사'가 여기에 해당한다)**. 하지만 주관적 정당화요소와 관련하여 위법성조각사유에 있어서 이 요소가 반드시 필요한가에 대해서는 학설의 대립이 있다. 즉 객관적 정당화상황은 존재하지만 주관적 정당화요소가 결여된 상황이다.

먼저 주관적 정당화요소가 필요하지 않다는 (a) **불요설**은 객관적 위법성론의 입장에서 이 경우에도 정당화사유의 객관적 상황은 존재하므로 결과반가치가 탈락하게 되고, 따라서 위법하지 않게 된다(무죄설). 반면 주관적 정당화요소가 필요하다는 (b) **필요설**은 행위반가치론의 입장에서 전개된다. 즉 결과반가치가 탈락하더라도 주관적 정당화요소가 결여되면 행위반가치는 여전히 남게 되므로 그 행위는 위법한 것으로 판단한다. 필요설은 다시 **기수범설과 불능미수범설**로 나뉜다. 다수설은 이런 상황이 위법성조각사유의 객관적 요건이 존재하여 행위자가 위법한 행위를 할 수 없음에도 할 수 있다고 착오한 경우로 불능미수[5]와 유사하므로 불능미수 규정을 유추적용하는 **불능미수범설의 입장**에 있다.

---

5) 형법 제27조(불능범) 실행의 수단 또는 대상의 착오로 인하여 결과의 발생이 불가능하더라도 위험성이 있는 때에는 처벌한다. 단, 형을 감경 또는 면제할 수 있다.

Reference 4

정당방위 · 오상방위 · 우연방위 · 과잉방위 요건의 비교

	(객관적 정당화상황) 자기 또는 타인의 법익에 대한 현재의 부당한 침해 상황	(주관적 정당화 요소) 방위의사	(상당한 이유)
정방방위	○	○	○
오상방위	X	○	○
우연방위	○	X	○
과잉방위	○	○	X

23 정당방위에서 방위행위의 상당성과 침해의 현재성 판단(2)

* 대법원 1992. 12. 22. 선고 92도2540 판결[1]

* 참조조문: 형법 제21조[2]

정당방위의 성립요건으로서 '상당성의' 인정여부

●**사실**● 피고인 Y는 약 12살 때부터 의붓아버지 A로부터 강간 당해 왔으며 이 사건 범행 무렵까지 성관계를 강요받아 왔었다. Y의 남자친구 X는 Y로부터 A와의 관계를 고백받고 같이 번민하다가 A를 살해하고 강도로 위장하기로 공모하였다. 이후 X는 이 사건 범행 전날 서울 창동시장에서 범행에 사용할 식칼, 공업용 테이프, 장갑 등을 구입하여 범행 장소인 충주에 내려가서 Y와 전화 통화로 범행 시간을 정하고, 약속된 시간인 1992.1.17. 01:30경 Y가 열어준 문을 통하여 A의 집 안으로 들어갔다.

이어서 A가 **술에 취하여 잠들어 있는** 방에 몰래 들어가 A의 머리맡에서 식칼을 한 손에 들어 A를 겨누고 양 무릎으로 A의 양팔을 눌러 꼼짝 못 하게 한 후 A를 깨워 A가 제대로 반항할 수 없는 상태에서 Y를 더 이상 괴롭히지 말고 놓아 주라는 취지의 몇 마디를 한 다음 들고 있던 식칼로 A의 심장을 1회 찔러 그 자리에서 살해하였다. 그리고 난 뒤, 강도살인을 당한 것처럼 위장하기 위하여 죽은 A의 양 발목을 공업용 테이프로 묶은 다음 현금을 찾아 태워 없애고 장롱, 서랍 등을 뒤져 범행 현장에 흩어 놓았다. 그리고 Y도 강도에게 당한 것처럼 Y의 브래지어 끈을 칼로 끊고 양 손목과 발목을 공업용 테이프로 묶은 다음 달아났다. Y는 양 손목과 발목이 공업용 테이프로 묶인 채 옆집에 가서 강도를 당하였다고 허위로 신고하였다. 원심은 X·Y에 대해 살인죄의 공동정범을 인정하였다. 이에 피고인들은 정당방위 또는 과잉방위를 주장하며 상고하였다.

●**판지**● **상고기각.** 「[1] 정당방위가 성립하려면 침해행위에 의하여 침해되는 법익의 종류, 정도, 침해의 방법, 침해행위의 완급과 방위행위에 의하여 침해될 법익의 종류, 정도 등 일체의 구체적 사정들을 참작하여 방위행위가 **사회적으로 상당**한 것이어야 하고, 정당방위의 성립요건으로서의 방어행위에는 순수한 수비적 방어뿐 아니라 **적극적 반격을 포함하는 반격방어**의 형태도 포함되나, 그 방어행위는 자기 또는 타인의 법익침해를 방위하기 위한 행위로서 **상당한 이유가** 있어야 한다.

[2] 의붓아버지의 강간행위에 의하여 정조를 유린당한 후 계속적으로 성관계를 강요받아 온 피고인이 상피고인과 사전에 공모하여 범행을 준비하고 의붓아버지가 제대로 반항할 수 없는 상태에서 식칼로 심장을 찔러 살해한 행위는 **사회통념상 상당성을 결여**하여 정당방위가 성립하지 아니한다」.

---

1) 대상사건이 결정적인 계기가 되어 국회는 1994.1.3.「성폭력범죄의 처벌 및 피해자보호 등에 관한 법률(법률 제4702호)」를 제정하게 된다. 이 법률은 친족관계에 의한 강간·강제추행을 비친고죄로 하는 등 처벌을 강화하고, 성폭력범죄에 대한 심리를 비공개로 할 수 있도록 사법처리절차에 특례를 규정하였다. 특히 이 법률은 성폭력피해상담소 및 성폭력피해자보호시설을 설치하고 운영할 수 있도록 근거를 마련하였다(제3장). 이후 이 법은 성폭력범죄의 처벌에 관한 사항만을 분리하여 2010.4.15.「성폭력범죄의 처벌 등에 관한 특례법(약칭: 성폭력처벌법)」으로 제정되어 지금에 이르고 있다.

2) 형법 제21조(정당방위) ① **현재의 부당한 침해**로부터 자기 또는 타인의 법익을 방위하기 위하여 한 행위는 **상당한 이유가 있는 경우**에는 벌하지 아니한다. ② 방위행위가 그 정도를 초과한 경우에는 정황에 따라 그 형을 감경하거나 면제할 수 있다. ③ 제2항의 경우에 야간이나 그 밖의 불안한 상태에서 공포를 느끼거나 경악하거나 흥분하거나 당황하였기 때문에 그 행위를 하였을 때에는 벌하지 아니한다.

●**해설**● 1 대상판결은 정방방위와 관련된 중요한 판례이다. 정당방위가 성립하기 위해서는 객관적 요소로서 ① 자기 또는 타인의 법익에 대한 현재의 부당한 침해(객관적 정당화 상황)가 있고, ② 그 침해를 방위하기 위한 방위행위가 있어야 하며, ③ 방위행위는 **상당한 이유**가 있어야 한다. 그리고 주관적 요소로 ④ 주관적 정당화 요소가 필요하다.

2 ③의 상당성 요건과 관련하여 정당방위는 자기 또는 타인의 법익에 대한 현재의 부당한 침해를 방지하기 위한 행위로서 상당한 이유가 있어야 한다. 따라서 위법한 법익침해행위가 있다고 하더라도 **긴박성이 결여**되거나 방위행위가 **상당성을 결여**한 때에는 정당방위의 요건을 갖추었다고 볼 수 없다. 사안의 경우 대법원은 '상당성 결여'를 이유로 정당방위 성립을 부정하고 있다.

3 방위행위가 사회적으로 상당한지 여부는 「침해행위에 의해 침해되는 법익의 종류, 정도, 침해의 방법, 침해행위의 완급과 방위행위에 의해 침해될 법익의 종류, 정도 등 **일체의 구체적 사정들을 참작**하여 판단」(대판 2003도3606)하여야 한다. 대상판결에서 대법원은 X와 Y가 ① 사전에 공모하여 범행을 준비한 것으로 보아 이 사건이 우발적으로 이루어진 것으로 볼 수 없는 점, ② 술에 취하여 잠들어 있는 A의 양팔을 눌러 꼼짝 못 하게 한 후 A를 깨워 제대로 반항할 수 없는 상태에서 식칼로 A의 심장을 찔러 살해한 점 등은 당시의 상황에 비추어 보아도 **사회통념상 상당성을 인정하기가 어렵다**고 보았다.

4 대상판결에서 하나 유의할 점이 있다. 예방적 정당방위를 인정할 수 있는가의 문제이다. 정당방위는 '침해의 현재성'이나 '사회적 상당성'이 갖춰져야만 인정될 수 있으나 대상판결에서는 **'침해의 현재성'을 부정하지 않고** 단지 사회통념상 **'상당성'이 결여되었다**고만 설시하고 있다. 「피고인 Y가 약 12살 때부터 의붓아버지인 피해자의 강간행위에 의하여 정조를 유린당한 후 **계속적으로 이 사건 범행 무렵까지** 피해자와의 성관계를 강요받아 왔고, 그 밖에 피해자로부터 행동의 자유를 간섭받아 왔으며, 또한 그러한 침해행위가 **그 후에도 반복하여 계속될 염려가 있었다면,** 피고인들의 이 사건 범행 당시 피고인 Y의 신체나 자유 등에 대한 **현재의 부당한 침해상태가 있었다고 볼 여지가 없는 것은 아니나,** 그렇다고 하여도 ……」 라고 하여 완곡하게 현재성을 긍정하고 있다. 그러나 그렇다 하더라도 법원은 피고인들의 살인행위가 형법 제21조 소정의 정당방위나 과잉방위에 해당한다고 보기는 어렵다고 판단하였다.

5 정당방위에 있어 현재성 판단은 법익에 대한 침해가 '**임박한 상태**에 있거나 바로 발생하였거나 아직 계속되고 있는' 것을 기준으로 한다. 따라서 사안에서와 같이 **지속적 위험**(반복적 침해로서 미래에 발생할 것이 예상되는 침해)의 경우에 있어 **예방적 정당방위**는 정당방위로서 허용하기 곤란하다. 이 점이 현재성을 넓게 보는 긴급피난과는 차이가 있다. 정당방위는 현재의 부당한 침해라는 긴급 상태로 인해 예외적으로 자기사법이 정당화되는 경우이기 때문에 침해의 현재성은 엄격히 해석되어야 한다. 따라서 대상판결의 행위상황 하에서는 침해의 현재성을 인정하기가 곤란하다고 생각된다.

6 반면 폭력과 학대가 장기간에 걸쳐 진행되고 있는 상황에서는 현재성을 달리 해석되어져야 한다는 주장도 있다. "침해의 현재성은 폭력행위의 사실뿐 아니라 그러한 폭력, 협박, 학대의 반복과 강화로 인해 발생된 심리적 강제상태가 지속되는 상황에서는 **침해행위는 현재 진행 중**이라고 보아야 할 것이다. 다

시 말해 학대자의 학대행위로 인하여 전형적인 외상 후 스트레스장애를 겪고 있는 자가 학대자에 대하여 가하는 반격행위는 정당방위로 인정될 수 있다는 변론이 가능하다는 것이다."[3]

7 정당방위는 '不正 대 正'의 관계에 있기 때문에 긴급피난과 달리 상당성 판단에 있어서 엄격한 '법익균형성'이나 '보충성'을 요구하지 않는다. 판례도 정조와 신체를 지키기 위해 강제추행범의 혀를 절단케 한 경우 정당방위를 인정하고 있다(대판 89도358, Ref 1-6). 하지만 법익균형성은 방위행위의 상당성을 판단하는 데에 있어서 여전히 중요한 기능을 한다. 대상판결에서도 성적 자기결정권을 보호하기 위해 자고 있는 의붓아버지를 살해한 것은 상당성을 훨씬 벗어난 행위로 본 것이다.

Reference 1

방위행위의 '상당성'을 긍정한 판례

1-1 [대판 2013도2168] [위법한 체포에 항의한 변호사 사건] 피고인(변호사)은 2009. 6. 26. 이 사건 현장을 방문하여 위 조합원들이 불법적으로 체포되는 것을 목격하고 이에 항의하면서 전투경찰대원들의 불법체포행위를 제지하였으며, 전투경찰대원들은 방패로 피고인을 강하게 밀어내었다. 피고인은 전투경찰대원들의 위와 같은 유형력 행사에 저항하여 전투경찰대원인 A와 B가 들고 있던 방패를 당기고 밀어 A와 B에게 상해를 입혔다. 비록 B가 입은 상해의 정도가 가볍지는 않지만, 피고인이 A와 B에게 행사한 유형력은 전투경찰대원들의 불법 체포 행위로 위 조합원들의 신체의 자유가 침해되는 것을 방위하기 위한 수단으로 그 정도가 전투경찰대원들의 피고인에 대한 유형력의 정도에 비해 크다고 보이지 않는다. …… 여러 사정에 비추어 피고인의 행위가 정당방위에 해당한다는 원심의 판단은 정당하다.

1-2 [대판 2011도3682] [공무집행방해죄에서 '적법한 공무집행'의 의미 및 현행범인이 경찰관의 불법한 체포를 면하려고 반항하는 과정에서 경찰관에게 상해를 가한 경우 '정당방위'의 성립 여부(적극)] [1] 현행범인은 누구든지 영장 없이 체포할 수 있는데(형소법212), 현행범인으로 체포하기 위하여는 행위의 가벌성, 범죄의 현행성·시간적 접착성, 범인·범죄의 명백성 이외에 체포의 필요성, 즉 도망 또는 증거인멸의 염려가 있어야 하고, 이러한 요건을 갖추지 못한 현행범인 체포는 법적 근거에 의하지 아니한 영장 없는 체포로서 위법한 체포에 해당한다. 여기서 현행범인 체포의 요건을 갖추었는지는 체포 당시 상황을 기초로 판단하여야 하고, 이에 관한 검사나 사법경찰관 등 수사주체의 판단에는 상당한 재량 여지가 있으나, 체포 당시 상황으로 보아도 요건 충족 여부에 관한 검사나 사법경찰관 등의 판단이 **경험칙에 비추어 현저히 합리성을 잃은 경우에는 그 체포는 위법하다고 보아야 한다.** [2] 피고인이 경찰관의 불심검문을 받아 운전면허증을 교부한 후 경찰관에게 큰 소리로 욕설을 하였는데, **경찰관이 모욕죄의 현행범으로 체포**하겠다고 고지한 후 **피고인의 오른쪽 어깨를 붙잡자 반항하면서 경찰관에게 상해를 가한 사안**에서, 피고인은 (가) **경찰관의 불심검문에 응하여 이미 운전면허증을 교부한 상태이고,** (나) 경찰관뿐 아니라 인근 주민도 욕설을 직접 들었으므로, 피고인이 도망하거나 증거를 인멸할 염려가 있다고 보기는 어렵고, (다) 피고인의 모욕 범행은 불심검문에 항의하는 과정에서 저지른 일시적, **우발적인 행위로서 사안 자체가 경미할 뿐 아니라,** (라) 피해자인 경찰관이 범행현장에서 즉시 범인을 체포할 급박한 사정이 있다고 보기도 어려우므로, **경찰관이 피고인을**

3) 한인섭, 가정폭력 피해자에 의한 가해자 살해: 그 정당화와 면책의 논리, 서울대학교 법학 제37권 제2호, 1996, 283면.

체포한 행위는 적법한 공무집행이라고 볼 수 없고, 피고인이 체포를 면하려고 반항하는 과정에서 상해를 가한 것은 **불법체포로 인한 신체에 대한 현재의 부당한 침해에서 벗어나기 위한 행위로서 정당방위에 해당한다**는 이유로, 피고인에 대한 상해 및 공무집행방해의 공소사실을 무죄로 인정한 원심판단을 수긍하였다.

2 **[대판 2009도12958] [겉으로는 서로 싸움을 하는 것처럼 보이는 당사자 중 일방의 유형력 행사의 위법성이 조각되기 위한 요건]** [1] 맞붙어 싸움을 하는 사람 사이에서는 공격행위와 방어행위가 연달아 행하여지고 방어행위가 동시에 공격행위인 양면적 성격을 띠어서 어느 한쪽 당사자의 행위만을 가려내어 방어를 위한 '정당행위'라거나 '정당방위'에 해당한다고 보기 어려운 것이 보통이다. 그러나 겉으로는 서로 싸움을 하는 것처럼 보이더라도 실제로는 한쪽 당사자가 일방적으로 위법한 공격을 가하고 상대방은 이러한 공격으로부터 자신을 보호하고 이를 벗어나기 위한 저항수단으로서 유형력을 행사한 경우에는, 그 행위가 새로운 적극적 공격이라고 평가되지 아니하는 한, 이는 사회관념상 허용될 수 있는 상당성이 있는 것으로서 위법성이 조각된다. [2] 甲과 자신의 남편과의 관계를 의심하게 된 상대방이 자신의 아들 등과 함께 甲의 아파트에 찾아가 현관문을 발로 차는 등 소란을 피우다가, 출입문을 열어주자 곧바로 甲을 밀치고 신발을 신은 채로 거실로 들어가 상대방 일행이 서로 합세하여 甲을 구타하기 시작하였고, 甲은 이를 벗어나기 위하여 손을 휘저으며 발버둥치는 과정에서 상대방 등에게 상해를 가하게 된 사안에서, 상대방의 남편과 甲이 불륜을 저지른 것으로 생각하고 이를 따지기 위하여 甲의 집을 찾아가 甲을 폭행하기에 이른 것이라는 것만으로 상대방 등의 위 공격행위가 적법하다고 할 수 없고, 甲은 그러한 위법한 공격으로부터 자신을 보호하고 이를 벗어나기 위한 **사회관념 상 상당성 있는 방어행위로서 유형력의 행사에 이르렀다고 할 것**이어서 위 행위의 위법성이 조각된다고 판단한 원심판결에 법리오해의 위법이 없다.

3 **[대판 2006도148]** 검사가 참고인 조사를 받는 줄 알고 검찰청에 **자진출석한** 변호사사무실 사무장을 **합리적 근거 없이 긴급체포하자** 그 변호사가 이를 제지하는 과정에서 위 검사에게 상해를 가하였다면 정당방위에 해당한다.

4 **[대판 99도943]** [폭력행위등처벌에관한법률위반행위가 정당방위에 해당한다고 본 사례] ●**사실**● 피고인은 1997.7.10. 21:25경 피고인의 약혼자인 공소외 공소외인을 피고인 소유의 승용차에 태우고 서울 성동구 용답동 233의 10 앞 노상을 진행하고 있었는데, 술에 취하여 인도에서 택시를 기다리고 있던 피해자가 피고인 운전의 차를 자신의 회사직원이 타고 가는 차로 오인하고 차도로 나와 위 승용차를 세우고 위 승용차에 타려고 하였던바, 이로 인하여 피고인과 위 피해자가 서로 말다툼을 하면서 위 피해자는 피고인의 허리춤을 잡아 끌어당기고, 피고인은 위 피해자의 양손을 잡고 버티는 등으로 몸싸움을 하면서 피고인의 바지가 찢어졌고 피고인과 위 피해자이 함께 땅바닥에 넘어졌으며, 피고인이 넘어진 위 피해자의 배 위에 올라타 양 손목을 잡고 위 공소외인의 신고로 출동한 경찰관이 현장에 도착할 때까지 약 3분가량 위 피해자를 누르고 있었다. ●**판지**● **파기환송.** 피해자가 피고인 운전의 차량 앞에 뛰어 들어 **함부로 타려고 하고** 이에 항의하는 피고인의 바지춤을 잡아 당겨 찢고 피고인을 끌고 가려다가 넘어지자, 피고인이 피해자의 양 손목을 경찰관이 도착할 때까지 약 3분간 잡아 누른 경우, 정당방위에 해당한다.

5 **[대판 89도623]** 피고인이 방안에서 피해자로부터 깨진 병으로 찔리고 이유없이 폭행을 당하여 이를 피하여 방밖 홀로 도망쳐 나오자 피해자가 피고인을 쫓아 나와서까지 폭행을 하였다면 이때 피고인이 방안

에서 피해자를 껴안거나 두손으로 멱살부분을 잡아 흔든 일이 있고 홀밖에서 서로 붙잡고 밀고 당긴 일이 있다고 하여도 특별한 사정이 없는 한 이는 피해자에 대항하여 폭행을 가한 것이라기 보다는 **피해자의 부당한 공격**에서 벗어나거나 이를 방어하려고 한 행위였다고 보는 것이 상당하고 그 행위에 이르게 된 경위, 목적, 수단, 의사 등 제반사정에 비추어 위법성이 결여된 행위라고 볼 것이다.

6 **[대판 89도358] [변월수 사건[4]]** [강제추행범의 혀를 깨문 행위가 정당방위에 해당된다고 본 사례] 갑과 을이 공동으로 인적이 드문(경북 영양 읍소재) 심야에 혼자 귀가중인 병녀에게 뒤에서 느닷없이 달려들어 양팔을 붙잡고 어두운 골목길로 끌고 들어가 담벽에 쓰러뜨린 후 갑이 음부를 만지며 반항하는 병녀의 옆구리를 무릎으로 차고 억지로 키스를 함으로 병여가 정조와 신체를 지키려는 일념에서 엉겁결에 갑의 혀를 깨물어 **설절단상(0.5㎝)**을 입혔다면 병여의 범행은 **자기의 신체에 대한 현재의 부당한 침해에서 벗어나려고 한 행위**로서 그 행위에 이르게 된 경위와 그 목적 및 수단, 행위자의 의사 등 **제반사정에 비추어 위법성이 결여된 행위**이다. cf) 제1심(대구지법 안동지원)은 과잉방위에 해당된다하여 유죄를 인정하였으나 원심과 대법원은 병의 행위가 정당방위에 속한다고 보았다. 혀의 절단이 과잉방위가 아닌가 하는 의문을 가질 수 있지만 정당방위는 보호법익과 침해법익 사이의 엄격한 균형성을 요구하지 않는다. 이것은 정당방위상황이 갖는 특수성 때문이다.

7 **[대판 87도3674]** 갑회사가 을이 점유하던 공사현장에 실력을 행사하여 들어와 현수막 및 간판을 설치하고 담장에 글씨를 쓴 행위는 을의 시공 및 공사현장의 점유를 방해하는 것으로서 을의 법익에 대한 현재의 부당한 침해라고 할 수 있으므로 을이 그 **현수막을 찢고 간판 및 담장에 씌어진 글씨를 지운 것**은 그 침해를 방어하기 위한 행위로서 상당한 이유가 있다.

8 **[대판 86도1091]** [부(父)의 신체 등에 대한 위해를 방위하기 위한 정당방위로서 위법성이 조각된다고 본 사례] 차량통행문제를 둘러싸고 피고인의 부와 다툼이 있던 피해자가 그 소유의 차량에 올라타 문안으로 운전해 들어가려 하자 피고인의 부가 양팔을 벌리고 이를 제지하였으나 위 피해자가 이에 불응하고 그대로 그 차를 피고인의 부 앞쪽으로 약 3m 가량 전진시키자 위 차의 운전석 부근 옆에 서 있던 피고인이 부가 위 차에 다치겠으므로 이에 당황하여 위 차를 정지시키기 위하여 운전석 옆 창문을 통하여 피해자의 머리털을 잡아당겨 그의 흉부가 위 차의 창문틀에 부딪혀 **약간의 상처를 입게** 한 행위는 **부의 생명, 신체에 대한 현재의 부당한 침해를 방위하기 위한 행위로서 정당방위에 해당**한다. cf) 대상판결은 정당방위의 경우, 자기의 법익은 물론이고 타인의 법익에 대한 정당방위도 가능함을 보여 주는 판결이다. 이와 같이 제3자를 위한 정당방위를 특히 **긴급구조**라 부른다.

9 **[대판 80도800]** 피고인 경영의 주점에서 갑 등 3인이 통금시간이 지나도록 외상술을 마시면서 접대부와 동침시켜 줄 것을 요구하고 이를 거절한데 불만을 품고 **내실까지 들어와 피고인의 처가 있는데서 소변까지 하므로** 피고인이 항의하자 갑이 그 일행과 함께 피고인을 집단 구타하므로 피고인이 갑을 업어치기식으로 넘어뜨려 그에게 전치 12일의 상해를 입힌 경우에는 피고인의 갑에 대한 위 폭행행위는 정당방위로 죄가 되지 아니한다.

---

4) **변월수 사건**은 1988년 9월 10일 가정주부 변월수(여성, 당시 32세)가 귀가를 하던 도중 자신을 골목길로 끌고 가 강제로 키스하는 남성의 혀를 깨물어 절단한 사건이다. 이 사건은 영화《단지 그대가 여자라는 이유만으로》로도 만들어졌다.

10-1 **[대판 76도3460]** [수확권한 있는 자에 의한 토지매수인의 경작방해와 정당방위] [1] 국유토지가 공개입찰에 의하여 (가) 매매되고 그 인도 집행이 완료되었다 하더라도 그 토지의 (나) 종전 경작자인 **피고인이 파종한 보리가 30㎝ 이상 성장**하였다면 **그 보리는 피고인의 소유로서 그가 수확할 권한이 있으므로** 토지매수자가 토지를 경작하기 위하여 소를 이용하여 쟁기질을 하고 성장한 보리를 갈아뭉게는 행위는 피고인의 재산에 대한 현재의 부당한 침해라 할 것이므로 이를 막기 위하여 그 경작을 못 하도록 소 앞을 가로막고 쟁기를 잡아당기는 등의 피고인의 행위는 정당방위에 해당된다. [2] 토지의 인도 집행이 있은 후에도 피고인이 다시 토지를 점유 경작하고 있었다면 **그 점유가 비록 불법이라 하여도 새로운 점유상태가 형성되었다 할 것**이므로 매수인이 다시 적법한 인도절차를 밟지 않고 한 경작행위는 정당한 업무수행이라 할 수 없으므로 이를 저지한 피고인의 행위는 업무방해죄에 해당되지 않는다.

10-2 **[대판 79도249]** 피고인이 점유 경작하고 있는 논에 공소외인이 그 논의 소유권을 취득하였다는 이유로 적법한 절차에 의한 인도를 받지 아니한 채 묘판을 설치하려고 하자 피고인이 그 묘판을 허물어뜨려 물을 빠지게 한 행위는 피고인의 점유에 대한 부당한 침탈 또는 방해행위의 배제를 위한 행위이므로 이를 업무방해라고 할 수 없다.

11 **[대판 73도2401]** 타인이 보는 자리에서 자식으로부터 인륜상 용납할 수 없는 폭언과 함께 폭행을 가하려는 피해자를 1회 구타한 행위는 피고인의 신체에 대한 법익뿐만 아니라 **아버지로서의 신분에 대한, 법익**에 대한 현재의 부당한 침해를 방위하기 위한 행위로써 정황에 비추어 볼 때 피고인으로서는 피해자에게 일격을 가하지 아니할 수 없는 상당한 이유가 있는 행위로써 정당방위에 해당한다. cf) 법에 의하여 보호되는 모든 법익은 정당방위에 의하여 보호될 수 있다. 따라서 생명이나 신체, 자유, 사생활의 평온 등 형법상의 법익뿐만 아니라 본 판결에서와 같이 '아버지로서의 신분에 대한 법익'을 방위하기 위한 정당방위도 가능하다.

12 **[대판 70도1473]** 피고인이 자전거를 절취한 사실이 없는데 자전거 절취범으로 오인하고 **군중들이 피고인을 에워싸고 무차별 구타**를 하기에 자기는 자전거 절도범이 아니라고 외쳤으나, 군중들은 그것을 믿지 않고 무차별 구타를 계속하므로 피고인은 이를 제지하고 자기의 신체에 대한 가해행위의 **부당한 침해를 방위**하기 위하여, 또 야간에 위와 같은 불안스러운 상태 하에서 당황으로 인하여 피고인이 소지하고 있던 **손톱깎기에 달린 줄칼**을 내어 들고 이를 휘둘러 공소외인의 등에 찔려 1주간의 치료를 요하는 상해를 입힌 행위는 정당방위에 해당한다.

방위행위의 '상당성'을 부정한 판례

13 **[대판 2007도1794] [정당방위의 성립요건]** [1] 형법 제21조 소정의 정당방위가 성립하려면 침해행위에 의하여 침해되는 법익의 종류, 정도, 침해의 방법, 침해행위의 완급과 방위행위에 의하여 침해될 법익의 종류, 정도 등 일체의 구체적 사정들을 참작하여 방위행위가 **사회적으로 상당**한 것이어야 한다. [2] 피고인이 피해자와 말다툼을 하다가 건초더미에 있던 낫을 들고 반항하는 피해자로부터 낫을 빼앗아 그 낫으로 피해자의 가슴, 배, 등, 뒤통수, 목, 왼쪽 허벅지 부위 등을 10여 차례 찔러 피해자로 하여금 다발성 자상에 의한 기흉 등으로 사망하게 한 경우, 피해자가 피고인에게 한 가해의 수단 및 정도, 그에 비교되는 피고인의

행위의 수단, 방법과 행위의 결과 등 제반 사정에 비추어, 피고인의 이 사건 범행행위가 피해자의 피고인에 대한 현재의 부당한 침해를 방위하거나 그러한 침해를 예방하기 위한 행위로 **상당한 이유가 있는 경우에 해당한다고 볼 수 없고**, 또 피고인의 이 사건 범행행위는 방위행위가 그 정도를 초과한 때에 해당하거나 정도를 초과한 방위행위가 야간 기타 불안스러운 상태 하에서 공포, 경악, 흥분 또는 당황으로 인한 때에 해당한다고 볼 수도 없다.

14 [대판 2006도8750] 어떠한 행위가 정당방위로 인정되려면 그 행위가 자기 또는 타인의 법익에 대한 현재의 부당한 침해를 방어하기 위한 것으로서 상당성이 있어야 하므로, 위법하지 않은 정당한 침해에 대한 정당방위는 인정되지 아니하고, 방위행위가 사회적으로 상당한 것인지 여부는 침해행위에 의해 침해되는 법익의 종류, 정도, 침해의 방법, 침해행위의 완급과 방위행위에 의해 침해될 법익의 종류, 정도 등 일체의 구체적 사정들을 참작하여 판단하여야 하는 것인바, 기록에 나타난, 이 사건 통행로의 현황, 개설시기 및 이용상황 등 제반 사정에 비추어 보면, 피고인이 이 사건 통행로 중 폭 100m 길이 부분을 포크레인으로 폭 2m 정도로 굴착하고, 돌덩이까지 쌓아 놓은 행위가 정당행위나 정당방위에 해당한다고 보기는 어렵다고 할 것이다.

15 [대판 2003도3606] [공직선거 후보자 합동연설회장에서 다른 후보자의 연설을 물리적으로 방해한 행위가 정당방위의 요건을 갖추지 못하였다고 한 사례] 공직선거 후보자 합동연설회장에서 후보자 갑이 적시한 연설 내용이 다른 후보자 을에 대한 명예훼손 또는 후보자비방의 요건에 해당되나 그 위법성이 조각되는 경우, **갑의 연설 도중에 을이 마이크를 빼앗고 욕설**을 하는 등 물리적으로 갑의 연설을 방해한 행위가 갑의 **'위법하지 않은 정당한 침해'**에 대하여 이루어진 것일 뿐만 아니라 '상당성'을 결여하여 정당방위의 요건을 갖추지 못하였다.

16 [대판 96도241] [침해행위에서 벗어난 후에 분을 풀려는 목적에서 나온 공격행위가 정당방위에 해당하는지 여부(소극)] [1] 피해자의 침해행위에 대하여 자기의 권리를 방위하기 위한 부득이한 행위가 아니고, 그 **침해행위에서 벗어난 후 분을 풀려는 목적**에서 나온 공격행위는 정당방위에 해당한다고 할 수 없다. [2] 피고인은 집주인인 A로부터 계약기간이 지났으니 방을 비워 달라는 요구를 수회 받고서도 그때마다 행패를 부려 A가 무서워서 다른 집에 가서 잠을 자기도 하였는데 본건 범행 당일에도 A가 방세를 돌려 줄테니 방을 비워달라고 요구하자 방안에서 나오지도 아니하고 금 20,000,000원을 주어야 방을 비워준다고 억지를 쓰며 폭언을 하므로 A의 며느리가 화가 나 피고인 방의 창문을 쇠스랑으로 부수자, 이에 격분하여 배척(속칭 빠루)을 들고 나와 마당에서 이 장면을 구경하다 미처 피고인을 피하여 도망가지 못한 마을주민인 피해자 1, 2을 배척(속칭 빠루)으로 때려 각 상해를 가한 것이므로 피고인에게는 현재의 부당한 침해는 없었음이 명백하다는 이유로 정당방위에 관한 피고인의 주장을 배척하였는바, 앞서 본 법리에 비추어 보면 원심의 위와 같은 판단은 정당하다.

17 [대판 91도80] [피고인이 피해자로부터 뺨을 맞는 등 폭행을 당하여 서로 멱살을 잡고 다투자 주위 사람들이 싸움을 제지하였으나 피해자에게 대항하기 위하여 깨어진 병으로 피해자를 찌를 듯이 겨누어 협박한 경우, 피고인의 행위는 정당방위나 야간의 공포나 당황으로 인한 과잉방위에 해당하지 아니한다고 본 사례] 피고인이 피해자로부터 갑작스럽게 뺨을 맞는 등 폭행을 당하여 서로 멱살을 잡고 다투자 주위 사람

들이 싸움을 제지하였으나 피해자에게 대항하기 위하여 **깨어진 병으로 피해자를 찌를 듯이 겨누어 협박**한 경우, 피고인의 행위는 자기의 법익에 대한 현재의 부당한 침해를 방어하기 위한 것이라고 볼 수 있으나, **맨손으로 공격하는 상대방에 대하여 위험한 물건인 깨어진 병을 가지고 대항**한다는 것은 사회통념상 그 정도를 초과한 방어행위로서 상당성이 결여된 것이고, 또 주위사람들이 싸움을 제지하였다는 상황에 비추어 야간의 공포나 당황으로 인한 것이었다고 보기도 어렵다.

18 **[대판 91다19913]** [병원에서의 난동을 제압키 위해 출동한 경찰관이 칼을 들고 항거하던 피해자를 총격 사망하게 한 것이 그 직무집행상의 총기사용 한계를 벗어난 것이라고 한 사례] [1] 야간에 술이 취한 상태에서 병원에 있던 과도로 대형 유리창문을 쳐 깨뜨리고 자신의 복부에 칼을 대고 할복자살하겠다고 난동을 부린 피해자가 출동한 2명의 경찰관들에게 칼을 들고 항거하였다고 하여도 위 경찰관 등이 (가) 공포를 발사하거나 소지한 가스총과 경찰봉을 사용하여 위 망인의 항거를 **억제할 시간적 여유와 보충적 수단이 있었다고 보여지고,** 또 (나) 부득이 총을 발사할 수밖에 없었다고 하더라도 하체부위를 향하여 발사함으로써 그 위해를 최소한도로 줄일 여지가 있었다고 보여지므로, (다) 칼빈 소총을 1회 발사하여 피해자의 왼쪽 가슴 아래 부위를 관통하여 사망케 한 경찰관의 총기사용행위는 경찰관직무집행법 제11조 소정의 **총기사용 한계를 벗어난 것**이다. [2] 정당방위에 있어서는 반드시 방위행위에 보충의 원칙은 적용되지 않으나 방위에 필요한 한도 내의 행위로서 **사회윤리에 위배되지 않는** 상당성있는 행위임을 요한다.

19 **[대판 91다10084]** 타인의 집 대문 앞에 은신하고 있다가 경찰관의 명령에 따라 순순히 손을 들고 나오면서 그대로 도주하는 범인을 경찰관이 뒤따라 추격하면서 **등 부위에 권총을 발사하여 사망**케 한 경우, 위와 같은 총기사용은 현재의 부당한 침해를 방지하거나 현재의 위난을 피하기 위한 상당성 있는 행위라고 볼 수 없다.

20 **[대판 84도1611]** 피고인은 피고인 소유의 밤나무 단지에서 피해자가 **밤 18개를 푸대에 주워 담는** 것을 보고 푸대를 뺏으려다가 반항하는 그녀의 뺨과 팔목을 때려 그 판시와 같은 상처를 입혔다는 것이므로 위와 같은 피고인의 행위가 비록 피해자의 절취행위를 방지하기 위한 것이었다고 하여도 긴박성과 상당성을 결여하여 정당방위라고 볼 수 없다.

21 **[대판 84도683]** 피고인이 전투경찰대원으로서 상관의 다소 **심한 기합에 격분하여 총을 발사 그 상관을 살해**한 피고인의 이 사건 범행을 자기의 신체에 대한 침해를 방위하기 위한 상당한 방법이었다고 보지 아니하고 살인죄를 의율한 제1심판결을 그대로 유지하고 있는바 기록에 의하여 살펴보니 원심의 판단은 정당하여 수긍이 가고 거기에 정당방위 또는 과잉방위의 법리를 오해한 위법이 없다.

22 **[대판 83도1906]** 피고인이 피해자를 **7군데나 식칼로 찔러 사망**케 한 행위가 피해자의 구타행위로 말미암아 유발된 범행이었다 하더라도 그와 같은 사정만으로는 위 소위가 정당방위 또는 과잉방위에 해당된다고 볼 수 없다.

23 **[대판 83도1873]** 피해자(여)가 칼을 들고 피고인을 찌르자 **그 칼을 뺏어 그 칼로 반격**을 가한 결과 피

해자에게 상해를 입게 하였다 하더라도 그와 같은 사실만으로는 피고인에 대한 현재의 부당한 침해를 방위하기 위한 행위로서 상당한 이유가 있는 경우에 해당한다고 할 수 없다.

24 **[대판 68도1229]** 피고인이 피해자로부터 빰을 맞고 **손톱깍이 칼에 찔려** 약 1㎝ 정도의 상처를 입었다 하여 약 **20㎝의 과도로 피해자의 복부**를 찔렀다면 정당방위에 해당한다고 볼 수 없다.

25 **[대판 66도63]** 피고인이 나보고 그러느냐 하면서 자동차에서 내리자, 부락민들이 계속하여 피고인에게 투석을 하고, 피해자 공소외인은 수족으로 피고인의 안면, 복부 등을 구타하므로 피고인은 상처를 입고 **순간적으로 분개한 나머지 마침 소지하고 있든 칼을 흔들어 공소외인의 우측 유방 하부에 자상을 입힌 사실**을 인정할 수 있으므로, 일응 정당방위에 있어서와 같이 자기 신체에 대한 현재의 부당한 침해를 방위하기 위한 행위라 할 수 있겠으나, 당시, 그 차에 탓 던 사람들은 그대로 통과하여 모두 무사히 위험을 모면하였던 점이 기록상 명백하므로, 피고인 역시 그의 행동여하에 따라서는 침해를 용이하게 피할 수 있었음에도 불구하고 그 소란스런 분위기 속에서 일련의 연속적 공격방위의 투쟁행위를 예견하면서 이를 피하지 않고 수많은 부락민에게 마치 대항이라도 할 듯이 차에서 내린 끝에 봉변을 당하고 일시 분개하여 칼을 휘들렀다 함은, 결국 침해를 방위키 위한 상당한 행위라 할 수 없다고 판시하여 피고인의 주장을 배척하였으나, (가) 정당방위에 있어서는 긴급피난의 경우와 같이 불법한 침해에 대해서 달리 피난방법이 없었다는 것을 반드시 필요로 하는 것이 아니므로 본건의 경우, 피고인이 다중의 가해를 피할 수 있었다는 한 가지 이유만을 들어 피고인의 주장을 배척한 것은 결국, 정당방위에 관한 법리를 오해하여 법률적용을 그릇친 것이라고 함에 있다. 그러나 무릇, 정당방위가 성립하려면 침해행위에 의하여 침해되는 법익의 종류, 정도, 침해의 방법, 침해행위의 완급과 또 방위행위에 의하여 침해될 법익의 종류 정도 등, 일체의 구체적 사정을 참작하여 방위행위가 사회적으로 상당한 것이었다고 인정할 수 있는 것이라야 하는 것인바, 본 건의 경우에 있어서 **피고인이 취한 행위는 객관적으로 보아 자기 신체에 대한 침해를 방위하기 위한 상당한 방법이었다고 볼 수 없으므로** 이를 정당방위에 해당하지 않는다고 본 원심판단은 정당한 것이고, 논지는 이유 없다. **cf)** 사안에서 법원은 정당방위의 경우는 긴급피난과 달리 보충성을 요하지 않는다고 해석((가) 참조)하나 피고인의 행위는 상당성을 벗어난 행위로 판단하였다.

Reference 2

침해의 '현재성' 판단

1 **[대판 2020도6874]** [정당방위의 요건 중 **'침해의 현재성'의 의미** 및 일련의 연속되는 행위로 인해 침해상황이 중단되지 아니하거나 일시 중단되더라도 추가 침해가 곧바로 발생할 객관적인 사유가 있는 경우, 그중 **일부 행위가 범죄의 기수에 이르렀더라도 침해의 현재성이 인정**되는지 여부(적극) / 정당방위의 방어행위에 순수한 수비적 방어뿐 아니라 적극적 반격을 포함하는 반격방어의 형태도 포함되는지 여부(적극) 및 방위행위가 상당한 것인지 판단하는 기준] ●**사실**● 피고인 X는 라벨스티커 제작 회사인 이 사건 회사의 대표이사이고, 피고인 Y는 위 회사의 소속 근로자이다. X는 2017. 11. 27.경 매출 감소 등을 이유로 Y를 비롯한 포장부 소속 근로자들을 영업부로 전환배치하고 포장 업무를 외주화하였다. 이에 근로자들은 고용보장을 침해하는 부당노동행위라고 반발하여 노사갈등이 격화되었다. X는 2018. 1. 23.경 포장부 작업장을 폐쇄한 다음 근로자들에게 포장업무를 위한 시설이 갖추어지지 않은 회사

본사 사무실로 출근할 것을 통보하였고, 그 이후 수시로 근로자들에게 영업교육 수강을 종용하면서 '수강 거부 시 근로의사가 없는 것으로 간주하여 노무 수령을 거부하고 임금을 지급하지 않겠다'라고 말하여, 근로자들과 X 사이에 마찰이 있어 왔다. X는 사건 당일에 본사 사무실에 나와 대기하는 20여 명의 근로자들에게 '근무의사가 없으면 집으로 돌아가라'는 취지로 말하면서 자료 확보를 위해 근로자들의 모습을 촬영하였고, 근로자들은 X에게 '찍지 말라'고 항의하였다. 또한 X는 전환배치 관련 근로자들의 요구조건에 대하여 회사 측이 아무런 답변을 하지 않고 있다는 지적에 제대로 답변하지 않고 '영업교육을 받으러 나오지 않으면 작업 거부로 간주하겠다'라고 말하며 사무실 밖으로 나가려고 하였다. 사무실 곳곳에는 근로자들이 앉거나 서 있고, 공소외 2가 Y 등과 함께 회사 측의 조속한 답변을 요구하며 X의 진행방향 앞쪽에 서 있다가 양팔을 벌려 이동하는 X를 막으려고 하였으며, 특히 출입구로 나가는 좁은 길목 바닥에 공소외 1을 비롯한 근로자 3명이 다리를 모으지 않은 채 바닥에 앉아 있어, **X는 근로자들을 지나쳐 빠져나가는 것이 쉽지 않았다.** X는 공소외 2 등을 피해 사무실 출입구로 걸어가면서 출입구 앞에 앉아 있던 공소외 1의 옆구리를 1회 걷어차고, 오른쪽 허벅지를 1회 밟은 뒤, 공소외 2의 어깨를 손으로 밀었다. 그 과정에서 공소외 2가 넘어지고 피고인 1도 뒤엉켜 뒤로 넘어지면서 공소외 2를 깔고 앉게 되었다. 피고인을 비롯한 다수의 근로자들이 그 주변으로 몰려들었고, 공소외 2는 고통을 호소하며 비명을 질렀다. 그 직후 X는 그 자리에서 바로 일어나지 못하고 **'내 몸에 손대지 마'라고 소리를 지르는 상황**에서, Y는 공소외 2를 깔고 앉아 있는 X의 어깨 쪽 옷을 잡았고 다른 남성 근로자가 X를 일으켜 세우자 힘을 주어 X의 옷을 잡고 흔들었다. 원심은 이런 상황에 대한 판단에서 정당방위를 부정하면서 그 이유로 **'X의 가해행위가 이미 종료**되었다'고 보았다. 그리고 '가해행위 종료 이후의 행위라면 적극적인 공격행위'라고 보았다. ●**판지**● 형법 제21조 제1항은 "현재의 부당한 침해로부터 자기 또는 타인의 법익을 방위하기 위하여 한 행위는 상당한 이유가 있는 경우에는 벌하지 아니한다."라고 규정하여 정당방위를 위법성조각사유로 인정하고 있다. (가) 이때 **'침해의 현재성'**이란 침해행위가 형식적으로 기수에 이르렀는지에 따라 결정되는 것이 아니라 자기 또는 타인의 법익에 대한 **침해상황이 종료되기 전까지를 의미**하는 것이므로, 일련의 연속되는 행위로 인해 침해상황이 중단되지 아니하거나 일시 중단되더라도 추가 침해가 곧바로 발생할 객관적인 사유가 있는 경우에는 그중 일부 행위가 범죄의 기수에 이르렀더라도 전체적으로 침해상황이 종료되지 않은 것으로 볼 수 있다. (나) 정당방위의 성립 요건으로서의 방어행위에는 순수한 수비적 방어뿐 아니라 적극적 반격을 포함하는 반격방어의 형태도 포함된다. 다만 정당방위로 인정되기 위해서는 자기 또는 타인의 법익침해를 방어하기 위한 행위로서 상당한 이유가 있어야 한다. 방위행위가 상당한 것인지는 침해행위에 의해 침해되는 법익의 종류와 정도, 침해의 방법, 침해행위의 완급, 방위행위에 의해 침해될 법익의 종류와 정도 등 일체의 구체적 사정들을 참작하여 판단하여야 한다. (다) 피고인 Y는 좁은 공간으로 사람들이 몰려드는 어수선한 상황에서 바닥에 깔려 있는 공소외 2를 구하기 위해 피고인 X를 일으켜 세울 필요가 있어 '내 몸에 손대지 마'라고 소리를 지르며 신체 접촉에 강하게 거부감을 보이는 X를 직접 일으켜 세우는 대신 손이 닿는 대로 어깨 쪽 옷을 잡아 올림으로써 무게를 덜고 X가 일어서도록 한 것으로 볼 여지가 있다. 원심은 위 법리에 따라 양쪽의 사정들을 좀 더 심리한 다음, 정당방위에 해당하는지를 판단하였어야 한다. 그렇다면 피고인의 행위가 **정당방위에 해당하지 않는다고 본 원심의 판단**에는 정당방위의 현재성, 상당성, 공격방위의 가능성 등에 관한 법리를 오해하여 필요한 심리를 다하지 않음으로써 **판결에 영향을 미친 잘못이 있다.**

Reference 3

상당성을 벗어나 과잉방위(법21②)를 인정한 사례

1 **[대판 2004도8668]** 원심은 제1심판결 거시의 각 증거 등을 종합하여 판시 일시, 장소에서 피해자를 포함한 전국화물연대 소속 조합원 5, 6명이 쇠파이프 등으로 피고인의 차량을 손괴하는 것을 발견한 피고인이 이들을 쫓아가다가 그 중의 한 명인 피해자가 자신의 차량에 타는 것을 보고 피해자를 차에서 내리게 하여 차량의 파손에 대해 항의하며 말다툼을 하던 중 피해자의 일행 5, 6명이 나타나 피고인을 폭행함으로써 약 2주간의 치료를 요하는 목뼈의 염좌 및 긴장 등의 상해를 입게 되자, 피고인은 상대방들의 위와 같은 폭행에 대항하여 전자충격기로 피해자의 뒷머리와 얼굴 등을 수회 때려 피해자에게 약 3주간의 치료를 요하는 좌측이개혈종 등의 상해를 입힌 사실을 인정한 후, 피고인의 행위는 야간에 피해자 등 일행으로부터 집단구타를 당하게 된 상황에서 자기의 신체에 대한 현재의 부당한 침해를 방위하기 위한 행위이고 그 행위에 이르게 된 경위와 목적, 수단, 의사 등 **제반 사정에 비추어 사회적 상당성이 있는 행위이나, 다만 그 정도를 다소 초과하였다는 점에서 과잉방위에 해당한다**고 판시하고 있다.

2 **[대판 85도1370]** 술에 취한 A, B, C가 이유 없이 피고인 甲에게 공격을 해 오므로, 甲이 이에 대항하기 위하여 곡괭이 자루를 집어 들고 50m 떨어진 곳으로 도망갔는데 A는 각목을 들고, B는 전화케이블선을 들고 계속 쫓아와 甲을 마구 때리므로 甲이 곡괭이 자루를 마구 휘둘러 A를 사망케 하고 B에게 상해를 입힌 사안으로 집단구타에 대한 반격행위로서 과잉방어에 해당한다고 판단하였다.

24 반려견을 공격해 온 맹견에 대한 긴급피난

* 대법원 2016. 1. 28. 선고 2014도2477 판결
* 참조조문: 형법 제22조 제1항,[5] 동물보호법 제8조 제1항[6]

자신의 개를 보호하기 위해 기계톱으로 상대방 개를 내리쳐 죽인 경우, 긴급피난이 성립하는가?

●사실● 피고인 X는 2013.3.28. 07:30경 안성시에 있는 자신이 운영하는 개 사육장에서 이웃인 A 소유의 개(**로트와일러**[7]) 2마리가 자신의 진돗개를 공격하는 소리를 들었다. 당시 X는 기계톱으로 사육장에 사용할 나무를 자르고 있었다. 개 물리는 소리를 듣고 급히 현장에 가서 피해견을 쫓기 위해 위협하다가 사용하던 기계톱의 작동 스위치를 누른 상태에서 피해견을 내리쳐 시가 300만 원 상당의 개의 등 부분을 절개하여 죽였다. 검사는 X를 동물을 잔인한 방법으로 죽임(동물보호법 위반)과 동시에 A의 재물을 손괴(형법위반)하였다는 혐의로 기소하였다.

제1심은 X의 행위는 형법 제22조 제1항의 "자기의 법익에 대한 현재의 위난을 피하기 위한 상당한 이유 있는 행위"로서 긴급피난에 해당되어 동물보호법위반죄(동물학대 등의 금지) 및 재물손괴죄 성립을 부정하였고, 나아가 설령 X의 행위가 그 정도를 초과한 과잉피난에 해당한다고 하더라도 맹견인 로트와일러 2마리가 자신의 진돗개를 공격하고 있는 상황이었고, 이를 모면하기 위하는 과정에서 로트와일러가 진돗개 외에도 자신을 공격할 수도 있는 급박한 상황이었다면, X의 행위는 불안한 상태에서 공포, 당황 등으로 인한 것으로서 다른 적법한 행위를 기대하기는 어렵다고 볼 수 있음으로, 형법 제22조 제3항, 제21조 제3항에 따라 벌할 수 없다고 하여 **무죄를 선고**하였다. 그러나 원심은 X의 행위는 긴급피난에 해당하지 않는다고 보아 재물손괴죄를 인정하였다(동물보호법 위반에 대한 무죄선고는 받아들였다). 이에 피고인과 검사 모두 상고하였다.

●판지● **파기환송**. 「당시 피고인이 피해견으로부터 직접적인 공격은 받지 아니하여 피고인으로서는 진돗개의 목줄을 풀어 다른 곳으로 피하거나 주위에 있는 몽둥이나 기계톱 등을 휘둘러 피해견을 쫓아버릴 수도 있었음에도 불구하고 그 자체로 매우 위험한 물건인 기계톱의 엑셀을 잡아당겨 작동시킨 후 이를 이용하여 피해견의 척추를 포함한 등 부분에서부터 배 부분까지 절단함으로써 내장이 밖으로 다 튀어나올 정도로 죽인 사실을 알 수 있는바, 위와 같이 피해견을 죽이게 된 경위, 피해견을 죽이는데 사용한 도구 및 방법, 행위 태양 및 그 결과를 앞서 본 법리에 비추어 보면, 위와 같은 **피고인의**

5) 형법 제22조(긴급피난) ① 자기 또는 타인의 법익에 대한 현재의 위난을 피하기 위한 행위는 **상당한 이유가 있는** 때에는 벌하지 아니한다. ② 위난을 피하지 못할 책임이 있는 자에 대하여는 전항의 규정을 적용하지 아니한다. ③ 전조 제2항과 제3항의 규정은 본조에 준용한다.

6) 동물보호법 제8조(동물학대 등의 금지) ① 누구든지 동물에 대하여 다음 각 호의 행위를 하여서는 아니 된다. 1. **목을 매다는 등의 잔인한 방법으로 죽음에 이르게 하는 행위** 2. 노상 등 공개된 장소에서 죽이거나 같은 종류의 다른 동물이 보는 앞에서 죽음에 이르게 하는 행위 3. 고의로 사료 또는 물을 주지 아니하는 행위로 인하여 동물을 죽음에 이르게 하는 행위 4. 그 밖에 수의학적 처치의 필요, 동물로 인한 사람의 생명·신체·재산의 피해 등 농림축산식품부령으로 정하는 정당한 사유 없이 죽음에 이르게 하는 행위

7) **로트와일러**는 맹견 중의 하나이다. 맹견이란 사람의 생명이나 신체에 위해를 가할 우려가 있는 개로서 농림축산부령으로 정하고 있는데 현재는 도사견, 아메리칸 핏불 테리어, 아메리칸 스태퍼드셔 테리어, 스태퍼드셔 불 테리어, 로트와일러와 그 잡종의 개가 규정되어 있다. 그리고 3개월이 넘은 로트와일러의 경우 그 소유자 등이 이를 동반하고 외출할 때에는 목줄과 입마개 등 안전조치를 해야 한다(동물보호법 제47조 제2항 제4호에 의하면, 위와 같은 안전조치를 하지 아니할 경우 50만 원 이하의 과태료를 부과하는 것으로 규정되어 있다).

행위는 동물보호법 제8조 제1항 제1호에 의하여 금지되는 '목을 매다는 등의 잔인한 방법으로 죽이는 행위'에 해당한다고 봄이 상당할 뿐 아니라, 나아가 **피고인의 행위에 위법성조각사유 또는 책임조각사유가 있다고 보기도 어렵다.**

그럼에도 원심은 이와 달리 동물보호법 제8조 제1항 제1호에서 정한 '잔인한 방법으로 동물을 죽이는 행위'란 '정당하고 합리적인 이유 없이' 동물을 잔인한 방법으로 죽이는 행위라는 잘못된 해석을 전제로, 자신의 진돗개를 공격하던 피해견을 쫓아버리기 위하여 엔진톱으로 피해견을 위협하다가 죽이게 된 사정을 고려할 때 피고인의 위와 같은 행위는 위 조항에서 규정한 구성요건을 충족하지 못한다는 이유로 이 사건 공소사실 중 동물보호법 위반의 점을 무죄로 판단하였으므로, 이러한 원심의 판단에는 그 판결 이유에 모순이 있거나 동물보호법 제8조 제1항 제1호에서 정한 구성요건의 해석에 관한 법리를 오해함으로써 판결에 영향을 미친 잘못이 있고, 이를 지적하는 취지의 상고이유 주장은 이유 있다」.

●해설● 1 사안의 쟁점은 피고인의 행위가 ① 동물보호법에 위반되는지 그리고 ② 피고인의 행위가 긴급피난에 해당하는지 여부이다. 제1심은 X의 행위는 동물보호법 위반도 아니고 긴급피난에 해당한다고 보아 무죄를 선고하였다. 하지만 항소심은 동물보호법 위반은 아니지만, X의 행위는 상당성을 벗어난 행위로 긴급피난에 해당되지 않는다고 보아 유죄 판단을 하였다. 대법원은 X의 행위는 동물보호법에도 위배되고 긴급피난도 아니라고 판단하였다.

2 상당한 이유 형법 제22조 제1항의 **긴급피난**이란 자기 또는 타인의 법익에 대한 현재의 위난을 피하기 위한 상당한 이유 있는 행위를 말하고, 여기서 **'상당한 이유 있는 행위'에 해당**하려면, 「첫째 피난 행위는 위난에 처한 법익을 보호하기 위한 **유일한 수단**이어야 하고, 둘째 피해자에게 **가장 경미한 손해**를 끼치는 방법을 택하여야 하며, 셋째 피난 행위에 의하여 보전되는 이익은 이로 인하여 **침해되는 이익보다 우월**해야 하고, 넷째 피난 행위는 그 자체가 사회윤리나 법질서 전체의 정신에 비추어 **적합한 수단**일 것을 요하는 등의 요건」을 갖추어야 한다(대판 2005도9396). 이와 같이 피난행위에 '상당한 이유'가 인정되기 위해서는 ① 보충성(최후수단성), ② 상대적 최소피난성 ③ 균형성(우월한 이익보호), ④ 적합성이 구비되어야 한다.

3 긴급피난의 본질 긴급피난의 본질은 우월한 이익을 보호하기 위한 행위는 위법하지 않다는 **'우월한 이익'의 원리**에 있다. 사람은 누구나 위난을 당할 수 있다. 그리고 직면한 위난을 피하고자 하는 것은 모든 살아 있는 동물의 본성이다. 형법에서 이를 받아들여 그 위난 행위에 대해 위법성을 조각시키지만 그 요건이 엄격하다. 부정 대 정의 관계인 정당방위보다 정 대 정의 관계인 긴급피난은 상당성 심사가 엄격하다. 기본적으로 긴급피난은 무고한 제3자의 이익 침해를 기본구조로 하기 때문이다.

4 사안은 '방어적 긴급피난'에 해당된다. 긴급피난은 위난의 발생원인 물건이나 사람에 대하여 행해지는 **방어적 긴급피난**과 위난을 피하기 위하여 위난과 관계없는 제3의 사람이나 물건 등에 대하여 행해지는 **공격적 긴급피난**으로 나누어 볼 수 있다. 위난의 발생과 무관한 사람이나 물건에 대하여 가해지는 공격적 긴급피난은 방어적 긴급피난보다 법익교량에 있어서 훨씬 더 엄격하게 판단된다.

5 사안에서 위법성을 조각함에 있어 '상당한 이유'가 있다고 인정한 제1심의 논거는 ① 피해견인 '로

트와일러'는 맹견으로 동물보호법 제13조 제2항, 동물보호법 시행규칙 제12조에 의해 소유자 등이 이를 동반하고 외출할 때에는 **목줄과 입마개 등 안전조치를 해야 하는** 점, ② 로트와일러 2마리가 아무런 안전조치가 되지 않은 상태로 피고인의 진돗개를 공격하여 머리에 상처를 입힌 것으로 보이는바, 그와 같은 상황이라면 피고인으로서는 자신의 진돗개를 보호하기 위해 위 로트와일러 2마리를 위협하여 쫓아낼 수 밖에 없었고, 그 과정에서 위 로트와일러 2마리가 피고인의 진돗개 외에도 피고인을 공격할 수도 있는 **급박한 상황이었다**고 볼 수 있는 점, ③ 당시 상황 등에 비추어 피고인의 행위가 그 상황을 피할 수 있는 상당한 방법이 아니었다고 단정할 수 없고, 피고인에게 그 상황을 피하기 위하여 **다른 수단을 이용할 것을 요구하거나 기대하기는 어려워** 보이는 점 등을 들어 긴급피난에 해당한다고 보았다.

6 이에 반해 원심과 대법원은 ① 이 사건 기록상 피해자의 개들이 피고인을 공격하였던 사정은 보이지 않는 점, ② 피고인의 진돗개가 묶여있었던 장소나, 피고인이 피해견을 기계톱으로 내리친 이 사건 장소는 피고인 소유의 땅이 아니었고, 피고인은 진돗개의 목줄을 풀어 다른 곳으로 피하게 하거나 데려갈 수도 있었던 점, ③ 기계톱은 그 자체로 위험한 물건이며, 기계톱에 시동이 걸려 있어도 엑셀을 당기지 않으면 돌아가지 않는데, 피고인은 처음에 시동이 걸린 채로 피해견을 툭툭 치며 위협하다가, 피해견이 몸을 돌릴 때 엑셀을 당긴 점 등에 의하면, 설사 피고인이 자신의 진돗개를 보호하려는 상황이었다고 할지라도, 몽둥이나 기계톱 등을 휘둘러 피해자의 개들을 쫓아버리는 방법으로 자신의 재물을 보호할 수 있었을 것으로 보이므로 이 사건과 같이 피해견을 기계톱으로 내리쳐 등 부분을 절개하는 것은 **피난행위의 상당성을 넘은 행위로 판단 된다**고 보아 그 행위를 **긴급피난에 해당한다고 볼 수는 없다**고 하였다.

Reference

긴급피난을 부정한 판례

1 [대판 2005도9396] 이 사건 당시 피고인이 경기동부방송의 시험방송 송출로 인하여 위성방송의 수신이 불가능하게 되었다는 민원을 접수한 후 경기동부방송에 시험방송 송출을 중단해달라는 요청도 해보지 아니한 채 시험방송이 송출된 지 약 1시간 30여 분 만에 **곧바로 경기동부방송의 방송안테나를 절단하도록 지시**한 점, 그 당시 아파트 전체 815세대 중 140여 세대는 경기동부방송과 유선방송이용계약을 체결하고 있었던 점 등 그 행위의 내용이나 방법, 법익침해의 정도 등에 비추어 볼 때, 당시 피고인이 다수 입주민들의 민원에 따라 입주자대표회의 회장의 자격으로 위성방송 수신을 방해하는 경기동부방송의 시험방송 송출을 중단시키기 위하여 경기동부방송의 방송안테나를 절단하도록 지시하였다고 할지라도 피고인의 위와 같은 행위를 긴급피난 내지는 정당행위에 해당한다고 볼 수 없다.

2 [대판 2004도434] 피해자들이 명시적 내지는 묵시적으로 이 사건 각 무허가 주택의 철거에 동의하지 아니한 상태에서 피고인들이 구 법 제31조, 제32조가 정한 바에 따라 공익사업을위한토지등의취득및보상에관한법률이 정한 절차에 의하지 아니하고 피해자들의 이 사건 각 **무허가 주택을 임의로 철거한 행위**는 비록 그것이 재개발사업추진이라는 조합원 전체의 이익을 위한 것이었다 하더라도 형법 제22조의 긴급피난이나 형법 제20조의 정당행위에 해당된다고 볼 수는 없다.

3 [대판 2002도315] [낙선운동[8]] [시민단체의 특정 후보자에 대한 낙선운동이 시민불복종운동으로서 헌

법상 정당행위이거나 형법상 정당행위 또는 긴급피난으로서 정당화될 수 있는지 여부(소극)] 선거운동은 국민의 참정의욕을 고취하고 선거에의 관심을 높임은 물론 선거인에게 후보자의 선택에 관한 판단의 자료를 얻을 수 있는 유력한 기회가 되는 것이므로, 선거운동의 자유 혹은 선거에 있어서의 의사표현의 자유는 최대한으로 보장되는 것이 바람직하지만, 만약 선거운동이 자유라는 이름하에 무제한으로 방임될 경우에는 부당한 경쟁과 금력, 권력, 폭력 등의 개입으로 오히려 선거인의 자유의사가 왜곡되고 후보자 상호간의 실질적인 기회의 균등이 무너지는 등의 폐해가 초래될 우려가 매우 크므로 그에 대한 어느 정도의 제한은 필연적이라고 할 수 있으며, …… 피고인들이 확성장치 사용, 연설회 개최, 불법행렬, 서명날인운동, 선거운동기간 전 집회 개최 등의 방법으로 **특정 후보자에 대한 낙선운동**을 함으로써 「공직선거 및 선거부정방지법」에 의한 선거운동제한 규정을 위반한 피고인들의 같은 법 위반의 각 행위는 위법한 행위로서 허용될 수 없는 것이고, 피고인들의 위 각 행위가 시민불복종운동으로서 헌법상의 기본권 행사 범위 내에 속하는 정당행위이거나 형법상 사회상규에 위반되지 아니하는 정당행위 또는 **긴급피난의 요건을 갖춘 행위로 볼 수는 없다.**

4 **[대판 94도2781]** 피고인이 **스스로 야기한 강간범행**의 와중에서 피해자가 피고인의 손가락을 깨물며 반항하자 물린 손가락을 비틀며 잡아 뽑다가 피해자에게 치아결손의 상해를 입힌 소위를 가리켜 법에 의하여 용인되는 피난행위라 할 수 없다.

5 **[대판 91다10084]** 타인의 집 대문 앞에 은신하고 있다가 경찰관의 명령에 따라 순순히 손을 들고 나오면서 그대로 도주하는 범인을 경찰관이 뒤따라 추격하면서 등 부위에 권총을 발사하여 사망케 한 경우, 위와 같은 총기사용은 현재의 부당한 침해를 방지하거나 **현재의 위난을 피하기 위한 상당성 있는 행위라고 볼 수 없는 것**으로서 범인의 체포를 위하여 필요한 한도를 넘어 무기를 사용한 것이라고 하여 국가의 손해배상책임을 인정한 사례.

6 **[대판 90도870]** 집회장소 사용 승낙을 하지 않은 갑 대학교 측의 집회 저지 협조요청에 따라 경찰관들이 갑 대학교 출입문에서 신고 된 갑 대학교에서의 집회에 참가하려는 자의 출입을 저지한 것은 경찰관직무집행법 제6조의 주거침입행위에 대한 사전 제지조치로 볼 수 있고, 비록 그 때문에 **소정의 신고 없이 을 대학교로 장소를 옮겨서 집회를 하였다** 하여 그 신고없이 한 집회가 긴급피난에 해당한다고도 할 수 없다.

7 **[대판 74도3559]** 피고인이 갑에게 채무없이 단순히 잠시 빌려준 피고인 발행약속어음을 갑이 을에게 배서양도하여 을이 소지 중 피고인이 이를 찢어버린 것은 문서손괴죄에 해당하고 이를 자구행위 또는 긴급피난이라고 볼 수 없다.

8 **[대판 70도1364]** 피고인이 상관인 피해자로부터 뺨을 한대 얻어맞고 홧김에 그 뒤통수를 대검 뒷자루

8) **낙선운동**은 2000년 대한민국 제16대 총선을 앞두고 본격적으로 이루어졌는데, 낙선 대상으로 선정된 후보들이 대부분 한나라당, 자민련 등 보수정당 공천자들이었기 때문에 당시 집권여당이었던 새천년민주당을 지원하기 위한 운동이었다는 논란이 일기도 했다. 낙선운동을 금지하는 공직선거법에 대해 2001년 대한민국의 헌법재판소에서 합헌 판결(2000헌마121 – 선거운동, 낙선운동 양자가 결과에 대한 효과는 유사하기에 모두 선거운동으로 인정, 따라서 이를 법률로써 제한 가능하며 현재 정당성과 적정성이 인정되기에(헌법37②) 제한법규의 합헌)이 내림으로써 헌법재판소는 낙선운동을 위법적인 활동으로 판시하였다. ko.wikipedia.org

로 한번 치자 그도 **야전삽으로 대항하던 중 위 대검으로 다시 쇄골부분을 찔러 사망**케 하였다면, 위 피해자의 행위는 급박한 경우에 해당한다 할 수 없어, 긴급피난이 성립되지 아니한다.

9 [대판 69도690] 피고인의 **모가 갑자기 기절을 하여 이를 치료하기 위하여 군무를 이탈**하였더라도 이는 본 조 범행의 동기에 불과하므로 이를 법률상 긴급피난에 해당한다고 할 수 없다.

긴급피난을 긍정한 판례

10 [대판 2005도1217] 피고인이 자신의 차량 운전석 쪽 측면으로 피해자의 다리 앞 부분을 스치며 급출발한 과실로 피해자로 하여금 충격을 피하기 위해 뒤로 물러서다가 중심을 잃고 땅에 넘어지게 하여 피해자에게 약 3주간의 치료를 요하는 좌 발목 염좌 등의 상해를 입게 한 사실은 인정되나, 피고인이 공소외인을 위협하는 피해자로부터 벗어나야 할 다급한 상황에서 위와 같이 급출발하다가 피해자에게 상해를 입게 하고도 그대로 차량을 운행해 갔다면, 피고인이 피해자가 상해를 입은 사실을 인식하였다고 보기도 어렵다고 판단한 후, 나아가 가정적 판단으로서 피고인이 그 사실을 인식하였다고 하더라도 공소외인이 처한 상황의 위험성, 피해자가 다친 경위 및 상해의 정도, **당시 피고인으로서는 공소외인의 보호를 위하여 사고현장을 떠나는 것 외에 달리 다른 선택을 할 가능성은 적어 보이는 점** 등을 종합적으로 고려하여, 피고인의 위와 같은 도주행위는 긴급피난에 해당하거나 구호조치를 취할 것에 대한 기대가능성이 없는 행위로서 죄가 되지 아니하는 경우에 해당한다.

11 [대판 75도1250] **임신의 지속이 모체의 건강을 해칠 우려가 있고, 기형아 내지 불구아를 출산할 가능성이 있어 부득이 취하게 된 산부인과 의사의 낙태수술행위**는 정당행위 내지 긴급피난에 해당한다.

12 [지판 65고3832] 피고인 등이 제방을 잘라서 수문을 유실시킨 행위는 피고인 등의 재산에 대한 현재의 위난을 피하기 위하여 **부득이 행하여진** 것으로 인정할 수 있고 위 제방 및 수문의 시가는 약 25만원임에 비하여 위 해수로 인하여 피해당하는 피고인 등과 그 밖의 그 곳 주민들의 경작지를 합하면 약 20여만평 정도이니 그 행위로 인해 생긴 피해는 예상되었던 피고인 등과 그 밖의 주민들의 **현저한 재산상의 피해에 비해 극히 적은** 것임을 인정할 수 있고 또 수문 옆 제방을 자른 것도 위 피해를 피하기 위한 **가장 적당한 방법**이었음을 인정할 수 있으므로 본건 피고인 등의 행위는 위 20만평의 경작자인 피고인 등과 주민들의 재산에 대한 현재의 위난을 피하기 위하여 행하여진 상당한 이유가 있는 행위이다.

Reference 2

정당방위와 긴급피난의 비교

정당방위와 긴급피난의 법적 성격은 다르다. **정당방위**는 위법한 침해에 대한 정당한 반격으로 부정(不正) 대 정(正)의 관계인 반면 **긴급피난**은 위법하다고 평가되지 않는 침해에 대하여 일정한 한도에서 피난을 허용하는 정(正) 대 정(正)의 관계에 있다. 따라서 정당방위는 위법한 침해에 대해서만 가능하지만 긴급피난에서의 '위난'은 위법할 필요가 없다. 그리고 이러한 특징으로 인해 '상당성' 심사에서 양자는 크게 차이가 난다.

	정당방위	긴급피난
행위	현재의 부당한 침해로부터 자기 또는 타인의 법익을 방위하기 위한 행위	자기 또는 타인의 법익에 대한 현재의 위난을 피하기 위한 행위
성격	부정(不正) 대 정(正)의 관계	정(正) 대 정(正)의 관계
상대방	위법한 침해를 한 자에 한정	위난 원인자뿐만 아니라 제3자도 포함 (방어적 긴급피난과 공격적 긴급피난)
현재성	• 현재성이 좁음(법익침해가 발생하기 직전이거나 침해 중이거나 아직 계속되고 있는 경우까지) • 지속적 위험에 대한 정당방위는 부정	• 정당방위에 비해 '현재성'의 범위가 넓음 • '지속적 위험'에 대한 긴급피난은 가능
상당성	상당성 심사가 엄격하지 않음 • 보충성 원칙 불요 • 이익형량의 원칙 불요	상당성 심사가 엄격함 • 보충성 원칙 요구 • 상대적 최소피난의 원칙 요구 • 이익형량의 원칙 요구 • 수단의 상당성 필요
특칙		위난을 피하지 못할 책임 있는 자에 대한 규정(법22②) (군인 · 경찰관 · 소방관 등)

25 자초위난과 긴급피난 그리고 법익의 균형

* 대법원 1987. 1. 20. 선고 85도221 판결
* 참조조문: 형법 제13조,[1] 제22조[2]

자초한 위난일지라도 긴급피난으로 위법성이 조각되는가?

●**사실**● 피고인 X는 선박 금성호의 선장이다. X는 A가 당국의 허가를 받아 설치한 피조개 양식장 앞의 해상에 허가 없이 금성호를 정박 시켜 놓고 있었다. 이에 A는 X에게 금성호를 이동시켜달라고 요구하였다. 그런데 갑자기 태풍이 내습하게 되자 X은 태풍으로 선박이 전복되는 것을 막기 위해 닻줄을 5샤클(125m)에서 7샤클(175m)로 늘려 놓았다. 당시 선박에서 피조개 양식장까지의 거리는 약 30m 정도로 근접해 있어 닻줄을 50m 더 늘여서 7샤클로 묘박할 경우 선박이 태풍에 밀려 양식장을 침범하여 물적 피해를 줄 것이 예상되는 상황이었다. 그리고 당시 금성호에는 7, 8명의 선원이 승선해 있었다. 이후 태풍이 도래하였고 금성호의 늘어진 닻줄이 양식장 바다 밑을 쓸고 지나가면서 피조개 양식장에 막대한 피해를 줬다.

검사는 X를 재물손괴죄로 기소하였다. 원심은 X에게 피조개 양식장의 파손에 대한 고의가 미필적으로도 인정되지 않고, 나아가 닻줄을 늘려 놓은 행위는 긴급피난에 해당한다고 판시하여 무죄를 선고하였다. 검사가 상고하였다.

●**판지**● **상고기각.** 「선박의 이동에도 새로운 공유수면점용허가가 있어야 하고 휴지선을 이동하는데는 예인선이 따로 필요한 관계로 비용이 많이 들어 다른 해상으로 이동을 하지 못하고 있는 사이에 태풍을 만나게 되고 그와 같은 위급한 상황에서 선박과 선원들의 안전을 위하여 사회통념상 가장 적절하고 필요불가결하다고 인정되는 조치를 취하였다면 형법상 긴급피난으로서 위법성이 없어서 범죄가 성립되지 아니한다고 보아야 하고 **미리 선박을 이동시켜 놓아야 할 책임을 다하지 아니함으로써 위와 같은 긴급한 위난을 당하였다는 점만으로는 긴급피난을 인정하는데 아무런 방해가 되지 아니한다**」.

●**해설**● 1 대상판례는 긴급피난(자초위난)과 관련된 중요한 판결이다. **자초위난**의 경우는 원칙적으로 위법성이 조각되지 않는다(대판 94도2781, Ref 1). 위난상황을 자초한 자는 위험창출에 대한 책임이 자신에게 있음으로 이에 따른 손해를 타인에게 이전시킬 수는 없다고 보기 때문이다. 그러나 대법원은 본 사안은 자초위난적 측면을 띠고 있지만 자초위난과는 다르다고 판단하였다. 대상판결에서 대법원은 원심과는 달리 재물손괴에 대한 미필적 고의는 인정하였으나 긴급피난의 성립과 관련해서는 원심과 같이 긴급피난임을 받아들여 위법성을 조각시키고 있다.

2 대상판결의 경우 금성호는 공유수면 점용허가 없이 정박하고 있었으므로 피고인들이나 대한선박주식회사로서는 같은 해상에 점용허가를 얻어서 피조개 양식장을 설치한 A측의 요구에 응하여 금성호를

---

1) 형법 제13조(범의) 죄의 성립요소인 사실을 인식하지 못한 행위는 벌하지 아니한다. 다만, 법률에 특별한 규정이 있는 경우에는 예외로 한다.

2) 형법 제22조(긴급피난) ① 자기 또는 타인의 법익에 대한 **현재의 위난을 피하기 위한 행위는 상당한 이유가 있는 때에는 벌하지 아니한다.** ② 위난을 피하지 못할 책임이 있는 자에 대하여는 전항의 규정을 적용하지 아니한다. ③ 전조 제2항과 제3항의 규정은 본조에 준용한다.

양식장에 피해를 주지 아니하는 곳에 미리 이동시켜서 정박하였어야 할 책임이 있었다. 따라서 대상사안이 자초한 위난인지가 문제된다.

3 그러나 그럼에도 불구하고 법원은 갑자기 태풍이 내습하였고 선박에는 7, 8명의 선원이 타고 있는 상황에서의 위난행위는 위법성이 조각된다고 보았다. 하지만 대법원은 조각이유에 대해서는 아무런 설시가 없다(결론에 대한 추론과정의 생략). 긴급피난을 인정한 대법원의 입장을 추론해 보면 ① A의 피조개양식장 앞에 선박을 정박하였고 철수 요청을 바로 이행하지 않은 잘못이 X에게는 있지만 위난의 원인인 태풍 자체를 X가 초래한 것이 아니며 ② 피조개라는 재산과 7, 8명의 선원의 생명의 가치를 비교형량하더라도 긴급피난은 성립될 수 있다고 이해된다.

4 형법 제22조 제2항에는 "위난을 피하지 못할 책임이 있는 자에 대하여는 전항의 규정을 적용하지 아니한다."고 규정되어 있다. 하지만 위난을 피하지 못할 책임이 있는 자(군인, 경찰관, 소방관 등)에 대한 **긴급피난의 제한은 절대적인 것이 아니라** 직무수행상 의무적으로 감수해야 할 범위 내에서 긴급피난을 인정하지 않는 것이다. 따라서 자신의 감수범위를 넘는 위난에 대한 긴급피난이나 보다 경미한 법익의 희생 위에 자신의 우월적 이익을 보호하는 긴급피난은 허용될 수 있다.

5 같은 맥락에서 "위난을 피하지 못할 책임이 있는 자"의 또 하나의 유형으로 위난을 스스로 초래한 자가 있다. 이 경우 당연히 행위자는 자신의 행위로부터 야기되는 위난을 피해서는 안된다는 제한을 받게 된다(대상판결에서도 검사는 이점에 주목하여 긴급피난을 부정하고 있다). 하지만 이 경우에도 **상당성이 인정되는 한 긴급피난은 가능하다**고 보는 것이 다수견해이다. 따라서 예컨대 임부가 자신의 신체에 대한 위험을 유책하게 야기한 때에도 긴급피난으로서의 낙태는 가능하다.

6 **의무의 충돌** 한편 긴급피난의 특수한 경우로 '의무의 충돌'이 있다. 의무의 충돌이란 수 개의 의무를 동시에 이행할 수 없는 긴급상황에서 그 중 어느 한 의무만을 이행하고 다른 의무를 방치한 결과, 그 방치한 의무불이행이 구성요건에 해당하는 행위가 되더라도 위법성이 조각되는 경우를 말한다(작위의무와 작위의무의 충돌). 이 경우 의무는 둘 이상의 '법적 의무'가 충돌하여야 하며, 의무의 동시 이행이 불가능해야 한다. 또한 행위자는 고가치 또는 동가치의 의무 중 하나를 이행하여야 한다.

Reference

고의로 위난 상황을 발생시킨 경우

1 **[대판 94도2781]** 피고인이 판시 일시경 피해자의 집에 침입하여 잠을 자고 있는 피해자를 강제로 간음할 목적으로 동인을 향해 손을 뻗는 순간 놀라 소리치는 동인의 입을 왼손으로 막고 오른손으로 음부 부위를 더듬던 중 동인이 피고인의 손가락을 깨물며 반항하자 물린 손가락을 비틀며 잡아 뽑아 동인으로 하여금 우측하악측절치치아결손의 상해를 입게 하였다면, 피해자가 입은 **위 상해는 결국 피고인이 저지르려던 강간에 수반하여 일어난 행위에서 비롯된 것**이라 할 것이고, … **피고인이 스스로 야기한 강간범행**의 와중에서 피해자가 피고인의 손가락을 깨물며 반항하자 물린 손가락을 비틀며 잡아 뽑다가 피해자에게 치아결손의 상해를 입힌 소위를 가리켜 법에 의하여 용인되는 **피난행위라 할 수 없다.**

26 자구행위

* 대법원 1970. 7. 21. 선고 70도996 판결
* 참조조문: 형법 제23조[1]

자구행위에 해당된다고 볼 수 없는 사례

●사실● 피고인 X는 이 사건이 일어나기 10여 년 전부터 대지 157평의 법륜사의 주지로 있으며 법륜사의 출입문을 세우고 위 대지를 절의 마당 및 통로로 점유 사용하여 왔다. 법륜사는 위 대지를 통하여서만 출입할 수 있었다. 그런데 A는 위 대지를 전 주지의 가족으로 매수하여 동인 명의로 그 소유권 이전등기를 마치고 난 후 같은 해 9.27. 법륜사로부터 동 대지의 인도를 받거나 승락을 받음이 없이 위 절에 침입하여 담장을 쌓기 위한 기초공사로서 길이 약 70척, 깊이 약 3척, 폭 약 2척의 호를 파놓았다. 이로 인해 X와 신도들은 절에 출입할 수 없게 되었고 또한 위 대지를 절의 마당으로 사용하기 어렵게 되었다. X로서는 법정절차에 의하여 위 점유침해의 배제를 구할 여유가 없다는 이유로 같은 날 22:00경 절의 신도들과 함께 위 호를 흙과 돌로 메워서 그 점유사용권을 회복하였다.

원심은 X의 소위는 형법 제23조의 자구행위 또는 제20조의 사회상규에 위배되지 않다고 하여 무죄의 선고를 하였다. 이에 검사가 상고하였다.

●판지● **파기환송.** 「형법 제23조의 자구행위라고 하려면 **법정절차에 의하여 청구권을 보존할 수 없는 경우**라야 할 것인바, 원심판결 설시의 모든 사정을 검토하여 보아도 본건의 경우 피고인의 점유배제 청구권을 보존할 수 있는 법정절차가 없다거나 그와 같은 방법이 있다고 하더라도 그 방법에 의하여 그 **청구권을 보존할 수 없는 경우에 해당한다고는 볼 수 없으니** 피고인의 본건 소위를 자구행위라고는 할 수 없다」.

●해설● 1 대상판결은 위법성조각사유의 하나인 자구행위와 관련된 판례이다. 형법상 자구행위라 함은 법정절차에 의하여 청구권을 보전하기 불능한 경우에 그 청구권의 실행불능 또는 현저한 실행곤란을 피하기 위한 상당한 행위를 말한다. 대상사건에서 대법원은 X의 행위는 자구행위에서 요구되는 **보충성의 요건**이 인정되지 않기 때문에 위법성이 조각되지 않는다고 보았다.

2 즉, 자구행위는 청구권의 보전불능 사태를 국가의 사법작용에 의하여 제거할 수 없는 급박한 경우에 한하여 인정되는 것이다. 따라서 법정절차를 통해 청구권을 보전할 수 있는 상황이면 자구행위가 성립하지 않는다. 대상판결의 경우 **민사집행법상의 가압류, 가처분을 통해 청구권을 보전할 수 있는 상황이기 때문에 형법상 자구행위는 인정되지 않는다.** 또한 청구권을 직접 실현하면 자구행위가 되지 않는다(대판 2005도8081, Ref 5; 대판 84도2582, Ref 7). 자구행위는 어디까지나 보전수단이지 이행수단이 아니다. 따라서 자구행위는 청구권을 보전하기 위한 **최소한의 행위만 허용**된다.

3 정당방위나 긴급피난은 법익침해가 현재함을 요건을 한다. 하지만 자구행위는 법익 침해가 이미 이

1) 형법 제23조(자구행위) ① **법률에서 정한 절차에 따라서는 청구권을 보전할 수 없는 경우**에 그 청구권의 실행이 불가능해지거나 현저히 곤란해지는 상황을 피하기 위하여 한 행위는 상당한 이유가 있는 때에는 벌하지 아니한다. ② 제1항의 행위가 그 정도를 초과한 경우에는 정황에 따라 그 형을 감경하거나 면제할 수 있다.

루어진 이후의 **사후적 조치**인 것이 특징이다. 즉 자구행위는 과거의 침해에 대해서만 가능하다.[2] 한편 자구행위는 위법한 침해를 전제한다는 점에서는 정당방위와 유사하나 정당방위에서는 보호하려는 법익이 제한되어 있지 않은 데에 비해 자구행위에서는 보호법익이 **청구권에 한정**되어 있다는 점에서 차이가 있다.

4 한편 자구행위에 의해 보호되는 청구권은 보전 가능하여야 한다. 따라서 생명이나 신체, 명예 등의 권리와 같이 한 번 침해되면 **원상회복이 어려운 권리는 자구행위가 성립할 수 없다**(대판 69도2138, Ref 9). 그리고 자구행위는 정당방위나 긴급피난과는 달리 타인을 위하여는 인정되지 않는다. 하지만 청구권자로부터 자구행위의 실행을 위임받은 자는 자구행위를 할 수 있다.

Reference

자구행위가 부정된 판례

1 [대판 2017도9999] 집행관이 집행채권자 갑 조합 소유 아파트에서 유치권을 주장하는 피고인을 상대로 부동산인도집행을 실시하자, 피고인이 이에 불만을 갖고 아파트 출입문과 잠금 장치를 훼손하며 강제로 개방하고 아파트에 들어갔다고 하여 재물손괴 및 건조물침입으로 기소된 사안에서, 피고인이 아파트에 들어갈 당시에는 이미 갑 조합이 집행관으로부터 아파트를 인도받은 후 출입문의 잠금 장치를 교체하는 등으로 그 점유가 확립된 상태여서 점유권 침해의 현장성 내지 추적가능성이 있다고 보기 어려워 점유를 실력에 의하여 탈환한 피고인의 행위가 **민법상 자력구제에 해당하지 않는다**고 보아 유죄를 인정한 원심판단을 수긍한 사례.

2 [대판 2007도7717] [인근 상가의 통행로로 이용되고 있는 토지의 사실상 지배권자가 위 토지에 철주와 철망을 설치하고 포장된 아스팔트를 걷어냄으로써 통행로로 이용하지 못하게 한 경우] 설사 피고인의 주장대로 이 사건 토지에 인접하여 있는 공소외 2 소유의 광주 서구 화정동 1051 소재 건물에 건축법상 위법요소가 존재하고 공소외 2가 그와 같은 위법요소를 방치 내지 조장하고 있다거나, 위 건물의 건축허가 또는 이 사건 토지상의 가설건축물 허가 여부에 관한 관할관청의 행정행위에 하자가 존재한다고 가정하더라도, 그러한 사정만으로 이 사건에 있어서 피고인이 이 사건 토지의 소유자를 대위 또는 대리하여 **법정절차에 의하여** 이 사건 토지의 소유권을 방해하는 사람들에 대한 방해배제 등 청구권을 보전하는 것이 불가능하였거나 현저하게 곤란하였다고 볼 수 없을 뿐만 아니라, 피고인의 이 사건 행위가 그 청구권의 실행불능 또는 현저한 실행곤란을 피하기 위한 상당한 행위라고 볼 수도 없다. 따라서 이는 일반교통방해죄를 구성하고 자구행위에 해당하지 않는다.

3 [대판 2006도9418] **●사실●** 이 사건 도로는 주민들이 농기계 등으로 그 주변의 농경지나 임야에 통행하는 데 이용하여 사실상 일반 공중의 왕래에 공용되는 육상의 통로에 해당하고, 피고인은 육로인 이 사건 **도로에 깊이 1m 정도의 구덩이를 파는** 등의 방법으로 위 도로의 통행을 방해하였다. **●판지●** 형법상 자구행

2) 현재성을 요하지 않는 자구행위의 특징 때문에 자구행위의 경우에는 야간 기타 불안스러운 상태에서 공포·경악·흥분 또는 당황으로 인한 과잉방위나 과잉피난 시 벌하지 아니한다는 조항이 과잉자구행위에는 적용되지 아니한다.

위라 함은 **법정절차에 의하여** 청구권을 보전하기 불능한 경우에 그 청구권의 실행불능 또는 현저한 실행곤란을 피하기 위한 상당한 행위를 말하는 것인바, 이 사건 도로는 피고인 소유 토지상에 무단으로 확장 개설되어 그대로 방치할 경우 불특정 다수인이 통행할 우려가 있다는 사정만으로는 피고인이 법정절차에 의하여 자신의 청구권을 보전하는 것이 불가능한 경우에 해당한다고 볼 수 없을 뿐 아니라, 이미 불특정 다수인이 통행하고 있는 육상의 통로에 구덩이를 판 행위가 피고인의 청구권의 실행불능이나 현저한 실행곤란을 피하기 위한 상당한 이유가 있는 행위라고도 할 수 없다.

4 **[대판 2006도4328]** [토지소유권자가 피해자가 운영하는 회사에 대하여 그 토지의 인도 등을 구할 권리가 있다는 이유만으로 위 회사로 들어가는 **진입로를 폐쇄**한 것이 정당한 행위 또는 자력구제에 해당하지 않는다고 한 사례] 피고인이 이 사건 토지의 소유권자로서 공소외 주식회사에 대하여 사용대차계약을 해지하고 이 사건 토지의 인도 등을 구할 권리가 있다는 이유만으로 공소외 주식회사로 들어가는 진입로를 폐쇄한 것은, 그 권리를 확보하기 위하여 다른 적법한 절차를 취하는 것이 곤란하였던 것으로 보이지 않아 그 동기와 목적이 정당하다거나 수단이나 방법이 상당하다고 할 수 없고, 또한 그에 관한 피고인의 이익과 피해자가 침해받은 이익 사이에 균형이 있는 것으로도 보이지 않으므로 정당한 행위라고 할 수 없다. …… 이 사건에 있어서 피고인이 **법정절차에 의하여** 자신의 공소외 주식회사 및 피해자에 대한 토지인도 등 청구권을 보전하는 것이 불가능하였거나 현저하게 곤란하였다고 볼 수 없을 뿐만 아니라, 피고인의 행위가 그 청구권의 보전불능 등을 피하기 위한 상당한 행위라고 할 수도 없다.

5 **[대판 2005도8081]** 피고인들에 대한 채무자인 **피해자가 부도를 낸 후 도피**하였고 다른 채권자들이 채권확보를 위하여 피해자의 물건들을 취거해 갈 수도 있다는 사정만으로는 피고인들이 법정절차에 의하여 자신들의 피해자에 대한 청구권을 보전하는 것이 불가능한 경우에 해당한다고 볼 수 없을 뿐만 아니라, 또한 피해자 소유의 가구점에 관리종업원이 있음에도 불구하고 위 **가구점의 시정장치를 쇠톱으로 절단하고 들어가** 가구들을 무단으로 취거한 행위가 피고인들의 피해자에 대한 청구권의 실행불능이나 현저한 실행곤란을 피하기 위한 상당한 이유가 있는 행위라고도 할 수 없다.

6 **[대판 85도707]** 소유권의 귀속에 관한 분쟁이 있어 **민사소송이 계속 중인 건조물에 관하여 현실적으로 관리인이 있음에도 위 건조물의 자물쇠를 쇠톱으로 절단**하고 침입한 소위는 법정절차에 의하여 그 권리를 보전하기가 곤란하고 그 권리의 실행불능이나 현저한 실행곤란을 피하기 위해 상당한 이유가 있는 행위라고 할 수 없다.

7 **[대판 84도2582]** 피고인이 **피해자에게 석고를 납품한 대금을 받지 못하고** 있던 중 피해자가 화랑을 폐쇄하고 도주하자, 피고인이 야간에 폐쇄된 화랑의 베니어판 문을 미리 준비한 드라이버로 뜯어내고 피해자의 물건을 몰래 가지고 나왔다면, 위와 같은 피고인의 강제적 채권추심 내지 이를 목적으로 하는 물품의 취거행위를 형법 제23조 소정의 자구행위라고 볼 수 없다.

8 **[대판 76도2828]** 암장된 분묘라 하더라도 당국의 허가 없이 자구행위로 이를 발굴하여 개장할 수는 없는 것이다.

9 [대판 69도2138] 피해자가 다른 친구들 앞에서 피고인의 전과사실을 폭로함으로써 **명예를 훼손**하였기 때문에 동인에게 상해(유리컵을 깨어 빰을 찔러 안면부 창상을 입힘)를 입혔였다 하더라도 그 행위는 자구행위에 해당하지 않는다.

10 [대판 66도469] 채무자가 유일한 재산인 가옥을 방매하고 그 대금을 받은 즉시 부산 방면으로 떠나려는 급박한 순간에 있어서 각 채권자가 자기들의 채권을 그때에 추심하지 아니하면 앞으로 영구히 추심할 기회를 얻기 어려워 부득이 채무자가 가옥대금을 받은 현장에서 피고인 등이 각자의 채권을 추심한 것으로서 이는 자구행위로 죄가 성립하지 아니한다고 운운하나 이는 독자적 견해로 채용할 수 없다.

과잉자구행위를 긍정한 판례

11 [고판 2005노502] 중소기업체 사장 등이 고의로 부도를 내고 잠적한 거래업자를 찾아내어 감금한 후 약속어음 등을 강취하고 지불각서 등을 강제로 작성하게 한 행위가, 사기 피해액 상당의 민사상 청구권을 통상의 민사소송절차 등 법정 절차로 보전하기가 사실상 불가능한 경우에 그 청구권의 실행불능 내지 현저한 실행곤란을 피하기 위한 행위로서 상당한 이유가 있으나, 위법성이 조각되는 자구행위의 정도를 초과하였으므로 과잉자구행위에 해당한다.

27 의사의 설명의무위반과 피해자의 승낙

* 대법원 1993. 7. 27. 선고 92도2345 판결
* 참조조문: 형법 제24조,[1] 제268조[2]

수술승낙이 의사의 부정확 또는 불충분한 설명에 의한 것인 경우의 효력

●**사실**● 피고인 X는 의과대학 산부인과 전문의 수련 과정 2년차의 의사로서 피해자 A(여, 38세)를 진찰한 결과 복부에 혹이 만져지고 하혈을 하고 있어 자궁외 임신일 가능성도 생각하였으나 A가 10년간 임신 경험이 없고 경유병원에서의 진단소견이 자궁근종 또는 자궁체부암으로 되어 있자 자궁외 임신인지를 판별하기 위한 수술 전 검사법인 특수 호르몬검사, 초음파검사, 복강경검사, 소변임신반응검사 등을 전혀 실시하지 않고 자궁근종을 확인하는 의미에서의 촉진 및 시진을 통하여 **자궁외 임신 환자인 A의 병명을 자궁근종으로 오진**하였다. 그리고 수술단계에서도 냉동절편에 의한 조직검사 등을 거치지 아니한 상태에서 자궁근종으로 속단하고 일반외과 전문의인 Y와 함께 병명조차 정확히 확인하지 못한 채 자궁적출술을 시행하여 현대의학상 자궁적출술을 반드시 요하지 않는 X의 자궁을 적출하였다.

검사는 X를 업무상과실치상죄로 기소하였다. 원심이 이를 인정하자 피고인은 수술에 대한 승낙을 받았음을 이유로 상고하였다.

●**판지**● **상고기각**. 「산부인과 전문의 수련과정 2년차인 의사가 자신의 시진, 촉진결과 등을 과신한 나머지 초음파검사 등 피해자의 병증이 자궁외 임신인지, 자궁근종인지를 판별하기 위한 정밀한 진단방법을 실시하지 아니한 채 피해자의 병명을 자궁근종으로 오진하고 이에 근거하여 의학에 대한 전문지식이 없는 피해자에게 자궁적출술의 불가피성만을 강조하였을 뿐 위와 같은 진단상의 과오가 없었으면 **당연히 설명받았을** 자궁외 임신에 관한 내용을 설명받지 못한 피해자로부터 수술승낙을 받았다면 위 **승낙은 부정확 또는 불충분한 설명을 근거로 이루어진 것**으로서 수술의 **위법성을 조각할 유효한 승낙이라고 볼 수 없다**」.

●**해설**● 1 대상판결은 위법성조각사유의 하나인 '피해자의 승낙'이 문제 된 판례이다. 특히 의료사고에서 종종 문제되는 **승낙의 유효성**과 관련된 중요한 판결이다. 피해자의 승낙이란 법익의 주체가 타인에게 자기의 법익 침해를 허용하는 것을 말한다. 이 경우 타인의 법익침해행위는 구성요건에 해당하지만 일정한 요건 하에 위법성이 조각된다.

2 사안에서 X는 진료 경험이나 산부인과적 전문지식이 부족한 상태이므로 산부인과 전문의 지도를 받는다든지 자문을 구하고, 진료에 필요한 모든 검사를 면밀히 실시하여 병명을 확인하고 수술에 착수하여야 한다. 개복 후에도 개복 전의 진단병명은 정확하며 혹시 다른 질환이 아닌지를 세밀히 검토하여 필요한 범위 내에서 수술을 시행하여야 할 업무상 주의의무가 있음에도 불구하고 이를 이행하지 않고 상해에 이르게 하였다. 그러나 X는 피해자의 승낙을 받고 수술한 것이라 위법성이 조각된다고 항변하였다.

1) 형법 제24조(피해자의 승낙) **처분할 수 있는 자의 승낙**에 의하여 그 법익을 훼손한 행위는 법률에 특별한 규정이 없는 한 벌하지 아니한다.
2) 형법 제268조(업무상과실·중과실 치사상) **업무상 과실** 또는 중대한 과실로 사람을 사망이나 상해에 이르게 한 자는 5년 이하의 금고 또는 2천만원 이하의 벌금에 처한다.

3 그러나 의사의 **부정확 또는 불충분한 설명을 근거로 이루어진 승낙**은 위법성을 조각할 유효한 승낙이라고 할 수 없다. 의사의 수술행위가 승낙에 의한 행위로서 위법성이 조각되기 위해서는 의사가 환자에게 수술에 관한 자세한 설명을 해주고 이에 기초해서 승낙을 받아야 한다. 이를 **의사의 설명의무**라 한다. 특히 위험한 수술이나 치료행위를 하는 경우에 의사가 환자에게 발생할 가능성이 있는 모든 결과와 부작용을 설명해 주어야 하는 의무를 말한다.

4 의료소송은 의료행위의 전문성과 특수성으로 인해 **과실의 구체적 입증**이 어려운 경우가 많다. 이러한 문제의 대안으로 등장한 것이 바로 의사의 설명의무의 이행 여부를 중심으로 의사의 책임여부를 살펴보고자 하는 것이다. 사안에서 A는 X의 의료과오가 없었으면 당연히 설명받았을 자궁외 임신에 관한 내용을 설명 받지 못한 상태에서 수술승낙을 하였기에 이를 유효한 승낙으로 볼 수 없고 따라서 위법성이 조각될 여지는 없다.

5 의료사고에서 의료종사자의 과실을 인정하기 위해서는 「의료종사자가 결과발생을 예견할 수 있고 또 회피할 수 있었음에도 이를 예견하지 못하거나 회피하지 못하였음이 인정되어야 하며, 과실의 유무를 판단할 때에는 **같은 업무와 직무에 종사하는 일반적 보통인의 주의정도를 표준**으로 하고, **사고 당시의 일반적인 의학의 수준과 의료 환경 및 조건, 의료행위의 특수성 등을 고려**」하여야 한다(대판 2009도13959).

6 형법 제24조의 규정에 의하여 위법성이 조각되는 소위 피해자의 승낙은 「해석상 개인적 법익을 훼손하는 경우에 법률상 이를 처분할 수 있는 사람의 승낙을 말할 뿐만 아니라 **그 승낙이 윤리적, 도덕적으로 사회상규에 반하는 것이 아니어야 한다**」(대판 2008도9606). 형법 제24조가 피해자의 승낙에 의한 행위를 규정한 것은 "인간사회에서 비록 개인이 처분할 수 있는 법이라도 **어느 정도 사회적 의미**를 가지고 있으며 이를 완전히 무시할 수 없다는 것을 반영한 것이라고 할 수 있다. 이런 점에서 처분권자의 승낙은 그 자체만으로는 위법성을 조각시키지 못하고 승낙에 의한 행위가 **사회상규**에 위배되지 않는 경우에만 위법성이 조각된다고 할 수 있다."[3]

7 승낙은 (1) 법익침해 이전에 이루어져야 하며 사후승낙은 위법성을 조각하지 않는다. 또한 (2) 승낙이란 자신의 법익에 대한 침해를 허용하는 의사를 말하기 때문에 승낙하는 자는 승낙의 의미나 효과 등을 이해할 수 있는 능력이 있어야 한다(**승낙능력**). 승낙능력은 민법상의 행위능력과는 다르기 때문에 형법의 **독자적 입장에서 결정**되어야 한다(대판 2015도6480). 또한 (3) 묵시적 승낙이 있는 경우에도 피해자의 승낙에 의해 위법성이 조각될 수 있다(대판 82도2486). 그리고 (4)「위법성조각사유로서의 피해자의 승낙은 언제든지 자유롭게 철회할 수 있다고 할 것이고, 그 철회의 방법에는 아무런 제한이 없다」(대판 2010도9962). 한편 (5) 승낙을 하더라도 범죄의 성립여부에 아무런 영향을 미치지 못하는 경우도 있다. 예를 들어, 13세 미만의 미성년자에 대한 간음·추행죄(법305),[4] 피구금부녀간음죄(법303②),[5] 아동혹사죄

3) 오영근, 형법총론(제5판), 221면.

4) 형법 제305조(미성년자에 대한 간음, 추행) ① 13세 미만의 사람에 대하여 간음 또는 추행을 한 자는 제297조, 제297조의2, 제298조, 제301조 또는 제301조의2의 예에 의한다. ② 13세 이상 16세 미만의 사람에 대하여 간음 또는 추행을 한 19세 이상의 자는 제297조, 제297조의2, 제298조, 제301조 또는 제301조의2의 예에 의한다.

5) 형법 제303조(업무상위력 등에 의한 간음) ② 법률에 의하여 구금된 사람을 감호하는 자가 그 사람을 간음한 때에는 10년 이하의 징역에 처한다.

(법274)[6]에서 13세미만의 부녀자나 피구금부녀, 아동이 승낙하더라도 범죄는 성립한다.

8 의사의 설명의무의 중요성이 갈수록 강조되고 있는 현실이지만 "의료행위는 그 특수성 상 전문성과 고도의 수단과 방법이 요구되는 분야이기 때문에 너무 획일적이고 강압적인 의무를 강요하는 것은 소신 진료에 방해가 되어 환자에게 폐해를 끼치게 될 수도 있다. 이와 같이 의사의 설명의무 부담을 전 방위적으로 강화하게 될 경우 **오히려 의사로 하여금 방어적 진료에 내몰리게 할 것이다.** 나아가 진료기피 현상에 의한 사회적 비용을 간과하지 않을 수 없다."[7]는 비판도 있다.

Reference 1

의료계약에 따른 진료의무의 내용

1 [대판 2009다17417 전원합의체] [연명치료 중단의 요건으로서 환자가 회복불가능한 사망의 단계에 진입하였고 연명치료 중단을 구하는 환자의 의사를 추정할 수 있다고 한 사례] [1] 환자가 의사 또는 의료기관(이하 '의료인'이라 한다)에게 진료를 의뢰하고 의료인이 그 요청에 응하여 치료행위를 개시하는 경우에 의료인과 환자 사이에는 의료계약이 성립된다. 의료계약에 따라 의료인은 질병의 치료 등을 위하여 모든 의료지식과 의료기술을 동원하여 환자를 진찰하고 치료할 의무를 부담하며 이에 대하여 환자 측은 보수를 지급할 의무를 부담한다. 질병의 진행과 환자 상태의 변화에 대응하여 이루어지는 가변적인 의료의 성질로 인하여, 계약 당시에는 진료의 내용 및 범위가 개괄적이고 추상적이지만, 이후 질병의 확인, 환자의 상태와 자연적 변화, 진료행위에 의한 생체반응 등에 따라 제공되는 진료의 내용이 구체화되므로, 의료인은 환자의 건강상태 등과 당시의 의료수준 그리고 자기의 지식경험에 따라 적절하다고 판단되는 진료방법을 선택할 수 있는 **상당한 범위의 재량**을 가진다. [2] 그렇지만 환자의 수술과 같이 신체를 침해하는 진료행위를 하는 경우에는 질병의 증상, 치료방법의 내용 및 필요성, 발생이 예상되는 위험 등에 관하여 당시의 의료수준에 비추어 상당하다고 생각되는 사항을 설명하여, 당해 환자가 그 필요성이나 위험성을 충분히 비교해 보고 그 진료행위를 받을 것인지의 여부를 선택하도록 함으로써 그 진료행위에 대한 동의를 받아야 한다. 환자의 동의는 헌법 제10조에서 규정한 개인의 인격권과 행복추구권에 의하여 보호되는 자기결정권을 보장하기 위한 것으로서, 환자가 생명과 신체의 기능을 어떻게 유지할 것인지에 대하여 스스로 결정하고 진료행위를 선택하게 되므로, 의료계약에 의하여 제공되는 **진료의 내용은 의료인의 설명과 환자의 동의에 의하여 구체화**된다.

의사의 설명의무위반을 인정한 사례

2 [대판 2014다22871] [1] 환자가 의사로부터 설명을 듣지 아니하였지만 만약 올바른 설명을 들었더라도 의료행위에 동의하였을 것이라는 이른바 가정적 승낙에 의한 면책은 항변사항으로서, 환자의 승낙이 명백히 예상되는 경우에만 예외적으로 허용된다. [2] (1) 이 사건 시술 당시에 눈미백수술의 안전성과 유효성(치료효과)에 관하여 의학계의 임상경험에 기초한 합의가 없었다고 인정한 다음, (2) 이 사건 시술은 시행

6) 형법 제274조(아동혹사) 자기의 보호 또는 감독을 받는 16세 미만의 자를 그 생명 또는 신체에 위험한 업무에 사용할 영업자 또는 그 종업자에게 인도한 자는 5년 이하의 징역에 처한다. 그 인도를 받은 자도 같다.

7) 송필현, 의사의 설명의무위반에 따른 의료과실사례분석, 한국의료법학회지 제28권 제1호(2020), 85면.

당시 임상시험 단계에 있는 수술이었으므로, 피고로서는 원고들에게 통상의 신체 침해 의료행위에서 요구되는 수준의 일반적인 설명뿐만 아니라 이 사건 시술이 아직 임상적인 자료에 의하여 안전성 및 유효성이 확립되어 있지 아니한 의료행위라는 사정까지도 설명할 의무가 있음에도, 통상적인 부작용과 합병증에 관하여만 설명하고 시술에 대한 동의를 받았을 뿐, 이 사건 시술에 대하여 안전성 및 유효성이 아직 증명되지 아니하였으며 그에 관한 안과 의학계의 임상경험에 기초한 합의가 없는 상태라는 사정에 대한 설명까지 하였음을 인정할 증거가 없다는 사정 등을 들어, 피고는 이 사건 시술에서 요구되는 설명의무를 다하지 아니하였다고 봄이 타당하다고 판단하고, (3) 또한 만일 원고들이 피고로부터 안과의 임상의학에서 이 사건 시술이 평가받고 있는 정확한 실태 등의 설명을 들었더라면 특별한 사정이 없는 한 이 사건 시술을 받지 않았을 것이라고 추정할 수 있다.

의사의 설명의무위반과 피해자의 상해 사이에 인과관계를 부정한 사례

3 **[대판 2014도11315]** 피해자의 남편 A는 피해자가 화상을 입기 전 다른 의사로부터 피해자가 간경변증을 앓고 있기 때문에 어떠한 수술이라도 받으면 사망할 수 있다는 말을 들었고, 이러한 이유로 피해자와 A는 피고인의 거듭된 수술 권유에도 불구하고 계속 수술을 받기를 거부하였던 사실을 알 수 있다. 이로 보건대, 피해자와 A는 피고인이 수술의 위험성에 관하여 설명하였는지 여부에 관계없이 간경변증을 앓고 있는 피해자에게 이 사건 수술이 위험할 수 있다는 점을 이미 충분히 인식하고 있었던 것으로 보인다. 그렇다면 피고인이 피해자나 A에게 공소사실 기재와 같은 내용으로 수술의 위험성에 관하여 설명하였다고 하더라도 피해자나 A가 수술을 거부하였을 것이라고 단정하기 어렵다.

4 **[대판 2010도10104]** [1] 한의사인 피고인이 피해자에게 문진하여 과거 봉침을 맞고도 별다른 이상반응이 없었다는 답변을 듣고 알레르기 반응검사(skin test)를 생략한 채 환부인 목 부위에 봉침시술을 하였는데, 피해자가 위 시술 직후 아나필락시 쇼크반응을 나타내는 등 상해를 입은 사안에서, 피고인에게 과거 알레르기 반응검사 및 약 12일 전 봉침시술에서도 이상반응이 없었던 피해자를 상대로 다시 알레르기 반응검사를 실시할 의무가 있다고 보기는 어렵고, 설령 그러한 의무가 있다고 하더라도 제반 사정에 비추어 알레르기 반응검사를 하지 않은 과실과 피해자의 상해 사이에 상당인과관계를 인정하기 어렵다는 이유로, 같은 취지의 원심판단을 수긍한 사례. [2] 의료사고에서 의사의 과실을 인정하기 위해서는 의사가 결과발생을 예견할 수 있었음에도 이를 예견하지 못하였고 결과발생을 회피할 수 있었음에도 이를 회피하지 못한 과실이 검토되어야 하고, 과실의 유무를 판단할 때에는 같은 업무와 직무에 종사하는 보통인의 주의정도를 표준으로 하여야 하며, 여기에는 사고 당시의 일반적인 의학의 수준과 의료환경 및 조건, 의료행위의 특수성 등이 고려되어야 하고, 이러한 법리는 한의사의 경우에도 마찬가지이다.

Reference 2

피해자의 승낙과 관련된 판결

1 **[대판 2015도6480]** [아동이 **명시적인 반대 의사**를 표시하지 아니하거나 동의·승낙의 의사를 표시하였다는 사정이 아동매매죄 성립에 영향을 미치는지 여부(소극)] 아동복지법 제17조 제1호의 '아동을 매매하는 행위'는 '보수나 대가를 받고 아동을 다른 사람에게 넘기거나 넘겨받음으로써 성립하는 범죄'로서, '아

동'은 같은 법 제3조 제1호에 의하면 18세 미만인 사람을 말한다. 아동은 아직 가치관과 판단능력이 충분히 형성되지 아니하여 자기결정권을 자발적이고 진지하게 행사할 것을 기대하기가 어렵고, 자신을 보호할 신체적 · 정신적 능력이 부족할 뿐 아니라, 보호자 없이는 사회적 · 경제적으로 매우 취약한 상태에 있으므로, 이러한 처지에 있는 아동을 마치 물건처럼 대가를 받고 신체를 인계 · 인수함으로써 아동매매죄가 성립하고, 설령 위와 같은 행위에 대하여 **아동이 명시적인 반대 의사를 표시하지 아니하거나 더 나아가 동의 · 승낙의 의사를 표시하였다 하더라도 이러한 사정은 아동매매죄의 성립에 아무런 영향을 미치지 아니한다.**

2 **[대판 2014도11501]** 아동 · 청소년을 대상으로 성적 행위를 한 자를 엄중하게 처벌함으로써 성적 학대나 착취로부터 아동 · 청소년을 보호하는 한편 아동 · 청소년이 책임 있고 건강한 사회구성원으로 성장할 수 있도록 하려는 구 아청법의 입법목적과 취지, …… 인터넷 등 정보통신매체의 발달로 인하여 음란물이 일단 제작되면 제작 후 사정의 변경에 따라, 또는 제작자의 의도와 관계없이 언제라도 무분별하고 무차별적으로 유통에 제공될 가능성을 배제할 수 없는 점 등을 더하여 보면, 제작한 영상물이 객관적으로 아동 · 청소년이 등장하여 성적 행위를 하는 내용을 표현한 영상물에 해당하는 한 대상이 된 **아동 · 청소년의 동의하에 촬영한 것이라거나 사적인 소지 · 보관을 1차적 목적으로 제작한 것이라고 하여 구 아청법 제8조 제1항의 '아동 · 청소년이용음란물'에 해당하지 아니한다거나 이를 '제작'한 것이 아니라고 할 수 없다.**

3 **[대판 2013도7787]** 피해 아동이 성적 가치관과 판단능력이 충분히 형성되지 아니하여 성적 자기결정권을 행사하거나 자신을 보호할 능력이 상당히 부족한 경우라면 자신의 성적 행위에 관한 자기결정권을 자발적이고 진지하게 행사할 것이라 기대하기는 어려우므로, **행위자의 요구에 피해 아동이 명시적인 반대 의사를 표시하지 아니하였거나 행위자의 행위로 인해 피해 아동이 현실적으로 육체적 또는 정신적 고통을 느끼지 아니하는 등의 사정이 있다 하더라도,** 이러한 사정만으로 행위자의 피해 아동에 대한 성희롱 등의 행위가 구 아동복지법 제29조 제2호의 '성적 학대행위'에 해당하지 아니한다고 단정할 것은 아니다.

4 **[대판 2012도1352]** [문서명의인이 사전에 문서 작성과 관련한 사무처리 권한을 포괄적으로 위임함으로써 문서작성자가 위임된 권한 범위 내에서 사무처리를 위하여 문서를 작성 · 행사하였으나 개개의 문서 작성에 관하여 승낙을 받지 않은 경우, 사문서위조 및 위조사문서행사죄가 성립하는지 여부(원칙적 소극)] 문서의 위조는 작성권한 없는 자가 타인 명의를 모용하여 문서를 작성하는 행위를 말하는 것이므로, 사문서를 작성함에 있어 그 명의자의 명시적이거나 **묵시적인 승낙** 또는 위임이 있었다면 **사문서위조에 해당한다고 할 수 없다.** 특히 문서명의인이 문서작성자에게 사전에 문서 작성과 관련한 사무처리의 권한을 포괄적으로 위임함으로써 문서작성자가 위임된 권한의 범위 내에서 그 사무처리를 위하여 문서명의인 명의의 문서를 작성 · 행사한 것이라면, 비록 문서작성자가 개개의 문서 작성에 관하여 문서명의인으로부터 승낙을 받지 않았다고 하더라도 특별한 사정이 없는 한 사문서위조 및 위조사문서행사죄는 성립하지 않는다고 할 것이다.

5 **[대판 2010도9962] 파기환송.** 위법성조각사유로서의 피해자의 승낙은 언제든지 자유롭게 철회할 수 있다고 할 것이고, 그 철회의 방법에는 아무런 제한이 없다. …… 피고인이 피해자 甲의 상가건물에 대한 임대차계약 당시 甲의 모(母) 乙에게서 인테리어 공사 승낙을 받았는데, 이후 乙이 임대차보증금 잔금 미지급을 이유로 즉시 공사를 중단하고 **퇴거할 것을 요구하자 도끼를 집어 던져 상가 유리창을 손괴한 사안**에서, 乙

이 위 의사표시로써 시설물 철거에 대한 동의를 철회하였다고 보아야 하는데도 피고인의 행위를 무죄로 판단한 원심판결에는 피해자 승낙의 철회에 관한 법리오해의 잘못이 있다고 한 사례.

피해자의 승낙에 의해 위법성이 조각되는 요건

6-1 [대판 2008도9606] [甲이 乙과 공모하여 보험사기를 목적으로 乙에게 상해를 가한 사안에서, 피해자의 승낙으로 위법성이 조각되지 아니한다고 한 사례] 형법 제24조의 규정에 의하여 위법성이 조각되는 피해자의 승낙은 (가) 개인적 법익을 훼손하는 경우에 (나) 법률상 이를 처분할 수 있는 사람의 승낙이어야 할 뿐만 아니라 (다) **그 승낙이 윤리적 · 도덕적으로 사회상규에 반하는 것이 아니어야 한다.** 피고인이 피해자와 공모하여 교통사고를 가장하여 **보험금을 편취할 목적**으로 **피해자에게 상해를 가하였다면** 피해자의 승낙이 있었다고 하더라도 이는 **위법한 목적에 이용하기 위한 것**이므로 피고인의 행위가 피해자의 승낙에 의하여 위법성이 조각된다고 할 수 없다.

6-2 [대판 85도1892] ●**사실**● 피고인 甲은 병을 앓고 있는 피해자 乙에게 몸속에 있는 잡귀 때문에 병이 있다고 말하였고 乙은 자신의 몸으로부터 잡귀를 물리쳐줄 것을 부탁하였다. 이에 피고인 甲은 피해자 을의 집에서 처음에는 피고인 1~3과 함께, 그 다음에는 연락을 받고 그곳에 차례로 온 피고인 4~7과 합세하여 **을의 몸에서 잡귀를 물리친다**면서 뺨 등을 때리며 팔과 다리를 붙잡고 배와 가슴을 손과 발로 힘껏 누르고 밟는 등 하여 그로 하여금 우측간 저면파열, 복강내 출혈로 사망에 이르게 하였다. 검사는 이들을 폭행치사죄의 공동정범으로 기소하였고, 이에 원심은 **폭행치사죄의 공동정범**을 인정하였다. 그러나 피고인들은 피해자의 승낙에 의하여 죄가 되지 않는다고 주장하며 상고하였다. ●**판지**● 형법 제24조의 규정에 의하여 위법성이 조각되는 소위 피해자의 승낙은 해석상 개인적 법익을 훼손하는 경우에 법률상 이를 처분할 수 있는 사람의 승낙을 말할 뿐만 아니라 **그 승낙이 윤리적, 도덕적으로 사회상규에 반하는 것이 아니어야 한다고 풀이하여야 할 것**이다. 이 사건에 있어서와 같이 폭행에 의하여 사람을 사망에 이르게 하는 따위의 일에 있어서 피해자의 승낙은 범죄성립에 아무런 장애가 될 수 없는 윤리적, 도덕적으로 허용될 수 없는, 즉 사회상규에 반하는 것이라고 할 것이므로 피고인 등의 행위가 피해자의 승낙에 의하여 위법성이 조각된다는 상고논지는 받아들일 수가 없다.

7 [대판 2005도2712] [피무고자의 승낙이 있는 경우 무고죄의 성립 여부(적극)] 무고죄는 국가의 형사사법권 또는 징계권의 적정한 행사를 주된 보호법익으로 하고 다만, 개인의 부당하게 처벌 또는 징계받지 아니할 이익을 부수적으로 보호하는 죄이므로, 설사 무고에 있어서 피무고자의 승낙이 있었다고 하더라도 무고죄의 성립에는 영향을 미치지 못한다.

8 [대판 89도201] [치사의 결과에 대한 예견가능성이 있고 **피해자의 승낙이 있었다고 보기 어렵다**고 한 사례] 각종의 장기와 신경이 밀집되어 있어 인체의 가장 중요한 부위를 점하고 있는 흉부에 대한 강도의 타격은 생리적으로 중대한 영향을 줄 뿐만 아니라 신경에 자극을 줌으로써 이에 따른 쇼크로 인해 피해자를 사망에 이르게 할 수 있고, 더우기 그 가격으로 급소를 맞을 때에는 더욱 그러할 것인데, 피할만한 여유도 없는 좁은 장소와 상급자인 피고인이 하급자인 피해자로부터 아프게 반격을 받을 정도의 상황에서 신체가 보다 더 건강한 피고인이 피해자에게 약 1분 이상 가슴과 배를 때렸다면 사망의 결과에 대한 예견가능성을 부정할 수도 없을 것이며 위와 같은 상황에서 이루어진 폭행이 **장난권투로서 피해자의 승낙에 의한 사회상규에 어긋나지 않는 것이라고도 볼 수 없다.** cf) 판례는 피해자의 승낙에 의한 폭행이더라도 이로 인한 사망을

예견할 수 있었기 때문에 폭행치사죄가 성립하는 경우에는 피해자의 승낙에 의하여 위법성이 조각되지 않는다고 판단하였다.

9 **[대판 82도1426]** 공문서의 위조라 함은 행사할 목적으로 공무원 또는 공무소의 문서를 정당한 작성권한 없는 자가 작성권한 있는 자의 명의로 작성하는 것을 말하므로, 공문서인 기안문서의 작성권한 자가 직접 이에 서명하지 않고 피고인에게 지시하여 자기의 서명을 흉내내어 기안문서의 결재란에 대신 서명케 한 경우라면 피고인의 기안문서 작성행위는 작성권자의 지시 또는 **승낙에 의한 것으로서 공문서위조죄의 구성요건해당성이 조각**된다.

Reference 3

추정적 승낙

1 **[대판 2011도6223]** 파기환송. [사망한 사람 명의의 사문서를 위조한 경우 문서명의인이 생존하고 있다는 점이 문서의 중요한 내용을 이루거나 그 점을 전제로 문서가 작성되었다면, **사망한 명의자의 승낙이 추정된다는 이유**로 사문서위조죄의 성립을 부정할 수 있는지 여부(소극)] [1] 사망한 사람 명의의 사문서에 대하여도 문서에 대한 공공의 신용을 보호할 필요가 있다는 점을 고려하면, 문서명의인이 이미 사망하였는데도 문서명의인이 생존하고 있다는 점이 문서의 중요한 내용을 이루거나 그 점을 전제로 문서가 작성되었다면 이미 문서에 관한 공공의 신용을 해할 위험이 발생하였다 할 것이므로, 그러한 내용의 문서에 관하여 **사망한 명의자의 승낙이 추정된다는 이유로 사문서위조죄의 성립을 부정할 수는 없다.** [2] 피고인이 자신의 부(父) 甲에게서 甲 소유 부동산의 매매에 관한 권한 일체를 위임받아 이를 매도하였는데, 그 후 甲이 갑자기 사망하자 부동산 소유권 이전에 사용할 목적으로 甲이 자신에게 인감증명서 발급을 위임한다는 취지의 인감증명 위임장을 작성한 후 주민센터 담당직원에게 이를 제출한 사안에서, 甲의 사망으로 포괄적인 명의사용의 근거가 되는 위임관계 내지 포괄적인 대리관계는 종료된 것으로 보아야 하므로 특별한 사정이 없는 한 피고인은 더 이상 위임받은 사무처리와 관련하여 甲의 명의를 사용하는 것이 허용된다고 볼 수 없고, 피고인이 사망한 甲의 명의를 모용한 인감증명 위임장을 작성하여 인감증명서를 발급받아야 할 급박한 사정이 있었다고 볼 만한 사정도 없으며, 인감증명 위임장은 본래 생존한 사람이 타인에게 인감증명서 발급을 위임한다는 취지의 문서라는 점을 고려하면, 이미 사망한 甲이 '병안 중'이라는 사유로 피고인에게 인감증명서 발급을 위임한다는 취지의 인감증명 위임장이 작성됨으로써 문서에 관한 공공의 신용을 해할 위험성이 발생하였다 할 것이고, 피고인이 명의자 甲이 승낙하였을 것이라고 기대하거나 예측한 것만으로는 사망한 甲의 승낙이 추정된다고 단정할 수 없는데도, 이와 달리 피고인에게 무죄를 인정한 원심판결에 사망한 사람 명의의 사문서위조죄에서 승낙 내지 추정적 승낙에 관한 법리오해의 위법이 있다고 한 사례.

2 **[대판 2005도8081]** [1] 추정적 승낙이란 피해자의 현실적인 승낙이 없었다고 하더라도 **행위 당시의 모든 객관적 사정에 비추어 볼 때 만일 피해자가 행위의 내용을 알았더라면 당연히 승낙하였을 것으로 예견되는 경우**를 말한다. [2] [채권자들이 채무자인 피해자에 대한 채권을 우선적으로 확보할 목적으로 피해자의 물건을 무단으로 취거한 사안에서, 절도죄에서의 불법영득의사를 인정하고, **자구행위의 성립과 추정적 승낙의 존재를 부정**한 사례] 피고인들이 자신들의 피해자에 대한 물품대금 채권을 다른 채권자들보다 우선적으로 확보할 목적으로 피해자가 부도를 낸 다음날 새벽에 피해자의 승낙을 받지 아니한 채 피해자의 가구점의

시정장치를 쇠톱으로 절단하고 그곳에 침입하여 시가 16,000,000원 상당의 피해자의 가구들을 화물차에 싣고 가 다른 장소에 옮겨 놓은 행위에 대하여 피고인들에게는 불법영득의사가 있었다고 볼 수밖에 없어 특수절도죄가 성립한다. …… (원심이) 피고인들이 피해자의 가구들을 취거할 당시 피해자의 **추정적 승낙이 있다고 볼 수 없다**고 판단한 것은 정당한 것으로 수긍이 간다.

3-1 [대판 2002도235] [문서명의인의 추정적 승낙이 예상되는 경우 사문서변조죄의 성립 여부(소극)] 사문서의 위·변조죄는 작성권한 없는 자가 타인 명의를 모용하여 문서를 작성하는 것을 말하는 것이므로 사문서를 작성·수정함에 있어 그 명의자의 명시적이거나 묵시적인 승낙이 있었다면 사문서의 위·변조죄에 해당하지 않고, 한편 행위 당시 명의자의 현실적인 승낙은 없었지만 행위 당시의 모든 객관적 사정을 종합하여 **명의자가 행위 당시 그 사실을 알았다면 당연히 승낙했을 것이라고 추정되는 경우 역시 사문서의 위·변조죄가 성립하지 않는다.**

3-2 [대판 2010도14587] 파기환송. [1] …… 한편 행위 당시 명의자의 현실적인 승낙은 없었지만 행위 당시의 모든 객관적 사정을 종합하여 명의자가 행위 당시 그 사실을 알았다면 당연히 승낙했을 것이라고 추정되는 경우 역시 사문서의 위·변조죄가 성립하지 않는다고 할 것이나, **명의자의 명시적인 승낙이나 동의가 없다는 것을 알고 있으면서도 명의자가 문서작성 사실을 알았다면 승낙하였을 것이라고 기대하거나 예측한 것만으로는 그 승낙이 추정된다고 단정할 수 없다.** **[2]** 피고인이 행사할 목적으로 권한 없이 甲 은행 발행의 피고인 명의 예금통장 기장내용 중 특정 일자에 乙 주식회사로부터 지급받은 월급여의 입금자 부분을 화이트테이프로 지우고 복사하여 통장 1매를 변조한 후 그 통장사본을 법원에 증거로 제출하여 행사하였다는 내용으로 기소된 사안에서, 관련 민사소송에서 피고인이 언제부터 乙 회사에서 급여를 받았는지가 중요한 사항이었는데 2006. 4. 25.자 입금자 명의를 가리고 복사하여 이를 증거로 제출함으로써 2006. 5. 25.부터 乙 회사에서 급여를 수령하였다는 새로운 증명력이 작출되었으므로 공공적 신용을 해할 위험성이 있었다고 볼 수 있고, 제반 사정을 종합할 때 통장 명의자인 甲 은행장이 행위 당시 그러한 사실을 알았다면 **이를 당연히 승낙했을 것으로 추정된다고 볼 수 없으며,** 피고인이 쟁점이 되는 부분을 가리고 복사함으로써 문서내용에 변경을 가하고 증거자료로 제출한 이상 사문서변조 및 동행사의 고의가 없었다고 할 수 없는데도, 이와 달리 보아 피고인에게 무죄를 인정한 원심판결에 사문서변조 및 동행사죄에 관한 법리오해의 위법이 있다고 한 사례.

4 [대판 92도3101] 종친회 결의서의 피위조명의자 중 피고인의 형제 2명이 승낙한 사안에서 피고인의 아들들이나 위 형제들의 아들들에 대하여 추정적 승낙을 인정할 여지가 있다.

5 [대판 89도889] [가옥소유자의 침입에 대한 피해자의 추정적 승낙] [1] 이 사건 가옥을 피해자가 점유관리하고 있었다면 그 건물이 가사 피고인의 소유였다할지라도 주거침입죄의 성립에 아무런 장애가 되지 않는다. [2] 건물의 소유자라고 주장하는 피고인과 그것을 점유관리하고 있는 피해자 사이에 건물의 소유권에 대한 분쟁이 계속되고 있는 상황이라면 피고인이 그 건물에 침입하는 것에 대한 피해자의 **추정적 승락**이 있었다거나 피고인의 이 사건 범행이 사회상규에 위배되지 않는다고 볼 수 없다고 한 원심의 조치는 수긍이 간다.

28 상관의 명령과 정당행위

* 대법원 1988. 2. 23. 선고 87도2358 판결[1)]
* 참조조문: 형법 제20조,[2)] 특정범죄가중처벌 등에 관한 법률 제4조의2 제2항[3)]

상관의 명령에 절대적으로 복종하는 것이 불문률로 되어 있는 경우 위법명령에 따른 행위는 정당행위가 되는가?

●사실● 피고인 X 이외에 4인은 대공수사단 직원이다. 이들은 대공분실에서 피해자 A의 양손을 뒤로 결박하고 양 발목마저 결박한 뒤 A의 양쪽 팔과 다리, 머리 등을 밀어 누름으로써 A의 얼굴을 욕조의 물속으로 강제로 찍어누르는 가혹행위를 반복하였다. 욕조의 구조나 신체 구조상 A의 목 부분이 욕조의 턱에 눌릴 수 있고 더구나 물속으로 들어가지 않으려고 반사적으로 반항하는 A의 행동을 제압하기 위하여 강하게 A의 머리를 잡아 물속으로 누르게 될 경우에 욕조의 턱에 A의 목 부분이 눌려 질식 현상 등의 치명적인 결과를 가져올 수 있음을 쉽게 예견할 수 있는 상황이었다.

검사는 피고인들을 「특정범죄가중처벌 등에 관한 법률」 제4조의2 제2항 위반죄로 기소하였다. 제1심과 원심은 피고인들에게 유죄를 선고하였다. 이에 피고인들은 상관의 절대적 명령에 따른 복종으로 정당행위(위법성조각)나 강요된 행위(책임조각)임을 주장하며 상고하였다.

●판지● **상고기각.** 「[1] 공무원이 그 직무를 수행함에 있어 상관은 하관에 대하여 범죄행위 등 위법한 행위를 하도록 명령할 직권이 없는 것이고 하관은 소속 상관의 적법한 명령에 복종할 의무는 있으나 그 명령이 참고인으로 소환된 사람에게 가혹행위를 가하라는 등과 같이 명백한 위법 내지 불법한 명령인 때에는 이는 벌써 직무상의 지시명령이라 할 수 없으므로 이에 따라야 할 의무는 없다.

[2] 설령 대공수사단 직원은 **상관의 명령에 절대복종하여야 한다는 것이 불문률로 되어 있다 할지라도** 국민의 기본권인 신체의 자유를 침해하는 고문행위 등이 금지되어 있는 우리의 국법질서에 비추어 볼 때 그와 같은 불문률이 있다는 것만으로는 고문치사와 같이 중대하고도 명백한 위법명령에 따른 행위가 **정당한 행위에 해당하거나 강요된 행위로서 적법행위에 대한 기대가능성이 없는 경우에 해당하게 되는 것이라고는 볼 수 없다**」.

●해설● 1 형법 제20조는 "**법령에 의한 행위** 또는 업무로 인한 행위 기타 사회상규에 위배되지 아니하는 행위는 벌하지 아니한다."고 규정하고 있다. 이를 정당행위에 의한 위법성조각사유라 칭한다. 정당행위는 위법성조각사유 중에서 가장 **보충적**이고 **일반적**인 위법성조각사유로서의 성격을 지니고 있다.

---

1) 대상판례는 **박종철 고문치사 사건**이다. 1987년 1월 14일 서울대 언어학과 3학년생 박종철은 남영동 치안본부 대공분실로 연행되어 수배 중이던 선배 박종운의 소재에 대해 추궁 받는다. 박종철은 모른다고 답했다. 그러자 수사관들은 박종철의 옷을 모두 벗긴 다음, 조사실 안의 물이 가득 찬 욕조 앞으로 데려가 물고문을 시작했다. 수사관들은 박종철의 머리를 물속으로 집어넣었다가 빼는 물고문을 반복했다. 그러기를 10여 시간 이상, 결국 박종철은 욕조 턱에 목 부분이 눌려 사망한다. 이후 박종철 고문치사 사건은 6·10항쟁의 도화선이 되었고 6.29선언을 이끌게 된다. 이 사건은 실화를 바탕으로 영화 《1987》로도 제작·방영되었다. ko.wikipedia.org
2) 형법 제20조(정당행위) **법령에 의한 행위** 또는 업무로 인한 행위 기타 사회상규에 위배되지 아니하는 행위는 벌하지 아니한다.
3) 특정범죄 가중처벌 등에 관한법률 제4조의2(체포·감금 등의 가중처벌) ② 「형법」 **제124조·제125조에 규정된 죄를 범하여 사람을 사망에 이르게 한 경우**에는 무기 또는 3년 이상의 징역에 처한다.

2 위법성은 법질서 전체와의 관계에서 내려지는 가치판단이다. 따라서 **형법 이외의 법령**에 의하여 적법한 행위는 형법상으로도 위법하다고 볼 수 없다. 정당행위에 있어서 법령에 의한 행위란 현행 실정법에 근거를 둔 행위를 말하는 것으로 ① 공무원의 직무집행행위 ② 징계행위 ③ 노동쟁의행위 ④ 사인(私人)의 현행범 체포행위 등이 있다. 사안은 이 중 ①과 관련된 것으로 상관의 명령에 따른 행위에 관한 것이다. 이외에 공무원의 직무집행행위의 예로는 교도관의 사형집행(형법 66), 집행관의 강제집행(민집법 24), 검사나 사법경찰관의 구속·압수·수색·검증 등의 강제처분 등이 있다.

3 공무원은 상관의 명령에 복종해야 할 의무가 있다(국가공무원법 57).[4] 그리고 상관의 직무상의 명령에 의한 행위는 위법성을 조각한다. 이 경우 상관의 명령은 '적법'한 명령이어야 한다. 상관의 명령이 **적법하지만 부당**하더라도 그 명령은 부하에 대해 구속력을 가질 수가 있고 부하가 그 명령에 따른 경우에도 법령에 의한 행위라고 할 수 있다. 그러나 상관의 명령이 **위법한 경우에는 이를 따를 의무가 없다.**

4 문제는 사안의 경우와 같이 상관의 명령이 위법하지만 **사실상 구속력**이 있다고 다투어진 경우이다. 그리고 이 경우에 위법성을 조각할 수 있는지 여부이다. 법원은 이 경우 위법성조각을 일체 인정하지 않고 있다. 즉, 「**상관의 위법한 명령에 따라 범죄행위를 한 경우에는 상관의 명령에 따랐다고 하여 부하가 한 범죄행위의 위법성이 조각 될 수는 없다**」(대판 96도3376, Ref 1-3)고 판단한다.

5 하지만 상관의 명령에 복종하지 않아야 하는 갈등상황에 관하여 "아무런 규정을 두고 있지 않는 현행 법질서와 사실상의 제재의 위협을 받고 있는 하급자에게 복종 이외에는 달리 빠져나올 길을 마련하고 있지 않은 현실에서 법질서가 하급자에게 무조건 상급자의 구속적인 명령에 불복종하라고 호소하는 것은 무리가 따른다."는 비판도 있다.[5]

6 사안에서 변호인은 위법성조각항변 이외에도 ① 결과적 가중범인 고문치사죄에서 결과발생에 대한 **예견가능성이 없었다**라는 점과 ② 조직의 특성상 상관의 명령에 절대 복종하지 아니할 수 없는 상황이었기 때문에 **적법행위에 대한 기대가능성은 없었다**고 주장하였다. 하지만 대법원은 이를 모두 배척하였다.

---

4) 상관의 명령에 복종하지 않으면 징계의 대상이 될 수 있다(국가공무원법 제78조). 나아가 규율이 엄격한 군인이나 경찰과 같은 조직의 경우, 상관의 명령에 대한 불복종은 징계를 넘어 범죄가 될 수 있다(군형법 제44조의 항명죄나 제47조의 명령위반죄 그리고 경찰공무원법 제31조 등).

5) 이진국, 상관의 위법한 명령에 따른 행위, 형사법연구 제26권 제2호(2014), 393면.

Reference 1

'상관의 명령' 복종과 관련된 판례

1 **[대판 2017도14322 전원합의체]** 국가정보원의 사이버팀 직원들이 상부에서 하달된 지시에 따라 정치적 목적을 가지고 인터넷 게시글과 댓글 작성, 찬반클릭, 트윗과 리트윗 행위 등의 사이버 활동을 한 경우 구 「국가정보원법」에 따른 직무범위 내의 정당행위로 볼 수 없다.

2 **[대판 99도636]** 공무원이 그 직무를 수행함에 즈음하여 상관은 하관에 대하여 범죄행위 등 위법한 행위를 하도록 명령할 직권이 없는 것이며, 또한 하관은 소속상관의 적법한 명령에 복종할 의무는 있으나 **그 명령이 대통령 선거를 앞두고 특정후보에 대하여 반대하는 여론을 조성할 목적**으로 확인되지도 않은 허위의 사실을 담은 책자를 발간·배포하거나 기사를 게재하도록 하라는 것과 같이 명백히 위법 내지 불법한 명령인 때에는 이는 벌써 직무상의 지시명령이라 할 수 없으므로 이에 따라야 할 의무가 없다.

3 **[대판 96도3376 전원합의체] [12·12군사반란 【59】 참조]** ●**사실**● 1979.12.12. 당시 국군보안사령부 인사처장 겸 계엄사령부 소속 합동수사본부 조정통제국장이던 피고인 허삼수가 국군보안사령부 사령관 겸 위 합동수사본부 본부장이던 피고인 전두환의 지시에 따라 위 합동수사본부 수사 제2국장 우경윤 등과 함께, 대통령의 재가 없이 같은 날 18:50경 무장한 제33헌병대 병력을 육군참모총장 공관 주변에 배치하고 같은 날 19:10경 위 공관으로 들어가서 총으로 위협하는 가운데 육군참모총장 육군대장 정승화를 강제로 끌고 나와 같은 날 19:30경 국군보안사령부 서빙고분실로 연행하였다. ●**판지**● 상관의 적법한 직무상 명령에 따른 행위는 정당행위로서 형법 제20조에 의하여 그 위법성이 조각된다고 할 것이나, **상관의 위법한 명령에 따라 범죄행위를 한 경우**에는 상관의 명령에 따랐다고 하여 부하가 한 범죄행위의 위법성이 조각될 수는 없다.

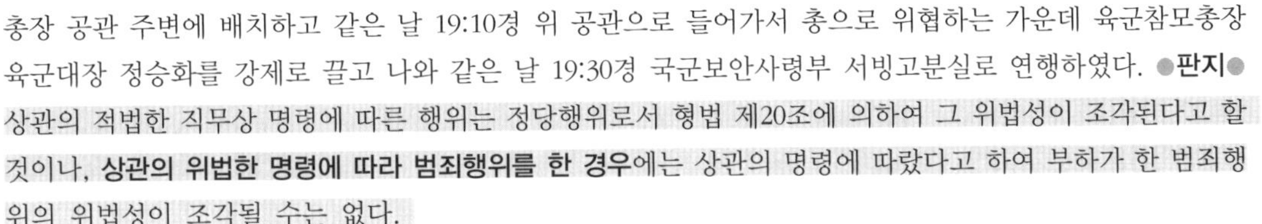

Reference 2

기타 '법령에 의한 행위'

1 **[대판 2017도10634]** [민사소송법 제335조에 따른 법원의 감정인 지정결정 또는 같은 법 제341조 제1항에 따른 법원의 감정촉탁을 받은 경우, **감정평가업자가 아닌 사람이더라도** 그 감정사항에 포함된 토지 등의 감정평가를 할 수 있는지 여부(적극) 및 이러한 행위가 형법 제20조의 정당행위에 해당하여 위법성이 조각되는지 여부(적극)] 소송의 증거방법 중 하나인 **감정**은 법관의 지식과 경험을 보충하기 위하여 특별한 학식과 경험을 가진 제3자에게 그 전문적 지식이나 이를 구체적 사실에 적용하여 얻은 판단을 법원에 보고하게 하는 것으로, 감정신청의 채택 여부를 결정하고 감정인을 지정하거나 단체 등에 감정촉탁을 하는 권한은 법원에 있고(민사소송법 제335조, 제341조 제1항 참조), 행정소송사건의 심리절차에서 공익사업을 위한 토지 등의 취득 및 보상에 관한 법률상 토지 등의 손실보상액에 관하여 감정을 명할 경우 그 감정인으로 반드시 감정평가사나 감정평가법인을 지정하여야 하는 것은 아니다. …… 그렇다면 민사소송법 제335조에 따른 법원의 감정인 지정결정 또는 같은 법 제341조 제1항에 따른 법원의 감정촉탁을 받은 경우에는 감정평가업자가 아닌 사람이더라도 그 감정사항에 포함된 토지 등의 감정평가를 할 수 있고, 이러한 행위는 법령에 근거한 법원의 적법한 결정이나 촉탁에 따른 것으로 **형법 제20조의 정당행위에 해당**하여 위법성이 조각된

다고 보아야 한다.

2 **[대판 2014도191]** 감정평가업자가 아닌 **공인회계사가 타인의 의뢰에 의하여 일정한 보수를 받고 부동산공시법이 정한 토지에 대한 감정평가**를 업으로 행하는 것은 부동산공시법 제43조 제2호에 의하여 처벌되는 행위에 해당하고, 특별한 사정이 없는 한 형법 제20조가 정한 '법령에 의한 행위'로서 정당행위에 해당한다고 볼 수는 없다.

3 **[대판 98도3029]** [현행범인 체포행위가 적정한 한계를 벗어나는 행위인지 여부의 판단 기준] [1] **현행범인은 누구든지 영장 없이 체포할 수 있으므로 사인의 현행범인 체포는 법령에 의한 행위로서 위법성이 조각**된다고 할 것인데, 현행범인 체포의 요건으로서는 행위의 가벌성, 범죄의 현행성 · 시간적 접착성, 범인 · 범죄의 명백성 외에 체포의 필요성, 즉 도망 또는 증거인멸의 염려가 있을 것을 요한다. [2] 적정한 한계를 벗어나는 현행범인 체포행위는 그 부분에 관한 한 법령에 의한 행위로 될 수 없다고 할 것이나, 적정한 한계를 벗어나는 행위인가 여부는 결국 정당행위의 일반적 요건을 갖추었는지 여부에 따라 결정되어야 할 것이지 그 행위가 소극적인 방어행위인가 적극적인 공격행위인가에 따라 결정되어야 하는 것은 아니다. [3] 피고인의 차를 손괴하고 도망하려는 피해자를 도망하지 못하게 멱살을 잡고 흔들어 피해자에게 전치 14일의 흉부찰과상을 가한 경우, 정당행위에 해당한다.

29 노동쟁의행위와 정당행위

* 대법원 2020. 9. 3. 선고 2015도1927 판결
* 참조조문: 형법 제20조[1)]

수급인 소속 근로자의 쟁의행위가 도급인의 사업장에서 일어나 도급인의 형법상 보호되는 법익을 침해한 경우, 사용자인 수급인에 대한 관계에서 쟁의행위의 정당성을 갖추었다는 사정만으로 사용자가 아닌 도급인에 대한 관계에서까지 법령에 의한 정당한 행위로서 법익 침해의 위법성이 조각되는가?

●**사실**● A 공사는 1998년경부터 수급업체와 용역위탁계약을 체결하여 시설관리업무, 청소미화업무 등을 수행해 왔다. 피고인들은 시설관리 용역업체인 B 회사와 청소 용역업체인 C 회사의 근로자로서 ○○노총 소속 조합원이다. 노동조합은 수급업체들을 상대로 단체교섭이 결렬되자 조합원들의 찬반투표를 거쳐 2012. 6. 25. 파업에 돌입하였다. 이들은 A 사업장 내 본관 건물 등에 모여 차량에 설치된 확성기를 틀어놓고 구호를 외치고 율동과 함께 노동가를 제창하였다. 이러한 집회는 약 일주일 같은 장소에서 오전 10:00경부터 약 1시간 20분 동안 매일 유사한 방식으로 진행되었다. 원심은 조합원들의 이러한 쟁의행위는 사회상규에 위배되지 아니하는 정당행위로서 위법성이 조각된다고 판시하였다. 이에 검사가 상고하였다.

●**판지**● 상고기각 [1] (가) 단체행동권은 헌법 제33조 제1항에서 보장하는 기본권으로서 최대한 보장되어야 하지만 헌법 제37조 제2항에 의하여 국가안전보장·질서유지 또는 공공복리 등의 공익상의 이유로 제한될 수 있고 그 권리의 행사가 정당한 것이어야 한다는 **내재적인 한계**가 있다. (나) 쟁의행위가 정당행위로 위법성이 조각되는 것은 사용자에 대한 관계에서 인정되는 것이므로, **제3자의 법익을 침해한 경우에는 원칙적으로 정당성이 인정되지 않는다.** (다) 그런데 도급인은 원칙적으로 수급인 소속 근로자의 사용자가 아니므로, 수급인 소속 근로자의 쟁의행위가 도급인의 사업장에서 일어나 도급인의 형법상 보호되는 법익을 침해한 경우에는 사용자인 수급인에 대한 관계에서 쟁의행위의 정당성을 갖추었다는 사정만으로 사용자가 아닌 도급인에 대한 관계에서까지 법령에 의한 정당한 행위로서 법익 침해의 위법성이 조각된다고 볼 수는 없다. (라) 그러나 수급인 소속 근로자들이 집결하여 함께 근로를 제공하는 장소로서 도급인의 사업장은 수급인 소속 근로자들의 삶의 터전이 되는 곳이고, 쟁의행위의 주요 수단 중 하나인 파업이나 태업은 도급인의 사업장에서 이루어질 수밖에 없다. 또한 도급인은 비록 수급인 소속 근로자와 직접적인 근로계약관계를 맺고 있지는 않지만, 수급인 소속 근로자가 제공하는 근로에 의하여 일정한 이익을 누리고, 그러한 이익을 향수하기 위하여 수급인 소속 근로자에게 사업장을 근로의 장소로 제공하였으므로 그 사업장에서 발생하는 쟁의행위로 인하여 일정 부분 법익이 침해되더라도 **사회통념상 이를 용인**하여야 하는 경우가 있을 수 있다. (마) 따라서 사용자인 수급인에 대한 정당성을 갖춘 쟁의행위가 도급인의 사업장에서 이루어져 형법상 보호되는 도급인의 법익을 침해한 경우, **그것이 항상 위법하다고 볼 것은 아니고,** 법질서 전체의 정신이나 그 배후에 놓여있는 사회윤리 내지 사회통념에 비추어 용인될 수 있는 행위에 해당하는 경우에는 형법 제20조의 '사회상규에 위배되지 아니하는 행위'로서 위법성이 조각된다. 이러한 경우에 해당하는지 여부는 쟁의행위의 목적과 경위, 쟁의행위의 방식·기간과 행위 태양, 해당 사업장에서 수행되는 업무의 성격과 사업장의 규모, 쟁의행위에 참여하는 근로자의 수와 이들이 쟁의행위를 행한 장소 또는 시설의 규모·

---

1) 형법 제20조(정당행위) **법령에 의한 행위** 또는 업무로 인한 행위 기타 사회상규에 위배되지 아니하는 행위는 벌하지 아니한다.

특성과 종래 이용관계, 쟁의행위로 인해 도급인의 시설관리나 업무수행이 제한되는 정도, 도급인 사업장 내에서의 노동조합 활동 관행 등 여러 사정을 종합적으로 고려하여 판단하여야 한다.

●**해설**● 1 헌법은 근로자의 단결권 · 단체교섭권 및 단체행동권을 보장하고 있다(헌법33). 이를 구체화하여「노동조합 및 노동관계조정법」은 단결권 · 단체교섭권 및 단체행동권을 보장하기 위한 규정을 두고 있고 이에 따라 법에 의하여 허용된 쟁의행위는 위법성이 조각된다. 하지만 본 법은 「어떠한 경우에도 **폭력이나 파괴행위**는 정당한 행위로 해석되어서는 아니된다」고 규정하여 목적의 정당성이 인정된다고 하더라도 폭력적 수단은 허용하지 않고 있다(노동조합법 4).

2 판례도 근로자의 **쟁의행위가 형법상 정당행위**가 되기 위하여는 「**첫째 주체의 측면**에서 행위의 성질상 노동조합의 활동으로 볼 수 있거나 노동조합의 묵시적인 수권 혹은 승인을 받았다고 볼 수 있는 것이어야 하고, **둘째 목적의 측면**에서 근로조건의 유지 · 개선과 근로자의 경제적 지위의 향상을 도모하기 위하여 필요하고 근로자들의 단결 강화에 도움이 되는 행위이어야 하며, **셋째 시기의 측면**에서 취업규칙이나 단체협약에 별도의 허용규정이 있거나 관행이나 사용자의 승낙이 있는 경우 외에는 원칙적으로 근무시간 외에 행하여져야 하고, **넷째 수단 · 방법의 측면**에서 사업장 내 조합활동에서는 사용자의 시설관리권에 바탕을 둔 합리적인 규율이나 제약에 따라야 하며 폭력과 파괴행위 등의 방법에 의하지 않는 것이어야 한다」는 여러 조건을 모두 구비하여야 한다(대판 2017도2478). 노동쟁의는 형법상 업무방해죄와 관련해 논의가 많이 된다. 실제 판례도 **위력에 의한 업무방해죄** 성립 유무가 많이 다투어 지고 있다.

3 종래 대법원은 근로자들의 파업행위를 당연히 위력에 의한 업무방해행위로 보아왔었다. 그러나 2011년 들어 이러한 입장을 바꾸어 근로자들의 단결권 · 단체교섭권 · 단체행동권을 존중하여 업무방해죄에서의 위력의 의미를 축소해석하고 있다. 즉 「쟁의행위로서의 파업은 근로자가 사용자에게 압력을 가하여 그 주장을 관철하고자 집단적으로 노무제공을 중단하는 실력행사여서 업무방해죄에서의 위력으로 볼 만한 요소를 포함하고 있지만, 근로자에게는 원칙적으로 **헌법상 보장된 기본권**으로서 근로조건 향상을 위한 자주적인 단결권 · 단체교섭권 및 단체행동권이 있으므로, 이러한 파업이 언제나 업무방해죄의 구성요건을 충족한다고 할 것은 아니며, 전후 사정과 경위 등에 비추어 **전격적으로 이루어져** 사용자의 사업운영에 심대한 혼란 내지 막대한 손해를 초래할 위험이 있는 등의 사정으로 사용자의 사업계속에 관한 자유의사가 제압 · 혼란될 수 있다고 평가할 수 있는 경우 비로소 그러한 집단적 노무제공의 거부도 위력에 해당하여 업무방해죄를 구성한다고 보는 것이 타당하다」(대판 2007도482 전원합의체).

4 대상판결은 사용자인 수급인에 대한 정당성을 갖춘 쟁의행위가 **'도급인의 사업장'에서 이루어져** 형법상 보호되는 도급인의 법익을 침해하였더라도 형법 제20조의 '사회상규에 위배되지 아니하는 행위'로서 위법성이 조각되는 경우 및 이러한 경우에 해당하는지 판단하는 기준을 제시하였다는 점에서 의의가 있다. 또한 대상판결에서는 사용자가 쟁의행위 기간 중 당해 사업과 관계없는 자를 쟁의행위로 중단된 업무의 수행을 위하여 **채용 또는 대체하는 경우**, 쟁의행위에 참가한 근로자들이 위법한 대체근로를 저지하기 위하여 상당한 정도의 실력을 행사하는 것이 정당행위로서 위법성이 조각되는지 여부도 다투어졌다. 대법원은 「노동조합 및 노동관계조정법」 제43조 제1항의 "사용자는 쟁의행위 기간 중 그 쟁의행위로 중단된 업무의 수행을 위하여 당해 사업과 관계없는 자를 채용 또는 대체할 수 없다."는 조항을 거론

하며, 「쟁의행위에 참가한 근로자들이 위법한 대체근로를 저지하기 위하여 상당한 정도의 실력을 행사하는 것은 쟁의행위가 실효를 거둘 수 있도록 하기 위하여 마련된 위 규정의 취지에 비추어 **정당행위로서 위법성이 조각**된다」고 판단하였다.

Reference

쟁의행위의 정당성을 부정한 판례

목적의 정당성을 인정할 수 없는 사례

1-1 [대판 2011도393] [노동조합이 실질적으로 기업의 구조조정 실시 자체를 반대하기 위하여 쟁의행위에 나아간 경우, 쟁의행위 목적의 정당성이 인정되는지 여부(원칙적 소극)] **정리해고**나 사업조직의 통폐합 등 기업의 **구조조정** 실시 여부는 **경영주체의 고도의 경영상 결단**에 속하는 사항으로서 원칙적으로 단체교섭의 대상이 될 수 없어, 그것이 긴박한 경영상의 필요나 합리적 이유 없이 불순한 의도로 추진된다는 등의 특별한 사정이 없음에도 노동조합이 실질적으로 그 실시 자체를 반대하기 위하여 쟁의행위로 나아간다면, **비록 그러한 구조조정의 실시가 근로자들의 지위나 근로조건의 변경을 필연적으로 수반한다 하더라도**, 그 쟁의행위는 목적의 정당성을 인정할 수 없다.

1-2 [대판 2003도687] 쟁의행위의 목적이 경영권의 본질에 속하는 **공장이전 자체의 반대**를 위한 것이므로 그 목적에 있어 정당성을 상실하였을 뿐만 아니라 그 수단과 방법이 사용자의 재산권과 조화를 이루지 못하고 폭력을 행사한 것이어서 정당행위에 해당하지 아니한다고 한 사례.

1-3 [대판 2001도1863] [쟁의행위에서 추구되는 목적 중 일부가 정당하지 못한 경우, 쟁의행위 전체의 정당성을 판단하는 기준] 쟁의행위가 추구하는 목적이 여러 가지로서 그 중 일부가 정당하지 못한 경우에는 주된 목적 내지 진정한 목적을 기준으로 쟁의행위 목적의 정당성 여부를 판단하여야 하는데, **만일 부당한 요구사항을 뺐더라면** 쟁의행위를 하지 않았을 것이라고 인정될 **때**에는 그 쟁의행위 전체가 정당성을 갖지 못한다고 보아야 한다.

1-4 [대판 2001도3380] 한국과학기술원 지부 노조원들의 쟁의행위의 주된 목적이 과학기술원의 시설부문 **민영화계획 저지**에 있었다고 보아 쟁의행위의 주된 목적의 정당성을 인정할 수 없다고 한 사례.

1-5 [대판 90도2852] 쟁의조정법 제3조에 규정된 쟁의행위는 쟁의관계 당사자가 그 주장을 관철 할 목적으로 행하는 행위로서 여기에서 그 주장이라 함은 같은 법 제2조에 규정된 임금·근로시간·후생·해고 기타 대우 등 근로조건에 관한 노동관계 당사자간의 주장을 의미한다고 볼 것이므로, 위와 같은 근로조건의 유지 또는 향상을 주된 목적으로 하지 않는 쟁의행위는 노동쟁의조정법의 규제대상인 쟁의행위에 해당하지 않는다고 보아야 할 것인바, 피고인이 노동조합의 위원장으로서 조합원들과 함게 한 집단조퇴, 월차휴가신청에 의한 결근 및 집회 등 쟁의행위가 주로 구속 근로자에 대한 **항소심구형량이 1심보다 무거워진 것에 대한 항의와 석방 촉구를 목적**으로 이루어진 것이라면 피고인의 행위는 근로조건의 유지 또는 향상을 주된 목적으로 한 쟁의행위라고 볼 수 없어 노동쟁의조정법의 적용대상인 쟁의행위에 해당하지 않는다고 할 것이다.

2 [대판 2007도5204] 직장 또는 사업장시설의 점거는 적극적인 쟁의행위의 한 형태로서 그 점거의 범위가 직장 또는 사업장시설의 **일부분**이고 사용자 측의 출입이나 관리지배를 배제하지 않는 병존적인 점거에

지나지 않을 때에는 정당한 쟁의행위로 볼 수 있으나, 이와 달리 직장 또는 사업장시설을 **전면적, 배타적으로 점거**하여 조합원 이외의 자의 출입을 저지하거나 사용자 측의 관리지배를 배제하여 업무의 중단 또는 혼란을 야기케 하는 것과 같은 행위는 이미 정당성의 한계를 벗어난 것이라고 볼 수밖에 없다.

3 **[대판 2007도1557]** 버스노동조합 지부의 **적법한 대표자를 배제하고 사용자에 대하여 아무런 통지를 하지 않은 채** 일부 근로자들이 비상대책위원회를 구성하고 회사 대표자의 형사처벌 및 퇴진, 군내버스의 완전공영제를 요구하며 실시한 파업은 정당행위에 해당하지 않는다.

4 **[대판 99도4837 전원합의체] 파기환송. 특히 그 절차에 관하여 쟁의행위를 함에 있어 조합원의 직접 · 비밀 · 무기명투표에 의한 찬성결정이라는 절차를 거쳐야 한다**는 노동조합 및 노동관계조정법 제41조 제1항의 규정은 노동조합의 자주적이고 민주적인 운영을 도모함과 아울러 쟁의행위에 참가한 근로자들이 사후에 그 쟁의행위의 정당성 유무와 관련하여 어떠한 불이익을 당하지 않도록 그 개시에 관한 조합의사의 결정에 보다 신중을 기하기 위하여 마련된 규정이므로 위의 절차를 위반한 쟁의행위는 그 절차를 따를 수 없는 객관적인 사정이 인정되지 아니하는 한 정당성이 상실된다.

5 **[대판 98도3299]** 노동조합의 규약상 단체협약안에 대하여는 조합원의 동의를 얻어야 효력을 갖는다는 내용이 있음에도 노동조합측이 단체교섭에 임하는 대표자가 **최종적인 결정권한**을 갖고 있음을 사용자에게 확인시키지 않은 채 단체교섭만을 요구한 경우, 그 단체교섭 결렬을 이유로 한 쟁의행위를 **정당한 행위로 볼 수 없다.**

6 **[대판 96도419]** [집단으로 **09 : 00 정각에 출근하도록 시킨 행위가 업무방해죄를 구성한다**고 본 사례] 단체협약에 따른 공사 사장의 지시로 09 : 00 이전에 출근하여 업무준비를 한 후 09 : 00부터 근무를 하도록 되어 있음에도 피고인이 쟁의행위의 적법한 절차를 거치지도 아니한 채 조합원들로 하여금 집단으로 09 : 00 정각에 출근하도록 지시를 하여 이에 따라 수백, 수천 명의 조합원들이 집단적으로 09 : 00 정각에 출근함으로써 전화고장수리가 지연되는 등으로 위 공사의 업무수행에 지장을 초래하였다면 이는 실질적으로 피고인 등이 위 공사의 정상적인 업무수행을 저해함으로써 그들의 주장을 관철시키기 위하여 한 쟁의행위라 할 것이나 쟁의행위의 적법한 절차를 거치지 아니하였음은 물론 이로 인하여 공익에 커다란 영향을 미치는 위 공사의 정상적인 업무운영이 방해되었을 뿐만 아니라 전화고장수리 등을 받고자 하는 수요자들에게도 상당한 지장을 초래하게 된 점 등에 비추어 정당한 쟁의행위의 한계를 벗어난 것으로 업무방해죄를 구성하고, 피고인의 이와 같은 행위가 노동 3권을 보장받고 있는 근로자의 당연한 권리행사로서 형법 제20조 소정의 정당행위에 해당한다고 볼 수 없다.

7 **[대판 91도3051]** 방송국 노동조합이 적법한 절차를 따라 파업결의를 한 후 사태를 지켜보던 중 일부 기자가 징계를 당하자 노조원 40여 명이 파업농성투쟁에 돌입할 것을 결의하고 다른 노조원들과 공동하여 방송국 보도국 사무실 일부를 점거하여 야간에는 10여명씩 조를 짜서 교대로 철야농성을 하고 주간에는 다 함께 모여 농성을 하면서 **구호를 외치거나 노래를 부르고 북, 장구, 징, 꽹과리를 두드리며 소란행위를 계속**하고, 농성에 가담하지 아니하고 근무하는 직원들에게 '노조원들과 적이 되려 하느냐'는 등의 야유와 협박을 하며 농성가담을 적극 권유하고, 그 곳에 있는 **테렉스기기에 들어가는 테렉스용지를 찢거나 그 작동을 중단**시키는 등의 행위를 한 것이 그 방법이나 수단에 있어서 쟁의행위의 정당성의 한계를 벗어난 위법한 것이라고 한 사례

쟁의행위의 정당성을 긍정한 판례

8 **[대판 2019도10516]** [근로자의 쟁의행위가 형법상 정당행위에 해당하기 위한 요건 / 이러한 기준은 쟁의행위의 목적을 알리는 등 **적법한 쟁의행위에 통상 수반되는 부수적 행위**가 형법상 정당행위에 해당하는지를 판단할 때에도 동일하게 적용되는지 여부(적극)] ●**사실**● 피고인 X는 2016. 9. 22. 11:17경 노동조합 간부 7명과 함께 24층 경영노무처 사무실로 찾아가, 방송실 관리자인 경영노무처 소속 총무부장의 승인이 없었음에도, 공소외 2와 함께 무단으로 방송실 안으로 들어가 문을 잠근 다음 방송을 하고, 공소외 1 등 노동조합 간부들은 방송실 출입문 밖에서 방송실 관리직원인 총무부 차장 등이 방송을 제지하려한다는 이유로 약 4~5분 동안 차장 등이 방송실에 들어가지 못하도록 막았다. 이로써 피고인은 노동조합 간부 7명과 공모하여 총무부장 등이 관리하는 방송실에 침입함과 동시에 위력으로 방송실 관리직원들의 방송실 관리업무를 방해하였다. ●**판지**● [1] 근로자의 쟁의행위가 형법상 정당행위에 해당하려면, ① 주체가 단체교섭의 주체로 될 수 있는 자이어야 하고, ② 목적이 근로조건의 향상을 위한 노사 간의 자치적 교섭을 조성하는 데에 있어야 하며, ③ 사용자가 근로자의 근로조건 개선에 관한 구체적인 요구에 대하여 단체교섭을 거부하였을 때 개시하되 특별한 사정이 없는 한 조합원의 찬성결정 등 법령이 규정한 절차를 거쳐야 하고, ④ 수단과 방법이 사용자의 재산권과 조화를 이루어야 함은 물론 폭력의 행사에 해당되지 아니하여야 한다는 조건을 모두 구비하여야 한다. 이러한 기준은 쟁의행위의 목적을 알리는 등 적법한 쟁의행위에 통상 수반되는 부수적 행위가 형법상 정당행위에 해당하는지 여부를 판단할 때에도 동일하게 적용된다. [2] 노동조합은 총파업을 앞두고 2016. 9. 22. 11:30부터 같은 날 12:00까지 천막농성장 앞에서 중식간담회를 개최하기로 하였는데, 이에 대하여 공단은 무노동 무임금의 원칙을 적용할 예정이라는 공지를 하였다. 한편 피고인과 노동조합 간부들은 사무실을 돌아다니며 간담회 참석을 독려하던 중 경영노무처 사무실에 이르러 그 안에 설치된 방송실에 들어가 방송을 하게 되었다. 이와 같은 피고인의 행위는 적법한 쟁의행위가 시작된 이후 그 목적인 '성과연봉제 폐지'에 대한 간담회를 홍보하기 위한 것으로, 성질상 **정당한 쟁의행위에 통상 수반되는 부수적 행위에 해당한다**고 볼 수 있다. …… 피고인의 공소사실 기재 행위는 외견상 그 각 구성요건에 해당한다고 볼 여지가 있으나, 그 주체와 목적의 정당성이 인정되고 절차적 요건을 갖추어 적법하게 개시된 쟁의행위의 목적을 공지하고 이를 준비하기 위한 부수적 행위이자, 그와 관련한 절차적 요건의 준수 없이 관행적으로 실시되던 방식에 편승하여 이루어진 행위로서, 전체적으로 수단과 방법의 적정성을 벗어난 것으로 보이지 않으므로, 형법상 정당행위에 해당하여 위법성이 조각된다고 봄이 타당하다.

9 **[대판 2015도1927] [사내하청업체 소속 근로자들이 사용자인 하청업체를 상대로 한 쟁의행위의 일환으로 원청업체 사업장에서 집회 · 시위를 하고, 대체 투입된 근로자의 업무를 방해한 사건]** [1] 단체행동권은 헌법 제33조 제1항에서 보장하는 기본권으로서 최대한 보장되어야 하지만 헌법 제37조 제2항에 의하여 국가안전보장 · 질서유지 또는 공공복리 등의 공익상의 이유로 제한될 수 있고 그 권리의 행사가 정당한 것이어야 한다는 **내재적인 한계**가 있다. 쟁의행위가 정당행위로 위법성이 조각되는 것은 사용자에 대한 관계에서 인정되는 것이므로, 제3자의 법익을 침해한 경우에는 원칙적으로 정당성이 인정되지 않는다. 그런데 도급인은 원칙적으로 수급인 소속 근로자의 사용자가 아니므로, 수급인 소속 근로자의 쟁의행위가 도급인의 사업장에서 일어나 도급인의 형법상 보호되는 법익을 침해한 경우에는 사용자인 수급인에 대한 관계에서 쟁의행위의 정당성을 갖추었다는 사정만으로 사용자가 아닌 도급인에 대한 관계에서까지 **법령에 의한 정당한 행위로서 법익 침해의 위법성이 조각된다고 볼 수는 없다**. 그러나 수급인 소속 근로자들이 집결하여 함께 근

로를 제공하는 장소로서 도급인의 사업장은 수급인 소속 근로자들의 삶의 터전이 되는 곳이고, 쟁의행위의 주요 수단 중 하나인 파업이나 태업은 도급인의 사업장에서 이루어질 수밖에 없다. 또한 도급인은 비록 수급인 소속 근로자와 직접적인 근로계약관계를 맺고 있지는 않지만, 수급인 소속 근로자가 제공하는 근로에 의하여 일정한 이익을 누리고, 그러한 이익을 향수하기 위하여 수급인 소속 근로자에게 사업장을 근로의 장소로 제공하였으므로 그 사업장에서 발생하는 쟁의행위로 인하여 일정 부분 법익이 침해되더라도 사회통념상 이를 용인하여야 하는 경우가 있을 수 있다. 따라서 사용자인 수급인에 대한 정당성을 갖춘 쟁의행위가 도급인의 사업장에서 이루어져 형법상 보호되는 도급인의 법익을 침해한 경우, 그것이 항상 위법하다고 볼 것은 아니고, 법질서 전체의 정신이나 그 배후에 놓여있는 사회윤리 내지 사회통념에 비추어 용인될 수 있는 행위에 해당하는 경우에는 형법 제20조의 '사회상규에 위배되지 아니하는 행위'로서 위법성이 조각된다. 이러한 경우에 해당하는지 여부는 쟁의행위의 목적과 경위, 쟁의행위의 방식 · 기간과 행위 태양, 해당 사업장에서 수행되는 업무의 성격과 사업장의 규모, 쟁의행위에 참여하는 근로자의 수와 이들이 쟁의행위를 행한 장소 또는 시설의 규모 · 특성과 종래 이용관계, 쟁의행위로 인해 도급인의 시설관리나 업무수행이 제한되는 정도, 도급인 사업장 내에서의 노동조합 활동 관행 등 여러 사정을 종합적으로 고려하여 판단하여야 한다. [2] 사용자는 쟁의행위 기간 중 그 쟁의행위로 중단된 업무의 수행을 위하여 당해 사업과 관계없는 자를 채용 또는 대체할 수 없다(노동조합 및 노동관계조정법 제43조 제1항). 사용자가 당해 사업과 관계없는 자를 쟁의행위로 중단된 업무의 수행을 위하여 채용 또는 대체하는 경우, 쟁의행위에 참가한 근로자들이 위법한 대체근로를 저지하기 위하여 상당한 정도의 실력을 행사하는 것은 쟁의행위가 실효를 거둘 수 있도록 하기 위하여 마련된 위 규정의 취지에 비추어 정당행위로서 위법성이 조각된다. 위법한 대체근로를 저지하기 위한 실력 행사가 사회통념에 비추어 용인될 수 있는 행위로서 정당행위에 해당하는지는 그 경위, 목적, 수단과 방법, 그로 인한 결과 등을 종합적으로 고려하여 구체적인 사정 아래서 합목적적 · 합리적으로 고찰하여 개별적으로 판단하여야 한다.

10 **[대판 2013도7896]** 노동조합이 주도한 쟁의행위 자체의 정당성과 이를 구성하거나 여기에 부수되는 개개 행위의 정당성은 구별하여야 하므로, **일부 소수**의 근로자가 폭력행위 등의 위법행위를 하였더라도, **전체로서의** 쟁의행위마저 당연히 위법하게 되는 것은 아니다.

11 **[대판 2011도468]** 철도노동조합과 산하 지방본부 간부인 피고인들이 '구내식당 외주화 반대' 등 한국철도공사의 경영권에 속하는 사항을 주장하면서 업무 관련 규정을 지나치게 철저히 준수하는 등의 방법으로 **안전운행투쟁을 전개하여 열차가 지연 운행되도록 함으로써 한국철도공사의 업무를 방해**하였다는 내용으로 기소된 사안에서, 열차 지연 운행 횟수나 정도 등에 비추어 안전운행투쟁으로 말미암아 한국철도공사의 사업운영에 (가) 심대한 혼란 내지 막대한 손해가 초래될 위험이 있었다고 하기 어렵고, 그 결과 한국철도공사의 사업계속에 관한 (나) 자유의사가 제압 · 혼란될 수 있다고 평가할 수 있는 경우에 해당하지 않는다고 볼 여지가 충분한데도, 이와 달리 안전운행투쟁의 주된 목적이 정당하지 않다는 이유만으로 업무방해죄가 성립한다고 단정한 원심판단에 업무방해죄의 위력에 관한 법리오해 및 심리미진의 위법이 있다.

12 **[대판 2004도7218]** 사용자가, 적법한 직장폐쇄 기간 중 일방적으로 업무에 복귀하겠다고 하면서 자신의 퇴거요구에 불응한 채 계속하여 사업장 내로 진입을 시도하는 해고 근로자를 폭행, 협박한 것이 사업장 내의 평온과 노동조합의 업무방해행위를 방지하기 위한 **정당방위 내지 정당행위에 해당**한다.

13 [대판 2000도2871] 노동조합이 노동위원회에 노동쟁의 조정신청을 하여 조정절차가 마쳐지거나 조정이 종료되지 아니한 채 조정기간이 끝나면 노동조합은 쟁의행위를 할 수 있는 것으로 **노동위원회가 반드시 조정결정을 한 뒤에 쟁의행위를 하여야지 그 절차가 정당한 것은 아니다**.

14 [대판 92도1645] 쟁의행위의 목적이 위법하지 아니하고 시위행위가 병원의 **업무개시 전이거나 점심시간을 이용**하여 현관로비에서 이루어졌고 쟁의행위의 방법이 폭력행위를 수반하지 아니한 점에 비추어 업무방해죄의 성립을 인정하기 어렵다.

30 징계행위와 정당행위

* 대법원 2004. 6. 10. 선고 2001도5380 판결
* 참조조문: 형법 제20조,1) 초·중등교육법 제18조 제1항,2) 초·중등교육법시행령 제31조3)

여자중학교 교사의 학생에 대한 지도행위가 당시의 상황, 동기, 그 수단, 방법 등에 비추어 사회통념상 객관적 타당성을 잃은 지도행위여서 정당행위로 볼 수 없다고 본 사례

●**사실**● 피고인 X는 여자중학교 체육교사 겸 태권도 지도교사이다. 당시 중학생인 A 등의 각 언행을 교정하기 위하여 자신의 감정을 자제하지 못한 나머지 많은 낯모르는 학생들이 있는 교실 밖의 공개된 장소에서 자신의 손이나 주먹으로 A의 머리 부분을 때렸고 자신이 신고 있던 슬리퍼로 A의 양손을 때렸다. 나아가 여학생인 A 등에게 모욕감을 느낄 지나친 욕설을 하였다.

검사는 X를 폭행죄와 모욕죄로 기소하였고 제1심과 제2심은 X에게 유죄를 인정하였다. 이에 X는 법령에 의한 학생에 대한 징계나 학생에 대한 교육적 지도행위의 경우에는 그 행위의 위법성이 조각된다는 형법 제20조를 이유로 상고하였다.

●**판지**● **상고기각**. 「[1] 초·중등교육법령에 따르면 **교사는 학교장의 위임을 받아** 교육상 필요하다고 인정할 때에는 징계를 할 수 있고 징계를 하지 않는 경우에는 그 밖의 방법으로 지도를 할 수 있는데 그 지도에 있어서는 교육상 불가피한 경우에만 신체적 고통을 가하는 방법인 이른바 체벌로 할 수 있고 그 외의 경우에는 훈육, 훈계의 방법만이 허용되어 있는바, 교사가 학생을 징계 아닌 방법으로 지도하는 경우에도 징계하는 경우와 마찬가지로 교육상의 필요가 있어야 될 뿐만 아니라 특히 학생에게 신체적, 정신적 고통을 가하는 체벌, 비하(卑下)하는 말 등의 언행은 교육상 불가피한 때에만 허용되는 것이어서, **학생에 대한 폭행, 욕설에 해당되는 지도행위는 학생의 잘못된 언행을 교정하려는 목적에서 나온 것이었으며 다른 교육적 수단으로는 교정이 불가능하였던 경우로서 그 방법과 정도에서 사회통념상 용인될 수 있을 만한 객관적 타당성을 갖추었던 경우에만 법령에 의한 정당행위로 볼 수 있을 것**이고, 교정의 목적에서 나온 지도행위가 아니어서 학생에게 체벌, 훈계 등의 교육적 의미를 알리지도 않은 채 지도교사의 성격 또는 감정에서 비롯된 지도행위라든가, 다른 사람이 없는 곳에서 개별적으로 훈계, 훈육의 방법으로 지도·교정될 수 있는 상황이었음에도 낯모르는 사람들이 있는 데서 공개적으로 학생에게 체벌·모욕을 가하는 지도행위라든가, 학생의 신체나 정신건강에 위험한 물건 또는 지도교사의 신체를 이용하여 학생의 신체 중 부상의 위험성이 있는 부위를 때리거나 학생의 성별, 연령, 개인적 사정에서 견디기 어려운 모욕감을 주어 방법·정도가 지나치게 된 지도행위 등은 특별한 사정이 없는 한 **사회통념상 객관적 타당성을 갖추었다고 보기 어렵다.**

1) 형법 제20조(정당행위) **법령에 의한 행위** 또는 업무로 인한 행위 기타 **사회상규**에 위배되지 아니하는 행위는 벌하지 아니한다.

2) 초·중등교육법 제18조(학생의 징계) ① **학교의 장은** 교육을 위하여 필요한 경우에는 법령과 학칙으로 정하는 바에 따라 **학생을 징계하거나 그 밖의 방법으로 지도**할 수 있다. 다만, 의무교육을 받고 있는 학생은 퇴학시킬 수 없다. <개정 2021. 3. 23.>

3) 초·중등교육법 시행령 제31조(학생의 징계 등) ① 법 제18조 제1항 본문의 규정에 의하여 학교의 장은 교육상 필요하다고 인정할 때에는 학생에 대하여 다음 각 호의 어느 하나에 해당하는 징계를 할 수 있다. 1. 학교 내의 봉사 2. 사회봉사 3. 특별교육이수 4. 1회 10일 이내, 연간 30일 이내의 출석정지 5. 퇴학처분 ⑧ 학교의 장은 법 제18조 제1항 본문에 따라 지도를 할 때에는 학칙으로 정하는 바에 따라 훈육·훈계 등의 방법으로 하되, **도구, 신체 등을 이용하여 학생의 신체에 고통을 가하는 방법을 사용해서는 아니 된다.** <개정 2011. 3. 18.>

[2] 여자중학교 교사의 학생에 대한 지도행위가 당시의 상황, 동기, 그 수단, 방법 등에 비추어 사회 통념상 객관적 타당성을 갖추지 못하여 정당행위로 볼 수 없다」.

●**해설**● 1 형법 제20조 정당행위 중 법령에 의한 행위란 현행 실정법에 근거를 둔 행위를 말하는 것으로 ① 공무원의 직무 집행행위 ② **징계행위** ③ 노동쟁의행위 ④ 사인(私人)의 현행범 체포행위 등이 있다. 사안은 이중 ②와 관련된 것이다. 법령에 의한 징계행위로는 자녀에 대한 친권자의 징계(민법 915), 학생에 대한 학교장의 징계, 수용된 소년에 대한 소년원장의 징계 등이 있다.

2 초·중등교육법 제18조 제1항은 **"학교의 장은 교육을 위하여 필요한 때에는 법령 및 학칙이 정하는 바에 의하여 학생을 징계하거나 그 밖의 방법으로 지도할 수 있다."**고 규정하고 제20조 제4항은 "교사는 법령이 정하는 바에 따라 학생을 교육 한다."고 규정하며, 그 법 시행령 제31조 제1항은 "법 제18조 제1항 본문의 규정에 의하여 학교의 장이 교육상 필요하다고 인정할 때에는 학생에 대하여 다음 각 호의 1.의 징계를 할 수 있다. 1. 학교 내의 봉사, 2. 사회봉사, 3. 특별교육, 4. 1회 10일 이내, 연간 30일 이내의 출석정지, 5. 퇴학 처분"이라고 규정하고 그 제31조 제8항은 "학교의 장은 법 제18조 제1항 본문에 따라 지도를 할 때에는 학칙으로 정하는 바에 따라 훈육·훈계 등의 방법으로 하되, **도구, 신체 등을 이용하여 학생의 신체에 고통을 가하는 방법을 사용해서는 아니 된다."**고 규정하고 있다.

3 학교의 장은 학생을 징계할 수 있다. 본 사안은 '학교의 장'이 아닌 교사가 학생을 체벌한 사안이다. 당시의 교육관련 법령 아래서 대상판례는 학생에 대한 신체적 체벌도 엄격한 요건 하에 허용될 수 있다는 입장이었다. 다만 사안에서의 법원은 교사 X의 행위는 사회 통념상 객관적 타당성을 갖추지 못하여 정당행위로 볼 수 없다는 판단을 하였다.

4 2011.3.18. 초·중등교육법 시행령이 일부 개정되어 제31조 제8항에서 "학교의 장은 법 제18조 제1항 본문에 따라 지도를 할 때에는 학칙으로 정하는 바에 따라 훈육·훈계 등의 방법으로 하되, **도구, 신체 등을 이용하여 학생의 신체에 고통을 가하는 방법을 사용해서는 아니 된다."**고 하여 **체벌을 명시적으로 금지하는 조항을 신설**하였다. 따라서 이제는 교장이나 교사의 학생에 대한 체벌은 법령에 반하고 사회상규에도 위배되는 행위로 보아야 한다.[4)]

5 아동복지법 제71조 제1항 제2호, 제17조 제3호에 따르면, 누구든지 아동의 신체에 손상을 주거나 신체의 건강 및 발달을 해치는 신체적 학대행위를 한 사람은 위법에 의한 처벌을 받아야 한다. **'아동'은 18세 미만**인 사람을 말하고, '아동학대'란 보호자를 포함한 성인이 아동의 건강 또는 복지를 해치거나 정상적 발달을 저해할 수 있는 신체적·정신적·성적 폭력이나 가혹행위를 하는 것 등을 말하며, '보호자'에는 아동을 보호·양육·교육하거나 그러한 의무가 있는 자 또는 업무·고용 등의 관계로 사실상 아동을 보호·감독하는 자가 포함된다(아동복지법 제3조 제1호, 제3호, 제7호). 또한 아동학대처벌법 제7조, 제10조 제2항 제20호에 따르면 초·중등교육법 제2조에 따른 학교의 장과 그 종사자가 보호하는 아동에

4) 근래에는 민법의 징계권조항(구 제915조)도 폐지되었다(2021.1.26.) 민법상 징계권 조항은 친권자가 그 자를 보호 또는 교양하기 위하여 필요한 징계를 할 수 있고, 법원의 허가를 얻어 감화 또는 교정기관에 위탁할 수 있다는 내용이었으나 부모가 아동을 체벌할 수 있다는 뜻으로 오인될 우려가 있어 2021년 1월에 폐지되었다.

대하여 아동학대범죄를 범한 때에는 가중처벌된다.

6 "아동체벌과 관련하여 국내법은 최근 획기적인 발전을 보이고 있으나 국제 인권기준에 비하면 부족한 부분이 많다. 2011년 초·중등교육법시행령 개정을 통해 학교에서의 직접체벌을 금지하고 있다. 한국에서의 체벌 관행을 고려할 때, 시행령으로써 교사에 의한 직접체벌을 금지하고 있는 것도 문제려니와 간접체벌의 한계에 대해서는 침묵하고 있다. 더구나 가정에서의 직·간접체벌 이슈는 아직까지도 법적 논의대상으로 부각되지 못하고 있는 실정이다."5)

Reference 1

징계행위가 사회상규에 위배된다고 본 판례

1 **[대판 2022도1718]** [1] 교사인 피고인이 학교에서 13~14세의 중학생들에게 3회에 걸쳐 체벌(이들에게 머리를 때림)을 가함으로써 신체적 학대행위를 하였다고 하여 「아동학대범죄의 처벌 등에 관한 특례법」위반(아동복지시설종사자등의아동학대가중처벌)으로 기소된 사안에서, 피고인의 행위가 위 법이 가중처벌하는 '아동의 신체에 손상을 주거나 신체의 건강 및 발달을 해치는 신체적 학대행위'에 해당하는지를 판단할 때에도 초·중등교육법 시행령과 해당 학교의 생활지도 규정이 적용되므로, 위 법령과 규정에서 **금지하는 수단과 방법을 사용하여 체벌**을 하였다면 훈육 또는 지도 목적으로 행하였더라도 신체적 학대행위에 해당한다는 이유로, 이와 달리 보아 공소사실을 무죄로 판단한 원심판결에 법리오해 및 심리미진의 잘못이 있다고 한 사례. [2] 초·중등교육법 제18조 제1항 본문은 '학교의 장은 교육을 위하여 필요한 경우에는 법령과 학칙으로 정하는 바에 따라 학생을 징계하거나 그 밖의 방법으로 지도할 수 있다'고 규정하고 있다. 그 위임에 따른 초·중등교육법 시행령 제31조 제8항은 '법 제18조 제1항 본문에 따라 지도를 할 때에는 학칙으로 정하는 바에 따라 훈육·훈계 등의 방법으로 하되, 도구, 신체 등을 이용하여 학생의 **신체에 고통을 가하는 방법을 사용해서는 아니 된다**'고 규정하고, 위 ○○중학교의 생활지도 규정 제12조 제5항도 '징계지도 시 도구, **신체 등을 사용하는 체벌은 금지한다**'고 규정한다. 따라서 피고인이 위 중학교 교사로서 학생들에게 초·중등교육법 시행령과 학교의 생활지도 규정에서 금지하는 수단과 방법을 사용하여 체벌을 하였다면 훈육 또는 지도 목적으로 행하여졌다고 할지라도 허용될 수 없다.

2 **[대판 2003도4151]** [1] 상사 계급의 피고인이 그의 잦은 폭력으로 신체에 위해를 느끼고 겁을 먹은 상태에 있던 부대원들에게 청소 불량 등을 이유로 40분 내지 50분간 **머리박아(속칭 '원산폭격')**를 시키거나 양손을 깍지 낀 상태에서 약 2시간 동안 팔굽혀펴기를 50~60회 정도 하게 한 행위가 형법 제324조에서 정한 **강요죄에 해당**한다. [2] 상사 계급의 피고인이 부대원들에게 얼차려를 지시할 당시 **얼차려**의 결정권자도 아니었고 소속 부대의 얼차려 지침상 허용되는 얼차려도 아니라는 등의 이유로, 피고인의 얼차려 지시 행위를 **형법 제20조의 정당행위로 볼 수 없다.**

3 **[대판 91도513]** 교사가 학생을 엎드러지게 한 후 몽둥이와 당구큐대로 그의 둔부를 때려 3주간의 치료를 요하는 우둔부심부혈종좌이부좌상을 입혔다면 비록 학생주임을 맡고 있는 교사로서 제자를 훈계하기 위

5) 장민영, 가정 및 학교에서의 아동체벌에 관한 국제인권기준 분석 및 국내법 검토, 중앙법학 제15집 제3호 (2013), 46면.

한 것이었다 하더라도 이는 징계의 범위를 넘는 것으로서 형법 제20조의 정당행위에는 해당하지 아니한다.

4 **[대판 90도1456]** 교사가 국민학교 5학년생을 징계하기 위하여 양손으로 교탁을 잡게하고 길이 50cm, 직경 3cm 가량 되는 나무 지휘봉으로 엉덩이를 두 번 때리고, 학생이 아파서 무릎을 굽히며 허리를 옆으로 틀자 다시 허리부분을 때려 **6주간의 치료를 받아야 할 상해**를 입힌 경우 위 징계행위는 그 방법 및 정도가 교사의 징계권행사의 허용한도를 넘어선 것으로서 정당한 행위로 볼 수 없다.

5 **[대판 84도799]** 피고인의 소위가 군내부에서 부하인 방위병들의 훈련 중에 그들에게 군인정신을 환기시키기 위하여 한 일이라 하더라도 원심이 확정한 바와 같은 **감금과 구타행위는 징계권 내지 훈계권의 범위를 넘어선 위법한 감금, 폭행행위**가 된다.

6 **[대판 80도762]** 교사가 피해자인 학생이 욕설을 하였는지를 확인도 하지 못할 정도로 침착성과 냉정성을 잃은 상태에서 욕설을 하지도 아니한 학생을 오인하여 구타하였다면 그 교사가 비록 교육상 학생을 훈계하기 위하여 한 것이라고 하더라도 이는 징계권의 범위를 일탈한 위법한 폭력행위이다.

징계행위가 사회상규에 반하지 않는다고 본 판례

7 **[대판 78도2617]** 피고인 1은 1974.9.30. 23:00경 거주동 어두운 골목길에서 술에 취한 연소자인 전만우로부터 반말로 "담배 한개 다오."라고 요구받았기에 "뉘집 아이냐."고 반문하자 동인이 "이 자식 담배달라면 주지 왠 잔소리냐. 이래뵈도 내가 유도 4단인데 맛 좀봐라." 하며 덤벼들어 집어던지려고 하다가 피고인의 한복바지를 찢는 등 행패를 부리므로 피고인은 동인의 신원을 파악하고 또 연장자로서 훈계를 하기 위하여 동 전만우의 멱살을 잡아 부근에 있는 상피고인 2가 마당에 끌고 간 사실과, 피고인 2는 위와 같이 하여 끌려온 전만우가 때마침 동네어른들이 모여 있는 추석주연의 좌석에 뛰어들어 함부로 음식물을 취하고 자리를 어지럽게 할 뿐 아니라 또 **60세가 넘은 어른에게 담배를 청하는 등 불손한 행동**을 하므로 피고인은 수차 말려도 듣지 않고 동인은 급기야 피고인의 동생 공소외인에게 유도를 하자고 마당으로 끌고가서 동 공소외인을 넘어뜨리고 그 배 위에 올라타고 목을 조르고 있기에 피고인은 이를 제지하기 위하여 방 빗자루로 동 전만우의 엉덩이를 2회 때렸다는 사실을 각 인정한 다음 위 피고인들의 소위는 연소한 전만우의 불손한 행위에 대하여 그 신원을 파악하고 훈계하는 한편 전만우의 행패행위를 제지하기 위한 것으로 전만우의 행위에 의하여 침해당한 피고인 1, 2의 법익에 비하여 전만우가 **피고인 등의 폭행행위로 입은 신체상 침해된 법익을 교량할 때 피고인 등의 행위는 그 목적이나 수단이 상당하며 이는 사회상규에 위배되지 아니하여 위법성이 없다.**

31 유사의료행위(민간의료시술)와 정당행위

* 대법원 2000. 4. 25. 선고 98도2389 판결
* 참조조문: 형법 제20조[1)]

수지침 시술행위가 의료법에서 금지하고 있는 무면허 의료행위에 해당하는지 여부 및 수지침 시술행위가 형법 제20조 소정의 정당행위에 해당하기 위한 요건

●**사실**● 피고인 X는 A가 스스로 수지침(침의 총길이 1.9~2.3㎝, 침만의 길이 약 0.7~1㎜) 한 봉지를 사가지고 찾아와 수지침 시술을 부탁하므로, 자신은 아무런 대가를 받지 아니하고 A의 맥을 짚어 보고 그 병명을 진단한 후 수지침을 시술하였다.

제1심은 X의 행위를 무면허 의료행위로 보아「의료법」위반으로 유죄를 인정하였다. 하지만 원심은 피고인의 위 행위는 사회통념상 허용될 만한 상당한 것으로 형법 제20조 소정의 정당행위에 해당된다고 보아 무죄를 선고하였다. 검사는 상고하였다.

●**판지**● **상고기각.**「[1] 형법 제20조 소정의 **'사회상규에 위배되지 아니하는 행위'**라 함은 **법질서 전체의 정신이나 그 배후에 놓여 있는 사회윤리 내지 사회통념에 비추어 용인될 수 있는 행위**를 말하고, 어떠한 행위가 사회상규에 위배되지 아니하는 정당한 행위로서 위법성이 조각되는 것인지는 구체적인 사정 아래서 합목적적, 합리적으로 고찰하여 **개별적으로 판단**되어야 할 것인바, 이와 같은 정당행위를 인정하려면 첫째 그 행위의 동기나 목적의 정당성, 둘째 행위의 수단이나 방법의 상당성, 셋째 보호이익과 침해이익과의 법익균형성, 넷째 긴급성, 다섯째 그 행위 외에 다른 수단이나 방법이 없다는 보충성 등의 요건을 갖추어야 한다.

[2] 일반적으로 면허 또는 자격 없이 침술행위를 하는 것은 의료법 제25조의 무면허 의료행위(한방의료행위)에 해당되어 같은 법 제66조에 의하여 처벌되어야 하고, **수지침 시술행위도 위와 같은 침술행위의 일종으로서 의료법에서 금지하고 있는 의료행위에 해당**하며, 이러한 수지침 시술행위가 광범위하고 보편화된 민간요법이고, 그 시술로 인한 위험성이 적다는 사정만으로 그것이 바로 사회상규에 위배되지 아니하는 행위에 해당한다고 보기는 어렵다고 할 것이나, (가) **수지침은 시술부위나 시술방법 등에 있어서 예로부터 동양의학으로 전래되어 내려오는 체침의 경우와 현저한 차이가 있고,** (나) 일반인들의 인식도 이에 대한 관용의 입장에 기울어져 있으므로, 이러한 사정과 함께 (다) 시술자의 시술의 동기, 목적, 방법, 횟수, 시술에 대한 지식수준, 시술경력, 피시술자의 나이, 체질, 건강상태, 시술행위로 인한 부작용 내지 위험발생 가능성 등을 종합적으로 고려하여 구체적인 경우에 있어서 개별적으로 보아 법질서 전체의 정신이나 그 배후에 놓여 있는 사회윤리 내지 사회통념에 비추어 용인될 수 있는 행위에 해당한다고 인정되는 경우에는 형법 제20조 소정의 사회상규에 위배되지 아니하는 행위로서 위법성이 조각된다고 할 것이다」.

●**해설**● 1 형법 제20조 "사회상규에 위배되지 아니하는 행위"는 **'일반적 · 포괄적 정당화사유'로서 보충적 성격**을 지니고 있다. 그리고 사회상규라는 불명확성으로 인해 일률적 판단기준을 설정하기가 어렵다. 때문에 근래에는 "사회상규에 위배되지 아니하는 행위"의 유형화를 통해 이 규정의 적용에 구체적 지침을 마련하려는 노력이 지지를 받고 있다. 그중의 하나가 사안의 경우와 같은 유사의료행위이다.

---

1) 형법 제20조(정당행위) 법령에 의한 행위 또는 업무로 인한 행위 기타 **사회상규에 위배되지 아니하는 행위**는 벌하지 아니한다.

2 사안은 민간 의료로서 수지침 시술행위가 사회상규에 반하지 않아 위법하지 않다고 판단한 사례이다. 의료법상 무면허 의료행위는 ① 의료인이 아닌 자의 의료행위 ② 의료인의 경우도 면허된 것 이외의 의료행위를 한 경우이다.[2] X의 행위는 ①에 해당하는 무면허 의료행위로 의료법에서 금지하는 의료행위에 해당한다. 그러나 법원은 "사회상규에 위배되지 아니하는 행위"로 위법성이 조각된다고 보았다.

3 헌법재판소는 **무면허 의료행위**에 대해서는 일률적·전면적 금지의 합헌성을 인정하고 있다(헌재 2010헌마658). 대법원 또한 무면허 의료행위에 대해서 형법 제20조의 정당행위를 인정하는 경우는 거의 없다(부황이나 체침의 시술도 모두 위법한 것으로 보고 있다. Ref 5, 7, 8). 그런 측면에서 대상판결은 의료유사행위에 대해 정당행위를 인정한 아주 드문 사례이다.

4 의료행위에 해당하는 어떠한 시술행위가 무면허로 행하여졌을 때, 「개별적인 경우에 그 시술행위의 위험성의 정도, 일반인들의 시각, 시술자의 시술 동기, 목적, 방법, 횟수, 시술에 대한 지식수준, 시술경력, 피시술자의 나이, 체질, 건강상태, 시술행위로 인한 부작용 내지 위험발생 가능성 등을 종합적으로 고려하여 **법질서 전체의 정신이나 그 배후에 놓여 있는 사회윤리 내지 사회통념에 비추어 용인될 수 있는 행위에 해당한다**고 인정되는 경우에만 사회상규에 위배되지 아니하는 행위로서 위법성이 조각」되는 것이다(대판 2002도5077).

5 대법원은 제1심을 파기한 원심의 판단이 전체적으로는 본 법리에 따른 것으로서 정당한 것으로 판단하였다. 즉, 「(가) 손등과 손바닥에만 하는 것으로서 피부에 침투하는 정도가 아주 경미하여 부작용이 생길 위험이 극히 적은 사실(아직 부작용이 보고된 예는 보이지 아니한다), (나) 수지침시술은 1971년경 유태우에 의하여 연구, 발표된 이래 국민건강요법으로 이용되어 왔고, 수지침을 연구하는 사람들의 모임인 고려수지요법학회는 전국 160개 지부를 통하여 전국에 걸쳐 수지침을 통한 의료봉사활동을 하고 있으며, (다) 수지침시술은 누구나 쉽게 배워 스스로를 진단하여 자신의 손에 시술할 수 있고, 또한 실제로 많은 사람이 민간요법으로 이용하고 있는 사실, (라) 피고인은 수지침의 전문가로서 위 학회의 춘천시지회를 운영하면서 일반인들에게 수지침요법을 보급하고, 수지침을 통한 무료의료봉사활동을 하여 온 사실, (마) 위 A는 스스로 수지침 한 봉지를 사 가지고 X를 찾아와서 수지침 시술을 부탁하므로, X는 아무런 대가를 받지 아니하고 이 사건 시술행위를 한 사실 등」을 인정하였다. 그리고 「수지침시술로 인한 부작용의 발생 가능성이 극히 적은 점, 수지침시술이 우리 사회에 민간요법으로서 광범위하게 행하여지고 있는 점, X가 위와 같은 행위에 이르게 된 경위 등 제반 사정에 비추어 보아 **X의 위 행위는 사회통념상 허용될 만한 정도의 상당성이 있는 것으로서 형법 제20조 소정의 정당행위에 해당하여 범죄로 되지 아니한다**」고 판단하였다.

---

2) 의료법 제27조(무면허 의료행위 등 금지) ① 의료인이 아니면 누구든지 의료행위를 할 수 없으며 의료인도 면허된 것 이외의 의료행위를 할 수 없다.

Reference

무면허 의료행위와 관련된 사안

1 **[대판 2017도10007] [호스피스 간호사의 사망진단서 발급이 무면허 의료행위에 해당하는지 여부(적극)]** [1] 의사·치과의사 또는 한의사가 간호사로 하여금 의료행위에 관여하게 하는 경우에도 그 의료행위는 의사 등의 책임 아래 이루어지는 것이고 간호사는 보조자이다. 간호사가 의사 등의 진료를 보조하는 경우 모든 행위 하나하나마다 항상 의사 등이 현장에 입회하여 일일이 지도·감독해야 한다고 할 수는 없고, 경우에 따라서는 의사 등이 진료의 보조행위 현장에 입회할 필요 없이 일반적인 지도·감독을 하는 것으로 충분한 경우도 있을 수 있으나, 이는 어디까지나 의사 등이 그의 주도로 의료행위를 실시하면서 그 의료행위의 성질과 위험성 등을 고려하여 그중 일부를 간호사로 하여금 보조하도록 지시 내지 위임할 수 있다는 것을 의미하는 것에 그친다. 이와 달리 의사 등이 간호사에게 의료행위의 실시를 개별적으로 지시하거나 위임한 적이 없음에도 간호사가 그의 주도 아래 전반적인 의료행위의 실시 여부를 결정하고 간호사에 의한 의료행위의 실시과정에도 의사 등이 지시·관여하지 않은 경우라면, 이는 구 의료법 제27조 제1항이 금지하는 **무면허 의료행위에 해당**한다. [2] 환자가 사망한 경우 사망진단 전에 이루어지는 사망징후관찰은 구 의료법 제2조 제2항 제5호에서 간호사의 임무로 정한 '상병자 등의 요양을 위한 간호 또는 진료 보조'에 해당한다고 할 수 있다. 그러나 **사망의 진단**은 의사 등이 환자의 사망 당시 또는 사후에라도 현장에 입회해서 직접 환자를 대면하여 수행해야 하는 의료행위이고, **간호사는 의사 등의 개별적 지도·감독이 있더라도 사망의 진단을 할 수 없다.** 사망의 진단은 사망 사실과 그 원인 등을 의학적·법률적으로 판정하는 의료행위로서 구 의료법 제17조 제1항이 사망의 진단 결과에 관한 판단을 표시하는 사망진단서의 작성·교부 주체를 의사 등으로 한정하고 있고, 사망 여부와 사망 원인 등을 확인·판정하는 사망의 진단은 사람의 생명 자체와 연결된 중요한 의학적 행위이며, 그 수행에 의학적 전문지식이 필요하기 때문이다. [3] 원심은 다음과 같은 이유로 피고인들의 행위가 구 의료법 제27조 제1항에서 금지하는 무면허 의료행위 및 이에 대한 교사에 해당한다고 보아 원심에서 변경된 이 사건 공소사실을 유죄로 인정하고, **'정당행위', '법률의 착오'에 관한 피고인들의 주장을 받아들이지 않았다.** 간호사인 피고인 B, C, D, E, F(이하 '간호사인 피고인들'이라 한다)이 환자에 대한 사망의 징후를 확인하는 등의 행위를 할 수 있다고 하더라도, 이러한 행위는 사체검안 행위의 보조행위로서 의사가 사망 당시 또는 사후에라도 현장에 입회하여 환자의 사망의 징후를 직접 확인하는 것을 전제로 하는 행위라고 보아야 한다. 따라서 의사인 피고인 A가 간호사인 피고인들로부터 전화를 받았다고 하더라도, 간호사인 피고인들이 의사인 피고인 A가 입회하지 아니한 채 '환자의 사망의 징후를 확인하고, 이를 바탕으로 환자의 유족들에게 사망진단서 등을 작성·발급한 행위'는 사망을 진단하는 행위, 즉 사체검안을 구성하는 일련의 행위에 해당하므로 이를 포괄하여 무면허 의료행위에 해당한다고 봄이 타당하다.

2 **[대판 2006도6870]** [한의사 면허나 자격 없이 소위 '통합의학'에 기초하여 환자를 진찰 및 처방하는 행위가 정당행위에 해당하지 않는다고 한 사례] 피고인이 나름대로 소위 **'통합의학'**이라는 분야의 지식을 쌓아 온 사실은 인정되나, 국내에서 진찰 및 처방행위를 할 수 있는 면허나 자격을 취득하지는 못한 사실, 위와 같은 '통합의학'은 아직 이에 대한 체계적인 연구가 부족하여 그 치료효과에 관한 과학적 근거가 부족한 사실, 이 사건 환자들은 간암, 간경화 등 질병의 치료를 목적으로 피고인을 찾아가 가입비를 납부한 뒤, 피고인으로부터 진찰을 받고, 그 상태에 따라 한의사가 아니면 처방할 수 없고 한약사라고 하더라도 한

약조제지침서에 정하여진 처방에 따라서 조제할 수 있을 뿐인 한약재로 구성된 소위 **'달인 물'**을 처방받아 이를 복용하였는데, 이러한 '통합의학'에 기초한 피고인의 질병에 대한 진찰 및 처방은 그 치료효과에 관한 과학적 근거가 부족하여 그로 인한 부작용 내지 위험발생의 개연성이 적지 아니할 것으로 보이는 사실 등을 인정할 수 있는바, 그렇다면 이러한 피고인의 진찰 및 처방은 의료법을 포함한 법질서 전체의 정신이나 사회통념에 비추어 용인될 수 있는 행위에 해당한다고 볼 수 없으므로 위법성이 조각되지 아니한다.

3 **[대판 2005도9670] 조산사**가 산모의 분만과정 중 별다른 응급상황이 없음에도 **독자적 판단**으로 포도당 또는 옥시토신을 투여한 행위에 대하여, 조산원에서 산모의 분만을 돕거나 분만 후의 처치를 위하여 옥시토신과 포도당이 일반적으로 사용되고 있고, 위 약물들을 산모의 건강을 위해 투여하였다고 하더라도, 지도의사로부터 지시를 받지 못할 정도의 긴급 상황을 인정할 수 없는 이상 정당한 응급의료행위라거나 사회상규에 반하지 않는 행위라고 볼 수 없다.

4 **[대판 2005도8317]** [1] 의사가 모발이식시술을 하면서 이에 관하여 어느 정도 지식을 가지고 있는 간호조무사로 하여금 **모발이식시술행위 중 일정 부분을 직접 하도록 맡겨둔 채 별반 관여하지 않은 것**이 정당행위에 해당하지 않는다. [2] 의사가 모발이식시술을 하면서 간호조무사로 하여금 식모기(植毛機)를 피시술자의 머리부위 진피층까지 찔러 넣는 방법으로 수여부에 모낭을 삽입하도록 한 행위가 진료보조행위의 범위를 벗어나 의료행위에 해당한다.

5 **[대판 2004도3405] 부항 시술행위**가 광범위하고 보편화된 민간요법이고, 그 시술로 인한 위험성이 적다는 사정만으로 그것이 바로 사회상규에 위배되지 아니하는 행위에 해당한다고 보기는 어렵고, …… 단순히 수지침 정도의 수준에 그치지 아니하고 부항침과 부항을 이용하여 체내의 혈액을 밖으로 배출되도록 한 것이므로, 이러한 피고인의 시술행위는 의료법을 포함한 법질서 전체의 정신이나 사회통념에 비추어 **용인될 수 있는 행위에 해당한다고 볼 수는 없고**, 따라서 사회상규에 위배되지 아니하는 행위로서 위법성이 조각되는 경우에 해당한다고 할 수 없다.

6 **[대판 2003도2903]** [크리스탈 필링기를 이용한 피부박피술이 의료행위에 해당한다고 한 사례] [1] 소위 **피부관리사**가 피부미용에 관하여는 상당한 지식을 가지고 있다고 하여도 의료 전반에 관한 체계적인 지식을 가지고 있지는 못한 사실, 피고인을 포함한 피고인 의원의 의사들은 크리스탈 필링 박피술의 시술과정 자체는 피부관리사에게만 맡겨둔 채 별반 관여를 하지 아니한 사실 등을 알 수 있는바, 이러한 피고인의 행위는 의료법을 포함한 법질서 전체의 정신이나 사회통념에 비추어 용인될 수 있는 행위에 해당한다고 볼 수는 없다 할 것이어서 위법성이 조각되지 아니한다 할 것이다. [2] 의료행위는 의료인만이 할 수 있음을 원칙으로 하되, 간호사, 간호조무사, 의료기사 등에 관한 법률에 의한 임상병리사, 방사선사, 물리치료사, 작업치료사, 치과기공사, 치과위생사의 면허를 가진 자가 의사, 치과의사의 지도하에 진료 또는 의학적 검사에 종사하는 행위는 허용된다 할 것이나, 그 외의 자는 의사, 치과의사의 지도하에서도 의료행위를 할 수 없는 것이고, 나아가 의사의 전체 시술과정 중 일부의 행위라 하더라도 그 행위만으로도 의료행위에 해당하는 한 비의료인은 이를 할 수 없으며, 의료행위를 할 면허 또는 자격이 없는 한 **그 행위자가 실제로 그 행위에 관하여 의료인과 같은 수준의 전문지식이나 시술능력을 갖추었다고 하더라도 마찬가지이다**.

7 **[대판 2003도939]** 자격기본법에 의한 민간자격관리자로부터 **대체의학자격증을 수여받은 자가 사업자등록을 한 후 침술원을 개설하였다고 하더라도** 국가의 공인을 받지 못한 민간자격을 취득하였다는 사실만으로는 자신의 행위가 무면허 의료행위에 해당되지 아니하여 죄가 되지 않는다고 믿는 데에 정당한 사유가 있었다고 할 수 없다.

8 **[대판 2002도5077]** 외국에서 침구사자격을 취득하였으나 국내에서 침술행위를 할 수 있는 면허나 자격을 취득하지 못한 자가 단순한 수지침 정도의 수준을 넘어 **체침을 시술한** 경우, 사회상규에 위배되지 아니하는 무면허의료행위로 인정될 수 없다.

9 **[대판 2002도807 전원합의체]** 의료행위라 함은 의학적 전문지식을 기초로 하는 경험과 기능으로 진찰 · 검안 · 처방 · 투약 또는 외과적 시술을 시행하여 하는 질병의 예방 또는 치료행위 및 그 밖에 의료인이 행하지 아니하면 보건위생상 위해가 생길 우려가 있는 행위를 의미한다 할 것이고, **안마나 지압**이 의료행위에 해당하는지에 대해서는 그것이 단순한 피로회복을 위하여 시술하는 데 그치는 것이 아니라, 신체에 대하여 **상당한 물리적인 충격을 가하는 방법으로 어떤 질병의 치료행위에까지 이른다면** 이는 보건위생상 위해가 생길 우려가 있는 행위, 즉 의료행위에 해당한다고 보아야 한다.

10 **[대판 2001도1568]** 파기환송. [의료법 제67조 소정의 '영리를 목적으로 한 안마행위'의 의미] [1] 보건복지부령인 안마사에 관한 규칙 제2조에 정하여진 안마사의 업무한계, 안마의 시술기원, 시술원리, 시술방법, 시술수단, 의료법의 입법목적 등에 비추어 보면, 의료법 제67조에 규정된 **'안마행위'**라 함은 "국민의 건강증진을 목적으로, 손이나 특수한 기구로 몸을 주무르거나, 누르거나, 잡아당기거나, 두드리거나 하는 등의 안마, 마사지 또는 지압 등 각종 수기요법과, 전기기구의 사용, 그 밖의 자극요법에 의하여 인체에 대한 물리적 시술을 하여 혈액의 순환을 촉진시킴으로써 뭉쳐진 근육을 풀어주는 등에 이를 정도의 행위"라고 풀이되고, 나아가 같은 법조에 규정된 **'영리를 목적으로 한 안마행위'**라 함은 영리를 목적으로 한 행위가 '안마행위' 그 자체이거나, 적어도 '안마행위'가 주된 행위라고 풀이함이 상당하다. [2] 마사지업소에서 종업원이 대가를 받고 손님들의 몸을 손으로 문지른 등의 행위가 사실관계 등에 비추어 **윤락행위를 위하여** 성적 흥분을 일으키게 하는 행위이지 의료법 제67조 소정의 '영리를 목적으로 한 안마행위'에 해당하지 않는다. **cf)** 제1심과 원심은 피고인의 위 행위가 의료법 위반으로 유죄를 인정하였다. 그러나 대법원은 피고인들의 행위는 '영리를 목적으로 한 안마행위'라고는 볼 수 없고 따라서 의료법 위반의 점에 대해 파기사유가 있음을 인정하여 파기환송 하였다.

11 **[대판 2000도432]** [암 등 난치성 질환을 앓는 환자에게 찜질기구를 주어 그 환자로 하여금 직접 환부에 대고 찜질을 하게 한 행위가 의료법 제25조 제1항 소정의 의료행위에 해당하는지 여부(적극)] 의료법 제25조 제1항에서 말하는 의료행위라 함은 의학적 전문지식을 기초로 하는 경험과 기능으로 진찰, 검안, 처방, 투약 또는 외과적 시술을 시행하여 하는 질병의 예방 또는 치료행위와 그 밖에 의료인이 행하지 아니하면 보건위생상 위해가 생길 우려가 있는 행위를 의미하는바, 돌 등이 들어있는 **스테인레스 용기를 천과 가죽으로 덮은 찜질기구를 가열하여 암 등 난치성 질환을 앓는 환자들에게 건네주어 환부에 갖다 대도록 한 행위**는 (가) 명백히 암 등 난치성 질환이라는 특정 질병에 대한 치료를 목적으로 한 것이고, (나) 이를 장기간 사용할 경우 피부 등에 화상을 입거나 암 등 난치성 질환을 앓고 있는 환자의 신체에 다른 부작용이 일어

날 가능성을 배제할 수 없으므로, (다) 이러한 치료행위는 의학상 전문지식이 있는 의료인이 행하지 아니하면 보건위생상 위해가 생길 우려가 있는 행위, 즉 의료행위에 해당한다고 보아야 할 것이고, (라) 비록 찜질기구의 가열 후 온도나 사용방법에 비추어 화상의 우려가 적다거나, 직접 환자의 몸에 손을 대지 않거나, 약물을 투여하는 등의 진찰행위가 없다고 하여 결론을 달리 할 것은 아니다.

12 **[대판 99도4541]** 지압서비스업소에서 근육통을 호소하는 손님들에게 엄지손가락과 팔꿈치 등을 사용하여 **근육이 뭉쳐진 허리와 어깨 등의 부위를 누르는 방법**으로 근육통을 완화시켜 준 행위가 의료행위에 해당하지 않는다.

13 **[대판 91도3219] 파기환송.** 고객들의 눈썹 또는 속눈썹 부위의 **피부에 자동문신용 기계로 색소를 주입**하는 방법으로 **눈썹 또는 속눈썹 모양의 문신을 하여 준 행위**는 그 시술방법이 표피에 색소를 주입함으로써 통증도 없고 출혈이나 그 부작용도 생기지 않으므로 의료인이 행하지 아니하면 사람의 생명, 신체 또는 일반공중위생에 밀접하고 중대한 위험이 발생할 염려가 있는 행위라고 볼 수 없어 의료행위가 아니라고 본 원심판결은 과연 표피에만 색소를 주입하여 영구적인 문신을 하는 것이 가능한지 및 그 시술방법이 어떤 것인지를 가려 보지 않았고 작업자의 실수 등으로 진피를 건드리거나 진피에 색소가 주입될 가능성이 있으며 문신용 침으로 인하여 질병의 전염 우려도 있는 점을 간과함으로써 법리오해, 채증법칙 위배, 심리미진 등의 위법이 있다는 이유로 파기한 사례.

32 소극적 방어행위와 정당행위

* 대법원 1992. 3. 10. 선고 92도37 판결
* 참조조문: 형법 제20조,[1] 제262조[2]

술에 취하여 비틀거리던 상대방의 행패를 저지하려고 어깨를 밀었는데 상대방이 시멘트 바닥에 넘어지며 이마를 부딪쳐 사망한 경우 정당행위에 해당하는가?

●**사실**● 피해자 A(남, 57세)는 이 사건 사고일 오전부터 술에 만취하여 아무 연고도 없는 X(여)의 집에 함부로 들어가 지하실 방으로 들어가는 출입문의 유리창을 발로 걷어차 깨뜨리는가 하면 성기를 꺼내어 아무데나 마구 소변을 본 뒤 2층으로 통하는 계단을 따라 올라갔다. X는 가정주부로서 집에서 혼자 있는 상태에서 현관문을 열고 밖으로 나오다가 A의 위와 같은 행동을 보고, 말로 어른이 술에 취해 무슨 짓이냐, 집 밖으로 나가라는 요구를 하였다. 그러나 A는 오히려 X에게 상스러운 욕설을 마구 퍼부으면서 횡설수설하다 결국 집 밖으로 나왔다.

조금 뒤 X는 A가 유리창을 깬 사실을 알고 그의 집에 가서 유리창 값을 받을 생각으로 A의 뒤를 따라가자 뒤돌아보면서 다시 X에게 상스러운 욕설을 하자, X가 "당신집이 어디냐, 같이 가서 당신 부인으로부터 유리 깨어진 것 변상을 받아야 겠으니 같이 가자."고 왼손으로 A의 어깨 위쪽을 붙잡자, A는 "내가 들어있는 방이 1,400,000원이니 당장 1,400,000원을 내어 놓으라."고 X로서는 이해할 수 없는 엉뚱한 요구를 하면서 다시 "이 개 같은 년아."하면서 욕설을 계속하였다. 이에 X가 더 이상 참지 못하고 빨리 가라면서 잡고 있던 왼손으로 A의 오른쪽 어깨부위를 밀치자 술에 만취하여 비틀거리던 A가 몸을 제대로 가누지 못하고 앞으로 넘어져 시멘트 바닥에 이마를 부딪치면서 1차성 쇼크로 사망하게 되었다.

검사는 X를 폭행치사죄(법262)로 기소하였다. 제1심과 원심은 X의 행위가 형법 제20조의 정당행위에 해당하여 죄가 되지 아니한다고 판단하였다. 이에 검사는 상고하였다.

●**판지**● **상고기각.** 「가정주부인 피고인으로서는 예기치 않게 피해자와 맞닥뜨리게 되어 위와 같은 행패와 엉뚱한 요구를 당하는가 하면 상스러운 욕설을 듣고 매우 당황하였으리라고 보여지고, 이에 화도 나고 그 행패에서 벗어나려고 전후 사려 없이 피해자를 왼손으로 밀게 된 것으로 인정되며, 그 민 정도 역시 그다지 센 정도에 이르지 아니한 것으로 인정되므로, 피고인의 위와 같은 행위는 **피해자의 부당한 행패를 저지하기 위한 본능적인 소극적 방어행**위에 지나지 아니하여 사회통념상 용인될 수 있는 정도의 상당성이 있어 위법성이 없다고 봄이 상당하고, 피해자가 비록 술에 취하여 비틀거리고는 있었지만 피고인의 위 행위가 정당행위인 이상 피해자가 술에 취한 나머지 여자인 피고인이 피해자의 어깨를 미는 정도의 행위로 인하여 넘어져 앞으로 고꾸라져 그 곳 시멘트가 돌처럼 솟아 있는 곳에 이마부위를 부딛히게 되고 이로 인한 1차성 쇼크로 사망하게 되었다 하더라도 그 사망의 결과에 대하여 피고인에게 형식적 책임을 지울 수는 없다고 봄이 상당하다」.

●**해설**● 1 현재 대법원이 형법 제20조의 사회상규와 관련하여 그 내용을 유형화·구체화한 것이 '소극적 방어행위'이다. 대법원은 폭행이나 가벼운 상해 등의 사안에서 **형사처벌이 지나치게 확대되는 것을**

1) 형법 제20조(정당행위) 법령에 의한 행위 또는 업무로 인한 행위 기타 **사회상규에 위배되지 아니하는 행위**는 벌하지 아니한다.
2) 형법 제262조(폭행치사상) 제260조와 제261조의 죄를 지어 사람을 사망이나 상해에 이르게 한 경우에는 제257조부터 제259조까지의 예에 따른다.

방지하기 위하여 이 이론을 전개하고 있다. **소극적 방어행위란** 상대방의 부당한 행패를 저지하기 위한 본능적인 소극적 방어행위에 지나지 아니하여 사회통념상 용인 될 수 있는 정도의 상당성이 인정되는 행위를 말한다.

2 사회상규에 위반되지 아니하는 행위라 함은 **법질서 전체**의 정신이나 그의 배후에 놓여 있는 사회윤리 도의적 감정 내지 사회통념에 비추어 용인될 수 있는 행위를 말하는 것이어서 어떠한 행위가 사회상규에 위배되지 아니하는가는 구체적 사정아래에서 합목적적 합리적으로 고찰하여 개별적으로 판단되어야 한다. 형법은 모든 위법성조각사유에 우선하는 가장 기본적인 일반적 위법성조각사유 내지 위법성조각사유의 근본원리로서 사회상규에 위배되지 않는 행위를 제시하고 있다. 형법 제20조는 초법규적 위법성조각사유를 일반적 위법성조각사유로 형법에 규정한 점에 그 의의가 있다.

3 위법성에 대한 평가와 관련해 우리 법원은 **객관적 위법성론**을 취하고 있다(대판 98도2389). ① 객관적 위법성론이란 위법성판단은 법질서 전체적 관점에서 객관적으로 판단하여야 하며 개개 행위자의 능력이나 사정을 위법성판단에서 고려해서는 안된다는 입장이다(법의 '평가규범' 중시). 따라서 정신병자의 행위도 행위자에게 책임이 없다고는 하더라도 위법성은 인정된다. 이에 반해 ② **주관적 위법성론**은 행위자의 주관적 능력을 고려하여 위법성을 판단해야 한다는 입장이다(법의 '의사결정규범' 중시). 이에 따르면 책임무능력자의 행위는 책임이 조각되는 것이 아니라 위법성이 조각된다.

4 형법 제20조에 정하여진 '사회상규에 위배되지 아니하는 행위'란 「법질서 전체의 정신이나 그 배후에 놓여 있는 사회윤리 내지 사회통념에 비추어 용인될 수 있는 행위를 말하므로, …… 어떠한 행위가 범죄구성요건에 해당하지만 정당행위라는 이유로 위법성이 조각된다는 것은 **그 행위가 적극적으로 용인, 권장된다는 의미가 아니라** 단지 특정한 상황 하에서 그 행위가 범죄행위로서 처벌대상이 될 정도의 위법성을 갖추지 못하였다는 것을 의미한다」(대판 2021도9680).

Reference

소극적 방어행위를 긍정한 판례

1 **[대판 2012도11204] 파기환송.** 당시 피고인은 실내 어린이 놀이터 벽에 기대어 앉아 자신의 딸(4세)이 노는 모습을 보고 있었는데, 피해자가 다가와 딸이 가지고 놀고 있는 블록을 발로 차고 손으로 집어 들면서 쌓아놓은 블록을 무너뜨리고, 이에 딸이 울자 피고인이 피해자에게 '하지 마, 그러면 안 되는 거야'라고 말하면서 몇 차례 피해자를 제지한 사실, 그러자 피해자는 피고인의 딸을 한참 쳐다보고 있다가 갑자기 딸의 눈 쪽을 향해 오른손을 뻗었고 이를 본 피고인이 왼손을 내밀어 피해자의 행동을 제지하였는데, 이로 인해 피해자가 바닥에 넘어져 엉덩방아를 찧은 사실, 그 어린이 놀이터는 실내에 설치되어 있는 것으로서, 바닥에는 충격방지용 고무매트가 깔려 있었던 사실, 한편 피고인의 딸은 그 전에도 또래 아이들과 놀다가 다쳐서 당시에는 얼굴에 손톱자국의 흉터가 몇 군데 남아 있는 상태였던 사실 등을 알 수 있다. 이러한 사실관계에서 알 수 있는 피고인의 이 사건 행위의 동기와 수단 및 그로 인한 피해의 정도 등의 사정을 앞서 본 법리에 비추어 살펴보면, 피고인의 이러한 행위는 피해자의 갑작스런 행동에 놀라서 자신의 어린 딸이 다시 얼굴에 상처를 입지 않도록 보호하기 위한 것으로 딸에 대한 피해자의 돌발적인 공격을 막기 위한 **본**

능적이고 소극적인 방어행위라고 평가할 수 있고, 따라서 이를 사회상규에 위배되는 행위라고 보기는 어렵다고 할 것이다.

2 **[대판 99도3377]** [외관상 서로 격투를 한 당사자 중 일방의 유형력의 행사가 위법성이 조각되기 위한 요건] [1] 서로 격투를 하는 자 상호간에는 공격행위와 방어행위가 연속적으로 교차되고 방어행위는 동시에 공격행위가 되는 **양면적 성격**을 띠는 것이므로 어느 한쪽 당사자의 행위만을 가려내어 방어를 위한 정당행위라거나 또는 정당방위에 해당한다고 보기 어려운 것이 보통이나, 외관상 서로 격투를 하는 것처럼 보이는 경우라고 할지라도 실지로는 한쪽 당사자가 일방적으로 불법한 공격을 가하고 상대방은 이러한 불법한 공격으로부터 자신을 보호하고 이를 벗어나기 위한 저항수단으로 유형력을 행사한 경우라면, 그 행위가 적극적인 반격이 아니라 소극적인 방어의 한도를 벗어나지 않는 한 그 행위에 이르게 된 경위와 그 목적수단 및 행위자의 의사 등 제반 사정에 비추어 볼 때 사회통념상 허용될 만한 상당성이 있는 행위로서 위법성이 조각된다고 보아야 할 것이다. [2] 오십대의 남녀인 부부가 66세의 여자인 피고인이 **혼자 묵을 만들고 있는 외딴 장소**에 찾아와 피고인을 넘어뜨리고 함께 일방적으로 불법한 폭행(한 명은 멱살을 잡고 밀어 넘어뜨리고 배 위에 올라타 주먹으로 팔, 얼굴 등을 폭행하였고, 한 명도 이에 가세하여 피고인의 얼굴에 침을 뱉으며 발로 밟아 폭행)을 한 사실을 가함에 대하여 피고인이 취한 위와 같은 행위(팔을 잡아 비틀고, 다리를 무는 등의 행위)는 자신을 보호하고 이를 벗어나기 위한 저항수단으로서 소극적인 방어의 한도를 벗어나지 않는 행위로서 위법성이 조각된다.

3 **[대판 96도979]** [목이 졸린 상태에서 벗어나기 위한 소극적 저항행위로서 정당행위에 해당한다고 본 사례] 피해자가 양손으로 피고인의 **넥타이를 잡고 늘어져** 후경부피하출혈상을 입을 정도로 목이 졸리게 된 피고인이 피해자를 떼어놓기 위하여 왼손으로 자신의 목 부근 넥타이를 잡은 상태에서 오른손으로 피해자의 손을 잡아 비틀면서 서로 밀고 당기고 하였다면, 피고인의 그와 같은 행위는 **목이 졸린 상태에서 벗어나기 위한 소극적인 저항행위**에 불과하여 형법 제20조 소정의 정당행위에 해당하여 죄가 되지 아니한다.

4 **[대판 95도936]** [피고인의 행위가 피해자의 부당한 행패를 저지하기 위한 본능적인 소극적 방어행위에 지나지 아니하여 정당행위라고 본 사례] 피고인이 피해자로부터 며칠간에 걸쳐 집요한 괴롭힘을 당해 온데다가 피해자가 피고인이 교수로 재직하고 있는 대학교의 강의실 출입구에서 피고인의 진로를 막아서면서 피고인을 물리적으로 저지하려 하자 극도로 흥분된 상태에서 **그 행패에서 벗어나기 위하여 피해자의 팔을 뿌리쳐서 피해자가 상해를 입게 된 경우**, 피고인의 행위는 피해자의 부당한 행패를 저지하기 위한 본능적인 소극적 방어 행위에 지나지 아니하여 사회통념상 허용될 만한 정도의 상당성이 있어 위법성이 없는 정당행위라고 봄이 상당하다.

5 **[대판 91도2831]** [여자 화장실 내에서 백을 빼앗으려고 다가오는 남자의 어깨를 밀친 행위가 정당행위에 해당한다고 본 사례] 남자인 피해자가 **비좁은 여자 화장실 내**에 주저앉아 있는 피고인으로부터 무리하게 쇼핑백을 빼앗으려고 다가오는 것을 저지하기 위하여 피해자의 어깨를 **순간적으로 밀친** 것은 피해자의 불법적인 공격으로부터 벗어나기 위한 본능적인 소극적 방어행위에 지나지 아니 하므로 이는 사회통념상 허용될 수 있는 행위로서 그 위법성을 인정할 수 없다. **cf)** 제1심에서는 피고인에게 상해죄를 인정하였으나 원심과 대법원은 위와 같은 이유로 무죄를 선고하였다.

6 **[대판 90도748]** 피해자가 술에 취하여 피고인에게 아무런 이유 없이 시비를 걸면서 얼굴을 때리다가 피고인이 **이를 뿌리치고 현장에서 도망가는 바람에 그가 땅에 넘어져 상처를 입은 사실**이 인정된다면 피고인의 행위는 사회통념상 허용될 만한 정도의 상당성이 있는 행위로서 형법 제20조에 정한 정당행위에 해당되어 죄가 되지 아니한다.

7 **[대판 89도2239]** [술에 취한 피해자의 돌연한 공격을 소극적으로 방어한 행위가 사회통념상 허용될 수 있는 상당성이 있어 위법성이 없다고 본 사례] 피해자가 술에 취한 상태에서 별다른 이유 없이 함께 술을 마시던 피고인의 뒤통수를 때리므로 피고인도 순간적으로 이에 대항하여 손으로 피해자의 얼굴을 1회 때리고 피해자가 주먹으로 피고인의 눈을 강하게 때리므로 더 이상 때리는 것을 제지하려고 피해자를 붙잡은 정도의 행위의 결과로 인하여 피해자가 원발성쇼크로 사망하였다 하더라도 피고인의 위 폭행행위는 소극적 방어행위에 지나지 않아 사회통념상 허용될 수 있는 상당성이 있어 위법성이 없다. cf) 제1심에서는 피고인에게 폭행치사죄를 인정하였으나 원심과 대법원은 위와 같은 이유로 무죄를 선고하였다.

8 **[대판 89도1426]** [회사상규에 위배되지 아니하는 행위라고 본 사례] 택시운전사가 승객의 요구로 택시를 출발시키려 할 때 피해자가 부부싸움 끝에 도망 나온 위 승객을 택시로부터 강제로 끌어내리려고 운전사에게 폭언과 함께 택시 안으로 몸을 들이밀면서 양손으로 운전사의 멱살을 세게 잡아 상의단추가 떨어질 정도로 심하게 흔들어 대었고, 이에 운전사가 위 피해자의 손을 뿌리치면서 택시를 출발시켜 운행하였을 뿐이라면 운전사의 이러한 행위는 사회상규에 위배되지 아니하는 행위라고 할 것이다.

9 **[대판 87도464] 파기환송**. [본능적인 소극적 방어행위로 인한 피해자의 사망과 정당행위 여부] 피고인이 자기의 앞가슴을 잡고 있는 피해자의 손을 떼어 내기 위하여 피해자의 손을 뿌리친 것에 불과하다면 그와 같은 행위는 피해자의 **불법적인 공격으로부터 벗어나기 위한 본능적인 소극적 방어행위에 지나지 아니하여 사회통념상 허용될 상당성이 있는 위법성이 결여된 행위**라고 볼 여지가 있다 할 것이고 위 행위가 사회상규에 위배되지 않는 행위로서 위법성이 결여된 행위로 인정된다면 그 행위의 결과로 피해자가 사망하게 되었다 하더라도 폭행치사죄로 처벌할 수는 없다. cf) 제1심과 원심은 피고인을 폭행치사죄로 의율하였다.

10 **[대판 85도1978]** 피해자가 채권변제(채권금 140만원)를 요구하면서 고함치고 욕설하며 안방에까지 뛰어들어와 피고인이 가만히 있는데도 피고인의 러닝셔츠를 잡아당기며 찢기까지 하는 등의 상황 하에서 그를 뿌리치기 위하여 방밖으로 밀어낸 소위는 사회통념상 용인되는 행위로서 위법성이 없다.

소극적 방어행위를 부정한 판례

11 **[대판 84도2929]** [상대방의 불법한 공격으로 부터 자신을 보호하고 이를 벗어나기 위한 저항수단으로 유형력을 행사한 경우 위법성이 조각되는지 여부(적극)] 만일 피고인의 1심법정이나 경찰에서의 진술과 같이 피해자가 주전자로 피고인의 얼굴을 때린 다음 또 다시 때리려고 하여 이를 피하고자 피해자를 밀어 넘어뜨린 것이라면 이러한 행위는 피해자의 불법적인 공격으로부터 벗어나기 위한 부득이한 저항의 수단으로서 소극적인 방어행위에 지나지 않는다고 볼 여지가 있을 것이나, 이와 달리 피고인의 검찰에서의 진술이나 목격자 공소외인의 법정 및 수사기관에서의 진술과 같이 술에 취한 피해자가 피고인을 때렸다가 **피고**

인의 반항하는 기세에 겁을 먹고 주춤주춤 피하는 것을 피고인이 밀어서 넘어뜨렸다면 이러한 피고인의 행위는 피해자의 공격으로부터 벗어나기 위한 부득이한 **소극적 저항의 수단이라기보다는 보복을 위한 적극적 반격행위**라고 보지 않을 수 없다.

33 사회상규와 정당행위(1)

* 대법원 2001. 2. 23. 선고 2000도4415 판결
* 참조조문: 형법 제20조[1)]

피해자(남편)를 정신의료기관에 강제입원시킨 조치가 사회상규에 위배되지 아니하는 정당한 행위로서 위법성이 조각되는가?

●**사실**● 피고인 X는 남편인 A를 정신병원에 강제입원시키기 전에 정신과전문의와 상담하였다. X의 설명을 들은 정신과의사로부터 A에 대한 입원치료가 필요하다는 의견을 들었으나, 아직 A를 직접 대면한 진찰이나 위 정신병원장의 입원결정이 없는 상태에서 병원 원무과장에게 강제입원을 부탁하여 자신의 판단으로 A를 강제로 구급차에 실어 정신병원으로 데려왔다. 강제입원 당시 A는 X가 운영하던 식품회사의 기숙사에서 기거하면서 X와는 별거상태였다. **강제입원조치 이후**에 위 병원의 정신과전문의가 A를 진찰한 결과 편집성 인격장애 및 알콜의존증의 치료를 위한 입원이 필요하다고 진단하였고 병원장이 입원을 결정하였다.

원심은 X에 대해 「폭력행위 등 처벌에 관한 법률」 위반 등을 인정했다. 이에 X는 상고했다.

●**판지**● **상고기각**. 「[1] 구 정신보건법(2000.1.12. 법률 제6152호로 개정되기 전의 것) 제22조 제1항[2)]에 의하면 정신질환자의 보호의무자는 정신과전문의의 진단에 의하지 아니하고 정신질환자를 입원시켜서는 아니 된다고 규정하고 있으며, 제24조 제1항[3)]은 정신의료기관의 장은 정신질환자의 보호의무자의 동의가 있는 때에는 정신과전문의가 입원이 필요하다고 진단한 경우에 한하여 당해 정신질환자를 입원시킬 수 있다고 규정하고 있는바, 위 규정들의 취지 및 모든 정신질환자는 인간으로서의 존엄과 가치를 보장받으며 입원치료가 필요한 정신질환자에 대하여는 항상 **자발적 입원이 권장**되어야 한다는 같은 법 제2조 제1항, 제5항이 정한 기본이념 등에 비추어 보면, (가) 같은 법 제24조 소정의 보호의무자에 의한 입원의 경우 보호의무자의 동의가 있더라도 (나) 정신과전문의가 정신질환자를 직접 대면하여 진찰하고 입원이 필요하다고 진단한 다음 이에 기하여 정신의료기관의 장이 입원을 결정하여야 하고, 이러한 요건을 갖춘 입원조치에 대하여 (다) 정신질환자가 저항하는 때에 비로소 **정신의학적·사회적으로 보아 상당하다고 인정되는 범위 내의 물리력의 행사가 허용**된다.

[2] 피해자를 정신의료기관에 강제입원시킨 조치가 **사회상규에 위배되지 아니하는 정당한 행위로서 위법성이 조각된다고 보기 어렵다**」.

●**해설**● 1 대상판결은 정신질환 있는 남편을 부인이 정신병원에 강제로 입원시킨 행위가 사회상규에 위배되는지가 다투어진 사안이다. 형법 제20조는 "사회상규에 위배되지 않는 행위는 벌하지 않는다."는

---

1) 형법 제20조(정당행위) 법령에 의한 행위 또는 업무로 인한 행위 기타 **사회상규에 위배되지 아니하는 행위**는 벌하지 아니한다.

2) 구 정신보건법 제22조(보호의무자의 의무) ① 보호의무자는 피보호자인 정신질환자로 하여금 적정한 치료를 받도록 노력하여야 하며, **정신과전문의의 진단에 의하지 아니하고 정신질환자를 입원시키거나 입원을 연장시켜서는 아니 된다.**

3) 구 정신보건법 제24조(보호의무자에 의한 입원) ① 정신의료기관의 장은 정신질환자의 보호의무자의 동의가 있는 때에는 정신과전문의가 입원이 필요하다고 진단한 경우에 한하여 당해 정신질환자를 입원시킬 수 있으며, 입원 시 당해 보호의무자로부터 입원동의서를 받아야 한다.

위법성조각사유를 규정하고 있다. 여기서 "사회상규에 위배되지 아니하는 행위"라 함은 「법질서 전체의 정신이나 그 배후에 놓여 있는 사회윤리 내지 사회통념에 비추어 용인될 수 있는 행위」를 말한다.

2 그리고 어떠한 행위가 사회상규에 위배되지 아니하는 정당한 행위로서 위법성이 조각될 것인지는 「구체적인 사정 아래서 합목적적, 합리적으로 고찰하여 **개별적으로 판단**」하여야 한다. 또한 법원은 정당행위로 인정되기 위해서는 「첫째 그 행위의 동기나 목적의 **정당성**, 둘째 행위의 수단이나 방법의 **상당성**, 셋째 보호이익과 침해이익과의 **법익권형성**, 넷째 **긴급성**, 다섯째 그 행위 외에 다른 수단이나 방법이 없다는 **보충성** 등의 요건」을 갖출 것을 요한다.

3 이상의 기준으로 대상사건에 대해 법원이 판단하기를 「강제입원 당시 피고인이 운영하던 식품회사의 기숙사에서 기거하면서 처인 피고인과 별거상태에 있던 피해자가 피고인 등 가족에게 위해를 가하는 구체적 행동을 하였다고 인정할 만한 자료가 없어 그들의 **안전이 위협받는 급박한 상태에 있었다고 보기 어렵고**, 또한 위 강제입원에 앞서 피해자의 어머니나 여동생 등을 통하여 자발적으로 정신과 치료를 받도록 설득하여 보거나 그것이 여의치 않을 경우 정신과전문의와 상담하여 법 제25조가 정한 바에 따라 시 · 도지사에 의한 입원절차를 취하든지 긴급한 경우에는 경찰공무원에게 경찰관직무집행법 제4조 제1항[4]에 기하여 **정신병원에의 긴급구호조치를 취하도록 요청할 수 있었다**고 여겨지는 이 사건에서, 피고인의 위 강제입원조치가 사회상규에 위배되지 아니하는 정당한 행위로서 위법성이 조각된다고 평가하기도 어렵다」고 보았다.

4 형법 제20조의 **'사회상규'에 대한 규정**은 세계 입법례에 유래가 없는 초법규적 위법성조각사유를 과감하게 실정법규화한 일반조항이다. 때문에 이 규정에 대해서는 물론이고 이 규정에 대한 대법원의 해석에 대해서도 끊임없이 의문이 제기되어 왔다. 그러나 "형법 제20조의 규정은 사회변화에 따른 탄력적인 법적용을 위한 불가피한 선택이라고 하겠다. 다만 막연하게 여론이나 사회통념을 내세울 것이 아니라 법의식 내지 법감정에 대한 실증조사와 그 의미분석을 반드시 거치는 것이 중요하다".[5]

4) 경찰관 직무집행법 제4조(보호조치 등) ① 경찰관은 수상한 행동이나 그 밖의 주위 사정을 합리적으로 판단해 볼 때 다음 각 호의 어느 하나에 해당하는 것이 명백하고 응급구호가 필요하다고 믿을 만한 상당한 이유가 있는 사람을 발견하였을 때에는 보건의료기관이나 공공구호기관에 긴급구호를 요청하거나 경찰관서에 보호하는 등 적절한 조치를 할 수 있다. 1. 정신착란을 일으키거나 술에 취하여 자신 또는 다른 사람의 생명 · 신체 · 재산에 위해를 끼칠 우려가 있는 사람 2. 자살을 시도하는 사람 3. 미아, 병자, 부상자 등으로서 적당한 보호자가 없으며 응급구호가 필요하다고 인정되는 사람. **다만, 본인이 구호를 거절하는 경우는 제외한다.**

5) 최병각, 형법판례 150선, 69면.

Reference

행위자의 행위가 사회상규에 벗어나 위법성이 인정된 사례

1 **[대판 2015도7397]** 갑 주식회사 대표이사인 피고인이 주주총회 등에서 특정 의결권 행사방법을 독려하기 위한 방법으로 갑 회사의 주주총회 등에 참석하여 사전투표 또는 직접투표 방식으로 의결권을 행사한 주주들에게 갑 회사에서 발행한 20만 원 상당의 상품교환권 등을 제공함으로써 상법을 위반하였다는 내용으로 기소된 사안에서, 피고인이 갑 회사의 계산으로 **사전투표와 직접투표를 한 주주들에게 무상으로 20만 원 상당의 상품교환권 등을 각 제공**한 것은 주주총회 의결권 행사와 관련된 이익의 공여로서 사회통념상 허용되는 범위를 넘어서는 것이어서 상법상 주주의 권리행사에 관한 이익공여의 죄에 해당한다.

2 **[대판 2011도6287]** 피고인들이 공소외 1 주식회사의 직원들 및 그 가족들에게 수여할 목적으로 전문의약품인 타미플루 캅셀 75㎎ 39,600정, 피케이멜즈정 39,600정을 공소외 2 주식회사로부터 매수하여 취득한 행위는 구 약사법 제44조 제1항 위반행위[6]에 해당한다고 전제한 다음, 피고인들의 위와 같은 행위가 사회상규에 위배되지 아니하는 정당행위로서 위법성이 조각된다는 취지의 피고인들의 주장을 배척한 조치는 정당하고, 거기에 구 약사법 제44조 제1항의 해석 및 정당행위에 관한 법리오해 등의 위법이 없다.

3 **[대판 2011도2412]** 사채업자인 피고인이 **채무자 甲에게, 채무를 변제하지 않으면 甲이 숨기고 싶어하는 과거 행적과 사채를 쓴 사실 등을 남편과 시댁에 알리겠다는 등의 문자메시지를 발송**한 사안에서, 피고인에게 협박죄를 인정하는 한편 위와 같은 행위가 정당행위에 해당한다는 주장을 배척한 원심판단을 수긍한 사례.

4 **[대판 2010도13609]** 甲 정당 당직자인 피고인들 등이 국회 외교통상 상임위원회 회의장 앞 복도에서 출입이 봉쇄된 회의장 출입구를 뚫을 목적으로 회의장 출입문 및 그 안쪽에 쌓여있던 책상, 탁자 등 집기를 손상하거나, 국회의 심의를 방해할 목적으로 소방호스를 이용하여 회의장 내에 물을 분사한 사안에서, 피고인들의 위와 같은 행위는 공용물건손상죄 및 국회회의장소동죄의 구성요건에 해당하고, 국민의 대의기관인 국회에서 서로의 의견을 경청하고 진지한 토론과 양보를 통하여 더욱 바람직한 결론을 도출하는 합법적 절차를 외면한 채 **곧바로 폭력적 행동**으로 나아가 방법이나 수단에 있어서도 상당성의 요건을 갖추지 못하여 이를 위법성이 조각되는 정당행위나 긴급피난의 요건을 갖춘 행위로 평가하기 어렵다고 한 사례.

5 **[대판 2010도2680]** 속칭 **'생일빵'**을 한다는 명목 하에 피해자를 가격하였다면 폭행죄가 성립하고, 가격행위의 동기, 방법, 횟수 등 제반 사정에 비추어 사회상규에 위배되지 아니하는 정당행위에 해당하지 않는다고 한 원심판단을 수긍한 사례.

6-1 **[대판 2006도8839 전원합의체] [삼성 X파일 사건[7]] [통신비밀보호법위반죄[8]와 정당행위]**

---

6) 구 약사법 제44조 제1항을 포함하여 위 정의규정 이하의 조항에서의 **'판매'에는 '수여'가 포함됨을 명문으로 밝히고 있다.**

7) **삼성 X파일 사건 또는 안기부 X파일 사건**이라 불리 우는 본 사안은 2005년 7월, 문화방송(MBC)의 이상호 기자가 국가안전기획부(안기부)의 도청 내용을 담은 90여 분짜리 테이프를 입수하여 삼성그룹과 정치권·검찰 사이의 관계를 폭로한 사건이다. 주요 내용은 중앙일보의 회장이 삼성그룹의 부회장에게 신라호텔에서 1997년 대선 당시 특정 대통령 후보에 대한 자금 제공을 공모하고 검사들에게 뇌물을 제공한 것을 말하는 것이며, 이

[1] 방송사 기자인 피고인이, 구 국가안전기획부 내 정보수집팀이 대기업 고위관계자와 모 중앙일간지 사주 간의 사적 대화를 불법 녹음하여 생성한 녹음테이프와 녹취보고서로서, 1997년 제15대 대통령 선거를 앞두고 위 대기업의 여야 후보 진영에 대한 정치자금 지원 문제 및 정치인과 검찰 고위관계자에 대한 이른바 추석 떡값 지원 문제 등을 논의한 대화가 담겨 있는 도청자료를 입수한 후 그 내용을 자사의 방송프로그램을 통하여 공개한 사안에서, (가) 피고인이 **국가기관의 불법 녹음을 고발**하기 위하여 불가피하게 위 도청자료에 담겨있던 대화 내용을 공개하였다고 보기 어렵고, (나) 위 대화가 보도 시점으로부터 약 8년 전에 이루어져 그 내용이 보도 당시의 정치질서 전개에 직접적인 영향력을 미친다고 보기 어려운 사정 등을 고려할 때 위 대화 내용이 비상한 공적 관심의 대상이 되는 경우에 해당한다고 보기도 어려우며, (다) 피고인이 위 도청자료의 취득에 적극적·주도적으로 관여하였다고 보는 것이 타당하고, (라) 이를 보도하면서 대화 당사자들의 실명과 구체적인 대화 내용을 그대로 공개함으로써 **수단이나 방법의 상당성을 결여**하였으며, (마) 위 보도와 관련된 모든 사정을 종합하여 볼 때 **위 보도에 의하여 얻어지는 이익 및 가치가 통신비밀이 유지됨으로써 얻어지는 이익 및 가치보다 우월하다고 볼 수 없다**는 이유로, 피고인의 위 공개행위가 **형법 제20조의 정당행위에 해당하지 않는다**고 본 원심판단을 수긍한 사례.

[2] 불법 감청·녹음 등에 관여하지 아니한 언론기관이, 그 통신 또는 대화의 내용이 불법 감청·녹음 등에 의하여 수집된 것이라는 사정을 알면서도 이를 보도하여 공개하는 행위가 **형법 제20조의 정당행위로서 위법성이 조각된다고 하기 위해서**는, 첫째 보도의 목적이 불법 감청·녹음 등의 범죄가 저질러졌다는 사실 자체를 고발하기 위한 것으로 그 과정에서 불가피하게 통신 또는 대화의 내용을 공개할 수밖에 없는 경우이거나, 불법 감청·녹음 등에 의하여 수집된 통신 또는 대화의 내용이 이를 공개하지 아니하면 공중의 생명·신체·재산 기타 공익에 대한 중대한 침해가 발생할 가능성이 현저한 경우 등과 같이 **비상한 공적 관심의 대상이 되는 경우에 해당**하여야 하고, 둘째 언론기관이 불법 감청·녹음 등의 결과물을 취득할 때 위법한 방법을 사용하거나 적극적·주도적으로 관여하여서는 아니 되며, 셋째 보도가 불법 감청·녹음 등의 사실을 고발하거나 비상한 공적 관심사항을 알리기 위한 목적을 달성하는 데 필요한 부분에 한정되는 등 통신비밀의 침해를 최소화하는 방법으로 이루어져야 하고, 넷째 언론이 그 내용을 보도함으로써 얻어지는 이익 및 가치가 통신비밀의 보호에 의하여 달성되는 이익 및 가치를 초과하여야 한다. 여기서 이익의 비교·형량은, 불법 감청·녹음된 타인 간의 통신 또는 대화가 이루어진 경위와 목적, 통신 또는 대화의 내용, 통신 또는 대화 당사자의 지위 내지 공적 인물로서의 성격, 불법 감청·녹음 등의 주체와 그러한 행위의 동기 및 경위, 언론기관이 불법 감청·녹음 등의 결과물을 취득하게 된 경위와 보도의 목적, 보도의 내용 및 보도로 인하여 침해되는 이익 등 제반 사정을 종합적으로 고려하여 정하여야 한다. **cf)** 대법원은 이 판결에서 「원칙적으로 언론보도는 통신 비밀을 침해하지 않는 범위에서 이뤄져야 하지만, 도청 내용을 보도하는 것도 예외적으로는 정당행위로 허용될 수 있다」라고 판시하였다. 그러나 판례가 요구하는 예외의 요건(보도의 불가피성, 자료입수 방법의 정당성, 침해의 최소성, 통신비밀보호의 이익보다 보도이익의 우월성)은 상당히

사건을 통해 고질적인 정경유착, 문민정부를 자청했던 김영삼 정부의 불법 도청 사실, **국가정보기관에 의해 일상적으로 행해진 광범위한 불법도청 문제**, 사건 수사기관 선정 및 수사방법, 삼성그룹에 대한 소극적 수사, 국민의 알권리 충족 문제, 언론의 보도 경향, 재판의 공정성 등이 세간의 도마에 올랐다. ko.wikipedia.org

8) **통신비밀보호법**은 같은 법 및 형사소송법 또는 군사법원법의 규정에 의하지 아니한 우편물의 검열 또는 전기통신의 감청, 공개되지 아니한 타인 간의 대화의 녹음 또는 청취행위 등 통신비밀에 속하는 내용을 수집하는 행위(이하 이러한 행위들을 '불법 감청·녹음 등'이라고 한다)를 금지하고 이를 위반한 행위를 처벌하는 한편(제3조 제1항, 제16조 제1항 제1호), 불법 감청·녹음 등에 의하여 수집된 통신 또는 대화의 내용을 공개하거나 누설하는 행위를 동일한 형으로 처벌하도록 규정하고 있다(제16조 제1항 제2호).

엄격하다.

6-2 [대판 2009도14442[9]] **파기환송.** 국회의원인 피고인이, 구 국가안전기획부 내 정보수집팀이 대기업 고위관계자와 중앙일간지 사주 간의 사적 대화를 불법 녹음한 자료를 입수한 후 그 대화내용과, 위 대기업으로부터 이른바 떡값 명목의 금품을 수수하였다는 검사들의 실명이 게재된 보도자료를 작성하여 자신의 인터넷 홈페이지에 게재하였다고 하여 통신비밀보호법 위반으로 기소된 사안에서, (가) 피고인이 국가기관의 불법 녹음 자체를 고발하기 위하여 불가피하게 위 녹음 자료에 담겨 있던 대화 내용을 공개한 것이 아니고, (나) 위 대화가 피고인의 공개행위 시로부터 **8년 전에 이루어져 이를 공개하지 아니하면 공익에 대한 중대한 침해가 발생할 가능성이 현저한 경우로서 비상한 공적 관심의 대상이 되는 경우에 해당한다고 보기 어려우며,** (다) 전파성이 강한 인터넷 매체를 이용하여 불법 녹음된 대화의 상세한 내용과 관련 당사자의 실명을 그대로 공개하여 방법의 상당성을 결여하였고, (라) 위 게재행위와 관련된 사정을 종합하여 볼 때 위 게재에 의하여 얻어지는 이익 및 가치가 통신비밀이 유지됨으로써 얻어지는 이익 및 가치를 초월한다고 볼 수 없으므로, 피고인이 위 녹음 자료를 취득하는 과정에 위법이 없었더라도 위 행위는 **형법 제20조의 정당행위에 해당한다고 볼 수 없는데도,** 이와 달리 본 원심판단에 법리오해의 위법이 있다. **cf)** 대법원은 대상판결에서 「피고인이 국회 법제사법위원회에서 발언할 내용이 담긴 **위 보도자료를 사전에 배포한 행위는 국회의원 면책특권의 대상이 되는 직무부수행위에 해당**하므로, 피고인에 대한 허위사실적시 명예훼손 및 통신비밀보호법 위반의 점에 대한 공소를 기각하여야 한다」고 판시하였다.

7 [대판 2008도6578] 운수회사 직원인 피고인이 회사 대표 甲 등과 공모하여 지입차주인 피해자들이 점유하는 각 **차량 또는 번호판을 지입료 등 연체를 이유로 무단 취거**한 사안에서, 위 권리행사방해 행위가 형법상 정당행위에 해당하지 않는다고 한 사례. 피고인 등이 법적 절차에 의하지 아니하고 일방적으로 지입차량 등을 회수하지 않으면 안 될 **급박한 필요성이 있다고 볼 만한 자료를 기록상 찾아볼 수 없고,** 그 밖에 기록에 나타난 그 경위, 수단, 방법 등에 비추어 보아도 피고인의 이 사건 무단 취거 행위는 형법에 정한 정당행위에 해당한다고 할 수 없다.

8 [대판 2008도2695] [안수기도가 정당행위로 인정될 수 있는 한도 및 통상적인 안수기도라 할 수 없는 유형력의 행사로 상해를 입힌 것이 정당행위인지 여부(소극)] [1] (가) 종교적 기도행위의 일환으로서 기도자의 기도에 의한 염원 내지 의사가 상대방에게 심리적 또는 영적으로 전달되는 데 도움이 된다고 인정할 수 있는 한도 내에서 상대방의 신체의 일부에 가볍게 손을 얹거나 약간 누르면서 병의 치유를 간절히 기도하는 행위는 그 목적과 수단 면에서 정당성이 인정된다고 볼 수 있지만, (나) 그러한 종교적 기도행위를 마치 의료적으로 효과가 있는 치료행위인 양 내세워 환자를 끌어들인 다음, 통상의 일반적인 안수기도의 방식과 정도를 벗어나 환자의 신체에 **비정상적이거나 과도한 유형력을 행사**하고 신체의 자유를 과도하게 제압하여 환자의 신체에 상해까지 입힌 경우라면, 그러한 유형력의 행사가 비록 안수기도의 명목과 방법으로 이루어졌다 해도 사회상규상 용인되는 정당행위라고 볼 수 없다. [2] 기도원운영자가 정신분열증 환자의 치료 목적으로 **안수기도를 하다가 환자에게 상해를 입힌 사안**에서, 장시간 환

9) 당시 **삼성 X파일 사건**에서 뇌물을 받은 검찰들의 실명은 공개되지 않았다. 국회의원 노회찬은 안기부 X파일을 입수 한 뒤, 2005년 8월 18일 국회 법사위 회의에 앞서 배포한 '안기부 X파일' 관련 보도자료를 통해 옛 안기부 불법 도청테이프에서 삼성그룹의 뇌물을 받은 것으로 언급된 전·현직 검사 7명의 실명을 공개했다. 그러나 검찰은 노회찬 의원을 '명예훼손'과 '통신비밀보호법' 위반 혐의로 기소해 이루어진 재판이 본 사안이다.

자의 신체를 강제로 제압하는 등 과도한 유형력을 행사한 것으로서 '사회상규상 용인되는 정당행위'에 해당하지 않는다.

9 **[대판 2005도9396]** 이 사건 당시 피고인이 경기동부방송의 시험방송 송출로 인하여 위성방송의 수신이 불가능하게 되었다는 민원을 접수한 후 경기동부방송에 시험방송 송출을 중단해달라는 요청도 해보지 아니한 채 시험방송이 송출된 지 약 1시간 30여 분 만에 **곧바로 경기동부방송의 방송안테나를 절단하도록 지시**한 점, 그 당시 아파트 전체 815세대 중 140여 세대는 경기동부방송과 유선방송이용계약을 체결하고 있었던 점 등 그 행위의 내용이나 방법, 법익침해의 정도 등에 비추어 볼 때, 당시 피고인이 다수 입주민들의 민원에 따라 입주자대표회의 회장의 자격으로 위성방송 수신을 방해하는 경기동부방송의 시험방송 송출을 중단시키기 위하여 경기동부방송의 방송안테나를 절단하도록 지시하였다고 할지라도 피고인의 위와 같은 행위를 긴급피난 내지는 정당행위에 해당한다고 볼 수 없다.

10 **[대판 2005도945]** 검사 및 검찰수사관의 범죄혐의자들에 대한 폭행과 가혹행위가 직권을 남용한 과도한 물리력의 행사로서 사회통념상 용인될 수 있는 정당행위에 해당한다고 볼 수 없다.

11 **[대판 2005도4688]** 피해자가 불특정 · 다수인의 통행로로 이용되어 오던 기존통로의 일부 소유자인 피고인으로부터 사용승낙을 받지 아니한 채 통로를 활용하여 공사차량을 통행하게 함으로써 피고인의 영업에 다소 피해가 발생하자 피고인이 공사차량을 통행하지 못하도록 자신 소유의 승용차를 통로에 주차시켜 놓은 행위가 사회상규에 위배되지 않는 정당행위에 해당한다고 할 수 없다.

12 **[대판 2004도4467]** [**집회나 시위에서 소음을 발생시키는 행위**가 정당행위에 해당하지 않는 경우] [1] 집회나 시위는 다수인이 공동목적으로 회합하고 공공장소를 행진하거나 위력 또는 기세를 보여 불특정 다수인의 의견에 영향을 주거나 제압을 가하는 행위로서 그 회합에 참가한 다수인이나 참가하지 아니한 불특정 다수인에게 의견을 전달하기 위하여 어느 정도의 소음이 발생할 수밖에 없는 것은 부득이한 것이므로 집회나 시위에 참가하지 아니한 일반 국민도 이를 수인할 의무가 있다고 할 수 있으며, 합리적인 범위에서는 확성기 등 소리를 증폭하는 장치를 사용할 수 있고 확성기 등을 사용한 행위 자체를 위법하다고 할 수는 없으나, 그 집회나 시위의 장소, 태양, 내용과 소음 발생의 수단, 방법 및 그 결과 등에 비추어, 집회나 시위의 목적 달성의 범위를 넘어 사회통념상 용인될 수 없는 정도로 타인에게 심각한 피해를 주는 소음을 발생시킨 경우에는 위법한 위력의 행사로서 정당행위라고는 할 수 없다. [2] 신고한 옥외집회에서 고성능 확성기 등을 사용하여 발생된 **소음이 82.9dB 내지 100.1dB에 이르고,** 사무실 내에서의 전화통화, 대화 등이 어려웠으며, 밖에서는 부근을 통행하기조차 곤란하였고, 인근 상인들도 소음으로 인한 고통을 호소하는 정도에 이르렀다면 이는 위력으로 인근 상인 및 사무실 종사자들의 업무를 방해한 업무방해죄를 구성한다.

13 **[대판 2003도3902]** (가) 아파트 입주자대표회의의 임원 또는 아파트관리회사의 직원들인 피고인들이 기존 관리회사의 직원들로부터 계속 업무집행을 제지받던 중 저수조 청소를 위하여 출입문에 설치된 자물쇠를 손괴하고 중앙공급실에 침입한 행위는 정당행위에 해당하나, (나) 관리비 고지서를 빼앗거나 사무실의 집기 등을 들어낸 행위는 정당행위에 해당하지 않는다.

14 **[대판 2003도3000]** 파기환송. 간통 현장을 직접 목격하고 그 사진을 촬영하기 위하여 상간자의 주거에 침입한 행위가 정당행위에 해당하지 않는다. cf) 제1심과 제2심 법원은 피고인의 행위는 사회통념상 허용될 만한 정도의 상당성이 있는 것으로서 형법 제20조의 정당행위에 해당하여 무죄를 선고하였으나 대법원은 원심을 파기환송하였다.

15 **[대판 2001도2917]** 회사의 정기주주총회에 적법하게 참석한 주주라고 할지라도 주주총회장에서의 질문, 의사진행 발언, 의결권의 행사 등의 주주총회에서의 통상적인 권리행사 범위를 넘어서서 회사의 구체적인 회계장부나 서류철 등을 열람하기 위하여는 별도로 상법 제466조 등에 정해진 바에 따라 회사에 대하여 그 열람을 청구하여야 하고, 만일 회사에서 정당한 이유 없이 이를 거부하는 경우에는 법원에 그 이행을 청구하여 그 결과에 따라 회계장부 등을 열람할 수 있을 뿐 주주총회 장소라고 하여 회사측의 의사에 반하여 회사의 회계장부를 강제로 찾아 열람할 수는 없다고 할 것이며, **설사 회사측이 회사 운영을 부실하게 하여 소수주주들에게 손해를 입게 하였다고 하더라도** 위와 같은 사정만으로 주주총회에 참석한 주주가 **강제로 사무실을 뒤져 회계장부를 찾아내는 것이 사회통념상 용인되는 정당행위로 되는 것은 아니다.**

16 **[대판 99도4305]** 피고인이 피해자에 대하여 채권이 있다고 하더라도 그 **권리행사를 빙자**하여 사회통념상 **용인되기 어려운 정도를 넘는 협박**을 수단으로 상대방을 외포케 하여 재물의 교부 또는 재산상의 이익을 받았다면 공갈죄가 되는 것이다.

17 **[대판 97도2118] [백범 김구 암살범 살해 사건[10)]]** 어떠한 행위가 형법 제20조 소정의 사회상규에 위배되지 않는 행위로 판단되기 위하여서는 그 범행의 동기, 행위자의 의사, 목적과 수단의 정당성, 그로 인한 법익침해의 정도 등을 종합적으로 고려하여 사회통념상 용인될 정도의 상당성이 있다고 인정되어야 하고, 그와 같은 판단에는 법질서 전체의 정신이나 그 배후에 놓여 있는 사회윤리가 그 판단의 기준이 되어야 할 것인바, 피고인이 백범 김구의 암살범인 안두희를 살해한 범행의 동기나 목적은 주관적으로는 정당성을 가진다고 하더라도 우리 법질서 전체의 관점에서는 **사회적으로 용인될 수 있을 만한 정당성을 가진다고 볼 수 없고,** 나아가 피고인은 그 처단의 방법으로 살인을 선택하였으나 우리나라의 현재 상황이 위 안두희를 살해하여야 할 만큼 **긴박한 상황이라고 볼 수 없을 뿐만 아니라** 민족정기를 세우기 위하여서는 위 안두희를 살해하지 아니하면 안 된다는 **필연성이 있다고 받아들이기도 어려우므로** 결국 피고인의 각 범행이 사회상규에 위배되지 아니하는 행위로서 정당행위에 해당한다고 볼 수는 없는 것이다.

18 **[대판 94도1657]** [행방불명된 남편에 대하여 불리한 민사판결이 선고되자 **남편 명의의 항소장을 임의로 작성하여 법원에 제출한 행위의 위법성을 인정**한 사례] 남편을 상대로 한 제소행위에 대하여 응소하는 행위가 처의 일상가사대리권에 속한다고 할 수 없음은 물론이고, 행방불명된 남편에 대하여 불리한 민사판결이 선고되었다 하더라도 그러한 사정만으로써는 **적법한 다른 방법을 강구하지 아니하고** 남편 명의의 항소장을 임의로 작성하여 법원에 제출한 행위가 사회통념상 용인되는 극히 정상적인 생활형태의 하나로서 위법

---

10) **백범 김구의 암살범인 안두희**는 1996년 10월 23일 오전 11시 30분경 인천 중구 신흥동에 있는 자신의 집에서 경기도 부천 소신여객 소속 버스 운전 기사였던 당시 49세의 박기서의 몽둥이에 맞아 80살의 나이에 피살된다. 평소에 백범 김구를 매우 존경하던 박기서는 "김구를 살해한 안두희를 응징할 기회를 노리다가 살해에 이르렀다."고 밝혔는데 1997년 이러한 범행 동기가 정상 참작되어 징역 3년형을 선고받고 복역하던 중에 1998년 3·1절 특별사면이 있은 직후인 1998년 3월 13일 석방되었다. ko.wikipedia.org

성이 없다 할 수 없다.

19 **[대판 93도766]** [국군보안사령부의 민간인에 대한 정치사찰을 폭로한다는 명목으로 군무를 이탈한 행위가 정당방위나 정당행위에 해당하지 아니한다고 한 사례] ●**사실**● 피고인의 군무 이탈동기에 관하여 피고인은 위 분실에서 위 "혁노맹" 사건 수사에 협조하면서 현실과 타협해 가는 자신의 모습에 대한 인간적인 좌절감과 동료에 대한 배신감을 만회하여야겠다는 생각 등으로 개인적으로는 도저히 더 이상의 부대생활을 할 수 없어 보안사의 민간인에 대한 정치사찰을 폭로한다는 명목으로 위 분실을 빠져 나가 부대를 이탈하였다. ●**판지**● 서면화된 인사발령 없이 국군보안사령부 서빙고분실로 배치되어 이른바 "혁노맹" 사건 수사에 협력하게 된 사정만으로 군무이탈행위에 군무기피목적이 없었다고 할 수 없고, **국군보안사령부의 민간인에 대한 정치사찰을 폭로한다는 명목으로 군무를 이탈한 행위**가 정당방위나 정당행위에 해당하지 아니한다.

20 **[대판 92도1064]** 사서증서인증서의 변조가 당초의 **잘못된 기재를 정정**하려는 의도였다고 할지라도 정당행위라고 볼 수 없다.

21 **[대판 82도3248]** [**범인을 은닉. 도피케 한 사제의 행위**가 정당한 직무상의 행위인지 여부(소극)] 성직자라 하여 초법규적인 존재일 수는 없으며 성직자의 직무상 행위가 사회상규에 반하지 아니한다 하여 그에 적법성이 부여되는 것은 그것이 성직자의 행위이기 때문이 아니라 그 직무로 인한 행위에 정당, 적법성을 인정하기 때문인 바, 사제가 죄지은 자를 능동적으로 고발하지 않는 것에 그치지 아니하고 은신처마련, 도피자금 제공등 범인을 적극적으로 인닉·도피케 하는 행위는 사제의 정당한 직무에 속하는 것이라고 할 수 없다.

22 **[대판 82도357]** [국고수입을 늘린다는 일념에서 법령에 위반하여 지정 매도인 이외의 자에게 홍삼을 판매하고 허위공문서를 작성한 행위와 사회적 상당성] 광주전매지청 관하 광주전매서장인 피고인이 홍삼판매할당량을 충실히 이행함으로써 국고수입을 늘린다는 일념 하에서 법령에 위반하여 지정판매인 이외의 자에게 판매하고 이를 법령상 허용된 절차와 부합시키기 위하여 허위의 공문서인 매도신청서와 영수증을 작성케 하였다면, 설사 그것이 광주전매지청 관하에 **일반화된 관례였고, 상급관청이 이를 묵인하였다는 사정**이 있다 하더라도 이를 전혀 정상적인 행위라고 하거나 그 목적과 수단의 관계에서 보아 사회적 상당성이 있다고 단정할 수는 없고, 그 법익침해정도가 경미하여 가벌적 위법성이 없다고 할 수도 없다.

34 사회상규와 정당행위(2)

* 대법원 2004. 8. 20. 선고 2003도4732 판결
* 참조조문: 형법 제20조,[1] 제314조[2]

시장번영회 회장이 이사회의 결의와 시장번영회의 관리규정에 따라서 관리비 체납자의 점포에 대하여 실시한 단전조치는 정당행위로서 업무방해죄를 구성하지 않는가?

●**사실**● 피고인 X는 2001.9. 초순경 사단법인 삼천포종합시장번영회 사무실에서 피해자 A · B(부부)가 연체된 관리비를 시장번영회에 직접 납부하지 아니하고 법원에 공탁하였다는 이유로 Y에게 그 점포에 대한 단전조치를 하도록 지시하였다. 이로 인해 약 7일 동안 피해자들의 의류판매와 세탁소업무가 방해받았다. 당시 시장번영회 관리규약에 따르면 3개월 이상 관리비를 연체하는 경우에는 사용자와 소유자에게 동시에 통보하고 미납할 때에는 단수, 단전 등의 불이익조치를 취할 수 있도록 규정되어 있었다.
제1심과 원심은 X의 업무방해를 유죄로 인정하였다. 이에 X가 상고하였다.

●**판지**● **파기환송**. 「[1] 형법 제20조에 정하여진 '사회상규에 위배되지 아니하는 행위'라 함은, 법질서 전체의 정신이나 그 배후에 놓여 있는 사회윤리 내지 사회통념에 비추어 용인될 수 있는 행위를 말하므로, 어떤 행위가 **그 행위의 동기나 목적의 정당성, 행위의 수단이나 방법의 상당성, 보호법익과 침해법익과의 법익균형성, 긴급성, 그 행위 외에 다른 수단이나 방법이 없다는 보충성** 등의 요건을 갖춘 경우에는 정당행위에 해당한다. [2] 시장번영회 회장이 이사회의 결의와 시장번영회의 관리규정에 따라서 관리비 체납자의 점포에 대하여 실시한 단전조치는 정당행위로서 업무방해죄를 구성하지 아니 한다」.

●**해설**● 1 사안은 시장번영회의 관리규정에 따라서 관리비 체납자의 점포에 대하여 실시한 단전조치가 정당행위로서 위법성을 조각하는지가 다투어졌다. 유사한 사안으로 임대인이 임차인의 차임연체 등을 이유로 계약서 규정에 따라 업소에 대하여 단전이나 단수조치를 한 경우에 업무방해죄가 성립하는지가 다투어지고 있다.

2 법원은 「임대를 업으로 하는 자가 임차인으로 하여금 계약상의 의무이행을 강요하기 위한 수단으로 계약서의 조항을 근거로 임차물에 대하여 일방적으로 단전 · 단수조치를 함에 있어 자신의 행위가 죄가 되지 않는다고 오인하더라도, **특별한 사정이 없는 한 그 오인에는 정당한 이유가 있다고 볼 수는 없다**」(대판 2005도8074, Ref 1-2)는 입장이다.

3 이와 같은 맥락에서 볼 때, 정당행위를 인정하는 대상판결은 예외적이다. 제1심과 원심은 피고인에게 유죄를 인정하고 있다. 그러나 대법원은 부부인 A와 B는 ① 시장 내 마동 23호, 24호, 25호를 연결하여 의류가게와 세탁소 등을 운영하면서 2000.5. 무렵부터 관리비를 체납하고 있었고, ② 사천시와 한전의 단전 · 단수의 압박으로 인해 시장번영회 이사회의 결의를 통해 단전조치를 실시하였으며 ③ X는 단

---

1) 형법 제20조(정당행위) 법령에 의한 행위 또는 업무로 인한 행위 기타 **사회상규에 위배되지 아니하는 행위**는 벌하지 아니한다.
2) 형법 제314조(업무방해) ① 제313조의 방법 또는 **위력으로써 사람의 업무를 방해**한 자는 5년 이하의 징역 또는 1천500만원 이하의 벌금에 처한다.

전조치를 취하기 전에 시장번영회에서 A와 B를 상대로 체납관리비의 지급을 구하는 소송을 제기하고 그 채권을 보전하기 위한 부동산가압류결정 등을 받은 사실 그리고 이렇게 되자 비로소 A와 B는 가압류 해방금으로서 그 청구금액 상당을 창원지방법원 진주지원에 공탁한 사실 등을 비추어 보아 다음과 같이 판시하였다.

4 「피고인이 단전조치를 하게 된 경위는 (가) 단전조치 그 자체를 목적으로 하는 것이 아니고 오로지 시장번영회의 관리규정에 따라 체납된 관리비를 효율적으로 징수하기 위한 제재수단으로서 이사회의 결의에 따라서 적법하게 실시한 것이고, (나) 그와 같은 관리규정의 내용은 시장번영회를 운영하기 위한 효과적인 규제로서 그 구성원들의 권리를 합리적인 범위를 벗어나 과도하게 침해하거나 제한하는 것으로 사회통념상 현저하게 타당성을 잃은 것으로 보이지 아니하며, (다) 피고인이 A 등이 연체된 관리비를 시장번영회에 직접 납부하지 아니하고 법원에 공탁하였다는 이유로 단전조치를 지시한 것으로도 보이지 아니하므로 (라) 피고인의 행위는 **그 동기와 목적, 그 수단과 방법, 그와 같은 조치에 이르게 된 경위 등 여러 가지 사정에 비추어 볼 때, 사회통념상 허용될 만한 정도의 상당성이 있는 위법성이 결여된 행위**로서 형법 제20조에 정하여진 정당행위에 해당하는 것으로 볼 여지가 충분」하다.

5 사회상규에 위배되지 아니하는 행위는 모든 위법성조각사유의 **'근본원리'**이기도 하지만, 개별적인 위법성조각사유 중 그 어느 것에도 해당하지 않는 경우에 마지막으로 위법성조각여부를 검토해보아야 할 **'최종사유'**이기도 하다. 또한 사회사규는 위법성조각의 **'근거'**임과 동시에 위법성조각의 **'한계'**로서의 성격을 지닌다. 이러한 사회상규의 내용이나 범위, 요건 등은 법률에 규정되어 있지 않고 해석에 의해 확정되는 **'불확정개념'**이다.

Reference 1

단전·단수 조치와 정당행위

1 **[대판 2006도9157]** 호텔 내 주점의 임대인이 임차인의 차임 연체를 이유로 계약서상 규정에 따라 위 주점에 대하여 단전·단수조치를 취한 경우, (가) **약정 기간이 만료되었고** 임대차보증금도 차임연체 등으로 공제되어 이미 남아있지 않은 상태에서 미리 예고한 후 단전·단수조치를 하였다면 형법 제20조의 정당행위에 해당하지만, (나) **약정 기간이 만료되지 않았고** 임대차보증금도 상당한 액수가 남아있는 상태에서 계약해지의 의사표시와 경고만을 한 후 단전·단수조치를 하였다면 정당행위로 볼 수 없다. **cf)** 대상판결은 정당행위가 인정될 수 있는 경우와 인정될 수 없는 경우를 구분하여 판시하고 있다는 점에서 의의가 있다.

2 **[대판 2005도8074] 차임이나 관리비를 단 1회도 연체한 적이 없는 피해자**가 임대차계약의 종료 후 임대료와 관리비를 인상하는 내용의 갱신계약 여부에 관한 의사표시나 명도의무를 지체하고 있다는 이유만으로 그 종료일로부터 16일 만에 피해자의 사무실에 대하여 단전조치를 취한 피고인의 행위는 그 권리를 확보하기 위하여 다른 적법한 절차를 취하는 것이 매우 곤란하였던 것으로 보이지 않아 **그 동기와 목적이 정당하다거나 수단이나 방법이 상당하다고 할 수 없고,** 또한 그에 관한 피고인의 이익과 피해자가 침해받은 이익 사이에 균형이 있는 것으로도 보이지 않으므로, 같은 취지의 원심 판단은 정당하고, 이 사건 단전조치가 사회상규에 위배되지 아니하는 정당행위로서 무죄라는 상고이유의 주장도 받아들일 수 없다.

3 [대판 93도2899] [시장관리규정에 따른 단전조치가 업무방해죄의 조각사유로서의 정당행위에 해당한다고 한 사례] 피고인이 이 사건 시장번영회의 회장으로서 시장번영회에서 제정하여 시행중인 관리규정을 위반하여 **칸막이를 천장에까지 설치한 일부 점포주들에 대하여 단전조치**를 하여 위력으로써 그들의 업무를 방해하였다는 공소사실에 대하여, 피고인이 이러한 행위에 이르게 된 경위가 단전 그 자체를 궁극적인 목적으로 한 것이 아니라 (가) 위 관리규정에 따라 상품진열 및 시설물 높이를 규제하므로써 시장기능을 확립하기 위하여 적법한 절차를 거쳐 시행한 것이고 (나) 그 수단이나 방법에 있어서도 비록 전기의 공급이 현대생활의 기본조건이기는 하나 위 번영회를 운영하기 위한 효과적인 규제수단으로서 회원들의 동의를 얻어 시행되고 있는 관리규정에 따라 전기공급자의 지위에서 그 공급을 거절한 것이므로 정당한 사유가 있다고 볼 것이고, 나아가 (다) 제반사정에 비추어 보면 피고인의 행위는 법익권형성, 긴급성, 보충성을 갖춘 행위로서 **사회통념상 허용될 만한 정도의 상당성이 있는 것**이므로 피고인의 각 행위는 형법 제20조 소정의 정당행위에 해당한다.

4 [대판 83도1798] 피해자가 **시장번영회를 상대로 잦은 진정을 하고 협조를 하지 않는다는 이유**로 시장번영회 총회결의에 의하여 피해자 소유점포에 대하여 **정당한 권한없이 단전조치를 한 것**이라면 이 경우에는 그 결의에 참가한 회원의 위력에 의한 업무방해 행위가 성립하고 피해자에게 사전통고를 한 여부나 피고인이 회장의 자격으로 단전조치를 한 여부는 **업무방해죄의 성립에 영향이 없다.**

Reference 2

사회상규에 반하지 아니하는 행위로서 위법성이 조각된다고 본 판결

1 [대판 2021도9680] 파기환송. [어떠한 행위가 범죄구성요건에 해당하지만 정당행위로 위법성이 조각된다는 것의 의미] [1] 어떠한 행위가 범죄구성요건에 해당하지만 정당행위라는 이유로 위법성이 조각된다는 것은 **그 행위가 적극적으로 용인, 권장된다는 의미가 아니라** 단지 특정한 상황 하에서 그 행위가 범죄행위로서 처벌대상이 될 정도의 위법성을 갖추지 못하였다는 것을 의미한다. [2] 갑 아파트 입주자대표회의 회장인 피고인이 자신의 승인 없이 동대표들이 관리소장과 함께 게시한 입주자대표회의 소집공고문을 뜯어내 제거함으로써 그 효용을 해하였다고 하여 재물손괴로 기소된 사안에서, 갑 아파트의 관리규약에 따르면 입주자대표회의는 회장이 소집하도록 규정되어 있으므로 입주자대표회의 소집공고문 역시 입주자대표회의 회장 명의로 게시되어야 하는 점, 위 공고문이 계속 게시되고 방치될 경우 적법한 소집권자가 작성한 진정한 공고문으로 오인될 가능성이 매우 높고, 이를 신뢰한 동대표들이 해당 일시의 입주자대표회의에 참석할 것으로 충분히 예상되는 상황이었던 점, 게시판의 관리주체인 관리소장이 위 공고문을 게시하였더라도 소집절차의 하자가 치유되지 않는 점, 피고인이 위 공고문을 발견한 날은 공휴일 야간이었고 그다음 날이 위 공고문에서 정한 입주자대표회의가 개최되는 당일이어서 시기적으로 달리 적절한 방안을 찾기 어려웠던 점 등을 종합하면, 피고인이 위 공고문을 손괴한 조치는, 그에 선행하는 위법한 공고문 작성 및 게시에 따른 위법상태의 구체적 실현이 임박한 상황 하에서 그 위법성을 바로잡기 위한 것으로 **사회통념상 허용되는 범위를 크게 넘어서지 않는 행위로 볼 수 있다**는 이유로, 이와 달리 본 원심판단에 정당행위에 관한 법리오해의 잘못이 있다.

2 [대판 2020도14576] [어떠한 글이 모욕적 표현을 포함하는 판단이나 의견을 담고 있더라도 형법 제20조의 정당행위에 해당하여 위법성이 조각되는 경우] [1] 공연히 타인을 모욕한 경우에 이를 처벌하는 것은 사람의 인격적 가치에 대한 사회적 평가 즉 외부적 명예를 보호하기 위함이다. 반면에 모욕죄의 형사처벌은 표현의 자유를 제한하고 있으므로, 어떠한 글이 모욕적 표현을 포함하는 판단이나 의견을 담고 있을 경우에도 그 시대의 건전한 사회통념에 비추어 살펴보아 그 표현이 사회상규에 위배되지 않는 행위로 볼 수 있는 때에는 형법 제20조의 정당행위에 해당하여 위법성이 조각된다고 보아야 하고, 이로써 표현의 자유로 획득되는 이익 및 가치와 명예 보호에 의하여 달성되는 이익 및 가치를 적절히 조화할 수 있다. [2] 부사관 교육생이던 피고인이 동기들과 함께 사용하는 단체채팅방에서 지도관이던 피해자가 목욕탕 청소 담당에게 과실 지적을 많이 한다는 이유로 **"도라이 ㅋㅋㅋ 습기가 그렇게 많은데"**라는 글을 게시하여 공연히 상관인 피해자를 모욕하였다는 내용으로 기소된 사안에서, '도라이'는 상관인 피해자를 경멸적으로 비난한 것으로 모욕적인 언사라고 볼 수 있으나, 피고인의 위 표현은 동기 교육생들끼리 고충을 토로하고 의견을 교환하는 사이버공간에서 상관인 피해자에 대하여 **일부 부적절한 표현을 사용하게 된 것에 불과**하고 이로 인하여 군의 조직질서와 정당한 지휘체계가 문란하게 되었다고 보이지 않으므로, 이러한 행위는 사회상규에 위배되지 않는다.

3 [대판 2017도17643] [어떤 글이 모욕적 표현을 담고 있더라도 사회상규에 위배되지 않는 행위로서 위법성이 조각될 수 있는 경우] 자동차 정보 관련 인터넷 신문사 소속 기자 갑이 작성한 기사가 인터넷 포털 사이트의 자동차 뉴스 '핫이슈' 난에 게재되자, 피고인이 **"이런걸 기레기라고 하죠?"**라는 댓글을 게시함으로써 공연히 갑을 모욕하였다는 내용으로 기소된 사안에서, '기레기'는 기자인 갑의 사회적 평가를 저하시킬 만한 추상적 판단이나 경멸적 감정을 표현한, 모욕적 표현에 해당하나, …… '기레기'는 기사 및 기자의 행태를 비판하는 글에서 **비교적 폭넓게 사용되는 단어**이며, 위 기사에 대한 다른 댓글들의 논조 및 내용과 비교할 때 댓글의 표현이 지나치게 악의적이라고 하기도 어려운 점을 종합하면, 위 댓글을 작성한 행위는 사회상규에 위배되지 않는 행위로서 형법 제20조에 의하여 위법성이 조각된다.

4 [대판 2017도10634] 민사소송법 제335조에 따른 법원의 감정인 지정결정 또는 같은 법 제341조 제1항에 따른 법원의 감정촉탁을 받은 경우에는 **감정평가업자가 아닌 사람이더라도** 그 감정사항에 포함된 토지 등의 감정평가를 할 수 있고, 이러한 행위는 법령에 근거한 법원의 적법한 결정이나 촉탁에 따른 것으로 형법 제20조의 정당행위에 해당하여 위법성이 조각된다고 보아야 한다.

5 [대판 2013도6761] 파기환송. ●**사실**● 피고인이 2012.3.27. 12:00경 서울 송파구 소재 아파트 126동 엘리베이터에서 그곳에 부착된 '126동 동별대표자 해임 동의서 무효 처리의 건'이라는 제목의 위 아파트 선거관리위원회 위원장 공소외 1 명의의 **공고문을 손으로 떼어내어** 그 효용을 해하였다. 제1심과 원심은 피고인에게 유죄를 선고하였으나 대법원은 파기환송하였다. ●**판지**● (가) 공소외 1은 정당한 사유 없이 공소외 2의 해임에 관한 투표절차를 수차례 거부하였고, (나) 아파트 내에 게시물을 게시하는 경우 관리사무소장의 직인을 받아야 함에도 그 직인을 받음이 없이 정식 게시판이 아닌 엘리베이터 내부에 이 사건 공고문을 부착한 점, (다) 피고인은 입주민들이 이 사건 공고문을 보는 경우 공소외 2에 대한 해임요청이 절차를 거쳐 적법하게 무효화 된 것으로 오인할 가능성이 있으므로 이를 신속하게 방지하고, 이 사건 공고문을 송파구청에 위반사항 신고의 첨부자료로 사용하기 위하여 떼어내면서, 공소외 1에게 앞서 본 바와 같은 내용의

휴대전화 문자메시지를 보냈고, 실제로 이 사건 공고문을 송파구청 질의서에 첨부자료로 사용하였으며, 아울러 그 복사본을 설명과 함께 입주자들에게도 배부한 것을 고려하면, **피고인의 행위가 사회통념상 현저하게 타당성을 잃은 것으로 보이지 아니한 점**, (라) 피고인의 행위는 이 사건 공고문 1장을 떼어낸 것에 불과하여 그 피해가 매우 적은 반면, …… 등을 고려하면, 피고인의 행위는 그 동기나 목적의 정당성, 수단이나 방법의 상당성, 보호이익과 침해이익의 법익 균형성, 긴급성, 그 행위 이외의 다른 수단이나 방법이 없다는 보충성 등의 요건을 충족하므로 정당행위에 해당한다고 할 것이다.

6 **[대판 2012도13352]** [음란물에 문학적 · 예술적 · 사상적 · 과학적 · 의학적 · 교육적 표현 등이 결합된 경우, 이러한 **결합 표현물에 의한 표현행위**가 형법 제20조에 정하여진 '사회상규에 위배되지 아니하는 행위'에 해당하는 경우] 방송통신심의위원회 심의위원인 피고인이 자신의 인터넷 블로그에 위원회에서 음란정보로 의결한 '남성의 발기된 성기 사진'을 게시함으로써 정보통신망을 통하여 음란한 화상 또는 영상인 사진을 공공연하게 전시하였다고 하여 「정보통신망 이용촉진 및 정보보호 등에 관한 법률」 위반(음란물유포)으로 기소된 사안에서, 피고인의 게시물은 다른 블로그의 화면 다섯 개를 갈무리하여 옮겨온 남성의 발기된 성기 사진 8장과 벌거벗은 남성의 뒷모습 사진 1장을 전체 게시면의 절반을 조금 넘는 부분에 걸쳐 게시하고, 이어서 정보통신에 관한 심의규정 제8조 제1호를 소개한 후 피고인의 의견을 덧붙이고 있으므로 (가) 사진들과 음란물에 관한 논의의 형성 · 발전을 위한 학술적, 사상적 표현 등이 결합된 결합 표현물로서, (나) 사진들은 오로지 남성의 발기된 성기와 음모만을 뚜렷하게 강조하여 여러 맥락 속에서 직접적으로 보여줌으로써 성적인 각성과 흥분이 존재한다는 암시나 공개장소에서 발기된 성기의 노출이라는 성적 일탈의 의미를 나타내고, (다) 나아가 여성의 시각을 배제한 남성중심적인 성관념의 발로에 따른 편향된 관점을 전달하고 있어 **음란물에 해당**하나, (라) 사진들의 음란성으로 인한 해악은 이에 결합된 학술적, 사상적 표현들과 비판 및 논증에 의해 **해소**되었고, (마) **결합 표현물**인 게시물을 통한 사진들의 게시는 목적의 정당성, 수단이나 방법의 상당성, 보호법익과 침해법익 간의 법익균형성이 인정되어 법질서 전체의 정신이나 그 배후에 놓여 있는 **사회윤리 내지 사회통념에 비추어 용인될 수 있는 행위에 해당**하므로, 원심이 게시물의 전체적 맥락에서 사진들을 음란물로 단정할 수 없다고 본 것에는 같은 법 제74조 제1항 제2호 및 제44조의7 제1항 제1호가 규정하는 '음란'에 관한 법리오해의 잘못이 있으나, 공소사실을 무죄로 판단한 것은 결론적으로 정당하다.

7 **[대판 2009다17417] [김할머니 사건[3]]** 이미 의식의 회복가능성을 상실하여 더 이상 인격체로서의 활동을 기대할 수 없고 자연적으로는 이미 죽음의 과정이 시작되었다고 볼 수 있는 회복불가능한 사망의 단계에 이른 후에는, 의학적으로 무의미한 신체 침해 행위에 해당하는 연명치료를 환자에게 강요하는 것이 오히려 인간의 존엄과 가치를 해하게 되므로, 이와 같은 예외적인 상황에서 죽음을 맞이하려는 환자의 의사결정을 존중하여 환자의 인간으로서의 존엄과 가치 및 행복추구권을 보호하는 것이 **사회상규에 부합되고 헌법정신에도 어긋나지 아니한다.**

3) 대상판결은 세브란스병원 **김할머니 사건**으로 알려진 사안으로 대한민국에서 존엄사의 허용 여부가 논쟁이 되었다. 김할머니는 2008년 2월 폐암 조직검사를 받다가 과다출혈로 식물인간이 되었다. 자녀들은 김할머니의 인공호흡기등 연명치료의 중단을 요구하여 재판 끝에 2009년 5월 21일 대법원에서 승소했다. 이 판례는 연명치료가 무의미하고 환자의 의사가 추정되는 경우로 제한하기는 하였으나 사실상 존엄사를 인정한 첫 판례라는 의의를 가지고 있다.

8 **[대판 2009도840] 파기환송.** [집회나 시위에서 소음이나 통행의 불편을 발생시키는 행위가 정당행위에 해당하는 경우] 집회나 시위는 다수인이 공동 목적으로 회합하고 공공장소를 행진하거나 위력 또는 기세를 보여 불특정 다수인의 의견에 영향을 주거나 제압을 가하는 행위로서, 그 회합에 참가한 다수인이나 참가하지 아니한 불특정 다수인에게 의견을 전달하기 위하여 어느 정도의 소음이나 통행의 불편 등이 발생할 수밖에 없는 것은 부득이한 것이므로 집회나 시위에 참가하지 아니한 일반 국민도 이를 수인할 의무가 있다. …… 비록 이 사건 집회·시위가 주된 참가단체 등에 있어서 신고내용과 다소 달라진 면이 있다고 하더라도, 이 사건 **삼보일배 행진이라는 시위방법** 자체에 있어서는 그 장소, 태양, 내용, 방법과 결과 등에 비추어 시위의 목적 달성에 필요한 합리적인 범위에서 사회통념상 용인될 수 있는 다소의 피해를 발생시킨 경우에 불과하다고 보이고, 또한 신고내용에 포함되지 않은 삼보일배 행진을 한 것이 앞서 본 바와 같은 신고제도의 목적 달성을 심히 곤란하게 하는 정도에 이른다고 볼 수도 없으므로, 결국 피고인들의 위와 같은 행위는 **사회상규에 반하지 아니하는 행위**로서 위법성이 조각된다고 볼 것이다. **cf)** 본 사안에서 제1심과 제2심법원은 피고인에게 집시법 위반으로 유죄를 선고하였다. 이에 피고인들은 상고하였고 대법원은 원심판결 파기환송하였다.

9 **[대판 2007도6243] '회사의 직원이 회사의 이익을 빼돌린다'**는 소문을 확인할 목적으로, 비밀번호를 설정함으로써 비밀장치를 한 전자기록인 피해자가 사용하던 '개인용 컴퓨터의 하드디스크'를 떼어내어 다른 컴퓨터에 연결한 다음 의심이 드는 단어로 파일을 검색하여 메신저 대화 내용, 이메일 등을 출력한 사안에서, (가) **피해자의 범죄 혐의를 구체적이고 합리적으로 의심할 수 있는 상황에서 피고인이 긴급히 확인하고 대처할 필요가 있었고,** (나) 그 열람의 범위를 범죄 혐의와 관련된 범위로 제한하였으며, (다) 피해자가 입사 시 회사 소유의 컴퓨터를 무단 사용하지 않고 업무 관련 결과물을 모두 회사에 귀속시키겠다고 약정하였고, (라) 검색 결과 범죄행위를 확인할 수 있는 여러 자료가 발견된 사정 등에 비추어, 피고인의 그러한 행위는 **사회통념상 허용될 수 있는 상당성이 있는 행위**로서 형법 제20조의 '정당행위'라고 본 원심의 판단을 수긍한 사례.

주거침입과 정당행위

10-1 **[대판 2003도7393]** [연립주택 아래층에 사는 피해자가 위층 피고인의 집으로 통하는 상수도관의 밸브를 임의로 잠근 후 이를 피고인에게 알리지 않아 하루 동안 수돗물이 나오지 않은 고통을 겪었던 피고인이 상수도관의 밸브를 확인하고 이를 열기 위하여 **부득이** 피해자의 집에 들어간 행위가 정당행위에 해당한다고 한 사례] 연립주택 위층에 있는 집으로 통하는 상수도관 밸브가 아래층 집에 설치되어 있는 경우 그 상수도관 밸브의 이상 유무의 확인이나 고장의 수리를 위한 위층 거주자의 아래층 집 출입은 그로 인하여 주거의 평온을 심하게 침해하는 것이 아닌 경우에는 특별한 사정이 없는 한 허용되어야 한다고 봄이 상당하다고 할 것인바, 아래층에 사는 피해자가 위층 피고인의 집으로 통하는 상수도관의 밸브를 임의로 잠근 후 이를 피고인에게 알리지 않아 하루 동안 수돗물이 나오지 않은 고통을 겪었던 피고인이 상수도관의 밸브를 확인하고 이를 열기 위하여 부득이 피해자의 집에 들어간 것이므로 이는 피해자의 주거생활의 평온이 다소 침해되는 것을 정당화할 만한 이유가 될 수 있다고 보여지고, 오전 9시경 피해자의 집을 방문하여 문은 열어 주었으나 출입을 거부하는 피해자를 밀치는 것 외에 다른 행동을 하지 않았고 이로 인하여 피해자에게 별다른 피해가 발생하지 않은 점, 피해자 역시 피고인이 자신의 집에 들어오는 것을 적극적으로 제지하지 않았고 당일 출동한 경찰관들에게 피고인을 처벌해 달라는 요청을 하지 않은 점 등 여러 사정에 비

추어 보면, 피고인의 위와 같은 행위가 그 수단과 방법에 있어서 상당성이 인정된다고 보여질 뿐만 아니라 긴급하고 불가피한 수단이었다고 할 것이므로, 피고인이 피해자의 주거에 침입한 행위는 형법 제20조의 '사회상규에 위배되지 않는 행위'에 해당한다고 할 것이다.

10-2 [대판 2002도2243] 사용자의 **직장폐쇄가 정당한 쟁의행위로 인정되지 아니하는** 때에는 다른 특별한 사정이 없는 한 근로자가 평소 출입이 허용되는 사업장 안에 들어가는 행위가 주거침입죄를 구성하지 아니한다.

10-3 [대판 91도326] 근로자가 **조합원의 자격으로**서 회사 내 노조사무실에 들어가는 것은 정당한 행위로서 회사측에서도 이를 제지할 수 없는 것이므로 노조사무실 출입목적으로 경비원의 제지를 뿌리치고 회사 내로 들어가는 것은 건조물침입죄로 벌할 수 없다.

10-4 [대판 67도1089] [주거침입의 위법성을 인정할 수 없는 사례] 피고인과 "갑" "을"의 세 사람이 함께 술을 마시고 그들이 사는 동리의 "갑" 집 앞길에 이르렀을 때 "갑"이 사소한 일로 피고인에게 폭행을 가함으로써 상호 시비 중 "갑"이 그의 집으로 들어가기에 **피고인도 술에 취하여 동인에게 얻어맞아 가면서 동인의 집까지 따라 들어가서 때리는 이유를 따지었던 경우**에 피고인이 "갑"의 집에 따라 들어간 소위를 적법성 있는 주거침입이라고 논단하기 어렵다고 할 것이다.

11 [대판 2003도3972] [피고인이 방송국 홈페이지의 시청자 의견란에 작성·게시한 글 중 일부의 표현이 모욕적 언사이기는 하나, 형법 제20조의 사회상규에 위배되지 아니하는 행위로서 위법성이 조각된다고 한 사례] ●**사실**● 피고인은 MBC 방송에서 피해자를 대상으로 하여 방영한 '엄마의 외로운 싸움'을 시청한 후 피해자의 입장에서 편파적으로 방송하였다는 이유로 게시판에 글을 작성함으로써 공연히 피해자를 모욕한 사례. ●**판지**● 피고인이 방송국 홈페이지의 시청자 의견란에 작성·게시한 글 중 일부의 표현은 이미 방송된 프로그램에 나타난 기본적인 사실을 전제로 한 뒤, 그 사실관계나 이를 둘러싼 문제에 관한 자신의 판단과 나아가 이러한 경우에 피해자가 취한 태도와 주장한 내용이 합당한가 하는 점에 대하여 자신의 의견을 개진하고, 피해자에게 자신의 의견에 대한 반박이나 반론을 구하면서, 자신의 판단과 의견의 타당함을 강조하는 과정에서 부분적으로 그와 같은 표현을 사용한 것으로서 사회상규에 위배되지 않는다고 봄이 상당하다. cf) 사안에서 판례는 피고인이 방송국 시사프로그램을 시청한 후 방송국 홈페이지의 시청자 의견란에 작성·게시한 글 중 특히, **"그렇게 소중한 자식을 범법행위의 변명의 방패로 쓰시다니 정말 대단하십니다."**는 등의 표현은 그 게시글 전체를 두고 보더라도, 그 출연자인 피해자에 대한 사회적 평가를 훼손할 만한 모욕적 언사라고 판단하였으나 사회상규에 위배되는 정도는 아닌 것으로 보았다.

12 [대판 98도3029] [현행범인 체포행위가 적정한 한계를 벗어나는 행위인지 여부의 판단 기준] [1] 적정한 한계를 벗어나는 현행범인 체포행위는 그 부분에 관한 한 법령에 의한 행위로 될 수 없다고 할 것이나, 적정한 한계를 벗어나는 행위인가 여부는 결국 정당행위의 일반적 요건을 갖추었는지 여부에 따라 결정되어야 할 것이지 그 행위가 소극적인 방어행위인가 적극적인 공격행위인가에 따라 결정되어야 하는 것은 아니다. [2] **피고인의 차를 손괴하고 도망하려는 피해자를 도망하지 못하게 멱살을 잡고 흔들어 피해자에게 전치 14일의 흉부찰과상을 가한 경우**, 정당행위에 해당한다. cf) 사인(私人)의 현행범 체포는 법령에 의한 행위로서 위법성이 조각된다.

13 [대판 96도977] 선거관리위원회가 주체한 합동연설회장에서 일간지의 신문기사를 읽는 방법으로 **전과사실을 적시**하였다는 점과 그 사실 적시에 있어서 과장 또는 왜곡된 것이 없는 점 및 그 표현방법 등에

비추어 볼 때 피고인이 위 사실을 적시한 것은 상대 후보의 평가를 저하시켜 스스로가 당선되려는 사적 이익도 동기가 되었지만 유권자들에게 상대 후보자의 자질에 대한 자료를 제공함으로써 적절한 투표권을 행사하도록 하려는 공공의 이익도 한 동기가 되었다고 보는 것이 상당하다. 또한 전과사실이 공표됨으로써 상대 후보가 입는 명예(인격권)의 침해정도와 만일 이를 금지할 경우 생기는 피고인의 표현의 자유에 대한 제한과 유권자들의 올바른 선택권에 대한 장애의 정도를 교량한다면 **후자가 전자보다 중하다고 보는 것이 상당**하다. 따라서 피고인이 상대 후보의 전과사실을 적시한 것은 **진실한 사실로서 공공의 이익에 관한 때에 해당**하므로 공직선거및선거부정방지법 제251조 단서에 의하여 위법성이 조각된다.

14 **[대판 93도2339]** 국가안전기획부 직원이 아들 담임선생의 부탁을 받고 그 담임선생의 채무자에게 채무변제를 독촉하는 과정에서 다소 위협적인 말을 하였다 하더라도 사회통념상 허용되는 범위를 넘어선 것이라고 할 수 없어 공갈죄가 성립되지 아니한다.

15 **[대판 93도923]** [조사보고서의 관련자료에 타인에 대한 고소장 사본을 첨부한 행위가 자신의 주장의 정당성을 입증하기 위한 자료의 제출행위로서 **그 고소장의 내용에 다소 타인의 명예를 훼손하는 내용이 들어 있다 하더라도 위법하지 않다**고 한 사례] 피고인이 소속한 교단협의회에서 조사위원회를 구성하여 피고인이 목사로 있는 교회의 이단성 여부에 대한 조사활동을 하고 보고서를 그 교회 사무국장에게 작성토록 하자, 피고인이 조사보고서의 관련 자료에 피해자를 명예훼손죄로 고소했던 고소장의 사본을 첨부한 경우, 이는 자신의 주장의 정당성을 입증하기 위한 자료의 제출행위로서 정당한 행위로 볼 것이지, 고소장의 내용에 다소 피해자의 명예를 훼손하는 내용이 들어 있다 하더라도 이를 이유로 고소장을 첨부한 행위가 위법하다고까지는 할 수 없다.

16 **[대판 88도899]** [명예훼손과 위법성 조각사유] 교회담임목사를 출교 처분한다는 취지의 **교단산하 재판위원회의 판결문**은 성질상 교회나 교단 소속신자들 사이에서는 당연히 전파, 고지될 수 있는 것이므로 위 판결문을 복사하여 예배를 보러온 신도들에게 배포한 행위에 의하여 **그 목사의 개인적인 명예가 훼손된다 하여도** 그것은 진실한 사실로서 오로지 교단 또는 그 산하교회 소속신자들의 이익에 관한 때에 해당하거나 적어도 사회상규에 위배되지 아니하는 행위에 해당하여 위법성이 없다.

17 **[대판 86도1341] [사회통념상 위법하지 않다고 본 명예훼손]** 과수원을 경영하는 피고인이 사과를 절취당한 피해자의 입장에서 앞으로 이와 같은 일이 재발되지 않도록 예방하기 위하여 과수원의 관리자와 같은 동네 새마을 지도자에게 각각 그들만이 있는 자리에서 개별적으로 피해자가 피고인 소유의 과수원에서 사과를 훔쳐간 사실을 말하였다 하더라도 통상적인 사회생활면으로 보나 사회통념상 위와 같은 피고인의 소위를 위법하다고는 말하기 어렵다.

형법

[시행 2023. 8. 8.] [법률 제19582호, 2023. 8. 8. 일부개정]

제1편 총칙

제1장 형법의 적용범위

제1조(범죄의 성립과 처벌) ① 범죄의 성립과 처벌은 행위 시의 법률에 따른다.

② 범죄 후 법률이 변경되어 그 행위가 범죄를 구성하지 아니하게 되거나 형이 구법보다 가벼워진 경우에는 신법(新法)에 따른다.

③ 재판이 확정된 후 법률이 변경되어 그 행위가 범죄를 구성하지 아니하게 된 경우에는 형의 집행을 면제한다.

⋮

제2장 죄

제1절 죄의 성립과 형의 감면

제9조(형사미성년자) 14세되지 아니한 자의 행위는 벌하지 아니한다.

제10조(심신장애인) ① 심신장애로 인하여 사물을 변별할 능력이 없거나 의사를 결정할 능력이 없는 자의 행위는 벌하지 아니한다.

② 심신장애로 인하여 전항의 능력이 미약한 자의 행위는 형을 감경할 수 있다.

③ 위험의 발생을 예견하고 자의로 심신장애를 야기한 자의 행위에는 전2항의 규정을 적용하지 아니한다.

제11조(청각 및 언어 장애인) 듣거나 말하는 데 모두 장애가 있는 사람의 행위에 대해서는 형을 감경한다.

제12조(강요된 행위) 저항할 수 없는 폭력이나 자기 또는 친족의 생명, 신체에 대한 위해를 방어할 방법이 없는 협박에 의하여 강요된 행위는 벌하지 아니한다.

제13조(고의) 죄의 성립요소인 사실을 인식하지 못한 행위는 벌하지 아니한다. 다만, 법률에 특별한 규정이 있는 경우에는 예외로 한다.

제14조(과실) 정상적으로 기울여야 할 주의(注意)를 게을리하여 죄의 성립요소인 사실을 인식하지 못한 행위는 법률에 특별한 규정이 있는 경우에만 처벌한다.

제15조(사실의 착오) ① 특별히 무거운 죄가 되는 사실을 인식하지 못한 행위는 무거운 죄로 벌하지 아니한다.

제16조(법률의 착오) 자기의 행위가 법령에 의하여 죄가 되지 아니하는 것으로 오인한 행위는 그 오인에 정당한 이유가 있는 때에 한하여 벌하지 아니한다.

⋮

제21조(정당방위) ① 현재의 부당한 침해로부터 자기 또는 타인의 법익(法益)을 방위하기 위하여 한 행위는 상당한 이유가 있는 경우에는 벌하지 아니한다.

② 방위행위가 그 정도를 초과한 경우에는 정황(情況)에 따라 그 형을 감경하거나 면제할 수 있다.

③ 제2항의 경우에 야간이나 그 밖의 불안한 상태에서 공포를 느끼거나 경악(驚愕)하거나 흥분하거나 당황하였기 때문에 그 행위를 하였을 때에는 벌하지 아니한다.

제22조(긴급피난) ① 자기 또는 타인의 법익에 대한 현재의 위난을 피하기 위한 행위는 상당한 이유가 있는 때에는 벌하지 아니한다.

② 위난을 피하지 못할 책임이 있는 자에 대하여는 전항의 규정을 적용하지 아니한다.

③ 전조 제2항과 제3항의 규정은 본조에 준용한다.

제23조(자구행위) ① 법률에서 정한 절차에 따라서는 청구권을 보전(保全)할 수 없는 경우에 그 청구권의 실행이 불가능해지거나 현저히 곤란해지는 상황을 피하기 위하여 한 행위는 상당한 이유가 있는 때에는 벌하지 아니한다.

② 제1항의 행위가 그 정도를 초과한 경우에는 정황에 따라 그 형을 감경하거나 면제할 수 있다.

제24조(피해자의 승낙) 처분할 수 있는 자의 승낙에 의하여 그 법익을 훼손한 행위는 법률에 특별한 규정이 없는 한 벌하지 아니한다.

제2절 미수범

제25조(미수범) ① 범죄의 실행에 착수하여 행위를 종료하지 못하였거나 결과가 발생하지 아니한 때에는 미수범으로 처벌한다.

제26조(중지범) 범인이 실행에 착수한 행위를 자의(自意)로 중지하거나 그 행위로 인한 결과의 발생을 자의로 방지한 경우에는 형을 감경하거나 면제한다.

제27조(불능범) 실행의 수단 또는 대상의 착오로 인하여 결과의 발생이 불가능하더라도 위험성이 있는 때에는 처벌한다. 단, 형을 감경 또는 면제할 수 있다.

제28조(음모, 예비) 범죄의 음모 또는 예비행위가 실행의 착수에 이르지 아니한 때에는 법률에 특별한 규정이 없는 한 벌하지 아니한다.

제29조(미수범의 처벌) 미수범을 처벌할 죄는 각칙의 해당죄에서 정한다.

35 책임능력의 판단기준 – 충동조절장애와 책임무능력 –

* 대법원 1995. 2. 24. 선고 94도3163 판결
* 참조조문: 형법 제10조[1][2]

심신장애 유무의 판단에 있어서 법원이 전문감정인의 정신감성 결과에 기속을 받는지 여부와 충동조절장애로 인한 병적 도벽이 형의 감면사유인 심신장애에 해당하는가?

●**사실**● 피고인 X는 1992.12.8. 서울형사지방법원에서 절도죄 등으로 징역 1년에 집행유예 2년을 선고받고, 1993.8.2. 다시 절도죄로 벌금 3백만 원을 선고받아 이 사건 범행 당시 집행유예 기간 중에 있었다. 그럼에도 불구하고 상습으로 1994.1.26. 14:00경 서울 성동구 소재 한양대학교 도서관에서 학생들의 지갑을 절취하였다. 제1심은 X에 대해 상습절도를 인정하였다. 그러나 원심은 제1심의 범죄사실을 그대로 유지하면서도, X는 **충동조절장애에 의한 병적인 도벽성**이 있어 이 사건 범행 당시 사물을 변별하거나 의사를 결정할 능력이 미약한 상태에 있었던 사실이 인정된다고 보아 제1심판결을 파기하고 피고인에 대하여 심신미약 감경 및 작량감경을 하여 징역 1년을 선고하였다. 그런데도 X는 상고하였다.

●**판지**● **상고기각.** 「[1] 형법 제10조 소정의 심신장애의 유무는 법원이 형벌제도의 목적 등에 비추어 판단하여야 할 **법률문제**로서, 그 판단에 있어서는 전문감정인의 정신감정 결과가 중요한 참고자료가 되기는 하나, 법원으로서는 반드시 **그 의견에 기속을 받는 것은 아니고**, 그러한 감정 결과뿐만 아니라 범행의 경위, 수단, 범행 전후의 피고인의 행동 등 기록에 나타난 제반 자료 등을 종합하여 **단독적으로 심신장애의 유무를 판단**하여야 한다.

[2] 피고인이 자신의 절도의 충동을 억제하지 못하는 성격적 결함(정신의학상으로는 정신병질이라는 용어로 표현하기도 한다)으로 인하여 절도 범행에 이르게 되었다고 하더라도, 이와 같이 자신의 충동을 억제하지 못하여 범죄를 저지르게 되는 현상은 **정상인에게서도 얼마든지 찾아볼 수 있는** 일로서 이는 **정도의 문제**에 불과하고, 따라서 특단의 사정이 없는 한 위와 같은 성격적 결함을 가진 자에 대하여 자신의 충동을 억제하고 법을 준수하도록 요구하는 것이 기대할 수 없는 행위를 요구하는 것이라고는 할 수 없으므로 (가) **원칙적으로는 충동조절장애와 같은 성격적 결함은 형의 감면사유인 심신장애에 해당하지 않는다**고 봄이 상당하고, (나) 다만 **그러한 성격적 결함이 매우 심각하여 원래의 의미의 정신병을 가진 사람과 동등하다고 평가**할 수 있다든지, 또는 (다) **다른 심신장애사유와 경합된 경우**에는 심신장애를 인정할 여지가 있을 것이다」.

1) 형법 제10조(심신장애인) ① 심신장애로 인하여 **사물을 변별할 능력**이 없거나 **의사를 결정할 능력**이 없는 자의 행위는 **벌하지 아니한다.** ② 심신장애로 인하여 전항의 능력이 미약한 자의 행위는 형을 **감경할 수 있다.** <개정 2018. 12. 18.> ③ 위험의 발생을 예견하고 자의로 심신장애를 야기한 자의 행위에는 전2항의 규정을 적용하지 아니한다.

2) 형법 제10조 제2항은 **서울 강서구 PC방 살인 사건**을 계기로 **필요적 감경에서 임의적 감경으로 개정**된다. 이 사건은 2018년 10월 14일 오전 8시 10분경에 서울특별시 강서구 내발산동의 한 PC방에서 손님인 김**(29세)이 아르바이트 직원인 신모(20세)의 안면을 흉기로 80여 차례를 찔러 잔인하게 살해한 사건이다. 김은 경찰 조사에서 이전 손님이 남긴 음식물을 아르바이트생에게 치워달라고 했는데 빨리 치우지 않는 것에 화가 나 범행을 저질렀다고 진술했다. 이후 김에 대한 우울증 진단서가 경찰에 제출된 사실이 알려지자 피의자의 심신미약에 대해 감형을 반대하는 청와대 국민청원이 쇄도한다. 이로 인해 국회는 형법 제10조를 사건이 발생한 2개월 뒤인 그해 12월에 개정하였다. 이로서 **심신미약자에 대한 필요적 감경은 '임의적 감경'으로 개정**되어, 그 감형 여부는 법관의 재량과 사건의 경중 등에 따라 유연하게 적용되게 되었다.

●해설● 1 사안의 경우, X는 자신이 상습적으로 절도를 행하기는 하였으나 자신의 심신 상태가 충동조절장애 상태이기 때문에 책임능력이 없고 따라서 범죄는 성립되지 않는다고 주장한다. 제1심은 X의 주장을 물리치고 상습절도를 인정하였고, 제2심은 X에 대해 심신미약 정도까지는 인정된다고 보았다. 하지만 대법원은「원심이 피고인에게 위와 같은 심신장애 사유가 있다고 하여 형을 감경한 것은 심신장애에 관한 법리를 오해한 위법을 범한 것」이라고 질책하였다.

2 형법상 책임은 범죄성립의 세 번째 요건이다. 즉, 범죄가 성립하기 위해서는 그 행위가 구성요건에 해당하여야 하며 위법하여야 하고 마지막으로 그 위법행위를 한 행위자에 대해 비난가능성이 있어야 한다. **이 '비난가능성'이 책임**이다. 따라서 행위자에게 적법하게 행위를 할 수 있는 능력, 즉 **책임능력이 없으면 책임이 없고**, 책임이 없으면 범죄도 형벌도 없게 된다. 책임주의가 형법의 근본원칙이라는 것은 자명한 사실이다.

3 책임능력이라 함은 자신의 행위에 대하여 옳고 그름을 판단(**시비변별능력**)하고 그 판단에 따라서 행위 하거나 실천에 옮길 수 있는(**의사결정능력**) 능력을 가리킨다. 형법은 제10조 제1항에 "심신장애로 인하여 사물을 변별할 능력이 없거나 의사를 결정할 능력이 없는 자의 행위는 벌하지 아니한다."고 규정하고 있다. 여기서 책임능력은 **'범죄행위 시'**에 존재해야 한다. 즉, 사물의 변별능력이나 의사결정능력은 **행위 시를 기준으로 판단**해야 한다.[3] 따라서 정신적 장애가 있는 자라고 하여도 범행 당시 정상적인 사물변별능력이나 행위통제능력이 있었다면 심신장애로 볼 수 없다.

4 형법은 ① **'심신장애'**라는 생물학적 요인과 ② **'사물의 변별능력'** 또는 **'의사결정능력'**이라고 하는 심리학적 요인을 합하여 책임무능력을 판정한다**(혼합적 방법)**. 대법원도 일관되게 형사 책임무능력자 및 한정책임능력자의 요건으로서 생물학적 요소와 심리학적 요소를 함께 요구하고 있다. 즉, **생물학적 요소**로서 정신장애와 **심리학적 요소**로서「정신적 장애로 말미암아 사물에 대한 판별능력과 그에 따른 행위통제능력이 결여되었거나 감소되었음」을 요한다(대판 2006도7900, Ref 2-2).

5 심신장애(心神障碍)는 정신병, 정신박약 또는 비정상적인 정신 상태와 같은 **정신적 장애**를 의미한다. **신체적 장애는 심신장애에 포함되지 않는다.** 정신병에는 조현병(정신분열증), 조울증, 간질, 뇌손상 등 다양하지만 그 개념은 의학의 발달에 따라 달라진다.

6 문제는 **도박벽, 생리 기간 중의 도벽** 등과 같이 감정, 의지, 성격 등에 장애가 있는 **정신병질**(psychopath)이 심신장애에 속하는지 여부이다. 판례는 대상판결에서와 같이 (가) 원칙적으로 **충동조절장애와 같은 성격적 결함**은 형의 감면사유인 심신장애에 해당하지 아니한다. 하지만 (나) 그것이 매우 심각하여 원래의 의미의 정신병을 가진 사람과 동등하다고 평가할 수 있는 경우에는 심신장애가 될 수 있다고 본다. 여기서 주목되는 것은 (나) 부분이다. 이는 충동조절장애가 전형적 질병인 정신병에 해당하지

---

3) 소년의 경우는 소년법의 적용을 받는다. 소년법에는 범법소년의 처벌에 관하여 특례가 있다. 그리고 여기서 '소년'인지 여부는 원칙적으로 심판 시, 즉 **'사실심 판결 선고시'**를 기준으로 판단하여야 한다. 따라서 범행 시에 소년이었다고 할지라도 사실심 판결 선고 당시에 성년이 된 경우에는 부정기형을 선고할 수 없게 된다.「항소심판결 선고일에 피고인이 이미 19세에 달하여 개정 소년법상 소년에 해당하지 않게 되었다면, 항소심법원은 피고인에 대하여 정기형을 선고하여야 한다」(대판 2008도8090).

않지만, **법적인 관점**에서 정신병과 같은 질병으로 취급할 여지가 있음을 밝히고 있다.

7 원심은 당시 X가 심신미약의 상태 하에 있었다고 보았다. 그 이유에 대해 X는 「충동조절장애로 인한 병적 도벽(Kleptomania), 즉 자신의 필요에 의하거나 금전상의 이득을 위한 것이 아니면서도 사전에 아무 계획 없이 그 순간에 어떠한 사물을 도둑질하고 싶은 충동을 억제할 수 없는 일이 반복되는 상태에 있고, 이 사건 범행 당시에는 사전에 아무런 계획 없이 **일단 절도충동이 발생하면 스스로의 의지로는 저항할 수 없는 상태로 되어 현실변별력을 잃은 병적 상태**에서 범행한 것으로 사료된다」고 판단하였다.

8 그러나 대법원은 원심과 달리 X에게는 「위 감정서 및 기타 기록에 나타난 자료에 의하면 피고인은 대학 1학년 때부터 위와 같은 병적인 도벽이 나타났으나 그럼에도 불구하고 정상적으로 대학을 졸업하고 회사에 근무하다가 일본에 유학까지 하였는데 회사에 근무하거나 일본에 유학하고 있는 동안에는 아무런 문제가 없었고 **다만 도서관에 들어갔을 때에만 이러한 도벽이 나타난** 것이며(피고인의 절도전과상의 범행 장소도 모두 대학교 도서관이었다), … 이러한 여러 사정을 종합하면 피고인에게 위와 같은 충동조절장애로 인한 병적 도벽이 있다고 하더라도 이는 형법 제10조 소정의 **심신장애에는 해당하지 않는다고 봄이 상당하다**」고 판단하였다.

9 **심신장애의 유무판단과 전문가의 감정요부** **심신장애의 유무**는 「법관이 형벌 제도의 목적 등에 비추어 판단해야 할 **법률문제**이고 **규범적 판단의 문제에 속한다.** 따라서 **전문가의 조언은 법관을 기속하지 않는다.** 그러나 기속되지 않는다 하여 법관이 전문가의 조력을 충분히 구하지 아니한 상태에서 함부로 결정한다면 이는 심리미진의 위법에 해당」한다(대판 89도94). 또한 「피고인이 범행 당시 심신장애 상태에 있었는지 여부를 판단함에는 **반드시 전문가의 감정을 거쳐야 하는 것은 아니고**, 범행의 경위, 수단, 범행 전후의 피고인의 행동 등을 종합하여 이를 판단하여도 위법이 아니다」(대판 87도1240). 같은 맥락에서 심신장애자의 행위인지 여부는 「반드시 전문가의 감정에 의하여만 결정할 수 있는 것이 아니고 그 행위의 전후 사정이나 기록에 나타난 제반자료와 **공판정에서의 피고인의 태도** 등을 종합하여 심신상실 또는 미약자의 행위가 아니라고 인정하여도 이를 위법이라 할 수 없다」(대판 84도527, Ref 2.3-4).

10 **기억능력과 책임능력** 사물변별능력이나 의사결정능력은 판단능력 또는 의지능력과 관련된 것으로서 사실의 **인식능력이나 기억능력과는 반드시 일치하는 것은 아니다**(대판 2014도17346). 따라서 「행위자가 범행 전후의 사정을 비교적 사리에 맞도록 **기억한다고 하여 반드시 범행 당시 사물을 변별할 능력을 갖추었다고 할 수 없다**」(대판 69도1265).

11 **형사미성년자와 소년법** 형법은 제9조에서 "14세 되지 아니한 자의 행위는 벌하지 아니한다."고 규정하여 일률적으로 책임능력을 부정하고 있다. 「소년법」은 19세 미만의 자를 '소년'으로 규정하면서(법2) 소년에 대한 '**보호처분**'과 '**형사처분**'에 관하여 규정하고 있다. 먼저 (1) **우범소년**(형벌법령에 저촉되는 행위를 할 우려가 있는 10세 이상의 소년)과 **촉법소년**(형벌법령에 저촉되는 행위를 한 10세 이상 14세 미만의 소년)에 대해서는 형벌을 부과할 수는 없지만 소년법상의 보호처분은 가능하다. (2) 14세 이상 19세 미만 자로 형법법규에 저촉되는 행위를 한 자를 **범법소년**이라 한다. 이들에게는 책임능력이 인정된다. 다만, ㉠ 죄를 범할 당시 **18세 미만**인 소년에 대하여 사형 또는 무기형으로 처벌할 경우에는 15년의 유

기형으로 하며(법59), ㉡ 소년이 법정형으로 장기 2년 이상의 유기형에 해당하는 죄를 범한 경우에는 그 형의 범위에서 장기와 단기를 정하여 선고한다. 다만, 장기는 10년, 단기는 5년을 초과하지 못한다(**부정기형 인정**)(법60①), ㉢ 소년의 특성에 비추어 상당하다고 인정되는 때에는 법원은 그 형을 감경할 수 있다(**소년감경특례**)(법60②).

Reference 1

'성격적 결함'과 책임능력의 유무

1 **[대판 2012도12689] [성주물성애증[4]과 책임능력]** 파기환송. 형법 제10조에 규정된 심신장애는 정신병 또는 비정상적 정신상태와 같은 정신적 장애가 있는 외에 이와 같은 정신적 장애로 말미암아 사물에 대한 변별능력이나 그에 따른 행위통제능력이 결여 또는 감소되었음을 요하므로, **정신적 장애가 있는 자라고 하여도 범행 당시 정상적인 사물변별능력과 행위통제능력이 있었다면 심신장애로 볼 수 없다.** 그리고 특별한 사정이 없는 한 **성격적 결함**을 가진 사람에 대하여 자신의 충동을 억제하고 법을 준수하도록 요구하는 것이 기대할 수 없는 행위를 요구하는 것이라고는 할 수 없으므로, (가) 무생물인 옷 등을 성적 각성과 희열의 자극제로 믿고 이를 성적 흥분을 고취시키는 데 쓰는 **성주물성애증이라는 정신질환**이 있다고 하더라도 그러한 사정만으로는 절도 범행에 대한 형의 감면사유인 심신장애에 해당한다고 볼 수 없고, (나) 다만 그 증상이 매우 심각하여 원래의 의미의 정신병이 있는 사람과 동등하다고 평가할 수 있거나, (다) 다른 심신장애사유와 경합된 경우 등에는 심신장애를 인정할 여지가 있으며, 이 경우 심신장애의 인정 여부는 성주물성애증의 정도 및 내용, 범행의 동기 및 원인, 범행의 경위 및 수단과 태양, 범행 전후의 피고인의 행동, 범행 및 그 전후의 상황에 관한 기억의 유무 및 정도, 수사 및 공판절차에서의 태도 등을 **종합하여 법원이 독자적으로 판단**할 수 있다.

2 **[대판 2006도7900] [소아기호증[5]과 책임능력]** 파기환송. ●**사실**● 피고인은 13세 미만 미성년자 강간 등으로 5년 선고받아 복역 후 불과 3개월 만에 또다시 약 1년에 걸쳐 12명의 소녀를 각 강간하였다. 1심 법원은 무기징역형을 선고하였으나 항소심법원은 피고인의 소아기호증을 인정하고 이로 인해 심신미약의 상태에 있었던 것으로 판단하여 징역 15년을 선고하였다. 그러나 대법원은 아래와 같이 판시하면서 원심을 파기하였다. 이후 환송심에서는 무기징역형을 확정하게 된다. ●**판지**● 특단의 사정이 없는 한 **성격적 결함**을 가진 자에 대하여 자신의 충동을 억제하고 법을 준수하도록 요구하는 것이 기대할 수 없는 행위를 요구하는 것이라고는 할 수 없으므로, 사춘기 이전의 소아들을 상대로 한 성행위를 중심으로 성적 흥분을 강하게 일으키는 공상, 성적 충동, 성적 행동이 반복되어 나타나는 소아기호증은 성적인 측면에서의 성격적 결함으로 인하여 나타나는 것으로서, **소아기호증과 같은 질환이 있다는 사정은 그 자체만으로는 형의 감면사유인 심신장애에 해당하지 아니한다고 봄이 상당**하고, (가) **다만 그 증상이 매우 심각하여 원래의 의미의 정신병이 있는 사람과 동등하다고 평가할 수 있거나**, (나) **다른 심신장애사유와 경합된 경우 등에는 심신장애를 인정**

4) **성적 페티시즘**(Sexual fetishism) 또는 **페티시**는 사람이 아닌 물건이나 특정 신체 부위 등에서 성적 쾌감을 얻는 것을 말한다.

5) 국제질병분류 ICD-10에 따르면 **페도필리아(Pedophilia: 소아기호증)**를 "일반적으로 만 11세 이전(특정한 기준을 만족시킬 경우에만 만 13세 이전까지로 확장할 수 있다)의 사춘기 이전의 아동에게 독점적으로 혹은 주로 성적 끌림을 느끼는 병"이라고 정의하며, 환자는 적어도 만 16세 이상의 청소년, 성인이어야 하고 성적 끌림의 대상이 되는 아동은 적어도 환자보다 5살이 어려야 한다고 규정한다.

할 여지가 있으며, 이 경우 (다) 심신장애의 인정 여부는 소아기호증의 정도, 범행의 동기 및 원인, 범행의 경위 및 수단과 태양, 범행 전후의 피고인의 행동, 증거인멸 공작의 유무, 범행 및 그 전후의 상황에 관한 기억의 유무 및 정도, 반성의 빛의 유무, 수사 및 공판정에서의 방어 및 변소의 방법과 태도, 소아기호증 발병 전의 피고인의 성격과 그 범죄와의 관련성 유무 및 정도 등을 **종합하여 법원이 독자적으로 판단**할 수 있다.

3 **[대판 2002도1541] [생리기간 중 충동조절장애와 책임능력]** 파기환송. [1] 자신의 충동을 억제하지 못하여 범죄를 저지르게 되는 현상은 정상인에게서도 얼마든지 찾아볼 수 있는 일로서, 특단의 사정이 없는 한 위와 같은 성격적 결함을 가진 자에 대하여 자신의 충동을 억제하고 법을 준수하도록 요구하는 것이 기대할 수 없는 행위를 요구하는 것이라고는 할 수 없으므로, 원칙적으로 **충동조절장애와 같은 성격적 결함**은 형의 감면사유인 심신장애에 해당하지 아니한다고 봄이 상당하지만, 그 이상으로 사물을 변별할 수 있는 능력에 장애를 가져오는 원래의 의미의 정신병이 도벽의 원인이라거나 혹은 도벽의 원인이 충동조절장애와 같은 성격적 결함이라 할지라도 그것이 매우 심각하여 원래의 의미의 정신병을 가진 사람과 동등하다고 평가할 수 있는 경우에는 그로 인한 절도 범행은 심신장애로 인한 범행으로 보아야 한다. [2] 피고인이 **생리기간 중에 심각한 충동조절장애**에 빠져 절도 범행을 저지른 것으로 의심이 되는데도 **전문가에게** 피고인의 정신상태를 감정시키는 등의 방법으로 심신장애 여부를 심리하지 아니한 원심판결을 심리미진과 심신장애에 관한 법리오해의 위법이 있다는 이유로 파기한 사례. [3] [피고인의 병력] 피고인은 생리 기간이 되면 밖으로 나가고 싶어지고, 가게 등에서 본 물건들을 보면 온 몸에 열이 나면서 순간적으로 아무 생각 없이 물건을 그냥 집어 들고 가게 되곤 하여 생리 기간 중에는 밖에 나가고 싶어도 참고 집에서 지내는데 그러다가 일이 생겨 부득이 밖에 나가면 조심하려고 애를 써도 얼떨결에 위와 같은 범행에 이르게 되고 만다. 피고인은 위와 같은 증세로 병원에서 '병적절도(생리전증후군)'라는 병명으로 진단을 받았는데, 피고인을 진찰한 신경정신과 전문의 D는 제1심 법정에서 피고인은 생리기에 이르면 자신도 모르는 사이에 긴장 및 불안증세에 이르고 불안으로 인하여 점진적으로 심계항진이 되어 온몸에 열이 나면서 걷잡을 수 없는 상황에서 순간적으로 절도행위에 이르게 된다고 진술하고 있다. 또 위 D는 위와 같은 절도행위는 정상적인 정신상태에서 도벽으로 일어난 것이기보다는 비정상적인 의식상태에서 충동적으로 일어난 것이라고 볼 수 있는데 피고인은 충돌조절이 안되어 통제불능에 이르고 절도를 함으로써 긴장이 해소되며, 피고인은 위와 같은 증세로 부정기적으로 치료를 받아 왔는데 향후 약 3년간의 전문적인 치료가 필요하다고 진술하고 있다. [이 사건 범행의 경위 및 범행 당시의 상황] 피고인은 이 사건 범행으로 경찰에서 조사를 받으면서 "저도 모르게 남의 것만 보면 가지고 싶습니다. 제 마음을 저도 모르겠습니다.", "시장에 나가서 여자옷만 보면 꼭 필요하지도 않은데 나도 모르게 손이 가서 훔치게 됩니다. 저도 제 마음을 어떻게 자제할 수가 없습니다.", "나쁜 짓을 안한다고 다짐을 하는데 월경이 나오면 귀에 혹이 나고 얼굴이 화끈거리며 충동이 생기는데 내 마음이지만 왜 그러는지 모르겠습니다.", "한두 번도 아니고 여러번 죄를 저질렀는데 저도 제 마음을 모르겠어요. 안 그런다고 마음을 굳게 다짐하고 저희 식구들도 제가 이상한 물건만 있으면 신경을 많이 쓰고 해서 마음을 굳게 다짐을 하는데 이번에도 왜 그랬는지를 정말 모르겠어요. 병원에서도 치료를 받아야 한다고 했는데 당장 죽는 병이 아니고 집안에 쓸 데도 많다 보니까 치료를 못받았습니다."라는 등으로 진술을 하고 있고, 피고인은 약 2시간 20분 동안에 남대문 시장의 31곳의 점포를 돌아다니면서 여성의류만 절취하였는데 "남대문시장의 지리도 모르고 상가 이름도 모르고 어디에서 훔쳤는지 모르고 정신도 없고 뭐가 뭔지도 모른다."고 진술하고 있으며, 피고인은 이 사건 범행 당시 생리 기간 중이었다. **cf)** 특히 이

판결은 심신장애의 여부를 판단함에 있어서 전문가의 감정을 중요한 기준으로 제시하고 있다. 앞의 리딩케이스와 비교되는 사례이다.

Reference 2

책임능력과 관련된 주요판례

1 [대판 2008도11550] [행위자가 범죄행위 당시 심신미약 등 정신적 장애상태에 있었다는 사정만으로 상습성을 부정할 수 있는지 여부(소극)] [1] 행위자가 범죄행위 당시 **심신미약 등 정신적 장애상태에 있었다고 하여 일률적으로 그 행위자의 상습성이 부정되는 것은 아니다.** 심신미약 등의 사정은 상습성을 부정할 것인지 여부를 판단하는 데 자료가 되는 여러 가지 사정들 중의 하나일 뿐이다. 따라서 행위자가 범죄행위 당시 심신미약 등 정신적 장애상태에 있었다는 이유만으로 그 범죄행위가 상습성이 발현된 것이 아니라고 단정할 수 없고 다른 사정을 종합하여 상습성을 인정할 수 있어 심신미약의 점이 상습성을 부정하는 자료로 삼을 수 없는 경우가 있는가 하면, 경우에 따라서는 심신미약 등 정신적 장애상태에 있었다는 점이 다른 사정들과 함께 참작되어 그 행위자의 상습성을 부정하는 자료가 될 수도 있다. [2] **절도에 있어서의 상습성**은 절도범행을 반복 수행하는 습벽을 말하는 것으로서, 동종 전과의 유무와 그 사건 범행의 횟수, 기간, 동기 및 수단과 방법 등을 **종합적으로 고려하여 상습성 유무를 결정**하여야 한다.

2 [대판 2006도7900] 형법 제10조에 규정된 심신장애는 생물학적 요소로서 정신병 또는 비정상적 정신상태와 같은 정신적 장애가 있는 외에 심리학적 요소로서 이와 같은 **정신적 장애로 말미암아** 사물에 대한 변별능력과 그에 따른 행위통제능력이 결여되거나 감소되었음을 요하므로, **정신적 장애가 있는 자라고 하여도 범행 당시 정상적인 사물변별능력이나 행위통제능력이 있었다면 심신장애로 볼 수 없다.**

심신장애판단과 전문가의 감정

3-1 [대판 98도3812] 전문가의 감정결과가 있더라도 형법 제10조 제1항, 제2항에 규정된 심신장애의 유무 및 정도의 판단은 **법률적 판단**으로서 반드시 전문감정인의 의견에 기속되어야 하는 것은 아니고, 정신분열증의 종류와 정도, 범행의 동기, 경위, 수단과 태양, 범행 전후의 피고인의 행동, 반성의 정도 등 여러 사정을 종합하여 **법원이 독자적으로 판단할 수 있다.**

3-2 [대판 2018도7658] [1] 피고인이 자폐성 스펙트럼 장애의 일종인 **아스퍼거 증후군**을 갖고 있었다고 하더라도, 그것이 피고인의 범행 당시 사물변별능력이나 의사결정능력에 영향을 미쳤다고 볼 수 없다는 이유로 피고인의 심신미약 주장을 받아들이지 않은 사례. [2] 심신장애의 유무는 법원이 형벌제도의 목적 등에 비추어 판단하여야 할 **법률문제**로서 그 판단에 전문감정인의 정신감정결과가 중요한 참고자료가 되기는 하나, 법원이 반드시 그 의견에 구속되는 것은 아니고, 그러한 감정결과뿐만 아니라 범행의 경위, 수단, 범행 전후의 피고인의 행동 등 기록에 나타난 여러 자료 등을 종합하여 **독자적으로** 심신장애의 유무를 판단하여야 한다.

3-3 [대판 98도549] 피고인이 범행 당시 그 심신장애의 정도가 단순히 사물을 변별할 능력이나 의사를 결정할 능력이 미약한 상태에 그쳤는지 아니면 그러한 능력이 상실된 상태이었는지 여부가 불분명하므로, 원심으로서는 먼저 피고인의 정신상태에 관하여 충실한 정보획득 및 관계 상황의 포괄적인 조사·분석을

위하여 피고인의 정신장애의 내용 및 그 정도 등에 관하여 정신의로 하여금 감정을 하게 한 다음, 그 감정 결과를 중요한 참고자료로 삼아 범행의 경위, 수단, 범행 전후의 행동 등 제반 사정을 종합하여 범행 당시의 **심신상실 여부를 경험칙에 비추어 규범적으로 판단하여 그 당시 심신상실의 상태에 있었던 것으로 인정되는 경우에는 무죄를 선고**하여야 한다.

3-4 [대판 84도527] [심신장애자인 여부의 판단에 있어서 전문가의 감정요부(소극)] [1] 심신장애자의 행위인 여부는 반드시 전문가의 감정에 의하여만 결정할 수 있는 것이 아니고 그 행위의 전후 사정이나 기록에 나타난 제반자료와 공판정에서의 피고인의 태도 등을 종합하여 심신상실 또는 미약자의 행위가 아니라고 인정하여도 이를 위법이라 할 수 없다. [2] 피고인이 검찰에서 범행에 관한 기억이 없다고 하였으나 법정에서는 범행사실을 전부 시인하고 있고 피해자의 진술에 따르면 범행당시 피고인에게서 술냄새가 나지 않았다는 것으로 피고인이 술에 취하여 기억이 전혀 없다고 단정하기 어렵고, 피고인의 정신 상태에 관하여는 피고인이 과거에 이유없이 쓰러지거나 돈주고 수집한 빈병을 깨버린 일이 있어 피고인에게 원인모를 병이 있는 것 같다는 피고인의 처의 진술이 있으나, 이 진술만으로 피고에게 정신질환이 있다고 하기에는 어렵고 피고인이 뇌를 다친 여부에 관하여는 인정할 자료가 없다면 피고인의 범죄경력, 이 사건 범행의 경위, 방법 및 범행 후 정황 등을 종합하여 범행당시 피고인이 사물을 판별할 능력이나 의사결정 능력이 없었거나 미약하였다는 변소를 배척한 조치는 정당하며 **그 정신감정을 거치지 아니하였다 하여 위법이라 할 수 없다.**

3-5 [비교판례] [대판 2011도4398] [1] 정신지체 3급 장애인으로 정신박약과 주의력결핍 과잉행동장애(ADHD)가 있는 피고인이 흉기를 휴대하고 피해자를 강제추행하여 상해를 입혔다고 하여 성폭력범죄의 처벌 등에 관한 특례법 위반(강간등상해)으로 기소된 사안에서, **소년형사범인 피고인**에 대하여 감정을 실시하지 아니한 채 범행 당시 심신장애 상태에 있지 아니하였다고 단정한 원심판결에 법리오해 및 심리미진의 위법이 있다. [2] 소년법 제1조는 "이 법은 반사회성이 있는 소년의 환경 조정과 품행 교정을 위한 보호처분 등의 필요한 조치를 하고, 형사처분에 관한 특별조치를 함으로써 소년이 건전하게 성장하도록 돕는 것을 목적으로 한다."고 규정하고 있고, 제58조 제1항은 "소년에 대한 형사사건의 심리는 친절하고 온화하게 하여야 한다."고 규정하고 있으며, 제2항은 " 제1항의 심리에는 소년의 심신상태, 품행, 경력, 가정상황, 그 밖의 환경 등에 대하여 정확한 사실을 밝힐 수 있도록 특별히 유의하여야 한다."고 규정하고 있다. 그렇다면 원심으로서는 소년인 피고인이 이 사건 범행 당시 심신장애의 상태에 있었는지 여부에 대한 감정을 실시하여 그 결과까지 종합해 본 다음 과연 피고인이 이 사건 범행 당시 심신상실 내지 심신미약의 상태에 있었는지 여부를 판단하였어야 함에도 불구하고, 원심이 그 판시와 같은 이유만으로 피고인이 이 사건 범행 당시 심신장애의 상태에 있지 아니하였다고 단정한 것은 소년형사범의 심리 및 심신장애에 관한 법리를 오해한 나머지 필요한 심리를 다하지 아니함으로써 판결 결과에 영향을 미친 위법이 있다고 하지 않을 수 없다.

명정(酩酊)과 책임능력

4-1 [대판 98도159] [혈중알콜농도 0.25%와 심신상실여부] 기록에 의하면, 피고인이 비록 3일간 계속하여 술을 마셨다고는 하지만 그 음주량이 평소 주량에 비하여 과다한 것으로 보이지 않고 범행 당시의 정황도 소상히 기억하고 있는 점, 범행 후 상당한 시간이 경과한 시점에서 피고인의 혈중알콜농도를 측정한 결과 0.25%로 나타났으나 **범행 당시에도 같은 정도 내지 그 이상의 주취상태에 있었다고 단정하기 어려운 점** 등을 엿볼 수 있는바, 이러한 사정에 비추어 볼 때 피고인은 이 사건 범행 당시 다소 술에 취한 사실은 인정되나 그로 인하여 사물을 변별하거나 의사를 결정할 능력이 없었다든가 또는 그러한 능력이 미약한 상태에 있었

던 것은 아니라고 하여 피고인의 심신상실 또는 심신미약의 주장을 배척한 원심의 조치는 수긍이 가고, 거기에 소론과 같은 심신장애에 관한 법리오해의 위법이 있다고 할 수 없다.

4-2 [대판 88도1284] [술에 취하여 기억이 없다는 진술이 단순히 범행을 부인하는 취지에 지나지 않는다고 한 사례] 피고인은 1심 공판기일에서 피해자와 같이 포장마차에 술마시러 간 것은 기억하지만 칼을 집어던진 일은 술에 취해 기억이 없다고 진술하고 있으나, 그 직후에 포장마차를 나와 근처 다방후문 앞 노상에서 피해자의 얼굴 등을 때려 상처를 입힌 사실은 이를 **소상히 기억**하여 그대로 시인하고 있음이 인정되므로, 결국 피고인이 칼을 던진 행동을 술에 취하여 기억이 없다고 진술하고 있는 것은 그 진술의 전후 맥락에 비추어 볼 때 칼을 던진 행위에 대하여 심신장애로 인한 형의 감면을 주장하는 취지가 아니라 단순히 범행을 부인하는 취지에 지나지 않는다고 할 것이다.

4-3 [비교판례] [대판 89도2364] [만취되어 기억이 없다는 진술이 범죄의 성립을 조각하거나 형의 감면이유가 되는 사실의 진술에 해당하는지 여부(적극)] 이 사건 범행당시 술에 만취하였기 때문에 전혀 기억이 없다는 취지의 진술을 하고 있음이 인정되는 바, 이러한 진술은 범행당시 심신상실 또는 심신미약의 상태에 있었다는 주장으로서 형사소송법 제323조 제2항 소정의 법률상 범죄의 성립을 조각하거나 형의 감면의 이유가 되는 사실의 진술에 해당한다. 그러므로 원심으로서는 마땅히 이에 대한 판단을 명시하였어야 함에도 불구하고 원심판결 이유를 보면 원심은 피고인이 상당한 정도로 술에 취한 상태에서 이 사건 범행을 저지른 사실을 인정하면서도 이를 정상참작의 사유로 삼았을뿐 심신장애여부에 관하여 전혀 판단을 하지 않음으로써 판단유탈의 잘못을 저지르고 있으므로 이 점에 관한 논지는 이유있다.

4-4 [참고판례] [대판 2018도9781] ['알코올 블랙아웃(black out)'의 의미 및 의식상실(passing out)과의 구별] (가) 의학적 개념으로서의 **'알코올 블랙아웃(black out)'**은 중증도 이상의 알코올 혈중농도, 특히 단기간 폭음으로 알코올 혈중농도가 급격히 올라간 경우 그 알코올 성분이 외부 자극에 대하여 기록하고 해석하는 인코딩 과정(기억형성에 관여하는 뇌의 특정 기능)에 영향을 미침으로써 행위자가 일정한 시점에 진행되었던 사실에 대한 기억을 상실하는 것을 말한다. 알코올 블랙아웃은 인코딩 손상의 정도에 따라 단편적인 블랙아웃과 전면적인 블랙아웃이 모두 포함한다. 그러나 알코올의 심각한 독성화와 전형적으로 결부된 형태로서의 의식상실의 상태, 즉 알코올의 최면진정작용으로 인하여 수면에 빠지는 **'의식상실(passing out)'**과 구별되는 개념이다. (나) 따라서 음주 후 준강간 또는 준강제추행을 당하였음을 호소한 피해자의 경우, ㉠ 범행 당시 알코올이 위의 기억형성의 실패만을 야기한 알코올 **블랙아웃 상태**였다면 피해자는 기억장애 외에 인지기능이나 의식 상태의 장애에 이르렀다고 인정하기 어렵지만, ㉡ 이에 비하여 피해자가 술에 취해 수면상태에 빠지는 등 의식을 상실한 **패싱아웃 상태**였다면 심신상실의 상태에 있었음을 인정할 수 있다.

5 [대판 92도1425] [형법 제10조 소정의 심신장애를 인정하기 위한 요소 및 정신분열증과 같은 고정적 정신질환을 가진 자가 범행의 충동을 느끼고 범행에 이르게 된 과정에서의 **의식상태가 정상인과 같아 보이지만 심신미약이라고 볼 여지가 있는 경우**] 형법 제10조에 규정된 심신장애는 생물학적 요소로서 정신병, 정신박약 또는 비정상적 정신상태와 같은 정신적 장애가 있는 외에 심리학적 요소로서 이와 같은 정신적 장애로 말미암아 사물에 대한 판별능력과 그에 따른 행위통제능력이 결여되거나 감소되었음을 요하므로, (가) **정신적 장애가 있는 자라고 하여도 범행 당시 정상적인 사물판별능력이나 행위통제능력이 있었다면 심신장애로 볼 수 없음**은 물론이나, (나) 정신적 장애가 정신분열증과 같은 고정적 정신질환의 경우에는 범행의 충동을 느끼고 범행에 이르게 된 과정에 있어서의 범인의 의식상태가 정상인과 같아 보이는 경우에도 범행

의 충동을 억제하지 못한 것이 흔히 정신질환과 연관이 있을 수 있고, 이러한 경우에는 정신질환으로 말미암아 행위통제능력이 저하된 것이어서 심신미약이라고 볼 여지가 있다.

조현병[6]과 책임능력

6-1 [대판 90도1328] **●사실●** 피고인이 1988.2.경부터 부산 서구 동대신동 소재 서부교회에 가끔 다니면서 피해자인 동 교회 목사 백영희(남, 83세)의 설교를 듣고서 결혼도 못하고 어렵게 살고 있는 자신의 처지를 비관하여 오던 중, 1989.8.27. 01:30경 부산 사하구 괴정 2동 산 4번지 소재 피고인이 집 뒷편 속칭 쇠리골 뒷산에서 산상기도를 하면서 갑자기 "백목사는 사탄이고 큰자이므로 작은자(피고인을 지칭함)가 살아 남는 길은 큰자인 백목사를 죽여야 한다. 공자, 맹자도 천당에 못갔다는데 피고인 자신도 천당에 못갈 것이 분명하므로 백목사를 죽여야만 자신이 큰자로 되어 천당에 갈 수 있다."고 잘못 생각하고 **당시 정신분열증**으로 인하여 사물변별능력 및 의사결정능력이 미약한 상태에서 위 피해자를 살해하기로 마음먹고, 피고인 집으로 돌아와 부엌에서 사용하던 식도를 허리춤에 넣은 후 같은 날 05:10경 위 서부교회 예배당에 도착하여 신도 1,000여 명을 모아놓고 단상에서 설교하고 있는 피해자에게 접근한 후 허리춤에서 위 식도를 꺼내어 오른손에 들고서 동인의 우측가슴 등을 힘껏 3회 찔러 동인으로 하여금 부산대학병원으로 후송도중 우흉부자상으로 인한 실혈성쇼크로 사망에 이르게 하여 살해하였다. **●판지●** 범행당시 **정신분열증으로 심신장애의 상태**에 있었던 피고인이 피해자를 살해한다는 명확한 의식이 있었고 **범행의 경위를 소상하게 기억**하고 있다고 하여 범행 당시 사물의 변별능력이나 의사결정능력이 결여된 정도가 아니라 미약한 상태에 있었다고 단정할 수는 없는 것인바, 피고인이 피해자를 살해할 만한 다른 동기가 전혀 없고, 오직 피해자를 "사탄"이라고 생각하고 피해자를 죽여야만 피고인 자신이 천당에 갈 수 있다고 믿어 살해하기에 이른 것이라면, 피고인은 **범행 당시 정신분열증에 의한 망상에 지배**되어 **사물의 선악과 시비를 구별할 만한 판단능력이 결여**된 상태에 있었던 것으로 볼 여지가 없지 않다. 만일 이와 같은 심신장애자로 인정된다면 이러한 자에 대한 사회격리와 교회는 오직 사회보호법에 의한 치료감호처분에 의하여야 할 것이다. 원심이 위와 같은 점을 좀 더 면밀히 검토하여 심신상실여부를 가려보았어야 함에도 불구하고 이에 이름이 없이 만연히 피고인이 범행 당시 피해자를 살해한다는 인식이 있었고 **범행의 과정을 기억하고 있다는 것만으로** 이 사건 범행이 심신미약의 상태에서 저질러진 것에 지나지 않는다고 판단하고 말았음은 심신장애에 관한 법리오해와 심리미진으로 판결에 영향을 미친 위법을 저지른 것으로서 이 점에 관한 논지는 이유 있다.

6-2 [대판 83도3007] 피고인의 정신상태가 **정신분열증세와 방화에 대한 억제하기 어려운 충동**으로 말미암아 사물을 변별하거나 의사를 결정할 능력이 미약한 상태에서 불과 6일간에 여덟차례에 걸친 연속된 방화를 감행하였다면, 피고인을 심신미약자로 인정하고 형법 제10조 제2항을 적용하여 처단한 조치는 정당하다.

6-3 [대판 91도636] 피고인은 이미 10여 년 전부터 **만성형 정신분열증** 질환을 앓아 왔고 그 동안 각종 정신병원 및 정신요양원 등의 치료시설에 장기간 수용되어 치료를 받아 온 사실과 피고인의 현재 지능은

---

6) **조현병**(調絃病: Schizophrenia) 또는 **정신분열증**은 비정상적인 사고와 현실에 대한 인지 및 검증력 이상을 특징으로 하는 정신질환의 일종이다. 일반적으로 망상, 환각, 와해된 언어나 행동, 사고장애의 증상이 나타나며, 사회적 위축 및 감정 반응의 저하 등도 동반된다. 어감상의 문제로 2011년 3월 대한의사협회에서 "조현병"으로 개정하기로 확정하였다. **조현(調絃)**이란 현악기의 줄을 고른다는 뜻으로, 뇌의 신경구조의 이상으로 마치 현악기가 제대로 조율되지 않은 것처럼 혼란을 겪는 상태, 즉 조현에 이상이 있는 병을 의미한다. 일본에서도 비슷한 이유로 '정신분열병'이던 병명을 **'통합실조증(統合失調症)'**으로 바꾸었다. 조현병의 교과서적인 영화로 천재수학자이자 노벨경제학상을 수상(1994년)한 '존 포브스 내쉬(1928−2015)'의 실화를 다룬 영화 《A Beautiful Mind》가 있다.

보통수준이고 외면상으로는 정상적인 지적 판단능력을 갖춘 듯이 보이나 내면에는 과대망상이나 피해망상 등 비현실적인 사고로 가득 차 있어 정상적인 사리판단이나 의사결정을 기대할 수 없는 상태로 보이며 이 사건 범행의 경위도 위와 같은 왜곡된 사고와 망상의 지배로 말미암아 아무런 관계도 없는 **생면부지의 행인인 피해자들의 머리를 이유 없이 도끼로 내리쳐** 상해를 가하기에 이른 사실을 인정한 다음, 이와 같은 여러 가지 사정을 종합하여 보면 피고인은 이 사건 범행 당시 심한 만성형 정신분열증에 따른 망상에 지배되어 사물의 선악과 시비를 구별할만한 판단능력이 결여된 상태에 있었다고 보여지므로 피고인의 이 사건 범행에 대하여는 형법 제10조 제1항에 따라 벌할 수 없는 것이라고 판시하고 피고인에 대하여 무죄를 선고하였다.

6-4 [대판 94도581] 이혼한 전 남편인 피해자의 술잔에 피고인이 메소밀 농약을 넣어 피해자로 하여금 이를 마시고 사망하게 한 사안에서 (가) 형법 제10조 제1항 및 제2항 소정의 **심신장애의 유무 및 정도의 판단은 법률적 판단으로서 반드시 전문감정인의 의견에 기속되어야 하는 것은 아니고,** 정신분열병의 종류 및 정도, 범행의 동기 및 원인, 범행의 경위 및 수단과 태양, 범행 전후의 피고인의 행동, 증거인멸 공작의 유무, 범행 및 그 전후의 상황에 관한 기억의 유무 및 정도, 반성의 빛 유무, 수사 및 공판정에서의 방어 및 변소의 방법과 태도, 정신병 발병 전의 피고인의 성격과 그 범죄와의 관련성 유무 및 정도 등을 **종합하여 법원이 독자적으로 판단**할 수 있다. (나) 피고인이 **편집형 정신분열증환자**로서 심신상실의 상태에 있었다는 감정인의 의견을 배척하고 제반 사정을 종합하여 심신미약으로만 인정한 것은 정당하다.

6-5 [대판 2005도7342] 형법 제10조에 규정된 심신장애는 생물학적 요소로서 정신병, 정신박약 또는 비정상적 정신상태와 같은 정신적 장애가 있는 외에 심리학적 요소로서 이와 같은 정신적 장애로 말미암아 사물에 대한 판별능력과 그에 따른 행위통제능력이 결여되거나 감소되었음을 요하므로, 정신적 장애가 있는 자라고 하여도 범행 당시 정상적인 사물판별능력이나 행위통제능력이 있었다면 심신장애로 볼 수 없음은 물론이나, 정신적 장애가 **정신분열증과 같은 고정적 정신질환**의 경우에는 범행의 충동을 느끼고 범행에 이르게 된 과정에서의 **범인의 의식상태가 정상인과 같아 보이는 경우에도 범행의 충동을 억제하지 못한 것이 정신질환과 연관이 있는 경우가 흔히 있고,** 이러한 경우에는 정신질환으로 말미암아 행위통제능력이 저하된 것이어서 심신미약이라고 볼 여지가 있다.

6-6 [대판 84도1510] [피해망상[7]과 책임능력] [심신상실을 이유로 무죄를 선고하면서 사회보호법을 적용하여 치료감호에 처한 사례] 피고인의 언동과 태도, 즉 그의 아들인 피해자가 전생의 원수이고 한씨 가문의 역적이라고 되풀이 하면서 히쭉히쭉 웃고 때로는 얼굴을 붉히며 공연히 화를 내는 등의 태도 등을 종합하여 피고인은 5살 때에 나무에서 떨어진 후부터 의식을 잃고 손발이 뒤틀리는 경기를 앓아오다가 1966년부터 **간질병**을 앓게 되었고 이 사건 2년 전부터는 그 간질병 발작이 심화되면서 편집성 정신병을 갖게 되었으며 1983.2.경에는 그 정신병증상이 악화되어 공연히 그의 처에게 욕을 하고 문을 걸어 방에 들어오지도 못하게 하는 등 **피해망상에 사로잡혔고** 이 사건 범행 당시에는 그 증상이 더욱 악화되어 그의 **아들인 피해자**가 단순히 자기 말을 잘 듣지 않는다는 사유만으로 그가 **한씨 가문의 역적이니 죽여야 된다는 심한 망상** 속에 빠져 현실을 판단하는 자아의 힘을 상실한 상태에 있었던 사실을 인정한 다음 이에 비추어 볼 때 피고인의 이 사건 범행은 형법 제10조 제1항 소정의 심신장애로 인하여 **사물을 변별한 능력과 의사를 결정할**

7) **피해망상증** 환자는 주변이 자신에게 피해를 입히거나 그러한 의도를 가지고 있다고 여긴다. 타인이 몰래 숨어서 어떠한 행동을 취하고 있다고 믿으며, 미행·감시·도청 따위를 당하고 있다고 믿는 경우가 많다. 이러한 일련의 피해 뒤에 거대한 배후나 음모가 있다는 망상이 수반되기도 한다. 이러한 '가해'로부터 벗어나기 위해 환자는 적대적 행동이나 반복적인 공소(公訴)를 보이기도 한다.

능력이 없는 자의 행위라고 봄이 상당하다 하여 무죄를 선고하였다.

기억과 책임능력

7-1 **[대판 88도1284]** 피고인은 피해자와 같이 포장마차에 술 마시러 간 것은 기억하지만 칼을 집어던진 일은 술에 취해 기억이 없다고 진술하고 있으나, 그 직후에 포장마차를 나와 근처 다방후문 앞 노상에서 피해자의 얼굴 등을 때려 상처를 입힌 사실은 이를 소상히 기억하여 그대로 시인하고 있음이 인정되므로, 결국 **피고인이 칼을 던진 행동을 술에 취하여 기억이 없다고 진술하고 있는 것**은 그 진술의 전후 맥락에 비추어 볼 때 칼을 던진 행위에 대하여 심신장애로 인한 형의 감면을 주장하는 취지가 아니라 **단순히 범행을 부인**하는 취지에 지나지 않는다고 할 것이다.

7-2 **[대판 85도361]** 형법상 심신상실자라고 하려면 그 범행 당시에 심신장애로 인하여 사물의 시비선악을 변식할 능력이나 또 그 변식하는 바에 따라 행동할 능력이 없어 그 행위의 위법성을 의식하지 못하고 또는 이에 따라 행위를 할 수 없는 상태에 있어야 하며 **범행을 기억하고 있지 않다는 사실만으로 바로 범행 당시 심신상실 상태에 있었다고 단정할 수는 없다.**

8 **[대판 83도1897] [뇌전증[8]과 책임능력]** 피고인이 평소 간질병 증세가 있었더라도 **범행 당시에는 간질병이 발작하지 아니하였다면** 이는 책임감면사유인 심신장애 내지는 심신미약의 경우에 해당하지 아니한다.

9 **[대판 68도400] [해리성 장애[9]와 책임능력] ●사실●** 김○도는 여러 가지 사정으로 욕망이 좌절되었고, 수술을 요하는 모친의 병도 가정형편상 돈이 없어 치료 할 수 없는 현실에 부닥치게 되자 현실에 대한 불만과 갈등 속에서 만성적인 불안감을 지니게 된다. 이러한 심리상태에서 김은 사건이 일어나기 몇 개월 전 술에 취해 아무런 이유 없이 작두를 들고 동네를 다니면서 사람을 찔러 죽이려는 비정상적인 행동을 하기도 한다. 또한 김은 자신의 이러한 행패 이후에 동네 사람들이 자기를 숙부가 인근 경찰서장직에 있기 때문에 거들먹거리는 것으로 경계한다는 이야기를 듣고 나서는 그들에 대해서 더욱 더 적개심을 품게 된다. 김은 사건 당일 그 동리에 있는 상점에서 동리사람 2명과 합석하여 팔씨름을 하면서 소주 2홉들이 4병을 나누어 마시고 취하게 되자 평소의 불만과 갈등으로 인한 만성적 불안감으로 인한 증오심과 적개심이 작용하여 충분한 동기도 없이 2시간여에 걸쳐 노인과 부녀자 및 유아등을 대상으로 닥치는 대로 가혹하게 가해하여 5명을 살해하고 5명에게 중상을 입혔다. **●경과●** ① 검사는 김○도를 살인죄 및 살인미수로 기소하였

8) **간질(癎疾) 또는 전간(癲癎)**이라고도 하며, 과거에는 간질이 정식 명칭으로 사용되었으나 간질이라는 용어가 주는 사회적 낙인이 심한 이유로 2009년 6월 7일 대한간질학회에서 용어를 **뇌전증(**(腦電症: epilepsy)으로 바꾸기로 최종 의결하였다. 뇌전증이란 단일한 뇌전증 발작을 유발할 수 있는 원인 인자, 즉 전해질 불균형, 산-염기 이상, 요독증, 알코올 금단현상, 심한 수면박탈상태 등 발작을 초래할 수 있는 신체적 이상이 없음에도 불구하고, 뇌전증 발작이 반복적으로(24시간 이상의 간격을 두고 2회 이상) 발생하여 만성화된 질환군을 의미한다. 또는, 뇌전증 발작이 1회만 발생하였다고 하더라도 뇌 영상검사(뇌 MRI 등)에서 뇌전증을 일으킬 수 있는 병리적 변화가 존재하면 뇌전증으로 분류한다.

9) **해리성 장애(解離性障碍, dissociative disorders: DD)**란 기억, 의식, 정체감, 환경에 대한 지각에 이상이 생기는 여러 정신장애를 가리키는 말이다. 기능의 일부가 일시적으로 또는 갑작스럽게 상실되거나 변화되는 것으로 생각할 수 있다. 스스로의 감각을 잃는 상태, 마치 캡슐 속에 있는 듯이 현실감이 없거나, 어느 시기의 기억이 전혀 없거나, 어느 샌가 자신이 모르는 장소에 있는 일 따위가 일상적으로 일어나며, 생활면에서의 다양한 차질을 빚는 상태를 가리킨다. 해리성 장애를 가진 사람은, 방어기제로 해리를 병리학적으로 비자발적으로 사용한다고 여겨진다.

고 ② **제1심법원**은 피고인의 범죄사실을 인정하면서도 범행 당시 피고인이 심신미약 상태에 있었다는 이유로 형법 제10조 제2항을 적용하여 피고인에게 무기징역을 선고하였다. 이에 피고인은 자신은 범행 당시 심신상실 상태에 있었으므로 형법 제10조 제1항에 따라 **무죄**가 선고되어야 한다고 주장하며 항소하였다. ③ **제2심 법원**은 범행 당시 피고인은 **의학상 인격해리 상태**에 있었던 것이며, 그의 정신상태는 사물을 변별할 능력이 없었거나 의사결정의 능력이 없었던 것이 아니고, 단지 그 능력이 미약한 정도에 지나지 않는 것으로 파악하여 피고인의 항소를 배척하고 제1심판결을 유지하였다. 피고인은 다시 심신상실을 이유로 한 무죄판결을 구하며 대법원에 상고하였다. ④ **대법원**은 원심판결을 파기환송 하였으나 피고인의 주장을 그대로 받아들인 것은 아니며, 원심법원이 피고인의 범죄성립을 논함에 있어서 형법 제10조 제1항과 제2항만을 검토하였을 뿐 원인에 있어서 자유로운 행위를 규정한 제10조 제3항을 살펴보지 아니한 흠을 원심파기의 이유로 삼았다. ●**판지**● 본 조에서 말하는 (가) 사물을 판별할 능력 또는 의사를 결정할 능력은 **자유의사를 전제로 한 의사결정의 능력**에 관한 것으로서, (나) 그 능력의 유무와 정도는 감정사항에 속하는 사실문제라 할지라도 **그 능력에 관한 확정된 사실이 심신상실 또는 심신미약에 해당하는지 여부는 법률문제에 속하는 것인바** (다) 피고인의 범행 당시 정신상태가 심신미약인 상태에 해당되는 것으로 사료된다는 취지의 **감정서의 기재 및 이에 대한 감정인의 증언**은 감정결과인 인격해리상태에 대한 자신의 법률적 평가를 개진하였음에 불과하므로 그 정신상태에 관한 판단의 자료가 될 수 없다. cf) 본 판결은 책임의 기초로서 책임능력이 자유의지를 전제하고 있다고 하면서 책임능력의 의의와 내용을 판시한 중요한 판결이다.

36 원인에 있어서 자유로운 행위와 책임

* 대법원 1992. 7. 28. 선고 92도999 판결
* 참조조문: 형법 제10조 제3항[1)]

음주운전을 할 의사를 가지고 음주만취한 후 운전을 결행하여 교통사고를 일으킨 경우 심신장애로 인한 감경 등을 할 수 있는가?

●**사실**● 피고인 X는 출장지에서 일행과 회식하면서 술에 만취되어 숙소로 돌아가지 못하고 승용차 안에서 자다가 일행들의 부축으로 겨우 숙소에 들어갈 정도였다. 그런데도 다음날 숙취에서 벗어나지 않은 상태에서 아침에 소주 1병, 낮 12시 맥주 3캔, 오후 2시에서 3시 사이에 소주 1병 이상, 저녁에 소주 1병을 마셔 크게 취하였다. 그런데도 X는 승용차를 운전해 가다가 피해자 A를 자신의 승용차로 충돌 시켜 쓰러지게 한 후 구체적인 정황을 정확하게 인식하지 못한 채 본능적으로 차를 세운 뒤 A를 약 12m 떨어진 풀 속에 버려두고 다시 운전하였다. 사고로 심한 상처를 입은 A는 계속된 출혈로 사망하였다.

원심은 형법 제10조 제3항을 적용하여 X에게 심신장애로 인한 형의 감경을 하지 않고 유죄를 인정하였다. 이에 X는 상고하였다.

●**판지**● 「형법 제10조 제3항은 "위험의 발생을 예견하고 자의로 심신장애를 야기한 자의 행위에는 전2항의 규정을 적용하지 아니한다."고 규정하고 있는 바, 이 규정은 **고의에 의한 원인에 있어서의 자유로운 행위만이 아니라 과실에 의한 원인에 있어서의 자유로운 행위까지도 포함하는 것으로서 위험의 발생을 예견할 수 있었는데도** 자의로 심신장애를 야기한 경우도 그 적용대상이 된다고 할 것이어서, 피고인이 음주운전을 할 의사를 가지고 음주만취한 후 운전을 결행하여 교통사고를 일으켰다면 피고인은 음주 시에 교통사고를 일으킬 위험성을 예견하였는데도 자의로 심신장애를 야기한 경우에 해당하므로 위 법조항에 의하여 심신장애로 인한 감경 등을 할 수 없다」.

●**해설**● 1 **원인에 있어 자유로운 행위**란 스스로를 책임무능력(내지는 한정책임능력) 상태에 빠뜨려 범죄 결과를 발생시킨 경우에, 그 원인행위를 근거로 하여 가벌성을 인정하는 이론이다.[2)] 책임능력은 실행행위 시에 존재하지 않으면 안 되지만, 본 건과 같이 스스로의 고의·과실로 인해 **책임무능력 상태를 초래**하여 범행에 이른 경우까지 불가벌로 취급하는 것은 일반인의 법 감정에 반한다. 우리 형법은 독일과는 달리 원인에서 자유로운 행위의 가벌성을 **입법적으로 해결**하고 있다(법10③).

2 원인에서 자유로운 행위(약칭해 '원자행')에는 다음과 같은 문제 상황이 있다. ① 책임능력이 있는 원인행위의 시점에는 아직 구성요건에 해당하는 실행행위가 존재하지 않고, 반대로 ② 실행행위의 시점에는 책임능력이 없다는 점이다. 여기에서 **행위와 책임의 동시존재의 원칙**을 최대한 존중하면서 형사처벌을 적절히 확보하는 방안은 무엇인가 하는 질문이 제기된다. 이에 대해서는 (a) 구성요건모델(일치설, 원인행위시설)과 (b) 예외모델(결과실현행위시설)이 제시되고 있다.

---

1) 형법 제10조(심신장애인) ① 심신장애로 인하여 사물을 변별할 능력이 없거나 의사를 결정할 능력이 없는 자의 행위는 벌하지 아니한다. ② 심신장애로 인하여 전항의 능력이 미약한 자의 행위는 형을 감경할 수 있다. ③ **위험의 발생을 예견하고 자의로 심신장애를 야기한 자**의 행위에는 **전2항의 규정**을 적용하지 아니한다.

2) 원인에서 자유로운 행위의 유형은 **고의, 과실, 작위, 부작위** 모두 인정될 수 있다.

3 먼저 (a) **구성요건모델이론**은 책임무능력 상태의 자신을 '도구'로 이용해서 범죄를 실행한 것으로 설명한다. 즉, 간접정범이 타인의 행위를 이용해서 범죄를 실행하는 것과 거의 같은 구조로 이해한다. 따라서 '이용하는 행위'에 실행의 착수를 인정할 수 있다고 보는 **간접정범의 입장**에서 원자행의 경우도 **'원인행위(음주행위)'에 실행행위성을 인정**할 수 있다고 본다. 실행의 착수시기를 앞당겨 '동시존재의 원칙'을 견지하고자 하는 것이다. 그러나 이 학설은 ① 구성요건의 정형성을 무시한다는 점과 ② 실행의 착수 시기가 지나치게 빨라진다는 강한 비판을 받는다. 예를 들어, 책임무능력의 상태를 이용해서 사람을 살해하고자 술을 마셨는데, 과음하여 자버려도 살인미수죄가 성립하게 되므로 너무나 불합리하게 된다.

4 이러한 문제점을 극복하고자 나온 이론이 (b) **예외모델(책임모델)**이다. 예외모델에 의하면 결함상태하의 후행행위가 구성요건적 실행행위로 되고, 따라서 후행행위 시에는 책임능력이 존재하지 않음으로 원자행은 행위와 책임의 동시존재원칙에 대한 '실질적 예외'가 인정되어 처벌된다는 것이다. 그리고 예외가 인정되는 이유는 규범적 관점으로 원인행위가 실행행위와 **불가분적 연관관계**에 있다는 점에서 보충할 수 있다고 본다. 즉, 실행행위와 불가분적 연관관계에 있는 원인행위에 유책성이 발견된다면 실행행위에 부족한 책임요소를 메울 수 있다고 보는 것이다.

5 이상의 두 모델은 원자행에 관한 직접적 규정이 없는 독일에서 주장되는 이론이다. 이에 반해 우리는 관련 조문을 가지고 있다. 형법 제10조 제3항은 원자행의 사안에서 행위와 책임의 동시존재의 원칙을 유지할 수 없음을 인정하고 **책임모델의 관점**에서 마련된 조문이다. 즉 행위자에게 일정한 귀책사유(고의나 과실)가 인정될 경우에 책임무능력의 상태를 책임능력의 상태로 인정하기로 한 조문으로 볼 수 있다.

6 대상판결의 의의는 고의에 의한 원자행 뿐만 아니라 **'과실에 의한 원자행'**의 경우도 제10조 제3항이 적용됨을 명시하고 있는 점이다.[3] 다시 말해 「**위험의 발생을 예견할 수 있었는데도 자의로 심신장애를 야기한 경우도 그 적용대상이 된다**」고 판단한 것이다.[4] 구체적 범행 시점에는 책임능력이 없어도 무능력상태를 유책하게 초래한 원인 행위 시에 책임능력이 존재하고 있다면 그것으로 족하다고 보고 그와 같은 **무능력상태를 유책하게 야기**한 이상, 책임비난은 가능하다고 본다. 나아가 책임비난은 위법한 행위를 이루는 최종적인 '의사결정'에 대해 맞추어져 있기 때문에 그 시점에 책임능력이 존재한다면, 실행행위를 포함한 '행위전체'에 대하여 책임을 물을 수 있다고 본다.

7 형법상 감경규정에 관한 특례 ① 「성폭력범죄의 처벌 등에 관한 특례법」 제20조는 "음주 또는 약물로 인한 심신장애 상태에서 성폭력범죄(제2조제1항제1호의 죄는 제외한다)를 범한 때에는 형법 제10조 제1항·제2항 및 제11조를 적용하지 **아니할 수 있다.**" ② 「아동 청소년의 성보에 관한 법률」 제19조는 "음주 또는 약물로 인한 심신장애 상태에서 아동·청소년대상 성폭력범죄를 범한 때에는 「형법」 제10조제1항·제2항 및 제11조를 적용하지 **아니할 수 있다.**"

---

3) 원인에 있어서 자유로운 행위는 **고의, 과실, 작위, 부작위** 모두에서 야기될 수 있다. 예를 들어, 전철수가 기차를 충돌시킬 의도로 음주 후 잠을 잠으로써 기차가 충돌한 경우(부작위범), 술을 조금만 마셔도 대취하는 전철수가 조심하지 않고 과음하여 잠들어 버림으로서 기차를 충돌케 한 경우(과실의 부작위범)를 생각해 볼 수 있다.

4) 형법은 '위험의 발생을 예견한 경우'만을 명시(법10③)하고 있으나 법원은 대상판결을 통해 **'위험발생을 예견할 수 있었던 경우'에도 제10조 제3항이 적용**되는 것으로 판단하였다.

Reference

원인에 있어서 자유로운 행위(고의범)

1 **[대판 96도857]** [대마초 흡연 시에 이미 **범행을 예견하고도 자의로 심신장애를 야기**한 경우 형법 제10조 제3항에 의하여 심신장애로 인한 감경 등을 할 수 없다고 본 사례]. [2] 피해자를 범행 장소로 유인하여 잔인한 방법으로 살해하여 매장한 다음, 곧이어 위 살인범행을 숨기기 위하여 위 피해자의 행방을 찾고 있던 피해자의 애인을 최초의 범행 장소 부근으로 유인하여 참혹하게 살해하여 매장한 점 등 기록에 나타난 여러 양형조건 등에 비추어 보면 피고인들에 대하여 사형을 선고한 제1심을 유지한 원심의 양형이 심히 부당하다고 볼 수 없다. **cf)** 대부분의 원자행(법10③) 적용은 과실범인데 본 사안은 고의범으로 처벌을 명시한 판결로 의의가 있다.

원인에 있어서 자유로운 행위(과실범)

2 **[대판 95도826]** 피고인이 자신의 차를 운전하여 술집에 가서 술을 마신 후 운전을 하다가 교통사고를 일으켰다면, 이는 피고인이 **음주할 때 교통사고를 일으킬 수 있다는 위험성을 예견하고도 자의로 심신장애를 야기한 경우에 해당**하여, 가사 사고 당시 심신미약 상태에 있었다고 하더라도 심신미약으로 인한 형의 감경을 할 수 없다.

3 일본 판례 중 관련사례를 소개한다. **[最3小決昭和43年2月27日(刑集22巻2号67頁 · 判時513号83頁)]** ●**사실**● 피고인 X는 자신의 차로 운전배달을 마친 후, 바(Bar)에서 3~4시간 정도 술을 마신 뒤, 주차해 둔 장소로 돌아가려다 부근의 노상에 주차되어져 있던 경4륜화물겸승용차를 절취하였다. 당시 X는 혈중 알코올 지수가 0.5mg이상으로 정상적 운행이 힘든 상태에서 상기 경4륜차를 운전하던 중 A를 승차시킨 후 위협하여 금품을 갈취하였다. 당시 X는 심신미약의 상태에 있었다. 제1심이 절도, 음주운전, 공갈의 각 죄의 성립을 인정함에 반해 원심은 1심판결을 파기자판하면서, 절도에 대해서는 물건의 타인성의 인식에 대한 증명이 충분치 못하다고 보아 무죄로, 음주운전과 공갈에 대해서는 음주운전에 심신미약의 감경을 하지 않다. 원심은 직권으로 음주운전에 대해서 다음과 같이 판시하였다. 「X는 …… 음주 뒤 음주운전 할 것을 인식하면서 맥주 20병 상당을 마신 후 …… 차를 운전하여 본 건 범행에 이른 것이 인정되고……, 피고인이 미리 다른 사람에게 대리운전을 부탁한다든지, 혹은 자신의 승용차 보관을 의뢰하는 등, 음주운전하지 않고 귀가하고자 하였던 점을 찾아 볼 수 없다. 따라서 피고인은 심신에 이상이 없을 시에 이미 음주운전의 의사가 존재하였고, 이에 따라 결국 음주운전을 하였기 때문에, 비록 운전 시에는 심신미약의 상태에 있었다 하더라도, 형법 제39조 제2항을 적용할 것은 아니다. 이 점에 있어 원판결에서는 판결에 영향을 미치는 명확한 사실오인이 있고, 나아가 법령적용에도 잘못이 있다고 하지 않을 수 없다」. 이에 X가 심신미약을 주장하면 상고하였다. ●**결정요지**● 상고기각. 「본 건과 같이, **음주운전 당시에 명정으로 인해 심신미약의 상태였다 하더라도, 음주 시 음주운전의 의사가 인정되어질 경우에는 형법 제39조 제2항[5]을 적용해서 형을 감경하여**

5) 일본 형법 제39조(심신상실 및 심신미약) ① 심신상실자의 행위는 벌하지 아니한다. ② 심신미약자의 행위는 그 형을 감경한다. **cf)** 일본형법은 우리의 제10조 제3항과 같은 원인에 있어서 자유로운 행위에 대한 규정을 가지고 있지 못하다.

서는 안 된다고 해석하는 것이 상당하다. ●**해설**● 본 결정은 맥주를 20병이나 마시고 자동차를 운전한 행위가 음주운전의 죄에 해당하는지 여부에 관한 사안에 대해, 「행위당시에는 심신미약의 상태에 있었다하더라도, 음주 당시 음주운전의 의사가 인정될 경우에는 형법 제39조 제2항을 적용해서 형의 감경을 인정해서는 안 된다」라고 판시하고 있다. 이 결정요지에 의하면, 원인행위와 실행행위간의 긴밀한 관련이 인정되지 않아도 원인에 있어 자유스러운 행위의 이론을 적용해 제39조를 배제하는 것과 같이 보인다. 그러나 본 사안은 처음부터 자동차를 운전하여 귀가할 생각으로 술을 마신 것이며, 더욱이 음주운전을 하여 돌아갈 의사를 지니고 있었다고 인정된다. 그렇다고 한다면 **음주행위와 음주운전 간의 강한 관련성을 인정하지 않을 수 없다**.[6)]

6) 前田雅英 · 星周一郎/박상진 · 김잔디(역), 최신중요 일본형법판례 250선(총론편), 2021, 132－133면.

37 법률의 부지와 착오

* 대법원 1985. 4. 9. 선고 85도25 판결
* 참조조문: 형법 제16조,[1] 미성년자보호법[2] 제6조, 제4조

유흥접객업소의 업주가 경찰당국의 단속에서 제외되어 있어 만 18세 이상의 미성년자는 출입이 허용되는 줄 안 것이 법률의 착오에 해당되는지 여부

●**사실**● 피고인 X는 의정부시내에서 디스코클럽 '천지창조'를 경영하는 자로서 1983.12.23. 20:00경부터 같은 날 23:00경까지 위 디스코클럽에 미성년자인 A등 10명을 출입시키고 맥주 등 주류를 판매하였다. 당시 상황은 1983.4.15. 14:00경 의정부경찰서 강당에서 개최된 청소년선도에 따른 관련 업주회의에서 업주 측의 관심사라 할 수 있는 18세 이상자나 대학생인 미성년자들의 업소출입 가부에 관한 질의가 있었으나 그 확답을 얻지 못하였다.

그리고 같은 달 26일 경기도 **경찰국장 명의**로 청소년 유해업소 출입단속대상자가 **18세 미만자와 고등학생이라는 내용의 공문이 의정부경찰서에 하달**되고 그 시경 관할지서와 파출소에 그러한 내용이 다시 하달됨으로써 업주들은 경찰서나 파출소에 직접 또는 전화상의 확인방법으로 그 내용을 알게 되었다. X는 업주로서 종업원에게 단속 대상자가 18세 미만자와 고등학생임을 알려주고 그 기준에 맞추어서 **만 18세 이상자이고 고등학생이 아닌** A등 10명을 출입시키고 주류를 판매하기에 이른 것이다.

검사는 X를 「미성년자보호법」 위반으로 기소하였다. 제1심과 원심 법원은 X의 오인은 형법 제16조 소정의 '정당한 이유'가 있는 때에 해당된다고 판단하여 무죄를 선고하였다. 이에 검사가 상고하였다.

●**판지**● **파기환송.** 「[1] 형법 제16조에 자기의 행위가 법령에 의하여 죄가 되지 아니한 것으로 오인한 행위는 그 오인에 정당한 이유가 있는 때에 한하여 벌하지 아니한다고 규정하고 있는 것은 **단순한 법률의 부지의 경우를 말하는 것이 아니고** 일반적으로 범죄가 되는 행위이지만 **자기의 특수한 경우에는 법령에 의하여 허용된 행위로서 죄가 되지 아니한다고 그릇 인식**하고 그와 같이 그릇 인식함에 있어 정당한 이유가 있는 경우에는 벌하지 아니한다는 취지이다.

[2] 유흥접객업소의 업주가 경찰당국의 단속대상에서 제외되어 있는 만 18세 이상의 고등학생이 아닌 미성년자는 출입이 허용되는 것으로 알고 있었더라도 이는 미성년자보호법 규정을 알지 못한 **단순한 법률의 부지에 해당**하고 특히 법령에 의하여 허용된 행위로서 죄가 되지 않는다고 적극적으로 그릇 인정한 경우는 아니므로 비록 경찰당국이 단속대상에서 제외하였다 하여 이를 법률의 착오에 기인한 행위라고 할 수는 없다」.

●**해설**● **1 법률의 착오**는 위법한 행위(법적으로 금지된 행위)를 하는 사람이 자기 행위가 위법하다는 인식 없이(법적으로 금지되었다는 것을 알지 못하고) 그 행위를 하는 경우를 말한다. 형법은 제16조에 규정을 두어 "자기의 행위가 법령에 의하여 죄가 되지 아니하는 것으로 오인"한 것을 법률의 착오(혹은 위법성착오)라 한다. 책임을 **'비난'**으로 이해하면, 자신의 행위가 위법하다는 것을 인식하지 못하고 위법한 행위를 한 자에게 비난을 가하기란 곤란하다. 이런 의미에서 **'위법성인식'**은 책임의 핵심요소로 이해된다.

1) 형법 제16조(법률의 착오) 자기의 행위가 법령에 의하여 죄가 되지 아니하는 것으로 오인한 행위는 그 오인에 정당한 이유가 있는 때에 한하여 벌하지 아니한다.

2) 현재 미성년자보호법은 청소년보호법에 의해서 폐지되었다. 청소년보호법은 제2조 제1호에서 청소년을 19세 미만자로 정의하고 있다.

그리고 위법성인식은 **규범적 책임요소**이다.

2 법률의 착오의 유형 이 법률의 착오와 관련하여서는 ① 행위자가 금지규범의 존재 자체를 전혀 알지 못한 경우(**법률의 부지**) ② 행위자가 금지규범 자체가 있다는 것은 알고 있었지만 효력이 없는 것으로 오인한 경우(**효력의 착오**) ③ 행위자가 법률해석에 착오를 일으켜서 자신의 행위가 법적으로 허용되는 것으로 오인한 경우(**포섭의 착오**) ④ 위법성조각사유가 없음에도 불구하고 '있다'고 잘못 생각한 경우(위법성조각사유의 **존재**에 대한 착오) ⑤ 위법성조각사유의 법적 한계를 오해한 경우(위법성조각사유의 **한계**에 대한 착오) ⑥ 위법성조각사유의 전제사실이 없음에도 있다고 오인한 경우(위법성조각사유의 **전제사실**에 대한 착오)로 구분할 수 있다. 그리고 법률의 착오와 구분되는 개념으로 처벌되지 않는 행위를 처벌된다고 오인(적극적 착오)하는 '**환각범**'이 있다. 환각범을 **'반전된 법률의 착오'**라 부르기도 한다.[3)]

3 그런데 대상판결에서 X의 행위는 단순한 법률의 부지에 불과하고 특별히 법령에 의하여 허용된 행위로서 죄가 되지 아니한다고 적극적으로 그릇 인식한 경우는 아니므로 범죄성립에는 아무 지장이 없다고 하였다. 이와 같이 대법원은 일관되게 ① 범죄의 성립에 영향을 주지 않는 단순한 법률의 부지와 ② 법률의 착오로 인정되는 적극적 오인을 구분하고 있다. 그리고 **판례는 법률의 부지는 법률의 착오에 속하지 않는다는 입장을 유지**하고 있다. 판례에 따르면 법률의 부지의 경우에는 **처음부터** 제16조가 적용되지 않고, 따라서 행위자는 정당한 이유 유무에 상관없이 책임이 인정되고 있다. 하지만 이러한 구분에 대해서는 어떠한 언급도 없다.

4 단순한 법률의 부지와 적극적 법률의 오인 사이에는 위법성을 인식하지 못하였다는 점에서는 차이가 있을 수 없다. 양자의 어느 것에 의하건 자기 행위의 위법성을 인식하지 못한 데 '정당한 이유'가 있으면 법률의 착오로 처벌되지 않는 것으로 보아야 한다. 특히 **행정범에까지 법률의 부지이론을 적용하는 것은 문제**이다. 오늘날 양산되고 있는 수많은 행정형법 속에 들어있는 금지규정들을 안다는 것은 일반인에게는 무리이고 이를 이유로 처벌하는 것은 형법 제16조의 입법 취지에 반한다(실제 법률의 부지와 관련된 대부분의 판례는 식품위생법이나 건축법 등 행정형법위반 사안이다). 이와 같이 단순한 '법률의 부지'를 법률의 착오에서 배제하는 판례의 태도는 법률의 착오를 지나치게 좁히고 있다(책임주의 위반).

5 대상판결의 경우도 당시 X는 미성년자보호법의 해당조문을 전혀 모르고 있었던 것이 아니다. 해당조문에 대한 의심쩍은 부분이 있었기 때문에 관계기관에 대한 질의와 업주들의 전화확인 등이 있었던 것이다. 다만 해당규범에 대한 해석의 잘못으로 적용범위를 오해했을 뿐이다. 따라서 잘못된 해석의 결과 적용범위의 착오로 인한 **'포섭의 착오'에 가깝다**. 그리고 이러한 착오에 있어 '정당한 이유'가 있었는지가 심사되어야 할 것이나 대법원은 본 사안을 처음부터 '법률의 부지' 사안으로 보아 위법성인식 내지 위법성인식가능성에 대한 판단여부를 배제하고 있어 많은 비판을 받고 있다.

---

3) 반면 **'반전된 구성요건적 착오'**도 있다. 구성요건적 사실을 인식하지 못하거나 잘못 인식한 경우가 사실의 착오이다(법15). 이는 결과발생이 가능한 구성요건적 결과를 의도한 대로 발생시키지 못한 경우를 말하는데 그 반대의 상황이 '반전된 구성요건적 착오'이다. 따라서 이 경우는 결과발생이 불가능한 것을 가능하다고 적극적으로 오인한 것으로 **'불능미수'**를 말한다.

6 위법성인식의 체계적 지위 위법성인식이란 위법한 행위를 하는 자가 자신의 행위가 위법하다는 것을 인식하는 내심상태를 말한다. 위법성의 인식이 책임에 영향을 미치는 책임요소라는 점에 대해서는 이론이 없다. 그러나 책임의 구조에 있어서 위법성의 인식이 어떠한 지위를 갖는가에 대해서는 고의설과 책임설이 대립한다. (1) **고의설**은 고의를 책임의 요소로 보며, 위법성인식을 **고의의 한 구성요소**로 본다. 즉 고의설에서 고의는 행위의 의미를 정해주는 사실의 인식과 의사(소위, 구성요건적 고의)와 위법성인식이 불가분적으로 결합되어 있다(고전적 범죄체계). 고의설은 다시 ① 행위자가 현실적 위법성인식이 있는 경우에만 고의를 인정하는 **엄격고의설**과 ② 이를 완화하여 반드시 현실적 인식을 요하지 않고 위법성인식의 가능성만으로도 고의를 인정하는 **제한적 고의설**이 있다. (2) **책임설**은 위법성인식을 구성요건적 고의와 분리시켜 독자적인 책임의 요소로 본다. 따라서 위법성인식이 없더라도 고의는 성립하고, 위법성인식이 없는 경우 책임을 조각하거나 감경할 수 있을 뿐이다. 책임설은 다시 위법성조각사유에 대한 착오를 어떻게 이해할 것인가와 관련하여서 엄격책임설과 제한적 책임설로 나뉜다. ③ **엄격책임설**은 모든 위법성조각사유에 대한 착오를 법률의 착오로 이해한다. 이에 대해, ④ **제한적 책임설**은 위법성조각사유의 착오를 위법성조각사유의 범위나 한계에 대한 착오와 위법성조각사유의 전제사실에 대한 착오(예로서 오상방위)로 나누고, 위법성조각사유의 전제사실에 대한 착오의 경우에는 법적 효과에 있어서 사실의 착오와 같이 본다(유추적용제한책임설 혹은 **법효과제한책임설**). 하지만 그 이외의 착오는 법률의 착오에 해당한다는 입장이다.

7 위법성조각사유의 전제사실의 착오와 그 법적 효과 위법성조각사유의 전제사실의 착오(줄여서 '위전착')는 위법성조각사유의 객관적 성립요건을 충족하는 사실이 없음에도 행위자가 그러한 사실이 존재한다고 오인한 경우를 말한다(오상방위, 오상피난 등). 이 착오의 특징은 법률체계상으로는 법률의 착오이지만 그 성질상 사실의 착오(과실범)적 성격도 함께 가지고 있다는 점이다. 예를 들어, 아군을 적군으로 오인하고 사살한 경우, 아군을 적군으로 오인한 것은 사실관계에 대한 착오이지만 자신의 행위가 위법한 행위임에도 불구하고 적법한 것으로 오인한 것은 법적 평가의 착오를 아울러 가지고 있다. 이 경우, (1) 위법성인식을 고의의 한 구성요소로 파악하는 **고의설**(고전적 범죄체계)에 따르면, 위전착의 경우도 결국은 행위자가 위법성을 인식하지 못한 경우로서 결과적으로 고의가 조각되고 과실범 처벌 여부가 문제된다. 반면, (2) 위법성과 관련된 모든 착오를 법률의 착오로 파악하는 **엄격책임설**(목적적 범죄체계)에 따르면, 행위자에게는 구성요건적 고의는 존재하므로 고의범이 성립한다. 즉 그 오인에 정당한 이유가 있으면 책임이 조각되어 무죄(경우에 따라서는 책임이 감경되어 형이 감경)로 되나 정당한 이유가 없다면 책임이 인정되어 **고의범이 성립**하게 된다. 이에 반해, (3) **제한책임설**은 위전착을 고의범이 아니라 **과실범**으로 이론 구성하고자 한다(제한책임설은 위전착을 **'사실의 착오'**로 보아야 한다는 입장이다). 이에 따라 과실범을 유추적용하자는 ① **유추적용제한책임설**과 '고의의 이중적 지위'를 인정하는 ② **법효과제한적 책임설**(합일태적 범죄체계)은 행위의 방향지시기능을 하는 '구성요건적의'는 인정되지만 심정반가적 '책임고의'는 탈락되어 법률효과에 있어서 고의범이 아닌 과실범으로 처리하자는 입장이다. 법효과제한적 책임설은 악의의 **제3자(교사 또는 방조자) 처벌**과 관련해서 의의가 있다. 즉 위전착이 발생하였을 경우, 이런 상황을 이용한 교사범이나 방조범의 처벌은 최소한 그 주된 행위를 하는 자의 행위에 구성요건적 고의가 인정되어야 하기에(공범종속성설), 행위자의 구성요건적 고의를 인정하는 이 학설에서는 가능하게 된다. (4) 대법원은 위법성조각사유의 전제사실의 착오의 경우, **'위법성이 조각'**될 수 있다고 보는 독자적 입장을 견지하고 있다. 즉 명예훼손행위자가 적시한 사실을 진실한 것으로 믿었고 그렇게 믿을 만한 상당한 이유가 있는 경우에 위법성이 조각된다고 판시하였다(대판 2006도2074, Ref 2-1).

Reference 1

대상판결과 유사하지만 법률의 착오로 보아 정당한 이유를 인정한 사례

1 [대판 2001도4077] ●사실● 비디오방을 운영하는 甲은 18세 미만자의 출입만 금지되는 줄 알고 만 18세 6개월 된 乙을 출입시켰다가 청소년보호법위반죄로 적발되었다. **청소년보호법은 19세미만자**를 청소년으로 규정하고 비디오방 출입을 금지하고 있는데, 구 **음반·비디오물및게임물에관한법률은 18세미만자**의 연소자의 출입을 금지하고 출입문에는 "18세 미만 출입금지"라는 표시를 부착하여야 한다고 규정하고 있었고, 비디오물감상실의 관할부서인 대구 중구청 **문화관광과**는 업주들을 상대로 실시한 교육과정을 통하여 '만 18세 미만의 연소자' 출입금지표시를 업소출입구에 부착하라고 행정지도를 하였을 뿐 법에서 금지하고 있는 **'만 18세 이상 19세 미만'의 청소년 출입문제에 관하여는 특별한 언급을 하지 않았다.** 이로 인해 피고인을 비롯한 비디오방 업주들은 여전히 출입금지대상이 음반등법 및 그 시행령에서 규정하는 '18세 미만의 연소자'에 한정되는 것으로 인식하였다. ●판지● 가사 18세 이상 19세 미만의 사람을 비디오감상실에 출입시킨 업주는 법에 의한 형사처벌의 대상이 된다고 하더라도, (가) 위 음반등법과 그 시행령 규정의 반대해석을 통하여 18세 이상 청소년에 대하여는 출입금지 의무가 없는 것으로 오인될 가능성이 충분하고, (나) 법시행령 제19조가 이러한 오인 가능성을 더욱 부추겨 마치 법에 의하여 부과된 "18세 이상 19세 미만의 청소년에 대한 출입금지 의무"가 다시 법시행령 제19조와 위 음반등법 및 그 시행령의 연관해석을 통해 면제될 수 있을 것 같은 외관을 제시함에 따라, 실제로 개정된 법이 시행된 후에도 이 사건 비디오물감상실의 관할부서(대구 중구청 문화관광과)는 업주들을 상대로 실시한 교육과정을 통하여 종전과 마찬가지로 음반등법 및 그 시행령에서 규정한 '만 18세 미만의 연소자' 출입금지표시를 업소출입구에 부착하라고 행정지도를 하였을 뿐 법에서 금지하고 있는 '만 18세 이상 19세 미만'의 청소년 출입문제에 관하여는 특별한 언급을 하지 않았고, (다) 이로 인하여 피고인을 비롯한 비디오물감상실 업주들은 여전히 출입금지대상이 음반등법 및 그 시행령에서 규정하고 있는 '18세 미만의 연소자'에 한정되는 것으로 인식하였던 것으로 보여지는바, 사정이 위와 같다면, 피고인이 자신의 비디오물감상실에 18세 이상 19세 미만의 청소년을 출입시킨 행위가 **관련 법률에 의하여 허용된다고 믿었고, 그렇게 믿었던 것에 대하여 정당한 이유가 있는 경우에 해당한다고 볼 것**이다.

단순한 법률의 부지에 불과하다고 판단한 대법원의 판례

행정법규상의 허가대상임을 몰랐다고 하는 경우

2-1 [대판 2010도15260] 피고인이 자신의 행위가 **구 「건축법」상의 허가대상인 줄을 몰랐다는 사정은 단순한 법률의 부지에 불과**하고 특히 법령에 의하여 허용된 행위로서 죄가 되지 않는다고 적극적으로 그릇 인식한 경우가 아니어서 이를 법률의 착오에 기인한 행위라고 할 수 없다.

2-2 [대판 91도1566] 피고인이 **자신의 행위가 건축법상의 허가대상인 줄을 몰랐다는 사정은 단순한 법률의 부지에 불과**하고 특히 법령에 의하여 허용된 행위로서 죄가 되지 않는다고 적극적으로 그릇 인식한 경우가 아니어서 이를 법률의 착오에 기인한 행위라고 할 수 없다. cf) 피고인은 시장 또는 군수의 허가없이 근린생활 시설인 이 사건 건축물을 교회로 용도 변경하여 사용한 것이 문제되었다.

2-3 [대판 92도245] 피고인이 자신의 행위가 **국토이용관리법상의 거래허가대상인 줄을 몰랐다는 사정**은

단순한 법률의 부지에 불과하고 특히 법령에 의하여 허용된 행위로서 죄가 되지 않는다고 적극적으로 그릇 인식한 경우가 아니어서 이를 법률의 착오에 기인한 행위라고 할 수 없다.

3 [대판 2006도1993] 피고인이 일본 영주권을 가진 재일교포로서 영리를 목적으로 이 사건 관세물품을 구입한 것이 아니라거나 국내 입국시 관세신고를 하지 않아도 되는 것으로 착오하였다는 등의 사정만으로는 위에서 말한 형법 제16조의 법률의 착오에 해당한다고 할 수 없다.

4 [대판 86도810] 허가를 얻어 벌채하고 남아 있던 잔존목을 벌채하는 것이 위법인 줄 몰랐다는 사정은 **단순한 법률의 부지에 불과**하며 형법 제16조에 해당하는 법률의 착오라 볼 수 없다.

5 [대판 79도285] 피고인이 **암모니아수가 극물인 점을 몰랐다는 것은 단순한 법률의 부지에 해당**한다 할 것이고 그 밖에 피고인이 자기 회사는 법령에 의하여 등록 없이 제조 판매할 수 있다고 그릇 인정하였거나 그와 같이 그릇 인정함에 있어 정당한 이유가 있었다고 볼 만한 자료가 없는 이상 이 점에 대한 논지는 이유 없다.

Reference 2

위법성조각사유의 전제사실의 착오와 법적 효과

1 [대판 2006도2074] [명예훼손행위자가 적시한 사실을 진실한 것으로 믿었고 그렇게 믿을 만한 상당한 이유가 있는 경우에도 **위법성이 조각되는지 여부**(적극)] 형법 제310조의 규정은 인격권으로서의 개인의 명예의 보호와 헌법 제21조에 의한 정당한 표현의 자유의 보장이라는 상충되는 두 법익의 조화를 꾀한 것이라고 보아야 할 것이므로, 두 법익간의 조화와 균형을 고려한다면 적시된 사실이 진실한 것이라는 증명이 없더라도 행위자가 진실한 것으로 믿었고 또 그렇게 믿을 만한 상당한 이유가 있는 경우에는 위법성이 없다고 보아야 할 것이다.

2 [대판 86도1406] **[당번병이 그 임무범위 내에 속하는 일로 오인하고 한 무단이탈 행위와 위법성]** 소속 중대장의 당번병이 근무시간중은 물론 근무시간 후에도 밤늦게 까지 수시로 영외에 있는 중대장의 관사에 머물면서 집안일을 도와주고 그 자녀들을 보살피며 중대장 또는 그 처의 심부름을 관사를 떠나서까지 시키는 일을 해오던 중 사건당일 중대장의 지시에 따라 관사를 지키고 있던중 중대장과 함께 외출나간 그 처로부터 24:00경 비가 오고 밤이 늦어 혼자 귀가할 수 없으니 관사로부터 1.5킬로미터 가량 떨어진 지점까지 우산을 들고 마중을 나오라는 연락을 받고 당번병으로서 당연히 해야 할 일로 생각하고 그 지점까지 나가 동인을 마중하여 그 다음날 01:00경 귀가하였다면 위와 같은 당번병의 관사이탈 행위는 중대장의 직접적인 허가를 받지 아니 하였다 하더라도 당번병으로서의 그 임무범위내에 속하는 일로 오인하고 한 행위로서 그 오인에 정당한 이유가 있어 **위법성이 없다**고 볼 것이다.

3 일본 판례 중에는 **오상과잉방위**와 관련하여 유명한 판결이 있다. 사안은 가라테 유단자인 X가 A에게 B가 폭행을 가하는 것으로 오신하여 A를 돕기 위해 돌려 차기로 B의 안면을 가격하여 사망에 이르게 한

건이다. X는 방위상황을 오신하였고 나아가 방위행위도 상당성을 초과하였다. [最1小決昭和62年3月26日(刑集41巻2号182頁 · 判時1261号131頁)] ●**사실**● 본 건 피해자 B남은 A녀들과 식사하던 중, 술에 취한 A를 귀가시키고자 가게 밖으로 데리고 나갔으나 A가 큰 소리를 내며 난폭하게 행동하기에 A와 서로 실랑이를 벌이며 밀고 당기다 A를 길바닥에 전도시켰다. 피고인 X는 가라테(공수도) 3단의 실력을 보유하고 있는 일본 방문 8년차 영국인으로, 일본어 이해력이 충분치 못하였지만 A가 넘어지는 것을 우연히 목격하고, B가 A에게 폭행을 가하고 있다고 생각하여 A를 돕고자 하였다. 그 때 A가 「Help me!!」라고 외쳤고, 이에 X는 B쪽으로 방향을 바꾸어 공격을 그만두라는 의미로 양손을 내밀면서 B에게로 다가갔으나 B는 복싱의 파이팅 포즈를 취하였고 X는 B가 자신에게 공격을 가하는 것으로 오신한 X는 자신 및 A의 신체를 방위하기 위해서 가라테 기술인 돌려차기를 하여 오른쪽 발을 B의 우측 안면을 가격하여 동인을 노상에 전도시켜 두개골골절 등을 입게 하여, 8일후에 사망시켰다. 제1심은 X의 행위에 대해 급박부정한 침해로 오상(誤想)은 하였지만 방위의 정도를 초월한 것은 아니라고 하여 오상방위로서 고의가 조각되고 나아가 오상한 것에 대해서도 과실은 없다고 보아 **무죄를 선고**했다. 검사의 항소에 대하여 원심은 X의 행위는 방위행위로서의 상당성이 결여되어 있고 더욱이 돌려차기로 가격한 것에 대해서 X에게 착오는 없기 때문에 소위 **오상과잉방위에 해당**한다고 하여 X의 소위에 대해서 **상해치사죄의 성**립을 인정하고, 형법 제36조 제2항의 규정에 준거해서 형을 감경하고, 징역1년 6월, 집행유예 3년을 선고하였기 때문에 X는 상고하였다. ●**결정요지**● 상고기각. 「본건 돌려차기 행위는 X가 **오신한** B에 의한 **급박부정의 침해**에 대한 **방위수단으로서 상당성을 일탈**하고 있는 것이 분명하기에 피고인의 소위에 대해서 상해치사죄가 성립하고, 소위 오상과잉방위에 해당한다고 하여 형법 제36조 제2항에 의해 형을 감경한 원판결은 정당하다」.[4)]

4) 前田雅英 · 星周一郎/박상진 · 김잔디(역), 최신중요 일본형법판례 250선(총론편), 2021, 122–123면.

38 법률의 착오와 '정당한 이유'

* 대법원 1983. 2. 22. 선고 81도2763 판결
* 참조조문: 형법 제16조,[1] 식품위생법 제22조(출입 · 검사 · 수거 등), 제23조(식품 등의 재검사)

최종 소비자들이 가져온 볶은 쌀 등을 빻아서 미숫가루를 만들어 준 행위가 식품위생법 제22조 소정의 식품가공업에 해당하는지 여부

●**사실**● 피고인 X는 1978.5.18.경부터 같은 해 6.26.까지 주거지에서 자영하는 기름집에 오타 1대, 분쇄기 1대를 갖추고 미숫가루를 만들어서 소비하고자 하는 사람들이 물에 씻어 오거나 볶아온 쌀, 보리, 콩 등을 가루로 빻아서 미숫가루를 만들어 주었다. 당시 X는 미숫가루 제조행위가 식품위생법상 허가대상에 해당하는가가 문제 되자 **식용유협동조합을 통해 관계 당국에 유권해석을 의뢰**하였고, 조합은 **서울특별시**와 **관할 구청**으로부터 천연연료인 곡물을 단순히 볶아서 판매하거나 임가공 하는 행위는 식품위생법상 허가대상이 되지 않는다고 **확인하는 공문을 받았다.** X는 이러한 공문내용에 비추어 미숫가루 제조행위에는 별도의 허가를 얻을 필요가 없다고 보고, 영업허가 없이 사람들이 가져온 쌀, 보리, 콩 등을 빻아 미숫가루로 만들어 주었다.

검사는 X를 「식품위생법」위반죄로 기소하였다. 원심은 「식품위생법」에서 허가 없이 식품가공업을 경영할 수 없는 경우란 적어도 식품 가공행위를 영업으로 하는 사람이 판매를 위하여 하는 가공영업을 의미한다고 보아야 하고, 이미 판매단계를 벗어나 최종소비자의 지배 하에서 **소비의 단계에 이른 식품을 가공하는 행위는 식품위생법의 규제대상이 아니라고 판단**하여 피고인에게 무죄를 선고하였다. 이에 검사가 상고하였다.

●**판지**● **상고기각** 「[1] 식품위생법 제1조, 제2조 제1항 및 동법의 기타 규정취지를 종합고찰하여 보면 동법 제44조 제1항, 제23조 제1항, 제22조, 동법시행령(1981.4.2. 대통령령 제10268호로 개정되기 전의 것) 제9조 제36호 등에서 가리키는 **'식품'**이란 의약으로 섭취하는 것을 제외한 모든 음식물을 말한다고 해석하여야 할 것인바, 미숫가루를 만들어서 소비하고자 하는 사람들이 물에 씻어 오거나 볶아온 쌀, 보리, 콩 등을 빻아서 미숫가루를 만들어 준 피고인의 소위는 식품위생법 제22조 제1항 및 동법시행령 제9조 제36호 소정의 **식품가공업에 해당한다.**

[2] 피고인이 1975.4.1.자 서울특별시 공문, 1975.12.3.자 동시의 식품제조허가**지침**, 동시의 1976.3.29.자 제분업소허가권 일원화에 대한 **지침** 및 피고인이 가입되어 있는 서울시 식용유협동조합 도봉구 지부의 질의에 대한 도봉구청의 1977.9.1.자 질의회시 등의 **공문**이 곡물을 단순히 볶아서 판매하거나 가공위탁자로부터 제공받은 고추, 참깨, 들깨, 콩 등을 가공할 경우 양곡관리법 및 식품위생법상의 허가대상이 아니라는 취지이어서 사람들이 물에 씻어 오거나 볶아온 쌀 등을 빻아서 미숫가루를 제조하는 행위에는 별도의 허가를 얻을 필요가 없다고 믿고서 미숫가루 제조행위를 하게 되었다면, 피고인은 자기의 행위가 **법령에 의하여 죄가 되지 않는 것으로 오인**하였고 또 그렇게 오인함에 어떠한 과실이 있음을 가려낼 수 없어 **정당한 이유가 있는 경우에 해당**한다」.

●**해설**● 1 사안의 경우 X는 **관련기관을 통해** 자신의 행위가 적법한 것으로 믿고 미숫가루를 제조하였으나 결과적으로 위법한 상황에 놓여 있다. 법률의 착오이다. 법률의 착오와 관련하여 형법 제16조는

1) 형법 제16조(법률의 착오) 자기의 행위가 법령에 의하여 죄가 되지 아니하는 것으로 오인한 행위는 그 오인에 **정당한 이유가 있는 때에 한하여 벌하지 아니한다.**

"자기의 행위가 법령에 의하여 죄가 되지 아니하는 것으로 오인한 행위는 그 오인에 정당한 이유가 있는 때에 한하여 벌하지 아니한다."고 규정하고 있다. 따라서 **'정당한 이유'**의 여부에 따라서 가벌이 결정되어 '정당한 이유'를 어떻게 해석해야 할 것인가가 중요한 쟁점이 된다.

2 '정당한 이유'에 대한 판단기준 '정당한 이유'와 관련하여 법원은 근래에 들어 다음과 같은 기준은 제시하고 있다. 「정당한 이유가 있는지 여부는 (가) 행위자에게 자기 행위의 위법 가능성에 대해 **심사숙고하거나 조회할 수 있는 계기**가 있어 (나) 자신의 지적능력을 다하여 이를 **회피하기 위한 진지한 노력**을 다하였더라면 스스로의 행위에 대하여 위법성을 인식할 수 있는 가능성이 있었음에도 이를 다하지 못한 결과 자기 행위의 위법성을 인식하지 못한 것인지 여부에 따라 판단하여야 할 것이고, (다) 이러한 위법성의 인식에 필요한 노력의 정도는 **구체적인 행위 정황**과 행위자 **개인의 인식능력** 그리고 행위자가 **속한 사회집단**에 따라 달리 평가되어야 한다」(대판 2005도3717). 독일 법원은 이 경우 **'양심의 긴장'**을 기준으로 삼는다(BGHSt 2, 201). 즉 '양심의 긴장'을 다했어도 위법성을 인식할 수 없었던 경우라면 **회피가능성**이 없었던 것으로 책임조각이 된다고 본다.[2)]

3 '정당한 이유'에 대한 사례를 유형화하여 보면 ① 담당 **공무원의 잘못된 회신이나 답변**을 신뢰하고 행위 한 경우로 실제 행정청의 허가 있어야 함에도 담당공무원이 허가를 요하지 않는 사안이라고 잘못 알려준 경우이다. 대상판결이 이 유형에 속한다. ② 관공서의 모호한 통지나 지도도 정당한 이유가 될 수 있다. ③ 법률전문가에 문의·자문을 구하여 행위를 한 경우도 문제 될 수 있으며 ④ 행위자 스스로 직관적으로 판단에 따른 경우 등이 있을 수 있다.

4 대상판결에서는 대법원은 「(가) 1975.4.1.자 서울특별시 **공문**은 고객이 지입한 세척한 쌀을 단순히 분말화하여 주는 행위는 그 최종목적이 떡을 제조하기 위한 것이라도 식품위생법에 의한 식품가공업에 해당되지 아니하며, (나) 1975.12.3.자 동 시의 식품제조허가**지침**은 천연원료인 곡물을 단순히 볶아서 포장하여 판매하거나 수산물 등을 자연 건조하여 포장하는 경우 이는 식품위생법 규정상 허가대상이 아님을 밝히고 있고, (다) 동시의 1976.3.29.자 제분업소허가권 일원화에 대한 **지침**은 가공위탁자로부터 제공받은 고추, 참깨, 들깨, 콩 등을 사용하여 이를 가공한 경우에는 양곡관리법 및 식품위생법상에서 제외되었음을 확인한 사실, (라) 피고인이 가입되어 있는 서울시 식용유협동조합 도봉구 지부의 **질의**에 대하여 도봉구는 1977.9.1.자 질의회시를 통하여 천연원료인 곡물을 단순히 볶아서 판매하거나 가공위탁자로부터 제공받은 고추, 참깨, 들깨, 콩 등을 임가공 할 경우 양곡관리법 및 식품위생법상의 허가대상이 아니라고 **통고**하여온 사실」 등을 인정하여 **X가 본건 범행 당시 자기의 행위가 법령에 의하여 죄가 되지 않는 것으로 오인**하였고 또 그렇게 오인함에 어떠한 과실도 없어 법률의 착오에 있어 **'정당한 이유'가 있는 경우에 해당**한다고 보았다.

---

2) 이때 개인적인 역량을 최대한 성실하게 발휘하여 판단을 내려야 한다는 요청을 가리켜서 **양심적 심사의무**라고 한다.

Reference

'정당한 이유'를 인정하여 범죄 성립을 부정한 판례

1 **[대판 2013도15027]** 건설폐기물 처리업 허가를 받은 피고인이 예정사업지에 건설폐기물 처리시설을 설치한 후 변경허가를 받음으로써 변경허가 없이 그 시설의 소재지를 변경하였다고 하여 구 건설폐기물의 재활용촉진에 관한 법률 위반으로 기소된 사안에서, 피고인이 예정사업지에 시설 등을 미리 갖춘 후 실제 영업행위를 하기 전에 변경허가를 받으면 된다고 그릇 인식한 것은 정당한 이유 있는 법률의 착오에 해당한다.

2 **[대판 2007도97]** 사용자인 피고인이 근로자와 근로계약을 체결하면서 임금 속에 **퇴직금**을 포함시켜 지급하기로 하는 이른바 연봉제 봉급약정을 하여 매월 임금을 지급하여 왔고, 또한 근로자에게 따로 금원을 대여하였는데, 근로자가 위 차용금을 반환하지 아니한 채 우편으로 사직서를 제출하고 출근하지 않으면서 피고인과 연락을 끊었으며 상당한 기간이 지날 때까지 퇴직금에 관하여 이의를 제기한 사실이 없는 경우, **피고인이 퇴직금 지급의무가 없다고 믿은 데에 정당한 이유가 있다**고 보아 근로기준법에서 규정하는 임금·퇴직금 등의 기일 내 지급의무 위반죄의 고의를 부정한 사례.

3-1 **[대판 2005도835] 광역시의회 의원**이 선거구민들에게 의정보고서를 배부하기에 앞서 미리 관할 **선거관리위원회 소속 공무원**들에게 자문을 구하고 그들의 지적에 따라 수정한 의정보고서를 배부한 경우가 형법 제16조에 해당하여 벌할 수 없다고 한 사례.

3-2 **[비교판례] [대판 2005도3717] 국회의원이 의정보고서**를 발간하는 과정에서 선거법규에 저촉되지 않는다고 오인한 것에 형법 제16조의 정당한 이유가 없다고 한 사례. **cf)** 본 사안의 피고인인 **국회의원은 변호사자격증을 가지고 있은 자**로서 법원은 법률의 착오를 일으키지 않았을 것이라 보았다. 대법원판례도 "…… 이러한 위법성의 인식에 필요한 노력의 정도는 **구체적인 행위정황**과 행위자 **개인의 인식능력** 그리고 **행위자가 속한 사회집단**에 따라 달리 평가되어야 한다."고 보아 **"행위자가 속한 사회집단"**에 무게 중심을 두고 있다. 더구나 피고인은 2000년 총선 당시 후보자가 되어 현역 국회의원인 경쟁후보자를 상대로 선거운동을 하면서 현역 국회의원이 의정보고서를 법정선거일 전일까지 무제한 배포하는 것을 허용하는 것은 위헌이라고 주장하여 **헌법소원을 제기**하고 헌법재판소의 판단을 받은 바 있으므로 의정보고서의 내용이 선거운동의 실질을 갖추고 있는 한 허용될 수 없다는 것을 잘 알고 있었던 것으로 판단된다.

4 **[대판 95도717]** 가감삼십전대보초와 한약 가지 수에만 차이가 있는 십전대보초를 제조하고 그 효능에 관하여 광고를 한 사실에 대하여 **이전에 검찰의 혐의없음 결정을 받은 적이 있다**면, 피고인이 비록 한의사 약사 한약업사 면허나 의약품판매업 허가가 없이 의약품인 가감삼십전대보초를 [2]항과 같이 판매하였다고 하더라도 자기의 행위가 법령에 의하여 죄가 되지 않는 것으로 믿을 수밖에 없었고, 또 **그렇게 오인함에 있어서 정당한 이유가 있는 경우에 해당**한다고 한 사례. **cf)** 실제 이 유형의 경우, 즉 검찰의 혐의 없음 결정을 믿고 한 행위의 대다수는 정당한 이유가 안된다고 보았으나 본 사안에서는 예외적으로 정당한 이유를 인정하고 있다. **cf)** 비교판례: 대판 92도1140.

5 **[대판 94도1814] [행정청의 허가가 있어야 함에도 담당 공무원이 허가를 요하지 않는다고 잘못 알려 주어**

믿었다면, 허가를 받지 않더라도 처벌할 수 없는지 여부] [1] 행정청의 허가가 있어야 함에도 불구하고 허가를 받지 아니하여 처벌대상 행위를 한 경우, 허가를 담당하는 공무원이 허가를 요하지 않는 것으로 잘못 알려 주어 이를 믿었기 때문에 허가를 받지 아니하였다면, 허가를 받지 않더라도 죄가 되지 않는 것으로 착오를 일으킨 데 대하여 정당한 이유가 있는 경우에 해당하여 처벌할 수 없다. [2] 피고인들은 관할관청에 법무부훈령 제255호의 "외국인 산업기술연수사증 발급 등에 관한 업무처리지침"에 의거 산업기술연수자의 신분으로 입국하는 외국인들에 대하여 그들을 받아들이는 국내기업체의 의뢰에 따라 위 훈령에 규정된 입국절차를 대행하여 주는 허가절차에 관하여 문의하였으나, 아직 허가 관련 법규가 제정되지 아니하여 허가를 받지 못하였다는 취지의 변소를 하고 있는바, 행정청의 허가가 있어야 함에도 불구하고 허가를 받지 아니하여 처벌대상의 행위를 한 경우라도 **허가를 담당하는 공무원이 허가를 요하지 않는 것으로 잘못 알려 주어** 이를 믿었기 때문에 허가를 받지 아니한 것이라면 허가를 받지 않더라도 죄가 되지 않는 것으로 착오를 일으킨데 대하여 정당한 이유가 있는 경우에 해당하여 처벌할 수 없다고 할 것이다.

6 **[대판 92도1560]** … 자수정 채광 작업을 하기에 앞서 **울산군 산림과**에 가서 산림훼손허가를 받으려고 하였으나 관광지 조성승인이 난 지역이므로 별도로 산림훼손허가를 받을 필요가 없으니 **도시과에 문의**하라고 하여 다시 도시과에 가서 확인해 본 바 역시 같은 이유로 **산림훼손허가가 필요 없다**고 하면서 피고인의 요구에 따라 그러한 취지가 기재된 울주군수 명의의 산림법배제확인서를 작성해 주므로 이를 믿고 산림훼손허가를 받지 않은 채로 자수정 채광 작업을 하여오고 있다고 … 이러한 사정을 종합하여 보면 피고인은 위 산림훼손지역에 대하여 비록 산림법 제90조 소정의 허가를 받은 바 없다 하더라도 이 사건 범행 당시 자기의 행위가 법령에 의하여 죄가 되지 않는 것으로 믿을 수밖에 없었고 또 그렇게 오인함에 있어서 정당한 이유가 있는 경우에 해당한다고 보아야 할 것이므로 피고인을 산림법 위반으로 처벌할 수는 없다고 하겠다.

7 **[대판 88도1141] 관할관청이** 장의사영업허가를 받은 상인에게 장의소요기구, 물품을 판매하는 도매업에 대하여는 같은 법 제5조 제1항의 **영업허가가 필요 없는 것으로 해석하여** 영업허가를 해 주지 않고 있어 피고인 역시 영업허가 없이 이른바 도매를 해 왔다면 동인에게는 같은 법률 위반에 대한 인식이 있었다고 보기 어렵다.

8 **[대판 81도646]** ●**사실**● 피고인은 소아용 의류 및 양말 등을 제조 판매하는 한국육일공업주식회사의 대표이사로서 1974.말경 외국상사들로부터 **발가락양말**을 주문받아 1975.1.부터 이를 생산하던 중 이 사건 피해자인 김○국으로부터 1975.2.24.경 발가락 삽입부가 5개로 형성된 양말은 동인의 **의장권**(의장등록 제13319호)을 침해한다 하여 그 제조의 중지요청을 받고 **그 즉시 변리사 김○진에게 문의하였던바,** 양자의 의장이 색채와 모양에 있어 큰 차이가 있으므로 동일 유사하다고 할 수 없다는 회답을 받고, 또 같은 해 3.11.에는 위 김○진에게 감정을 의뢰하여 위 양자의 의장은 발가락 삽입부 5개가 형성되어 있는 외에는 형상, 색채 혹은 그 조합이 각기 다르고 위 **발가락 5개의 양말**은 위 의장등록이 된 후에도 공소외 조학순 명의로 의장등록(제17597호)된 바 있으니 발가락 삽입부가 위 김○국의 등록의장의 지배적 요소라고 할 수 없으므로 양자는 결국 동일 또는 유사하다고 할 수 없다는 전문적인 감정을 받았고, 이에 따라 같은 해 3.12.피고인 스스로 자신이 제조하는 양말에 대하여 의장등록출원을 한 결과 같은 해 12.22. 특허국으로부터 등록사정까지 받게 되었다. ●**판지**● 사실이 이와 같다면 특허나 의장권 관계의 법률에 관하여는 전혀 문회한인 피고인으로서는 위 대법원 판결이 있을 때까지는 자신이 제조하는 양말이 위 김○국의 의장권을

침해하는 것이 아니라고 **믿을 수밖에 없었다고 할 것**이니, 위 양말을 제조 판매하는 행위가 법령에 의하여 죄가 되지 않는다고 오인함에 있어서 **정당한 이유가 있는 경우에 해당하여 처벌할 수 없는 것이다.**

9 **[대판 74도3680]** 경제의 안정과 성장에 관한 긴급명령 공포 당시 기업사채의 정의에 대한 해석이 용이하지 않았던 사정 하에서 겨우 **국문정도 해득할 수 있는 60세의 부녀자**가 채무자로부터 사채신고권유를 받았지만 지상에 보도된 내용을 참작하고 **관할 공무원**과 자기가 소송을 위임하였던 **변호사에게 문의 확인**한 바 본건 채권이 이미 소멸되었다고 믿고 또는 그렇지 않다고 하더라도 신고하여야 할 기업사채에 해당하지 않는다고 믿고 신고를 하지 아니한 경우에는 이를 벌할 수 없다고 할 것이다.

10 **[대판 74도2882]** 파기환송. [1] 교통부장관의 허가를 받아 설립된 **한국교통사고상담센터의 하부직원**이 목적사업인 교통사고 피해자의 위임을 받아 사고회사와의 사이에서 화해나 중재를 하고 피해자로부터 교통부장관이 승인한 수수료를 받은 행위는 죄가 되지 아니한 것으로 오인한 데 정당한 이유가 있다. [2] 위 사단법인 한국교통사고상담센타는 자동차사고에 관한 손해배상문제의 적정하고 신속한 처리를 위하여 피해자의 상담에 응함과 동시에 가해자와 사이에 합의가 이루어지지 아니하는 경우 피해자의 요청에 의하여 위 손해배상을 조정하는 것을 목적사업으로 하여 교통부장관의 허가를 얻어 설립된 법인으로서 **교통부장관으로부터 조정수수료의 승인**을 받아 그에 따른 위 손해배상의 조정업무를 행하게 되어있음을 알 수 있는바 이렇다면 그 하부직원인 피고인이 피해자의 요청으로 이 사건 화해의 중재나 알선을 하고 피해자로부터 조정수수료를 받은 것은 **상사의 지시에 따라 한 그 맡은 바 직무수행상의 행위**로 보여지고 다른 사정 있음이 인정되지 아니하는 한 동 피고인에게 위법의 인식을 기대하기 어렵다할 것이고 적어도 형법 제16조에 이른바 자기의 행위가 법령에 의하여 범죄가 되지 아니하는 것으로 오인한 행위로서 그 오인에 정당한 이유가 있는 경우라고 봄이 상당하다 할 것이다. **cf)** 원심은 동 피고인이 변호사가 아니면서 교통사고 피해자로부터 위임을 받아 사고회사와 사이에 화해를 중재하거나 알선하는 행위를 한 이상 **변호사법 제48조의 구성요건을 충족**하는 것이니 위 인정사실로서 곧 그 위법성을 조각하는 사유가 된다고는 볼 수 없고 또 피고인이 자기의 행위가 범죄가 되지 아니하는 것으로 오인하였다 하더라도 그 오인에 정당한 이유가 있는 경우에 해당한다고 볼 수도 없다고 판시하였다.

11 **[대판 74도2676]** 주민등록법17조의 7에 의하여 주민등록지를 공법관계에 있어서의 주소로 볼 것이므로 주민등록지를 이전한 이상 향토예비군설치법 제3조 제4항 동법시행령 제22조 제1항 제4호에 의하여 **예비군대원신고**를 하여야하나 이미 주거지이동하고 같은 주소에 대원신고를 하였던 터이므로 피고인이 재차 동일 주소에 대원신고(주소이동)를 아니하였음이 향토예비군설치법 제15조 제6항에 말한 정당한 사유가 있다고 오인한데서 나온 행위였다면 이는 법률착오가 범의를 조각하는 경우이다.

12 **[대판 74도1399]** 이복동생의 이름으로 해병대에 지원 입대하여 근무 중 휴가 시, 위 동생이 군에 복무중임을 알았고, 다른 사람의 이름으로 군생활을 할 필요가 없다고 생각하여 귀대치 않다가 징병검사를 받고 예비역으로 복무중이라면 그 후 군무이탈자의 자진복귀명령에 위반하였다 하더라도 그 행위가 죄되는 행위가 아닌 것으로 오인함에 있어 **정당한 이유가 있다**고 할 것이다. **cf)** 행위자 스스로의 판단에 따른 경우는 거의 다 정당한 이유를 인정하지 않으나 본 사안에서는 정당한 이유가 있다고 보았다.

13 **[대판 72도64]** 원 판결은 피고인은 경남 창원 군 진전 ○○학교 교장으로서 보건사회부장관의 승인 없이 1968.4.18. 부산 ○○구 ○○동소재 제일종묘상에서 마약의 원료가 되는 앵속(일명, 꽃 양귀비)종자 1봉지를 금 10원에 매수하여 위 학교 교정화단에 뿌려 앵 속 25본을 재배하였다는 사실은 인정이 되나 이는 증거에 의하여 **업무로 인한 행위 내지 사회상규에 위배되지 아니하는 행위**이므로 죄가 되지 아니한다고 판시한 **제1심판결**을 정당하다고 판단하였는바, 제1심판결이 들고 있는 증거에 의하면 피고인 정은 교장으로서 6학년 자연교과서에 꽃 양귀비가 교과 내용으로 되어 있고 **경남교육위원회에서 꽃 양귀비를 포함한 194종의 교재식물을 식재 또는 표본으로 비치하여 산 교재로 활용하라는 지시에 의하여** 교과식물로 비치하기 위하여 양귀비 종자를 사서 교무실 앞 화단에 심었음을 인정할 수 있으므로 피고인 정의 위 양귀비 종자를 ○○학교 교무실 앞 화단에 식재한 행위는 죄가 되지 아니하는 것으로 믿었다할 것이고, 이와 같은 오인에는 정당한 이유가 있다고 할 것이다.

14 **[대판 71도1356]** 피고인은 군부대 내에 있어서의 모든 시설의 사용설치는 그 부대장의 권한에 속하는 것이고, 그 허가에 기하여 **부대 내의 유류를 저장**하는 것은 죄가 되지 아니하는 것으로 믿었다 할 것이고, 이와 같은 오인에는 정당한 사유가 있다고 할 것이다.

'정당한 이유'를 부정하여 범죄 성립을 인정한 판례

15-1 **[대판 2021도10903]** [법률 위반 행위 중간에 **일시적으로 판례에 따라 그 행위가 처벌대상이 되지 않는 것으로 해석되었던 적이 있었다고 하더라도** 그것만으로 자신의 행위가 처벌되지 않는 것으로 믿은 데에 정당한 이유가 있다고 할 수 있는지 여부(소극)] 피고인들이 이 사건 사이트를 운영하던 도중에 대법원 2015. 3. 12. 2012도13748 판결이 선고되었지만, 이 판결은 대법원 2021. 9. 9. 선고 2017도19025 전원합의체 판결로 변경되었다. 법률 위반 행위 중간에 일시적으로 판례에 따라 그 행위가 처벌대상이 되지 않는 것으로 해석되었던 적이 있었다고 하더라도 그것만으로 자신의 행위가 처벌되지 않는 것으로 믿은 데에 정당한 이유가 있다고 할 수 없다.

15-2 **[참조판례] [대판 2017도19025 전원합의체]** 공중송신권 침해의 방조에 관한 종전 판례는 인터넷 이용자가 링크 클릭을 통해 저작자의 공중송신권 등을 침해하는 웹페이지에 직접 연결되더라도 링크를 한 행위가 '공중송신권 침해행위의 실행 자체를 용이하게 한다고 할 수는 없다.'는 이유로, 링크 행위만으로는 공중송신권 침해의 방조행위에 해당한다고 볼 수 없다는 법리를 전개하고 있다. …… 저작권 침해물 링크 사이트에서 침해 게시물에 연결되는 링크를 제공하는 경우 등과 같이, 링크 행위자가 정범이 공중송신권을 침해한다는 사실을 충분히 인식하면서 그러한 침해 게시물 등에 연결되는 링크를 인터넷 사이트에 영리적·계속적으로 게시하는 등으로 공중의 구성원이 개별적으로 선택한 시간과 장소에서 침해 게시물에 쉽게 접근할 수 있도록 하는 정도의 링크 행위를 한 경우에는 침해 게시물을 공중의 이용에 제공하는 정범의 범죄를 용이하게 하므로 **공중송신권 침해의 방조범이 성립한다.** 이러한 링크 행위는 정범의 범죄행위가 종료되기 전 단계에서 침해 게시물을 공중의 이용에 제공하는 정범의 범죄 실현과 밀접한 관련이 있고 그 구성요건적 결과 발생의 기회를 현실적으로 증대함으로써 정범의 실행행위를 용이하게 하고 공중송신권이라는 법익의 침해를 강화·증대하였다고 평가할 수 있다. 링크 행위자에게 방조의 고의와 정범의 고의도 인정할 수 있다.

16 **[대판 2017도10007] [호스피스 간호사의 사망진단서 발급]** 간호사인 피고인 B, C, D, E, F(이하 '간호사인 피고인들'이라 한다)이 환자에 대한 사망의 징후를 확인하는 등의 행위를 할 수 있다고 하더라도, 이러한 행위는 사체검안 행위의 보조행위로서 의사가 사망 당시 또는 사후에라도 현장에 입회하여 환자의 사망의 징후를 직접 확인하는 것을 전제로 하는 행위라고 보아야 한다. 따라서 의사인 피고인 A가 간호사인 피고인들로부터 전화를 받았다고 하더라도, 간호사인 피고인들이 의사인 피고인 A가 입회하지 아니한 채 '환자의 사망의 징후를 확인하고, 이를 바탕으로 환자의 유족들에게 사망진단서 등을 작성·발급한 행위'는 사망을 진단하는 행위, 즉 **사체검안을 구성하는 일련의 행위**에 해당하므로 이를 포괄하여 무면허 의료행위에 해당한다고 봄이 타당하다. **cf)** 대법원은 간호사들의 사망진단서 발급이 구 의료법 제27조 제1항에서 금지하는 무면허 의료행위에 해당한다고 보아 유죄로 인정하고, **'법률의 착오'에 관한 피고인들의 주장을 받아들이지 않았다.**

17 **[대판 2014도12773]** [구 사립학교법상 사립 외국인학교를 경영하는 사립학교경영자가 **교비회계**에 속하는 수입을 **다른 회계에 전출**하거나 대여할 경우 처벌되는지 여부(적극)] 사립학교인 갑 외국인학교 경영자인 피고인이 갑 학교의 교비회계에 속하는 수입을 수회에 걸쳐 을 외국인학교에 대여하였다고 하여 사립학교법 위반으로 기소된 사안에서, 갑 학교의 교비회계에 속하는 수입을 을 학교에 대여하는 것은 구 사립학교법 제29조 제6항에 따라 금지되며, 피고인이 위와 같은 대여행위가 법률상 허용되는 것으로서 죄가 되지 않는다고 그릇 인식하고 있었더라도 그와 같이 그릇된 인식에 정당한 이유가 없다고 한 사례.

18 **[대판 2014도11501]** 초등학교 **교사인 피고인이 13세 미만인 아동·청소년들**로 하여금 성적인 호기심을 갖도록 하고 이를 이용하여 성적 행위를 한 것이 죄가 되지 않는다고 오인한 데에 정당한 이유가 있다고 볼 수 없다.

19 **[대판 2011도2136]** 중국 국적 선박을 구입한 피고인이 **외환은행 담당자의 안내**에 따라 매도인인 중국 해운회사에 선박을 임대하여 받기로 한 용선료를 재정경제부장관에게 미리 신고하지 아니하고 선박 매매대금과 상계함으로써 구 외국환관리법에 위반한 경우에는 자신의 행위가 죄가 되지 아니하는 것으로 오인하였고 그와 같은 오인에 정당한 이유가 없다.

20 **[대판 2008도10373]** 이미 무선설비의 형식승인을 받은 다른 수입업자가 있음을 이용하여 동일한 제품을 형식승인 없이 수입·판매한 행위는 무선설비에 대한 관계 법령의 취지 및 내용에 비추어 볼 때 전파법 위반죄에 해당하고, 무선설비의 납품처 직원으로부터 형식등록이 필요 없다는 취지의 답변을 들었다는 사정만으로는 형법 제16조의 법률의 착오에 해당하지 않는다.

21 **[대판 2008도8607]** 구 건설폐기물의 재활용촉진에 관한 법률 제16조 제1항의 위반행위를 하면서 이를 판단하는 데 **직접적인 자료가 되지 않는** 환경부의 질의회신을 받은 것만으로는 정당한 이유가 있는 법률의 착오에 해당하지 않는다.

22 **[대판 2007도7205]** [1] 지방자치단체장이 **관행적으로 간담회를 열어 업무추진비 지출** 형식으로 참석자들에게 음식물을 제공해 오면서 법령에 의하여 허용되는 행위라고 오인하였다 하더라도, 그 오인에 정당한

이유가 없어 법률의 착오에 해당하지 않는다. [2] 공직선거법상 **기부행위**의 구성요건에 해당하는 행위라 하더라도 그것이 지극히 정상적인 생활형태의 하나로서 역사적으로 생성된 사회질서의 범위 안에 있는 것이라고 볼 수 있는 경우에는 일종의 의례적 행위나 직무상의 행위로서 사회상규에 위배되지 아니하여 위법성이 조각되는 경우가 있을 수 있지만 그와 같은 사유로 위법성의 조각을 인정함에는 신중을 요한다 할 것인바, 지방자치단체의 업무추진비 지출이 행정 수행을 원활히 한다는 목적에서 그 편성 목적 및 절차를 준수하여 2004. 3. 12. 공직선거법 개정으로 기부행위가 상시 제한되기 이전부터 행해졌던 관행의 범위 내에서 이루어졌다고 하더라도, 이를 이유로 함부로 위 법 개정 이후의 업무추진비 지출과 관련된 기부행위의 위법성이 조각된다고 볼 것은 아니다.

23 **[대판 2006도9157]** [임대업자가 임차인의 의무이행을 강요하기 위하여 계약서상 규정을 근거로 임차물에 대하여 단전·단수조치를 취한 경우, **업무방해죄의 성립에 관한 법률의 착오**를 인정할 수 있는지 여부(원칙적 소극)] [1] 임대를 업으로 하는 자가 임차인으로 하여금 계약상의 의무이행을 강요하기 위한 수단으로 계약서의 조항을 근거로 임차물에 대하여 **일방적으로 단전·단수조치**를 함에 있어 자신의 행위가 죄가 되지 않는다고 오인하더라도, 특별한 사정이 없는 한 그 오인에는 정당한 이유가 있다고 볼 수는 없다. [2] 피해자에 대한 각 단전、단수조치의 경우, 약정 임대차기간이 7 내지 9개월 이상 남아 있고, 임대차보증금이 7,000만 원 이상 남아 있는 상태에서 많은 비용을 들여 영업을 하고 있는 주점이 월 300만 원씩의 차임지급 등을 연체하고 있다는 이유로 계약해지의 의사표시와 단전、단수조치의 경고만을 한 후에 2회에 걸쳐 단전·단수조치를 한 것인바, 위 피고인의 행위는 비록 자신의 궁박한 상황에서 한 것이라고 할지라도 임차인의 권리를 합리적인 범위를 벗어나 과도하게 침해하거나 제한하는 것으로 사회통념상 현저하게 타당성을 잃은 것이어서, 그 동기와 목적, 수단과 방법, 그와 같은 조치에 이르게 된 경위 등 여러 가지 사정에 비추어 볼 때, 사회통념상 허용될 만한 정도의 상당성이 있는 위법성이 결여된 행위로서 형법 제20조에 정하여진 정당행위에 해당한다고 볼 여지가 없을 뿐만 아니라, 위 피고인이 위와 같은 사정 하에서 자신의 행위가 위법하지 않은 것으로 오인함에 정당한 이유가 있다고 볼 수도 없다.

24 **[대판 2005도8873]** 운전교습용 비디오카메라 장치의 특허권자에게 대가를 지불하고 사용승낙을 받았다고 하여 불법교육이 허용되는 것으로 오인할 만한 정당한 이유가 있었다고 할 수는 없고, 달리 상고이유에서 내세우는 사정들을 포함하여 기록에 나타난 모든 사정에 의하더라도 그와 같은 오인을 정당화할 만한 사유가 있었다고 할 수 없다.

25 **[대판 2005도6316]** 피고인이 (가) 과거 지방선거에서 이 사건 홍보물과 같은 내용의 선거홍보물을 사용하였지만 **처벌받지 않았다거나** (나) 이 사건 홍보물의 내용이 구 공직선거법에 위반됨을 알지 못하였다는 사유만으로는 피고인의 행위에 범의가 없다거나 형법 제16조 소정의 법률의 착오에 해당하는 '정당한 이유'가 있다고 볼 수 없다.

26 **[대판 2004도62]** 부동산중개업자가 아파트 분양권의 매매를 중개하면서 중개수수료 산정에 관한 **지방자치단체의 조례를 잘못 해석**하여 법에서 허용하는 금액을 초과한 중개수수료를 수수한 경우가 법률의 착오에 해당하지 않는다.

관공서나 공무원에 문의를 하였으나 그 문의 자체가 구체적 · 정확하지 않은 경우

27-1 [대판 2003도6282] [일반음식점 영업허가를 받은 업소가 **실제로는 주로 주류를 조리 · 판매하는 영업행위를 한 경우**] 피고인 주로 음식류를 조리 · 판매하는 레스토랑으로 허가받았으면 청소년을 고용해도 괜찮을 줄로 알고 있었다거나, 구미 시내 다른 레스토랑이나 한식당에서도 청소년을 고용하는 업소가 많고 **구미시청 위생과 등에 문의해도** 레스토랑은 청소년을 고용해도 괜찮다는 대답이 있어 자신의 행위가 법률에 의하여 죄가 되지 아니하는 것으로 인식하였고 그와 같이 인식하는 데 정당한 이유가 있다고 주장하나, 이는 일반음식점을 영위하는 자가 주로 음식류를 조리 · 판매하는 영업을 하면서 19세 미만의 청소년을 고용하는 경우에는 특별한 사정이 없는 한 청소년보호법의 규정에 저촉되지 않는다는 것을 **피고인이 자기나름대로 확대해석하거나 달리 해석했을 뿐이라고 보여지므로,** 피고인이 자신의 행위가 법률에 의하여 죄가 되지 아니하는 것으로 인식하는 데에 정당한 이유가 있다고 할 수도 없다.

27-2 [대판 94도780] [당국이 탐정업의 사업자등록을 받아 주었다 하여 **신용조사업법상 금지된 사생활조사 등의 행위를 한 경우**] 피고인이 경제기획원 발행의 서비스업통계조사지침서와 통계청 발행의 총사업체통계조사보고서에 탐지, 감시 등을 업으로 하는 탐정업이 적시되어 있는 것을 보고 **민원사무담당 공무원에게 문의**하여 **탐정업**이 **인 · 허가 또는 등록사항이 아니라는 대답**을 얻었으며 세무서에 탐정업 및 심부름 대행업에 관한 사업자등록을 하였다 하더라도, 신용조사업법에서 금지하고 있는 특정인의 소재를 탐지하거나 사생활을 조사하는 행위 등을 제외하더라도 탐정업이 하나의 사업으로 존재할 수 있는 것이므로 탐정업이 정부기관에 의하여 하나의 업종으로 취급되고 있다거나 세무서에서 사업자등록을 받아 주었다고 하여 그것이 위 법률에서 금지하는 행위까지를 할 수 있다는 취지는 아님이 분명하고 그렇다면 피고인이 **특정인 소재탐지, 사생활조사 등의 행위가 죄가 되지 않는다고 믿은 데에 정당한 이유가 있었다고는 할 수 없다.**

27-3 [대판 2007도1915] 피고인 또는 충청남도가 장례식장의 식당(접객실) 부분을 증축함에 있어 **홍성군과 그 증축에 관한 협의 과정을 거쳤고 건설교통부에 관련 질의도 했던 것으로 보이나,** 홍성군과의 협의는 증축부분이 장례식장이 아닌 '병원'의 부속건물임을 전제로 한 것이고 그에 관한 건축물대장에의 기재나 사용승인 또한 마찬가지이며, 건설교통부의 질의회신도 종합병원의 경우 일반적으로 장례식장의 설치나 운영이 그 부속시설로서 허용된다는 취지가 아니라 종합병원에 입원한 환자가 사망한 경우 그 장례의식을 위한 시설의 설치는 부속용도로 볼 수 있다는 취지에 불과하므로, **위와 같은 협의나 질의를 거쳤다는 사정만으로 이 사건 장례식장의 설치 · 운영에 관하여 피고인이 자신의 행위가 죄가 되지 아니하는 것으로 오인하였거나 그와 같은 오인에 정당한 이유가 있었다고 할 수 없다.**

28 [대판 2003도939] 자격기본법에 의한 민간자격관리자로부터 대체의학자격증을 수여받은 자가 사업자등록을 한 후 **침술원을 개설**하였다고 하더라도 국가의 공인을 받지 못한 민간자격을 취득하였다는 사실만으로는 자신의 행위가 **무면허 의료행위**에 해당되지 아니하여 죄가 되지 않는다고 믿는 데에 정당한 사유가 있었다고 할 수 없다.

29 [대판 2003도451] 피고인들은 피고인 2가 이 사건 아파트의 관리소장으로 관리업무를 수행하기 전에 당시 대전 대덕구청 도시국 건축종합허가과에 근무하던 공무원을 찾아가 주택관리사보자격만이 있는 피고인 2에게 이 사건 아파트의 관리업무를 수행하도록 하여도 법 위반이 되는지의 여부에 관하여 질의를 한 바는 있으나, **위 공무원은 법에 위반되지 않는다는 확실한 답변을 하지 아니한 사실이 인정**되는바, 이러한 경위에 비추어 보면, 피고인들이 위 공무원에게 질의를 한 후 피고인 2가 이 사건 아파트의 관리업무를 수행

하였다고 하더라도, 그 사유만으로 피고인들의 범행이 형법 제16조에서 말하는 '그 오인에 정당한 이유가 있는 때'에 해당한다고 할 수 없다.

30 [대판 2000도2807] 기공원을 운영하면서 환자들을 대상으로 척추교정시술행위를 한 자가 정부 공인의 체육종목인 **'활법'의 사회체육지도자 자격증을 취득한 자라 하여도** 자신의 행위가 **무면허 의료행위**에 해당되지 아니하여 죄가 되지 않는다고 믿은 데에 정당한 사유가 있었다고 할 수 없다.

31 [대판 2000도2943] 부동산중개업자가 **부동산중개업협회의 자문**을 통하여 인원수의 제한 없이 중개보조원을 채용하는 것이 허용되는 것으로 믿고서 제한인원을 초과하여 중개보조원을 채용함으로써 부동산중개업법 위반행위에 이르게 되었다고 하더라도 그러한 사정만으로 자신의 행위가 법령에 저촉되지 않는 것으로 오인함에 정당한 이유가 있는 경우에 해당한다거나 범의가 없었다고 볼 수는 없다.

32 [대판 99도5563] 공무원이 그 직무에 관하여 실시한 봉인 등의 표시를 손상 또는 은닉 기타의 방법으로 그 효용을 해함에 있어서 **그 봉인 등의 표시가 법률상 효력이 없다고 믿은 것**은 법규의 해석을 잘못하여 행위의 위법성을 인식하지 못한 것이라고 할 것이므로 그와 같이 믿은 데에 정당한 이유가 없는 이상, 그와 같이 믿었다는 사정만으로는 **공무상표시무효죄**의 죄책을 면할 수 없다고 할 것이다.

33 [대판 97도1189] 관할 환경청이 비록 **폐기물 배출업자가 차량을 임차**하여 폐기물을 수집·운반하는 경우에도 '스스로 폐기물을 수집·운반하는 경우'에 해당하는 것으로 해석하고, **관련 규정에 따라 그 임차차량에 대하여 특정폐기물 수집·운반차량증을 발급해 주고 있었다 하더라도**, 그러한 사정만으로는 관할 환경청이 폐기물 배출업자가 폐기물의 수집·운반만을 위하여 무허가 업자로부터 폐기물 운반차량을 그 운전사와 함께 임차하는 형식을 취하면서 실질적으로는 무허가 업자에게 위탁하여 폐기물을 수집·운반하게 하는 행위까지 적법한 것으로 해석하였다고 볼 수 없으므로, 피고인이 피고인 회사의 폐기물 수집·운반 방법이 죄가 되지 아니하는 것으로 믿었다 하더라도 그와 같이 믿는데 정당한 이유가 있었다고 보기 어렵다.

34 [대판 95도2188] 장애인복지법 제50조 제1항 소정의 보장구제조업허가를 받아 제조되는 보장구는 어디까지나 장애인의 장애를 보완하기 위하여 필요한 기구(장애인복지법 제9조 제1항 참조)에 불과하므로 위 허가를 받았다고 하여 다리교정기와 같은 정형외과용 교정 장치를 제조할 수 있도록 허용되는 것이 아님은 분명하므로, **설령 장애인복지법 제50조 제1항에 의해 보장구제조허가**를 받았고 또 한국보장구협회에서 다리교정기와 비슷한 기구를 제작·판매하고 있던 자라 하더라도, **다리교정기가 의료용구에 해당되지 않는다고 믿은 데에 정당한 사유가 있다고 볼 수는 없다.**

35 [대판 95도2088] 피고인은 1971.4.10. 순경으로 임용된 이래 이 사건 범행 당시까지 **약 23년간 경찰공무원으로 근무**하여 왔고, 이 사건 범행 당시에는 관악경찰서 형사과 형사계 강력 1반장으로 근무하고 있는 사람으로서 일반인들 보다도 형벌법규를 잘 알고 있으리라 추단이 되고 이러한 피고인이 검사의 수사지휘만 받으면 **허위로 공문서를 작성하여도 죄가 되지 아니하는 것으로 그릇 인식하였다는 것은 납득이 가지 아니하고,** 가사 피고인이 그러한 그릇된 인식이 있었다 하여도 피고인의 직업 등에 비추어 그러한 그릇된 인식을 함에 있어 정당한 이유가 있다고 볼 수도 없다.

36 **[대판 95도1964]** 피고인들은 그 범행 당시 '긴급명령'이 시행된 지 그리 오래되지 않아 금융거래의 실명전환 및 확인에만 관심이 집중되어 있었기 때문에 **비밀보장의무의 내용**에 관하여 확립된 규정이나 판례, 학설은 물론 관계 기관의 유권해석이나 금융관행이 확립되어 있지 아니하였다는 사정은 **단순한 법률의 부지에 불과**하며, **그 위반행위가 형사재판 변호인들의 자료 요청에서 기인하였다고 하더라도** 변호인들에게 구체적으로 긴급명령위반 여부에 관하여 자문을 받은 것은 아닌데다가, 해당 은행에서는 긴급명령상의 비밀보장에 관하여 상당한 교육을 시행하였음을 알 수 있어 피고인들의 행위가 죄가 되지 않는다고 믿은 데에 정당한 이유가 있는 경우에 해당하지 않는다.

변호사나 변리사 등의 전문가들의 조언을 받고 행위 한 경우 (대판 81도646, 비교참조)

37-1 **[대판 95도702]** 피고인은 **변리사**로부터 이 사건 등록상표('Bio Tank')는 상품의 품질이나 원재료를 보통으로 표시하는 방법으로 사용하는 **상표로서 효력이 없다는 자문과 감정을 받아** 피고인이 제작한 물통의 의장등록을 하고 이 사건 등록상표와 유사한 상표를 사용한 사실이 인정되는바, 설사 피고인이 **위와 같은 경위로 자기의 행위가 죄가 되지 아니한다고 믿었다 하더라도** 이러한 경우에는 누구에게도 그 위법의 인식을 기대할 수 없다고 단정할 수 없으므로 **피고인은 상표법 위반의 죄책을 면할 수 없다** 하겠다. 이와 배치되는 피고인의 주장은 이유 없다.

37-2 **[대판 97도3337]** **●사실●** 피고인은 콘테이너 잠금장치의 제조·판매 등을 목적으로 설립된 주식회사 파워 브레이스코리아(주)의 대표이사로서 다른 사람이 등록한 상표와 동일 또는 유사한 상표를 지정상품이나 거래서류, 상품에 관한 광고 등에 표시할 수 없음에도 불구하고, 1993년 8월경부터 1996년 5월경 사이에 피해자 주식회사 한국 블록스위치 대표이사 A가 1993.7.20. 특허청에 상표로 등록한 BE2566과 유사상표인 PB2566을 위 회사에서 생산 판매하는 콘테이너 문짝 견속부품인 잠금장치의 거래서류 및 상품광고 등에 표시하여 위 상표권자의 상표권을 침해하였다는 사실로 상표법 위반으로 기소되었다. 제1심판결은 피고인에게 벌금형을 선고하였고, 항소심도 피고인의 항소를 기각하였다. **●판지●** 이 사건에서 피고인들이 **변리사로부터 그들의 행위가 고소인의 상표권을 침해하지 않는다는 취지의 회답과 감정결과를 통보받았고**, 피고인들의 행위에 대하여 3회에 걸쳐서 검사의 무혐의처분이 내려졌다가 최종적으로 고소인의 재항고를 받아들인 대검찰청의 재기수사명령에 따라 이 사건 공소가 제기되었으며, 피고인들로서는 이 사건과 유사한 대법원의 판례들을 잘못 이해함으로써 자신들의 행위는 죄가 되지 않는다고 확신을 하였고, 특허청도 피고인들의 상표출원을 받아들여서 이를 등록하여 주기까지 하였다는 등 피고인들이 주장하는 사유들만으로는 위와 같은 기준에서 볼 때 피고인 박석용이 **자신의 행위가 고소인의 상표권을 침해하는 것이 아니라고 믿은 데에 정당한 이유가 있다고 볼 수 없다.**

37-3 **[대판 91도894]** 피고인이 집달관이나 채권자의 동의나 허락을 받음이 없이 집달관과 채권자에게 일방적으로 압류물의 이전을 통고한 후 서울민사지방법원 소속 집달관의 관할구역 밖인 판시 장소로 압류표시된 물건을 이전한 이상 이로써 위 집달관이 실시한 압류표시의 효용을 해하였다고 할 것이므로 피고인에게 위 공무상비밀표시무효죄의 고의가 없다고 할 수 없고 피고인이 그와 같은 행위를 하기에 앞서 **개인적으로 법률유관기관(변호사)에 자문**을 구했다 해서 그 행위가 죄가 되지 않는다고 믿는 데에 정당한 이유가 있다고 볼 수도 없다.

38 **[대판 90도1604]** 가처분결정으로 직무집행정지 중에 있던 종단대표자가 종단소유의 보관금을 소송비용으로 사용함에 있어 **변호사의 조언이 있었다는 것만으로** 보관금인출사용행위가 법률의 착오에 의한 것이

라 할 수 없다.

검사의 무혐의처분 (대판 95도717, 비교참조)

39-1 [대판 92도1140] 피고인이 한국무도교육협회의 정관에 따라 무도교습소를 운영하였고, 위 협회가 소속회원을 교육함에 있어서는 학원설립인가를 받을 필요가 없다고 한 **검찰의 무혐의결정내용을 통지받은 사실만으로** 피고인이 인가를 받지 않고 교습소를 운영한 것이 법률의 착오에 해당한다고 볼 수 없다.

39-2 [대판 94도1793] 검사가 피고인들의 행위에 대하여 범죄혐의 없다고 무혐의 처리하였다가 고소인의 항고를 받아들여 재기수사명령에 의한 재수사 결과 기소에 이른 경우, 피고인들의 행위가 불기소처분 이전부터 저질러졌다면 그 무혐의 처분결정을 믿고 이에 근거하여 이루어진 것이 아님이 명백하고, 무혐의 처분일 이후에 이루어진 행위에 대하여도 그 무혐의 처분에 대하여 곧바로 고소인의 항고가 받아들여져 재기수사명령에 따라 재수사되어 기소에 이르게 된 이상, 피고인들이 자신들의 행위가 죄가 되지 않는다고 그릇 인식하는 데 정당한 이유가 있었다고 할 수 없다고 본 사례.

39-3 [대판 2008도11679] 숙박업소에서 위성방송수신장치를 이용하여 수신한 외국의 음란한 위성방송 프로그램을 투숙객 등에게 제공한 행위는 구 풍속영업의 규제에 관한 법률 제3조 제2호에 규정한 '음란한 물건'을 관람하게 하는 행위에 해당하며, 이 사건 이전에 이와 유사한 행위로 **'혐의없음' 처분을 받은 전력이 있다거나 일정한 시청차단장치를 설치하였다는 등의 사정**만으로는, 형법 제16조의 정당한 이유가 있다고 볼 수 없다.

40 [대판 87도1860] 유선비디오 방송업자들의 질의에 대하여 **체신부장관**이 유선비디오 방송은 자가통신설비로 볼 수 없어 같은 법 제15조 제1항 소정의 허가대상이 되지 않는다는 견해를 밝힌 바 있다 하더라도 **그 견해가 법령의 해석에 관한 법원의 판단을 기속하는 것은 아니므로 그것만으로 피고인에게 범의가 없었다고 할 수 없다.**

41 [대판 83도1927] 피고인이 제약회사에 근무한다는 자로부터 마약이 없어 약을 제조하지 못하니 구해달라는 거짓부탁을 받고 **제약회사에서 쓰는 마약은 구해 주어도 죄가 되지 아니하는 것으로 믿고 생아편**을 구해 주었다 하더라도 피고인들이 마약취급의 면허가 없는 이상 위와 같이 믿었다 하여 이러한 행위가 법령에 의하여 죄가 되지 아니하는 것으로 오인하였거나, **그 오인에 정당한 이유가 있는 경우라고 볼 수 없다.**

42 [대판 79도1671] 사람이 죽으면 당연히 **당국에 신고한 후에 그 사체를 매장**해야 한다는 것은 **일반적인 상식**이다. 따라서 단순히 이를 몰랐다는 사실만으로는 위법행위를 합법행위로 오인하였음에 정당한 이유가 있는 때에 해당한다고 판단할 수 없다.

43 [대판 76도2196] 수사처리의 **관례상** 일부 상치된 내용을 일치시키기 위하여 적법하게 작성된 참고인 진술조서를 찢어버리고 진술인의 진술도 듣지 아니하고 그 내용을 일치시킨 새로운 진술조서를 작성한 행위는 그 행위를 적법한 것으로 잘못 믿었다고 할지라도 그렇게 잘못 믿은데 대하여 정당한 이유가 있다고 볼 수 없다.

39 강요된 행위 – 대한항공 858편 폭파 사건[1] –

* 대법원 1990. 3. 27. 선고 89도1670 판결
* 참조조문: 형법 제12조[2]

성장교육과정을 통하여 형성된 관념으로 인하여 행위자의 의사결정이 사실상 강제되는 경우가 형법 제12조 소정의 강요된 행위에 포함되는가?

●**사실**● 1987년 11월 29일 미얀마 안다만 해역 상공에서 대한항공 858편이 조선민주주의인민공화국(북한) 공작원 피고인 X(여)와 Y(남)에 의해 공중 폭파되어 탑승객 115명 전원이 사망하였다. 피고인 Y는 조사를 받던 중 독약을 먹고 자살하였고 피고인 X만 기소되었다.

변호인은 X가 북한에서 대남공작원으로 선발되어 이 사건 항공기의 폭파지령을 받고 그 범행을 실행할 당시까지 그와 같은 선발을 위한 소환이나 명령을 거절 회피한다는 것은 도저히 있을 수 없는 일로 생각하여 왔으며, X의 위와 같은 생각은 X가 북한이라는 폐쇄된 사회에서 출생하고 다시 격리된 공간 등에서 약 7년 8개월 동안 김일성에 대한 무조건적인 충성심을 고취하는 사상교육을 받은 결과이며, 이 사건 범행은 X에게 주어진 당의 크나큰 신임과 배려이자 최고의 영광으로, "남조선해방과 조국통일"을 위한 것으로 생각하고 한 점의 회의도 없이 신념에 가득 차 이를 수행하려고 노력한 것으로 피고인이 저항할 수 없는 폭력 또는 생명, 신체에 대한 협박에 의하여 강요되어(법12) 이 사건 범행에 이른 것이라 항변하였다. 제1심과 원심은 사형을 선고하였다. 이에 X가 상고하였다.

●**판지**● **상고기각.**「형법 제12조에서 말하는 강요된 행위는 저항할 수 없는 폭력이나 생명, 신체에 위해를 가하겠다는 협박 등 다른 사람의 강요행위에 의하여 이루어진 행위를 의미하는 것이지 **어떤 사람의 성장교육과정을 통하여 형성된 내재적인 관념 내지 확신으로 인하여 행위자 스스로의 의사결정이 사실상 강제되는 결과를 낳게 하는 경우까지 의미한다고 볼 수 없다**」.

●**해설**● **1 규범적 책임론**은 책임개념을 행위자에 대한 '비난가능성'으로 이해한다. 이처럼 **기대가능성은 규범적 책임론의 핵심적 개념**이고, 우리 판례도 규범적 책임론과 기대가능성을 받아들이고 있다. 조문상으로는 **강요된 행위**(법12)가 대표적으로 적법행위에 대한 기대가능성이 없어 책임이 조각되는 유형이다. 기대가능성이 있는 경우에만 행위자에게 책임 비난이 가능한 것이다.

2 강요된 행위(법12)의 요건 강요된 행위에서의「① **저항할 수 없는 폭력**은 '심리적인 의미'에 있어서 육체적으로 어떤 행위를 절대적으로 하지 아니할 수 없게 하는 경우와 '윤리적 의미'에 있어서 강압된 경우를 말하고,[3] ② **협박이란** 자기 또는 친족의 생명, 신체에 대한 위해를 달리 막을 방법이 없는

---

1) **대한항공 858편 폭파 사건**은 이라크 바그다드에서 출발한 대한항공 858편이 아부다비, 방콕을 경유한 뒤 한국으로 오던 중 인도양 상공에서 조선민주주의인민공화국이 파견한 공작원(김승일과 김현희)에 의하여 공중 폭파된 사건이다. 이 사건은 북한이 대한민국을 상대로 일으킨 마지막 항공 테러이다. 이 사건으로 북한은 2008년 9월까지 미국의 테러 지원국 명단에 올랐다. 대상판결은 공작원 중 1명인 김현희에 대한 판결이다. 김현희는 대법원에서 사형을 선고(1990.3.27.) 받았으나 바로 사면조치 되었다. ko.wikipedia.org

2) 형법 제12조(강요된 행위) **저항할 수 없는 폭력이나 자기 또는 친족의 생명 신체에 대한 위해를 방어할 방법이 없는 협박**에 의하여 강요된 행위는 벌하지 아니한다.

협박을 말하며, ③ **강요라 함은** 피강요자의 자유스런 의사결정을 하지 못하게 하면서 특정한 행위를 하게 하는 것」을 말한다(대판 83도2276). 강요행위와 강요된 행위 사이에는 **인과관계**가 인정되어야 한다. 그러나 강제상태를 스스로 '자초'한 경우에는 강요된 행위가 될 수 없다(대판 70도2629).

3 대상판결은 형법 제12조의 강요된 행위는 **외적 강요나 강제상황만을 전제**한다는 사실을 분명히 하였다는 점에서 그 의미가 크다. 대법원은 판지와 같은 이유로 X의 「그와 같은 잘못된 확신이 그의 자유의지에 반하는 성장교육과정에서 형성되었다 하더라도 그에 기초한 이 사건 범행을 강요된 행위라거나 기대가능성이 없는 행위이어서 벌할 수 없는 행위로 볼 수는 없다」고 판단하였다.

4 기대가능성이론의 연원 적법행위에 대한 기대가능성과 책임조각은 연원적으로 독일 연방대법원의 판결에 기원한다. 1952년 독일 연방대법원은 강요죄의 위법성에 관한 착오는 고의를 조각하는 것이 아니라 행위자의 책임을 조각할 수 있다는 획기적인 판결을 내렸다. 연방대법원은 이 판결에서 책임개념에 대해서 적극적으로 그 의미를 밝히고 있다. 「형벌은 책임을 전제로 한다. **책임은 비난가능성**이다. 책임에 대한 무가치판단에 의하여 행위자가 적법하게 행위를 할 수 있었음에도 불구하고 적법하게 행위를 하지 않았다는 비난이 행위자에게 가해지는 것이다. **책임비난의 내적 근거는 인간은 자유롭고, 책임질 수 있는 윤리적 자기결정의 존재이기 때문에, 불법이 아니라 법의 방향으로 결정을 할 수 있는 능력이 있다는 데 있다**」.[4)]

5 기대가능성의 판단기준 한편 우리 법원은 기대가능성의 유무를 판단하는 기준과 관련해 책임비난이 지나치게 주관화될 수 있는 (a) 행위자표준설을 취하는 것이 아니라 (b) **평균인표준설**의 입장에 있다. 양심적 병역거부자에 대한 판단에서 대법원은 「행위 당시의 구체적 상황 하에 **행위자 대신에 사회적 평균인을 두고 이 평균인의 관점에서 그 기대가능성 유무를 판단**하여야 할 것」이라고 하여 평균인표준설을 채택하고 있다(대판 2004도2965).

6 강요된 행위와 긴급피난의 차이 강요된 행위는 긴급상태 하에서 위난을 피하기 위한 행위라는 점에서 긴급피난과 유사하다. 하지만 양자는 다음의 점에서 다르다. ① 긴급피난은 **위법성조각사유**이고 강요된 행위는 **책임조각사유**이다. 따라서 긴급피난에 대해서는 정당방위가 불가하지만 강요된 행위에 대해서는 정당방위가 가능하게 된다. ② 긴급피난은 충돌하는 이익 사이에 **이익형량**이 고려되지만 강요된 행위에서는 이익형량은 고려되지 않고 강요된 상태에서 적법행위의 기대가능성이 있었느냐 **보충성**을 중시한다. ③ 긴급피난은 법익의 범위에 제한이 없지만 강요된 행위는 자기 또는 친족의 생명과 신체에 한정된다.

---

3) 따라서 강제로 손을 붙잡고 무인을 찍는 등 상대방의 의사활동이 전혀 개입하지 못한 상태에서 이루어지는 유형력의 행사인 **'절대적 폭력'**은 여기에 해당하지 않는다.

4) BGHSt 2, 194면(200면 이하).

Reference

적법행위에 대한 기대가능성과 관련된 주요 판례

1 **[대판 2018도9828]** 피고인들이 공모하여, 고농도 니코틴 용액에 프로필렌글리콜(Propylene Glycol)과 식물성 글리세린(Vegetable Glycerin)과 같은 희석액, 소비자의 기호에 맞는 향료를 일정한 비율로 첨가하여 전자장치를 이용해 흡입할 수 있는 '니코틴이 포함된 용액'을 만드는 방법으로 담배제조업 허가 없이 담배를 제조하였다고 하여 담배사업법 위반으로 기소된 사안에서, 담배사업법령에서 담배제조업 허가제 및 허가기준을 둔 취지에 비추어 보면, 담배사업법의 위임을 받은 기획재정부가 전자담배제조업에 관한 허가기준을 마련하지 않고 있으나, (가) 정부는 전자담배제조업의 허가와 관련하여 자본금, 시설, 기술인력, 담배제조 기술의 연구·개발 및 국민 건강보호를 위한 품질관리 등에 관한 적정한 기준을 마련함에 있어 법률이 위임한 정책적 판단 재량이 존재하고, (나) 궐련담배제조업에 관한 허가기준은 이미 마련되어 있는 상황에서 담배제조업 관련 법령의 허가기준을 준수하거나 허가기준이 새롭게 마련될 때까지 법 준수를 요구하는 것이, 피고인들이 아닌 **사회적 평균인**의 입장에서도 불가능하거나 현저히 곤란한 것을 요구하여 죄형법정주의 원칙에 위반된다거나 기대가능성이 없는 행위를 처벌하는 것이어서 위법하다고 보기 어렵다고 한 사례.

2 **[대판 2014도12753]** [사용자가 근로자에 대한 임금이나 퇴직금을 지급할 수 없었던 불가피한 사정이 인정되는 경우, 근로기준법이나 근로자퇴직급여 보장법에서 정하는 임금 및 퇴직금 등의 기일 내 지급의무 위반죄의 책임조각사유가 되는지 여부(적극)] 기업이 불황이라는 사유만으로 사용자가 근로자에 대한 임금이나 퇴직금을 체불하는 것은 허용되지 아니하지만, **모든 성의와 노력을 다했어도** 임금이나 퇴직금의 체불이나 미불을 방지할 수 없었다는 것이 사회통념상 긍정할 정도가 되어 **사용자에게 더 이상의 적법행위를 기대할 수 없거나** 불가피한 사정이었음이 인정되는 경우에는 그러한 사유는 근로기준법이나 근로자퇴직급여 보장법에서 정하는 임금 및 퇴직금 등의 기일 내 지급의무 위반죄의 **책임조각사유로 된다**.

3 **[대판 2008도6829]** 불법 건축물이라는 이유로 일반음식점 영업신고의 접수가 거부되었고, 이전에 무신고 영업행위로 형사처벌까지 받았음에도 계속하여 일반음식점 영업행위를 한 피고인의 행위는, 식품위생법상 무신고 영업행위로서 정당행위 또는 적법행위에 대한 기대가능성이 없는 경우에 해당하지 아니한다고 한 사례.

4-1 **[대판 2008도942 전원합의체]** [증언거부사유가 있음에도 **증언거부권을 고지**[5]받지 못함으로 인하여 그 증언거부권을 행사하는 데 사실상 장애가 초래되었다고 볼 수 있는 경우 위증죄 성립 여부(소극)] [1]

---

5) 형사소송법 **제148조(근친자의 형사책임과 증언 거부)** 누구든지 자기나 다음 각 호의 어느 하나에 해당하는 자가 형사소추 또는 공소제기를 당하거나 유죄판결을 받을 사실이 드러날 염려가 있는 증언을 거부할 수 있다. 1. 친족이거나 친족이었던 사람 2. 법정대리인, 후견감독인. **제149조(업무상비밀과 증언거부)** 변호사, 변리사, 공증인, 공인회계사, 세무사, 대서업자, 의사, 한의사, 치과의사, 약사, 약종상, 조산사, 간호사, 종교의 직에 있는 자 또는 이러한 직에 있던 자가 그 업무상 위탁을 받은 관계로 알게 된 사실로서 타인의 비밀에 관한 것은 증언을 거부할 수 있다. 단, 본인의 승낙이 있거나 중대한 공익상 필요 있는 때에는 예외로 한다. **제158조(선서한 증인에 대한 경고)** 재판장은 선서할 증인에 대하여 선서 전에 위증의 벌을 경고하여야 한다. **제160조(증언거부권의 고지)** 증인이 제148조, 제149조에 해당하는 경우에는 재판장은 신문 전에 증언을 거부할 수 있음을 설명하여야 한다.

증언거부권 제도는 앞서 본 바와 같이 증인에게 증언의무의 이행을 거절할 수 있는 권리를 부여한 것이고, 형사소송법상 증언거부권의 고지 제도는 증인에게 그러한 권리의 존재를 확인시켜 침묵할 것인지 아니면 진술할 것인지에 관하여 심사숙고할 기회를 충분히 부여함으로써 침묵할 수 있는 권리를 보장하기 위한 것임을 감안할 때, 재판장이 신문 전에 증인에게 증언거부권을 고지하지 않은 경우에도 당해 사건에서 증언 당시 증인이 처한 구체적인 상황, 증언거부사유의 내용, 증인이 증언거부사유 또는 증언거부권의 존재를 이미 알고 있었는지 여부, 증언거부권을 고지받았더라도 허위진술을 하였을 것이라고 볼 만한 정황이 있는지 등을 전체적·종합적으로 고려하여 증인이 침묵하지 아니하고 진술한 것이 자신의 진정한 의사에 의한 것인지 여부를 기준으로 위증죄의 성립 여부를 판단하여야 한다. 그러므로 (가) 헌법 제12조 제2항에 정한 불이익 진술의 강요금지 원칙을 구체화한 자기부죄거부특권에 관한 것이거나 기타 증언거부사유가 있음에도 **증인이 증언거부권을 고지 받지 못함으로 인하여 그 증언거부권을 행사하는 데 사실상 장애가 초래되었다고 볼 수 있는 경우에는 위증죄의 성립을 부정하여야 할 것**이다. 이와 달리, (나) 피고인이 증인으로 선서한 이상 진실대로 진술한다고 하면 자신의 범죄를 시인하는 진술을 하는 것이 되고 증언을 거부하는 것은 자기의 범죄를 암시하는 것이 되는 처지에 있다 하더라도 **증인에게는 증언을 거부할 수 있는 권리를 인정하여 위증죄로부터의 탈출구를 마련**하고 있는 만큼 **적법행위의 기대가능성이 없다고 할 수 없고** 선서한 증인이 허위의 진술을 한 이상 증언거부권 고지 여부를 고려하지 아니한 채 위증죄가 바로 성립한다는 취지로 대법원 1987.7.7. 선고 86도1724 전원합의체 판결에서 판시한 대법원의 의견은 위 견해에 저촉되는 범위 내에서 이를 변경하기로 한다. [2] 위 법리에 비추어 볼 때, 원심이 판시와 같은 사정, 특히 피고인이 공소외인과 쌍방 상해 사건으로 공소 제기되어 공동피고인으로 함께 재판을 받으면서 자신은 폭행한 사실이 없다고 주장하며 다투던 중 공소외인에 대한 상해 사건이 변론분리되면서 피해자인 증인으로 채택되어 검사로부터 신문받게 되었고 그 과정에서 피고인 자신의 공소외인에 대한 폭행 여부에 관하여 신문을 받게 됨에 따라 증언거부사유가 발생하게 되었는데도, 재판장으로부터 증언거부권을 고지받지 못한 상태에서 자신의 종전 주장을 그대로 되풀이함에 따라 결국 거짓 진술에 이르게 된 사정 등을 이유로 **피고인에게 위증죄의 죄책을 물을 수 없다고 판단한 것은 결론에 있어 정당**하고, 거기에 상고이유에서 주장하는 바와 같은 위증죄의 성립 범위에 관한 법리오해의 위법은 없다. **cf)** 이 판결은 증인이 증언거부권을 고지받지 못한 채 행한 허위진술에 대해 "적법행위의 기대가능성이 없다고 할 수 없다"는 이유로 위증죄의 성립을 인정하였던 종전의 대법원 판례를 변경하여 위증죄를 부정할 수 있는 여지를 열어 놓았다는 점에서 의의가 있다.

4-2 [대판 2005도10101] 자기에게 형사상 불리한 진술을 강요당하지 아니할 권리가 결코 적극적으로 허위의 진술을 할 권리를 보장하는 취지는 아니며, 이미 유죄의 확정판결을 받은 경우에는 일사부재리의 원칙에 의해 다시 처벌되지 아니하므로 증언을 거부할 수 없는바, 이는 사실대로의 진술, 즉 자신의 범행을 시인하는 진술을 기대할 수 있기 때문이다. 이러한 점 등에 비추어 보면, 이미 **유죄의 확정판결을 받은 피고인**은 공범의 형사사건에서 그 범행에 대한 증언을 거부할 수 없을 뿐만 아니라 나아가 사실대로 증언하여야 하고, 설사 피고인이 자신의 형사사건에서 시종일관 그 범행을 부인하였다 하더라도 이러한 사정은 위증죄에 관한 양형참작사유로 볼 수 있음은 별론으로 하고 이를 이유로 피고인에게 사실대로 진술할 것을 **기대할 가능성이 없다고 볼 수는 없다**. [2] 자신의 강도상해 범행을 일관되게 부인하였으나 유죄판결이 확정된 피고인이 별건으로 기소된 공범의 형사사건에서 자신의 범행사실을 부인하는 증언을 한 사안에서, 피고인에게 사실대로 진술할 기대가능성이 있으므로 위증죄가 성립한다고 판단하였다.

5 [대판 2007도8645] [영업정지처분에 대한 집행정지 신청이 잠정적으로 받아들여졌다는 사정만으로는,

구 음반·비디오물 및 게임물에 관한 법률 위반으로 기소된 피고인에게 적법행위의 기대가능성이 없다고 볼 수는 없다고 본 원심판단을 수긍한 사례] 영업정지처분에 대한 집행정지 결정은 피고인이 제기한 영업정지처분 취소사건의 본안판결 선고시까지 그 처분의 효력을 정지한 것으로서 행정청의 처분의 위법성을 확정적으로 선언하지도 않았으므로, 위 집행정지 신청이 잠정적으로 받아들여졌다는 사정만으로는, 구 음반·비디오물 및 게임물에 관한 법률(2006. 4. 28. 법률 제7943호로 폐지) 위반으로 기소된 피고인에게 적법행위의 기대가능성이 없다고 볼 수는 없다고 한 원심판단을 수긍한 사례.

6 **[대판 90도1798]** [매수인이 토지를 미등기전매하는 경우 매도인의 당초의 거래에 대한 국토이용관리법 제21조의7 제1항 소정 신고의 기대가능성 유무(적극)] 국토이용관리법 제21조의7 제1항에 의하면 신고지역으로 지정된 구역안에 있는 토지 등의 거래계약을 체결하고자 하는 당사자는 공동으로 그 조항 소정의 신고를 하게 되어 있지 이전등기시에 하게 되어 있지는 않으므로 매수인이 토지를 미등기전매하는 경우라고 하여 매도인의 당초의 거래에 대한 신고의 기대가능성이 없다고 할 수는 없다.

7 **[대판 86도874]** 수학여행을 온 대학교 3학년생 34명이 지도교수의 인솔 하에 피고인 경영의 나이트클럽에 찾아와 단체입장을 원하므로 그들 중 일부만의 학생증을 제시받아 확인하여 본 즉 그들이 모두 같은 대학교 같은 학과 소속의 3학년 학생들로서 성년자임이 틀림없어 나머지 학생들의 연령을 개별적, 기계적으로 일일이 증명서로 확인하지 아니하고 그들의 단체입장을 허용함으로써 그들 중에 섞여 있던 미성년자(19세 4개월 남짓 된 여학생) 1인을 위 업소에 출입시킨 결과가 되었다면 피고인이 단체 입장하는 위 학생들이 모두 성년자일 것으로 믿은 데에는 정당한 이유가 있었다고 할 것이고, 따라서 위와 같은 상황 아래서 피고인에게 위 **학생들 중에 미성년자가 섞여 있을지도 모른다는 것을 예상하여 그들의 증명서를 일일이 확인할 것을 요구하는 것은 사회통념상 기대가능성이 없다고 봄이 상당**하므로 이를 벌할 수 없다.

8 **[대판 83도2543]** [**상사의 지시에 의한 군용물 매각**과 강요된 행위] 휘발유 등 군용물의 불법매각이 상사인 포대장이나 인사계 상사의 지시에 의한 것이라 하여도 그 같은 지시가 저항할 수 없는 폭력이나 자기 또는 친족의 생명, 신체에 대한 위해를 방어할 방법이 없는 협박에 상당한 것이라고 인정되지 않은 이상 강요된 행위로서 책임성이 조각된다고 할 수 없다.

직무상 지휘·복종관계에 있는 부하가 직장 상사의 범법행위에 가담하지 않을 기대가능성의 유무

9-1 **[대판 80도306 전원합의체] [박정희대통령피격 사건**[6]**]** 공무원은 직무를 수행함에 있어서 소속 상관의 명백히 위법한 명령에 대해서까지 복종할 의무는 없을 뿐만 아니라, 중앙정보부직원은 상관의 명령에 절대 복종하여야 한다는 것이 불문율로 되어 있다는 점만으로는 이 사건에서와 같이 중대하고 명백한 위법명령에 따른 범법행위까지 **강요된 행위이거나 적법행위에 대한 기대가능성이 없는 경우에 해당한다고는 도저히 볼 수 없다.**

9-2 **[대판 87도2358] [박종철고문치사사건, 【28】 참조]** [1] 공무원이 그 직무를 수행함에 있어 상관은 하

---

6) **박정희대통령피격 사건**은 1979년 10월 26일에 대한민국의 중앙정보부 부장 김재규가 박선호, 박흥주 등과 함께 박정희 대통령과 차지철 경호실장을 암살한 사건이다. 보통 '10.26 사건'이라고도 부른다. 이 사건 이후 전두환을 중심으로 하는 신군부 세력이 12·12 사태를 일으켜 군부를 장악하게 되고 나아가 정권까지 장악하게 된다. 본 판례는 이 사건 때 김재규의 명령을 수행한 중정 부하들에 대한 범죄조각여부에 대한 부분이다. 당시 상황을 그린 영화 《남산의 부장들》도 제작·방영되었다. ko.wikipedia.org

관에 대하여 범죄행위 등 위법한 행위를 하도록 명령할 직권이 없는 것이고 하관은 소속 상관의 적법한 명령에 복종할 의무는 있으나 그 명령이 참고인으로 소환된 사람에게 가혹행위를 가하라는 등과 같이 **명백한 위법 내지 불법한 명령인 때에는 이는 벌써 직무상의 지시명령이라 할 수 없으므로 이에 따라야 할 의무는 없다.** [2] 설령 대공수사단 직원은 상관의 명령에 절대복종하여야 한다는 것이 불문률로 되어 있다 할지라도 국민의 기본권인 신체의 자유를 침해하는 고문행위 등이 금지되어 있는 우리의 국법질서에 비추어 볼때 그와 같은 불문률이 있다는 것만으로는 **고문치사와 같이 중대하고도 명백한 위법명령에 따른 행위**가 정당한 행위에 해당하거나 강요된 행위로서 적법행위에 대한 기대가능성이 없는 경우에 해당하게 되는 것이라고는 볼 수 없다.

9-3 [대판 82도2873] 피고인이 비서라는 특수신분 때문에 **주종관계**에 있는 공동피고인들의 지시를 거절할 수 없어 뇌물을 공여한 것이었다 하더라도 그와 같은 사정만으로는 피고인에게 뇌물공여 이외의 반대행위를 기대할 수 없는 경우였다고 볼 수 없다.

9-4 [대판 99도636] [**상관의 위법 명령**에 대한 하관의 복종의무 유무(소극)] 공무원이 그 직무를 수행함에 즈음하여 상관은 하관에 대하여 범죄행위 등 위법한 행위를 하도록 명령할 직권이 없는 것이며, 또한 하관은 소속상관의 적법한 명령에 복종할 의무는 있으나 그 명령이 대통령 선거를 앞두고 특정후보에 대하여 반대하는 여론을 조성할 목적으로 확인되지도 않은 허위의 사실을 담은 책자를 발간·배포하거나 기사를 게재하도록 하라는 것과 같이 명백히 위법 내지 불법한 명령인 때에는 이는 벌써 직무상의 지시명령이라 할 수 없으므로 이에 따라야 할 의무가 없다.

9-5 [대판 2007도1373] 직장 상사의 범법행위에 가담한 부하에 대하여 직무상 지휘·복종관계에 있다는 이유만으로 범법행위에 가담하지 않을 기대가능성이 없다고는 할 수 없다

10 [대판 80도141] 파기환송. 피고인들이 무장공비의 탈출시간으로 추정되는 1978.12.4. 24:00경까지 만4일 6시간동안 불과 3시간 또는 5시간의 수면을 취한 상태에서 2시간씩 교대로 수면을 취한 행위 자체에는 특단의 사정이 없는 한 **비난가능성이 있다고 단정할 수는 없는 것**이므로 원심판결은 이 점에 관하여 심리를 다하지 아니하고 판단하므로써 기대가능성에 관한 법리를 오해한 위법이 있어 논지는 이유 있다.

11 [대판 65도1164] 입학시험에 응시한 수험생으로서 자기 자신이 부정한 방법으로 탐지한 것이 아니고 우연한 기회에 미리 출제될 시험문제를 알게 되어 그에 대한 답을 암기하였을 경우 그 암기한 답에 해당된 문제가 출제되었다 하여도 위와 같은 경위로서 암기한 답을 그 입학시험 답안지에 기재하여서는 아니된다는 것을 그 일반 수험생에게 기대한다는 것은 **수험생들의 일반적 심리상태로 보아 도저히 불가능하다 할 것이다.**

*** 납북어민의 경우** 어민이 **일부러 어로한계선을 넘어서 어로 행위를 하다가 납북되었다면** 형법 제12조를 근거로 강요된 행위의 법리를 주장할 수 없으며(대판 70도2629), **북한지역으로 탈출하는 자**는 특별한 사정이 없는 한 북한집단구성원과의 회합이 있을 것이라는 사실을 예측할 수 있고 **자의로 북한에 탈출한 이상** 그 구성원과의 회합은 예측하였던 행위이므로 강요된 행위라고는 인정할 수 없다(대판 72도2585).

그러나 **어로 작업을 하다가 북한에 납북**된 피고인들이 북한에 대한 찬양 고무행위는 강요된 행위이며, 적법행위에 대한 기대가능성이 없다(대판 71도1304). 18세 소년이 취직할 수 있다는 감언에 속아 도일하여 조총련 간부들의 감시 내지 감금하에 강요에 못이겨 공산주의자가 되어 북한에 갈 것을 서약한 행위는 강요된 행위이다(대판 71도1178).

미수론

형법

[시행 2023. 8. 8.] [법률 제19582호, 2023. 8. 8., 일부개정]

제1편 총칙

제1장 형법의 적용범위

제1조(범죄의 성립과 처벌) ① 범죄의 성립과 처벌은 행위 시의 법률에 따른다. ② 범죄 후 법률이 변경되어 그 행위가 범죄를 구성하지 아니하게 되거나 형이 구법보다 가벼워진 경우에는 신법(新法)에 따른다. ③ 재판이 확정된 후 법률이 변경되어 그 행위가 범죄를 구성하지 아니하게 된 경우에는 형의 집행을 면제한다.

제2장 죄

제1절 죄의 성립과 형의 감면

제9조(형사미성년자) 14세되지 아니한 자의 행위는 벌하지 아니한다.

제10조(심신장애인) ① 심신장애로 인하여 사물을 변별할 능력이 없거나 의사를 결정할 능력이 없는 자의 행위는 벌하지 아니한다. ② 심신장애로 인하여 전항의 능력이 미약한 자의 행위는 형을 감경할 수 있다. ③ 위험의 발생을 예견하고 자의로 심신장애를 야기한 자의 행위에는 전2항의 규정을 적용하지 아니한다.

제2절 미수범

제25조(미수범) ① 범죄의 실행에 착수하여 행위를 종료하지 못하였거나 결과가 발생하지 아니한 때에는 미수범으로 처벌한다.

② 미수범의 형은 기수범보다 감경할 수 있다.

제26조(중지범) 범인이 실행에 착수한 행위를 자의(自意)로 중지하거나 그 행위로 인한 결과의 발생을 자의로 방지한 경우에는 형을 감경하거나 면제한다.

제27조(불능범) 실행의 수단 또는 대상의 착오로 인하여 결과의 발생이 불가능하더라도 위험성이 있는 때에는 처벌한다. 단, 형을 감경 또는 면제할 수 있다.

제28조(음모, 예비) 범죄의 음모 또는 예비행위가 실행의 착수에 이르지 아니한 때에는 법률에 특별한 규정이 없는 한 벌하지 아니한다.

제29조(미수범의 처벌) 미수범을 처벌할 죄는 각칙의 해당 죄에서 정한다.

제3절 공범

제30조(공동정범) 2인 이상이 공동하여 죄를 범한 때에는 각자를 그 죄의 정범으로 처벌한다.

제31조(교사범) ① 타인을 교사하여 죄를 범하게 한 자는 죄를 실행한 자와 동일한 형으로 처벌한다.

② 교사를 받은 자가 범죄의 실행을 승낙하고 실행의 착수에 이르지 아니한 때에는 교사자와 피교사자를 음모 또는 예비에 준하여 처벌한다.

③ 교사를 받은 자가 범죄의 실행을 승낙하지 아니한 때에도 교사자에 대하여는 전항과 같다.

제32조(종범) ① 타인의 범죄를 방조한 자는 종범으로 처벌한다.

② 종범의 형은 정범의 형보다 감경한다.

제33조(공범과 신분) 신분이 있어야 성립되는 범죄에 신분 없는 사람이 가담한 경우에는 그 신분 없는 사람에게도 제30조부터 제32조까지의 규정을 적용한다. 다만, 신분 때문에 형의 경중이 달라지는 경우에 신분이 없는 사람은 무거운 형으로 벌하지 아니한다.

제34조(간접정범, 특수한 교사, 방조에 대한 형의 가중) ① 어느 행위로 인하여 처벌되지 아니하는 자 또는 과실범으로 처벌되는 자를 교사 또는 방조하여 범죄행위의 결과를 발생하게 한 자는 교사 또는 방조의 예에 의하여 처벌한다.

② 자기의 지휘, 감독을 받는 자를 교사 또는 방조하여 전항의 결과를 발생하게 한 자는 교사인 때에는 정범에 정한 형의 장기 또는 다액에 그 2분의 1까지 가중하고 방조인 때에는 정범의 형으로 처벌한다.

제4절 누범

제35조(누범) ① 금고(禁錮) 이상의 형을 선고받아 그 집행이 종료되거나 면제된 후 3년 내에 금고 이상에 해당하는 죄를 지은 사람은 누범으로 처벌한다.

② 누범의 형은 그 죄에 대하여 정한 형의 장기의 2배까지 가중한다.

40 실행의 착수시기의 실질적 판단

* 대법원 2009. 9. 24. 선고 2009도5595 판결
* 참조조문: 형법 제25조,[1] 제329조[2]

절도죄에서 실행의 착수시점

●**사실**● 피고인 X는 야간에 소지하고 있던 손전등과 노상에서 주운 박스 포장용 노끈을 이용하여 노상에 주차된 차량의 문을 열고 그 안에 들어있는 현금 등을 절취할 것을 마음먹고 대상을 물색하기 위해 돌아다니다가 승합차량을 발견하였다. X는 먼저 차량의 문이 잠겨 있는지 확인하기 위해 양손으로 **운전석 문의 손잡이를 잡고 열려고 하던 중** 순찰중인 경찰관에게 발각되어 멈추었다.

원심은 X의 행위가 아직 차량 소유자의 재물에 대한 사실상의 지배를 침해하는 데에 **밀접한 행위에 이르지 못했다**고 보아 죄의 성립을 인정하지 않았다. 이에 검사가 상고하였다.

●**판지**● **파기환송.**「야간에 손전등과 박스 포장용 노끈을 이용하여 도로에 주차된 차량의 문을 열고 현금 등을 훔치기로 마음먹고, 차량의 문이 잠겨 있는지 확인하기 위해 양손으로 운전석 문의 손잡이를 잡고 열려고 하던 중 경찰관에게 발각된 사안에서, 절도죄의 **실행에 착수한 것으로 보아야 한다**」.

●**해설**● 1 범행의 실현단계를 도식적으로 설정하면 범행의 결의 → 범행의 준비(예비·음모) → 실행의 착수 → 구성요건적 결과발생(기수) → 종료로 진행된다. 여기서 미수란 범죄의 실행에 착수하여 범죄행위를 종료하지 못하였거나(**착수미수**), 범죄행위는 종료하였지만 결과가 발생하지 않은 경우를 말한다(**실행미수**). 미수범이 성립하기 위해서는 ① 고의(기수의 고의)[3]와 ② 실행의 착수 ③ 범죄의 미완성이라는 세 가지 요건이 필요하다. 여기서 실행의 착수시기는 **구성요건이 예정한 구체적(현실적)위험이 발생한 시점**이다. 실행의 착수 시부터 비로소 범죄행위가 시작된다고 볼 수 있다. 실행의 착수는 원칙적 불가벌인 예비·음모와 가벌적 미수를 구별하는 기준이 된다. 이와 같이, 실행의 착수는 처벌의 유무를 나누는 분수령이 되기 때문에, 어느 시점에 실행의 착수를 인정할지는 실무상으로도 지극히 중요한 의미를 가진다.

2 사안의 경우, 절도의 고의를 가진 X가 타인 차량의 운전석 손잡이를 잡고 열려고 하던 중에 발각된 상황에서 X의 행위가 가벌의 영역에 있는 미수인지 아니면 불가벌인 예비에 그치는지가 다투어졌다. 절도죄의 실행의 착수시기는 재물에 대한 타인의 사실상의 지배를 침해하는데 **밀접한 행위**가 개시된 때이다(대판 86도2256).

3 원심은 X가 아직 실행의 착수에 들어가지 못한 것으로 판단하였으나 대법원은 달리 판단하고 있다. 먼저 원심은 야간에 노상에 주차된 차량은 통상 잠금장치가 되어 있을 가능성이 농후하므로 그 차량 안

---

1) 형법 제25조(미수범) ① 범죄의 **실행에 착수**하여 행위를 종료하지 못하였거나 결과가 발생하지 아니한 때에는 미수범으로 처벌한다. ② 미수범의 형은 기수범보다 감경할 수 있다.

2) 형법 제329조(절도) 타인의 재물을 절취한 자는 6년 이하의 징역 또는 1천만원 이하의 벌금에 처한다.

3) 따라서 **과실범의 미수**는 있을 수 없고, **'미수의 고의'**를 가지고 범행하는 **함정수사**(agent provocateure)는 여기에 해당하지 않는다.

에 들어있는 물건 등을 훔치기 위해서는 그 잠금장치 등을 해제하고 들어가야 하는데 이러한 잠금장치를 해제하는 것이 용이하지 않다는 점을 감안하고 있다.

4 원심은 이런 상황에서 차량의 문이 잠겨 있는지 확인하기 위해 양손으로 운전석 문의 손잡이를 잡고 열려고 하던 중 순찰중인 경찰관에게 발각되어 멈춘 행위만으로는 위 차량 안의 재물에 대한 소유자의 사실상의 지배를 침해하는 데에 밀접한 행위를 하였다고는 보기 어려운 것으로 판단하여 절도죄가 성립을 인정하지 않았다. 하지만 대법원은 피해자의 사실상의 지배를 침해하는 데에 **밀접한 행위가 개시된 것**으로 보아 절도죄의 실행에 착수한 것으로 판단하였다(Ref 1－1, 2).

5 '실행의 착수'의 의미와 그 구체적 판단기준과 관련해서는 (a) 행위자의 객관적 행위만을 기준으로 실행의 착수시기를 정하는 **객관설**(객관설은 다시 구성요건에 해당하는 행위를 시작했을 때를 실행의 착수시기로 파악하는 ① **형식적 객관설**과 형식적 객관설을 완화하여 형식적으로는 구성요건에 해당하는 행위가 아니더라도 실질적으로 실행행위로서의 위험성을 가지고 있으면 실행의 착수를 인정하는 ② **실질적 객관설**로 나뉜다). 그리고 (b) 행위자의 의사를 기준으로 하여 실행의 착수시기를 정하는 **주관설**과 (c) 행위자의 범행계획에 따라 법익침해행위가 직접적으로 개시되었을 때 실행의 착수를 인정하는 **주관적 객관설(절충설)**이 있다. 주관적 객관설에 의하면 행위자의 **범행계획 여하**에 따라 외형상으로는 동일한 행위라고 하더라도 그 의미가 달라질 수 있다.[4]

6 실행의 착수시기는 **구성요건이 예정한 구체적(현실적)위험이 발생한 시점**이다. 실행행위를 규범적·실질적으로 이해한다면 착수를 반드시 형식적인 실행행위 시로 인정할 필요는 없을 것이라 생각한다. 다만 **구체적 위험성**이라는 기준은 이념적·추상적이고 이론적 설명에 지나지 않을 뿐, 미수범 처벌범위 확정의 구체적 기준으로서의 유용성이 결여된 측면이 있다. 죄형법정주의의 요청으로 보아도 우선 형식적인 실행행위를 기점으로 생각할 필요가 있다.

7 판례는 **범죄에 따라** 실행의 착수시기에 대한 **기준을 달리**한다. ① 절도죄의 경우는 밀접행위설(실질적 객관설)을 취한다. **밀접행위설**이란 실행행위와 밀접한 행위를 하여야 실행의 착수가 인정된다고 보는 학설이다. 다만 대법원은 구체적 타당성을 살리기 위하여 절도의 밀접행위시기를 사안별로 달리 판단하고 있다(Ref 2). ② 한편 판례는 간첩죄(대판 69도1606)와 관세포탈죄(대판 84도832)에서는 **주관설**을 적용하고 있다.

8 실행의 착수와 공모관계의 이탈 실행의 착수 시점은 공동정범의 책임판단에서도 중요한 의미를 가진다. 판례는 (1) 공모자 중의 1인이 다른 공모자가 실행에 착수하기 전에 공모관계에서 이탈한 경우에는 이탈한 이후의 다른 공모자가 실행한 행위에 대하여 공동정범으로서의 책임을 지지 아니하지만, (2) 다른 공모자가 이미 실행에 착수한 이후에는 그 공모관계에서 이탈하였다고 하더라도 공동정범으로서의 책임을 면할 수 없다고 본다(대판 83도2941, 【48】 참조).

---

4) 주관적 객관설(개별적 객관설)은 **독일 형법 제22조**의 내용이기도 하다. "행위자의 행위에 대한 표상(表象)에 따를 때 구성요건의 실현을 직접적으로 개시한 자는 미수에 이른 것이다." 우리의 경우도 현재 많은 학자가 주관적 객관설의 관점에서 실행의 착수 여부를 판단하고 있다.

Reference 1

대상판결과 비교해 볼 판례

1-1 **[대판 85도464]** 노상에 세워 놓은 자동차 안에 있는 물건을 훔칠 생각으로 자동차의 유리창을 통하여 그 **내부를 손전등으로 비추어 본 것**에 불과하다면 비록 유리창을 따기 위해 면장갑을 끼고 있었고 칼을 소지하고 있었다 하더라도 **절도의 예비행위로 볼 수는 있겠으나** 타인의 재물에 대한 지배를 침해하는데 밀접한 행위를 한 것이라고는 볼 수 없어 **절취행위의 착수에 이른 것이었다고 볼 수 없다.**

1-2 **[비교판례] [대판 86도2256]** 절도죄의 실행의 착수 시기는 재물에 대한 타인의 사실상의 지배를 침해하는데 밀접한 행위가 개시된 때라 할 것인바 피해자 소유 자동차 안에 들어 있는 **밍크코트를 발견**하고 이를 절취할 생각으로 공범이 위 차 옆에서 망을 보는 사이 위 차 오른쪽 앞문을 열려고 **앞문손잡이를 잡아당기**다가 피해자에게 발각되었다면 **절도의 실행에 착수하였다고 봄이 상당**하다.

Reference 2 **【개별범죄에 있어서 실행의 착수시기】**

절도죄(법329)에서의 실행의 착수시기

○ 절도죄에 있어 실행의 착수가 **인정**된 경우

1 **[대판 2003도1985]** 파기환송. [주간에 절도의 목적으로 타인의 주거에 침입한 경우, 절도죄의 실행의 착수시기] [1] 야간이 아닌 **주간에** 절도의 목적으로 다른 사람의 주거에 침입하여 절취할 재물의 **물색행위를 시작하는 등** 그에 대한 사실상의 지배를 침해하는 데에 밀접한 행위를 개시하면 절도죄의 실행에 착수한 것으로 보아야 한다. [2] **주간에** 절도의 목적으로 **방 안까지 들어갔다**가 절취할 재물을 찾지 못하여 거실로 돌아나온 경우, 절도죄의 실행 착수가 인정된다. **cf)** 아래 [대판 92도1650]과 비교. 원심은 피고인이 피해자의 집에 들어가 재물을 물색하기 시작하였다고 인정하기에 부족하고 달리 절도범행의 실행에 착수하였다고 인정할 증거가 없으므로 범죄의 증명이 없는 경우에 해당한다고 하여 무죄로 판단하였다.

2 **[대판 89도1153]** 범인들이 함께 담을 넘어 마당에 들어가 그 중 1명이 그곳에 있는 구리를 찾기 위하여 **담에 붙어 걸어가다가 잡혔다**면 절취대상품에 대한 물색행위가 없었다고 할 수 없다.

3-1 **[대판 84도2524]** 소매치기의 경우 피해자의 양복상의 주머니로부터 금품을 절취하려고 그 **호주머니에 손을 뻗쳐 그 겉을 더듬은 때**에는 절도의 범행은 예비단계를 지나 실행에 착수하였다고 봄이 상당하다.

3-2 **[대판 86도2090]** 소매치기가 피해자의 **주머니에 손을 넣어** 금품을 절취하려 한 경우 비록 그 주머니 속에 금품이 들어있지 않았었다 하더라도 위 소위는 절도라는 결과발생의 위험성을 충분히 내포하고 있으므로 이는 절도미수에 해당한다.

4 **[대판 83도2432]** 금품을 절취하기 위하여 고속버스 선반 위에 놓여진 **손가방의 한쪽 걸쇠만 열었다** 하여도 절도범행의 실행에 착수하였다 할 것이다.

5 [대판 66도383] 피고인은 1965.9.9. 오전 11시경, 피해자에 침입하여, 동가 응접실 책상 위에 놓여있던 라디오 1대를, 훔치려고 동 **라디오 선을 건드리다 피해자에게 발견**되어, 절취의 목적을 달성치 못하였다는 것이므로, 위와 같은 라디오 선을 건드리려고 하는 행위는 본건 라디오에 대한 사실상의 지배를 침해하는데, 밀접한 행위라 할 수 있으므로, 원심이 본건을 절도미수죄로 처단하였음은 정당하다.

○ 절도죄에 있어 실행의 착수가 **부정**된 경우

6 [대판 92도1650] 파기환송. ●**판지**● 절도죄의 실행의 착수 시기는 재물에 대한 타인의 사실상의 지배를 침해하는 데에 밀접한 행위를 개시한 때라고 보아야 하므로, **야간이 아닌 주간**에 절도의 목적으로 타인의 **주거에 침입**하였다고 하여도 아직 절취할 물건의 **물색행위를 시작하기 전**이라면 주거침입죄만 성립할뿐 절도죄의 실행에 착수한 것으로 볼 수 없는 것이어서 절도미수죄는 성립하지 않는다. ●**전문**● 원심이 인정한 피고인의 범행내용은 피고인이 1991. 12. 18. 11:20경 금품을 절취할 의도로 피해자의 집에 침입하여 계단을 통해 그 집 3층으로 올라갔다가 마침 2층에서 3층 옥상에 빨래를 널기 위하여 올라가던 피해자를 만나자 사람을 찾는 것처럼 가장하여 피해자에게 최창도라는 사람이 사느냐고 물어 피해자가 없다고 대답하자 알았다며 계단으로 내려갔다가 피해자가 옥상에 올라가 빨래를 널고 있는 틈을 이용하여 그 집 2층 부엌을 통해 방으로 들어가 절취할 금품을 물색중 옥상에서 내려온 피해자에게 발각되어 그 뜻을 이루지 못하고 미수에 그쳤다는 것이다. 그러나 기록에 의하면 피고인은 방안에 들어간 사실조차 극구 부인하고 있는바, 원심이 증거로 채용한 피해자의 1심증언에 의하면 피해자가 옥상에 빨래를 널고 2층으로 내려와 방으로 통하는 부엌 앞에 이르렀을 때에 **피고인이 신발을 신은 채 방안에서 뛰어 나오는 것**을 보았다는 것이어서 피고인이 방안에 침입한 것은 인정되나, 방안에 들어가 절취할 물건의 물색행위에 까지 나간 것인지의 여부는 분명하지 않다. 피고인이 방안에 들어간 때로부터 피해자에게 발각될 때까지 물색행위를 할 만한 충분한 시간이 경과하였다면 절도목적으로 침입한 이상 물색행위를 하였을 것으로 보아도 무방하지만, 그럴만한 시간적 여유가 없었다면 피고인이 방안에서 뛰어 나온 것만 가지고 절취할 물건을 물색하다가 뛰어나온 것으로 단정할 수는 없을 것이다. 원심이 이 점에 관하여 좀더 밝혀보지 않은 채 위 증인의 증언만으로 만연히 피고인이 절취할 금품을 물색중 발각되어 미수에 그친 것으로 인정한 것은 증거의 가치판단을 그르치고 심리를 다하지 아니하여 판결에 영향을 미친 위법을 저지른 것이다.

7 [대판 88도1165] 피해자의 집 부엌문에 시정된 **열쇠고리의 장식을 뜯는 행위**만으로는 절도죄의 실행행위에 착수한 것이라고 볼 수 없다.

8 [대판 86도1109] 소를 흥정하고 있는 피해자의 뒤에 접근하여 그가 들고 있던 가방으로 돈이 들어 있는 피해자의 **하의 왼쪽 주머니를 스치면서 지나간 행위**는 단지 피해자의 주의력을 흐트려 주머니 속에 들은 금원을 절취하기 위한 예비단계의 행위에 불과한 것이고 이로써 실행의 착수에 이른 것이라고는 볼 수 없다.

9 [대판 82도2944] 평소 잘 아는 피해자에게 전화채권을 사주겠다고 하면서 **골목길로 유인하여 돈을 절취하려고 기회를 엿본 행위**만으로는 절도의 예비행위는 될지언정 행위의 방법, 태양 및 주변상황 등에 비추어 볼 때 타인의 재물에 대한 사실상 지배를 침해하는데 밀접한 행위가 개시되었다고 단정할 수 없다.

○ **야간주거침입절도죄**(법330[5])에서의 실행의 착수시기

10 [대판 2006도2824] 파기환송. 야간에 타인의 재물을 절취할 목적으로 사람의 주거에 침입한 경우에는 주거에 침입한 단계에서 이미 형법 제330조에서 규정한 야간주거침입절도죄라는 범죄행위의 실행에 착수한 것이라고 보아야 한다. …… 원심 판시와 같이 **출입문이 열려 있으면 안으로 들어가겠다는 의사 아래 출입문을 당겨보는 행위**는 바로 주거의 사실상의 평온을 침해할 객관적인 위험성을 포함하는 행위를 한 것으로 볼 수 있어 그것으로 주거침입의 실행에 착수가 있었고, 단지 그 출입문이 잠겨 있었다는 외부적 장애요소로 인하여 뜻을 이루지 못한 데 불과하다 할 것이다. 이와 달리 판시한 원심판결에는 야간주거침입절도죄에 관한 법리를 오해한 위법이 있다.

11 [대판 2003도4417] 파기환송. [1] 야간에 타인의 재물을 절취할 목적으로 사람의 주거에 침입한 경우에는 **주거에 침입한 단계에서 이미** 형법 제330조에서 규정한 야간주거침입절도죄라는 범죄행위의 실행에 착수한 것이라고 보아야 하며, 주거침입죄의 경우 주거침입의 범의로써 예컨대, 주거로 들어가는 문의 시정장치를 부수거나 문을 여는 등 침입을 위한 구체적 행위를 시작하였다면 주거침입죄의 실행의 착수는 있었다고 보아야 한다. [2] **야간에** 아파트에 침입하여 물건을 훔칠 의도 하에 **아파트의 베란다 철제난간까지 올라가 유리창문을 열려고 시도**하였다면 야간주거침입절도죄의 실행에 착수한 것으로 보아야 한다. **cf)** 원심은 피고인이 위 아파트 1909동의 1층 베란다 난간을 이용하여 2층 202호 베란다 난간을 잡고 미리 준비한 소형손전등을 202호 창문에 비추면서 창문이 잠겨져 있는지를 살피던 중 위 아파트 경비원 김○정에게 발각되었을 뿐(피고인이 손으로 난간을 잡고 202호 뒤쪽 베란다로 이미 올라갔다는 공소사실 부분은 이를 인정할 증거가 부족하다)이므로, 이러한 피고인의 행위만으로는 **야간주거침입절도죄의 예비단계에 불과**할 뿐, 나아가 피고인이 위 202호 주거에 침입하기 위한 구체적인 행위를 시작하여 야간주거침입절도죄의 실행에 착수하였다고 단정할 수는 없다고 판단하여 위 공소사실에 대하여 무죄를 선고한 제1심의 결론을 그대로 유지하였다.

○ **특수절도죄**(법331[6])에서의 실행의 착수시기

12 [대판 2009도9667] 2인 이상이 합동하여 **야간이 아닌 '주간'**에 절도의 목적으로 타인의 주거에 침입하였다 하여도 아직 절취할 물건의 **물색행위를 시작하기 전이라면** 특수절도죄의 실행에는 착수한 것으로 볼 수 없는 것이어서 그 미수죄가 성립하지 않는다.

13 [대판 2009도14554] [피고인이 아파트 신축공사 현장 안에 있는 건축자재 등을 훔칠 생각으로 공범과 함께 위 공사현장 안으로 들어간 후 창문을 통하여 신축 중인 아파트의 지하실 안쪽을 살핀 행위가 특수절도죄의 실행의 착수에 해당하지 않는다고 한 사례] 피고인이 이 사건 공사현장 안에 있는 건축자재 등을 훔칠 생각으로 성명불상의 공범과 함께 마스크를 착용하고 위 공사현장 안으로 들어간 후 창문을 통하

5) 형법 제330조(야간주거침입절도) 야간에 사람의 주거, 관리하는 건조물, 선박, 항공기 또는 점유하는 방실에 침입하여 타인의 재물을 절취한 자는 10년 이하의 징역에 처한다.

6) 형법 제331조(특수절도) ① 야간에 문이나 담 그 밖의 건조물의 일부를 손괴하고 제330조의 장소에 침입하여 타인의 재물을 절취한 자는 1년 이상 10년 이하의 징역에 처한다. ② 흉기를 휴대하거나 2명 이상이 합동하여 타인의 재물을 절취한 자도 제1항의 형에 처한다.

여 건축 중인 아파트의 지하실 안쪽을 살폈을 뿐이고 나아가 위 지하실에까지 침입하였다거나 훔칠 물건을 물색하던 중 동파이프를 발견하고 그에 접근하였다는 등의 사실을 인정할 만한 증거가 없는 이상, 비록 피고인이 창문으로 살펴보고 있었던 지하실에 실제로 값비싼 동파이프가 보관되어 있었다고 하더라도 피고인의 위 행위를 위 지하실에 놓여있던 동파이프에 대한 피해자의 사실상의 지배를 침해하는 밀접한 행위라고 볼 수 없다고 판단하여, 이 부분 특수절도미수 공소사실을 유죄로 인정한 제1심판결을 파기하고 이 부분에 대하여 무죄를 선고하였다.

14-1 **[대판 86도1273]** **야간에** 절도의 목적으로 출입문에 장치된 **자물통 고리를 절단**하고 출입문을 손괴한 뒤 집안으로 침입하려다가 발각된 것이라면 이는 특수절도죄의 실행에 착수한 것이다.

14-2 **[대판 2004도4505]** [형법 제331조 제1항에 정한 문호 또는 장벽 기타 건조물의 일부를 손괴한 경우에 해당한다고 한 사례] [1] 형법 제331조 제1항에 정한 '문호 또는 장벽 기타 건조물의 일부'라 함은 주거 등에 대한 침입을 방지하기 위하여 설치된 일체의 위장시설(圍障施設)을 말하고, '손괴'라 함은 물리적으로 위와 같은 위장시설을 훼손하여 그 효용을 상실시키는 것을 말한다. [2] **야간에** 불이 꺼져 있는 상점의 출입문을 손으로 열어보려고 하였으나 출입문의 하단에 부착되어 있던 잠금 고리가 잠겨져 있어 열리지 않았는데, 출입문을 발로 걷어차자 잠금 고리의 아래쪽 부착 부분이 출입문에서 떨어져 출입문과의 사이가 뜨게 되면서 출입문이 열려 상점 안으로 침입하여 재물을 절취하였다면, 이는 물리적으로 위장시설을 훼손하여 그 효용을 상실시키는 행위에 해당한다.

15 **[대판 86도843]** 두 사람이 공모 합동하여 타인의 재물을 절취하려고 한 사람은 망을 보고 또 한 사람은 기구를 가지고 출입문의 자물쇠를 떼어내거나 출입문의 환기창문을 열었다면 특수절도죄의 실행에 착수한 것이다.

현주건조물방화죄(법164)에서의 실행의 착수시기

16 **[대판 2001도6641]** [1] 피고인이 방화의 의사로 뿌린 휘발유가 인화성이 강한 상태로 주택주변과 피해자의 몸에 적지 않게 살포되어 있는 사정을 알면서도 라이터를 켜 불꽃을 일으킴으로써 **피해자의 몸에 불이 붙은 경우,** 비록 외부적 사정에 의하여 불이 **방화 목적물인 주택 자체에 옮겨 붙지는 아니하였다 하더라도 현존건조물방화죄의 실행의 착수가 있었다고 봄이 상당**하다. [2] 매개물을 통한 점화에 의하여 건조물을 소훼함을 내용으로 하는 형태의 방화죄의 경우에, 범인이 그 매개물에 불을 켜서 붙였거나 또는 범인의 행위로 인하여 매개물에 불이 붙게 됨으로써 연소작용이 계속될 수 있는 상태에 이르렀다면, 그것이 곧바로 진화되는 등의 사정으로 인하여 목적물인 건조물 자체에는 불이 옮겨 붙지 못하였다고 하더라도, 방화죄의 실행의 착수가 있었다고 보아야 할 것이고, 구체적인 사건에 있어서 이러한 실행의 착수가 있었는지 여부는 범행 당시 피고인의 의사 내지 인식, 범행의 방법과 태양, 범행 현장 및 주변의 상황, 매개물의 종류와 성질 등의 제반 사정을 종합적으로 고려하여 판단하여야 한다. cf) 사안은 현존건조물이 아니라 **매개물에 불이 붙은 경우에도 현존건조물방화죄의 실행의 착수를 인정**한 판결이다.

살인죄(법250)에서의 실행의 착수시기

17 [대판 90도1149] 피고인이 원심 상피고인에게 피해자를 **살해하라고 하면서 준 원비-디 병에 성인 남자를 죽게 하기에 족한 용량의 농약이 들어 있었고,** 또 피고인이 피해자 소유 승용차의 브레이크호스를 잘라 브레이크액을 유출시켜 주된 제동기능을 완전히 상실시킴으로써 그 때문에 피해자가 그 자동차를 몰고 가다가 반대차선의 자동차와의 충돌을 피하기 위하여 브레이크 페달을 밟았으나 전혀 제동이 되지 아니하여 사이드브레이크를 잡아당김과 동시에 인도에 부딪치게 함으로써 겨우 위기를 모면하였다면 피고인의 위 행위는 어느 것이나 사망의 결과발생에 대한 위험성을 배제할 수 없다 할 것이므로 각 살인미수죄를 구성한다. cf) 판례는 중간전달자에게 독이 든 원비-디 병을 교부하는 시점에서부터 실행의 착수를 인정하고 있다.

18 [대판 85도2773] 피고인이 격분하여 피해자를 살해할 것을 마음먹고 밖으로 나가 낫을 들고 피해자에게 다가서려고 하였으나 제3자 이를 제지하여 그 틈을 타서 피해자가 도망함으로써 살인의 목적을 이루지 못한 경우, 피고인이 **낫을 들고 피해자에게 접근**함으로써 살인의 실행행위에 착수하였다고 할 것이므로 이는 살인미수에 해당한다.

19 [대판 4289형상217] 실행의 착수는 **범인의 결정적 범의의 표현이 범죄구성요건의 실현단계에 돌입 하는 순간에 있다 할 것**이고 만연히 범죄결과의 발생에 대한 밀접한 행위 또는 일반적 위험성 있는 행위가 있을 때 그 착수가 있다고 할 수 없다. 따라서 중앙청내 개천절 경축식장에서 수류탄을 투척하여 이대통령을 살해할 목적으로 갑이 사직공원에서 실행담당자인 을, 병에게 수류탄 2개를 교부하였다 해도 이를 범죄실행의 착수로는 볼 수 없다.

강간죄(법297)에서의 실행의 착수시기

20 [대판 2020도17796] 파기환송. [주거침입강제추행죄 및 주거침입강간죄 등이 주거침입죄를 범한 후에 사람을 강간하는 등의 행위를 하여야 하는 일종의 **신분범인지 여부**(적극) 및 그 **실행의 착수시기**(=주거침입 행위 후 강간죄 등의 실행행위에 나아간 때)] ●**사실**● 피고인이 2019. 12. 3. 21:48경 주점에서 술을 마시던 중 피고인을 남자화장실 앞까지 부축해 준 피해자 공소외인(여, 20세)을 건조물인 위 주점 여자화장실로 끌고 가 용변 칸으로 밀어 넣은 후, 피고인의 성기를 피해자의 구강에 넣으려고 하고 피고인의 손가락을 피해자의 성기에 넣으려고 하였으나 그 뜻을 이루지 못하고 미수에 그쳤다. 원심은, 그 판시와 같이 피고인이 주점의 여자화장실에 들어감으로써 주거침입죄를 범한 사람에 해당한다고 보아 위 공소사실을 유죄로 판단하였다(성폭력처벌법위반(주거침입유사강간)). ●**판지**● [1] 주거침입강제추행죄 및 주거침입강간죄 등은 사람의 주거 등을 침입한 자가 피해자를 간음, 강제추행 등 성폭력을 행사한 경우에 성립하는 것으로서, 주거침입죄를 범한 후에 사람을 강간하는 등의 행위를 하여야 하는 일종의 **신분범**이고, 선후가 바뀌어 강간죄 등을 범한 자가 그 피해자의 주거에 침입한 경우에는 이에 해당하지 않고 강간죄 등과 주거침입죄 등의 실체적 경합범이 된다. 그 **실행의 착수시기**는 주거침입 행위 후 강간죄 등의 실행행위에 나아간 때이다. [2] 강간죄는 사람을 강간하기 위하여 피해자의 항거를 불능하게 하거나 현저히 곤란하게 할 정도의 폭행 또는 협박을 개시한 때에 그 실행의 착수가 있다고 보아야 할 것이지, 실제 간음행위가 시작되어야만 그 실행의

착수가 있다고 볼 것은 아니다. **유사강간죄의 경우도 이와 같다.** [3] 성폭력처벌법위반(주거침입유사강간)죄는 먼저 주거침입죄를 범한 후 유사강간 행위에 나아갈 때 비로소 성립되는데, 피고인은 여자화장실에 들어가기 전에 이미 유사강간죄의 실행행위를 착수하였다. 결국 피고인이 그 실행행위에 착수할 때에는 성폭력처벌법위반(주거침입유사강간)죄를 범할 수 있는 지위 즉, **'주거침입죄를 범한 자'에 해당되지 아니한다.**

21 [대판 2000도1253] 파기환송. [강간죄는 부녀를 간음하기 위하여 피해자의 항거를 불능하게 하거나 현저히 곤란하게 할 정도의 폭행 또는 협박을 개시한 때에 그 실행의 착수가 있다고 보아야 할 것이고, 실제로 그와 같은 폭행 또는 협박에 의하여 피해자의 항거가 불능하게 되거나 현저히 곤란하게 되어야만 실행의 착수가 있다고 볼 것은 아니다] 피고인은 침대에서 일어나 나가려는 피해자의 팔을 낚아채어 일어나지 못하게 하고, 갑자기 입술을 빨고 계속하여 저항하는 피해자의 유방과 엉덩이를 만지면서 피해자의 팬티를 벗기려고 하였다는 것인바, 위와 같은 사실관계라면 피고인은 피해자의 의사에 반하여 **피해자의 반항을 억압하거나 현저하게 곤란하게 할 정도의 유형력의 행사를 개시하였다고 보아야 할 것**이고, 당시 피고인이 술에 많이 취하여 있어 피해자가 마음대로 할 수 있었다고 생각하였다거나 **피해자가 피고인을 뿌리치고 동생 방으로 건너갔다고 하더라도** 이러한 사정은 피고인이 술에 취하여 실제로 피해자의 항거를 불능하게 하거나 현저히 곤란하게 하지 못하여 강간죄의 실행행위를 종료하지 못한 것에 불과한 것이지, 피고인이 강간죄의 실행에 착수하였다고 판단하는 데 장애가 되는 것은 아니다. **cf)** 본 판례는 행위자의 폭행 · 협박에 의하여 피해자가 실제로 항거불능하게 되거나 항거가 현저히 곤란한 상황에 이르러야만 실행의 착수가 인정되는 것은 아님을 보여주고 있다. 하지만 대상판결과 유사한 10년 전 판결인 아래의 [대판 90도607]에서는 실행의 착수를 부정하고 있다[7].

22 [대판 99도5187] 피고인이 잠을 자고 있는 피해자의 옷을 벗긴 후 자신의 바지를 내린 상태에서 피해자의 음부 등을 만지고 자신의 성기를 피해자의 음부에 삽입하려고 하였으나 피해자가 몸을 뒤척이고 비트는 등 잠에서 깨어 거부하는 듯한 기색을 보이자 더 이상 간음행위에 나아가는 것을 포기한 경우, 준강간죄의 실행에 착수하였다.

23 [대판 91도288] 피고인이 간음할 목적으로 새벽 4시에 여자 혼자 있는 방문 앞에 가서 피해자가 방문을 열어 주지 않으면 부수고 들어갈 듯한 기세로 방문을 두드리고 피해자가 위험을 느끼고 창문에 걸터 앉아 가까이 오면 뛰어 내리겠다고 하는데도 베란다를 통하여 **창문으로 침입하려고 하였다면** 강간의 수단으로서의 폭행에 착수하였다고 할 수 있으므로 강간의 착수가 있었다고 할 것이다. **cf)** 사안의 경우, 강간의 실행에 착수한 이상 그 수단이 된 폭행 · 협박으로 피해자가 상해를 입었으면 인과관계가 인정되고 강간치상죄(법301)가 성립하게 된다.

24 [대판 90도607] 파기환송. 강간죄의 실행의 착수가 있었다고 하려면 강간의 수단으로서 폭행이나 협박을 한 사실이 있어야 할 터인데 피고인이 강간할 목적으로 피해자의 집에 침입하였다 하더라도 안방에 들어가 누워 자고 있는 **피해자의 가슴과 엉덩이를 만지면서 간음을 기도하였다는 사실만으로는 강간의 수단으로 피해자에게 폭행이나 협박을 개시하였다고 하기는 어렵다.**

---

7) 이 판례에 대해서는 한정환, 실행의 착수시기, 형법판례 150선, 90－91면 참조.

25 **[대판 83도323]** 피고인이 피해자가 자동차에서 내릴 수 없는 상태에 있음을 이용하여 강간하려고 결의하고, 주행 중인 자동차에서 탈출불가능하게 하여 외포케 하고 50㎞를 운행하여 여관 앞까지 강제연행한 후 강간하려다 미수에 그친 경우 위 협박은 **감금죄의 실행의 착수임과 동시에 강간미수죄의 실행의 착수**라고 할 것이다.

강제추행죄(법298)에서의 실행의 착수시기

'폭행 · 협박 선행형'에서의 실행의 착수시기

26 **[대판 2018도13877 전원합의체[8]]** 파기환송. ●**사실**● 피고인은 2014. 8. 15. 19:23경 피고인의 주거지 방안에서 4촌 친족관계인 피해자(여, 15세)에게 "내 것 좀 만져줄 수 있느냐?"며 피해자의 왼손을 잡아 피고인의 성기 쪽으로 끌어당겼으나 피해자가 이를 거부하며 일어나 집에 가겠다고 하자, "한 번만 안아줄 수 있느냐?"며 피해자를 양팔로 끌어안은 다음 피해자를 침대에 쓰러뜨려 피해자 위에 올라타 반항하지 못하게 한 후, 피해자에게 "가슴을 만져도 되느냐?"며 피고인의 오른손을 피해자의 상의 티셔츠 속으로 집어넣어 속옷을 걷어 올려 왼쪽 가슴을 약 30초 동안 만지고 피해자를 끌어안고 자세를 바꾸어 피해자가 피고인의 몸에 수차례 닿게 하였으며, "이러면 안 된다. 이러면 큰일 난다."며 팔을 풀어줄 것을 요구하고 방문을 나가려는 피해자를 뒤따라가 약 1분 동안 끌어안아 피해자를 강제로 추행하였다. 이에 원심은 다음과 같은 사정을 들어 피고인의 행위가 피해자의 항거를 곤란하게 할 정도의 폭행 또는 협박에 해당하지 않는다는 등의 이유로, 주위적 공소사실을 무죄로 판단하였다. 피고인이 한 "만져달라", "안아봐도 되냐"는 등의 말은 객관적으로 피해자에게 아무런 저항을 할 수 없을 정도의 공포심을 느끼게 하는 말이라고 보기 어렵다. 피고인이 위와 같은 말을 하면서 피해자를 침대에 눕히거나 양팔로 끌어안은 행위 등을 할 때 피해자가 아무런 저항을 하지 않았다는 것이어서 피고인의 물리적인 힘의 행사정도가 피해자의 저항을 곤란하게 할 정도였다고도 단정할 수 없다. ●**판지**● 강제추행죄의 '폭행 또는 협박'은 상대방의 항거를 곤란하게 할 정도로 강력할 것이 요구되지 아니하고, 상대방의 신체에 대하여 불법한 유형력을 행사(폭행)하거나 **일반적으로 보아 상대방으로 하여금 공포심을 일으킬 수 있는 정도**의 해악을 고지(협박)하는 것이라고 보아야 한다. ●**해설**● 대상판결의 의의는 **폭행 · 협박 선행형**의 강제추행죄에서 '폭행 또는 협박'의 의미를 좁게 해석하여 상대방의 항거를 곤란하게 할 정도에 이를 것을 요구하던 종래의 판례를 폐기하고, 상대방의 신체에 대해 불법한 유형력을 행사하거나 상대방으로 하여금 공포심을 일으킬 수 있는 정도의 해악을 고지하여 상대방을 추행한 경우이더라도 강제추행죄는 성립한다고 판시한 점이다.

'기습추행'에서의 실행의 착수시기

27 **[대판 2015도6980] 파기환송.** 피고인이 밤에 술을 마시고 배회하던 중 버스에서 내려 혼자 걸어가는 피해자 갑(여, 17세)을 발견하고 마스크를 착용한 채 뒤따라가다가 인적이 없고 외진 곳에서 가까이 접근하여 껴안으려 하였으나, 갑이 뒤돌아보면서 소리치자 그 상태로 몇 초 동안 쳐다보다가 다시 오던 길로 되돌아갔다고 하여 아동 · 청소년의 성보호에 관한 법률 위반으로 기소된 사안에서, (가) 피고인과 갑의 관계, 갑의 연령과 의사, 행위에 이르게 된 경위와 당시 상황, 행위 후 갑의 반응 및 행위가 갑에게 미친 영향 등을 고려하여 보면, (나) 피고인은 갑을 추행하기 위해 뒤따라간 것으로 추행의 고의를 인정할 수 있고, (다) 피고인이 가까이 접근하여 갑자기 뒤에서 껴안는 행위는 일반인에게 성적 수치심이나 혐오감을 일으키게

---

8) 대법원 2023. 9. 21. 선고 2018도13877 전원합의체 판결

하고 선량한 성적 도덕관념에 반하는 행위로서 갑의 성적 자유를 침해하는 행위여서 그 자체로 이른바 **'기습추행'** 행위로 볼 수 있으므로, 피고인의 팔이 갑의 몸에 닿지 않았더라도 **양팔을 높이 들어 갑자기 뒤에서 껴안으려는 행위**는 갑의 의사에 반하는 유형력의 행사로서 폭행행위에 해당하며, 그때 **'기습추행'에 관한 실행의 착수**가 있는데, 마침 갑이 뒤돌아보면서 소리치는 바람에 몸을 껴안는 추행의 결과에 이르지 못하고 미수에 그쳤으므로, **피고인의 행위는 아동 · 청소년에 대한 강제추행미수죄에 해당한다. cf)** 위 판결 원심은 피고인의 행위는 '기습추행'에 해당되지 않고, 피고인의 위와 같은 행위만으로는 피해자의 항거를 곤란하게 하는 정도의 폭행이나 협박이라고 보기 어려워 강제추행의 실행의 착수가 있었다고 볼 수 없다고 판시하였다(서울고등법원 2015. 4. 24. 선고 2015노226, 2015로105(병합) 판결).

주거침입죄(법319①)에서의 실행의 착수시기

28 [대판 2009도3452] 파기환송. 다가구용 단독주택인 빌라의 잠기지 않은 대문을 열고 들어가 공용 계단으로 빌라 3층까지 올라갔다가 1층으로 내려온 사안에서, 주거인 **공용 계단에 들어간 행위**가 거주자의 의사에 반한 것이라면 주거에 침입한 것이라고 보아야 한다.

29 [대판 2008도1464] 침입 대상인 아파트에 사람이 있는지를 확인하기 위해 그 **집의 초인종을 누른 행위**만으로는 침입의 현실적 위험성을 포함하는 행위를 시작하였다거나, 주거의 사실상의 평온을 침해할 **객관적인 위험성을 포함하는 행위를 한 것으로 볼 수 없다** 할 것이다. …… 아파트의 초인종을 누르다가 사람이 없으면 만능키 등을 이용하여 문을 열고 안으로 들어가 물건을 훔치기로 모의한 피고인들이 함께 다니다가 피고인 이○호는 최○석의 집 초인종을 누르면서 "자장면 시키지 않았느냐."라고 말하였으나 집 안에 있던 최○석이 "시킨 적 없다."고 대답하자 계단을 이용하여 아래층으로 이동한 사안이다.

30 [대판 2008도917] [1] 주거침입죄의 실행의 착수는 주거자, 관리자, 점유자 등의 의사에 반하여 주거나 관리하는 건조물 등에 들어가는 행위 즉 구성요건의 일부를 실현하는 행위까지 요구하는 것은 아니지만, 주거침입의 범의로 예컨대, 주거로 들어가는 문의 시정장치를 부수거나 문을 여는 등 침입을 위한 **구체적 행위를 시작**함으로써 범죄구성요건의 실현에 이르는 **현실적 위험성**을 포함하는 행위를 개시할 것을 요한다. [2] 다세대주택 2층의 불이 꺼져있는 것을 보고 물건을 절취하기 위하여 가스배관을 타고 올라가다가, 발은 1층 방범창을 딛고 두 손은 1층과 2층 사이에 있는 **가스배관을 잡고 있던 상태에서 순찰 중이던 경찰관에게 발각되자 그대로 뛰어내린 사실**을 인정한 후, 이러한 피고인의 행위만으로는 주거의 사실상의 평온을 침해할 현실적 위험성이 있는 행위를 개시한 때에 해당한다고 보기 어렵다.

31 [대판 2006도2824] 파기환송. 주거침입죄의 실행의 착수는 (가) 주거자, 관리자, 점유자 등의 의사에 반하여 주거나 관리하는 건조물 등에 들어가는 행위, 즉 구성요건의 일부를 실현하는 행위까지 요구하는 것은 아니고 (나) 범죄구성요건의 실현에 이르는 **현실적 위험성을 포함하는 행위를 개시하는 것으로 족하므로,** (다) 출입문이 열려 있으면 안으로 들어가겠다는 의사 아래 **출입문을 당겨보는 행위**는 바로 주거의 사실상의 평온을 침해할 객관적인 위험성을 포함하는 행위를 한 것으로 볼 수 있어 그것으로 주거침입의 실행에 착수한 것으로 보아야 한다. **cf)** 원심은, 피고인이 잠긴 출입문을 부수거나 도구를 이용하여 강제로 열려는 의사가 전혀 없이, 즉 출입문이 잠겨있다면 침입할 의사가 전혀 없이 손으로 출입문을 당겨보아 출입

문이 잠겨있는지 여부를 확인한 것이라면 이는 범행의 대상을 물색한 것에 불과하여 피고인의 이 부분 행위는 **야간주거침입절도죄의 예비단계에 불과**하고 그 실행의 착수에 나아가지 않은 것이라고 판단하였다.

32 **[대판 94도2561]** [1] 주거침입죄는 사실상의 주거의 평온을 보호법익으로 하는 것이므로, 반드시 행위자의 신체의 전부가 범행의 목적인 타인의 주거 안으로 들어가야만 성립하는 것이 아니라 신체의 일부만 타인의 주거 안으로 들어갔다고 하더라도 거주자가 누리는 사실상의 주거의 평온을 해할 수 있는 정도에 이르렀다면 범죄구성요건을 충족하는 것이라고 보아야 하고, 따라서 **주거침입죄의 범의**는 반드시 신체의 전부가 타인의 주거 안으로 들어간다는 인식이 있어야만 하는 것이 아니라 신체의 일부라도 타인의 주거 안으로 들어간다는 인식이 있으면 족하다. [2] '가'항의 범의로써 예컨대 주거로 들어가는 문의 시정장치를 부수거나 문을 여는 등 침입을 위한 구체적 행위를 시작하였다면 주거침입죄의 실행의 착수는 있었다고 보아야 하고, **신체의 극히 일부분이 주거 안으로 들어갔지만 사실상 주거의 평온을 해하는 정도에 이르지 아니하였다면 주거침입죄의 미수**에 그친다. 다. 야간에 타인의 집의 창문을 열고 집 안으로 얼굴을 들이미는 등의 행위를 하였다면 피고인이 자신의 신체의 일부가 집 안으로 들어간다는 인식하에 하였더라도 주거침입죄의 범의는 인정되고, 또한 **비록 신체의 일부만이 집 안으로 들어갔다고 하더라도 사실상 주거의 평온을 해하였다면 주거침입죄는 '기수'**에 이르렀다.

특수강도죄(법334)에서의 실행의 착수시기

33 **[대판 92도917]** [강도행위가 야간에 주거에 침입하여 이루어지는 특수강도죄의 실행의 착수시기] 형법 제334조 제1항 소정의 **야간주거침입강도죄**는 주거침입과 강도의 결합범으로서 시간적으로 주거침입행위가 선행되므로 주거침입을 한 때에 본죄의 실행에 착수한 것으로 볼 것인바, 같은 조 제2항 소정의 흉기휴대 합동강도죄에 있어서도 그 강도행위가 야간에 주거에 침입하여 이루어지는 경우에는 **주거침입을 한 때**에 실행에 착수한 것으로 보는 것이 타당하다.

34 **[대판 91도2296]** [강도의 범의 하에 야간에 흉기를 휴대한 채 타인의 주거에 침입하여 집안의 동정을 살피다가 피해자를 발견하고 갑자기 욕정을 일으켜 칼로 협박하여 강간한 경우 특수강도강간죄의 성부(소극)] [1] 특수강도의 실행의 착수는 강도의 실행행위, 즉 사람의 반항을 억압할 수 있는 정도의 폭행 또는 협박에 나아갈 때에 있다 할 것이다. [2] 강도의 범의로 야간에 칼을 휴대한 채 타인의 주거에 침입하여 집안의 동정을 살피다가 피해자를 발견하고 갑자기 욕정을 일으켜 칼로 협박하여 강간한 경우, 야간에 흉기를 휴대한 채 타인의 주거에 침입하여 집안의 동정을 살피는 것만으로는 특수강도의 실행에 착수한 것이라고 할 수 없으므로 위의 특수강도에 착수하기도 전에 저질러진 위와 같은 강간행위가 구 특정범죄가중처벌등에관한법률 제5조의6 제1항 소정의 특수강도강간죄에 해당한다고 할 수 없다. **cf)** 이상과 같이 법원은 야간주거침입강도죄에 있어서 실행의 착수시기를 주거침입시로 판단한 경우(대판 92도917)도 있고 폭행·협박이 개시된 시점으로 판단한 경우(대판 91도2296)도 있다. 통설은 폭행·협박시설이다.

사기죄(법347)에서의 실행의 착수시기

소송사기와 실행의 착수

35-1 [대판 2006도5811] (가) **소송사기**는 법원을 기망하여 자기에게 유리한 판결을 얻고 이에 터잡아 상대방으로부터 재물의 교부를 받거나 재산상 이익을 취득하는 것을 말하는 것으로서 소송에서 주장하는 권리가 존재하지 않는 사실을 알고 있으면서도 법원을 기망한다는 인식을 가지고 **소를 제기하면 이로써 실행의 착수가 있고 소장의 유효한 송달을 요하지 아니한다**고 할 것인바, (나) 이러한 법리는 제소자가 상대방의 주소를 허위로 기재함으로써 그 허위주소로 소송서류가 송달되어 그로 인하여 상대방 아닌 **다른 사람이 그 서류를 받아 소송이 진행된 경우에도 마찬가지로 적용**된다.

35-2 [대판 2012도9603] **유치권에 의한 경매를 신청한 유치권자**는 일반채권자와 마찬가지로 피담보채권액에 기초하여 배당을 받게 되는 결과 피담보채권인 공사대금 채권을 실제와 달리 허위로 크게 부풀려 유치권에 의한 경매를 신청할 경우 정당한 채권액에 의하여 경매를 신청한 경우보다 더 많은 배당금을 받을 수도 있으므로, 이는 법원을 기망하여 배당이라는 법원의 처분행위에 의하여 재산상 이익을 취득하려는 행위로서, **불능범에 해당한다고 볼 수 없고, 소송사기죄의 실행의 착수에 해당한다.**

35-3 [대판 2014도10086] 강제집행절차를 통한 소송사기는 **집행절차의 개시신청을 한 때 또는 진행 중인 집행절차에 배당신청을 한 때에 실행에 착수하였다고 볼 것**이다. 민사집행법 제244조에서 규정하는 부동산에 관한 권리이전청구권에 대한 강제집행은 그 자체를 처분하여 대금으로 채권에 만족을 기하는 것이 아니고, 부동산에 관한 권리이전청구권을 압류하여 청구권의 내용을 실현시키고 부동산을 채무자의 책임재산으로 귀속시킨 다음 다시 부동산에 대한 경매를 실시하여 매각대금으로 채권에 만족을 기하는 것이다. 이러한 경우 소유권이전등기청구권에 대한 압류는 당해 부동산에 대한 경매의 실시를 위한 사전 단계로서의 의미를 가지나, 전체로서의 강제집행절차를 위한 일련의 시작행위라고 할 수 있으므로, 허위 채권에 기한 공정증서를 집행권원으로 하여 **채무자의 소유권이전등기청구권에 대하여 압류신청을 한 시점에 소송사기의 실행에 착수하였다고 볼 것**이다. **cf)** 소송사기의 경우 법원에 소를 제기할 때에 실행의 착수가 있다고 할 것이다.

보험사기와 실행의 착수

36 [대판 2013도7494] 타인의 사망을 보험사고로 하는 생명보험계약을 체결함에 있어 제3자가 피보험자인 것처럼 가장하여 체결하는 등으로 그 유효요건이 갖추어지지 못한 경우에도, (가) 보험계약 체결 당시에 이미 보험사고가 발생하였음에도 이를 숨겼다거나 (나) 보험사고의 구체적 발생 가능성을 예견할 만한 사정을 인식하고 있었던 경우 또는 (다) 고의로 보험사고를 일으키려는 의도를 가지고 보험계약을 체결한 경우와 같이 보험사고의 우연성과 같은 보험의 본질을 해칠 정도라고 볼 수 있는 특별한 사정이 없는 한, 그와 같이 **하자 있는 보험계약을 체결한 행위만으로는** 미필적으로라도 보험금을 편취하려는 의사에 의한 **기망행위의 실행에 착수한 것으로 볼 것은 아니다.** 그러므로 그와 같이 기망행위의 실행의 착수로 인정할 수 없는 경우에 피보험자 본인임을 가장하는 등으로 보험계약을 체결한 행위는 단지 장차의 보험금 편취를 위한 예비행위에 지나지 않는다.

37 [대판 2010도9330] **[사기도박에서 실행의 착수시기**(=사기도박을 위한 기망행위를 개시한 때)**]** [1] 사기죄는 편취의 의사로 기망행위를 개시한 때에 실행에 착수한 것으로 보아야 하므로, 사기도박에서도 사기적인 방법으로 도금을 편취하려고 하는 자가 **상대방에게 도박에 참가할 것을 권유하는 등 기망행위를 개시한 때**

에 실행의 착수가 있는 것으로 보아야 한다. [2] 피고인 등이 사기도박에 필요한 준비를 갖추고 그러한 의도로 피해자들에게 도박에 참가하도록 권유한 때 또는 늦어도 그 정을 알지 못하는 피해자들이 도박에 참가한 때에는 이미 사기죄의 실행에 착수하였다고 할 것이므로, 피고인 등이 그 후에 **사기도박을 숨기기 위하여 얼마간 정상적인 도박을 하였더라도 이는 사기죄의 실행행위에 포함되는 것**이어서 피고인에 대하여는 피해자들에 대한 사기죄만이 성립하고 도박죄는 따로 성립하지 아니함에도, 이와 달리 피해자들에 대한 사기죄 외에 도박죄가 별도로 성립하는 것으로 판단하고 이를 유죄로 인정한 원심판결에 사기도박에 있어서의 실행의 착수시기 등에 관한 법리오해의 위법이 있다.

38 **[대판 2009도5900]** [부동산 경매절차에서 피고인들이 **허위의 공사대금채권을 근거로 유치권 신고**를 한 경우, 소송사기의 실행의 착수가 있다고 볼 수 없다고 한 사례] 부동산 경매절차에서 피고인들이 허위로 유치권을 신고한 사실을 기초로 하고, 법원을 피기망자 겸 처분행위자로 구성하여 소송사기 미수죄로 기소된 이 사건 공소사실에 대하여, 유치권자가 경매절차에서 유치권을 신고하는 경우 법원은 이를 매각물건명세서에 기재하고 그 내용을 매각기일공고에 적시하나, 이는 경매목적물에 대하여 유치권 신고가 있음을 입찰예정자들에게 고지하는 것에 불과할 뿐 **처분행위로 볼 수는 없고**, 또한 유치권자는 권리신고 후 이해관계인으로서 경매절차에서 이의신청권 등 몇 가지 권리를 얻게 되지만 이는 법률의 규정에 따른 것으로서 재물 또는 재산상 이득을 취득하는 것으로 볼 수도 없다는 점을 근거로 들어, 허위 공사대금채권을 근거로 유치권 신고를 하였더라도 이를 소송사기 실행의 착수가 있다고 볼 수는 없다.

국고보조금과 실행의 착수

39-1 **[대판 98도3443] 태풍 피해복구보조금** 지원절차가 행정당국에 의한 실사를 거쳐 피해자로 확인된 경우에 한하여 보조금 지원신청을 할 수 있도록 되어 있는 경우, 피해신고는 국가가 보조금의 지원 여부 및 정도를 결정함에 있어 그 직권조사를 개시하기 위한 참고자료에 불과하다는 이유로 **허위의 피해신고만으로는 위 보조금 편취범행의 실행에 착수한 것이라고 볼 수 없다. cf)** 본 사안의 경우도 보험사기와 마찬가지고 허위청구할 때 실행의 착수가 있는 것이다.

39-2 **[대판 2003도1279] 장애인단체의 지회장**이 지방자치단체로부터 보조금을 더 많이 지원받기 위하여 **허위의 보조금 정산보고서를 제출한 경우**, 보조금 정산보고서는 보조금의 지원 여부 및 금액을 결정하기 위한 참고자료에 불과하고 직접적인 서류라고 할 수 없다는 이유로 보조금 편취범행(기망)의 실행에 착수한 것으로 보기 어렵다.

40 **[대판 88도55]** [허위채권에 의한 가압류와 사기죄의 실행의 착수] 가압류는 강제집행의 보전방법에 불과한 것이어서 허위의 채권을 피보전권리로 삼아 가압류를 하였다고 하더라도 그 채권에 관하여 현실적으로 청구의 의사표시를 한 것이라고는 볼 수 없으므로, **본안소송을 제기하지 아니한 채 가압류를 한 것만으로는 사기죄의 실행에 착수하였다고 할 수 없다. cf)** 가압류·가처분은 강제집행의 보전절차에 지나지 않아 청구의사를 표시한 것으로 볼 수 없어 가압류신청을 한 것만으로는 소송사기의 실행의 착수를 한 것으로 볼 수는 없다.

41 **[대판 81도2767]** [확인서발급 신청에 대한 이의신청과 사기죄의 실행의 착수 여부(소극)] [1] 부동산소유권이전등기등에관한특별조치법에 의거하여 임야의 사실상의 양수자가 확인서발급 신청을 하자 피고

인이 위조된 계약서 사본을 첨부하여 위 임야의 소유자라고 허위 주장하여 **이의신청을 한 결과 위 확인서발급신청이 기각**되었다 하더라도 위 임야를 편취하려는 기망행위에 나아간 것이라고 보기 어렵다. [2] 피고인이 위조된 위 계약서 복사본을 첨부하여 위 임야의 소유자라고 주장하여 이의신청을 한 결과 위 김○태의 위 확인서발급신청이 기각되었다 하더라도 이는 위 김○태가 자기앞으로의 소유권이전등기에 필요한 등기원인을 증명하는 서면에 갈음하는 위 법 소정의 확인서를 발급받지 못하도록 방해가 되었을 뿐이고, 이것만으로 피고인이 위 임야에 관한 **어떠한 권리를 취득하거나 의무를 면하는 것은 아니므로** 관계관청을 기망하여 재물이나 재산상의 이익을 편취하려는 기망행위에 나아간 것이라고 보기 어려울 뿐 아니라 관계관청의 위 확인서 발급사무가 권리를 확정하는 효력을 갖는 것도 아니라 할 것이므로, 위와 같은 확인서발급신청에 대하여 이의를 신청한 행위가 위 특별조치법 소정의 처벌법규에 위반한 것인가의 여부는 별론으로 하고, 그 행위를 가리켜 사기의 실행에 착수한 것이라고 할 수 없음이 명백하다 할 것이다.

횡령과 배임죄(법355)에서의 실행의 착수시기

42 **[대판 2020도15529] [부작위에 의한 업무상배임죄의 실행의 착수시기]** 업무상배임죄는 타인의 사무를 처리하는 자가 업무상의 임무에 위배되는 행위로써 재산상의 이익을 취득하거나 제3자로 하여금 이를 취득하게 하여 그 타인에게 손해를 가한 때에 성립한다(형법 제356조, 제355조 제2항). 형법 제18조는 부작위범의 성립 요건에 관하여 "위험의 발생을 방지할 의무가 있거나 자기의 행위로 인하여 위험발생의 원인을 야기한 자가 그 위험발생을 방지하지 아니한 때에는 그 발생된 결과에 의하여 처벌한다."라고 정하고 있다. 업무상배임죄는 타인과의 신뢰관계에서 일정한 임무에 따라 사무를 처리할 법적 의무가 있는 자가 그 상황에서 당연히 할 것이 법적으로 요구되는 행위를 하지 않는 부작위에 의해서도 성립할 수 있다. 그러한 부작위를 실행의 착수로 볼 수 있기 위해서는 작위의무가 이행되지 않으면 사무처리의 임무를 부여한 사람이 재산권을 행사할 수 없으리라고 객관적으로 예견되는 등으로 **구성요건적 결과 발생의 위험이 구체화한 상황**에서 부작위가 이루어져야 한다. 그리고 행위자는 부작위 당시 자신에게 주어진 임무를 위반한다는 점과 **그 부작위로 인해 손해가 발생할 위험이 있다는 점을 인식**하였어야 한다.

43 **[대판 2014도1104 전원합의체] [배임죄의 성립요건 및 실행의 착수시기와 기수시기]** 형법 제355조 제2항은 타인의 사무를 처리하는 자가 그 임무에 위배하는 행위로써 재산상 이익을 취득하거나 제3자로 하여금 이를 취득하게 하여 본인에게 손해를 가한 때에 배임죄가 성립한다고 규정하고 있고, 형법 제359조는 그 미수범은 처벌한다고 규정하고 있다. 이와 같이 형법은 타인의 사무를 처리하는 자가 그 임무에 위배하는 행위를 할 것과 그러한 행위로 인해 행위자나 제3자가 재산상 이익을 취득하여 본인에게 손해를 가할 것을 배임죄의 객관적 구성요건으로 정하고 있으므로, 타인의 사무를 처리하는 자가 배임의 범의로, 즉 임무에 위배하는 행위를 한다는 점과 이로 인하여 자기 또는 제3자가 이익을 취득하여 본인에게 손해를 가한다는 점에 대한 인식이나 의사를 가지고 임무에 위배한 행위를 개시한 때 배임죄의 실행에 착수한 것이고, 이러한 행위로 인하여 자기 또는 제3자가 이익을 취득하여 본인에게 손해를 가한 때 기수에 이른다.

44 **[대판 2011도9113]** [1] 횡령죄는 다른 사람의 재물에 관한 소유권 등 본권을 그 보호법익으로 하고 본권이 침해될 위험성이 있으면 그 침해의 결과가 발생하지 아니하더라도 성립하는 이른바 **'위험범'**에 해당하는데, 여기서 '위험범'이라는 것은 횡령죄가 개인적 법익침해를 전제로 하는 재산범죄의 일종임을 감안하

여 볼 때 단순히 사회일반에 대한 막연한 '추상적 위험'이 발생하는 것만으로는 부족하고, 소유자의 본권 침해에 대한 **'구체적 위험'**이 발생하는 수준에 이를 것을 요하며, 나아가 어떠한 행위에 의하여 소유권 등 본권 침해에 대한 구체적인 위험이 발생하였는지 여부는 해당 재물의 속성, 재산권의 확보방법, 거래실정 등의 제반사정을 고려하여 합리적으로 판단하여야 한다. 그리고 행위자가 불법영득의사의 발현이 표시되었다고 하더라도 부동산에 관한 공시제도나 거래실정 등의 제반사정에 비추어 볼 때 횡령죄에 상응하는 객관적인 구성요소가 아직 실행 또는 충족되지 아니하였고, 소유권 기타 본권 침해에 대한 구체적인 위험이 발생하지도 아니하였다면, 이는 **횡령죄의 미수범이 성립될 뿐**이며 기수범이 성립되었다고 보기는 어렵다고 할 것이다. [2] 피고인은 이 사건 수목 40그루를 피해자 C를 위하여 보관하던 중, 위 피해자로부터 이 사건 수목을 처분하여도 좋다는 허락을 받지 않았음에도 불구하고, 2008. 4. 8. 경기 여주군 소재 까페에서, D, E에게 이 사건 수목을 대금 1억 9,000만 원에 매도하는 매매계약을 체결하고, 즉석에서 계약금 명목으로 5,000만 원을 교부받아 이를 임의로 사용하였다. 피고인은 피해자 C와 사이에 이 사건 수목의 구입·가식·관리 및 처분에 관한 **공동사업을 동업**하기로 한 다음, 2인 조합의 합유물인 이 사건 수목 40그루에 관하여 위 피해자의 동의를 얻지 아니한 채, 제3자인 D, E를 상대로 마치 이 사건 수목이 피고인의 단독소유인 것처럼 행세하면서 매매계약을 체결하고, 매매계약금 5,000만 원을 교부받아 그 돈을 피고인 단독으로 사용하였음을 알 수 있다. 위 인정사실에 의하면, 피고인이 이 사건 수목에 관하여 합유자인 피해자 C를 배제한 채, 피고인의 단독소유인 것처럼 행세하면서 매매계약을 체결함으로써 "횡령의 불법영득의사가 표현되었다"라고 볼 소지가 있고, 따라서 피고인이 횡령죄의 "실행의 착수"에 나아갔다고 볼 수는 있으나, 더 나아가 **합유자인 피해자 C의 소유권 침해에 대한 구체적인 위험발생에까지 이르렀다고는 선뜻 단정하기 어렵다.** 왜냐하면, 부동산의 매매계약이라고 함은, 매수인 측에 특별한 잘못이 없다고 하더라도 매도인 측에서 계약금의 배액을 상환하는 방법으로 언제든지 해약할 수 있는 것이고, 특히 무권한자의 계약행위에 대하여는 소유자가 거래상대방에게 무권한자의 사기행위라는 점을 밝힘으로써 부동산 전체의 소유권 상실 위험에서는 손쉽게 벗어날 수 있는 것이며, 실제로 이 사건의 경우에 있어서 피해자 C가 위와 같은 조치를 취함으로써 이 사건 수목 전체에 대한 소유권 상실의 위험에까지는 다다르지 않았던 것으로 보이기 때문이다. …… 단순히 피고인이 이 사건 수목에 관한 매매계약을 체결하고 **계약금을 수령한 사실만으로는** 횡령죄의 '실행의 착수'의 단계를 넘어 더 나아가 '기수범'에 이르렀다고 보기는 어렵다고 할 것이다.

45 **[대판 2002도7134] [부동산의 이중양도와 배임죄 실행의 착수시기]** [1] 부동산의 이중양도에 있어서 매도인이 제2차 매수인으로부터 계약금만을 지급받고 중도금을 수령한 바 없다면 배임죄의 실행의 착수가 있었다고 볼 수 없다. [2] 피고인이 제1차 매수인으로부터 계약금 및 중도금 명목의 금원을 교부받은 후 제2차 매수인에게 부동산을 매도하기로 하고 계약금만을 지급받은 뒤 더 이상의 계약 이행에 나아가지 않았다면 배임죄의 실행의 착수가 있었다고 볼 수 없다.

국가보안법에서의 실행의 착수시기

46 **[대판 93도1951]** [남북교류협력에관한법률에 의한 방북신청 행위가 국가보안법상 **탈출예비죄에 해당한다**고 한 사례] 국가보안법의 규정은 남북교류협력에관한법률 제3조 소정의 남북교류와 협력을 목적으로 하는 행위에 관하여는 정당하다고 인정되는 범위 안에서는 적용이 배제되나, 피고인이 **북한공작원들과의 사전 연락 하에 주도한 민중당의 방북신청**은 그러한 정을 모르는 다른 민중당 인사들에게는 남북교류협력의

목적이 있었다 할 수 있음은 별론으로 하고, 피고인 자신에 대한 관계에서는 위 법률 소정의 남북교류협력을 목적으로 한 것이라고 볼 수 없으므로, 피고인의 위 법률에 의한 방북신청은 국가보안법상의 탈출예비에 해당한다.

47 [대판 90도1217] [북한과의 범민족단합대회 추진을 위한 예비회담을 하기 위하여 판문점을 향하여 출발하려한 행위가 국가보안법상 회합예비죄에 해당하는지 여부(적극)와 회합장소에 훨씬 못미치는 검문소에서 경찰에 의하여 저지된 경우 회합죄의 실행의 착수 유무(소극)] 피고인들이 실제 북한과의 범민족단합대회추진을 위한 예비회담을 하기 위하여 판문점을 향하여 출발하려 하였다면 비록 피고인들이 위 회담의 주체는 아니었다고 하더라도 그 주체와의 의사의 연락 하에 위 행위를 하였고 당국의 제지가 없었더라면 위 회담이 반드시 불가능하지는 아니하였던 것이므로 위 피고인들의 소위는 국가보안법 제8조 제4항, 제1항 회합예비죄에 해당하고, 회합장소인 판문점 평화의 집으로 가던 중 **그에 훨씬 못미치는 검문소에서 경찰의 저지로 그 뜻을 이루지 못한** 것이라면 아직 반국가단체의구성원과의 회합죄의 실행에 착수하였다고 볼 수 없다.

48 [대판 69도1606] 피고인은 그 판시와 같은 대한민국의 국가적 기밀에 속하는 사항의 탐지 수집을 하라는 반국가단체의 지령을 받고 그 목적 수행을 위하여 **남한에 상륙하여 잠입하였으나 수사기관에 발각**되어 그 목적을 달하지 못하였다는 것인바 국가적 기밀을 탐지 수집하기 위하여 그러한 행위를 할 수 있는 **대한민국 지배 지역 내에 잠입하였다면** 이는 그 기밀의 탐지나 수집 행위에 착수한 것이다. (간첩죄, 국가보안법3)
cf) 판례는 간첩죄의 실행의 착수시기를 **주관설**('범의의 비약적 표동'이 있을 때 실행의 착수를 인정)의 입장에서 판단하고 있다.

관세포탈죄(관세법180, 182②)에서의 실행의 착수시기

49 [대판 87도1571] 피고인은 세관검사를 받음에 있어 이 사건 밍크피가 든 대형가방과 여자용 세이코 손목시계 2개가 든 서류가방은 검사대 위에 올려놓고 검사를 받았으나 이 사건 로렉스 손목시계 1개는 출국 당시 차고 간 신변 휴대품인 양 **피고인의 손목에 차고 이를 세관에 신고하지 아니한 채 몰래 반입**하여 이에 대한 관세 등을 포탈하려 하였으나 세관공무원에게 적발됨으로써 그 뜻을 이루지 못하였다는 것인바, 위 인정사실에 의하면 피고인이 위 로렉스시계를 본래의 용법대로 손목에 차고 있었다 하더라도 이를 몰래 반입할 의사가 있었던 이상 이는 관세법 제180조 소정의 '사위 기타부정한 행위'에 해당한다 할 것이며 이는 곧 **관세포탈과 밀접한 관계에 있는 행위를 한 것으로 실행의 착수에 이르렀다**고 볼 것이다.

50 [대판 84도832] 관세를 포탈할 범의를 가지고 선박을 이용하여 **물품을 영해 내에 반입한 때**에는 관세포탈죄의 실행의 착수가 있었다고 할 것이고, 선박에 적재한 화물을 양육하는 행위 또는 그에 밀접한 행위가 있음을 요하지 아니한다고 할 것이다.

51 [대판 71도1204] 세관원에게 **"잘 부탁한다"**는 말을 하였다는 사실만으로서는 사위 기타 부정한 방법으로 관세를 포탈하는 범행의 방조행위에 해당된다든가 또는 그 범행의 실행에 착수하였다고 볼 수 없다.

마약류관리에관한법률에서의 실행의 착수시기

52 **[대판 2019도97]** 마약류 관리에 관한 법률에서 정한 향정신성의약품 수입행위로 인한 위해 발생의 위험은 향정신성의약품의 양륙 또는 지상반입에 의하여 발생하고 **그 의약품을 선박이나 항공기로부터 양륙 또는 지상에 반입함으로써 기수**에 달한다. 그리고 이 사건과 같이 국제우편 등을 통하여 향정신성의약품을 수입하는 경우에는 국내에 거주하는 사람이 수신인으로 명시되어 발신국의 우체국 등에 향정신성의약품이 들어 있는 **우편물을 제출할 때에 범죄의 실행에 착수**하였다고 볼 수 있다. 따라서 피고인이 공소외인에게 필로폰을 받을 국내 주소를 알려주었다고 하더라도 공소외인이 필로폰이 들어 있는 우편물을 발신국의 우체국 등에 제출하였다는 사실이 밝혀지지 않은 이상 피고인 등의 이러한 행위는 향정신성의약품 수입의 예비행위라고 볼 수 있을지언정 이를 가지고 향정신성의약품 수입행위의 실행에 착수하였다고 할 수는 없다.

53 **[대판 2014도16920]** 파기환송. [1] 필로폰을 매수하려는 자에게서 필로폰을 구해 달라는 부탁과 함께 돈을 지급받았다고 하더라도, 당시 필로폰을 소지 또는 입수한 상태에 있었거나 그것이 가능하였다는 등 매매행위에 근접·밀착한 상태에서 대금을 지급받은 것이 아니라 **단순히 필로폰을 구해 달라는 부탁과 함께 대금 명목으로 돈을 지급받은 것에 불과한 경우**에는 필로폰 매매행위의 실행의 착수에 이른 것이라고 볼 수 없다(구 마약류관리에관한법률 제2조 제4호). [2] 피고인은 2011. 2. 중순경 공소외인으로부터 필로폰을 구해 달라는 부탁을 받고 그 대금 명목으로 200만 원을 송금받은 사실은 알 수 있으나, 그 당시 피고인이 필로폰을 소지 또는 입수하였거나 곧바로 입수 가능한 상태에 있었다고 볼 만한 아무런 증거가 없으므로, 비록 피고인이 그 전에 필로폰을 판매한 적이 있었음을 고려하더라도 피고인이 단순히 필로폰을 구해 달라는 부탁과 함께 금전을 지급받았다는 것만으로는 필로폰 매매행위의 실행의 착수에 이른 것이라고 보기 어렵다. **cf)** 실행의 착수가 인정되기 위해서는 **'직접적 개시행위'**가 존재해야 된다. 사안의 경우, 대법원은 피고인이 아직 이러한 '직접적 개시행위'를 하지는 못한 것으로 판단하였다. '직접적 개시행위'의 유무는 직접적 침해의 위험을 발생시키는 행위가 있었는지 여부를 살펴야 할 것이다.

54 **[대판 83도2590]** [히로뽕 원료 구입물색과 히로뽕 제조죄의 실행의 착수] 피고인이 히로뽕 제조원료 구입비로 금 3,000,000원을 제1심 공동피고인에게 제공하였는데 공동피고인이 그로써 구입할 원료를 물색 중 적발되었다면 피고인의 소위는 히로뽕제조에 착수하였다고 볼 수 없다.

55 **[대판 85도206]** ["히로뽕" 제조를 시도하였으나 기술부족으로 완제품을 제조하지 못한 경우의 죄책] 불능범은 범죄행위의 성질상 결과발생의 위험이 절대로 불능한 경우를 말하는 것인바 향정신성의약품인 메스암페타민 속칭 "히로뽕" 제조를 위해 그 원료인 염산에 페트린 및 수종의 약품을 교반하여 "히로뽕" 제조를 시도하였으나 그 약품배합미숙으로 그 완제품을 제조하지 못하였다면 위 소위는 그 성질상 **결과발생의 위험성**이 있다고 할 것이므로 이를 습관성의약품제조**미수범**으로 처단한 것은 정당하다.

기타 실행의 착수시기와 관련된 주요 판례

56 **[대판 2021도749]** [「성폭력범죄의 처벌 등에 관한 특례법」위반(카메라등이용촬영)죄에서 실행의 착수시기] 「성폭력범죄의 처벌 등에 관한 특례법」위반(카메라등이용촬영)죄는 카메라 등을 이용하여 성적 욕망

또는 수치심을 유발할 수 있는 타인의 신체를 그 의사에 반하여 촬영함으로써 성립하는 범죄이고, 여기서 **'촬영'**이란 카메라나 그 밖에 이와 유사한 기능을 갖춘 기계장치 속에 들어 있는 필름이나 저장장치에 피사체에 대한 영상정보를 입력하는 행위를 의미한다. 따라서 (가) 범인이 피해자를 촬영하기 위하여 육안 또는 캠코더의 줌 기능을 이용하여 피해자가 있는지 여부를 탐색하다가 피해자를 발견하지 못하고 **촬영을 포기**한 경우에는 촬영을 위한 준비행위에 불과하여 성폭력처벌법위반(카메라등이용촬영)죄의 실행에 **착수한 것으로 볼 수 없다.** 이에 반하여 (나) 범인이 카메라 기능이 설치된 휴대전화를 피해자의 치마 밑으로 들이밀거나, 피해자가 용변을 보고 있는 화장실 칸 밑 공간 사이로 집어넣는 등 카메라 등 이용 **촬영 범행에 '밀접한 행위'를 개시한 경우**에는 성폭력처벌법위반(카메라등이용촬영)죄의 실행에 착수하였다고 볼 수 있다.

57 **[대판 2008도9433]** 부정경쟁방지 및 영업비밀보호에 관한 법률 제18조 제2항에서 정하고 있는 영업비밀부정사용죄에 있어서는, 행위자가 당해 영업비밀과 관계된 영업활동에 이용 혹은 활용할 의사 아래 그 영업활동에 근접한 시기에 **영업비밀을 열람하는 행위**(영업비밀이 전자파일의 형태인 경우에는 저장의 단계를 넘어서 해당 전자파일을 실행하는 행위)를 하였다면 그 **실행의 착수가 있다.**

58 **[대판 2007도8767]** 신용카드를 절취한 사람이 대금을 결제하기 위하여 신용카드를 제시하고 카드회사의 승인까지 받았다고 하더라도 매출전표에 서명한 사실이 없고 도난카드임이 밝혀져 최종적으로 매출취소로 거래가 종결되었다면, 신용카드 부정사용의 미수행위에 불과하다.

59 **[대판 2006도5288]** [범죄수익 등의 은닉에 관한 죄에 있어서 실행의 착수 시기] [1] 은행강도 범행으로 강취할 돈을 **송금받을 계좌를 개설**한 것만으로는 범죄수익 등의 은닉에 관한 죄의 실행에 착수한 것으로 볼 수 없다. [2] 「범죄수익은닉의 규제 및 처벌 등에 관한 법률」 제3조 제1항 제3호에서 정한 범죄수익 등의 은닉에 관한 죄의 미수범으로 처벌하려면 그 실행에 착수한 것으로 인정되어야 하고, 위와 같은 은닉행위의 실행에 착수하는 것은 범죄수익 등이 생겼을 때 비로소 가능하므로, 아직 범죄수익 등이 생기지 않은 상태에서는 범죄수익 등의 은닉에 관한 죄의 실행에 착수하였다고 인정하기 어렵다.

60 **[대판 2005도3065]** [병역법 제86조에 정한 **'사위행위'**의 의미 및 그 실행의 착수시기] [1] 병역법 제86조에 정한 '사위행위'라 함은 병역의무를 감면 받을 조건에 해당하지 않거나 그러한 신체적 상태가 아님에도 불구하고 병무행정당국을 기망하여 병역의무를 감면 받으려고 시도하는 행위를 가리키는 것이므로, 다른 행위 태양인 **도망 · 잠적 또는 신체손상에 상응할 정도**로 병역의무의 이행을 면탈하고 병무행정의 적정성을 침해할 **직접적인 위험**이 있는 단계에 이르렀을 때에 비로소 사위행위의 실행을 한 것이라고 보아야 한다. [2] 입영대상자가 병역면제처분을 받을 목적으로 병원으로부터 **허위의 병사용진단서를 발급받았다고 하더라도** 이러한 행위만으로는 사위행위의 실행에 착수하였다고 볼 수 없다.

61 **[대판 2002도3924]** [입찰자들의 전부 또는 일부 사이에서 담합을 시도하는 행위가 있었을 뿐 실제로 담합이 이루어지지 못하였고, 위계 또는 위력 등의 정도가 타인의 응찰 내지 투찰행위를 저지할 정도에 이르지 못한 경우, 입찰방해죄가 성립하는지 여부(소극)] 입찰자들의 전부 또는 일부 사이에서 담합을 시도하는 행위가 있었을 뿐 실제로 담합이 이루어지지 못하였고, 또 위계 또는 위력 기타의 방법으로 담합이 이루어진 것과 같은 결과를 얻어내거나 다른 입찰자들의 응찰 내지 투찰행위를 저지하려는 시도가 있었지만

역시 그 위계 또는 위력 등의 정도가 담합이 이루어진 것과 같은 결과를 얻어내거나 그들의 응찰 내지 투찰행위를 저지할 정도에 이르지 못하였고 또 실제로 방해된 바도 없다면, 이로써 공정한 자유경쟁을 방해할 염려가 있는 상태 즉, 공정한 자유경쟁을 통한 적정한 가격형성에 부당한 영향을 주는 상태를 발생시켜 그 입찰의 공정을 해하였다고 볼 수 없어, 이는 **입찰방해미수행위에 불과**하고 입찰방해죄의 기수에 이르렀다고 할 수는 없다. **cf)** 하지만 입찰방해죄는 미수범처벌 규정이 없어 이 점에 대해서는 무죄가 된다. 미수범이 처벌되기 위해서는 반드시 형법각칙이나 특별법에 처벌규정이 있어야만 한다(법29).

62 [대판 2002도7134] 피고인이 제1차 매수인으로부터 계약금 및 중도금 명목의 금원을 교부받은 후 제2차 매수인에게 부동산을 매도하기로 하고 계약금만을 지급받은 뒤 더 이상의 계약 이행에 나아가지 않았다면 배임죄의 실행의 착수가 있었다고 볼 수 없다.

63 [대판 2000도4298] [외환을 휴대하여 반출하는 경우 실행의 착수시기] 외국환거래법 제28조 제1항 제3호에서 규정하는, 신고를 하지 아니하거나 허위로 신고하고 지급수단·귀금속 또는 증권을 수출하는 행위는 지급수단 등을 국외로 반출하기 위한 행위에 근접·밀착하는 행위가 행하여진 때에 그 실행의 착수가 있다고 할 것인데, 피고인이 일화 500만 ￥은 기탁화물로 부치고 일화 400만 ￥은 휴대용 가방에 넣어 국외로 반출하려고 하는 경우에, (가) 500만 ￥에 대하여는 **기탁화물로 부칠 때** 이미 국외로 반출하기 위한 행위에 근접·밀착한 행위가 이루어졌다고 보아 실행의 착수가 있었다고 할 것이지만, (나) **휴대용 가방에 넣어 비행기에** 탑승하려고 한 나머지 400만 ￥에 대하여는 그 휴대용 가방을 보안검색대에 올려 놓거나 이를 휴대하고 통과하는 때에 비로소 실행의 착수가 있다고 볼 것이고, 피고인이 휴대용 가방을 가지고 보안검색대에 나아가지 않은 채 공항 내에서 탑승을 기다리고 있던 중에 체포되었다면 일화 400만 ￥에 대하여는 실행의 착수가 있다고 볼 수 없다.

기수시기와 관련된 주요 판례

64 [대판 2017도19025 전원합의체] [다수의견] (가) 공중송신권 침해의 방조에 관한 종전 판례는 인터넷 이용자가 링크 클릭을 통해 저작자의 공중송신권 등을 침해하는 웹페이지에 직접 연결되더라도 링크를 한 행위가 '공중송신권 침해행위의 실행 자체를 용이하게 한다고 할 수는 없다.'는 이유로, 링크 행위만으로는 공중송신권 침해의 방조행위에 해당한다고 볼 수 없다는 법리를 전개하고 있다. …… (나) 정범이 침해 게시물을 인터넷 웹사이트 서버 등에 업로드하여 공중의 구성원이 개별적으로 선택한 시간과 장소에서 접근할 수 있도록 이용에 제공하면, 공중에게 침해 게시물을 실제로 송신하지 않더라도 **공중송신권 침해는 기수**에 이른다.

65 [대판 2010도10677] 피고인이 지하철 환승에스컬레이터 내에서 짧은 치마를 입고 있는 피해자의 뒤에 서서 카메라폰으로 성적 수치심을 느낄 수 있는 치마 속 신체 부위를 피해자 의사에 반하여 동영상 촬영하였다고 하여 구 성폭력범죄의 처벌 및 피해자보호 등에 관한 법률(2010. 4. 15. 법률 제10258호 성폭력범죄의 피해자보호 등에 관한 법률로 개정되기 전의 것) 위반으로 기소된 사안에서, 피고인이 휴대폰을 이용하여 동영상 촬영을 시작하여 일정한 시간이 경과하였다면 설령 촬영 중 경찰관에게 발각되어 **저장버튼을 누르지 않고 촬영을 종료하였더라도** 카메라 등 이용 촬영 범행은 **이미 '기수'**에 이르렀다고 볼 여지가 매우

큰데도, 피고인이 동영상 촬영 중 저장버튼을 누르지 않고 촬영을 종료하였다는 이유만으로 위 범행이 기수에 이르지 않았다고 단정하여, 피고인에 대한 위 공소사실 중 '기수'의 점을 무죄로 인정한 원심판결에 법리오해로 인한 심리미진 또는 이유모순의 위법이 있다고 한 사례.

66 **[대판 2008도6080]** [입목절도죄의 기수시기(=**입목채취시**)] [1] 입목을 절취하기 위하여 **캐낸 때**에 소유자의 입목에 대한 점유가 침해되어 범인의 사실적 지배하에 놓이게 되므로 범인이 그 점유를 취득하고 절도죄는 기수에 이른다. 이를 운반하거나 반출하는 등의 행위는 필요하지 않다. [2] 절도범인이 혼자 입목을 땅에서 완전히 캐낸 후에 비로소 제3자가 가담하여 함께 입목을 운반한 사안에서, 특수절도죄의 성립을 부정한 사례.

67 **[대판 2007도606 전원합의체]** [협박죄의 기수에 이르기 위하여 상대방이 현실적으로 공포심을 일으킬 것을 요하는지 여부(소극)] [다수의견] (가) 협박죄가 성립하려면 고지된 해악의 내용이 행위자와 상대방의 성향, 고지 당시의 주변 상황, 행위자와 상대방 사이의 친숙의 정도 및 지위 등의 상호관계, 제3자에 의한 해악을 고지한 경우에는 그에 포함되거나 암시된 제3자와 행위자 사이의 관계 등 행위 전후의 여러 사정을 종합하여 볼 때에 일반적으로 사람으로 하여금 공포심을 일으키게 하기에 충분한 것이어야 하지만, 상대방이 그에 의하여 **현실적으로 공포심을 일으킬 것까지 요구하는 것은 아니며**, 그와 같은 정도의 해악을 고지함으로써 상대방이 그 의미를 인식한 이상, 상대방이 현실적으로 공포심을 일으켰는지 여부와 관계없이 그로써 구성요건은 충족되어 협박죄의 **'기수'**에 이르는 것으로 해석하여야 한다. (나) 결국, 협박죄는 사람의 의사결정의 자유를 보호법익으로 하는 **위험범**이라 봄이 상당하고, 협박죄의 미수범 처벌조항은 해악의 고지가 현실적으로 상대방에게 도달하지 아니한 경우나, 도달은 하였으나 상대방이 이를 지각하지 못하였거나 고지된 해악의 의미를 인식하지 못한 경우 등에 적용될 뿐이다.

68 **[대판 2006도4127]** [금융기관 직원이 전산단말기를 이용하여 다른 공범들이 지정한 특정계좌에 돈이 입금된 것처럼 허위의 정보를 입력하는 방법으로 위 계좌로 입금되도록 한 경우, 컴퓨터 등 사용사기죄의 기수시기] 금융기관 직원이 전산단말기를 이용하여 다른 공범들이 지정한 특정계좌에 돈이 입금된 것처럼 허위의 정보를 입력하는 방법으로 위 계좌로 입금되도록 한 경우, 이러한 입금절차를 완료함으로써 장차 그 계좌에서 이를 인출하여 갈 수 있는 재산상 이익을 취득하였으므로 형법 제347조의2에서 정하는 컴퓨터 등 사용사기죄는 '기수'에 이르렀고, 그 후 그러한 입금이 취소되어 현실적으로 인출되지 못하였다고 하더라도 이미 성립한 컴퓨터 등 사용사기죄에 어떤 영향이 있다고 할 수는 없다.

69 **[대판 2004도5074 전원합의체]** [준강도죄의 미수·기수의 판단 기준] [다수의견] 형법 제335조에서 절도가 재물의 탈환을 항거하거나 체포를 면탈하거나 죄적을 인멸할 목적으로 폭행 또는 협박을 가한 때에 준강도로서 강도죄의 예에 따라 처벌하는 취지는, 강도죄와 준강도죄의 구성요건인 재물탈취와 폭행·협박 사이에 시간적 순서상 전후의 차이가 있을 뿐 실질적으로 위법성이 같다고 보기 때문인바, 이와 같은 준강도죄의 입법 취지, 강도죄와의 균형 등을 종합적으로 고려해 보면, 준강도죄의 기수 여부는 **절도행위의 기수 여부를 기준**으로 하여 판단하여야 한다.

70 **[대판 92도1506]** [부동산에 대한 공갈죄의 기수시기] 부동산에 대한 공갈죄는 그 부동산에 관하여

소유권이전등기를 경료받거나 또는 인도를 받은 때에 기수로 되는 것이고, 소유권이전등기에 필요한 서류를 교부 받은 때에 기수로 되어 그 범행이 완료되는 것은 아니다.

Reference 3

특별한 범죄유형에서의 실행의 착수시기

1 **공동정범의 실행착수:** 공동정범 중 1인이 공동의 범행계획에 따라서 실행에 착수하면 모든 공동정범에 대해 실행의 착수를 인정한다(일부실행 전부책임).

2 **간접정범의 실행착수:** 우리나라의 다수설은 이용자가 피이용자를 이용하기 시작한 때 간접정범의 실행착수를 인정한다(**주관설: 이용행위시설**). 이는 간접정범에서 피이용자는 이용자의 의사지배를 받는 도구에 지나지 않기 때문이라고 이해한 결과이다.

3 **원인에서 자유로운 행위에 있어서의 실행의 착수:** 행위자의 계획에 비추어 볼 때 구성요건 실현행위를 직접 시작할 때, 즉 **범죄실행행위시**를 실행의 착수시기로 인정하여야 할 것이다(예외모델). 왜냐하면 실행의 착수는 구성요건의 정형성을 떠나서는 생각할 수 없을 뿐 아니라, 원인에 있어서 자유로운 행위는 단지 가벌성의 근거만 원인설정행위에서 찾는 것일 뿐이어서 그 실행의 착수시기를 일반적인 경우와 달리 인정해야 할 필요가 없기 때문이다(【36】 참조).

4 **부진정부작위범**[9]**:** 부작위가 '**보호법익**에 대하여 **직접적 위험을 야기하거나 증대시킨 시점**'을 실행의 착수시기로 보는 견해(위험설)가 다수설이다. 예를 들어, 「업무상배임죄는 타인과의 신뢰관계에서 일정한 임무에 따라 사무를 처리할 법적 의무가 있는 자가 그 상황에서 당연히 할 것이 법적으로 요구되는 행위를 하지 않는 부작위에 의해서도 성립할 수 있다. 그러한 부작위를 실행의 착수로 볼 수 있기 위해서는 작위의무가 이행되지 않으면 사무처리의 임무를 부여한 사람이 재산권을 행사할 수 없으리라고 객관적으로 예견되는 등으로 **구성요건적 결과 발생의 위험이 구체화한 상황**에서 부작위가 이루어져야 한다. 그리고 행위자는 부작위 당시 자신에게 주어진 임무를 위반한다는 점과 **그 부작위로 인해 손해가 발생할 위험이 있다는 점을 인식**하였어야 한다」(대판 2020도15529).

5 **교사범 종범:** 교사행위나 방조행위 시가 아니라 **정범이 실행에 나아간 시기를 기준**으로 교사범과 종범의 실행의 착수를 인정한다. 따라서 (1) 「종범은 정범이 실행행위에 착수하여 범행을 하는 과정에서 이를 방조한 경우뿐 아니라, 정범의 실행의 착수 이전에 장래의 실행행위를 미필적으로나마 예상하고 이를 용이하게 하기 위하여 방조한 경우에도 그 후 정범이 실행행위에 나아갔다면 성립할 수 있다」(대판 2013도7494). (2) 그러나 「종범이 처벌되기 위하여는 정범의 실행의 착수가 있는 경우에만 가능하고 형법 전체의 정신에 비추어 정범이 실행의 착수에 이르지 아니한 예비의 단계에 그친 경우에는 이에 가공하는 행위가 예비

---

9) 진정부작위범은 결과의 발생을 요하지 않고 부작위범으로써 기수가 인정되므로 진정부작위범의 미수개념은 인정될 수 없다(불능미수는 제외). 하지만 형법은 **퇴거불응죄**가 진정부작위범임에도 불구하고 미수를 처벌하고 있는데(법322), 이것은 퇴거명령이 있는 것으로 착각하고 부작위하는 것과 같이 불능미수의 경우만을 규정한 것으로 보아야 한다.

의 공동정범이 되는 경우를 제외하고는 종범의 성립을 부정하고 있다고 보는 것이 타당하다」(대판 75도1549).

6 거동범: 거동범의 경우 미수범의 성립가능성이 문제 된다. 거동범의 경우 행위가 종료하면 기수가 되므로 거동범의 미수는 인정하기 어렵다. 다만 **거동범이지만 미수범 처벌규정이 있는 경우**에는 실행의 착수하였으나 실행을 종료하지 못한 때에 미수가 인정될 수 있다. (가) 협박죄의 미수범 처벌규정이나 (나) 주거침입죄에 있어 신체의 일부분이 주거 안으로 들어갔지만 사실상 주거의 평온을 해할 정도에 이르지 않은 경우에는 미수를 인정할 수 있다.[10)]

7 결합범: 결합범의 경우 (가) 결합범을 구성하는 최초의 행위에 대한 실행의 착수가 있으면 전체에 대한 실행의 착수가 인정된다. 예를 들어, **강도죄나 강간죄**는 폭행 또는 협박행위가 있는 때에 실행의 착수가 인정된다. 그러나 (나) 일부 결합범의 경우 그 결합의 방법에 따라 단순히 최초의 행위에 대한 실행이 있었다는 것만으로는 실행의 착수를 인정할 수 없는 경우도 있다. 예를 들어, **강도살인죄 또는 강간살인죄**는 폭행·협박한 때가 아니라 강도범 또는 강간범이 살해행위를 개시한 때에 실행의 착수가 있다. 같은 맥락에서 강도상해죄의 경우도 상해의 기수·미수에 따라 결정되고, 강도의 기수·미수는 불문한다. 따라서 강도가 미수에 그쳤으나 상해가 발생하였다면 강도상해죄의 기수가 된다.

10) 그러나 신체의 일부만 들어간 것에 대해 대법원은 기수를 인정하였다(대판 94도2561).

41 중지미수에 있어서 '자의성'의 판단기준

* 대법원 1993. 10. 12. 선고 93도1851 판결
* 참조조문: 형법 제26조[1])

다음에 만나 친해지면 응해 주겠다는 피해자의 간곡한 부탁에 따라 강간행위의 실행을 중지한 경우를 중지미수로 볼 수 있는가?

●**사실**● 피고인 X는 피해자 A를 강간할 마음을 먹고 폭행한 다음 강간하려 하였으나 A가 다음번에 만나 친해지면 응해 주겠다는 취지의 간곡한 부탁으로 인해 그 이상 강간의 실행행위에 나아가지 아니하고 A를 자신의 차에 태워 집에까지 데려다 주었다. 원심은 이 사안을 장애미수로 판단하였다. 피고인이 상고했다.

●**판지**● **파기환송.** 「피고인이 피해자를 강간하려다가 피해자의 다음번에 만나 친해지면 응해 주겠다는 취지의 간곡한 부탁으로 인하여 그 목적을 이루지 못한 후 피해자를 자신의 차에 태워 집에까지 데려다 주었다면 피고인은 자의로 피해자에 대한 강간행위를 중지한 것이고 피해자의 다음에 만나 친해지면 응해 주겠다는 취지의 간곡한 부탁은 **사회통념상** 범죄실행에 대한 장애라고 여겨지지는 아니하므로 피고인의 행위는 **중지미수에 해당**한다」.

●**해설**● 1 본 판결은 중지미수의 자의성에 관한 리딩케이스이다. 대상판결에서 주의 깊게 볼 점은 피고인 X의 중지행위가 아무런 윤리적 후회나 반성에 기초하지 아니하였음에도 불구하고 대법원이 중지미수를 인정한 부분이다. 중지미수는 범죄의 실행행위에 착수하고 그 범죄가 완수되기 전에 자기의 **자유로운 의사에 따라** 범죄의 실행행위를 중지하는 것으로서 장애미수와 대칭되는 개념이다. 중지의 '자의성' 여부에 따라 중지미수의 **필요적 감면의 혜택**을 볼 수 있기 때문에 '자의성'판단은 상당히 중요한 의미를 가진다.

2 이 '자의성'판단, 즉 행위자에게 어떠한 주관적 사정이 존재할 때, 자신의 의지에 따라 중지했다고 말할 수 있을 것인가와 관련하여, (a) 행위자 본인을 기준으로 후회나 동정, 연민, 죄책감 등 윤리적 동기가 있는 경우에만 자의성을 인정하는 **주관설**과 (b) 행위자의 내부 원인으로 중지·방지한 경우에는 중지미수이고 외부사정으로 범죄가 미완성된 경우는 장애미수로 보는 **객관설** 그리고 (c) 가령 하고자 하였지만 할 수 없었던 경우는 장애미수, 할 수 있었지만 하지 않은 경우는 중지미수로 보는 **프랑크공식** (d) 범행의 중지가 불법으로부터 '합법으로의 회귀'로 평가될 수 있을 때(**'비이성적' 중지**) 자의성을 긍정하는 **규범설**[2])로 나뉜다.

3 사안의 경우, 규범설이나 주관설의 입장에서는 중지미수로 보기 어렵다. '범의의 종국적 포기'가 없

---

1) 형법 제26조(중지범) 범인이 실행에 착수한 행위를 **자의로** 중지하거나 그 행위로 인한 결과의 발생을 자의로 방지한 경우에는 **형을 감경하거나 면제한다.**

2) 규범설에 의하면 **'비이성적 중지'**, '합법성으로의 회귀' 등으로 평가될 수 있을 때에 자의성을 인정할 수 있다고 본다. 서구적 사고에서 '이성(理性)'이란 수학적 능력을 말한다. 즉 계산할 수 있는 능력을 의미한다. 따라서 행위자가 범행 현장에서 자신에게 좀 더 이로운 것을 얻기 위해 **계산하여 보고 중지한 경우**라면 자의성을 부정한다. 반면 **계산없이 즉 비이성적으로** 범행을 중지하였다면 자의성이 인정된다고 보는 것이 규범설의 입장이다.

고, '윤리적 동기에 의한 포기'가 아니기 때문이다. 객관설에 의하면 내부적 동기에 따라 범행을 중지했기 때문에 중지미수가 되고, **프랑크공식**에 의하여도 "할 수 있었음에도 불구하고 그만 두었기" 때문에 중지미수가 성립한다.

4 중지미수와 장애미수를 구분함에 있어서 법원은 「범죄의 미수가 자의에 의한 중지이냐 또는 어떤 장애에 의한 미수이냐에 따라 가려야 하고 특히 자의에 의한 중지 중에서도 **일반사회통념상 장애에 의한 미수라고 보여지는 경우를 제외한 것을 중지미수라고 풀이함이 일반**이다」(대판 85도2002)고 판단하여 절충적 입장을 보이고 있다. 이는 중지의 동기가 **자율적 동기**인가 **타율적 동기**인가를 구별하여 전자의 경우에만 자의성을 인정하는 견해이다(절충설). 그러나 자율적 동기와 타율적 동기의 구분은 명확하지 않다.[3]

5 형사정책적 관점에서 보더라도 자의성의 요건은 행위자의 단념에 대한 포상을 통하여 결과를 방지한다는 목적에 합치하는 것으로 해석하지 않으면 안 된다. 즉, 중지범의 입법 취지는 중지범이라는 **황금의 다리**를 놓아 범죄인이 다시 정상적인 법의 세계로 돌아올 것을 기대하는 것이다. 따라서 대상판결에서 대법원이 자의성의 범위를 윤리적 후회나 반성과 연결시키지 않은 것은 타당하다고 생각된다. 자율적으로 중지한 이상 그것이 윤리적으로 정당한 가치를 가질 것 까지는 요하지 않는다.

6 사안에서 법원은 행위자의 종국적 포기를 요구하지 않고 있다. X가 A를 강간할 마음을 먹고 폭행한 다음 강간하려 하였으나 A가 다음번에 만나 친해지면 응해 주겠다는 취지의 간곡한 부탁으로 인해 그 이상 강간의 실행행위에 나아가지 아니한 것은 자의로 피해자에 대한 강간행위를 중지한 것으로 볼 수 있고 나아가 피해자가 다음에 만나 친해지면 응해 주겠다는 취지의 간곡한 부탁은 사회통념상 범죄 실행에 대한 장애라고 여겨지지는 아니하므로 X의 행위는 중지미수에 해당한다고 할 것이다. 판단하였다.

7 예비의 중지 한편 예비행위를 한 후 자의로 실행행위를 중지한 경우 중지범에 관한 규정을 준용하여 그 형을 필요적으로 감면할 수 있는지가 문제 된다. 이는 예비의 중지행위를 예비죄로 처벌하게 되면 중지미수와 **형벌균형이 맞지 않기 때문**에 나온 문제이다. 법원은 **'예비의 중지' 개념을 부정**한다. 「중지범은 범죄의 **실행에 착수한 후** 자의로 그 행위를 중지한 때를 말하는 것이고, 실행의 착수가 있기 전인 예비음모의 행위를 처벌하는 경우에 있어서는 중지범의 관념은 이를 인정할 수 없다」(대판 91도436).

8 공범과 중지미수 또한 **공범에서 중지미수**가 인정되기 위해서는 다른 공범의 범행을 중지하게 하지 아니한 이상 자기만의 범의를 철회, 포기하여도 중지미수가 인정될 수는 없다(대판 85도2831, Ref 2-2).

9 착수미수의 중지와 실행미수의 중지 형법 제26조는 중지미수를 규정하면서 "실행의 중지 또는 결과발생의 방지"라는 표현을 사용하고 있다. 때문에 중지미수에는 ① 이미 개시한 범행이 기수에 이르기 위한 범행의 계속을 중단하는 **착수미수**와 ② 실행행위는 끝냈지만 결과가 발생하기 전에 그 결과 발생을 방지하는 **실행미수**가 있다. 착수미수의 경우는 '부작위만'으로도 중지미수가 가능하지만 실행미

3) 대상판결과 「대판 92도917」(Ref 1-5)은 범죄를 모면하는 상황이 유사함에도 불구하고 대상판결의 경우에는 자의성이 인정되었음에 반하여 후자의 경우에는 자의성이 부정되고 있다.

수의 경우에는 결과발생 방지에 대한 행위자의 **적극적인 작위행위**가 있어야 한다(Ref 3-1). 이 경우 타인의 도움을 받아 행하여도 무방하다. 다만 그 타인은 행위자로 인하여 행위하였을 것을 필요로 한다. **착수미수와 실행미수의 구별**은 행위자의 주관과 범죄계획을 떠나서 판단하기 곤란하다. 따라서 행위자의 주관을 기준으로 판단하여야 할 것이다**(주관설)**.

10 결과의 불발생 그리고 실행미수의 경우, 행위자가 결과발생을 아무리 진지하게 방지하였다 하더라도 '결과가 발생'하게 되면 기수가 된다. 판례도 대마관리법 위반과 관리하여 「피고인이 대마 2상자를 사가지고 돌아오다 이 장사를 다시 하게 되면 내 인생을 망치게 된다는 생각이 들어 이를 불태웠다고 하더라도 이는 양형에 참작되는 사유는 될 수 있을지언정 **이미 성립한 죄에는 아무 소장이 없어** 이를 중지미수에 해당된다 할 수 없다」고 하였다(대판 83도2629). 대마관리법 제19조 제1항 제2호의 위반죄는 대마를 매매함으로써 이미 성립하는 것이므로 사안에서와 같이 **매매** 이후에 이를 불태웠다 하더라도 이는 **기수 이후**의 일이다.

Reference 1

행위자의 '자의성'을 부정한 사례들

1 **[대판 2011도10539]** 피고인이 甲에게 위조한 예금통장 사본 등을 보여주면서 외국회사에서 투자금을 받았다고 거짓말하며 자금 대여를 요청하였으나, 甲과 함께 그 입금 여부를 확인하기 위해 은행에 가던 중 은행 입구에서 차용을 포기하고 돌아가 사기미수로 기소된 사안에서, 피고인이 **범행이 발각될 것이 '두려워' 범행을 중지**한 것으로서 **일반 사회통념상 범죄를 완수함에 장애가 되는 사정에 해당**하여 자의에 의한 중지미수로 볼 수 없다.

2 **[대판 99도640]** 피고인이 피해자를 살해하려고 그의 목 부위와 왼쪽 가슴 부위를 칼로 수회 찔렀으나 피해자의 가슴 부위에서 많은 피가 흘러나오는 것을 발견하고 **'겁을 먹고' 그만 두는** 바람에 미수에 그친 것이라면, 위와 같은 경우 **많은 피가 흘러나오는 것에 놀라거나 두려움을 느끼는 것은 일반사회통념상 범죄를 완수함에 장애가 되는 사정에 해당한다**고 보아야 할 것이므로, 이를 자의에 의한 중지미수라고 볼 수 없다.

3 **[대판 97도957]** 피고인이 장롱 안에 있는 옷가지에 불을 놓아 건물을 소훼하려 하였으나 불길이 치솟는 것을 보고 **겁이 나서** 물을 부어 불을 끈 것이라면, 위와 같은 경우 **치솟는 불길에 놀라거나 자신의 신체안전에 대한 위해 또는 범행발각 시의 처벌 등에 '두려움'을 느끼는 것**은 일반사회통념상 범죄를 완수함에 장애가 되는 사정에 해당한다고 보아야 할 것이므로, 이를 자의에 의한 중지미수라고는 볼 수 없다.

4 **[대판 93도347]** 피고인이 두려움으로 항거불능의 상태에 있는 피해자의 양 손을 뒤로 하여 기저귀로 묶고 눈을 가린 후 하의를 벗기고 강간하려고 하였으나 (가) 잠자던 피해자의 어린 딸이 **깨어 우는 바람**에 도주하였고, 또 다른 피해자를 강간할 마음을 먹고 두려움으로 항거불능의 상태에 있는 피해자에게 옷을 벗으라고 협박하여 피해자를 강간하려고 하였으나 (나) 피해자가 시장에 간 **남편이 곧 돌아온다**고 하면서 **임신 중**이라고 말하자 도주하였다는 것인바, 그렇다면 피고인이 자의로 강간행위를 중지하였다고 볼 수는 없을 것이다.

5 **[대판 92도917]** 피고인 갑, 을, 병이 강도행위를 하던 중 피고인 갑, 을은 피해자를 강간하려고 작은 방으로 끌고 가 팬티를 강제로 벗기고 음부를 만지던 중 피해자가 **수술한 지 얼마 안 되어 배가 아프다면서 애원하는 바람**에 그 뜻을 이루지 못하였다면, 강도행위의 계속 중 이미 공포상태에 빠진 피해자를 강간하려고 한 이상 강간의 실행에 착수한 것이고, 피고인들이 간음행위를 중단한 것은 피해자를 불쌍히 여겨서가 아니라 피해자의 **신체조건상 강간을 하기에 지장이 있다고 본 데에 기인**한 것이므로, 이는 일반의 경험상 강간행위를 수행함에 장애가 되는 외부적 사정에 의하여 범행을 중지한 것에 지나지 않는 것으로서 중지범의 요건인 자의성을 결여하였다.

6 **[대판 85도2339]** 범행당일 미리 제보를 받은 세관직원들이 범행 장소 주변에 잠복근무를 하고 있어 그들이 왔다 갔다 하는 것을 본 피고인이 **범행의 발각을 '두려워'**한 나머지 자신이 분담하기로 한 실행행위에 이르지 못한 경우, 이는 피고인의 자의에 의한 범행의 중지가 아니어서 형법 제26조 소정의 중지범에 해당한다고 볼 수 없다.

7 **[대판 85도2002]** 이 사건 범행은 원료불량으로 인한 **제조상의 애로, 제품의 판로문제, 범행탄로시의 처벌공포, 원심 공동피고인의 포악성** 등으로 인하여 히로뽕 제조를 단념한 것이므로 …… 그와 같은 사정이 있었다는 사정만으로는 이를 중지미수라 할 수 없다.

8 **[대판 84도1381]** 피고인이 기밀탐지임무를 부여받고 대한민국에 입국 기밀을 탐지 수집 중 **경찰관이 피고인의 행적을 탐문하고 갔다는 말을 전해 듣고** 지령사항수행을 보류하고 있던 중 체포되었다면 피고인은 기밀탐지의 기회를 노리다가 검거된 것이므로 이를 중지범으로 볼 수는 없다.

9 **[대판 78도2175]** 타인의 재물을 공유하는 자가 공유자의 승낙을 받지 않고 공유대지를 담보에 제공하고 가등기를 경료한 경우 횡령행위는 기수에 이르고 **그 후 가등기를 말소했다고 하여 중지미수에 해당하는 것이 아니며** 가등기말소 후에 다시 새로운 영득의사의 실현행위가 있을 때에는 그 두개의 횡령행위는 경합범 관계에 있다.

Reference 2

공동정범에 있어서의 중지미수

1-1 **[대판 2004도8259] 다른 공범의 범행을 중지하게 하지 아니한 이상 자기만의 범의를 철회, 포기하여도 중지미수로는 인정될 수 없는 것**인바, 기록에 의하면, 피고인은 원심 공동피고인과 합동하여 피해자를 텐트 안으로 끌고 간 후 원심 공동피고인, 피고인의 순으로 성관계를 하기로 하고 피고인은 위 텐트 밖으로 나와 주변에서 망을 보고 원심 공동피고인은 피해자의 옷을 모두 벗기고 피해자의 반항을 억압한 후 피해자를 1회 간음하여 강간하고, 이어 피고인이 위 텐트 안으로 들어가 피해자를 강간하려 하였으나 피해자가 반항을 하며 강간을 하지 말아 달라고 사정을 하여 강간을 하지 않았다는 것이므로, 앞서 본 법리에 비추어 보면 위 구본선이 **피고인과의 공모 하에 강간행위에 나아간 이상 비록 피고인이 강간행위에 나아가지 않았다 하더라도 중지미수에 해당하지는 않는다**고 할 것이다.

1-2 **[대판 83도2941]** 행위자 상호간에 범죄의 실행을 공모하였다면 **다른 공모자가 이미 실행에 착수한 이**

후에는 그 공모관계에서 이탈하였다고 하더라도 공동정범의 책임을 면할 수 없는 것이므로 피고인 등이 금품을 강취할 것을 공모하고 피고인은 집 밖에서 망을 보기로 하였으나, 다른 공모자들이 피해자의 집에 침입한 후 담배를 사기 위해서 망을 보지 않았다고 하더라도, 피고인은 판시 강도상해죄의 공동정범의 죄책을 면할 수가 없다.

2 **[대판 85도2831]** 피고인 X는 공동피고인 Y와 그 절도범행을 공모하고 그 범행 장소인 "천광상회" 앞에서 망을 보기로 하였다가 그 천광상회 앞에 이르기에 앞서 자의로 그 범행을 중지하기로 결의하고, Y가 그 천광상회에 들어가 절취할 물건을 물색하고 있는 도중에 그 상회주인 A를 찾아 그에게 Y의 침입사실을 알리고 그와 합세하여 Y를 체포하여서 그와 공동하여 하기로 한 절취행위를 그 장애미수에 이르지 아니한 상태에서 중지시키거나 그 결과발생을 방지하기에 이른 사실을 인정할 수 있어 X는 **그 공동정범에 있어서의 중지범의 요건을 갖춘다고 할 것이므로 그에 대하여 형법 제26조를 적용하여 형을 면제한 원심의 조치는 정당**하고 거기에 소론과 같은 위법이 있다할 수 없으므로 위 항소이유는 받아들일 수 없다.

Reference 3

실행미수에 있어서의 중지미수(결과발생방지의 진지성)

1 실행미수의 중지에 있어서는 착수미수에서와 같이 단순히 행위의 계속을 부작위하는 것으로는 족하지 않고 행위자가 자의에 의하여 결과의 발생을 스스로 방지하는 **진지한 적극적 행위**가 있어야 한다. 이와 관련된 일본 판례를 소개한다. **[東京地判平成7年10月24日(判時1596号125頁)]** ●**사실**● 피고인 X는 일격에 살해할 의도로 취침 중인 양녀 A(범행당시 13세)의 왼쪽흉부를 식칼로 1회 찌른 후, 자택에 불을 질렀으나 A가 「아버지, 살려주세요!」라고 애원하자 갑자기 불쌍한 생각이 들어, 불길에 휩싸이기 전에 A를 구하기 위해 현관에서부터 집 밖으로 A를 끌어내었고, 이웃 주민 B의 출입구 문을 열고 그 집안까지 끌고 갔지만, 그 장소에서 의식을 잃고 쓰러졌다. 그러나 오전 3시 55분경에 우연히 그 곳을 지나던 통행인이 이를 발견하고 110번으로 연락하여, A는 병원으로 수송된 뒤, 긴급수술을 받고 생명을 건졌다(A는 약 2개월의 치료를 요하는 상해를 입었다). 사안에서 X의 행위는 살인미수죄에 해당하지만, 중지범의 성립여부가 문제가 되었다. ●**판지**● 「X는 A를 X의 집에서부터 B의 집 안까지 끌고 왔지만, 그 이상의 행위에는 이르지 못하고 있는 것으로서 당시의 시간적, 장소적 상황에 비추어 볼 때, 위에서 기술한 정도의 X의 행위가 **결과발생을 스스로 방지한 것과 동일시할 만큼의 적극적인 행위**를 행한 것이라고 까지는 말하기 어렵고, A가 목숨을 건진 것은, 우연히 그곳을 지나던 통행인의 110번 신고에 의해 병원으로 이송되어 긴급수술을 받은 결과에 의한 것임을 고려하면, 본건이 X의 중지행위에 의해 현실적으로 결과의 발생이 방지된 사안이라고는 볼 수 없다」. ●**해설**● 동경지방재판소는 본 건은 실행미수에 해당되는 사안이기에 X의 임의적이고도 자발적 중지행위에 의해, 현실적인 결과의 발생이 방지되지 않으면 안 된다고 하면서 우선, 임의적이고도 자발적 중지로 볼 수 있을 것인지에 대해서는 소위 연민의 정에 기초한 것으로 이를 긍정하였지만 **결과발생방지 행위의 유무**에 관하여는 위와 같이 판시하며 중지범 성립을 부정하였다. 나아가 부상을 입힌 뒤, 의사에게 보이게 한 경우에도 결과방지에 대한 **진지한 노력이 부족**하다고 보아 중지미수를 부정한 판례가 있다. **大阪高判昭和44年10月17日**(判タ244-290)은 자창을 입힌 뒤, 피해자가 애원을 하자 피해자를 자신이 운전하는 자동차에 태워, 가까운 병원으로 이송하여 의사에게 인도한 결과 목숨을 살렸음에도 불구하고, ① 범인이 자기 자신이라는 사실과 분명하게 흉기 등의 설명을 하지 않았고, ② 치료 등에 대해 자기가 경제적으로 부담할

것 약속하는 등의 구조를 위한 만전의 행동을 취한 것으로는 볼 수 없다는 이유 등을 근거로 그 정도로는 아직 결과발생의 방지를 위해 피고인이 진지하게 노력을 다한 것으로 인정하기에는 부족하다고 판시했다.[4)]

4) 前田雅英 · 星周一郎/박상진 · 김잔디(역), 최신중요 일본형법판례 250선(총론편), 2021, 36–37면.

42 항거불능상태와 준강간죄의 불능미수

* 대법원 2019. 3. 28. 선고 2018도16002 전원합의체 판결
* 참조조문: 형법 제27조,[1] 제299조,[2] 제300조[3]

준강간죄에 있어 불능미수의 성부

●**사실**● 피고인 X는 2017.4.17. 22:30경 자신의 집에서 자신의 처 그리고 피해자 A와 함께 술을 마시다가 다음날 01:00경 처가 먼저 잠이 들고 02:00경 A도 안방으로 들어가자 A를 따라 들어간 뒤, 누워 있는 A의 옆에서 A의 가슴을 만지고 팬티 속으로 손을 넣어 음부를 만지다가, 몸을 비틀고 소리를 내어 상황을 벗어나려는 A의 입을 막고 바지와 팬티를 벗긴 후 1회 간음하여 강간하였다. X는 A가 술에 만취하여 **항거불능의 상태에 있다고 오인**하여 누워 있는 A를 위와 같은 방법으로 1회 간음하였으나 실제로는 A가 반항이 불가능할 정도로 술에 취하지는 않았다. 군검사는 X에 대해 강간을 주위적 공소사실로 준강간을 예비적 공소사실로 기소하였다.

제1심은 군검사가 제출한 증거들만으로는 항거를 불가능하게 하거나 현저히 곤란하게 할 정도의 폭행 또는 협박이 있었을 것이라고 쉽사리 단정할 수 없다는 등의 이유로 ① 주위적 공소사실인 **강간 부분은 무죄**로 판단하고, ② 예비적 공소사실인 **준강간 부분을 유죄**로 판단하였다. 이에 피고인만 항소하였다.

원심은 X가 이 사건 당시 심신상실 또는 항거불능의 상태에 있었다고 인정하기에 부족하다는 이유로 ① 제1심에서 유죄가 인정된 **준강간 부분에 대해서는 무죄**로 판단하고, ② 예비적 공소사실로 추가한 **준강간의 불능미수 부분에 대해서는 유죄**로 판단하였다. 이에 X는 유죄부분에 대해서 상고하였다.

●**판지**● **상고기각.** 「**[다수의견]** 피고인이 피해자가 심신상실 또는 항거불능의 상태에 있다고 인식하고 그러한 상태를 이용하여 간음할 의사로 피해자를 간음하였으나 피해자가 실제로는 심신상실 또는 항거불능의 상태에 있지 않은 경우에는, 실행의 수단 또는 대상의 착오로 인하여 준강간죄에서 규정하고 있는 **구성요건적 결과의 발생이 처음부터 불가능**하였고 실제로 그러한 결과가 발생하였다고 할 수 없다. 피고인이 준강간의 실행에 착수하였으나 범죄가 기수에 이르지 못하였으므로 **준강간죄의 미수범**이 성립한다. (가) 피고인이 **행위 당시에 인식한 사정을 놓고** (나) **일반인이 객관적으로 판단**하여 보았을 때 준강간의 **결과가 발생할 위험성**이 있었으므로 **준강간죄의 불능미수**가 성립한다」.

[반대의견] 다수의견은 구성요건해당성 또는 구성요건의 충족의 문제와 형법 제27조에서 말하는 결과 발생의 불가능의 의미를 혼동하고 있다. 만약 다수의견처럼 보게 되면, 피고인의 행위가 검사가 공소 제기한 범죄의 구성요건을 충족하지 못하면 그 결과의 발생이 불가능한 때에 해당한다는 것과 다름없고, 이 사건처럼 검사가 공소장에 기재한 적용법조에서 규정하고 있는 범죄의 구성요건요소가 되는 사실을 증명하지 못한 때에도 불능미수범으로 처벌할 수 있다는 결론에 이르게 된다. 이러한 해석론은 근대형법의 기본원칙인 죄형법정주의를 전면적으로 형해화하는 결과를 초래하는 것이어서 도저히 받아들일 수 없다.

---

1) 형법 제27조(불능범) **실행의 수단** 또는 **대상의 착오**로 인하여 결과의 발생이 불가능하더라도 **위험성**이 있는 때에는 처벌한다. 단, 형을 감경 또는 면제**할 수 있다.**

2) 형법 제299조(준강간, 준강제추행) 사람의 **심신상실 또는 항거불능의 상태를 이용**하여 간음 또는 추행을 한 자는 제297조, 제297조의2 및 제298조의 예에 의한다.

3) 형법 제300조(미수범) 제297조, 제297조의2, 제298조 및 **제299조의 미수범은 처벌한다.**

●**해설**● 1 사안은 불능미수의 성부에 관한 판결이다. 사안에서 X는 A가 심신상실 또는 항거불능의 상태에 있다고 인식하고 그러한 상태를 이용하여 간음할 의사로 A를 간음하였으나 실제로는 A가 심신상실 또는 항거불능의 상태에 있지 않은 상황이다.[4] 대법원 다수의견은 이런 상황이 구성요건적 결과의 발생이 처음부터 불가능했으나 위험성이 있는 경우라 판단한 것이다. 하지만 반대의견은 간음행위가 이루어졌고 그에 따라 성적 자기결정권의 침해가 있다면 미수범이 아니라 기수범이 될 것이고, 만약 '수단 또는 대상의 착오'가 아니어서 그와 같은 침해가 없었다면 처음부터 구성요건에 해당되지 않아 무죄가 될 것이라 주장한다.

2 **불능미수**란 범의를 가진 자가 일정한 행위를 하였으나 실행의 수단 또는 대상의 착오로 인하여 결과발생이 불가능하였지만 법익침해의 **위험성**이 인정되는 미수를 말한다. 위험성은 불능범의 **행위불법**에 관련된 요건이다. 형법 제27조는 불능미수범을 처벌하고 있다. 불능미수는 처음부터 결과발생이 불가능하다는 점에서, 처음부터 결과발생이 가능한 **'장애미수'**와는 구별된다.

3 법원은 위험성 판단을 **추상적 위험범설**의 입장에서 판단하고 있다. 즉, 대법원의 판단은 X가 준강간의 고의로 A를 간음하였으나, 실제 A는 심신상실 또는 항거불능의 상태에 있지 않아 실행의 수단 또는 대상의 착오로 인하여 준강간의 결과발생이 불가능한 경우에 해당하고, **피고인이 행위 당시에 인식한 사정을 놓고 일반인이 객관적으로 판단**하여 보았을 때 결과발생의 가능성이 있으므로 **위험성이 인정**된다고 보았다. 따라서 X에게는 **준강간죄의 불능미수**가 성립한다고 판단하였다.

4 형법 제27조에서 규정하고 있는 불능미수는 행위자에게 범죄의사가 있고 실행의 착수라고 볼 수 있는 행위가 있지만 실행의 수단이나 대상의 착오로 처음부터 구성요건이 충족될 가능성이 없는 경우이다. 다만 결과적으로 구성요건의 충족은 불가능하지만, 그 행위의 **위험성이 있으면 불능미수**로 처벌한다. 불능미수는 행위자가 실제로 존재하지 않는 사실을 존재한다고 오인하였다는 측면에서 존재하는 사실을 인식하지 못한 **사실의 착오**와 다르다.

5 **위험성판단의 기준** 불능미수는 결과발생이 불가능하더라도 **'위험성'**이 있다고 평가되는 경우이다. 만약 '위험성'이 없으면 **불능범**으로 되어 범죄가 되지 아니한다. 따라서 '위험성'은 범죄와 비범죄를 나누는 기준이 된다. 이 위험성 판단과 관련해서는 다양한 견해가 있다. (a) 주관설, (b) 객관설, (c) 구체적 위험설, (d) 추상적 위험설이 그것이다. 현재 범죄의사를 실현하려는 행위만 있으면 불능미수를 인정하는 **주관설**과 절대적 불능과 상대적 불능을 구별하여 절대적 불능의 경우는 불능범으로 상대적 불능의 경우는 불능미수로 보는 **객관설**을 지지하는 학자는 없다. 따라서 의미 있는 대립은 구체적 위험설과 추상적 위험설 중 어떤 학설을 취할 것인가에 있다.

6 (c) **구체적 위험설**은 행위 당시에 일반인이 인식할 수 있었던 사정뿐만 아니라 행위자가 특별히 인식하고 있던 사정을 판단의 기초로 하여 **일반인의 기준으로** 위험성의 유무를 판단하는 입장이다. 예를

4) 준강간죄(법299)에서의 '항거불능의 상태'라 함은 강간죄(법297), 강제추행죄(법298조)와의 균형상 심신상실 이외의 원인 때문에 **심리적 또는 물리적으로 반항이 절대적으로 불가능하거나 현저히 곤란**한 경우를 의미한다(대판 98도3257).

들면, 사체에 대한 살해와 같이 객체의 불능일 경우 일반인의 입장에서도 그 사체가 살아 있었다고 생각하였다면 불능미수이지만, 통상적으로 일반인이 사체라고 생각할 경우에는 불능범이 된다. 구체적 위험설이 행위자가 특별히 알고 있었던 사정을 문제 삼는 것은, 예컨대, 중증의 당뇨병 환자를 설탕으로 살해한 사례를 가정할 때, 일반인이 피해자의 당뇨병을 알 수 없는 이상 불능범이 되지만, 본인이 특별히 그 사실을 알고 있었다면 미수범으로서 처벌되어야 할 것으로 생각되기 때문이다. (b) **추상적 위험설**은 **행위 당시에 행위자가 인식한 사정을 판단의 기초**로 하여(행위자가 인식한 내용대로 타고 들어가) 일반인의 기준으로 판단한다. 예를 들어, 유황을 먹이면 사람이 죽는다고 생각하고 유황오리를 먹인 경우에 있어 행위자의 인식에 기초하더라도 **일반인이 판단하기로는 도저히 결과발생이 불가능**하다고 보아 위험성을 부정하게 되어 **불능범**이 된다. 반면 살아 있다 생각하고 총을 발사하였으나 이미 죽어 있는 사체인 경우에는 위험성이 인정되어 살인죄의 불능미수가 인정된다. 구체적 위험설이 행위의 객관적 위험성에 중점을 두는 반면, 추상적 위험설은 행위자의 주관적 위험성에 중점을 둔다.

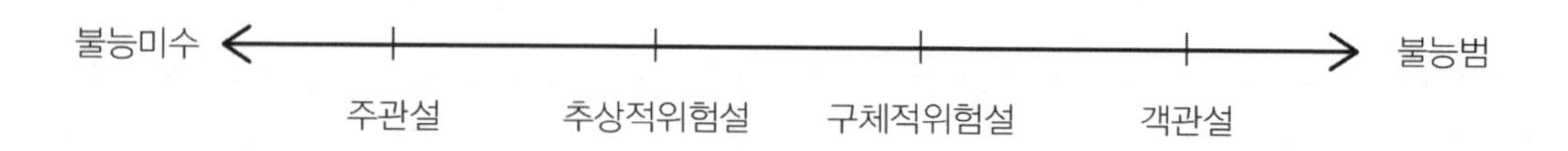

7 판례는 위험성 판단과 관련하여 과거에는 구객관설을 취한 적도 있으나 근래에는 **추상적 위험설**을 따르고 있다. 「불능범과 구별되는 불능미수의 성립요건인 '위험성'은 **피고인이 행위 당시에 인식한 사정을 놓고 일반인이 객관적으로 판단**하여 결과발생의 가능성이 있는지 여부를 따져야 한다」(대판 2005도8105). 대상판결도 그 선상 위에 있다.

8 대상판결은 피고인이 피해자가 심신상실의 상태에 있다고 인식하여 피해자의 성기에 손가락을 넣었으나 피해자가 실제로는 심신상실의 상태에 있지 않았던 사안에서 피고인의 행위는 준유사강간죄의 불능미수에 해당할 여지가 많다고 판시하였던 2015도7343 판결(Ref 1)의 연장선상에서 준강간죄의 불능미수를 인정하고 있다. 특히 대상판결은 종래 모호했던 형법 제27조의 적용과 해석에 관한 판단기준을 명확히 했다는 점에 의의가 크다.

Reference 1

[대판 2015도7343] 피해자는 피고인 및 피해자의 남자친구 등과 함께 술을 마시다가 만취하여 남자친구의 등에 업혀 피고인의 집에 가게 된 사실, 피해자는 남자친구와 피고인의 집 안방 침대에 같이 누워 있었는데, 피고인은 열려 있던 안방 문 앞에 계속 서 있다가 피해자에게 다가가서 피해자를 툭툭 쳐보고, 이불을 들추어 속옷이 들어난 피해자를 한참 쳐다보았으나 피해자가 아무런 반응을 하지 않았던 사실, 이에 피고인은 이불을 덮은 후 이불 속으로 손을 넣어 피해자의 엉덩이와 다리를 만지고, 팬티 위로 음부를 만지다가 팬티 속으로 손을 넣어 음부에 손가락을 집어넣은 사실, 피해자는 피고인이 안방 문 앞에 서 있을 때부터 음부에 손가락을 집어넣을 때까지 자지 않고 깨어 있었음에도 피해자가 G에 있는 미용실 중 한 곳에 미용사로 이직하는 것을 고려하고 있는 입장에서 피고인이 G에서 미용실을 운영하고 있을 뿐만 아니라, 남자친구가 피고인이 운영하는 미용실의 직원으로 근무하고 있는 점 때문에 어떻게

대처해야 할지 고민하다가 피고인의 위와 같은 행위에 대해 아무런 대응을 하지 않고 잠을 자는 척 하고 있었던 사실을 알 수 있다. 위와 같은 사실에 의하면, 피고인은 피해자가 심신상실의 상태에 있다고 인식한 채 이를 이용하여 피해자의 성기에 손가락을 넣겠다는 의사로 위와 같은 행위를 하여 피고인은 준유사강간의 고의를 가지고 있었다고 할 것이고, 비록 피고인이 피해자의 의사에 반하여 피해자의 성기에 손가락을 넣었으나, (가) **피해자가 실제로는 심신상실의 상태에 있지 않음으로써 대상의 착오로 인하여 유사강간 결과의 발생이 불가능하였으며,** (나) 피고인이 행위 당시에 인식한 사정을 놓고 객관적으로 일반인의 판단으로 보았을 때 **유사강간의 결과가 발생할 위험성도 있다고 할 것**이므로, 결국 피고인의 위와 같은 행위는 **준유사강간죄의 불능미수에 해당할 여지가 많다.**

Reference 2

불능범의 위험성 판단기준

1 **[대판 77도4049] 파기환송. ●사실●** 피고인은 염산메칠에페트린 1.5kg을 소지하고 있다가 검거되었다. 염산메칠에페트린은 해열제 등 일반의약품으로 쓰이는 것이지만, 만약 그로부터 메칠기를 빼낼 수만 있다면 메스암페타민(속칭 히로뽕)의 제조원료인 염산에페트린이 된다. 염산메칠에페트린으로 메스암페타민을 생성하기 위해서는 염산에페트린이 원료로 사용되어야 하고, 염산에페트린은 일반의약품에 불과하다. 피고인은 소지 중이던 염산메칠에페트린 1.5kg은 30만원을 주고 매입한 것이라고 주장하였다. 검사는 피고인을 습관성의약품관리법위반죄로 공소제기하였다. **●판지●** [1] 불능범의 판단기준으로서 **위험성 판단**은 (가) 피고인이 **행위 당시에 인식한 사정을 놓고** 이것이 (나) **객관적으로 일반인의 판단으로 보아 결과발생의 가능성이 있느냐를 따져야** 하므로 히로뽕제조를 위하여 에페트린에 빙초산을 혼합한 행위가 불능범이 아니라고 인정하려면 위와 같은 사정을 놓고 객관적으로 제약방법을 아는 **과학적 일반인의 판단으로** 보아 결과발생의 가능성이 있어야 한다.[5] [2] 본건 피고인의 행위의 위험성을 판단하려면 피고인이 행위당시에 인식한 사정, 즉 원심이 인정한 대로라면 에페트린에 빙초산을 혼합하여 80~90도의 가열하는 그 사정을 놓고 이것이 객관적으로 제약방법을 아는 일반인(과학적 일반인)의 판단으로 보아 결과발생의 가능성이 있느냐를 따졌어야 할 것이거늘 이 점 심리절차 없이 다시 말해서 어째서 위험성이 있다고 하는지 그 이유를 밝힌바 없어 위험성이 있다고 판단한 조치에는 이유 불비의 위법 아니면 불능범 내지는 위험성의 법리를 오해한 잘못이 있다. **cf) '추상적 위험설'**의 입장에서 위험성 여부를 판단한 사례이다.

(1) 결과발생이 불가능하지만 위험성은 존재한다고 판단한 경우(불능미수범)

2 **[대판 86도2090]** 소매치기가 피해자의 주머니에 손을 넣어 금품을 절취하려 한 경우 비록 그 주머니 속에 금품이 들어있지 않았었다 하더라도 위 소위는 절도라는 **결과 발생의 위험성**을 충분히 내포하고 있으

5) 학자에 따라서는 본 사안을 추상적 위험설이 아닌 구체적 위험설의 예로 보기도 한다. "…… 여기서 한 가지 첨언할 것은 본 판례를 위험성 판단에 대한 추상적 위험설의 예로 보아서는 안 된다는 점이다. …… 추상적 위험설에서 말하는 일반인은 사회의 평균적 일반인이며 본 판례에서 대법원이 강조하는 바와 같은 과학적 일반일은 아니다. 과학적 일반인은 평균적 일반인에 비하여 관련분야의 전문 지식을 이미 갖추고 있는 사람이다. 따라서 위험성 판단에는 행위자가 인식한 사실과 전문가가 보유하고 있는 지식이 모두 고려의 대상이 된다. 대법원이 '과학적 일반인'을 강조한 대목은 바로 **(강화된) 구체적 위험설**을 의도한 것이라고 하겠다". 신동운, 신 판례백선 형법총론, 521-522면.

므로 이는 절도미수에 해당한다.

3 [대판 85도206] ["히로뽕"제조를 시도하였으나 **기술부족으로 완제품을 제조하지 못한 경우**의 죄책] 불능범은 범죄행위의 성질상 결과발생의 위험이 절대로 불능한 경우를 말하는 것인바 향정신성의약품인 메스암페타민 속칭 "히로뽕"제조를 위해 그 원료인 염산에 페트린 및 수종의 약품을 교반하여 "히로뽕" 제조를 시도하였으나 그 약품배합미숙으로 그 완제품을 제조하지 못하였다면 위 소위는 **그 성질상 결과발생의 위험성이 있다**고 할 것이므로 이를 습관성의약품제조미수범으로 처단한 것은 정당하다.

4 [대판 83도3331] [사용한 독물량이 일반적으로는 **치사량미달인 경우**와 사망의 결과발생 가능성] 이 사건 농약의 치사추정량이 쥐에 대한 것을 인체에 대하여 추정하는 극히 일반적 추상적인 것이어서 마시는 사람의 연령, 체질, 영양 기타의 신체의 상황여하에 따라 상당한 차이가 있을 수 있는 것이라면 피고인이 요구르트 한병마다 섞은 농약 1.6씨씨가 그 치사량에 약간 미달한다 하더라도 이를 마시는 경우 **사망의 결과발생 가능성을 배제할 수는 없다**고 할 것이다.

(2) 결과발생이 불가능할 뿐만 아니라 위험성조차 없다고 판단한 경우(불능범)

5 [대판 2005도8105] [소송비용을 편취할 의사로 **소송비용의 지급을 구하는 손해배상청구의 소를 제기한 경우**, 사기죄의 **불능범에 해당**한다고 한 사례] 불능범의 판단기준으로서 **위험성 판단**은 (가) 피고인이 행위 당시에 인식한 사정을 놓고 이것이 (나) 객관적으로 일반인의 판단으로 보아 결과발생의 가능성이 있느냐를 따져야 하고, 한편 민사소송법상 소송비용의 청구는 소송비용액 확정절차에 의하도록 규정하고 있으므로, 위 절차에 의하지 아니하고 손해배상금 청구의 소 등으로 소송비용의 지급을 구하는 것은 **소의 이익이 없는 부적법한 소**로서 허용될 수 없다고 할 것이다. 따라서 소송비용을 편취할 의사로 소송비용의 지급을 구하는 손해배상청구의 소를 제기하였다고 하더라도 이는 객관적으로 소송비용의 청구방법에 관한 **법률적 지식을 가진 일반인의 판단으로 보아 결과발생의 가능성이 없어 위험성이 인정되지 않는다**고 할 것이다. … 피고인의 이 부분 소송사기 범행은 실행 수단의 착오로 인하여 결과발생이 불가능할 뿐만 아니라 위험성도 없다 할 것이어서 소송사기죄의 불능미수에 해당한다고 볼 수 없으므로 결국 **범죄로 되지 아니하는 때에 해당한다**고 판단하여 피고인에 대하여 이 부분 무죄를 선고한 조치는 옳다. cf) 이 판례는 소송비용편취라는 사기죄의 결과발생가능 여부를 전문가로서의 과학적 일반인인 "법률적 지식을 가진 일반인의 판단"에 의할 것을 명시하고 있다는 점에서 주목할 가치가 있다.

6 [대판 2001도6669] **[경매배당금편취 불능사례]** 임대인과 임대차계약을 체결한 임차인이 임차건물에 거주하기는 하였으나 그의 처만이 전입신고를 마친 후에 경매절차에서 배당을 받기 위하여 임대차계약서상의 임차인 명의를 처로 변경하여 경매법원에 배당요구를 한 경우, 실제의 임차인이 전세계약서상의 임차인 명의를 처의 명의로 변경하지 아니하였다 하더라도 소액임대차보증금에 대한 우선변제권 행사로서 배당금을 수령할 권리가 있다 할 것이어서, 경매법원이 실제의 임차인을 처로 오인하여 배당결정을 하였더라도 이로써 재물의 편취라는 결과의 발생은 불가능하다 할 것이고, 이러한 임차인의 행위를 객관적으로 결과발생의 가능성이 있는 행위라고 볼 수도 없으므로 형사소송법 제325조에 의하여 무죄를 선고하여야 한다. cf) 이 판결에서 "임차인이 임대차계약서상의 명의를 처로 변경해야만 경매배당을 받을 수 있을 것이라는

임차인의 착오가 있고 그 착오가 재물의 편취라는 사기죄의 결과발생을 초래할 수 없다는 판단은 '임대차계약서상의 임차인은 주민등록 전입신고를 하지 아니하더라도 배우자의 주민등록전입신고가 있는 경우에는 소액임대차보증금에 대한 우선변제권 행사로서 배당금을 수령할 권리가 있다는 대법원의 민사판례'를 알고 있는 경우에만 내릴 수 있다. 이러한 **대법원의 민사판례는 전문적인 법률지식에 속하는 것**이므로, 법률지식에 무지한 사람일 것이 분명한 이 사건의 임차인으로서는 결코 알 수 없는 사항에 속한다고 보아야 한다. 따라서 이 판결은 행위자에게 착오가 있고 이 착오가 결과를 발생시킬 수 없다는 판단을 **'(법률)전문가로서의 과학적 일반인'의 입장**에서 내린 것으로서 음미할 가치가 있다고 하겠다."[6]

7 **[대판 2000도1881] [사망한 자를 상대로 한 제소의 소송사기 성립 여부]** ●**사실**● 피고인 X는 사실은 창원시 완암동 산 20−2 소재 임야 381,124㎡의 공유자인 공소외 망 김○이 등 25명으로부터 이 사건 임야를 매수한 사실이 없음에도 불구하고 위 공유자 전원 사망하였고 자신 앞으로 이 임야에 대한 종합토지세가 부과되는 점을 기화로 소송을 통하여 승소판결을 받은 후 자신 앞으로 소유권이전등기를 하는 방법으로 이 임야를 편취할 것을 결의하고, 창원지방법원에 "1965. 2. 7. 원고(피고인)가 피고(위 김○이 등 25명)로부터 이 사건 임야를 275,000원에 매수하였으니 피고들은 원고에게 이 사건 임야에 대해 매매를 원인으로 한 소유권이전등기절차를 이행하라"는 취지의 소유권이전등기청구의 소를 제기하면서 피고들의 주소를 허위로 기재한 후 변론기일 소환장 및 선고기일 소환장 중 일부는 피고인이 본인을 사칭하여 수령하고 일부는 집배원에게 "대신 전해 주겠다"고 거짓말하고 수령하여 전달치 않는 방법으로 위 법원 담당재판부를 기망하고 이에 속은 담당재판부로부터 1995. 5. 4. 피고인(원고)의 승소 판결을 받아 같은 해 8. 17. 피고인 명의로 이 사건 임야에 관한 소유권이전등기를 경료함으로써 위 김○이 등의 상속인인 피해자 김○규 등 소유의 이 사건 임야 시가 2억 원 상당을 편취하였다는 혐의로 기소되었다. 원심은 이 사건 임야의 공유자들이 피고인의 위 소 제기시인 1994. 12. 29. 이전에 이미 모두 사망한 이유를 들어, 피고인이 비록 위 민사소송에서 승소판결을 받았다 하더라도 그 판결의 효력은 이 사건 임야의 공유자들의 재산상속인들에게 미치지 아니한다 할 것이어서 사기죄를 구성한다고는 할 수 없다는 이유로, 위 공소사실을 유죄로 인정한 제1심판결을 파기하고 무죄를 선고하였다. ●**판지**● 소송사기에 있어서 피기망자인 법원의 재판은 피해자의 처분행위에 갈음하는 내용과 효력이 있는 것이어야 하고, 그렇지 아니하는 경우에는 착오에 의한 재물의 교부행위가 있다고 할 수 없어서 사기죄는 성립되지 아니한다고 할 것이므로, 피고인의 제소가 사망한 자를 상대로 한 것이라면 이와 같은 사망한 자에 대한 판결은 그 내용에 따른 효력이 생기지 아니하여 상속인에게 그 효력이 미치지 아니하고 따라서 사기죄를 구성한다고 할 수 없다.

8 **[비교판례] [대판 82도2114]** 무역거래법 제33조 제1호 소정의 "사위기타 부정한 행위로써 수입허가를 받은 자"라 함은 정상적인 절차에 의하여는 수입허가를 받을 수 없는 물품임에도 불구하고 위계 기타 사회통념상 부정이라고 인정되는 행위로써 수입허가를 받은 자를 의미하므로, **수입자동승인품목**을 가사 수입제한품목이나 수입금지품목으로 **잘못알고 반제품인양 가장하여 수입허가신청**을 하였더라도 그 수입물품이 수입자동승인품목인 이상 이를 사위 기타 부정한 행위로써 수입허가를 받은 경우에 해당한다고 볼 수 없다. **cf)** 이 판례는 결과발생이 불가능하다는 점에서는 유사하지만 불능미수 사안은 아니다. 사안은 소위 **'환각범'**에 해당된다. 환각범이란 범죄가 성립되지 않음에도 범죄가 성립된다고 생각한 경우로 **'반전된 금지착오'**라고도 부른다. 환각범은 처벌되지 않는다.

---

6) 임웅, 형법총론(제7정판). 399면.

(3) 결과발생이 가능한 경우로 불능범 문제가 발생하지 않는 사례

9 [대판 2019도97] ●**사실**● 피고인은 베트남에 거주하는 공소외인이 국내로 향정신성의약품인 메트암페타민(이하 '필로폰'이라고 한다)을 발송하면 피고인이 국내에서 이를 수령하여 판매하기로 하고, 공소외인은 2017. 10. 21.경 베트남에서 **'워터볼' 장난감** 안에 필로폰 30g을 넣고 물을 부어 용해하는 방법으로 이를 은닉한 다음 항공기를 이용해 국제우편으로 발송하고, 피고인은 2017. 10. 23.경 인천국제공항을 통하여 국내로 반입된 필로폰이 은닉된 워터볼을 그 무렵 국내에서 수령함으로써 공소외인과 공모하여 필로폰 30g을 수입하였다. 제1심은 공소외인이 보낸 워터볼에 필로폰이 용해되어 있지 않았다는 피고인의 변소를 배척하고 「마약류 관리에 관한 법률」위반(향정)죄에 대하여 유죄를 선고하면서, 다만 수입한 필로폰의 가액이 500만 원 이상이 된다는 점에 관하여 증명이 없다는 이유로 「특정범죄 가중처벌 등에 관한 법률」위반(향정)죄는 이유에서 무죄로 판단하였다. 원심은 제1심과 달리 검사가 제출한 증거들만으로는 공소외인이 보낸 워터볼 안에 들어 있던 액체에 필로폰이 용해되어 있었다는 점에 관하여 증거가 부족하다는 이유로 위 공소사실을 무죄로 판단하였다. 그러나 원심은, 피고인이 공소외인과 필로폰이 용해되어 있는 워터볼을 국제우편으로 반입한 다음 이를 판매하기로 공모하고 공소외인에게 국제우편을 받을 주소를 알려주어 보내도록 하는 방식으로 필로폰 수입 범행의 실행에 착수하였으나 공소외인이 보낸 워터볼에 필로폰이 들어 있지 않아 미수에 그쳤고, 만약 공소외인이 실제로 필로폰을 보냈다면 필로폰 수입이라는 결과가 발생할 위험성이 있었으므로, 결국 피고인의 행위는 **필로폰 수입죄의 불능미수에 해당한다고** 판단한 다음, 공소장변경절차를 거치지 아니하고 이를 유죄로 인정하였다. ●**판지**● **파기환송**. 피고인은 베트남에 거주하는 공소외인으로부터 필로폰을 수입하기 위하여 워터볼의 액체에 필로폰을 용해하여 은닉한 다음 이를 국제우편을 통해 받는 방식으로 필로폰을 수입하고자 하였다. 이러한 행위가 **범죄의 성질상 그 실행의 수단 또는 대상의 착오로 인하여 결과의 발생이 불가능한 경우가 아님은 너무도 분명**하다. 그럼에도 원심은 그 판시와 같은 사정을 근거로 피고인에 대하여 「마약류 관리에 관한 법률」위반(향정)죄의 불능미수가 인정된다고 판단하였다. 이러한 원심판결에는 형법 제27조의 불능미수에 관한 법리를 오해하여 판결에 영향을 미친 잘못이 있다.

10 [대판 2007도3687] ●**사실**● 피고인은 원심 공동피고인인 공소외 갑과 공모하여 일정량 이상을 먹으면 사람이 **사망에 이를 수도 있는 '초우뿌리'** 또는 **'부자'** 달인 물을 갑의 남편인 피해자에게 '뼈가 아플 때 먹는 약이다'라고 속이고 마시게 하여 피해자를 살해하려고 하였으나, 평소 건강체질이던 피해자가 이를 토해버림으로써 미수에 그쳤다. ●**판지**● [1] 불능범은 범죄행위의 성질상 결과발생 또는 법익침해의 가능성이 절대로 있을 수 없는 경우를 말한다. [2] 일정량 이상을 먹으면 사람이 죽을 수도 있는 '초우뿌리'나 '부자' 달인 물을 마시게 하여 피해자를 살해하려다 미수에 그친 행위가 **불능범이 아닌 살인미수죄에 해당**한다. ●**이유**● 기록에 의하면 '초우뿌리'나 '부자'는 만성관절염 등에 효능이 있으나 유독성 물질을 함유하고 있어 과거 사약(死藥)으로 사용된 약초로서 그 독성을 낮추지 않고 다른 약제를 혼합하지 않은 채 달인 물을 복용하면 용량 및 체질에 따라 다르나 부작용으로 사망의 결과가 **발생할 가능성을 배제할 수 없는** 사실을 알 수 있는바, 원심이 그 설시 증거를 종합하여 피고인이 원심 공동피고인 공소외 1과 공모하여 일정량 이상을 먹으면 사람이 사망에 이를 수도 있는 '초우뿌리' 또는 '부자' 달인 물을 피해자(공소외 1의 남편)에게 마시게 하여 피해자를 살해하려고 하였으나 피해자가 이를 토해버림으로써 미수에 그친 행위를 불능범이 아닌 살인미수죄(결과발생이 가능했으나 **장애로 인해 발생하지 않은 미수**)로 본 제1심의 판단을 유지한 것은 정당하다.

(4) 불능미수와 장애미수의 구별

11 [대판 83도2967] [독살하려다 실패한 경우 장애미수와 불능미수의 판별심리 요부] 피고인이 피해자를 독살하려 하였으나 동인이 토함으로써 그 목적을 이루지 못한 경우에는 피고인이 사용한 독의 양이 치사량 미달이어서 **결과발생이 불가능한 경우도 있을 것**이고, 한편 **형법은 장애미수와 불능미수를 구별하여 처벌하고 있으므로** 원심으로서는 이 사건 독약의 치사량을 좀 더 심리하여 피고인의 소위가 위 미수 중 어느 경우에 해당하는지 가렸어야 할 것이다. cf) 본 판례는 대법원이 우리 형법 제27조의 독자적 지위를 정면으로 인정한 판례로서 의미가 있다. 그리고 결과발생 가능성 여부는 자연과학적 · 사실적 법칙에 의해 결정되어야 한다. 이는 **규범적 판단인 위험성 판단과 구별되는 점**이다.

Reference 3

1 수단의 착오(방법의 불능)와 대상의 착오(객체의 불능)에 대한 일본의 주요 판례를 소개한다. 먼저 (1) **방법의 불능**과 관련하여 살인의 목적으로 정맥에 치사량 이하의 공기를 주사한 경우를 불능범으로 볼 수 있는지가 다투어진 最2小判昭和37年3月23日(刑集16卷3号305頁 · 判時292号6頁)이다. ●**사실**● 피고인 X는 생명보험에 가입되어 있는 조카(여) A를 살해해 보험금을 수령하고자 마음먹고 처음에는 자동차로 살해할 계획이었지만, A의 정맥 내에 공기를 주사해 이른바 공기전색을 일으키게 해서 살해하기로 계획을 변경하고, A를 속여 동녀의 양팔 정맥 내에 물 5cc과 함께 공기를 총 30cc 내지 40cc을 주사했지만, 치사량에 이르지 못하여 살해의 목적을 달성하지 못했다. 제1심판결이 X에게 살인미수의 죄를 인정하자 변호인 측은 이 정도의 공기량으로는 사망의 결과를 발생케 하는 것은 애초에 불가능하다고 하여 항소했다. 이에 원심판결은 30cc 내지 40cc의 공기 주입만으로는 통상의 사람을 사망시킬 수는 없음을 인정하면서, 「인체의 정맥에 공기를 주사하는 것은 그 양의 다소에 관련 없이 사람을 사망에 이르게 하기에 충분히 그리고 지극히 위험한 행위로 보는 것이 사회통념이다」라고 하여 불능범 주장을 배척하였다. ●**판지**● 상고기각. 「또한 소론은 인체에 공기를 주사하는, 소위 공기전색에 의한 살인은 절대로 불가능한 것이라 주장하지만, 원 판결 및 이를 시인하는 제1심판결은 본 건과 같이 정맥 내에 주사된 공기의 양이 치사량 이하이더라도 피주사자**의 신체적 조건 기타의 사정 여하에 따라서는 사망의 결과발생에 대한 위험이 절대로 없다고는 말할 수 없다**고 판시하고 있어, 위 판단은 원판시에서 거시의 각 감정서에 비추어 긍정적으로 인정함에 충분하기에, 결국 이 점에 관한 소론 원판시는 **상당**하다고 보아야 한다」. 이어서 (2) **객체의 불능**과 관련하여 살의를 가지고 사체에 대해 사람을 살해하기에 충분한 행위를 한 경우에 있어서 살인미수죄의 성립이 다투어진 廣島高判昭和36年7月10日(高刑14卷5号310頁 · 判時269号17頁)이다. ●**사실**● 폭력단 조직원인 피고인 X는 살의를 가지고 A를 향해 권총을 발사하여 흉복부에 총상을 입히고 계속하여 뒤쫓아 가 노상에서 다시 2발을 맞혀 머리 부분도 관통시켰다. X와 같은 조직에 속한 피고인 Y는 총소리를 듣고 X에게 가세하기 위해서 칼날의 길이가 60cm인 일본도를 휴대하고 A가 쓰러져 있는 현장으로 달려가, 마지막 숨통을 끊기 위해 얼굴을 위로 젖히고 쓰러져 있는 A의 복부와 흉부 등을 일본도로 찔렀다. 원심은 A 신체에 남아 있는 Y에 의한 자 · 절창은 A가 사망하기 전에 발생한 것이라는 감정결과를 받아들여, X · Y 모두에게 살인기수죄를 인정했다. 이에 변호인은 Y의 가해 시점에 A는 이미 사망하였기 때문에 Y의 행위는 단순히 사체손괴에 지나지 않는다고 주장했다. ●**판지**● 히로시마(廣島)고등재판소는 「Y가 A에게 원 판시의 상해행위를 가하였을 때에 이미 A는 X의 원 판시 총격으로 인해 사망의 단계에 들어가 있는, 즉 의학적으로는 이미 사망한 것으로 보는 것

이 상당하다」고 하여, 원 판결에 사실오인이 있었던 것으로, 「A의 **생사에 대해서는 전문가 사이에서도 견해가 갈릴 정도로 의학적으로도 생사의 한계가 미묘한 안건**이기 때문에 단지 Y가 가해 당시 A의 생존을 믿었을 뿐만 아니라, 일반인도 당시 그의 사망을 알지 못하였다는 점(알 수 없었다는 것), 따라서 Y의 전기와 같은 가해행위로 인해 A가 **사망할 것이라는 위험을 느끼는 것은 모두 어느 정도 지극히 당연**하다고 말할 수 있으며, 그와 같은 경우에 있어 Y의 가해행위 직전에 A가 사망하였다 하더라도, 그것은 의외의 장해로 인해 예상한 결과가 발생되지 않았을 뿐이므로, **행위의 성질상 결과발생의 위험성이 없다고는 말할 수 없기** 때문에, 동 피고인의 소위는 살인의 불능범으로 해석하여서는 안 되고, 그 미수죄를 이와 같이 논하는 것이 상당하다」고 하여 X에게는 살인죄, Y에게 **살인미수죄의 성립을 인정**했다.[7]

7) 前田雅英 · 星周一郎/박상진 · 김잔디(역), 최신중요 일본형법판례 250선(총론편), 2021, 28-31면.

43 예비 · 음모와 기본범죄

* 대법원 1976. 5. 25. 선고 75도1549 판결
* 참조조문 : 형법 제32조 제1항,[1] 제28조[2]

예비단계에 있어서의 종범의 성립여부

●**판지**● 「형법 32조 1항 소정 타인의 범죄란 정범이 범죄의 실현에 착수한 경우를 말하는 것이므로 **종범이 처벌되기 위하여는 정범의 실행의 착수가 있는 경우에만 가능**하고 형법 전체의 정신에 비추어 정범이 실행의 착수에 이르지 아니한 예비의 단계에 그친 경우에는 이에 가공하는 행위가 **예비의 공동정범이 되는 경우를 제외하고는 종범의 성립을 부정**하고 있다고 보는 것이 타당하다」.

●**전문**● 「형법 제32조 제1항의 타인의 범죄를 방조한 자는 종범으로 처벌한다는 규정의 타인의 범죄란 정범이 범죄를 실현하기 위하여 착수한 경우를 말하는 것이라고 할 것이므로 **종범이 처벌되기 위하여는 정범의 실행의 착수가 있는 경우에만 가능**하고 정범이 실행의 착수에 이르지 아니한 예비의 단계에 그친 경우에는 이에 가공하는 행위가 예비의 공동정범이 되는 경우를 제외하고는 이를 종범으로 처벌할 수 없다고 할 것이다. 왜냐하면 범죄의 구성요건 개념상 예비죄의 실행행위는 무정형 무한정한 행위이고 종범의 행위도 무정형 무한정한 것이고 형법 제28조에 의하면 범죄의 음모 또는 예비행위가 실행의 착수에 이르지 아니한 때에는 법률에 특별한 규정이 없는 한 벌하지 아니한다고 규정하여 **예비죄의 처벌이 가져올 범죄의 구성요건을 부당하게 유추 내지 확장해석하는 것을 금지**하고 있기 때문에 형법각칙의 **예비죄를 처단하는 규정을 바로 독립된 구성요건 개념에 포함시킬 수는 없다**고 하는 것이 죄형법정주의의 원칙에도 합당하는 해석이라 할 것이기 때문이다. 따라서 형법전체의 정신에 비추어 예비의 단계에 있어서는 그 종범의 성립을 부정하고 있다고 보는 것이 타당한 해석이라고 할 것이다. 본건 강도예비죄가 형법상 독립된 구성요건에 해당하는 범죄이라는 상고논지는 전술한 바와 같이 수긍할 수 없는 독자적인 견해라 할 것이고 원심의 판단취의는 이와 다소 다르다고 하더라도 **예비죄의 종범의 성립을 부정**한 결론에 있어서 정당하고 이를 논란하는 상고논지는 그 이유없다고 할 것이다」.

●**해설**● 1 범행의 준비단계인 예비 · 음모는 원칙적으로 처벌되지 않는다. 형법 제28조는 「범죄의 음모 또는 예비행위가 실행의 착수에 이르지 아니한 때에는 **법률에 특별한 규정**이 없는 한 벌하지 아니 한다」고 규정하고 있다.[3] **예비**는 범죄 실행을 위한 물적 준비행위이고, **음모**는 범죄 실행을 위하여 2인 이

---

1) 형법 제32조(종범) ① 타인의 범죄를 방조한 자는 종범으로 처벌한다. ② 종범의 형은 정범의 형보다 감경한다.
2) 형법 제28조(음모, 예비) 범죄의 음모 또는 예비행위가 실행의 착수에 이르지 아니한 때에는 법률에 특별한 규정이 없는 한 벌하지 아니한다.
3) 예비 · 음모를 처벌하는 범죄로는 먼저 ① **개인적 법익침해**의 범죄로 살인죄(촉탁 · 승낙살인죄(법252)와 영아살해죄(법251)는 제외), 약취 · 유인 · 인신매매죄(법296), 강간죄(법305③), 강도죄(법333)가 있으며, ② **사회적 법익침해**의 범죄로는 폭발물사용죄(법119), 방화 · 일수죄, 기차 · 선박 등의 교통방해죄(법186), 유가증권 · 우표 · 인지위조죄, 통화위조죄 등이 있다. 특히 공공의 신용에 대한 죄는 유형위조(위조 · 변조 · 자격모용작성)의 예비 · 음모만 처벌한다. 그리고 ③ **국가적 법익침해**의 범죄로는 내란죄(법87), 내란목적살인죄(법88), 외환유치죄(법92), 여적죄(법93), 모병이적죄(법94), 시설제공이적죄(법95), 시설파괴이적죄(법96), 물건제공이적죄(법97), 간첩죄(법98), 일반이적죄(법99), 외국에 대한 사전(법111), 도주원조죄(법147), 간수자의 도주원조죄(법148) 등이 있다.

상이 행하는 심적 형태의 준비행위이다(대판 99도3801, Ref 3). 양자를 비교하면, 음모는 예비의 전단계이다(대판 86도437, Ref 7). 예비 · 음모는 범죄의 시작을 의미하는 실행의 착수에 이르기 이전의 단계이다.

2 예비죄의 법적 성격 및 주관적 요건 대상판결에서와 같이 (가) 예비죄는 독립된 범죄유형이 아니라 효과적인 법익보호를 위하여 처벌범위를 확장한 수정적 구성요건형태로 보는 것이 법원의 입장이고 다수설도 그러하다**(발현형태설)**. 따라서 정범의 실행의 착수가 없는 상태에서 예비죄의 종범 성립은 인정되지 않는다. (나) 예비죄는 **'목적범'**이므로 ('…죄를 범할 목적으로') 기본범죄에 대한 '고의'와 기본범죄에 대한 '목적'까지 가지고 있어야 한다. 따라서 모든 예비 · 음모죄는 목적범이다. 그리고 목적은 **미필적 인식**으로 족하다(대판 90도2033 전원합의체, Ref 6).

3 예비죄를 처벌하기 위해서는 당해 법률규정에서 예비 · 음모의 구체적인 형벌의 종류와 양을 정해 놓아야만 한다. 다시 말해, 예비 음모죄는 **처벌규정의 존재**와 더불어 **별도의 법정형이 구체적으로 규정**되어 있어야 비로소 처벌할 수 있다(대판 77도251, Ref 8).

4 예비의 중지 행위자가 예비단계에서 예비행위를 자의로 중지한 경우, 중지미수를 인정하여 필요적 형감면의 혜택을 받을 수 있는지가 문제된다. 판례는「중지범은 범죄의 실행에 착수한 후 자의로 그 행위를 중지한 때를 말하는 것이고 실행의 착수가 있기 전인 예비음모의 행위를 처벌하는 경우에 있어서 **중지범의 관념은 이를 인정할 수 없다**」고 보아 예비의 중지미수규정의 적용을 부정한다(대판 99도424, Ref 4).

Reference

예비 · 음모죄와 관련된 주요 판례

1 [대판 2009도7150] [살인예비죄의 성립 요건] [1] 형법 제255조, 제250조의 살인예비죄가 성립하기 위하여는 형법 제255조에서 명문으로 요구하는 **살인죄를 범할 목적 외에도 살인의 준비에 관한 고의**가 있어야 하며, 나아가 실행의 착수까지에는 이르지 아니하는 살인죄의 실현을 위한 준비행위가 있어야 한다. 여기서의 준비행위는 물적인 것에 한정되지 아니하며 특별한 정형이 있는 것도 아니지만, 단순히 범행의 의사 또는 계획만으로는 그것이 있다고 할 수 없고 객관적으로 보아서 살인죄의 실현에 실질적으로 기여할 수 있는 외적 행위를 필요로 한다. [2] 甲이 乙을 살해하기 위하여 丙, 丁 등을 고용하면서 그들에게 **대가의 지급을 약속**한 경우, 甲에게는 살인죄를 범할 목적 및 살인의 준비에 관한 고의뿐만 아니라 살인죄의 실현을 위한 준비행위를 하였음을 인정할 수 있다는 이유로 살인예비죄의 성립을 인정한 사례.

2 [대판 2004도6432] [강도를 할 목적에 이르지 않고 준강도할 목적이 있음에 그치는 경우에 강도예비 · 음모죄가 성립하는지 여부(소극)] 강도예비 · 음모죄가 성립하기 위해서는 예비 · 음모 행위자에게 미필적으로라도 '강도'를 할 목적이 있음이 인정되어야 하고 그에 이르지 않고 단순히 '준강도'할 목적이 있음에 그치는 경우에는 강도예비 · 음모죄로 처벌할 수 없다.

3 **[대판 99도3801]** 형법상 음모죄가 성립하는 경우의 음모란 2인 이상의 자 사이에 성립한 범죄실행의 합의를 말하는 것으로, 범죄실행의 합의가 있다고 하기 위하여는 **단순히 범죄결심을 외부에 표시 · 전달하는 것만으로는 부족**하고, 객관적으로 보아 특정한 범죄의 실행을 위한 준비행위라는 것이 명백히 인식되고, 그 합의에 **실질적인 위험성이 인정될 때**에 비로소 음모죄가 성립한다. 따라서 피고인 1와 피고인 3이 수회에 걸쳐 "총을 훔쳐 전역 후 은행이나 현금수송차량을 털어 한탕 하자"는 말을 나눈 정도만으로는 강도음모를 인정하기에 부족하다.

4 **[대판 99도424]** [1] [관세를 포탈할 목적으로 수입 물품의 수량과 가격이 낮게 기재된 계약서를 첨부하여 수입예정 물량 전부에 대한 과세가격 사전심사를 신청함으로써 과세가격을 허위로 신고하고 이에 따른 과세가격 사전심사서를 미리 받아두는 경우, **관세포탈예비죄의 성립 여부(적극)**] 관세법 제9조의2 제1항에 의하면 관세의 납부의무자는 수입신고를 하는 때에 대통령령이 정하는 바에 따라 세관장에게 당해 물품의 가격에 대한 신고를 하여야 하지만, 같은 법 제9조의15는 납세신고를 하여야 할 자가 과세가격결정의 기초가 되는 사항에 관하여 의문이 있는 경우에는 가격신고 전에 대통령령이 정하는 서류를 갖추어 관세청장 또는 세관장에게 미리 심사하여 줄 것을 신청할 수 있고, 세관장은 관세의 납세의무자가 위 사전심사서에 의하여 납세신고를 한 경우에 당해 납세의무자와 사전심사 신청인이 일치하고 수입신고된 물품 및 과세가격신고가 사전심사서상의 내용과 동일하다고 인정되는 때에는 대통령령이 정하는 특별한 사유가 없는 한 사전심사서의 내용에 따라 과세가격을 결정하도록 규정하고 있으므로, 관세를 포탈할 목적으로 수입할 물품의 수량과 가격이 낮게 기재된 계약서를 첨부하여 수입예정 물량 전부에 대한 과세가격 사전심사를 신청함으로써 과세가격을 허위로 신고하고 이에 따른 과세가격 사전심사서를 미리 받아 두는 행위는 관세포탈죄의 실현을 위한 외부적인 준비행위에 해당한다. [2] **[예비음모 행위를 처벌하는 경우, 중지범의 인정 여부(소극)]** 중지범은 범죄의 실행에 착수한 후 자의로 그 행위를 중지한 때를 말하는 것이고 실행의 착수가 있기 전인 예비음모의 행위를 처벌하는 경우에 있어서 **중지범의 관념은 이를 인정할 수 없다**.

5 **[대판 98도3030]** [본범 이외의 자가 본범이 절취한 차량이라는 정을 알면서 본범의 강도행위를 위해 그 차량을 운전해 준 경우, **강도예비죄와 아울러 장물운반죄**가 성립하는지 여부(적극)]본범자와 공동하여 장물을 운반한 경우에 본범자는 장물죄에 해당하지 않으나 그 외의 자의 행위는 장물운반죄를 구성하므로, 피고인이 본범이 절취한 차량이라는 정을 알면서도 본범 등으로부터 그들이 위 차량을 이용하여 강도를 하려 함에 있어 차량을 운전해 달라는 부탁을 받고 위 차량을 운전해 준 경우, 피고인은 강도예비와 아울러 장물운반의 고의를 가지고 위와 같은 행위를 하였다고 봄이 상당하다.

6 **[대판 90도2033 전원합의체]** [반국가단체나 그의 활동을 이롭게 하거나 그 이익이 될 수 있는 내용이 담겨 있는 이적표현물을 그와 같은 인식을 하면서 취득 소지 또는 제작 반포한 경우 **"나"항의 목적에 대한 미필적 인식**이 있은 것으로 추정되는지 여부(적극)] "나"항의 목적은 같은 법 제1항 내지 제4항의 행위에 대한 **적극적 의욕이나 확정적 인식까지는 필요없고 미필적 인식으로 족한 것이므로** 표현물의 내용이 객관적으로 보아 반국가단체인 북한의 대남선전, 선동 등의 활동에 동조하는 등의 이적성을 담고 있는 것임을 인식하고, 나아가 그와 같은 이적행위가 될지도 모른다는 미필적 인식이 있으면 위 조항의 구성요건은 충족된다.

7 **[대판 86도437]** [밀항을 위해 도항비를 주기로 약속하였으나 그 후 위 밀항을 포기한 자의 죄책] 일본

으로 밀항하고자 공소외인에게 도항비로 일화 100만엔을 주기로 약속한 바 있었으나 그 후 이 밀항을 포기하였다면 이는 밀항의 음모에 지나지 않는 것으로 **밀항의 예비정도**에는 이르지 아니한 것이다. **cf)** 밀항단속법 제3조 제3항은 "밀항할 목적으로 예비를 한 자는 3년 이하의 징역"에 처한다고 하여 (음모는 처벌하지 않고) '예비'만을 처벌하고 있다.

8 **[대판 77도251] [예비음모를 처벌한다는 규정은 있으나 그 형을 따로 정하지 않은 경우 처벌가능 여부]** ● **사실**● 원심은 피고인은 1960.3.15 제4대 대통령 및 제5대 부통령선거당시 제1지방검찰청 제2지청장으로 재직하던 사람으로서 당시 자유당의 부정선거를 규탄하는 수천명의 제2시민들이 동일 19:00경 투석을 하면서 개표장인 제2시청앞 50미터 지점까지 밀어닥치자 위 제2지청 정문앞길에서 당시 제2경찰서장인 공소외인이 피고인에게 영감 야단났읍니다. 어떻게 하면 좋겠읍니가 최루탄은 역풍으로 쓸모가 없고 하면서 다급하게 묻자 피고인은 빨갱이 같은 놈들 쏴버리시오 쏴버려 라고 말하여 공소외인에게 **시위군중 들의 살상을 교사하였으나 공소외인이 이를 승락하지 아니한 것이다**라는 검사의 피고인에 대한 예비적 공소 사실을 그 거시의 증거에 의하여 인정한 다음 위 피고인의 소위에 대하여 부정선거 관련자 처벌법 제5조 4항 1항 형법 제31조 3항을 적용하고 소정형중 유기징역형을 선택하여 자수 감경 및 작량감경을 한 형기범위 내에서 피고인을 징역2년에 처하고 3년간 위 형의 집행을 유예라는 판결을 선고하였다. ●**판지**● [1] 부정선거관련자처벌법 제5조 제4항에 동법 제5조 제1항의 예비음모는 이를 처벌한다고만 규정하고 있을 뿐이고 그 형에 관하여 따로 규정하고 있지 아니한 이상 죄형법정주의의 원칙상 위 예비음모를 처벌할 수 없다. [2] 「부정선거 관련자처벌법」 제5조 1항에 의하면 "부정선거에 관련하여 사람을 살해하거나 또는 부정선거에 항의하는 국민을 살해한 자는 사형, 무기 또는 7년이상의 징역이나 금고에 처한다"고 규정하고 동법 제5조 4항에 의하면 "제1항의 예비음모와 미수는 이를 처벌한다"고 규정하고 있다. 그러나 형법 제28조에 의하면 범죄의 음모 또는 예비행위가 실행의 착수에 이르지 아니한 때에는 법률에 특별한 규정이 없는 한 처벌하지 아니한다고 규정하고 있어 범죄의 음모 또는 예비는 원칙으로 벌하지 아니하되 예외적으로 법률에 특별한 규정이 있을 때 다시 말하면 음모 또는 예비를 처벌한다는 취지와 그 형을 함께 규정하고 있을 때에 한하여 이를 처벌할 수 있다고 할 것이므로 위 부정선거 관련자 처벌법 제5조 4항에 예비, 음모는 이를 처벌한다라고 규정하였다 하더라도 예비, 음모는 미수범의 경우와 달라서 그 형을 따로 정하여 놓지 아니한 이상 처벌할 형을 함께 규정한 것이라고는 볼 수 없고 또 동법 제5조 4항의 입법취지가 동법 제5조 1항의 예비, 음모죄를 처벌한 의도이었다 할지라도 그 예비, 음모의 형에 관하여 **특별한 규정이 없는 이상** 이를 본범이나 미수범에 준하여 처벌한다고 해석함은 피고인의 불이익으로 돌아가는 것이므로 이는 죄형법정주의의 원칙상 허용할 수 없다 할 것이다.

9 **[대판 4292형상308]** 간첩이 불특정의 경찰관으로부터 체포를 당하게 될 위급한 때의 방어를 하기 위하여 흉기를 준비하였으나 아직 **살인의 대상이 특정되지 아니하였다면** 살인예비죄의 성립을 인정할 수 없다.

형법

[시행 2023. 8. 8.] [법률 제19582호, 2023. 8. 8., 일부개정]

제1편 총칙

제1장 형법의 적용범위

제1조(범죄의 성립과 처벌) ① 범죄의 성립과 처벌은 행위 시의 법률에 따른다. ② 범죄 후 법률이 변경되어 그 행위가 범죄를 구성하지 아니하게 되거나 형이 구법보다 가벼워진 경우에는 신법(新法)에 따른다. ③ 재판이 확정된 후 법률이 변경되어 그 행위가 범죄를 구성하지 아니하게 된 경우에는 형의 집행을 면제한다.

제2장 죄

제1절 죄의 성립과 형의 감면

제9조(형사미성년자) 14세되지 아니한 자의 행위는 벌하지 아니한다.

제2절 미수범

제25조(미수범) ① 범죄의 실행에 착수하여 행위를 종료하지 못하였거나 결과가 발생하지 아니한 때에는 미수범으로 처벌한다.

② 미수범의 형은 기수범보다 감경할 수 있다.

제3절 공범

제30조(공동정범) 2인 이상이 공동하여 죄를 범한 때에는 각자를 그 죄의 정범으로 처벌한다.

제31조(교사범) ① 타인을 교사하여 죄를 범하게 한 자는 죄를 실행한 자와 동일한 형으로 처벌한다.

② 교사를 받은 자가 범죄의 실행을 승낙하고 실행의 착수에 이르지 아니한 때에는 교사자와 피교사자를 음모 또는 예비에 준하여 처벌한다.

③ 교사를 받은 자가 범죄의 실행을 승낙하지 아니한 때에도 교사자에 대하여는 전항과 같다.

제32조(종범) ① 타인의 범죄를 방조한 자는 종범으로 처벌한다.

② 종범의 형은 정범의 형보다 감경한다.

제33조(공범과 신분) 신분이 있어야 성립되는 범죄에 신분 없는 사람이 가담한 경우에는 그 신분 없는 사람에게도 제30조부터 제32조까지의 규정을 적용한다. 다만, 신분 때문에 형의 경중이 달라지는 경우에 신분이 없는 사람은 무거운 형으로 벌하지 아니한다.

제34조(간접정범, 특수한 교사, 방조에 대한 형의 가중) ① 어느 행위로 인하여 처벌되지 아니하는 자 또는 과실범으로 처벌되는 자를 교사 또는 방조하여 범죄행위의 결과를 발생하게 한 자는 교사 또는 방조의 예에 의하여 처벌한다.

② 자기의 지휘, 감독을 받는 자를 교사 또는 방조하여 전항의 결과를 발생하게 한 자는 교사인 때에는 정범에 정한 형의 장기 또는 다액에 그 2분의 1까지 가중하고 방조인 때에는 정범의 형으로 처벌한다.

제4절 누범

제35조(누범) ① 금고 이상의 형을 선고받아 그 집행이 종료되거나 면제된 후 3년 내에 금고 이상에 해당하는 죄를 지은 사람은 누범으로 처벌한다.

② 누범의 형은 그 죄에 대하여 정한 형의 장기의 2배까지 가중한다.

제36조(판결선고후의 누범발각) 판결선고후 누범인 것이 발각된 때에는 그 선고한 형을 통산하여 다시 형을 정할 수 있다. 단, 선고한 형의 집행을 종료하거나 그 집행이 면제된 후에는 예외로 한다.

제5절 경합범

제37조(경합범) 판결이 확정되지 아니한 수개의 죄 또는 금고 이상의 형에 처한 판결이 확정된 죄와 그 판결확정전에 범한 죄를 경합범으로 한다.

제38조(경합범과 처벌례) ① 경합범을 동시에 판결할 때에는 다음 각 호의 구분에 따라 처벌한다.

1. 가장 무거운 죄에 대하여 정한 형이 사형, 무기징역, 무기금고인 경우에는 가장 무거운 죄에 대하여 정한 형으로 처벌한다.

2. 각 죄에 대하여 정한 형이 사형, 무기징역, 무기금고 외의 같은 종류의 형인 경우에는 가장 무거운 죄에 대하여 정한 형의 장기 또는 다액(多額)에 그 2분의 1까지 가중하되 각 죄에 대하여 정한 형의 장기 또는 다액을 합산한 형기 또는 액수를 초과할 수 없다. 다만, 과료와 과료, 몰수와 몰수는 병과(併科)할 수 있다.

3. 각 죄에 대하여 정한 형이 무기징역, 무기금고 외의 다른 종류의 형인 경우에는 병과한다.

② 제1항 각 호의 경우에 징역과 금고는 같은 종류의 형으로 보아 징역형으로 처벌한다.

44 필요적 공범과 총칙상의 공범규정의 적용여부

* 대법원 2004. 10. 28. 선고 2004도3994 판결
* 참조조문: 변호사법 제34조 제4항,[1] 제109조 제2호[2]

변호사 아닌 자에게 고용된 변호사를, 변호사 아닌 자가 변호사를 고용하여 법률사무소를 개설·운영하는 행위를 처벌하도록 규정하고 있는 변호사법 제109조 제2호, 제34조 제4항 위반죄의 공범으로 처벌할 수 있는가?

●**판지**● **상고기각.** 「변호사 아닌 자가 변호사를 고용하여 법률사무소를 개설·운영하는 행위에 있어서는 변호사 아닌 자는 변호사를 고용하고 변호사는 변호사 아닌 자에게 고용된다는 서로 **대향적인 행위**의 존재가 반드시 필요하고, 나아가 변호사 아닌 자에게 고용된 변호사가 고용의 취지에 따라 법률사무소의 개설·운영에 어느 정도 관여할 것도 당연히 예상되는바, 이와 같이 변호사가 변호사 아닌 자에게 고용되어 법률사무소의 개설·운영에 관여하는 행위는 위 범죄가 성립하는 데 당연히 예상될 뿐만 아니라 범죄의 성립에 없어서는 아니 되는 것인데도 이를 처벌하는 규정이 없는 이상, 그 입법 취지에 비추어 볼 때 변호사 아닌 자에게 고용되어 법률사무소의 개설·운영에 관여한 변호사의 행위가 일반적인 **형법 총칙상의 공모, 교사 또는 방조에 해당된다고 하더라도 변호사를 변호사 아닌 자의 공범으로서 처벌할 수는 없다.** 이는 2인 이상의 서로 대향된 행위의 존재를 필요로 하는 범죄에 있어서는 공범에 관한 형법 총칙 규정의 적용이 있을 수 없고 따라서 상대방의 범행에 대하여 공범관계도 성립되지 아니한다」.

●**해설**● 1 형법은 제2장 제3절의 명칭을 '공범'으로 놓고 공동정범과 교사범, 종범 등을 규정하고 있지만 형법학에 있어서 공범이란 개념은 매우 다양하게 사용되고 있다. 우선 가장 넓은 의미로 "2인 이상이 구성요건의 실현에 관여한 모든 경우"를 지칭하는 **최광의의 공범**이 있고, 최광의의 공범은 다시 임의적 공범과 필요적 공범으로 나누어진다. **임의적 공범**은 "1인이 단독으로도 실행할 수 있는 범죄를 2인 이상이 관여"한 공범형태이다. **광의의 공범이며 '총칙상의 공범'**이라고도 한다. 임의적 공범은 다시 공동정범(법30), 교사범(법31), 방조범(법32)으로 구분되며, 교사범과 방조범을 **'협의의 공범'**이라 칭한다.

2 필요적 공범의 의의 및 종류 필요적 공범이란 "구성요건 상 2인 이상이 범죄의 실현에 필수적으로 요구되는 경우"를 말한다. 필요적 공범은 다시 집단범과 대향범으로 나누어진다. ① **집단범**은 다수의 행위자가 동일한 방향으로 같은 목표를 향하여 공동으로 작용하는 범죄로 내란죄(법87), 소요죄(법115), 다중불해산죄(법116) 등이 있다. ② **대향범**은 2인 이상이 대향적 협력에 의하여 동일한 목표를 실현하는 범죄이다. 대향범은 다시 대향자 사이의 법정형을 기준으로 다음과 같이 구별할 수 있다. ㉠ 대향자의 법정형이 같은 경우로 도박죄(법246①), 아동혹사죄(법247), 인신매매죄(법289①)가 있으며, ㉡ 대향자의 법정형이 다른 경우로는 수뢰죄와 증뢰죄(법129·133①), 배임수재죄와 배임증재죄(법357①②)가 있다. 그리고 ㉢ 대향자 일방만 처벌하는 편면적 대향범으로는 공무상비밀누설죄(법127), 범인은닉·도피죄(법151), 음행매개죄(법242), 음화반포죄(법243) 등이 있다.

---

1) 변호사법 제34조(변호사가 아닌 자와의 동업 금지 등) ④ 변호사가 아닌 자는 변호사를 고용하여 법률사무소를 개설·운영하여서는 아니 된다.

2) 변호사법 제109조(벌칙) 다음 각 호의 어느 하나에 해당하는 자는 7년 이하의 징역 또는 5천만원 이하의 벌금에 처한다. 이 경우 벌금과 징역은 병과할 수 있다. 1. …… 2. 제33조 또는 제34조를 위반한 자

3 필요적 공범은 「법률상 범죄의 실행이 다수인의 협력을 필요로 하는 것을 가리키는 것으로서 이러한 범죄의 성립에는 행위의 공동을 필요로 하는 것에 불과하고 **반드시 협력자 전부가 책임이 있음을 필요로 하는 것은 아니므로,** 오로지 공무원을 함정에 빠뜨릴 의사로 직무와 관련되었다는 형식을 빌려 그 공무원에게 금품을 공여한 경우에도 공무원이 그 금품을 직무와 관련하여 수수한다는 의사를 가지고 받아들이면 뇌물수수죄가 성립한다」(대판 2007도10804, Ref 1.1－1). 같은 맥락에서 「정치자금을 기부하는 자의 범죄가 성립하지 않더라도 정치자금을 기부 받는 자가 정치자금법이 정하지 않은 방법으로 정치자금을 제공받는다는 의사를 가지고 받으면 정치자금부정수수죄가 성립한다」(대판 2017도3449, Ref 1.1－2).

4 필요적 공범에 대한 총칙상 공범규정의 적용 여부 (1) 필요적 공범은 진정한 의미의 공범이 아니므로 형법 총칙상의 공범규정이 적용되지 않는다. 즉 **필요적 공범의 내부참자가 사이**에는 임의적 공범을 전제로 하는 **형법총칙상의 공범에 관한 규정이 적용될 여지가 없다.** 판례도 「뇌물공여죄와 뇌물수수죄 사이와 같은 이른바 대향범 관계에 있는 자는 강학상으로는 필요적 공범이라고 불리고 있으나, 서로 대향된 행위의 존재를 필요로 할 뿐 **각자 자신의 구성요건을 실현**하고 별도의 형벌규정에 따라 처벌되는 것이어서, 2인 이상이 가공하여 공동의 구성요건을 실현하는 공범관계에 있는 자와는 본질적으로 다르며, 대향범 관계에 있는 자 사이에서는 각자 상대방의 범행에 대하여 형법 총칙의 공범규정이 적용되지 아니한다」(대판 2012도4842). 같은 맥락에서 「매도, 매수와 같이 2인 이상의 서로 대향된 행위의 존재를 필요로 하는 관계에 있어서는 매도인에게 따로 처벌규정이 없는 이상 매도인의 매도행위는 그와 대향적 행위의 존재를 필요로 하는 상대방의 매수범행에 대하여 공범이나 방조범관계가 성립되지 아니한다」(대판 2001도5158, Ref 2－5). 여기서 특히 문제되는 것은 법문의 규정상 대향범 중 일방만 처벌하고 타방을 처벌하지 않는 경우에 타방이 일방에게 범행을 교사하였다면 타방에게 해당 범죄의 교사범의 죄책을 물을 수 있는지 여부이다. 이 또한 대법원은 필요적 공범의 내부관여자 사이에는 형법총칙상의 공범규정이 적용될 수 없다고 보아 **교사범 성립을 부정**하고 있다(대판 2009도3642, Ref 2.3－1). (2) 반면, 필요적 공범을 **'외부에서'** 방조하거나 교사한 자는 각각 방조범 또는 교사범으로 처벌된다.

5 사안의 경우, 변호사법 제34조 제4항은 변호사 아닌 자가 변호사를 고용하여 법률사무소를 개설·운영하는 행위를 처벌하도록 규정하고 있으므로, 변호사 아닌 자에게 고용된 변호사에 대하여 위 법조항을 바로 적용하여 처벌할 수 없음은 명백하다. 다만, 형법 총칙상의 공범규정의 적용가능성이 문제된다. 법원은 앞서 설명한 **필요적 공범의 내부참자가 사이**에는 임의적 공범을 전제로 하는 **형법총칙상의 공범규정이 적용될 수 없다**고 판단하여, 변호사 아닌 자에게 고용되어 법률사무소의 개설·운영에 관여한 변호사의 행위가 일반적인 형법 총칙상의 공모, 교사 또는 방조에 해당된다고 하더라도 변호사를 변호사 아닌 자의 공범으로서 처벌할 수는 없다고 판단하였다.

Reference 1

필요적 공범의 요건

1-1 [대판 2007도10804] [필요적 공범의 경우 협력자 전부에게 형사책임이 요구되는지 여부(소극) 및 함정에 빠뜨릴 의사로 공무원에게 금품을 공여하여 공무원이 그 금품을 직무와 관련하여 수수한 경우 뇌물수수죄가 성립되는지 여부(적극)] [1] 뇌물공여죄와 뇌물수수죄는 필요적 공범관계에 있다고 할 것이나, 필요적 공범이라는 것은 법률상 범죄의 실행이 다수인의 협력을 필요로 하는 것을 가리키는 것으로서 이러한 범죄의 성립에는 행위의 공동을 필요로 하는 것에 불과하고 반드시 협력자 전부가 책임이 있음을 필요로 하는 것은 아니므로, 오로지 공무원을 함정에 빠뜨릴 의사로 직무와 관련되었다는 형식을 빌려 그 공무원에게 금품을 공여한 경우에도 공무원이 그 금품을 직무와 관련하여 수수한다는 의사를 가지고 받아들이면 뇌물수수죄가 성립한다. [2] 피고인의 뇌물수수가 공여자들의 함정교사에 의한 것이기는 하나, 뇌물공여자들에게 피고인을 함정에 빠뜨릴 의사만 있었고 뇌물공여의 의사가 전혀 없었다고 보기 어려울 뿐 아니라, 뇌물공여자들의 함정교사라는 사정은 피고인의 책임을 면하게 하는 사유가 될 수 없다고 한 사례.

1-2 [대판 2017도3449] [정치자금을 기부하는 자의 범죄가 성립하지 않더라도 정치자금을 기부받는 자가 정치자금법이 정하지 않은 방법으로 정치자금을 제공받는다는 의사를 가지고 받으면 정치자금부정수수죄가 성립하는지 여부(적극)] 구 정치자금법(2016.3.3. 법률 제14074호로 개정되기 전의 것) 제45조 제1항의 정치자금을 기부한 자와 기부받은 자는 이른바 대향범인 필요적 공범관계에 있다. 이러한 공범관계는 행위자들이 서로 대향적 행위를 하는 것을 전제로 하는데, 각자의 행위가 범죄구성요건에 해당하면 그에 따른 처벌을 받을 뿐이고 **반드시 협력자 전부에게 범죄가 성립해야 하는 것은 아니다.** 정치자금을 기부하는 자의 범죄가 성립하지 않더라도 정치자금을 기부받는 자가 정치자금법이 정하지 않은 방법으로 정치자금을 제공받는다는 의사를 가지고 받으면 정치자금부정수수죄가 성립한다.

2 [대판 90도2257] [증재자에게 정당한 업무에 속하는 청탁이 수재자에게는 배임수재죄의 부정한 청탁이 될 수 있는지 여부(적극)] [1] 형법 제357조 제1항의 배임수재죄와 같은 조 제2항의 배임증재죄는 통상 필요적 공범의 관계에 있기는 하나 이것은 반드시 수재자와 증재자가 같이 처벌받아야 하는 것을 의미하는 것은 아니고 **증재자에게는 정당한 업무에 속하는 청탁이라도 수재자에게는 부정한 청탁이 될 수도 있는 것이다.** [2] 방송국에서 프로그램의 제작연출 등의 사무를 처리하는 피고인으로서는 특정가수의 노래만을 편파적으로 선곡하여 계속 방송하여서는 아니되고 청취자들의 인기도, 호응도 등을 고려하여 여러 가수들의 노래를 공정성실하게 방송하여야 할 임무가 있음에도 위와 같이 피고인이 담당하는 제한된 방송프로그램에 특정가수의 노래만을 자주 방송하여 달라는 청탁은 사회상규나 신의성실의 원칙에 반하는 부정한 청탁이라 할 것이니 원심이 같은 취지에서 피고인에게 배임수재죄의 성립을 인정한 것은 옳다.

Reference 2

필요적 공범의 내부관여자에게는 총칙상의 공범규정이 적용되지 않는다고 본 판례

1 [대판 2013도6969] [금품 등 수수와 같은 대향적 범죄에 공범에 관한 형법총칙 규정이 적용되는지 여

부(소극) 및 금품 등 공여자에게 따로 처벌규정이 없는 경우, 공여행위를 교사 또는 방조한 행위가 공여자의 상대방 범행에 대하여 공범관계가 성립하는지 여부(소극)] 금품 등의 수수와 같이 2인 이상의 서로 대향된 행위의 존재를 필요로 하는 관계에 있어서는 공범이나 방조범에 관한 형법총칙 규정의 적용이 있을 수 없다. 따라서 금품 등을 공여한 자에게 따로 처벌규정이 없는 이상, 그 공여행위는 그와 대향적 행위의 존재를 필요로 하는 상대방의 범행에 대하여 공범관계가 성립되지 아니하고, 오로지 금품 등을 공여한 자의 행위에 대하여만 관여하여 그 공여행위를 교사하거나 방조한 행위도 상대방의 범행에 대하여 **공범관계가 성립되지 아니한다**.

2 **[대판 2011도6287]** [의사가 직접 환자를 진찰하지 않고 처방전을 작성하여 교부한 행위와 **대향범 관계**에 있는 '처방전을 교부받은 행위'에 대하여 공범에 관한 형법총칙 규정을 적용할 수 있는지 여부(소극)] 甲 주식회사 임원인 피고인들이 의사 乙 등과 공모하거나 교사하여, 직원 丙 등을 통하여 의사 乙 등에게 직원 명단을 전달하면 乙 등이 직원들을 직접 진찰하지 않고 처방전을 작성하는 방법으로 甲 회사 직원들에 대하여 의약품 처방전을 발급·교부하였다고 하여 주위적으로 구 의료법(2007.7.27. 법률 제8559호로 개정되기 전의 것, 이하 '구 의료법'이라 한다) 위반, 예비적으로 구 의료법 위반 교사로 기소된 사안에서, 乙 등이 처방전을 작성하여 교부한 행위와 丙 등이 처방전을 교부받은 행위는 **대향범 관계**에 있고, 구 의료법 제17조 제1항 본문 및 제89조에 비추어 위와 같이 처방전을 교부받은 자에 대하여는 공범에 관한 형법총칙 규정을 적용할 수 없다는 이유로, 직원 丙 등을 의사 乙 등의 처방전 교부행위에 대한 공동정범 또는 교사범으로 처벌할 수 없는 이상 丙 등에게 가공한 피고인들 역시 처벌할 수 없다고 본 원심판단을 수긍한 사례.

3-1 **[대판 2009도3642] [공무원 등의 직무상 비밀 누설행위**와 대향범 관계에 있는 '비밀을 누설받은 행위'에 대하여 공범에 관한 형법총칙 규정을 적용할 수 있는지 여부(소극)] [1] 2인 이상 서로 대향된 행위의 존재를 필요로 하는 **대향범에 대하여는 공범에 관한 형법총칙 규정이 적용될 수 없는데**, 형법 제127조[3]는 공무원 또는 공무원이었던 자가 법령에 의한 직무상 비밀을 누설하는 행위만을 처벌하고 있을 뿐 직무상 비밀을 누설받은 상대방을 처벌하는 규정이 없는 점에 비추어, 직무상 비밀을 누설받은 자에 대하여는 공범에 관한 형법총칙 규정이 적용될 수 없다고 보는 것이 타당하다. [2] 변호사 사무실 직원인 피고인 甲이 법원공무원인 피고인 乙에게 부탁하여, 수사 중인 사건의 체포영장 발부자 **53명의 명단을 누설**받은 사안에서, 피고인 乙이 직무상 비밀을 누설한 행위와 피고인 甲이 이를 누설받은 행위는 **대향범 관계**에 있으므로 공범에 관한 형법총칙 규정이 적용될 수 없는데도, 피고인 甲의 행위가 공무상비밀누설교사죄에 해당한다고 본 원심판단에 법리오해의 위법이 있다고 한 사례.

3-2 **[대판 2007도6712]** [세무사의 사무직원으로부터 그가 직무상 보관하고 있던 임대사업자 등의 인적사항, 사업자소재지가 기재된 서면을 교부받은 행위가 **세무사법상 직무상 비밀누설죄의 공동정범**에 해당하지 않는다고 한 사례] 세무사법 제22조 제1항 제2호, 제11조는 세무사와 세무사였던 자 또는 그 사무직원과 사무직원이었던 자가 그 직무상 지득한 비밀을 누설하는 행위를 처벌하고 있을 뿐 세무사법에는 비밀을 누설받는 상대방을 처벌하는 규정이 없고, 세무사 사무실 직원인 위 공소외 1이 직무상 지득한 비밀을 누설한 행위와 피고인이 그로부터 그 비밀을 누설받은 행위는 **대향범 관계에 있다**고 할 것이므로 이러한

3) 형법 제127조 (공무상비밀의 누설)공무원 또는 공무원이었던 자가 법령에 의한 직무상 비밀을 누설한 때에는 2년 이하의 징역이나 금고 또는 5년 이하의 자격정지에 처한다.

대향범에 대하여는 공범에 관한 형법총칙 규정이 적용될 수 없다고 할 것인데도 불구하고, 원심은 피고인을 위 공소외 1의 직무상 비밀누설죄에 관한 공동정범으로 의율하였는바, 이러한 원심의 판단에는 세무사법상 직무상 비밀누설죄의 공동정범에 관한 법리를 오해하여 판결에 영향을 미친 위법이 있다.

4 **[대판 2002도1696]** [자기자본의 100분의 25를 초과하는 신용 공여로 인한 종합금융회사에관한법률위반의 점과 동일인에 대한 대출 등의 한도 위반으로 인한 구 상호신용금고법위반의 점이 대향적 범죄인지의 여부(적극) 및 위 각 범죄에 대한 형법상의 공범 성립 여부(소극)] 매도, 매수와 같이 2인 이상의 서로 대향된 행위의 존재를 필요로 하는 관계에 있어서는 공범이나 방조범에 관한 형법총칙 규정의 적용이 있을 수 없고, 따라서 매도인에게 따로 처벌규정이 없는 이상 매도인의 매도행위는 그와 대향적 행위의 존재를 필요로 하는 상대방의 매수범행에 대하여 공범이나 방조범관계가 성립되지 아니한다고 할 것인바, 자기자본의 100분의 25를 초과하는 신용 공여에 관한 종합금융회사에관한법률위반의 점과 동일인에 대한 대출 등의 한도 위반에 관한 구 상호신용금고법위반의 점은 대출을 하는 자와 대출을 받는 자의 대향적 행위의 존재를 필요로 하는 대립적 범죄로서, 일정한 경우 대출을 한 자를 처벌함으로써 그와 같은 대출의 발생을 방지하려는 데 목적이 있고, 위 각 조문의 규정형식상 **대출을 한 자만을 처벌하고, 따로 대출 받은 자에 대하여 처벌규정이 없는 점에 비추어**, 대출 받은 자의 행위에 대하여는 상대방의 대출행위에 대한 형법총칙의 공범규정은 적용되지 않는다.

5 **[대판 2001도5158]** [대향적 공범에 대하여 공범이나 방조범에 관한 형법총칙 규정이 적용되는지 여부(소극)] [1] 매도, 매수와 같이 2인 이상의 서로 대향된 행위의 존재를 필요로 하는 관계에 있어서는 공범이나 방조범에 관한 형법총칙 규정의 적용이 있을 수 없고, 따라서 매도인에게 따로 처벌규정이 없는 이상 매도인의 매도행위는 그와 대향적 행위의 존재를 필요로 하는 상대방의 매수범행에 대하여 공범이나 방조범관계가 성립되지 아니한다. [2] 약사법위반죄의 방조범에 대한 공소사실 중 정범의 범죄사실이 전혀 특정되지 않아 방조범에 대한 공소사실 역시 특정되었다고 할 수 없고, 정범의 판매목적의 의약품 취득범행과 대향범관계에 있는 정범에 대한 의약품 판매행위에 대하여는 형법총칙상 공범이나 방조범 규정의 적용이 있을 수 없어 정범의 범행에 대한 방조범으로 처벌할 수 없다.

Reference 3

구성요건상으로는 단독으로 실행할 수 있는 형식으로 되어 있는데 단지 구성요건이 대향범의 형태로 실행되는 경우, 대향범에 관한 법리가 적용되는지 여부

1 **[대판 2020도7866]** [대향범에 대하여 공범에 관한 형법 총칙 규정이 적용되는지 여부(소극) 및 이러한 법리는 처벌규정의 구성요건 자체에서 2인 이상의 서로 대향된 행위의 존재를 전제로 하는지 여부(적극) / 구성요건상으로는 단독으로 실행할 수 있는 형식으로 되어 있는데 단지 구성요건이 대향범의 형태로 실행되는 경우, 대향범에 관한 법리가 적용되는지 여부(소극)] [1] 2인 이상의 서로 대향된 행위의 존재를 필요로 하는 대향범에 대하여 공범에 관한 형법 총칙 규정이 적용될 수 없다. 이러한 법리는 해당 처벌규정의 구성요건 자체에서 2인 이상의 서로 대향적 행위의 존재를 필요로 하는 필요적 공범인 대향범을 전제로 한다. 구성요건 상으로는 단독으로 실행할 수 있는 형식으로 되어 있는데 단지 구성요건이 대향범

의 형태로 실행되는 경우에도 대향범에 관한 법리가 적용된다고 볼 수는 없다. [2]「마약류 불법거래 방지에 관한 특례법」 제7조 제1항은 '마약류범죄의 발견 또는 불법수익 등의 출처에 관한 수사를 방해하거나 불법수익 등의 몰수를 회피할 목적으로 불법수익 등의 성질, 소재, 출처 또는 귀속관계를 숨기거나 가장한 자'를 불법수익 등의 은닉 및 가장죄로 형사처벌하고 있다. 그중 '**불법수익 등의 출처 또는 귀속관계를 숨기거나 가장**'하는 행위는 불법수익 등을 정당하게 취득한 것처럼 취득 원인에 관한 사실을 숨기거나 가장하는 행위 또는 불법수익 등이 귀속되지 않은 것처럼 귀속에 관한 사실을 숨기거나 가장하는 행위를 뜻한다. 따라서 마약거래방지법 제7조 제1항에서 정한 '불법수익 등의 출처 또는 귀속관계를 숨기거나 가장하는 행위'는 처벌규정의 구성요건 자체에서 2인 이상의 서로 대향된 행위의 존재를 필요로 하지 않으므로 정범의 이러한 행위에 가담하는 행위에는 형법 총칙의 공범 규정이 적용된다.

45 공동정범과 방조의 한계 – 기능적 행위지배설 –

* 대법원 1989. 4. 11. 선고 88도1247 판결
* 참조조문: 형법 제30조,[1] 제32조,[2] 제356조[3]

공동정범의 본질 및 종범과의 구별

●사실● 피고인 X는 은행대리로 은행지점장 및 차장인 Y와 Z의 지시에 따라 부정한 대출(신용대출의 경우 여신한도액을 넘어서 대출하였고, 타인 명의를 빌어 그 신용조사도 제대로 하지 않은 채 대출)에 필요한 서류를 작성하여 결재를 받았다.

제1심과 원심은 X가 부정대출인 정을 알면서 Y · Z에게 대출에 필요한 서류들을 작성하여 결재를 받은 사실이 인정되어 X에게는 공동의사에 의한 기능적 행위지배가 있었던 것으로 보았다. 그리고 이에 따라서 **업무상배임죄의 공동정범**의 성립을 인정하였다. 이에 X는 자신의 행위는 공동정범이 아니라 방조에 그친다고 주장하며 상고하였다.

●판지● **상고기각.** 「[1] **공동정범의 본질은 분업적 역할분담에 의한 기능적 행위지배**에 있으므로 공동정범은 공동의사에 의한 기능적 행위지배가 있음에 반하여 종범은 그 행위지배가 없는 점에서 양자가 구별된다. [2] 피고인은 이 사건 대출이 부정대출인 정을 알면서 원심 상피고인들에게 대출에 필요한 서류들을 작성하여 결재를 받은 사실이 인정되므로 동 피고인의 행위에는 공동의사에 의한 기능적 행위지배가 있었다고 보아야 할 것이니 동 **피고인의 행위를 공동정범으로 처단한 원심의 판단은 정당**하다」.

●해설● **1** 배임죄는 현실적인 재산상 손해액이 확정될 필요없이 재산상 권리의 실행을 불가능하게 할 염려있는 상태 또는 손해발생의 위험이 있으면 성립되는 **위태범**이므로 은행원이 그 임무에 위배하여 부정대출행위에 관여한 때에는 그 대출금 전액에 대하여 배임죄가 성립한다. 대상판결에서의 쟁점은 사안에서 X가 Y · Z와 더불어 공동정범인가 아니면 방조범인가 이다.

2 정범과 공범의 구분 이는 정범과 공범의 구분에 관한 문제로 크게는 다음의 3가지 학설로 나눌 수 있다. (a) 구성요건을 스스로 실현한 사람이 정범이고 그렇지 못한 사람은 공범으로 보는 **객관설(제한적 정범개념)**[4]과 (b) 자신을 위한다는 의사를 가지고 범행에 관여하는 자는 정범, 타인을 위한다는 의사를 가지고 범행에 관여하는 자는 공범으로 보는 **주관설(확장적 정범개념)**[5] 그리고 (c) 사람들의 주관적 의사와 객관적 행위를 모두 고려하여 범행을 지배하였다고 평가되는 사람은 정범, 범행을 지배하지

---

1) 형법 제30조(공동정범) 2인 이상이 **공동하여** 죄를 범한 때에는 각자를 그 죄의 **정범으로 처벌**한다.
2) 형법 제32조(종범) ① 타인의 범죄를 방조한 자는 종범으로 처벌한다. ② **종범의 형은 정범의 형보다 감경한다.**
3) 형법 제356조(업무상의 횡령과 배임) 업무상의 임무에 위배하여 제355조의 죄를 범한 자는 10년 이하의 징역 또는 3천만원 이하의 벌금에 처한다.
4) **제한적 정범개념**에 의하면, '스스로 구성요건상의 정형적 행위를 한 자'만을 정범으로 이해하므로, 공범은 특별한 처벌규정이 없으면 불가벌로 본다. 형법 제31조(교사범)와 제32조(종범)는 **'형벌확장사유'**로 받아들인다.
5) **확장적 정범개념**에 의하면, 구성요건실현에 조건을 제공한 모든 사람을 정범으로 받아들이기 때문에 공범은 원래 '정범'이고 따라서 당연히 정범규정으로 처벌되어야 할 것이지만, 형법이 '공범규정'을 두어서 정범을 달리 처벌하는 것은 **'형벌축소사유'**를 인정하는 것으로 이해한다. 주관설은 인과관계에 관한 **'조건설'**을 전제로 한다.

못하고 단순히 관여하였을 뿐이라고 평가되는 사람은 공범으로 보는 **기능적 행위지배설**이다. 판례는 (c)의 입장에서 **'분업적 역할분담'에 의한 기능적 행위지배가 있으면 공동정범**이고 이러한 공동의사에 의한 기능적 행위지배가 없으면 방조범으로 양자를 구별한다(대판 96도2427, Ref 1-4).

3 기능적 행위지배(공동정범의 정범표지)[6] **기능적 행위지배**는 공동의 의사로 특정한 범죄행위를 하기 위하여 일체가 되어 서로 다른 사람의 행위를 이용하여 자기의 의사를 실행에 옮기는 것이다. 특히 **행위를 '지배'**한다는 것은 구성요건의 실현여부를 자신의 수중(手中)에 두고 있음을 의미한다. 이는 구성요건실현을 자신의 의사에 따라 저지하거나 중단시키거나 진행시킬 수 있다는 것 그리고 행위수행의 방법을 결정할 수 있다는 것을 의미한다. 달리 표현하면 사태의 핵심형상을 계획적으로 지배, 조정, 공동형성하는 행위지배를 통해 그의 의사에 따라 구성요건의 실현을 저지, 진행할 수 있는 자는 **정범**이고 단순히 정범의 행위를 야기하거나 촉진한 자는 **공범**이다.

4 대상판결에서 X는 이 사건 대출은 은행지점장 및 차장인 Y·Z들에 의하여 저질러진 것으로서, 자신은 은행대리로서 그 서류작성에만 관여하고 결재만 올렸을 뿐이지 부정대출인 점을 알지 못했고, 그 대출에 관하여 Y·Z들과 공모한 사실을 없기 때문에 Y·Z와 같은 공동정범에까지 이른다고 할 수 없고 방조에 그친다고 주장한다. 종범은 정범보다 형을 반드시 감경하여야 한다(법32②).

5 그러나 법원은(제1, 2, 3심 모두) 적법하게 조사 채택한 증거들에 의하여 판단하여 볼 때, X는 이 사건 대출이 부정한 대출인 정을 알면서 Y·Z들에게 대출에 필요한 서류들을 작성하여 결재를 받은 사실이 인정된다고 보았다. 따라서 X의 행위에는 **공동의사에 의한 기능적 행위지배가 있었다**고 보아 X의 공동정범 성립이 정당하다고 판단하였다.

6 공범의 종속성 공범의 종속성이란 '성립상의 종속성'을 의미하는 것으로 정범의 성립을 전제로 언제나 이에 종속해서만 공범이 성립한다고 보는 공범종속성설(통설 및 판례)과 정범의 성립과는 무관하게 교사·방조행위가 있으면 정범의 실행행위가 없더라도 공범이 성립한다는 공범독립성설이 있다. 먼저 (a) **공범종속성설**에 '객관주의' 범죄론의 입장에서 공범은 정범이 적어도 '실행의 착수'에 이르러야 공범이 성립할 수 있다고 보기 때문에, 교사자의 교사행위가 있을지라도 피교사자의 범죄 실행이 없을 경우에는 교사한 범죄의 실행의 착수가 인정되지 않아 교사범이 성립하지 않게 된다. (b) **공범독립성설**에 따르면 범죄는 행위자의 반사회성의 징표이다. 즉 교사·방조행위 그 자체가 반사회성을 드러내는 행위로서 정범의 실행행위와 관계없이 독립된 범죄의 실행행위가 된다는 '주관주의' 범죄이론을 그 배경으로 한다.

7 공범의 종속성의 정도 공범종속설에 따라 공범의 종속성을 인정하는 경우에도 정범이 '어느 정도의' 범죄성립요건을 구비하여야 이에 종속해서 공범이 성립할 것인지가 문제된다. 이 종속성의 정도와 관련하여 (a) **최소종속형식**은 정범의 행위가 '구성요건'에 해당하기만 하면 위법·유책하지 않은 경우에도 공범이 성립한다. (b) **제한종속형식**은 정범의 행위가 '구성요건'에 해당하고 '위법'하면 유책하지 않

---

6) Roxin의 행위지배설에 따르면, ㉠ 단독정범의 정범성표지는 **실행지배**로, ㉡ 간접정범의 정범성표지는 **의사지배**로, ㉢ 공동정범의 정범성표지는 **기능적 행위지배**로 표현된다.

은 경우에도 공범이 성립한다(통설). (c) **극단종속형식**은 정범의 행위가 '구성요건'에 해당하고 '위법·유책'할 경우에 공범이 성립한다. (d) **초극단(확장)종속형식**은 정범의 행위가 '구성요건'에 해당하고 '위법·유책'할 뿐만 아니라 '가벌성의 조건'(처벌조건이나 형의 가중·감경사유)까지 갖춘 경우에 공범이 성립한다는 입장이다. 정범의 위법행위가 있는 한 정범의 책임과는 관계없이 공범 성립을 인정하는 '제한종속형식'이 **'위법의 연대화' 및 '책임의 개별화'** 원칙에 합치된다.

8 공동정범의 특징 공동정범은 2인 이상의 자가 공동의 계획 하에 각자 실행의 단계에서 본질적인 기능을 분담하는 정범형태이다. 따라서 (1) 공동정범은 주관적으로는 '공동의 범행의사'와 객관적으로 '공동의 실행행위'가 성립요건이다. 이와 같이, (2) 공동정범은 2인 이상이 분업적 협력에 의한 **기능적 행위지배**를 통하여 범행하는 것이 특징이다. 그리고 (3) 범인 간에 기능적 행위지배가 인정되면 각 행위자는 일부를 실행하였어도 실현된 전체에 대하여 책임을 진다는 점이 공동정범의 주요 특징이다**(일부실행 전부책임)**. (4) 공동정범의 이러한 특징으로 인해 **인과관계의 판단**도 결과와 개개 행위간의 인과관계를 따지지 것이 아니라 공범자의 전체 행위와 결과 간의 인과관계를 검토한다.

Reference 1

공동정범과 방조범의 구분

1 **[대판 2012도12732] 공동정범의 본질**은 분업적 역할분담에 의한 기능적 행위지배에 있다고 할 것이므로 공동정범은 공동의사에 의한 기능적 행위지배가 있음에 반하여 **종범**은 그 행위지배가 없는 점에서 양자가 구별된다. …… 피고인이 위 범행에 이르는 사태의 핵심적 경과를 조종하거나 저지·촉진하는 등으로 지배하여 자신의 의사를 실행에 옮기는 정도에 이르렀다고 인정하기에 부족하고, 피고인은 범행 자금을 제공하고 그 범행의 실행을 통하여 획득할 수 있는 명품 팔찌 등을 요구함으로써 **단순히 원심 공동피고인 1 등의 신용카드 위조·사용 등 범행의 결의를 강화시키고 이를 용이하게 한 방조범에 불과**하다고 볼 수 있을 따름이다.

2 **[대판 2010도11631]** [1] 게임산업진흥에관한법률 제26조 제2항에서 '청소년게임제공업 등을 영위하고자 하는 자'란 청소년게임제공업 등을 영위함으로 인한 권리의무의 귀속주체가 되는 자를 의미하므로, **영업활동에 지배적으로 관여하지 아니한 채 단순히 영업자의 직원으로 일하거나 영업을 위하여 보조한 경우, 또는 영업자에게 영업장소 등을 임대하고 사용대가를 받은 경우** 등에는 같은 법 제45조 위반에 대한 **본질적인 기여를 통한 기능적 행위지배를 인정하기 어려워, 이들을 방조범으로 처벌할 수 있는지는 별론으로 하고 공동정범으로 처벌할 수는 없다.** [2] 피고인이 甲, 乙의 부탁으로 자신이 운영하는 가게 옆에 크레인 게임기들을 설치할 장소와 이용할 전력을 제공하고 대가를 받음으로써 이들과 공모하여 무등록 청소년게임제공업을 영위하였다는 내용으로 기소된 사안에서, 원심이 게임산업진흥에관한법률 제45조 제2호 위반죄를 진정부작위범으로 본 데에는 법리오해의 잘못이 있지만, 게임기들을 설치할 장소와 전력을 제공하고 대가를 받은 피고인은 영업상 권리의무의 귀속주체가 될 수 없고, 위와 같은 행위만으로 피고인을 같은 법 제45조 위반죄의 공모공동정범으로 보기 어렵다고 판단하여 무죄를 인정한 결론은 정당하다.

3 **[대판 2002도995] [보라매병원 사건[7]]** 보호자가 의학적 권고에도 불구하고 치료를 요하는 환자의 퇴원을 간청하여 담당 전문의와 주치의가 치료중단 및 퇴원을 허용하는 조치를 취함으로써 환자를 사망에 이르

게 한 행위에 대하여 **보호자, 담당 전문의 및 주치의가 부작위에 의한 살인죄의 공동정범으로 기소**된 사안에서, **담당 전문의와 주치의**에게 환자의 사망이라는 결과발생에 대한 정범의 고의는 인정되나 환자의 사망이라는 결과나 그에 이르는 사태의 핵심적 경과를 계획적으로 조종하거나 저지·촉진하는 등으로 지배하고 있었다고 보기는 어려워 공동정범의 객관적 요건인 이른바 **기능적 행위지배가 흠결되어 있다는 이유로 작위에 의한 살인방조죄**만 성립한다. cf) 사안에서 보호자인 부인은 부작위에 의한 살인죄 성립이 인정되었다.

4 [대판 96도2427] [1] 공동정범이 성립하기 위하여는 주관적 요건으로서 공동가공의 의사와 **객관적 요건으로서 공동의사에 의한 기능적 행위지배를 통한 범죄의 실행사실**이 필요한바, 위 주관적 요건으로서의 공동가공의 의사는 타인의 범행을 인식하면서도 이를 저지하지 아니하고 용인하는 것만으로는 부족하고 공동의 의사로 특정한 범죄행위를 하기 위하여 일체가 되어 서로 다른 사람의 행위를 이용하여 자기의 의사를 옮기는 것을 내용으로 하는 것이어야 한다. [2] 덕적도 핵폐기장 설치 반대 시위의 일환으로 행하여진 대학생들의 인천시청 기습점거 시위에 대하여 전혀 모르고 있다가 시위 직전에 주동자로부터 지시를 받고 시위현장 사진촬영행위를 한 자에 대하여, **시위행위에 대한 공동정범으로서의 범의는 부정하고 방조범으로서의 죄책만 인정**한 사례이다.

5 [대판 82도1818] 공동정범이 성립하기 위하여는 반드시 공범자 간에 사전 모의가 있어야 하는 것은 아니며, 암묵리에 서로 협력하여 공동의 범의를 실현하려는 의사가 상통하면 공모가 있다할 것이고 공모가 있는 이상 반드시 각 범행의 실행을 분담할 것을 요하지 아니하고, **단순히 망을 보았어도 공범의 책임을 면할 수 없다** 할 것이므로, 강간을 모의한 공동피고인 중의 1인이 강간하고 있는 중 다른 피고인이 강간피해자의 딸을 살해하고 다시 전자는 강간을 끝내고 망을 보고 있는 사이에 후자가 강간피해자를 묶고 집에 불을 놓아 피해자를 살해한 경우 **전자는 강간 이후의 다른 피고인의 일련의 범행에 대하여 공동정범의 죄책을 면할 수 없다.** cf) 이 판례는 단순히 망을 본 경우에도 범행이 암묵적인 의사의 연락 하에 일련의 협력관계에서 저질러진 경우에는 공동정범의 죄책을 면할 수 없음을 분명히 하였다는 점에 의의가 있다.

Reference 2

공동정범의 성립을 인정한 판례

1 [대판 2012도6027] [1] 범인도피죄는 범인을 도피하게 함으로써 기수에 이르지만, 범인도피행위가 계속되는 동안에는 범죄행위도 계속되고 행위가 끝날 때 비로소 범죄행위가 종료된다. 따라서 공범자의 범인도피행위 도중에 그 범행을 인식하면서 그와 공동의 범의를 가지고 기왕의 범인도피상태를 이용하여 스스로 범인도피행위를 계속한 경우에는 **범인도피죄의 공동정범**이 성립하고, **이는 공범자의 범행을 방조한 종범의 경우도 마찬가지이다.** [2] 甲이 수사기관 및 법원에 출석하여 乙 등의 사기 범행을 자신이 저질렀다는 취지로 허위자백하였는데, 그 후 甲의 사기 피고사건 변호인으로 선임된 피고인이 甲과 공모하여 진범 乙 등

7) **보라매병원 사건**은 1997년 12월 4일 술에 취해 화장실에 가다 넘어져 머리를 다친 남성을 부인이 퇴원시킨 사건이다. 대법원 판결을 통해 의학적 권고에 반하는 환자의 퇴원(discharge against medical advice)에 대해 의사를 살인방조죄로 처벌하였다. 본 판결에서는 미필적 고의에 대한 판단(【20】 참조)과 작위와 부작위의 관계에 대한 판단(【66】 참조)과 관련하여서도 중요한 판시를 하고 있다.

을 은폐하는 허위자백을 유지하게 함으로써 범인을 도피하게 하였다는 내용으로 기소된 사안에서, 피고인이 변호인으로서 단순히 甲의 이익을 위한 적절한 변론과 그에 필요한 활동을 하는 데 그치지 아니하고, 甲과 乙 사이에 부정한 거래가 진행 중이며 甲 피고사건의 수임과 변론이 거래의 향배와 불가결한 관련이 있을 것임을 분명히 인식하고도 乙에게서 甲 피고사건을 수임하고, 그들의 합의가 성사되도록 도왔으며, 스스로 합의금의 일부를 예치하는 방안까지 용인하고 합의서를 작성하는 등으로 甲과 乙의 거래관계에 깊숙이 관여한 행위를 정당한 변론권의 범위 내에 속한다고 평가할 수 없고, 나아가 변호인의 비밀유지의무는 변호인이 업무상 알게 된 비밀을 다른 곳에 누설하지 않을 소극적 의무를 말하는 것일 뿐 진범을 은폐하는 허위자백을 적극적으로 유지하게 한 행위가 변호인의 비밀유지의무에 의하여 정당화될 수 없다고 하면서, 한편으로 피고인의 행위는 정범인 甲에게 결의를 강화하게 한 방조행위로 평가될 수 있다는 이유로 범인도피방조죄를 인정한 원심판단을 정당하다고 한 사례.

2 **[대판 2011도9721]** 피고인이 甲 등과 공모하여 실제 영업활동을 하지 않는 회사들을 인수하여 회사 명의로 은행 당좌계좌를 개설하고 다량의 어음 용지를 확보한 다음 지급기일에 부도가 예정되어 있어 결제될 가능성이 없는 이른바 딱지어음을 대량 발행한 후 일정한 가격으로 시중에 유통시켰는데, 乙 등이 그 중 일부를 취득하여 이러한 사실을 숨긴 채 피해자들에게 어음할인을 의뢰하거나 채무이행을 유예하는 대가로 교부하여 어음할인금을 편취하거나 채무이행의 유예를 받은 사안에서, 딱지어음 발행 후 피해자들에 이르기까지의 유통경로 중 어음할인금 편취 또는 재산상 이익 취득과 관련된 주요 부분, 즉 乙 등이 딱지어음임을 알면서도 취득하여 마치 정상적으로 발행된 어음인 것처럼 피해자들에게 교부하게 된 경위나 과정이 밝혀져 있고, 해당 어음의 유통과정에서 최후소지인인 피해자들 외에는 해당 어음이 딱지어음이라는 점을 알지 못하여 피해를 입은 사람이 달리 나타나지 아니한 사정 등에 비추어, **피고인 등은 乙 등이 사기 범행을 실현하리라는 점을 인식하면서도 이를 용인하며** 부도가 예정된 딱지어음을 조직적으로 대량 발행하고 시중에 유통시킴으로써 乙 등 딱지어음 취득자들과 사이에 그들의 사기 범행에 관하여 직접 또는 중간 판매상 등을 통하여 적어도 순차적 · 암묵적으로 의사가 상통하여 공모관계가 성립되었다는 이유로, 같은 취지에서 피고인에게 **사기죄의 공동정범을 인정한 원심판단을 수긍**한 사례.

3 **[대판 2009도10139]** 공동피고인이 위조된 부동산임대차계약서를 담보로 제공하고 피해자로부터 돈을 빌려 편취할 것을 계획하면서 피해자가 계약서상의 임대인에게 전화를 하여 확인할 것에 대비하여 피고인에게 미리 전화를 하여 임대인 행세를 하여달라고 부탁하였고, 피고인은 위와 같은 사정을 잘 알면서도 이를 승낙하여 실제로 피해자의 남편으로부터 전화를 받자 **자신이 실제의 임대인인 것처럼 행세**하여 전세금액 등을 확인함으로써 위조사문서의 행사에 관하여 역할분담을 한 사안에서, 피고인의 행위는 **위조사문서행사에 있어서 기능적 행위지배의 공동정범 요건을 갖추었다**고 할 것이다.

4 **[대판 2006도4498] 자동차 명의신탁관계**에서 제3자가 명의수탁자로부터 승용차를 가져가 매도할 것을 허락받고 인감증명 등을 교부받아 위 승용차를 명의신탁자 몰래 가져간 경우, 위 제3자와 명의수탁자의 공모 · 가공에 의한 **절도죄의 공모공동정범이 성립한다.**

5 **[대판 95도803]** [**허위작성유가증권행사죄의 공동정범**이 성립되는 경우] 허위작성된 유가증권을 피교부자가 그것을 유통하게 한다는 사실을 인식하고 교부한 때에는 허위작성유가증권행사죄에 해당하고, 행사

할 의사가 분명한 자에게 교부하여 그가 이를 행사한 때에는 허위작성유가증권행사죄의 공동정범이 성립된다.

6 [대판 94도1793] [상명하복 관계에 있는 자들 사이에 공동정범이 성립할 수 있는지 여부] 상명하복 관계에 있는 자들 사이에 있어서도 범행에 공동 가공한 이상 공동정범이 성립하는 데 아무런 지장이 없다.

7 [대판 94도1484] 파기환송. 안수기도에 참여하여 목사가 **안수기도의 방법으로 폭행**을 함에 있어서 시종일관 폭행행위를 보조하였을 뿐 아니라 더 나아가 스스로 피해자를 폭행하기도 한 점에 비추어 목사의 폭행행위를 인식하고서도 이를 안수기도의 한 방법으로 알고 묵인함으로써 폭행행위에 관하여 묵시적으로 의사가 상통하였고 나아가 그 행위에 공동가공함으로써 공동정범의 책임을 면할 수 없다는 이유로, 그 안수기도행위에 참여, 보조한 신도에 대하여 무죄를 선고한 원심판결을 파기한 사례.

8 [대판 85도2411] [강도의 공범들이 강간할 때 피해자의 자녀들을 감시한 다른 공범의 죄책] 피고인이 공범들과 함께 강도범행을 저지른 후 피해자의 신고를 막기 위하여 공범들이 묶여있는 피해자를 옆방으로 끌고 가 강간범행을 할 때에 피고인은 자녀들을 감시하고 있었다면 공범들의 강도강간범죄에 공동가공한 것이라 하겠으므로 비록 피고인이 직접강간행위를 하지 않았다 하더라도 강도강간의 공동죄책을 면할 수 없다.

9 [대판 83도2575] 유가증권의 허위작성행위 자체에는 직접관여한 바 없다 하더라도 타인에게 그 작성을 부탁하여 의사연락이 되고 그 타인으로 하여금 범행을 하게 하였다면 **공모공동정범에 의한 허위작성죄가 성립**한다.

10 [대판 82도3103] **특수강도의 범행을 모의**한 이상 범행의 실행에 가담하지 아니하고, 공모자들이 강취해 온 장물의 처분을 알선만하였다 하더라도, **특수강도의 공동정범이 된다** 할 것이므로 장물알선죄로 의율할 것이 아니다.

11 [대판 75도1549] 형법 제32조 제1항 소정 타인의 범죄란 정범이 범죄의 실현에 착수한 경우를 말하는 것이므로 종범이 처벌되기 위하여는 정범의 실행의 착수가 있는 경우에만 가능하고 형법 전체의 정신에 비추어 정범이 실행의 착수에 이르지 아니한 예비의 단계에 그친 경우에는 이에 가공하는 행위가 **예비의 공동정범이 되는 경우를 제외하고는 종범의 성립을 부정하고 있다고 보는 것이 타당**하다. cf) 예비의 종범은 인정되지 않지만 예비의 공동정범은 인정됨을 확인한 판례이다.

공동정범의 성립을 부정한 판례

12-1 [대판 2003도4382] [업무상배임죄의 실행으로 인하여 이익을 얻게 되는 수익자 및 그와 밀접한 관련이 있는 제3자를 배임의 실행행위자와 공동정범으로 인정하기 위한 요건] [1] 업무상배임죄의 실행으로 인하여 이익을 얻게 되는 수익자 또는 그와 밀접한 관련이 있는 제3자를 **배임의 실행행위자와 공동정범으로 인정하기 위하여는** 실행행위자의 행위가 피해자 본인에 대한 배임행위에 해당한다는 것을 알면서도 (가) 소극적으로 그 배임행위에 편승하여 이익을 취득한 것만으로는 부족하고, (나) 실행행위자의 배임행위를 교사하거나 또는 배임행위의 전 과정에 관여하는 등으로 **배임행위에 적극 가담할 것을 필요**로 한다. [2] 회사

직원이 영업비밀을 경쟁업체에 유출하거나 스스로의 이익을 위하여 이용할 목적으로 무단으로 반출한 때 업무상배임죄의 **기수에 이르렀다고 할 것이고, 그 이후**에 위 직원과 접촉하여 영업비밀을 취득하려고 한 자는 업무상배임죄의 공동정범이 될 수 없다.

12-2 **[대판 2014도17211]** [거래상대방의 대향적 행위의 존재를 필요로 하는 유형의 배임죄에서, 업무상배임죄의 실행으로 이익을 얻게 되는 수익자를 배임죄의 공범으로 볼 수 있는지 여부(원칙적 소극) 및 배임의 실행행위자에 대한 공동정범으로 인정할 수 있는 경우] [1] 거래상대방의 대향적 행위의 존재를 필요로 하는 유형의 배임죄에서 거래상대방은 기본적으로 배임행위의 실행행위자와 별개의 이해관계를 가지고 반대편에서 독자적으로 거래에 임한다는 점을 고려하면, **업무상배임죄의 실행으로 이익을 얻게 되는 수익자는 배임죄의 공범이라고 볼 수 없는 것이 원칙**이고, 실행행위자의 행위가 피해자 본인에 대한 배임행위에 해당한다는 점을 인식한 상태에서 배임의 의도가 전혀 없었던 실행행위자에게 배임행위를 교사하거나 또는 배임행위의 전 과정에 관여하는 등으로 배임행위에 적극 가담한 경우에 한하여 배임의 실행행위자에 대한 공동정범으로 인정할 수 있다. [2] 피고인 2가 이 사건 특허권이 피고인 1의 소유가 아니라는 사정을 알 수 있었던 상황에서 피고인 1에게 특허권을 이전하라고 제의하였다고 하더라도, 배임행위의 실행행위자인 피고인 1과는 별개의 이해관계를 가지고 대향적 지위에서 독자적으로 거래하면서 자신의 이익을 위하여 이 사건 특허권을 이전받은 것으로 보이고, 원심이 든 사정만으로 피고인 2가 배임의 의사가 없었던 피고인 1에게 배임의 결의를 하게 하여 교사하였다거나 배임행위의 전 과정에 관여하는 등 배임행위에 적극 가담하였다고 단정하기 어렵다.

46 공동가공의 의사(1) - 공동정범의 주관적 성립요건 -

* 대법원 2003. 3. 28. 선고 2002도7477 판결
* 참조조문: 형법 제30조,[1] 제297조[2]

피고인에게 다른 일행의 강간 범행에 공동으로 가공할 의사가 있었다고 볼 수 있는가?

●**사실**● 피고인 X는 2002.3.10. 20:30경 마산시 소재 PC방 앞에서 Y가 인터넷 채팅을 통하여 알게 된 피해자 A 및 그의 친구들인 B, C를 Y의 승용차에 태우고 함께 창원의 주남저수지 부근을 드라이브하던 중, 피해자 일행이 잠시 차에서 내린 사이에 Z가 각각 파트너를 정해 강간할 것을 제의했으나 X는 아무런 반대의사표시를 하지 않았다. 이후 11일 새벽 01:00경 경남 함안군 칠북면 소재 야산에 내려서 Y · Z는 B · C를 야산으로 끌고 가 강간하였다. 당시 X는 친구들의 행위를 제지하지는 않았고 그들과는 달리 야산 입구에 앉은 채 A에게 "우리 그대로 가만히 앉아 있자."고 하면서 A의 몸에 손도 대지 않았다. 당시 X와 A는 옆에 앉아 서로 각자 가지고 있던 담배를 피우면서 신변에 관한 이야기를 나누었다.

원심은 X를 Y · Z와 함께 **강간죄의 공동정범을 인정**하여 유죄를 선고하였다. X가 상고하였다.

●**판지**● **파기환송.** 「[1] 형법 제30조의 공동정범은 2인 이상이 공동하여 죄를 범하는 것으로서, (가) 공동정범이 성립하기 위하여는 주관적 요건으로서 공동가공의 의사와 객관적 요건으로서 공동의사에 기한 기능적 행위지배를 통한 범죄의 실행사실이 필요하고, (나) **공동가공의 의사**는 타인의 범행을 인식하면서도 **이를 제지하지 아니하고 용인하는 것만으로는 부족**하고 (다) 공동의 의사로 특정한 범죄행위를 하기 위하여 **일체가 되어 서로 다른 사람의 행위를 이용하여 자기의 의사를 실행에 옮기는 것을 내용**으로 하는 것이어야 한다.

[2] 피해자 일행을 한 사람씩 나누어 강간하자는 피고인 일행의 제의에 아무런 대답도 하지 않고 따라 다니다가 자신의 강간 상대방으로 남겨진 공소외인에게 일체의 신체적 접촉도 시도하지 않은 채 다른 일행이 인근 숲 속에서 강간을 마칠 때까지 공소외인과 함께 이야기만 나눈 경우, 피고인에게 다른 일행의 강간 범행에 **공동으로 가공할 의사가 있었다고 볼 수 없다**」.

●**해설**● **1 공동정범의 성립요건** 공동정범이 성립하기 위해서는 ① 주관적으로는 2인 이상의 공동가공의 의사 연락이 있어야 하고 ② 객관적으로는 실행행위의 분담이 있어야 한다. 대상판결은 공동정범에 있어 공동가공의사의 구체적 의미와 관련된 판례이다. **어느 정도까지 관여가 있어야 공동가공의사를 인정할 수 있는가**를 명시하였다는 점에서 그 의의가 있다.

2 공동정범의 주관적 성립요건 의사연락은 법률상 일정한 정형(定型)을 요구하지 않는다. 2인 이상이 공동으로 범죄를 실현하려는 의사의 결합만 있으면 족하다. 따라서 전체의 모의과정이 없더라도 수인 사이에 **순차적으로 또는 암묵적으로 상통**하여 의사의 결합이 이루어지면 공모관계가 성립한다(대판 2011도9721). 그리고 이러한 공모가 이루어진 이상 실행행위에 관여하지 아니한 자라도 다른 공모자의 행위에 대하여 공동정범으로서의 형사책임을 진다.

1) 형법 제30조(공동정범) 2인 이상이 공동하여 죄를 범한 때에는 각자를 **그 죄의 정범으로 처벌**한다.
2) 형법 제297조(강간) 폭행 또는 협박으로 사람을 강간한 자는 3년 이상의 유기징역에 처한다.

3 여기서 대법원은 **공동가공의 의사**는 「타인의 범행을 인식하면서도 **이를 제지하지 아니하고 용인하는 것만으로는 부족**하고 공동의 의사로 특정한 범죄행위를 하기 위하여 **일체가 되어 서로 다른 사람의 행위를 이용하여 자기의 의사를 실행에 옮기는 정도**는 되어야 하는 것」으로 판단한다.

4 따라서 행위자 일방의 가공의사만을 가진 **편면적 공동정범은 성립할 수 없다**. 「공동정범은 행위자 상호간에 범죄행위를 공동으로 한다는 공동가공의 의사를 가지고 범죄를 공동실행하는 경우에 성립하는 것으로서, 여기에서의 공동가공의 의사는 **공동행위자 상호간**에 있어야 하며 행위자 일방의 가공의사만으로는 공동정범관계가 성립할 수 없다」(대판 84도2118). 행위자의 일방적 의사만이 있을 경우는 편면적 종범이나 동시범이 성립할 것이다. 특히 공동정범에는 의사의 연락이 필요하다는 점에서 의사의 연락이 없는 '동시범'과 구별된다.

5 사안에서 대법원은 ① 사건 발생 당시 X는 가석방 중이었던 관계로 가중처벌될 것이 두려워 내키지는 않았으나 분위기 때문에 거부하지 못한 채 소극적으로 따라간 사실, ② 특히 모의의 경위라든가 그 후의 진행경과 등에 비추어 볼 때, 이 정도의 심리상태나 행동만으로는 Y · Z와 함께 피해자 일행을 강간하기로 모의하였다고 단정하기는 어렵고, ③ Y · Z가 피해자들을 강간하려는 것을 보고도 **이를 제지하지 아니하고 용인하였다고 하여 이들의 범행에 공동으로 가공할 의사가 있었다고 볼 수는 없다**고 판단하였다.

6 한편 공모에 의한 **범죄의 공동실행**은 「모든 공범자가 스스로 범죄의 구성요건을 실현하는 것을 전제로 하지 아니하고, 그 실현행위를 하는 공범자에게 그 행위결정을 강화하도록 협력하는 것으로도 가능하며, 이에 해당하는지 여부는 행위 결과에 대한 각자의 이해 정도, 행위 가담의 크기, 범행지배에 대한 의지 등을 종합적으로 고려하여 판단」하여야 한다(대판 2006도1623).

7 부작위범의 공동정범 부작위범 사이의 공동정범은 ① 다수의 부작위범에게 **공통된 (작위)의무가 부여**되어 있고 ② 그 의무를 **공통으로 이행**할 수 있을 때에만 성립한다(대판 2008도89). 세월호 사건에서 법원은 항해사 1, 2가 선장의 부작위에 의한 살인행위에 공모 가담한 것으로 보기 어렵다고 판단하여 부작위에 의한 살인의 고의를 부정하였다(대판 2015도6809, Ref 2-3; 【67】 참조). 한편, **부진정부작위범의 공동정범**도 가능하다. '보증인의무'가 있는 자들의 '공모'와 '각자의 부작위'가 있는 경우, 공동정범이 성립한다. 판례도 부작위에 의한 사기죄의 공동정범의 성립을 인정한다(대판 2005도8645).

Reference 1

공동가공의 의사를 부정한 판례

1 **[대판 2015도5355] [윤일병 구타사망 사건3)]** 파기환송. [1] 형법 제30조의 공동정범은 2인 이상이 공동하여 죄를 범하는 것으로서, 공동정범이 성립하기 위해서는 주관적 요건으로서 공동가공의 의사와 객관적 요건으로서 공동의사에 기한 기능적 행위지배를 통한 범죄의 실행사실이 필요하다. 공동가공의 의사는 타인의 범행을 인식하면서도 이를 제지하지 아니하고 용인하는 것만으로는 부족하고, 공동의 의사로 특정한 범죄행위를 하기 위해 일체가 되어 서로 다른 사람의 행위를 이용하여 자기의 의사를 실행에 옮기는 것을 내용으로 하는 것이어야 한다. 따라서 공동정범이 성립한다고 판단하기 위해서는 범죄실현의 전 과정을 통하여 행위자들 각자의 지위와 역할, 다른 행위자에 대한 권유 내용 등을 구체적으로 검토하고 이를 종합하여 **공동가공의 의사에 기한 상호 이용의 관계가 합리적인 의심을 할 여지가 없을 정도로 증명되어야 한다.** [2] 피고인 2, 피고인 3, 피고인 4가 피고인 1의 상식을 벗어난 폭행·가혹행위에 일부 가담하기는 하였으나, 피해자의 사망이라는 결과 발생의 가능성 또는 위험이 있음을 미필적으로라도 인식하거나 예견하고도 이를 무시한 채 가해행위로 나아갔다고 보기는 어려울 뿐 아니라, 그 각 범행 가담 정도 등에 비추어 볼 때 피고인 2, 피고인 3, 피고인 4가 **피고인 1과 일체가 되어 그의 행위를 이용하여 살인의 의사를 실행에 옮기고자 하는 공동가공의 의사나 상호 이용의 관계가 있었다고 보기도 어렵다.** cf) 원심은, 피고인 2, 피고인 3, 피고인 4는 2014. 3. 초순경부터 직접 피해자를 폭행하거나 피고인 1이 피해자를 폭행할 때 망을 보기도 하는 등의 방법으로 피고인 1의 폭행에 지속적으로 가담해 왔고, 위 폭행으로 인해 피해자가 입은 상해의 정도와 피해자의 위중한 건강 상태를 잘 알고 있었던 점, 위 피고인들은 사건 당일인 2014. 4. 6. 냉동식품을 먹는 동안에도 피고인 1의 폭행 및 가혹행위에 가담하여 망을 보거나 발로 피해자의 배 부위를 차거나 밟기도 한 점 등을 종합하여, 위 피고인들도 피고인 1과 마찬가지로 피해자가 사망할 수도 있다는 결과 발생의 가능성 또는 위험성을 인식하거나 예견하였고 나아가 그 결과발생을 용인한 것으로 볼 수 있다는 이유로 살인의 미필적 고의를 인정할 수 있다고 판단하였다. 나아가 원심은 피고인 1이 폭행을 주도하였다는 등의 사정만으로는 피고인 2, 피고인 3, 피고인 4에 대하여 **살인죄의 공동정범을 인정하는 데에 아무런 장애가 되지 않는 점**, 위 피고인들이 살인의 범행에 관련된 각자의 역할을 분담하였고 그들 중 누구도 다른 피고인의 범행을 만류하지 아니한 점 등을 종합하여, 상해치사죄의 공동정범에 그칠 뿐이라는 피고인들의 주장을 배척하고 살인죄의 공동정범을 인정할 수 있다고 판단하였다.

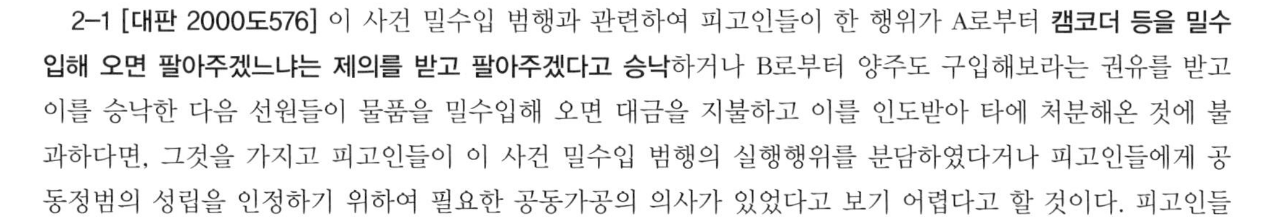

2-1 **[대판 2000도576]** 이 사건 밀수입 범행과 관련하여 피고인들이 한 행위가 A로부터 **캠코더 등을 밀수입해 오면 팔아주겠느냐는 제의를 받고 팔아주겠다고 승낙**하거나 B로부터 양주도 구입해보라는 권유를 받고 이를 승낙한 다음 선원들이 물품을 밀수입해 오면 대금을 지불하고 이를 인도받아 타에 처분해온 것에 불과하다면, 그것을 가지고 피고인들이 이 사건 밀수입 범행의 실행행위를 분담하였다거나 피고인들에게 공동정범의 성립을 인정하기 위하여 필요한 공동가공의 의사가 있었다고 보기 어렵다고 할 것이다. 피고인들

3) 이 사건은 2014년 4월 7일 경기도 연천군에 있는 육군 6군단 예하 28사단 977포병대대 의무대 내무반에서 후임인 윤 일병이 선임병 4명에게 지속적으로 폭행을 당해 사망한 사건이다. 이들은 2014년 3월부터 윤 일병이 사망하는 4월 7일까지 매일 손, 발, 군화, 슬리퍼 등 다양한 방법으로 윤 일병의 전신을 구타하였고, 성고문도 가하였다. 제1심은 피고인 4명에게 모두 상해치사죄를 인정하였으나 항소심은 피고인 모두에게 살인죄를 인정하였다. 대법원에서는 피고인 1에게 대해서는 살인죄 나머지 피고인들에게 대해서는 피고인 1과의 **공동정범의 성립을 부정**하였다.

이 밀수입해 오면 팔아주겠다고 한 것은 물품을 밀수입해 오면 이를 취득하거나 그 매각알선을 하겠다는 의사표시로 볼 수 있을 뿐 **밀수입 범행을 공동으로 하겠다는 공모의 의사를 표시한 것으로는 볼 수 없다**고 할 것이다.

2-2 [대판 97도1940] 오토바이를 절취하여 오면 그 물건을 사 주겠다고 한 것이 절도죄에 있어 공동정범의 성립을 인정하기 위하여 필요한 공동가공의 의사가 있었다고 보기 어렵다. **cf)** 이 경우 피고인은 장물취득죄가 인정될 뿐이다. 너가 오토바이를 훔쳐오면 내가 사주겠다는 사후 종범적 의사에 불과하므로 공동정범은 부정되고 장물취득죄만 성립된다.

3 [대판 99도2889] 피고인 2가 1997.8. 초경 여의도 의원회관 사무실로 피고인 1을 찾아가 이미 공소외 주식회사의 대표이사를 사임하고 회사의 고문으로 있던 그에게, 공소외 1의 문제를 해결하기 위해서는 공소외 1에게 금 3억 원을 주어 무마하는 수밖에 없다고 보고하자 **피고인 1이 아무런 말도 없이 창 밖만 쳐다보았으므로 이에 동의한 것으로 알았고**, 그 후 피고인 1에게 돈을 준 것을 보고하지 아니한 사실을 인정한 다음, 그 인정사실만으로는 피고인 1이 피고인 2와 공모하여 판시 범행을 저질렀다고 인정하기에 부족하다는 이유로 그 부분에 대하여 무죄를 선고하였다.

4 [대판 95도2461] [위계공무집행방해죄에 있어 공동가공의 의사가 없었다고 본 사례] [1] 공동정범이 성립하기 위하여는 주관적 요건으로서 공동가공의 의사와 객관적 요건으로서 공동의사에 의한 기능적 행위지배를 통한 범죄의 실행사실이 필요한바, 위 주관적 요건으로서 **공동가공의 의사**는 타인의 범행을 인식하면서도 이를 저지하지 아니하고 용인하는 것만으로는 부족하고 공동의 의사로 특정한 범죄행위를 하기 위하여 일체가 되어 서로 다른 사람의 행위를 이용하여 자기의 의사를 실행에 옮기는 것을 내용으로 하는 것이어야 한다. [2] 피고인 2가 상 피고인 1의 요청을 받아들여 상 피고인 1 및 원심 공동피고인를 특정 고사실의 감독관으로 배치하여 주었을 때 상 피고인 1이 특정 응시자가 다른 응시자의 답안을 보는 정도의 부정행위를 눈감아 주는 정도의 행위를 할 것으로 인식하였음은 인정할 수 있으나, 상 피고인 1은 검찰 이래 원심 법정에 이르기까지 특정 고사실에 자신 및 위 원심 공동피고인를 배치하여 줄 것을 요구하는 이유를 묻는 피고인 2에 대하여 자신이 계획한 범행 내용을 은폐하면서 친구가 시험에 응시하는데 마음 편하게 시험을 볼 수 있도록 자신이 감독관으로 들어가려는 것이라고만 대답하였고, 피고인 2와 사이에 범행을 공모한 바는 없다고 진술하고 있으며, 달리 상 피고인 1이 다른 고사실에서 다른 응시자의 답안지를 빼내는 방법으로 범행을 저지를 것임을 피고인 2가 알고 있었다는 점을 인정할 증거는 전혀 없는바, 그렇다면 피고인 2는 상 피고인 1이 특정 응시자의 경미한 부정행위(다른 응시자의 답안을 몰래 보고 쓰는 정도의 행위 등)를 눈감아 주는 위계공무집행방해 행위를 방조할 의사로 상 피고인 1의 요구대로 상 피고인 1및 원심 공동피고인을 **특정 고사실의 감독관으로 배치하여 준 것에 불과**하고, 피고인 2에게 상 피고인 1과 공동으로 일체가 되어 상 피고인 1의 행위를 이용하여 자신의 의사를 실행에 옮긴다는 의사가 있었다고 볼 수는 없으므로, 피고인 2에게는 상 피고인 1과 위계공무집행방해의 범죄를 공동으로 한다는 공동가공의 의사가 있었다고 볼 수 없고, 따라서 피고인 2는 위계공무집행방해의 공동정범에 해당한다고 볼 수는 없다고 할 것이다.

5 [대판 84도2118] [행위자 일방(편면적)의 가공의사와 공동정범의 성부] 공동정범은 행위자 상호간에 범죄행위를 공동으로 한다는 공동가공의 의사를 가지고 범죄를 공동실행하는 경우에 성립하는 것으로서, 여

기에서의 공동가공의 의사는 공동행위자 상호간에 있어야 하며 행위자 일방의 가공의사만으로는 공동정범 관계가 성립할 수 없다.

공동가공의 의사를 인정한 판례

6 **[대판 2018도10327]** [도로교통법 제46조 제1항에서 말하는 '공동 위험행위'의 의미 및 이를 금지하는 취지 / 위 도로교통법 위반(공동위험행위) 범행의 구성요건으로서 행위자의 고의인 '공동의사'의 내용]] 도로교통법 제46조 제1항은 "자동차 등의 운전자는 도로에서 2명 이상이 공동으로 2대 이상의 자동차 등을 정당한 사유 없이 앞뒤로 또는 좌우로 줄지어 통행하면서 다른 사람에게 위해를 끼치거나 교통상의 위험을 발생하게 하여서는 아니 된다."라고 규정하고 있고, 제150조 제1호에서는 이를 위반한 사람에 대한 처벌규정을 두고 있다. 도로교통법 제46조 제1항에서 말하는 '공동 위험행위'란 2인 이상인 자동차 등의 운전자가 공동으로 2대 이상의 자동차 등을 정당한 사유 없이 앞뒤로 또는 좌우로 줄지어 통행하면서 신호위반, 통행구분위반, 속도제한위반, 안전거리확보위반, 급제동 및 급발진, 앞지르기금지위반, 안전운전의무위반 등의 행위를 하여 다른 사람에게 위해를 주거나 교통상의 위험을 발생하게 하는 것으로, 2인 이상인 자동차 등의 운전자가 함께 2대 이상의 자동차 등으로 위의 각 행위 등을 하는 경우에는 단독으로 한 경우와 비교하여 다른 사람에 대한 위해나 교통상의 위험이 증가할 수 있고 집단심리에 의해 그 위해나 위험의 정도도 가중될 수 있기 때문에 이와 같은 공동 위험행위를 금지하는 것이다. 위와 같은 도로교통법 위반(공동위험행위) 범행에서는 '2명 이상이 공동으로' 범행에 가담하는 것이 구성요건의 내용을 이루기 때문에 행위자의 고의의 내용으로서 **'공동의사'가 필요**하고, 위와 같은 공동의사는 반드시 위반행위에 관계된 운전자 전부 사이의 의사 연락이 필요한 것은 아니고 다른 사람에게 위해를 끼치거나 교통상의 위험을 발생하게 하는 것과 같은 사태의 발생을 예견하고 그 행위에 가담할 의사로 족하다. 또한 공동의사는 사전 공모뿐 아니라 현장에서의 공모에 의한 것도 포함된다.

7-1 **[대판 2011도9721] [순차적 · 암묵적 의사의 상통]** 피고인이 甲 등과 공모하여 실제 영업활동을 하지 않는 회사들을 인수하여 회사 명의로 은행 당좌계좌를 개설하고 다량의 어음 용지를 확보한 다음 지급기일에 부도가 예정되어 있어 결제될 가능성이 없는 이른바 **딱지어음을 대량 발행**한 후 일정한 가격으로 시중에 유통시켰는데, 乙 등이 그 중 일부를 취득하여 이러한 사실을 숨긴 채 피해자들에게 어음할인을 의뢰하거나 채무이행을 유예하는 대가로 교부하여 어음할인금을 편취하거나 채무이행의 유예를 받은 사안에서, …… 피고인 등은 乙 등이 사기 범행을 실현하리라는 점을 인식하면서도 이를 용인하며 부도가 예정된 딱지어음을 조직적으로 대량 발행하고 시중에 유통시킴으로써 乙 등 딱지어음 취득자들과 사이에 그들의 사기 범행에 관하여 직접 또는 중간 판매상 등을 통하여 적어도 **순차적 · 암묵적으로 의사가 상통하여 공모관계가 성립**되었다는 이유로, 같은 취지에서 피고인에게 사기죄의 공동정범을 인정한 원심판단을 수긍하였다.

7-2 **[대판 82도1373] [암묵적 공모, 우연적 공동정범]** 공동정범이 성립하기 위하여는 반드시 공범자 간에 사전에 모의가 있어야 하는 것은 아니며, **우연히 만난 자리**에서 서로 협력하여 공동의 범의를 실현하려는 의사가 **암묵적으로 상통**하여 범행에 공동가공하더라도 공동정범은 성립된다고 할 것이다. …… 피고인들은 원심 공동피고인 이 피해자를 강간하려고, 동녀를 정읍군 입암면 접지리 소재 천원천 제방으로 유인하여 가는 것을 알고서 그 뒤를 따라가다가, 제방 뚝에서 원심공동피고인이 피해자를 강간하려고 폭행하기 시작할 무렵, 원심공동피고인의 주위에 나타나서, 원심공동피고인의 폭행으로 항거불능의 상태에 있는 피해자

를 강간하기 위하여 하의를 벗고 대기하고 있었고, 원심공동피고인이 강간을 끝내자마자 그의 신호에 따라 차례로 윤간한 사실이 인정되는 바, 이에 의하면 피고인들이 원심공동피고인의 뒤를 따라갈 때까지는 강간의 모의가 있었다고는 할 수 없으나, 원심공동피고인의 강간의 실행에 착수할 무렵에는 원심공동피고인과 피고인들 사이에 **암묵적으로 범행을 공동할 의사연락이 있었다**고 할 것이므로, 피고인들 및 원심공동피고인을 공동정범으로 의률한 원심의 조처는 정당하다. cf) 공동가공의 의사는 상호적임을 요하나 이는 상호 공동가공의 인식이 있으면 족하고 **사전에 어떤 모의 과정이 있어야 하는 것은 아니다.**

7-3 **[대판 93도3154] 입시부정행위를 지시한 자**가 부정행위의 방법으로서 사정위원들의 업무를 방해할 것을 특정하거나 명시하여 지시하지 않았더라도 업무방해죄의 공동정범에 해당한다.

7-4 **[대판 93도2305]** 학부모들이 대학교 교무처장 등에게 자녀들의 부정입학을 청탁하면서 그 대가로 대학교 측에 기부금명목의 금품을 제공하고 이에 따라 교무처장 등이 그들의 실제 입학시험성적을 임의로 고쳐 그 석차가 모집정원의 범위 내에 들도록 사정부를 허위로 작성한 다음 이를 그 정을 모르는 입학사정위원들에게 제출하여 그들로 하여금 그 사정부에 따라 입학사정을 하게 함으로써 자녀들을 합격자로 사정처리 하게 한 것은 위계로써 입학사정위원들의 사정업무를 방해한 것이다. …… 피고인들과 그들로부터 부정입학을 알선 의뢰받은 교수나 실제로 부정입학을 주도한 위 교무처장등과의 사이에 **서로 암묵적인 의사의 연락에 의한 순차공모관계가 있다**고 보아 위 피고인들에게 업무방해죄의 공동정범으로서의 죄책을 인정한 조치도 수긍이 된다.

7-5 **[대판 94도1484]** 안수기도에 참여하여 목사가 안수기도의 방법으로 폭행을 함에 있어서 시종일관 폭행행위를 보조하였을 뿐 아니라 더 나아가 스스로 피해자를 폭행하기도 한 점에 비추어 목사의 폭행행위를 인식하고서도 이를 안수기도의 한 방법으로 알고 묵인함으로써 **폭행행위에 관하여 묵시적으로 의사가 상통**하였고 나아가 그 행위에 공동가공함으로써 공동정범의 책임을 면할 수 없다는 이유로, 그 안수기도행위에 참여, 보조한 신도에 대하여 무죄를 선고한 원심판결을 파기하며 위 피고인들은 공동정범의 책임을 면할 수 없다.

7-6 **[대판 2010도11030] 공모공동정범**의 경우, 범죄의 수단과 태양, 가담하는 인원과 그 성향, 범행 시간과 장소의 특성, 범행과정에서 타인과의 접촉가능성과 예상되는 반응 등 제반 상황에 비추어, 공모자들이 그 공모한 범행을 수행하거나 목적 달성을 위해 나아가는 도중에 부수적인 다른 범죄가 파생되리라고 예상하거나 충분히 예상할 수 있는데도 그러한 가능성을 외면한 채 이를 방지하기에 족한 합리적인 조치를 취하지 아니하고 공모한 범행에 나아갔다가 결국 그와 같이 예상되던 범행들이 발생하였다면, 비록 **그 파생적인 범행 하나하나에 대하여 개별적인 의사의 연락이 없었다고 하더라도 당초의 공모자들 사이에 그 범행 전부에 대하여 암묵적인 공모는 물론 그에 대한 기능적 행위지배가 존재한다**고 보아야 한다.

8 **[대판 95도577]** [공범자의 범인도피행위 도중에 기왕의 범인도피상태를 이용하여 스스로 범인도피행위를 계속한 자에 대하여 범인도피죄의 공동정범이 성립하는지 여부] 범인도피죄는 범인을 도피하게 함으로써 기수에 이르지만 범인도피행위가 계속되는 동안에는 범죄행위도 계속되고 행위가 끝날 때 비로소 범죄행위가 종료되고, 공범자의 범인도피행위의 도중에 그 범행을 인식하면서 그와 **공동의 범의**를 가지고 기왕의 범인도피상태를 이용하여 스스로 범인도피행위를 계속한 자에 대하여는 범인도피죄의 공동정범이 성립한다.

9 **[대판 87도1240]** 부하들이 흉기를 들고 싸움을 하고 있는 도중에 폭력단체의 두목급 수괴의 지위에 있는 을이 그 현장에 모습을 나타내고 더우기나 부하들이 흉기들을 소지하고 있어 살상의 결과를 초래할 것을 예견하면서도 **전부 죽이라는 고함을 친 행위**는 부하들의 행위에 큰 영향을 미치는 것으로서 을은 이로써 위 싸움에 가세한 것이라고 보지 아니할 수 없고, 나아가 부하들이 칼, 야구방망이 등으로 피해자들을 난타, 난자하여 사망케 한 것이라면 을은 살인죄의 공동정범으로서의 죄책을 면할 수 없다.

10 **[대판 82도3103]** [특수강도의 범행의 모의와 강취한 장물의 처분만을 알선한 경우 특수강도의 공동정범의 성부] **특수강도의 범행을 모의한 이상** 범행의 실행에 가담하지 아니하고, 공모자들이 강취해 온 **장물의 처분을 알선만하였다 하더라도**, 특수강도의 공동정범이 된다 할 것이므로 장물알선죄로 의율할 것이 아니다.

11 **[대판 82도180]** [부동산을 2중양도케 한 **제2의 양수인이 배임죄의 공동정범**에 해당하는 여부(적극)] 점포의 임차인이 임대인이 그 점포를 타에 매도한 사실을 알고 있으면서 점포의 임대차 계약 당시 "타인에게 점포를 매도할 경우 우선적으로 임차인에게 매도한다" 는 특약을 구실로 임차인이 매매대금을 일방적으로 결정하여 공탁하고 **임대인과 공모**하여 임차인 명의로 소유권이전등기를 경료하였다면 임대인의 배임행위에 적극가담한 것으로서 배임죄의 공동정범에 해당한다.

12 **[대판 80도2224] [포괄적 또는 개별적인 의사연락]** 공동정범 또는 공모 공동정범의 경우에 범인 전원이 일정한 시간과 장소에 집합하여 모의하지 아니하고 그 중의 1인 또는 2인 이상을 통하여 **릴레이식으로 범의의 연락이 있고 그 범의 내용에 대하여 포괄적 또는 개별적인 의사연락이나 인식**이 있었다면 그들 전원이 공모관계가 있다고 보아야 한다.

Reference 2

부작위범의 공동정범

1 **[대판 2021도11110]** [주권상장법인의 주식 등 대량보유·변동 보고의무 위반으로 인한 자본시장과 금융투자업에 관한 법률 위반죄가 **진정부작위범에 해당**하는지 여부(적극) / 위 죄의 공동정범은 그 의무가 수인에게 공통으로 부여되어 있는데도 수인이 공모하여 전원이 그 의무를 이행하지 않았을 때 성립하는지 여부(적극)] 자본시장과 금융투자업에 관한 법률(이하 '자본시장법'이라 한다) 제147조 제1항 전문은 "주권상장법인의 주식 등을 대량보유(본인과 그 특별관계자가 보유하게 되는 주식 등의 수의 합계가 그 주식 등의 총수의 100분의 5 이상인 경우를 말한다)하게 된 자는 그날부터 5일 이내에 그 보유상황, 보유 목적, 그 보유 주식 등에 관한 주요계약내용, 그 밖에 대통령령으로 정하는 사항을 대통령령으로 정하는 방법에 따라 금융위원회와 거래소에 보고하여야 하며, 그 보유 주식 등의 수의 합계가 그 주식 등의 총수의 100분의 1 이상 변동된 경우에는 그 변동된 날부터 5일 이내에 그 변동내용을 대통령령으로 정하는 방법에 따라 금융위원회와 거래소에 보고하여야 한다."라고 규정하고 있고, 자본시장법 제445조 제20호는 제147조 제1항을 위반하여 주식 등 대량보유·변동 보고를 하지 아니한 자를 처벌한다고 규정하고 있다. 그 규정 형식과 취지에 비추어 보면 주권상장법인의 주식 등 대량보유·변동 보고의무 위반으로 인한 자본시장법 위반죄는 구성요건이 부작위에 의해서만 실현될 수 있는 진정부작위범에 해당한다. 진정부작위범인 주식 등 대량보유·변동 보고의무 위반으로 인한 자본시장법 위반죄의 공동정범은 그 의무가 수

인에게 공통으로 부여되어 있는데도 수인이 공모하여 전원이 그 의무를 이행하지 않았을 때 성립할 수 있다.

2 **[대판 2018도12973]** [정신질환자의 입원 등에 필요한 보호의무자 확인 서류 등 수수 의무 위반으로 인한 구 정신보건법 제24조 제1항 위반죄가 진정부작위범에 해당하는지 여부(적극) / 위 죄의 공동정범은 그 의무가 수인에게 공통으로 부여되어 있는데도 수인이 공모하여 전원이 그 의무를 이행하지 않았을 때 성립하는지 여부(적극) / '정신의료기관 등의 장'이 아니라 그곳에 근무하고 있을 뿐인 정신건강의학과 전문의도 위 규정에서 정한 보호의무자 확인 서류 등의 수수 의무를 부담하는지 여부(소극)] 구 정신보건법(2016. 5. 29. 법률 제14224호 정신건강증진 및 정신질환자 복지서비스 지원에 관한 법률로 전부 개정되기 전의 것, 이하 '구 정신보건법'이라 한다) 제24조 제1항은 "정신의료기관 등의 장은 정신질환자의 보호의무자 2인의 동의(보호의무자가 1인인 경우에는 1인의 동의로 한다)가 있고 정신건강의학과 전문의가 입원 또는 입소(이하 '입원 등'이라 한다)가 필요하다고 판단한 경우에 한하여 당해 정신질환자를 입원 등을 시킬 수 있으며, 입원 등을 할 때 당해 보호의무자로부터 보건복지부령으로 정하는 입원 등의 동의서 및 보호의무자임을 확인할 수 있는 서류를 받아야 한다."라고 정하고, 제57조 제2호는 제24조 제1항을 위반하여 입원동의서 또는 보호의무자임을 확인할 수 있는 서류를 받지 아니한 자를 처벌한다고 정하고 있다. 그 규정 형식과 취지에 비추어 보면, 보호의무자 확인 서류 등 수수 의무 위반으로 인한 구 정신보건법 위반죄는 구성요건이 부작위에 의해서만 실현될 수 있는 진정부작위범에 해당한다. (나) 진정부작위범인 위 수수 의무 위반으로 인한 구 정신보건법 위반죄의 공동정범은 그 의무가 수인에게 공통으로 부여되어 있는데도 수인이 공모하여 전원이 그 의무를 이행하지 않았을 때 성립할 수 있다. 그리고 위 규정에 따르면 보호의무자 확인 서류 등의 수수 의무는 '정신의료기관 등의 장'에게만 부여되어 있고, 정신의료기관 등의 장이 아니라 그곳에 근무하고 있을 뿐인 정신건강의학과 전문의는 위 규정에서 정하는 보호의무자 확인 서류 등의 수수 의무를 부담하지 않는다고 보아야 한다.

3 **[대판 2015도6809 전원합의체] [세월호침몰 사건] [다수의견]** 항해 중이던 선박의 선장 피고인 甲, 1등 항해사 피고인 乙, 2등 항해사 피고인 丙이 배가 좌현으로 기울어져 멈춘 후 침몰하고 있는 상황에서 피해자인 승객 등이 안내방송 등을 믿고 대피하지 않은 채 선내에 대기하고 있음에도 아무런 구조조치를 취하지 않고 퇴선함으로써, 배에 남아있던 피해자들을 익사하게 하고, 나머지 피해자들의 사망을 용인하였으나 해경 등에 의해 구조되었다고 하여 살인 및 살인미수로 기소된 사안에서, 피고인 乙, 丙은 간부 선원이기는 하나 나머지 선원들과 마찬가지로 선박침몰과 같은 비상상황 발생 시 각자 비상임무를 수행할 현장에 투입되어 선장의 퇴선명령이나 퇴선을 위한 유보갑판으로의 대피명령 등에 대비하다가 선장의 실행지휘에 따라 승객들의 이동과 탈출을 도와주는 임무를 수행하는 사람들로서, 임무의 내용이나 중요도가 선장의 지휘 내용이나 구체적인 현장상황에 따라 수시로 변동될 수 있을 뿐 아니라 퇴선유도 등과 같이 경우에 따라서는 승객이나 다른 승무원에 의해서도 비교적 쉽게 대체 가능하고, 따라서 승객 등의 퇴선을 위한 선장의 아무런 지휘·명령이 없는 상태에서 피고인 乙, 丙이 단순히 비상임무 현장에 미리 가서 추가 지시에 대비하지 아니한 채 선장과 함께 조타실에 있었다거나 혹은 기관부 선원들과 함께 3층 선실 복도에서 대기하였다는 사정만으로, 선장과 마찬가지로 선내 대기 중인 승객 등의 사망 결과나 그에 이르는 사태의 핵심적 경과를 계획적으로 조종하거나 저지·촉진하는 등 사태를 지배하는 지위에 있었다고 보기 어려운 점 등 제반 사정을 고려하면, **피고인 乙, 丙이 간부 선원들로서 선장을 보좌하여 승객 등을 구조하여야 할 지위**에 있음에도 별다른 구조조치를 취하지 아니한 채 사태를 방관하여 결과적으

로 선내 대기 중이던 승객 등이 탈출에 실패하여 사망에 이르게 한 잘못은 있으나, 그러한 부작위를 작위에 의한 살인의 실행행위와 동일하게 평가하기 어렵고, 또한 살인의 미필적 고의로 피고인 甲의 부작위에 의한 살인행위에 공모 가담하였다고 단정하기도 어려우므로, **피고인 乙, 丙에 대해 부작위에 의한 살인의 고의를 인정하기 어렵다고 한 원심의 조치는 정당**하다. [2] 특정한 행위를 하지 아니하는 부작위가 형법적으로 부작위로서의 의미를 가지기 위해서는, 보호법익의 주체에게 해당 구성요건적 결과발생의 위험이 있는 상황에서 행위자가 구성요건의 실현을 회피하기 위하여 **요구되는 행위를 현실적 · 물리적으로 행할 수 있었음에도 하지 아니하였다고 평가될 수 있어야 한다.** 나아가 살인죄와 같이 일반적으로 작위를 내용으로 하는 범죄를 부작위에 의하여 범하는 이른바 부진정 부작위범의 경우에는 보호법익의 주체가 법익에 대한 침해위협에 대처할 보호능력이 없고, 부작위행위자에게 침해위협으로부터 **법익을 보호해 주어야 할 법적 작위의무가 있을 뿐 아니라,** 부작위행위자가 그러한 보호적 지위에서 법익침해를 일으키는 사태를 지배하고 있어 작위의무의 이행으로 결과발생을 쉽게 방지할 수 있어야 **부작위로 인한 법익침해가 작위에 의한 법익침해와 동등한 형법적 가치**가 있는 것으로서 범죄의 실행행위로 평가될 수 있다. 다만 여기서의 작위의무는 법령, 법률행위, 선행행위로 인한 경우는 물론, 신의성실의 원칙이나 사회상규 혹은 조리상 작위의무가 기대되는 경우에도 인정된다. **cf)** 이 판결에서 **반대의견**은 항해사 乙과 丙은 **선장의 부작위에 의한 살인행위에 암묵적, 순차적으로 공모 가담한 공동정범**으로 보아야 한다고 하여 乙과 丙은 부작위에 의한 살인 및 살인미수죄의 공동정범의 죄책을 면할 수 없다고 판단하였다.

4 [대판 2008도89] [1] 공중위생관리법(2008.2.29. 법률 제8852호로 개정되어 2008.6.15. 시행되기 전의 것) 제3조 제1항 전단은 "공중위생영업을 하고자 하는 자는 공중위생영업의 종류별로 보건복지부령이 정하는 시설 및 설비를 갖추고 시장 · 군수 · 구청장에게 신고하여야 한다."고 규정하고, 같은 법 제20조 제1항 제1호는 '제3조 제1항 전단의 규정에 의한 신고를 하지 아니한 자'를 처벌한다고 규정하고 있는바, 그 규정 형식 및 취지에 비추어 신고의무 위반으로 인한 공중위생관리법 위반죄는 구성요건이 부작위에 의하여서만 실현될 수 있는 진정부작위범에 해당한다. [2] 부작위범 사이의 공동정범은 다수의 부작위범에게 공통된 의무가 부여되어 있고 그 의무를 공통으로 이행할 수 있을 때에만 성립한다. …… **피고인들에게 공통된 신고의무가 부여되어 있지 않은 이상 부작위범인 신고의무 위반으로 인한 공중위생관리법 위반죄의 공동정범**도 성립할 수 없다. [3] 공중위생영업의 신고의무는 '공중위생영업을 하고자 하는 자'에게 부여되어 있고, 여기서 '영업을 하는 자'란 영업으로 인한 권리의무의 귀속주체가 되는 자를 의미하므로, **영업자의 직원이나 보조자의 경우에는 영업을 하는 자에 포함되지 않는다.**

47 공동가공의 의사(2) – 상해죄의 동시범 특례 –

* 대법원 1985. 5. 14. 선고 84도2118 판결
* 참조조문: 형법 제30조,[1] 제15조 제2항,[2] 제263조[3]

행위자 일방의 가공의사와 공동정범의 성부 및 상해치사죄에도 형법 제263조(동시범의 특례)가 적용되는가?

●**사실**● 피고인 X는 Y, Z, W 등과 뱃놀이를 하면서 술을 마셔 만취된 상태에서 술을 더 마시자고 의기투합이 되어 사건 현장 술집으로 가게 되었다. X와 Y가 앞서가다가 X가 마루에 걸터앉아 있던 피해자 A 앞을 지나면서 그의 발을 걸은 것이 발단이 되어 시비가 발생하였다. (1) 그런 상황에 화가 난 X가 손으로 A의 멱살을 잡아 흔들다 뒤로 밀어버려 A는 그곳 토방 시멘트 바닥에 넘어져 나무 기둥에 뒷머리를 부딪치게 되었다(제1행위). (2) 이어 뒤따라 들어오던 Z가 그 장면을 보고 들고 있던 쪽 대(고기망태기)를 마당에 집어 던지고 욕설을 하면서 A에게 달려들어 양손으로 멱살을 잡고 수회 흔들다가 밀어서 A를 뒤로 넘어뜨려 A는 다시 뒷머리를 토방 시멘트 바닥에 부딪치게 되었다(제2행위). (3) Z는 이어서 그곳 부엌 근처에 있던 삽을 손에 들고 A의 얼굴 우측부위를 1회 때려 또 다시 A는 넘어지면서 뒷머리를 장독대 모서리에 부딪치게 되었다(제3행위). 그 결과 A는 뇌저부 경화 동맥파열상을 입어 사망에 이르게 되었다. 원심은 X와 Z에 대해 **상해치사죄의 공동정범**을 인정하였다.

●**판지**● 「[1] 공동정범은 행위자 상호간에 범죄행위를 공동으로 한다는 공동가공의 의사를 가지고 범죄를 공동 실행하는 경우에 성립하는 것으로서, 여기에서의 공동가공의 의사는 공동행위자 상호간에 있어야 하며 **행위자 일방의 가공의사만으로는 공동정범관계가 성립할 수 없다.** [2] 동시범의 특례를 규정한 형법 제263조는 상해치사죄에도 적용된다」.

●**해설**● 1 공동정범이란 2인 이상이 의사의 연락을 하고 실행행위를 분담하여 하나의 범죄를 완성시키는 범죄형태이다. 따라서 공동정범이 성립하기 위해서는 ① 행위자들 간에 공동가공의 의사(**주관적 요건**)가 있어야 하고, ② 행위자들 간에 실행행위의 분담(**객관적 요건**)이 있어야 한다. 대상판결은 공동정범의 성립에 있어서 공동가공의사의 의의와 관련된 판례이다.

2 사안에서 원심은 X와 Z에 대해 상해치사죄의 공동정범을 인정하였으나 대법원은 공동정범의 성립을 부정하고 있다. 공동정범은 **행위자 상호간**에 범죄행위를 공동으로 한다는 공동가공의 의사를 가지고 범죄를 공동 실행하는 경우에 성립하는 것인데, X와 Z 상호간에는 공동가공의 의사를 인정할 수 없으며 **행위자 일방의 가공의사**만으로는 공동정범관계가 성립할 수 없음을 분명히 하였다.

---

1) 형법 제30조(공동정범) 2인 이상이 공동하여 죄를 범한 때에는 각자를 **그 죄의 정범으로 처벌**한다.
2) 형법 제15조(사실의 착오) ① 특별히 무거운 죄가 되는 사실을 인식하지 못한 행위는 무거운 죄로 벌하지 아니한다. ② 결과 때문에 형이 무거워지는 죄의 경우에 그 결과의 발생을 예견할 수 없었을 때에는 무거운 죄로 벌하지 아니한다.
3) 형법 제263조(동시범) 독립행위가 경합하여 상해의 결과를 발생하게 한 경우에 있어서 원인된 행위가 판명되지 아니한 때에는 **공동정범의 예**에 의한다.

3 즉, 사안의 경우, X와 Z의 각 범행은 우연한 사실에 기하여 우발적으로 발생한 독립적인 것으로 보일 뿐 양인 간에 범행에 관한 사전모의가 있었던 것으로는 보여지지 않고, 또 Z가 X의 범행을 목격하고 이에 가세한 것으로는 인정되나 X가 Z의 가세사실을 미리 인식하였거나 의욕하였던 것으로 보기 어렵다고 대법원은 판단하였다. 즉, 범행내용에 있어서도 X의 위 (1) 범행에는 Z가 가담한 사실이 없고, Z의 위 (2), (3) 범행에는 X가 이에 가담한 사실이 없을 뿐만 아니라 그 과정에서 X와 Z 사이에 암묵적으로라도 공동실행의 의사가 형성된 것으로 보기도 어려우니, X를 **상해치사죄의 공동정범**으로 본 원심판단에는 공동정범의 법리를 오해하여 법률적용을 잘못한 위법이 있다고 보았다.

4 공동정범의 성립에 있어 **공동가공의 의사**는 중요한 의미를 가진다. 공동가공의 의사가 존재함으로서 각 범인들의 행위는 단순한 개인적인 행위가 아니라 범인 전체의 행위로서의 성격을 띠게 되고(개별적 행위가 전체로 결합되고) 다른 범인들의 행위가 자기의 행위로서의 성격도 지니게 된다. 따라서 공동정범의 경우 **공동실행의 의사**가 바로 공동정범의 기본원리인 **일부실행 전부책임**의 결정적 기초가 된다. 그리고 '일부실행 전부책임'의 원리는 인과관계와 관련하여 그 실천적 의미가 크다.

5 따라서 공동정범이 성립한다고 판단하기 위해서는 범죄실현의 전 과정을 통하여 행위자들 각자의 지위와 역할, 다른 행위자에 대한 권유 내용 등을 구체적으로 검토하고 이를 종합하여 **공동가공의 의사에 기한 상호 이용의 관계가 합리적인 의심을 할 여지가 없을 정도로 증명**되어야 한다(대판 2015도5355).

6 또 하나 대상판결에서 대법원은 범인 중 일방에게만 공동가공의 의사가 있는 편면적 공동정범은 인정되지 않는다고 하면서 본 사안이 **제263조의 동시범특례**에 해당될 수 있음에도 원심 법원이 X와 Z를 공동정범으로 봄으로써 이 점에 대해서는 살펴보지도 아니한 채 X에 대하여 치사의 결과에 대한 책임을 묻고 있음을 질책하고 있다.

7 즉, 사안에서 대법원은 「… 다만 동시범의 특례를 규정한 **형법 제263조가 상해치사죄에도 적용**되는 관계상 위 피해자의 사망이 X의 범행에 인한 것인지, Z의 범행에 인한 것인지가 판명되지 아니하는 때에 예외적으로 공동정범의 예에 의할 수 있을 것임에도 불구하고, 원심은 피고인과 원심 상피고인을 공동정범으로 봄으로써 이러한 점에 대하여는 살펴보지도 아니한 채 피고인에 대하여 치사의 결과에 대한 책임을 물었으니, 앞서 본바와 같은 법리의 오해는 판결에 영향을 미쳤다할 것이다」라고 판단하였다.

8 동시범과 동시범의 특례 **동시범(독립행위의 경합)**이란 의사연락이 없는 여러 사람의 행위가 결과발생에 영향을 준 경우를 말한다. 동시범은 상호 의사연락이 없기 때문에 공동정범은 될 수 없고, 각자가 별개의 직접정범이 된다. 따라서 독립행위로 인하여 결과가 발생한 경우 그 결과발생의 원인된 행위가 판명되지 아니한 때에는 각 행위를 미수범으로 처벌하는 것이 원칙이다(법19[4]). 그러나 형법은 **상해죄의 경우에는 특례**를 두어 예외적으로 원인된 행위가 판명되지 아니한 때에도 **공동정범**으로 처리한다(법263)(거증책임의 전환). 판례는 여기서 더 나아가 상해죄뿐만 아니라 **폭행치사상죄, 상해치사죄의 동시범에도 이 특례를 적용**하고 있다(강간치상죄는 부정). 하지만 상해죄의 동시범특례는 '의심스러울 때는 피고인의 이익으로'라는 원칙에 저촉될 우려가 있는 규정으로 가능한 한 한정적으로 해석하여야 한다.

---

4) 형법 제19조(독립행위의 경합) 동시 또는 이시의 **독립행위가 경합**한 경우에 그 **결과발생의 원인된 행위가 판명되지 아니한 때에는 각 행위를 미수범으로 처벌**한다.

Reference

독립행위의 경합과 상해죄의 동시범 특례

1 **[대판 2000도2466]** [시간적 차이가 있는 독립된 상해행위나 폭행행위가 경합하여 사망의 결과가 일어나고 그 사망의 원인된 행위가 판명되지 않는 경우, 공동정범의 예에 의하여 처벌할 것인지 여부(적극)] [1] 피고인이 의자에 누워있는 피해자를 밀어 땅바닥에 떨어지게 함으로써 이미 부상하여 있던 그 피해자로 하여금 사망에 이르게 하였다. [2] 시간적 차이가 있는 독립된 상해행위나 폭행행위가 경합하여 사망의 결과가 일어나고 그 사망의 원인된 행위가 판명되지 않은 경우에는 공동정범의 예에 의하여 처벌할 것이므로, **2시간 남짓한 시간적 간격을 두고 피고인이 두 번째의 가해행위인 이 사건 범행을 한 후, 피해자가 사망하였고 그 사망의 원인을 알 수 없다**고 보아 피고인을 폭행치사죄의 동시범으로 처벌한 원심판단은 옳고 거기에 동시범의 법리나 상당인과관계에 관한 법리를 오해한 위법도 없다.

2 **[대판 85도1892]** [공범들의 행위 중 결과발생의 원인된 행위가 불명한 경우, 동시범 규정의 적용여부] [1] 2인 이상이 상호의사의 연락없이 동시에 범죄구성요건에 해당하는 행위를 하였을 때에는 원칙적으로 각인에 대하여 그 죄를 논하여야 하나 그 결과 발생의 원인이 된 행위가 분명하지 아니한 때에는 각 행위자를 미수범으로 처벌하고(**독립행위의 경합**), 이 독립행위가 경합하여 특히 상해의 결과를 발생하게 하고 그 결과발생의 원인이 된 행위가 밝혀지지 아니한 경우에는 공동정범의 예에 따라 처단(**동시범**)하는 것이므로 공범관계에 있어 공동가공의 의사가 있었다면 이에는 도시 동시범등의 문제는 제기될 여지가 없다. [2] 피고인등은 1984.2.25. 21:00경부터 그 다음날 09:00경까지 부산직할시 동래구 안락동 공소외 인의 집에서 처음에는 피고인 1, 2, 3, 4가 그 다음에는 연락을 받고 그 곳에 차례로 온 피고인 5와 6, 7, 8 등이 같이 참여하여 공소외인의 몸에서 잡귀를 물리친다면서 뺨등을 때리고 팔과 다리를 붙잡고 배와 가슴을 손과 무릎으로 힘껏 누르고 밟는 등 하여 그로 하여금 우측간 저면파열, 복강내출혈로 사망에 이르게 하였다면 피고인등 간에는 상호 공동가공의 의사가 있었다고 할 것이므로 피고인등 간에는 의사공통이 없어 공범이 아니라는 상고논지는 독자적 견해에 지나지 아니하여 그 이유가 없다.

3 **[대판 84도488]** [가해행위를 한 것 자체가 불분명한 자에 대한 상해죄의 동시범으로 의율가부] 파기환송. 상해죄에 있어서의 동시범은 두 사람 이상이 가해행위를 하여 상해의 결과를 가져온 경우에 그 상해가 어느 사람의 가해행위로 말미암은 것인지 분명치 않다면 가해자 모두를 공동정범으로 보자는 것이므로 **가해행위를 한 것 자체가 분명하지 않은** 사람에 대하여 동시범으로 다스릴 수 없음은 더 말할 것도 없다. 피고인들이 주먹이나 이마로 피해자를 구타한 것이 피해자 주장과 같이 인정된다면 이 점에 대한 죄책을 면할 수 없겠지만, 만일 흉기로 피해자의 얼굴을 찍은 것이 **피고인들 중 어느 한 사람의 소행일 가능성이 없는 상황이라면** 피고인들 및 제3자 상호간에 의사의 연락이 있었다고 볼 수 없는 이 사건에 있어서 피고인들에 대하여 흉기에 의한 상해행위 부분까지 그 죄책을 물을 수는 없을 것이다. **cf)** 사안은 피고인들이 서로 싸우는 것을 피해자가 말렸다는 이유로 피고인 1은 이마로 위 피해자의 얼굴로 1회 받은 후 얼굴과 가슴을 5, 6회 때리고, 피고인 2는 이에 가세하여 주먹으로 위 피해자의 왼쪽 빰을 1회 때렸으며 **피고인들 중 한 사람이** 그곳에 있던 깨진 유리병 조각을 들고 위 피해자의 코를 내리 찍어 47일간의 치료를 받게 하였다는 사건이다. 원심은 이러한 혐의들을 인정하여 피고인들에게 유죄를 인정하였다. 그러나 대법원은 술에 취한 자가 자기를 부축하고 있는 자를 7, 8회 구타하였다는 진술의 신빙성에 대해 의문을 제지하였다. 또한 피

해자의 진술내용 자체가 엇갈리고 있어 정확한 범행현황을 파악하기 어렵다고 보았다. 이에 따라 피해자 진술만으로 흉기에 의한 공격이 피고인들 중 한 사람의 행위에 의한 것이라고 단정하기는 어렵다고 판단한 사안이다.

4 **[대판 84도372]** [강간치상죄와 동시범 규정 적용 가부(소극)] 형법 제263조의 **동시범은 상해와 폭행죄에 관한 특별규정**으로서 동 규정은 그 보호법익을 달리하는 **강간치상죄에는 적용할 수 없다.**

5 **[대판 80도3321]** [**이시의 독립행위가 경합하여 사망의 결과가 일어난 경우**와 공동정범에 의한 처벌] 공동피고인은 술에 취해있던 피해자의 어깨를 주먹으로 1회 때리고 쇠스랑 자루로 머리를 2회 강타하고 가슴을 1회 밀어 땅에 넘어뜨렸고, 그 후 3시간가량 지나서 피고인이 위 피해자의 멱살을 잡아 평상에 앉혀놓고 피해자의 얼굴을 2회 때리고 손으로 2,3회 피해자의 가슴을 밀어 땅에 넘어뜨린 다음, 나일론 슬리퍼로 피해자의 얼굴을 수회 때렸는데 위와 같은 두 사람의 이시적인 상해행위로 인하여 피해자가 그로부터 6일 후에 뇌출혈을 일으켜 사망하기에 이르렀다는 것인 바, 원판결의 문언과 원심이 피고인의 소위에 대하여 형법 제263조를 적용한 취지에서 보면 원심은 위 피해자의 사인이 원심 공동피고인의 행위와 피고인의 행위 중 누구의 행위에 기인한 것인지를 판별할 수 없는 경우에 해당한다고 하여 형법 제263조의 규정에 의한 공동정범의 예에 따라 피고인에게 책임을 지우고 있는 것이라고 할 것이다. 그런데 형법 제19조와 같은 법 제263조의 규정취지를 새겨 보면 본건의 경우와 같은 이시의 상해의 독립행위가 경합하여 사망의 결과가 일어난 경우에도 그 원인된 행위가 판명되지 아니한 때에는 공동정범의 예에 의하여야 한다고 해석하여야 할 것이니 이와 같은 견해에서 피고인의 소위에 대하여 형법 제263조의 동시범으로 의율처단한 원심의 조치는 정당하고 원판결에 형법 제19조와 동 제263조의 법리를 오해한 위법이나 소론 의률착오의 위법이 없으며, 사람의 안면은 사람의 가장 중요한 곳이고 이에 대한 강한 타격은 생리적으로 두부에 중대한 영향을 주어 정신적 흥분과 혈압의 항진 등으로 인하여 뇌출혈을 일으켜 사망에 이르게 할 수도 있다는 것은 통상인이라면 누구나 예견할 수 있는 것이라고 할 것이고, 원심의 위의 사실인정이 적법한 이상 원판결에 소론 형법 제15조 제2항의 결과적 가중범에 대한 법리오해의 위법이 없고 피고인이 피해자의 도발에 맞서 원판시와 같은 상해행위를 하였다고 하여도 원심인정 사실에 비추어 볼때 그것만으로서는 피고인의 소위가 소론과 같이 정당방위 내지는 과잉방위에 해당하는 것이라고 할 수 없으니 원판결에 정당방위 내지는 과잉방위의 법리를 오해한 위법도 없다.

상해죄의 동시범 특례가 적용되지 않은 사례

6 **[대판 2005도8822]** [선행 교통사고와 후행 교통사고 중 어느 쪽이 원인이 되어 피해자가 사망하였는지가 분명하지 않은 경우, 후행 교통사고와 피해자의 사망 사이에 인과관계를 인정하기 위한 요건 및 그 증명책임의 소재(=검사)] 선행 교통사고와 후행 교통사고 중 어느 쪽이 원인이 되어 피해자가 사망에 이르게 되었는지 밝혀지지 않은 경우 후행 교통사고를 일으킨 사람의 과실과 피해자의 사망 사이에 인과관계가 인정되기 위해서는 후행 교통사고를 일으킨 사람이 주의의무를 게을리하지 않았다면 피해자가 사망에 이르지 않았을 것이라는 사실이 증명되어야 하고, 그 증명책임은 검사에게 있다. 원심은 피고인의 과실행위로 인하여 피해자를 사망에 이르게 하였다고 단정할 증거가 없다는 이유로 이 사건 공소사실에 대하여 피고인에게 무죄를 선고하였는바, 위 법리와 기록에 비추어 보면 원심의 판단은 정당하다.

7 [대판 84도488] [가해행위를 한 것 자체가 불분명한 자에 대한 상해죄의 동시범으로 의율가부] 상해죄에 있어서의 동시범은 두 사람 이상이 가해행위를 하여 상해의 결과를 가져올 경우에 그 상해가 어느 사람의 가해행위로 인한 것인지가 분명치 않다면 가해자 모두를 공동정범으로 본다는 것이므로 가해행위를 한 것 자체가 분명치 않은 사람에 대하여는 동시범으로 다스릴 수 없다. 피고인들이 주먹이나 이마로 피해자를 구타한 것이 피해자 주장과 같이 인정된다면 이 점에 대한 죄책을 면할 수 없겠지만, 만일 흉기로 피해자의 얼굴을 찍은 것이 피고인들 중 **어느 한 사람의 소행일 가능성이 없는 상황**이라면 피고인들 및 제3자 상호간에 의사의 연락이 있었다고 볼 수 없는 이 사건에 있어서 피고인들에 대하여 흉기에 의한 상해행위 부분까지 그 죄책을 물을 수는 없을 것이다.

8-1 [대판 84도372] [**강간치상죄**와 동시범 규정 적용 가부(소극)] 형법 제263조의 동시범은 상해와 폭행죄에 관한 특별규정으로서 동 규정은 그 보호법익을 달리하는 강간치상죄에는 적용할 수 없다.

8-2 [고판 90노3345] 피고인이 공소외 갑 및 그로부터 강간당한 피해인 을과 함께 이야기하던 중 을과 단 둘이 있게 되자 갑으로부터 당한 강간으로 항거불능의 상태에 있던 을을 다시 강간함으로써 을이 회음부 찰과상을 입게 되었다 하더라도 피고인과 갑이 강간을 공모 하였음을 인정할 만한 증거가 없고 위 상처가 누구의 강간행위로 인하여 생긴 것인지를 인정할 자료가 없다면 치상의 공소사실에 대하여는 그 증명이 없는 때에 해당하고 강간치상죄에 대하여는 상해죄의 동시범 처벌에 관한 특례를 인정한 형법 제263조가 적용되지 아니하는 것이므로 피고인은 단지 강간죄로 밖에 처벌할 수 없다.

48 공모관계의 이탈(1)

* 대법원 1996. 1. 26. 선고 94도2654 판결
* 참조조문: 형법 제30조[1)]

공모공동정범에서의 공모관계가 없거나 공모관계에서 이탈하였다고 본 사례

●**사실**● 피고인 X는 1993.4. 청주 시내 유흥업소를 활동무대로 하여 폭행과 공갈 등을 목적으로 하는 '시라소니'파 범죄단체조직에 2기 조직원으로 가입하여 활동하고 있었다. 사건 당일인 5.28. 20:30경에 조직원 2명이 반대파인 '파라다이스'파로부터 칼에 찔려 피해를 입자 시라소니파 조직원들이 이에 대한 보복으로 같은 날 21:00경부터 22:30경까지 청주시 무심천 고수부지 로울러스케이트장에 집결한 후 '파라다이스'파 조직원들에 대해 보복 공격하여 상해나 살해할 것을 결의하였다.

당시 X는 Y 등과 같이 술을 마시고 있다가 같은 조직원으로부터 연락을 받고 무심천 로울러스케이트장에 가서 '파라다이스'파에게 보복을 하러 간다는 말을 듣고 다른 조직원들이 여러 대의 차에 분승하여 출발하려고 할 때 사태의 심각성을 실감하고 범행에 휘말리기 싫어서 **그곳에서 택시를 타고 집으로 왔다.** 그러나 당시 무심천 고수부지에 모인 조직원들은 공동하여 생선회칼, 손도끼, 낫 등 흉기를 들고 8대 차량에 분승하여 청주 덕산 나이트클럽에 이르러 반대파 D를 찾았으나 없자 종업원인 피해자 A를 폭행하고, '파라다이스'파 조직원들을 찾았으나 보이지 않자, '파라다이스'파 두목 B, C를 살해하기로 결의하고 같은 날 23:20경 청주관광호텔 실버스타 나이트클럽에 이르러 잠자고 있던 피해자 B를 무차별 찔러 흉부자창으로 같은 날 23:50경 실혈사로 사망케 하였다.

원심은 X에 대해 공동정범으로서의 책임없다고 하여 무죄를 선고하였다. 이에 검사가 상고하였다.

●**판지**● **상고기각.** 「A에 대한 폭력행위 등 처벌에 관한 법률 위반 및 B에 대한 살인의 점에 대하여 (가) 다른 조직원들과의 사이에 '파라다이스'파 조직원들을 공격하여 상해를 가하거나 살해하기로 하는 **모의가 있었다고 보기 어렵고,** (나) 가사 피고인에게도 그 범행에 가담하려는 의사가 있어 공모 관계가 인정된다 하더라도 다른 조직원들이 각 **이 사건 범행에 이르기 전에 그 공모관계에서 이탈**한 것이라 할 것이므로 피고인은 위 **공모관계에서 이탈한 이후의 행위에 대하여는 공동정범으로의 책임을 지지 않는다**고 할 것이다」.

●**해설**● 1 사안은 공모한 피고인 중 한 명이 범행 도중에 이탈한 경우의 형사책임에 대한 문제로 **'공모관계에서의 이탈'**이라 표현한다. 다시 말해, 공모관계에서의 이탈이란 범죄의 공모자 중 일부가 **실행에 착수하기 이전**에 공모관계에서 이탈한 경우를 말하며, 이 경우 판례는 이탈한 자를 공모공동정범으로 처벌하지 않는다(예비·음모나 방조범으로 처벌될 수는 있다).

2 공모관계에서 이탈한 경우에는 **범행지배나 의사연락을 인정할 수 없기 때문**이다. 따라서 공모관계에서의 이탈이 인정되려면 공모자가 공모에 의하여 담당한 **기능적 행위지배를 해소**하는 것이 필요하다. 그리고 이 경우에 있어 이탈의 의사표시는 반드시 명시적임을 요하지 않는다. 사안에서 법원은 X에게 범행에 가담하려는 의사가 있었다고 보기 어렵고, 가사 공모관계가 인정된다 하더라도 다른 조직원들이 범행에 이르기 전에 그 공모관계에서 이탈한 것이기 때문에 공동정범으로서의 책임은 없다고 판단하였다.

1) 형법 제30조(공동정범) 2인 이상이 공동하여 죄를 범한 때에는 각자를 그 죄의 정범으로 처벌한다.

3 근래 대법원은 '공모관계에서의 이탈'한 경우이더라도 공모자가 공모에 주도적으로 참여하여 다른 공모자의 실행에 영향을 미친 때에는 범행을 저지하기 위하여 적극적으로 노력하는 등 실행에 미친 영향력을 제거하거나 해소하지 아니하는 한 공모관계에서 이탈하였다고 볼 수 없다는 입장을 내놓고 있다(대판 2008도1274, 【49】 참조).

4 **공동정범의 중지미수** **실행의 착수 이후**에는 공모관계에서 이탈하여도 **공동정범은 인정**된다(대판 2010도9927, Ref 4). 단지 **중지범의 특례**를 받을 수 있을 뿐이다. 즉 실행의 착수 이후에는 중지미수의 문제로 넘어가게 된다. 그리고 이 경우 중지자는 자신의 행위로 인한 결과뿐만 아니라 다른 공동정범자들의 실행행위로 인하여 발생하는 결과도 방지하여야 한다. 공동정범의 1인이 미수에 그치더라도 다른 공범자가 기수에 도달하면 공동정범 전원이 기수책임을 진다.

5 이와 같이, 행위자 상호간에 범죄 실행을 공모하였다면 다른 공모자가 '이미 실행에 착수한 이후'에는 그 공모관계에서 이탈하였다 하더라도 공동정범의 책임은 면할 수 없다. 그리고 같은 맥락에서 「피고인이 **포괄일죄의 관계에 있는 범행의 일부를 실행한 후 공범관계에서 이탈하였으나 다른 공범자에 의하여 나머지 범행이 이루어진 경우**, 피고인은 관여하지 않은 부분에 대하여도 죄책을 부담한다」(대판 2010도9927, Ref 5). 한편 **교사범이 그 공범관계로부터 이탈**하기 위해서는 피교사자가 범죄의 실행행위에 나아가기 전에 교사범에 의하여 형성된 피교사자의 범죄 실행의 결의를 해소할 것이 필요하다(대판 2012도7407).

Reference

실행의 착수 이전에 이탈한 경우

1 **[대판 88도837]** 피고인 X는 공동피고인 Y, Z와 함께 서울 상도동 A 경영의 명진상사 창고에 몰래 들어가 피혁을 훔치기로 약속하였으나 X는 절취할 마음이 내키지 아니하고 처벌이 두려워 만나기로 한 시간에 약속장소로 가지 아니하고 성남시 중동 소재 포장마차에서 술을 마신 후 인근 여관에서 잠을 잤으며 Y, Z는 약속장소에서 X를 기다리다가 그들끼리 모의된 범행을 결행하기로 하여 Y는 그 창고 앞에서 망을 보고 Z는 창고에 침입하여 가죽 약 1만평을 절취한 것이라는 바 그렇다면 X는 **특수절도의 공동정범이 성립될 수 없음**은 물론 다른 공모자들이 **실행행위에 이르기 이전에 그 공모관계로부터 이탈**한 것이 분명하므로 그 이후의 다른 공모자의 절도행위에 관하여도 공동정범으로서 책임을 지지 아니한다고 할 것이다.

2 **[대판 85도2371]** ●**사실**● 피고인은 공동피고인 갑, 을, 병, 정과 함께 봉고차를 타고 가다가 정의 초등학교 동창인 A녀를 발견, 강제로 차에 태우고 A에게 돈을 내어 놓으라고 하였으나 돈이 없자 5인이 A를 간음하였다. 그 후 정의 제의로 A를 죽이기로 하고, 커튼을 찢어 A의 손을 묶고 피고인과 병이 양팔을 끼고 4~500미터 떨어진 저수지로 데리고 갔다. 피고인은 갑 등에게 "이제까지의 범행은 내가 했다고 할 터이니 A를 살려주자."고 했으나, 갑 등은 말을 듣지 않고 A의 다리까지 묶은 후 A를 저수지에 던졌다. 피고인은 A를 구하기 위하여 저수지에 뛰어 들려고 하였으나 갑 등의 제지로 실패하고, 자신의 생명의 위험을 느껴 산길을 걸어 집으로 돌아왔다. A가 헤엄쳐 저수지가로 나오자 갑 등은 그를 산으로 끌고 가서 목을 졸라 살해하였다. ●**판지**● 원심이 확정한 사실에 의하면 구체적인 살해 방법이 확정되어 피고인을 제외한 나머지 공범들이 피해자의 팔, 다리를 묶어 **저수지 안으로 던지는 순간**에 피해자 A에 대한 **살인행위의 실행의 착수가**

있다 할 것이고 따라서 피고인은 **살해모의에는 가담하였으나 다른 공모자들이 실행행위에 이르기 전에 그 공모관계에서 이탈하였다 할 것**이고 그렇다면 피고인이 위 공모관계에서 이탈한 이후의 다른 공모자의 행위에 관하여는 **공동정범으로서의 책임을 지지 않는다고 할 것**이므로 위와 같은 취지의 원심판결은 정당하다.

3 **[대판 84도2956]** 형법 제334조 제2항에 규정된 합동범은 주관적 요건으로서 공모가 있어야 하고 객관적 요건으로서 현장에서의 실행행위의 분담이라는 협동관계가 있어야 하는 것이므로 피고인이 **다른 피고인들(2명)과 택시강도를 하기로 모의한 일이 있다고 하여도 다른 피고인들이 피해자에 대한 폭행에 착수하기 전에 겁을 먹고 미리 현장에서 도주해 버렸다면** 다른 피고인들과의 사이에 강도 살인의 실행행위를 분담한 협동관계가 있었다고 보기는 어려우므로 피고인을 특수강도의 **합동범으로 다스릴 수는 없다.**

4 **[대판 71도2277]** [1] (가) 소위 공모공동정범에 있어서도 다른 공모자가 **실행행위에 이르기 전**에 그 공모관계에서 이탈한 때에는 공동정범의 책임을 지지 않는다. (나) 그 경우에 이탈의 의사표시는 반드시 명시적임을 요하지 않는다. [2] 피고인은 피해자 1에 대한 치사의 범행이 있을 무렵 피해자 2를 데리고 인근 부락의 약방에 가고 없었다는 것이고, 피고인은 공소사실중의 (1)범죄사실(폭력행위등처벌에 관한법률위반사실)로 인하여 피해자 2가 그 판시와 같은 상해를 입고 약방으로 가는 것을 보자 자기의 잘못을 깨닫고 다른 공모자들이 또 동인에게 폭행을 하려는 것을 제지하는 한편 동인을 데리고 그곳에서 약 400미터 떨어진 약국으로 가서 응급치료를 받게 하였고(그 후 피고인은 귀가하였다), 그 공소사실 (2)범죄사실(특수폭행치사)은 위와 같이 피고인이 위의 약국으로 간 뒤에 다른 공범자들만에 의하여 저질렀다는 사실을 엿볼 수 있는바 그렇다면 피고인이 공소사실적시 (1)폭력행위등처벌에 관한 법률 위반의 범행에는 가담하였다하여도 그 적시의 (2)사실인 특수폭행치사의 범행에 관하여는 피고인은 명시적 또는 묵시적으로 그 공모관계에서 이탈하였다고 볼 수있을 것이므로 원심이 위와 같은 취지를 전제로 한 원심판단은 정당하다.

실행의 착수 이후에 이탈한 경우

5 **[대판 2010도9927]** [1] 피고인이 **포괄일죄의 관계에 있는 범행의 일부를 실행한 후 공범관계에서 이탈하였으나 다른 공범자에 의하여 나머지 범행이 이루어진 경우**, 피고인이 관여하지 않은 부분에 대하여도 죄책을 부담한다. [2] 피고인이 다른 공범들과 특정 회사 주식의 시세조정 주문을 내기로 공모한 다음 시세조정행위의 일부를 실행한 후 공범관계로부터 이탈하였고, 다른 공범들이 그 이후의 나머지 시세조정행위를 계속한 사안에서, 피고인이 다른 공범들의 범죄실행을 저지하지 않은 이상 그 이후 나머지 공범들이 행한 시세조정행위에 대하여도 공동정범으로서의 죄책을 부담한다.

6 **[대판 2001도513]** [피고인이 **포괄일죄의 관계**에 있는 사기범행의 일부를 실행한 후 공범관계에서 이탈하였으나 다른 공범자에 의하여 나머지 범행이 이루어진 경우, 피고인이 관여하지 않은 부분에 대하여 죄책을 부담하는지 여부(적극)] 피고인이 공범들과 다단계금융판매조직에 의한 사기범행을 공모하고 피해자들을 기망하여 그들로부터 투자금 명목으로 **피해금원의 대부분을 편취한 단계에서 위 조직의 관리이사직을 사임**한 경우, 피고인의 사임 이후 피해자들이 납입한 나머지 투자금 명목의 편취금원도 같은 기망상태가 계속된 가운데 같은 공범들에 의하여 같은 방법으로 수수됨으로써 **피해자별로 포괄일죄의 관계**에 있으므로

이에 대하여도 피고인은 공범으로서의 책임을 부담한다. cf) 이 사안에서 법원은 공범자가 퇴사한 경우에도 이탈의 효과를 부정하고 공동정범의 책임을 묻고 있다.

7 [대판 83도2941] 행위자 상호간에 범죄의 실행을 공모하였다면 다른 공모자가 이미 실행에 착수한 이후에는 그 공모관계에서 이탈하였다고 하더라도 공동정범의 책임을 면할 수 없는 것이므로 피고인 등이 금품을 강취할 것을 공모하고 피고인은 집 밖에서 망을 보기로 하였으나, **다른 공모자들이 피해자의 집에 침입한 후** 담배를 사기 위해서 **망을 보지 않았다**고 하더라도, 피고인은 판시 **강도상해죄의 공동정범**의 죄책을 면할 수가 없다.

49 공모관계의 이탈(2) – 실행의 착수 전 이탈과 공모관계의 해소 –

* 대법원 2008. 4. 10. 선고 2008도1274 판결
* 참조조문: 형법 제30조,[1] 제337조[2]

공모에 주도적으로 참여한 공모자가 공모관계에서 이탈하여 공동정범으로서 책임을 지지 않기 위한 요건

●**사실**● 피고인 X는 21세로서 이 사건 강도상해의 범행 전날 밤 11시경에 14세 또는 15세의 Y, Z, W와 강도 모의를 하였는데 이때 X는 삽을 들고 사람을 때리는 시늉을 하는 등 주도적으로 그 모의를 하였다. 그리고 X는 Y 등과 사건 당일 새벽 1시 30분경 특수절도의 범행을 한 후 함께 일대를 배회하면서 새벽 4시 30분경까지 강도 대상을 물색하였다. 그러던 중 Y, Z가 피해자 A를 발견하고 갑자기 쫓아가자 X는 **"어?"라고만 하고** W에게 따라가라고 한 후 자신은 비대한 체격 때문에 그들을 뒤따라가지 못하고 범행현장에서 200m 정도 떨어진 곳에 **앉아 있었다**. 결국 Y, Z는 A를 쫓아가 폭행하여 항거불능케 한 다음 A의 뒷주머니에서 지갑을 강취하고 A에게 약 7주간의 치료를 요하는 우측 무릎뼈골절 등의 상해를 입혔다.

제1심은 X에 대해 무죄를 선고했으나 원심은 X에 대해 강도상해죄의 공동정범을 인정하였다. X는 상고하였다.

●**판지**● **상고기각.** 「[1] 공모공동정범에 있어서 공모자 중의 1인이 다른 공모자가 실행행위에 이르기 전에 그 공모관계에서 이탈한 때에는 그 이후의 다른 공모자의 행위에 관하여는 공동정범으로서의 책임은 지지 않는다 할 것이나, 공모관계에서의 이탈은 공모자가 공모에 의하여 담당한 **기능적 행위지배를 해소하는 것이 필요**하므로 **공모자가 공모에 주도적으로 참여하여 다른 공모자의 실행에 영향을 미친 때**에는 범행을 저지하기 위하여 적극적으로 노력하는 등 **실행에 미친 영향력을 제거하지 아니하는 한 공모관계에서 이탈하였다고 할 수 없다.**

[2] 다른 3명의 공모자들과 강도 모의를 하면서 삽을 들고 사람을 때리는 시늉을 하는 등 그 모의를 주도한 피고인이 함께 범행 대상을 물색하다가 다른 공모자들이 강도의 대상을 지목하고 뒤쫓아가자 단지 "어?"라고만 하고 비대한 체격 때문에 뒤따라가지 못한 채 범행현장에서 200m 정도 떨어진 곳에 앉아 있었으나 위 공모자들이 피해자를 쫓아가 강도상해의 범행을 한 사안에서, 피고인에게 공동가공의 의사와 공동의사에 기한 **기능적 행위지배를 통한 범죄의 실행사실이 인정**되므로 강도상해죄의 공모관계에 있고, 다른 공모자가 강도상해죄의 실행에 착수하기까지 범행을 만류하는 등으로 그 **공모관계에서 이탈하였다고 볼 수 없으므로 강도상해죄의 공동정범으로서의 죄책을 진다**」.

●**해설**● 1 공모관계에서의 이탈이란 범죄의 공모자 중 일부가 **실행에 착수하기 이전**에 공모관계에서 이탈한 경우, 이후 다른 공모자들이 행한 행위나 결과에 대해서 이탈한 공모자도 책임을 지는지의 문제이다. 종래 대법원은 공동의사주체설의 입장에서 공모공동정범을 인정하여 왔기에 공동정범의 성립범위가 너무 확대되기 쉬웠다. 때문에 '공모관계의 이탈'은 공동정범의 성립범위를 제한하기 위한 불가피한 측면이 있다.

2 이 경우 판례는 **이탈자의 책임과 이탈의사의 표시방법**과 관련해서 「공모공동정범에 있어서 (가) 그 공모자 중의 1인이 다른 공모자가 **실행행위에 이르기 전**에 그 공모관계에서 이탈한 때에는 그 이후의 다

1) 형법 제30조(공동정범) 2인 이상이 공동하여 죄를 범한 때에는 각자를 그 죄의 정범으로 처벌한다.
2) 형법 제337조(강도상해, 치상) 강도가 사람을 상해하거나 상해에 이르게 한 때에는 무기 또는 7년 이상의 징역에 처한다.

른 공모자의 행위에 관하여 공동정범으로서의 책임은 지지 않는다고 할 것이고 (나) 그 이탈의 표시는 **반드시 명시적임을 요하지 않는다**」(대판 85도2371)고 판시하여 실행의 착수 전에 공모관계에서 이탈한 경우에는 책임을 부정하고, 그 이탈의 표시는 묵시적으로 가능하다고 보았다. 있다.

3 하지만 대법원은 종래의 판결과는 달리 본 사안에서 공모관계의 이탈을 인정하기 위해서는 공동범행의사의 철회뿐만 아니라 **기능적 행위지배까지 해소할 것을 요구**하고 있다. 대상판결에서 X는 당시 비대한 몸 때문에 실행에 착수에 가담하지는 못했지만 여전히 공범들 중에서 기능적 행위지배를 하고 있었던 것으로 법원은 파악하였다.

4 즉, 대법원은 ① 당시 Y, Z, W는 14세 또는 15세의 중학생들인 반면, X는 유일한 성인으로서 그들에 대해 지배적인 위치에 있었고, ② 강도상해의 범행 대상을 물색하기 위하여 이들과 함께 3시간 정도를 돌아다녔던 피고인이 막상 범행 직전에 이르러 마음을 바꿀만한 특별한 이유나 계기를 찾아보기 어려운 점 등으로 보아 여전히 **X는 이 범행에서 기능적 행위지배**를 하고 있는 것으로 판단하였다.

5 이와 같이 **공모에 주도적으로 참여한 자**가 다른 공모자의 실행에 영향을 미친 때에는 범행을 저지하기 위하여 적극적으로 노력하는 등 실행에 미친 **영향력을 제거 · 해소하지 아니하는 한 여전히 공모관계는 존재**하고 공모관계에서 이탈하였다고 볼 수 없다고 한다(대판 2010도6924, Ref 2). 즉 주동자로서 실행의 착수 이전에 이탈한 경우, 기능적 행위지배를 해소하였다면 이탈이 인정되지만 기능적 행위지배를 해소하지 못하였다면 이탈이 인정되지 못한다.

Reference

공모관계의 이탈을 부정한 판례

1 **[대판 2011도12927]** [아덴만 여명 작전[3]] 이 사건 해적들 사이에는 해군이 다시 구출작전에 나설 경우 선원들을 '인간방패'로 사용하는 것에 관하여 사전 공모가 있었고, 해군의 총격이 있는 상황에서 선원들을 윙브리지로 내몰 경우 선원들이 사망할 수 있다는 점을 당연히 예견하고 나아가 이를 용인하였다고 할 것이므로 살인의 미필적 고의 또한 인정되며, 나아가 선원들을 윙브리지로 내몰았을 때 살해행위의 실행에 착수한 것으로 판단하였다. 그리고 위와 같은 행위는 **사전 공모에 따른 것**으로서 피고인 2, 피고인 3 및 피고인 4가 당시 총을 버리고 도망갔다고 하더라도 그것만으로는 공모관계에서 이탈한 것으로 볼 수 없다.

2 **[대판 2010도6924]** ●**사실**● 甲이 乙과 공모하여 가출 청소년 丙(여, 16세)에게 낙태수술비를 벌도록

3) **아덴만 여명 작전**은 2011년 1월, 대한민국 **해군 청해부대**가 소말리아 해적에게 피랍된 대한민국의 삼호해운 소속 선박 삼호 주얼리호(1만 톤급)를 소말리아 인근의 아덴만 해상에서 구출한 작전이다. 대한민국 정부는 생포한 5명의 해적을 제3국에 인계하여 국제 공조를 통해 대리 처벌하도록 할 예정이었으나, 인접 국가들이 대리 처벌을 거부함에 따라 최초로 본국으로 송치하게 하여 재판을 받게 하였다. 인질 중에 사망자는 없었으나, 석해균 선장이 복부에 관통상을 입었다. 석 선장은 작전 과정에서 목숨을 걸고 기지를 발휘한 것으로 알려지면서 많은 관심을 받았다. ko.wikipedia.org

해주겠다고 유인하였고, 乙로 하여금 丙의 성매매 홍보용 나체사진을 찍도록 하였으며, 丙이 중도에 약속을 어길 경우 민형사상 책임을 진다는 각서를 작성하도록 한 후, 자신이 별건으로 체포되어 구치소에 수감중인 동안 丙이 乙의 관리 아래 12회에 걸쳐 불특정 다수 남성의 성매수행위의 상대방이 된 대가로 받은 돈을 丙, 乙 및 甲의 처 등이 나누어 사용한 사안에서, **丙의 성매매 기간 동안 甲이 수감되어 있었다 하더라도 위 乙과 함께 미성년자유인죄, 구 청소년의 성보호에 관한 법률위반죄의 책임을 진다**고 한 원심판단을 수긍하였다. ●**판지**● 공모공동정범에 있어서 공모자 중의 1인이 다른 공모자가 실행행위에 이르기 전에 그 공모관계에서 이탈한 때에는 그 이후의 다른 공모자의 행위에 관하여는 공동정범으로서의 책임은 지지 않는다 할 것이나, **공모관계에서의 이탈은 공모자가 공모에 의하여 담당한 기능적 행위지배를 해소하는 것이 필요**하므로 공모자가 공모에 주도적으로 참여하여 다른 공모자의 실행에 영향을 미친 때에는 범행을 저지하기 위하여 적극적으로 노력하는 등 실행에 미친 영향력을 제거하지 아니하는 한 공모자가 구속되었다는 등의 사유만으로 공모관계에서 이탈하였다고 할 수 없다.

3 일본 판례 중에서도 **실행의 착수 전에 현장에서 이탈**한 자에 대해 공모관계의 해소를 부정하고 공동정범을 인정한 사례가 있어 소개한다. [最3小決平成21年6月30日(刑集63卷5号4751頁・判時2072号152頁)] ●**사실**● 피고인 X는 강도를 공동으로 실행해 왔던 동료로부터 본건 강도를 권유받고 범행 전 야간에 자동차를 운전하여 공범자들과 A 집을 미리 조사한 후에 공범자 7명과 A 집에 불이 꺼지면 공범자 2명이 집에 침입하여 내부에서 입구를 열어 침입구를 확보하고 X를 포함한 다른 공범자들도 집에 들어가 강도하는 **주거침입강도를 공모**했다. 새벽 2시경 공범자 2명은 A의 집 창문을 통해 지하 1층으로 침입하였으나 집과 연결된 문이 잠겨있어 일단 밖으로 나가 다른 공범자에게 집으로 통하는 창문을 연 후에 그 창문으로 침입하여 안에서 문을 열어 다른 공범자들을 위한 침입구를 확보하였다. 망보기를 담당했던 공범자는 집 안의 공범자 2명이 **강도에 착수하기 전 단계에서** 현장 부근에 사람이 모여드는 것을 보고 발각이 두려워져 집안의 공범자들에게 전화를 걸어 "사람들이 모이고 있다. 빨리 그만두고 밖으로 나오는 편이 좋겠다"고 말했지만 "조금 더 기다려!"라고 대답하자 "위험하니까 기다리지 못한다. 먼저 돌아간다"라고 일방적으로 말하고 전화를 끊었다. 이어 X와 공범자들은 상의하여 함께 도망가기로 하고 X가 운전하는 자동차로 현장을 떠났다. 집안에 있던 공범자 2명은 일단 집에서 나와 X등 3명이 떠난 것을 알았지만 본건 당일 오전 2시 55분경 현장 부근에 남아 있던 공범자 3명과 함께 계획했던 강도를 실행하였고 당시 가한 폭행으로 인해 A등 2명은 상해를 입었다. 제1심과 원심은 X들이 범행을 저지르지 않고 현장을 떠나 범행을 그만둔 것에 대해 공범자들이 납득한 사실이 없고, 공범자들의 범행실행을 방지하기 위한 조치를 하지 않았기 때문에 X와 공범자들 간의 공범관계가 해소된 것으로 볼 수 없다고 보았다. 이에 X등은 상고했다. ●**결정요지**● 상고기각. 「X는 공범자 수명과 주거에 침입하여 강도할 것을 공모한 후 공범자중 일부가 집주인이 있는 주거에 침입한 후 망보는 역할을 담당한 공범자가 이미 주거에 침입한 공범자에게 전화로 "범행을 그만두는 편이 좋겠다. 먼저 돌아간다" 등 일방적으로 전한 것뿐이며 X에게 각별히 그 **이후의 범행을 방지하는 조치를 취하지 아니하고** 대기한 장소로부터 망보는 역할을 한 자들과 함께 이탈한 것에 지나지 않고 남은 공범자가 그대로 강도를 실행한 것으로 인정된다. 그렇다면 X가 **이탈한 것은 강도행위 착수전**이고 설령 X도 망보는 역할의 상기 전화내용을 인식한 후에 이탈하였고, 남은 공범자들이 X의 이탈을 그 후에 알게 되었다고 하더라도 당초의 **공범관계가 해소되었다고는 볼 수 없고**, 그 후의 공범자들의 강도도 당초의 공모에 의해 행해진 것으로 인정하는 것이 상당하다」고 하여 **X는 강도치상에 대해서도 공동정범의 책임을 진다**고 한 원판단을 유지했다. ●**해설**● 본 결정은 공범자가 주거에 침입한 후 강도에 착수하기 전에 다른 공범자가 실행자에게

전화를 걸어 "먼저 돌아갈게" 등을 일방적으로 말하고 이탈한 것으로 각별히 그 이후의 범행을 방지하는 조치를 강구하지 않은 이상 공모관계의 해소는 인정되지 않는다고 하였다. 최고재판소는 ① 다수인에 의한 침입강도에서 공동자가 이미 피해자의 집에 침입하였으며, ② 스스로 이탈을 전한 것도 아니었고 ③ X 자신도 전날 예비조사를 한 사실도 있는 점으로 보아 실행 이후 범행을 방지할 일정한 조치가 필요하다고 판단하였다. 그리고 그 판단구조는 실행의 착수 이후의 이탈과 질적으로 다르지 않다고 보았다.[4]

4) 前田雅英 · 星周一郎/박상진 · 김잔디(역), 최신중요 일본형법판례 250선(총론편), 2021, 180-181면.

50 과실범의 공동정범

* 대법원 1979. 8. 21. 선고 79도1249 판결
* 참조조문: 형법 제30조[1]

과실범의 공동정범이 성립하는가?

●**사실**● 피고인 X는 Y가 운전하는 지프차의 선임탑승자로서 운전병의 안전운행을 감독하여야 할 책임이 있는 자이다. 따라서 X는 Y가 차량운행 중 음주를 한다면 이를 적극 제지하여야 할 뿐만 아니라, 동인이 안전운행을 할 수 있는 정도로 술에서 깰 때까지는 운전을 하지 못하도록 할 주의의무가 있다. 하지만 X는 오히려 운전병을 데리고 주점에 들어가서 각각 소주 2홉 이상을 마신 다음 운전케 한 결과, Y가 음주로 인하여 취한 탓에 차량의 전조등에 현기를 느껴 전후좌우를 제대로 살피지 못한 결과 사고가 발생하였다.

원심은 X를 공동정범에 관한 형법 제30조를 적용하여 과실범의 공동정범(업무상과실 군용물손괴죄의 공동정범)을 인정하였다. 이에 대해 X가 상고하였다.

●**판지**● **상고기각.** 「[1] **형법 제30조에 "공동하여 죄를 범한 때"의 "죄"라 함은 고의범이고 과실범이고를 불문**하므로 두 사람 이상이 어떠한 과실행위를 서로의 의사연락 하에 범죄가 되는 결과를 발생케 한 것이라면 과실범의 공동정범이 성립된다.

[2] 운전병이 운전하던 짚차의 선임 탑승자는 이 운전병의 안전운행을 감독하여야 할 책임이 있는데 오히려 운전병을 데리고 주점에 들어가서 같이 음주한 다음 운전케 한 결과 위 운전병이 음주로 인하여 취한 탓으로 사고가 발생한 경우에는 위 선임 탑승자에게도 **과실범의 공동정범이 성립**한다」.

●**해설**● 1 과실범의 공동정범이란 2인 이상이 공동의 과실로 인해 과실범의 구성요건적 결과를 발생하게 한 경우를 말한다. 고의와는 달리 과실이라는 규범적 요소의 경우에는 의사의 합치라는 관념을 상정하기 어렵기 때문에 과실의 공동정범 인정 여부에 관해서는 학설과 판례가 대립하고 있다.

2 판례는 1962년 이후부터(대판 4294형상598, Ref 8-1) 일관되게 **과실범의 공동정범을 인정**하고 있다. 대상판결도 과실범의 공동정범을 인정한 대법원의 초창기 판례이다. 대상판례는 형법 제30조에서 '공동하여 죄를 범한 때'의 '죄'는 고의범이고 과실범이고를 불문한다고 해석하여야 할 것으로 보았다는 점에 의의가 있다. 따라서 공동정범의 주관적 요건인 공동의 의사도 고의를 공동으로 가질 의사임을 필요로 하지 않고 **고의행위이고 과실행위이고 간에 그 '행위'를 공동으로 할 의사**이면 족하다고 보아 2인 이상이 어떠한 과실행위를 서로의 의사연락 아래 하여 범죄되는 결과를 발생케 한 것이라면 여기에 과실범의 공동정범이 성립되는 것으로 보고 있다.

3 이러한 판례의 태도는 '행위공동설'의 입장에서 설명된다. (a) **행위공동설**에서는 **전(前)법률적 의미의 행위를 공동**으로 하면 공동정범이 된다고 봄으로 과실범의 공동정범도 인정한다. 대상판결에서는 X와 Y가 서로 음주를 같이하고 차를 함께 같이 타고 가는 행위(자연적·사실적 행위)를 공동으로 하였기 때문에 공동정범이 성립할 수 있다고 보는 것이다('**주의의무위반의 공동**'을 공동과실의 근거로 함). 또한 판례는 「과

1) 형법 제30조(공동정범) 2인 이상이 공동하여 죄를 범한 때에는 각자를 그 죄의 정범으로 처벌한다.

실범의 공동정범은 (가) 2인 이상 행위자가 상호의사 연락 하에 과실행위를 공동으로 하거나, (나) **특정한 공동의 목표가 있고** 그에 대한 의사연락이 있는 다수인이 저지른 각자의 과실이 합쳐져서 동일한 사고의 원인이 된 경우」를 말하는 것으로 파악한다(대판 2005도8822). 이와 같이 행위공동설은 사실상 행위를 공동으로 하는 의사의 연락과 사실상 행위의 공동이 존재하면 공동정범이 성립된다는 입장이다. 판례가 과실범의 공동정범을 인정하는 이유는 **'처벌의 공백'**을 메우기 위한 **형사정책적 요청**에 있다고 생각된다(만약 과실로 인해 결과가 발생하였으나 원인된 행위가 판명되지 않으면 제19조에 의해 미수범으로 처리되어야 하는데 과실범의 미수는 처벌규정이 없어 불가벌이 되기 때문이다).

4 한편 공동정범의 본질이 '특정한 범죄의 공동'에 있다고 보는 (b) **범죄공동설**의 입장에서는 과실범의 공동정범은 부정된다. 특정범죄의 공동은 고의범에 대해서만 가능하기 때문이다. (c) **기능적 행위지배설**의 입장에서도 과실범의 경우는 공모에 기초한 기능적 역할분담이 없기 때문에 과실범의 공동정범을 부정한다. 이와 같이 과실범의 공동정범을 부정하는 입장에서는 사실행위의 의사연락은 가능하지만 '과실행위'를 공동으로 하자는 의사연락은 구조적으로 불가능하다고 본다. 과실행위는 주의의무위반이라는 **사후평가개념**이기 때문이다. 부정설은 공동과실로 야기된 결과에 대해서는 **동시범(법19)이나 민사상 공동불법행위**의 문제로 처리해야 한다고 본다.

5 결과적 가중범의 공동정범 기본범죄는 고의로 범하였으나 결과적으로 중한 결과(과실범)가 발생한 경우의 범죄로 결과적 가중범이 있다. 이 경우 판례는 **결과적 가중범의 공동정범을 인정**한다. 즉, 기본행위를 공동으로 할 의사만 있고 결과를 공동으로 할 의사는 없더라도 **중한 결과에 대한 예견가능성이 있다면** 결과적 가중범의 공동정범이 인정된다(【51】 참조).

Reference

과실범의 공동정범을 인정한 사례

1 [대판 2017도12537] [가습기살균제 사건2)] PHMG 등을 원료물질로 하는 가습기살균제의 개발·제조·판매에 관여한 피고인 15명은 **공동의 주의의무와 인식 아래 업무상과실**로 결함 있는 가습기살균제를 각각 제조·판매하였고, 그 결함으로 그 중 두 종류 이상의 가습기살균제를 사용한 피해자들에게 사망 또는 상해의 결과가 발생하였으므로, 위 피고인들과 공소외 8명 중 특정 피해자가 중복 사용한 가습기살균제들의 제조·판매에 관하여 업무상과실이 있는 사람들 간에는 해당 피해자에 대한 업무상과실치사상죄의 공동정범이 성립한다.

2 [대판 2008도11784] [예인선 정기용선자의 현장소장 甲은 사고의 위험성이 높은 시점에 출항을 강행할 것을 지시하였고, 예인선 선장 乙은 甲의 지시에 따라 사고의 위험성이 높은 시점에 출항하는 등 무리

2) **가습기 살균제 사건**은 대한민국에서 가습기의 분무액에 포함된 가습기 살균제로 인하여 사람들이 사망하거나 폐질환과 폐이외 질환과 전신질환에 걸린 사건이다. 2020년 7월 17일 기준 사회적참사 특별조사위원회 집계에 의하면, 환경부에 피해를 신고한 자는 6,817명이며, 그중 사망자가 1,553명이다. 파악되지 않은 사망피해자는 1.4만명으로 추산되며, 건강피해경험자는 67만명에 달할 것으로 알려졌다. 2011년 당초 원인을 정확히 알 수 없는 폐질환으로 알려져 임산부나 영아의 폐에 문제가 생겨 폐를 이식받았다. 역학 조사결과 가습기 살균제에 의한 것으로 밝혀져 2011년 11월 11일 가습기 살균제 6종이 회수되었다.

하게 예인선을 운항한 결과 예인되던 선박에 적재된 물건이 해상에 추락하여 선박교통을 방해한 사안에서, 甲과 乙을 **업무상과실일반교통방해죄의 공동정범**으로 처벌한 사례] 피고인 1에게는 사고의 위험이 높은 이 사건 해상에서 재킷 및 해상크레인 운반작업을 함에 있어 재킷의 선적작업이 지연되어 그대로 출항할 경우에는 정조시점을 맞출 수가 없는데도 출항을 연기시키거나 대책을 강구한 사실이 없었고, 나아가 피고인 2로부터 출항을 연기할 것을 건의받았음에도 이를 받아들이지 아니하고 일정을 들어 출항을 강행하도록 지시한 업무상 과실이 인정되며, 피고인 2에게는 피고인 1의 지시에 따라 사고의 위험이 높은 시점에 출항하였고, 특히 물양장 앞 해상에 진도대교 방향으로 강조류가 흐르고 있었으므로 상황의 심각성을 인식하고 신중하게 예인선을 운항하여 물양장에 접근하여야 했음에도 **무리하게 예인선을 운항한 업무상 과실이 인정된다고 판단하여, 피고인들을 모두 유죄로 인정**한 제1심판결을 유지하였다.

3 [대판 97도1740] [성수대교 붕괴 사고[3]] [교량붕괴에 있어서의 과실에 의한 공동정범 성립 여부(적극)] 성수대교와 같은 교량이 그 수명을 유지하기 위하여는 건설업자의 완벽한 시공, 감독공무원들의 철저한 제작시공 상의 감독 및 유지·관리를 담당하고 있는 공무원들의 철저한 유지·관리라는 조건이 합치되어야 하는 것이므로, 위 각 단계에서의 과실 그것만으로 붕괴원인이 되지 못한다고 하더라도, **그것이 합쳐지면 교량이 붕괴될 수 있다는 점은 쉽게 예상할 수 있고**, 따라서 위 각 단계에 관여한 자는 전혀 과실이 없다거나 과실이 있다고 하여도 교량붕괴의 원인이 되지 않았다는 등의 특별한 사정이 있는 경우를 제외하고는 **붕괴에 대한 공동책임을 면할 수 없다**. 이 사건의 경우, 피고인들에게는 트러스 제작상, 시공 및 감독의 과실이 인정되고, 감독공무원들의 감독상의 과실이 합쳐져서 이 사건 사고의 한 원인이 되었으며, 한편 피고인들은 이 사건 **성수대교를 안전하게 건축되도록 한다는 공동의 목표와 의사연락이 있었다고 보아야 할 것**이므로, 피고인들 사이에는 이 사건 업무상과실치사상등죄에 대하여 형법 제30조 소정의 공동정범의 관계가 성립된다고 보아야 할 것이다. cf) 과실범의 공동정범을 인정하는 대법원의 입장에 대한 비판이다. "특히 이 사건과 같이 사회적 관심의 대상이 되고 있는 경우에는 일반인의 감정과 예방필요성을 고려하여 더욱 이와 같은 입장이 필요했는지도 모른다. **그러나 형사정책적인 고려가 공동정범의 요건을 대신할 수 있는 것은 아니다.** 피고인들 사이에 다리가 붕괴되는 구성요건결과에 대한 의사연락이 있었다고 볼 수 없기 때문에 **동시범으로 처리하는 것이 바람직**하다. …… 부실공사의 척결은 사후약방문격인 형법적 수단이 아니라 건설 당시에 하도급 내지 뇌물의 비리와 같은 부실공사의 원인을 철저하게 행정적·제도적으로 차단하는 노력이 선행되어야 한다. 아무리 잘된 사고수습도 사고가 발생하지 않은 것만은 못한 법이다. 그리고 형법이 부실행정의 면책수단이 되어서도 안 된다. 대형사고의 경우에 과실범의 공동정범을 인정하는 '형사정책적' 실익은 생각만큼 높지 않다".[4]

4 [대판 96도1231] [삼풍백화점 붕괴 사고[5]] 건물 붕괴의 원인이 건축계획의 수립, 건축설계,

---

3) **성수대교 붕괴 사고**는 1994년 10월 21일 오전 7시 40분경 성수대교의 5번과 6번 교각 사이의 상판이 무너져 사고 지점에 있던 버스 1대와 승합차 1대, 승용차 4대가 함께 추락하는 바람에 32명이 사망하고 17명이 부상당한 사고이다. 특히 등굣길에 버스에 탔던 여중고 학생 9명이 목숨을 잃었다. 당시 사고조사반은 붕괴의 원인을 설계도면과 다르게 시공된 플레이트와 수직재의 용접불량이라고 밝혔다. ko.wikipedia.org

4) 배종대, 형법총론(제11판), 591면.

5) **삼풍백화점 붕괴 사고**는 1995년 6월 29일 오후 5시 57분경 서울 서초구 서초동에 있던 삼풍백화점이 붕괴한 사건으로, 건물이 무너지면서 1,445명(사망자는 502명, 부상자는 937명이며 6명은 실종)의 종업원과 고객들이 다치거나 사망하였다. 그 후 119구조대, 경찰, 서울특별시, 대한민국 국군, 정부, 국회까지 나서 범국민적인 구호 및 사후처리가 이어졌다. ko.wikipedia.org

건축공사공정, 건물 완공 후의 유지관리 등에 있어서의 과실이 복합적으로 작용한 데에 있다고 보아 각 단계별 관련자들을 업무상과실치사상죄의 공동정범으로 처단하였다.

5 **[대판 94도660]** 터널굴착공사를 도급받은 건설회사의 현장소장과 위 공사를 발주한 한국전력공사의 지소장에게 암반상태 등을 확인하고 발파시기를 정하는 등 미연에 사고를 방지할 업무상 주의의무가 있음에도 이를 게을리 하여 **운행하던 열차가 전복한 사고**에 대해 과실범의 공동정범을 인정하였다.

6 **[대판 94도35]** [우암상가아파트 붕괴 사고[6]] 형법 제30조 소정의 "2인 이상이 공동하여 죄를 범한 때"의 "죄"에는 고의범뿐만 아니라 과실범도 포함되는 것으로서, 이 사건의 경우 피고인 1과 공소외 1 및 원심공동피고인 등은 **각자가 협력하여 이 사건 건물을 안전하고도 견고하게 신축하여야 할 주의의무**가 있었을 뿐만 아니라, **서로 의사를 연락하여 이 사건 건물을 신축**하였던 것이므로, 이들 사이에 형법 제30조 소정의 공동정범의 관계가 성립한다고 보아야 할 것인바, 이와 견해를 같이 하여 피고인 1과 원심공동피고인 사이에 업무상과실치사상죄의 공동정범관계가 성립하는 것으로 본 원심의 판단은 정당하다.

7 **[대판 82도781]** 공동정범은 고의범이나 과실범을 불문하고 의사의 연락이 있는 경우이면 그 성립을 인정할 수 있다. 따라서 **피고인이 정기관사의 지휘감독을 받는 부기관사이기는 하나 사고열차의 퇴행에 관하여 서로 상론, 동의한 이상** 퇴행에 과실이 있다면 과실책임을 면할 수 없다.

8-1 **[대판 4294형상598]** ●**사실**● 피고인 X는 1960.12.31. 오후 5시경 옥천군 율리에서 부정임산물인 장작 9평을 공동피고인 Y가 운전하는 화물자동차에 싣고 떠남에 있어 Y에게 도중 지서나 검문소 앞을 지날 때는 정거하지 말고 통과하자고 말하였다. 그리고 이어 그곳을 출발 대전을 향하여 진행 중 같은 날 오후 11시 10분경 서대전 경찰서 세천검문소 전방 약 35m미터 지점에 이르렀을 때 근무 순경 A(당시 29세)가 검문서 앞 노변에서 정거신호를 하고 있음을 발견하고 Y가 정거할 것 같이 가장하여 속력을 저감하자 X는 「**그냥가자!**」고 하여 Y는 무면허 운전의 검문을 X는 화주로서 부정임산물의 검문을 각각 회피하기 위하여 검문에 응하지 않고 화물자동차를 질주할 의사를 상통하여 그 검문소 앞에 당도 하였을 때 A가 도로 좌측에서 그 차 전면을 횡단하여 우측 노변에 이르러 운전대 우측으로 접근하려 할 찰나 Y가 돌연 가속질주하려하자 A는 이를 추적하여 운전대 스템에 올라 검문을 하려 하였는데도 계속 고속도로 질주한 결과 위 검문소로부터 약 150m 지점에서 A를 추락케하여 우측후륜으로 그 순경의 하복부를 치어 복부내출혈을 이르켜 다음날인 1961.1.1. 오전 4:30분경 사망케 하였다. ●**판지**● 2인 이상이 어떠한 과실행위를 서로의 의사연락 아래 하여 범죄되는 결과를 발생케 한 경우에는 과실범의 공동정범이 성립된다.

8-2 **[비교판례] [대판 82도3136]** 피고인이 운전자의 부탁으로 차량의 조수석에 동승한 후, 운전자의 차량운전행위를 살펴보고 잘못된 점이 있으면 이를 지적하여 교정해 주려 했던 것에 그치고 전문적인 운전교습자가 피교습자에 대하여 차량운행에 관해 모든 지시를 하는 경우와 같이 주도적 지위에서 동 차량을 운

---

6) **우암상가아파트 붕괴 사고**는 1993년 1월 7일 청주시 우암동 우암상가아파트가 붕괴되어 사망자 28명과 부상자 48명 및 이재민 370여 명이 발생한 사고다. 01:13 경에 발생한 붕괴사고 당시 구조된 주민은 176명이었다. 또한 아파트복합건물 4/1층 9,090.12m2가 붕괴됨으로써 약 9억 원 정도의 재산피해가 발생되었다. 이 사고는 사실상 우리나라 최초의 대형참사 사건이었다. ko.wikipedia.org

행할 의도가 있었다거나 실제로 그 같은 운행을 하였다고 보기 어렵다면 그 같은 운행 중에 야기된 사고에 대하여 **과실범의 공동정범의 책임을 물을 수 없다.**

과실범의 공동정범을 부정한 사례

9 [대판 2007도2919] [동승자가 교통사고 후 운전자와 공모하여 도주행위에 가담한 경우, 「특정범죄 가중처벌 등에 관한 법률」위반(도주차량)죄[7]의 공동정범으로 처벌할 수 있는지 여부(소극)] 운전자가 아닌 동승자가 교통사고 후 운전자와 공모하여 운전자의 도주행위에 가담하였다 하더라도, 동승자에게 과실범의 공동정범의 책임을 물을 수 있는 특별한 경우가 아닌 한, 특정범죄가중처벌등에관한법률위반(도주차량)죄의 공동정범으로 처벌할 수는 없다.

10 [대판 85도2483] [운전병이 선임탑승자의 지시에 따라 차량을 운행 중 사고가 난 경우, 선임탑승자의 책임] 군용차량의 운전병이 선임탑승자의 지시에 따라 철도선로를 무단횡단 중 운전부주의로 그 차량이 손괴된 경우, 그 손괴의 결과가 선임탑승자가 사고지점을 횡단하도록 지시한 과실에 인한 것이라고 볼 수 없고 선임탑승자가 운전병을 지휘감독할 책임있는 자라 하여 그 점만으로 곧 손괴의 결과에 대한 공동과실이 있는 것이라고 단정할 수도 없다.

11 [대판 74도778] [운전수가 불의의 발병으로 자동차를 운전할 수 없게 되자 동승한 운전경험이 있는 차주가 운전하다 과실로 사고를 일으킨 경우에 과실책임을 물을 수 있는지 여부] 운전수가 불의의 발병으로 자동차를 운전할 수 없게 되자 동승한 운전경험이 있는 차주가 운전하다가 사고를 일으킨 경우에 차주의 운전상의 과실행위에 운전수와의 상호간의 의사연락이 있었다고 보거나 운전행위를 저지하지 않은 원인행위가 차주의 운전상의 부주의로 인한 결과발생에 까지 미친다고 볼 수 없다.

7) 특정범죄 가중처벌 등에 관한 법률 제5조의3(도주차량운전자의 가중처벌) ① 도로교통법 제2조에 규정된 자동차·원동기장치자전거 또는 궤도차의 교통으로 인하여 형법 제268조의 죄를 범한 당해 차량의 운전자(이하 "사고운전자"라 한다)가 피해자를 구호하는 등 도로교통법 제54조제1항의 규정에 의한 조치를 취하지 아니하고 도주한 때에는 다음의 구분에 따라 가중처벌한다. 1. 피해자를 치사하고 도주하거나, 도주 후에 피해자가 사망한 때에는 무기 또는 5년 이상의 징역에 처한다. 2. 피해자를 치상한 때에는 1년 이상의 유기징역 또는 500만원 이상 3천만원 이하의 벌금에 처한다. ② 사고운전자가 피해자를 사고장소로부터 옮겨 유기하고 도주한 때에는 다음의 구분에 따라 가중처벌한다. 1. 피해자를 치사하고 도주하거나 도주 후에 피해자가 사망한 때에는 사형·무기 또는 5년 이상의 징역에 처한다. 2. 피해자를 치상한 때에는 3년 이상의 유기징역에 처한다.

51 결과적 가중범의 공동정범 – 공동정범의 착오 –

* 대법원 2000. 5. 12. 선고 2000도745 판결
* 참조조문 : 형법 제15조 제2항,[1] 제30조,[2] 제259조 제1항[3]

수인이 상해의 범의로 범행 중 한 사람이 중한 상해를 가하여 피해자가 사망에 이르게 된 경우, 나머지 사람들도 상해치사의 죄책을 지는가?

●사실● 피고인 X는 1999.4.18. 01:55경 상근예비역으로 근무하는 친구 Y로부터 자신의 여동생을 강간한 A를 혼내주러 가자는 연락을 받고 Y와 함께 A를 만나 성산초등학교 앞에서 주먹으로 A를 때리면서 Y는 소지하고 있던 부엌칼로 A를 위협하였다. 이후 A를 소룡초등학교로 끌고 가면서 X가 주변에 있던 각목으로 A의 머리 부분을 4회 때리고 Y가 부엌칼로 피해자의 목에 들이대면서 주먹과 발로 무수히 때려 이를 견디지 못한 A가 은적사 입구 방면으로 도망가자, X는 Y의 뒤를 따라 A를 추격하던 중 Y가 떨어뜨린 부엌칼을 소지하게 된 다음 격분한 나머지 같은 날 02:21경 소룡초등학교 옆 골목길에서 붙잡은 A의 좌측 흉부를 위 부엌칼로 1회 찔러 좌측흉부 자창상 등을 가하고, 이로 인하여 같은 날 04:00경 피해자로 하여금 실혈로 사망에 이르게 한 혐의로 기소되었다. X는 자신의 행위를 부인하였으나 원심은 소룡초등학교 옆 골목길에서 붙잡은 피해자를 X와 Y가 함께 폭행하면서 둘 중 누군가가 불상의 방법으로 위 부엌칼로 피해자의 좌측 흉부를 1회 찔러 좌측흉부 자창상 등을 입히고, 이로 인하여 피해자를 사망에 이르게 한 점을 인정하여 상해치사의 공동정범을 인정하였다. 이에 X가 상고하였다.

●판지● **상고기각.** 「결과적 가중범인 상해치사죄의 공동정범은 폭행 기타의 신체침해 행위를 공동으로 할 의사가 있으면 성립되고 결과를 공동으로 할 의사는 필요 없으며, 여러 사람이 상해의 범의로 범행 중 한 사람이 중한 상해를 가하여 피해자가 사망에 이르게 된 경우 나머지 사람들은 사망의 **결과를 예견할 수 없는 때가 아닌 한** 상해치사의 죄책을 면할 수 없다」.

●해설● 1 결과적 가중범의 공동정범이란 공범들이 기본범죄만을 모의하였는데 일부 공범이 고의·과실로 중한 결과를 발생시킨 경우를 말한다. 이 경우 기본범죄만을 모의한 공범들의 형사책임이 문제된다. 모든 공동정범자는 공동범행의사의 범위 내에서만 공동정범으로 처벌된다. 따라서 공동범행의 일부 참가자가 공동범행계획이 없는 초과행위를 한 경우에 다른 참가자는 그 부분에 대한 공동정범의 책임을 부담하지 않는 것이 원칙이다. 그러나 법원은 **양적 초과의 경우**에는 개별적인 결과적 가중범의 성립가능성인 중한 결과 발생에 대한 예견가능성을 검토하여 **예견가능성이 있으면 결과적 가중범의 공동정범을 인정**하고 있다. 과실범의 공동정범을 인정하는 우리 대법원의 입장에서는 이러한 결론은 자연스럽게 도출된다.

2 공동정범의 착오 공범자들이 공모한 범죄와 실제 실행한 범죄가 구성요건적으로 일치하지 않은 경우를 '공동정범간의 착오'라 한다. 이러한 착오는 질적 초과한 경우와 양적 초과한 경우가 있다.

---

1) 형법 제15조(사실의 착오) ② 결과 때문에 형이 무거워지는 죄의 경우에 그 결과의 발생을 예견할 수 없었을 때에는 무거운 죄로 벌하지 아니한다.

2) 형법 제30조(공동정범) 2인 이상이 공동하여 죄를 범한 때에는 각자를 그 죄의 정범으로 처벌한다.

3) 형법 제259조(상해치사) ① 사람의 신체를 상해하여 사망에 이르게 한 자는 3년 이상의 유기징역에 처한다.

먼저 ① **질적 초과**란 공모한 사실과 발생한 사실이 전혀 별개의 구성요건인 경우로서 예를 들면, 둘이서 절도를 공모했는데 그 중 한명이 강간을 범한 경우이다. 이 경우 다른 공범자는 그 초과부분(강간)에 대해서는 책임지지 않는다(대판 88도1114, Ref 13). 그리고 ② **양적초과**란 공모자 중 일부가 공모한 내용의 범죄 보다 양적으로 초과된 실행행위로 나아간 경우를 말한다. 종종 발생하는 착오유형으로 대상판결에서와 같은 결과적 가중범의 공동정범도 이 유형의 특수한 경우이다. 이때는 초과실행자가 아닌 다른 공범자는 중한 결과에 대한 **예견가능성**이 있는 경우에는 결과적 가중범의 공동정범이 성립한다.

Reference

결과적 가중범의 공동정범에 있어서 예견가능성을 긍정한 판례

1 **[대판 98도356]** [강도합동범 중 1인이 피해자를 상해한 경우 상해까지 공모하지는 아니한 다른 자도 상해의 결과에 대하여 책임을 지는지 여부(적극)] 강도합동범 중 1인이 피고인과 공모한대로 과도를 들고 강도를 하기 위하여 피해자의 거소를 들어가 피해자를 향하여 칼을 휘두른 이상 이미 강도의 실행행위에 착수한 것임이 명백하고, 그가 피해자들을 과도로 찔러 상해를 가하였다면 **대문 밖에서 망을 본 공범인 피고인이 구체적으로 상해를 가할 것까지 공모하지 않았다 하더라도** 피고인은 상해의 결과에 대하여도 공범으로서의 책임을 면할 수 없다.

2 **[대판 91도2267]** [합동절도범행 도중에, 공범 중 1인이 체포면탈의 목적으로 피해자를 폭행하여 상처를 입게 함으로써 추적을 할 수 없게 한 경우의 강도상해의 성부(적극)] 피고인들이 합동하여 절도범행을 하는 도중에, 사전에 구체적인 의사연락이 없었다고 하여도, 피고인이 체포를 면탈할 목적으로 피해자를 힘껏 떠밀어 콘크리트바닥에 넘어뜨려 상처를 입게 함으로써 추적을 할 수 없게 한 경우, 폭행의 정도가 피해자의 추적을 억압할 정도의 것이었던 이상 피고인들은 강도상해의 죄책을 면할 수 없다.

3 **[대판 91도2156]** [수인이 합동하여 강도를 한 경우 그 중 1인이 사람을 살해한 경우의 죄책] 강도살인죄는 고의범이고 강도치사죄는 이른바 결과적가중범으로서 살인의 고의까지 요하는 것이 아니므로, **수인이 합동하여 강도를 한 경우 그 중 1인이 사람을 살해하는 행위**를 하였다면 그 범인은 강도살인죄의 기수 또는 미수의 죄책을 지는 것이고 (가) 다른 공범자도 살해행위에 관한 고의의 공동이 있었으면 그 또한 강도살인죄의 기수 또는 미수의 죄책을 지는 것이 당연하다 하겠으나, (나) 고의의 공동이 없었으면 피해자가 사망한 경우에는 강도치사의, 강도살인이 미수에 그치고 (다) 피해자가 상해만 입은 경우에는 강도상해 또는 치상의, (라) 피해자가 아무런 상해를 입지 아니한 경우에는 강도의 죄책만 진다고 보아야 할 것이다.

4 **[대판 90도2262]** [등산용 칼을 이용하여 노상강도를 하기로 공모한 공범자 중 1인이 강도살인행위를 저지른 경우 살인행위에 직접 관여하지 아니한 다른 공범자의 죄책] 피고인들이 **등산용 칼을 이용하여 노상강도를 하기로 공모**한 사건에서 범행 당시 차안에서 망을 보고 있던 피고인 갑이나 등산용 칼을 휴대하고 있던 피고인 을과 함께 차에서 내려 피해자로부터 금품을 강취하려 했던 피고인 병으로서는 그때 우연히 현장을 목격하게 된 다른 피해자를 피고인 을이 소지 중인 등산용 칼로 살해하여 강도살인 행위에 이를 것을 전혀 **예상하지 못하였다고 할 수 없으므로** 피고인들 모두는 **강도치사죄로 의율 처단함이 옳다.**

5 [대판 90도1887] [공범자 중 1인이 강도의 기회에 상해를 입힌 경우 나머지 공범도 강도상해의 죄책을 지는지 여부(적극)] 강도의 공범자 중 1인이 강도의 기회에 피해자에게 폭행을 가하여 그의 신체를 상해한 경우에 다른 공범자에게도 재물갈취의 수단으로 폭행이 가하여질 것이라는 점에 관하여 상호 의사의 연락이 있었던 것으로 보아야 할 것이므로, **구체적으로 상해에 관하여 까지는 공모하지 않았다고 하더라도 폭행으로 생긴 결과에 대하여 공범으로서의 책임**을 져야 한다. **cf)** 대법원은 **'공모하지 않았다고 하더라도' '인식이 없었더라도'** 결과에 대하여 '공범으로서의 책임을 져야 한다'는 표현이 책임주의에 반한다는 비판이 있자 표현을 바꾸어 결과발생에 대한 **예견가능성이 인정**되면 결과적 가중범의 공동정범을 인정하고 있다(대판 2000도745).

6 [대판 90도765] [1] [부진정결과적가중범인 특수공무방해치사상죄에 있어서 공무집행을 방해하는 집단행위 과정에서 살상의 고의행위에 가담하지 아니한 집단원도 **결과가 예견가능한 경우** 특수공무방해치사상의 죄책을 지는지 여부(적극)] 특수공무방해치사상과 같은 이른바 부진정결과적가중범은 예견가능한 결과를 예견하지 못한 경우뿐만 아니라 그 결과를 예견하거나 고의가 있는 경우까지도 포함하는 것이므로, 공무집행을 방해하는 집단행위의 과정에서 일부 집단원이 고의행위로 살상을 가한 경우에도 다른 집단원에게 그 사상의 결과가 예견가능한 것이었다면 다른 집단원도 그 결과에 대하여 특수공무방해치사상의 책임을 면할 수 없다. [2] [공무집행을 방해하는 집단행위 과정에서 일부 집단원이 고의로 방화행위를 하여 사상의 결과를 초래한 경우 **방화행위 자체에 공모가담한 바 없는 공범**이 특수공무방해치사상죄 외에 방화치사상의 죄책을 지는지 여부(소극)] 부진정결과적가중범인 특수공무방해치사상죄에 있어서 공무집행을 방해하는 집단행위의 과정에서 일부 집단원이 고의로 방화행위를 하여 사상의 결과를 초래한 경우에 다른 집단원이 그 방화행위로 인한 사상의 결과를 예견할 수 있는 상황이었다면 특수공무방해치사상의 죄책을 면할 수 없으나 그 방화행위 자체에 공모가담한 바 없는 이상 방화치사상죄로 의율할 수는 없다.

7 [대판 84도1887] [특수절도의 범인들이 범행 후 서로 다른 길로 도주하다가 그중 1인이 체포를 면탈할 목적으로 폭행하여 상해를 가한 경우 나머지 범인의 죄책] [1] 특수절도의 범인들이 범행이 발각되어 각기 다른 길로 도주하다가 그중 1인이 체포를 면탈할 목적으로 폭행하여 상해를 가한 때에는, 나머지 범인도 위 공범이 추격하는 피해자에게 체포되지 아니하려고 위와 같이 폭행할 것을 전연 예기하지 못한 것으로는 볼 수 없다 할 것이므로 그 폭행의 결과로 발생한 상해에 관하여 형법 제337조, 제335조의 강도상해죄의 책임을 면할 수 없다. [2] 피고인들과 공소외 1이 소매치기할 것을 공모하고 **만일을 대비하여 각 식칼 1자루씩을 나누어 가진 후 합동**하여 피해자 A의 손지갑을 절취하였으나 그 범행이 발각되자 두 갈래로 나누어 도주 중 공동피고인은 피해자 B와 C의, 피고인과 공소외 1은 피해자 D와 E의 각 추격을 받게 되자 체포를 면탈할 목적으로 각 소지 중인 식칼을 위 추격자들을 향하여 휘두르고 공동피고인은 길에 있던 벽돌을 위 B에게 던져서 상해를 가하였다는 점을 수긍할 수 있으니 이 사건의 경우에 있어서는 피고인이 위와 같이 공범자인 공동피고인, 공소외 1과 공모 합동하여 소매치기를 하고 발각되어 도망할 때에 공동피고인이 그를 추격하는 B에게 체포되지 아니하려고 위와 같이 폭행할 것을 전연 예기하지 못한 것으로는 볼 수 없다 할 것이므로 그 폭행의 결과로 발생한 상해에 관하여 원심이 피고인에 대하여도 형법 제337조, 제335조의 강도상해죄가 성립한다고 판단한 조치는 정당하다고 할 것이다.

8 [대판 83도3120] [범죄실행에 직접 가담하지 않은 강간공모자와 강간치상죄의 공동정범의 죄책] 공모

한 후 공범자 중의 1인이 설사 범죄 실행에 직접 가담하지 아니하였다 하더라도 다른 공모자가 분담실행한 공모자가 실행한 행위에 대하여 공동정범의 책임이 있다 할 것이며, 공범자 중 수인이 강간의 기회에 상해의 결과를 야기하였다면 다른 공범자가 **그 결과의 인식이 없었더라도 강간치상죄의 책임이 없다고 할 수 없다.**

9 **[대판 77도2193] [결과적가중죄의 공동정범의 법리]** 결과적가중범인 상해치사죄의 공동정범은 폭행 기타의 신체침해행위를 공동으로 할 의사가 있으면 성립되고 **결과를 공동으로 할 의사는 필요 없다** 할 것이므로 패싸움 중 한사람이 칼로 찔러 상대방을 죽게한 경우에 다른 공범자가 그 결과 **인식이 없다 하여 상해치사죄의 책임이 없다고 할 수 없다.**

결과적 가중범의 공동정범에 있어서 예견가능성을 부정한 판례

10 **[대판 83도3321]** [망을 보다가 도주한 후 다른 절도 공범자가 폭행. 상해를 가한 경우 도주한 다른 절도공범자의 죄책] [1] 준강도가 성립하려면 절도가 절도행위의 실행 중 또는 실행직후에 체포를 면탈할 목적으로 폭행, 협박을 한 때에 성립하고 이로써 상해를 가하였을 때에는 강도상해죄가 성립되는 것이고, 공모합동하여 절도를 한 경우 범인중의 하나가 체포를 면탈할 목적으로 폭행을 하여 상해를 가한 때에는 나머지 범인도 이를 예기하지 못한 것으로 볼 수 없다면 강도상해죄의 죄책을 면할 수 없다. [2] 절도를 공모한 피고인이 다른 공모자 (갑)의 폭행행위에 대하여 사전양해나 의사의 연락이 전혀 없었고, 범행장소가 빈 가게로 알고 있었고, 위 (갑)이 담배창구를 통하여 가게에 들어가 물건을 절취하고 피고인은 밖에서 망을 보던중 예기치 않았던 **인기척 소리가 나므로 도주**해버린 이후에 위 (갑)이 창구에 몸이 걸려 빠져 나오지 못하게 되어 피해자에게 붙들리자 체포를 면탈할 목적으로 피해자에게 폭행을 가하여 상해를 입힌 것이고, 피고인은 그동안 상당한 거리를 도주하였을 것으로 추정되는 상황 하에서는 피고인이 위 (갑)의 폭행행위를 전연 예기할 수 없었다고 보여지므로 피고인에게 준강도상해죄의 공동책임을 지울 수 없다.

11 **[대판 82도1352]** 파기환송. [합동절도중 1인이 체포를 면탈할 목적으로 폭행하여 상해를 가한 경우 여타범인의 준강도상해죄 성부] 피해자 A는 피고인 X와 Y가 자기 집에서 물건을 훔쳐 나왔다는 연락을 받고 도주로를 따라 추격하자 범인들이 이를 보고 도주하므로 1㎞ 가량 추격하여 X를 체포하여 같이 추격하여 온 동리 사람들에게 인계하고 1㎞를 더 추격하여 Y를 체포하여 가지고 간 나무몽둥이로 동인을 1회 구타하자 동인이 위 몽둥이를 빼앗아 A를 구타 상해를 가하고 도주한 사실을 인정할 수 있다. 사실관계가 위와 같다면 X와 Y는 절도범행의 종료 후 얼마되지 아니한 단계로서 안전지대에로 이탈하지 못하고 피해자 측에 의하여 체포될 가능성이 남아 있는 단계에서 추적당하여 체포되었다고 할 것이므로 위 절취행위와 그 체포를 면하기 위한 Y의 구타행위와의 사이에 시간상 및 거리상으로 극히 근접한 관계에 있다고 할 것이니 **Y의 소위는 준강도상해죄에 해당**된다고 할 것이나 X로서는 사전에 Y와의 사이에 상의한 바 없었음은 물론 체포 현장에 있어서도 X와의 사이에 전혀 의사연락 없이 Y가 A로부터 그가 가지고 간 몽둥이로 구타당하자 돌연 이를 빼앗아 피해자를 구타하여 상해를 가한 것으로서 **피고인이 이를 예기하지 못하였다고 할 것이므로** 동 구타상해행위를 공모 또는 예기하지 못한 피고인에게까지 준강도 상해의 죄책을 문의할 수 없다고 해석함이 타당하다고 할 것이다.

기타 공동정범의 착오에 있어서 주요 판례

12 **[대판 2013도11899] [공범의 초과행위와 책임]**[피고인이 **강도의 범의 없이** 공범들과 함께 피해자의 반항을 억압함에 충분한 정도로 피해자를 폭행하던 중 공범들이 계속하여 폭행하는 사이에 피해자의 재물을 취거한 경우, 강도죄의 성립 여부(적극) 및 그 과정에서 피해자가 상해를 입은 경우, 강도상해죄의 성립 여부(적극)] [1] 형법 제333조의 강도죄는 사람의 반항을 억압함에 충분한 폭행 또는 협박을 사용하여 타인의 재물을 강취하거나 재산상의 이익을 취득함으로써 성립하는 범죄이므로, 피고인이 강도의 범의 없이 공범들과 함께 피해자의 반항을 억압함에 충분한 정도로 피해자를 폭행하던 중 공범들이 피해자를 계속하여 폭행하는 사이에 피해자의 재물을 취거한 경우에는 피고인 및 공범들의 위 폭행에 의한 반항억압의 상태와 재물의 탈취가 시간적으로 극히 밀접하여 전체적·실질적으로 재물 탈취의 범의를 실현한 행위로 평가할 수 있으므로 **강도죄의 성립을 인정**할 수 있고, 그 과정에서 피해자가 상해를 입었다면 **강도상해죄가 성립**한다고 보아야 한다. [2] 피고인의 상고이유 주장은, 피고인과 공범인 공소외 1, 2는 피해자로부터 재물을 탈취하기 위하여 피해자를 폭행한 것이 아니라 단지 피해자를 혼내주기 위하여 폭행하였을 뿐이므로 그 폭행이 재물탈취의 방법으로 사용된 것이 아니고, 아울러 그 폭행으로 조성된 피해자의 반항억압의 상태를 이용하여 재물을 취득한 것도 아니어서 재물탈취와 폭행 사이에 인과관계도 존재하지 아니하므로, 피고인에 대하여는 강도상해죄가 성립하지 아니한다고 보아야 할 것임에도 원심이 강도상해죄의 법리를 오해함으로써 피고인을 유죄로 판단하였으니, 위법하다는 취지이다. 그러나 원심이 적법하게 채택한 증거들에 의하면, 피고인은 공범들과 함께 피해자를 추적하여 공소사실 기재와 같이 폭행을 하던 중 바닥에 쓰러진 피해자의 바지 뒷주머니에서 장지갑을 꺼내갔는데, 그동안 공범들은 계속하여 피해자를 폭행한 사실을 알 수 있다. 위와 같은 사실관계를 앞서 본 법리에 비추어 보면, 원심이 그 판시와 같은 이유를 들어 피고인에 대하여 강도상해의 공소사실을 유죄로 판단한 조치는 정당하고, 거기에 상고이유로 주장하는 바와 같은 법리오해의 위법이 있다고 할 수 없다.

13 **[대판 88도1114]** 파기환송. ●**사실**● 피고인 X와 공동피고인 Y, Z는 1987.8.1. 04:30경 서울 관악구 피해자의 집 안방에 들어가 X와 Z가 피해자에게 과도를 들이대고 다시 X가 전화선으로 피해자의 손발을 묶고 Z가 주먹과 발로 피해자를 수회 때려 반항을 억압한 다음 X가 장농 등을 뒤져 여자 손목시계와 현금 등 시가 합계 510,000원 상당을 가지고 나오려 할 때, Z는 묶여 있는 피해자의 유방을 만지고 Y는 1회 강간을 하고 있었다. X는 이들을 재촉하여 다 같이 나왔다. 제1심과 원심은 X에 대해 **강도강간의 공모공동정범**을 인정하였다. ●**판지**● 피고인은 원심공동피고인 의 강간사실을 알게 된 것은 이미 실행의 착수가 이루어지고 난 다음이었음이 명백하고 강간사실을 알고나서도 암묵리에 그것을 용인하여 그로 하여금 강간하도록 할 의사로 강간의 실행범인 원심공동피고인 1과 강간 피해자의 머리 등을 잡아준 원심공동피고인 2와 함께 일체가 되어 원심공동피고인들의 행위를 통하여 자기의 의사를 실행하였다고는 볼 수 없다 할 것이고 따라서 결국 강도강간의 공모사실을 인정할 증거가 없다고 하지 않을 수 없다. 그럼에도 불구하고 피고인을 강도강간의 공모공동정범으로 처단한 제1심판결을 옳다고 판단한 원심판결의 이 부분은 판결에 영향을 미친 법률위반이 있다 할 것이다.

52 승계적 공동정범에서 후행자의 귀책범위

* 대법원 1982. 6. 8. 선고 82도884 판결
* 참조조문: 형법 제30조[1)]

포괄적 일죄의 일부에 공동정범으로 가담한 자는 비록 그가 그때에 이미 이루어진 종전의 범행을 알았다 하여도 그 가담 이후의 범행에 대해서만 공동정범으로서 책임을 지는가?

●사실● 향정신성의약품취급자가 아닌 피고인 X는 Y가 이미 1981.1. 초순경부터 히로뽕 제조행위를 계속하던 도중인 1981.2.9.경에 비로소 Y의 위 제조행위를 알고 그에 가담하여 시가 미상의 히로뽕 약 4kg을 제조하였다. 원심은 X의 가담 이전의 범행에 대하여 까지 X에게 유죄를 인정하였다. 이에 X는 상고하였다.

●판지● **파기환송.** 「연속된 제조행위 도중에 공동정범으로 범행에 가담한 자는 비록 그가 그 범행에 가담할 때에 이미 이루어진 종전의 범행을 알았다 하더라도 **그 가담 이후의 범행에 대하여만 공동정범으로 책임을 지는 것**이라고 할 것이니, 비록 이 사건에서 공소외 1의 위 제조행위 전체가 포괄하여 하나의 죄가 된다 할지라도 피고인에게 그 **가담 이전의 제조행위에 대하여 까지 유죄를 인정할 수는 없다**고 할 것이다」.

●해설● 1 사안의 경우, X는 Y의 범행 도중에 가담하게 되는데 이 경우 Y의 종전 범행까지 X가 형사책임을 져야 하는지가 다투어졌다. 이와 같이 선행행위자의 범죄 실행의 착수 이후에 가담한 후행행위자에게도 전체 범죄의 공동정범의 죄책을 물을 수 있는지 여부가 **승계적 공동정범**에 대한 논의이고 이에 대해서는 (a) 후행자는 선행자의 행위를 포함한 행위전체에 대해 공동정범의 책임을 져야 한다는 견해(긍정설 · 전체책임설)와 (b) 자기의 행위와 인과성이 있는 범위에서만 책임을 지고 관여 전의 사실에 대해서는 책임을 지울 수 없다는 견해(부정설 · 일부책임설)가 대립한다. 판례와 학계의 다수설은 부정설의 입장이다.

2 공동정범은 주관적으로는 '공동의 범행의사'와 객관적으로 '공동의 실행행위'가 성립요건이다. 특히 '공동의 범행의사'는 공동정범의 핵심적 표지이다. 이러한 ① '공동의 범행의사'는 사전(실행행위 전)에 이루어지는 것이 일반적이다(**예모적 공동정범**). 하지만 ② 반드시 사전 공모함을 요하지 않고, 실행행위 당시에 우연히 만나서 의사연락이 이루어질 수 도 있다(**우연적 공동정범**). 그리고 ③ 대상판결에서 문제되고 있는 공동실행의사가 실행행위의 일부종료 후 그 기수 이전에 성립하는 **승계적 공동정범**의 경우인데, 이 경우도 공동정범으로 책임을 질 것인가가 문제된다.

3 승계적 공동정범이 문제되는 범죄 유형은 **포괄일죄**와 **결합범**의 경우이다.[2)] 두 경우 모두 일부의 실행행위가 종료된 이후에 가담한 후행자에게 아직 완료되지 않은 전체범죄의 죄책을 물을 수 있는가 하는 점이다. 판례는 포괄일죄 사례에서 행위자 일방의 가공의사만으로는 공동정범이 성립하지 아니하고,

---

1) 형법 제30조(공동정범) 2인 이상이 공동하여 죄를 범한 때에는 각자를 그 죄의 정범으로 처벌한다.

2) **포괄일죄란** 수 개의 행위가 개별적으로 각 범죄의 구성요건에 해당하지만 법익이나 행위의 연관성 등으로 인하여 일죄로 취급하는 경우를 말한다. 포괄일죄에는 접속범, 상습범, 영업범, 직업범, 계속범, 결합범이 있다.

또한 실행행위 도중에 뒤늦게 타인의 범행의사에 가담한 경우에도 전체범죄에 대한 공동정범이 성립하지 않는 것으로 판단한다. 즉 「**포괄적 일죄의 일부에 공동정범으로 가담**한 자는 비록 그가 그때에 이미 이루어진 종전의 범행을 알았다 하여도 **그 가담 이후의 범행에 대해서만 공동정범으로서 책임을 진다**」(대판 97도163 Ref 1).

4 대상사안에서도 X는 자신이 가담하기 이전의 Y의 범행 결과에 대해서는 인과관계를 인정할 수 없고 공동의 범행의사도 소급하여 인정할 수는 없기 때문에 대법원은 X가 가담한 이후의 행위에 대해서만 형사책임을 묻고 있다. 승계적 공동정범도 공동정범으로 인정함에는 이론이 없다. 다만 승계적 공동정범의 죄책범위를 어디까지 물을 수 있을 것인지가 문제된다. 법원은 가담 이전은 공동가공의 의사에 기한 기능적 행위지배를 인정할 수 없으므로 공동정범이 성립할 수 없고 단지 이후의 범행에 대해서만 공동정범으로서의 책임을 묻는다.

5 한편 **'즉시범'**의 경우는 범죄가 기수에 이르기 이전에 가담하는 경우에만 공동정범이 성립하고 범죄가 기수에 이른 이후에는 공동정범이 성립하지 않는다. 즉시범이란 실행행위가 시간적 계속성을 요하지 않고 구성요건적 결과발생과 동시에 곧 범죄가 기수에 이르고 종료되는 범죄(살인죄, 상해죄 등)로서 원칙적으로 기수시기와 종료시기가 일치한다는 특징이 있다.

Reference

승계적 공동정범과 관련된 판례

1 [대판 97도163] [포괄일죄의 범행 도중에 공동정범으로 가담한 자는 가담 이후의 범행에 대하여만 책임을 지는지 여부(적극)] X는 위 조합의 판매부장으로 부임하기 이전인 1994.8.25.부터 위 조합을 위하여 스스로 위 Y와의 사이에 양곡외상거래를 한 사실을 인정할 자료가 없고, 다만 위 X는 1994.10.24.경 위 조합의 판매부장으로 부임한 이후에도 1994.8.24.자로 체결된 거래계약에 기하여 종전에 계속하여 온 위 Y와의 거래를 계속한 사실을 인정할 수 있을 뿐이다. 그런데 이와 같이 계속된 거래행위 도중에 (업무상 배임죄)공동정범으로 범행에 가담한 자는 비록 그가 그 범행에 가담할 때에 이미 이루어진 종전의 범행을 알았다 하더라도 **그 가담 이후의 범행에 대하여만 공동정범으로 책임을 지는 것**이라고 할 것이므로, 비록 이 사건에서 위 Y와의 거래행위 **전체가 포괄하여 하나의 죄**가 된다 할지라도 위 X에게 그 가담 이전의 거래행위에 대하여서까지 유죄로 인정할 수는 없다 할 것이다.

2 [대판 82도2024] [이윤상 유괴 살해 사건[3])] 특정범죄가중처벌 등에 관한 법률 제5조의2 제2항 제1호 소정의 죄는 형법 제287조의 미성년자 약취, 유인행위와 약취 또는 유인한 미성년자의 부모 기타 그 미성년자의 안전을 염려하는 자의 우려를 이용하여 재물이나 재산상의 이익을 취

3) **이윤상 유괴 사건**은 1980년 11월 13일 소아마비를 앓던 중학생 이윤상이 납치되어 살해된 사건이다. 당시 중학교 1학년에 재학 중이던 이윤상은 다니던 학교의 주 교사에 의해 납치되어 1년 만에 시신으로 발견되었다. 주 교사는 노름빚을 갚기 위해 제자를 납치한 뒤 이군의 부모에게 전화를 걸어 돈을 요구하였다. 이 과정에서 주 교사를 따르던 여고생 2명이 범행을 도운(납치에는 관여하지 않았다) 것으로 드러났다. 위 판결은 후행행위에만 관여한 피고인에 대한 판시이다.

득하거나 이를 요구하는 행위가 결합된 **단순일죄**의 범죄라고 봄이 상당하므로 비록 타인이 미성년자를 약취, 유인한 행위에는 가담한 바 없다 하더라도 사후에 그 사실을 알면서 약취, 유인한 미성년자를 부모 기타 그 미성년자의 안전을 염려하는 자의 우려를 이용하여 재물이나 재산상의 이익을 취득하거나 요구하는 타인의 행위에 가담하여 이를 방조한 때에는 단순히 재물 등 요구행위의 종범이 되는데 그치는 것이 아니라 종합범인 위 **특정범죄가중처벌 등에 관한 법률 제5조의2 제2항 제1호**[4] **위반죄의 종범**에 해당한다.

승계적 공동정범과 구별되는 사안

3 **[대판 2003도4382]** [회사직원이 영업비밀을 경쟁업체에 유출할 목적으로 무단으로 반출한 때 업무상배임죄의 기수에 이르렀다고 한 사례] 회사직원이 영업비밀을 경쟁업체에 유출하거나 스스로의 이익을 위하여 이용할 목적으로 무단으로 반출한 때 업무상배임죄의 기수에 이르렀다고 할 것이고, 그 이후에 위 직원과 접촉하여 영업비밀을 취득하려고 한 자는 **업무상배임죄의 공동정범이 될 수 없다.**

4 **[대판 96도1959]** [1] 공범자가 공갈행위의 실행에 착수한 후 **그 범행을 인식하면서 그와 공동의 범의를 가지고 그 후의 공갈행위를 계속하여 재물의 교부나 재산상 이익의 취득에 이른 때에는 공갈죄의 공동정범이 성립**한다. [2] 신문사 사주 X는 건설업체 대표이사 A에게 자시 신문에 사과광고를 싣지 않으면 그 건설업체의 신용을 떨어뜨리는 기사를 게재하겠다고 겁을 주었고, 이러한 상황을 잘 아는 광고국장 Y는 외포상태에 빠진 A로부터 통상적인 금액보다 4배 이상의 광고비를 받아낸 경우 …… 신문사 사주 및 광고국장 사이에 광고료 갈취에 대한 **사전모의는 없었으나 암묵적인 의사연락에 의한 공범관계가 존재**하고 …… 피고인들의 행위는 폭력행위등처벌에관한법률 제2조 제2항, 제1항, 형법 제350조 제1항 소정의 "2인 이상이 공동하여 공갈죄를 범한 때"에 해당한다고 할 것이다.

5 **[대판 95도577] [범인도피의 공동정범]** 범인도피죄는 범인을 도피하게 함으로써 기수에 이르지만 범인도피행위가 계속되는 동안에는 범죄행위도 계속되고 행위가 끝날 때 비로소 범죄행위가 종료되고, 공범자의 범인도피행위의 도중에 그 범행을 인식하면서 **그와 공동의 범의를 가지고 기왕의 범인도피상태를 이용하여 스스로 범인도피행위를 계속한 자에 대하여는 범인도피죄의 공동정범이 성립**한다.

---

4) 특정범죄가중처벌 등에 관한 법률 제5조의2(약취 · 유인죄의 가중처벌) ② 형법 제287조의 죄를 범한 자가 다음 각 호의 1에 해당하는 행위를 한 때에는 다음과 같이 가중처벌한다. 1. 약취 또는 유인한 미성년자의 부모 기타 그 미성년자의 안전을 염려하는 자의 우려를 이용하여 재물이나 재산상의 이익을 취득하거나 이를 요구한 때에는 무기 또는 10년 이상의 징역에 처한다.

53 공모공동정범의 의의

* 대법원 2007. 4. 26. 선고 2007도235 판결
* 참조조문: 형법 제30조[1)]

건설노동조합의 조합원들이 행한 건조물 침입, 업무방해, 손괴, 폭행, 상해 등 범죄행위에 대하여, 위 조합의 상급단체 간부에게 공모공동정범이 성립하는가?

●**사실**● 노조 집행부는 2006.7.14. 오후쯤 주식회사 포스코 본사 건물을 상당기간 점거하기로 최종 결정하였고 이에 따라 7.15. 02:00경 조합원 약 2,000명이 본사 건물에 진입하였다. 이 사건 당시 점거를 직접 지휘한 조합장 Y를 비롯한 노조 집행부 약 7~8명은 점거기간 동안 건물 9층에 머물면서 노동조합의 지휘 계통을 통하여 조합원들의 행동을 통제하고 이탈을 방지하는 등 조합원들의 점거행위를 **지휘·통제**해 왔다.

피고인 X는 당시 노조의 상급단체인 민주노동조합총연맹 경북지역 본부장으로서 7.15. 02:00경 위 조합원들과 함께 본사 건물로 들어가 노조 집행부와 함께 9층에서 생활하면서 회의를 통해 투쟁 방식을 상의하고 함께 각 층을 순회하며 조합원들을 격려하는 등 집행부와 행동을 같이 하면서 주로 민주노동조합총연맹 등 외부상황을 Y에게 알려주고 교섭 창구를 통해 교섭을 추진하는 역할을 담당해 왔다. 그러나 X는 7.15. 02:00경 노조 조합원들이 건조물에 침입하여 각 건조물 침입, 업무방해, 손괴, 폭행, 상해 등 범죄행위에 대해 직접 분담하여 실행하지는 않았다.

원심은 X의 지위, 역할이나 쟁의행위 중인 노동조합이라는 조직화된 단체의 지휘계통을 통한 범죄 경과에 대한 지배 내지 장악력 등을 종합해 볼 때, X는 위 각 범행의 단순한 공모자에 그치는 것이 아니라 **범죄에 대한 본질적 기여를 통한 기능적 행위지배가 존재**하는 자로 인정되어 위의 각 범행에 대한 공모공동정범이 성립된다고 보았다. 대법원도 원심의 결론이 정당한 것으로 받아들였다.

●**판지**● 「형법 제30조의 공동정범은 공동가공의 의사와 그 공동의사에 기한 기능적 행위지배를 통한 범죄 실행이라는 주관적·객관적 요건을 충족함으로써 성립하는바, 공모자 중 구성요건 행위 일부를 직접 분담하여 실행하지 않은 자라도 경우에 따라 이른바 공모공동정범으로서의 죄책을 질 수도 있는 것이기는 하나, 이를 위해서는 **전체 범죄에 있어서 그가 차지하는 지위, 역할이나 범죄 경과에 대한 지배 내지 장악력** 등을 종합해 볼 때, 단순한 공모자에 그치는 것이 아니라 **범죄에 대한 본질적 기여를 통한 기능적 행위지배가 존재**하는 것으로 인정되는 경우여야 한다」.

●**해설**● **1 공모공동정범론**은 실행행위를 분담하지 않지만 공모에 가담한 자를 공동정범으로 보는 이론으로 판례는 모의 시에는 주도적 역할을 수행하였지만 실행에는 관여하지 않은 중심인물을 교사가 아닌 공동정범으로 취급하고 있다. 이는 실제 실행행위를 분담하지 않는 조직범죄의 거물급을 정범으로 처벌해야 하는 실제적 필요성에 기하여 일본에서 인정[2)]한 이래 우리나라의 판례도 일관되게 인정해오고 있는 공동정범의 한 형태이다.

---

1) 형법 제30조(공동정범) 2인 이상이 공동하여 죄를 범한 때에는 각자를 그 죄의 정범으로 처벌한다.

2) 일본은 1951년에 발생한 네리마(練馬)사건의 판결(最大判昭和33年5月28日; 刑集12券8号1718頁·判時150号6頁)에서 「**직접 실행행위에 관여하지 않은 자도 타인의 행위를 이른바 자기의 수단으로 범죄를 행하였다는 의미에서 형사책임에 차이가 없다**」고 판시한 이후 실무상 공모공동정범론이 확립되었다(Ref 2−1). 자세한 내용은 前田雅英·星周一郎/박상진·김잔디(역), 최신중요 일본형법판례 250선(총론편), 144−145면 참조.

2 판례의 경향 대법원은 공모공동정범과 관련하여 처음에는 (a) '공동의사주체설'(대판 82도3248, Ref 9)이나 (b) '간접정범유사설'(대판 87도2368, Ref 11)을 취하다 지금은 대상판결에서와 같이 (c) **'기능적 행위지배설'**의 입장에서 구성요건행위를 직접 분담 실행하지 아니한 공모자를 공동정범으로 인정한다. 즉, 「전체 범죄에 있어서 그가 차지하는 지위 · 역할이나 범죄경과에 대한 지배 내지 장악력 등을 종합하여 그가 단순한 공모자에 그치는 것이 아니라 범죄에 대한 **본질적 기여를 통한 기능적 행위지배**가 존재하는 것으로 인정」되어야 한다.

3 그리고 본 판결에서 대법원은 단순 공모자의 경우도 공모공동정범을 인정하던 종래의 입장과는 달리 공모공동정범의 범위를 **'제한적'으로 해석**하고 있다. 이는 **"본질적 기여**를 통한 기능적 행위지배"가 있어야 한다는 판시에서 알 수 있다(기능적 행위지배에 의한 제한적 긍정설). 대법원의 이러한 태도 변화는 단순 공모자의 경우는 공모공동정범에서 배제하겠다는 의지로 읽힌다.

4 원심은 노조 조합원 중 약 2,500명이 Y의 주도 아래 2006.7.13. 14:15경부터 7.21. 04:00경까지 주식회사 포스코 본사 건물을 점거하는 과정에서 이루어진 각 범행에 대하여 X에게도 공모공동정범으로서의 죄책을 모두 인정하였다. X가 각 건조물의 침입, 업무방해, 손괴, 폭행, 상해 등의 범죄행위에 대해서는 그 중 일부를 자신이 직접 분담하여 실행하지는 않았지만 「위 인정사실에서 나타나는 피고인의 지위, 역할이나 쟁의행위 중인 노동조합이라는 조직화된 단체의 지휘계통을 통한 범죄 경과에 대한 지배 내지 장악력 등을 종합해 볼 때, 피고인은 위 각 범행의 단순한 공모자에 그치는 것이 아니라 **범죄에 대한 '본질적 기여'를 통한 기능적 행위지배가 존재하는 자로 인정**된다」고 판단하고 있다. 대법원도 이 부분에 대한 원심의 결론은 정당한 것으로 보았다.

5 그러나 대법원은 7.15. 02:00경 이전에 이루어진 노조 조합원들의 범행, 즉 7.13. 14:15경부터 23:30경까지 이루어진 우리은행 및 포스코 직원들에 대한 감금행위, 7.15. 02:00경 이전에 이루어진 노조 조합원 약 500명의 주식회사 포스코 본사 건물 침입과 업무방해 및 손괴행위에 대하여는 X에게 각 범행에 대한 **본질적 기여를 통한 기능적 행위지배가 존재한다고 보기 어려우므로** 이 부분에 대하여는 공모공동정범의 죄책을 인정할 수 없다고 본다.

6 파생범죄와 기능적 행위지배 공모공동정범의 책임범위와 관련하여 법원은「(가) 범죄의 수단과 태양, 가담하는 인원과 그 성향, 범행 시간과 장소의 특성, 범행과정에서 타인과의 접촉가능성과 예상되는 반응 등 제반 상황에 비추어, (나) 공모자들이 그 공모한 범행을 수행하거나 목적 달성을 위해 나아가는 도중에 **부수적인 다른 범죄가 파생되리라고 예상하거나 충분히 예상**할 수 있는데도 그러한 가능성을 외면한 채 이를 방지하기에 족한 합리적인 조치를 취하지 아니하고 (다) 공모한 범행에 나아갔다가 결국 그와 같이 예상되던 범행들이 발생하였다면, 비록 **그 파생적인 범행 하나하나에 대하여 개별적인 의사의 연락이 없었다고 하더라도 당초의 공모자들 사이에 그 범행 전부에 대하여 암묵적인 공모는 물론 그에 대한 기능적 행위지배가 존재한다**」고 보아야 한다(대판 2010도11030, Ref 3).

7 공모에 대한 정황사실만으로도 공모공동정범은 인정된다. 「2인 이상이 범죄에 공동 가공하는 공범관계에서 공모는 법률상 어떤 정형을 요구하는 것이 아니고, …… 이러한 공모가 이루어진 이상 실행행

위에 직접 관여하지 아니한 자라도 다른 공모자의 행위에 대하여 공동정범으로서의 형사책임을 지는 것이고, 이와 같은 공모에 대하여는 직접증거가 없더라도 **정황사실과 경험법칙에 의하여 이를 인정**할 수 있다」(대판 2004도5652).

8 공모공동정범의 성립 여부는 「범죄 실행의 전 과정을 통하여 각자의 지위와 역할, 공범에 대한 권유내용 등을 구체적으로 검토하고 이를 종합하여 위와 같은 **상호이용의 관계가 합리적인 의심을 할 여지가 없을 정도로 증명**되어야 하고, 그와 같은 증명이 없다면 설령 피고인에게 유죄의 의심이 간다고 하더라도 피고인의 이익으로 판단할 수밖에 없다」(대판 2018도7658).

Reference

공모공동정범을 인정한 사례

1 **[대판 2017도14322 전원합의체] [국가정보원 여론 조작 사건[3]]** [다수의견] 국가정보원의 원장 피고인 갑, 3차장 피고인 을, 심리전단장 피고인 병이 심리전단 산하 사이버팀 직원들과 공모하여 인터넷 게시글과 댓글 작성, 찬반클릭, 트윗과 리트윗 행위 등의 사이버 활동을 함으로써 국가정보원 직원의 직위를 이용하여 정치활동에 관여함과 동시에 제18대 대통령선거와 관련하여 공무원의 지위를 이용한 선거운동을 하였다고 하여 구 국가정보원법(2014. 1. 14. 법률 제12266호로 개정되기 전의 것, 이하 같다) 위반 및 구 공직선거법(2014. 2. 13. 법률 제12393호로 개정되기 전의 것, 이하 같다) 위반으로 기소된 사안에서, 국가정보원의 정보기관으로서의 조직, 역량과 상명하복에 의한 업무수행 체계, 사이버팀 직원들이 범행을 수행한 구체적인 방법과 모습, 피고인들이 각각 국가정보원의 원장과 3차장, 심리전단장으로서 사이버팀을 지휘·감독하던 지위와 역할, 사이버 활동이 이루어질 당시 피고인들이 회의석상에서 직원들에게 한 발언 및 지시 내용 등 제반 사정을 종합하면, 사이버팀 직원들이 한 사이버 활동 중 일부는 구 국가정보원법상 국가정보원 직원의 직위를 이용한 정치활동 관여 행위 및 구 공직선거법상 공무원의 지위를 이용한 선거운동에 해당하며, 이러한 활동을 구 국가정보원법에 따른 직무범위 내의 정당한 행위로 볼 수 없고, 피고인들이 실행행위자인 사이버팀 직원들과 순차 공모하여 범행에 대한 **기능적 행위지배**를 함으로써 범행에 가담하였다는 등의 이유로, 피고인들에게 구 국가정보원법 위반죄와 구 공직선거법 위반죄를 인정한 원심판단이 정당하다.

2 **[대판 2013도5080]** [공모공동정범의 성립요건 및 사기의 공모공동정범이 기망방법을 구체적으로 몰랐던 경우에도 공모관계를 인정할 수 있는지 여부(적극)] 2인 이상이 범죄에 공동가공하는 공범관계에 있어 공모는 법률상 어떤 정형을 요구하는 것이 아니고 2인 이상이 공모하여 범죄에 공동가공하여 범죄를 실현하려는 의사의 결합만 있으면 되는 것으로서, **순차적으로 또는 암묵적으로 상통**하여 그 의사의 결합이 이루어지면 공모관계가 성립하고, 이러한 공모가 이루어진 이상 실행행위에 직접 관여하지 아니한 사람이라도 다른 공범자의 행위에 대하여 공동정범으로서의 형사책임을 진다. 따라서 사기의 공모공동정범이 그 기망방법을 **구체적으로 몰랐다고 하더라도** 공모관계를 부정할 수 없다.

---

3) **국가정보원 여론 조작 사건** 또는 **대선 개입 사건**은 2012년 대한민국 대통령 선거기간 중 대한민국 국가정보원 소속 심리정보국 소속 요원들이 국가정보원의 지시에 따라 인터넷에 게시글을 남김으로써 국가정보원이 대한민국 제18대 대통령 선거에 개입하였다는 사건을 일컫는다.

3 **[대판 2010도11030]** [1] 전국금속노동조합 쌍용자동차 지부의 자동차공장 점거파업 과정에서의 피고인들의 지위, 역할, 점거파업 과정에서 벌어진 집단 폭력행위의 성격과 경위, 그 규모와 형태, 구체적인 방법과 진행 과정, 위 노동조합의 지휘체계 등 여러 사정을 종합할 때, 위 노동조합 지부장 등 피고인들이 위 점거파업 과정에서 벌어진 노조원들의 폭행, 체포, 상해 등의 범죄행위들 중 일부에 대하여 구체적으로 모의하거나 이를 직접 분담하여 실행한 바가 없었더라도, 각 범행에 대한 **암묵적인 공모**는 물론 그 범행들에 대한 본질적 기여를 통한 **기능적 행위지배를 한 자에 해당**한다고 보아, 이들에 대한 폭력행위 등 처벌에 관한 법률위반 등의 공소사실을 유죄로 인정한 원심판단을 수긍한 사례. [2] 공모공동정범의 경우, …… 공모자들이 그 공모한 범행을 수행하거나 목적 달성을 위해 나아가는 도중에 부수적인 다른 범죄가 파생되리라고 예상하거나 **충분히 예상**할 수 있는데도 그러한 가능성을 외면한 채 이를 방지하기에 족한 합리적인 조치를 취하지 아니하고 공모한 범행에 나아갔다가 결국 그와 같이 예상되던 범행들이 발생하였다면, 비록 그 파생적인 범행 하나하나에 대하여 개별적인 의사의 연락이 없었다고 하더라도 당초의 공모자들 사이에 그 범행 전부에 대하여 암묵적인 공모는 물론 그에 대한 기능적 행위지배가 존재한다고 보아야 한다.

4 **[대판 2010도3544] 파기환송.** [구성요건행위를 직접 분담하여 실행하지 아니한 공모자를 공모공동정범으로 인정하기 위한 요건] 건설 관련 회사의 유일한 지배자가 **회사 대표의 지위에서 장기간에 걸쳐 건설공사 현장소장들의 뇌물공여행위**를 보고받고 이를 확인·결재하는 등의 방법으로 위 행위에 관여한 사안에서, **비록 사전에 구체적인 대상 및 액수를 정하여 뇌물공여를 지시하지 아니하였다고 하더라도** 그 핵심적 경과를 계획적으로 조종하거나 촉진하는 등으로 **기능적 행위지배**를 하였다고 보아 공모공동정범의 죄책을 인정하여야 함에도 이를 인정하지 아니한 원심판단에 법리 오해의 위법이 있다고 한다. **cf)** 사안은 건설회사의 경영자가 **현장감독관을 통해 공무원 등에 뇌물을 공여한 경우** 공모공동정범으로 처벌될 수 있음을 보여주고 있다는 점에서 그 의의가 있다.

5 **[대판 2010도387]** 구 특가법 제3조와 특정경제범죄 가중처벌 등에 관한 법률 제7조 소정의 알선수재 및 구 변호사법(2000. 1. 28. 법률 제6207호로 전부 개정되기 전의 것) 제90조 제2호 소정의 법률사건에 관한 화해·청탁 알선 등의 공모공동정범에서, 공범자들 사이에 그 알선 등과 관련하여 금품이나 이익을 수수하기로 명시적 또는 **암묵적인 공모**관계가 성립하고 그 공모 내용에 따라 공범자 중 1인이 금품이나 이익을 수수하였다면, 사전에 특정 금액 이하로만 받기로 약정하였다든가 수수한 금액이 공모 과정에서 도저히 예상할 수 없는 고액이라는 등과 같은 특별한 사정이 없는 한, 그 수수한 금품이나 이익 전부에 관하여 위 각 죄의 **공모공동정범이 성립**하는 것이며, 수수할 금품이나 이익의 규모나 정도 등에 대하여 사전에 서로 의사의 연락이 있거나 수수한 금품 등의 구체적 금액을 공범자가 알아야 공모공동정범이 성립하는 것은 아니고, 이와 같은 법리는 특경법 제5조 소정의 수재의 공모공동정범에서도 마찬가지로 적용된다.

6 **[대판 2009도2821] 파기환송.** [미신고 옥외집회 또는 시위 주최행위에 대한 공모공동정범 성립 여부(적극)] 甲 주식회사의 협력업체 소속 근로자인 피고인들을 비롯한 10인이 甲 회사 정문 앞 등에서 1인은 고용보장 등의 주장 내용이 담긴 피켓을 들고 **다른 2~4인은 그 옆에 서 있는 방법으로 6일간 총 17회에 걸쳐 미신고 옥외시위를 공모, 공동주최**하였다는 취지로 기소된 사안에서, 위 각 행위는 다수인이 공동목적을 가지고 한 곳에 모여 사전 계획한 역할 분담에 따라 다수의 위력 또는 기세를 보여 피켓에 기재된 주장 내용을 甲 회사 및 협력업체 임직원을 비롯한 불특정 다수인에게 전달함으로써 그들의 의견에 영향을 미치는

행위로서 구 집회 및 시위에 관한 법률의 신고대상인 옥외시위에 해당한다고 보기에 충분하고, 피켓을 직접 든 1인 외에 그 주변에 있는 사람들이 별도로 구호를 외치거나 전단을 배포하는 등의 행위를 하지 않았다는 형식적 이유만으로 신고대상이 되지 아니하는 이른바 **'1인 시위'**에 해당한다고 볼 수 없으며, 위 각 행위에 대한 **공동가공의 의사와 공동의사에 기한 기능적 행위지배가 인정**되는 피고인들에게는 구체적 실행행위에 직접 관여하였는지와 관계없이 **공모공동정범에 의한 주최자로서 책임을 물을 수 있는데도,** 이와 달리 위 각 행위가 집시법에 규정된 시위 및 그 주최행위에 해당하지 않는다고 보아 전부 무죄로 인정한 원심판결에 법리오해 또는 심리미진의 잘못이 있다.

7 **[대판 2008도6551]** 타인의 시세조종을 통한 주가조작 범행과 관련하여, 자기 명의의 증권계좌와 자금을 교부하였을 뿐만 아니라 **적극적으로 투자자 등을 유치 · 관리**한 사람에게 증권거래법 제188조의4 위반죄의 공모공동정범의 죄책이 인정된다.

8 **[대판 97도1706]** [1] 사기의 공모공동정범이 **그 기망방법을 구체적으로 몰랐다고 하더라도 공모관계를 부정할 수 없다.** [2] 이른바 딱지어음을 발행하여 매매한 이상 사기의 실행행위에 직접 관여하지 아니하였다고 하더라도 공동정범으로서의 책임을 면하지 못하고, 딱지어음의 전전유통경로나 중간 소지인들 및 그 기망방법을 구체적으로 몰랐다고 하더라도 공모관계를 부정할 수는 없다고 본 사례.

9 **[대판 96도2529]** [범죄 공모 후 **범행장소에 직접 가지 않은 자**의 공모공동정범의 성립 가부(적극)] 여러 사람이 폭력행위등처벌에관한법률 제2조 제1항에 열거된 죄를 범하기로 공모한 다음 그 중 2인 이상이 범행장소에서 범죄를 실행한 경우에는 범행장소에 가지 아니한 자도 같은 법 제2조 제2항에 규정된 죄의 공모공동정범으로 처벌할 수 있다.

10 **[대판 95도1269]** 구청 세무계장이 수납직원들로부터 수납한 세금과 관련 서류를 건네받아 서류를 조작하여 세금을 횡령하고 횡령한 세금 일부를 그 수납직원들에게 분배하여 주고, 수납직원들은 납세자로부터 수납한 세금과 관련 서류를 세무계장에게 갖다 주고 세무계장이 횡령한 세금의 일부를 분배받아 온 경우, 수납직원들은 세무계장의 서류 조작행위를 수단으로 삼아 세금 횡령이라는 목적을 달성하고자 하였던 것이라 할 수 있고, 한편 세무계장으로서도 그 자신이 직접 창구에 나가 납세자로부터 세금을 수납할 처지는 되지 못하여 그가 기도한 세금 횡령을 하기 위하여는 수납직원들로부터 그들이 수납한 세금을 건네 받을 필요가 있어서 위와 같이 횡령한 세금 일부를 분배하여 주고 그들을 범행에 끌어들인 것이라 할 것이므로, 결국 **세무계장과 수납직원들 사이에는 서류 조작을 통한 세금 횡령의 범죄를 실현하려는 점에 관하여 적어도 암묵적으로 의사가 상통하여 공모관계가 성립하였다**고 보아야 한다.

11 **[대판 93도3154]** [1] 입시부정행위를 지시한 자가 부정행위의 방법으로서 사정위원들의 업무를 방해할 것을 **특정하거나 명시하여 지시하지 않았더라도 업무방해죄의 공동정범에 해당**한다. [2] 2인 이상이 공모하여 범죄에 공동 가공하는 공범관계에 있어서 공모는 법률상 어떤 정형을 요구하는 것이 아니고 범죄를 실현하려는 의사의 결합만 있으면 되는 것으로서, **비록 전체의 모의과정이 없었다고 하더라도 수인 사이에 순차적으로 또는 암묵적으로 상통하여 그 의사의 결합이 이루어지면 공모관계가 성립한다** 할 것이고, 이러한 공모가 이루어진 이상 실행행위에 관여하지 아니한 자라도 다른 공모자의 행위에 대하여 공동정범으로서

의 형사책임을 진다. [3] 이 사건 편입학부정행위나 입시부정행위가 공동피고인 2의 주도 아래 피고인 1의 지시에 의해 이루어진 것이라면 같은 피고인이 피고인 2에게 구체적으로 부정행위의 방법으로서 사정위원들의 업무를 방해할 것을 **특정하거나 명시하여 지시하지 아니하였다 하더라도** 같은 피고인의 지시내용 중에는 그러한 업무방해행위까지도 포함되어 있다고 보아야 할 것이므로, 원심이 같은 취지에서 같은 피고인을 업무방해죄의 공동정범으로 인정한 조처는 정당하다.

12 **[대판 87도1240] [서진 룸살롱 집단 살인 사건[4]]** 부하들이 흉기를 들고 싸움을 하고 있는 도중에 폭력단체의 두목급 수괴의 지위에 있는 을이 그 현장에 모습을 나타내고 더욱이나 부하들이 흉기들을 소지하고 있어 살상의 결과를 초래할 것을 예견하면서도 전부 죽이라는 고함을 친 행위는 부하들의 행위에 큰 영향을 미치는 것으로서 을은 이로써 위 싸움에 가세한 것이라고 보지 아니할 수 없고, 나아가 부하들이 칼, 야구방망이 등으로 피해자들을 난타, 난자하여 사망케 한 것이라면 을은 **살인죄의 공동정범**으로서의 죄책을 면할 수 없다.

13 **[대판 82도3248] [부산 미문화원 방화 사건[5]]** 공모공동정범은 공동범행의 인식으로 범죄를 실행하는 것으로 **공동의사주체로서**의 집단 전체의 하나의 범죄행위의 실행이 있음으로써 성립하고 공모자 모두가 그 실행행위를 분담하여 이를 실행할 필요가 없고 실행행위를 분담하지 않아도 공모에 의하여 수인 간에 **공동의사주체가 형성되어** 범죄의 실행행위가 있으면 실행행위를 분담하지 않았다고 하더라도 공동의사주체로서 정범의 죄책을 면할 수 없다. cf) 사안은 공동의사주체설에 의거하여 공모공동정범을 인정하고 있다. **'공동의사주체설'**이란 일정한 범죄를 실현하려는 공동의 목적을 가지고 2인 이상이 공모하여 협력한 이상 이러한 범죄집단은 각자가 **일심동체**가 되어 공동의사주체가 형성되므로, 그 중의 한 사람이 실행행위를 하여도 이는 공동의사주체의 행위이고 따라서 실행행위를 분담하지 않은 공모자도 공동정범의 죄책을 져야 한다는 이론이다. 이는 민법의 **조합이론**을 유추한 것으로 민법에서 조합원이 조합의 채무에 대하여 책임을 지는 것과 같은 맥락으로 공동의사 주체의 책임을 이해한다. 하지만 이 견해는 **개인책임의 원칙에 반한다**는 비판이 있다.

14-1 **[대판 80도907]** [공문서위조죄의 공모공동정범] 피고인이 위조행위 자체에는 관여한 바 없다고 하더라도 타인에게 위조를 부탁하여 의사연락이 되고 그로 하여금 범행을 하게 하였다면 공모공동정범에 의한 위조죄가 성립된다.

14-2 **[대판 83도2575]** [허위유가증권작성죄의 공모공동정범이 성립하는 경우] [1] 유가증권의 허위작성 행위 자체에는 직접관여한 바 없다 하더라도 타인에게 그 작성을 부탁하여 의사연락이 되고 그 타인으로

---

4) **서진 룸살롱 집단 살인 사건**은 1986년 8월 14일 서울 강남구의 한 유흥주점인 서진회관에서 일어난 폭력 조직 간의 집단 살인 사건이다. 이 날 '서울 목포파'로 불리던 전라남도 목포 출신 조직폭력배들과 '맘보파'로 불리던 조직폭력배 간에 시비가 붙어, 맘보파 조직원 4명이 살해당했다. 이 사건 후 정부에선 '범죄와의 전쟁'을 선포했다. ko.wikipedia.org

5) **부산 미국문화원 방화 사건**은 1982년 3월 18일 부산 지역 대학생들이 부산 미국 문화원에 불을 지른 반미운동의 성격을 띄는 방화 사건이다. 불은 약 2시간 만에 꺼졌지만, 미국문화원 도서관에서 공부하던 대학생 한 명이 사망했고 3명은 중경상을 입었다. 이 사건을 계기로 반미주의 시위와 미국문화원, 미국대사관에 대한 방화, 투석, 기물파손 사건이 빈번히 발생하게 된다. 당시 피의자들을 변호한 변호사 중 한 명은 16대 대통령을 지낸 노무현이고 재판한 담당 판사 중의 한 명은 이회창이었다. ko.wikipedia.org

하여금 범행을 하게 하였다면 공모공동정범에 의한 허위작성죄가 성립한다. [2] 허위의 선하증권을 발행하여 타인에게 교부하여 줌으로써 그 타인으로 하여금 이를 행사하여 그 선하증권상의 물품대금을 지급받게 한 소위는 허위 유가증권행사죄와 사기죄의 공동정범을 인정하기에 충분하다.

공모공동정범을 부정한 사례

15 **[대판 2010도11631]** [게임산업진흥에 관한 법률 제26조 제2항에서 '청소년게임제공업 등을 영위하고자 하는 자'의 의미(=영업상 권리의무의 귀속주체) 및 영업활동에 지배적으로 관여하지 아니한 자를 같은 법 제45조 제2호 위반죄의 공동정범으로 처벌할 수 있는지 여부(소극)] 게임산업진흥에 관한 법률 제26조 제2항에서 '청소년게임제공업 등을 영위하고자 하는 자'란 청소년게임제공업 등을 영위함으로 인한 권리의무의 귀속주체가 되는 자(이하 '영업자'라고 한다)를 의미하므로, 영업활동에 지배적으로 관여하지 아니한 채 단순히 영업자의 직원으로 일하거나 영업을 위하여 보조한 경우, 또는 영업자에게 영업장소 등을 임대하고 사용대가를 받은 경우 등에는 같은 법 제45조 위반에 대한 **본질적인 기여를 통한 기능적 행위지배를 인정하기 어려워**, 이들을 방조범으로 처벌할 수 있는지는 별론으로 하고 공동정범으로 처벌할 수는 없다.

16 **[대판 2009도2994]** [1] 형법 제30조의 공동정범은 공동가공의 의사와 그 공동의사에 기한 기능적 행위지배를 통한 범죄 실행이라는 주관적·객관적 요건을 충족함으로써 성립하는바, 공모자 중 구성요건 행위 일부를 직접 분담하여 실행하지 않은 자라도 경우에 따라 이른바 공모공동정범으로서의 죄책을 질 수도 있는 것이기는 하나, 이를 위해서는 전체 범죄에서 그가 차지하는 지위, 역할이나 범죄 경과에 대한 지배 내지 장악력 등을 종합해 볼 때, 단순한 공모자에 그치는 것이 아니라 **범죄에 대한 본질적 기여를 통한 기능적 행위지배가 존재하는 것으로 인정**되는 경우여야 한다. [2] 전국노점상총연합회가 주관한 도로행진시위에 참가한 피고인이 다른 시위 참가자들과 함께 경찰관 등에 대한 특수공무집행방해 행위를 하던 중 체포된 사안에서, 단순 가담자인 피고인에게 체포된 이후에 이루어진 다른 시위참가자들의 범행에 대하여는 본질적 기여를 통한 기능적 행위지배가 존재한다고 보기 어려워 **공모공동정범의 죄책을 인정할 수 없다.**

간접정범유사설의 입장에서 판결한 판례

17-1 **[대판 87도2368] [등기부등본 위조에 의한 국유지 사기 사건]** 피고인과 위에서 본 공소외 1 그리고 피고인의 형인 공소외 2와 사이에 등기부등본을 위조한 다음 그것을 이용하여 다른 사람에게 팔아먹기로 공모한 것은 결국 다시 말하면 다른 사람의 금원을 편취하기 위하여 등기부등본을 위조하기로 공모한 것이니, 그때에 사기의 공모 또는 모의가 이루어진 것으로 보아야 하고 그 후 공소외 1이 다른 공모자와 관계없이 혼자 이 사건 피해자에게 위조된 등기부등본을 행사기망하여 원심설시와 같은 금품을 편취했다 하여도 사기죄의 성립에 아무런 영향이 없는 것이라는 뜻의 주장을 펴고 있으나 소론의 공모내용 가운데 사기죄 관계부분은 현행법상 범죄로 처벌되지 않는 **사기죄의 예비단계의 모의라고 볼 것**일 뿐만 아니라 소론의 사실관계만으로써는 피고인이 공소외 1의 사기피해자에 대한 행위를 **자신의 범죄적 수단으로 이용하여 사기죄를 범하였다고도 볼 수 없는 점**에서 위에서 본 공모공동정범의 법리에 비추어 원심의 무죄판단은 옳다.

17-2 **[대판 80도306]** [공모공동정범에 있어서의 공모의 정도] 공동정범에 있어서 범죄행위를 공모한 후 그 실행행위에 직접 가담하지 아니하더라도 다른 공모자가 분담, 실행한 행위에 대하여 공동정범의 죄

책을 면할 수 없고, 공모공동정범에 있어서 공모는 2인 이상의 자가 협력해서 공동의 범의를 실현시키는 의사에 대한 연락을 말하는 것으로서 실행행위를 담당하지 아니하는 공모자에게 그 실행자를 통하여 자기의 범죄를 실현시킨다는 주관적 의사가 있어야 함은 물론이나, 반드시 배후에서 범죄를 기획하고 그 실행행위를 부하 또는 자기가 지배할 수 있는 사람에게 실행하게 하는 실질상의 괴수의 위치에 있어야 할 필요는 없다고 할 것이다.

54 합동범의 공동정범

* 대법원 1998. 5. 21. 선고 98도321 전원합의체 판결
* 참조조문: 형법 제30조,[1] 제331조 제2항[2]

3인 이상이 합동절도를 모의한 후 2인 이상이 범행을 실행한 경우, 직접 실행행위에 가담하지 않은 자도 공모공동정범이 인정되는가?

●사실● 피고인 X는 속칭 삐끼주점의 지배인으로 피해자 A로부터 신용카드를 강취하고 신용카드의 비밀번호를 알아낸 후 현금자동지급기에서 인출한 돈을 삐끼주점의 분배관례에 따라 분배할 것을 전제로 하여 Y(삐끼), Z(삐끼주점 업주) 및 W와 공모하였다. 자신은 **삐끼주점 내에서** A를 계속 붙잡아 두면서 감시하는 동안 Y, Z, W는 A의 신용카드를 이용하여 현금자동지급기에서 현금을 인출하기로 계획을 짰다. 그에 따라 Y, Z, W는 1997.4.18. 04:08경 서울 강남구 삼성동 소재 엘지마트 편의점에서 합동하여 현금자동지급기에서 현금 4,730,000원을 인출하였다.

원심은 X가 비록 범행 현장에 간 일이 없다 하더라도 위와 같은 사실관계라면 범행을 현장에서 실행한 Y, Z, W와 공모한 것만으로도 그들의 행위를 자기 의사의 수단으로 하여 합동절도의 범행을 한 것으로 평가될 수 있어, 합동절도 범행의 정범성의 표지를 갖추었다고 보아 합동절도의 공동정범을 인정하였다. 이에 X가 상고하였다.

●판지● **상고기각.** 「공동정범 이론을 형법 제331조 제2항 후단의 합동절도와 관련하여 살펴보면, 2인 이상의 범인이 합동절도의 범행을 공모한 후 1인의 범인만이 단독으로 절도의 실행행위를 한 경우에는 합동절도의 객관적 요건을 갖추지 못하여 합동절도가 성립할 여지가 없는 것이지만, (가) 3인 이상의 범인이 합동절도의 범행을 공모한 후 **적어도 2인 이상의 범인이 범행 현장에서 시간적, 장소적으로 협동관계**를 이루어 절도의 실행행위를 분담하여 절도 범행을 한 경우에는 (나) 공동정범의 일반 이론에 비추어 그 공모에는 참여하였으나 현장에서 절도의 실행행위를 직접 분담하지 아니한 다른 범인에 대하여도 그가 현장에서 절도 범행을 실행한 위 2인 이상의 범인의 행위를 **자기 의사의 수단으로 하여 합동절도의 범행을 하였다고 평가할 수 있는 정범성의 표지를 갖추고 있다고 보여 지는 한** 그 다른 범인에 대하여 **합동절도의 공동정범의 성립을 부정할 이유가 없다**고 할 것이다.

(다) 형법 제331조 제2항 후단의 규정이 위와 같이 3인 이상이 공모하고 적어도 2인 이상이 합동절도의 범행을 실행한 경우에 대하여 공동정범의 성립을 부정하는 취지라고 해석할 이유가 없을 뿐만 아니라, 만일 공동정범의 성립가능성을 제한한다면 직접 실행행위에 참여하지 아니하면서 배후에서 합동절도의 **범행을 조종하는 수괴**는 그 행위의 기여도가 강력함에도 불구하고 **공동정범으로 처벌받지 아니하는 불합리한 현상**이 나타날 수 있다. (라) 그러므로 합동절도에서도 공동정범과 교사범 · 종범의 구별기준은 일반원칙에 따라야 하고, **그 결과 범행현장에 존재하지 아니한 범인도 공동정범이 될 수 있으며,** 반대로 상황에 따라서는 장소적으로 협동한 범인도 **방조만 한 경우에는 종범으로 처벌될 수도 있다**」.

●해설● 1 사안은 대법원이 합동관계에 있지 않은 자에 대해서도 합동범에 대한 (공모)공동정범의 성

---

1) 형법 제30조(공동정범) 2인 이상이 공동하여 죄를 범한 때에는 각자를 그 죄의 정범으로 처벌한다.
2) 형법 제331조(특수절도) ① 야간에 문이나 담 그 밖의 건조물의 일부를 손괴하고 제330조의 장소에 침입하여 타인의 재물을 절취한 자는 1년 이상 10년 이하의 징역에 처한다. ② 흉기를 휴대하거나 **2명 이상이 합동**하여 타인의 재물을 절취한 자도 제1항의 형에 처한다.

립에 대한 종래의 부정적 입장에서 긍정적 입장으로 판례 변경한 사례로 그 의의가 있다. **합동범**이란 형벌법규에 "2인 이상이 합동하여" 일정한 죄를 범한 경우 가중처벌하도록 규정한 죄를 말한다.[3] 형법 총칙에는 이와 관련된 규정이 없고 각칙에 **특수도주죄(법146), 특수절도죄(법331②), 특수강도죄(법334②)**가 규정되어 있다[4].

2 대법원은 합동범에 있어서 '합동(合同)'의 의미를 2인 이상이 「**범행 현장에서의 시간적, 장소적으로 협동관계**」**(현장성과 협동성)**로 이해하고 있다(대판 92도917, Ref 8). 이러한 다수행위자의 협동관계라는 관계적 특성으로 인해 범죄에 대한 위험성이 커지고 그에 따른 피해도 더욱 커지기 때문에 현장에 있지 않은 범인들에 비해 더 가중처벌하는 것으로 파악된다. 즉 합동범은 공동정범의 특수한 형태로 '현장에 있는 공동정범'을 의미한다.

3 사안에서 다투어진 논점은 범행 현장에 시간적 · 장소적 협동관계를 구성요건으로 하는 합동범에서 현장성을 갖추지 못한 자에 대해 형법 제30조를 적용하여 합동범의 공동정범으로 처벌할 수 있느냐 하는 점이다. 대법원은 이 판결에서 공동정범으로 처벌이 가능하다고 보았다. 하지만 학계의 통설은 합동의 개념에 관하여 현장설을 취하는 한 합동범의 공동정범은 성립할 수 없다고 본다. 이는 현장에서 실행행위를 분담한 행위자만이 합동범의 정범이 될 수 있다고 보기 때문이다.

4 **합동범의 본질** 합동범의 법적 성격과 관련해 (a) 공모공동정범을 합동범의 경우에만 인정하자는 **공모공동정범설** (b) 절도, 강도, 도주 등의 공동정범의 경우에 형사정책적 이유로 특별히 합동범으로 칭하여 가중처벌하자는 **가중적 공동정범설** 그리고 (c) 2인 이상이 범행현장에서 범죄를 실행(시간적 · 장소적 현장성)할 것을 요하는 **현장성설**이 있다. 따라서 합동범이 되기 위해서는 범인이 범행지배와 함께 범행현장에 있어야 한다. 통설과 종래의 판례는 현장성설을 취하고 있다. 그리고 현장설을 취하면 합동범은 공동정범이 아니므로 형법총칙상의 공동정범 규정이 적용되지 않는다.

5 하지만 대법원은 대상판결에서 전원합의체판결을 통해 **현장에 있지 않은 사람에 대해서도** 합동범의 공동정범을 인정하였다. 범행현장에 존재하지 않더라도 공동정범이 될 수 있다는 입장이다. 단지 「합동절도에서도 공동정범과 교사범 · 종범의 구별기준은 일반원칙에 따라야」 한다고 선언하고 있어, 합동범에 있어 공동정범과 공범의 구별이 일반적인 정범표지인 '범행지배'의 유무에 따라 결정된다고 본다. 이러한 대법원이 인정하는 합동범의 공동정범은 실질적으로 공모공동정범을 의미한다.

3) 예를 들어 절도죄의 경우, 절도죄(법329)의 공동정범은 6년 이하의 징역 또는 1,000만원 이하의 벌금에 처해지는데 비해, 합동절도죄(법331②)는 1년 이상 10년 이하의 징역에 처해진다.
4) 이외에도 특별법상으로는 성폭력처벌법 제4조의 특수강간죄, 특수강제추행죄, 특수준강간 및 준강제추행죄 등이 있다.

Reference

합동범에 관한 주요 판례들

1 **[대판 2016도4618]** 성폭력범죄의 처벌 등에 관한 특례법 제4조 제3항, 제1항의 '2인 이상이 합동하여 형법 제299조의 죄를 범한 경우'에 해당하려면, 피고인들이 공모하여 실행행위를 분담하였음이 인정되어야 하는데, 범죄의 공동가공의사가 암묵리에 서로 상통하고 범의 내용에 대하여 포괄적 또는 개별적인 의사연락이나 인식이 있었다면 공모관계가 성립하고, **시간적으로나 장소적으로 협동관계에 있었다면 실행행위를 분담한 것으로 인정**된다. 원심은 그 판시와 같은 이유를 들어, 늦어도 피고인 1이 피해자를 간음하기 위해 화장실로 갈 무렵에는 피고인들이 술에 취해 반항할 수 없는 피해자를 간음하기로 **공모하였고,** 피고인 2가 피고인 1에게 간음하기에 편한 자세를 가르쳐 주고 피고인 1이 간음 행위를 하는 방식으로 **실행행위를 분담**하였으므로 피고인들은 **시간적 · 장소적 협동관계에 있었다고 판단**하였다.

2 **[대판 2011도2021]** [3인 이상이 합동절도를 모의한 후 2인 이상이 범행을 실행한 경우, 직접 실행행위에 가담하지 않은 자에 대한 공모공동정범 인정 여부(적극)] [1] 피고인이 甲, 乙과 공모한 후 甲, 乙은 피해자 회사의 사무실 금고에서 현금을 절취하고, 피고인은 위 사무실로부터 약 100m 떨어진 곳에서 망을 보는 방법으로 합동하여 재물을 절취하였다고 하여 주위적으로 기소된 사안에서, 제반 사정에 비추어 甲, 乙의 합동절도 범행에 대한 공동정범으로서 죄책을 면할 수 없는데도, 이와 달리 보아 피고인에게 무죄를 인정한 원심판결에 법리오해의 위법이 있다. [2] 피고인이 **비록 망을 본 일이 없다고 하더라도,** 피고인이 합동절도의 범행을 현장에서 실행한 원심 공동피고인 1, 2와 공모하였고, 이 사건 범행을 직접 실행할 공동피고인 2를 공동피고인 1에게 소개하여 주었으며, 공동피고인 2에게 이 사건 범행 도구인 면장갑과 쇼핑백을 구입하여 건네주었고, 공동피고인 2, 1이 이 사건 범행을 종료할 때까지 기다려 그들과 함께 절취한 현금을 운반한 후 그 중 일부를 분배받은 것만으로도 단순한 공모자에 그치는 것이 아니라 이 사건 범행에 대한 본질적 기여를 통한 기능적 행위지배를 하였다고 할 것이고, 따라서 피고인이 공동피고인 1, 2의 행위를 자기 의사의 수단으로 하여 합동절도의 범행을 하였다고 평가될 수 있는 정범성의 표지를 갖추었다고 할 것이므로, 공동피고인 1, 2의 위 합동절도의 범행에 대하여 공동정범으로서의 죄책을 면할 수 없다.

3 **[대판 2008도6080]** [절도범인이 혼자 입목을 땅에서 완전히 캐낸 후에 비로소 제3자가 가담하여 함께 입목을 운반한 사안에서, **특수절도죄의 성립을 부정한 사례**] [1] 입목을 절취하기 위하여 이를 캐낸 때에는 그 시점에서 이미 소유자의 입목에 대한 점유가 침해되어 범인의 사실적 지배하에 놓이게 됨으로써 범인이 그 점유를 취득하게 되는 것이므로, 이때 절도죄는 기수에 이르렀다고 할 것이고, 이를 운반하거나 반출하는 등의 행위는 필요로 하지 않는다고 할 것이다. [2] 원심이 확정한 사실관계에 의하더라도, 피고인 2는 피고인 1이 영산홍을 땅에서 완전히 캐낸 이후에 비로소 범행장소로 와서 피고인 1과 함께 위 영산홍을 승용차까지 운반하였다는 것인바, 앞서 본 법리에 비추어 보면, 피고인 1이 영산홍을 땅에서 캐낸 그 시점에서 이미 피해자의 영산홍에 대한 점유가 침해되어 그 사실적 지배가 피고인 1에게 이동되었다고 봄이 상당하므로, 그때 피고인 1의 영산홍 절취행위는 기수에 이르렀다고 할 것이고, 이와 같이 보는 이상 그 이후에 피고인 2가 영산홍을 피고인 1과 함께 승용차까지 운반하였다고 하더라도 그러한 행위가 다른 죄에 해당하는지의 여부는 별론으로 하고, 피고인 2가 피고인 1과 합동하여 영산홍 절취행위를 하였다고 볼 수는 없다고 할 것이다.

4 **[대판 2004도2870]** 피고인 등이 비록 특정한 1명씩의 피해자만 강간하거나 강간하려고 하였다 하더라도, 사전의 모의에 따라 강간할 목적으로 심야에 인가에서 멀리 떨어져 있어 쉽게 도망할 수 없는 야산으로 피해자들을 유인한 다음 곧바로 암묵적인 합의에 따라 각자 마음에 드는 피해자들을 데리고 **불과 100m 이내의 거리에 있는 곳**으로 흩어져 동시 또는 순차적으로 피해자들을 각각 강간하였다면, **그 각 강간의 실행행위도 시간적으로나 장소적으로 협동관계에 있었다고 보아야 할 것이므로, 피해자 3명 모두에 대한 특수강간죄 등이 성립**된다.

5 **[대판 97도1757]** 파기환송. …… 사실관계가 위와 같다면 피고인들 및 위 제1심 공동피고인 간에는 강간범행에 대한 공동가공의 의사가 암묵리에 상통하였다고 할 것이고, 한편 피고인 2가 피고인 1에게 강간당하지 않으려고 도망가는 피해자를 붙잡아 위 피고인과 성교를 할 것을 강요하면서 폭행을 하여 피해자로 하여금 도망가는 것을 단념하게 한 후 그녀를 피고인 1이 있는 방으로 데려왔고, 위 제1심 공동피고인 역시 피해자에게 피고인 1과 성교를 할 것을 강요하면서 피해자를 폭행하였고, 피고인 1이 피해자를 간음하는 동안 피고인 2와 위 제1심 **공동피고인이 바로 그 옆방에 있었던 이상 피고인 2 및 위 제1심 공동피고인은 강간죄의 실행행위를 분담하였다 할 것**이고 그 실행행위의 분담은 **시간적으로나 공간적으로 피고인 1과 협동관계에 있다**고 보아야 할 것이다.

6 **[대판 96도313]** 파기환송. 피고인이 피해자의 형과 범행을 모의하고 피해자의 형이 피해자의 집에서 절취행위를 하는 동안 피고인은 **그 집 안의 가까운 곳에 대기**하고 있다가 절취품을 가지고 같이 나온 경우 시간적, 장소적으로 협동관계가 있었다고 보아 실행행위의 분담이 없었다고 판단한 원심판결을 파기한 사례.

7 **[대판 95도2655]** 파기환송. [성폭력범죄의처벌및피해자보호등에관한법률 제6조 제1항의 합동범이 되기 위한 요건] [1] 성폭력범죄의처벌및피해자보호등에관한법률 제6조 제1항의 2인 이상이 합동하여 형법 제297조의 죄를 범한 경우에 특수강간죄가 성립하기 위하여는 주관적 요건으로서의 공모와 객관적 요건으로서의 실행행위의 분담이 있어야 하는데, 그 공모는 법률상 어떠한 정형을 요구하는 것이 아니어서 공범자 상호간에 직접 또는 간접으로 범죄의 공동가공의사가 암묵리에 서로 상통하여도 되고, 사전에 반드시 어떠한 모의과정이 있어야 하는 것도 아니어서 범의 내용에 대하여 포괄적 또는 개별적인 의사연락이나 인식이 있었다면 공모관계가 성립하며, 그 실행행위는 시간적으로나 장소적으로 협동관계에 있다고 볼 수 있는 사정에 있으면 된다. [2] 피고인들에게는 강간범행에 대한 공동가공의 의사가 암묵리에 서로 상통하여 그 의사의 결합이 이루어져 있었다고 보아야 하고, 강간범행도 양인이 연속적으로 행하면서 상대방이 강간범행의 실행행위를 하는 동안에 방문 밖에서 교대로 대기하고 있었던 이상 강간범행의 실행행위도 **시간적으로나 장소적으로 협동관계**에 있었다고 보아, 원심이 성폭력범죄의처벌및피해자보호등에관한법률위반의 점을 무죄로 판단한 것은 채증법칙 위배 및 합동범에 관한 법리를 오해하여 판결에 영향을 미친 위법이 있다.

8 **[대판 92도917] [합동범의 객관적 요건인 실행행위의 분담의 의미]** 합동범은 **주관적 요건**으로서 공모 외에 **객관적 요건**으로서 현장에서의 실행행위의 분담을 요하나 이 실행행위의 분담은 반드시 동시에 동일 장소에서 실행행위를 특정하여 분담하는 것만을 뜻하는 것이 아니라 **시간적으로나 장소적으로 서로 협동관계**에 있다고 볼 수 있으면 충분하다. [2] 피고인들 중 피고인 X가 피해자의 집 담을 넘어 들어가 대문을 열어

피고인 Y, Z로 하여금 들어오게 한 다음 Y, Z는 드라이버로 현관문을 열고 들어가 그 곳에 있던 식칼 두 개를 각자 들고 피고인들 모두가 안방에 들어가서 피해자들을 칼로 협박하고 손을 묶은 뒤 장농설합을 뒤져 귀금속과 현금 등을 강취하였다는 것이므로, 피고인 X가 소론과 같이 직접 문을 열거나 식칼을 든 일이 없다고 하여도 위 원심판시와 같이 다른 피고인들과 함께 행동하면서 범행에 협동한 이상 현장에서 실행행위를 분담한 것이라고 볼 것이다.

9 [대판 88도1197] 피고인은 공소외 1, 2와 실행행위의 분담을 공모하고 위 공소외인들의 절취행위 장소 부근에서 피고인이 운전하는 차량 내에 대기하여 실행행위를 분담한 사실이 인정되고 다만 위 공소외인들이 범행대상을 물색하는 과정에서 절취행위 장소가 **피고인이 대기 중인 차량으로부터 다소 떨어지게 된 때가 있었으나 그렇다고 하여 시간적, 장소적 협동관계에서 일탈하였다고는 보여지지 아니하므로** 피고인에 대하여 합동절도의 상습성을 인정하고 특정범죄가중처벌등에관한법률 제5조의4 제1항, 형법 제331조를 적용하여 유죄로 인정한 원심판결은 정당하다.

55 교사의 착오 – 양적 초과 –

* 대법원 2002. 10. 25. 선고 2002도4089 판결
* 참조조문: 형법 제31조 제1항,1) 제259조 제1항2)

상해 또는 중상해를 교사하였는데 피교사자가 살인을 실행한 경우에 있어서 교사자의 죄책은?

●사실● 피고인 X는 Y, Z, W에게 자신과 사업관계로 다툼이 있었던 A를 혼내 주되, **평생 후회하면서 살도록** 허리 아래 부분을 찌르고, 특히 허벅지나 종아리를 찔러 **병신을 만들라는 취지**로 이야기하면서 차량과 칼 구입비 명목으로 경비 90만 원 정도를 주었다. Y, Z, W는 A의 종아리 부위 등을 20여 회나 칼로 찔러 **살해**하였다. 원심은 X에 대해 상해치사죄의 교사범을 인정하였다. 이에 X는 상고하였다.

●판지● **상고기각.** 「교사자가 피교사자에 대하여 상해 또는 중상해를 교사하였는데 **피교사자가 이를 넘어 살인을 실행**한 경우에, (가) 일반적으로 교사자는 상해죄 또는 중상해죄의 죄책을 지게 되는 것이지만 이 경우에 (나) 교사자에게 피해자의 **사망이라는 결과에 대하여 과실 내지 예견가능성이 있는 때**에는 **상해치사죄**의 죄책을 지울 수 있다」.

●해설● 1 형법상 **교사**(敎唆)란 정범에게 범행결의를 불러일으키는 행위이다. 때문에 교사행위는 타인에 대한 고의적인 범행결의의 야기를 의미한다. 따라서 이미 구체적인 범행결의를 하고 있는 사람에 대해서는 교사행위가 성립할 수 없다(대판 91도542, Ref 2-3). 이와는 달리 **방조범**은 이미 범죄결의를 갖고 있는 사람을 도와주는 것이다.

2 교사범의 성립요건 교사범이 성립하기 위해서는 (가) 「교사자의 교사행위와 정범의 실행행위가 있어야 하는 것이므로, 정범의 성립은 교사범의 구성요건의 일부를 형성하고 **교사범이 성립함에는 정범의 범죄행위가 인정되는 것이 그 전제요건**이 된다」(대판 2022도5827, Ref 5-1)(공범종속성의 원칙). 따라서 (나) 교사범이 성립하기 위해서는 교사자에게 피교사자로 하여금 범죄실행의 결의를 갖게 하려는 의사와 정범이 실행하는 범죄에 대한 고의가 있어야 한다**(이중의 고의)**. 그리고 (다) 교사자의 고의는 반드시 범죄의 기수에 대한 것이어야 한다. 미수의 교사**(함정수사)**는 교사의 주관적 요건이 흠결되므로 불가벌이 된다.3)

3 사안의 경우, 교사자가 교사한 범행내용 보다 피교사자가 실행한 범행이 초과한 경우에 교사자는

---

1) 형법 제31조(교사범) ① 타인을 교사하여 죄를 범하게 한 자는 죄를 실행한 자와 **동일한 형으로 처벌**한다. ② 교사를 받은 자가 범죄의 실행을 승낙하고 실행의 착수에 이르지 아니한 때에는 **교사자와 피교사자**를 음모 또는 예비에 준하여 처벌한다. **(효과 없는 교사)** ③ 교사를 받은 자가 범죄의 실행을 승낙하지 아니한 때에도 **교사자**에 대하여는 전항과 같다. **(실패한 교사)** **cf)** ①항에서 "동일한 형"은 법정형을 말하므로 선고형은 달라질 수 있다. 따라서 경우에 따라서는 교사범의 형이 정범의 형보다 무거울 수도 있다(대판 4288형상220).

2) 형법 제259조(상해치사) ① 사람의 신체를 상해하여 사망에 이르게 한 자는 3년 이상의 유기징역에 처한다.

3) 반면, **'교사의 미수'**는 처벌된다. 이 경우는 교사자가 기수의 고의를 가지고 교사행위를 했기 때문에 비록 결과 발생이 없었다 하더라도 처벌된다. 효과 없는 교사나 실패한 교사에서 교사자는 예비·음모에 준하여 처벌된다(법31②③).

어디까지 책임을 질 것인가에 관한 문제이다(교사의 착오). 이 경우는 양적 초과와 질적 초과로 나누어 볼 수 있다. 먼저 (1) **양적 초과**란 교사한 범죄와 실행한 범죄 간의 죄질이 같은 경우로 사안에서와 같이 중상해를 교사했는데 살인까지 나아간 경우이다. 이때에는 교사자에게 피해자의 **사망이라는 결과에 대하여 과실 내지 예견가능성이 있는 때에는 상해치사죄**를 인정할 수 있다. 다음으로 (2) **질적 초과**란 강도를 교사했는데 강간을 실행한 경우라든지 방화를 교사했는데 절도를 실행한 경우와 같이 죄질이 다른 범죄를 실행한 경우를 말한다. 이 경우 교사자는 자신이 교사한 범죄에 대해서만 책임을 부담한다.[4)]

4 사안에서 X는 Y, Z, W에게 A를 혼내 주되, "평생 후회하면서 살도록 허리 아래 부분을 찌르고, 특히 허벅지나 종아리를 찔러 병신을 만들어 버릴 것"을 교사하였다. 나아가 차량과 칼 구입비 명목으로 90만 원 정도의 경비를 건네고 있다. 이러한 정황으로 보아 그들이 A를 죽일 수도 있을 것이라는 점을 X는 **충분히 예견**할 수 있었을 것이라 법원은 판단한 것이다(양적 초과).

5 반면, 교사자의 교사내용 보다 피교사자가 적게 실행한 경우도 있을 수 있다. 이 경우 (1) 원칙적으로 교사자는 공범종속성원칙에 따라 피교사자가 실행한 범위 내에서 책임을 진다(특수강도를 교사했으나 강도를 실행하였다면 단순강도죄의 교사범이 성립하게 된다). 문제는 교사한 범죄가 중한 범죄로 **예비·음모가 처벌되는 범죄**의 경우에 있다. 예를 들어, 강도를 교사했으나 절도를 실행한 경우에 있어, 절도의 교사범과 강도의 예비·음모(법31②)의 상상적 경합이 되며 형이 무거운 강도의 예비·음모로 처벌되게 된다(살인의 교사했으나 상해를 실행한 경우도 같은 맥락에서 이해될 수 있다).

6 교사의 특정성 한편 교사는 **'특정' 범죄**의 교사이어야 한다. 막연히 죄를 범하라는 것과 같이 범죄 일반을 교사하는 것은 교사라고 할 수 없다(Ref 2-1). 교사는 특정의 구체적 범죄에 대한 결의를 가지게 하는 것이다.[5)] 교사하는 범행내용은 특정되어야 하지만 범행의 세부적 사항까지 지시할 필요는 없다.

7 교사의 수단과 방법·인과관계 (1) **교사의 수단과 방법에는 제한이 없다.** 「교사범이 성립하기 위하여는 범행의 일시, 장소, 방법 등의 세부적인 사항까지를 특정하여 교사할 필요는 없는 것이고, 정범으로 하여금 일정한 범죄의 실행을 결의할 정도에 이르게 하면 교사범이 성립」된다(대판 91도542, Ref

4) 질적 초과는 '본질적인 초과'와 '비본질적인 초과'로 나누어 볼 수 있다. 먼저 ① 질적 초과가 **본질적인 경우**에 실행한 범죄에 대해서는 교사범이 성립하지 않고, 효과 없는 교사(법31②)로서 교사한 범죄의 예비·음모의 처벌규정이 있는 경우에 한하여 교사한 범죄의 예비·음모로 처벌된다. 예를 들어, 강도를 교사했는데 강간을 실행했다면, 강도의 예비·음모가 성립할 것이다. ② 질적 초과가 **비본질적이 경우**에는 양적 초과의 경우와 같이, 교사한 범죄의 교사범이 성립한다. 예를 들어, 사기를 교사했는데 공갈을 실행하였다면 사기죄의 교사범이 성립한다.

5) **교사자의 고의는 특정되어야 한다.** 교자사자의 고의는 정범이 행하는 일정한 **'범죄행위'**와 그 범죄를 범하는 자, 즉 **'정범'**의 두 가지 측면에서 모두 특정되어야 한다. 불특정한 범위의 사람들을 상대로 범죄실행을 권유하는 행위는 아직 정범이 특정되지 아니한 경우이다. 그러므로 교사의 특정성 요건을 충족하지 못한다. 다만 입법자가 개별구성요건에서 이러한 행위를 처벌하는 경우가 있다. 내란선동·선전죄(법90②), 외환선동·선전죄(법101②), 폭발물사용선동죄(법120②) 등이 그 예이다. 이 경우 **선동(煽動)**은 사람의 감정적 판단에 호소하여 일정한 범죄에 나아가도록 하는 행위이며, **선전(宣傳)**은 사람의 이성적 판단작용에 호소하여 일정한 범죄행위로 나아가도록 하는 행위이다. 그러나 아직 정범이 특정되어 있지 않으므로 교사에는 해당하지 않는다(신동운, 형법총론(제7판), 21면).

2−3). 그러나 단순히 범죄를 유발할 수 있는 상황을 만든 것만으로는 교사행위가 될 수 없다. (2) 부작위에 의한 교사와 과실에 의한 교사 또한 부정된다. (3) 교사행위와 피교사자의 실행행위 사이에는 **인과관계**가 있어야 한다(대판 2012도2744, Ref 3−1). 교사범이 성립하기 위해 교사범의 교사가 정범의 범행에 대한 유일한 조건일 필요는 없다. 따라서 「교사행위에 의하여 정범이 실행을 결의하게 된 이상 비록 정범에게 범죄의 습벽이 있어 그 습벽과 함께 교사행위가 원인이 되어 정범이 범죄를 실행한 경우에도 교사범의 성립에 영향이 없다」(대판 91도542, Ref 2−3). 같은 맥락에서 (4) 피교사자가 교사받고 있다는 사실을 알지 못한 경우를 **편면적 교사**라 하는데 편면적 교사는 불가능하다.

8 교사관계로부터의 이탈 교사범이 공범관계로부터 이탈하기 위해서는 피교사자가 범죄의 실행행위에 나아가기 전에 교사범에 의하여 형성된 피교사자의 **범죄 실행의 결의를 해소**하는 것이 필요하다. 교사자가 피교사자의 범죄 실행을 방지하기 위한 진지한 노력을 다하여 당초의 교사행위에 의하여 형성된 피교사자의 범죄 실행의 결의가 더 이상 유지되지 않는 것으로 평가할 수 있으면, 그 후 피교사자가 범죄를 저지르더라도 이는 당초의 교사행위에 의한 것이 아니라 새로운 범죄 실행의 결의에 따른 것이므로 교사자는 형법 제31조 제2항에 의한 죄책을 부담함은 별론으로 하고 형법 제31조 제1항에 의한 교사범으로서의 죄책을 부담하지는 않는다(대판 2012도7407, Ref 4−1).

Reference 1

교사의 착오와 관련된 판례

1 [대판 97도1075] [1] 교사자가 피교사자에게 피해자를 **"정신차릴 정도로 때려주라."고 교사**하였다면 이는 **상해에 대한 교사로 봄이 상당**하다. [2] 교사자가 피교사자에 대하여 상해를 교사하였는데 피교사자가 이를 넘어 살인을 실행한 경우, 일반적으로 교사자는 상해죄에 대한 교사범이 되는 것이고, 다만 이 경우 교사자에게 피해자의 사망이라는 결과에 대하여 과실 내지 예견가능성이 있는 때에는 상해치사죄의 교사범으로서의 죄책을 지울 수 있다. **cf)** 본 사안에서 대법원은 피고인이 피해자의 사망이라는 결과를 예측하였다거나 또는 피해자의 사망의 결과에 대하여 과실이 있었다고 보기는 어렵다고 판단하여 상해치사가 아닌 상해에 대한 교사만 인정하였다.

2 [대판 93도1873] 피고인은 자신의 영업에 관하여 사사건건 방해를 하면서 협박을 해 오던 피해자를 보복하기 위하여 피해자의 경호원으로 있다가 사이가 나빠진 공소외인을 소개받아 착수금 명목으로 금 5,000,000원을 제공하면서 동인으로 하여금 피해자에게 **중상해를 가해 활동을 못하도록 교사**하였는데, 공소외인은 **피해자의 온몸을 칼로 찔러 살해**하였고, 그 당시 상황으로 보아 피고인은 중상해를 가하면 피해자가 죽을 수도 있다는 점을 예견할 가능성이 있었던 사실을 인정한 다음, **피고인을 상해치사죄의 교사범으로 처단**한 조치는 정당한 것이다.

3 [대판 91도3192] 위 피고인이 1989.6.9.경 공동피고인 신(조폭두목)의 집으로 전화를 하여 그에게 '박○수 라는 애가 행패를 부려서 망신을 당했는데 **나이 먹고 창피해 죽겠다. 네가 알아서 혼을 내주어라**'고 말함으로써 위 박O수에 대해 상해를 가할 것을 교사하였는데, 피고인들 사이에서는 위 박O수가 자신이 두목으로 받드는 피해자 정의 사주를 받고 피고인 최 등에게 행패를 부린 것으로 인식되고 있어서, 위 피고인의

위와 같은 교사의 취지는 박O수가 속해 있고 피해자 정을 정점으로 하는 패거리들에 대하여 효과적인 보복조치를 취하라는 뜻이고, 피고인 신도 그와 같은 뜻으로 알아듣고 위 박○수의 선배인 위 정에게 상해를 가하도록 **그 휘하 조직원인 공소 외 박◇태에게 지시한 것**이어서, …… 또한 위에서 본 증거들에 의하면, 피고인 최△호가 피고인 신△규에게 위와 같이 보복조치를 취하도록 교사함에 있어서 피해자에게 상해의 결과가 발생할 수 있음을 인식하고도 이를 용인하였음을 인정하기에 충분하고, 이 사건과 같은 **조직폭력배들에 의한 보복폭행의 경우** 그로 인한 상해의 결과 피해자가 **사망에 이르게 될 수 있음은 교사자인 피고인 최로서도 이를 예견할 수 있었다**고 보여지므로, 위 피고인에게 소론과 같이 **상해치사죄의 범의가 없었다고는 볼 수 없다.**

Reference 2

교사는 '특정' 범죄의 교사이어야 한다

1 **[대판 84도418]** 피고인이 연소한 제1심 상피고인 박O민에게 **밥값을 구하여 오라**고 말한 점이 **절도범행을 교사한 것이라고 볼 수 없다.**

2 **[대판 97도1075]** 교사자가 피교사자에게 피해자를 **"정신 차릴 정도로 때려주라."**고 교사하였다면 이는 **상해에 대한 교사로 봄이 상당**하다.

3 **[대판 91도542]** **●사실●** 피고인 X는 갑, 을, 병 등이 절취하여 온 장물을 상습으로 19회에 걸쳐 시가의 3분의 1 내지 4분의 1 가격으로 매수 취득하여 오다가 갑, 을에게 **일제 드라이버 1개를 주면서 '병이 구속되어 도망 다니려면 돈도 필요할 텐데 열심히 일하라'**라고 하였다. 그 후 갑과 을은 두 차례의 절도범행을 하였다. 검사는 X를 특가법 위반(장물취득)와 특수절도교사죄로 기소하였다. 원심은 X에 대해 유죄를 인정하였다. 이에 X는 자신의 행위는 절도교사가 되지 않는다면서 상고하였다. **●판지● 상고기각.** [1] 막연히 "범죄를 하라."거나 "절도를 하라."고 하는 등의 행위만으로는 교사행위가 되기에 부족하다 하겠으나, 타인으로 하여금 일정한 범죄를 실행할 결의를 생기게 하는 행위를 하면 되는 것으로서 **교사의 수단방법에 제한이 없다 할 것이므로,** 교사범이 성립하기 위하여는 범행의 일시, 장소, 방법 등의 세부적인 사항까지를 특정하여 교사할 필요는 없는 것이고, **정범으로 하여금 일정한 범죄의 실행을 결의할 정도에 이르게 하면 교사범이 성립된다.** [2] 피고인이 갑, 을, 병이 절취하여 온 장물을 **상습으로 19회**에 걸쳐 시가의 3분의1 내지 4분의 1의 가격으로 매수하여 취득하여 오다가, 갑, 을에게 **일제 드라이버 1개를 사주면서 "병이 구속되어 도망다니려면 돈도 필요할텐데 열심히 일을 하라(도둑질을 하라)."**고 말하였다면, 그 취지는 종전에 병과 같이 하던 범위의 절도를 다시 계속하면 그 장물은 매수하여 주겠다는 것으로서 절도의 교사가 있었다고 보아야 한다. **●해설●** ① 교사는 **'특정' 범죄의 교사**이어야 하는데 사안에서 X는 단순히 "돈이 필요할 테니 열심히 일해라." 라고 말하고만 있다. X는 이를 이유로 특정범죄를 꼬집어서 말한 바가 없기 때문에 자기행위는 절도교사가 되지 않는다고 항변한다. 그러나 대법원은 일제 드라이버 한 개를 사주면서 열심히 일하라고 말한 취지는 결국 종전에 하던 절도를 다시 계속하면 그 장물을 매수하여 주겠다는 의사표시로 보아야 한다는 것으로 해석하여 **절도교사를 인정**하였다. 그리고 본 판례에서 하나 더 유의할 점은 ② **"교사자의 교사행위가 유일한 원인이 되어 피교사자의 범죄결의를 유발할 필요는 없다."**라는 점이다. 따라서 교사행위에 의하여 피교사자가 범죄 실행을 결의하게 된 이상 피교사자에게 **다른 원인이 있어 범죄를 실행한 경우에도** 교사범의 성립에는

영향이 없다. 「교사행위에 의하여 정범이 실행을 결의하게 된 이상, 비록 정범에서 절도의 습벽이 있어 **그 습벽과 함께 교사행위가 원인이 되어** 범죄를 실행한 경우에도 교사범 성립에는 영향이 없다」(대판 91도542).

Reference 3

교사행위와 범행결의 사이의 인과관계

1 **[대판 2012도2744]** [피교사자가 범죄의 실행에 착수한 경우 범행결의가 교사자의 교사행위에 의하여 생긴 것인지 판단하는 기준 및 피교사자가 교사자의 교사행위 당시에는 범행을 승낙하지 않았으나 이후 그 교사행위에 의하여 범행을 결의한 것으로 인정되는 경우, 교사범이 성립하는지 여부(적극)] [1] 피교사자가 범죄의 실행에 착수한 경우 그 범행결의가 교사자의 교사행위에 의하여 생긴 것인지는 교사자와 피교사자의 관계, 교사행위의 내용 및 정도, 피교사자가 범행에 이르게 된 과정, 교사자의 교사행위가 없더라도 피교사자가 범행을 저지를 다른 원인의 존부 등 제반 사정을 종합적으로 고려하여 사건의 전체적 경과를 객관적으로 판단하는 방법에 의하여야 하고, 이러한 판단 방법에 의할 때 **피교사자가 교사자의 교사행위 당시에는 일응 범행을 승낙하지 아니한 것으로 보여진다 하더라도 이후 그 교사행위에 의하여 범행을 결의한 것으로 인정되는 이상 교사범의 성립에는 영향이 없다.** [2] 피고인이 결혼을 전제로 교제하던 여성 甲의 임신 사실을 알고 수회에 걸쳐 낙태를 권유하였다가 거부당하자, 甲에게 출산 여부는 알아서 하되 더 이상 결혼을 진행하지 않겠다고 통보하고, 이후에도 아이에 대한 친권을 행사할 의사가 없다고 하면서 낙태할 병원을 물색해 주기도 하였는데, 그 후 甲이 피고인에게 알리지 아니한 채 자신이 알아본 병원에서 낙태시술을 받은 사안에서, 피고인은 甲에게 직접 낙태를 권유할 당시뿐만 아니라 출산 여부는 알아서 하라고 통보한 이후에도 계속 낙태를 교사하였고, 甲은 이로 인하여 낙태를 결의·실행하게 되었다고 보는 것이 타당하며, 甲이 당초 아이를 낳을 것처럼 말한 사실이 있다는 사정만으로 **피고인의 낙태교사행위와 甲의 낙태결의 사이에 인과관계가 단절되는 것은 아니라는 이유로, 피고인에게 낙태교사죄를 인정한 원심판단을 정당하다.**

Reference 4

교사자가 공범관계로부터 이탈하여 교사범의 죄책을 부담하지 않기 위한 요건

1 **[대판 2012도7407]** [교사자가 공범관계로부터 이탈하여 교사범의 죄책을 부담하지 않기 위한 요건] ● **사실**● 피고인은 2011.11. 초순경과 2011.11.20.경 공소외인에게 전화하여 ○○은행 노조위원장인 피해자의 불륜관계를 이용하여 공갈할 것을 교사하여, 이에 공소외인은 2011.11.24.경부터 피해자를 미행하여 2011.11.30.경 피해자가 여자와 함께 호텔에 들어가는 현장을 카메라로 촬영한 후 피고인에게 이를 알렸다. 그러나 피고인은 2011.12.7.경부터 2011.12.13.경까지 공소외인에게 여러 차례 전화하여 그 동안의 수고비로 500만 원 내지 1,000만 원을 줄 테니 촬영한 동영상을 넘기고 피해자를 공갈하는 것을 단념하라고 하여 범행에 나아가는 것을 만류하였다. 그러나 그럼에도 공소외인은 피고인의 제안을 거절하고 2011.12.9.경부터 2011.12.14.경까지 위와 같이 촬영한 동영상을 피해자의 핸드폰에 전송하고 전화나 문자메시지 등으로 1억 원을 주지 않으면 여자와 호텔에 들어간 동영상을 가족과 회사에 유포하겠다고 피해자에게 겁을 주어 2011.12.14.경 피해자로부터 현금 500만 원을 교부받았다. 제1심과 원심, 대법원 모두 피고인의 교사행위와 공소외인의 공갈행위 사이에는 상당인과관계가 인정되고, **피고인의 만류행위가 있었지만** 공소외인이 이를

명시적으로 거절하고 당초와 같은 범죄 실행의 결의를 그대로 유지한 것으로 보이는 이상, **피고인이 공범관계에서 이탈한 것으로 볼 수도 없다고 보아 피고인에 대해 교사자로서 유죄를 인정**하였다. ●**판지**● 교사범이란 정범인 피교사자로 하여금 범죄를 결의하게 하여 그 죄를 범하게 한 때에 성립하는 것이고, 교사범을 처벌하는 이유는 이와 같이 교사범이 피교사자로 하여금 범죄 실행을 결의하게 하였다는 데에 있다. 따라서 **교사범이 그 공범관계로부터 이탈하기 위해서는 피교사자가 범죄의 실행행위에 나아가기 전에 교사범에 의하여 형성된 피교사자의 범죄 실행의 결의를 해소하는 것이 필요하고,** 이때 교사범이 피교사자에게 교사행위를 철회한다는 의사를 표시하고 이에 피교사자도 그 의사에 따르기로 하거나 또는 교사범이 명시적으로 교사행위를 철회함과 아울러 피교사자의 범죄 실행을 방지하기 위한 진지한 노력을 다하여 당초 피교사자가 범죄를 결의하게 된 사정을 제거하는 등 제반 사정에 비추어 객관적·실질적으로 보아 교사범에게 교사의 고의가 계속 존재한다고 보기 어렵고 당초의 교사행위에 의하여 형성된 피교사자의 범죄 실행의 결의가 더 이상 유지되지 않는 것으로 평가할 수 있다면, **설사 그 후 피교사자가 범죄를 저지르더라도 이는 당초의 교사행위에 의한 것이 아니라 새로운 범죄 실행의 결의에 따른 것**이므로 교사자는 형법 제31조 제2항에 의한 죄책을 부담함은 별론으로 하고 형법 제31조 제1항에 의한 교사범으로서의 죄책을 부담하지는 않는다고 할 수 있다.

Reference 5

기타 교사와 관련된 주요 판례들

1 **[대판 2022도5827] [교사범이 성립하려면 정범의 범죄행위가 인정되어야 하는지 여부(적극)]**
●**사실**● 피고인 X는 서울 서초구에 있는 지상 5층 건물을 다른 사람과 공동으로 건축하여 관리하고 있었다. B는 이 건물 및 부지를 매입하기 위한 공탁금, 등기비용 기타 소요자금 7억 원을 대납하는 조건으로 이 건물 5층에서 약 2개월 동안 아내인 피해자 A를 포함한 가족들과 함께 임시로 거주하고 있었다. X는 2019.11.4. 22:10경 이 건물 5층에서 A를 만나 위 돈이 입금되지 않았다면서 퇴거를 요구하였으나 받아들여지지 않자, A의 가족을 내쫓을 목적으로 아들인 Y에게 이 건물 5층 현관문에 설치된 디지털 도어락의 비밀번호를 변경할 것을 지시하였고, Y는 이 지시에 따라 비밀번호를 변경하였다. 이로써 피고인은 피해자의 점유의 목적이 된 자기의 물건인 이 사건 도어락에 대한 권리행사방해를 교사하였다는 혐의로 기소되었다. 원심은 이 사건 도어락이 피고인 소유의 물건으로서 형법 제323조에서 규정한 '자기의 물건'에 해당한다고 판단하여, 이 사건 공소사실을 무죄로 판단한 제1심판결을 파기하고 유죄를 인정하였다. 이에 피고인이 상고하였다. ●**판지**● (가) 교사범이 성립하려면 교사자의 교사행위와 **정범의 실행행위**가 있어야 하므로, 정범의 성립은 교사범 구성요건의 일부이고 교사범이 성립하려면 정범의 범죄행위가 인정되어야 한다. (나) 형법 제323조의 권리행사방해죄는 타인의 점유 또는 권리의 목적이 된 자기의 물건을 취거, 은닉 또는 손괴하여 타인의 권리행사를 방해함으로써 성립하므로 취거, 은닉 또는 손괴한 물건이 **자기의 물건이 아니라면 권리행사방해죄가 성립할 수 없다.** 물건의 소유자가 아닌 사람은 형법 제33조 본문에 따라 소유자의 권리행사방해 범행에 가담한 경우에 한하여 그의 공범이 될 수 있을 뿐이다. (다) 원심이 판단한 바에 의하더라도 이 사건 도어락은 피고인 소유의 물건일 뿐 Y 소유의 물건은 아니라는 것이다. 따라서 앞서 본 법리에 비추어 보면, Y가 자기의 물건이 아닌 이 사건 도어락의 비밀번호를 변경하였다고 하더라도 권리행사방해죄가 성립할 수 없고, 이와 같이 정범인 Y의 권리행사방해죄가 인정되지 않는 이상 교사자인 피고인에 대하여 권리행사방해교사죄도 성립할 수 없다. 그런데도 피고인에 대하여 권리행사방해교사

죄를 유죄로 판단한 원심판결에는 권리행사방해죄에서 '자기의 물건', 교사범의 성립에 관한 법리를 오해하여 판결에 영향을 미친 잘못이 있다.

2 **[대판 2010도13694] [피교사자에게 이미 범죄의 결의가 있는 경우**, 교사범의 성립 여부(소극)] 교사범이란 정범으로 하여금 범죄를 결의하게 하여 그 죄를 범하게 한 때에 성립하는 것이고, 피교사자는 교사범의 교사에 의하여 범죄실행을 결의하여야 하는 것이므로, 피교사자가 이미 범죄의 결의를 가지고 있을 때에는 교사범이 성립할 여지가 없다.

3 **[대판 2009도13151]** 노동조합 지부장인 피고인 甲이 업무상횡령 혐의로 조합원들로부터 고발을 당하자 피고인 乙과 공동하여 조합 회계서류를 무단 폐기한 후 폐기에 정당한 근거가 있는 것처럼 피고인 乙로 하여금 조합 회의록을 조작하여 수사기관에 제출하도록 교사한 사안에서, 회의록의 변조·사용은 피고인들이 공범관계에 있는 문서손괴죄 형사사건에 관한 증거를 변조·사용한 것으로 볼 수 있어 피고인 乙에 대한 증거변조죄 및 변조증거사용죄가 성립하지 않으며, 피교사자인 피고인 乙이 증거변조죄 및 변조증거사용죄로 처벌되지 않은 이상 피고인 甲에 대하여 공범인 교사범은 물론 그 간접정범도 성립하지 않는다고 본 원심판단을 수긍한 사례

4 **[대판 2008도4852]** 형법 제156조의 무고죄는 국가의 형사사법권 또는 징계권의 적정한 행사를 주된 보호법익으로 하는 죄이나, 스스로 본인을 무고하는 자기무고는 무고죄의 구성요건에 해당하지 아니하여 무고죄를 구성하지 않는다. 그러나 피무고자의 교사·방조 하에 제3자가 피무고자에 대한 허위의 사실을 신고한 경우에는 제3자의 행위는 무고죄의 구성요건에 해당하여 무고죄를 구성하므로, 제3자를 교사·방조한 피무고자도 교사·방조범으로서의 죄책을 부담한다.

5 **[대판 2000도20]** 범인이 자신을 위하여 타인으로 하여금 허위의 자백을 하게 하여 범인도피죄를 범하게 하는 행위는 **방어권의 남용**으로 범인도피교사죄에 해당한다.

6 **[대판 99도5275]** 자기의 형사 사건에 관한 증거를 인멸하기 위하여 타인을 교사하여 죄를 범하게 한 자에 대하여는 증거인멸교사죄가 성립한다.

7 **[대판 97도2961]** 형법 제155조 제1항에서 타인의 형사사건에 관하여 증거를 위조한다 함은 증거 자체를 위조함을 말하는 것으로서, 선서무능력자로서 범죄 현장을 목격하지도 못한 사람으로 하여금 형사법정에서 범죄 현장을 목격한 양 허위의 증언을 하도록 하는 것은 위 조항이 규정하는 증거위조죄를 구성하지 아니한다. cf) 위증죄의 주체는 '유효한 선서를 한 증인'인데, 선서무능력자의 선서는 무효이므로 그는 위증죄의 주체가 될 수 없다. 따라서 본 판례는 구성요건해당성이 없으므로 위증을 교사한 자에게 위증죄의 교사범이 성립할 수 없다.

56 부작위에 의한 방조범의 성부

* 대법원 1996. 9. 6. 선고 95도2551 판결
* 참조조문: 형법 제355조 제1항,1) 제356조,2) 제32조3)

입찰업무 담당 공무원이 입찰보증금이 횡령되고 있는 사실을 알고도 이를 방지할 조치를 취하지 않아 새로운 횡령범행이 계속되었다면 횡령의 방조범으로 처벌할 수 있는가?

●**사실**● 피고인 X(집달관합동사무소 소장)는 1994.11.29.경 Y(인천지방법원 경매계 총무)로부터 Z가 1987.1.경부터 1994.11.28.경까지 입찰보증금 약 45억 원을 횡령, 착복하고 이미 횡령한 입찰보증금을 나중에 실시한 다른 입찰보증금 등으로 보전하는 이른바 '땜방'을 하고 있다는 사실을 들어 확인하였다. 그런데도 배당 불능 사태로 인한 혼란을 막기 위하여 우선 Z로 하여금 배당기일이 다가온 사건에 관하여 횡령한 금액을 '땜방'을 하더라도 변제하게 하여 배당이 정상적으로 진행되게 하면서 Z의 재산을 처분하여 최종적으로 횡령액 전액을 변제하게 하기로 경매계장들 사이에 의견이 모아졌으니 이에 따르라는 Y의 요구에 따르기로 하여 이를 방지할 지위에 있으면서도 소극적으로 대처하였다. 원심은 X에 대해 업무상횡령죄의 방조범을 인정하였다. 이에 대해 X는 상고하였다.

●**판지**● **상고기각.** 「[1] 형법상 방조는 작위에 의하여 정범의 실행을 용이하게 하는 경우는 물론, 직무상의 의무가 있는 자가 정범의 범죄행위를 인식하면서도 그것을 방지하여야 할 제반 조치를 취하지 아니하는 **부작위로 인하여 정범의 실행행위를 용이하게 하는 경우에도 성립된다.**

[2] 법원의 입찰사건에 관한 제반 업무를 주된 업무로 하는 공무원이 자신이 맡고 있는 입찰사건의 입찰보증금이 계속적으로 횡령되고 있는 사실을 알았다면, 담당 공무원으로서는 이를 제지하고 즉시 상관에게 보고하는 등의 방법으로 그러한 사무원의 **횡령행위를 방지해야 할 법적인 작위의무를 지는 것이 당연**하고, 비록 그의 묵인 행위가 배당불능이라는 최악의 사태를 막기 위한 동기에서 비롯된 것이라고 하더라도 자신의 작위의무를 이행함으로써 결과발생을 쉽게 방지할 수 있는 공무원이 그 사무원의 새로운 횡령범행을 방조 용인한 것을 **작위에 의한 법익 침해와 동등한 형법적 가치가 있는 것**이 아니라고 볼 수는 없다는 이유로, 그 담당 공무원을 업무상횡령의 종범으로 처벌한 사례」.

●**해설**● 1 형법상 **방조**라 함은 실행행위 이외의 행위로써 정범을 원조하여 정범의 범죄실행을 **용이**하게 하거나 **강화**하는 **일체의 행위**를 말한다. 따라서 방조행위의 수단과 방법에는 제한이 없다. 범행도구나 장소의 제공, 범행자금의 제공 등과 같은 **물질적 · 유형적 방법**이나 조언, 격려, 충고, 정보제공 등과 같은 **정신적 · 무형적 지원방법**(Ref 1-1) 모두 가능하다. 한편 방조는 그 성질상 방조자가 일방적으로 정범의 범행에 조력하겠다는 의사만으로도 성립하기 때문에, **편면적 교사범이나 편면적 공동정범이 부정**되는 것

---

1) 형법 제355조(횡령) ① 타인의 재물을 보관하는 자가 그 재물을 횡령하거나 그 반환을 거부한 때에는 5년 이하의 징역 또는 1천 500만원 이하의 벌금에 처한다.

2) 형법 제356조(업무상의 횡령과 배임) 업무상의 임무에 위배하여 제355조의 죄를 범한 자는 10년 이하의 징역 또는 3천만원 이하의 벌금에 처한다.

3) 형법 제32조(종범) ① 타인의 범죄를 **방조한 자**는 종범으로 처벌한다. ② 종범의 형은 **정범의 형보다 감경한다.** **cf)** ②항에서 "감경한다"는 것은 법정형을 정범보다 감경한다는 것이지 선고형을 감경한다는 뜻은 아니다. 따라서 종범에 대한 선고형이 정범보다 가볍지 않더라도 위법이라 할 수 없다(대판 2015도8408).

과는 달리 **'편면적 방조범'**은 **인정**된다. 즉, 정범자와 면식이 없어도 방조는 가능하다.

2 부작위에 의한 방조 나아가 **부작위에 의한 교사**가 인정되지 않는 것과는 달리 **부작위에 의한 방조**는 얼마든지 가능하다(사안의 경우도 부작위에 의한 방조 여부가 문제된다). 하지만 그러기 위해서는 결과발생을 방지해야 할 **보증인적 지위**가 있어야 한다. 이에 대해 법원은 「작위에 의하여 정범의 실행을 용이하게 하는 경우는 물론, **직무상의 의무가 있는 자**가 정범의 범죄행위를 인식하면서도 그것을 방지하여야 할 제반 조치를 취하지 아니하는 부작위로 인하여 정범의 실행행위를 용이하게 하는 경우에도 성립」된다고 본다.

3 부작위범의 성립요건 형법상 부작위범이 인정되기 위한 요건으로는 「형법이 금지하고 있는 (가) 법익침해의 결과발생을 방지할 **법적인 작위의무**를 지고 있는 자가 (나) 그 의무를 이행함으로써 결과발생을 쉽게 **방지할 수 있었음에도 불구**하고 (다) 그 결과의 발생을 용인하고 이를 방관한 채 그 **의무를 이행하지 아니한 경우**에, (라) 그 부작위가 작위에 의한 법익침해와 **동등한 형법적 가치**가 있는 것이어서 그 범죄의 실행행위로 평가될 만한 것」이라면, **작위에 의한 실행행위와 동일**하게 부작위범으로 처벌할 수 있다.

4 그리고 여기서 **작위의무는 법적인 의무**여야 하므로 「단순한 도덕상 또는 종교상의 의무는 포함되지 않으나 작위의무가 법적인 의무인 한 성문법이건 불문법이건 상관이 없고 또 공법이건 사법이건 불문하므로, 법령, 법률행위, 선행행위로 인한 경우는 물론이고 기타 신의성실의 원칙이나 사회상규 혹은 **조리상 작위의무가 기대되는 경우에도 법적인 작위의무는 있다**」(대판 2003도4128, Ref 1-4).

6 사안의 경우 「X 등은 Z가 경매입찰보증금을 횡령, 착복하고 이미 횡령한 입찰보증금을 나중에 실시한 다른 경매의 입찰보증금으로 보전하는 이른바 '땜방'을 하고 있는 사실을 알고 이를 방지할 지위에 있으면서 이를 방치하였으니 비록 X 등이 **적극적으로 '땜방'을 하라고 이야기하거나 종용한 사실이 없더라도 방조의 범의가 있다**고 할 것」이므로 X 등에게 방조의 고의가 없다고는 볼 수 없다고 법원은 판단하였다.

7 형법상 방조행위는 정범이 범행을 한다는 정을 알면서 그 실행행위를 용이하게 하는 직접·간접의 행위를 말하므로, 「방조범은 (가) 정범의 실행을 방조한다는 이른바 **방조의 고의**와 (나) 정범의 행위가 **구성요건에 해당하는 행위인 점에 대한 정범의 고의**가 있어야 …… 방조범에서 요구되는 정범의 고의는 정범에 의하여 실현되는 범죄의 구체적 내용을 인식할 것을 요하는 것은 아니고 **미필적 인식이나 예견**으로 족하다」(대판 2018도7658). 또한 「정범이 범행을 한다는 점을 알면서 그 실행행위를 용이하게 한 이상 그 행위가 간접적이거나 직접적이거나를 가리지 않으며 이 경우 정범이 누구에 의하여 실행되어지는가를 확지할 필요는 없다」(대판 76도4133).

8 방조행위의 시기(방조범의 시간적 한계) 또한 방조행위는 반드시 정범이 실행에 착수한 이후에 그 구성요건의 실현을 돕는 것을 요하지는 아니한다. 즉 (1) 종범은 「정범이 실행행위에 착수하여 범행을 하는 과정에서 이를 방조한 경우뿐 아니라, **정범의 실행의 착수 이전**에 장래의 실행행위를 미필적으로나마 예상하고 이를 용이하게 하기 위하여 방조한 경우에도 그 후 정범이 실행행위에 나아갔다면 성

립」할 수 있다. 대부분 정신적 방조가 여기에 해당한다. 그리고 (2) 경우에 따라서는 정범의 행위가 **기수로 된 이후에도 범행이 종료되기 전**에는 방조의 성립이 가능하다(승계적 방조). 정리하면, 종범의 방조행위는 정범의 실행행위시에 있을 것을 요하지 않는다. 그러나 (3) 피방조자가 예비단계에서 그친 경우에는 방조범으로 처벌할 수 없다**(예비의 방조 부정)**. 즉, 방조범이 처벌되기 위해서는 정범의 실행의 착수가 있는 경우에만 가능하다. 법원도 「형법 전체의 정신에 비추어 정범이 실행의 착수에 이르지 아니한 예비의 단계에 그친 경우에는 이에 가공하는 행위가 예비의 공동정범이 되는 경우를 제외하고는 이를 종범으로 처벌할 수 없다」고 판단한다(대판 75도1549).

9 방조행위와 정범의 범죄 실현 사이의 인과관계 근래 대법원은 방조행위와 정범의 범죄 실현 사이에는 인과관계가 필요하다고 명시적으로 선언하였다. 특히 **"인과적 기회증대설"**을 명시하여 주목을 끌고 있다. 「방조범은 정범에 종속하여 성립하는 범죄이므로 방조행위와 정범의 범죄 실현 사이에는 **인과관계가 필요**하다. 방조범이 성립하려면 방조행위가 정범의 범죄 실현과 밀접한 관련이 있고 정범으로 하여금 **구체적 위험을 실현시키거나 범죄 결과를 발생시킬 기회를 높이는** 등으로 정범의 범죄 실현에 현실적인 기여를 하였다고 평가할 수 있어야 한다. 정범의 범죄 실현과 밀접한 관련이 없는 행위를 도와준 데 지나지 않는 경우에는 방조범이 성립하지 않는다」(대판 2017도19025 전원합의체, Ref 2.1－2).

Reference 1

정신적 · 무형적 방조

1 [대판 2022도649] [형법상 방조행위의 의미 및 그 성립 범위] [1] (가) 정범의 범죄종료 후의 이른바 사후방조를 종범으로 볼 수는 없지만, (나) 형법상 방조행위는 정범이 범행을 한다는 정을 알면서 그 실행행위를 용이하게 하는 직간접의 모든 행위를 가리키는 것으로서 유형적 · 물질적인 방조뿐만 아니라 정범에게 범행의 결의를 강화하도록 하는 것과 같은 **무형적 · 정신적 방조행위도 포함**되고, (다) 정범의 실행행위 중은 물론 실행 착수 전에 장래의 실행행위를 예상하고 이를 용이하게 하는 행위도 이에 해당한다. [2] 피고인은, ① 2020. 12. 21.경부터 보이스피싱 사기 범행에 사용된다는 사정을 알면서도 유령법인 설립, 그 법인 명의 계좌 개설 후 그 접근매체를 텔레그램 대화명 '(대화명 생략)'에게 전달 · 유통하는 등의 행위를 계속하였고, ② 2021. 1. 중순경 보이스피싱 조직원의 제안에 따라 이른바 '전달책' 역할을 승낙하였으며, ③ 이에 따라 피고인의 지시를 받은 공소외인은 2021. 1. 20.경부터, 피고인은 2021. 1. 28.부터 모두 '전달책'에 해당하는 실행행위를 한 사실이 인정된다. 위와 같은 인정 사실에 앞서 본 법리를 종합하여 보면, 피고인의 이러한 접근매체 전달 · 유통행위는 보이스피싱 사기 범행에 사용된다는 정을 알면서도 정범이 실행에 착수하기 이전부터 장래의 실행행위를 예상하고서 이를 용이하게 하는 유형적 · 물질적 방조행위이고, 이러한 상태에서 **'전달책' 역할까지 승낙한 행위 역시 정범의 범행 결의를 강화시키는 무형적 · 정신적 방조행위이므로, 피고인은 '전달책'으로서 실행행위를 한 시기에 관계없이** 피해자들에 대한 사기죄의 종범에 해당한다.

2 [대판 2010도13774] 피고인 X로서는 이 사건 **기자회견 장면을 찍게 하여** 사후에 ○○ 회원들이나 일반 대중들이 볼 수 있도록 게시한다는 생각에서 이 사건 범행을 함에 있어 정신적으로 크게 고무되었던 것으로 보이는 점, 피고인 X는 공소외 갑으로부터 만나자는 요청을 받고, 자칫 위해를 받을 지도 모른다고 불안감을 느꼈는데, 피고인 Y가 **'동석'함으로써 심리적 안정감을 준 것**으로 보이는 점 등에 비추어 보면, 피고

인 Y가 피고인 X의 이 사건 기자회견 장면을 촬영하고, 공소외 갑을 만나는 자리에 **피고인 X와 동석한 행위**는 피고인 X의 이 사건 범행의 방조행위로 충분히 인정된다.

3 **[대판 96도2427]** 형법상 방조행위는 정범이 범행을 한다는 정을 알면서 그 실행행위를 용이하게 하는 직접, 간접의 모든 행위를 가리키는 것으로서 그 방조는 유형적, 물질적인 방조뿐만 아니라 정범에게 범행의 결의를 강화하도록 하는 것과 같은 **무형적, 정신적 방조행위까지**도 이에 해당한다. **덕적도 핵폐기장 설치 반대 시위**의 일환으로 행하여진 대학생들의 **인천시청 기습점거 시위**에 대하여 전혀 모르고 있다가 시위 직전에 주동자로부터 지시를 받고 **시위현장 사진촬영행위**(주로 시청 옥상에서 학생들이 구호를 외치는 장면의 사진을 촬영하는 행위는 사후에 시위현장 사진을 일반인이 볼 수 있도록 게시할 수 있다는 점에서 범행을 함에 있어 **정신적으로 고무되고 범행결의도 강화한 것**으로 봄)를 한 자에 대하여, 시위행위에 대한 **공동정범으로서의 범의는 부정**하고 **방조범으로서의 죄책만 인정**하였다.

부작위에 의한 방조

4 **[대판 2003도4128]** [1] 인터넷 포털 사이트 내 오락채널 총괄팀장과 위 오락채널 내 만화사업의 운영직원인 피고인들에게, 콘텐츠제공업체들이 게재하는 음란만화의 삭제를 요구할 **조리상의 의무가 있다**고 하여, 구 전기통신기본법 제48조의2 위반 방조죄의 성립을 긍정하였다. [2] 피고인들은 콘텐츠 제공업체들이 위 성인만화방에 게재하는 만화 콘텐츠를 관리·감독할 권한과 능력을 갖고 있었다고 할 것이고, 따라서 이 사건 음란만화들이 지속적으로 게재되고 있다는 사실을 안 이상 이를 게재한 콘텐츠 제공업체들에게 그 삭제를 요구할 조리상의 의무가 있었다고 할 것이다. 따라서 피고인들을 구 전기통신기본법 제48조의2 위반 방조죄로 처벌한 조치는 정당하다.

5 **[대판 96도1639]** 그랜드백화점에서 바이어를 보조하여 특정매장에 관한 **상품관리 및 고객들의 불만사항 확인 등의 업무를 담당하는 직원**은 자신이 관리하는 특정매장의 점포에 **가짜 상표가 새겨진 상품이 진열·판매되고 있는 사실을 발견**하였다면 고객들이 이를 구매하도록 방치하여서는 아니되고 점주나 그 종업원에게 즉시 그 시정을 요구하고 바이어 등 상급자에게 보고하여 이를 시정하도록 할 **근로계약상·조리상의 의무**가 있다고 할 것임에도 불구하고 이러한 사실을 알고서도 점주 등에게 시정조치를 요구하거나 상급자에게 이를 보고하지 아니함으로써 점주로 하여금 가짜 상표가 새겨진 상품들을 고객들에게 계속 판매하도록 방치한 것은 작위에 의하여 점주의 **상표법 위반 및 부정경쟁방지법 위반**행위의 실행을 용이하게 하는 경우와 **동등한 형법적 가치가 있는 것**으로 볼 수 있으므로, 백화점 직원인 **피고인은 부작위에 의하여** 공동피고인인 점주의 상표법 위반 및 부정경쟁방지법 위반행위를 **방조하였다고 인정**할 수 있다.

6 **[대판 85도1906]** 종범의 방조행위는 작위에 의한 경우 뿐만 아니라 부작위에 의한 경우도 포함하는 것으로서 법률상 정범의 범행을 방지할 의무있는 자가 그 범행을 알면서도 방지하지 아니하여 범행을 용이하게 한 때에는 부작위에 의한 종범이 성립한다. 피고인은 이 사건 아파트 지하실의 소유자로서 임차인인 김○도의 위 지하실에 대한 원심판시와 같은 용도변경행위를 **방지할 의무가 있음에도 불구하고** 이를 묵시적으로 승인하여 방조한 사실이 넉넉히 인정된다.

7 **[대판 84도1906]** 형법상 방조는 작위에 의하여 정범의 실행행위를 용이하게 하는 경우는 물론, 직무상의 의무가 있는 자가 정범의 범죄행위를 인식하면서도 그것을 방지하여야 할 제반조치를 취하지 아니하는 부작위로 인하여 정범의 실행행위를 용이하게 하는 경우에도 성립된다 할 것이므로 은행지점장이 정범인 부하직원들의 범행을 인식하면서도 그들의 은행에 대한 배임행위를 방치하였다면 배임죄의 방조범이 성립된다. cf) 지점장은 부하직원의 위법행위를 감시 감독해야 할 보증인의무가 있다.

Reference 2

방조죄를 긍정한 판례들

1-1 **[대판 2021도10903]** 전송의 방법으로 공중송신권을 침해하는 게시물이나 그 게시물이 위치한 웹페이지 등에 연결되는 링크를 한 행위자가, 정범이 공중송신권을 침해한다는 사실을 충분히 인식하면서 그러한 링크를 인터넷 사이트에 영리적 · 계속적으로 게시하는 등으로 공중의 구성원이 개별적으로 선택한 시간과 장소에서 침해 게시물에 쉽게 접근할 수 있도록 하는 정도의 링크 행위를 한 경우에는, 침해 게시물을 공중의 이용에 제공하는 정범의 범죄를 용이하게 하므로 공중송신권 침해의 방조범이 성립한다. 이러한 링크 행위는 정범의 범죄행위가 종료되기 전 단계에서 침해 게시물을 공중의 이용에 제공하는 정범의 범죄 실현과 밀접한 관련이 있고 그 구성요건적 결과 발생의 기회를 현실적으로 증대함으로써 정범의 실행행위를 용이하게 하고 공중송신권이라는 법익의 침해를 강화 · 증대하였다고 평가할 수 있다. 링크 행위자에게 방조의 고의와 정범의 고의도 인정할 수 있다.

1-2 **[대판 2017도19025 전원합의체]** [공중송신권을 침해하는 게시물인 영상저작물에 연결되는 링크를 자신이 운영하는 사이트에 영리적 · 계속적으로 게시한 행위가 전송의 방법으로 공중송신권을 침해한 정범의 범죄를 방조한 행위에 해당하는지 여부(적극)] [다수의견] (가) 저작권 침해물 링크 사이트에서 침해 게시물에 연결되는 링크를 제공하는 경우 등과 같이, 링크 행위자가 정범이 공중송신권을 침해한다는 사실을 충분히 인식하면서 그러한 침해 게시물 등에 연결되는 링크를 인터넷 사이트에 **영리적 · 계속적**으로 게시하는 등으로 공중의 구성원이 개별적으로 선택한 시간과 장소에서 침해 게시물에 쉽게 접근할 수 있도록 하는 정도의 링크 행위를 한 경우에는 침해 게시물을 공중의 이용에 제공하는 정범의 범죄를 용이하게 하므로 **공중송신권 침해의 방조범이 성립**한다. 이러한 링크 행위는 정범의 범죄행위가 종료되기 전 단계에서 침해 게시물을 공중의 이용에 제공하는 **정범의 범죄 실현과 밀접한 관련**이 있고 그 **구성요건적 결과 발생의 기회를 현실적으로 증대**함으로써 정범의 실행행위를 용이하게 하고 공중송신권이라는 법익의 침해를 강화 · 증대하였다고 평가할 수 있다. 링크 행위자에게 방조의 고의와 정범의 고의도 인정할 수 있다. (나) 저작권 침해물 링크 사이트에서 침해 게시물로 연결되는 링크를 제공하는 경우 등과 같이, 링크 행위는 그 의도나 양태에 따라서는 공중송신권 침해와 밀접한 관련이 있는 것으로서 그 행위자에게 방조 책임의 귀속을 인정할 수 있다. 이러한 경우 인터넷에서 원활한 정보 교류와 유통을 위한 수단이라는 링크 고유의 사회적 의미는 명목상의 것에 지나지 않는다. **다만 행위자가 링크 대상이 침해 게시물 등이라는 점을 명확하게 인식하지 못한 경우에는 방조가 성립하지 않고,** 침해 게시물 등에 연결되는 링크를 영리적 · 계속적으로 제공한 정도에 이르지 않은 경우 등과 같이 방조범의 고의 또는 링크 행위와 정범의 범죄 실현 사이의 인과관계가 부정될 수 있거나 법질서 전체의 관점에서 살펴볼 때 사회적 상당성을 갖추었다고 볼 수 있는 경우에는 공중송신권 침해에 대한 방조가 성립하지 않을 수 있다. cf) 대법원은 종래 「링크를 하는 행위 자체는 인터넷에서 링크하고자 하는 웹페이지 등의 위치 정보나 경로를 나타낸 것에 불

과하여 …… 이러한 **링크 행위만으로는 저작재산권 침해행위의 방조행위에 해당한다고 볼 수 없다**」고 판단하여 왔었다. 그러나 본 전원합의체 판결(대법원 2021.9.9. 선고 2017도19025 전원합의체 판결)에서 **기존의 입장이 변경하여 링크행위에 대한 방조범 성립을 인정**하고 있다. 다만, 대법원은 링크행위에 대한 방조 책임을 인정하는데 매우 신중한 입장을 취하고 있음을 볼 수 있다. 결론적으로 대법원은「링크 행위자가 ① 정범이 공중송신권을 침해한다는 사실을 충분히 인식하면서 ② 그러한 침해 게시물 등에 연결되는 링크를 인터넷 사이트에 영리적·계속적으로 게시하는 등으로 공중의 구성원이 개별적으로 선택한 시간과 장소에서 침해 게시물에 쉽게 접근할 수 있도록 하는 정도의 링크 행위를 한 경우」에 공중송신권 침해의 방조범이 성립한다고 본다.

2 **[대판 2020도12563]** [목적범인 구 금융실명거래 및 비밀보장에 관한 법률 제6조 제1항 위반죄의 방조범 성립에 필요한 고의의 내용] 형법상 방조행위는 정범이 범행을 한다는 정을 알면서 그 실행행위를 용이하게 하는 직접·간접의 행위를 말하므로, 방조범은 정범의 실행을 방조한다는 이른바 방조의 고의와 정범의 행위가 구성요건에 해당하는 행위인 점에 대한 정범의 고의가 있어야 하나, 방조범에서 정범의 고의는 정범에 의하여 실현되는 범죄의 구체적 내용을 인식할 것을 요하는 것은 아니고 미필적 인식 또는 예견으로 족하다. 구 금융실명거래 및 비밀보장에 관한 법률(2020. 3. 24. 법률 제17113호로 개정되기 전의 것) 제6조 제1항 위반죄는 이른바 초과주관적 위법요소로서 '탈법행위의 목적'을 범죄성립요건으로 하는 목적범이므로, 방조범에게도 정범이 위와 같은 탈법행위를 목적으로 타인 실명 금융거래를 한다는 점에 관한 고의가 있어야 하나, 그 목적의 구체적인 내용까지 인식할 것을 요하는 것은 아니다.

3 **[대판 2018도7658] [인천 초등학생 살해 사건[4]]** 피고인 1은 피고인 2가 '사냥'을 나간다고 하면서 셀프카메라 방식으로 촬영한 변장사진을 보낸 시점 이후부터는 피고인 2가 실제로 살인행위를 한다는 것을 미필적으로나마 인식하면서 피고인 2가 살인 범행 대상을 용이하게 선정하도록 하고 **살인 범행의 결의를 강화하거나 유지할 수 있도록 정신적으로 돕는 행위를 하였다**고 보아 피고인 1에 대하여 공소장변경 없이 살인방조죄를 유죄로 인정하였다.

4 **[대판 2012도6027]** [공범자의 범인도피행위 도중에 기왕의 범인도피상태를 이용하여 스스로 범인도피행위를 계속한 경우 범인도피죄의 공동정범이 성립하는지 여부(적극) 및 이때 공범자의 범행을 방조한 종범의 경우에도 동일한 법리가 적용되는지 여부(적극)] [1] 범인도피죄는 범인을 도피하게 함으로써 기수에 이르지만, **범인도피행위가 계속되는 동안**에는 범죄행위도 계속되고 행위가 끝날 때 비로소 범죄행위가 종료된다. 따라서 공범자의 범인도피행위 도중에 그 범행을 인식하면서 그와 공동의 범의를 가지고 기왕의 범인도피상태를 이용하여 스스로 범인도피행위를 계속한 경우에는 범인도피죄의 공동정범이 성립하고, 이는 공범자의 범행을 방조한 종범의 경우도 마찬가지이다. [2] 甲이 수사기관 및 법원에 출석하여 乙 등의 사기범행을 자신이 저질렀다는 취지로 허위자백하였는데, 그 후 甲의 사기 피고사건 변호인으로 선임된 피고인

---

4) **인천 초등학생 살해 사건**은 고등학교를 자퇴한 X(여, 17세)가 2017년 3월 29일에 놀이터에서 놀고 있던 7세 초등학생 여아를 인천시 소재 자신의 집으로 유괴하여 살해한 사건이다. 사건의 동기는 캐릭터 커뮤니티를 통해 알게 서울의 Y(여, 18세)가 예쁜 손가락을 갖고 싶다고 하여 초등학생을 집으로 유인 살해한 뒤 손가락과 폐 등의 신체 일부를 적출한 다음 옥상 물탱크에 버린 엽기적 사건이다. 검사는 처음에 X를 살인죄, Y를 살인방조죄로 기소하였으나 이후 공소장을 변경하여 X와 Y를 살인죄의 공동정범으로 기소하였다. 제1심은 X·Y를 살인죄의 공동정범으로 인정하였으나 항소심과 대법원은 Y에 대해서 살인방조죄의 성립을 인정하였다.

이 甲과 공모하여 진범 乙 등을 은폐하는 허위자백을 유지하게 함으로써 범인을 도피하게 하였다는 내용으로 기소된 사안에서, 피고인이 변호인으로서 단순히 甲의 이익을 위한 적절한 변론과 그에 필요한 활동을 하는 데 그치지 아니하고, 甲과 乙 사이에 부정한 거래가 진행 중이며 甲 피고사건의 수임과 변론이 거래의 향배와 불가결한 관련이 있을 것임을 분명히 인식하고도 乙에게서 甲 피고사건을 수임하고, 그들의 합의가 성사되도록 도왔으며, 스스로 합의금의 일부를 예치하는 방안까지 용인하고 합의서를 작성하는 등으로 甲과 乙의 거래관계에 깊숙이 관여한 행위를 정당한 변론권의 범위 내에 속한다고 평가할 수 없고, 나아가 변호인의 비밀유지의무는 변호인이 업무상 알게 된 비밀을 다른 곳에 누설하지 않을 소극적 의무를 말하는 것일 뿐 진범을 은폐하는 허위자백을 적극적으로 유지하게 한 행위가 변호인의 비밀유지의무에 의하여 정당화될 수 없다고 하면서, 한편으로 피고인의 행위는 정범인 甲에게 결의를 강화하게 한 방조행위로 평가될 수 있다는 이유로 범인도피방조죄를 인정한 원심판단을 정당하다고 한 사례.

5 **[대판 2006도119]** [1] 별정통신사업자등록을 하지 않은 개별사업자들이 기간통신사업자들로부터 임대한 060 전화정보서비스 회선설비를 이용하여 실시간 유료전화정보서비스 사업을 영위한 것이 전기통신사업법 제70조 제3호의 무등록 별정통신사업 경영행위에 해당하고, 위 기간통신사업자와 그 담당직원 등의 행위는 그 **방조행위에 해당한다**고 본 사례. [2] 기간통신사업자의 담당직원이 무등록업자에게 060회선을 임대하여 실시간 1:1 증권상담서비스 사업을 영위하게 한 경우, 위 상담서비스가 투자자문업에 해당하고 위 기간통신사업자 및 담당직원의 행위가 구 증권거래법(2003. 10. 4. 법률 제6987호로 개정되기 전의 것)상 **무등록 투자자문업 행위의 방조행위**에 해당한다고 한 사례.

6 **[대판 2005도872]** [1] **저작권법이 보호하는 복제권의 침해를 방조하는 행위란** 정범의 복제권 침해를 용이하게 해주는 직접·간접의 모든 행위로서, 정범의 복제권 침해행위 중에 이를 방조하는 경우는 물론, 복제권 침해행위에 착수하기 전에 장래의 복제권 침해행위를 예상하고 이를 용이하게 해주는 경우도 포함하며, 정범에 의하여 실행되는 복제권 침해행위에 대한 미필적 고의가 있는 것으로 충분하고 정범의 복제권 침해행위가 실행되는 일시, 장소, 객체 등을 구체적으로 인식할 필요가 없으며, 나아가 정범이 누구인지 확정적으로 인식할 필요도 없다. [2] P2P 프로그램을 이용하여 음악파일을 공유하는 행위가 대부분 정당한 허락 없는 음악파일의 복제임을 예견하면서도 MP3 파일 공유를 위한 P2P 프로그램인 소리바다 프로그램을 개발하여 이를 무료로 널리 제공하였으며, 그 서버를 설치·운영하면서 프로그램 이용자들의 접속정보를 서버에 보관하여 다른 이용자에게 제공함으로써 이용자들이 용이하게 음악 MP3 파일을 다운로드 받아 자신의 컴퓨터 공유폴더에 담아 둘 수 있게 하고, 소리바다 서비스가 저작권법에 위배된다는 경고와 서비스 중단 요청을 받고도 이를 계속한 경우, MP3 파일을 다운로드 받은 이용자의 행위는 구 저작권법(2006.12.28. 법률 제8101호로 전문 개정되기 전의 것) 제2조 제14호의 복제에 해당하고, 소리바다 서비스 운영자의 행위는 구 저작권법상 복제권 침해행위의 방조에 해당한다.

7 **[대판 2004도6557]** 의사인 피고인이 입원치료를 받을 필요가 없는 환자들이 보험금 수령을 위하여 입원치료를 받으려고 하는 사실을 알면서도 입원을 허가하여 형식상으로 입원치료를 받도록 한 후 **입원확인서를 발급**하여 준 사안에서, 사기방조죄가 성립한다고 한 원심의 판단을 수긍한 사례.

8 **[대판 2003도4128]** 인터넷 포털 사이트 내 오락채널 총괄팀장과 위 오락채널 내 만화사업의 운영 직

원인 피고인들에게, 콘텐츠제공업체들이 게재하는 음란만화의 삭제를 요구할 **조리상의 의무**가 있다고 하여, 구 전기통신기본법 제48조의2 위반 방조죄의 성립을 긍정하였다.

9 [대판 2002도995] [보라매병원사건] 보호자가 의학적 권고에도 불구하고 치료를 요하는 환자의 퇴원을 간청하여 담당 전문의와 주치의가 치료중단 및 퇴원을 허용하는 조치를 취함으로써 환자를 사망에 이르게 한 행위에 대하여 보호자, 담당 전문의 및 주치의가 부작위에 의한 살인죄의 공동정범으로 기소된 사안에서, **담당 전문의와 주치의**에게 환자의 사망이라는 결과 발생에 대한 정범의 고의는 인정되나 환자의 사망이라는 결과나 그에 이르는 사태의 핵심적 경과를 계획적으로 조종하거나 저지·촉진하는 등으로 지배하고 있었다고 보기는 어려워 공동정범의 객관적 요건인 이른바 기능적 행위지배가 흠결되어 있다는 이유로 **'작위'에 의한 살인방조죄만 성립**한다고 한 사례.

10 [대판 2000도1914] 형법상 방조행위는 정범이 범행을 한다는 정을 알면서 **그 실행행위를 용이하게 하는 직접, 간접의 모든 행위**를 가리키는 것인바, 원심이 적법하게 인정한 사실과 같이 피고인이 자동차운전면허가 없는 정O주에게 **승용차를 제공하여 그로 하여금 무면허운전을 하게 하였다면** 이는 도로교통법 위반 **(무면허운전) 범행의 방조**행위에 해당한다고 할 것이므로, 같은 취지의 원심의 판단은 옳고, 거기에 방조범에 관한 법리오해의 위법이 있다고 할 수 없다.

11 [대판 96도3377] 대통령 비서실장인 피고인이 주장하는 바의 요지는 피고인이 위 전두환, 노태우가 기업인들로부터 뇌물을 수수하기 전에 그 면담을 주선한 것으로서, 정범이 실행행위에 나아가기 전에 방조하였을 뿐이므로 피고인을 수뢰죄의 종범으로 처벌할 수 없다는 것이나, 종범은 정범의 실행행위 중에 이를 방조하는 경우는 물론이고 **실행의 착수 전에 장래의 실행행위를 예상하고 이를 용이하게 하는 행위를 하여 방조한 경우에도 정범이 그 실행행위에 나아갔다면 성립**하는 것이다.

12 [대판 95도456] [증권회사의 직원들이 부정 인출한 주식을 관리 운용하여 준 행위를 **정범의 부정한 주식 인출절차에 관련된 범행 전부**에 대한 방조행위로 인정한 사례] 주식의 입·출고 절차 등 주식의 관리에 관한 일체의 절차를 정확하게 알고 있는 증권회사의 증견직원들이 정범에게 피해자의 주식을 인출하여 오면 관리하여 주겠다고 하고, 나아가서 부정한 방법으로 인출해 온 주식을 자신들이 관리하는 증권계좌에 입고하여 관리 운용하여 주었다면, 이러한 행위는 정범의 일련의 부정한 주식 인출절차에 관련된 출고전표인 사문서의 위조, 동행사, 사기 등 상호 연관된 일련의 범행 전부에 대하여 방조행위가 된다.

13 [대판 87도2585] 형법상 방조행위는 정범이 범행을 한다는 점을 알면서 그 실행행위를 용이하게 하는 직접 간접의 행위를 말하므로 부동산소개업자로서 부동산의 등기명의수탁자가 그 명의신탁자의 승락없이 이를 제3자에게 매각하여 불법영득하려고 하는 점을 알면서도 그 범행을 도와주기 위하여 수탁자에게 매수할 자를 소개하여 주는 등의 방법으로 **그 횡령행위를 용이하게 하였다면** 이러한 **부동산소개업자의 행위는 횡령죄의 방조범**에 해당한다.

14 [대판 84도2987] 방조자의 인식과 정범의 실행 간에 착오가 있고 양자의 구성요건을 달리한 경우에는 원칙적으로 방조자의 고의는 기각되는 것이나 그 구성요건이 중첩 되는 부분이 있는 경우에는 **그 중복되는**

한도 내에서는 방조자의 죄책을 인정하여야 할 것이다. 피고인이 정범인 공소외인 등이 특정범죄가중처벌 등에 관한 법률 제6조 제2항에 해당하는 범죄행위를 한 것을 전연 인식하지 못하고 오로지 관세법 제180조에 해당하는 범죄를 방조하는 것으로만 인식하였다면 특정범죄가중처벌 등에 관한 법률 제6조 제2항의 방조범으로서 처벌할 수는 없고 동 죄와 구성요건이 중복되는 관세법 제180조의 종범으로서만 처벌하여야 할 것이다.

15 **[대판 82도122] [기수 이후 종료 전에 가담한 경우(승계적 방조)]** 진료부는 환자의 계속적인 진료에 참고로 공하여지는 진료상황부이므로 간호보조원의 무면허 진료행위가 있은 후에 이를 의사가 진료부에다 기재하는 행위는 정범의 실행행위종료 후의 **단순한 사후행위에 불과하다고 볼 수 없고 무면허 의료행위의 방조에 해당한다.**

16 **[대판 81도3153]** 피고인이 상피고인으로 부터 부정유출된 맥주를 피고인이 근무하고 있는 미8군 포장음료판매처 제6분점에서 직접 적법하게 판매된 것처럼 그곳 금전등록기에 부정유출 된 맥주가액을 찍어 넣어 달라는 부탁을 받고 이를 응락하여 위 상피고인으로 하여금 안심하고 6회에 걸쳐 맥주를 부정유출 하여 이에 대한 관세 및 방위세를 포탈케 한 경우, 피고인의 **위 소위는 포괄하여 관세포탈방조죄를 구성**한다.

17 **[대판 80도2566]** 형법상 방조행위는 정범이 범행을 한다는 정을 알면서 그 실행행위를 용이하게 하는 행위로서 그것은 정범의 실행에 대하여 물질적 방법이건, 정신적방법이건, 직접적이건, 간접적이건 가리지 아니한다 할 것인바, 피고인들이 정범의 **변호사법 위반행위**(금 2억원을 제공받고 건축 사업허가를 받아 주려한 행위)를 하려 한다는 정을 알면서 자금능력 있는 자를 소개하고 교섭한 행위는 그 방조행위에 해당한다.

18 **[대판 76도4133]** 형법이 방조행위를 종범으로 처벌하는 까닭은 정범의 실행을 용이하게 하는 점에 있으므로 그 방조행위가 정범의 실행에 대하여 간접적이거나 직접적이거나를 가리지 아니하고 정범이 범행을 한다는 점을 알면서 그 실행행위를 용이하게 한 이상 종범으로 처벌함이 마땅하며 간접적으로 정범을 방조하는 경우 **방조자에 있어 정범이 누구에 의하여 실행되어지는가를 확지할 필요가 없다** 할 것이므로 위 판시와 같이 피고인이 외국상품을 위 선△상사명을 위장 수입하여 수입하는 실수요자의 조세를 포탈케 한 이상 그 실수요자가 실지 누구인지 그 소재나 실존유무를 확정아니하였다 하여도 방조범의 성립에는 아무런 지장이 없다고 할 것이다.

19 **[대판 70도1218]** 도박하는 자리에서 도금으로 사용하리라는 정을 알면서 채무변제조로 금원을 교부하였다면 도박을 방조한 행위에 해당한다.

방조죄를 부정한 판례들

20 **[대판 2015도12632]** [정범의 범죄 실현과 밀접한 관련이 없는 행위를 도와준 데 지나지 않는 경우, 방조범이 성립하는지 여부(소극)] [1] 방조범은 정범에 종속하여 성립하는 범죄이므로 방조행위와 정범의 범죄 실현 사이에는 **인과관계가 필요**하다. 방조범이 성립하려면 방조행위가 정범의 범죄 실현과 밀접한 관련이 있고 정범으로 하여금 구체적 위험을 실현시키거나 범죄결과를 발생시킬 기회를 높이는 등으로 **정범**

의 범죄 실현에 현실적인 기여를 하였다고 평가할 수 있어야 한다. 정범의 범죄 실현과 **밀접한 관련이 없는 행위**를 도와준 데 지나지 않는 경우에는 방조범이 성립하지 않는다. [2] 피고인의 이 사건 (가) **농성현장 독려 행위**는 위법한 업무방해행위가 계속되고 있던 이 사건 생산라인 점거 현장에서 직접 이루어진 것으로 그 당시 피고인 2의 노동조합 내 지위와 영향력이나 현장에서의 구체적인 발언 내용 등에 비추어 볼 때 정범의 범죄 실현과 밀접한 관련성을 가지고, 현실적으로 범행을 실행하고 있던 정범으로 하여금 그 범행을 더욱 유지·강화시킨 행위에 해당하므로, 이를 쟁의행위에 대한 조력행위라거나 산업별 노동조합의 통상적인 조합활동으로서 정당하다고 볼 수는 없다. 따라서 피고인의 위 행위를 **업무방해방조로 인정**한 원심판단에는 관련 법리를 오해하는 등의 잘못이 없다. (나) 피고인의 이 사건 집회 참가 및 이 사건 **공문 전달 행위**에 관하여 살펴보면, 업무방해방조죄에 해당한다고 단정하기는 어려워 보인다. …… 이 사건 공문 전달 행위 역시 산업별 노동조합인 ○○ 내에서 미조직비정규국장으로서의 통상적인 활동에 해당하는 것인데, 공문 작성 경위 및 그 내용에 비추어 피고인 2가 공문 전달을 통해 비정규직지회에 이 사건 생산라인 점거 자체를 직접 독려하거나 지지하였다고 보기는 어렵다. 피고인의 이 사건 집회 참가 및 이 사건 공문 전달 행위가 비정규직지회의 집단적 노무제공 거부를 포함한 쟁의행위를 전체적으로 보아 거기에 일부 도움을 준 측면이 있었다고 하더라도 업무방해 정범의 실행행위에 해당하는 이 사건 생산라인 점거로 인한 범죄 실현과 밀접한 관련성이 있다고는 단정하기 어렵다. 따라서 피고인의 위와 같은 조력행위는 방조범의 성립을 인정할 정도로 업무방해행위와 인과관계가 있다고 볼 수 없다.

21 **[대판 2005도4915] 파기환송.** [1인 회사의 주주가 개인적 거래에 수반하여 법인 소유의 부동산을 담보로 제공한다는 사정을 거래상대방이 알면서 가등기의 설정을 요구하고 그 가등기를 경료받은 사안에서, 그 거래상대방이 배임행위의 방조범에 해당한다고 한 원심판결을 파기한 사례] 거래상대방의 대향적 행위의 존재를 필요로 하는 유형의 배임죄에 있어서 거래상대방으로서는 기본적으로 배임행위의 실행행위자와는 별개의 이해관계를 가지고 반대편에서 독자적으로 거래에 임한다는 점을 감안할 때, 거래상대방이 배임행위를 교사하거나 그 배임행위의 전 과정에 관여하는 등으로 배임행위에 적극가담함으로써 그 실행행위자와의 계약이 반사회적 법률행위에 해당하여 무효로 되는 경우 배임죄의 교사범 또는 공동정범이 될 수 있음은 별론으로 하고, 관여의 정도가 거기에까지 이르지 아니하여 법질서 전체적인 관점에서 살펴볼 때 사회적 상당성을 갖춘 경우에 있어서는 비록 정범의 행위가 배임행위에 해당한다는 점을 알고 거래에 임하였다는 사정이 있어 외견상 방조행위로 평가될 수 있는 행위가 있었다 할지라도 범죄를 구성할 정도의 위법성은 없다고 봄이 상당하다 할 것이다.

22 **[대판 90도2178]** 타인이 경영하는 축산목장의 관리인이 업무의 지시에 따라 3, 4명의 노무자를 데리고 축사청소 등의 **단순노무에 주로 종사하였을 뿐** 목장의 경영문제까지는 관여하지 아니하였다면 관리인이 업주의 정화시설설치의무위반 행위에 공모, 가담하였거나 업주의 위와 같은 행위를 방조하였다고 할 수 없다.

23 **[대판 84도781]** 웨이터인 피고인들은 손님들을 단순히 **출입구로 안내**를 하였을 뿐 미성년자인 여부의 판단과 출입허용 여부는 2층 출입구에서 주인이 결정하게 되어 있었다면 피고인들의 위 안내행위가 곧 미성년자를 클럽에 출입시킨 행위 또는 그 방조행위로 볼 수 없다.

24 **[대판 82도43]** 이미 스스로 입영기피를 결심하고 집을 나서는 공소외(갑)에게 피고인이 이별을 안타

까워 하는 뜻에서 **잘 되겠지 몸조심하라 하고 악수를 나눈 행위**는 입영기피의 범죄의사를 강화시킨 방조행위에 해당한다고 볼 수 없다.

25 **[대판 77도2269]** 선장으로서 그 소속선원들로부터 각자 소지한 일화의 신고를 받고도 이를 징수 보관하지 않은 점만 가지고 선원들의 밀수행위를 방조하였다고 볼 수 없다. **cf)** 이 사안에서 피고인인 선장이 그 소속선원들로부터 각자 소지한 일화를 신고받고도 이를 징수보관하지 않고 각자 일화를 소지한 채 상륙케 하였고 그럼으로써 결과적으로 이 선원들이 그 소지했던 일화로 밀수품을 사게 되었다 하더라도 선원의 일부가 상륙 할 때 필요한 약간의 일화의 소지를 선장이 막을 이유나 권한이 없다고 대법원은 본 것이다.

26 **[대판 75도1549] [예비단계에 있어서의 종범의 성립여부]** 형법 제32조 제1항 소정 타인의 범죄란 정범이 범죄의 실현에 착수한 경우를 말하는 것이므로 종범이 처벌되기 위하여는 정범의 실행의 착수가 있는 경우에만 가능하고 형법 전체의 정신에 비추어 정범이 실행의 착수에 이르지 아니한 예비의 단계에 그친 경우에는 이에 가공하는 행위가 예비의 공동정범이 되는 경우를 제외하고는 종범의 성립을 부정하고 있다고 보는 것이 타당하다. 왜냐하면 범죄의 구성요건 개념상 예비죄의 실행행위는 무정형 무한정한 행위이고 종범의 행위도 무정형 무한정한 것이고 형법 제28조에 의하면 범죄의 음모 또는 예비행위가 실행의 착수에 이르지 아니한 때에는 법률에 특별한 규정이 없는 한 벌하지 아니한다고 규정하여 예비죄의 처벌이 가져올 범죄의 구성요건을 부당하게 유추 내지 확장해석하는 것을 금지하고 있기 때문에 형법각칙의 예비죄를 처단하는 규정을 바로 독립된 구성요건 개념에 포함시킬 수는 없다고 하는 것이 죄형법정주의의 원칙에도 합당하는 해석이라 할 것이기 때문이다. 따라서 **형법전체의 정신에 비추어 예비의 단계에 있어서는 그 종범의 성립을 부정하고 있다고 보는 것이 타당한 해석이라고 할 것이다.**

27 **[대판 74도509]** [편면적 종범에서도 정범의 범죄행위 없이 방조범만이 성립될 수는 없다**(공범의 종속성 인정**] 원래 방조범은 종범으로서 정범의 존재를 전제로 하는 것이다. 즉 정범의 범죄행위 없이 방조범만이 성립될 수는 없다. 이른바 편면적 종범에 있어서도 그 이론은 같다. 이 사건에서 볼 때 피고인은 스스로가 단독으로 자기 아들인 공소외인에 대한 징집을 면탈케 할 목적으로 사위행위를 한 것으로서 위 공소외인의 범죄행위는 아무것도 없어 피고인이 위 공소외인의 범죄행위에 가공하거나 또는 이를 방조한 것이라고 볼 수 없음이 명백하니, 피고인을 방조범으로 다스릴 수 없다.

28**[대판 71도1204]** 세관원에게 **"잘 부탁한다."**는 말을 하였다는 사실만으로서는 사위 기타 부정한 방법으로 관세를 포탈하는 범행의 방조행위에 해당된다든가 또는 그 범행의 실행에 착수하였다고 볼 수 없다.

29 **[대판 66도1661] 북괴간첩에게 숙식을 제공하였다고 하여서 반드시 간첩방조죄가 성립된다고는 할 수 없고** 행위자에게 간첩의 활동을 방조할 의사와 숙식제공으로서 간첩활동을 용이하게 한 사실이 인정되어야 한다.

Reference 3

교사범과 방조범의 차이

	교사범	방조범
편면적 · 일방적 의사	편면적 교사 인정 안됨	편면적 방조 인정
교사 · 방조의 방법	부작위에 의한 교사 불가능	부작위에 의한 방조 가능
기도된 교사와 방조	처벌규정 있음 효과 없는 교사(법31②) 실패한 교사(법31③)	처벌규정 없음

57 공범과 신분(1) – 한보사태[1] –

* 대법원 1997. 12. 26. 선고 97도2609 판결
* 참조조문: 형법 제33조,[2] 제355조,[3] 상호신용금고법 제39조 제1항 제2호[4]

상호신용금고법 제39조 제1항 제2호 위반죄와 형법상 배임죄는 신분관계로 인하여 형의 경중이 있는 경우인지 여부 및 비신분자가 위 상호신용금고법위반죄의 공범이 된 경우의 적용법조

●**사실**● 피고인 X는 한보그룹의 총회장으로서 한보상호신용금고를 포함한 그룹 운영의 전반을 총괄하고 있었다. X는 자금 사정이 힘들어지자 한보상호신용금고의 대표이사인 Y와 공모하여 대출한도의 35배를 초과하는 금액을 업무에 위배되게 한보철강에 대출하여 주었다. 제1심은 X에 대해 형법상의 배임 내지 업무상배임죄의 **가중규정인 상호신용금고법위반죄를 적용**하였다. 그러나 원심은 X의 경우는「상호신용금고법」제39조 제1항 제2호에 열거된 신분관계에 있지 아니한 자이고 따라서 이 법을 위반할 수 없고, 비록 그러한 신분관계에 있는 자와 공모하여 상호신용금고에 손해를 끼치는 배임죄를 저질렀다 하여도, 이는 신분관계로 인하여 형의 경중이 있는 경우이므로, 그러한 신분관계가 없는 자에 대하여는 형법 제33조 단서에 의하여 **형법 제355조 제2항에 따라 일반 배임죄**로 처단되어야 한다고 판시하였다.

●**판지**●「상호신용금고법 제39조 제1항 제2호 위반죄는 상호신용금고의 발기인·임원·관리인·청산인·지배인 기타 상호신용금고의 영업에 관한 어느 종류 또는 특정한 사항의 위임을 받은 사용인이 그 업무에 위배하여 배임행위를 한 때에 성립하는 것으로서, 이는 **위와 같은 지위에 있는 자의 배임행위**에 대한 형법상의 배임 내지 업무상배임죄의 가중규정이고, 따라서 형법 제355조 제2항의 배임죄와의 관계에서는 **신분관계로 인하여 형의 경중이 있는 경우**라고 할 것이다.

그리고 위와 같은 신분관계가 없는 자가 그러한 신분관계에 있는 자와 공모하여 위 상호신용금고법위반죄를 저질렀다면, 그러한 신분관계가 없는 자에 대하여는 형법 제33조 단서에 의하여 형법 제355조 제2항에 따라 처단하여야 할 것인바, 그러한 경우에는 (가) 신분관계가 없는 자에게도 일단 업무상배임으로 인한 상호신용금고법 제39조 제1항 제2호 위반죄가 성립한 다음 (나) 형법 제33조 단서에 의하여 중한 형이 아닌 형법 제355조 제2항에 정한 형으로 처벌되는 것이다」.

---

1) **한보그룹**은 당시 재계 서열 14위의 대기업이었으나 대한민국이 IMF 구제금융을 요청하는 데 큰 원인을 제공하였다. 당시 한보그룹은 부실 대출의 규모가 5조 7000억여 원에 달하였다. 이 사건으로 정태수 한보그룹회장은 공금횡령 및 뇌물수수혐의로 징역 15년을 선고 받았고, 한보그룹으로부터 돈을 받은 정치인과 전직 은행장 10명은 징역 10~20년을 선고받게 된다.
2) 형법 제33조(공범과 신분) **신분이 있어야 성립되는 범죄**에 신분 없는 사람이 가담한 경우에는 그 신분 없는 사람에게도 제30조부터 제32조까지의 규정을 적용한다. 다만, **신분 때문에 형의 경중이 달라지는 경우**에 신분이 없는 사람은 무거운 형으로 벌하지 아니한다.
3) 형법 제355조(횡령, 배임) ① 타인의 **재물을 보관하는 자**가 그 재물을 횡령하거나 그 반환을 거부한 때에는 **5년 이하의 징역** 또는 1천 500만원 이하의 벌금에 처한다. ② 타인의 **사무를 처리하는 자**가 그 임무에 위배하는 행위로써 재산상의 이익을 취득하거나 제삼자로 하여금 이를 취득하게 하여 본인에게 손해를 가한 때에도 전항의 형과 같다.
4) 상호신용금고법 제39조(벌칙) ① 다음 각 호의 1에 해당하는 자는 **1년 이상 10년 이하의 징역** 또는 1천만원 이상 1억원 이하의 벌금에 처한다. 1. 상호신용금고의 자본금의 납입을 가장하거나 이에 응하거나 이를 중개한 자 2. 상호신용금고의 **발기인·임원·관리인·청산인·지배인 기타 상호신용금고의 영업에 관한 어느 종류 또는 특정한 사항의 위임을 받은 사용인**으로서 그 업무에 위배한 행위로 재산상의 이익을 취득하거나 제3자로 하여금 이를 취득하게 하여 상호신용금고에 손해를 가한 자

●**해설**● 1 사안은 신분관계 없는 자가 신분관계 있는 자와 공모하여 범죄를 저지른 경우의 형사책임에 관한 것이다. 신분 없는 자가 신분범에 가담한 경우에 신분 없는 자도 신분범으로 처벌할 수 있는 근거규정이 형법 제33조이다. 제33조에서의 **신분관계**라 함은「남녀의 성별, 내·외국인의 구별, 친족관계, 공무원인 자격과 같은 관계뿐만 아니라 널리 일정한 범죄행위에 관련된 **범인의 인적관계**인 특수한 지위 또는 상태를 지칭하는 것」으로 본다(대판 93도1002). 이러한 신분요소는 **행위자와 관련**된 요소임을 요하고, **행위에 관련**된 요소는 신분의 개념에 포함되지 않는다. 또한 신분의 **계속성**은 요건이 아니다.

2 **신분(범)의 종류** 신분과 관련하여 신분이 범죄의 성립요건인 경우를 ① **구성적(진정) 신분**이라 부른다. 수뢰죄(법129)에서 공무원 또는 중재인, 위증죄(법152)에서 선서한 증인, 허위진단서작성죄(법233)에서 의사, 한의사 등, 횡령죄(법355)에서 타인의 재물을 관리하는 자가 그 예이다. 그리고 신분으로 인해 형이 가중되거나 감경되는 경우를 ② **가감적(부진정) 신분**이라 부른다. 존속살해죄(법250②)에서 직계비속은 가중적 신분이 된다.

3 형법 제33조는 비신분자가 신분자에 가담한 경우, 비신분자에게 **신분을 확장**하여 처벌하는 규정이다. 문제는 형법이 제33조 '공범과 신분'에 관한 규정을 두면서 본문에 **'신분이 있어야 성립되는 범죄'**가 진정신분범을 의미하는 것인지 아니면 부진정신분범을 의미하는 것인지에 대해 특정하지 않고 있어 견해의 대립이 발생하고 있다.

4 **판례는** ① 제33조 본문의 '신분이 있어야 **성립**되는 범죄'에는 진정신분범뿐만 아니라 부진정신분범도 포함되고(공범성립의 문제), ② 동조 단서는 '부진정신분범의 **처벌**'을 규정하고 있는 것으로(과형의 문제) 해석한다. 따라서 대상판결에서도「신분관계가 없는 자에게도 일단 업무상배임으로 인한 상호신용금고법 제39조 제1항 제2호 위반죄가 성립한 다음 형법 제33조 단서에 의하여 중한 형이 아닌 형법 제355조 제2항에 정한 형으로 처벌되는 것」으로 해석하고 있어 종전의 대법원의 입장을 계속 이어가고 있다.

5 이에 반해 **다수설**은 제33조 ① 본문은 **'진정신분범**의 성립과 처벌'에 관한 규정이고, ② 동조 단서는 **'부진정신분범**의 성립과 처벌'에 관한 규정으로 본다. 즉, 죄명과 과형을 각각 개별화하고 있다. 판례 중에는 드물게도 다수설과 같은 결론의 판례도 있다(대판 93도1002).

6 좀 더 단순한 사안으로 부인이 자식과 공모하여 남편을 살해한 사건에서 판례는 부인과 자식 모두 존속살해죄의 공동정범이 성립한다고 보았다(대판 4294형상284: **죄명은 양자 모두 존속살해죄이나 부인의 처벌은 보통살인죄**가 된다). 그러나 다수설에 따르면 아들은 존속살해죄가 되고 부인은 보통살인죄가 성립하게 된다.

형법 제33조	본문	단서
판례	• 진정신분범의 성립 · 과형의 근거 • 부진정신분범의 성립의 근거	• 부진정신분범의 과형의 근거
다수설	진정신분범의 성립 · 과형의 근거	부진정신분범의 성립 · 과형의 근거

7 처벌의 측면에서 보면 다수설이나 소수설인 판례는 모두 중한 형이 아닌 보통살인죄로 처벌된다는 점에서 같지만 죄명이 달라진다. **양자 구분의 실익**은 ① 죄명이 특히 중요한 의미를 갖는 **일반사면**[5]**의 범위**나 ② 법정형을 기준으로 시효기간을 계산하는 **공소시효의 계산**에서 차이가 난다.

Reference

비신분자가 가감적 신분자의 범죄에 가담한 경우

1 **[대판 2018도10047]** 업무상배임죄는 업무상 타인의 사무를 처리하는 지위에 있는 사람이 그 임무를 위반하는 행위로써 재산상의 이익을 취득하거나 제3자로 하여금 이를 취득하게 하여 본인에게 손해를 입힌 때에 성립한다. 이는 타인의 사무를 처리하는 지위라는 점에서 보면 단순배임죄에 대한 가중규정으로서 신분관계로 형의 경중이 있는 경우라고 할 것이다. 따라서 그와 같은 **업무상의 임무라는 신분관계가 없는 자가 그러한 신분관계 있는 자와 공모하여 업무상배임죄를 저질렀다면**, 그러한 신분관계가 없는 공범에 대하여는 형법 제33조 단서에 따라 단순배임죄에서 정한 형으로 처단하여야 한다. 이 경우에는 **신분관계 없는 공범에게도 같은 조 본문에 따라 일단 신분범인 업무상배임죄가 성립하고 다만 과형에서만 무거운 형이 아닌 단순배임죄의 법정형이 적용된다.**

2 **[대판 99도883]** [1] 업무상배임죄와 배임증재죄는 별개의 범죄로서 배임증재죄를 범한 자라 할지라도 그와 별도로 타인의 사무를 처리하는 지위에 있는 사람과 공범으로서는 업무상배임죄를 범할 수도 있는 것이다. [2] 업무상배임죄는 업무상 타인의 사무를 처리하는 지위에 있는 사람이 그 임무에 위배하는 행위로써 재산상의 이익을 취득하거나 제3자로 하여금 이를 취득하게 하여 본인에게 손해를 가한 때에 성립하는 것으로서, 이는 타인의 사무를 처리하는 지위라는 점에서 보면 신분관계로 인하여 성립될 범죄이고, 업무상 타인의 사무를 처리하는 지위라는 점에서 보면 단순배임죄에 대한 가중규정으로서 신분관계로 인하여 형의 경중이 있는 경우라고 할 것이므로, 그와 같은 **신분관계가 없는 자가 그러한 신분관계가 있는 자와 공모하여 업무상배임죄를 저질렀다면 그러한 신분관계가 없는 자에 대하여는 형법 제33조 단서에 의하여 단순배임죄에 정한 형으로 처단하여야 할 것**이다.

3 **[대판 87도1901]** 면의 예산과는 별도로 면장이 면민들로부터 모금하여 그 개인명으로 예금하여 보관하고 있던 체육대회성금의 업무상 점유보관자는 면장뿐이므로 면의 총무계장이 면장과 공모하여 업무상횡령죄를 저질렀다 하여도 업무상 보관책임 있는 **신분관계가 없는 총무계장에 대하여는 형법 제33조 단서에 의하여 형법 제355조 제2항에 따라 처단**하여야 한다.

4 **[대판 86도1517]** 은행원이 아닌 자가 은행원들과 공모하여 업무상 배임죄를 저질렀다 하여도, 이는 업무상 타인의 사무를 처리하는 신분관계로 인하여 형의 경중이 있는 경우이므로, 그러한 신분관계가 없는 자에 대하여서는 **형법 제33조 단서에 의하여 형법 제355조 제2항에 따라 처단**하여야 한다.

---

5) **일반사면**은 특정한 범죄자에 대하여 사면하는 특별사면과 달리 범죄의 종류를 정하여 그에 해당하는 모든 범죄자에 대한 형벌을 사면하는 일이다. 특별사면과 달리 대통령의 단독 권한 행사를 할 수 없고 국회의 동의를 받아야 한다(헌법 79). 대통령령에 특별 규정이 없으면 형의 선고의 효력을 소멸시킨다. 또한 형의 선고를 받지 아니한 자에 대해서는 공소권을 소멸시킨다.

비신분자가 구성적 신분자의 범죄에 가담한 경우

5 **[대판 2021도5000]** 파기환송. 피해아동 갑의 친모인 피고인 을이 자신과 연인관계인 피고인 병과 공모하여 갑을 지속적으로 학대함으로써 사망에 이르게 하였다는 공소사실에 대하여 구 아동학대범죄의 처벌 등에 관한 특례법 제4조, 제2조 제4호 (가)목, 형법 제257조 제1항, 제30조를 적용법조로 공소가 제기된 사안에서, 구 아동학대범죄의 처벌 등에 관한 특례법 제4조, 제2조 제4호 (가)목 내지 (다)목은 보호자가 같은 법 제2조 제4호 (가)목 내지 (다)목에서 정한 아동학대범죄를 범하여 그 아동을 사망에 이르게 한 경우를 처벌하는 규정으로 **형법 제33조 본문의 '신분관계로 인하여 성립될 범죄'에 해당**하므로, 피고인 병에 대해 형법 제33조 본문에 따라 구 아동학대범죄의 처벌 등에 관한 특례법 위반(아동학대치사)죄의 **공동정범이 성립**하고 같은 법 제4조에서 정한 형에 따라 과형이 이루어져야 한다는 이유로, 이와 달리 피고인 병 대하여 형법 제33조 단서를 적용하여 형법 제259조 제1항의 상해치사죄에서 정한 형으로 처단한 원심판단에 법리오해의 위법이 있다. **cf)** 원심은 피고인 병에 대한 공소사실 중 「아동학대범죄의 처벌 등에 관한 특례법」 위반(아동학대치사) 부분에 대하여 피고인 병이 아동복지법 제3조 제3호에서 정한 '보호자'에 해당하지 않으나, 신분관계 있는 피고인 을과 공모하여 범행을 저질렀으므로 아동학대처벌법 위반(아동학대치사)죄가 성립하되, 형법 제33조 단서에 의하여 형법 제259조 제1항 상해치사죄에서 정한 형으로 처단하였다.

6 **[대판 2018도13792 전원합의체]** [다수의견] **신분관계가 없는 사람이 신분관계로 인하여 성립될 범죄에 가공한 경우에는 신분관계가 있는 사람과 공범이 성립한다(형법 제33조 본문** 참조). (가) 이 경우 신분관계가 없는 사람에게 공동가공의 의사와 이에 기초한 기능적 행위지배를 통한 범죄의 실행이라는 주관적·객관적 요건이 충족되면 공동정범으로 처벌한다. (나) 공동가공의 의사는 공동의 의사로 특정한 범죄행위를 하기 위하여 일체가 되어 서로 다른 사람의 행위를 이용하여 자기의 의사를 실행에 옮기는 것을 내용으로 한다. 따라서 (다) 공무원이 아닌 사람이 공무원과 공동가공의 의사와 이를 기초로 한 기능적 행위지배를 통하여 공무원의 직무에 관하여 뇌물을 수수하는 범죄를 실행하였다면 공무원이 직접 뇌물을 받은 것과 동일하게 평가할 수 있으므로 공무원과 비공무원에게 형법 제129조 제1항에서 정한 뇌물수수죄의 공동정범이 성립한다.

7 **[대판 2011도3180]** 상법 제628조 제1항에서 규정한 납입가장죄는 상법 제622조에서 정한 지위에 있는 자만이 주체가 될 수 있는 신분범이다. 한편 신분이 없는 자도 신분이 있는 자의 범행에 가공한 경우에 공범이 될 수 있으나, 그 경우에도 공동가공의 의사와 그 공동의사에 기한 기능적 행위지배를 통한 범죄의 실행이라는 주관적·객관적 요건이 충족되어야 공동정범으로 처벌할 수 있다.

8 **[대판 2010도14409]** [지방공무원의 신분을 가지지 아니하는 자가 구 지방공무원법 제58조 제1항을 위반하여 같은 법 제82조에 따라 처벌되는 지방공무원의 범행에 가공한 경우, 형법 제33조 본문에 의해 공범으로 처벌받을 수 있는지 여부(적극)] 지방공무원의 신분을 가지지 아니하는 사람도 구 지방공무원법 제58조 제1항을 위반하여 같은 법 제82조에 따라 처벌되는 지방공무원의 범행에 가공한다면 형법 제33조 본문에 의해서 공범으로 처벌받을 수 있다. 위 법리에 비추어 보면, 구 지방공무원법 제82조가 적용되지 않는 구 지방공무원법상 특수경력직공무원의 경우에도 위 법조항을 위반한 경력직공무원의 범행에 가공한다면 역시 형법 제33조 본문에 의해서 공범으로 처벌받을 수 있다고 보아야 하고, 특수경력직공무원에 대하여 구 지방공무원법 제82조가 직접 적용되지 않는다는 이유만으로 달리 볼 것은 아니다.

9-1 [대판 2006도1663] [공무원이 아닌 자가 허위공문서작성죄의 간접정범이나 공동정범이 될 수 있는지 여부] 공무원이 아닌 자는 형법 제228조[6]의 경우를 제외하고는 허위공문서작성죄의 간접정범으로 처벌할 수 없으나, 공무원이 아닌 자가 공무원과 공동하여 허위공문서작성죄를 범한 때에는 공무원이 아닌 자도 형법 제33조, 제30조에 의하여 허위공문서작성죄의 공동정범이 된다.

9-2 [대판 91도2837] [공무원 아닌 자가 공문서작성을 보좌하는 공무원과 공모하여 허위의 문서초안을 상사에게 제출하여 결재케 함으로써 허위 공문서를 작성케 한 경우, 간접정범의 공범으로서의 죄책을 지는지 여부(적극)] 공문서의 작성권한이 있는 공무원의 직무를 보좌하는 자가 그 직위를 이용하여 행사할 목적으로 허위의 내용이 기재된 문서 초안을 그 정을 모르는 상사에게 제출하여 결재하도록 하는 등의 방법으로 작성권한이 있는 공무원으로 하여금 허위의 공문서를 작성하게 한 경우에는 **간접정범이 성립**되고 이와 공모한 자 역시 그 **간접정범의 공범**으로서의 죄책을 면할 수 없는 것이고, 여기서 말하는 공범은 반드시 공무원의 신분이 있는 자로 한정되는 것은 아니라고 할 것이다.

10 [대판 2003도4027] 동업으로 인한 배임죄의 신분관계가 있음을 전제로 배임죄의 공범으로 기소된 자에 대하여 심리 결과 동업관계는 인정되지 아니하나 동업관계가 없는 자가 비신분자로서 신분이 있는 자와 공모하여 배임죄를 저지른 사실이 인정되는 경우, 피고인의 방어권 행사에 실질적인 불이익을 초래할 염려가 없다면 공소장 변경 없이도 **비신분자에 대하여 형법 제33조 본문에 의하여 배임죄의 공범으로 처단할 수 있다.**

11 [대판 92도2346] 피고인에 대한 공소사실은 공소외인과 공모하여 군형법 제41조[7] 위반죄를 범하였다는 것이므로, 피고인은 군인이나 군무원 등 군인에 준하는 자에 해당되지 아니한다 할지라도 공소외인이 범행 당시 그와 같은 신분을 가지고 있었다면 형법 제8조, 군형법 제4조[8]의 규정에 따라 **형법 제33조가 적용되어 공범으로서의 죄책을 면할 수 없다.**

12 [대판 90도1848] 신분관계로 인하여 성립될 범죄에 가공한 행위는 **신분관계가 없는 자도 공동정범의 책임을 지게 되는 것**이므로 성인용 오락영업허가업소의 지배인도 업주의 유사사행행위 범행에 가공한 행위의 정도 및 내용에 따라 **공동정범으로 의율할 수 있다.**

13 [대판 82도180] 점포의 임차인이 임대인이 그 점포를 타에 매도한 사실을 알고 있으면서 점포의 임대차 계약 당시 "타인에게 점포를 매도할 경우 우선적으로 임차인에게 매도한다."는 특약을 구실로 임차인이 매매대금을 일방적으로 결정하여 공탁하고 임대인과 공모하여 임차인 명의로 소유권이전등기를 경료하였다면 임대인의 배임행위에 적극 가담한 것으로서 배임죄의 공동정범에 해당한다.

---

6) 형법 제228조(공정증서원본 등의 부실기재) ① 공무원에 대하여 허위신고를 하여 공정증서원본 또는 이와 동일한 전자기록등 특수매체기록에 부실의 사실을 기재 또는 기록하게 한 자는 5년 이하의 징역 또는 1천만원 이하의 벌금에 처한다. ② 공무원에 대하여 허위신고를 하여 면허증, 허가증, 등록증 또는 여권에 부실의 사실을 기재하게 한 자는 3년 이하의 징역 또는 700만원 이하의 벌금에 처한다.

7) 군형법 제41조(근무 기피 목적의 사술) ① 근무를 기피할 목적으로 신체를 상해한 사람은 다음 각 호의 구분에 따라 처벌한다. 1. 적전인 경우: 사형, 무기 또는 5년 이상의 징역 2. 그 밖의 경우: 3년 이하의 징역 ② 근무를 기피할 목적으로 질병을 가장하거나 그 밖의 위계를 한 사람은 다음 각 호의 구분에 따라 처벌한다. 1. 적전인 경우: 10년 이하의 징역 2. 그 밖의 경우: 1년 이하의 징역

8) 군형법 제4조(다른 법의 적용례) 제1조에 따른 이 법의 적용대상자가 범한 죄에 관하여 이 법에 특별한 규정이 없으면 다른 법령에서 정하는 바에 따른다.

58 공범과 신분(2) – '모해의 목적'과 신분

* 대법원 1994. 12. 23. 선고 93도1002 판결
* 참조조문: 형법 제31조 제1항,[1] 제33조,[2] 제152조[3]

모해할 목적으로 위증을 교사하였다면 그 정범에게 모해의 목적이 없다 하더라도 모해위증교사죄로 처벌할 수 있는가?

●사실● 피고인 X는 1984.12.경 피해자 A를 모해할 목적으로 Y에게 위증을 하도록 교사하여 Y가 자기의 기억에 반하는 내용의 증언을 하였다.

원심은 모해의 목적으로 그 목적이 없는 자를 교사하여 위증죄를 범한 경우에 그 목적을 가진 자는 모해위증교사죄로, 그 목적이 없는 자는 위증죄로 처벌할 수 있다고 보아 X에 대해 모해위증교사죄를 인정하였다. X는 상고하였다.

●판지● **상고기각.** 「[1] 형법 제33조 소정의 이른바 **신분관계**라 함은 남녀의 성별, 내·외국인의 구별, 친족관계, 공무원인 자격과 같은 관계뿐만 아니라 널리 일정한 범죄행위에 관련된 범인의 인적관계인 특수한 지위 또는 상태를 지칭하는 것이다.

[2] 형법 제152조 제1항과 제2항은 위증을 한 범인이 형사사건의 피고인 등을 **'모해할 목적'**을 가지고 있었는가 아니면 그러한 목적이 없었는가 하는 범인의 특수한 상태의 차이에 따라 범인에게 과할 형의 경중을 구별하고 있으므로, 이는 바로 형법 제33조 단서 소정의 "신분관계로 인하여 형의 경중이 있는 경우"에 해당한다고 봄이 상당하다.

[3] 피고인이 갑을 모해할 목적으로 을에게 위증을 교사한 이상, **가사 정범인 을에게 모해의 목적이 없었다고 하더라도, 형법 제33조 단서의 규정에 의하여 피고인을 모해위증교사죄로 처단할 수 있다.**

[4] 형법 제31조 제1항은 협의의 공범의 일종인 교사범이 그 성립과 처벌에 있어서 정범에 종속한다는 일반적인 원칙을 선언한 것에 불과하고, 신분관계로 인하여 형의 경중이 있는 경우에 신분이 있는 자가 신분이 없는 자를 교사하여 죄를 범하게 한 때에는 **형법 제33조 단서가 형법 제31조 제1항에 우선하여 적용됨으로써 신분이 있는 교사범이 신분이 없는 정범보다 중하게 처벌 된다**」.

●해설● 1 대상판결은 법원이 형법 제33조의 **'신분관계' 개념**을 밝힌 최초의 판결이다. 특히 모해위증죄에 있어 **'모해할 목적'도 신분에 해당된다**고 판시하고 있다. 따라서 교사자가 모해목적으로 모해목적이 없는 정범을 교사한 경우 교사자를 정범과 동일한 형으로 처벌한다고 규정하고 있는 형법 제31조 제1항이 아니라 제33조 단서를 우선 적용하여야 함을 명시하였다는 점에서 의미 있는 판결이다.

2 신분의 의의 판례에 따르면 「**신분관계**라 함은 남녀의 성별, 내·외국인의 구별, 친족관계,

1) 형법 제31조(교사범) ① 타인을 교사하여 죄를 범하게 한 자는 죄를 실행한 자와 동일한 형으로 처벌한다.
2) 형법 제33조(공범과 신분) **신분이 있어야 성립되는 범죄**에 신분 없는 사람이 가담한 경우에는 그 신분 없는 사람에게도 제30조부터 제32조까지의 규정을 적용한다. 다만, **신분 때문에 형의 경중이 달라지는 경우**에 신분이 없는 사람은 무거운 형으로 벌하지 아니한다.
3) 형법 제152조(위증, 모해위증) ① 법률에 의하여 선서한 증인이 허위의 진술을 한 때에는 **5년 이하의 징역** 또는 1천만원 이하의 벌금에 처한다. ② 형사사건 또는 징계사건에 관하여 피고인, 피의자 또는 징계혐의자를 **모해할 목적**으로 전항의 죄를 범한 때에는 **10년 이하의 징역**에 처한다.

공무원인 자격과 같은 관계뿐만 아니라 널리 일정한 범죄행위에 관련된 범인의 인적관계인 **특수한 지위 또는 상태**를 지칭」한다. 여기서 ① '인적관계인 **특수한 지위**'의 예로는 직계 존비속·친족관계, 공무원·의사·약사·변호사인 지위, 타인의 재물을 보관하는 자(횡령죄), 타인의 사무를 처리하는 자(배임죄), 부진정부작위범에서의 보증인적 지위 등이 있다. 그리고 ② '**특수한 상태**'는 행위자의 일신상의 특별한 상태를 말하며 그 예로는 상습성, 업무성 등을 들 수 있다.

3 형법 제33조는 신분범 전부를 적용대상으로 삼고 있지는 못하다. 제33조는 본문은 적극적 신분 중 진정신분범에 관하여 규정하고 있다. 그리고 동조 단서는 부진정신분범 중 신분 없는 자가 신분으로 인하여 형이 무거워지는 가중적 신분범에 가담한 경우만을 규정하고 있다.

4 신분자가 비신분자에 가담한 경우 따라서 제33조에는 사안의 경우와 같이 **가중적 신분자(X)가 비신분자(Y)에게 가담한 경우에 관한 규정은 없다.** 때문에 이에 대하여는 ① 공범종속성의 원칙에 따라 정범인 Y가 단순위증죄를 범하였으므로 X도 이에 종속하여 단순위증죄의 교사범만 성립된다는 견해가 있지만 ② 대법원은 정범이 단순위증죄만 성립하더라도 **신분의 개별화원칙(책임개별화원칙)**을 강조한 제33조 단서의 취지에 따라 X는 모해위증죄의 교사범이 성립된다고 판단하고 있다. 즉 "제33조 단서는 공범종속성 원칙에 우선하여 적용된다"라고 한다. 이는 제33조 단서가 "비신분자를 신분자에 비해 무겁게 처벌하지 않겠다"는 의미이고, 반대로 신분자는 비신분자에 비해 무겁게 처벌할 수 있다는 것이 판례의 입장이다. 이에 따라 X는 단순위증죄의 교사가 아니라 형이 가중되는 모해위증죄의 교사범이 성립된다고 보았다.

5 목적을 신분관계로 파악하는 대상판결에 대해서는 많은 비판이 있다. "이러한 대법원의 입장은 모해할 '목적'을 '신분'으로 파악하고 있다는 점에서 논쟁의 여지가 있다. 대법원이 이와 같은 이론구성을 한 이유는 Y에 대한 단순위증죄의 공소시효가 지나 검찰이 이를 피하기 위해 피고인을 모해위증죄로 기소했기 때문인 것으로 추측된다. 즉, 공범을 처벌해야 한다는 형사정책적 필요에 따라서 형법 제33조를 끌어들인 것이라고 말할 수 있다. 그러나 **'목적'은 특별한 주관적 불법표지, 즉 행위관련적 표지로서 범인의 일시적인 심리상태에 지나지 않으므로 신분이라고 할 수 없다.** …… 대법원의 해석은 형법 제33조 단서의 가능한 언어의미를 넘어서는 것이다. 그러므로 모해목적이 없는 정범을 교사한 모해목적을 가진 교사범은 공범종속성에 따라서 단순위증죄의 교사범으로 보는 것이 타당하다".[4]

6 소극적 신분과 공범 '소극적 신분'이란 개념이 있다. 소극적 신분이란 신분관계가 존재할 경우 범죄가 성립하지 않는 경우의 신분을 말한다. 예를 들어 의료법위반에 있어서 의사의 신분이 존재하면 당연히 범죄는 성립되지 않는다. 그러나 범죄를 구성하지 않는 소극적 신분자가 범죄를 구성하는 비신분자의 범행에 가공한 경우에는 **공범이 성립**한다(제한적 종속형식에 따라 해결). 예를 들어, 의료인이 비의료인의 의료행위에 공모하여 가공한 경우, 무면허의료행위의 공동정범으로서 죄책을 지게 된다(Ref 1).

4) 배종대, 형법총론(제11판), 676-677면.

Reference

(소극적) 신분자의 비신분자에 대한 가공

1 **[대판 85도448]** 의료인일지라도 의료인 아닌 자의 의료행위에 공모하여 가공하면 의료법 제25조 제1항이 규정하는 무면허의료 행위의 공동정범으로서의 책임을 진다.

2 **[대판 86도749]** **치과의사**가 환자의 대량유치를 위해 치과기공사들에게 내원환자들에게 진료행위를 하도록 지시하여 동인들이 각 단독으로 전항과 같은 진료행위를 하였다면 **무면허의료행위의 교사범**에 해당한다.

3-1 **[대판 2010도5964]** 의사가 간호사로 하여금 의료행위에 관여하게 하는 경우에도 그 의료행위는 의사의 책임 아래 이루어지는 것이고 간호사는 그 보조자에 불과하다. 간호사가 '진료의 보조'를 하는 경우 모든 행위 하나하나마다 항상 의사가 현장에 입회하여 일일이 지도·감독하여야 한다고 할 수는 없고, 경우에 따라서는 의사가 진료의 보조행위 현장에 입회할 필요 없이 일반적인 지도·감독을 하는 것으로 충분한 경우도 있을 수 있으나, 이는 어디까지나 의사가 그의 주도로 의료행위를 실시하면서 그 의료행위의 성질과 위험성 등을 고려하여 그 중 일부를 간호사로 하여금 보조하도록 지시 내지 위임할 수 있다는 것을 의미하는 것에 그친다. 이와 달리 의사가 간호사에게 의료행위의 실시를 개별적으로 지시하거나 위임한 적이 없음에도 **간호사가 그의 주도 아래 전반적인 의료행위의 실시** 여부를 결정하고 간호사에 의한 의료행위의 실시과정에도 의사가 지시·관여하지 아니한 경우라면, 이는 구 의료법(2009. 1. 30. 법률 제9386호 개정되기 전의 것) 제27조 제1항이 금지하는 무면허의료행위에 해당한다고 볼 것이다. 그리고 의사가 이러한 방식으로 의료행위가 실시되는 데 간호사와 함께 공모하여 그 공동의사에 의한 기능적 행위지배가 있었다면, **의사도 무면허의료행위의 공동정범**으로서의 죄책을 진다.

3-2 **[대판 2012도16119]** [의사가 간호사에게 의료행위의 실시를 개별적으로 지시하거나 위임한 적이 없음에도 간호사가 주도하여 전반적인 의료행위의 실시 여부를 결정하고 간호사에 의한 의료행위의 실시과정에 의사가 지시·관여하지 아니한 경우, 의료법 제27조 제1항이 금지하는 무면허의료행위에 해당하는지 여부(적극)] **프로포폴에 의한 수면마취 시 의사**는 반드시 마취 전에 환자를 문진 또는 진찰하고 환자마다 개별적으로 마취제의 투여 여부와 그 용량을 결정하여야 하며, 마취제의 투여 시에도 환자가 진정되는 깊이를 파악하고 약의 용량을 조절하기 위해 의사가 직접 투여하는 것이 원칙이고, 간호사 등에게 미리 확보되어 있는 정맥로를 통해 마취제를 투여하게 하더라도 의사가 현장에 참여하여 구체적인 지시·감독을 해야 할 의무를 부담하며, 이를 위반하여 간호사 등에게 프로포폴의 주사를 위임할 경우에는 무면허의료행위에 해당한다고 봄이 상당하다고 판단한 다음, 적법하게 채택된 증거에 의하면, 피고인들은, 자신들이 운영하는 병원의 모든 시술에서 특별한 제한 없이 프로포폴을 투여하여 준다는 소문을 듣고 찾아온 사람들에게 환자에 대한 진료 및 간호사와 간호조무사에 대한 구체적인 지시·감독 없이 간호사와 간호조무사로 하여금 제1심 판시 각 범죄일람표 기재와 같이 프로포폴을 제한 없이 투약하게 함으로써 **무면허의료행위를 하였음을 인정할 수 있다**고 판단하였다.

4 **[대판 2017도378]** [의료인이 비의료인의 의료기관 개설행위에 공모하여 가공한 경우, 구 의료법 제87조 제1항 제2호, 제33조 제2항 위반죄의 공동정범에 해당하는지 여부(적극)] 비의료인과 의료인이 동업 등의 약정을 하여 의료기관을 개설한 행위가 의료법에 의하여 금지되는 **비의료인의 의료기관 개설행위**에 해당

하는지 여부는 동업관계의 내용과 태양, 실제 의료기관의 개설에 관여한 정도, 의료기관의 운영 형태 등을 종합적으로 고려하여 누가 주도적인 입장에서 의료기관의 개설·운영 업무를 처리해 왔는지 여부를 판단하여야 한다. 이에 따라 형식적으로만 적법한 의료기관의 개설로 가장한 것일 뿐 실질적으로는 비의료인이 주도적으로 의료기관을 개설·운영한 것으로 평가될 수 있는 경우에는 의료법에 위반된다고 봄이 타당하다. 또한 의료인이 비의료인의 의료기관 개설행위에 공모하여 가공하면 의료법 제87조 제1항 제2호, 제33조 제2항 위반죄의 공동정범에 해당한다.

부진정신분범과 공범

5 **[대판 97도2249]** [공직선거및선거부정방지법 제257조 제1호 소정의 기부행위제한위반죄의 주체 및 신분관계 없는 공범에 대하여 동일한 구성요건의 공동정범으로의 처벌 가부(소극)] 공직선거및선거부정방지법 제257조 제1항 제1호 소정의 각 기부행위제한위반의 죄는 같은 법 제113조, 제114조, 제115조에 각기 한정적으로 열거되어 규정하고 있는 신분관계가 있어야만 성립하는 범죄이고 죄형법정주의의 원칙상 유추해석은 할 수 없으므로 위 각 해당 신분관계가 없는 자의 기부행위는 위 각 해당 법조항위반의 범죄로는 되지 아니하며, 또한 위 각 법조항을 구분하여 기부행위의 주체 및 그 주체에 따라 기부행위제한의 요건을 각기 달리 규정한 취지는 각 기부행위의 주체자에 대하여 그 신분에 따라 각 해당 법조로 처벌하려는 것이고, 각 기부행위의 주체로 인정되지 아니하는 자가 기부행위의 주체자 등과 공모하여 기부행위를 하였다고 하더라도 그 신분에 따라 각 해당법조로 처벌하여야 하지 **기부행위의 주체자의 해당법조의 공동정범으로 처벌할 수도 없다.**

6 **[대판 84도195]** 상습도박의 죄나 상습도박방조의 죄에 있어서의 상습성은 행위의 속성이 아니라 행위자의 속성으로서 도박을 반복해서 거듭하는 습벽을 말하는 것인 바, (가) **도박의 습벽이 있는 자가 타인의 도박을 방조하면 상습도박방조의 죄에 해당**하는 것이며, (나) 도박의 습벽이 있는 자가 도박을 하고 또 도박방조를 하였을 경우 상습도박방조의 죄는 **무거운 상습도박의 죄에 포괄시켜 1죄**로서 처단하여야 한다.

59 간접정범 – 목적범에서 ‘목적 없는 자’의 이용 –

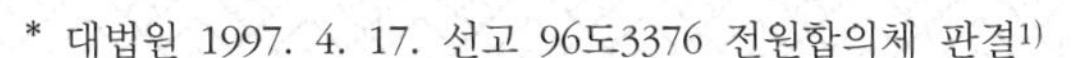
* 대법원 1997. 4. 17. 선고 96도3376 전원합의체 판결[1)]

* 참조조문: 형법 제34조 제1항,[2)] 제87조[3)]

간접정범의 방법에 의한 내란죄의 인정

사실 피고인 X 등은 12 · 12 군사 반란으로 군의 지휘권을 장악한 후, 국정전반에 영향력을 미쳐 국권을 사실상 장악하는 한편, 헌법기관인 국무총리와 국무회의의 권한을 사실상 배제하고자 하는 국헌문란의 목적을 달성하기 위하여, 비상계엄을 전국적으로 확대하는 것이 전군지휘관회의에서 결의된 군부의 의견인 것을 내세워 그와 같은 조치를 취하도록 대통령과 국무총리를 강압하고, 병기를 휴대한 병력으로 국무회의장을 포위하고 외부와의 연락을 차단하여 국무위원들을 강압 외포시키는 등의 폭력적 불법수단을 동원하여 비상계엄의 전국 확대를 의결 · 선포하게 하였다.

판지 「사정이 이와 같다면, 위 비상계엄 전국 확대가 국무회의의 의결을 거쳐 대통령이 선포함으로써 **외형상 적법하였다고 하더라도,** 이는 피고인들에 의하여 국헌문란의 목적을 달성하기 위한 **수단으로 이루어진 것**이므로 내란죄의 폭동에 해당하고, 또한 이는 피고인들에 의하여 국헌문란의 목적을 달성하기 위하여 그러한 **목적이 없는 대통령을 이용**하여 이루어진 것이므로 피고인들이 **간접정범의 방법으로 내란죄를 실행한 것으로 보아야 할 것**이다」.

해설 1 범죄는 ‘어느 행위로 인하여 처벌되지 아니하는 자’를 이용하여서도 이를 실행할 수 있으므로, 내란죄의 경우에도 ‘국헌문란의 목적’을 가진 자가 그러한 목적이 없는 자를 이용하여 이를 실행할 수 있다. 대상판례는 이런 경우 간접정범이 성립할 수 있음을 명시하였다는 점에서 의의가 있다.

2 사안은 내란죄의 간접정범을 인정한 판례이다. **간접정범이란** 우월적 지위에서 조종의사에 의하여 타인을 이용하여 간접적으로 범죄를 실행하는 정범의 형태를 말한다(행위지배설). 따라서 간접정범은 행위지배의 형태가 **의사지배**이다. 의사지배의 과정에서 타인의 의사를 부당하게 억압하여야만 간접정범에 해당하는 것은 아니다(대판 2007도7204, Ref 1).

---

1) **12 · 12 군사 반란**은 1979년 12월 12일, 전두환과 노태우 등을 중심으로 한 하나회 세력이 최규하 대통령의 승인 없이 계엄사령관인 정승화 대한민국 육군 참모총장, 정병주 특수전사령부 사령관, 장태완 수도경비사령부 사령관, 김진기 육군 헌병감 등을 체포한 사건이다. 보안사령관 전두환은 12 · 12 군사 반란으로 군부 권력을 장악하고 정치적인 실세로 등장했다. 이후 1980년 5월 전두환을 중심으로 하는 신군부는 5 · 17 쿠데타를 일으켜 정권을 사실상 장악하고, 5 · 17 쿠데타에 항거한 5 · 18 광주 민주화 운동에 대해 학살과 진압으로 강경 대응했다. 전두환은 8월 22일에 육군 대장으로 예편했고 1980년 9월 대한민국 제11대 대통령이 되었다. 12 · 12 군사반란을 재현한 영화로는 《서울의 봄》이 있고, 5 · 18 광주 민주화 운동 당시를 다룬 영화로는 《화려한 휴가》, 《택시운전사》가 있다. ko.wikipedia.org

2) 형법 제34조(간접정범) ① **어느 행위로 인하여 처벌되지 아니하는 자** 또는 **과실범으로 처벌되는 자**를 교사 또는 방조하여 범죄행위의 결과를 발생하게 한 자는 교사 또는 방조의 예에 의하여 처벌한다.

3) 형법 제87조(내란) 국토를 참절하거나 국헌을 문란할 **목적**으로 폭동한 자는 다음의 구별에 의하여 처단한다. 1. 수괴는 사형, 무기징역 또는 무기금고에 처한다. 2. 모의에 참여하거나 지휘하거나 기타 중요한 임무에 종사한 자는 사형, 무기 또는 5년 이상의 징역이나 금고에 처한다. 살상, 파괴 또는 약탈의 행위를 실행한 자도 같다. 3. 부화수행하거나 단순히 폭동에만 관여한 자는 5년 이하의 징역 또는 금고에 처한다.

3 사안의 경우, 내란죄는 '목적범'이므로 '목적'이 없이는 범죄가 성립하지 않는다. 판례는 피고인들이 '(내란)목적 없는 대통령'을 도구로 이용하여 자신들의 (내란)목적을 달성한 것으로 판단하고 있다. 목적범에서 목적 없는 행위자는 (주관적)구성요건해당성이 없어 처벌되지 않으므로 간접정범의 피이용자가 될 수 있다.

4 대법원은 「5 · 18 내란 행위자들이 1980.5.17. 24:00를 기하여 비상계엄을 전국으로 확대하는 등 헌법기관인 대통령, 국무위원들에 대하여 강압을 가하고 있는 상태에서, 이에 항의하기 위하여 일어난 광주시민들의 시위는 국헌을 문란하게 하는 내란행위가 아니라 헌정질서를 수호하기 위한 정당한 행위였음에도 불구하고 이를 난폭하게 진압함으로써, 대통령과 국무위원들에 대하여 보다 강한 위협을 가하여 그들을 외포하게 하였다면, 그 시위진압행위는 내란행위자들이 헌법기관인 대통령과 국무위원들을 강압하여 그 권능행사를 불가능하게 한 것으로 보아야 하므로 **국헌문란에 해당**한다고」 보았다.

5 간접정범에서 중요한 논점은 **피용자의 범위**이다. 제34조 제1항은 "어느 행위로 인하여 처벌되지 아니하는 자 또는 과실범으로 처벌되는 자"를 교사 또는 방조하여 범죄행위의 결과를 발생하게 한 자로 규정되어 있다. 이때 "어느 행위로 인하여 처벌되지 아니하는 자"의 범위와 관련하여 대법원은 범죄성립요건인 **구성요건해당성, 위법성, 책임**의 각 요소 가운데 어느 요소가 갖추어지지 아니하였기 때문에 범죄성립이 부정된 사람으로 판단한다. 그러나 인적 처벌조각사유나 객관적 처벌조건이 개입하여 처벌되지 않는 자는 이 범주에 들지 않는다.

6 판결문을 빌려 이를 좀 더 구체적으로 예시하면 「어느 행위로 인하여 처벌되지 아니하는 자는 시비를 판별할 능력이 없거나 강제에 의하여 의사의 자유를 억압당하고 있는 자, 구성요건적 범의가 없는 자와 목적범이거나 신분범일 때 그 목적이나 신분이 없는 자, 형법상 정당방위, 정당행위, 긴급피난 또는 자구행위로 인정되어 위법성이 없는 자 등을 말하는 것으로 이와 같은 책임무능력자, 범죄사실의 인식이 없는 자, 의사의 자유를 억압당하고 있는 자, 목적범, 신분범인 경우 그 목적 또는 신분이 없는 자 위법성이 조각되는 자 등을 **마치 도구나 손발과 같이 이용하여 간접으로 죄의 구성요소를 실행**한 자를 간접정범으로 처벌하는 것이다」(대판 83도515 전원합의체).

7 한편, **간접정범의 형태에 의한 소송사기죄**의 성립도 가능하다. 즉, 「자기에게 유리한 판결을 얻기 위하여 소송상의 주장이 사실과 다름이 객관적으로 명백하거나 증거가 조작되어 있다는 정을 인식하지 못하는 제3자를 이용하여 그로 하여금 소송의 당사자가 되게 하고 법원을 기망하여 소송 상대방의 재물 또는 재산상 이익을 취득하려 하였다면 간접정범의 형태에 의한 소송사기죄가 성립하게 된다」(대판 2006도3591).

8 정범이론에 있어서 (a) **제한적 정범개념이론**에 의하면 스스로 구성요건적 행위를 한 자만이 정범이 되기 때문에 간접정범은 공범이 된다. 반면 (b) **확장적 정범개념이론**에 따르면 구성요건적 결과발생에 조건을 준 자는 모두 정범으로 보기 때문에 간접정범은 당연히 정범이 된다. (c) 간접정범에 대한 핵심은 피용자에 대한 **'의사지배'**에 있다. 여기서 의사지배란 우월적 의사와 인식으로 인한 행위지배를 의미한다.

9 간접정범의 한계 (1) **자수범(自手犯)**의 경우는 간접정범이 불가능하다. 자수범은 자신의 직접적 행위를 통해서만 범행실행이 가능한 범죄이기 때문이다. 예를 들어, **위증죄**는 선서한 증인만이 범죄성립이 가능하기 때문에 간접정범이 될 수 없다(대판 92도2342). 한편 (2) 진정신분범에서 **비신분자는 간접정범이 될 수 없다**(신분자만이 간접정범이 된다). 예를 들어, 처가 공무원인 남편을 속여 뇌물이 아니라 채무변제로 받는 것이라고 하여 남편으로 하여금 뇌물을 받게 한 경우, 처는 공무원이 아닌 비신분자이므로 수뢰죄의 정범적격이 없어 수뢰죄의 간접정범이 성립할 수가 없다.

Reference

구성요건에 해당하지 않는 행위를 이용한 경우

1 [대판 2007도7204] [1] 정유회사 경영자의 청탁으로 국회의원이 위 경영자와 지역구 지방자치단체장 사이에 정유공장의 지역구 유치와 관련한 간담회를 주선하고 위 경영자는 정유회사 소속 직원들로 하여금 위 국회의원이 사실상 지배·장악하고 있던 후원회에 후원금을 기부하게 한 사안에서, 국회의원에게는 정치자금법 제32조 제3호 위반죄가, **경영자에게는 정치자금법 위반죄의 간접정범이 성립**한다. [2] 처벌되지 아니하는 타인의 행위를 적극적으로 유발하고 이를 이용하여 자신의 범죄를 실현한 자는 형법 제34조 제1항이 정하는 간접정범의 죄책을 지게 되고, 그 과정에서 **타인의 의사를 부당하게 억압하여야만 간접정범에 해당하는 것은 아니다.** cf) 이 판례는 간접정범이 성립하기 위해서는 처벌되지 아니하는 타인의 행위를 적극적으로 유발하고 이를 이용하여 자신의 범죄를 실현하면 족하고 그 과정에서 타인의 의사를 부당하게 억압하여야만 간접정범에 해당하는 것은 아님을 명시하였다는 점에서 그 의의가 있다.

2 [대판 2006도1663] 공무원이 아닌 자는 형법 제228조의 경우를 제외하고는 허위공문서작성죄의 간접정범으로 처벌할 수 없으나, 공무원이 아닌 자가 공무원과 공동하여 허위공문서작성죄를 범한 때에는 공무원이 아닌 자도 형법 제33조, 제30조에 의하여 허위공문서작성죄의 공동정범이 된다.

3 [대판 2000도3045] [1] **출판물에 의한 명예훼손죄는 간접정범에 의하여 범하여질 수도 있으므로** 타인을 비방할 목적으로 허위의 기사 재료를 그 정을 모르는 기자에게 제공하여 신문 등에 보도되게 한 경우에도 성립할 수 있으나 **제보자가 기사의 취재·작성과 직접적인 연관이 없는 자에게 허위의 사실을 알렸을 뿐인 경우**에는, 제보자가 피제보자에게 그 알리는 사실이 기사화 되도록 특별히 부탁하였다거나 피제보자가 이를 기사화 할 것이 고도로 예상되는 등의 특별한 사정이 없는 한, 피제보자가 언론에 공개하거나 기자들에게 취재됨으로써 그 사실이 신문에 게재되어 일반 공중에게 배포되더라도 제보자에게 출판·배포된 기사에 관하여 출판물에 의한 명예훼손죄의 책임을 물을 수는 없다. [2] 의사가 의료기기 회사와의 분쟁을 정치적으로 해결하기 위하여 **국회의원에게 허위의 사실을 제보**하였을 뿐인데, 위 국회의원의 발표로 그 사실이 일간신문에 게재된 경우 **출판물에 의한 명예훼손이 성립하지 아니한다.**

4 [대판 2000도938] ●**사실**● 피고인 X, Y는 각기 A주식회사와 B주식회사의 대표이사인바, 1998.6.25. 제1시 종합건설본부에서 발주하는 연구단지 진입도로 확장공사에 위 각 회사가 공동으로 입찰하여 적격심사 1순위자로 선정되었으나, 위 건설본부에서 요구하는 공사실적이 부족하여 최종 낙찰에 탈락될 위기에 처하자, 관공서 등에서 발급하는 공사실적증명서를 위조하여 위 건설본부에 제출하기로 마음먹고, 공모하

여, 행사할 목적으로 1998.6.30. 제2시 구청에서, B주식회사가 위 구에서 발주한 공원 내 지하주차장 공사의 기본 및 실시 설계 용역만을 수주하였음에도 불구하고 마치 보수공사 전체를 수주한 것처럼 실적증명서의 사업명을 '공원 내 지하주차장 보수공사'라고 허위기재한 다음, 그 정을 모르는 위 구청의 담당직원에게 제출하여 동인으로부터 위의 사실을 증명한다는 취지로 위 구청장의 직인을 날인받아 위 구청장 명의의 공사실적증명서 1장을 위조한 것을 비롯하여, 총 12회에 걸쳐 공문서인 공사실적증명서 18장을 각 위조하고, 1998.7. 초순 일자 미상경 제1시 종합건설본부에서, 그 정을 모르는 담당직원에게 위와 같이 위조한 공사실적증명서 18장을 일괄 제출하여 이를 행사하였다. ●**판지**● 어느 문서의 작성권한을 갖는 공무원이 그 문서의 기재 사항을 인식하고 그 문서를 작성할 의사로써 이에 서명날인하였다면, 설령 그 서명날인이 타인의 기망으로 착오에 빠진 결과 그 문서의 기재사항이 진실에 반함을 알지 못한 데 기인한다고 하고 그 내용이 허위이기는 하지만 그 작성행위는 작성권한이 있는 공무원에 의하여 이루어진 것이어서 그 문서의 성립은 진정하며 여기에 하등 작성명의를 모용한 사실이 있다고 할 수는 없으므로, **공무원 아닌 자가 관공서에 허위내용의 증명원을 제출하여 그 내용이 허위인 정을 모르는 담당공무원으로부터 그 증명원 내용과 같은 증명서를 발급받은 경우 공문서위조죄의 간접정범으로 의율할 수는 없다.**

5 **[대판 95도1706]** 경찰서 보안과장인 피고인이 갑의 음주운전을 눈감아주기 위하여 그에 대한 음주운전자 적발보고서를 찢어버리고, 부하로 하여금 일련번호가 동일한 가짜 음주운전 적발보고서에 을에 대한 음주운전 사실을 기재케 하여 **그 정을 모르는 담당 경찰관으로 하여금** 주취운전자 음주측정처리부에 을에 대한 음주운전 사실을 기재하도록 한 이상, 을이 음주운전으로 인하여 처벌을 받았는지 여부와는 관계없이 **허위공문서작성 및 동 행사죄의 간접정범으로서의 죄책을 면할 수 없다.** cf) 신분자가 비신분자를 이용한 경우이다.

6 **[대판 93도3535]** 타인을 비방할 '목적'으로 **허위사실인 기사의 재료를 신문기자에게 제공한 경우**에 기사를 신문지상에 게재하느냐의 여부는 신문 편집인의 권한에 속한다고 할 것이나 이를 편집인이 신문지상에 게재한 이상 기사의 게재는 기사재료를 제공한 자의 행위에 기인한 것이므로 기사재료의 제공행위는 형법 제309조 제2항 소정의 **출판물에 의한 명예훼손죄의 죄책을 면할 수 없다.**

7 **[대판 92도1342]** 부정수표단속법의 목적이 부정수표 등의 발행을 단속처벌함에 있고(제1조), 허위신고죄를 규정한 위 법 제4조가 "수표금액의 지급 또는 거래정지처분을 면하게 할 목적"이 아니라 "수표금액의 지급 또는 거래정지처분을 면할 목적"을 요건으로 하고 있는데 수표금액의 지급책임을 부담하는 자 또는 거래정지처분을 당하는 자는 오로지 발행인에 국한되는 점에 비추어 볼 때 **발행인 아닌 자는 위 법조가 정한 허위신고죄의 주체가 될 수 없고, 허위신고의 고의 없는 발행인을 이용하여 간접정범의 형태로 허위신고죄를 범할 수도 없다.**

8-1 **[대판 90도1912]** [면의 호적계장이 정을 모르는 면장의 결재를 받아 허위내용의 호적부를 작성한 경우 허위공문서작성죄의 간접정범이 성립되는지 여부(적극)] 허위공문서작성죄의 주체는 직무상 그 문서를 작성할 권한이 있는 공무원에 한하고 작성권자를 보조하는 직무에 종사하는 공무원은 허위공문서작성죄의 주체가 되지 못하나 이러한 **보조직무에 종사하는 공무원**이 허위공문서를 기안하여 허위인 정을 모르는 작성권자에게 제출하고 그로 하여금 그 내용이 진실한 것으로 오신케 하여 서명 또는 기명날인케 함으로써 공문서를 완성한 때에는 허위공문서작성죄의 **간접정범이 성립된다** 할 것인 바, 면의 호적계장이 정을 모른 면

장의 결재를 받아 허위내용의 호적부를 작성한 경우 **허위공문서작성, 동행사죄의 간접정범이 성립한다.** **cf)** 신분범에서는 신분을 갖지 않은 자는 '정범'이 될 수 없으므로 비신분자는 간접정범이 될 수 없다(때문에 일반인이 공무원을 이용하여 수뢰죄의 간접정범을 범할 수는 없다). 그러나 본 판결에서는 예외적으로, 작성권자를 보조하는 직무에 종사하는 공무원은 허위공문서작성죄의 주체가 되지 못하나 간접정범 성립을 인정하고 있음에 주의를 요한다.

8-2 [비교판례] [대판 2016도13912] 허위공문서작성죄의 주체는 문서를 작성할 권한이 있는 명의인인 공무원에 한하고 그 공무원의 문서작성을 보조하는 직무에 종사하는 공무원은 허위공문서작성죄의 주체가 될 수 없다. 따라서 보조 직무에 종사하는 공무원이 허위공문서를 기안하여 허위임을 모르는 작성권자의 결재를 받아 공문서를 완성한 때에는 허위공문서작성죄의 간접정범이 될 것이지만, 이러한 결재를 거치지 않고 **임의로 작성권자의 직인 등을 부정 사용**함으로써 공문서를 완성한 때에는 **공문서위조죄**가 성립한다. 이는 공문서의 작성권한 없는 사람이 허위공문서를 기안하여 작성권자의 결재를 받지 않고 공문서를 완성한 경우에도 마찬가지이다.

자살 · 자상 · 자기추행을 강요 · 이용한 간접정범[4]

9-1 [대판 86도2395] 피고인이 7세, 3세 남짓 된 어린자식들에 대하여 **함께 죽자고 권유하여 물속에 따라 들어오게 하여 결국 익사**하게 하였다면 비록 피해자들을 물속에 직접 밀어서 빠뜨리지는 않았다고 하더라도 **자살의 의미를 이해할 능력이 없고** 피고인의 말이라면 무엇이나 복종하는 어린 자식들을 권유하여 익사하게 한 이상 살인죄의 범의는 있었음이 분명하다.

9-2 [대판 70도1638] 피고인은 동거한 사실이 있는 피해자인 박에게 피고인을 탈영병이라고 헌병대에 신고한 이유와 다른 남자와 정을 통한 사실들을 추궁한 바, 이를 부인하자 하숙집 뒷산으로 데리고 가 계속 부정을 추궁하면서 상대 남자를 말하자 대답을 하지 못하고 당황하던 동 여에게 소지 중인 **면도칼 1개**를 주면서 **"네가 네 코를 자르지 않을 때는 돌로서 죽인다."**는 등 위협을 가해 자신의 생명에 위험을 느낀 동여는 자신의 생명을 보존하기 위하여 위 **면도칼로 콧등을 길이 2.5센치, 깊이 0.56센치 절단**하므로서 동 여에게 전치 3개월을 요하는 상처를 입혀 **안면부 불구**가 되게 하였다는 것으로서 이와 같이 피고인에게 피해자의 상해결과에 대한 인식이 있고 또 그에 대한 **협박의 정도가 그의 의사결정의 자유를 상실케 함에 족한 것인 이상**, 피고인에게 **중상해 사실을 인정**하고 피해자의 자상행위로 인정하지 아니한 원판결 판단에 소론 위법이 있다는 논지는 이유 없다. **cf) 중상해죄의 간접정범에 해당하는 사안**이다. 대상판결에서 X는 A가 자상행위를 한 것이라 주장하였다. 사람이 스스로 신체를 상해를 한 경우에는 범죄가 되지 않기 때문이다. 그러나 X에게는 A의 상해결과에 대한 인식이 있었고 나아가 A에 대한 협박의 정도가 그의 의사결정의 자유를 상실케 함에 충분하다. A는 생명에 대한 위협을 받는 상황에서 자상 이외의의 선택은 할 수 없는 정신적 상태에 놓였음이 인정된다. 이상의 상황에서 법원이 피고인에게 중상해를 인정하고 피해자의 자상행위를 받아들이지 아니한 판단은 타당하다.

9-3 [대판 2016도17733] [피해자를 도구로 삼아 **피해자의 신체를 이용**하여 추행행위를 한 경우, **강제추행죄의 간접정범**에 해당하는지 여부(적극)] 강제추행죄는 사람의 성적 자유 내지 성적 자기결정의 자유를 보호하기 위한 죄로서 정범 자신이 직접 범죄를 실행하여야 성립하는 **자수범이라고 볼 수 없으므로,** 처벌되지 아니하는 타인을 도구로 삼아 피해자를 강제로 추행하는 간접정범의 형태로도 범할 수 있다. 여기서 강제

4) 이러한 행위들은 살인죄나 상해죄, 강제추행죄의 **행위객체**에 해당되지 않아 구성요건해당성이 없다. 이용자는 이러한 구성요건에 해당하지 않는 행위를 이용한 간접정범이 된다.

추행에 관한 간접정범의 의사를 실현하는 **도구로서의 타인에는 피해자도 포함될 수 있으므로**, 피해자를 도구로 삼아 피해자의 신체를 이용하여 추행행위를 한 경우에도 강제추행죄의 간접정범에 해당할 수 있다.

고의 없는 자의 행위를 이용한 간접정범5)

10-1[대판 84도1862] 유가증권변조죄에 있어서 변조라 함은 진정으로 성립된 유가증권의 내용에 권한 없는 자가 그 유가증권의 동일성을 해하지 않는 한도에서 변경을 가하는 것을 말하고, 설사, 진실에 합치하도록 변경한 것이라 하더라도 권한없이 변경한 경우에는 변조로 되는 것이고 정을 모르는 제3자를 통하여 간접정범의 형태로도 범할 수 있는 것인 바, **신용카드를 제시받은 상점 점원이 그 카드의 금액란을 정정기재 하였다 하더라도** 그것이 카드소지인이 위 점원에게 자신이 위 금액을 정정기재 할 수 있는 권리가 있는 양 **기망하여 이루어졌다면 이는 간접정범에 의한 유가증권변조로 봄이 상당하다.**

10-2 [대판 83도200] 튀김용 기름의 제조허가도 없이 튀김용기름을 제조할 범의 하에 식용유제조의 **범의 없는 자를 이용하여 튀김용 기름을 제조케 한 자**는 그 직접제조행위자가 식용유제조의 범의가 없어 그 제조에 대한 책임을 물을 수 없다고 하여도 처벌되지 아니하는 그 행위를 이용하여 무허가제조행위를 실행한 자로서 보건범죄단속에관한특별조치법 제2조 제1항, 식품위생법 제23조 제1항 위반죄의 간접정범에 해당한다. cf) 피이용자의 행위가 과실행위인 경우 과실처벌규정이 없는 경우에도 이용자가 피이용자의 행위를 이용한 경우라면 당해 고의범죄의 간접정범이 성립할 수 있다.

10-3 [대판 2006도2963] **[고의 없는 '소유자'를 도구로 이용한 절도죄의 간접정범]** 피고인이 축산업협동 공소외 1 조합이 점유하는 타인 소유의 창고의 패널을 점유자인 공소외 1 조합으로부터 명시적인 허락을 받지 않은 채 소유자인 위 타인으로 하여금 취거하게 한 경우 **소유자를 도구로 이용한 절도죄의 간접정범이 성립될 수 있지만**, 여러 사정에 비추어 피고인에게 공소외 1 조합의 의사에 반하여 위 창고의 패널을 뜯어 간다는 **범의가 있었다고 단정하기는 어렵다.**

10-4 [대판 2006도3591] [간접정범 형태에 의한 **소송사기죄**가 성립하는 경우] 甲이 존재하지 않는 약정 이자에 관한 내용을 부가하여 위조한 乙 명의 차용증을 바탕으로 乙에 대한 차용금채권을 丙에게 양도하고, 이러한 **사정을 모르는 丙으로 하여금** 乙을 상대로 양수금 청구소송을 제기하게 한 사안에서, 甲의 행위는 丙을 도구로 이용한 간접정범 형태의 소송사기죄를 구성한다고 한 사례.

10-5 [대판 2009도7815] 보증인이 아닌 자가 허위 보증서 작성의 **고의 없는 보증인들을 이용하여 허위의 보증서를 작성하게 한 경우**, 부동산소유권 이전등기 등에 관한 특별조치법 제13조 제1항 제3호에 정한 '허위보증서작성죄'의 간접정범이 성립한다.

구성요건에 해당하지만 위법하지 않은 행위의 이용한 경우

11 [대판 2003도3945] **감금죄는 간접정범의 형태로도 행하여질 수 있는 것**이므로, 인신구속에 관한 직무를 행하는 자 또는 이를 보조하는 자가 피해자를 구속하기 위하여 진술조서 등을 허위로 작성한 후 이를 기록에 첨부하여 구속영장을 신청하고, 진술조서 등이 **허위로 작성된 정을 모르는 검사와 영장전담판사를 기망하여 구속영장을 발부받은 후 그 영장에 의하여 피해자를 구금**하였다면 형법 제124조 제1항의 직권남용감금죄가 성립한다.

5) 간접정범 중에 가장 많이 발생되는 형태의 간접정범이다.

과실범으로 처벌되는 자를 이용한 경우

12 **[대판 2006도3591]** 자기에게 유리한 판결을 얻기 위하여 소송상의 주장이 사실과 다름이 객관적으로 명백하거나 증거가 조작되어 있다는 정을 **인식하지 못하는 제3자를 이용**하여 그로 하여금 소송의 당사자가 되게 하고 **법원을 기망하여** 소송 상대방의 재물 또는 재산상 이익을 취득하려 하였다면 **간접정범의 형태에 의한 소송사기죄가 성립하게 된다.**

기타 간접정범과 관련된 주요 판례

13 **[대판 2006도7318]** [수표의 발행인이 아닌 사람이 부정수표단속법 제4조가 정한 허위신고죄의 주체가 될 수 있는지 여부(소극) 및 간접정범의 형태로 같은 죄를 범할 수 있는지 여부(소극)] 부정수표단속법 제4조가 '수표금액의 지급 또는 거래정지처분을 면할 목적'을 요건으로 하고, 수표금액의 지급책임을 부담하는 자 또는 거래정지처분을 당하는 자는 발행인에 국한되는 점에 비추어 볼 때 그와 같은 (가) 발행인이 아닌 자는 부정수표단속법 제4조가 정한 허위신고죄의 주체가 될 수 없고, (나) 발행인이 아닌 자는 허위신고의 고의 없는 발행인을 이용하여 간접정범의 형태로 허위신고죄를 범할 수도 없다 할 것이다.

14 **[대판 2000도938]** [공무원 아닌 자가 관공서에 허위내용의 증명원을 제출하여 그 정을 모르는 공무원으로부터 그 증명원 내용과 같은 증명서를 발급받은 경우, 공문서위조죄의 간접정범이 성립하는지 여부(소극)] 어느 문서의 작성권한을 갖는 공무원이 그 문서의 기재 사항을 인식하고 그 문서를 작성할 의사로써 이에 서명날인하였다면, 설령 그 서명날인이 타인의 기망으로 착오에 빠진 결과 그 문서의 기재사항이 진실에 반함을 알지 못한 데 기인한다고 하여도, 그 문서의 성립은 진정하며 여기에 하등 작성명의를 모용한 사실이 있다고 할 수는 없으므로, 공무원 아닌 자가 관공서에 허위 내용의 증명원을 제출하여 그 내용이 허위인 정을 모르는 담당공무원으로부터 그 증명원 내용과 같은 증명서를 발급받은 경우 공문서위조죄의 간접정범으로 의율할 수는 없다.

특수한 범죄유형
(과실범, 결과적 가중범, 부작위범)

형법

[시행 2023. 8. 8.] [법률 제19582호, 2023. 8. 8. 일부개정]

제1편 총칙

제1장 형법의 적용범위

제1조(범죄의 성립과 처벌) ① 범죄의 성립과 처벌은 행위 시의 법률에 따른다.

제2장 죄

제1절 죄의 성립과 형의 감면

제9조(형사미성년자) 14세되지 아니한 자의 행위는 벌하지 아니한다.

제10조(심신장애인) ① 심신장애로 인하여 사물을 변별할 능력이 없거나 의사를 결정할 능력이 없는 자의 행위는 벌하지 아니한다.

② 심신장애로 인하여 전항의 능력이 미약한 자의 행위는 형을 감경할 수 있다.

③ 위험의 발생을 예견하고 자의로 심신장애를 야기한 자의 행위에는 전2항의 규정을 적용하지 아니한다.

제11조(청각 및 언어 장애인) 듣거나 말하는 데 모두 장애가 있는 사람의 행위에 대해서는 형을 감경한다.

제12조(강요된 행위) 저항할 수 없는 폭력이나 자기 또는 친족의 생명, 신체에 대한 위해를 방어할 방법이 없는 협박에 의하여 강요된 행위는 벌하지 아니한다.

제13조(고의) 죄의 성립요소인 사실을 인식하지 못한 행위는 벌하지 아니한다. 다만, 법률에 특별한 규정이 있는 경우에는 예외로 한다.

제14조(과실) 정상적으로 기울여야 할 주의(注意)를 게을리하여 죄의 성립요소인 사실을 인식하지 못한 행위는 법률에 특별한 규정이 있는 경우에만 처벌한다.

제15조(사실의 착오) ① 특별히 무거운 죄가 되는 사실을 인식하지 못한 행위는 무거운 죄로 벌하지 아니한다.

② 결과 때문에 형이 무거워지는 죄의 경우에 그 결과의 발생을 예견할 수 없었을 때에는 무거운 죄로 벌하지 아니한다.

제16조(법률의 착오) 자기의 행위가 법령에 의하여 죄가 되지 아니하는 것으로 오인한 행위는 그 오인에 정당한 이유가 있는 때에 한하여 벌하지 아니한다.

제17조(인과관계) 어떤 행위라도 죄의 요소되는 위험발생에 연결되지 아니한 때에는 그 결과로 인하여 벌하지 아니한다.

제18조(부작위범) 위험의 발생을 방지할 의무가 있거나 자기의 행위로 인하여 위험발생의 원인을 야기한 자가 그 위험발생을 방지하지 아니한 때에는 그 발생된 결과에 의하여 처벌한다.

제19조(독립행위의 경합) 동시 또는 이시의 독립행위가 경합한 경우에 그 결과발생의 원인된 행위가 판명되지 아니한 때에는 각 행위를 미수범으로 처벌한다.

제20조(정당행위) 법령에 의한 행위 또는 업무로 인한 행위 기타 사회상규에 위배되지 아니하는 행위는 벌하지 아니한다.

제21조(정당방위) ① 현재의 부당한 침해로부터 자기 또는 타인의 법익(法益)을 방위하기 위하여 한 행위는 상당한 이유가 있는 경우에는 벌하지 아니한다.

② 방위행위가 그 정도를 초과한 경우에는 정황에 따라 그 형을 감경하거나 면제할 수 있다.

③ 제2항의 경우에 야간이나 그 밖의 불안한 상태에서 공포를 느끼거나 경악(驚愕)하거나 흥분하거나 당황하였기 때문에 그 행위를 하였을 때에는 벌하지 아니한다.

제22조(긴급피난) ①자기 또는 타인의 법익에 대한 현재의 위난을 피하기 위한 행위는 상당한 이유가 있는 때에는 벌하지 아니한다.

②위난을 피하지 못할 책임이 있는 자에 대하여는 전항의 규정을 적용하지 아니한다.

③전조 제2항과 제3항의 규정은 본조에 준용한다.

제23조(자구행위) ① 법률에서 정한 절차에 따라서는 청구권을 보전(保全)할 수 없는 경우에 그 청구권의 실행이 불가능해지거나 현저히 곤란해지는 상황을 피하기 위하여 한 행위는 상당한 이유가 있는 때에는 벌하지 아니한다.

② 제1항의 행위가 그 정도를 초과한 경우에는 정황에 따라 그 형을 감경하거나 면제할 수 있다.

제24조(피해자의 승낙) 처분할 수 있는 자의 승낙에 의하여 그 법익을 훼손한 행위는 법률에 특별한 규정이 없는 한 벌하지 아니한다.

60 과실범의 판단기준(1) - 주의의무위반 -

* 대법원 2008. 8. 11. 선고 2008도3090 판결
* 참조조문: 형법 제14조,[1] 제268조[2]

의료과오 사건에서 의사의 과실을 인정하기 위한 요건 및 그 판단기준

●사실● 피고인 X는 대학병원 소아외과 전문의로 2005.12.12. 08:55경부터 10:20경까지 중앙 수술실에서, 위 병원 소아과로부터 신장, 간, 비장 등으로의 전이가 의심되는 급성 림프구성 백혈병 진단을 받은 피해자 A(여, 5세)를 상대로 계속된 항암치료를 위하여 전신마취를 하고 "카테터(catheter)[3]" 및 이에 연결된 "케모포트(chemoport)"를 A의 우측 쇄골하 중심정맥 및 우측 흉부에 삽입하는 수술을 하였다. 당시 A는 백혈병 환자로서 혈소판 수치가 지극히 낮아 수술을 위하여서는 수혈을 통하여 인위적으로 혈소판 수치를 끌어 올려야 하는 등 지혈이 어려운 상태였다.

이러한 상황에서 X는 주삿바늘로 A의 우측 쇄골하 중심정맥을 찾는 과정에서 이를 정확히 찾지 못한 채 A의 우측 쇄골하 부위를 10여 차례에 걸쳐 빈번하게 찔렀다. 이로 인해 A의 우측 쇄골하 혈관과 흉막을 관통하여 혈흉을 발생시켜, 같은 날 10:45경 위 병원 흉부외과 전공의 Y가 A를 상대로 흉강 삽관술 등 지혈조치를 시행하였음에도 불구하고, 같은 날 14:20경 병원 중앙수술실에서 심폐소생술을 받던 중 우측 쇄골하 혈관 및 흉막 관통상에 기인한 외상성 혈흉으로 인한 순환혈액량 감소성 쇼크로 사망에 이르게 되었다.

제1심과 원심은 의사 X에 대해 업무상과실치사를 인정하였다. 이에 X는 상고하였다.

●판지● **파기환송.** 「의료과오 사건에 있어서 (가) 의사의 과실을 인정하려면 결과발생을 예견할 수 있고 또 회피할 수 있었음에도 이를 하지 못한 점을 인정할 수 있어야 하고, 위 (나) 과실의 유무를 판단함에는 **같은 업무와 직무에 종사하는 일반적 보통인의 주의 정도를 표준**으로 하여야 하며, (다) 이때 **사고 당시**의 일반적인 의학의 수준과 의료환경 및 조건, 의료행위의 **특수성 등을 고려**하여야 한다. 또한, (라) 의사는 진료를 행함에 있어 환자의 상황과 당시의 의료수준 그리고 자기의 지식경험에 따라 적절하다고 판단되는 **진료방법을 선택할 상당한 범위의 재량을 가진다고 할 것**이고, 그것이 합리적인 범위를 벗어난 것이 아닌 한 진료의 결과를 놓고 그중 어느 하나만이 정당하고 이와 다른 조치를 취한 것은 과실이 있다고 말할 수는 없다」.

●해설● 1 (업무상)과실치상이 가장 많이 발생하는 영역이 의료계와 교통 관련 분야이다. 사안도 의사의 업무와 관련된 과실이 있었는지 여부가 다투어졌다. 먼저 '과실'이란 **정상적으로 기울여야 할 주의를 게을리 한** 것을 말한다(법14). 즉, 행위자가 구성요건적 결과발생을 예견하거나 예견할 수 있었음에도 불구하고 구체적인 상황에서 구성요건적 결과의 발생을 회피하기 위하여 사회생활상 요구되는 주의의무를 위반하는 것을 말한다. 따라서 과실범이 처벌되기 위해서는 **예견가능성과 회피가능성이 전제**되어야 한다.

---

1) 형법 제14조(과실) **정상적으로 기울여야 할 주의를 게을리**하여 죄의 성립요소인 사실을 인식하지 못한 행위는 법률에 특별한 규정이 있는 경우에만 처벌한다.
2) 형법 제268조(업무상과실·중과실 치사상) **업무상 과실 또는 중대한 과실**로 인하여 사람을 사망이나 상해에 이르게 한 자는 5년 이하의 금고 또는 2천만원 이하의 벌금에 처한다.
3) **카테터**는 병을 다루거나 수술을 할 때 인체에 삽입하는 의료용 기구이다. 재료나 만드는 방식에 따라 심혈관, 비뇨기과, 위장, 신경 혈관, 안과 등 다양한 분야에서 응용이 가능하다.

이와 같이, (1) 과실범에서 '과실'은 정상의 주의를 게을리 하는 것이고, 여기서 정상의 '주의의무'는 예견의무와 회피의무를 그 내용으로 한다. 그리고 (2) **과실의 본질적 요소**는 법질서가 요구하는 주의의무를 다하지 못했다는 **규범적 측면**에 있다. (3) 과실범의 '불법'은 객관적 주의의무위반을 통한 행위반가치 및 구성요건적 결과 발생을 통한 결과반가치에서 찾을 수 있다.

2 **주의의무의 기준** 과실, 즉 주의의무위반을 판단하는 기준과 관련해서는 객관설과 주관설이 있다. 먼저 (a) **객관설**은 구성요건단계에서는 일반인 또는 평균인을 기준으로 주의의무위반 여부를 판단하고 개별 행위자의 주의능력은 책임 단계에서 고려한다. **판례도 객관설의 입장**이다(대판 2010도10104, Ref 1). 이에 반해 (b) **주관설**은 행위자 본인의 주의능력을 표준으로 하여 구성요건의 주의의무위반의 유무를 결정하려는 견해이다. 때문에 일반인의 주의능력과 무관하게 오로지 행위자의 능력과 지식을 기준으로 구성요건적 과실, 주의의무위반 여부를 결정한다.

3 사안에서도 판례는 **객관설의 입장**에서 「과실의 유무를 판단함에는 **같은 업무와 직무에 종사하는 일반적 보통인의 주의 정도를 표준**」으로 하여야 한다고 하고 있다(객관적 주의의무위반). 통설도 객관설의 입장이다. 불법단계에서 요구되는 주의의무는 사회생활상 요구되는 객관적 주의의무이어야 하기 때문이다. 여기서 일반인이란 행위자가 소속한 집단의 신중하고 사려 깊은 사람의 판단이 기준이 될 것이다.

4 사안의 경우 제1심과 원심에서는 X가 의사로서 요구되는 주의의무를 다하지 못한 것으로 판단한 반면에 대법원은 X의 그와 같은 진료방법의 선택이 합리적인 재량의 범위를 벗어난 것이라고 단정할 수는 없다고 보았다. 즉, 진료방법에 있어서 **의사에게는 상당한 재량의 여지가 있음을 인정**하였다는 점에서 이 판결의 의의가 있다. 「의사는 진료를 행함에 있어 환자의 상황과 당시의 의료수준 그리고 자기의 지식 경험에 따라 적절하다고 판단되는 **진료방법을 선택할 상당한 범위의 재량**을 가진다고 할 것이고, 그것이 합리적인 범위를 벗어난 것이 아닌 한 진료의 결과를 놓고 그중 어느 하나만이 정당하고 이와 다른 조치를 취한 것은 과실이 있다고 말할 수는 없다」고 보았다.

5 근래에도 법원은 의사에게 진단상 과실이 있었는지 여부에 대한 기준을 제시하고 있다. 즉 「의사에게 **진단상 과실이 있는지를 판단**할 때는 의사가 비록 완전무결하게 임상진단을 할 수는 없을지라도 **적어도 임상의학 분야에서 실천되고 있는 진단 수준의 범위에서** 전문직업인으로서 요구되는 의료상의 윤리, 의학지식과 경험에 기초하여 신중히 환자를 진찰하고 정확히 진단함으로써 위험한 결과 발생을 예견하고 이를 회피하는 데에 필요한 최선의 주의의무를 다하였는지를 따져 보아야 한다. 나아가 의사는 환자에게 적절한 치료를 하거나 그러한 조치를 하기 어려운 사정이 있다면 신속히 전문적인 치료를 할 수 있는 다른 병원으로 전원시키는 등의 조치를 하여야 한다」(대판 2018도2844).

6 한편 의사가 「**설명의무**를 위반한 채 의료행위를 하여 피해자에게 상해가 발생하였다고 하더라도, 업무상 과실로 인한 형사책임을 지기 위해서는 피해자의 상해와 의사의 설명의무 위반 내지 승낙취득 과정의 잘못 사이에 **상당인과관계가 존재**하여야 하고, 이는 한의사의 경우에도 마찬가지이다」(대판 2010도10104, Ref 1).

Reference

과실범 성립을 부정한 판례

- 정상의 주의의무를 게을리 하지 않은 것으로 본 사안 -

1 **[대판 2010도10104]** [1] 한의사인 피고인이 피해자에게 문진하여 과거 봉침을 맞고도 별다른 이상반응이 없었다는 답변을 듣고 알레르기 반응검사(skin test)를 생략한 채 환부인 목 부위에 봉침시술을 하였는데, 피해자가 위 시술 직후 **아나필락시 쇼크반응**을 나타내는 등 상해를 입은 사안에서, 피고인에게 과거 알레르기 반응검사 및 **약 12일 전 봉침시술에서도 이상반응이 없었던 피해자를 상대로 다시 알레르기 반응검사를 실시할 의무가 있다고 보기는 어렵고**, 설령 그러한 의무가 있다고 하더라도 제반 사정에 비추어 알레르기 반응검사를 하지 않은 과실과 피해자의 상해 사이에 상당인과관계를 인정하기 어렵다는 이유로, 같은 취지의 원심판단을 수긍하였다. [2] 의료사고에서 의사의 과실을 인정하기 위해서는 (가) 의사가 결과발생을 예견할 수 있었음에도 이를 예견하지 못하였고 결과발생을 회피할 수 있었음에도 이를 회피하지 못한 과실이 검토되어야 하고, (나) 과실의 유무를 판단할 때에는 **같은 업무와 직무에 종사하는 보통인의 주의정도를 표준**으로 하여야 하며, (다) 여기에는 사고 당시의 일반적인 의학의 수준과 의료환경 및 조건, 의료행위의 특수성 등이 고려되어야 하고, 이러한 법리는 한의사의 경우에도 마찬가지이다.[3] 의사가 설명의무를 위반한 채 의료행위를 하여 피해자에게 상해가 발생하였다고 하더라도, 업무상 과실로 인한 형사책임을 지기 위해서는 피해자의 상해와 의사의 설명의무 위반 내지 승낙취득 과정의 잘못 사이에 상당인과관계가 존재하여야 하고, 이는 한의사의 경우에도 마찬가지이다. **cf)** 과실의 인정기준으로 주의의무위반여부는 같은 업무와 직무에 종사하는 보통인의 주의정도를 표준으로 하여야 한다는 기존의 입장을 재확인한 판결이다.

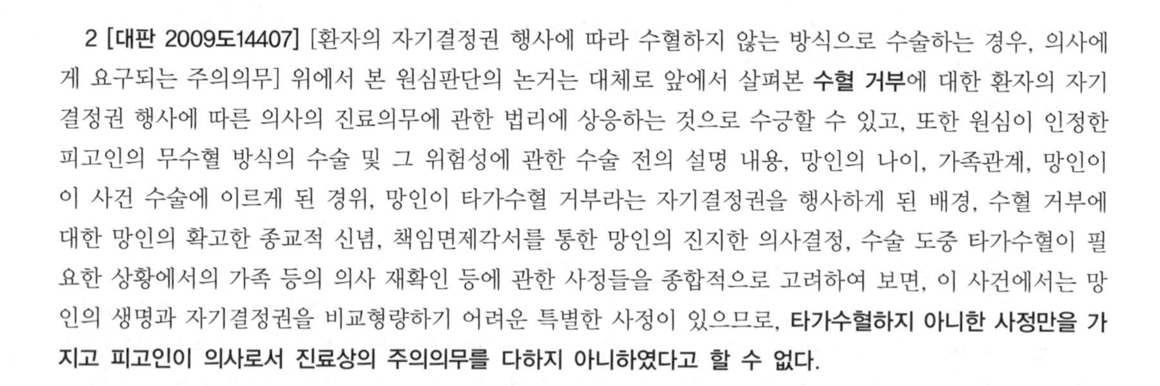

2 **[대판 2009도14407]** [환자의 자기결정권 행사에 따라 수혈하지 않는 방식으로 수술하는 경우, 의사에게 요구되는 주의의무] 위에서 본 원심판단의 논거는 대체로 앞에서 살펴본 **수혈 거부**에 대한 환자의 자기결정권 행사에 따른 의사의 진료의무에 관한 법리에 상응하는 것으로 수긍할 수 있고, 또한 원심이 인정한 피고인의 무수혈 방식의 수술 및 그 위험성에 관한 수술 전의 설명 내용, 망인의 나이, 가족관계, 망인이 이 사건 수술에 이르게 된 경위, 망인이 타가수혈 거부라는 자기결정권을 행사하게 된 배경, 수혈 거부에 대한 망인의 확고한 종교적 신념, 책임면제각서를 통한 망인의 진지한 의사결정, 수술 도중 타가수혈이 필요한 상황에서의 가족 등의 의사 재확인 등에 관한 사정들을 종합적으로 고려하여 보면, 이 사건에서는 망인의 생명과 자기결정권을 비교형량하기 어려운 특별한 사정이 있으므로, **타가수혈하지 아니한 사정만을 가지고 피고인이 의사로서 진료상의 주의의무를 다하지 아니하였다고 할 수 없다.**

3 **[대판 2009도13959]** 파기환송. 병원 인턴인 피고인이, 응급실로 이송되어 온 익수(溺水)환자 甲을 담당의사 乙의 지시에 따라 구급차에 태워 다른 병원으로 이송하던 중 **산소통의 산소잔량을 체크하지 않은 과실로 산소 공급이 중단된 결과 甲을 폐부종 등으로 사망**에 이르게 하였다는 내용으로 기소된 사안에서, 乙에게서 이송 도중 甲에 대한 **앰부 배깅(ambu bagging)**[4]**과 진정제 투여 업무만을 지시받은 피고인**에게 일반적으로 구급차 탑승 전 또는 이송 도중 구급차에 비치되어 있는 **산소통의 산소잔량을 확인할 주의의무가 있다고 보기는 어렵고**, 다만 피고인이 甲에 대한 앰부 배깅 도중 산소 공급 이상을 발견하고도 구급차에 동승한

---

4) **앰부 배깅**이란 호흡유지를 위해 기도 마스크백을 짜주는 행위를 말한다.

의료인에게 기대되는 적절한 조치를 취하지 아니하였다면 업무상 과실이 있다고 할 것이나, 피고인이 산소 부족 상태를 안 후 취한 조치에 어떠한 업무상 주의의무위반이 있었다고 볼 수 없는데도, 피고인에게 산소 잔량을 확인할 주의의무가 있음을 전제로 **업무상과실치사죄를 인정한 원심판단**에 응급의료행위에서 **인턴의 주의의무 범위에 관한 법리오해 또는 심리미진의 위법이 있다.**

4 **[대판 2009도9807]** 파기환송. [행정상의 단속을 주안으로 하는 법규의 경우 명시적 규정 없이도 과실범으로 처벌할 수 있는지 여부(원칙적 소극)] [1] 술을 마시고 찜질방에 들어온 甲이 찜질방 직원 몰래 후문으로 나가 술을 더 마신 다음 후문으로 다시 들어와 발한실(發汗室)에서 잠을 자다가 사망한 사안에서, 甲이 처음 찜질방에 들어갈 당시 술에 만취하여 목욕장의 정상적 이용이 곤란한 상태였다고 단정하기 어렵고, **찜질방 직원 및 영업주에게 손님이 몰래 후문으로 나가 술을 더 마시고 들어올 경우까지 예상하여 직원을 추가로 배치하거나 후문으로 출입하는 모든 자를 통제·관리하여야 할 업무상 주의의무가 있다고 보기 어렵다**는 이유로, 위 찜질방 직원 및 영업주가 공중위생영업자로서의 업무상 주의의무를 위반하였다고 본 원심판단에 법리오해 및 심리미진의 위법이 있다고 한 사례. [2] 행정상의 단속을 주안으로 하는 법규라 하더라도 '명문규정이 있거나 **해석상 과실범도 벌할 뜻이 명확한 경우**'를 제외하고는 형법의 원칙에 따라 '고의'가 있어야 벌할 수 있다.

5 **[대판 2006도1790]** 산모의 태아가 역위로 조기분만 되면서 태아가 난산으로 인하여 분만 후 사망한 사안에서, 비록 조산 위험이 있기는 하였으나 산모에게 분만진통이 있었다고 단정하기 어려워 그와 같은 상황에서 내진이나 초음파검사 없이 경과를 관찰하기로 한 산부인과 의사의 행위를 진료행위에 있어서 **합리적인 재량의 범위를 벗어난 것이라고 보기 어려울 뿐만 아니라 일반적으로 산부인과 의사에게 요구되는 주의의무를 위반한 것이라고 보기는 어렵다.**

6 **[대판 2005도3108]** [건설회사가 건설공사 중 타워크레인의 설치작업을 **전문업자에게** 도급주어 타워크레인 설치작업을 하던 중 발생한 사고에 대하여 **건설회사의 현장대리인**에게 업무상과실치사상의 죄책을 물을 수 없다고 한 원심의 판단을 수긍한 사례] 이 사건 타워크레인의 설치, 운전, 해체에 필요한 모든 인원은 피고인 2 주식회사의 관여 없이 공소외인이 자기의 책임 하에 고용하여 작업에 투입한 점, 타워크레인 설치작업은 고도의 숙련된 노동을 필요로 하는데, 피고인 회사의 직원들은 그에 대한 경험이나 전문지식이 부족하여 구체적인 설치작업 과정에는 관여한 바 없는 점 등을 모두 종합하여 고려해 보면, 공소외인은 자기의 책임으로 운전기사를 고용하고 자기가 소유 또는 관리하는 장비를 사용하여 건설공사 중 타워크레인을 사용하여 수행해야 할 작업공정부분을 도급받은 것으로 봄이 상당하다 할 것이고, 따라서 피고인 1이 이 사건 타워크레인의 설치작업을 관리하고 통제할 실질적인 지휘, 감독권한이 있었던 것으로는 보이지 아니하므로, 결국 피고인 1에게 위와 같은 지휘, 감독관계가 있음을 전제로 이에 따라 부과되는 업무상 주의의무를 위반한 과실이 있다고 할 수 없다.

7 **[대판 2004도486]** [30대 중반의 산모가 제왕절개 수술 후 폐색전증으로 사망한 사안에서, 담당 산부인과 의사에게 형법 제268조의 업무상 과실이 없다고 본 사례] 폐색전증은 정맥계, 특히 하지의 심부정맥에서 발생한 혈전이나 이물질에 의하여 폐동맥이 막히는 증상으로서 비특이적인 증상 및 징후, 다양한 임상상을 보일 수 있고 폐색전증과 유사한 증상과 징후를 보이는 질환이 흔하며 임신·출산이 폐색전증 발병의

위험인자 중의 하나이고 호흡곤란이나 현기증 등은 폐색전증의 증상과 징후의 하나인 것도 사실이나 이러한 호흡곤란이나 현기증 등은 수술 후 나타날 수 있는 흔한 증상 중의 하나이기도 하여 **제왕절개술로 분만한 산모에게서 수술 후 발생할 수 있는 호흡곤란이나 현기증 등만으로 폐색전증을 예상하여 이를 진단하는 것은 지극히 어려울 뿐**만 아니라, 심전도·흉부방사선사진·동맥혈가스분석검사 등으로는 폐색전증을 확진하기 어렵고 폐혈관조영술을 실시하면 폐색전증을 확진할 수 있지만 이는 침습적인 검사이고 그 자체로 색전을 유발할 가능성이 있으며, 한편 폐색전증의 가능성은 고령·제왕절개술의 출산 후 증가하지만 **전체 임산부 중 폐색전증의 발생 가능성 자체는 극히 낮다**는 것이다. 이러한 점과 아울러 고령자의 출산과 제왕절개술이 보편화된 실정에 비추어 볼 때 제왕절개술로 출산한 30대 중반의 산모에게 발열·호흡곤란과 같이 비특이적인 증상·징후가 나타났다는 사정만을 가지고 담당의사가 **폐색전증을 예견하지 못한 것에 어떠한 잘못이 있었다고 볼 수 없고,** 따라서 이와 같이 폐색전증을 의심하기 어려운 상황에서 폐색전증을 확진하기 위하여 폐혈관조영술을 일반적으로 실시하여야 할 의무가 있다고 단정할 수도 없다고 할 것이다.

8 [대판 2001도6601] 파도수영장에서 물놀이하던 초등학교 6학년생이 수영장 안에 엎어져 있는 것을 수영장 안전요원이 발견하여 인공호흡을 실시한 뒤 의료기관에 후송하였으나 후송 도중 사망한 사고에 있어서 그 사망원인이 구체적으로 밝혀지지 아니한 상태에서 수영장 안전요원과 수영장 관리책임자에게 업무상 주의의무를 게을리 한 과실이 있고 그 주의의무 위반으로 인하여 피해자가 사망하였다고 인정한 원심판결을 업무상과실치사죄에 있어서의 과실 및 인과관계에 관한 법리오해 및 심리미진 등의 위법을 이유로 파기한 사례.

9 [대판 2001도2939] [보행신호등의 녹색등화가 점멸되고 있는 상태에서 횡단보도에 진입한 보행자가 보행신호등이 적색등화로 변경된 후 차량신호등의 녹색등화에 따라 진행하던 차량에 충격된 경우, 횡단보도상의 사고에 해당하는지 여부(소극)] 도로를 통행하는 보행자나 차마는 신호기 또는 안전표지가 표시하는 신호 또는 지시 등을 따라야 하는 것이고(도로교통법 제5조), '보행등의 녹색등화의 점멸신호'의 뜻은, 보행자는 횡단을 시작하여서는 아니 되고 횡단하고 있는 보행자는 신속하게 횡단을 완료하거나 그 횡단을 중지하고 보도로 되돌아와야 한다는 것인바(도로교통법시행규칙제5조제2항[별표3]), 피해자가 보행신호등의 녹색등화가 점멸되고 있는 상태에서 횡단보도를 횡단하기 시작하여 횡단을 완료하기 전에 보행신호등이 적색등화로 변경된 후 차량신호등의 녹색등화에 따라서 직진하던 피고인 운전차량에 충격된 경우에, 피해자는 신호기가 설치된 횡단보도에서 녹색등화의 점멸신호에 위반하여 횡단보도를 통행하고 있었던 것이어서 **횡단보도를 통행중인 보행자라고 보기는 어렵다**고 할 것이므로, 피고인에게 운전자로서 사고발생방지에 관한 업무상 주의의무위반의 과실이 있음은 별론으로 하고 도로교통법 제24조 제1항 소정의 보행자보호의무를 위반한 잘못이 있다고는 할 수 없다.

10 [대판 99도3711] 요추 척추후궁절제 수술도중에 수술용 메스가 부러지자 담당의사가 **부러진 메스조각(3×5㎜)**을 찾아 제거하기 위한 최선의 노력을 다하였으나 찾지 못하여 **부러진 메스조각을 그대로 둔 채 수술부위를 봉합**한 경우, 같은 수술과정에서 메스 끝이 부러지는 일이 흔히 있고, 부러진 메스가 쉽게 발견되지 않을 경우 수술과정에서 무리하게 제거하려고 하면 부가적인 손상을 줄 우려가 있어 일단 봉합한 후에 재수술을 통하여 제거하거나 그대로 두는 경우가 있는 점에 비추어 **담당의사의 과실을 인정할 수 없다.**

11-1 **[대판 96도3082]** [제왕절개수술을 하는 산부인과 개업의사에게 수혈용 혈액을 미리 준비할 업무상 주의의무가 없다고 본 사례] 산부인과 개업의들이 매 분만마다 수혈용 혈액을 준비한다 하더라도 이를 사용하지 아니한 경우(대부분의 분만에서 사용하지 아니한다)에는 혈액원에 반납할 수 없고, 산부인과 의원에서는 이를 보관하였다가 다른 산모에게 사용할 수도 없기 때문에 결국 사용하지 못한 혈액은 폐기하여야 하고, 헌혈 부족으로 충분한 혈액을 확보하지 못하고 있는 당시 우리나라의 실정상 만약 산부인과 개업의들이 매 분만마다 수혈용 혈액을 미리 준비하고, 이를 폐기한다면 혈액 부족이 심화될 우려가 있음을 알 수 있는바, **제왕절개분만을 함에 있어서 산모에게 수혈을 할 필요가 있을 것이라고 예상할 수 있었다는 사정이 보이지 않는 한, 산후과다출혈에 대비하여 제왕절개수술을 시행하기 전에 미리 혈액을 준비할 업무상 주의의무가 있다고 보기 어렵다.**

11-2 **[비교판례][대판 2009도7070]** 피고인이 제왕절개수술을 시행 중 **태반조기박리를 발견**하고도 피해자의 출혈 여부 관찰을 간호사에게 지시하였다가 수술 후 약 45분이 지나 대량출혈을 확인하고 전원(轉院) 조치하였으나 그 후 피해자가 사망한 사안에서, 피고인에게 대량출혈 증상을 조기에 발견하지 못하고, 전원을 지체하여 피해자로 하여금 신속한 수혈 등의 조치를 받지 못하게 한 과실이 있다고 한 사례.

12 **[대판 96도1198]** 내리막길에서 버스의 **브레이크가 작동되지 아니하여** 대형사고를 피하기 위하여 인도 턱에 버스를 부딪쳐 정차시키려고 하였으나 버스가 인도 턱을 넘어 돌진하여 보행자를 사망에 이르게 한 사안에서 피고인에게 과실이 있다고 볼 수는 없다.

13 **[대판 95도2710]** [대학병원 과장이라는 이유만으로 외래담당의사 및 담당 수련의들의 처치와 치료결과를 주시하고 적절한 수술방법을 지시·감독하거나 또는 직접 수술할 주의의무가 있는지 여부(소극)] 일반적으로 **대학병원의 진료체계상 과장**은 병원행정상의 직급으로서 다른 교수나 전문의가 진료하고 있는 환자의 진료까지 책임지는 것은 아니고, 소속 교수 등이 진료시간을 요일별 또는 오전, 오후 등 시간별로 구분하여 각자 외래 및 입원 환자를 관리하고 진료에 대한 책임을 맡게 된다. 그러한 사정을 감안하면, 피고인에게 피해자를 담당한 의사가 아니어서 그 치료에 관한 것이 아님에도 불구하고 구강악안면외과 과장이라는 이유만으로 외래담당의사 및 담당 수련의들의 처치와 치료결과를 주시하고 적절한 수술방법을 지시하거나 **담당의사 대신 직접 수술을 하고, 농배양을 지시·감독할 주의의무가 있다고 단정할 수 없다.**

14 **[대판 94도1629]** [황색실선의 중앙선 침범에 비난할 수 없는 객관적 사정이 있는 경우, 그 **중앙선 침범 자체만으로 운전자에게 과실이 있다고 볼 것인지 여부**] 진행차선에 나타난 장애물을 피하기 위하여 다른 적절한 조치를 취할 겨를이 없었다거나 자기차선을 지켜 운행하려고 하였으나 운전자가 지배할 수 없는 외부적 여건으로 말미암아 어쩔 수 없이 중앙선을 침범하게 되었다는 등 중앙선 침범 자체에 대하여 운전자를 비난할 수 없는 객관적인 사정이 있는 경우에는 운전자가 중앙선을 침범하여 운행하였다 하더라도 그 중앙선 침범 자체만으로는 그 운전자에게 어떠한 과실이 있다고 볼 수 없다.

중과실 인정 여부

15-1 **[대판 91도3172]** [함께 술을 마시던 피해자가 갑자기 총을 들어 자신의 머리에 대고 쏘는 소위 "러시안 룰렛" 게임을 하다가 사망한 경우 이를 제지하지 못한 동석자에 대하여 중과실치사죄의 죄책을 부인한 사례] 경찰관인 피고인들은 동료 경찰관인 갑 및 피해자 을과 함께 술을 많이 마셔 취하여 있던 중 갑자

기 위 갑이 총을 꺼내 을과 같이 총을 번갈아 자기의 머리에 대고 쏘는 소위 **"러시안 룰렛"** 게임[5]을 하다가 을이 자신이 쏜 총에 맞아 사망한 경우 피고인들은 위 갑과 을이 "러시안 룰렛" 게임을 함에 있어 갑과 어떠한 의사의 연락이 있었다거나 어떠한 원인행위를 공동으로 한 바가 없고, 다만 위 게임을 제지하지 못하였을 뿐인데 보통사람의 상식으로서는 함께 수차에 걸쳐서 흥겹게 술을 마시고 놀았던 일행이 갑자기 자살행위와 다름없는 위 게임을 하리라고는 쉽게 예상할 수 없는 것이고(신뢰의 원칙), 게다가 이 사건 사고는 피고인들이 "장난치지 말라."며 말로 위 갑을 만류하던 중에 순식간에 일어난 사고여서 음주만취하여 주의능력이 상당히 저하된 상태에 있던 피고인들로서는 미처 물리력으로 이를 제지할 여유도 없었던 것이므로, **경찰관이라는 신분상의 조건을 고려하더라도** 위와 같은 상황에서 피고인들이 이 사건 "러시안 룰렛" 게임을 즉시 물리력으로 제지하지 못하였다 한들 그것만으로는 위 갑의 과실과 더불어 **중과실치사죄의 형사상 책임을 지울 만한 위법한 주의의무위반이 있었다고 평가할 수 없다.**

15-2 [대판 88도643] 파기환송. [중실화죄에 있어서의 "중대한 과실"의 판단기준] 연탄아궁이로부터 80㎝ 떨어진 곳에 쌓아둔 스폰지요, 솜 등이 연탄아궁이 쪽으로 넘어지면서 화재현장에 의한 화재가 발생한 경우라고 하더라도 그 스폰지요, 솜 등을 쌓아두는 방법이나 상태 등에 관하여 **아주 작은 주의만 기울였더라면** 스폰지요나 솜 등이 넘어지고 또 그로 인하여 화재가 발생할 것을 예견하여 회피할 수 있었음에도 불구하고 부주의로 이를 예견하지 못하고 스폰지와 솜 등을 쉽게 넘어질 수 있는 상태로 쌓아둔 채 방치하였기 때문에 화재가 발생한 것으로 판단되어야만, "중대한 과실"로 인하여 화재가 발생한 것으로 볼 수 있다. **cf)** 이 사안에서 원심은 중과실을 인정하였으나 대법원은 피고인에게 과실이 있었다고 하더라도 이를 중대한 과실로 평가하기는 어렵다고 판단하였다.

15-3 [대판 89도204] [**중실화죄 및 중과실치사상죄에 있어서 중대한 과실**이 아니라고 본 사례] 호텔오락실의 경영자가 그 오락실 천정에 형광등을 설치하는 공사를 하면서 그 호텔의 전기보안담당자에게 아무런 통고를 하지 아니한 채 무자격전기기술자로 하여금 전기공사를 하게 하였더라도, 전기에 관한 전문지식이 없는 오락실경영자로서는, 시공자가 조인터박스를 설치하지 아니하고 형광등을 천정에 바짝 붙여 부착시키는 등 부실하게 공사를 하였거나 또는 전기보안담당자가 전기공사사실을 통고받지 못하여 전기설비에 이상이 있는지 여부를 점검하지 못함으로써 위와 같은 부실공사가 그대로 방치되고 그로 인하여 전선의 합선에 의한 방화가 발생할 것 등을 쉽게 예견할 수 있었다고 보기는 어려우므로 위 오락실경영자에게 위와 같은 과실이 있었더라도 사회통념상 이를 화재발생에 관한 중대한 과실이라고 평가하기는 어렵다.

15-4 [비교판례] [대판 88도855] 피고인이 약 2.5평 넓이의 주방에 설치된 간이온돌용 새마을보일러에 연탄을 갈아 넣음에 있어서 연탄의 연소로 보일러가 가열됨으로써 그 열이 전도, 복사되어 그 주변의 가열 접촉물에 인화될 것을 쉽게 예견할 수 있었음에도 불구하고 그 주의의무를 게을리하여 위 보일러로부터 5 내지 10㎝쯤의 거리에 판시 가연물질을 그대로 두고 신문지를 구겨서 보일러의 공기조절구를 살짝 막아놓은 채 그 자리를 떠나버렸기 때문에 판시와 같은 화재가 발생한 사실을 인정하기에 넉넉하므로 원심판결의 지적하는 바와 같은 채증법칙을 어긴 위법이 없다. 그리고 **형법 제171조가 정하는 중실화**는 행위자가 **극히 작은 주의를 함으로써 결과발생을 예견할 수 있었는데도 부주의로 이를 예견하지 못하는 경우를 말하는 것**이므로 앞에서 본 바와 같은 피고인의 행위를 중실화죄로 다스린 원심의 조치도 정당하다.

16 [대판 91도1346] 파기환송. 정신병동에 입원 중인 **환자가 완전감금병동의 화장실 창문을 열고 탈출하려**

5) **러시안 룰렛**(Russian roulette)은 회전식 연발 권총의 여러 개의 약실 중 하나에만 총알을 넣고 총알의 위치를 알 수 없도록 탄창을 돌린 후, 참가자들이 각자의 머리에 총을 겨누고 방아쇠를 당기는 게임이다.

다가 떨어져 죽은 사고에 있어서 위 병동의 당직간호사인 피고인이 피해자에 대한 동태관찰의무 및 화장실 창문 자물쇠의 시정상태 점검의무를 게을리 한 **과실이 있다고 유죄로 인정한 원심판결**에 대하여 그 증거만으로는 당시 위 창문이 잠겨 있지 않았다고 단정하기 어렵고(단순히 시정장치의 시정여부를 확인하는 것을 넘어 이를 설치 관리하는 일까지 간호사의 업무로 보기는 어렵다) 또한 피고인이 피해자가 화장실에 가는 시간을 기록하여 두고 10여 분 후에 간호보조사로부터 피해자가 병실 침대에 없다는 보고를 받은 즉시 그를 찾아 나섰다면 그것을 가리켜 환자동태관찰의무를 게을리 한 것이라고 단정할 수도 없다고 하여 이를 사실오인 아니면 **간호사의 업무상 주의의무에 관한 법리오해의 위법으로 파기**한 사례.

17 **[대판 89도1395] 자동차전용도로를 운행 중인 자동차운전사**들에게 반대차선에서 진행차량 사이를 뚫고 횡단하는 보행자들이 있을 것까지 예상하여 전방주시를 할 의무가 있다고 보기는 어려운 것이므로, 피해자들이 반대차선을 횡단해온 거리가 14.9m가 된다는 것만으로 피고인의 과실을 인정할 수는 없다(신뢰의 원칙).

18 **[대판 89도108]** [학생이 교실 유리창을 닦다가 추락사한 경우 담임교사의 형사상 책임을 부정한 사례] 담임교사가 학교방침에 따라 학생들에게 교실청소를 시켜왔고 유리창을 청소할 때는 교실안쪽에서 닦을 수 있는 유리창만을 닦도록 지시하였는데도 유독 피해자만이 수업시간이 끝나자마자 베란다로 넘어 갔다가 밑으로 떨어져 사망하였다면 담임교사에게 그 사고에 대한 어떤 형사상의 과실책임을 물을 수 없다.

19 **[대판 88도1689]** 도로교통법상 **자동차전용도로**는 자동차만이 다닐 수 있도록 설치된 도로로서 보행자 또는 자동차 외의 차마는 통행하거나 횡단하여서는 안되도록 되어 있으므로 자동차전용도로를 운행하는 자동차의 운전자로서는 특별한 사정이 없는 한 무단횡단하는 보행자가 나타날 경우를 미리 예상하여 감속 서행할 주의의무는 없다(신뢰의 원칙).

20 **[대판 85도934]** [과속으로 중앙선을 침범해오는 차량을 15미터 전방에서 목격한 운전자에게 경적을 울리지 않은 것이 주의의무위반에 해당되지 않는다고 본 사례] 시속 40킬로미터로 주행하던 버스운전자가 15미터 전방에서 상대방 오토바이가 시속 약 60－70킬로미터로 달리면서 중앙선을 넘어오는 것을 발견하였다면 **비록 경음기를 울렸다 하여** 위 오토바이운전자에게 경각심을 일깨워 줄 수 있었는가가 심히 의심스러워 경음기를 울리지 않았다 하여 자동차운전자로서의 주의의무를 게을리 하였다고 비난할 수 없다.

21 **[대판 84도687]** [발차순간 피해자가 뒷바퀴 밑으로 들어간 경우 동인을 역살한 버스운전사의 과실유무] 버스운전사로서는 출발하기에 앞서 버스의 전후좌우를 살펴 버스주변에 장애물이 있는 지를 확인하고 출발할 의무가 있으되, 버스를 발차하려는 순간에 운전사가 버스가 진행할 전방과 진입할 차도의 좌측을 주시하고 동시에 우측 후사경을 통하여 버스우측 뒷바퀴 밑부분까지 주시한다는 것은 사실상 불가능한 일이므로, 피해자가 발차순간에 바퀴밑으로 들어간 것이라면 운전사가 미처 이를 발견하지 못한 점에 과실이 있다고는 할 수 없을 것이어서, 피해자가 발차순간 바퀴 밑으로 들어간 것인지 아니면 좀더 일찍 들어간 것인지가 밝혀지지 않는 한 운전사의 과실유무를 가려낼 수 없다고 할 것이다.

22 **[대판 84도483] 파기환송.** [무모한 추월시도차량에 대한 선행차량 운전자의 업무상 주의의무] 피고인(갑)이 봉고트럭을 운전하고 도로 2차선상으로, 피고인(을)이 버스를 운전하고 도로 3차선상으로 거의 병행

운행하고 있을 즈음 도로 3차선에서 피고인(을)의 버스 뒤를 따라 운행하여 오던 피해자 운전의 오토바이가 버스를 앞지르기 위해 도로 2차선으로 진입하여 무모하게 위 트럭과 버스 사이에 끼어들어 이 사이를 빠져 나가려 한 경우에 있어서는 선행차량이 속도를 낮추어 앞지르려는 피해자의 오토바이를 선행하도록 하여 줄 업무상 주의의무가 있다고 할 수 없다. cf) 원심은 위 오토바이와 충돌을 피할 수 있는 안전거리를 유지하고 서행하여 위 오토바이를 선행하도록 하여 줄 업무상의 주의의무가 있음에도 불구하고 이를 게을리하여 만연히 근접 운행하면서 오토바이를 추월하려 한 과실이 있고 이러한 과실이 이 사건 사고발생의 한 원인이 되었다고 판시하였다.

23-1 [대판 83도2982] [장물여부에 관한 중고품매입상의 주의의무] 시계점을 경영하면서 중고시계의 매매도 하고 있는 피고인이 장물로 판정된 시계를 매입함에 있어 매도인에게 그 시계의 구입 장소, 구입 시기, 구입가격, 매각이유 등을 묻고 비치된 장부에 매입가격 및 주민등록증에 의해 확인된 **위 매도인의 인적사항 일체를 사실대로 기재하였다면,** 그 이상 위 매도인의 신분이나 시계 출처 및 소지 경위에 대한 위 매도인의 설명의 진부에 대하여서까지 확인하여야 할 주의의무가 있다고는 보기 어렵다.

23-2 [비교판례] [대판 2003도348] 파기환송. [금은방 운영자가 귀금속류를 매수함에 있어 장물인지 여부의 확인에 관하여 업무상 요구되는 주의의무의 정도] [1] 금은방을 운영하는 자가 귀금속류를 매수함에 있어 매도자의 신원확인절차를 거쳤다고 하여도 장물인지의 여부를 의심할 만한 특별한 사정이 있거나, 매수물품의 성질과 종류 및 매도자의 신원 등에 좀 더 세심한 주의를 기울였다면 그 물건이 장물임을 알 수 있었음에도 불구하고 이를 게을리하여 장물인 정을 모르고 매수하여 취득한 경우에는 **업무상과실장물취득죄가 성립한다**고 할 것이고, 물건이 장물인지의 여부를 의심할 만한 특별한 사정이 있는지 여부나 그 물건이 장물임을 알 수 있었는지 여부는 매도자의 인적사항과 신분, 물건의 성질과 종류 및 가격, 매도자와 그 물건의 객관적 관련성, 매도자의 언동 등 일체의 사정을 참작하여 판단하여야 한다. [2] 금은방 운영자가 반지를 매수함에 있어 장물인 정을 알 수 있었거나 장물인지의 여부를 의심할 만한 특별한 사정이 있었다면 매도인의 신원확인 외에 반지의 출처 및 소지경위 등에 대하여도 확인할 업무상 주의의무가 있다고 할 것임에도 그러한 업무상 주의의무가 없다고 보아 무죄를 선고한 원심판결을 파기한 사례.

24 [대판 74도2046] [약사가 의약품을 판매하거나 조제함에 있어서 관능시험과 기기시험을 하지 않고 그 약의 표시를 신뢰하고 사용한 경우에 과실이 있는지 여부] 약사는 의약품을 판매하거나 조제함에 있어서 그 의약품이 그 표시 포장상에 있어서 약사법 소정의 검인 합격품이고 또한 부패 변질 변색되지 아니하고 유효기간이 경과되지 아니함을 확인하고 조제판매한 경우에는 특별한 사정이 없는 한 **관능시험 및 기기시험까지 할 주의의무가 없으므로** 그 약의 표시를 신뢰하고 이를 사용한 경우에는 과실이 없다고 볼 수 있다.

Reference 2

* 과실범은 "법률에 특별한 규정이 있는 경우"에만 처벌한다. 따라서 과실범을 검토하려면 과실범 처벌 규정을 확인해 두어야 한다.

<형법상 과실범 처벌규정>

법규정	보통과실	업무상과실	중과실
실화(법170)	O	O	O
과실일수(법181)	O	X	X
과실폭발성물건파열(법173의2)	O	O	O
과실가스 · 전기등 방류(법173의2)	O	O	O
과실가스 · 전기등공급방해(법173의2)	O	O	O
과실교통방해(법189①)	O	O	O
과실치상(법266①)	O	O	O
과실치사(법267)	O	O	O
장물취득(법364)	X	O	O

61 과실범의 판단기준(2) - 주의의무위반 -

* 대법원 2011. 5. 26. 선고 2010도17506 판결
* 참조조문: 형법 제14조,[1] 제268조[2]

택시 운전자인 피고인이 심야에 밀집된 주택 사이의 좁은 골목길이자 직각으로 구부러져 가파른 비탈길의 내리막에 누워 있던 피해자의 몸통 부위를 자동차 바퀴로 역과하여 사망에 이르게 한 경우, 업무상과실치사죄가 성립하는가?

●**사실**● 피고인 X는 택시 운전자로, 2010.3.26. 00:49경 택시를 운전하여 서울 은평구 불광2동 ○○빌라 앞 내리막 골목길을 원광빌라 방면에서 '□□빌라' 방면으로 좌회전하였다. 그곳은 주택가 골목길이고 야간이어서 주위가 어두웠다. X는 좌회전하면서 술에 취하여 앉아 있던 피해자 A(여, 26세)를 택시 앞부분으로 밀어 넘어뜨리고 A의 몸통 부위를 택시 바퀴로 밟고 지나가 그 자리에서 A를 흉부 손상으로 사망에 이르게 하였으나 즉시 정차하여 피해자를 구호하는 등의 조치를 하지 아니하고 도주하였다.

검사는 당시 X가 주의의무를 다하지 않은 것으로 판단하여 업무상과실치사죄로 기소하였다. 제1심은 유죄를 인정하였다. 그러나 항소심은 X에 대해 무죄를 선고하였다. 이에 검사가 상고하였다.

●**판지**● **파기환송.**「택시 운전자인 피고인이 심야에 밀집된 주택 사이의 좁은 골목길이자 직각으로 구부러져 가파른 비탈길의 내리막에 누워 있던 피해자의 몸통 부위를 택시 바퀴로 역과하여 그 자리에서 사망에 이르게 하고 도주한 사안에서, 위 사고 당시 시각과 사고 당시 도로상황 등에 비추어 자동차 운전업무에 종사하는 피고인으로서는 평소보다 더욱 속도를 줄이고 전방 좌우를 면밀히 주시하여 안전하게 운전함으로써 사고를 미연에 방지할 주의의무가 있었는데도, 이를 게을리한 채 그다지 속도를 줄이지 아니한 상태로 만연히 진행하던 중 전방 도로에 누워 있던 피해자를 발견하지 못하여 위 사고를 일으켰으므로, **사고 당시 피고인에게는 이러한 업무상 주의의무를 위반한 잘못이 있었는데도,** 이와 달리 판단하여 피고인에게 무죄를 선고한 원심판결에 업무상과실치사죄의 구성요건에 관한 법리오해의 위법이 있다」.

●**해설**● **1 과실의 본질적 요소**는 법질서가 요구하는 주의의무를 다하지 못했다는 **규범적 측면**에 있다. 과실은 고의와 같이 범죄성립의 주관적 요건이다. 그러나 과실은 행위자의 심리적 사실이 아닌 **제3자의 입장에서 주의의무를 위반했는가를 평가**하는 규범적 요소라는 점에서 고의와는 근본적으로 다른 범죄 유형이다. 또한 과실범은 고의범에 비해 그 불법과 책임의 정도가 낮다. 때문에 고의범과 달리 예외적으로 '법률에 규정이 있는 경우'에만 처벌된다. 행정상의 단속을 주안으로 하는 법규라 하더라도 '명문규정이 있거나 해석상 과실범도 벌할 뜻이 명확한 경우'를 제외하고는 형법의 원칙에 따라 '고의'가 있어야 벌할 수 있다(대판 2009도9807).

2 과실에 있어서 '불법'의 중심은 **'행위반가치'**에 있다. 과실은 법익이 침해되지 않도록 주의해야 할 의무에 위반하는 것이다. 형법은 이를 **"정상적으로 기울여야 할 주의를 게을리**하여 죄의 성립요소인 사실을

1) 형법 제14조(과실) **정상적으로 기울여야 할 주의를 게을리**하여 죄의 성립요소인 사실을 인식하지 못한 행위는 법률에 특별한 규정이 있는 경우에만 처벌한다.
2) 형법 제268조(업무상과실 · 중과실 치사상) **업무상 과실 또는 중대한 과실**로 인하여 사람을 사망이나 상해에 이르게 한 자는 5년 이하의 금고 또는 2천만원 이하의 벌금에 처한다.

인식하지 못한 행위"로 표현한다(법14). 과실은 규범적 요소이므로 가치판단을 위한 기준이 필요하다. 과실, 즉 주의의무위반을 판단하는 기준과 관련해서는 주관설과 객관설이 있으며, **판례는 객관설의 입장**이다(【60】 참조).

3 주의의무의 인정과 관련하여 판례는「결과 발생을 예견할 수 있고 또 그것을 회피할 수 있음에도 불구하고 정상의 주의의무를 태만히 함으로써 결과 발생을 야기하였다면 과실범의 죄책을 면할 수 없고, 위와 같은 주의의무는 반드시 개별적인 법령에서 **일일이 그 근거나 내용이 명시되어 있어야만 하는 것이 아니며**, 결과 발생에 즈음한 구체적인 상황에서 이와 관련된 제반 사정들을 종합적으로 평가하여 결과 발생에 대한 **예견 및 회피 가능성을 기준**으로 삼아 그 결과 발생을 방지하여야 할 주의의무를 인정할 수 있는 것이다」(대판 2008도11921).

4 사안에서 **원심**은「X가 (가) 당시 택시를 운전하여 직진 후 90° 정도로 급격하게 좌회전을 하자마자 내리막 골목길에 진입하였는데, 위 내리막 골목길의 진입지점은 경사도 약 9.6° 정도의 심한 경사구간인 사실, (나) 위 내리막 골목길의 좌측에는 차량들이 일렬로 주차되어 있어 위 내리막 골목길의 폭인 4.8m 보다 훨씬 좁은 폭만이 도로로 확보되어 있었고, …… (다) 이 사건 택시의 보닛, 좌측 사이드미러, 앞 차창의 좌측 프레임 등에 가려져서 그 운전석에서는 보이지 아니하는 시야의 사각지대가 상당부분 존재하였던 사실, (라) 좌회전 후 위 내리막 골목길에 진입한 피고인으로서는 의도적으로 왼쪽 차창 쪽으로 고개를 젖히거나 몸을 운전석에서 일으켜 세운 후 정면 차창의 아래쪽으로 내려다보지 아니하는 이상 위 내리막 골목길의 바닥에 있는 물체를 볼 수 없었던 상태였던 사실 등을 인정한 다음, 피고인이 위 내리막 골목길의 바닥 위에 **누군가가 누워 있을 가능성을 예상하고서 거기에 대비하여 이 사건 택시를 일시 정지하여 왼쪽 차창 쪽으로 고개를 젖히고 창밖으로 고개를 내밀어 본다거나 그 자리에서 몸을 일으켜 세워 정면 차창의 아래쪽을 내려다보아야 할 업무상 주의의무가 있다고 볼 수 없다**」고 판단하여 무죄를 선고하였다.

5 그러나 **대법원**의 판단은 달랐다.「이 사건 사고 당시는 00:49경의 밤늦은 시각으로, 이 사건 사고지점은 주택이 밀집된 좁은 골목길이자 도로가 직각으로 구부러져 가파른 비탈길의 내리막으로 이어지는 커브길인 데다가 확보되어 있던 도로의 폭도 좁아서 **통행인이나 장애물이 돌연히 진로에 나타날 개연성이 큰 곳이었고**, 마침 반대방향에서 교행하던 차량이 없었을뿐더러 이 사건 택시의 전조등만으로도 진로를 충분히 확인할 수 있었으므로, 이러한 경우 자동차 운전업무에 종사하는 피고인으로서는 이 사건 사고 당시의 도로상황에 맞추어 평소보다 더욱 속도를 줄이고 **전방 좌우를 면밀히 주시하여 안전하게 운전함으로써 사고를 미연에 방지할 주의의무가 있었던 것**으로 보임에도 불구하고, 이를 게을리한 채 그다지 속도를 줄이지 아니한 상태로 만연히 진행하던 중 전방 도로에 누워 있던 피해자를 발견하지 못하여 이 사건 사고를 일으켰으므로, 이 사건 사고 당시 피고인에게는 이러한 **업무상 주의의무를 위반한 잘못이 있었다고 하지 아니할 수 없다**」.

6 **과실의 본질은 객관적** 주의의무위반이다. (가) **객관적** 주의의무위반은 **"정상적으로 기울여야 할 주의를 게을리**하여 죄의 성립요소인 사실을 인식하지 못한" 경우를 말한다. 판례는 단순히 법령을 준수했다는 사실만으로 과실이 부정되지는 않는다 하였다(대판 89도2589, Ref 26). (나) 과실범에 있어서 '주의의무'

는 「반드시 개별적인 법령에서 일일이 그 근거나 내용이 명시되어 있어야만 하는 것이 아니며, 결과 발생에 즈음한 구체적인 상황에서 이와 관련된 제반 사정들을 종합적으로 평가하여 결과 발생에 대한 예견 및 회피 가능성을 기준으로 삼아 그 결과 발생을 방지하여야 할 주의의무를 인정할 수 있다」(대판 2008도11921).

Reference

과실범 성립을 긍정한 판례

- 정상의 주의의무를 게을리 한 것으로 본 사안 -

1 **[대판 2021도11547]** 포클레인 기사인 피고인이 포클레인을 이용해 토사를 덤프트럭에 적재하는 작업을 하면서 작업범위 밖으로 토사 등이 떨어지지 않도록 충분한 주의를 기울여야 할 업무상 주의의무가 있음에도 이를 게을리한 채 **포클레인으로 퍼서 올린 토사가 부근의 자전거도로로 떨어지게 하여** 자전거를 타고 그곳을 지나던 피해자들이 떨어진 돌에 부딪혀 넘어지게 하여 피해자들에게 각 상해를 입게 하였다. …… 사람의 통행이 빈번한 산책로와 자전거도로 부근에서 적재 작업을 하는 피고인으로서는 작업 중 토사 등 적재물이 덤프트럭 적재함 밖으로 떨어지지 않도록 충분한 주의를 기울이거나 그것이 어려운 경우 작업의 중단 내지 안전펜스 설치나 신호수의 배치요구를 하는 등의 조치를 취하여야 할 업무상 주의의무가 있었다.

2 **[대판 2018도2844]** [의사가 진찰·치료 등의 의료행위를 할 때 요구되는 주의의무의 내용 및 의사에게 진단상 과실이 있는지 판단하는 기준] [1] 의사가 진찰·치료 등의 의료행위를 할 때는 사람의 생명·신체·건강을 관리하는 업무의 성질에 비추어 환자의 구체적 증상이나 상황에 따라 위험을 방지하기 위하여 요구되는 최선의 조치를 해야 한다. 의사에게 진단상 과실이 있는지를 판단할 때는 의사가 비록 완전무결하게 임상진단을 할 수는 없을지라도 적어도 임상의학 분야에서 실천되고 있는 진단 수준의 범위에서 전문직업인으로서 요구되는 의료상의 윤리, 의학지식과 경험에 기초하여 신중히 환자를 진찰하고 정확히 진단함으로써 위험한 결과 발생을 예견하고 이를 회피하는 데에 **필요한 최선의 주의의무**를 다하였는지를 따져 보아야 한다. 나아가 의사는 환자에게 적절한 치료를 하거나 그러한 조치를 하기 어려운 사정이 있다면 신속히 전문적인 치료를 할 수 있는 **다른 병원으로 전원시키는 등의 조치를 하여야 한다**. [2] 피고인은 다음과 같은 주의의무가 있었는데도 이를 게을리한 과실이 있다고 볼 수 있다. 피해자와 같이 장 유착 상태가 심하고 주변 장기들도 많이 약해져 있는 경우에 유착박리술 이후 지연성 천공은 예상되는 합병증이므로 그 발생 가능성을 염두에 두고 계속 피해자의 경과를 관찰하는 등의 조치를 할 주의의무가 있다. 복강경을 이용한 수술은 일반적인 개복술에 비하여 통증이 적은 것이 보통인데도 피해자는 수술 이후부터 지속적으로 강한 통증을 호소하였고, 2014. 10. 19. 09:05 촬영한 피해자의 흉부 엑스레이 사진에는 종격동기종과 심낭기종의 소견이 확인되었다. 이런 상황에서 피해자에게 고열, 메슥거림 등의 증상이 있고 심한 복통이 상당한 기간 지속되었으며 높은 백혈구 수치, 빈맥 증상이 있었던 점 등에 비추어 피고인으로서는 지연성 천공 등으로 인한 피해자의 복막염 가능성을 예견하였거나 이를 예견할 수 있었다고 보아야 한다. 따라서 피고인은 피해자에게 이에 관한 위험성을 제대로 고지·설명하고, 경과 관찰이나 필요한 검사를 통하여 피해자의 상태를 정확하게 진단하고 이에 대해 조치를 하거나 이러한 조치를 할 수 있는 병원으로 전원시킬 주의의무가 있다. **그런데도 피고인은 이러한 주의의무를 게을리하여** 피해자가 수술 후 보인 증상을 통상적인 통증으로 안일하게 판단하여 피해자에게 지연성 천공 등 예상되는 합병증에 대한 위험을 제대로 고지·설명

하지 않았고, 퇴원 조건을 갖추지 못한 피해자에 대한 퇴원을 허락하였다. 나아가 피고인은 피해자가 재차 병원을 방문하였을 때에도 복막염이 아니라고 속단한 채 피해자에게 필요한 적절한 검사나 치료를 하지 않고, 피해자가 마지막으로 병원에 온 이후에도 허혈성 심질환으로만 의심하여 이에 대한 조치만 취하였을 뿐이다. 그 결과 심장 전문의 등과의 협진을 통한 정확한 원인 규명과 **이에 따른 필요한 처치나 전원을 지체하는 등으로** 피해자로 하여금 제때에 필요한 조치를 받지 못하게 한 과실이 있다.

3 **[대판 2010도17506] 파기환송.** 택시 운전자인 피고인이 심야에 밀집된 주택 사이의 좁은 골목길이자 직각으로 구부러져 가파른 비탈길의 내리막에 누워 있던 피해자의 몸통 부위를 택시 바퀴로 역과하여 그 자리에서 사망에 이르게 하고 도주한 사안에서, 위 사고 당시 시각과 사고 당시 도로상황 등에 비추어 자동차 운전업무에 종사하는 피고인으로서는 평소보다 더욱 속도를 줄이고 전방 좌우를 면밀히 주시하여 안전하게 운전함으로써 사고를 미연에 방지할 주의의무가 있었는데도, 이를 게을리한 채 그다지 속도를 줄이지 아니한 상태로 만연히 진행하던 중 전방 도로에 누워 있던 피해자를 발견하지 못하여 위 사고를 일으켰으므로, 사고 당시 피고인에게는 이러한 업무상 주의의무를 위반한 잘못이 있었는데도, 이와 달리 판단하여 피고인에게 무죄를 선고한 원심판결에 업무상과실치사죄의 구성요건에 관한 법리오해의 위법이 있다고 한 사례.

4 **[대판 2010도2615] [공사감리자의 감리업무]** 건축법, 건축사법, 건설기술관리법 등의 관련 법령에서 **일정한 용도 · 규모 및 구조의 건축물을 건축하는 공사의 경우에 반드시 건축사 등의 일정한 자격을 갖춘 자에 의한 공사감리를 받도록 규정**한 취지는, 건축주나 공사시공자로부터 독립한 전문가로 하여금 관계 법령과 설계도서 등에 따른 적합한 시공 여부를 확인하고 안전관리 등에 대한 지도 · 감독을 하게 함으로써, 건축물 붕괴사고, 하자분쟁, 유지보수비의 급증, 건축물 수명단축에 따른 재건축 등의 후유증을 유발하는 부실공사를 예방하기 위한 것으로 볼 수 있으므로, **공사감리자가 관계 법령과 계약에 따른 감리업무를 소홀히 하여 건축물 붕괴 등으로 인하여 사상의 결과가 발생한 경우에는 업무상과실치사상의 죄책을 면할 수 없다.**

5 **[대판 2010도1911] ['골프 카트' 운전업무에 종사하는 자의 업무상 주의의무]** [1] **골프 카트**는 안전벨트나 골프 카트 좌우에 문 등이 없고 개방되어 있어 승객이 떨어져 사고를 당할 위험이 커, 골프 카트 운전업무에 종사하는 자로서는 골프 카트 출발 전에는 승객들에게 안전 손잡이를 잡도록 고지하고 승객이 안전 손잡이를 잡은 것을 확인하고 출발하여야 하고, 우회전이나 좌회전을 하는 경우에도 골프 카트의 좌우가 개방되어 있어 **승객들이 떨어져서 다칠 우려가 있으므로 충분히 서행하면서 안전하게 좌회전이나 우회전을 하여야 할 업무상 주의의무가 있다.** [2] 골프장의 경기보조원인 피고인이 골프 카트에 피해자 등 승객들을 태우고 진행하기 전에 안전 손잡이를 잡도록 고지하지도 않고, 또한 승객들이 안전 손잡이를 잡았는지 확인하지도 않은 상태에서 만연히 출발하였으며, 각도 70°가 넘는 우로 굽은 길을 속도를 충분히 줄이지 않고 급하게 우회전한 업무상 과실로, 피해자를 골프 카트에서 떨어지게 하여 두개골골절, 지주막하출혈 등의 상해를 입게 하였다고 본 원심판단을 수긍하였다.

6-1 **[대판 2010도1448] [도급인이 수급인의 업무와 관련하여 사고방지에 필요한 안전조치를 취할 주의의무를 부담하는 경우]** [1] 하도급 공사현장에서 작업을 하던 피해자가 옥상 개구부를 통해 추락하여 상해를 입은 사안에서, 하도급인으로부터 위 공사현장의 소장 및 현장대리인으로서 안전보건총괄책임자로 지정된

피고인의 업무상 과실을 인정한 원심판단을 수긍한 사례. [2] 공사도급계약의 경우 (가) 원칙적으로 도급인에게는 수급인의 업무와 관련하여 사고방지에 필요한 안전조치를 취할 주의의무가 없으나, (나) 법령에 의하여 도급인에게 수급인의 업무에 관하여 구체적인 관리·감독의무 등이 부여되어 있거나 (다) 도급인이 공사의 시공이나 개별 작업에 관하여 구체적으로 지시·감독하였다는 등의 특별한 사정이 있는 경우에는 도급인에게도 수급인의 업무와 관련하여 사고방지에 필요한 안전조치를 취할 주의의무가 있다고 할 것이다.

6-2 [비교판례] [대판 2005도3108] 건설회사가 건설공사 중 타워크레인의 설치작업을 전문업자에게 도급주어 타워크레인 설치작업을 하던 중 발생한 사고에 대하여 건설회사의 현장대리인에게 업무상과실치사상의 죄책을 물을 수 없다고 한 원심의 판단을 수긍한 사례

7 [대판 2009도7070] [1] 피고인이 **제왕절개수술을 시행 중 태반조기박리를 발견**하고도 피해자의 출혈 여부 관찰을 간호사에게 지시하였다가 수술 후 약 45분이 지나 대량출혈을 확인하고 전원(轉院) 조치하였으나 그 후 피해자가 사망한 사안에서, 피고인에게 **대량출혈 증상을 조기에 발견하지 못하고, 전원을 지체**하여 피해자로 하여금 신속한 수혈 등의 조치를 받지 못하게 한 과실이 있다. [2] **피고인이 전원 받는 병원 의료진에게 피해자가 고혈압환자이고 제왕절개수술 후 대량출혈이 있었던 사정을 설명하지 않은 사안**에서, 피고인에게 전원과정에서 피해자의 상태 및 응급조치의 긴급성에 관하여 충분히 설명하지 않은 과실이 있다고 한 사례. [3] 피고인이 제왕절개수술 후 대량출혈이 있었던 피해자를 전원 조치하였으나 전원받는 병원 의료진의 조치가 다소 미흡하여 도착 후 약 1시간 20분이 지나 수혈이 시작된 사안에서, 피고인의 전원지체 등의 과실로 신속한 수혈 등의 조치가 지연된 이상 피해자의 사망과 피고인의 과실 사이에 인과관계가 인정된다.

8 [대판 2008도8606] 파기환송. [1] 간호사가 의사의 진료를 보조할 경우 의사의 지시에 따를 의무가 있는지 여부(원칙적 적극) [2] 담당 의사가 췌장 종양 제거수술 직후의 환자에 대하여 1시간 간격으로 4회 활력징후[3]를 측정하라고 지시를 하였는데, 일반병실에 근무하는 **간호사 甲이 중환자실이 아닌 일반병실에서는 그러할 필요가 없다고 생각하여 2회만 측정한 채 3회차 이후 활력징후를 측정하지 않았고,** 甲과 근무교대한 간호사 乙 역시 자신의 근무시간 내 4회차 측정시각까지 활력징후를 측정하지 아니하였으며, 위 환자는 그 시각으로부터 약 10분 후 심폐정지상태에 빠졌다가 이후 약 3시간이 지나 과다출혈로 사망한 사안에서, 1시간 간격으로 **활력징후를 측정하였더라면 출혈을 조기에 발견하여 수혈, 수술 등 치료를 받고 환자가 사망하지 않았을 가능성이 충분하다**고 보일 뿐 아니라, 甲과 乙은 의사의 위 지시를 수행할 의무가 있음에도 3회차 측정시각 이후 4회차 측정시각까지 활력징후를 측정하지 아니한 업무상과실이 있다고 보아야 함에도, 甲, 乙에게 업무상과실이 있거나 위 활력징후 측정 미이행 행위와 환자의 사망 사이에 인과관계가 있다고 단정하기 어렵다고 본 원심판단에 법리오해의 위법이 있다.

9 [대판 2008도6940] [과실치상죄에서 골프 등 개인 운동경기 참가자의 주의의무] [1] 골프와 같은 개인 운동경기에 참가하는 자는 자신의 행동으로 인해 다른 사람이 다칠 수도 있으므로, 경기 규칙을 준수하고 주위를 살펴 상해의 결과가 발생하는 것을 미연에 방지해야 할 주의의무가 있다. 이러한 주의의무는 경기

---

3) **활력 징후**(Vital Signs, V/S)란 대상자의 체온, 호흡, 맥박, 혈압 등의 측정값을 말한다. 이를 통하여 대상자의 건강 상태 변화를 발견하게 된다. 진료기록에 활력징후를 기록할 때는 혈압-맥박-호흡수-체온의 순서로 기록한다.

보조원에 대하여도 마찬가지로 부담한다. [2] 운동경기에 참가하는 자가 경기규칙을 준수하는 중에 또는 그 경기의 성격상 당연히 예상되는 정도의 경미한 규칙위반 속에 제3자에게 상해의 결과를 발생시킨 것으로서, **사회적 상당성**의 범위를 벗어나지 아니하는 행위라면 과실치상죄가 성립하지 않는다. 그러나 골프경기를 하던 중 골프공을 쳐서 아무도 예상하지 못한 **자신의 등 뒤편으로 보내어 등 뒤에 있던 경기보조원(캐디)에게 상해를 입힌 경우**에는 주의의무를 현저히 위반하여 사회적 상당성의 범위를 벗어난 행위로서 과실치상죄가 성립한다.

10 **[대판 2008도590]** [**마취전문 간호사가 의사의 구체적 지시 없이** 독자적으로 마취약제와 사용량을 결정하여 피해자에게 척수마취시술을 한 경우, 구 의료법상의 무면허 의료행위에 해당한다고 한 사례] [1] 피고인이 마취전문 간호사로서 의사의 구체적 지시 없이 독자적으로 마취약제와 사용량을 결정하여 치핵제거수술을 받을 피해자에게 척수마취시술을 한 후 집도의가 피해자에 대한 치핵제거수술을 시행하였고 수술현장에서도 집도의를 도와 피해자의 동태를 확인하면서 이상현상을 보이는 경우에 대비하여 응급조치를 준비하여야 함에도 현장을 이탈하는 등 적절한 조치를 취하지 않았을 뿐 아니라, 수술을 받던 피해자가 하체를 뒤로 빼면서 극도의 흥분상태로 소리를 지르는 등 통증을 호소하고 출혈이 발생한 이후에도 그 판시와 같이 마취전문 간호사로서의 필요한 조치를 다하지 아니한 업무상 과실이 있고, 그러한 업무상 과실과 집도의의 과실이 경합하여 결국 피해자가 사망에 이르게 되었다. [2] 마취액을 직접 주사하여 척수마취를 시행하는 행위는 약제의 선택이나 용법, 투약 부위, 환자의 체질이나 투약 당시의 신체 상태, 응급상황이 발생할 경우 대처능력 등에 따라 환자의 생명이나 신체에 중대한 영향을 미칠 수 있는 행위로서 고도의 전문적인 지식과 경험을 요하므로 의사만이 할 수 있는 의료행위이고 마취전문 간호사가 할 수 있는 진료 보조행위의 범위를 넘어서는 것이므로, 피고인의 행위는 구 의료법 제25조 제1항에서 금지하는 무면허 의료행위에 해당한다.

11 **[대판 2006도6949]** [**강제도선구역 내에서 조기 하선한 도선사**에게 하선 후 발생한 선박충돌사고에 대한 업무상 과실을 인정한 사례] 도선사(導船士)인 피고인으로서는 도선법 제20조 제1항, 도선법 시행규칙 제18조 제1항 [별표 5] 소정의 강제도선구(强制導船區)인 부산항 도선구에서 판시 현대 하모니호에 승선하여 당해 선박을 도선하게 되었으면 위 선박을 부산항 도선구 밖까지 직접 도선하여 충돌위험을 미연에 방지하여야 할 업무상 주의의무가 있음에도 불구하고, 이에 위배하여 하모니호가 부산항 제3호 등부표를 지날 무렵 **정당한 사유 없이 하모니호에서 하선**함으로써 도선사에 비하여 상대적으로 항만사정이나 한국인과의 교신에 익숙하지 못한 데다 선박운용기술이 떨어지는 중국인 선장 공소외 1로 하여금 부산항 강제도선구 내에서 조선하도록 한 업무상 과실이 있고, …… 적기에 충돌회피동작을 취하지 못하여 결국 이 사건 **선박충돌사고가 발생**하게 하였으므로, 피고인의 위와 같은 업무상 과실과 이 사건 사고발생 사이의 상당인과관계도 인정된다. (업무상 과실선박파괴죄(법189))

12 **[대판 2005도8980]** (가) 의사들의 주의의무위반과 처방체계상의 문제점으로 인하여 수술 후 회복과정에 있는 환자에게 **인공호흡 준비를 갖추지 않은 상태에서는 사용할 수 없는 약제가 잘못 처방**되었고, (나) 종합병원의 간호사로서 환자에 대한 투약 과정 및 그 이후의 경과 관찰 등의 직무 수행을 위하여 처방 약제의 기본적인 약효나 부작용 및 주사 투약에 따르는 주의사항 등을 미리 확인·숙지하였다면 과실로 처방된 것임을 알 수 있었음에도 그대로 **주사하여 환자가 의식불명 상태**에 이르게 된 사안에서, **간호사에게 업무**

상과실치상의 형사책임이 인정된다.

13 **[대판 2005도1796]** [산후조리원에서 신생아 집단관리를 책임지는 사람의 업무상 주의의무] [2] 산후조리원에 입소한 신생아가 출생 후 10일 이상이 경과하도록 계속하여 수유량 및 체중이 지나치게 감소하고 잦은 설사 등의 **이상증세를 보임에도 불구하고**, 산후조리원의 신생아 집단관리를 맡은 책임자가 의사나 한의사 등의 진찰을 받도록 하지 않아 신생아가 탈수 내지 괴사성 장염으로 사망한 사안에서, 위 집단관리 책임자가 산모에게 신생아의 이상증세를 즉시 알리고 적절한 조치를 구하여 **산모의 지시를 따른 것만으로는 업무상 주의의무를 다하였다고 볼 수 없다**며 신생아 사망에 대한 업무상 과실치사의 죄책이 인정된다.

14 **[대판 2004도8137]** 피해자는 위 복지원에 입소할 때부터 알코올중독증세가 매우 심하였고 이 사건 이전에도 여러 번 금단증상을 보이기도 하였으며 이러한 사실을 피고인들도 모두 알고 있었던 사실, 그럼에도 피고인들은 위와 같이 금단증상을 보이던 피해자를 병원에 호송하여 치료를 받게 하는 등의 조치를 취하지 않았던 사실, 그러던 중 2003. 6. 15. **피해자가 다시 금단증상을 보이자 피고인 2가 피해자를 독방으로 옮겨 그대로 방치**하였고 그 다음날 피해자가 목을 매어 사망에 이른 사실 등 판시와 같은 사실들을 인정한 다음, 알코올중독자의 수용시설을 운영 또는 관리하던 피고인들로서는 알코올중독자의 금단증상에 대비하여 의사 등을 배치하고 금단증상을 보이는 알코올중독자를 즉시 병원으로 호송하여 치료를 받게 하는 등의 조치를다할 주의의무가 있었음에도 피해자가 금단증상을 보일 때 위와 같은 주의의무를 다하지 아니하고 피해자를 독방에 가둔 다음 그대로 방치한 과실이 있고, 피고인들은 알코올중독증세가 심해 금단증상이 잦았던 피해자가 위와 같은 경우에 자살하는 등 위험한 행동을 할 수도 있었음을 충분히 예견할 수 있었다 할 것이므로, 피고인들의 과실과 위 피해자의 사망 간에는 인과관계가 인정된다고 봄이 상당하다 하여 이 사건 업무상과실치사죄가 인정된다.

15 **[대판 2003도3529]** 파기환송. [보행등이 설치되어 있지 아니한 횡단보도를 진행하는 차량의 운전자가 인접한 교차로의 차량진행신호에 따라 진행하다 교통사고를 낸 경우, 횡단보도에서의 보행자보호의무 위반의 책임을 지게 되는지 여부(적극)] 횡단보도에 보행자를 위한 보행등이 설치되어 있지 않다고 하더라도 횡단보도표시가 되어 있는 이상 그 횡단보도는 도로교통법에서 말하는 횡단보도에 해당하므로, 이러한 횡단보도를 진행하는 차량의 운전자가 도로교통법 제24조 제1항의 규정에 의한 횡단보도에서의 보행자보호의무를 위반하여 교통사고를 낸 경우에는 교통사고처리특례법 제3조 제2항 단서 제6호 소정의 횡단보도에서의 보행자보호의무 위반의 책임을 지게 되는 것이며, 비록 그 **횡단보도가 교차로에 인접**하여 설치되어 있고 그 교차로의 차량신호등이 **차량진행신호였다고 하더라도** 이러한 경우 그 차량신호등은 교차로를 진행할 수 있다는 것에 불과하지, 보행등이 설치되어 있지 아니한 횡단보도를 통행하는 보행자에 대한 보행자보호의무를 다하지 아니하여도 된다는 것을 의미하는 것은 아니므로 달리 볼 것은 아니다. **cf)** 원심은 피고인이 이 사건 보행등이 설치되어 있지 아니한 횡단보도를 통행하는 피해자를 충격하였다고 하더라도 인접한 교차로의 차량진행신호에 따라 진행한 이상 횡단보도에서의 보행자보호의무 위반의 책임이 없다고 판단한 나머지 이 사건 공소를 기각하였다.

16 **[대판 2002도2800]** [타인의 팔을 잡아당겨 도로를 횡단하게 만든 자는 그 횡단 중에 타인이 당한 교통사고에 대하여 과실치사상죄의 죄책을 진다고 한 사례] 중앙선에 서서 도로횡단을 중단한 피해자의 팔을

갑자기 잡아끌고 피해자로 하여금 도로를 횡단하게 만든 피고인으로서는 위와 같이 무단횡단을 하는 도중에 지나가는 차량에 충격당하여 피해자가 사망하는 교통사고가 발생할 가능성이 있으므로, 이러한 경우에는 피고인이 피해자의 안전을 위하여 차량의 통행 여부 및 횡단 가능 여부를 확인하여야 할 주의의무가 있다 할 것이므로, 피고인으로서는 위와 같은 주의의무를 다하지 않은 이상 교통사고와 그로 인한 피해자의 사망에 대하여 과실책임을 면할 수 없다.

17 **[대판 2001도5005]** [선행차량에 이어 피고인 운전 차량이 피해자를 연속하여 역과하는 과정에서 피해자가 사망한 경우, 피고인의 업무상 과실을 인정한 사례] 앞차를 뒤따라 진행하는 차량의 운전사로서는 **앞차에 의하여 전방의 시야가 가리는 관계상 앞차의 어떠한 돌발적인 운전 또는 사고에 의하여서라도** 자기 차량에 연쇄적인 사고가 일어나지 않도록 앞차와의 충분한 안전거리를 유지하고 진로 전방 좌우를 잘 살펴 진로의 안전을 확인하면서 진행할 주의의무가 있다.

18 **[대판 98도2605] [야간에 고속도로에서 차량을 운전하는 자의 주의의무]** 야간에 고속도로에서 차량을 운전하는 자는 주간에 정상적인 날씨 아래에서 고속도로를 운행하는 것과는 달리 노면상태 및 가시거리상태 등에 따라 고속도로상의 제한최고속도 이하의 속도로 감속·서행할 주의의무가 있다.

19 **[대판 97도538]** [안수기도 중 피해자가 사망한 사안에서, 중과실치사죄로 처단한 사례] 피고인이 **84세 여자 노인과 11세의 여자 아이를 상대로 안수기도**를 함에 있어서 그들을 바닥에 반드시 눕혀 놓고 기도를 한 후 "마귀야 물러가라.", "왜 안 나가느냐."는 등 큰 소리를 치면서 한 손 또는 두 손으로 **그들의 배와 가슴 부분을 세게 때리고 누르는 등의 행위를 여자 노인에게는 약 20분간, 여자아이에게는 약 30분간 반복하여 그들을 사망케 한 사안**에서, 고령의 여자 노인이나 나이 어린 연약한 여자아이들은 약간의 물리력을 가하더라도 골절이나 타박상을 당하기 쉽고, 더욱이 배나 가슴 등에 그와 같은 상처가 생기면 치명적 결과가 올 수 있다는 것은 피고인 정도의 연령이나 경험 지식을 가진 사람으로서는 약간의 주의만 하더라도 쉽게 예견할 수 있음에도 그러한 결과에 대하여 주의를 다하지 않아 사람을 죽음으로까지 이르게 한 행위는 **중대한 과실**이라고 보아, 피고인에 대하여 **중과실치사죄로 처단한 원심판결을 수긍**하였다.

20 **[대판 95도715]** 파기환송. [무단횡단하던 보행자가 중앙선 부근에 서 있다가 마주 오던 차에 충격당하여 자신이 운전하던 택시 앞으로 쓰러지는 것을 피하지 못하고 역과시킨 경우, 업무상 과실이 없다고 판단한 원심판결을 파기한 사례] [1] 운전자가 택시를 운전하고 제한속도가 시속 40km인 왕복 6차선 도로의 1차선을 따라 시속 약 50km로 진행하던 중, 무단횡단하던 보행자가 중앙선 부근에 서 있다가 마주 오던 차에 충격당하여 택시 앞으로 쓰러지는 것을 피하지 못하고 역과시킨 경우, 원심이 운전자가 통상적으로 요구되는 주의의무를 다하였는지 여부를 심리하지 아니한 채 업무상 과실이 없다고 판단한 것은 법리오해, 심리미진의 위법을 저질렀다는 이유로 원심판결을 파기한 사례. [2] 이 사건 공소사실은 피고인이 '이 사건 사고지점 부근을 진행하던 중 당시 진행방향 전방 중앙선 상에 피해자가 도로를 횡단하기 위해 서 있고 그곳은 시속 40km의 속도제한구역이므로 이러한 경우 피고인으로서는 피해자의 동정을 잘 살피면서 제한속도 이내로 운행하여 사고를 미연에 방지하여야 함에도 이를 게을리한 채 만연히 아무런 일이 없으리라고 생각하고 제한속도를 10km 초과하는 시속 50km로 진행한 과실로 이 사건 사고를 저지른 것이라고 함으로써, 피고인이 도로를 무단횡단하던 피해자가 중앙선 부근에 서 있는 것을 사전에 발견하였음을 전제로 이

에 터잡아 피고인의 과실을 문제삼고 있음이 명백하므로, 원심으로서는 (가) 피고인이 피해자를 사고지점으로부터 얼마 정도나 앞선 지점에서 처음 발견하였는지를 먼저 심리·확정한 다음 (나) 자동차운전자가 도로의 중앙선 부근에 서 있는 무단횡단자를 발견한 경우에 어떠한 주의의무가 요구되는지를 판단하여, (다) 피고인이 피해자를 미리 발견하지 못하였을 뿐더러 이를 발견할 가능성도 없었던 것으로 인정되거나, 또는 미리 발견하여 운전자에게 요구되는 주의의무를 다하였음에도 불구하고 사고결과를 회피할 수 없었다고 인정될 경우에 한하여 비로소 피고인에게 이 사건 사고결과에 대한 죄책이 없다고 하였어야만 할 것이다. 그런데, 기록에 나타난 이 사건 사고지점의 도로형태, 사고 시각, 사고 당시의 교통량 등에 비추어 볼 때 1차선상으로 진행하던 피고인이 도로의 중앙선 부근에 서 있던 피해자를 미리 발견할 수 없었을 것으로 볼 만한 특별한 사정은 보이지 아니하고, 더욱이 기록에 의하면 이 사건 사고지점은 왕복 6차선의 간선도로였음을 알 수 있으므로 그 중앙선 부근은 양쪽으로 많은 차량들이 교행하는 **매우 위험한 지역이었던 것으로 짐작**이 되는데다가, 피해자는 횡단 도중에 여의치 못하여 잠시 중앙선 부근에 머무르고 있는 자이었던 만큼 틈만 나면 그곳을 벗어나기 위하여 피고인의 진로 앞으로 횡단하려고 시도하리라는 것은 **충분히 예상할 수 있다** 할 것이므로, 이러한 경우에 평균적인 운전자라면 피해자가 스스로이든 아니면 위험지역에 있는 관계상 다른 차량에 의한 외력으로 인한 것이든 간에 자신의 진로 상에 들어올 수도 있다는 것을 감안하여 피해자의 행동을 주시하면서 그러한 돌발적인 경우에 대비하여 긴급하게 조치를 취할 수 있도록 제한속도 아래로 감속하여(제한속도의 상한까지만 감속하는 것만으로는 충분하지 아니할 것이다) 서행하거나 중앙선쪽으로부터 충분한 거리를 유지하면서 진행하여야 하는 것은 당연하다 할 것이니, 피고인이 이러한 주의의무를 다하면서 진행하였더라면 비록 피해자가 다른 차에 충격당하여 피고인의 진로 상으로 들어왔다 하더라도 피고인이 그것을 발견한 것이 15m 전방이었던 점을 고려할 때 이 사건 결과의 발생은 충분히 피할 수도 있었을 것으로 보여진다.

21 **[대판 94도2165]** [운전자가 음주운전 단속중인 경찰관의 정지신호를 무시하고 상당한 속도로 계속 진행함으로써 정차시키기 위하여 차체를 치는 경찰관으로 하여금 상해를 입게 한 경우, 운전자의 업무상 과실을 인정한 사례] 음주운전을 단속하는 경찰관이 약 10m 전방에서 음주운전자가 운행하는 것으로 의심되는 차량이 **동료 경찰관의 정지신호를 무시하고 계속 진행**하여 오는 것을 보고 그 차량에 대하여 다시 정지신호를 하여도 이에 계속 불응하면서 도주하려 하는 경우 그 차량의 진로를 가로막고 서거나 차량의 차체 일부를 붙잡아 정차하도록 하거나 정차를 강력히 요구하는 표시로 차체를 두드려 주의를 환기시키거나 경각심을 일으키는 등 차량에 접근하는 행동을 하는 경우가 있을 수 있음은 충분히 예상할 수 있으므로, 정지신호를 보내오고 있는 경찰관을 발견한 운전자로서는 마땅히 차량을 정차시켜야 하고, 만일 계속 진행하더라도 **속도를 줄이고 경찰관의 동태를 잘 살펴 안전하게 진행하여야 할 업무상 주의의무가 있다고 할 것인데, 그럼에도 불구하고** 이에 위배하여 상당한 속도로 계속 진행함으로써 정차를 시키기 위하여 차체를 치는 **경찰관으로 하여금 상해를 입게 한 운전자**에게는 업무상 주의의무를 다하지 못한 과실이 있다.

22 **[대판 93도2524]** [정신병(조증)으로 입원한 환자에게 투여한 조증치료제인 클로르포르마진의부작용으로 발생한 기립성저혈압을 치유하기 위하여 포도당액을 과다히 주사한 과실로, 환자가 전해질이상 등으로 인한 쇼크로 사망하였다고 하여 주치의사에 대한 업무상과실치사죄의 유죄를 인정한 사례] 정신과질환인 **조증으로 입원한 환자**의 주치의사는 환자의 건강상태를 사전에 면밀히 살펴서 그 상태에 맞도록 조증치료제인 클로르포르마진을 가감하면서 투여하여야 하고, 클로르포르마진의 과다투여로 인하여 환자에게 기

립성저혈압이 발생하게 되었고 당시 환자의 건강상태가 갑자기 나빠지기 시작하였다면 좀 더 정확한 진찰과 치료를 위하여 내과전문병원 등으로 전원조치를 하여야 할 것이고, 그러지 못하고 환자의 혈압상승을 위하여 포도당액을 주사하게 되었으면 그 과정에서 **환자의 전해질[4]이상 유무를 확인하고 투여하여야 함에도 의사에게 요구되는 이러한 일련의 조치를 취하지 아니한 과실이 있다면**, 그러한 과실로 환자가 전해질이상·빈혈·저알부민증 등으로 인한 **쇼크로 사망**하였음을 인정할 수 있고, 그 치료 과정에서 **야간당직의사의 과실이 일부 개입**하였다고 하더라도 그의 주치의사 및 환자와의 관계에 비추어 볼 때 환자의 주치의사는 업무상과실치사죄의 책임을 면할 수는 없다.

23 [대판 92도3283] [마취환자의 마취회복업무를 담당한 의사의 주의의무] 마취환자의 마취회복업무를 담당한 의사로서는 마취환자가 수술 도중특별한 이상이 있었는지를 확인하여 특별한 이상이 있었던 경우에는 보통 환자보다 더욱 감시를 철저히 하고, 또한 마취환자가 의식이 회복되기 전에는 호흡이 정지될 가능성이 적지 않으므로 피해자의 의식이 완전히 회복될 때까지 주위에서 관찰하거나 적어도 환자를 떠날 때는 피해자를 담당하는 간호사를 특정하여 그로 하여금 환자의 상태를 계속 주시하도록 하여 만일 이상이 발생한 경우에는 **즉시 응급조치가 가능**하도록 할 의무가 있다.

24 [대판 90도1918] 부득이한 사정으로 할 수 없이 중앙선을 침범한 경우에는 교통사고처리특례법 제3조 제2항 제2호의 중앙선침범에는 해당하지 아니한다 할 것이나 피고인이 고속도로의 주행선을 진행함에 있어서 **비가 내려 노면이 미끄러웠고 추월선상에 다른 차가 진행하고 있었으므로** 속도를 더 줄이고 추월선상의 차량의 동태를 살피면서 급히 제동할 수 있는 조치를 취하여야 할 주의의무를 게을리 하여 추월선상의 차량이 피고인의 차선으로 갑자기 들어오는 것을 피하다가 빗길에 미끄러져 중앙분리대를 넘어가 반대편 추월선상의 자동차와 충돌한 경우에는 업무상과실치사상죄 및 도로교통법 제108조 위반의 범죄를 구성한다.

25 [대판 90도579] [정맥에 주사하다가 근육에 새면 조직괴사등의 부작용을 일으킬 수 있는 **마취제 에폰톨을 주사함에 있어서의 의사의 주의의무**] 주사약인 에폰톨을 3, 4분 정도의 단시간형 마취에 흔히 이용되는 마취제로서 점액성이 강한 유액성분이어서 반드시 정맥에 주사하여야 하며, 정맥에 투여하다가 근육에 새면 유액성분으로 인하여 조직괴사, 일시적인 혈관수축등의 부작용을 일으킬 수 있으므로 위와 같은 마취제를 정맥주사할 경우 의사로서는 스스로 주사를 놓든가 부득이 간호사나 간호조무사에게 주사케 하는 경우에도 주사할 위치와 방법 등에 관한 적절하고 상세한 지시를 함과 함께 스스로 그 장소에 입회하여 주사시행과정에서의 환자의 징후 등을 계속 주시하면서 주사가 잘못없이 끝나도록 조치하여야 할 주의의무가 있고, 또는 위와 같은 마취제의 정맥주사방법으로서는 수액세트에 주사침을 연결하여 정맥내에 위치하게 하고 수액을 공급하면서 주사제를 기존의 수액세트를 통하여 주사하는 이른바 사이드 인젝션(Side Injection) 방법이 직접 주사방법 보다 안전하고 일반적인 것이라 할 것인 바, 산부인과 의사인 피고인이 피해자에 대한 임신중절수술을 시행하기 위하여 마취주사를 시주함에 있어 피고인이 직접 주사하지 아니하고, 만연히 간호조무사로 하여금 직접방법에 의하여 에폰톨 500밀리그램이 함유된 마취주사를 피해자의 우측 팔에 놓게 하여 피해자에게 상해를 입혔다면 이에는 의사로서의 주의의무를 다하지 아니한 과실이 있다고 할 것이다.

---

4) **전해질**(電解質, electrolyte)은 수용액 상태에서 이온으로 쪼개져 전류가 흐르는 물질이다. 대표적인 전해질로는 염화나트륨, 황산, 염산, 수산화나트륨, 수산화칼륨, 질산나트륨 등이 있다. 전해질은 체내에서 항상성을 유지하는데 필수적인 역할을 한다. 심장과 신경계 기능, 체액평형, 산소 전달, 산-염기평형 등의 조절을 지원한다.

26 [대판 89도2589] [**노면이 결빙되고 시계가 20m 이내인 고속도로상을 운전**하는 자가 단순히 제한속도를 준수하였다는 사실만으로 주의의무를 다하였다 할 수 있는지 여부(소극)] 노면이 결빙된 데다가 짙은 안개로 시계가 20m 정도 이내였다면 차량운전자는 제한시속에 관계없이 장애물 발견 즉시 제동정지할 수 있을 정도로 속도를 줄이는 등의 조치를 취하였어야 할 것이므로 **단순히 제한속도를 준수하였다는 사실만으로는 주의의무를 다하였다 할 수 없다.**

27 [대판 88도833] 파기환송. ●**사실**● 피고인은 통근버스 운전사로 일하고 있었는데 1986.9.3. 05:40경 서울 동대문구 장안 2동 354 앞길에 세워둔 위 버스에 시동을 걸어 출발함에 있어 진로의 전방 및 좌우를 잘 살피지 아니한 과실로 위 버스 오른쪽 바로 앞 길가에 쓰러져 있던 피해자를 오른쪽 앞바퀴로 역과하여 사망케 하였다. 당시 피해자는 위 버스의 차체 및 오른쪽 바퀴 바로 앞에 머리를 버스 진행방향의 오른쪽에 두고 비스듬히 쓰러져 있었고(술에 취해 전날 21:40경 세워둔 위 버스의 차체 밑에 들어가 잠을 자고 있은 것이다) 그때가 인적이 없는 어두컴컴한 새벽녘이었다. ●**판지**● 피해자의 머리 부분이 위 버스의 차체 밖으로 나와 있었다면 전날 밤에 위 버스를 주차해 두었다가 이 사건 사고 무렵에 시동을 걸어 출발하였고 그 출발에 앞서 위 버스의 앞을 돌아 오른쪽 출입문으로 승차한 피고인으로서는 그 무렵의 어둡기로 보아 조금만 주의를 기울여 살폈더라면 피해자의 머리부문을 쉽게 발견할 수 있었을 것인데도 그 주의의무를 게을리하여 피해자를 발견하지 못한 채 그대로 출발하였기 때문에 이 사건 사고가 발생하였다고 보아야 할 것이다. 버스운전사에게 전날 밤에 주차해둔 버스를 그 다음날 아침에 **출발하기에 앞서 차체 밑에 장애물이 있는지 여부를 확인**하여야 할 주의의무가 있다.

28 [대판 86도2514] [**야간에 화물을 적재한 트럭의 운전사**가 정차시의 주의의무를 게을리 하였다고 본 예] 가시거리가 약 5-6미터 정도 밖에 되지 않는 야간에 가로등이 설치되어 있지 않고 차량통행이 빈번한 편도 2차선의 도로상에 적재한 원목 끝부분이 적재함으로부터 약 3-6미터 돌출되어 있는 트럭을 정차할 경우, 운전사로서는 비상등을 켜고 차량후방에 위험표지판을 설치한 후 뒤따라 오는 차량에게 위험신호를 하여 주는 등으로 사고발생을 사전에 방지하여야 할 업무상 주의의무가 있다고 할 것임에도 **단지 비상등만 켜놓은 채 그대로 정차**하여 두었다면 업무상의 주의의무를 게을리하였다고 볼 것이다.

29 [대판 86도1048] 운전자가 차를 세워 시동을 끄고 1단 기어가 들어가 있는 상태에서 시동열쇠를 끼워놓은 채 **11세 남짓한 어린이를 조수석에 남겨두고** 차에서 내려온 동안 동인이 시동열쇠를 돌리며 액셀러레이터 페달을 밟아 차량이 진행하여 사고가 발생한 경우, 비록 동인의 행위가 사고의 직접적인 원인이었다 할지라도 그 경우 운전자로서는 위 어린이를 먼저 하차시키던가 운전기기를 만지지 않도록 주의를 주거나 손브레이크를 채운 뒤 시동열쇠를 빼는 등 사고를 미리 막을 수 있는 **제반조치를 취할 업무상 주의의무가 있다** 할 것이어서 이를 게을리 한 과실은 사고결과와 법률상의 인과관계가 있다고 봄이 상당하다.

30 [대판 86도915] [**도로에 웅덩이를 파둔 공사현장감독**에게 위 웅덩이에 행인이 떨어져 입은 상해에 대한 업무상 과실치상의 책임을 인정한 사례] 자전거 전용통로에 도시가스배관, 철도횡단흄관 압입공사를 하기 위하여 너비 약 3미터, 깊이 약 1미터, 길이 약 5미터의 웅덩이를 파두어 야간에 그곳을 지나던 통행인이 위 웅덩이에 떨어져 상해를 입었다면 동 공사현장 감독에게는 공사현장의 보안관리를 소홀히 한 주의의무위반이 있다.

31 [대판 86도549] [횡단보도의 보행자신호가 녹색신호에서 적색신호로 바뀔 무렵 전후에 횡단보도를 통과하는 자동차 운전자의 주의의무] 횡단보도의 보행자 신호가 녹색신호에서 적색신호로 바뀌는 예비신호 점멸중에도 그 횡단보도를 건너가는 보행자가 흔히 있고 또 횡단도중에 녹색신호가 적색신호로 바뀐 경우에도 그 교통신호에 따라 정지함이 없이 나머지 횡단보도를 그대로 횡단하는 보행자도 있으므로 보행자 신호가 녹색신호에서 정지신호로 바뀔 무렵 전후에 **횡단보도를 통과하는** 자동차 운전자는 보행자가 교통신호를 철저히 준수할 것이라는 신뢰만으로 자동차를 운전할 것이 아니라 좌우에서 이미 횡단보도에 진입한 보행자가 있는지 여부를 살펴보고 또한 그의 동태를 두루 살피면서 서행하는 등하여 그와 같은 상황에 있는 보행자의 안전을 위해 어느 때라도 정지할 수 있는 태세를 갖추고 자동차를 운전하여야 할 업무상의 주의의무가 있다.

32-1 [대판 83도3007] [인식 없는 과실의 책임근거] [호텔 사장과 영선과장의 화재에 대한 업무상 주의의무] [1] 호텔의 사장 또는 영선과장인 피고인들에게는 화재가 발생하면 불이 확대되지 않도록 계단과 복도 등을 차단하는 갑종방화문은 항상 자동개폐 되도록 하며, 숙박업들이 신속하게 탈출 대피할 수 있도록 각 층의 을종방화문(비상문)은 언제라도 내부에서 외부로의 탈출방향으로 밀기만 하면 그대로 열려지도록 설비관리하고, 화재 시에는 즉시 전 층 각 객실에 이를 알리는 감지기, 수신기, 주경종, 지구경종을 **완벽하게 정상적으로 작동하도록 시설관리하여야 할 업무상의 주의의무가 있다** 할 것이다. [2] 호텔의 사장 또는 영선과장인 피고인들이 오보가 잦다는 이유로 자동화재 조기탐지 및 경보시설인 수신기의 지구경종스위치를 내려 끈 채 봉하고, 영업상 미관을 해친다는 이유로 각층에 설치된 갑종방화문을 열어두게 하고 옥외피난계단으로 통하는 을종방화문은 도난방지 등의 이유로 고리를 끼워 피난구로서의 역할을 다하지 못하게 하였다면, 이와 같은 피고인들의 주의의무 해태는 결과적으로 건물의 화재발생 시에 있어서 숙박객 등에게 신속하게 화재를 알릴 수 없게 되고 발화지점에서의 상하층에의 연소방지를 미흡하게 하고 또 숙박객 등을 비상구를 통해 신속하게 옥외로 대피시키지 못하게 하는 것임은 경험상 명백하다 할 것이므로, **이 사건 화재로 인한 숙박객 등의 사상이라는 결과는 충분히 예견가능한 것**이라고 할 것이다. [3] 소위 과실범에 있어서의 **비난가능성의 지적 요소란 결과발생의 가능성에 대한 인식**으로서 인식있는 과실에는 이와 같은 인식이 있고, 인식없는 과실에는 이에 대한 인식자체도 없는 경우이나, 전자에 있어서 책임이 발생함은 물론, 후자에 있어서도 그 결과발생을 인식하지 못하였다는 데에 대한 부주의, 즉 규범적 실재로서의 과실책임이 있다고 할 것이다.

32-2 [비교판례] [대판 85도108] [**업무에 직접 관여하지 아니한 호텔회장**의 호텔내 화재에 의한 업무상 과실치사상 책임] 호텔을 경영하는 주식회사에 대표이사가 따로 있고 동 회사의 실질적인 책임자로서 업무전반을 총괄하는 전무 밑에 상무, 지배인, 관리부장, 영업부장 등을 따로 두어 각 소관업무를 분담처리하도록 하는 한편, 소방법 소정의 방화관리자까지 선정, 당국에 신고하여 동인으로 하여금 소방훈련 및 화기사용 또는 취급에 관한 지도감독 등을 하도록 하고 있다면 위 회사의 업무에 전혀 관여하지 않고 있던 소위 회장에게는 위 회사의 직원들에 대한 일반적, 추상적 지휘감독의 책임은 있을지언정 동 호텔 종업원의 부주의와 호텔구조상의 결함으로 발생, 확대된 화재에 대한 구체적이고도 직접적인 주의의무는 없다고 할 수 밖에 없다.

62 신뢰의 원칙과 과실범(1) - 교통사고영역 -

* 대법원 1988. 10. 11. 선고 88도1320 판결
* 참조조문: 형법 제14조,[1] 제268조[2]

심야에 육교 밑의 편도 4차선의 대로를 주행하는 운전자에게 무단횡단자에 대비하여 운전해야 할 의무가 있는가?

●**사실**● 피고인 X는 택시 운전사로서 1987.10.26. 01:10경 서울역 쪽에서 용산구 남영동 방향으로 2차선을 따라 시속 약 60㎞의 속력으로 진행 중 갈월파출소 앞 육교에 이르렀다. 당시 동 도로 1차선에는 선행 차량이 있었고 또 반대 방향에서 오는 차량의 전조등으로 인해 전방을 잘 주시할 수 없는 상황에서 주행하다가 동 도로 1차선에 주행하던 위의 차량 뒤로 동 도로를 좌에서 우로 **무단횡단하던** 피해자 A를 근접 거리에서 발견하고 제동조치를 취하지도 못하고 충격하여 동인에게 약 3개월간의 치료를 요하는 우횡경막파열상 등을 입게 하였다.

원심은 당시 동 도로 1차선으로 번호 불상의 차량이 선행하고 있었고 또 반대 방향에서 오는 차량의 전조등 때문에 전방을 잘 주시할 수 없었다면 감속하거나 기타 적절한 조치를 취하여 사고를 미연에 방지해야 하는 등 그 도로 상황에 맞는 안전운전 의무가 있음에도 이를 위배하여 만연히 주행타가 사고를 낸 것으로 보아 X에 대해 **업무상과실치상죄를 인정**하였다. 이에 X는 상고하였다.

●**판지**● **파기환송.** 「사고일시가 한 가을의 심야이고 그 장소가 도로교통이 빈번한 대도시 육교 밑의 편도 4차선의 넓은 길 가운데 2차선 지점인 경우라면 이러한 교통상황 아래에서의 자동차 운전자는 **무단횡단자가 없을 것으로 믿고 운전해가면 되는 것이고** 도로교통법규에 위반하여 **그 자동차의 앞을 횡단하려고 하는 사람이 있을 것까지 예상하여 그 안전까지를 확인해가면서 운전하여야 할 의무는 없다**」.

●**해설**● 1 대상판결은 신뢰의 원칙과 관련된 판례이다. **신뢰의 원칙**이란 피해자 내지 제3자가 적절한 행동을 취할 것을 신뢰하는 것이 상당한 경우에는 설령 이러한 자들의 부적절한 행동으로 인해 범죄결과가 발생하더라도 이에 대한 형사책임을 묻지 않겠다는 이론이다. 우리 법원도 **1970년대부터 도로교통영역**에서 이 원칙을 받아들여 이제는 하나의 법리로 정착되었다. 그리고 이 원칙의 적용범위도 교통사고에 한정되지 않고 다수인의 업무분담이 이루어지는 영역 특히 의료업무(수술행위)에까지 그 영역이 확대 적용되고 있다.

2 20세기에 들어 고도의 과학문명으로 인해 문명의 이기와 더불어 사회전체가 **위험사회**에 직면하게 되었다. 이러한 위험을 피하기 위해서는 '불신의 원칙'이 옳으나 이를 받아들이면 현대사회에서 효율적인 일상생활의 영위가 어렵게 된다. 특히 **위험 위에서 유지되는 현대 문명의 특성**상 갈수록 더욱 그러한 상황으로 들어가고 있다. 때문에 일정한 영역에서(자동차운행이나 원자력의 이용 등) 필요한 안전조치를 할 것을 조건으로 이러한 행위(위험)를 받아들이는 것을 **'허용된 위험'의 법리**라 하고, 이 법리가 도로교통

---

1) 형법 제14조(과실) 정상적으로 기울여야 할 주의를 게을리하여 죄의 성립요소인 사실을 인식하지 못한 행위는 법률에 특별한 규정이 있는 경우에만 처벌한다.
2) 형법 제268조(업무상과실·중과실 치사상) 업무상 과실 또는 중대한 과실로 인하여 사람을 사상에 이르게 한 자는 5년 이하의 금고 또는 2천만원 이하의 벌금에 처한다.

분야에서 특칙을 이룬 것이 **'신뢰의 원칙'**이다.

3 과실범은 정상의 주의의무를 태만함으로 성립되는 범죄이다(법14). 신뢰의 원칙은 이 **주의의무의 범위를 제한함으로써 과실범의 확장을 방지**하는 장점이 있다. 신뢰의 원칙이 작용하는 경우, 즉 제3자가 적절한 행동을 취할 것을 신뢰하는 것이 상당한 경우는 '피해자 등의 부적절한 행동(비이성적 행위)을 일반인이 예견할 수 없는 경우'로 해석할 수 있다(따라서 갑작스러운 피해자의 부적절한 행위에 대해서까지 과실책임을 지게 되지는 않는다). 판례도 「과실범에 관한 이른바 신뢰의 원칙은 상대방이 이미 비정상적인 행태를 보이고 있는 경우에는 적용될 여지가 없는 것이고, 이는 행위자가 경계의무를 게을리하는 바람에 상대방의 비정상적인 행태를 **미리 인식하지 못한 경우에도 마찬가지**이다」고 한다(대판 2008도11921, Ref 2-1).

4 대상판결에서도 「대도시 밤거리에서의 빈번한 도로교통에 있어서는 대향차의 전조등 불빛 때문에 시야가 흐려져 전방의 장애물을 미리 발견하는데 상당한 애로가 있고 특별한 사정이 없는 한 그것은 부득이하다는 것은 경험칙에 비추어 명백하므로 위에서 본 제반 교통상황에 비추어 **피고인은 정상속도로 운전해가기만하면 되는 것이고 더 이상 속도를 줄여 무단횡단자에 대비해야 할 의무는 없다**」고 판단하였으며, 이러한 교통상황 아래에서 자동차 운전자는 무단횡단자가 없을 것으로 믿고 운전해가면 되는 것이고 그 자동차의 앞을 횡단하려고 하는 사람이 있을 것까지 예상할 수는 없다고 보았다.

5 **신뢰의 원칙의 한계** 신뢰의 원칙은 상대방 교통관여자가 도로교통의 제반법규를 지켜 도로교통에 임하리라고 신뢰할 수 없는 특별한 사정이 있는 경우에는 그 적용이 배제된다(Ref 2). 특별한 사정의 예로는 ㉠ 상대방이 교통규칙을 준수하지 않고 있음을 알고 있었던 경우(예를 들어, 반대 차량이 이미 중앙선을 침범하여 비정상적인 운행을 하고 있음을 목격한 경우 등)나 ㉡ 상대방이 어린이나 노약자 등과 같이 처음부터 상대방에게 교통규칙의 준수를 기대하기 어려운 경우 등이다.

Reference 1

교통사고 영역에서의 신뢰의 원칙

1 **[대판 2022도1401]** 파기환송. [운전자가 횡단보도 표시구역을 통과하면서 보행자가 횡단보도 노면표시가 없는 곳에서 갑자기 건너오지 않을 것이라고 신뢰하는 **신뢰의 원칙**은 상대방 교통관여자가 도로교통 관련 제반 법규를 지켜 자동차의 운행 또는 보행에 임하리라고 신뢰할 수 없는 특별한 사정이 있는 경우 적용이 배제되는지 여부(적극)] ●**사실**● 피고인 X는 봉고 차량의 운전업무에 종사하는 사람으로서 2020. 4. 8. 16:30경 고양시 ○○백화점 앞 횡단보도를 미상의 속도로 진행하였다. 당시 **그곳에는 신호등이 없는 횡단보도가 설치**되어 있었으므로, 자동차의 운전업무에 종사하는 사람은 보행자가 있을 경우를 대비하여 서행함으로써 사고를 미리 방지하여야 할 업무상의 주의의무가 있었다. 그럼에도 X는 이를 게을리한 채 그대로 진행하다가 횡단보도 근처를 횡단하는 피해자 A(만 9세, 여, 초등학교 4학년)을 뒤늦게 발견하고 제동을 하였으나 미처 멈추지 못하고 피고인 차량 앞 범퍼 부분으로 A의 오른쪽 무릎 부위를 충격하여 A에게 약 2주간의 치료를 요하는 상해를 입게 하였음에도 피해자를 구호하는 등의 조치를 취하지 않고 그대로 도주하였다. 원심은 위 사고가 횡단보도 안에서 발생하였다고 단정하기 어렵고, 피해자가 넘어지면서 상해가 발생

한 것으로 보이므로, 피해자의 진술만으로 피고인의 차량이 피해자의 신체를 충격하였다고 단정하기 어렵다는 이유로 제1심판결을 파기하고 무죄로 판단하였다. 이에 검사가 상고하였다. ●**판지**● **파기환송.** (가) **도로교통법 제27조 제5항**은 '모든 차의 운전자는 보행자가 횡단보도가 설치되어 있지 아니한 도로를 횡단하고 있을 때에는 안전거리를 두고 일시정지하여 보행자가 안전하게 횡단할 수 있도록 하여야 한다'고 규정하고 있다. 따라서 자동차의 운전자는 횡단보행자용 신호기가 설치되지 않은 횡단보도를 횡단하는 보행자가 있을 경우에 그대로 진행하더라도 보행자의 횡단을 방해하지 않거나 통행에 위험을 초래하지 않을 경우를 제외하고는, 횡단보도에 먼저 진입하였는지 여부와 관계없이 차를 일시정지하는 등의 조치를 취함으로써 보행자의 통행이 방해되지 않도록 할 의무가 있다. (나) **도로교통법 제10조 제4항**은 '보행자는 횡단보도 표시구역이 아닌 곳에서 차의 바로 앞이나 뒤로 횡단하여서는 아니 된다'는 취지로 규정하고 있으므로, 모든 차의 운전자는 횡단보도 표시구역을 통과하면서 보행자가 횡단보도 노면표시가 없는 곳에서 갑자기 건너오지 않을 것이라고 신뢰하는 것이 당연하고 그렇지 아니할 이례적인 사태의 발생까지 예상하여 그에 대한 주의의무를 다하여야 한다고는 할 수 없다. 다만 **이러한 신뢰의 원칙은** 상대방 교통관여자가 도로교통 관련 제반 법규를 지켜 자동차의 운행 또는 보행에 임하리라고 **신뢰할 수 없는 특별한 사정이 있는 경우에는 적용이 배제**된다. (다) 사고 지점 부근의 도로 상황, 사고 발생 시각, 사고 당시의 교통량, 횡단보도 부근의 보행자 현황 등을 종합해 볼 때, 트럭을 운전하던 피고인으로서는 횡단보행자용 신호기가 설치되어 있지 않은 횡단보도 구간을 통과한 직후 그 부근에서 도로를 횡단하려는 보행자가 흔히 있을 수 있음을 충분히 예상할 수 있었으므로, 무단횡단하는 보행자를 발견한 즉시 안전하게 정차할 수 있도록 제한속도 아래로 속도를 더욱 줄여서 행하고 전방과 좌우를 면밀히 주시하여 안전하게 운전함으로써 **사고를 미연에 방지할 업무상 주의의무가 있었다.** (라) 자동차의 운전자가 통상 예견되는 상황에 대비하여 결과를 회피할 수 있는 정도의 주의의무를 다하지 못한 것이 교통사고 발생의 직접적인 원인이 되었다면, 비록 자동차가 보행자를 직접 충격한 것이 아니고 보행자가 자동차의 급정거에 놀라 도로에 넘어져 상해를 입은 경우라고 할지라도, **업무상 주의의무 위반과 교통사고 발생 사이에 상당인과관계를 인정**할 수 있다.

2-1 [대판 2000도2671] 파기환송 [야간에 고속도로를 무단횡단하는 보행자를 충격하여 사망에 이르게 한 운전자의 과실과 사고 사이의 상당인과관계를 인정한 원심을 파기한 사례] [1] 고속도로를 운행하는 자동차의 운전자로서는 일반적인 경우에 고속도로를 횡단하는 보행자가 있을 것까지 예견하여 보행자와의 충돌사고를 예방하기 위하여 급정차 등의 조치를 취할 수 있도록 대비하면서 운전할 주의의무가 없고, 다만 고속도로를 무단횡단하는 보행자를 충격하여 사고를 발생시킨 경우라도 운전자가 상당한 거리에서 보행자의 무단횡단을 미리 예상할 수 있는 사정이 있었고, 그에 따라 즉시 감속하거나 급제동하는 등의 조치를 취하였다면 보행자와의 충돌을 피할 수 있었다는 등의 특별한 사정이 인정되는 경우에만 자동차 운전자의 과실이 인정될 수 있다. [2] 피고인에게 야간에 고속버스와의 안전거리를 확보하지 아니한 채 진행하다가 고속버스의 우측으로 제한최고속도를 시속 20km 초과하여 고속버스를 추월한 잘못이 있더라도, 이 사건 사고경위에 비추어 볼 때 피고인의 위와 같은 잘못과 이 사건 사고결과와의 사이에 상당인과관계가 있다고 할 수도 없다.

2-2 [비교판례] [대판 80도3305] [신뢰원칙이 배제되어 과실범 성립을 인정한 사례] 고속도로 상을 운행하는 자동차 운전자는 통상의 경우 보행인이 그 도로의 중앙방면으로 갑자기 뛰어드는 일이 없으리라는 **신뢰하에서 운행하는 것**이지만 위 도로를 횡단하려는 피해자를 그 **차의 제동거리 밖에서 발견하였다면** 피해자가 반대차선의 교행차량 때문에 도로를 완전히 횡단하지 못하고 그 진행차선 쪽에서 멈추거나 다시 되돌아 나

가는 경우를 예견해야 하는 것이다. **이러한 구체적인 위험이 전개된 이상 아무리 고속도로상이라 하더라도 위와 같은 신뢰의 원칙은 배제된다 할 것**이며 따라서 피고인은 사고위험을 예상하여 이를 방지하기 위한 제반조치를 취하여야 하고 만약 이런 방법이 있음에도 불구하고 이와 같은 조치를 취하지 않았다면 운전자의 과실이 있다고 보아야 할 것이며, 더우기 본건에서 스키드마크거리로 보아 전방 약 40m 전방에서 급정거조치를 취하면서 자기 주행선을 엄수하였던들 본건 사고가 발생하지 않았을 것임은 경험칙상 명백하니 피고인은 피해자를 발견하는 즉시 급제동조치를 취하면서 피고인의 동태를 주의 깊게 살펴 그 충돌을 피하기 위하여 적절히 핸들을 다루는 등 사고를 미연에 방지하기 위한 제반조치를 취하여야 할 업무상 주의의무가 있다 할 것임에도 이에 이르지 아니하고 만연히 시속 70㎞의 속력을 늦추지 않고 피해자를 피하여 간다는 생각에서 약간 핸들을 우측으로 돌려 피해자 뒤를 빠져 나가려다가 본건 사고가 발생한 것이니 만큼 피고인의 과실은 넉넉히 인정된다고 판시하고 있는바 기록에 의하여 검토하면 원심의 위 사실인정 과정에 채증법칙 위배의 허물이 없고 원심의 위 판단 또한 정당하며 과실의 법리오해가 있다고 할 수 없어 논지는 모두 이유 없다.

3 [대판 98다14252] [신호등에 따라 교차로를 통과하는 차량 운전자에게 신호가 바뀐 후 다른 차량이 신호를 위반하여 교차로에 새로 진입하여 올 경우까지 예상하여야 할 주의의무가 있는지 여부(소극)] 신호등에 의하여 교통정리가 행하여지고 있는 교차로를 녹색등화에 따라 진행하는 차량의 운전자는 특별한 사정이 없는 한 다른 차량들도 교통법규를 준수하고 충돌을 피하기 위하여 적절한 조치를 취할 것으로 믿고 운전하면 족하고, 다른 차량이 신호를 위반하고 자신의 진로를 가로질러 진행하여 올 경우까지 예상하여 그에 따른 사고발생을 미리 방지할 특별한 조치까지 강구할 주의의무는 없으나, 다만 녹색등화에 따라 진행하는 차량의 운전자라고 하더라도 이미 교차로에 진입하고 있는 다른 차량이 있는지 여부를 살펴보고 그러한 차량이 있는 경우 그 동태를 두루 살피면서 서행하는 등으로 사고를 방지할 태세를 갖추고 운전하여야 할 주의의무는 있다 할 것이나, 그와 같은 주의의무는 어디까지나 신호가 바뀌기 전에 이미 교차로에 진입하여 진행하고 있는 차량에 대한 관계에서 인정되는 것이고, 특별한 사정이 없는 한 **신호가 바뀐 후** 다른 차량이 신호를 위반하여 교차로에 새로 진입하여 진행하여 올 경우까지를 예상하여 그에 따른 사고발생을 방지하기 위한 조치까지 강구할 주의의무는 없다.

4 [대판 98다5135] 파기환송. [야간에 사고차량에서 나와 고속도로상을 무단횡단하던 피해자를 충격하는 사고를 발생시킨 운전자의 과실을 부정한 사례] 도로교통법 제58조는 보행자는 고속도로를 통행하거나 횡단할 수 없다고 규정하고 있으므로 고속도로를 운행하는 자동차의 운전자로서는 특별한 사정이 없는 한 보행자가 고속도로를 통행하거나 횡단할 것까지 예상하여 급정차를 할 수 있도록 대비하면서 운전할 주의의무는 없다 할 것이고, 따라서 고속도로를 무단횡단하는 피해자를 충격하여 사고를 발생시킨 경우라도 (가) 운전자가 상당한 거리에서 그와 같은 무단횡단을 미리 예상할 수 있는 사정이 있었고, (나) 그에 따라 즉시 감속하거나 급제동하는 등의 조치를 취하였다면 피해자와의 충돌을 면할 수 있었다는 등의 **특별한 사정이 인정되지 아니하는 한** 자동차 운전자에게 과실이 있다고는 볼 수 없다.

5 [대판 98도1854] [직진신호에 따라 교차로를 통과하는 운전자의 주의의무 및 그 경우 운전자의 과속행위와 교통사고 사이에 상당인과관계가 있는지 여부(한정 소극)] 녹색등화에 따라 왕복 8차선의 간선도로를 직진하는 차량의 운전자는 특별한 사정이 없는 한 왕복 2차선의 접속도로에서 진행하여 오는 다른 차량들

도 **교통법규를 준수하여 함부로 금지된 좌회전을 시도하지는 아니할 것으로 믿고 운전하면 족하고,** 접속도로에서 진행하여 오던 차량이 아예 허용되지 아니하는 좌회전을 감행하여 직진하는 자기 차량의 앞을 가로질러 진행하여 올 경우까지 예상하여 그에 따른 사고발생을 미리 방지하기 위하여 특별한 조치까지 강구할 주의의무는 없다 할 것이고, 또한 **운전자가 제한속도를 지키며 진행하였더라면 피해자가 좌회전하여 진입하는 것을 발견한 후에 충돌을 피할 수 있었다는 등의 사정이 없는 한** 운전자가 제한속도를 초과하여 과속으로 진행한 잘못이 있다 하더라도 그러한 잘못과 교통사고의 발생 사이에 상당인과관계가 있다고 볼 수는 없다(자동차 상호간에 있어서 신뢰의 원칙).

6 [대판 95도382] [반대차선에 연결된 소로에서 주도로로 진입하는 차량이 황색중앙선을 침범하여 자기 진행차선으로 진입할 것까지 예상하여 운행할 주의의무가 있는지 여부] 두 줄의 황색중앙선 표시가 있는 직선도로상을 운행하는 차량(오토바이)의 운전자로서는 특별한 사정이 없는 한 상대방향에서 운행하여 오는 차량(오토바이)이 **도로중앙선을 넘어 자기가 진행하는 차선에 진입하지 않으리라고 믿는 것이 우리의 경험법칙에 합당**하고, 또 반대차선에 연결된 소로에서 주도로로 진입하는 차량이 있다고 하더라도 그 차량이 법률상 금지된 중앙선을 침범하여 자기가 진행하는 차선에 진입하는 범법행위까지를 예상하여 자기가 운전하는 차량을 서행하거나 일일이 그 차량의 동태를 예의주시할 의무가 있다고 할 수 없다.

7 [대판 94도995] ['ㅓ'자형의 교차로에서 발생한 교통사고에서 이른바 신뢰의 원칙을 적용하여 운전자에게 과실이 없다고 한 사례] 이 사건 사고지점은 "ㅓ"자형 교차로로서, 피고인은 판시 트럭을 운전하여 노폭 5.5m의 황색실선의 중앙선이 설치된 편도 1차선 도로를 합덕읍에서 덕산면쪽으로 진행하고 있었고, 피해자 공소외인은 판시 오토바이를 운전하여 예산전기쪽에서 합덕읍쪽으로 위 교차로를 우회전하여 진행해 온 사실, 그곳은 피고인 진행방향 왼쪽 방향이나 피해자 진행방향 오른쪽 방향이 시야가 좁았고, 비가 내려 노면이 미끄러웠던 사실, 피고인이 진행하던 도로는 제한속도 시속 60Km지점으로서 피고인은 위 삼거리 교차로에 이르기 직전 일시정지하거나 서행하지 아니하고 시속 약 50Km로 진행하고 있었는데, 피해자가 왼쪽 도로쪽에서 오토바이 운전면허도 없이 판시 오토바이를 빠른 속도로 운전해 나오면서 합덕읍쪽으로 크게 원을 그리면서 도로의 중앙부분을 넘어 피고인 진행차선쪽으로 달려들어 오자, 이를 발견한 피고인이 급히 제동조치를 취하면서 핸들을 우측으로 조작하였으나 판시 오토바이의 왼쪽 핸들 부분과 피해자의 얼굴 부분이 판시 트럭의 왼쪽 적재함 모서리 부분을 들이받아 피해자는 현장에서 중증뇌좌상 등으로 사망하고, 판시 트럭은 위 도로 오른쪽 배수로에 추락한 사실을 인정한 다음 위 인정사실에 의하면, 피고인이 비록 제한속도 시속 60Km 지점의 빗길을 시속 50Km로 진행하다가 교차로 직전에 일시정지하거나 **서행하지 아니하고 그대로 진행하였다고 하여도** 왼쪽 도로에서 나와 합덕읍쪽으로 우회전하는 피해자 운전의 오토바이가 핸들을 제대로 조작하지 못하여 피고인 진행차선 부분으로 넘어올 것까지 예측하여 이를 피양할 조치를 취할 의무는 없다.

8 [대판 92도2579] [신호등이 있는 교차로를 녹색등화에 따라 직진하는 운전자에게 대향차선의 차량이 신호를 위반하여 자기 앞을 가로질러 좌회전할 경우까지 예상하여 특별한 조치를 강구하여야 할 업무상 주의의무가 있는지 여부] ●**판지**● 신호등에 의하여 교통정리가 행하여지고 있는 ㅏ자형 삼거리의 교차로를 녹색등화에 따라 직진하는 차량의 운전자는 **특별한 사정이 없는 한 다른 차량들도 교통법규를 준수하고 충돌을 피하기 위하여 적절한 조치를 취할 것으로 믿고 운전하면 족하고,** 대향차선 위의 다른 차량이 신호를 위반

하고 직진하는 자기 차량의 앞을 가로질러 좌회전할 경우까지 예상하여 그에 따른 사고발생을 미리 방지하기 위한 특별한 조치까지 강구하여야 할 업무상의 주의의무는 없고, 위 직진차량 **운전자가 사고지점을 통과할 무렵 제한속도를 위반하여 과속운전한 잘못이 있었다 하더라도 그러한 잘못과 교통사고의 발생과의 사이에 상당인과관계가 있다고 볼 수 없다.** ●**해설**● 사안은 인과관계의 객관적 귀속이론 중의 하나인 규범의 보호범위의 이론으로도 설명이 가능하다. **규범의 보호범위의 이론**이란 발생된 결과가 문제된 규범의 보호범위 바깥에 위치하는 것일 때에는 형법적 인과관계를 인정하지 않는다는 이론이다. 사안에서 피고인은 속도제한의 규범을 어기고 있다. 그러나 속도제한규정은 안전속도를 유지함으로서 교통사고의 방지가 목적이다. 따라서 본 사안에서 불법하게 운전한 피해자의 사망은 피고인이 위반한 속도제한규정의 보호범위 밖에 위치하므로 인과관계가 부정된다.

9 [대판 92도2077] 차량의 운전자로서는 횡단보도의 **신호가 적색인 상태에서 반대차선상에 정지하여 있는 차량의 뒤로 보행자가 건너오지 않을 것이라고 신뢰하는 것이 당연**하고 그렇지 아니할 사태까지 예상하여 그에 대한 주의의무를 다하여야 한다고는 할 수 없다. 원심이 판시사실을 인정하고 이와 같은 취지로 판단하여 피고인에게 무죄를 선고한 조처는 옳다.

10 [대판 92도1137] **파기환송.** [중앙선이 표시되어 있지 아니한 비포장도로를 운행하는 자동차운전자의 마주 오는 차에 대한 주의의무] 중앙선이 표시되어 있지 아니한 **비포장도로라고 하더라도** 승용차가 넉넉히 서로 마주보고 진행할 수 있는 정도의 너비가 되는 도로를 정상적으로 진행하고 있는 자동차의 운전자로서는, **특별한 사정이 없는 한 마주 오는 차도 교통법규(도로교통법 제12조 제3항 등)를 지켜 도로의 중앙으로부터 우측부분을 통행할 것으로 신뢰하는 것이 보통**이므로, 마주 오는 차가 도로의 중앙이나 좌측부분으로 진행하여 올 것까지 예상하여 특별한 조치를 강구하여야 할 업무상 주의의무는 없는 것이 원칙이고, 다만 마주 오는 차가 이미 비정상적으로 도로의 중앙이나 좌측부분으로 진행하여 오고 있는 것을 목격한 경우에는, 그 차가 그대로 도로의 중앙이나 좌측부분으로 진행하여 옴으로써 진로를 방해할 것에 대비하여 그 차의 동태에 충분한 주의를 기울여 경음기를 울리고 속도를 줄이면서 도로의 우측 가장자리로 진행하거나 일단 정지하여 마주 오는 차가 통과한 다음에 진행하는 등, 자기의 차와 마주 오는 차와의 접촉충돌에 의한 위험의 발생을 미연에 방지할 수 있는 적절한 조치를 취하여야 할 업무상 주의의무가 있다고 할 것이지만, 그와 같은 경우에도 자동차의 운전자가 업무상 요구되는 적절한 조치를 취하였음에도 불구하고 마주 오는 차의 운전자의 중대한 과실로 인하여 충돌사고의 발생을 방지할 수 없었던 것으로 인정되는 때에는 자동차의 운전자에게 과실이 있다고 할 수 없다. **cf)** 원심은 이 사건 사고가 피고인의 과실로 인하여 발생하였음을 인정할만한 증거가 없다는 이유로 무죄를 선고한 제1심판결을 파기하고 이 사건 공소사실을 유죄로 인정하였다.

11 [대판 92도934] **파기환송.** [교차로에 먼저 진입한 운전자에게 다른 차량이 자신의 진행속도보다 빠른 속도로 교차로에 진입하여 자신의 차량과 충격할지 모른다는 것까지 예상하고 대비하여 운전하여야 할 주의의무가 있는지 여부] [1] 운전자가 교차로를 사고 없이 통과할 수 있는 상황에서 그렇게 인식하고 교차로에 일단 먼저 진입하였다면 특별한 사정이 없는 한 그에게 과실이 있다고 할 수 없고, **교차로에 먼저 진입한 운전자로서는 이와 교차하는 좁은 도로를 통행하는 피해자가 교통법규에 따라 적절한 행동을 취하리라고 신뢰하고 운전한다고 할 것**이므로 특별한 사정이 없는 한 피해자가 자신의 진행속도보다 빠른 속도로 무모

하게 교차로에 진입하여 자신이 운전하는 차량과 충격할지 모른다는 것까지 예상하고 대비하여 운전하여야 할 주의의무는 없다고 할 것이다. [2] 자동차는 통행의 우선순위와는 관계없이 교통정리가 행하여지고 있지 아니하며 좌우를 확인할 수 없는 교차로에 있어서는 서행하여야 하고, 교통정리가 행하여지고 있지 아니하는 교통이 빈번한 교차로에서는 일시 정지하여(도로교통법 제27조), 전방과 좌우를 잘 살펴 안전하게 교차로를 진입하고 통과하여야 할 주의의무가 있다고 할 것이지만, 교차로에 진입함에 있어 일단 전방 좌우를 살펴 안전하다는 판단 하에 먼저 교차로에 진입한 이상 통행의 후순위 차량의 통행법규 위반 가능성까지 예상하여 운전하여야 할 주의의무까지 있다고 할 수는 없을 것이다.

12 **[대판 88도2527]** [자동차운전자의 과실책임을 부인한 사례] 피해자가 오토바이 뒤에 다른 피해자를 태우고 술에 취한 나머지 흔들거리면서 중앙선을 50센티미터쯤 침범하여 방향표시 깜박등도 켜지 않은 채 진행해 오는 것을 그 반대방향에서 차선을 따라 자동차를 운행하던 운전자가 35미터 내지 40미터 앞에서 보았다면 자동차운전자로서는 그 오토바이의 진행방향을 가늠할 수 없어 급정차하는 외에는 다른 방어조치를 취할 수 없다 할 것이므로 **이와 같은 상황에서 급정차한 자동차**를 위 오토바이가 충격하여 일어난 사고에 관하여는 자동차 운전자에게 어떤 과실책임을 물을 수 없다.

13 **[대판 88도1689]** [**자동차전용 도로상에서의 무단횡단**과 운전자의 주의의무] 도로교통법상 자동차전용도로는 자동차만이 다닐 수 있도록 설치된 도로로서 보행자 또는 자동차 외의 차마는 통행하거나 횡단하여서는 안되도록 되어 있으므로 자동차전용도로를 운행하는 자동차의 운전자로서는 특별한 사정이 없는 한 무단횡단하는 보행자가 나타날 경우를 미리 예상하여 감속서행할 주의의무는 없다.

14 **[대판 86도549]** [횡단보도의 보행자신호가 **녹색신호에서 적색신호로 바뀔 무렵 전후에 횡단보도를 통과하는 자동차 운전자의 주의의무**] 횡단보도의 보행자 신호가 녹색신호에서 적색신호로 바뀌는 예비신호 점멸중에도 그 횡단보도를 건너가는 보행자가 흔히 있고 또 횡단도중에 녹색신호가 적색신호로 바뀐 경우에도 그 교통신호에 따라 정지함이 없이 나머지 횡단보도를 그대로 횡단하는 보행자도 있으므로 보행자 신호가 녹색신호에서 정지신호로 바뀔 무렵 전후에 횡단보도를 통과하는 자동차 운전자는 보행자가 교통신호를 철저히 준수할 것이라는 신뢰만으로 자동차를 운전할 것이 아니라 좌우에서 이미 횡단보도에 진입한 보행자가 있는지 여부를 살펴보고 또한 그의 동태를 두루 살피면서 서행하는 등하여 그와 같은 상황에 있는 보행자의 안전을 위해 어느 때라도 정지할 수 있는 태세를 갖추고 자동차를 운전하여야 할 업무상의 주의의무가 있다.

15 **[대판 85도1893]** [간선도로의 횡단보도에서의 보행자 신호가 적색인 경우 동 교차로를 주행하는 자동차운전자의 주의의무 정도] 횡단보도의 보행자 신호등이 적색으로 표시된 경우는 보행인은 신호를 위반하여 길을 건너서는 아니 됨으로 피고인으로서는 이러한 횡단보도에서는 보행인이 신호를 위반하여 횡단하지 아니하리라고 기대함은 당연하고, 보행자(당시 피해자 A는 공소외 B와 더불어 소주 2병을 마신 상태)가 **적색신호를 무시하고 갑자기 뛰어나오리라는 것까지 미리 예견하여 운전하여야 할 업무상의 주의의무까지 있다고 볼 수는 없고** 또 이 사건 현장 부근은 차량통행과 보행인의 통행이 매우 번잡한 곳이고 사고시간 당시에는 술에 취한 보행인이나 귀가를 서두르는 사람들이 택시나 버스를 타기 위하여 차도까지 내려오는 것이 예견된다고는 하더라도 이 사건과 같은 교통 빈번한 간선도로에서 횡단금지의 적색신호인데도 무모하게 버스

앞을 뛰어 횡단하려 하는 아주 드문 경우까지를 예견하고 이에 대치할 것을 요구함과 같은 것은 자동차운전자에 대한 통상의 주의의무의 정도를 넘는 과대한 요구라고 하지 않을 수 없을 것이다

16 **[대판 84도1572] 파기환송. [육교가 설치되어 있는 차도를 주행하는 자동차운전자의 주의의무 정도]** 각종 차량의 내왕이 번잡하고 보행자의 횡단이 금지되어 있는 **육교 밑 차도를 주행하는 자동차 운전자**가 전방 보도 위에 서있는 피해자를 발견했다 하더라도 육교를 눈앞에 둔 동인이 특히 차도로 뛰어들 거동이나 기색을 보이지 않는 한 일반적으로 동인이 차도로 뛰어 들어 오리라고 예견하기 어려운 것이므로 이러한 경우 운전자로서는 일반보행자들이 교통관계법규를 지켜 차도를 횡단하지 아니하고 **육교를 이용하여 횡단할 것을 신뢰하여 운행하면 족하다 할 것**이고 불의에 뛰어드는 보행자를 예상하여 이를 사전에 방지해야 할 조치를 취할 업무상 주의의무는 없다. **cf)** 막연히 10m 전방에서 피해자를 발견하고 그 동태를 잘 살피면서 속력을 줄이지 아니하였음을 과실이라 하여 피고인에게 업무상과실의 책임을 인정한 원심의 조치는 필경 자동차 운행자의 주의의무에 대한 법리를 오해하였거나 심리를 다하지 아니한 채 증거없이 사실을 인정한 위법이 있다.

17 **[대판 84도1493] 파기환송. [신호등에 따라 교차로를 직진**하는 운전자의 주의의무] 신호등에 의하여 교통정리가 행하여지고 있는 교차로를 녹색등화에 따라 직진하는 차량의 운전자는 특별한 사정이 없는 이상, **다른 차량들도 교통법규를 준수하고 충돌을 피하기 위하여 적절한 조치를 취할 것으로 믿고 운전하면 족하고,** 다른 차량이 신호를 위반하고 직진하는 차량의 앞을 가로 질러 좌회전할 경우까지를 예상하여 그에 따른 사고발생을 미연에 방지할 특별한 조치까지 강구할 업무상의 주의의무는 없다. (자동차 상호간에 있어서 신뢰의 원칙) **cf)** 원심은 이러한 점에 대하여는 아무런 심리확정도 함이 없이 피고인의 과속운전과 위 좌회전 사실을 미리 발견하지 못한 것을 주의의무위반의 내용으로 삼아 업무상과실치사죄에 해당한다하여 유죄를 선고한 제1심판결을 유지한 원심 판결에는, 판결에 영향을 미친 업무상 주의의무에 관한 법리를 오해한 위법이 있다 할 것이다.

18 **[대판 84도185]** [교차로통행 우선권이 있는 운전자의 통행순위 위반차량에 대한 주의의무] 교통정리가 행하여지지 않는 십자 교차로를 피고인(트럭운전사)이 먼저 진입하여 교차로의 중앙부분을 상당부분 넘어섰다면, 피고인은 그보다 늦게 오른쪽 도로로부터 교차로에 진입, 교행하여 오는 택시보다 도로교통법 제21조 제3항에 의거하여 우선통행권이 인정된다 할 것이고 이 같은 우선권은 트럭이 통행하는 도로의 노폭이 택시가 통행한 도로의 노폭보다 다소 좁았다 하더라도 위와 같이 서행하며 먼저 진입한 트럭의 우선권에는 변동이 없다 할 것이므로 **위 택시가 통행의 우선순위를 무시하고 과속으로 교차로에 진입교행하여 올 것을 예상하여 사고발생을 미리 막을 주의의무가 있다 할 수 없으니** 그 같은 상황 하에서 일어난 차량충돌의 경우에 있어서 피고인에게 운전사로서의 주의의무를 다하지 못한 과실이 있다 할 수 없다.

19 **[대판 84도483]** [무모한 추월시도차량에 대한 선행차량 운전자의 업무상 주의의무] 피고인(갑)이 봉고트럭을 운전하고 도로 2차선상으로, 피고인(을)이 버스를 운전하고 도로 3차선상으로 거의 병행운행하고 있을 즈음 도로 3차선에서 피고인(을)의 버스 뒤를 따라 운행하여 오던 피해자 운전의 오토바이가 버스를 앞지르기 위해 도로 2차선으로 진입하여 무모하게 위 트럭과 버스 사이에 끼어 들어 이 사이를 빠져 나가려 한 경우에 있어서는 선행차량이 속도를 낮추어 앞지르려는 피해자의 오토바이를 선행하도록 하여 줄 업

무상 주의의무가 있다고 할 수 없다.

20 **[대판 83도1537]** [버스운전자의 정류장 진입시의 주의의무] 인도경계와 약 1미터 간격을 두고 서행으로 정류장에 진입한 시내버스 운전자에게, 5미터 후방에서 볼 때만 하여도 가로수에 구부리고 기대어 있던 성년남자인 피해자가 버스통과 순간에 **인도상에서 갑자기 차도쪽으로 쓰러지거나 또는 버스쪽으로 달려 들어올 것까지** 예상하여 인도경계와 그 이상의 간격을 두고 진입하거나 또는 피해자가 기대어 선 가로수의 후방에 버스를 정차시킬 주의의무를 기대할 수 없다.

21 **[대판 81도2720]** 고속도로 상에서 자동차는 원칙으로 우측차선으로 통행하여야 하므로 자동차 운전자는 반대방향에서 운행하여 오는 차량이 앞지르기를 하거나 도로의 상황 기타 사정으로 부득이 중앙선을 침범하게 되는 경우를 제외하고는 그 차량이 **중앙선을 침범하는 일은 없으리라고 믿고 운전하면 족한 것**이므로 상대방 차량이 중앙선을 침범하여 진입할 것까지를 예견하고 감속하는 등 조치를 강구하여야 할 주의의무는 없다.

22-1 **[대판 77도409]** 일반적으로 넓은 도로를 운행하여 통행의 우선 순위를 가진 차량의 운전사는 교차로에서는 좁은 도로의 차량들이 교통법규에 따라 **적절한 행동을 취할 것을 신뢰하여 운전한다고 할 것이**므로 좁은 도로에서 진행하는 차량이 일단정지를 하지 아니하고 계속 진행하여 큰 도로로 진입할 것을 사전에 예견하고 이에 대한 정지조치를 강구할 것을 기대할 수 없다.

22-2 **[비교판례] [대판 83도1288]** [노폭이 좁은 도로에서 대로인 **국도로 연결되는 교차로상에서의 우선통행권**과 과실] 이 사건 사고지점은 피고인이 진행하고 있던 폭이 좁은 도로인 진입로로부터 소외인이 진행하고 있던 폭이 넓은 도로인 국도에 연결되는 것으로서 도로교통법상의 우선통행권은 일응 소외인에게 있다고 할 것이나, 피고인이 국도에 좌회전하여 진입하기 전에 일단 정지하며 좌측을 살피고 진행하여 오는 차량이 시계에 나타나지 않음을 확인한 연후에 좌회전하면서 국도에 진입하고 있는 상태에서는 **이미 도로교통법상의 우선통행권은 오히려 피고인에게 있다** 할 것인즉 피고인이 이에 따라 위 국도에 좌회전하여 진입한 이상, 피고인에게 소외인의 차량과 충돌사고 발생에 있어서 더 이상의 주의의무를 요구할 수 없다.

23-1 **[대판 77도403]** 고속국도에서는 보행으로 통행, 횡단하거나 출입하는 것이 금지되어 있으므로 고속국도를 주행하는 차량의 운전자는 **도로 양측에 휴게소가 있는 경우에도 동 도로상에 보행자가 있음을 예상하여 감속 등 조치를 할 주의의무가 있다 할 수 없다.**

23-2 **[대판 88도1484]** [**자동차 전용도로**를 운행하는 자동차 운전자의 주의의무] 도로교통법상 자동차 전용도로는 자동차만이 다닐 수 있도록 설치된 도로로서 보행자 또는 자동차 외의 차마는 자동차 전용도로로 통행하거나 횡단 할 수 없도록 되어 있으므로 자동차 전용도로를 운행하는 자동차의 운전자로서는 특별한 사정이 없는 한 무단횡단하는 보행자가 나타날 경우를 미리 예상하여 급정차할 수 있도록 운전해야 할 주의의무는 없다.

24 **[대판 70도176]** 같은 방향으로 달려오는 후방차량이 교통법규를 준수하여 진행할 것이라고 신뢰하며 우측전방에 진행 중인 손수레를 피하여 자동차를 진행하는 운전사로서는 위 손수레를 피하기 위하여 중앙선을 약간 침범하였다 하더라도 구 도로교통법(61.12.31. 법률 제941호) 제11조 소정의 규정을 위반한 점에

관한 책임이 있음은 별론으로 하고 후방에서 오는 차량의 동정을 살펴 그 차량이 무모하게 추월함으로써 야기될지도 모르는 사고를 이연에 방지하여야 할 주의의무까지 있다고는 볼 수 없다.

Reference 2

신뢰원칙 적용의 한계

1 **[대판 2008도11921]** [예인선단과 대형 유조선의 충돌로 초래된 '태안반도 유조선 기름누출사고'에서, 예인선단 선원들의 충돌방지를 위한 주의의무 위반과 대형 유조선 선원들의 충돌 및 오염 방지를 위한 주의의무 위반을 이유로, 기름누출에 관한 구 해양오염방지법 위반죄를 인정한 사례] (가) 해상교통안전법 등에 의하면, 선박은 주위의 상황 및 다른 선박과 충돌할 수 있는 위험성을 충분히 파악할 수 있도록 시각·청각 및 당시의 상황에 맞게 이용할 수 있는 모든 수단을 이용하여 적절한 경계를 하여야 하고, (나) 원칙적으로 정박선이 항행선과의 충돌 위험을 회피하기 위하여 먼저 적극적으로 피항조치를 하여야 할 주의의무를 부담하는 것은 아니지만 **이미 충돌 위험이 발생한 상황**에서 항행선이 스스로 피항할 수 없는 상태에 처해 있다면 정박선으로서도 충돌 위험을 회피하는 데 요구되는 적절한 피항조치를 하여야 할 주의의무가 인정되는 것이다. (다) 또, 과실범에 관한 이른바 신뢰의 원칙은 상대방이 이미 비정상적인 행태를 보이고 있는 경우에는 적용될 여지가 없는 것이고, 이는 **행위자가 경계의무를 게을리하는** 바람에 상대방의 비정상적인 행태를 **미리 인식하지 못한 경우에도 마찬가지**이다. (라) 나아가, 결과 발생에 즈음한 구체적인 상황에서 요구되는 정상의 주의의무를 다하였다고 하기 위해서는 단순히 법규나 내부지침 등에 나열되어 있는 사항을 형식적으로 이행하였다는 것만으로는 부족하고, (마) 구체적인 상황에서 결과 발생을 회피하기 위하여 일반적으로 요구되는 합리적이고 적절한 조치를 한 것으로 평가할 수 있어야 한다.

2 **[대판 85도2651] [반대방향에서 오는 차량이 이미 중앙선을 침범하여 비정상적인 운행을 하고 있음을 목격한 자동차운전자의 주의의무]** [1] 피고인은 피해자 오토바이가 커브 길을 돌면서 중앙선을 침범하여 비정상적인 운행을 하고 있음을 약 100m 전방에서 **이미 발견**하였으면서도 만연히 교행이 가능하리라고 경신하여 속도를 줄여 도로우측으로 피하는 등 사고발생방지에 필요한 조치를 취함이 없이 만연히 운행하였다. [2] 침범금지의 황색중앙선이 설치된 도로에서 자기차선을 따라 운행하는 자동차 운전사는 **반대방향에서 오는 차량도 그쪽 차선에 따라 운행하리라고 신뢰하는 것이 보통**이고 중앙선을 침범하여 이쪽 차선에 돌입할 경우까지 예견하여 운전할 주의의무는 없으나, 다만 반대방향에서 오는 차량이 이미 중앙선을 침범하여 비정상적인 운행을 하고 있음을 목격한 경우에는 자기의 진행전방에 돌입할 가능성을 예견하여 그 차량의 동태를 주의 깊게 살피면서 속도를 줄여 피행하는 등 적절한 조치를 취함으로써 사고발생을 미연에 방지할 업무상 주의의무가 있다.

3 **[대판 84도79] [앞서가는 자전거를 추월하는 자동차 운전자와 신뢰원칙의 적용한계]** 신뢰의 원칙은 상대방 교통관여자가 도로교통의 제반법규를 지켜 도로교통에 임하리라고 신뢰할 수 없는 특별한 사정이 있는 경우에는 그 적용이 배제된다고 할 것인바 본사건의 사고지점이 노폭 약 10미터의 편도 1차선 직선도로이며 진행방향 좌측으로 부락으로 들어가는 소로가 정(J)자형으로 이어져 있는 곳이고 당시 피해자는 자전거 짐받이에 생선상자를 적재하고 앞서서 진행하고 있었다면 피해자를 추월하고자 하는 자동차 운전자는 자전거와 간격을 넓힌 것만으로는 부족하고 경적을 울려서 자전거를 탄 피해자의 주의를 환기시키거나 속도

를 줄이고 그의 동태를 주시하면서 추월하였어야 할 주의의무가 있다고 할 것이고 그 같은 경우 피해자가 도로를 좌회전하거나 횡단하고자 할 때에는 도로교통법의 규정에 따른 조치를 취하리라고 신뢰하여도 좋다고 하여 위 사고발생에 대하여 운전사에게 아무런 잘못이 없다고 함은 신뢰의 원칙을 오해한 위법이 있다.

4 **[대판 80도3305]** [1] 고속도로 상을 운행하는 자동차 운전자는 통상의 경우 보행인이 그 도로의 중앙방면으로 갑자기 뛰어드는 일이 없으리라는 **신뢰 하에서 운행하는 것**이지만 위 도로를 횡단하려는 피해자를 그 **차의 제동거리 밖에서 발견하였다면** 피해자가 반대차선의 교행차량 때문에 도로를 완전히 횡단하지 못하고 그 진행차선 쪽에서 멈추거나 다시 되돌아 나가는 경우를 예견해야 하는 것이다. [2] **이러한 구체적인 위험이 전개된 이상 아무리 고속도로상이라 하더라도 위와 같은 신뢰의 원칙은 배제된다 할 것**이며 따라서 피고인은 사고위험을 예상하여 이를 방지하기 위한 제반조치를 취하여야 하고 만약 이런 방법이 있음에도 불구하고 이와 같은 조치를 취하지 않았다면 운전자의 과실이 있다고 보아야 할 것이며, 더우기 본건에서 스키드마크거리로 보아 전방 약 40m 전방에서 급정거조치를 취하면서 자기 주행선을 엄수하였던들 본건 사고가 발생하지 않았을 것임은 경험칙상 명백하니 피고인은 피해자를 발견하는 즉시 급제동조치를 취하면서 피고인의 동태를 주의 깊게 살펴 그 충돌을 피하기 위하여 적절히 핸들을 다루는 등 사고를 미연에 방지하기 위한 제반조치를 취하여야 할 업무상 주의의무가 있다 할 것임에도 이에 이르지 아니하고 만연히 시속 70㎞의 속력을 늦추지 않고 피해자를 피하여 간다는 생각에서 약간 핸들을 우측으로 돌려 피해자 뒤를 빠져 나가려다가 본건 사고가 발생한 것이니 만큼 피고인의 과실은 넉넉히 인정된다고 판시하고 있는바 기록에 의하여 검토하면 원심의 위 사실인정 과정에 채증법칙 위배의 허물이 없고 원심의 위 판단 또한 정당하며 과실의 법리오해가 있다고 할 수 없어 논지는 모두 이유 없다. **cf)** 비교판례: [대판 2000도2671].

5 **[대판 80도842]** [통행금지 임박한 시간에 있어서의 운전수의 주의의무] 사고당시의 시간이 통행금지시간이 임박한 23:45경이라면 일반적으로 차량의 통행이 적어 통금에 쫓긴 통행인들이 도로를 횡단하는 것이 예사이고, 이 사건 사고 당시와 같이 사고지점의 3차선 상에 버스들이 정차하고 있었다면 버스에서 내려 버스사이로 뛰어나와 도로를 횡단하려고 하는 사람이 있으리라는 것은 우리의 경험상 능히 예측할 수 있는 일이다. 그럼에도 불구하고, 피고인이 그 옆의 1차선을 운행하다가, 이 사건 사고를 발생케 하였음은 그와 같은 경우에, 운전사로서의 지켜야할 주의의무를 태만히 한 과실에 기인한 것이라고 보아 마땅하다 할 것이다.

6 **[대판 70도1336]** 버스운전자가 40m 전방 좌측 노변에 **어린아이**가 같은 방향으로 걸어가고 있음을 목격한 경우에 자동차운전자는 그 아이가 진행하는 버스 앞으로 **느닷없이 튀어나올 수 있음을 예견**하고 이에 대비할 주의의무가 있다.

63 신뢰의 원칙과 과실범(2) - 의료사고영역 -

* 대법원 2022. 12. 1. 선고 2022도1499 판결
* 참조조문 : 형법 제14조,[1] 제268조[2]

서로 대등한 지위에서 각자의 의료영역을 나누어 환자 진료의 일부를 분담한 경우, 진료를 분담 받은 다른 의사의 전적인 과실로 환자에게 발생한 결과에 대하여 주된 의사의 지위에서 환자를 진료하는 의사에게 책임을 인정할 수 있는가?

●**사실**● 피고인 X는 서울 강남구에 소재한 D병원 소화기내과 위장관 파트의 임상조교수로서, 소속 전공의를 지도·감독하며 그 전공의들과 함께 환자를 진료하던 의사이다. 피고인 Y는 같은 병원 내과 2년차 전공의로서 같은 파트에서 근무하면서 X의 지도·감독 하에 환자를 진료하던 의사이다. 피해자 A(82세)는 당시 부분 장폐색을 일으킨 환자이다. 조교수 X는 A에 대해 대장 내시경 검사를 시행하기로 결정한 뒤, Y에게 대장 내시경 검사를 위한 장정결제 투여 등 그에 관한 세부적인 절차를 위임하였다. 이에 Y는 A를 진찰한 다음 대장내시경 검사가 가능하다고 X에 보고하였고, X는 Y의 장정결 시행을 승인하였다. Y는 대장내시경을 위해 투여하는 장정결제를 감량하지 않고(검사 전날 쿨크랩1L, 검사 당일 아침 쿨크랩1L를 투여하도록 처방하였어야 하나 착오로 총 4L 투여를 처방) 일반적인 용법으로 투여하도록 하였다. 그리고 별도로 배변양상을 관찰할 것을 지시하지 않았고 장정결제와 관련된 설명을 제대로 하지 않았다. A는 장정결제 투여 후 장이 파열되어 결국 사망에 이르렀다. 이에 검사는 X와 Y를 업무상과실치사죄로 기소하였다. 원심은 X에 대해 수임의사의 설명의무 위반에 대한 위임의사의 책임을 인정하기 위한 요건 충족 여부에 관한 심리가 부족하다는 이유로 유죄(금고형의 집행유예)를 선고하고, Y에 대해서도 금고 10개월, 집행유예 2년을 선고하였다. 이에 피고인들이 상고하였으나 대법원은 X에 대해서는 파기환송하고, Y에 대해서는 상고를 기각하였다.

●**판지**● 「[1] 어떠한 의료행위가 의사들 사이의 **분업적인 진료행위**를 통하여 이루어지는 경우에도 그 의료행위 관련 임상의학 분야의 현실과 수준을 포함하여 구체적인 진료환경 및 조건, 해당 의료행위의 특수성 등을 고려한 규범적인 기준에 따라 해당 의료행위에 필요한 주의의무의 준수 내지 위반이 있었는지 여부가 판단되어야 함은 마찬가지이다. 따라서 의사가 환자에 대하여 **'주된 의사'의 지위**에서 진료하는 경우라도, 자신은 환자의 수술이나 시술에 전념하고 마취과 의사로 하여금 마취와 환자 감시 등을 담당토록 하거나, 특정 의료영역에 관한 진료 도중 환자에게 나타난 문제점이 자신이 맡은 의료영역 내지 전공과목에 관한 것이 아니라 그에 선행하거나 병행하여 이루어진 다른 의사의 의료영역 내지 전공과목에 속하는 등의 사유로 다른 의사에게 그 관련된 협의진료를 의뢰한 경우처럼 **서로 대등한 지위에서 각자의 의료영역을 나누어** 환자 진료의 일부를 분담하였다면, 진료를 분담 받은 **다른 의사의 전적인 과실**로 환자에게 발생한 결과에 대하여는 책임을 인정할 수 없다.

[2] (가) **수련병원의 전문의와 전공의 등의 관계**처럼 의료기관 내의 직책상 주된 의사의 지위에서 지휘·감독 관계에 있는 다른 의사에게 특정 의료행위를 위임하는 **수직적 분업의 경우**에는, 그 다른 의사에게 전적으로 위임된 것이 아닌 이상 주된 의사는 자신이 주로 담당하는 환자에 대하여 다른 의사

1) 형법 제14조(과실) 정상적으로 기울여야 할 주의를 게을리하여 죄의 성립요소인 사실을 인식하지 못한 행위는 법률에 특별한 규정이 있는 경우에만 처벌한다.
2) 형법 제268조(업무상과실·중과실 치사상) 업무상 과실 또는 중대한 과실로 인하여 사람을 사상에 이르게 한 자는 5년 이하의 금고 또는 2천만원 이하의 벌금에 처한다.

가 하는 의료행위의 내용이 적절한 것인지 여부를 확인하고 감독하여야 할 업무상 주의의무가 있고, 만약 의사가 이와 같은 업무상 주의의무를 소홀히 하여 환자에게 위해가 발생하였다면 **주된 의사는 그에 대한 과실 책임을 면할 수 없다.** (나) 이때 그 의료행위가 지휘·감독 관계에 있는 다른 의사에게 전적으로 위임된 것으로 볼 수 있는지 여부는 위임받은 의사의 자격 내지 자질과 평소 수행한 업무, 위임의 경위 및 당시 상황, 그 의료행위가 전문적인 의료영역 및 해당 의료기관의 의료 시스템 내에서 위임 하에 이루어질 수 있는 성격의 것이고 실제로도 그와 같이 이루어져 왔는지 여부 등 여러 사정에 비추어 해당 의료행위가 위임을 통해 분담 가능한 내용의 것이고 실제로도 그에 관한 위임이 있었다면, 그 위임 당시 구체적인 상황 하에서 위임의 합리성을 인정하기 어려운 사정이 존재하고 이를 인식하였거나 인식할 수 있었다고 볼 만한 다른 사정에 대한 증명이 없는 한, 위임한 의사는 위임받은 의사의 과실로 환자에게 발생한 결과에 대한 책임이 있다고 할 수 없다. (다) 나아가, 의료행위에 앞서 환자에게 그로 인하여 발생할 수 있는 위험성 등을 구체적으로 설명하여야 하는 주체는 원칙적으로 주된 지위에서 진료하는 의사라 할 것이나 **특별한 사정이 없는 한 다른 의사를 통한 설명으로도 충분**하다. 따라서 이러한 경우 다른 의사에게 의료행위와 함께 그로 인하여 발생할 수 있는 위험성에 대한 설명까지 위임한 주된 지위의 의사의 주의의무 위반에 따른 책임을 인정하려면, 그 위임사실에도 불구하고 위임하는 의사와 위임받는 의사의 관계 및 지위, 위임하는 의료행위의 성격과 그 당시의 환자 상태 및 그에 대한 각자의 인식 내용, 위임받은 의사가 그 의료행위 수행에 필요한 경험과 능력을 보유하였는지 여부 등에 비추어 위임의 합리성을 인정하기 어려운 경우에 해당하여야 한다.

[3] 그렇다면, 피고인 Y가 분담한 의료행위에 관하여 피고인 X에게도 주의의무 위반에 따른 책임을 인정하려면, 원심으로서는 부분 장폐색 환자에 대한 장정결 시행의 빈도와 처방 내용의 의학적 난이도, 피고인 Y가 내과 2년차 전공의임에도 소화기내과 위장관 부분 업무를 담당한 경험이 미흡하였거나 기존 경력에 비추어 보아 적절한 업무수행을 기대하기 어렵다는 등의 특별한 사정이 있었는지 여부 등을 구체적으로 심리하여 피고인 Y에게 장정결 처방 및 그에 관한 설명을 위임한 것이 합리적이지 않았다는 사실에 대한 증명이 있었는지를 판단하였어야 한다. **그럼에도 원심은 피고인 X가 피고인 Y를 지휘·감독하는 지위에 있다는 사정만으로 직접 수행하지 않은 장정결제 처방과 장정결로 발생할 수 있는 위험성에 관한 설명에 대하여 책임이 있다고 단정하고 말았으니,** 거기에는 의사의 의료행위 분담에 관한 법리를 오해하고 필요한 심리를 제대로 하지 아니함으로써 판결에 영향을 미친 잘못이 있다」.

●**해설**● 1 신뢰의 원칙은 원래 도로교통 분야에서 발전되어 온 법리이다. 그러나 현재는 다수인의 업무분담이 이루어지고 있는 의료영역에서도 신뢰의 원칙을 받아들이고 있다. 다수인의 의료종사자가 관여하는 **분업적 의료행위**의 경우에는 그 분업관계의 성질에 따라 신뢰의 원칙의 적용범위가 달라진다. 먼저 ① 대등한 자격의 의료인 사이는 **수평적 분업관계**로서 신뢰의 원칙이 적용되는 것이 원칙이다(대판 2009다65416; 2001도3292, Ref 1, 2). ② 이에 반해 일방이 지휘·감독의 관계에 있는 **수직적 분업관계**에서는 원칙적으로 신뢰의 원칙이 적용되지 않는다(대판 97도2812, Ref 7). 그러나 이러한 원칙에는 한계가 있으며 이를 일률적으로 결정할 수 없고 여러 사정을 참작하여 개별적으로 결정되어야 할 것이다(대판 2001도3667, Ref 6).

2 대상판결도 이러한 한계선상에 있다. 사안의 쟁점은 지휘·감독 관계에 있는 다른 의사에게 의료행위를 위임하였을 때, 위임받은 의사의 과실로 환자에게 발생한 결과에 대한 책임을 위임한 의사에게 인정할 수 있는지 여부이다. 수련병원의 전문의와 전공의 관계처럼 지휘·감독 관계에 있는 수직적 분업의 경우, 원칙적으로는 신뢰의 원칙이 유보된다. 따라서 주된 의사는 자신의 지휘·감독 하에 있는 의사에

대해 업무상 주의의무를 소홀히 할 경우, 과실 책임을 면할 수 없다. 그러나 대상판결은 **'주된 의사'의 지위**에서 진료하는 경우이더라도, **서로 대등한 지위에서 각자의 의료영역을 나누어** 환자 진료의 일부를 분담하였다면, 진료를 분담 받은 **다른 의사의 전적인 과실**로 환자에게 발생한 결과에 대하여는 책임을 인정할 수 없다고 판시하여, 수직적 분업관계 일지라도 신뢰의 원칙이 적용될 수 있음을 보여준다.

3 대상판결은 **의사의 주의의무의 내용과 정도 및 과실의 유무**는 「의료행위를 할 당시 의료기관 등 임상의학 분야에서 실천되고 있는 의료행위의 수준을 기준으로 삼되 그 의료수준은 같은 업무와 직무에 종사하는 통상의 의사에게 의료행위 당시 일반적으로 알려져 있고 또 시인되고 있는 의학의 수준, 진료환경과 조건, 의료행위의 특수성 등을 고려하여 규범적인 수준으로 파악되어야 한다」고 보았다. 그리고 이러한 기준으로 판단할 때, 「전공의는 수련을 받는 지위에 있기도 하지만, 그와 동시에 의사면허를 받은 전문의료인으로서 처방권한을 보유하고 있고, 수련병원에서 시시각각으로 변화하는 환자의 상태를 파악하고 이에 상응하는 구체적인 처방도 해당 의료영역에서 통상 허용되는 범위 내에서는 상당 부분 전공의에 의해서 이루어지고 있다. 피고인 Y는 내과 2년차 전공의로 이미 1년 반 가량 내과 입원환자의 진찰과 처방을 담당해온 경력이 있고, …… 대장 내시경 검사를 앞둔 환자에게 장정결을 시행하는 것 자체가 이례적이거나 내과 전공의가 통상적으로 담당·경험하기 어려운 경우 또는 장정결의 세부 시행방법이 전문의의 구체적·개별적·직접적인 지시를 필요로 할 정도로 고도의 의학적 지식·경험이 필요한 의료행위에 해당한다고 할 수 없다. …… 피고인 X가 이러한 상황에서 피해자에 대한 장정결 시행 등의 의료적 처치를 피고인 Y에게 위임·분담하는 것이 특별히 불합리하다고 볼 만한 사정이 보이지 않는다」고 판단하였다.

Reference

'수평적 분업관계'에서의 신뢰의 원칙

1 [대판 2009다65416] 甲 대학병원에서 환자 乙에 대한 유방 조직검사를 시행하여 암의 확정 진단을 하였는데, 乙이 丙 대학병원에 전원(轉院)하면서 甲 병원의 조직검사 결과를 기재한 조직검사 결과지를 제출하여 丙 대학병원에서 유방절제술을 받았으나, 종양조직검사 결과 암세포가 검출되지 않았고 이에 甲 병원에서 乙의 조직검사 슬라이드 등을 각 대출받아 암세포 검출 여부를 재확인하는 과정에서 甲 병원 병리과 의료진이 조직검사 슬라이드를 만들면서 다른 환자의 조직검체에 乙의 라벨을 부착한 것이 밝혀진 사안에서, 丙 병원의 의사에게 甲 병원의 조직검사 슬라이드 제작 과정에서 조직검체가 뒤바뀔 가능성 등 매우 이례적인 상황에 대비하여 乙로부터 새로이 조직을 채취하여 재검사를 실시하거나 甲 병원에서 파라핀 블록을 대출받아 조직검사 슬라이드를 다시 만들어 재검사를 시행한 이후에 유방절제술을 시행할 주의의무까지 있다고 보기는 어렵다고 한 사례. cf) 사안은 **3차 진료기관인 병원들 사이에는 상호 진료 결과에 대한 신뢰의 원칙이 적용될 것을 전제**로, 세브란스병원 의사가 유방암 확진을 하였던 이상 서울대병원 의사가 이를 신뢰하여 재차 조직검사를 실시하지 아니한 것을 과실로 평가할 수 없다고 대법원은 판단하였다.

2 [대판 2001도3292] **내과의사가 신경과 전문의에 대한 협의진료** 결과 피해자의 증세와 관련하여 신경과 영역에서 이상이 없다는 회신을 받았고, 그 회신 전후의 진료 경과에 비추어 그 회신 내용에 의문을 품을

만한 사정이 있다고 보이지 않자 **그 회신을 신뢰**하여 뇌혈관계통 질환의 가능성을 염두에 두지 않고 내과 영역의 진료 행위를 계속하다가 피해자의 증세가 호전되기에 이르자 퇴원하도록 조치한 경우, 피해자의 지주막하출혈을 발견하지 못한 데 대하여 내과의사의 업무상과실을 부정한 사례.

3 **[대판 74도2046]** 약사는 의약품을 판매하거나 조제함에 있어서 그 의약품이 그 표시 포장 상에 있어서 약사법 소정의 검인 합격품이고 또한 부패 변질 변색되지 아니하고 유효기간이 경과되지 아니함을 확인하고 조제 판매한 경우에는 **특별한 사정이 없는 한 관능시험 및 기기시험까지 할 주의의무가 없으므로 그 약의 표시를 신뢰하고 이를 사용한 경우에는 과실이 없다**고 볼 수 있다(약사와 제약회사 관계. 제약회사가 감기약으로 판매하여 약사가 감기약으로 조제하였으나 실제는 독극물이었던 사건).

4 **[대판 67다2829]** [수술 후 이형수혈의 부작용으로 인한 환자의 사망과 의사의 과실책임] 갑 의사가 수술지원 요청에 의하여 수술(결석을 제거하고 난 뇨관의 협착부위를 절단하여 방광측부에 이식하는)을 한 후에 **다른 의사들이 한 이형수혈의 부작용**으로 인하여 환자가 사망한 경우에는 갑 의사에게는 손해배상책임이 없다.

'수직적 분업관계'에서의 신뢰의 원칙

5 **[대판 2005도9229]** 환자의 주치의 겸 정형외과 전공의가 같은 과 수련의의 처방에 대한 감독의무를 소홀히 한 나머지, 환자가 **수련의의 잘못된 처방으로 인하여 상해를 입게 된 사안**에서 전공의에 대한 업무상과실치상죄를 인정하였다(전문의와 수련의 관계).

6 **[대판 2001도3667]** [1] 간호사가 '진료의 보조'를 함에 있어서는 모든 행위 하나하나마다 항상 의사가 현장에 입회하여 일일이 지도·감독하여야 한다고 할 수는 없고, 경우에 따라서는 의사가 진료의 보조행위 현장에 입회할 필요 없이 일반적인 지도·감독을 하는 것으로 족한 경우도 있을 수 있다 할 것인데, 여기에 해당하는 **보조행위인지 여부**는 보조행위의 유형에 따라 **일률적으로 결정할 수는 없고 구체적인 경우에 있어서** 그 행위의 객관적인 특성상 위험이 따르거나 부작용 혹은 후유증이 있을 수 있는지, 당시의 환자 상태가 어떠한지, 간호사의 자질과 숙련도는 어느 정도인지 등의 여러 사정을 참작하여 **개별적으로 결정**하여야 한다. [2] 간호사가 의사의 처방에 의한 정맥주사(Side Injection 방식)를 의사의 입회 없이 간호실습생(간호학과 대학생)에게 실시하도록 하여 발생한 의료사고에 대한 의사의 과실을 부정한 사례.

7 **[대판 97도2812] [1]** 수혈은 종종 그 과정에서 부작용을 수반하는 의료행위이므로, **수혈**을 담당하는 의사는 혈액형의 일치 여부는 물론 수혈의 완성 여부를 확인하고, 수혈 도중에도 세심하게 환자의 반응을 주시하여 부작용이 있을 경우 필요한 조치를 취할 준비를 갖추는 등의 주의의무가 있다. 그리고 의사는 전문적 지식과 기능을 가지고 환자의 전적인 신뢰 하에서 환자의 생명과 건강을 보호하는 것을 업으로 하는 자로서, 그 의료행위를 시술하는 기회에 환자에게 위해가 미치는 것을 방지하기 위하여 최선의 조치를 취할 의무를 지고 있고, 간호사로 하여금 의료행위에 관여하게 하는 경우에도 그 의료행위는 **의사의 책임 하에 이루어지는 것**이고 **간호사는 그 보조자에 불과**하므로, 의사는 당해 의료행위가 환자에게 위해가 미칠 위험이

있는 이상 간호사가 과오를 범하지 않도록 충분히 **지도 · 감독을 하여 사고의 발생을 미연에 방지**하여야 할 주의의무가 있고, 이를 소홀히 한 채 만연히 간호사를 신뢰하여 간호사에게 당해 의료행위를 일임함으로써 **간호사의 과오로 환자에게 위해가 발생**하였다면 의사는 그에 대한 **과실책임을 면할 수 없다**. [2] 피고인이 근무하는 병원에서는 인턴의 수가 부족하여 수혈의 경우 두 번째 이후의 혈액봉지는 인턴 대신 **간호사가 교체하는 관행이 있었다고 하더라도**, 위와 같이 **혈액봉지가 바뀔 위험이 있는 상황**에서 피고인이 그에 대한 아무런 조치도 취함이 없이 간호사에게 혈액봉지의 교체를 일임한 것이 관행에 따른 것이라는 이유만으로 정당화될 수는 없다.

8 **[대판 92도3283]** ●**사실**● 甲은 마취담당의사, 乙은 간호사 그리고 丙은 환자로서 피해자이다. 피해자 丙은 A 병원에서 마취상태로 수술을 받았다. 수술 후 丙은 의사 甲으로부터 마취회복의 처치를 받고 회복실로 이송되었다. 甲은 환자 丙에게 자발호흡이 있는 것만 확인하고 의식회복은 분명치 않은 상태에서 두고 그 장소를 떠났다. 그런데 성명불상의 어느 간호사가 의사 甲이 환자 丙에게 부착한 심전도기를 떼어버리는 일이 발생하였다. 이때 회복실에는 원래 회복실 담당은 아니지만 자기가 맡은 환자의 회복처치에 임하고 있던 간호사 乙이 있었다. 丙이 회복실로 이송된 지 30분이 경과할 무렵 공소 외 의사 丁은 환자 丙에게 호흡중단의 생리장애가 일어난 것을 발견하고 응급처치를 하였으나 丙은 의식을 회복하지 못하였다. 丙은 무산소증 또는 저산소증으로 인한 뇌손상으로 2개월 후 사망하였다. 검찰은 甲과 乙을 업무상과실치사죄로 기소하였고 원심법원은 甲에게는 유죄, 乙에게는 무죄를 선고하였다. 이에 대해 피고인 甲은 회복실에 간호사가 있었고 심전도기 탈착은 성명불상의 다른 간호사가 행한 것이므로 자신에게는 과실이 없다는 이유로 상고하였다. 그리고 검사는 간호사 乙에 대해 회복실 내의 환자를 보살피지 않은 과실이 있다는 주장으로 상고하였다. 대법원은 피고인과 검사의 상고를 모두 기각하였다. ●**판지**● [1] **마취환자의 마취회복 업무를 담당한 의사**로서는 마취환자가 수술 도중 특별한 이상이 있었는지를 확인하여 특별한 이상이 있었던 경우에는 보통 환자보다 더욱 감시를 철저히 하고, 또한 마취환자가 의식이 회복되기 전에는 호흡이 정지될 가능성이 적지 않으므로 피해자의 의식이 완전히 회복될 때까지 주의하여 관찰하거나 적어도 환자를 떠날 때는 피해자를 담당하는 간호사를 특정하여 그로 하여금 환자의 상태를 계속 주시하도록 하여 만일 이상이 발생한 경우에는 즉시 응급조치가 가능하도록 할 의무가 있다. [2] **피해자를 감시하도록 업무를 인계받지 않은 간호사**가 자기 환자의 회복처치에 전념하고 있었다면 회복실에 다른 간호사가 남아있지 않은 경우에도 다른 환자의 이상증세가 인식될 수 있는 상황에서라야 이에 대한 조치를 할 의무가 있다고 보일 뿐 회복실 내의 모든 환자에 대하여 적극적, 계속적으로 주시, 점검을 할 의무가 있다고 할 수 없다.

64 결과적 가중범과 예견가능성

* 대법원 1990. 9. 25. 선고 90도1596 판결
* 참조조문: 형법 제15조 제2항,[1] 제262조[2]

동료 사이에 말다툼을 하던 중 피고인의 삿대질을 피하려고 뒷걸음치던 피해자가 장애물에 걸려 넘어져 두개골절로 사망한 경우 피고인에게 폭행치사죄가 성립하는가?

●**사실**● 피고인 X와 A는 공업 주식회사 총무부 창고계에 근무하던 직장 동료들로서 1988.12.24. 15:40경 회사 창고 내의 탈의실에서 다른 직원 5명과 함께 소주 2ℓ 들이 1병을 나누어 마신 후 A는 창고 내에서 철로프에 실을 감는 스빙기계작업을 하고 피고인 등 나머지 직원은 창고 밖에서 포장작업을 하고 있었다. 당시, 같은 회사 연사부직원인 B가 같은 부서 직원 C의 결혼 댕기풀이로 소주와 돼지고기 안주를 가지고 와서 A에게 맡겨두고 간 뒤에 X가 창고 안으로 들어와 A에게 연사부에서 소주와 돼지고기를 가져왔더냐고 물었으나 A가 소주와 김치만 가져왔더라고 대답하자 창고 내를 뒤지다가 A가 마지못해 내놓은 박스 안에 돼지고기 등이 들어 있는 것을 보고 그 돼지고기를 손에 들고 "이래도 고기가 아니냐, 너 혼자 다 먹으려고 숨겨두었다가 이제야 내놓는가."라고 소리치며 A의 얼굴에 대고 삿대질을 하였다. A는 이를 피하고자 뒷걸음질로 두세 발짝 물러서다가 한 시간 전에 마신 술로 취해 있던 관계로 창고 내에 설치되어 바닥에 가까운 높이에서 수평으로 회전 중이던 십자형 스빙기계 철 받침대(받침대 직경 98㎝, 폭 12.5㎝, 두께 6.5㎝)에 발이 걸려 뒤로 넘어지면서 머리 부분이 시멘트 바닥에 부딪혀 두정부좌상과 두개골 골절로 소뇌와 대뇌에 지주막하출혈이 생기는 상해를 입고, 그날 저녁 신경외과에 입원가료 중 1989.1.3. 09:40경 뇌좌상중증 등으로 사망하였다.

원심은 A의 사망에 대해 예견할 수 있었다고 보아 X에게 **폭행치사죄를 인정**하였다. 이에 X는 상고하였다.

●**판지**● **파기환송.**「폭행치사죄는 이른바 결과적 가중범으로서 폭행과 사망의 결과 사이에 **인과관계가 있는 외에 사망의 결과에 대한 예견가능성, 즉 과실**이 있어야 하고 이러한 예견가능성의 유무는 폭행의 정도와 피해자의 대응상태 등 구체적 상황을 살펴서 엄격하게 가려야 하며, **만연히 예견가능성의 범위를 확대해석함**으로써 형법 제15조 제2항이 결과적 가중범에 책임주의의 원칙을 조화시킨 취지를 몰각하여 **과실책임의 한계를 벗어나 형사처벌을 확대하는 일은 피하여야 할 것**이다.

이 사건에서 피고인이 물건을 손에 들고 피해자의 면전에서 삿대질을 하여 두어 걸음 뒷걸음치게 만든 행위는 피해자에 대한 유형력의 행사로서 폭행에 해당하므로 피해자가 뒤로 넘어지면서 시멘트 바닥에 머리를 부딪쳐 두개골골절 등의 상해를 입고 사망하였다면 위 **폭행과 사망의 결과 사이에 인과관계가 있다**고 할 수 있다.

그러나 그 사망의 결과에 대하여 피고인에게 폭행치사의 죄책을 물으려면 피고인이 위와 같은 사망의 **결과발생을 예견할 수 있었음이 인정**되어야 할 것인바, 피고인이 피해자에게 상당한 힘을 가하여 넘어뜨린 것이 아니라 단지동료 사이에 말다툼을 하던 중 피고인이 삿대질하는 것을 피하고자 피해자 자신이 두어 걸음 뒷걸음치다가 장애물에 걸려 넘어진 정도라면, 당시 피해자가 서있던 바닥에 원심

---

1) 형법 제15조(사실의 착오) ② 결과 때문에 형이 무거워지는 죄의 경우에 **그 결과의 발생을 예견할 수 없었을 때**에는 무거운 죄로 벌하지 아니한다.

2) 형법 제262조(폭행치사상) 제260조와 제261조의 죄를 지어 사람을 사망이나 상해에 이르게 한 경우에는 제257조부터 제259조까지의 예에 따른다.

판시와 같은 장애물이 있어서 뒷걸음치면 장애물에 걸려 넘어질 수 있다는 것까지는 예견할 수 있었다고 하더라도, 그 정도로 넘어지면서 머리를 바닥에 부딪쳐 두개골절로 사망한다는 것은 **이례적인 일이어서 통상적으로 일반인이 예견하기 어려운 결과**라고 하지 않을 수 없다」.

●**해설**● **1 결과적 가중범**은 결과로 인하여 더욱더 무겁게 처벌되는 범죄유형을 말한다. 고의의 기본범죄를 범하였으나 결과적으로 중한 결과가 발생한 경우에 있어 그 결과로 더욱 형이 가중되어 처벌되는 범죄를 말한다. 가중의 이유는 기본범죄에 **내재하는 전형적 위험**이 중한 결과로 실현되기 때문이라 설명 된다(이 점이 일반 과실범의 결과 야기에서 보다 행위반가치가 크다고 본다). 하지만 결과만을 가지고 형을 가중하는 것은 **책임주의에 반한다**는 비판이 있으나 헌법재판소는 가중처벌에 대한 필요성을 피력하고 있다(헌재 2018헌바5, Ref 1－1).

2 사안에서 X의 행위를 엄밀히 말하면 삿대질이란 폭행행위와 예기치 못한 사망이라는 과실치사의 결과가 발생한 것이고 양자는 상상적 경합이 된다. 이 경우 폭행죄는 2년 이하의 징역이고, 과실치사죄도 2년 이하의 금고형에 지나지 않는다. 하지만 폭행치사죄로 의율할 경우에는 3년 이상의 유기징역에 처하게 된다. 이처럼 결과적 가중범은 중한 결과로 인해 지나치게 무거운 형벌을 규정한다는 비판이 있다.

3 책임주의의 관철 때문에 결과적 가중범에서는 중한 결과발생에 대하여 형벌 가중의 필요성을 인정하면서도 **책임주의의 테두리를 벗어나지 않도록 하고자 하는** 노력이 있었다. 그 핵심이 행위자에게 결과발생에 대한 **'예견가능성'을 요구**하는 것이다.[3] 형법 제15조 제2항은 "그 결과발생을 예견할 수 없을 때에는 무거운 죄로 벌하지 않는다."라고 하여 예견가능성을 요건으로 요구하고 있다. 중한 결과에 대한 예견가능성이 있다는 것은 **중한 결과가 발생할 수도 있다는 것을 '과실'로 예견하지 못한 것**, 즉 과실로 중한 결과를 발생시킨 것을 의미한다.

4 중한 결과에 대한 예견가능성(과실) 사안에서의 쟁점도 **객관적 예견가능성의 유무**이다. 결과적 가중범의 구성요건 단계에서는 무거운 결과발생에 대한 객관적 예견가능성이 요구된다. 따라서 평균적 일반인을 기준으로 하여 무거운 결과발생을 예견할 수 있었는가를 검토해야 한다. **원심은** 피해자가 술에 취한데다가 고령이어서 중심을 잃고 넘어지기 쉬웠을 것이라는 점 그리고 이로 인해 시멘트 바닥에 머리를 부딪쳐 위와 같은 상해를 입거나 뇌를 다침으로써 사망의 결과도 초래할 수 있는 것임은 '일반인의 경험칙'에 비추어 예견이 가능하고, 피고인으로서도 당시 이를 예견할 수 있는 상황에 있었다고 판단하였다. 하지만 **대법원은** 달리 생각하였다. 피해자는 사고 당시 만 53세에 불과하였으므로 고령이라고 보기 어려울 뿐만 아니라 기록을 살펴보아도 피해자가 몸의 중심을 잃기 쉬울 정도로 술에 취하였었다고 인정할 만한 자료를 찾아볼 수 없다고 판단한 것이다.

5 사망의 예견가능성에 관한 경험칙 위반과 관련하여 법원은「결과적 가중범인 상해치사죄의 공동정범은 폭행 기타의 신체침해 행위를 공동으로 할 의사가 있으면 성립되고 결과를 공동으로 할 의사는 필요 없으며, 여러 사람이 상해의 범의로 범행 중 한 사람이 중한 상해를 가하여 피해자가 사망에 이르게

3) 결과책임의 극복을 위해 이러한 중한 결과에 대한 예견가능성을 요구하는 것 이외에 기본범죄와 중한 결과 사이의 **인과관계를 제한**하는 방법(상당인과관계)이나 **직접성의 원칙**을 요구하기도 한다. 대상판결의 경우는 인과관계가 인정되더라도 결과발생에 대한 예견가능성이 부정되어 결과적 가중범을 인정하지 않고 있다.

된 경우 **나머지 사람들은 사망의 결과를 예견할 수 없는 때가 아닌 한 상해치사의 죄책을 면할 수 없다**」고 판단한다(대판 2013도1222, Ref 2-8).

6 결과적 가중범의 성립요건 (1) 결과적 가중범이 성립하기 위해서는 우선 ① **기본범죄**가 있고, ② 사람의 사망이나 상해와 같은 **중한 결과**가 발생하여야 하며, ③ 고의로 인한 기본범죄와 중한 결과 사이에 **인과관계**가 존재하여야 하고, ④ 행위자는 상해의 결과를 **예견**할 수 있었어야 한다(법15②). 그리고 (2) 기본범죄가 고의범이라면 **기수 · 미수를 불문**한다. 즉, **기본범죄가 미수에 그치더라도** 중한 결과가 발생하면 결과적 가중범의 기수가 인정된다. 따라서 강간이 미수에 그친 경우라도 그 수단이 된 폭행에 의하여 피해자가 상해를 입었으면 강간치상죄가 성립한다(대판 88도1628). 그리고 (3) 인과관계가 있더라도 예견가능성이 부정되면 결과적 가중범은 인정되지 않는다(2010도2680, Ref 2-1). 예견가능성은 행위자가 과실로 중한 결과를 예견하지 못한 경우를 말하는 것으로 **결과발생에 대한 '과실'을 의미한다**.

7 형법은 현주건조물일수치사상죄(법177), 인질치사상죄(법324의3), 강도치사상죄(법338) 및 해상강도치사상죄(법340)에서 미수범처벌규정을 두고 있다. 그리고 결과적 가중범에 대한 **교사도 가능**하다(대판 93도1873, Ref 2-11).

Reference 1

결과적 가중범에 대한 가중처벌의 필요성

1 **[헌재 2018헌바5]** 일반적으로 하나의 행위가 수 개의 범죄적 결과를 야기한 경우에는 그 중 가장 중한 죄에 정한 형으로 처벌하는 것이 현행 형법의 원칙이다(형법 제40조, 상상적 경합). 따라서 특수폭행의 의사로 피해자에게 폭행을 가하였으나 그 과정에서 피해자가 상해에 이르게 된 경우, 특수폭행죄(형법 제261조)와 과실치상죄(형법 제266조 제1항)의 상상적 경합에 해당하므로, 형법 제40조에 따라 중한 형인 특수폭행죄의 형으로 처벌함이 원칙이다. 그러나 형법에서는 심판대상조항과 같이 특수폭행치상죄라는 결과적 가중범을 별도로 규정하여 상상적 경합에 의한 경우보다 중한 형으로 처벌하도록 하고 있는데, 이는 단순히 중한 결과가 발생하였기 때문이 아니라 기본범죄와 중한 결과가 특별한 내적 관련이 있기 때문이다. 결과적 가중범은 일정한 범죄로부터 일정한 중한 결과가 발생할 빈도가 높은 경우를 추출하여 하나의 독립된 범죄유형을 규정한 것으로서, **결과적 가중범에서의 중한 결과는 '기본범죄에 내재하는 전형적 위험성의 현실화'**라고 할 수 있다. 따라서 결과적 가중범을 무겁게 벌하는 이유는 단순히 중한 결과가 발생하였기 때문이 아니라, 행위자가 고의의 기본범죄에 의하여 그 범죄에 전형적으로 결합되어 있는 위험을 주의의무에 위반하여 발생시켰기 때문이다. 특히 폭행행위는 특성상 상해의 결과에 이르게 할 위험성이 상당히 높고 행위자도 그러한 결과를 쉽사리 예견할 수 있다. 이와 같이 특수폭행치상에서 상해의 결과는 폭행 과정에서 우연히 발생한 결과가 아니라 **폭행행위에 내재되어 있는 전형적인 위험성이 실현된 것**이므로, 비록 상해 자체에 대한 고의는 없다 하더라도 이를 상해의 고의가 있는 경우에 준하여 무겁게 처벌할 필요가 있다.

Reference 2

중한 결과에 대한 예견가능성을 부정한 판례

1 **[대판 2010도2680]** [속칭 **'생일빵'**을 한다는 명목 하에 피해자를 가격하여 사망에 이르게 한 사안에서, 폭행과 사망 간에 **인과관계는 인정되지만 폭행 당시 피해자의 사망을 예견할 수 없었다**는 이유로 폭행치사의 공소사실에 대하여 무죄를 선고한 원심판단을 수긍한 사례] 폭행치사죄는 결과적 가중범으로서 폭행과 사망의 결과 사이에 인과관계가 있는 외에 사망의 결과에 대한 예견가능성 즉 과실이 있어야 하고, 이러한 예견가능성의 유무는 폭행의 정도와 피해자의 대응상태 등 구체적 상황을 살펴서 엄격하게 가려야 한다. 원심판결 이유에 의하면 원심은, 비록 피고인의 폭행과 피해자의 사망 간에 인과관계는 인정되지만 판시와 같은 폭행의 부위와 정도, 피고인과 피해자의 관계, 피해자의 건강상태 등 제반 사정을 고려하여 볼 때 피고인이 폭행 당시 피해자가 사망할 것이라고 예견할 수 없었다는 이유로 피고인에 대한 공소사실 중 폭행치사의 점은 범죄의 증명이 없는 경우로서 무죄라고 판단하였는바, 원심이 들고 있는 제반 사정을 위 법리에 비추어 보면 원심의 위와 같은 판단은 옳은 것으로서 수긍할 수 있고, 거기에 상고이유 주장과 같은 폭행치사죄의 성립 내지 예견가능성에 관한 법리를 오해한 위법 등이 없다.

2 **[대판 92도3229] 파기환송.** 결과로 인하여 형이 중한 죄에 있어서 그 결과의 발생을 예견할 수 없었을 때에는 중한 죄로 벌할 수 없는 것인바(형법 제15조 제2항), 이 사건에 있어서 원심이 판시한 바에 의하더라도, 피해자가 피고인과 만나 **함께 놀다가 큰 저항 없이 여관방에 함께 들어갔으며,** 피고인이 강간을 시도하면서 한 폭행 또는 협박의 정도가 강간의 수단으로는 비교적 경미하였고, 피해자가 여관방 창문을 통하여 아래로 뛰어내릴 당시에는 피고인이 소변을 보기 위하여 화장실에 가 있는 때이어서 피해자가 일단 급박한 위해상태에서 벗어나 있었을 뿐 아니라, 무엇보다도 4층에 위치한 위 방에서 밖으로 뛰어내리는 경우에는 크게 다치거나 심지어는 생명을 잃는 수도 있는 것인 점을 아울러 본다면, 이러한 상황 아래에서 피해자가 **강간을 모면하기 위하여 4층에서 창문을 넘어 뛰어내리**거나 또는 이로 인하여 상해를 입기까지 되리라고는 **예견할 수 없다고 봄이 경험칙에 부합**한다 할 것인바, 원심이 판시 증거 만에 의하여 피고인이 이 사건 당시 피해자의 상해를 예견할 수 있었다고 보아 강간치상죄로 처단한 것은 결과적 가중범에 있어서의 예견가능성에 관한 법리오해 또는 채증법칙위배의 위법의 소치라 할 것이고, 이 점을 지적하는 상고논지는 이유 있다.

3 **[대판 88도178]** 피고인이 친구 5명과 같이 술집에서 그 집 작부로 있는 피해자 등 6명과 더불어 밤늦도록 술을 마시고 **모두 각자의 상대방과 성교**까지 하였는데 술값이 부족하여 친구 집에 가서 돈을 빌리려고 위 일행 중 피고인과 공소외 1, 2가 함께 봉고차를 타고 갈 때 공소외 1과 성교를 한 피해자도 그 차에 편승하게 된 사실과 피고인과 피해자가 그 차에 마주앉아 가다가 **피고인이 장난삼아** 피해자의 유방을 만지고 피해자가 이를 뿌리치자 발을 앞으로 뻗어 치마를 위로 걷어올리고 구두발로 그녀의 허벅지를 문지르는 등 그녀를 강제로 추행하자 그녀가 욕설을 하면서 **갑자기 차의 문을 열고 뛰어 내림으로써 부상을 입고 사망**하였다. 이와 같은 상황에서는 피고인이 그때 피해자가 피고인의 추행행위를 피하기 위하여 달리는 차에서 뛰어내려 사망에 이르게 될 것이라고 예견할 수 없다.

4 **[대판 85도1537]** [상해의 결과를 예견할 수 없어 강간치상죄로 처단할 수 없다고 판단한 사례] 피고인과 피해자가 여관에 투숙하여 **별다른 저항이나 마찰없이 성행위를 한 후,** 피고인이 잠시 방밖으로 나간 사이

에 피해자가 방문을 안에서 잠그고 구내전화를 통하여 여관종업원에게 구조요청까지 한 후라면, 일반경험칙상 이러한 상황아래에서 피해자가 피고인의 방문 흔드는 소리에 겁을 먹고 강간을 모면하기 위하여 3층에서 창문을 넘어 탈출하다가 상해를 입을 것이라고 예견할 수는 없다고 볼 것이므로 이를 강간치상죄로 처단할 수 없다.

5 **[대판 85도303] 파기환송.** [특수체질자였기 때문에 가벼운 폭행으로 인한 충격으로 사망한 경우 사망에 대한 예견가능성이 없다고 보아 폭행치사죄의 성립을 부정한 사례] 피고인의 폭행정도가 서로 시비하다가 피해자를 떠밀어 땅에 **엉덩방아를 찧고 주저앉게 한 정도에 지나지 않은 것**이었고 또 피해자는 외관상 건강하여 **전혀 병약한 흔적이 없는 자인데 사실은 관상동맥경화 및 협착증세를 가진 특수체질자**이었기 때문에 위와 같은 정도의 폭행에 의한 충격에도 심장마비를 일으켜 사망하게 된 것이라면 피고인에게 **사망의 결과에 대한 예견가능성이 있었다고 보기 어려워 결과적 가중범인 폭행치사죄로 의율할 수는 없다.** cf) 원심은 피고인이 피해자와 시비가 되어 서로 멱살을 잡고 다투다가 피해자의 앞가슴 부분 상의를 잡아끌어 당기면서 뒤로 미는 등 폭행을 가하여 그를 땅바닥에 넘어지게 하여 그로 하여금 관상동맥경화 및 협착에 의한 심부전으로 사망에 이르게 한 사실을 인정하고 피고인을 폭행치사죄로 의율처단한 제1심판결을 유지하였다.

6 **[대판 81도1811]** [피고인의 폭행으로 고혈압환자인 피해자가 뇌실질내 혈종의 상해를 입을 것이라고 예견할 수 없었다고 한 예] 피고인은 자전거를 타고 가다가 피해자가 길가에 쌓아둔 모래더미에 걸려 넘어지자 화가 난 나머지 피해자에게 교통을 방해한다고 소리를 질러 상호 욕설을 하며 시비를 하던 끝에 법으로 해결하자고 하면서 **피해자의 왼쪽 어깨쭉지를 잡고 약 7미터 정도 걸어가다가 피해자를 놓아주는 등 폭행을 하자 피해자가 그곳에 있는 평상에 앉아 있다가 쓰러져 약 2주일간의 안정가료를 요하는 뇌실질내 혈종의 상해**를 입었는데 피해자는 60세의 노인으로서 외견상 건강해 보이지만 평소 고혈압증세가 있어 약 5년전부터 술도 조심하여 마시는 등 외부로부터의 정신적, 물리적 충격에 쉽게 흥분되어 급성 뇌출혈에 이르기 쉬운 체질이었다는 것이다. 그렇다면 가사 피해자가 위에서 본 바와 같은 피고인의 욕설과 폭행으로 충격을 받은 나머지 위와 같은 상해를 입게 된 것이라 하더라도 **일반 경험칙상 위와 같이 욕설을 하고 피해자의 어깨쭉지를 잡고 조금 걸어가다가 놓아준 데 불과한 정도의 폭행으로 인하여 피해자가 위와 같은 상해를 입을 것이라고 예견할 수는 없다고 할 것**이고, 또 기록을 살펴보아도 피해자가 평소 위와 같이 고혈압증세로 뇌출혈에 이르기 쉬운 체질이어서 위에서 본 바와 같은 정도의 욕설과 폭행으로 그와 같은 상해의 결과가 발생한 것임을 피고인이 이 사건 당시 실제로 예견하였거나 또는 예견할 수 있었다고 볼 만한 자료는 없으니 피고인에게 상해의 결과에 대한 책임을 물어 폭행치상죄로 처벌할 수는 없다고 할 것이다.

중한 결과에 대한 예견가능성을 긍정한 판례

7 **[대판 2014도6206]** [**교통방해치사상죄의 성립 요건** 및 교통방해 행위와 사상의 결과 사이에 상당인과관계를 인정할 수 있는 경우] [1] 형법 제188조에 규정된 교통방해에 의한 치사상죄는 결과적 가중범이므로, 위 죄가 성립하려면 교통방해 행위와 사상(死傷)의 결과 사이에 상당인과관계가 있어야 하고 행위 시에 결과의 발생을 예견할 수 있어야 한다. 그리고 교통방해 행위가 피해자의 사상이라는 결과를 발생하게 한 유일하거나 직접적인 원인이 된 경우만이 아니라, 그 행위와 결과 사이에 피해자나 제3자의 과실 등 다른 사실이 개재된 때에도 그와 같은 사실이 **통상 예견될 수 있는** 것이라면 상당인과관계를 인정할 수 있다. [2]

피고인이 고속도로 2차로를 따라 자동차를 운전하다가 **1차로를 진행하던 甲의 차량 앞에 급하게 끼어든 후 곧바로 정차**하여, 甲의 차량 및 이를 뒤따르던 차량 두 대는 연이어 급제동하여 정차하였으나, 그 뒤를 따라오던 乙의 차량이 앞의 차량들을 연쇄적으로 추돌케 하여 乙을 사망에 이르게 하고 나머지 차량 운전자 등 피해자들에게 상해를 입힌 사안에서, 편도 2차로의 고속도로 1차로 한가운데에 정차한 피고인은 현장의 교통상황이나 일반인의 운전 습관 · 행태 등에 비추어 고속도로를 주행하는 다른 차량 운전자들이 제한속도 준수나 안전거리 확보 등의 주의의무를 완전하게 다하지 않을 수도 있다는 점을 알았거나 충분히 알 수 있었으므로, 피고인의 정차 행위와 사상의 결과발생 사이에 상당인과관계가 있고, **사상의 결과발생에 대한 예견가능성도 인정된다**는 이유로, 피고인에게 일반교통방해치사상죄를 인정한 원심판단이 정당하다.

8 **[대판 2013도1222]** [결과적 가중범인 상해치사죄의 공동정범 성립에 결과를 공동으로 할 의사가 필요한지 여부(소극) 및 수인이 상해의 범의로 범행 중 한 사람이 중한 상해를 가하여 피해자가 사망에 이르게 된 경우, 나머지 사람들도 상해치사의 죄책을 지는지 여부(원칙적 적극)] [1] 피고인이 냄비뚜껑을 피해자의 이마에 던지고 소주병이 깨질 때까지 피해자의 머리 부위를 수차례 가격한 점, 계속하여 **흉기인 과도와 식칼을 이용하여 피해자의 머리 부위**를 반복하여 때리거나 피해자를 협박한 점, 원심 공동피고인이 **식칼로 피해자의 발등 동맥을 절단**하는 것을 보고서도 이를 제지하지 아니한 점, 당시 피해자가 입은 상해의 부위가 전신에 걸쳐 광범위했고 상해 정도 또한 심히 중했던 점 등을 근거로 원심 공동피고인이 피해자에게 식칼로 상해를 가하는 과정에서 잘못하면 피해자를 사망에 이르게 할 수도 있다는 것을 피고인도 충분히 예견할 수 있었다고 본 것은 정당하다. [2] 결과적 가중범인 상해치사죄의 공동정범은 폭행 기타의 신체침해 행위를 공동으로 할 의사가 있으면 성립되고 **결과를 공동으로 할 의사는 필요 없으며**, 여러 사람이 상해의 범의로 범행 중 한 사람이 중한 상해를 가하여 피해자가 사망에 이르게 된 경우 나머지 사람들은 사망의 결과를 예견할 수 없는 때가 아닌 한 상해치사의 죄책을 면할 수 없다.

9 **[대판 99도5286]** 승용차로 피해자를 가로막아 승차하게 한 후 피해자의 하차 요구를 무시한 채 당초 목적지가 아닌 다른 장소를 향하여 시속 약 60km 내지 70km의 속도로 진행하여 피해자를 차량에서 내리지 못하게 한 행위는 감금죄에 해당하고, **피해자가 그와 같은 감금상태를 벗어날 목적으로 차량을 빠져 나오려다가** 길바닥에 떨어져 상해를 입고 그 결과 사망에 이르렀다면 감금행위와 피해자의 사망 사이에는 상당인과관계가 있다고 할 것이므로 감금치사죄에 해당한다.

10 **[대판 96도1142]** [피해자가 피고인의 폭행 · 협박행위를 피하려다 상해를 입게 된 경우 강도치상죄의 성립을 인정한 사례] 피고인이 피해자와 함께 도박을 하다가 돈 3,200만 원을 잃자 도박을 할 때부터 같이 있었던 일행 2명 외에 후배 3명을 동원한 데다가 피고인은 식칼까지 들고 위 피해자로부터 돈을 빼앗으려고 한 점, 위 피해자는 이를 피하려고 도박을 하고 있었던 위 집 안방 출입문을 잠그면서 출입문이 열리지 않도록 완강히 버티고 있었던 점, 이에 피고인이 위 피해자에게 "이 새끼 죽여 버리겠다."고 위협하면서 위 출입문 틈 사이로 위 식칼을 집어 넣어 잠금장치를 풀려고 하고 발로 위 출입문을 수회 차서 결국 그 문을 열고 위 안방 안으로 들어 왔으며, 칼을 든 피고인 외에도 그 문 밖에 피고인의 일행 5명이 있어 그 문을 통해서는 밖으로 탈출하기가 불가능하였던 점 등을 종합하여 보면 피고인의 위 폭행 · 협박행위와 위 피해자의 상해 사이에는 상당인과관계가 있고, 피고인으로서는 위 피해자가 위 도박으로 차지한 금원을 강취당하지 않기 위하여 반항하면서 경우에 따라서는 베란다의 외부로 통하는 창문을 통하여 위 주택 아래로 뛰

어 내리는 등 탈출을 시도할 가능성이 있고 그러한 경우에는 위 피해자가 **상해를 입을 수 있다는 예견도 가능하였다**고 봄이 상당하므로, 피고인의 위 범죄사실은 강도치상죄를 구성한다고 본 사례.

11 **[대판 93도1873]** [상해 또는 중상해를 교사하였는데 피교사자가 살인을 실행한 경우 교사자의죄책] 교사자가 피교사자에 대하여 상해 또는 중상해를 교사하였는데 피교사자가 이를 넘어 살인을 실행한 경우 일반적으로 교사자는 상해죄 또는 중상해죄의 교사범이 되지만 이 경우 교사자에게 피해자의 사망이라는 결과에 대하여 과실 내지 **예견가능성이 있는 때에는 상해치사죄의 교사범**으로서의 죄책을 지울 수 있다.

12 **[대판 91도2085]** [아파트 안방에 감금된 피해자가 가혹행위를 피하려고 창문을 통하여 아파트 아래 잔디밭에 뛰어 내리다가 사망한 경우, **중감금행위와 피해자의 사망 사이에 인과관계**가 있어 중감금치사죄가 성립된다고 본 사례] 피고인이 피해자(당시 19세)와 동거하고 있던 아파트에서 피해자가 술집에 다시 나가 일을 하겠다고 한다는 이유로 위 아파트 안방에서 피해자를 데리고 들어가 거실로 통하는 안방문에 못질을 하여 밖으로 나갈 수 없게 감금한 후, 피해자가 술집에 나가기 위하여 준비해 놓은 화장품 및 화장품 휴대용가방 등을 창문 밖으로 던져 버리고, 피해자를 때리고 옷을 벗긴 다음 가위로 모발을 자르는 등 가혹한 행위를 하여 피해자가 이를 피하기 위하여 창문을 통해 밖으로 뛰어 내리려 하자 피고인이 2회에 걸쳐 이를 제지한 바 있는 사실, 이때 피해자가 죽는다고 소리치며 울다가 피고인이 밖에서 걸려온 인터폰을 받으려고 방문에 뚫은 구멍을 통하여 거실로 나오는 사이에 갑자기 안방 창문을 통하여 알몸으로 아파트 아래 잔디밭에 뛰어 내리다가 다발성실질장기파열상 등을 입고 사망한 사실을 인정한 후, 위 인정사실에 의하면 피고인의 중감금행위와 피해자의 사망 사이에는 인과관계가 있고, **피고인에게 그로 인한 결과에 대한 예측가능성도 있었다**면서 피고인을 중감금치사죄로 처단한 원심의 유죄판단을 유지하고 있는바, 원심이 인용한 제1심 거시의 증거들을 기록과 대조하여 살펴보면, 원심의 위와 같은 사실인정과 판단은 수긍이 가고 거기에 소론과 같이 채증법칙위배 또는 감금치사죄의 법리를 오해한 위법이 있다 할 수 없다

13 **[대판 91도1755]** 공동정범의 주관적 요건인 공모는 공범자 상호간에 범죄의 공동실행에 관한 의사의 결합만 있으면 족하고, 이와 같은 공모가 이루어진 이상 실행행위에 관여하지 않더라도 다른 공범자의 행위에 대하여 형사책임을 지는 것인바, 피고인이 여러 공범들과 피해자를 **상해**하기로 공모하고, 피고인 등은 상피고인의 사무실에서 대기하고, 실행행위를 분담한 공모자 일부가 사건현장에 가서 위 피해자를 상해하여 사망케 하였다면 피고인은 **상해치사범죄의 공동정범**에 해당한다.

14 **[대판 90도767]** [가연물질이 많은 대학도서관 옥내에서 공무집행을 방해할 목적으로 화염병을 투척하는 경우 특수공무방해치사상죄의 성립요건으로서의 사상의 결과 발생에 관한 예견가능성 유무(적극)] 특수공무방해치사상죄는 결과적가중범으로서 행위자가 그 결과의 발생을 예견할 수 있으면 족하다고 할 것인바, 피고인들이 도서관에 농성중인 학생들과 함께 경찰의 진입에 대항하여 건물현관 입구에는 빈 드럼통으로, 계단 등에는 책상과 걸상으로 각 장애물을 설치하고, 화염병이 든 상자 등 **가연물질이 많이 모여있는 7층 복도 등에는 석유를 뿌려놓아** 가연물질이 많은 옥내에 화염병이 투척되면 화염병이 불씨에 의하여 발화할 가능성이 있고 행동반경이 좁은 고층건물의 옥내인 점을 감안하여 볼 때, 불이 날 경우 많은 사람이 다치거나 사망할 수 있다는 것은 일반경험칙상 넉넉히 예상할 수 있는 것이므로 피고인들에게 위와 같은 화재로 인한 사망 등의 결과발생에 관하여 **예견가능성**이 없었다고는 할 수 없다.

15 **[대판 89도556]** 피고인이 피해자의 멱살을 잡아 흔들고 주먹으로 가슴과 얼굴을 1회씩 구타하고 멱살을 붙들고 부근의 통나무 쌓아놓은 곳으로 넘어뜨리는 등 피해자의 신체 여러 부위에 표피박탈, 피하출혈 등의 **외상이 생길 정도로 심하게 폭행을 가함으로써 나쁜 상태에 있는 피해자의 심장에 더욱 부담을 주어 나쁜 영향을 초래**하도록 하였다면, 비록 평소에 오른쪽 관상동맥폐쇄 및 심실의 허혈성심근섬유화증세 등의 심장질환을 앓고 있던 피해자가 관상동맥부전과 허혈성심근경색 등으로 사망하였다고 하더라도, 피고인의 폭행의 방법, 부위나 정도 등에 비추어 피고인의 폭행과 피해자의 사망과 간에 상당인과관계가 있었다고 볼 수 있을 뿐만 아니라, 피고인이 피해자의 **사망이라는 결과의 발생을 예견할 수 있었다**고도 보인다(검사작성의 피고인에 대한 피의자신문조서의 기재내용에 의하면 피고인이 평소에 피해자의 건강상태가 좋지 않았다는 것을 알고 있었음이 인정된다).

16 **[대판 87도2358] [박종철 고문치사 사건]** 양손을 뒤로 결박당하고 양발목마저 결박당한 피해자의 양쪽팔, 다리, 머리 등을 그 판시와 같은 방법으로 밀어누름으로써 피해자의 얼굴을 욕조의 물속으로 강제로 찍어 누르는 가혹행위를 반복할 때에 욕조의 구조나 신체구조상 피해자의 목 부분이 욕조의 턱에 눌릴 수 있고, 더구나 물속으로 들어가지 않으려고 반사적으로 반항하는 피해자의 행동을 제압하기 위하여 강하게 피해자의 머리를 잡아 물속으로 누르게 될 경우에는 위 욕조의 턱에 피해자의 목 부분이 눌려 질식현상 등의 **치명적인 결과를 가져올 수 있다는 것은 우리의 경험칙상 어렵지 않게 예견할 수 있다 할 것**이고, 나아가 피고인들의 위와 같은 가혹행위와 피해자의 사망과의 사이에는 상당인과관계가 있다할 것이므로 원심이 피고인들을 결과적 가중범인 위 법조 위반으로 의율한 조치는 정당하고 거기에 **결과적 가중범에 있어서의 예견가능성 또는 인과관계에 관한 법리**를 오해한 위법이 있다할 수 없다(【28】 참조).

17 **[대판 84도2397]** 강도치상죄에 있어서의 상해는 강도의 기회에 범인의 행위로 인하여 발생한 것이면 족한 것이므로, **피고인이 택시를 타고 가다가 요금지급을 면할 목적으로 소지한 과도로 운전사를 협박하자 이에 놀란 운전사가 택시를 급우회전**하면서 그 충격으로 피고인이 겨누고 있던 과도에 어깨부분이 찔려 상처를 입었다면, 피고인의 위 행위를 강도치상죄에 의율함은 정당하다.

18 **[대판 84도2183]** 피고인은 과거에 동거하던 피해자에게 다시 동거할 것을 요구하며 서로 말다툼을 하다가 **주먹으로 얼굴과 가슴을 수없이 때리고 머리채를 휘어잡아 방벽에 여러 차례 부딪치는 폭행을 가하여 두개골결손, 뇌경막하출혈 등으로 2일후 사망**케 한 사실이 인정된다. 사람의 얼굴과 가슴에 대한 가격은 신체기능에 중대한 지장을 초래할 수 있고 더구나 두뇌부위에 대하여 두개골 결손을 가져올 정도로 타격을 가할 경우에 치명적인 결과를 가져올 수 있다는 것은 누구나 예견할 수 있는 일이라고 할 것이므로, 원심이 피고인에게 피해자의 사망의 결과에 대한 예견가능성이 있었던 것으로 인정하여 피고인을 상해치사죄로 의율한 조치는 정당하다.

19 **[대판 82도697]** 피고인이 1981.4.8. 피해자의 뺨을 2회 때리고 두 손으로 어깨를 잡아 **땅바닥에 넘어뜨리고 머리를 시멘트벽에 부딪치게 하여서,** 피해자가 그 다음날부터 머리에 통증이 있었고 같은 달 16일 의사 3인에게 차례로 진료를 받을 때에 혈압이 매우 높았고 몹시 머리가 아프다고 호소하였으며 그 후 병세가 계속 악화되어 결국 같은 해 4.30. 뇌손상(뇌좌상)으로 사망하였다면, 피해자가 평소 고혈압과 선천성혈관

기형인 좌측전고동맥류의 증세가 있었고 피고인의 폭행으로 피해자가 사망함에 있어 위와 같은 지병이 사망결과에 영향을 주었다고 해서 피고인의 폭행과 피해자의 사망 간에 상당인과관계가 없다고 할 수 없으며, 피고인이 피해자를 **폭행할 당시에 이미 폭행과 그 결과에 대한 예견가능성이 있었다 할 것**이고 그로 인하여 치사의 결과가 발생하였다면 이른바 결과적가중범의 죄책을 면할 수 없다.

20 [대판 72도2201] 피고인은 빚 독촉을 하다가 시비 중 멱살을 잡고 대드는 공소외 1의 손을 뿌리치고 그를 뒤로 밀어 넘어트려 아래로 궁굴게 하여 그 순간 그 등에 업힌 그 딸 공소외 2(생후 7개월)에게 두개골절 등 상해를 입혀 그로 말미암아 그를 사망케 한 사실을 인정함에 충분하다. 그러면 피고인은 빚이 있을망정 채권자인 공소외 1로부터 멱살을 잡히고 폭행을 감수할 이유는 없는 것이므로 피고인이 그 멱살을 잡은 공소외 1의 손을 뿌리친 것은 그 정도로서 혹 정당행위로 볼 수 있을는지는 몰라도 피고인이 이에 그치지 않고 다시 그를 뒤로 밀어 넘어트린 것은 그 도를 넘은 것으로 그 위법성을 부정할 수는 없을 것이고, 또 피고인이 폭행을 가한 대상자와 그 폭행의 결과 사망한 대상자는 서로 다른 인격자라 할지라도 위와 같이 **어린애를 업은 사람을 밀어 넘어트리면 그 어린애도 따라서 필연적으로 넘어질 것임은 피고인도 예견하였을 것**이므로 어린애를 업은 사람을 넘어트린 행위는 그 어린애에 대해서도 역시 폭행이 된다 할 것이고, 따라서 원심이 피고인을 폭행치사죄로 인정한 조처에는 인과관계를 오인한 위법이 없다.

21 [대판 72도296] 피고인의 강타로 인하여 임신 7개월의 피해자가 지상에 넘어져서 4일후에 낙태하고 위 낙태로 유발된 심근경색증으로 죽음에 이르게 된 경우 피고인의 구타행위와 피해자의 사망간에는 인과관계가 있다.

65 부진정결과적 가중범의 의의 및 죄수

* 대법원 1983. 1. 18. 선고 82도2341 판결
* 참조조문: 형법 제164조,[1] 제37조[2]

살인이나 상해의 고의로 현주건조물을 소훼하여 사람을 사상에 이르게 한 경우, 형법 제164조 후단 소정의 현주건조물 방화치사상죄가 성립하는가?

●**사실**● 군인인 X는 자신의 가족이 사찰의 주지인 A 때문에 오래 동안 거주해오던 은봉암이라는 암자에서 쫓겨난데 대하여 원한을 품고 A를 살해하기로 마음먹었다. 1982.3.31. 부대에서 외박허가를 받아 4.1. 00:30경 안면에 마스크를 하고 A의 집에 침입하여 그 집 부엌의 석유곤로 석유를 프라스틱 바가지에 따라 마루에 놓아두고 큰 방으로 들어갔다. 당시 주지인 A는 없고 그의 처 B와 딸인 C(19세)와 D(11세), E(8세) 등이 깨어 자신을 알아보자 마당에 있던 절구방망이를 가져와 ① B와 C의 머리를 각 2회씩 강타하여 실신시킨 후 이불로 뒤집어 씌우고 위 바가지의 석유를 뿌리고 성냥불을 켜 대어 A 및 동인가족들이 현존하는 집을 전소케 하였다. ② 나아가 불이 붙은 그 집에서 빠져 나오려는 위 D와 E가 탈출하지 못하도록 방문 앞에 버티어 서서 지킨 결과 실신하였던 B와 탈출하지 못한 D와 E를 현장에서 소사케 하고, 탈출한 피해자 C도 3도 화상을 입고 입원가료 중인 4.10. 사망에 이르게 하였다.

원심은 피고인의 위 네 명에 대한 살해행위를 형법 제250조 제1항에, 위 현주건조물에의 방화행위를 형법 제164조 전단에 의율하고 **양자를 상상적 경합범**으로 처단하여 피고인에게 사형을 선고한 제1심 조치를 지지하였다.

●**판지**● 「[1] 형법 제164조 후단이 규정하는 현주건조물방화치사상죄는 그 전단에 규정하는 죄에 대한 일종의 가중처벌규정으로서 불을 놓아 사람의 주거에 사용하거나 사람이 현존하는 건조물을 소훼함으로 인하여 사람을 사상에 이르게 한 때에 성립되며 동 조항이 **사형, 무기 또는 7년 이상의 징역**의 무거운 법정형을 정하고 있는 취의에 비추어 보면 **과실이 있는 경우 뿐만 아니라 고의가 있는 경우도 포함된다**고 볼 것이므로, 현주건조물 내에 있는 사람을 강타하여 실신케 한 후 동 건조물에 방화하여 소사케 한 피고인을 **현주건조물에의 방화죄와 살인죄의 상상적 경합으로 의율할 것은 아니다.**

[2] 형법 제164조 전단의 **현주건조물에의 방화죄**는 공중의 생명, 신체, 재산 등에 대한 위험을 예방하기 위하여 공공의 안전을 그 제1차적인 보호법익으로 하고 제2차적으로는 개인의 재산권을 보호하는 것이라고 할 것이나, 여기서 공공에 대한 위험은 구체적으로 그 결과가 발생됨을 요하지 아니하는 것이고 이미 현주건조물에의 점화가 독립연소의 정도에 이르면 동 죄는 기수에 이르러 완료되는 것인 한편, **살인죄**는 일신전속적인 개인적 법익을 보호하는 범죄이므로, 이 사건에서와 같이 **불을 놓은 집에서 빠져 나오려는 피해자들을 막아 소사케 한 행위**는 1개의 행위가 수개의 죄명에 해당하는 경우라고 볼 수 없고, 위 방화행위와 살인행위는 법률상 별개의 범의에 의하여 별개의 법익을 해하는 별개의 행위라고 할 것이니, **현주건조물방화죄와 살인죄는 실체적 경합**관계에 있다.

---

1) 형법 제164조(현주건조물등에의 방화) ① 불을 놓아 사람이 주거로 사용하거나 사람이 현존하는 건조물, 기차, 전차, 자동차, 선박, 항공기 또는 지하채굴시설을 불태운 자는 **무기 또는 3년 이상의 징역**에 처한다. ② 제1항의 죄를 지어 사람을 상해에 이르게 한 경우에는 무기 또는 5년 이상의 징역에 처한다. 사망에 이르게 한 경우에는 **사형, 무기 또는 7년 이상의 징역**에 처한다.

2) 형법 제37조(경합범) 판결이 확정되지 아니한 수개의 죄 또는 금고 이상의 형에 처한 판결이 확정된 죄와 그 판결확정 전에 범한 죄를 경합범으로 한다.

●해설● 1 대상판결은 부진정결과적 가중범이라는 개념을 우리 법원이 받아들이고 있음을 보여주는 점에서 의미가 있다. **부진정결과적 가중범**은 고의의 기본범죄에 결합된 중한 결과의 발생이 **과실과 함께 고의로도 가능**한 경우를 말한다. 이는 위와 같은 사안에서 결과적으로 살인의 고의가 있는 사람이 과실이 있는 사람보다 경하게 처벌될 수 있는 불합리한 결과가 발생할 수 있기 때문에 인정하는 개념이다(**적절한 형량의 확보라는 형사정책적 이유**).

2 결과적 가중범이란 기본범죄를 범하였는데 기본범죄보다 더 중한 결과가 발생하여 가중처벌 되는 범죄를 말한다. 폭행치사죄나 상해치사죄가 대표적인 결과적 가중범이다. 이들 범죄는 고의의 기본범죄[3]와 과실의 중한 결과발생의 결합범의 형태로 이루어 진 것으로 대부분의 결과적 가중범이 여기에 해당한다(**진정결과적 가중범**). 이에 반해 부진정결과적 가중범은 앞서의 언급과 같이 중한 결과에 대하여 과실이 있을 경우뿐만 아니라 **고의가 있는 때에도 성립**하는 것으로 현주건조물방화치사상죄(법164②), 특수공무집행방해치상죄(법144②), 중상해죄(법258)가 여기에 해당된다.

3 사안에서 원심은 사망한 피해자 4명에 대한 X의 살해행위를 살인죄(법250①)와 현주건조물에의 방화(법164)의 상상적 경합관계로 판단하였다. 그러나 대법원은 피해자를 나누어 판단하였다. ① B·C의 사망에 대해서는 **현주건조물방화치사죄**(법164②) 일죄만의 성립과 ② D·E의 사망에 대해서는 **현주건조물방화죄와 살인죄는 실체적 경합**관계에 있다고 보았다.

4 먼저 실신한 B와 C에 대한 범죄사실과 관련하여 보면 사람을 살해할 의도로 현존하는 건조물에 방화하여 사람을 살해한 경우이다. 현행 형법은 현주건조물방화치사죄 규정만 두고 있을 뿐, 별도로 고의범 규정인 현주건조물방화살인죄의 규정은 없다. 따라서 현행법 아래에서는 기본범죄에 해당하는 현주건조물방화죄와 이후의 행위인 살인죄의 상상적 경합으로 처벌하여야 한다.[4] 그런데 이 경우 문제는 형법 제164조 후단이 규정하는 현주건조물방화치사죄가 살인죄보다 형이 높은 **사형, 무기 또는 7년 이상의 징역**의 무거운 법정형을 정하고 있다는 사실이다. 이는 과실에 의한 경우가 고의로 인한 경우보다 더 중한 처벌을 하게 되는 형의 불균형 현상이 발생함을 의미한다(즉 **살인의 고의**로 방화하여 상대방을 살해한 경우는 사형, 무기 또는 5년 이상의 유기징역에 처해지지만, 방화의 고의로 불을 놓았는데 **과실로 사람이 사망**한 경우는 사형, 무기 또는 7년 이상의 유기징역이라는 더 높은 형으로 처벌되는 불합리한 경우가 발생한다).

5 이 때문에 대법원은 부득이하게 현주건조물방화치사죄에 부진정결과적 가중범의 형태(**과실이 있는 경우뿐 아니라 고의가 있는 경우도 포함되는 결과적 가중범**)를 인정하고 있는 것이다. 그리고 이와 같은 입장에서 대법원은 X를 현주건조물에의 방화죄와 살인죄의 상상적 경합으로 의율한 제1심과 원심판결은 법리를 오해한 것으로 판단하였다.

---

3) 형법에서는 기본범죄가 과실인 경우를 규정하고 있지 않으므로 **기본범죄는 고의범에 한정**된다. 그러나 「**환경범죄의 단속에 관한 특별조치법**」 제5조 제2항에서는 **과실에 의한 기본범죄**(업무상과실 또는 중대한 과실로 오염물질을 불법 배출함으로써 공중의 생명 또는 신체에 위험을 발생)로 중한 결과(사람을 사상에 이르게 함)가 발생한 형태의 결과적 가중범을 규정하고 있다.

4) 이 경우 형법 제40조에 의하여 2개의 죄 중 가장 중한 살인죄에 정한 형인 형법 제250조 제1항의 **"사형, 무기 또는 5년 이상의 징역"의 형을 적용**하게 된다.

6 부진정 결과적 가중범과 고의범의 죄수관계 이와 같이 대법원은 ① 형이 가벼운 단순살인죄는 현주건조물방화치사죄에 흡수되어 현주건조물방화치사죄만 성립[5]하는 것으로 본다(**법조경합**). 즉 고의범에 대하여 더 무겁게 처벌하는 규정이 없는 경우(부진정 결과적 가중범 ≥ 고의범)에는 결과적 가중범이 고의범에 대하여 특별관계에 있다고 본다. 반면, 그리고 ② 형이 무거운 강도살인죄(법338. "사형 또는 무기징역") 등은 현주건조물방화치사죄와 상상적 경합관계에 있다고 본다(대판 98도3416, Ref 2). 즉 판례는 (중한 결과의) 고의범에 대해, 부진정 결과적 가중범의 법정형보다 **'더 무겁게 처벌'**하는 규정이 있는 경우(**고의범 〉 부진정 결과적 가중범**)에는 부진정 결과적 가중범 이외에 (중한 결과에 대한) '고의범도 성립'하고 양자는 **상상적 경합**이 된다는 입장이다.

7 다음으로 X가 불을 놓은 집에서 빠져 나오려는 D와 E를 방문에서 가로 막아 불에 타 숨지게 한 사실과 관련하여, 대법원은 사회적 법익을 주된 보호법익으로 하는 현주건조물에의 방화죄와 개인적 법익을 보호하는 살인죄는 그 보호법익이 다르기 때문에 양자는 **법률상 별개의 범의에 의해 별개의 법익을 해하는 별개의 행위**로 보지 않을 수 없고 따라서 **실체적 경합범 관계에 있다**고 판단하였다.

Reference

부진정결과적 가중범과 관련된 판례

1 [대판 2008도7311] [부진정결과적가중범에서 고의로 중한 결과를 발생하게 한 행위를 더 무겁게 처벌하는 규정이 없는 경우, 결과적가중범과 고의범의 죄수관계] ●**사실**● 피고인이 승용차를 운전하던 중 음주단속을 피하기 위하여 위험한 물건인 승용차로 단속 경찰관을 들이받아 위 경찰관의 공무집행을 방해하고 위 경찰관에게 상해를 입게 하였다는 이 사건 공소사실에 대하여, 검사는 피고인의 행위가 폭력행위 등 처벌에 관한 법률 위반(집단·흉기 등 상해)죄와 **특수공무집행방해치상죄**[6]를 구성하고 두 죄는 상상적 경합관계에 해당하는 것으로 보아 공소 제기하였다. ●**판지**● [1] 기본범죄를 통하여 고의로 중한 결과를 발생하게 한 경우에 가중처벌하는 부진정결과적가중범에서, (가) 고의로 중한 결과를 발생하게 한 행위가 별도의 구성요건에 해당하고 그 고의범에 대하여 결과적가중범에 정한 형보다 더 무겁게 처벌하는 규정이 있는 경우에는 그 고의범과 결과적가중범이 **상상적 경합관계**에 있지만, 위와 같이 (나) 고의범에 대하여 더 무겁게 처벌하는 규정이 없는 경우에는 **결과적가중범이 고의범에 대하여 특별관계에 있으므로 결과적가중범만 성립**하고 이와 법조경합의 관계에 있는 고의범에 대하여는 별도로 죄를 구성하지 않는다. [2] **직무를 집행하는 공무원에 대하여 위험한 물건을 휴대하여 고의로 상해를 가한 경우에는 특수공무집행방해치상죄만 성립할 뿐**, 이와는 별도로 폭력행위 등 처벌에 관한 법률 위반(집단·흉기 등 상해)죄를 구성하지 않는다. **cf)** 특수공무집행방해치상죄와 당시 적용되었던 폭력행위 등 처벌에 관한 법률 제3조 제1항[7]의 형은 모두 3년 이상의 유

---

5) 현주건조물방화치사죄는 살인죄에 더하여 현주건조물방화라는 행위가 더 있으며 법정형도 살인죄 보다 높다. 그러므로 **현주건조물방화치사죄와 살인죄는 특별관계**에 있다 할 것이고, 그 결과 특별법에 해당하는 현주건조물방화치사죄만 성립한 것으로 보았다.

6) 형법 제144조(특수공무방해) ① 단체 또는 다중의 위력을 보이거나 **위험한 물건을 휴대**하여 제136조, 제138조와 제140조 내지 전조의 죄를 범한 때에는 각조에 정한 형의 2분의 1까지 가중한다. ② **제1항의 죄를 범하여 공무원을 상해에 이르게 한 때에는 3년 이상의 유기징역에 처한다.** 사망에 이르게 한 때에는 무기 또는 5년 이상의 징역에 처한다.

7) 폭력행위 등 처벌에 관한 법률 제3조(집단적 폭행 등) ① 단체나 다중의 위력으로써 또는 단체나 집단을 가장

기징역으로서 법정형이 같은 경우이다.

2 **[대판 98도3416]** 피고인들이 피해자들의 재물을 강취한 후 그들을 살해할 목적으로 현주건조물에 방화하여 사망에 이르게 한 경우, 피고인들의 행위는 **강도살인죄**[8]**와 현주건조물방화치사죄에 모두 해당**하고 그 두 죄는 **상상적 경합범 관계**에 있다.

3 **[대판 94도2842]** [기본범죄를 통하여 고의로 중한 결과를 발생케 한 부진정결과적가중범의 경우, 그 중한 결과가 별도의 구성요건에 해당한다면 결과적가중범과 중한 결과에 대한 고의범의 상상적 경합관계에 있다고 보아야 하는지 여부] [1] **특수공무집행방해치상죄**는 원래 결과적가중범이기는 하지만, 이는 중한 결과에 대하여 예견가능성이 있었음에 불구하고 예견하지 못한 경우에 벌하는 진정결과적가중범이 아니라 그 결과에 대한 예견가능성이 있었음에도 불구하고 예견하지 못한 경우뿐만 아니라 **고의가 있는 경우까지도 포함하는 부진정결과적가중범이다.** [2] 고의로 중한 결과를 발생케 한 경우에 무겁게 벌하는 구성요건이 따로 마련되어 있는 경우에는 당연히 무겁게 벌하는 구성요건에서 정하는 형으로 처벌하여야 할 것이고, 결과적가중범의 형이 더 무거운 경우에는 결과적가중범에 정한 형으로 처벌할 수 있도록 하여야 할 것이므로, 기본범죄를 통하여 고의로 중한 결과를 발생케 한 부진정결과적가중범의 경우에 그 중한 결과가 별도의 구성요건에 해당한다면 이는 **결과적가중범과 중한 결과에 대한 고의범의 상상적 경합관계에 있다고 보아야 할 것이다.** **cf)** 특수공무집행방해치상죄(법144②)는 그 형이 "3년 이상의 유기징역"이고 당시 적용되었던 폭력행위 등 처벌에 관한 법률(법3②)의 형은 "5년 이상의 유기징역"으로서 폭력행위 등 처벌에 관한 법률위반의 형이 더 중하고 양자의 구성요건에는 각 다른 죄에 포함시킬 수 없는 내용도 들어 있어 상상적 경합관계에 선다고 보았다.

4 **[대판 90도765] [동의대학교 사건**[9]**]** [1] [부진정결과적가중범인 특수공무방해치사상죄에 있어서 공무집행을 방해하는 집단행위 과정에서 살상의 고의행위에 가담하지 아니한 집단원도 결과가 예견가능한 경우 특수공무방해치사상의 죄책을 지는지 여부(적극)] 특수공무방해치사상과 같은 이른바 부진정결과적가중범은 예견가능한 결과를 예견하지 못한 경우뿐만 아니라 그 결과를 예견하거나 고의가 있는 경우까지도 포함하는 것이므로, 공무집행을 방해하는 집단행위의 과정에서 일부 집단원이 고의행위로 살상을 가한 경우에도 다른 집단원에게 그 사상의 결과가 예견가능한 것이었다면 다른 집단원도 그 결과에 대하여 특수공무방해치사상의 책임을 면할 수 없다. [2] [공무집행을 방해하는 집단행위 과정에서 일부 집단원이 고의로 방화행위를 하여 사상의 결과를 초래한 경우 방화행위 자체에 공모가담한 바 없는 공범이 특수공무방해치

하여 위력을 보임으로써 제2조 제1항에 열거된 죄를 범한 자 또는 흉기 기타 위험한 물건을 휴대하여 그 죄를 범한 자는 **3년 이상의 유기징역**에 처한다.

8) 형법 제338조(**강도살인**·치사) 강도가 사람을 살해한 때에는 **사형 또는 무기징역**에 처한다. 사망에 이르게 한 때에는 무기 또는 10년 이상의 징역에 처한다.

9) **동의대학교 사건**은 1989년 5월 동의대학교의 입시부정에 항의하던 동의대학교 학생들이 전투경찰 5명을 납치, 폭행하고 학내에 감금하여 이를 구출하려던 경찰관 7명이 화재와 추락으로 숨지고 외부에 근무 중이던 경찰관 등이 부상당한 사건이다. 이 사건으로 91명의 대학생들이 구속되기도 했다. 법원에서는 특수공무방해치사상 등을 인정, 31명의 학생에게 징역2년에서 최고 무기징역까지 선고했다. 그러나 2009년 민주화 운동으로 최종 인정되었다. 순직경찰관의 유족들은 "가해자들에게 명예와 보상을 줌으로써 유족들의 명예가 훼손됐다"며 헌법소원을 냈으나 헌법재판소는 2005년 10월 이 헌법소원을 5대 4로 각하했다. 중앙경찰학교에 있는 충의선양탑은 이때 사망한 7명을 기리는 곳이다.

사상죄 외에 방화치사상의 죄책을 지는지 여부(소극)] 부진정결과적가중범인 특수공무방해치사상죄에 있어서 공무집행을 방해하는 집단행위의 과정에서 일부 집단원이 고의로 방화행위를 하여 사상의 결과를 초래한 경우에 다른 집단원이 그 방화행위로 인한 사상의 결과를 예견할 수 있는 상황이었다면 특수공무방해치사상의 죄책을 면할 수 없으나 그 방화행위 자체에 공모 가담한 바 없는 이상 방화치사상죄로 의율할 수는 없다.

66 부작위에 의한 살인

* 대법원 1992. 2. 11. 선고 91도2951 판결
* 참조조문: 형법 제18조,[1] 제250조 제1항[2]

살해의 의사로 위험한 저수지로 유인한 조카가 물에 빠지자 구호하지 아니한 채 방치한 행위를 부작위에 의한 살인행위로 볼 수 있는가?

●**사실**● 피고인 X는 조카인 피해자 A(10세)와 B(8세)를 살해할 것을 마음먹고, A와 B를 불러내어 미리 물색하여 둔 저수지로 데리고 갔다. X는 조카들을 인적이 드물고 경사가 급하여 미끄러지기 쉬운 제방 쪽으로 유인하여 함께 걸어갔다. 그리고 A로 하여금 가파른 물가에서 미끄러져 수심이 약 2m나 되는 저수지 물속으로 빠지게 하고, 그를 구호하지 아니한 채 앞서 걸어가고 있던 B의 소매를 잡아당겨 저수지에 빠뜨려 그 자리에서 A와 B를 익사하게 하였다. 원심은 X에게 A와 B의 살인죄를 인정하였다. X는 스스로 실족해 빠진 A의 살인 여부를 다투며 상고하였다.

●**판지**● **상고기각.** 「피고인이 조카인 피해자(10세)를 살해할 것을 마음먹고 저수지로 데리고 가서 미끄러지기 쉬운 제방 쪽으로 유인하여 함께 걷다가 피해자가 물에 빠지자 그를 구호하지 아니하여 피해자를 익사하게 한 것이라면 **피해자가 스스로 미끄러져서 물에 빠진 것**이고, 그 당시는 피고인이 살인죄의 예비 단계에 있었을 뿐 아직 실행의 착수에는 이르지 아니하였다고 하더라도, 피해자의 숙부로서 익사의 위험에 대처할 보호능력이 없는 나이 어린 피해자를 익사의 위험이 있는 저수지로 데리고 갔던 피고인으로서는 피해자가 물에 빠져 익사할 위험을 방지하고 피해자가 물에 빠지는 경우 그를 구호하여 주어야 할 **법적인 작위의무가 있다**고 보아야 할 것이고, 피해자가 물에 빠진 후에 피고인이 살해의 범의를 가지고 그를 구호하지 아니한 채 그가 **익사하는 것을 용인하고 방관한 행위(부작위)**는 피고인이 그를 **직접 물에 빠뜨려 익사시키는 행위와 다름없다고 형법상 평가될 만한 살인의 실행행위**라고 보는 것이 상당하다」.

●**해설**● 1 살인죄에서 '살해행위'는 그 방법이나 형태를 묻지 않는다. **유형적 방법**뿐만 아니라 정신적 충격이나 고통을 주어 살해하는 **무형적 방법**에 의한 살해도 가능하며, **간접정범**형태의 살해도 가능하다. 사안의 경우와 같이 **부작위**에 의해서도 가능하다.

2 부작위범이란 일정한 행위를 할 것이 요구되는 작위의무자가 부작위하여 죄를 범하는 것을 말한다 **(명령규범의 위반)**. 범죄는 보통 적극적인 행위에 의하여 실행되지만 때로는 결과의 발생을 방지하지 아니한 부작위에 의해서도 실현될 수 있다. 사안은 행위자의 작위와 부작위를 대조적으로 잘 보여주고 있다. 또한 부작위범은 작위범이 성립하지 않을 때에만 보충적으로 성립할 수 있다**(부작위범의 보충성)**(Ref 1).

3 부작위범의 유형 판례의 **형식설**에 따르면, 부작위범은 ① 다중불해산죄(법116)[3]나 퇴거불응

1) 형법 제18조(부작위범) 위험의 발생을 방지할 의무가 있거나 자기의 행위로 인하여 위험발생의 원인을 야기한 자가 그 위험발생을 방지하지 아니한 때에는 그 발생된 결과에 의하여 처벌한다.
2) 형법 제250조(살인) ① 사람을 살해한 자는 사형, 무기 또는 5년 이상의 징역에 처한다.
3) 형법 제116조(다중불해산) 폭행, 협박 또는 손괴의 행위를 할 목적으로 다중이 집합하여 그를 단속할 권한이 있는 공무원으로부터 3회 이상의 **해산명령을 받고 해산하지 아니한 자**는 2년 이하의 징역이나 금고 또는 300만

죄(법319②)[4]에서와 같이 부작위에 의해서만 죄를 범할 수 있는 **진정부작위범**과 ② 일반적으로 작위를 내용으로 하는 범죄를 부작위에 의하여 범하는 이른바 **부진정부작위범**이 있다(법18). 사안은 살인죄의 부진정부작위범이다. 이 경우 작위에 의한 살인행위와 같은 평가를 받아야 살인죄가 성립될 것이다.

4 부진정부작위범의 성립요건 **부진정부작위범**의 성립요건으로는 「(가) 보호법익의 주체가 법익에 대한 침해위협에 대처할 보호능력이 없고, (나) 부작위행위자에게 침해위협으로부터 법익을 보호해 주어야 할 **법적 작위의무**가 있을 뿐 아니라, (다) 부작위행위자가 그러한 보호적 지위에서 법익침해를 일으키는 사태를 지배하고 있어 작위의무의 이행으로 결과발생을 쉽게 방지할 수 있어야 부작위로 인한 법익침해가 작위에 의한 법익침해와 **동등한 형법적 가치**가 있는 것으로서 범죄의 실행행위로 평가」될 수 있다(대판 2015도6809).

5 따라서 부작위에 의한 살인이 처벌되는 것은 「형법이 금지하고 있는 법익침해의 결과발생을 방지할 (가) **법적인 작위의무**를 지고 있는 자가 (나) 그 의무를 이행함으로써 결과발생을 쉽게 방지할 수 있었음에도 불구하고 (다) 그 결과의 발생을 용인하고 이를 방관한 채 그 **의무를 이행하지 아니한 경우**에, (라) 그 부작위가 작위에 의한 법익침해와 **동등한 형법적 가치**가 있는 것이어서 그 범죄의 **실행행위로 평가**될 만한 것이라면, 작위에 의한 실행행위와 동일하게 부작위범으로 처벌할 수 있다」고 법원은 판단한다. 즉 **부진정부작위범이** 성립하기 위해서는 ① 구성요건적 상황, ② 요구되는 행위의 부작위, ③ 요구되는 행위의 개별적 행위가능성, ④ 보증인지위, ⑤ 구성요건적 결과의 발생, ⑥ 인과관계, ⑦ 부작위의 동가치성 그리고 ⑧ 주관적 구성요건으로서 고의가 존재하여야 한다.

6 사안에서 ① 조카 B의 경우는 직접 X가 소매를 잡아당겨 저수지에 빠뜨려 익사시켰기 때문에 당연히 살인죄가 성립한다(작위에 의한 살인). 그러나 ② 조카 A는 자신의 실수로 미끄러져 저수지에 빠졌고 익사하였다. 이 점에서 X는 A에 대한 살인죄 성립을 부정하였다.

7 하지만 법원은 X는 처음부터 A에 대한 살인의 고의를 가지고 위험한 제방 쪽을 택하여 걸어가도록 유인하였고 조카 A는 의도한 대로 자신의 실수로 물에 빠졌다. 그러나 이 경우 당연히 숙부로서 조카를 구조해야 할 **법적인 작위의무**가 있는 X는 A를 구조했어야 하나 살해의 범의를 가지고 A를 구호하지 아니한 채 그가 **익사하는 것을 용인하고 방관**(부작위)하였다. 법원은 이러한 부작위는 살인의 실행행위와 같이 동일하게 평가된다고 판단하였다.

8 여기에서 작위의무는 법령, 법률행위, 선행행위로 인한 경우는 물론, 신의성실의 원칙이나 사회상규 혹은 조리상 작위의무가 기대되는 경우에도 인정된다. 작위의무가 있는 자만이 부진정부작위범의 주체인 보증인적 지위가 인정될 수 있으므로 **보증인적 지위의 핵심은 작위의무이다.**

9 판례는 작위의무를 「(가) **법적인 의무**이어야 하므로 단순한 도덕상 또는 종교상의 의무는 포함되지

원 이하의 벌금에 처한다.

4) 형법 제319조(주거침입, 퇴거불응) ① 사람의 주거, 관리하는 건조물, 선박이나 항공기 또는 점유하는 방실에 침입한 자는 3년 이하의 징역 또는 500만원 이하의 벌금에 처한다. ② 전항의 장소에서 **퇴거요구를 받고 응하지 아니한 자**도 전항의 형과 같다.

않으나 (나) 작위의무가 법적인 의무인 한 성문법이건 불문법이건 상관이 없고 또 (다) 공법이건 사법이건 불문하므로, **법령, 법률행위, 선행행위**로 인한 경우는 물론이고 (라) **기타 신의성실의 원칙이나 사회상규 혹은 조리상 작위의무가 기대되는 경우**에도 법적인 작위의무」는 있다고 판단한다(대판 95도2551).

10 작위의무의 인정 기준 이와 같이 작위의무는 **법령이나 계약 · 조리 및 선행행위**에 의하여 발생할 수 있다. 먼저 ① **법령에 의한 작위위무**로는 민법상의 친권자의 보호의무(법913), 친족간의 부양의무(법974), 부부간의 부양의무(법826) 등이 있으며, 경찰관 직무집행법에 의한 경찰관의 보호조치의무(법4), 의료법에 의한 의사의 진료와 응급조치의무(법15), 도로교통법에 의한 운전자의 구호의무(법54) 등이 여기에 속한다. ② **계약에 의한 작위의무**로는 고용계약에 의한 보호의무나 간호사의 환자 간호의무 등이 여기에 속한다. 그리고 ③ **선행행위에 의한 작위의무**로는 대상판결에서와 같이 어린 조카를 저수지로 데리고 가서 미끄러지기 쉬운 제방 쪽으로 유인하여 걷게 한 경우가 이에 속한다. 이외에도 자동차를 운전하여 타인에게 상해를 입힌 자는 피해자를 구조해야 할 작위의무가 있으며 과실로 불을 낸 사람도 소화조치를 취할 작위의무가 발생하게 된다. 이와 같이 보증인지위를 발생시키는 선행행위는 원칙적으로 '위법'하거나 '위무위반적'이어야 한다. 마지막으로 ④ **조리나 신의칙**에 따른 결과방지의무가 있다.

Reference 1

작위와 부작위의 구별: 부진정부작위범에 있어서 부작위범의 보충성

1 **[대판 2002도995] [보라매병원 사건]** ●**사실**● 피해자 A는 1997.12.4. 14:30 술에 취한 채 화장실을 가다가 중심을 잃어 기둥에 머리를 부딪치고 시멘트 바닥에 넘어지면서 다시 머리를 바닥에 찧어 경막 외 출혈상을 입고 보라매병원으로 응급후송되었다. A는 피고인들을 포함한 의료진에 의하여 수술을 받고 중환자실로 옮겨져 의식이 회복되고 있었으나 뇌수술에 따른 뇌 부종으로 자가호흡을 할 수 없는 상태에 있었으므로 호흡보조장치를 부착한 채 계속 치료를 받고 있었다. A의 처 X는 여러 차례 담당 전문의인 피고인 Y 등에게 집으로 퇴원시키겠다는 의사를 밝혔으나 위와 같은 피해자의 상태에 비추어 인공호흡장치가 없는 집으로 퇴원하게 되면 호흡을 제대로 하지 못하여 사망하게 될 것이라는 설명을 들었으므로 피해자를 집으로 퇴원시키면 호흡정지로 사망하게 된다는 사실을 명백히 알게 되었음에도, **피해자가 차라리 사망하는 것이 낫겠다고 생각**한 나머지 피해자를 퇴원시키는 방법으로 살해할 것을 결의하고, 1997. 12. 6. 14:20경과 18:00경 주치의인 피고인 Z에게 도저히 더 이상의 치료비를 추가 부담할 능력이 없다는 이유로 퇴원을 요구하였다. 피고인들(Y · Z)은 피해자를 집으로 퇴원시킬 경우 호흡이 어렵게 되어 사망하게 된다는 사실을 충분히 알고 있었는바, Z는 X가 여러 차례의 설명과 만류에도 불구하고 치료비 등이 없다는 이유로 계속 퇴원을 고집하자 상사인 Y에게 직접 퇴원 승낙을 받도록 하라고 하였고, Y는 1997. 12. 6. 10:00경 Z로부터 위와 같은 상황을 보고 받은 후, 자신을 찾아온 X에게 피해자가 퇴원하면 사망한다고 설명하면서 퇴원을 만류하였으나 계속 퇴원을 요구하자 이를 받아들여 Z에게 피해자의 퇴원을 지시하였다. X가 퇴원수속을 마치자 Z는 피고인(인턴의) W에게 피해자를 집까지 호송하도록 지시하였고, 그에 따라 같은 날 14:20경 W와 X는 피해자를 중환자실에서 구급차로 옮겨 싣고 피해자의 집까지 데리고 간 다음, W가 X의 동의를 받아 피해자에게 부착하여 수동 작동 중이던 인공호흡보조장치와 기관에 삽입된 관을 제거하여 감으로써 그 무렵 피해자로 하여금 호흡정지로 사망에 이르게 하였다. ●**판지**● **어떠한 범죄**

가 적극적 작위에 의하여 이루어질 수 있음은 물론 결과의 발생을 방지하지 아니하는 소극적 부작위에 의하여도 실현될 수 있는 경우에, (가) 행위자가 자신의 신체적 활동이나 물리적·화학적 작용을 통하여 적극적으로 타인의 법익 상황을 악화시킴으로써 결국 그 타인의 법익을 침해하기에 이르렀다면, 이는 **작위에 의한 범죄로 봄이 원칙**이고, (나) 작위에 의하여 악화된 법익 상황을 다시 되돌이키지 아니한 점에 주목하여 이를 부작위범으로 볼 것은 아니며, 나아가 (다) 악화되기 이전의 법익 상황이, 그 행위자가 과거에 행한 또 다른 작위의 결과에 의하여 유지되고 있었다 하여 이와 달리 볼 이유가 없다. ●**해설**● 부작위와 작위와의 관계에 대해 판시한 중요한 사례이다. 이 사건은 보호자가 의학적 권고에도 불구하고 치료를 요하는 환자의 퇴원을 간청하여 담당 전문의와 주치의가 치료중단 및 퇴원을 허용하는 조치를 취함으로써 환자를 사망에 이르게 한 행위에 대하여 **보호자, 담당 전문의 및 주치의가 '부작위'에 의한 살인죄의 공동정범으로 기소**된 사안이다. 대법원은 담당 전문의와 주치의에게 환자의 사망이라는 결과 발생에 대한 정범의 고의는 인정되나 환자의 사망이라는 결과나 그에 이르는 사태의 핵심적 경과를 계획적으로 조종하거나 저지·촉진하는 등으로 지배하고 있었다고 보기는 어려워 공동정범의 객관적 요건인 이른바 **기능적 행위지배가 흠결**되어 있다는 이유로 **'작위'에 의한 살인방조죄만 성립한다**고 판시하였다(제1심은 담당 전문의와 주치의를 부작위에 의한 살인죄의 정범으로 인정하였으나 원심은 제1심판결을 파기하고 이들을 작위에 의한 살인방조죄로 선고하였고 대법원은 원심의 판결을 받아들였다). 이와 같이, 구체적 사건에서 어느 행위가 작위인지 부작위인지를 구별하기란 쉽지 않다. 대상사안에서도 의사인 피고인들이 치료를 중단한 것은 소극적 부작위이지만 퇴원을 허용한 것은 적극적 작위로 볼 수 있기 때문이다. 어떤 범죄가 작위와 동시에 부작위에 의하여도 실현될 수 있는 경우, 행위자가 작위에 의하여 타인의 법익을 침해하고 침해 상태를 부작위에 의해 유지하였더라도 작위에 의한 범죄로 봄이 타당하다(부작위범의 보충성).

2 **[대판 2007도482 전원합의체] [다수의견]** (가) 업무방해죄는 위계 또는 위력으로써 사람의 업무를 방해한 경우에 성립하며(형법 제314조 제1항), '위력'이란 사람의 자유의사를 제압·혼란케 할 만한 일체의 세력을 말한다. 쟁의행위로서 파업(노동조합 및 노동관계조정법 제2조 제6호)도, 단순히 근로계약에 따른 노무의 제공을 거부하는 **부작위에 그치지 아니하고** 이를 넘어서 사용자에게 압력을 가하여 근로자의 주장을 관철하고자 집단적으로 노무제공을 중단하는 **실력행사이므로,** 업무방해죄에서 말하는 위력에 해당하는 요소를 포함하고 있다. (나) 근로자는 원칙적으로 헌법상 보장된 기본권으로서 근로조건 향상을 위한 자주적인 단결권·단체교섭권 및 단체행동권을 가지므로(헌법 제33조 제1항), 쟁의행위로서 파업이 언제나 업무방해죄에 해당하는 것으로 볼 것은 아니고, 전후 사정과 경위 등에 비추어 사용자가 예측할 수 없는 시기에 전격적으로 이루어져 사용자의 사업운영에 심대한 혼란 내지 막대한 손해를 초래하는 등으로 사용자의 사업계속에 관한 자유의사가 제압·혼란될 수 있다고 평가할 수 있는 경우에 비로소 집단적 노무제공의 거부가 위력에 해당하여 업무방해죄가 성립한다고 보는 것이 타당하다. **[반대의견]** 다수의견은 폭력적인 수단이 동원되지 않은 채 단순히 근로자가 사업장에 출근하지 않음으로써 근로제공을 하지 않는 '소극적인 근로제공 중단', 즉 '단순 파업'이라고 하더라도 파업은 그 자체로 부작위가 아니라 작위적 행위라고 보아야 한다는 것이나, 이러한 견해부터 찬성할 수 없다. 근로자가 사업장에 결근하면서 근로제공을 하지 않는 것은 근로계약상의 의무를 이행하지 않는 **부작위임이 명백**하고, 근로자들이 쟁의행위의 목적에서 집단적으로 근로제공을 거부한 것이라는 사정이 존재하다고 하여 개별적으로 부작위인 근로제공의 거부가 작위로 전환된다고 할 수는 없다.

3 **[참고]** **[대판 99도1904]** [하나의 행위가 부작위범인 **직무유기죄**와 작위범인 **범인도피죄**의 구성요건을 동시에 충족하는 경우, 그 중 하나의 죄로만 공소를 제기할 수 있는지 여부(적극)] 하나의 행위가 부작위범인 직무유기죄와 작위범인 범인도피죄의 구성요건을 동시에 충족하는 경우 공소제기권자는 **재량에 의하여** 작위범인 범인도피죄로 공소를 제기하지 않고 부작위범인 직무유기죄로만 공소를 제기할 수도 있다. cf) 같은 맥락에서 「하나의 행위가 부작위범인 직무유기죄와 작위범인 허위공문서작성 · 행사죄의 구성요건을 동시에 충족하는 경우, 공소제기권자는 재량에 의하여 작위범인 **허위공문서작성 · 행사죄**로 공소를 제기하지 않고 부작위범인 직무유기죄로만 공소를 제기할 수 있다」(대판 2005도4202).

진정부작위범과 부진정부작위범

4 **[대판 93도1731]** **[진정부작위 범죄의 기수시기]** (가) 일정한 기간 내에 잘못된 상태를 바로잡으라는 행정청의 지시를 이행하지 않았다는 것을 구성요건으로 하는 범죄는 이른 바 **진정부작위범**으로서 그 의무이행기간의 경과에 의하여 범행이 기수에 이름과 동시에 작위의무를 발생시킨 행정청의 지시 역시 그 기능을 다한 것으로 볼 것인 바, (나) 2개월 내에 작위의무를 이행하라는 행정청의 지시를 이행하지 아니한 행위와 그 7개월 후 다시 같은 내용의 지시를 받고 이를 이행하지 아니한 행위는 그 성립의 근거와 일시 및 이행기간이 뚜렷이 구별되어 서로 양립이 가능한 전혀 **별개의 범죄**이다.

5 **[대판 92도3334]** 공무원이 어떠한 위법사실을 발견하고도 직무상 의무에 따른 적절한 조치를 취하지 아니하고 위법사실을 적극적으로 은폐할 목적으로 허위공문서를 작성 · 행사한 경우에는 직무위배의 위법상태는 허위공문서작성 당시부터 그 속에 포함되는 것으로 작위범인 허위공문서작성, 동행사죄만이 성립하고 부작위범인 직무유기죄는 따로 성립하지 아니한다.

6 **[대판 82도3065]** 직무유기죄는 이른바 **부진정부작위범으로서** 구체적으로 그 직무를 수행하여야 할 작위의무가 있는데도 불구하고 이러한 직무를 버린다는 인식하에 그 작위의무를 수행하지 아니함으로써 성립하는 것이다.

Reference 2

작위의무의 발생근거

법령에 의한 작위의무

1-1 **[대판 2007도3952]** [**사실혼의 경우**에도 유기죄의 성립에 필요한 '법률상 보호의무'의 존재가 인정되는지 여부(적극)] [1] 형법 제271조 제1항에서 말하는 법률상 보호의무 가운데는 **민법 제826조 제1항에 근거한 부부간의 부양의무**도 포함되며, 나아가 법률상 부부는 아니지만 사실혼 관계에 있는 경우에도 위 민법 규정의 취지 및 유기죄의 보호법익에 비추어 위와 같은 법률상 보호의무의 존재를 긍정하여야 하지만, 사실혼에 해당하여 법률혼에 준하는 보호를 받기 위하여는 단순한 동거 또는 간헐적인 정교관계를 맺고 있다는 사정만으로는 부족하고, 그 당사자 사이에 주관적으로 혼인의 의사가 있고 객관적으로도 사회관념상 가족질서적인 면에서 부부공동생활을 인정할 만한 혼인생활의 실체가 존재하여야 한다. [2] **동거 또는 내연관계를 맺은 사정만으로는 사실혼관계를 인정할 수 없고,** 내연녀가 치사량의 필로폰을 복용하여 부조를 요하는

상태에 있었음을 인식하였다는 점을 인정할 증거가 부족하다는 이유로 유기치사죄의 성립을 부정한 사례.

1-2 **[대판 2000도1731]** [귀책사유 없는 사고차량의 운전자도 **도로교통법 제50조 제1항, 제2항의 구호조치 의무 및 신고의무**5)가 있는지 여부(적극)] 도로교통법 제50조 제1항, 제2항이 규정한 교통사고발생시의 구호조치의무 및 신고의무는 차의 교통으로 인하여 사람을 사상하거나 물건을 손괴한 때에 운전자 등으로 하여금 교통사고로 인한 사상자를 구호하는 등 필요한 조치를 신속히 취하게 하고, 또 속히 경찰관에게 교통사고의 발생을 알려서 피해자의 구호, 교통질서의 회복 등에 관하여 적절한 조치를 취하게 하기 위한 방법으로 부과된 것이므로 교통사고의 결과가 피해자의 구호 및 교통질서의 회복을 위한 조치가 필요한 상황인 이상 그 의무는 교통사고를 발생시킨 당해 차량의 운전자에게 그 사고발생에 있어서 **고의·과실 혹은 유책·위법의 유무에 관계없이 부과된 의무**라고 해석함이 상당할 것이므로, 당해 사고에 있어 **귀책사유가 없는 경우에도 위 의무가 없다 할 수 없고**, 또 위 의무는 신고의무에만 한정되는 것이 아니므로 타인에게 신고를 부탁하고 현장을 이탈하였다고 하여 위 의무를 다한 것이라고 말할 수는 없다.

계약에 의한 작위의무

2 **[대판 2007도9354]** 파기환송. [법무사가 아닌 사람이 법무사로 소개되거나 호칭되는 데에도 자신이 법무사가 아니라는 사실을 밝히지 않은 채 법무사 행세를 계속하면서 근저당권설정계약서를 작성한 사안에서, 부작위에 의한 법무사법 제3조 제2항 위반죄를 인정할 수 있다고 한 사례] 피고인은 자신이 법무사가 아님을 밝히지 아니한 채 법무사 행세를 하면서 본인 확인절차를 거친 다음 공소외 5로부터 근저당권설정계약서에 서명날인을 받은 사실을 인정할 수 있는바, 위 인정 사실에 의하면, 피고인은 계약 당사자가 아니므로 적어도 공소외 5와 사이에 등기위임장이나 근저당권설정계약서를 작성함에 있어 자신이 법무사가 아님을 밝힐 **계약상 또는 조리상의 법적인 작위의무**가 있다고 할 것임에도, 이를 밝히지 아니한 채 법무사 행세를 하면서 등기위임장 및 근저당권설정계약서를 작성함으로써 자신이 법무사로 호칭되도록 계속 방치한 것은 작위에 의하여 법무사의 명칭을 사용한 경우와 동등한 형법적 가치가 있는 것으로 볼 수 있다고 할 것이다. 그럼에도 무죄를 선고한 원심의 판단에는 부작위에 의한 법무사법 제3조 제2항 위반죄의 성립에 관한 법리를 오해하고, 채증법칙을 위반하여 판결에 영향을 끼친 위법이 있다.

조리·신의칙에 의한 작위의무

3-1 **[대판 2005도3034]** [압류된 골프장시설을 보관하는 회사의 대표이사가 위 압류시설의 사용 및 봉인의 훼손을 방지할 수 있는 적절한 조치 없이 골프장을 개장하게 하여 봉인이 훼손되게 한 경우, 부작위에 의한 공무상표시무효죄의 성립을 인정한 사례] 이 사건 압류시설의 보관자 지위에 있는 공소외 회사로서는 위 압류시설을 선량한 관리자로서 보관할 주의의무가 있다 할 것이고, 그 대표이사로서 위 압류시설이 위치한 골프장의 개장 및 운영 전반에 걸친 포괄적 권한과 의무를 지닌 피고인으로서는 위와 같은 회사의 대외적 의무사항이 준수될 수 있도록 적절한 조치를 취할 위임계약 혹은 **조리상의 작위의무**가 존재한다고 보

---

5) 도로교통법 제50조(사고발생시의 조치) ① 차의 교통으로 인하여 사람을 사상하거나 물건을 손괴한 때에는 그 차의 운전자 그 밖의 승무원은 곧 정차하여 사상자를 구호하는 등 필요한 조치를 하여야 한다. ② 제1항의 경우 그 차의 운전자등은 경찰공무원이 현장에 있는 때에는 그 경찰공무원에게, 경찰공무원이 현장에 없는 때에는 가장 가까운 경찰관서(경찰지서·파출소·출장소를 포함한다. 이하 같다)에 지체없이 사고가 일어난 곳, 사상자수 및 부상정도, 손괴한 물건 및 손괴정도 그 밖의 조치상황 등을 신속히 신고하여야 한다. 다만, 운행 중인 차만이 손괴된 것이 분명하고 도로에서의 위험방지와 원활한 소통을 위하여 필요한 조치를 한 때에는 그러하지 아니하다

아야 할 것인데, 이러한 작위의무의 내용 중에 불특정의 고객 등 제3자에 의한 위 봉인의 훼손행위를 방지할 일반적 안전조치를 취할 의무까지 있다고 할 수는 없겠지만, 적어도 위 압류, 봉인에 의하여 사용이 금지된 골프장 시설물에 대하여 위 시설물의 사용 및 그 당연한 귀결로서 봉인의 훼손을 초래하게 될 골프장의 개장 및 그에 따른 압류시설 작동을 제한하거나 그 사용 및 훼손을 방지할 수 있는 적절한 조치를 취할 의무는 존재한다고 보아야 할 것이고, 그럼에도 피고인이 그러한 조치 없이 위 개장 및 압류시설 작동을 의도적으로 묵인 내지 방치함으로써 예견된 결과를 유발한 경우에는 **부작위에 의한 공무상표시무효죄**의 성립을 인정할 수 있다고 보아야 할 것이다.

3-2 [대판 2003도80] 인터넷 포털 사이트를 운영하는 회사와 그 대표이사에게 정보제공업체들이 음란한 정보를 반포·판매하지 않도록 통제하거나 저지하여야 할 **조리상의 의무를 부담**한다고 한 사례

3-3 [대판 95도2551] [형법상 부작위범이 성립되기 위한 작위의무의 내용과 그 태양] [1] 형법상 부작위범이 인정되기 위해서는 형법이 금지하고 있는 법익침해의 결과 발생을 방지할 법적인 작위의무를 지고 있는 자가 그 의무를 이행함으로써 결과 발생을 쉽게 방지할 수 있었음에도 불구하고 그 결과의 발생을 용인하고 이를 방관한 채 그 의무를 이행하지 아니한 경우에, 그 부작위가 작위에 의한 법익침해와 동등한 형법적 가치가 있는 것이어서 그 범죄의 실행행위로 평가될 만한 것이라면, 작위에 의한 실행행위와 동일하게 부작위범으로 처벌할 수 있고, 여기서 작위의무는 법적인 의무이어야 하므로 단순한 도덕상 또는 종교상의 의무는 포함되지 않으나 작위의무가 법적인 의무인 한 성문법이건 불문법이건 상관이 없고 또 공법이건 사법이건 불문하므로, 법령, 법률행위, 선행행위로 인한 경우는 물론이고 **기타 신의성실의 원칙이나 사회상규 혹은 조리상 작위의무**가 기대되는 경우에도 법적인 작위의무는 있다. [2] 법원의 입찰사건에 관한 제반 업무를 주된 업무로 하는 공무원이 자신이 맡고 있는 입찰사건의 입찰보증금이 계속적으로 횡령되고 있는 사실을 알았다면, 담당 공무원으로서는 이를 제지하고 즉시 상관에게 보고하는 등의 방법으로 그러한 사무원의 횡령행위를 방지해야 할 법적인 작위의무를 지는 것이 당연하고, 비록 그의 묵인 행위가 배당불능이라는 최악의 사태를 막기 위한 동기에서 비롯된 것이라고 하더라도 자신의 작위의무를 이행함으로써 결과 발생을 쉽게 방지할 수 있는 공무원이 그 사무원의 새로운 횡령범행을 방조 용인한 것을 작위에 의한 법익침해와 동등한 형법적 가치가 있는 것이 아니라고 볼 수는 없다는 이유로, 그 담당 공무원을 업무상횡령의 종범으로 처벌한 사례.

3-4 [대판 76도3419] 파기환송. [일정기간을 동행한 사실만으로 유기죄의 주체가 될 수 있는지 여부] 현행 형법은 유기죄에 있어서 구법과는 달리 보호법익의 범위를 넓힌 반면에 보호책임없는 자의 유기죄는 없애고 법률상 또는 계약상의 의무있는 자만을 유기죄의 주체로 규정하고 있어 명문상 사회상규상의 보호책임을 관념할 수 없다고 하겠으니 유기죄의 죄책을 인정하려면 보호책임이 있게 된 경위 사정관계 등을 설시하여 **구성요건이 요구하는 법률상 또는 계약상보호의무를 밝혀야 하고** 설혹 동행자가 구조를 요하게 되었다 하여도 일정거리를 동행한 사실만으로서는 피고인에게 법률상 계약상의 보호의무가 있다고 할 수 없으니 유기죄의 주체가 될 수 없다. **cf)** 조리나 사회상규에 기한 보증인적 지위의 발생을 입법자가 성문법률에 의하여 제한하는 경우가 있는데 그 대표적인 예가 바로 형법 제271조의 유기죄이다. 형법은 유기죄의 주체로서 **법률상, 계약상의 구호의무있는 자만을 규정**하고, 신의성실, 사회상규나 조리에 의한 구호의무로 인한 긴급구조의무위반죄를 규정하고 있지 않다(이는 서구의 일반적 입법례와는 차이가 있다). 대법원도 죄형법정주의를 근거로 하여 제271조 제1항 **유기죄의 성립은 법문에 한정**하여 법률상 또는 계약상 의무 있는 자에 한정되어야 한다고 판단하였다.

선행행위에 의한 작위의무

4 **[대판 82도2024] [이윤상유괴살해사건]** [피감금자에 대한 위험발생을 방지함이 없이 방치한 경우 살인죄의 성부] [1] 피고인이 미성년자를 유인하여 포박 감금한 후 단지 그 상태를 유지하였을 뿐인데도 피감금자가 사망에 이르게 된 것이라면 피고인의 죄책은 감금치사죄에 해당한다 하겠으나, 나아가서 그 감금상태가 계속된 어느 시점에서 피고인에게 살해의 범의가 생계 피감금자에 대한 **위험발생을 방지함이 없이** 포박감금상태에 있던 피감금자를 그대로 방치함으로써 사망케 하였다면 피고인의 부작위는 살인죄의 구성요건적 행위를 충족하는 것이라고 평가하기에 충분하므로 부작위에 의한 살인죄를 구성한다. [2] 피해자를 아파트에 유인하여 양 손목과 발목을 노끈으로 묶고 입에 반창고를 두 겹으로 붙인 다음 양 손목을 묶은 노끈은 창틀에 박힌 시멘트 못에, 양 발목을 묶은 노끈은 방문손잡이에 각각 잡아매고 얼굴에 모포를 씌워 감금한 후 수차 아파트를 출입하다가 마지막 들어갔을 때 피해자가 이미 탈진상태에 이르러 박카스를 마시지 못하고 그냥 흘려버릴 정도였고 피고인이 피해자의 얼굴에 모포를 덮어씌워 놓고 그냥 나오면서 피해자를 그대로 두면 죽을 것 같다는 생각이 들었다면, 피고인이 위와 같은 결과발생의 가능성을 인정하고 있으면서도 피해자를 병원에 옮기지 않고 사경에 이른 피해자를 그대로 방치한 소위는 피해자가 사망하는 결과에 이르더라도 용인할 수밖에 없다는 내심의 의사, 즉 **살인의 미필적 고의가 있다**고 할 것이다(【20】 참조).

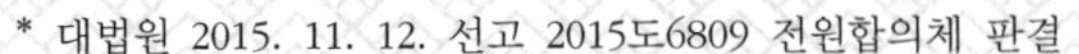

67 부진정부작위범의 성립요건 – 세월호 침몰 사고[6] –

* 대법원 2015. 11. 12. 선고 2015도6809 전원합의체 판결
* 참조조문: 형법 제18조,[1] 제250조 제1항[2]

부작위에 의한 살인죄의 성립요건

●사실● 바다를 항해 중이던 세월호 선박의 선장 피고인 X는 이 배가 좌현으로 기울어져 멈춘 후 침몰하고 있는 상황에서, 승객 등이 안내방송 등을 믿고 대피하지 않은 채 선내에 대기하고 있음에도 아무런 구조조치를 취하지 않고 퇴선함으로써, 배에 남아있던 많은 수의 피해자들이 익사하였다. 검사는 선장 X를 살인죄 등으로 기소하였고 항소심은 부작위에 의한 살인죄를 인정하였다. X는 상고하였다.

●판지● **상고기각.** 「범죄는 보통 적극적인 행위에 의하여 실행되지만 때로는 결과의 발생을 방지하지 아니한 부작위에 의하여도 실현될 수 있다. …… (중략) 선장이나 승무원은 수난구호법 제18조 제1항 단서에 의하여 조난된 사람에 대한 구조조치의무를 부담하고, 선박의 해상여객운송사업자와 승객 사이의 여객운송계약에 따라 승객의 안전에 대하여 **계약상 보호의무를 부담**하므로, 모든 승무원은 선박 위험 시 서로 협력하여 조난된 승객이나 다른 승무원을 적극적으로 **구조할 의무가 있다.**

따라서 선박침몰 등과 같은 조난사고로 승객이나 다른 승무원들이 스스로 생명에 대한 위협에 대처할 수 없는 급박한 상황이 발생한 경우에는 선박의 운항을 지배하고 있는 선장이나 갑판 또는 선내에서 구체적인 구조행위를 지배하고 있는 선원들은 적극적인 구호활동을 통해 보호능력이 없는 승객이나 다른 승무원의 사망 결과를 방지하여야 할 **작위의무**가 있으므로, 법익침해의 태양과 정도 등에 따라 요구되는 개별적·구체적인 구호의무를 이행함으로써 사망의 결과를 쉽게 방지할 수 있음에도 그에 이르는 사태의 핵심적 경과를 그대로 방관하여 사망의 결과를 초래하였다면, **부작위는 작위에 의한 살인행위와 동등한 형법적 가치**를 가지고, **작위의무를 이행하였다면 결과가 발생하지 않았을 것이라는 관계가 인정될 경우에는 작위를 하지 않은 부작위와 사망의 결과 사이에 인과관계가 있다.** …… 피고인은 선내 대기 중인 승객 등에 대한 퇴선조치 없이 갑판부 선원들과 함께 해경 경비정으로 퇴선하였을 뿐 아니라 퇴선 이후에도 아무런 조치를 취하지 아니하여 승객 등이 스스로 세월호에서 탈출하는 것이 불가능하게 되는 결과를 초래하였는바, 피고인의 이러한 **퇴선조치의 불이행은 승객 등을 적극적으로 물에 빠뜨려 익사시키는 행위와 다름없다**고 할 것이다.그렇다면 피고인의 위와 같은 부작위는 작위에 의한 살인의 실행행위와 **동일하게 평가**할 수 있고, 승객 등의 사망 또는 상해의 결과는 작위행위에 의해 결과가 발생한 것과 **규범적으로 동일한 가치가 있다**고 할 것이다」.

●해설● 1 사안은 우리 사회에 큰 충격과 상처를 남긴 세월호 침몰 사고에서 선장의 형사책임에 대한 부분이다. 사고 당시 승객과 선박의 안전에 관한 절대적인 권한과 책임을 진 선장은 아무런 구조조치를

---

6) **세월호 침몰 사고**는 2014년 4월 16일 오전 8시 50분경 전라남도 진도군 조도면 부근 해상에서 여객선 세월호가 전복되어 침몰한 사고이다. 세월호는 안산시의 단원고등학교 학생이 주요 구성원을 이루는 탑승인원 476명을 수용한 청해진해운 소속의 인천발 제주행 연안 여객선으로 4월 16일 오전 8시 58분에 병풍도 북쪽 20km 인근에서 조난 신호를 보냈고 4월 18일에 완전히 침몰하였다. 이 사고로 시신 미수습자 5명을 포함한 304명이 사망하였다.

1) 형법 제18조(부작위범) **위험의 발생을 방지할 의무**가 있거나 자기의 행위로 인하여 위험발생의 원인을 야기한 자가 그 위험발생을 방지하지 아니한 때에는 그 발생된 결과에 의하여 처벌한다.

2) 형법 제250조(살인) ① 사람을 살해한 자는 사형, 무기 또는 5년 이상의 징역에 처한다.

취하지 않고 먼저 퇴선함으로써 많은 사람들이 익사하였다. 이러한 선장의 행위를 부작위에 의한 살인 행위로 볼 수 있는지가 다투어졌다. 특히 선행행위에 의한 작위의무가 발생하는가, 미필적 고의에 의한 살인죄를 인정할 수 있는가, 부작위와 사망 간에 인과관계를 인정할 수 있는가 등이 쟁점이 되었다.

2 부작위범에 있어 부작위는 무위(無爲)가 아니다. 아무런 움직임이 없는 것이 아니다. 작위는 눈에 보이는 움직임이지만 부작위는 눈에 보이지 않는 내적 움직임이다. 부작위범의 경우, 행위자는 결과실현을 위해 의도적으로 움직이지 않는 것이다. ① '금지규범'에 반하는 것이 **작위**라면 ② '명령규범'에 반하는 것이 **부작위**이다. ③ 특히 부진정부작위범은 **부작위에 의한 작위범**이다. 부작위범에서 주로 문제되는 것은 부진정부작위범이다. **부진정부작위범이** 성립하기 위해서는 객관적 구성요건으로서 ① 구성요건적 상황, ② 요구되는 행위의 부작위, ③ 요구되는 행위의 개별적 행위가능성, ④ 보증인지위, ⑤ 구성요건적 결과의 발생, ⑥ 인과관계 그리고 ⑦ 주관적 구성요건으로서 고의가 존재하여야 한다.

3 부작위의 형법적 의미 자연적 의미에서의 「부작위는 거동성이 있는 작위와 본질적으로 구별되는 무(無)에 지나지 아니하지만, 형법 제18조에서 말하는 부작위는 **법적 기대라는 규범적 가치판단 요소**에 의하여 **사회적 중요성**을 가지는 사람의 행태가 되어 법적 의미에서 작위와 함께 행위의 기본 형태를 이루게 된다. 따라서 특정한 행위를 하지 아니하는 **부작위가 형법적으로 부작위로서의 의미를 가지기 위해서는,** (가) 보호법익의 주체에게 해당 구성요건적 결과발생의 위험이 있는 상황에서 (나) 행위자가 구성요건의 실현을 회피하기 위하여 요구되는 행위를 (다) 현실적·물리적으로 행할 수 있었음에도 하지 아니하였다고 **평가될 수 있어야** 한다」.

4 부진정 부작위범에서 범죄의 실행행위 나아가 사안과 같이 **살인죄의 부진정부작위범**의 경우에는 「(가) 보호법익의 주체가 법익에 대한 침해위협에 대처할 보호능력이 없고, (나) 부작위행위자에게 침해위협으로부터 법익을 보호해 주어야 할 **법적 작위의무**가 있을 뿐 아니라, (다) 부작위행위자가 그러한 보호적 지위에서 법익침해를 일으키는 **사태를 지배**하고 있어 작위의무의 이행으로 결과발생을 쉽게 방지할 수 있어야 부작위로 인한 법익침해가 작위에 의한 법익침해와 동등한 형법적 가치가 있는 것으로서 **범죄의 실행행위로 평가**될 수 있어야 한다. (라) 다만 여기서의 작위의무는 법령, 법률행위, 선행행위로 인한 경우는 물론, 신의성실의 원칙이나 사회상규 혹은 조리상 작위의무가 기대되는 경우에도 인정」된다.

5 부진정부작위범의 고의 또한 **부진정부작위범의 고의**는 「반드시 구성요건적 결과발생에 대한 목적이나 계획적인 범행 의도가 있어야 하는 것은 아니고 (가) 법익침해의 결과발생을 방지할 법적 작위의무를 가지고 있는 사람이 의무를 이행함으로써 결과발생을 쉽게 방지할 수 있었음을 **예견하고도 결과발생을 용인하고 이를 방관한 채 의무를 이행하지 아니한다는 인식**을 하면 족하며, (나) 이러한 작위의무자의 예견 또는 인식 등은 확정적인 경우는 물론 불확정적인 경우이더라도 **미필적 고의로 인정**될 수 있다. (다) 이때 작위의무자에게 이러한 고의가 있었는지는 작위의무자의 진술에만 의존할 것이 아니라, 작위의무의 발생근거, 법익침해의 태양과 위험성, 작위의무자의 법익침해에 대한 사태지배의 정도, 요구되는 작위의무의 내용과 이행의 용이성, 부작위에 이르게 된 동기와 경위, 부작위의 형태와 결과발생 사이의 상관관계 등을 종합적으로 고려하여 **작위의무자의 심리상태를 추인**하여야 한다」.

6 법원은 선장 X에 대해 **부작위에 의한 살인죄를 인정**하였다. 「① 피고인은 승객 등의 구조를 위한 가장 핵심적인 역할을 수행하여야 할 선장으로서, 퇴선명령 등을 통하여 적극적으로 선내 대기 상태에 있는 승객 등의 **사망 결과를 방지하여야 할 의무**가 있을 뿐 아니라 승객 등의 퇴선 여부 및 그 시기와 방법을 결정하고 선원의 비상임무 배치를 지시하는 등 승객 등의 인명구조를 위한 조치를 지휘·통제할 수 있는 **법률상·사실상 유일한 권한을 가진 지위에 있었으며,** 당시 피고인 3에게 승객으로 하여금 구명조끼를 입고 선내에 대기하라는 방송을 지시하여 세월호 승무원들이 X의 다음 지시를 기다리고 있었고, 한편 승객 등은 이 사건 사고로 세월호가 침몰할 수 있는 상황에서 각자의 인식과 판단에 따라 스스로 탈출할 가능성이 있었음에도, 선장인 X의 지시에 의한 선내 대기 안내방송에 따라 기울어져 가는 세월호 선내에서 해경 등 구조세력을 기다리며 마냥 대기하고 있었으므로, **당시 사태의 변화를 지배하고 있었다고 할 것**이다. ② 당시 세월호가 상당한 정도로 기울어져 좌현과 우현 간의 이동이 자유롭지 아니하였다는 점을 감안하더라도 주어진 상황에서 승객 등에 대한 구조활동이 얼마든지 가능하였고, 무엇보다 적절한 시점의 퇴선에 대비한 대피명령이나 퇴선명령만으로도 상당수 피해자들의 탈출 및 생존이 가능하고, 이러한 대피명령이나 퇴선명령은 조타실 내의 장비이용 등 비교적 간단하고 쉬운 방법으로 충분히 이행할 수 있었으므로, X는 적어도 승객 등이 선내 대기 안내방송에 따라 침몰하는 세월호 선내에 계속 대기하다가 탈출 자체에 실패하여 **사망에 이르게 되는 상황만큼은 쉽게 방지할 수 있었음**을 알 수 있다. ③ 그럼에도 X는 선내 대기 중인 승객 등에 대한 퇴선조치 없이 갑판부 선원들과 함께 해경 경비정으로 퇴선하였을 뿐 아니라 퇴선 이후에도 아무런 조치를 취하지 아니하여 승객 등이 스스로 세월호에서 탈출하는 것이 불가능하게 되는 결과를 초래하였는바, **X의 이러한 퇴선조치의 불이행은 승객 등을 적극적으로 물에 빠뜨려 익사시키는 행위와 다름없다**」고 법원은 판단하였다.

7 부작위범의 인과관계 **부작위범의 경우 작위범의 인과관계와는 그 구조가 다르다.** 작위범은 행위와 결과가 드러나기 때문에 인과관계 판단이 상대적으로 용이하지만 부작위범의 경우는 결과는 드러나지만 행위가 가시적으로 드러난 것이 아니라 규범적 요청으로 결정되기 때문에 인과관계를 판단하기가 쉽지 않다. 이처럼 **부작위의 인과관계**는 '무엇인가를 하지 않은 것'과 결과발생과의 인과관계가 문제가 된다. 여기에서는 **일정한 가정적 판단이 필요**하다(가설적 인과관계). 다시 말해 기대된 행위가 행하여졌다면 통상 그러한 결과가 발생하지 않았을 것이라는 관계가 인정되어야 한다(절대적 추가공식). 대상판결에서도 법원은 「**작위의무를 이행하였다면 결과가 발생하지 않았을 것이라는 관계**가 인정될 경우에는 작위를 하지 않은 부작위와 사망의 결과 사이에 인과관계가 있다」고 판단한다. 즉, '요구되는 작위를 하였더라면 결과가 발생하지 않았을 것'으로 판단된다면 인과관계를 인정한다(Ref 4).

Reference

부작위의 동가치성과 부진정부작위범의 성립

1 [대판 2017도13211] ●**사실**● X는 A와 이 사건 토지 지상에 창고를 신축하는 데 필요한 형틀공사 계약을 체결한 후 그 공사를 완료하였는데, A가 공사대금을 주지 않는다는 이유로 위 토지에 쌓아 둔 건축자재를 치우지 않고 공사현장을 막는 방법으로 A의 창고 신축 공사를 방해함으로써 위력으로써 A의 업무를 방해하였다. 원심은 X가 A의 추가 공사를 방해하기 위하여 일부러 건축자재를 치우지 않은 점 및 그로 인하여 A가 추가 공사를 진행할 수 없었던 점을 고려하여 X에 대해 위력에 의한 업무방해를 인정하였다. 이에 X는 상고하였다. ●**판지**● **파기환송.** 피고인이 갑과 토지 지상에 창고를 신축하는 데 필요한 형틀공사 계약을 체결한 후 그 공사를 완료하였는데, 갑이 공사대금을 주지 않는다는 이유로 위 토지에 쌓아 둔 건축자재를 치우지 않고 공사현장을 막는 방법으로 위력으로써 갑의 창고 신축 공사 업무를 방해하였다는 내용으로 기소된 사안에서, 피고인이 일부러 건축자재를 갑의 토지 위에 쌓아 두어 공사현장을 막은 것이 아니라 당초 자신의 공사를 위해 쌓아 두었던 건축자재를 공사 완료 후 치우지 않은 것에 불과하므로, 비록 공사대금을 받을 목적으로 건축자재를 치우지 않았더라도, 피고인이 자신의 공사를 위하여 쌓아 두었던 건축자재를 공사 완료 후에 단순히 치우지 않은 행위가 위력으로써 갑의 추가 공사 업무를 방해하는 업무방해죄의 실행행위로서 갑의 업무에 대하여 하는 **적극적인 방해행위와 동등한 형법적 가치를 가진다고 볼 수 없는데**도, 이와 달리 보아 공소사실을 유죄로 인정한 원심판결에 부작위에 의한 업무방해죄의 성립에 관한 법리오해의 잘못이 있다고 한 사례. **cf)** 부진정 부작위범이 성립하기 위해서는 작위의무의 위반이라는 요건만으로는 부족하고, 구체적 행위상황 하에서 그 부작위가 작위와 동가치로 평가될 만한 사정이 있어야 한다. 이를 **부작위의 '동가치성'** 문제라 한다.

부작위범 사이의 공동정범의 성립범위

2 [대판 2018도12973] 구 정신보건법 제24조 제1항은 "**정신의료기관 등의 장**은 정신질환자의 보호의무자 2인의 동의(보호의무자가 1인인 경우에는 1인의 동의로 한다)가 있고 정신건강의학과 전문의가 입원 등이 필요하다고 판단한 경우에 한하여 당해 정신질환자를 입원 등을 시킬 수 있으며, 입원 등을 할 때 당해 보호의무자로부터 보건복지부령으로 정하는 입원 등의 동의서 및 보호의무자임을 확인할 수 있는 서류를 받아야 한다."라고 정하고, 제57조 제2호는 제24조 제1항을 위반하여 입원동의서 또는 보호의무자임을 확인할 수 있는 서류를 받지 아니한 자를 처벌한다고 정하고 있다. 그 규정 형식과 취지에 비추어 보면 보호의무자 확인 서류 등 수수 의무 위반으로 인한 구 정신보건법 위반죄는 구성요건이 부작위에 의해서만 실현될 수 있는 **진정부작위범에 해당**한다. 진정부작위범인 위 수수 의무 위반으로 인한 구 정신보건법 위반죄의 공동정범은 그 의무가 수인에게 공통으로 부여되어 있는데도 수인이 공모하여 전원이 그 의무를 이행하지 않았을 때 성립할 수 있다. 그리고 위 규정에 따르면 보호의무자 확인 서류 등의 수수 의무는 **'정신의료기관 등의 장'**에게만 부여되어 있고, 정신의료기관 등의 장이 아니라 그곳에 근무하고 있을 뿐인 정신건강의학과 전문의는 위 규정에서 정하는 보호의무자 확인 서류 등의 수수 의무를 부담하지 않는다고 보아야 한다. 구 정신보건법 제24조 제1항은 보호의무자에 의한 입원의 경우 정신질환자가 입원 등을 할 때 보호의무자임을 확인할 수 있는 **서류를 받아야 할 의무자가 정신의료기관 등의 장이라고 정하고 있다.** 이 사건 병원 소속 정신건강의학과 전문의에 불과한 피고인들은 위와 같은 의무자가 아니

고 병원장 공소외인과 공모하였다고 볼 수 없다.

3 **[대판 2008도9476]** 구 공중위생관리법(2008.2.29. 법률 제8852호로 개정되기 전의 것, 이하 '구법'이라고 한다) 제3조 제1항 전단은 "공중위생영업을 하고자 하는 자는 공중위생영업의 종류별로 보건복지부령이 정하는 시설 및 설비를 갖추고 시장·군수·구청장에게 신고하여야 한다."고 규정하고 있고, 제20조 제1항 제1호는 '제3조 제1항 전단의 규정에 의한 신고를 하지 아니한 자'를 처벌한다고 규정하고 있는바, 그 규정 형식 및 취지에 비추어 신고의무 위반으로 인한 구 공중위생관리법 위반죄는 구성요건이 **부작위에 의하여서만 실현될 수 있는 진정부작위범에 해당**한다고 할 것이고, 한편 부작위범 사이의 공동정범은 다수의 부작위범에게 공통된 의무가 부여되어 있고 그 의무를 공통으로 이행할 수 있을 때에만 성립한다고 할 것이다. 그리고 공중위생영업의 신고의무는 '공중위생영업을 하고자 하는 자'에게 부여되어 있고, 여기서 **'영업을 하는 자'**라 함은 영업으로 인한 권리의무의 귀속주체가 되는 자를 의미하므로, 영업자의 직원이나 보조자의 경우에는 영업을 하는 자에 포함되지 않는다고 해석함이 상당하다.

부작위범의 인과관계

* 부작위범에 있어서 인과관계의 확인은 "요구되는 행위를 하였더라면 결과를 방지할 수 있었을 것인가"를 통해 판단한다. 대상판결도 법원은 「**작위의무를 이행하였다면 결과가 발생하지 않았을 것이라는 관계가 인정될 경우에는 작위를 하지 않은 부작위와 사망의 결과 사이에 인과관계가 있다**」고 판단하고 있다. 하지만 부작위의 경우 「**작위의무를 이행하였다면** 100% 결과가 발생하지 않았을 것」임을 입증할 수 있는 경우는 많지 않다. 아래 일본 판례에서 '십중팔구'의 경우라면 즉 개연성이 높은 경우라면 결과를 귀책시킬 수 있다는 판단은 그런 의미에서 합리적이라 생각된다.

4 **[最3小決平成元年12月15日(刑集43巻13号879頁 · 判時1337号149頁)]** ●**사실**● 폭력단원인 피고인 X는 오후 11시경 각성제와 교환하는 대가로 소녀 A(당시 13세)와 성관계를 맺기 위해 호텔의 객실에서 오후 11시 10분경 A의 왼쪽 팔에 각성제 약 0.04g을 함유한 수용액 약0.25㎤를 주사했다. A는 곧 두통과 가슴통증, 구토 등의 증상을 호소하기 시작하였고, 점점 심해져 다음날 8일 오전 0시 반경에는 '더워서 죽을 것 같다'라고 하면서 옷을 벗었고, 2층에 있는 객실 창문 유리를 목욕탕의 미닫이문으로 착각하고 열어서 밖으로 나가려 하고, 객실 안을 무의식속에 걸어 다니는 등 착란상태에 빠져 정상적인 행동이 불가능할 정도로 심신의 상태가 위독하게 되었다. X는 이전에도 A에게 각성제를 주사한 적이 있어 각성제에 의한 강도의 급성증상이 A에게 발현할 것을 충분히 인식하고 있었음에도 불구하고 A가 착란상태에 빠진 오전 0시 반경 안전을 위해 필요한 구호조치를 취하지 않고 A를 방치하고, 오전 2시 15분경 호텔에서 나갔다. 이후 같은 날 오전 4시경에 A는 호텔에서 각성제에 의한 급성심부전으로 사망에 이른다. X는 보호책임자유기치사죄[3]로 기소되었지만 제1심은 「A가 당시 적절한 구급조치를 받았다면 생명을 구할 가능성을 부인할 수 없지만 현실의 구명가능성이 100%라고 할 수 없다」는 감정을 토대로 유기행위와 A 사망과의 인과관계를 부정하고,

3) 일본 형법 제218조(보호책임자유기 등) 노년자, 유년자, 신체장애자 또는 병자를 보호할 책임이 있는 자가 이들을 유기하거나 그 생존에 필요한 보호를 하지 아니한 때에는 3월 이상 5년 이하의 징역에 처한다. 제219조(유기 등 치사상) 전 2조의 죄를 범하여 사람을 사망 또는 상해에 이르게 한 자는 상해의 죄와 비교하여 중한 형으로 처단한다.

보호책임자유기죄를 인정했다. 이에 대해 원심은 적절한 구명의료를 취하였다면 100%는 아니지만 십중팔구 구명의 가능성이 있었다는 감정에 따라 형법상의 인과관계가 긍정된다고 하여 보호책임자유기치사죄의 성립을 인정했다. 이에 X측이 상고했다. **●판시●** 상고기각. 직권에 의한 보호책임자유기치사에 관한 검토를 하여 다음과 같이 판시하였다.「원심 인정에 의하면 피해자 여성이 X에 의해 주사된 각성제에 의해 착란상태에 빠진 오전 0시 반경 바로 X가 구급의료를 요청했다면 A가 어리고(당시 13세), 생명력이 왕성하며 특별한 질병이 없었으므로 **십중팔구 A의 구명이 가능했다.** 그렇다면 **A의 구명은 합리적 의심을 넘는 정도로 확실한 것이었다고 인정되므로** X가 이러한 조치를 취하지 않고 A를 호텔 객실에 방치한 행위와 오전 2시 15분경부터 오전4시경까지의 사이에 A가 동 객실에서 각성제에 의한 급성심부전으로 사망한 결과 간에는 **형법상의 인과관계가 있다**고 인정하는 것이 상당하다. 따라서 원판결이 이와 같은 취지의 판단을 하여 보호자유기치사죄의 성립을 인정한 것은 정당하다」.

68 부진정부작위범의 사실상의 작위가능성

* 대법원 2010. 1. 14. 선고 2009도12109, 2009감도38 판결
* 참조조문: 형법 제18조,[1] 제164조 제2항[2]

형법상 부작위범이 성립하기 위한 요건

●사실● 피고인 X는 모텔 방에 투숙하여 담배를 피운 후 재떨이에 담배를 끄게 되었으나 담뱃불이 완전히 꺼졌는지 여부를 확인하지 않은 채 불이 붙기 쉬운 휴지를 재떨이에 버리고 잠을 잤다. 이로 인해 담뱃불이 휴지와 옆에 있던 침대 시트에 옮겨 붙어 화재가 발생하였다. X는 화재 발생 사실을 안 상태에서 모텔을 빠져나오면서도 모텔 주인이나 다른 투숙객들에게 이를 알리지 아니하였다.

검사는 X를 현주건조물방화치사상죄(법164②)로 기소하였다. 원심은 이 부분 공소사실에 대하여 무죄로 판단하였다. 이에 검사가 상고했다.

●판지● **상고기각.** 「모텔 방에 투숙하여 담배를 피운 후 재떨이에 담배를 끄게 되었으나 담뱃불이 완전히 꺼졌는지 여부를 확인하지 않은 채 불이 붙기 쉬운 휴지를 재떨이에 버리고 잠을 잔 과실로 담뱃불이 휴지와 침대시트에 옮겨 붙게 함으로써 화재가 발생한 사안에서, 위 화재가 중대한 과실 있는 선행행위로 발생한 이상 화재를 소화할 **법률상 의무는 있다 할 것이나,** 화재 발생 사실을 안 상태에서 모텔을 빠져나오면서도 모텔 주인이나 다른 투숙객들에게 이를 **알리지 아니하였다는 사정만으로는 화재를 용이하게 소화할 수 있었다고 보기 어렵다**는 이유로, 부작위에 의한 현주건조물방화치사상죄의 공소사실에 대해 무죄를 선고한 원심의 판단을 수긍한 사례」.

●해설● 1 범죄는 보통 적극적인 행위에 의하여 실행되지만 때로는 결과의 발생을 방지하지 아니한 부작위에 의하여도 실현될 수 있다. 형법 제18조는 "위험의 발생을 방지할 의무가 있거나 자기의 행위로 인하여 위험발생의 원인을 야기한 자가 그 위험발생을 방지하지 아니한 때에는 그 발생된 결과에 의하여 처벌한다."라고 하여 부작위범의 성립 요건을 별도로 규정하고 있다.

2 형법이 금지하고 있는 「법익침해의 결과발생을 방지할 법적인 작위의무를 지고 있는 자가 그 의무를 이행하지 아니한 경우, 이를 작위에 의한 실행행위와 동일하게 부작위범으로 처벌하기 위하여는, 그 의무를 이행함으로써 결과발생을 쉽게 방지할 수 있었음에도 불구하고 그 결과의 발생을 용인하고 이를 방관한 채 그 의무를 이행하지 아니한 결과, **그 부작위가 작위에 의한 법익침해와 동등한 형법적 가치**를 가진다고 볼 수 있어 **그 범죄의 실행행위로 평가될 만한 것**」이라야 한다(대판 91도2951).

3 부작위범을 기초지우는 **작위의무의 구체적 내용**과 관련해서는 ① 결과발생의 위험에 중대한 원인을 제공하였는가(선행행위), ② 위험을 컨트롤 할 수 있는 지위에 있는가(위험의 인수), ③ 당해 결과의 방지

1) 형법 제18조(부작위범) 위험의 발생을 방지할 의무가 있거나 **자기의 행위로 인하여 위험발생의 원인을 야기한 자**가 그 위험발생을 방지하지 아니한 때에는 그 발생된 결과에 의하여 처벌한다.

2) 형법 제164조(현주건조물등에의 방화) ① 불을 놓아 사람이 주거로 사용하거나 사람이 현존하는 건조물, 기차, 전차, 자동차, 선박, 항공기 또는 지하채굴시설을 불태운 자는 무기 또는 3년 이상의 징역에 처한다. ② 제1항의 죄를 지어 사람을 상해에 이르게 한 경우에는 무기 또는 5년 이상의 징역에 처한다. 사망에 이르게 한 경우에는 사형, 무기 또는 7년 이상의 징역에 처한다.

에 필요한 작위가 가능한가, ④ 법령이나 계약 등을 근거로 한 행위자와 피해자와의 관계, ⑤ 다른 관여자 간의 귀책분배를 종합적으로 판단하여야 한다.

4 이 사건 화재는 피고인이 모텔 방에 투숙하여 담배를 피운 후 재떨이에 담배를 끄게 되었으나 담뱃불이 완전히 꺼졌는지 여부를 확인하지 않은 채 불이 붙기 쉬운 휴지를 재떨이에 버리고 잠을 잔 과실로 담뱃불이 휴지와 옆에 있던 침대시트에 옮겨 붙게 함으로써 발생하였고, 이러한 피고인의 과실은 **중대한 과실에 해당**한다.

5 그러나 이와 같이 이 사건 화재가 피고인의 중과실로 발생하였다 하더라도, 「이 부분 공소사실과 같이 부작위에 의한 현주건조물방화치사 및 현주건조물방화치상죄가 성립하기 위하여는, 피고인에게 법률상의 ① **소화의무**가 인정되는 외에 ② **소화의 가능성** 및 ③ **용이성**이 있었음에도 피고인이 그 소화의무에 위배하여 이미 발생한 화력을 방치함으로써 소훼의 결과를 발생시켜야 하는 것인데, 이 사건 화재가 피고인의 중대한 과실 있는 선행행위로 발생한 이상 피고인에게 이 사건 **화재를 소화할 법률상 의무는 있다 할 것**이나, 피고인이 이 사건 화재 발생 사실을 안 상태에서 모텔을 빠져나오면서도 모텔 주인이나 다른 투숙객들에게 이를 알리지 아니하였다는 사정만으로는 피고인이 **이 사건 화재를 용이하게 소화할 수 있었다고 보기 어렵고**, 달리 이를 인정할 만한 증거가 없다」고 판단하여 무죄를 인정하였다. 즉 법원은 당시 상황에서 피고인에게는 결과방지의 행위가능성이 없었던 것으로 판단하였다**(개별적 행위가능성)**.[3]

6 하지만 대상판결에 대해서는 "쉽게 소화할 수 있는 상황이었음에도 불구하고 피고인이 이를 이행하지 않고 불길이 계속 번지는 것은 물론이고 그를 통해 내부에 있는 사람에 대한 사상의 결과발생까지 감수하고서 모텔을 빠져 나갔다면 오히려 **고의 및 부작위에 의한 현주건조물방화죄와 고의 살인죄 내지 상해죄**의 성립이 인정될 수 있을 것이다."라고 보는 시각도 있다.[4]

Reference

개별적 행위의 가능성

1 [대판 92도2089] [자금사정 악화로 인한 퇴직금 체불과 근로기준법 제109조 위반죄의 성부] 근로기준법 제109조, 제30조에서 규정하는 퇴직금 등의 기일 내 지급의무는 사용자로 하여금 기일 내에 퇴직금을 근로자에게 어김없이 지급하도록 강제함으로써 근로자의 생활안정을 도모하고자 하는 데에 그 입법취지가 있으므로 사용자가 퇴직금 지급을 위하여 최선의 노력을 다하였으나 경영부진으로 인한 자금사정 등으로 지급기일 내에 퇴직금을 지급할 수 없었던 불가피한 사정이 인정되는 경우에는 퇴직금체불의 죄책을 물을 수 없다.

---

3) '개별적 행위가능성'이란 행위 당시에 행위자에게 요구되는 행위를 행위자가 이행할 수 있었는지 여부를 말한다. 보통 사람이라면 구조 가능한 상황이어도 신체에 장애가 있는 행위자이어서 구조를 못했다면 부작위범의 구성요건해당성이 부정된다.

4) 손동권, 부진정부작위범에서 사실상 작위가능성, 형법판례 150선, 51면.

형법

[시행 2023. 8. 8.] [법률 제19582호, 2023. 8. 8. 일부개정]

제1편 총칙

제1장 형법의 적용범위

제1조(범죄의 성립과 처벌) ① 범죄의 성립과 처벌은 행위 시의 법률에 따른다.

제2장 죄

제1절 죄의 성립과 형의 감면

제9조(형사미성년자) 14세되지 아니한 자의 행위는 벌하지 아니한다.

제2절 미수범

제25조(미수범) ① 범죄의 실행에 착수하여 행위를 종료하지 못하였거나 결과가 발생하지 아니한 때에는 미수범으로 처벌한다.

제3절 공범

제30조(공동정범) 2인 이상이 공동하여 죄를 범한 때에는 각자를 그 죄의 정범으로 처벌한다.

제4절 누범

제35조(누범) ① 금고 이상의 형을 선고받아 그 집행이 종료되거나 면제된 후 3년 내에 금고 이상에 해당하는 죄를 지은 사람은 누범으로 처벌한다. ② 누범의 형은 그 죄에 대하여 정한 형의 장기(長期)의 2배까지 가중한다.

제36조(판결선고후의 누범발각) 판결선고후 누범인 것이 발각된 때에는 그 선고한 형을 통산하여 다시 형을 정할 수 있다. 단, 선고한 형의 집행을 종료하거나 그 집행이 면제된 후에는 예외로 한다.

제5절 경합범

제37조(경합범) 판결이 확정되지 아니한 수개의 죄 또는 금고 이상의 형에 처한 판결이 확정된 죄와 그 판결확정 전에 범한 죄를 경합범으로 한다.

제38조(경합범과 처벌례) ① 경합범을 동시에 판결할 때에는 다음 각 호의 구분에 따라 처벌한다.

1. 가장 무거운 죄에 대하여 정한 형이 사형, 무기징역, 무기금고인 경우에는 가장 무거운 죄에 대하여 정한 형으로 처벌한다.
2. 각 죄에 대하여 정한 형이 사형, 무기징역, 무기금고 외의 같은 종류의 형인 경우에는 가장 무거운 죄에 대하여 정한 형의 장기 또는 다액에 그 2분의 1까지 가중하되 각 죄에 대하여 정한 형의 장기 또는 다액을 합산한 형기 또는 액수를 초과할 수 없다. 다만, 과료와 과료, 몰수와 몰수는 병과할 수 있다.
3. 각 죄에 대하여 정한 형이 무기징역, 무기금고 외의 다른 종류의 형인 경우에는 병과한다.

② 제1항 각 호의 경우에 징역과 금고는 같은 종류의 형으로 보아 징역형으로 처벌한다.

제39조(판결을 받지 아니한 경합범, 수개의 판결과 경합범, 형의 집행과 경합범) ① 경합범중 판결을 받지 아니한 죄가 있는 때에는 그 죄와 판결이 확정된 죄를 동시에 판결할 경우와 형평을 고려하여 그 죄에 대하여 형을 선고한다. 이 경우 그 형을 감경 또는 면제할 수 있다.

② 삭제

③ 경합범에 의한 판결의 선고를 받은 자가 경합범 중의 어떤 죄에 대하여 사면 또는 형의 집행이 면제된 때에는 다른 죄에 대하여 다시 형을 정한다.

④ 전 3항의 형의 집행에 있어서는 이미 집행한 형기를 통산한다.

제40조(상상적 경합) 한 개의 행위가 여러 개의 죄에 해당하는 경우에는 가장 무거운 죄에 대하여 정한 형으로 처벌한다.

제3장 형

제1절 형의 종류와 경중

제41조(형의 종류) 형의 종류는 다음과 같다.

1. 사형
2. 징역
3. 금고
4. 자격상실
5. 자격정지
6. 벌금
7. 구류
8. 과료
9. 몰수

제42조(징역 또는 금고의 기간) 징역 또는 금고는 무기 또는 유기로 하고 유기는 1개월 이상 30년 이하로 한다. 단, 유기징역 또는 유기금고에 대하여 형을 가중하는 때에는 50년까지로 한다.

69 포괄일죄(1)

* 대법원 2014. 7. 24. 선고 2013도12937 판결
* 참조조문: 형법 제37조[1]

건설산업기본법 제9조 제1항 본문, 제96조 제1호에 위반하는 수개의 '무등록 건설업 영위 행위'를 포괄일죄로 평가할 수 있는 경우

●**사실**● 피고인 X는 건설업 등록을 하지 아니한 채 A브레카를 운영하며 총 13회에 걸쳐 C대학교 D병원에서 건설공사를 하였고, 피고인 Y는 건설업 등록을 하지 아니한 채 B하우징을 운영하며 C대학교 D병원 등에서 총 21회에 걸쳐 건설공사를 하였다.

원심은 피고인들의 각 행위가 **실체적 경합범 관계**에 있다고 보아 일부 공소사실에 대하여 공소시효가 완성되었다고 판단하여 면소를 선고하였다. 이에 검사가 상고하였다.

●**판지**● **파기환송.** 「건설산업기본법 제9조 제1항 본문은 '건설업을 하려는 자는 대통령령으로 정하는 업종별로 국토교통부장관에게 등록을 하여야 한다'고 규정하고, 벌칙 조항인 제96조 제1호에서는 제9조 제1항에 따른 등록을 하지 아니하고 건설업을 한 자를 형벌에 처하도록 규정하고 있는데, 위 규정에 위반하는 **무등록 건설업 영위 행위**는 범죄의 구성요건의 성질상 동종 행위의 반복이 예상된다 할 것이고, 그와 같이 반복된 수 개의 행위가 단일하고 계속된 범의 하에 근접한 일시 · 장소에서 유사한 방법으로 행하여지는 등 **밀접한 관계가 있어 전체를 1개의 행위로 평가함이 상당한 경우에는 이들 각 행위를 통틀어 포괄일죄로 처벌**하여야 한다」.

●**해설**● 1 대상판결은 포괄일죄의 성립여부에 대한 판례이다. **포괄일죄**는 수 개의 행위가 개별적으로 각 범죄의 구성요건에 해당하지만 법익이나 행위의 연관성 등으로 인하여 '일죄'로 취급하는 경우를 말한다. 포괄일죄는 수 개의 행위가 있다는 점에서 하나의 행위만이 존재하는 상상적 경합과 구별되고 실체적 경합과 유사하다. 그러나 **하나의 범죄만이 성립**한다는 점에서 복수의 범죄가 성립하는 실체적 경합과 구별된다. 포괄일죄를 인정하는 이유는 피고인의 이익과 소송경제에 부합되는 측면이 있기 때문이다.

2 판례는 「포괄일죄는 **수 개의 행위**가 포괄적으로 **한 개의 구성요건에 해당**하여 단순히 하나의 죄를 구성하는 것으로, (가) 수 개의 행위가 결합하여 하나의 범죄를 구성하던가, (나) 수 개의 동종의 행위가 **동일한 의사**에 의하여 반복되든가, 또는 (다) 하나의 동일한 법익에 대하여 수 개의 행위가 **불가분적으로 접속, 연속**하여 행하여지는 것이므로 그 어떠한 경우임을 막론하고 구성요건에 해당하는 수 개의 행위가 **근원적으로 동종의 행위**로서 그 구성요건을 같이 함을 전제」 하는 것으로 본다(대판 85도1686).

3 이와 같이 판례는 「복수의 행위를 전체로 하나의 범죄」로서 평가하기 위해서는 **피해법익이 1개 내지 동일한 것일 것, 범행 태양이 유사할 것, 범행 일시 · 장소가 근접할 것, 범의가 단일하고 계속 이어질 것** 등을 중시한다. 반면 범의의 단일성과 계속성이 인정되지 아니하거나 범행방법이 동일하지 않은 경우에는 각 범행은 **실체적 경합범**에 해당한다.

---

1) 형법 제37조(경합범) 판결이 확정되지 아니한 수개의 죄 또는 금고 이상의 형에 처한 판결이 확정된 죄와 그 판결확정 전에 범한 죄를 경합범으로 한다.

4 원심은 X · Y가 무등록 건설업체를 운영하면서 위 D병원으로부터 그때그때 필요한 공사를 발주받은 것이므로 각 공사마다 별개의 범죄가 성립한다고 보았으며, 피고인들의 각 공사를 통틀어 포괄일죄로 처단할 만큼 범의의 단일성이나 계속성이 있다고 보기는 어렵다고 판단하였다. 이에 따라 피고인들의 각 공사 부분은 별개의 범죄로 각 실체적 경합범 관계에 있다고 파악하였다.

5 그러나 대법원은 다음과 같은 이유로 X · Y의 행위를 포괄일죄로 보았다. 「피고인들이 수행한 공사는 (가) 모두 C대학교 D병원이 발주한 공사로서 병원 건물의 리모델링이라는 목적을 위한 것이고 공사현장도 D병원으로 동일한 점, (나) X가 수행한 공사는 모두 구조물철거공사, Y가 수행한 공사는 모두 실내건축공사로서 피고인들이 운영하던 각 업체의 설립 목적과 동일한 점, (다) 피고인들이 수행한 구체적인 공사들은 리모델링공사를 구성하는 부속공사들로서 각 부문별로 시공시기를 나누고 기성고에 따라 공사대금을 지급받은 것과 마찬가지로 볼 수 있는 점 등을 종합하면, (라) 피고인들에 대한 각 공소사실은 **동일죄명에 해당하는 수 개의 영업적 행위를 단일하고 계속된 범의 하에 일정 기간 계속하여 행한 것**으로서 각 반복된 수 개의 행위 상호간에 일시 · 장소의 근접, 방법의 유사성 등 밀접한 관계가 있고 (마) 건설공사의 적정한 시공을 통한 품질과 안전 확보, 건설산업의 건전한 발전이라는 **피해법익도 동일하다**고 보아야 할 것이다」.

6 포괄일죄의 유형 포괄일죄에는 접속범, 상습범, 영업범, 직업범, 계속범, 결합범이 있다. ① **접속범**은 일련의 행위들이 시간적으로 잇따라 범해질 것을 예정하고 있는 범죄유형이다. 횡령죄(법355①)가 전형적 예이다(대판 90도1580). ② **상습범**은 행위자가 동종의 행위를 반복하는 습성에 의하여 죄를 범한 경우를 말한다. ③ **영업범**은 영리를 목적으로 하여 일련의 행위를 계속적 · 반복적으로 행하는 범죄유형이다(대판 2013도11649). ④ **직업범**은 '업(業)'으로서 일련의 행위를 계속적 · 반복적으로 행하는 범죄유형이다. 직업범은 반드시 영리를 목적으로 할 필요가 없다는 점에서 영업범과 구별된다. ⑤ **계속범**은 범죄가 기수에 도달한 이후에도 범죄행위가 계속되는 형태의 범죄를 말한다. 감금죄(법276)와 주거침입죄(법319)가 전형적 예이다. ⑥ **결합범**은 여러 개의 범죄행위가 결합되어 하나의 구성요건으로 되어 있는 범죄로 강도살인죄(법338)나 강도강간죄(법339), 야간주거침입절도죄(법330)가 그 예이다(대판 88도1240).

7 포괄일죄의 법률적 효과 포괄일죄는 **실체법상으로도 일죄이고 소송법상으로도 일죄**이다. 따라서 (1) **공소시효**는 최종 범죄행위가 종료한 때로부터 진행한다. 그리고 (2) **기판력**은 판결 이전의 포괄일죄의 관계에 있는 모든 범죄에 미치므로 이에 대해 공소가 제기되면 면소판결을 해야 한다(대판 94도1318). 그리고 (3) 포괄일죄는 「그 중간에 별종의 범죄에 대한 확정판결이 끼어 있어도 그 때문에 포괄적 범죄가 둘로 나뉘는 것은 아니라 할 것이고, 또 이 경우에는 그 확정판결 후의 범죄로서 다루어야 할 것」이다(대판 2002도2029). 또한 (4) 포괄일죄 도중에 법률의 변경이 있는 때에는 법정형의 경중을 따지지 않고 범죄종료시의 법인 **신법을 적용**한다(법1①).

8 죄수 결정의 기준 범죄의 수를 결정하는 기준과 관련해서는 ① 자연적 의미의 행위의 수에 따라 죄수를 결정하는 **행위표준설**(객관주의)과 ② 침해되는 법익의 수를 기준으로 결정해야 한다는 **법익표준설**(객관주의 · 판례의 원칙적 판단기준), ③ 행위자의 범죄의사의 수를 기준으로 결정하자는 **의사표준설**(주관주의 · 판례는 '연속범'의 경우 주로 의사표준설을 취하고 있다), ④ 구성요건에 해당하는 횟수를 기준으

로 죄수를 결정하는 **구성요건표준설**이 있다. ⑤ 판례는 이상의 학설 중 어느 하나의 기준만을 가지고 죄수를 결정하지 않고 개별적인 범죄마다 각 범죄의 특성을 고려하여 종합적으로 죄수를 판단하고 있다(**종합설**).

행위표준설	• 운전한 날마다 무면허운전으로 인한 도로교통법위반(대판 2001도6281) • 미성년자의제강간죄나 미성년자의제강제추행죄는 행위 시마다 1개의 범죄성립(대판 82도2442)
법익표준설	• 공공의 법익을 보호하는 위조통화행사죄와 개인의 재산법익을 보호하는 사기죄는 보호법익을 달리하는 범죄로 양죄는 따로 성립(대판 79도840) • 신용카드부정사용죄와 사기죄는 그 보호법익이나 행위의 태양이 전혀 달라 실체적 경합관계에 있다(대판 96도1181) • 업무방해죄와 폭행죄는 구성요건과 보호법익을 달리하고 있어, 폭행행위가 '불가벌적 수반행위'에 해당하여 업무방해죄에 흡수되지 않는다(대판 2012도1895).
의사표준설	• 뇌물수수의 단일한 범의의 계속 하에 6개월간 7회에 걸쳐 뇌물을 수수하였다면 포괄일죄를 구성(대판 81도1409)
구성요건표준설	• 조세포탈범의 죄수는 위반사실의 구성요건 충족 회수를 기준으로 1죄가 성립하는 것이 원칙(대판 2000도4880)

9 죄수론 개관

일죄	단순일죄	
	법조경합	특별관계, 보충관계, 흡수관계
	포괄일죄	접속범, 상습범, 영업범, 직업범
수죄	상상적 경합	과형상 일죄(실질상 수죄)
	(실체적) 경합	과형상 수죄(실질상 수죄)

Reference

포괄일죄를 인정한 사례

1-1 [대판 2022도8806] 파기환송. [**무면허운전**으로 인한 도로교통법 위반죄는 **운전한 날마다 무면허운전**으로 인한 도로교통법 위반의 1죄가 성립하는지 여부(원칙적 적극) / **같은 날** 무면허운전 행위를 여러 차례 반복한 경우, 각 무면허운전 행위를 통틀어 포괄일죄로 처단하여야 하는지 여부(원칙적 적극)] [1] 무면허운전으로 인한 도로교통법 위반죄에 관해서는 어느 날에 운전을 시작하여 다음 날까지 동일한 기회에 일련의 과정에서 계속 운전을 한 경우 등 특별한 경우를 제외하고는 사회통념상 운전한 날을 기준으로 운전한 날마다 1개의 운전행위가 있다고 보는 것이 상당하므로 운전한 날마다 무면허운전으로 인한 도로교통법 위반의 1죄가 성립한다고 보아야 한다. 한편 (가) 같은 날 무면허운전 행위를 여러 차례 반복한 경우라도 그

범의의 단일성 내지 계속성이 인정되지 않거나 범행 방법 등이 동일하지 않은 경우 각 무면허운전 범행은 실체적 경합 관계에 있다고 볼 수 있으나, (나) 그와 같은 특별한 사정이 없다면 각 무면허운전 행위는 동일 죄명에 해당하는 수 개의 동종 행위가 동일한 의사에 의하여 반복되거나 접속·연속하여 행하여진 것으로 봄이 상당하고 그로 인한 피해법익도 동일한 이상, 각 무면허운전 행위를 통틀어 포괄일죄로 처단하여야 한다. [2] 공소사실은 피고인이 같은 날 자동차운전면허 없이 20:00경 춘천시 인근 도로에서 렉스턴 승용차를 운전하였다는 것과 23:20경 인근 도로에서 동일한 차량을 운전하였다는 것으로, 각 운전 시간 내지 장소에 일부 차이가 있을 뿐 피고인이 같은 날 동일한 차량을 무면허로 운전하려는 단일하고 계속된 범의 아래 동종의 범행을 같은 방법으로 반복한 것으로 보이고, 달리 그 범의가 갱신되었다거나 범행 방법 등에 차이가 존재한다고 보기 어렵다. 이러한 사정을 앞서 본 법리에 비추어 보면, 검사가 공소장변경을 통해 추가하려는 공소사실과 철회하려는 공소사실은 범의의 연속성, 보호법익과 범행 방법의 동일성, 시간과 장소의 연관성 측면에서 사회통념상 하나의 도로교통법 위반(무면허운전) 행위로 평가할 수 있으므로 포괄하여 일죄에 해당하고, 그 기초가 되는 사회적 사실관계도 기본적인 점에서 동일하다고 볼 수 있다. 따라서 원심으로서는 검사의 공소장변경허가신청을 받아들여 변경된 공소사실에 대하여 심리·판단하였어야 함에도 이를 허가하지 않은 원심의 판단에는 공소사실의 동일성 및 공소장변경에 관한 법리를 오해한 잘못이 있다.

1-2 [대판 2021도17110] 파기환송. 피고인은 2021. **5. 5. 13:00경** 자신의 거주지인 위 '○○' 앞 도로에서 위 '△△식당' 앞 도로까지 제1 무면허운전을 한 후, 위 식당에서 친구와 만나 점심 식사를 하면서 소주 3~4병을 함께 마셨다. 위 점심 식사를 마친 피고인은 **같은 날 15:17경** 위 식당 앞 도로에서 자신의 거주지로 가기 위하여 창원시 '□□' 앞 도로까지 제2 무면허운전을 하였다. 피고인의 제1 무면허운전 행위와 제2 무면허운전 행위는 단일하고 계속된 범의 아래 같은 날 근접하여 이루어진 일련의 행위에 해당하고 그 피해법익도 동일하여 **포괄하여 일죄에 해당**할 뿐, 실체적 경합 관계에 있다고 보기 어렵다. 그럼에도 피고인의 제1 무면허운전으로 인한 도로교통법 위반죄와 제2 무면허운전으로 인한 도로교통법 위반죄가 실체적 경합 관계에 있다고 본 원심의 판단에는 '죄수관계'에 관한 법리를 오해하여 판결에 영향을 미친 잘못이 있다.

2 [대판 2020도12103] [단일하고도 계속된 범의 아래 일정 기간 반복하여 일련의 뇌물수수 행위와 부정한 행위가 행하여졌고 뇌물수수 행위와 부정한 행위 사이에 인과관계가 인정되며 피해법익도 동일한 경우, 최후의 부정한 행위 이후에 저질러진 뇌물수수 행위도 최후의 부정한 행위 이전의 뇌물수수 행위 및 부정한 행위와 함께 수뢰후부정처사죄의 포괄일죄로 처벌하여야 하는지 여부(적극)] 수뢰후부정처사죄를 정한 형법 제131조 제1항은 공무원 또는 중재인이 형법 제129조(수뢰, 사전수뢰) 및 제130조(제3자뇌물제공)의 죄를 범하여 부정한 행위를 하는 것을 구성요건으로 하고 있다. 여기에서 **'형법 제129조 및 제130조의 죄를 범하여'**란 반드시 뇌물수수 등의 행위가 완료된 이후에 부정한 행위가 이루어져야 함을 의미하는 것은 아니고, 결합범 또는 결과적 가중범 등에서의 기본행위와 마찬가지로 **뇌물수수 등의 행위를 하는 중에 부정한 행위를 한 경우도 포함**하는 것으로 보아야 한다. 따라서 단일하고도 계속된 범의 아래 일정 기간 반복하여 일련의 뇌물수수 행위와 부정한 행위가 행하여졌고 그 뇌물수수 행위와 부정한 행위 사이에 인과관계가 인정되며 피해법익도 동일하다면, 최후의 부정한 행위 이후에 저질러진 뇌물수수 행위도 최후의 부정한 행위 이전의 뇌물수수 행위 및 부정한 행위와 함께 수뢰후부정처사죄의 포괄일죄로 처벌함이 타당하다.

상습범과 죄수

3-1 [대판 2017도10956] 피고인이 **상습으로** 갑을 폭행하고, 어머니 을을 존속폭행하였다는 내용으로 기소된 사안에서, 피고인에게 폭행 범행을 반복하여 저지르는 습벽이 있고 이러한 습벽에 의하여 단순폭행, 존속폭행 범행을 저지른 사실이 인정된다면 단순폭행, 존속폭행의 각 죄별로 상습성을 판단할 것이 아니라 **포괄하여 그중 법정형이 가장 중한 상습존속폭행죄만 성립**할 여지가 있는데도, 이와 달리 보아 일부 공소사실에 대하여 공소기각을 선고한 원심판결에 형법 제264조, 폭행죄의 상습성, 죄수 등에 관한 법리오해의 잘못이 있다고 한 사례

3-2 [대판 84도195] [도박의 습벽있는 자가 도박을 하고 또 도박방조를 한 경우] 상습도박의 죄나 상습도박방조의 죄에 있어서의 **상습성은 행위의 속성이 아니라 행위자의 속성**으로서 도박을 반복해서 거듭하는 습벽을 말하는 것인 바, 도박의 습벽이 있는 자가 타인의 도박을 방조하면 상습도박방조의 죄에 해당하는 것이며, 도박의 습벽이 있는 자가 도박을 하고 또 도박방조를 하였을 경우 상습도박방조의 죄는 **무거운 상습도박의 죄에 포괄시켜 1죄**로서 처단하여야 한다.

3-3 [대판 2002도7335] 직계존속인 피해자를 폭행하고, 상해를 가한 것이 존속에 대한 동일한 **폭력습벽의 발현**에 의한 것으로 인정되는 경우, 그 중 **법정형이 더 중한 상습존속상해죄에 나머지 행위들을 포괄시켜 하나의 죄만이 성립한다.**

3-4 [대판 2002도429] [절도습벽의 발현으로 자동차등불법사용의 범행도 함께 저지른 경우, 형법 제331조의2 소정의 자동차등불법사용죄가 「특정범죄 가중처벌 등에 관한 법률」 제5조의4 제1항 소정의 상습절도죄와 포괄일죄의 관계에 있는지 여부(적극)] 형법 제331조의2, 제332조 및 「특정범죄 가중처벌 등에 관한 법률」 제5조의4 제1항 등의 규정 취지나 자동차등불법사용죄의 성질에 비추어 보면, 상습으로 절도, 야간주거침입절도, 특수절도 또는 그 미수 등의 범행을 저지른 자가 마찬가지로 절도 습벽의 발현으로 자동차등불법사용의 범행도 함께 저지른 경우에 검사가 형법상의 상습절도죄로 기소하는 때는 물론이고, 자동차등불법사용의 점을 제외한 나머지 범행에 대하여 특가법상의 상습절도 등의 죄로 기소하는 때에도 자동차등불법사용의 위법성에 대한 평가는 특가법상의 상습절도 등 죄의 구성요건적 평가 내지 위법성 평가에 포함되어 있다고 보는 것이 타당하고, 따라서 상습절도 등의 범행을 한 자가 추가로 자동차등불법사용의 범행을 한 경우에 그것이 절도 습벽의 발현이라고 보이는 이상 **자동차등불법사용의 범행은 상습절도 등의 죄에 흡수되어 1죄만이 성립**하고 이와 별개로 자동차등불법사용죄는 성립하지 않는다고 보아야 한다.

3-5 [대판 2003도665] [강도상습성의 발현으로 보여 지는 강도예비죄가 「특정범죄 가중처벌 등에 관한 법률」 제5조의4 제3항 소정의 상습강도죄와 포괄일죄의 관계에 있는지 여부(적극)] 「특정범죄 가중처벌 등에 관한 법률」 제5조의4 제3항에 규정된 상습강도죄를 범한 범인이 그 범행 외에 상습적인 강도의 목적으로 강도예비를 하였다가 강도에 이르지 아니하고 강도예비에 그친 경우에도 그것이 강도상습성의 발현이라고 보여지는 경우에는 **강도예비행위는 상습강도죄에 흡수되어 위 법조에 규정된 상습강도죄의 1죄만을 구성**하고 이 상습강도죄와 별개로 강도예비죄를 구성하지 아니한다.

3-6 [대판 2008도3657] [폭력행위 등 처벌에 관한 법률 제2조 제1항의 상습성을 구성하는 범죄행위의 범위 및 상습폭력범죄의 죄수 판단 방법] 폭력행위 등 처벌에 관한 법률 제2조 제1항에서 말하는 '상습'이란 같은 항 각 호에 열거된 각 범죄행위 상호간의 상습성만을 의미하는 것이 아니라, 같은 항 각 호에 열거된 모든 범죄행위를 포괄한 폭력행위의 습벽을 의미하는 것이라고 해석함이 상당하므로, 위와 같은 습벽을 가진 자가 폭력행위 등 처벌에 관한 법률 제2조 제1항 각 호에 열거된 형법 각 조 소정의 다른 수종의 죄를

범하였다면 그 각 행위는 그 각 호 중 가장 중한 법정형의 상습폭력범죄의 포괄일죄에 해당한다.

3-7 [대판 2016도13885] 피고인에게 절도범행을 **반복 수행하는 습벽**이 있고 이러한 습벽에 의하여 단순절도, 합동절도의 범행을 저지른 사실이 인정되는 이상 단순절도, 특수절도의 각 죄별로 상습성을 인정할 것이 아니라 **포괄하여 그 중 법정형이 가장 중한 상습특수절도죄가 성립**된다고 보아야 할 것이다.

3-8 [비교판례] [대판 92도297] [특수강도죄와 그 후에 범한 **강도강간죄 및 강도상해죄**가 포괄일죄의 관계에 있는지 여부(소극)] 형법 제341조나 특정범죄가중처벌등에관한법률에서 강도, 특수강도, 약취강도, 해상강도의 각 죄에 관해서는 상습범가중처벌규정을 두고 있으나 강도상해, 강도강간 등 각 죄에 관해서는 상습범가중처벌규정을 두고 있지 아니하므로 특수강도죄와 그 후에 범한 강도강간 및 강도상해 등 죄는 포괄일죄의 관계에 있지 아니하다.

3-9 [비교판례] [대판 2011도12131] [1] (가) 상습범이란 어느 기본적 구성요건에 해당하는 행위를 한 자가 범죄행위를 반복하여 저지르는 습벽, 즉 상습성이라는 행위자적 속성을 갖추었다고 인정되는 경우에 이를 가중처벌 사유로 삼고 있는 범죄유형을 가리키므로, (나) 상습성이 있는 자가 같은 종류의 죄를 반복하여 저질렀다 하더라도 상습범을 별도의 범죄유형으로 처벌하는 규정이 없는 한 각 죄는 원칙적으로 별개의 범죄로서 경합범으로 처단할 것이다. [2] 저작권법은 …… 상습으로 제136조 제1항의 죄를 저지른 경우를 가중처벌한다는 규정은 따로 두고 있지 않다. 따라서 수회에 걸쳐 저작권법 제136조 제1항의 죄를 범한 것이 상습성의 발현에 따른 것이라고 하더라도, 이는 원칙적으로 경합범으로 보아야 하는 것이지 하나의 죄로 처단되는 상습범으로 볼 것은 아니다.

4 [대판 2015도7081] 폭력행위 등 처벌에 관한 법률 제4조 제1항은 그 법에 규정된 범죄행위를 목적으로 하는 단체를 구성하거나 이에 가입하는 행위 또는 구성원으로 활동하는 행위를 처벌하도록 정하고 있는데, 이는 구체적인 범죄행위의 실행 여부를 불문하고 범죄행위에 대한 예비·음모의 성격이 있는 범죄단체의 생성 및 존속 자체를 막으려는 데 입법 취지가 있다. 또한 위 조항에서 말하는 범죄단체 구성원으로서의 활동이란 범죄단체의 내부 규율 및 통솔 체계에 따른 조직적·집단적 의사 결정에 기초하여 행하는 범죄단체의 존속·유지를 지향하는 적극적인 행위를 일컫는다. 그런데 **범죄단체의 구성이나 가입은 범죄행위의 실행 여부와 관계없이 범죄단체 구성원으로서의 활동을 예정하는 것**이고, 범죄단체 구성원으로서의 활동은 범죄단체의 구성이나 가입을 당연히 전제로 하는 것이므로, 양자는 모두 범죄단체의 생성 및 존속·유지를 도모하는, 범죄행위에 대한 일련의 예비·음모 과정에 해당한다는 점에서 범의의 단일성과 계속성을 인정할 수 있을 뿐만 아니라 피해법익도 다르지 않다. **따라서 범죄단체를 구성하거나 이에 가입한 자가 더 나아가 구성원으로 활동하는 경우, 이는 포괄일죄의 관계에 있다.**

의사표준설에 따른 판례[2]

5-1 [대판 2013도11649] [영업범] 무면허 의료행위는 그 범죄구성요건의 성질상 동종 범죄의 반복이 예상되는 것이므로, 영리를 목적으로 **무면허 의료행위**를 업으로 하는 자가 반복적으로 여러 개의 무면허 의료행위를 단일하고 계속된 범의 아래 일정 기간 계속하여 행하고 그 피해법익도 동일한 경우라면 이들 각 행위를 통틀어 포괄일죄로 처단하여야 할 것이다.

---

2) 의사표준설은 죄수판단을 행위자의 범죄의사의 수를 기준으로 한다. 따라서 단일한 범의 하에 동종행위를 반복한 경우에는 포괄일죄를 인정하는 입장이다. 대법원은 수뢰, 의료법위반, 증권거래법위반, 업무상 횡령, 신용카드부정사용 등의 범죄에서 의사표준설을 죄수판단의 중요 기준으로 한다.

5-2 **[대판 86도1648]** 뇌물을 여러 차례에 걸쳐 수수함으로써 그 행위가 여러 개이더라도 그것이 단일하고 계속적 범의에 의하여 이루어지고 동일법익을 침해한 때에는 포괄일죄로 처벌함이 상당하다.

5-3 **[대판 90도1588]** **공무원**인 이 사건 피고인들이 1987.7.15.부터 1988.12.28.까지 사이에 전후 17회에 걸쳐 정기적으로 동일한 납품업자로부터 신속한 검수, 검수 과정에서의 함량미달 등 하자를 눈감아 달라는 청탁명목으로 계속하여 금원을 교부받아 그 직무에 관하여 뇌물을 수수한 것이라면, 공무원이 직무에 관하여 뇌물을 수수한다는 **단일한 범의 아래 계속하여 일정기간 동종행위를 반복한 것이 분명하므로, 뇌물수수의 포괄일죄**로 보아 특정범죄가중처벌 등에 관한 법률에 의율하여야 한다.

5-4 **[대판 95도1728] [연속범]** [현금카드 소유자를 협박하여 예금인출 승낙과 함께 현금카드를 교부받은 후 이를 사용하여 현금자동지급기에서 예금을 여러 번 인출한 경우, 해당 범죄 및 죄수] 예금주인 현금카드 소유자를 협박하여 그 **카드를 갈취**하였고, 하자 있는 의사표시이기는 하지만 피해자의 승낙에 의하여 현금카드를 사용할 권한을 부여받아 이를 이용하여 현금을 인출한 이상, 피해자가 그 승낙의 의사표시를 취소하기까지는 현금카드를 적법, 유효하게 사용할 수 있고, 은행의 경우에도 피해자의 지급정지 신청이 없는 한 피해자의 의사에 따라 그의 계산으로 적법하게 예금을 지급할 수밖에 없는 것이므로, 피고인이 피해자로부터 현금카드를 사용한 예금인출의 승낙을 받고 현금카드를 교부받은 행위와 이를 사용하여 현금자동지급기에서 예금을 여러 번 인출한 행위들은 모두 피해자의 예금을 갈취하고자 하는 피고인의 단일하고 계속된 범의 아래에서 이루어진 일련의 행위로서 포괄하여 하나의 공갈죄를 구성한다고 볼 것이지, 현금지급기에서 피해자의 예금을 취득한 행위를 현금지급기 관리자의 의사에 반하여 그가 점유하고 있는 현금을 절취한 것이라 하여 이를 현금카드 갈취행위와 분리하여 따로 절도죄로 처단할 수는 없다.

6 **[대판 2011도1435]** (가) 저작재산권 침해행위는 저작권자가 같더라도 저작물별로 침해되는 법익이 다르므로 각각의 저작물에 대한 침해행위는 원칙적으로 각 **별개의 죄를 구성**한다고 할 것이다. (나) 다만 단일하고도 계속된 범의 아래 동일한 저작물에 대한 침해행위가 일정기간 반복하여 행하여진 경우에는 **포괄하여 하나의 범죄**가 성립한다고 볼 수 있다.

7 **[대판 2010도1588]** [1] 단일하고 계속된 범의 아래 일정기간 계속하여 이루어졌고 피해법익도 동일한 경우 죄수 관계(=포괄일죄) 및 **방조범의 경우도 동일한 법리가 적용되는지 여부(적극)** [2] 피고인들이, 자신들이 개설한 인터넷 사이트를 통해 회원들로 하여금 음란한 동영상을 게시하도록 하고, 다른 회원들로 하여금 이를 다운받을 수 있도록 하는 방법으로 정보통신망을 통한 음란한 영상의 배포, 전시를 방조한 행위가 단일하고 계속된 범의 아래 일정기간 계속하여 이루어졌고 피해법익도 동일한 경우, 포괄일죄의 관계에 있다고 본 원심판결을 수긍한 사례.

8 **[대판 2007도6703 전원합의체] [계속범]** [농지에 잡석 등을 깔아 정지작업이 이루어져 사실상 원상회복이 어렵게 된 토지를 전용하였다는 공소사실에 있어서, **무허가 농지전용죄의 성격**] [다수의견] 구 농지법(2005. 1. 14. 법률 제7335호로 개정되기 전의 것) 제2조 제9호에서 말하는 '농지의 전용'이 이루어지는 태양은, 첫째로 농지에 대하여 절토, 성토 또는 정지를 하거나 농지로서의 사용에 장해가 되는 유형물을 설치하는 등으로 농지의 형질을 외형상으로뿐만 아니라 사실상 변경시켜 원상회복이 어려운 상태로 만드는 경우가 있고, 둘째로 농지에 대하여 외부적 형상의 변경을 수반하지 않거나 외부적 형상의 변경을 수반하더라도 사회통념상 원상회복이 어려운 정도에 이르지 않은 상태에서 그 농지를 다른 목적에 사용하는 경우 등

이 있을 수 있다. 전자의 경우와 같이 농지전용행위 자체에 의하여 당해 토지가 농지로서의 기능을 상실하여 그 이후 그 토지를 농업생산 등 외의 목적으로 사용하는 행위가 더 이상 '농지의 전용'에 해당하지 않는다고 할 때에는, 허가 없이 그와 같이 농지를 전용한 죄는 그와 같은 행위가 종료됨으로써 즉시 성립하고 그와 동시에 완성되는 **즉시범**이라고 보아야 한다. 그러나 후자의 경우와 같이 당해 토지를 농업생산 등 외의 다른 목적으로 사용하는 행위를 여전히 농지전용으로 볼 수 있는 때에는 허가 없이 그와 같이 농지를 전용하는 죄는 계속범으로서 그 토지를 다른 용도로 사용하는 한 가벌적인 위법행위가 계속 반복되고 있는 **계속범**이라고 보아야 한다.

9 **[대판 2007도4404]** [1] 음주상태로 자동차를 운전하다가 제1차 사고를 내고 그대로 진행하여 제2차 사고를 낸 후 음주측정을 받아 도로교통법 위반(음주운전)죄로 약식명령을 받아 확정되었는데, 그 후 제1차 사고 당시의 음주운전으로 기소된 사안에서 위 공소사실이 약식명령이 확정된 도로교통법 위반(음주운전)죄와 포괄일죄 관계에 있다. [2] 음주운전으로 인한 도로교통법 위반죄의 보호법익과 처벌방법을 고려할 때, 혈중알콜농도 0.05% 이상의 음주상태로 동일한 차량을 일정기간 계속하여 운전하다가 1회 음주측정을 받았다면 이러한 음주운전행위는 동일 죄명에 해당하는 연속된 행위로서 단일하고 계속된 범의하에 일정기간 계속하여 행하고 그 피해법익도 동일한 경우이므로 포괄일죄에 해당한다.

10 **[대판 2007도1375] [갈취한 현금카드를 사용하여 현금자동지급기에서 예금을 인출한 행위가 공갈죄와 별도로 절도죄를 구성하지는 않는다]** 예금주인 현금카드 소유자를 협박하여 그 카드를 갈취한 다음 피해자의 승낙에 의하여 현금카드를 사용할 권한을 부여받아 이를 이용하여 현금자동지급기에서 현금을 인출한 행위는 모두 피해자의 예금을 갈취하고자 하는 피고인의 단일하고 계속된 범의 아래에서 이루어진 일련의 행위로서 포괄하여 하나의 공갈죄를 구성하므로, 현금자동지급기에서 피해자의 예금을 인출한 행위를 현금카드 **갈취행위와 분리하여 따로 절도죄로 처단할 수는 없다**. 왜냐하면 위 예금 인출 행위는 하자 있는 의사표시이기는 하지만 피해자의 승낙에 기한 것이고, 피해자가 그 승낙의 의사표시를 취소하기까지는 현금카드를 적법, 유효하게 사용할 수 있으므로, 은행으로서도 피해자의 지급정지 신청이 없는 한 그의 의사에 따라 그의 계산으로 적법하게 예금을 지급할 수밖에 없기 때문이다.

11 **[대판 2007도595]** ●**사실**● 피고인은 서울 강북구 미아동 주상복합상가 O호에 스크린 경마 게임기 42대를 설치하고 'OO게임랜드'라는 상호로 일반게임장을 운영하면서, 사행성간주게임물의 경우 경품을 제공할 수 없음에도, 2005.6.16.경부터 같은 해 9.4.경까지 사이에 위 게임장에서, 사행성간주게임물인 게임기에 경품으로 해피머니 문화상품권을 넣은 후 점수에 따라 손님들에게 제공함으로써 문화관광부장관이 고시하는 방법에 의하지 아니하고 경품을 제공하였다는 공소사실로 기소된 후(제1사건), 위 게임장에서 2006.3.23. 20:30경 게임을 한 손님들에게 점수에 따라 해피머니 문화상품권을 제공함으로써 문화관광부장관이 정하여 고시하는 종류 외의 경품을 제공하는 행위를 하였다는 공소사실로 다시 기소되었다(제2사건). ●**판지**● [1] 단일하고 계속된 범의 하에 일정기간 계속하여 행하고 그 피해법익도 동일한 경우의 죄수관계(=포괄일죄) [2] 게임장에서 사행성간주게임물인 게임기에 경품으로 문화상품권을 넣은 후 점수에 따라 손님들에게 제공함으로써 문화관광부장관이 고시하는 방법에 의하지 아니하고 경품을 제공하였다는 공소사실로 두 차례 기소된 경우, 각 공소사실은 모두 단일하고 계속된 범의 하에 동일 죄명의 범행을 일정기간 반복하여 행한 것으로서 그 피해 법익도 동일한 것이므로 포괄일죄에 해당한다.

12 **[대판 2002도1855]** 동일 죄명에 해당하는 수 개의 행위를 단일하고 계속된 범의 하에 일정기간 계속하여 행하고 그 피해법익도 동일한 경우에는 이들 각 행위를 모두 포괄하여 일죄로 처단하여야 할 것인바, **주식시세조종의 목적으로 허위매수주문행위, 고가매수주문행위 및 통정매매행위** 등을 반복한 경우, 이는 시세조종 등 불공정거래의 금지를 규정하고 있는 증권거래법 제188조의4에 해당하는 수 개의 행위를 **단일하고 계속된 범의** 하에서 일정기간 계속하여 반복한 범행이라 할 것이고, 이 범죄의 보호법익은 유가증권시장 또는 협회중개시장에서의 유가증권 거래의 공정성 및 유통의 원활성 확보라는 사회적 법익이고 각각의 유가증권 소유자나 발행자 등 개개인의 재산적 법익은 직접적인 보호법익이 아닌 점에 비추어 위 **각 범행의 피해법익의 동일성도 인정**되므로, 증권거래법 제188조의4 소정의 불공정거래행위금지위반의 포괄일죄가 성립한다.

13 **[대판 2001도3447]** 절도범이 체포를 면탈할 목적으로 체포하려는 여러 명의 피해자에게 같은 기회에 폭행을 가하여 **그 중 1인에게만 상해를 가하였다면 이러한 행위는 포괄하여 하나의 강도상해죄만 성립**한다.

14-1 **[대판 2001도3312] [집합범(영업범)]** [단일하고 계속된 범의 하에 일정기간 계속하여 약사법 제35조 제1항에 위반된 행위를 한 경우, 그 죄수(=포괄일죄)] 약사법 제35조 제1항은 '약국개설자가 아니면 의약품을 판매하거나 판매의 목적으로 취득할 수 없다.'고 규정하고 있고, 벌칙 조항인 제74조 제1항에서는 위 제35조 제1항의 규정에 위반한 자를 형벌에 처하도록 규정하고 있으며, 한편 동일 죄명에 해당하는 수 개의 행위를 단일하고 계속된 범의 하에 일정기간 계속하여 행하고 그 피해법익도 동일한 경우에는 이들 각 행위를 통틀어 포괄일죄로 처단하여야 할 것인바, 약국개설자가 아님에도 단일하고 계속된 범의 하에 일정기간 계속하여 의약품을 판매하거나 판매의 목적으로 취득함으로써 약사법 제35조 제1항에 위반된 행위를 한 경우, 위에서 본 약사법의 관련 조항의 내용 및 법리 등에 비추어, 이는 모두 포괄하여 약사법 제74조 제1항 제1호, 제35조 제1항 소정의 일죄를 구성한다(약사법은 마약법 등과는 달리 금지의 대상인 판매행위와 별도의 행위개념으로 취득행위를 구분한 것은 아니며, 약사법의 관련 조항의 취지는 법정의 자격 없는 자의 의약품판매행위를 널리 금지하고자 하는 것으로, 결국 동 조항이 금지하고자 하는 것은 취득이나 판매 등으로 예시되는 약사 등만이 행할 수 있는 일반적인 의약품 취급행위로 보아야 한다).

14-2 **[대판 2007도595]** 게임장에서 사행성간주게임물인 게임기에 경품으로 문화상품권을 넣은 후 점수에 따라 손님들에게 제공함으로써 문화관광부장관이 고시하는 방법에 의하지 아니하고 경품을 제공하였다는 공소사실로 두 차례 기소된 경우, 각 공소사실은 모두 단일하고 계속된 범의하에 동일 죄명의 범행을 일정기간 반복하여 행한 것으로서 그 피해 법익도 동일한 것이므로 **(영업범으로서) 포괄일죄에 해당한다.**

15 **[대판 97도3340] [접속범]** [선서한 증인이 같은 기일에 여러 가지 사실에 관하여 기억에 반하는 허위의 진술을 한 경우, **위증죄의 죄수(=포괄일죄) 및 기판력]** 하나의 사건에 관하여 한 번 선서한 증인이 같은 기일에 여러 가지 사실에 관하여 기억에 반하는 허위의 진술을 한 경우 이는 하나의 범죄의사에 의하여 계속하여 허위의 진술을 한 것으로서 포괄하여 1개의 위증죄를 구성하는 것이고 각 진술마다 수 개의 위증죄를 구성하는 것이 아니므로, 당해 위증 사건의 허위진술 일자와 같은 날짜에 한 다른 허위진술로 인한 위증 사건에 관한 판결이 확정되었다면, 비록 종전 사건 공소사실에서 허위의 진술이라고 한 부분과 당해 사건 공소사실에서 허위의 진술이라고 한 부분이 다르다 하여도 종전 사건의 확정판결의 기판력은 당해 사건에도 미치게 되어 당해 위증죄 부분은 면소되어야 한다.

16 **[대판 99도354]** 성폭력범죄의처벌및피해자보호등에관한법률 제5조 제1항은 형법 제319조 제1항의 죄를 범한 자가 강간의 죄를 범한 경우를 규정하고 있고, 성폭력범죄의처벌및피해자보호등에관한법률 제9조 제1항은 같은 법 제5조 제1항의 죄와 같은 법 제6조의 죄에 대한 결과적 가중범을 동일한 구성요건에 규정하고 있으므로, 피해자의 방안에 침입하여 식칼로 위협하여 반항을 억압한 다음 피해자를 강간하여 상해를 입히게 한 피고인의 행위는 **그 전체가 포괄하여** 같은 법 제9조 제1항의 죄를 구성할 뿐이지, 그 중 주거침입의 행위가 나머지 행위와 **별도로 주거침입죄를 구성한다고는 볼 수 없다.**

17 **[대판 95도2466] [연속범]** [대출금을 정상적으로 결제할 의사나 능력 없이 자기 명의 신용카드를 사용하여 현금서비스를 받거나 가맹점으로부터 물품을 구입한 경우의 죄책 및 그 죄수] 피고인이 카드사용으로 인한 대금결제의 의사와 능력이 없으면서도 있는 것 같이 가장하여 카드회사를 기망하고, 카드회사는 이에 착오를 일으켜 일정 한도 내에서 카드사용을 허용해 줌으로써 피고인은 기망당한 카드회사의 신용공여라는 하자 있는 의사표시에 편승하여 자동지급기를 통한 현금대출도 받고, 가맹점을 통한 물품구입대금 대출도 받아 카드발급회사로 하여금 같은 액수 상당의 피해를 입게 함으로써, 카드사용으로 인한 일련의 편취행위가 포괄적으로 이루어지는 것이다. 따라서 카드사용으로 인한 카드회사의 손해는 그것이 **자동지급기에 의한 인출행위이든 가맹점을 통한 물품구입행위이든 불문하고 모두가 피해자인 카드회사의 기망당한 의사표시에 따른 카드발급에 터잡아 이루어지는 사기의 포괄일죄**이다.

18-1 **[대판 92도2047]** 하나의 사건에 관하여 한번 선서한 증인이 **같은 기일**에 여러 가지 사실에 관하여 기억에 반하는 허위의 공술을 한 경우 이는 하나의 범죄의사에 의하여 계속하여 허위의 공술을 한 것으로서 **포괄하여 1개의 위증죄를 구성**한다.

18-2 **[대판 2000도1089]** 하나의 소송사건에서 동일한 선서 하에 이루어진 법원의 감정명령에 따라 감정인이 동일한 감정명령사항에 대하여 수차례에 걸쳐 허위의 감정보고서를 제출하는 경우에는 각 감정보고서 제출행위 시마다 각기 허위감정죄가 성립한다 할 것이나, 이는 단일한 범의 하에 계속하여 허위의 감정을 한 것으로서 **포괄하여 1개의 허위감정죄를 구성**한다.

19 **[대판 90도1580]** 새마을금고 이사장이 대출금 명목으로 업무상 보관하고 있는 금원을 부정 인출한 경우에는 그 인출금 전액에 대하여 횡령죄가 성립하며 그 인출금의 일부가 상환되었는지의 여부는 범죄의 성립과 무관한 것이다.

20 **[대판 88도1240] [결합범]** [강간의 실행행위의 계속 중에 강도행위를 한 경우 강도강간죄를 구성하는지 여부] 강도강간죄는 **강도라는 신분**을 가진 범인이 강간죄를 범하였을 때 성립하는 범죄이고 따라서 강간범이 강간행위 후에 강도의 범의를 일으켜 그 부녀의 재물을 강취하는 경우에는 강도강간죄가 아니라 강도죄와 강간죄의 경합범이 성립될 수 있을 뿐이나, 강간범이 강간행위 종료전 즉 그 실행행위의 계속중에 강도의 행위를 할 경우에는 이때에 바로 강도의 신분을 취득하는 것이므로 이후에 그 자리에서 강간행위를 계속하는 때에는 강도가 부녀를 강간한 때에 해당하여 형법 제339조 소정의 강도강간죄를 구성한다.

21-1 **[대판 84도1573 전원합의체]** [특정범죄가중처벌등에관한법률 제5조의4 제1항 소정의 상습절도 등 죄를 범한 범인이 그 범행의 수단으로 **주거침입**을 한 경우의 죄책] 특정범죄가중처벌등에관한법률 제5조의

4 제1항에 규정된 상습절도등 죄를 범한 범인이 그 범행의 수단으로 주거침입을 한 경우에 주거침입행위는 상습절도등 죄에 흡수되어 위 법조에 규정된 상습절도등죄의 1죄만이 성립하고 별개로 주거침입죄를 구성하지 않으며, 또 위 상습절도등 죄를 범한 범인이 그 범행 외에 상습적인 절도의 목적으로 주거침입을 하였다가 절도에 이르지 아니하고 주거침입에 그친 경우에도 그것이 절도상습성의 발현이라고 보여지는 이상 **주거침입행위는 다른 상습절도등 죄에 흡수되어** 위 법조에 규정된 상습절도등의 1죄만을 구성하고 이 상습절도등 죄와 별개로 주거침입죄를 구성하지 않는다.

21-2 [비교판례] [대판 2008도7820] [특정범죄가중처벌 등에 관한 법률 제5조의4 제5항 위반죄(누범절도)를 범한 절도범인이 그 범행수단으로 주간에 주거침입을 한 경우의 죄수**(=실체적 경합)**] 특정범죄가중처벌 등에 관한 법률 제5조의4 제5항은 범죄경력과 **누범가중에 해당함을 요건**으로 하는 반면, 같은 조 제1항은 상습성을 요건으로 하고 있어 그 요건이 서로 다르다. 또한, 형법 제330조의 야간주거침입절도죄 및 제331조 제1항의 손괴특수절도죄를 제외하고 일반적으로 주거침입은 절도죄의 구성요건이 아니므로, 절도범인이 그 범행수단으로 주거침입을 한 경우에 그 주거침입행위는 절도죄에 흡수되지 아니하고 별개로 주거침입죄를 구성하여 절도죄와는 실체적 경합의 관계에 서는 것이 원칙이다. 따라서 주간에 주거에 침입하여 절도함으로써 특정범죄가중처벌 등에 관한 법률 제5조의4 제5항 위반죄가 성립하는 경우, 별도로 형법 제319조의 **주거침입죄를 구성**한다.

22 [대판 84도1139] [접속범] 업무상 횡령의 소위는 피해법익이 단일하며, 단일 또는 계속된 범의의 발동에 의하여 이루어진 범행이라면 그 행위가 복수인 경우에도 이를 포괄적으로 파악하여 일죄로 인정할 수 있으므로 업무상 횡령사실이 비록 **약 4년 3개월간에 걸친 것**이라 하여도 그 기간 내의 횡령범행이 **전 기간을 통하여 접속되어 있고** 그 횡령사실이 모두 (갑)은행을 위하여 업무상 보관관리하고 있는 돈을 횡령한 것이라면 **그 피해법익이 단일**하다 할 것이므로 이를 일죄로 파악한 것은 정당하다.

뇌물죄와 포괄일죄

23-1 [대판 81도1409] [6개월간 7회에 걸친 뇌물수수를 포괄일죄로 본 사례] 피고인이 1977.4.15 경 사무실에서 원심 공동피고인으로부터 아파트보존등기신청사건을 접수처리함에 있어서 신속히 처리해 달라는 부탁조로 금원을 교부받은 것을 비롯하여 같은 해 9.10경까지 전후 7회에 걸쳐 각종 등기사건을 접수처리하면서 같은 공동피고인으로부터 같은 명목으로 도합 금 828,000원을 교부받아 그 직무에 관하여 뇌물을 수수한 것이라면, 이는 피고인이 **뇌물수수의 단일한 범의의 계속** 하에 일정기간 동종행위를 같은 장소에서 반복한 것이 분명하므로 피고인의 수회에 걸친 뇌물수수행위는 포괄일죄를 구성한다고 해석함이 상당하다. **(의사표준설)**

23-2 [대판 99도4940] [수뢰죄에 있어서 단일하고 계속된 범의하에 동종의 범행을 반복하여 행하고 그 피해법익도 동일한 경우, 포괄일죄의 성립 여부(적극)] (가) 단일하고도 계속된 범의 아래 동종의 범행을 일정기간 반복하여 행하고 그 피해법익도 동일한 경우에는 각 범행을 통틀어 포괄일죄로 볼 것이고, (나) 수뢰죄에 있어서 단일하고도 계속된 범의 아래 동종의 범행을 일정기간 반복하여 행하고 그 피해법익도 동일한 것이라면 돈을 받은 일자가 상당한 기간에 걸쳐 있고, 돈을 받은 일자 사이에 상당한 기간이 끼어 있다 하더라도 각 범행을 통틀어 포괄일죄로 볼 것이다.

24-1 [대판 79도2093] [접속범] 특수강도의 소위가 동일한 장소에서 동일한 방법에 의하여 시간적으로

접착된 상황에서 이루어진 경우에는 피해자가 여러 사람이더라도 단순일죄가 성립한다.

24-2 [비교판례 · 접속범부정] [대판 91도643] [강도가 동일한 장소에서 동일한 방법으로 **시간적으로 접착된 상황**에서 수인의 피해자들에게 폭행 또는 협박을 가하여 그들로부터 각기 점유관리하고 있는 재물을 각각 강취한 경우의 죄수] 강도가 동일한 장소에서 동일한 방법으로 시간적으로 접착된 상황에서 수인의 재물을 강취하였다고 하더라도, 수인의 피해자들에게 폭행 또는 협박을 가하여 그들로부터 그들이 각기 점유관리하고 있는 재물을 **각각 강취**하였다면, 피해자들의 수에 따라 수개의 강도죄를 구성하는 것이고, 다만 강도범인이 피해자들의 반항을 억압하는 수단인 폭행 · 협박행위가 사실상 공통으로 이루어졌기 때문에, 법률상 1개의 행위로 평가되어 상상적경합으로 보아야 될 경우가 있는 것은 별문제이다.

25 [대판 75도1184] [상습특수절도, 상습특수절도미수, 상습야간 주거침입절도, 상습절도가 반복되는 경우에 죄수] 1974.9.5. 03:00부터 1974.9.26. 22:00까지 행한 3번의 특수절도사실, 2번의 특수절도미수사실, 1번의 야간주거침입절도사실, 1번의 절도사실들이 상습적으로 반복된 것으로 볼수 있다면 이러한 경우에는 **그중 법정형이 가장 중한 상습특수절도의 죄에 나머지의 행위를 포괄**시켜 하나의 죄만이 성립된다고 보는 것이 상당하다.

26-1 [대판 70도1516] [접속범] 피해자를 위협하여 항거불능케 한 후 1회 간음하고 2백미터쯤 오다가 다시 1회 간음한 경우에 있어 피고인의 의사 및 그 범행시각과 장소로 보아 두번째의 간음행위는 처음 한 행위의 계속으로 볼 수 있어 이를 단순일죄로 처단한 것은 정당하다.

26-2 [비교판례 · 접속범부정] [대판 87도694] 피해자(20세)를 1회 강간(강간을 피해 도망가는 피해자의 머리를 블록조각으로 때리는 등 항거불능상태로 빠뜨림)하여 상처를 입게(전치 28일간의 전두부타박상) 한 후 **약 1시간 후에 장소를 옮겨**(피고인의 작은방으로) 같은 피해자를 다시 1회 강간한 행위는 그 범행시간과 장소를 달리하고 있을 뿐만 아니라 각 별개의 범의에서 이루어진 행위로서 형법 제37조 전단의 **실체적 경합범**에 해당한다.

27-1 [대판 70도1133] 단일범의로서 절취한 시간과 장소가 접착되어 있고 **같은 관리인의 관리 하에 있는 방 안에서 소유자를 달리하는** 두 사람의 물건을 절취한 경우에는 1개의 절도죄가 성립한다.

27-2 [대판 89도664] [비교판례] 절도범이 갑의 집에 침입하여 그 집의 방안에서 그 소유의 재물을 절취하고 그 무렵 그 집에 세 들어 사는 을의 방에 침입하여 재물을 절취하려다 미수에 그쳤다면 위 두 범죄는 그 범행 장소와 물품의 **관리자를 달리하고 있어서 별개의 범죄를 구성한다. cf)** 관리자가 다른 경우는 관리자의 수만큼 절도죄가 성립한다.

28 [대판 66도928] [집합범] [**무면허 의료행위**에 있어서, 동종의 위법행위를 포괄적 일죄로, 보아야 할 경우] 무면허의료행위는 그 범죄의 구성요건의 성질상 동종행위의 반복이 예상되는 것이므로 반복된 수개의 행위는 포괄적으로 한 개의 범죄로서 처단되어야 할 것이다.

70 포괄일죄(2)

* 대법원 2013. 5. 24. 선고 2011도9549 판결
* 참조조문: 형법 제37조[1]

사업장폐기물 불법 매립에 의한 폐기물관리법 위반죄의 포괄일죄의 여부

●**사실**● 피고인 X는 여러 해에 걸쳐 낮은 지대의 농지에 토사를 반입하여 성토하는 사토업을 하면서 공소사실 기간에 이 사건 매립지에서 사토장을 운영하다가 '2009.11.16.부터 2009.12.2.까지 피고인 Y 운영의 ○○산업개발로부터 위탁받은 무기성 오니 약 920톤을 용인시 대대리 일원의 농경지에 무단으로 매립하였다'(제1행위)는 내용으로 약식명령이 청구되어 2010.4.9. 벌금 500만 원의 약식명령을 발령받았으나 정식재판을 청구하여 2010.12.23. 벌금 300만 원을 선고받고 2010.12.31. **그 판결이 확정**되었다.

그 후 2010.7.8. 검사는 다시 X가 2009.6.14.경부터 2010.1.17.경까지 Z 주식회사와 Y 운영의 ○○산업개발로부터 위탁받은 사업장폐기물인 무기성 오니 합계 6,720톤을 용인시 처인구 일원의 농경지에 무단으로 매립하였다'(제2행위)는 범죄사실로 공소제기 하였다.

X는 제1행위와 제2행위는 **포괄일죄의 관계에 있다며 면소**를 주장하였다. 원심은 이를 받아 들였다. 즉, 보호법익이 동일하고, 범죄 실행 형태가 동종이며, 개개 행위가 시간적·장소적으로 연속되어 있는 점과 함께 범행 횟수, 기간, 방법 등을 종합하여 볼 때 단일하고 계속된 범의를 가지고 일정 기간 계속하여 행한 것으로 위 확정판결의 범죄사실과 검사의 공소사실은 포괄일죄 관계에 있다고 보아 위 확정판결의 기판력이 이 부분 공소사실에 미친다는 이유로 공소사실에 대하여 형사소송법 제326조 제1호에 의하여 면소를 선고하였다. 이에 대해 검사가 상고하였다.

●**판지**● **파기환송**. 「폐기물관리법 제63조는 같은 법 제8조 제2항을 위반하여 사업장폐기물을 매립한 자를 7년 이하의 징역이나 5천만 원 이하의 벌금에 처하도록 규정하고 있는데(다만 징역형과 벌금형은 병과할 수 있다), 폐기물관리법 제8조 제2항은 "누구든지 이 법에 따라 허가 또는 승인을 받거나 신고한 폐기물처리시설이 아닌 곳에서 폐기물을 매립하거나 소각하여서는 아니 된다."고 규정하고 있어 폐기물을 어느 곳에 매립하는지에 따라 범죄의 성립 여부가 달라질 뿐만 아니라, 매립은 그 자체로 매립장소와 불가분의 관계에 있다고 볼 수 있고, 매립장소에 따라 해당 지역이나 주민에게 미치는 영향이 상당하며, 매립장소 변경 시 범의의 갱신이 이루어질 수 있다는 점을 고려할 때, 폐기물관리법 제8조 제2항 위반죄에서 **매립장소는 포괄일죄 여부를 판단하는 중요한 기준**이 된다. 그리고 폐기물의 매립과 관련하여 **범의의 단일성과 계속성이 인정**되는지를 판단하기 위해서는 위와 같은 폐기물 매립장소에 더하여 매립의 경위와 기간, 방법, 도구 등은 물론 폐기물위탁처리업체와의 거래경위나 거래방식이 어떠하고 거기에 변경이 있는지 등을 함께 고려하여야 한다」.

●**해설**● **1** 포괄일죄의 법률적 효과는 소송법상으로 일죄라는 점에서 잘 드러난다. 포괄일죄의 공소시효는 최종 범죄행위가 종료한 때로부터 진행되고 기판력은 판결 이전의 포괄일죄의 관계에 있는 모든 범죄에 미치므로 이에 대해 공소가 제기되면 면소판결을 해야 한다(대판 94도1318).

---

1) 형법 제37조(경합범) 판결이 확정되지 아니한 수개의 죄 또는 금고 이상의 형에 처한 판결이 확정된 죄와 그 판결확정 전에 범한 죄를 경합범으로 한다.

2 형사재판이 「실체적으로 확정되면 동일한 범죄에 대하여 거듭 처벌할 수 없고, 확정판결이 있는 사건과 동일사건에 대하여 공소의 제기가 있는 경우에는 판결로써 면소의 선고를 하여야 한다. 이때 **공소사실이나 범죄사실의 동일성 여부**는 사실의 동일성이 갖는 법률적 기능을 염두에 두고 피고인의 행위와 그 사회적인 사실관계를 기본으로 하되 **그 규범적 요소도 고려하여 판단**」하여야 한다.

3 그리고 포괄일죄의 관계에 있는 「**범행 일부에 대하여 판결이 확정된 경우**에는 사실심 판결 선고 시를 기준으로 그 이전에 이루어진 범행에 대하여는 확정판결의 기판력이 미쳐 면소의 판결을 선고하여야 할 것인데, (가) 동일 죄명에 해당하는 여러 개의 행위 혹은 연속된 행위를 단일하고 계속된 범의 하에 일정 기간 계속하여 행하고 그 피해법익도 동일한 경우에는 이들 각 행위를 통틀어 포괄일죄로 처단하여야 할 것이나, (나) 범의의 단일성과 계속성이 인정되지 아니하거나 범행방법 및 장소가 동일하지 않은 경우에는 각 범행은 실체적 경합범에 해당」한다.

4 사안의 경우 그 매립장소가 4곳으로 구분되어 있고, 폐기물위탁처리업체도 2009.6.14.부터 2009.9.29.까지는 공소외 주식회사이었다가 2009.11.9.부터 2010.1.17.까지는 Y 운영의 ○○산업개발로 변경되었음을 알 수 있다. 이러한 점에 비추어 「원심으로서는 마땅히 위와 같은 매립장소를 중심으로 그 매립의 경위와 기간, 방법, 도구 등은 물론 폐기물위탁처리업체와의 거래경위와 거래방식 등을 두루 살펴본 다음 위 확정판결의 범죄사실과 이 부분 공소사실이 **포괄일죄 관계에 있어 동일사건에 해당하는지**를 가려 그 확정판결의 기판력이 이 부분 공소사실에 미치는지를 판단하였어야 할 것이다. 하지만 **원심은 이와 달리 포괄일죄를 인정하고 위 확정판결의 기판력이 이 부분 공소사실에 미친다고 단정**하였다. 이러한 원심판단에는 폐기물 불법 매립에 의한 폐기물관리법위반죄에 있어서의 포괄일죄와 경합범의 구별 기준에 관한 법리를 오해하고 필요한 심리를 다하지 아니함으로써 판결에 영향을 미친 위법이 있다」고 대법원은 본 것이다.

5 한편, (1) 포괄일죄의 중간에 **별종의 죄**의 확정판결이 끼어 있는 경우에 있어 판례는 「포괄일죄로 되는 개개의 범죄행위가 **다른 종류**의 죄의 확정판결의 전후에 걸쳐서 행하여진 경우에는 그 죄는 **2죄로 분리되지 않고** 확정판결 후인 '최종의 범죄행위시'에 완성되는 것」으로 본다(대판 2002도5341). 반면 (2) 포괄일죄의 중간에 동종의 죄에 관한 확정판결이 끼어 있는 경우에는 그 죄는 **전후로 분리(2죄로 분리)**된다(대판 2010도9317).

6 "포괄일죄의 인정이 피고인에게 유리하게, 검사나 법원에 편리하게 작용하는 측면이 있기는 하다. 하지만 행위책임의 원칙을 충실히 관철하기 위해서는 그 성립 범위는 가급적 제한하는 것이 타당하다고 생각된다. 대법원의 판단도 포괄일죄의 인정을 보다 엄격하게 하는 방향으로 흐르는 것이 아닌가 생각한다".[2)]

2) 우인성, 포괄일죄와 실체적 경합의 구분, 형법판례 150, 145면.

Reference 1

포괄일죄를 부정한 사례

1 **[대판 2018도10779]** [비의료인이 의료기관을 개설하여 운영하는 도중 개설자 명의를 다른 의료인 등으로 변경한 경우, 그 죄수관계(=**개설자 명의별로 별개의 범죄가 성립**하고 각 죄는 실체적 경합범)] 의료법은 의료기관을 개설할 수 있는 자격을 엄격하게 제한하고 있고(제33조 제2항), 의료기관의 개설신고 · 개설허가에서부터 운영은 물론 폐업할 때까지 의료기관에 관한 각종 의무를 개설자에게 부과하고 있다(제33조 제3항 이하, 제36조 내지 제38조, 제40조, 제45조, 제48조, 제49조 등). 개설자가 변경되면 시장 · 군수 등에게 개설신고사항의 변경신고를 하거나 변경허가를 받아야 하고, 그때부터는 변경된 개설자가 앞에서 본 의무를 부담하게 된다. …… 이렇듯 의료기관의 개설자는 공법상 법률관계에서 중요한 의미를 지닌다. 또한 의료서비스를 제공받는 일반인도 대체로 의료기관을 선택할 때 의료기관의 개설자가 누구인지를 중요한 판단 기준으로 삼는다. 이러한 사정들을 고려하면, 의료기관의 개설자 명의는 의료기관을 특정하고 동일성을 식별하는 데에 중요한 표지가 되는 것이므로, 비의료인이 의료기관을 개설하여 운영하는 도중 개설자 명의를 다른 의료인 등으로 변경한 경우에는 그 범의가 단일하다거나 범행방법이 종전과 동일하다고 보기 어렵다. 따라서 개설자 명의별로 별개의 범죄가 성립하고 각 죄는 실체적 경합범의 관계에 있다고 보아야 한다.

2 **[대판 2013도10467] [영업범] [포괄일죄와 실체적 경합범의 구별 기준] ●사실●** 피고인이 선물거래시장의 실제 거래시세정보가 실시간으로 연동되는 사설 선물거래 사이트를 개설한 다음, 회원들이 피고인 계좌로 돈을 입금하면 일정한 적용비율로 환산한 전자화폐를 적립시켜 준 뒤, 회원들이 거래를 할 때마다 수수료를 공제하고, 전자화폐의 환전을 요구받으면 원래의 적용비율에 따라 현금으로 환산하여 주는 방식으로 사이트를 운영한 사안이다. **●판지●** 동일 죄명에 해당하는 수 개의 행위를 단일하고 계속된 범의로 일정기간 계속하여 행하고 그 피해법익도 동일한 경우에는 이들 각 행위를 통틀어 포괄일죄로 처단하여야 할 것이나, 수 개의 범행에서 범의의 단일성과 계속성이 인정되지 아니하거나 범행방법이 동일하지 않다면 각 범행은 실체적 경합범에 해당한다. …… 이 사건 약식명령이 확정된 범죄와 이 부분 공소사실의 범죄 사이에는 각 사설 사이트를 운영한 사무실의 위치, 사설 사이트 운영자, 회원들과의 입출금 방식이 서로 다른 점, 약식명령이 확정된 사건에서는 피고인이 단독범으로 기소되었으나 이 부분 공소사실에서는 피고인이 공동정범으로 기소된 점 등 여러 사정에 비추어 보면, 이 사건 약식명령이 확정된 범죄사실과 이 부분 공소사실은 양자 사이에 범의의 단일성과 계속성이 인정되지 아니하고 범행방법도 동일하지 아니하여 포괄일죄에 해당하지 아니한다.

3 **[대판 2011도12131]** 파기환송. ['상습범'의 의미와 상습성 있는 자가 같은 종류의 죄를 반복하여 저지르고 상습범을 별도의 범죄유형으로 처벌하는 규정이 없는 경우의 죄수 관계(=**원칙적으로 실체적 경합범**) 및 저작재산권 침해로 인한 저작권법 제136조 제1항의 죄를 상습으로 수회에 걸쳐 범한 경우의 죄수 관계(=원칙적으로 실체적 경합범)] [1] 상습범이란 어느 기본적 구성요건에 해당하는 행위를 한 자가 범죄행위를 반복하여 저지르는 습벽, 즉 **상습성이라는 행위자적 속성**을 갖추었다고 인정되는 경우에 이를 가중처벌 사유로 삼고 있는 범죄유형을 가리키므로, 상습성이 있는 자가 같은 종류의 죄를 반복하여 저질렀다 하더라도 **상습범을 별도의 범죄유형으로 처벌하는 규정이 없는 한 각 죄는 원칙적으로 별개의 범죄로서 경합범으로 처단할 것**이다. [2] 저작재산권 침해행위는 **저작권자가 같더라도 저작물별로 침해되는 법익이 다르므로, 각각**

의 저작물에 대한 침해행위는 원칙적으로 각 별개의 죄를 구성한다. 다만 단일하고도 계속된 범의 아래 동일한 저작물에 대한 침해행위가 일정기간 반복하여 행하여진 경우에는 포괄하여 하나의 범죄가 성립한다고 볼 수 있다. [3] 2개의 인터넷 파일공유 웹스토리지 사이트를 운영하는 피고인들이 이를 통해 저작재산권 대상인 디지털 콘텐츠가 불법 유통되고 있음을 알면서도 다수의 회원들로 하여금 수만 건에 이르는 불법 디지털 콘텐츠를 업로드하게 한 후 이를 수십만 회에 걸쳐 다운로드하게 함으로써 저작재산권 침해를 방조하였다는 내용으로 기소된 사안에서, 피고인들에게 **'영리 목적의 상습성'**이 인정된다고 하더라도 이는 고소 없이도 처벌할 수 있는 근거가 될 뿐 **피고인들의 각 방조행위는 원칙적으로 서로 경합범 관계에 있고**, 다만 동일한 저작물에 대한 수회의 침해행위에 대한 **각 방조행위가 포괄하여 하나의 범죄가 성립할 여지가 있을 뿐**인데도, 이와 달리 위 사이트를 통해 유통된 다수 저작권자의 다수 저작물에 대한 피고인들의 범행 전체가 하나의 포괄일죄를 구성한다고 본 원심판결에 저작권법위반죄의 죄수에 관한 법리오해의 위법이 있다. **cf)** 원심은, 저작권법 제140조 단서 제1호가 제136조 제1항의 죄에 대한 상습범이라는 별도의 구성요건을 정한 것이라는 전제 하에, 피고인들에게 '영리 목적의 상습성'이 인정되므로 위 두 개의 사이트를 통해 유통된 다수 저작권자의 다수 저작물 전체에 대한 피고인들의 이 사건 범행 전체가 하나의 포괄일죄라고 판단하였다. 또한 이 사건 범행이 상습범이 아니라고 하더라도 단일하고 계속된 범의 하에 일정 기간 계속하여 행하여진 것이므로 그 전체가 하나의 포괄일죄를 구성한다는 취지로도 판단한 것으로 보인다. 그러나 대법원은 서로 다른 저작물에 대한 침해행위를 포괄하여 하나의 죄로 볼 수는 없다고 판시하였다.

4 **[대판 2010도13801]** (가) **수개의 업무상횡령 행위**라 하더라도 피해법익이 단일하고, 범죄의 태양이 동일하며, 단일 범의의 발현에 기인하는 일련의 행위로 인정되는 경우는 포괄하여 1개의 범죄라고 할 것이지만, (나) **피해자가 수인인 경우**는 피해법익이 단일하다고 할 수 없으므로 포괄일죄의 성립을 인정하기 어렵다.

5 **[대판 2009도10759]** [**수개의 등록상표에 대한 상표권침해** 행위가 계속하여 행하여진 경우, 상표권침해죄의 죄수 관계(=각 등록상표 1개마다 포괄하여 일죄)] [1] 수개의 등록상표에 대하여 상표법 제93조에서 정한 상표권침해 행위가 계속하여 행하여진 경우에는 각 등록상표 1개마다 포괄하여 1개의 범죄가 성립하므로, 특별한 사정이 없는 한 상표권자 및 표장이 동일하다는 이유로 등록상표를 달리하는 수개의 상표권침해 행위를 포괄하여 하나의 죄가 성립하는 것으로 볼 수 없다. [2] 피고인이 위조상표가 부착된 상품을 판매하여 甲의 상표권을 침해하였다는 내용으로 기소된 사안에서, 이미 유죄판결이 확정된 乙 등록상표에 대한 상표권침해죄 범죄사실과 공소사실 중 丙 등록상표에 대한 상표권침해 부분은 침해의 대상이 되는 등록상표를 달리하여 각 별개의 상표권침해죄를 구성하므로 비록 상표권자 및 표장이 같더라도 두 죄를 포괄하여 하나의 죄가 성립하는 것으로 볼 수 없다.

6 **[비교판례] [대판 2019도11688]** [수 개의 등록상표에 대하여 상표권 침해행위가 계속하여 이루어진 경우의 죄수(죄수)(=등록상표마다 포괄하여 일죄) / 하나의 유사상표 사용행위로 수 개의 등록상표를 동시에 침해한 경우, 각각의 상표법 위반죄의 죄수관계(=상상적 경합범)] 수 개의 등록상표에 대하여 상표법 제230조의 상표권 침해행위가 계속하여 이루어진 경우에는 등록상표마다 포괄하여 1개의 범죄가 성립한다. 그러나 하나의 유사상표 사용행위로 수 개의 등록상표를 동시에 침해하였다면 각각의 상표법 위반죄는 상상적 경합의 관계에 있다.

7 **[대판 2008도6987]** [수인으로부터 각각 같은 종류의 부정한 청탁과 함께 금품을 받은 배임수재행위가 포괄일죄를 구성하는지 여부(소극)] (가) 타인의 사무를 처리하는 자가 **동일인으로부터** 그 직무에 관하여 부정한 청탁을 받고 여러 차례에 걸쳐 금품을 수수한 경우, 그것이 단일하고도 계속된 범의 아래 일정기간 반복하여 이루어진 것이고 그 피해법익도 동일한 때에는 이를 포괄일죄로 보아야 한다. (나) 다만, **여러 사람으로부터** 각각 부정한 청탁을 받고 그들로부터 **각각 금품을 수수한 경우**에는 비록 그 청탁이 동종의 것이라고 하더라도 단일하고 계속된 범의 아래 이루어진 범행으로 보기 어려워 그 전체를 **포괄일죄로 볼 수 없다.**

8 **[대판 2007도10056]** 석유를 수입하는 것처럼 가장하여 신용장 개설은행들로 하여금 신용장을 개설하게 하고 신용장 대금 상당액의 지급을 보증하게 함으로써 동액 상당의 재산상 이익을 취득한 행위는 피해자들인 신용장 개설은행별로 각각 포괄하여 1죄가 성립하고, 분식회계에 의한 재무제표 및 감사보고서 등으로 은행으로 하여금 신용장을 개설하게 하여 신용장 대금 상당액의 지급을 보증하게 함으로써 동액 상당의 재산상 이익을 취득한 행위도 포괄하여 1죄가 성립한다고 할 것이나, 위와 같이 **'가장거래에 의한 사기죄'와 '분식회계에 의한 사기죄'는 범행 방법이 동일하지 않아 그 피해자가 동일하더라도 포괄일죄가 성립한다고 할 수 없다.**

9 **[대판 2007도1375] [강취한 현금카드를 사용하여 현금자동지급기에서 예금을 인출한 행위가 강도죄와 별도로 절도죄를 구성]** 강도죄는 공갈죄와는 달리 피해자의 반항을 억압할 정도로 강력한 정도의 폭행·협박을 수단으로 재물을 탈취하여야 성립하므로, 피해자로부터 현금카드를 강취하였다고 인정되는 경우에는 피해자로부터 현금카드의 사용에 관한 승낙의 의사표시가 있었다고 볼 여지가 없다. 따라서 강취한 현금카드를 사용하여 현금자동지급기에서 예금을 인출한 행위는 피해자의 승낙에 기한 것이라고 할 수 없으므로, 현금자동지급기 관리자의 의사에 반하여 그의 지배를 배제하고 그 현금을 자기의 지배하에 옮겨 놓는 것이 되어서 강도죄와는 별도로 절도죄를 구성한다.

10 **[대판 2006도7834]** [안전인증을 받지 아니한 채 안전인증대상전기용품을 **'제조'**한 구 전기용품 안전관리법 위반행위와 안전인증의 표시 등이 없는 전기용품을 **'판매'**한 구 전기용품 안전관리법 위반행위가 포괄일죄의 관계에 있는지 여부(소극)] 일반적으로 물건의 **제조행위와 판매행위는 독립된 행위**로서 그 판매행위가 제조행위에 수반되는 필연적 결과라거나 반대로 제조행위가 판매행위의 필연적 수단이라고 볼 수는 없으므로, 제조행위와 판매행위는 당해 행위 사이에서 각각 포괄일죄의 관계에 있을 뿐, 그 제조행위와 판매행위는 서로 독립한 가벌적 행위로서 별개의 죄를 구성한다고 보아야 한다.

11 **[대판 2006도3172]** 위험물인 유사석유제품을 제조한 석유사업법 위반 및 소방법 위반의 범행(제1 범죄행위)으로 경찰에 단속된 후 **기소중지되어 1달 이상 범행을 중단하였다가 다시** 위험물인 유사석유제품을 제조함으로써 석유 및 석유대체연료 사업법 위반 및 위험물안전관리법 위반의 범행(제2 범죄행위)을 하고, 그 후 제1 범죄행위에 대하여 약식명령이 확정된 사안에서, 제1, 2 범죄행위의 범행방법과 범행장소가 동일하지 않은 점 등에 비추어 두 범죄행위 사이에 시간적·장소적 접근성을 인정할 수 없고 범의가 갱신되었다는 이유로, 원심판결이 제1, 2 범죄행위가 포괄일죄를 구성하고 확정된 약식명령의 기판력이 제2 범죄행위에 미친다고 한 것을 파기한 사례.

12 **[대판 2006도3126]** 파기환송. [1] 타인의 명의를 모용하여 발급받은 신용카드를 이용하여 **현금자동지급기에서 현금대출을 받는 경우**의 죄책(=절도죄) [2] 타인의 명의를 모용하여 발급받은 신용카드를 이용하여 ARS **전화서비스나 인터넷 등을 통하여 신용대출을 받는 경우**의 죄책(=컴퓨터 등 사용사기죄). 타인의 명의를 모용하여 발급받은 신용카드의 번호와 그 비밀번호를 이용하여 ARS 전화서비스나 인터넷 등을 통하여 신용대출을 받는 방법으로 재산상 이익을 취득하는 행위 역시 미리 포괄적으로 허용된 행위가 아닌 이상, 컴퓨터 등 정보처리장치에 권한 없이 정보를 입력하여 정보처리를 하게 함으로써 재산상 이익을 취득하는 행위로서 **컴퓨터 등 사용사기죄에 해당**한다. [3] 타인의 명의를 모용하여 발급받은 신용카드를 이용하여 현금자동지급기에서 현금을 인출한 행위와 ARS 전화서비스 등으로 신용대출을 받은 행위를 포괄적으로 카드회사에 대한 사기죄가 된다고 판단한 원심판결을 파기한 사례.

13 **[대판 2005도4051]** 파기환송. 컴퓨터로 음란 동영상을 제공한 제1범죄행위로 서버컴퓨터가 압수된 이후 다시 장비를 갖추어 동종의 제2범죄행위를 하고 제2범죄행위로 인하여 약식명령을 받아 확정된 사안에서, 피고인에게 **범의의 갱신이 있어** 제1범죄행위는 약식명령이 확정된 제2범죄행위와 **실체적 경합관계**에 있다고 보아야 할 것이라는 이유로, 포괄일죄를 구성한다고 판단한 원심판결을 파기한 사례.

14-1 **[대판 2001도6281]** 파기환송. **[무면허운전으로 인한 도로교통법위반죄의 죄수]** **무면허운전**으로 인한 도로교통법위반죄에 있어서는 어느 날에 운전을 시작하여 다음날까지 동일한 기회에 일련의 과정에서 계속 운전을 한 경우 등 특별한 경우를 제외하고는 사회통념상 운전한 날을 기준으로 운전한 날마다 1개의 운전행위가 있다고 보는 것이 상당하므로 **운전한 날마다 무면허운전으로 인한 도로교통법 위반의 1죄가 성립한다고 보아야 할 것**이고, 비록 계속적으로 무면허운전을 할 의사를 가지고 여러 날에 걸쳐 무면허운전행위를 반복하였다 하더라도 이를 포괄하여 일죄로 볼 수는 없다.

14-2 **[대판 2004도5257]** 파기환송. [주취운전과 음주측정거부의 각 도로교통법위반죄의 죄수관계(=실체적 경합)] 도로교통법 제107조의2 제2호 음주측정불응죄의 규정 취지 및 입법 연혁 등을 종합하여 보면, **주취운전**은 이미 이루어진 도로교통 안전침해만을 문제 삼는 것인 반면 **음주측정거부**는 기왕의 도로교통 안전침해는 물론 향후의 도로교통안전 확보와 위험 예방을 함께 문제삼는 것이고, 나아가 **주취운전**은 도로교통법시행령이 정한 기준 이상으로 술에 '취한' 자가 행위의 주체인 반면, **음주측정거부**는 술에 취한 상태에서 자동차 등을 운전하였다고 인정할 만한 상당한 이유가 있는 자가 행위의 주체인 것이어서, 결국 양자가 반드시 동일한 법익을 침해하는 것이라거나 주취운전의 불법과 책임내용이 일반적으로 음주측정거부의 그것에 포섭되는 것이라고는 단정할 수 없으므로, 결국 **주취운전과 음주측정거부의 각 도로교통법위반죄는 실체적 경합관계**에 있는 것으로 보아야 한다.

사기죄의 죄수

15-1 **[대판 97도508]** [1] 사기죄에 있어서 수인의 피해자에 대하여 **각 피해자별로 기망행위를 하여** 각각 재물을 편취한 경우에 그 범의가 단일하고 범행방법이 동일하다고 하더라도 포괄일죄가 성립하는 것이 아니라 **피해자별로 1개씩의 죄가 성립하는 것**으로 보아야 한다. [2] 사기죄에 있어 동일한 피해자에 대하여 수회에 걸쳐 기망행위를 하여 금원을 편취한 경우 범의가 단일하고 범행방법이 동일하다면 사기죄의 포괄일죄만이 성립한다고 할 것이나, 범의의 단일성과 계속성이 인정되지 아니하거나 범행방법이 동일하지 않은 경우에는 **각 범행은 실체적 경합범**에 해당한다.

15-2 **[대판 2011도769]** [1] (가) 사기죄에서 수인의 피해자에 대하여 각 피해자별로 기망행위를 하여 각각 재물을 편취한 경우에 그 범의가 단일하고 범행방법이 동일하다고 하더라도 포괄일죄가 성립하는 것이 아니라 **피해자별로 1개씩의 죄가 성립**하는 것으로 보아야 한다. (나) 다만 피해자들이 하나의 동업체를 구성하는 등으로 **피해 법익이 동일하다고 볼 수 있는 사정이 있는 경우**에는 피해자가 복수이더라도 이들에 대한 사기죄를 **포괄하여 일죄로 볼 수도 있다.** [2] 사기죄 피해자들의 피해 법익이 동일하다고 볼 근거가 없는데도, 위 피해자들이 부부라는 사정만으로 이들에 대한 각 사기 행위가 포괄하여 일죄에 해당한다고 보아 특정경제범죄 가중처벌 등에 관한 법률을 적용한 원심판결에 죄수에 관한 심리미진 또는 법리오해의 위법이 있다.

16 **[대판 95도997] [신용카드 부정사용죄와 절도죄의 성부 및 관계]** 피해자 명의의 신용카드를 부정사용하여 현금자동인출기에서 현금을 인출하고 그 현금을 취득까지 한 행위는 신용카드업법 제25조 제1항의 부정사용죄에 해당할 뿐 아니라 그 현금을 취득함으로써 현금자동인출기 관리자의 의사에 반하여 그의 지배를 배제하고 그 현금을 자기의 지배하에 옮겨 놓는 것이 되므로 별도로 절도죄를 구성하고, 위 양 죄의 관계는 그 보호법익이나 행위태양이 전혀 달라 실체적 경합관계에 있는 것으로 보아야 한다.

17 **[대판 90도1365]** [상습강도죄와 강도상해죄가 상상적 경합범 관계에 있는지 여부(소극)] 형법 제333조, 제334조, 제337조, 제341조, 특정범죄가중처벌등에관한법률 제5조의4 제3항, 제5조의5의 각 규정을 살펴보면 강도죄와 강도상해죄는 따로 규정되어 있고 **상습강도죄(형법 제341조)에 강도상해죄가 포괄흡수될 수는 없는 것**이므로 위 2죄는 상상적 경합범 관계가 아니다.

18 **[대판 89도1309]** [동일한 피해자에 대한 3회의 금원편취 행위를 실체적 경합범으로 본 사례] 피고인이 동일한 피해자로부터 3회에 걸쳐 돈을 편취함에 있어서 그 **시간적 간격이 각 2개월 이상**이 되고 그 **기망방법**에 있어서도 처음에는 경매보증금을 마련하여 시간을 벌어주면 경매목적물을 처분하여 갚겠다고 거짓말을 하였고, 두번째는 한번만 더 시간을 벌면 위 부동산이 처분될 수 있다고 하여 돈을 빌려주게 하고, 마지막에는 돈을 빌려주지 않으면 두번에 걸쳐 빌려준 돈도 갚을 수 없게 되었다고 거짓말을 함으로써 피해자로 하여금 부득이 그 돈을 빌려주지 않을 수 없는 상태에 놓이게 하였다면 피고인에게 범의의 단일성과 계속성이 있었다고 보여지지 아니하므로 위의 각 범행은 실체적 경합범에 해당한다.

19 **[대판 89도664]** 절도범이 갑의 집에 침입하여 그 집의 방안에서 그 소유의 재물을 절취하고 그 무렵 그 집에 세들어 사는 을의 방에 침입하여 재물을 절취하려다 미수에 그쳤다면 위 **두 범죄는 그 범행장소와 물품의 관리자를 달리하고 있어서 별개의 범죄**를 구성한다.

20 **[대판 87도527]** 강도가 **한 개의 강도범행을 하는 기회에 수명의 피해자에게 각 폭행**을 가하여 각 상해를 입힌 경우에는 각 피해자별로 수 개의 강도상해죄가 성립하며 이들은 실체적 경합범의 관계에 있다.

21 **[대판 82도2761]** 피고인이 미성년자를 유인하여 금원을 취득할 마음을 먹고 공소 외(갑)으로 하여금 피해자를 유인토록 하였으나 동인의 거절로 **미수에 그치고**, 같은 달 2차에 걸쳐 다시 피해자를 유인하였으나 마음이 약해져 각 실행을 중지하여 **미수에 그치고**, 다음 달 드디어 동 피해자를 **린치, 살해**하고 금원을

요구하는 내용의 **협박편지**를 피해자의 마루에 갖다 놓고 피해자의 안전을 염려하는 부모로부터 재물을 취득하려 했다면, **피고인은 당초의 범의를 철회 내지 방기하였다가 다시 범의를 일으켜** 위 마지막의 약취유인 살해에 이른 것이라고 하지 않을 수 없으니, 그간에 범의의 갱신이 있어 **그간의 범행이 단일한 의사발동에 인한 것이라고는 할 수 없으므로** 위 **각 미수죄와 기수죄를 경합범**으로 의율한 원심판단은 정당하다.

22 **[대판 82도2055]** 이사건 피고인의 원판시 (가)의 히로뽕 제조행위와 (나)의 히로뽕 제조행위를 서로 비교하여 보면 그 사이에 **약 9개월의 간격**이 있고 범행 장소도 상이하여 **범의의 단일성과 계속성을 인정하기 어려우므로** 이들 두 죄를 포괄일죄라고 보기는 어려우니 경합가중을 한 원심조치는 정당하다.

Reference 2

기타 포괄일죄와 관련된 주요 판례

포괄일죄 도중에 확정판결이 있는 경우

1-1 **[대판 2002도5341]** [포괄일죄의 중간에 **별종의 죄의 확정판결**이 끼어 있는 경우의 처벌례(=확정판결 후의 범죄)] 포괄일죄로 되는 개개의 범죄행위가 다른 종류의 죄의 확정판결의 전후에 걸쳐서 행하여진 경우에는 그 죄는 **2죄로 분리되지 않고** 확정판결 후인 최종의 범죄행위 시에 완성되는 것이다.

1-2 **[비교판례] [대판 2010도9317]** [복무이탈행위 중간에 **동종의 죄에 관한 확정판결**이 있는 경우 일련의 복무이탈행위가 그 전후로 분리되는지 여부(적극)] [1] 구 병역법(2009. 6. 9. 법률 제9754호로 개정되기 전의 것) 제89조의2 제1호에서 정한 범죄는 정당한 사유 없이 계속적 혹은 간헐적으로 행해진 통산 8일 이상의 복무이탈행위 전체가 하나의 범죄를 구성하고, 계속적 혹은 간헐적으로 행해진 통산 8일 이상의 복무이탈행위 중간에 동종의 죄에 관한 확정판결이 있는 경우에는 일련의 복무이탈행위는 **그 확정판결 전후로 분리된다**. [2] 공익근무요원인 피고인이 복무를 이탈하여 구 병역법 위반으로 기소되었는데, 복무이탈행위 중간에 동종의 범죄에 관한 확정판결이 있는 사안에서, 위 공소사실 중 확정판결 전에 범한 복무이탈 부분에 대해서는 **면소**를 선고하고, 나머지 공소사실 부분에 대해서는 범죄로 되지 아니하는 때에 해당한다는 이유로 **무죄**를 선고한 원심판단을 수긍한 사례.

상습범과 일사부재리(기판력)의 효력

2 **[대판 2001도3206 전원합의체]** [상습범으로서 포괄적 일죄의 관계에 있는 여러 개의 범죄사실 중 일부에 대하여 유죄판결이 확정된 경우, 그 확정판결의 사실심판결 선고 전에 저질러진 나머지 범죄에 대하여 면소판결을 선고하기 위한 요건] [다수의견] 상습범으로서 포괄적 일죄의 관계에 있는 여러 개의 범죄사실 중 일부에 대하여 유죄판결이 확정된 경우에, 그 확정판결의 **사실심판결 선고 전에 저질러진 나머지 범죄**에 대하여 새로이 공소가 제기되었다면 그 새로운 공소는 확정판결이 있었던 사건과 동일한 사건에 대하여 다시 제기된 데 해당하므로 이에 대하여는 **판결로써 면소의 선고**를 하여야 하는 것인바(형사소송법 제326조 제1호[3]), 다만 이러한 법리가 적용되기 위해서는 전의 확정판결에서 당해 피고인이 상습범으로 기소되어 처단되었을 것을 필요로 하는 것이고, 상습범 아닌 기본 구성요건의 범죄로 처단되는 데 그친 경우에는, 가

3) 형사소송법 제326조(면소의 판결) 다음 경우에는 판결로써 면소의 선고를 하여야 한다. 1. 확정판결이 있은 때 2. 사면이 있은 때 3. 공소의 시효가 완성되었을 때 4. 범죄 후의 법령개폐로 형이 폐지되었을 때

사 뒤에 기소된 사건에서 비로소 드러났거나 새로 저질러진 범죄사실과 전의 판결에서 이미 유죄로 확정된 범죄사실 등을 종합하여 비로소 그 모두가 상습범으로서의 포괄적 일죄에 해당하는 것으로 판단된다 하더라도 뒤늦게 앞서의 확정판결을 상습범의 일부에 대한 확정판결이라고 보아 그 기판력이 그 사실심판결 선고 전의 나머지 범죄에 미친다고 보아서는 아니 된다. **cf)** 사안에서 대법원 다수의견은 '동일한 범죄'로 묶여(포괄일죄) 거듭 처벌받지 않으려면 먼저 재판된 사기범행 부분이 '상습사기죄'로 기소되었어야 한다고 보았다. 따라서 피고인이 종전에 '단순사기죄'로 기소되었다면 단순사기죄로 기소된 그 부분범행에 대해서만 확정판결의 효력이 미친다고 판단하였다. 즉 대법원 다수의견은 단순사기죄의 확정판결을 그보다 무거운 상습사기죄의 확정판결로 바꾸는 것은 적절하지 않다고 판단하고 있다. 이러한 다수의견은 일견 피고인 보호를 위한 것처럼 보이지만, 실제적으로는 포괄일죄의 법리가 지나치게 확대적용되는 것을 소송법적인 측면에서 제한하기 위한 논리구성이라고 할 수 있다.[4]

3 **[대판 99도4797]** 원래 실체법상 상습사기의 일죄로 포괄될 수 있는 관계에 있는 **일련의 사기 범행의 중간에 동종의 죄에 관한 확정판결이 있는 경우**에는 그 확정판결에 의하여 원래 일죄로 포괄될 수 있었던 일련의 범행은 그 확정판결의 전후로 분리되고, 이와 같이 분리된 각 사건은 서로 동일성이 있다고 할 수 없어 이중으로 기소되더라도 각 사건에 대하여 각각의 주문을 선고하여야 한다.

4 **[대판 99도2744]** [상습범의 중간에 동종의 상습범의 확정판결이 있는 경우, 확정판결 전후의 범행은 두 개의 죄로 분단되는지 여부(적극) 및 판결 확정 후의 범죄사실을 공소장변경절차에 의하여 판결 확정 전의 범죄에 대한 공소사실에 추가할 수 있는지 여부(소극)] 상습범에 있어서 공소제기의 효력은 공소가 제기된 범죄사실과 동일성이 인정되는 범죄사실의 전체에 미치는 것이므로 상습범의 범죄사실에 대한 공판심리 중에 그 범죄사실과 동일한 습벽의 발현에 의한 것으로 인정되는 범죄사실이 추가로 발견된 경우에는 검사는 공소장변경절차에 의하여 그 범죄사실을 공소사실로 추가할 수 있다고 할 것이나, **공소제기된 범죄사실과 추가로 발견된 범죄사실 사이에 그것들과 동일한 습벽에 의하여 저질러진 또 다른 범죄사실**에 대한 유죄의 확정판결이 있는 경우에는 **전후 범죄사실의 일죄성은 그에 의하여 분단되어** 공소제기된 범죄사실과 판결이 확정된 범죄사실만이 포괄하여 하나의 상습범을 구성하고, 추가로 발견된 확정판결 후의 범죄사실은 그것과 경합범 관계에 있는 별개의 상습범이 되므로, 검사는 공소장변경절차에 의하여 이를 공소사실로 추가할 수는 없고 어디까지나 별개의 독립된 범죄로 공소를 제기하여야 한다.

5 **[대판 94도1318]** 포괄일죄의 관계에 있는 범행일부에 관하여 약식명령이 확정된 경우, (가) 약식명령의 발령시를 기준으로 하여 그 전의 범행에 대하여는 면소의 판결을 하여야 하고, (나) 그 이후의 범행에 대하여서만 일개의 범죄로 처벌하여야 한다.

4) 신동운, 형법총론(제8판), 745면.

71 불가벌적 사후행위 - 법조경합(흡수관계) -

* 대법원 2013. 2. 21. 선고 2010도10500 전원합의체 판결
* 참조조문: 형법 제355조 제1항[1)]

타인의 부동산을 보관 중인 자가 그 부동산에 근저당권설정등기를 마침으로써 횡령행위가 기수에 이른 후 같은 부동산에 별개의 근저당권을 설정하거나 해당 부동산을 매각한 행위가 별도로 횡령죄를 구성하는가?

●**사실**● 피고인 X는 1995.10.20. A 종중으로부터 종중 소유인 파주시 적성면 답 2,337㎡, 답 2,340㎡ 두 필지를 명의신탁받아 보관하던 중 자신의 개인 채무변제에 사용하기 위한 돈을 차용하기 위해 위 토지에 관하여 1995.11.30. 채권최고액 1,400만 원의 근저당권을, 2003.4.15. 채권최고액 750만 원의 **근저당권을 각각 설정**하였다(선행 처분행위). 그리고 이후 Y와 공모하여 2009.2.21. 이 토지를 B에게 1억 9,300만 원에 **매도**하였다(후행 처분행위).

검사는 X와 Y의 후행의 매도행위에 대해 횡령죄로 기소하였다. 이에 피고인들은 이 사건 토지를 매도한 행위는 선행 근저당권설정행위 이후에 이루어진 것이어서 불가벌적 사후행위에 해당한다고 주장하였다. 원심은 피고인들이 행한 토지 매도행위는 별도의 횡령죄를 구성한다고 보아 횡령죄 유죄를 인정하였다. 이에 X·Y는 상고하였다.

●**판지**● **상고기각.** 「[1] [다수의견] (가) 횡령죄는 다른 사람의 재물에 관한 소유권 등 본권을 보호법익으로 하고 법익침해의 위험이 있으면 침해의 결과가 발생되지 아니하더라도 성립하는 **위험범**이다. 그리고 일단 특정한 처분행위(이를 '선행 처분행위'라 한다)로 인하여 법익침해의 위험이 발생함으로써 횡령죄가 기수에 이른 후 종국적인 법익침해의 결과가 발생하기 전에 새로운 처분행위(이를 '후행 처분행위'라 한다)가 이루어졌을 때, 후행 처분행위가 선행 처분행위에 의하여 발생한 위험을 현실적인 법익침해로 완성하는 수단에 불과하거나 그 과정에서 당연히 예상될 수 있는 것으로서 새로운 위험을 추가하는 것이 아니라면 후행 처분행위에 의해 발생한 위험은 선행 처분행위에 의하여 이미 성립된 횡령죄에 의해 평가된 위험에 포함되는 것이므로 후행 처분행위는 이른바 불가벌적 사후행위에 해당한다.

(나) 그러나 **후행 처분행위가 이를 넘어서서,** 선행 처분행위로 예상할 수 없는 **새로운 위험을 추가함으로써 법익침해에 대한 위험을 증가**시키거나 **선행 처분행위와는 무관한 방법으로 법익침해의 결과를 발생**시키는 경우라면, 이는 선행 처분행위에 의하여 이미 성립된 횡령죄에 의해 **평가된 위험의 범위를 벗어나는 것**이므로 특별한 사정이 없는 한 **별도로 횡령죄를 구성한다**고 보아야 한다.

(다) 따라서 타인의 부동산을 보관 중인 자가 불법영득의사를 가지고 그 부동산에 근저당권설정등기를 경료함으로써 일단 횡령행위가 기수에 이르렀다 하더라도 그 후 같은 부동산에 별개의 근저당권을 설정하여 새로운 법익침해의 위험을 추가함으로써 법익침해의 위험을 증가시키거나 해당 부동산을 매각함으로써 기존의 근저당권과 관계없이 법익침해의 결과를 발생시켰다면, 이는 당초의 근저당권 실행을 위한 임의경매에 의한 매각 등 그 근저당권으로 인해 당연히 **예상될 수 있는 범위를 넘어 새로운 법익침해의 위험**을 추가시키거나 **법익침해의 결과**를 발생시킨 것이므로 특별한 사정이 없는 한 **불가벌적 사후행위로 볼 수 없고, 별도로 횡령죄를 구성**한다」.

---

1) 형법 제355조(횡령) ① 타인의 재물을 보관하는 자가 그 재물을 횡령하거나 그 반환을 거부한 때에는 5년 이하의 징역 또는 1천 500만원 이하의 벌금에 처한다.

●**해설**● 1 절도범이 절취한 **자기앞수표**를 추심의뢰하여 환금한 경우, 따로 사기죄가 성립하지 않는다. 이는 금융기관 발행의「자기앞수표는 즉시 지급받을 수 있어 현금에 대신하는 기능을 하고 있는 점에서 현금적인 성격이 강하므로 절취한 자기앞수표의 환금행위는 절취행위에 대한 수반한 당연의 경과」로 보아 판례는 사기죄 성립은 부정한다(대판 82도822).

2 이와 같이 선행행위의 법적 평가에 이미 포함되었기 때문에 후행행위가 별도로 처벌되지 않는 경우를 가리켜서 **불가벌적 사후행위**라고 한다. 불가벌적 사후행위의 속성은 그 불법이 주된 범죄에서 **이미 평가되었기 때문에** 별도의 범죄를 구성하지 않는다는 점이다. 이는 **법조경합에 있어서 흡수관계**에 해당한다[2]. **법조경합**이란 외견상으로는 1개의 행위 또는 수 개의 행위가 수 개의 구성요건을 충족하지만 구성요건 상호간의 관계에 따라 1개의 구성요건만 적용되는 경우를 말한다(이중평가금지원칙).

3 대법원은, 오랜 기간 동안 줄곧 부동산 명의수탁자가 수탁부동산에 관하여 임의로 근저당권을 설정함으로써 행한 횡령행위는 그 등기를 경료하였을 때 완성되고, 이후에 다시 당해 부동산에 근저당권을 설정하거나 이를 매도하는 행위는 원칙적으로 횡령물의 처분행위로서 새로운 법익의 침해를 수반하지 아니하는 이른바 불가벌적 사후행위에 해당하여 별도의 횡령죄를 구성하지 아니한다고 판시해 왔다(대판 96도1755).

4 그러나 대법원의 다수의견은 이 판결에서 입장을 바꾸어 기존의 대법원 판결들에 의하여 불가벌적 사후행위가 되어 처벌의 대상이 되지 아니하던 행위에 대하여, 특별한 사정이 없는 한 **불가벌적 사후행위로 볼 수 없고 별도의 횡령죄를 구성한다**고 함으로써 이를 **원칙적인 처벌의 대상**으로 보았다는 점에 본 판결의 의의가 있다.

5 불가벌적 사후행위가 되기 위해서는 그 사후행위는 선행범죄와 동일한 보호법익과 행위객체를 침해해야 하고 그 침해의 양을 초과해서는 안 된다. 특히 사후행위가 다른 사람의 '새로운' 법익을 침해하게 되면 불가벌적 사후행위가 성립하지 않는다(대판 80도2310). 사안에서 다수의견은 근저당권을 설정한 부동산을 다시 피고인들이 매매한 행위는 **새로운 법익침해의 결과를 발생**시킨 것으로 보아 별도의 횡령죄가 성립한다고 판단하였다. 이와 같이, 불가벌적 사후행위의 요건 중 가장 중요한 것은 새로운 법익의 침해가 발생하지 않아야 한다는 점이다.

6 하지만 반대의견은 다음과 같은 이유로 횡령죄 성립을 부정한다.「형법 제355조 제1항에서 규정한 횡령죄는 재물의 영득을 구성요건적 행위로 삼는다는 점에서 재산상의 이익을 대상으로 하는 같은 조 제2항의 배임죄와 구분되는데, 재물에 대한 불법영득의사는 피해자의 소유권 등 본권에 대한 전면적 침해를 본질적 내용으로 하므로 그러한 불법영득의사에 기한 횡령행위가 있을 경우 이미 그에 의한 법익

2) **법조경합**은 특별관계, 보충관계, 흡수관계로 나뉜다. ① **특별관계**는 경합하는 구성요건이 서로 일반법 대 특별법의 관계에 있어 특별법이 적용되는 경우를 말한다. 예를 들어 보통살인죄와 존속살해죄의 관계에서 존속살해죄는 보통살인죄를 배척하여 적용된다. ② **보충관계**란 어떤 형벌법규가 다른 형벌법규의 적용이 없을 때에 보충적으로 적용되는 관계를 말한다. 일반건조물방화죄(법166①)는 현주건조물방화죄(법164) 및 공용건조물방화죄(법165)와 보충관계에 있고 일반물건방화죄(법167)는 세 범죄와 보충관계에 있다. ③ **흡수관계**에는 불가벌적 사후행위와 불가벌적 수반행위가 있다.

침해의 결과나 위험은 그 소유권 등의 객체인 재물의 전체에 미친다고 볼 수밖에 없고, 따라서 일단 위와 같은 횡령죄가 성립한 후에는 재물의 보관자에 의한 새로운 처분행위가 있다고 하여 별도의 법익침해의 결과나 위험이 발생할 수 없음은 당연한 논리적 귀결이다. 타인의 부동산을 보관 중인 자가 그 부동산의 일부 재산상 가치를 신임관계에 반하여 유용하는 행위로서, 즉 배임행위로서 제3자에게 근저당권을 설정한 것이 아니라, 아예 **해당 부동산을 재물로서 불법적으로 영득할 의사로, 즉 횡령행위로서 근저당권을 설정한 것이라면, 이러한 횡령행위에 의한 법익침해의 결과나 위험은 그때 이미 위 부동산에 관한 소유권 전체에 미치게 되고**, 이 경우 후행 처분행위에 의한 추가적 법익침해의 결과나 위험은 **법논리상 불가능하다**고 보아야 한다」.

7 한편 법조경합의 또 하나의 형태인 흡수관계에 속하는 것으로 **불가벌적 수반행위**가 있다. '불가벌적 수반행위'란 「행위자가 특정한 죄를 범하면 비록 논리 필연적인 것은 아니지만 일반적·전형적으로 다른 구성요건을 충족하고 이때 그 구성요건의 불법이나 책임 내용이 주된 범죄에 비하여 경미하기 때문에 처벌이 별도로 고려되지 않는 경우」를 말한다(대판 2012도1895). 예를 들면, 살인에 수반되는 의복의 손괴나 사문서위조에 수반하는 인장위조 등이 있다.

Reference 1

불가벌적 사후행위를 긍정한 판례

1 **[대판 2017도3045]** 전기통신금융사기(이른바 보이스피싱 범죄)의 범인이 **피해자를 기망하여 피해자의 돈을 사기이용계좌로 송금·이체**받았다면 이로써 편취행위는 **기수**에 이른다. 따라서 범인이 피해자의 돈을 보유하게 되었더라도 이로 인하여 피해자와 사이에 어떠한 위탁 또는 신임관계가 존재한다고 할 수 없는 이상 피해자의 돈을 보관하는 지위에 있다고 볼 수 없으며, 나아가 그 후에 **범인이 사기이용계좌에서 현금을 인출**하였더라도 이는 **이미 성립한 사기범행의 실행행위에 지나지 아니하여 새로운 법익을 침해한다고 보기도 어려우므로**, 위와 같은 인출행위는 사기의 피해자에 대하여 따로 횡령죄를 구성하지 아니한다. 그리고 이러한 법리는 사기범행에 이용되리라는 사정을 알고서도 자신 명의 계좌의 접근매체를 양도함으로써 사기범행을 **방조한 종범**이 사기이용계좌로 송금된 피해자의 돈을 **임의로 인출한 경우**에도 마찬가지로 적용된다.

2 **[대판 2015도8592]** 갑 종친회 회장인 피고인이 위조한 종친회 규약 등을 공탁관에게 제출하는 방법으로 갑 종친회를 피공탁자로 하여 공탁된 **수용보상금을 출급받아 편취**하고, 이를 종친회를 위하여 업무상 보관하던 중 **반환을 거부하여 횡령**하였다는 내용으로 기소된 사안에서, 피고인이 공탁관을 기망하여 공탁금을 출급받음으로써 갑 종친회를 피해자로 한 **사기죄가 성립하고, 그 후 갑 종친회에 대하여 공탁금 반환을 거부한 행위는 새로운 법익의 침해를 수반하지 않는 불가벌적 사후행위에 해당할 뿐** 별도의 횡령죄가 성립하지 않는다.

3 **[대판 2012도10980]** 甲 주식회사 대표이사인 피고인이 자신의 채권자 乙에게 차용금에 대한 담보로 甲 회사명의 정기예금에 **질권[3]을 설정**하여 주었는데, 그 후 乙이 차용금과 정기예금의 변제기가 모두 도래

3) **질권(質權)**은 채권자가 그의 채권의 담보로서 채무자의 물건을 수취하여 채무의 변제가 있을 때까지 채무자 또는 제3자(물상보증인)로부터 받은 물건(또는 재산권)을 점유하고, 유치함으로써 한편으로는 채무의 변제를 간

한 이후 **피고인의 동의하**에 정기예금 계좌에 입금되어 있던 甲 회사 자금을 **전액 인출**하였다고 하여 구 특정경제범죄 가중처벌 등에 관한 법률 위반으로 기소된 사안에서, 민법 제353조에 의하면 질권자는 질권의 목적이 된 채권을 직접 청구할 수 있으므로, 피고인의 **예금인출동의행위는 이미 배임행위로써 이루어진 질권설정행위의 사후조처에 불과**하여 새로운 법익의 침해를 수반하지 않는 이른바 **불가벌적 사후행위에 해당하고, 별도의 횡령죄를 구성하지 않는데도,** 이와 달리 피고인에 대하여 질권설정으로 인한 배임죄와 별도로 예금인출로 인한 횡령죄까지 성립한다고 본 원심판결에 불가벌적 사후행위에 관한 법리오해의 위법이 있다.

4 **[대판 2010도3498]** [1] 송금의뢰인이 수취인의 예금계좌에 계좌이체 등을 한 이후, 수취인이 은행에 대하여 예금반환을 청구함에 따라 은행이 수취인에게 그 예금을 지급하는 행위는 계좌이체금액 상당의 예금계약의 성립 및 그 예금채권 취득에 따른 것으로서 은행이 착오에 빠져 처분행위를 한 것이라고 볼 수 없으므로, 결국 이러한 행위는 은행을 피해자로 한 형법 제347조의 사기죄에 해당하지 않는다고 봄이 상당하다. [2] **예금주인 피고인이 제3자에게 편취당한 송금의뢰인으로부터 자신의 은행계좌에 계좌송금된 돈을 출금한 사안**에서, 피고인은 예금주로서 은행에 대하여 예금반환을 청구할 수 있는 권한을 가진 자이므로, 위 은행을 피해자로 한 사기죄가 성립하지 않는다는 원심의 판단을 정당하다. **cf)** 후행행위는 이미 성립한 사기범행의 실행행위에 지나지 아니하여 새로운 법익을 침해한 것으로 보기 어렵기 때문에 불가벌적 사후행위에 해당되는 것으로 법원은 판단하였다.

5 **[대판 2009도8776]** 절취란 타인이 점유하고 있는 재물을 점유자의 의사에 반하여 그 점유를 배제하고 자기 또는 제3자의 점유로 옮기는 것을 말한다. 피고인이 발급받아 제3자에게 교부하여 준 속칭 **'대포통장'의 명의인**으로서, 그 계좌로 송금되어 온 금전을 인출하기 위하여 일단 위 통장의 분실신고를 하여 계좌거래를 정지시킨 다음 위 통장을 재발급 받는 방법으로 위 **금전의 인출을 시도한 행위는 자신의 명의로 된 은행계좌를 이용한 것이어서** 애초 예금계좌를 개설한 은행의 의사에 반한다고 볼 수 없으므로 절취행위에 해당하지 않는다.

6 **[대판 2006도455] 관세법 제274조 제1항 제1호**는 같은 법 제269조 제2항에 해당되는 물품을 취득, 양여하는 등의 행위를 처벌하고 있는바, 이는 무신고 수입행위를 조장 · 유발하거나 이를 용이하게 하는 밀수품의 취득, 양여 등의 행위를 처벌함으로써 본범인 무신고 밀수입범의 발생을 억제하고, 궁극적으로는 관세법이 무신고 수입행위를 금지함으로써 달성하고자 하는 수입 물품에 대한 적정한 통관절차의 이행과 이를 통한 관세수입의 확보를 위한 것이라고 할 것이다. 따라서 **신고 없이 물품을 수입한 본범이 그 물품에 대한 취득, 양여 등의 행위를 하는 경우** 밀수입행위에 의하여 이미 침해되어 버린 것으로 평가되는 적정한 통관절차의 이행과 관세수입의 확보라는 보호법익 외에 새로운 법익의 침해를 수반한다고 보기 어려우므로, 이는 새로운 법익의 침해를 수반하지 않는 이른바 불가벌적 사후행위로서 별개의 범죄를 구성하지 않는다고 할 것이다.

7 **[대판 2004도353] 컴퓨터등사용사기죄**의 범행으로 예금채권을 취득한 다음 **자기의 현금카드를 사용하여 현금자동지급기에서 현금을 인출**한 경우, 현금카드 사용권한 있는 자의 **정당한 사용에 의한 것**으로서 현금자

접적으로 강제하는 동시에, 채무의 변제가 없는 경우에는 그 목적물로부터 다른 채권자에 우선하여 변제를 받는 권리를 말한다(민법329, 345). 이는 원칙적으로 부동산 이외의 재산권에 성립되는 약정담보물권이다. 유치권처럼 법으로 정해진 담보물권이 아니라 당사자의 계약에 의해서 성립되므로 약정담보물권이라고 불린다.

동지급기 관리자의 의사에 반하거나 기망행위 및 그에 따른 처분행위도 없었으므로, 별도로 절도죄나 사기죄의 구성요건에 해당하지 않는다 할 것이고, 그 결과 그 인출된 현금은 재산범죄에 의하여 취득한 재물이 아니므로 장물이 될 수 없다.

8 **[대판 2003도8219]** [1] 절도범인으로부터 장물보관의뢰를 받은 자가 그 정을 알면서 이를 인도받아 보관하고 있다가 **임의처분**하였다 하여도 **장물보관죄가 성립되는 때**에는 이미 그 소유자의 소유물추구권을 침해하였으므로 그 후의 횡령행위는 불가벌적 사후행위에 불과하여 **별도로 횡령죄가 성립하지 않는다.** [2] 피고인 X는 공소외인으로부터 장물인 고려청자 원앙형 향로 1점을 2억 5,000만 원에 매각하여 달라는 의뢰를 받음에 있어 위 향로가 장물인지 여부를 확인하여야 할 업무상 주의의무가 있음에도 이를 게을리한 과실로 위 향로를 넘겨받아 장물을 보관하던 중, 진○우로부터 금원을 차용하면서 위와 같이 보관 중이던 위 향로를 담보로 제공한 사실을 인정한 후, 피고인이 업무상 과실로 장물인 위 향로를 보관하고 있다가 처분한 이 사건 행위는 업무상과실장물보관죄의 가벌적 평가에 포함되고 별도로 횡령죄를 구성하지 않는다.

9-1 **[대판 2000도3483]** 재물편취를 내용으로 하는 사기죄에 있어서는 기망으로 인한 재물교부가 있으면 그 자체로써 피해자의 재산침해가 되어 이로써 곧 사기죄가 성립하고, 그 후 피해자를 기망하여 편취한 재물의 반환을 회피할 목적으로 **현실적인 자금의 수수 없이 기존 차입원리금을 새로이 투자**하는 형식을 취하였다 하더라도 이는 새로운 법익을 침해하는 것이 아니므로 별도로 사기죄를 구성하지 않는다.

9-2 **[비교판례] [대판 2009도7052]** 사기죄에서 피해자에게 **그 대가가 지급된 경우**, 피해자를 기망하여 그가 보유하고 있는 그 대가를 다시 편취하거나 피해자로부터 그 대가를 위탁받아 보관 중 횡령하였다면, 이는 새로운 법익의 침해가 발생한 경우이므로, 기존에 성립한 사기죄와는 별도의 새로운 사기죄나 횡령죄가 성립한다. **cf) 현실적인 자금의 수수**가 있었다면 이는 새로운 법익의 침해가 발생한 경우이어서 별도의 사기죄가 성립하게 된다.

10 **[대판 99도5] 부동산 명의수탁자**가 신탁자의 승낙 없이 갑 앞으로 근저당권설정등기를 경료하였다가 그 후 그 말소등기를 신청함과 동시에 을 앞으로 근저당권설정등기를 신청하여 갑 명의의 근저당권말소등기와 을 명의의 근저당권설정등기가 순차 경료 된 경우, 명의수탁자의 횡령행위는 갑 앞으로 근저당권설정등기를 경료할 당시에 완성되었으므로 그 후 다시 을 앞으로 근저당권설정등기를 경료한 행위는 횡령물의 처분행위로서 새로운 법익의 침해를 수반하지 않는 이른바 불가벌적 사후행위에 해당하여 별도의 횡령죄를 구성하지 아니하고, 을 명의의 근저당권설정등기가 경료되기 전에 동시에 신청한 갑 명의의 근저당권말소등기가 먼저 경료되었다 하여 달리 볼 것은 아니다.

11 **[대판 86도1728]** 금융기관발행의 **자기앞수표**는 그 액면금을 즉시 지급받을 수 있어 **현금에 대신**하는 기능을 하고 있으므로 **절취한 자기앞수표를 현금 대신으로 교부한 행위**는 절도행위에 대한 가벌적 평가에 당연히 포함되는 것으로 봄이 상당하다 할 것이므로 절취한 자기앞수표를 **음식대금으로 교부**하고 거스름돈을 환불받은 행위는 절도의 불가벌적 사후처분행위로서 사기죄가 되지 아니한다.

12-1 **[대판 82도3079]** [사취한 어음을 피해자에 대한 피고인의 채권변제에 충당한 경우 별도의 횡령죄의 성부(소극)] 피고인이 당초부터 피해자를 기망하여 **약속어음을 교부받은** 경우에는 그 교부받은 즉시 **사기**

죄가 성립하고 그 후 이를 **피해자에 대한 피고인의 채권의 변제에 충당**하였다 하더라도 불가벌적 사후행위가 됨에 그칠 뿐 **별도로 횡령죄를 구성하지 않는다.**

12-2 [비교 판례] [대판 99도3590] 편취한 약속어음을 그와 같은 사실을 모르는 **제3자에게 편취사실을 숨기고 할인받는 행위**는 당초의 어음 편취와는 별개의 새로운 법익을 침해하는 행위로서 기망행위와 할인금의 교부행위 사이에 상당인과관계가 있어 **새로운 사기죄를 구성한다** 할 것이고, 설령 그 약속어음을 취득한 제3자가 선의이고 약속어음의 발행인이나 배서인이 어음금을 지급할 의사와 능력이 있었다 하더라도 이러한 사정은 사기죄의 성립에 영향이 없다.

횡령죄와 불가벌적 사후행위

13-1 [대판 78도2175] 횡령죄는 '상태범'이므로 **횡령행위의 완료 후에 행하여진 횡령물의 처분행위**는 그것이 그 횡령행위에 의하여 평가되어 버린 것으로 볼 수 있는 범위 내의 것이라면 새로운 법익의 침해를 수반하지 않은 이른바 불가벌적사후행위로서 별개의 범죄를 구성하지 않는다.

13-2 [대판 2010도93] [횡령 이후에 다시 그 재물을 처분하는 것이 불가벌적 사후행위에 해당하는지 여부(적극)] 공동상속인 중 1인이 상속재산인 임야를 보관 중 다른 상속인들로부터 매도 후 분배 또는 소유권 이전등기를 요구받고도 그 **반환을 거부**한 경우 이때 이미 횡령죄가 성립하고, 그 후 그 임야에 관하여 다시 제3자 앞으로 **근저당권설정등기**를 경료해 준 행위는 불가벌적 사후행위로서 별도의 횡령죄를 구성하지 않는다.

13-3 [대판 2006도4034] [횡령행위의 완료 후에 행하여진 횡령물의 처분행위가 불가벌적 사후행위에 해당하는 경우] 피고인이 종중으로부터 명의신탁받아 보관 중이던 토지를 **임의로 매각**하여 이를 횡령한 경우에 그 매각대금을 이용하여 다른 토지를 취득하였다가 이를 제3자에게 담보로 제공하였다고 하더라도 이는 횡령한 물건을 처분한 대가로 취득한 물건을 이용한 것에 불과할 뿐이어서 명의신탁 토지에 대한 횡령죄와 별개의 횡령죄를 구성하지 않는다.

13-4 [대판 92도2999] 미등기건물의 관리를 위임받아 보관하고 있는 자가 임의로 건물에 대하여 자신의 명의로 보존등기를 하거나 동시에 근저당권설정등기를 마치는 것은 객관적으로 불법영득의 의사를 외부에 발현시키는 행위로서 횡령죄에 해당하고, **피해자의 승낙 없이 건물을 자신의 명의로 보존등기**를 한 때 이미 횡령죄는 완성되었다 할 것이므로, **횡령행위의 완성 후 근저당권설정등기**를 한 행위는 피해자에 대한 새로운 법익의 침해를 수반하지 않는 불가벌적 사후행위로서 별도의 횡령죄를 구성하지 않는다.

14 [대판 75도1996] **열차승차권**은 그 자체에 권리가 화체되어 있는 무기명증권이므로 이를 곧 사용하여 승차하거나 권면가액으로 양도할 수 있고 매입금액의 환불을 받을 수 있는 것으로서 열차승차권을 절취한 자가 환불을 받음에 있어 비록 기망행위가 수반한다 하더라도 절도죄 외에 따로 **사기죄가 성립하지 아니한다.**

15 [대판 74도2441] 산림법 제93조 제1항의 **산림절도죄**는 그 목적물이 산림에서의 산물로 한정될 뿐 그 죄질은 형법 소정의 절도죄와 같다고 할 것이므로 다른 특별한 사정이 없는 한 피고인들이 절취한 원목에 관하여 합법적으로 생산된 것인 것처럼 관계당국을 기망하여 산림법 소정의 연고권자로 인정받아 **수의계약의 방법으로 이를 매수**하였다 하더라도 이는 새로운 법익의 침해가 있는 것이라고 할 수 없고 상태범인 산림절도죄의 성질상 하나의 불가벌적사후행위로서 별도로 사기죄가 구성되지 않는다.

16 **[대판 70도1998]** 피고인이 (갑)과 공동으로 불하받기로 하되 편의상 그 명의로 불하받은 부동산을 (을)에게 자의로 매도하여 (갑)에 대한 배임행위로 처벌받은 후 (을)에 대한 소유권이전등기의무를 지닌 채 위 부동산을 두고 이해관계인 간에 민사소송이 제기되어 화해가 성립됨으로써 결국 피고인이 재매도하는 형식이 되었다 하여도 이는 불가벌적 사후행위로서 특별히 죄가 되지 않는다.

Reference 2

불가벌적 사후행위를 부정한 판례

1 **[대판 2014도10036] 배임죄**는 타인의 사무를 처리하는 자가 임무에 위배하는 행위로써 재산상의 이익을 취득하거나 제3자로 하여금 이를 취득하게 하여 본인에게 재산상 손해를 가한 때에 성립한다. 그리고 **횡령죄**는 타인의 재물을 보관하는 자가 불법영득의 의사로 그 재물을 횡령하는 경우에 성립하는 범죄로서, 횡령죄에서 '불법영득의 의사'는 자기 또는 제3자의 이익을 꾀할 목적으로 임무에 위배하여 자신이 보관하는 타인의 재물을 자기의 소유인 것과 같이 사실상 또는 법률상 처분을 하는 의사를 말한다. 이러한 배임죄와 횡령죄의 구성요건에서의 차이에 비추어 보면, (가) 회사에 대한 관계에서 타인의 사무를 처리하는 자가 임무에 위배하는 행위로써 회사로 하여금 회사가 펀드 운영사에 지급하여야 할 펀드출자금을 정해진 시점보다 선지급하도록 하여 배임죄를 범한 다음, (나) 그와 같이 선지급된 펀드출자금을 보관하는 자와 공모하여 펀드출자금을 임의로 인출한 후 자신의 투자금으로 사용하기 위하여 임의로 송금하도록 한 행위는 펀드출자금 선지급으로 인한 **배임죄와는 다른 새로운 보호법익을 침해하는 행위로서 배임 범행의 불가벌적 사후행위가 되는 것이 아니라 별죄로서 횡령죄를 구성한다**고 보아야 한다.

2 **[대판 2011도277]** [회사의 사무를 처리하는 자가 회사로 하여금 자신의 채무에 관하여 **연대보증채무를 부담**하게 한 다음 회사의 자금을 보관하는 자의 지위에서 이를 임의로 인출하여 위 개인채무 변제에 사용한 행위가, **배임죄와 별도로 횡령죄를 구성**하는지 여부(적극)] [1] 배임죄와 횡령죄의 구성요건적 차이에 비추어 보면, 회사에 대한 관계에서 타인의 사무를 처리하는 자가 임무에 위배하여 회사로 하여금 자신의 채무에 관하여 연대보증채무를 부담하게 한 다음, 회사의 금전을 보관하는 자의 지위에서 회사의 이익이 아닌 자신의 채무를 변제하려는 의사로 회사의 자금을 자기의 소유인 경우와 같이 **임의로 인출**한 후 개인채무의 변제에 사용한 행위는, 연대보증채무 부담으로 인한 배임죄와 다른 새로운 보호법익을 침해하는 것으로서 **배임 범행의 불가벌적 사후행위가 되는 것이 아니라 별죄인 횡령죄를 구성한다**고 보아야 하며, 횡령행위로 인출한 자금이 선행 임무위배행위로 인하여 회사가 부담하게 된 연대보증채무의 변제에 사용되었다 하더라도 달리 볼 것은 아니다. [2] 甲 주식회사의 대표이사와 실질적 운영자인 피고인들이 공모하여, 자신들이 乙에 대해 부담하는 개인채무 지급을 위하여 甲 회사로 하여금 약속어음을 공동발행하게 하고 위 채무에 대하여 연대보증하게 한 후에 甲 회사를 위하여 보관 중인 돈을 임의로 인출하여 乙에게 지급하여 위 채무를 변제한 사안에서, 피고인들에게 배임죄와 별도로 횡령죄를 인정한 원심판단을 정당하다고 한 사례.

횡령죄에서 불가벌적 사후행위를 부정한 사례

3-1 **[대판 2010도10500 전원합의체]** [선행 처분행위로 횡령죄가 기수에 이른 후 이루어진 후행 처분행위가 별도로 횡령죄를 구성하는지 여부 및 타인의 부동산을 보관 중인 자가 그 부동산에 근저당권설정등기를 마침으로써 **횡령행위가 기수에 이른 후 같은 부동산에 별개의 근저당권을 설정하거나 해당 부동산을 매각한**

행위가 별도로 횡령죄를 구성하는지 여부(원칙적 적극)] [1] 피해자 甲 종중으로부터 토지를 명의신탁받아 보관 중이던 피고인 乙이 개인 채무 변제에 사용할 돈을 차용하기 위해 위 토지에 근저당권을 설정하였는데, 그 후 피고인 乙, 丙이 공모하여 위 토지를 丁에게 매도한 사안에서, 피고인들의 토지 매도행위가 별도의 횡령죄를 구성한다고 본 원심판단을 정당하다고 한 사례. [2] [다수의견] (가) 횡령죄는 다른 사람의 재물에 관한 소유권 등 본권을 보호법익으로 하고 법익침해의 위험이 있으면 침해의 결과가 발생되지 아니하더라도 성립하는 위험범이다. 그리고 일단 특정한 처분행위(이를 '선행 처분행위'라 한다)로 인하여 법익침해의 위험이 발생함으로써 횡령죄가 기수에 이른 후 종국적인 법익침해의 결과가 발생하기 전에 새로운 처분행위(이를 '후행 처분행위'라 한다)가 이루어졌을 때, 후행 처분행위가 선행 처분행위에 의하여 발생한 위험을 현실적인 법익침해로 완성하는 수단에 불과하거나 그 과정에서 당연히 예상될 수 있는 것으로서 새로운 위험을 추가하는 것이 아니라면 후행 처분행위에 의해 발생한 위험은 선행 처분행위에 의하여 이미 성립된 횡령죄에 의해 평가된 위험에 포함되는 것이므로 후행 처분행위는 이른바 불가벌적 사후행위에 해당한다. 그러나 **후행 처분행위가 이를 넘어서서, 선행 처분행위로 예상할 수 없는 새로운 위험을 추가**함으로써 법익침해에 대한 위험을 증가시키거나 선행 처분행위와는 무관한 방법으로 법익침해의 결과를 발생시키는 경우라면, 이는 선행 처분행위에 의하여 이미 성립된 횡령죄에 의해 평가된 위험의 범위를 벗어나는 것이므로 특별한 사정이 없는 한 별도로 횡령죄를 구성한다고 보아야 한다. (나) 따라서 타인의 부동산을 보관 중인 자가 불법영득의사를 가지고 그 부동산에 근저당권설정등기를 경료함으로써 일단 횡령행위가 기수에 이르렀다 하더라도 그 후 같은 부동산에 별개의 근저당권을 설정하여 새로운 법익침해의 위험을 추가함으로써 법익침해의 위험을 증가시키거나 해당 부동산을 매각함으로써 기존의 근저당권과 관계없이 법익침해의 결과를 발생시켰다면, 이는 당초의 근저당권 실행을 위한 임의경매에 의한 매각 등 그 근저당권으로 인해 당연히 예상될 수 있는 범위를 넘어 새로운 법익침해의 위험을 추가시키거나 법익침해의 결과를 발생시킨 것이므로 특별한 사정이 없는 한 불가벌적 사후행위로 볼 수 없고, **별도로 횡령죄를 구성**한다.

3-2 **[대판 2000도3463]** 명의수탁자가 신탁 받은 부동산의 일부에 대한 토지수용보상금 중 일부를 소비하고, 이어 수용되지 않은 나머지 부동산 전체에 대한 반환을 거부한 경우, 부동산의 일부에 관하여 수령한 수용보상금 중 일부를 소비하였다고 하여 객관적으로 부동산 전체에 대한 불법영득의 의사를 외부에 발현시키는 행위가 있었다고 볼 수는 없으므로, 그 금원 횡령죄가 성립된 이후에 수용되지 않은 나머지 부동산 전체에 대한 반환을 거부한 것은 새로운 법익의 침해가 있는 것으로서 **별개의 횡령죄가 성립**하는 것이지 불가벌적 사후행위라 할 수 없다.

4 **[대판 2008도5364]** [영업비밀이 담긴 타인의 재물을 절취하여 그 영업비밀을 부정사용한 행위가 절도의 불가벌적 사후행위에 해당하는지 여부(소극)] [1] 부정한 이익을 얻거나 기업에 손해를 가할 목적으로 그 기업에 유용한 영업비밀이 담겨 있는 타인의 재물을 절취한 후 그 영업비밀을 사용하는 경우, **영업비밀의 부정사용행위는 새로운 법익의 침해**로 보아야 하므로 위와 같은 부정사용행위가 절도범행의 불가벌적 사후행위가 되는 것은 아니다. [2] 부정한 이익을 얻을 목적으로 타인의 영업비밀이 담긴 **CD를 절취**하여 그 영업비밀을 부정사용한 사안에서, **절도죄**와 별도로 부정경쟁방지 및 영업비밀보호에 관한 법률상 **영업비밀 부정사용죄가 성립**한다.

5 **[대판 2008도198]** 채무자가 자신의 부동산에 甲명의로 허위의 금전채권에 기한 **담보가등기**를 설정하고 이를 乙에게 양도하여 乙명의의 **본등기**를 경료하게 한 사안에서, 甲명의의 담보가등기 설정행위로 강제집

행면탈죄가 성립한다고 하여 그 후 乙명의로 이루어진 가등기 양도 및 본등기 경료행위가 불가벌적 사후행위가 되는 것은 아니라고 한 사례.

6 [대판 2007도4739] 자동차를 절취한 후 **자동차등록번호판을 떼어내는 행위는 새로운 법익의 침해로 보아야 하므로** 위와 같은 번호판을 떼어내는 행위가 절도범행의 불가벌적 사후행위가 되는 것은 아니다. cf) 자동차 관리법 제81조 제1호, 제10조 제2항 위반.[4)]

7 [대판 2005도9861] 피고인이 보석에 의한 석방을 위하여 변호사 비용으로 지출한 회사 자금은 그 전에 구속적부심사에서의 석방을 위한 변호사 비용으로 지출한 회사 자금과는 그 지출 목적 및 금원의 출처가 다르므로, 이의 지출은 회사에 대하여 새로운 법익의 침해로서 별도의 업무상횡령죄를 구성한다.

8 [대판 2005도4915] 배임죄는 재산상 이익을 객체로 하는 범죄이므로, 1인 회사의 주주가 자신의 **개인채무를 담보**하기 위하여 회사 소유의 부동산에 대하여 근저당권설정등기를 마쳐 주어 배임죄가 성립한 이후에 그 부동산에 대하여 새로운 담보권을 설정해 주는 행위는 선순위 근저당권의 담보가치를 공제한 나머지 담보가치 상당의 재산상 이익을 침해하는 행위로서 별도의 배임죄가 성립한다.

9 [대판 2004도353] [甲이 권한 없이 인터넷뱅킹으로 타인의 예금계좌에서 자신의 예금계좌로 돈을 이체한 후 그 중 일부를 인출하여 그 정을 아는 乙에게 교부한 경우, 乙의 **장물취득죄의 성립을 부정**한 사례] [1] 컴퓨터등사용사기죄의 범행으로 예금채권을 취득한 다음 자기의 현금카드를 사용하여 현금자동지급기에서 현금을 인출한 경우, 현금카드 사용권한 있는 자의 정당한 사용에 의한 것으로서 현금자동지급기 관리자의 의사에 반하거나 기망행위 및 그에 따른 처분행위도 없었으므로, 별도로 **절도죄나 사기죄의 구성요건에 해당하지 않는다 할 것**이고, 그 결과 그 인출된 현금은 재산범죄에 의하여 취득한 재물이 아니므로 장물이 될 수 없다. cf) 이 경우는 처음부터 절도나 사기죄의 구성요건에 해당하지 않아 불가벌적 사후행위도 아닌 상황이다. [2] 甲이 권한 없이 인터넷뱅킹으로 타인의 예금계좌에서 자신의 예금계좌로 돈을 이체한 후 그 중 일부를 인출하여 그 정을 아는 乙에게 교부한 경우, 甲이 컴퓨터등사용사기죄에 의하여 취득한 예금채권은 재물이 아니라 재산상 이익이므로, 그가 자신의 예금계좌에서 돈을 인출하였더라도 장물을 금융기관에 예치하였다가 인출한 것으로 볼 수 없다는 이유로 乙의 장물취득죄의 성립을 부정한 사례.

마약류범죄의 경우

10-1 [대판 99도1744] 수수한 메스암페타민을 장소를 이동하여 투약하고서 잔량을 은닉하는 방법으로 **소지한 행위**는 그 소지의 경위나 태양에 비추어 볼 때 당초의 수수행위에 수반되는 필연적 결과로 볼 수는 없고, 사회통념상 **수수행위와는 독립한 별개의 행위**를 구성한다고 보아야 한다.

10-2 [대판 98도3619] [절취한 대마를 흡입할 목적으로 소지하는 행위가 절도죄 외에 무허가대마소지죄를 구성하는지 여부(적극) 및 두 죄의 관계(=경합범)] 대마취급자가 아닌 자가 절취한 대마를 **흡입할 목적**

---

4) 자동차 관리법 제10조(자동차등록번호판) ② 제1항에 따라 붙인 등록번호판 및 봉인은 다음 각 호의 어느 하나에 해당하는 경우를 제외하고는 떼지 못한다. 1. 시ㆍ도지사의 허가를 받은 경우 2. 제53조에 따라 등록한 자동차정비업자가 정비를 위하여 사업장 내에서 국토교통부령으로 정하는 바에 따라 일시적으로 뗀 경우 3. 다른 법률에 특별한 규정이 있는 경우

으로 소지하는 행위는 절도죄의 보호법익과는 다른 새로운 법익을 침해하는 행위이므로 절도죄의 불가벌적 사후행위로서 절도죄에 포괄흡수된다고 할 수 없고 절도죄 외에 별개의 죄를 구성한다고 할 것이며, **절도죄**와 **무허가대마소지죄**는 경합범의 관계에 있다.

10-3 **[대판 90도543]** 매입한 대마를 처분함이 없이 계속 소지하고 있는 경우에 있어서 그 소지행위가 매매행위와 불가분의 관계에 있는 것이라거나, 매매행위에 수반되는 필연적 결과로서 일시적으로 행하여진 것에 지나지 않는다고 평가되지 않는 한 그 소지행위는 매매행위에 포괄 흡수되지 아니하고 대마매매죄와는 달리 대마소지죄가 성립한다고 보아야 할 것인바, 흡연할 목적으로 대마를 매입한 후 흡연할 기회를 포착하기 위하여 이틀 이상 하의주머니에 넣고 다님으로써 **소지한 행위**는 **매매행위**의 불가분의 **필연적 결과라고 평가될 수 없다.**

11 **[대판 97도3057]** 위탁자로부터 당좌수표 할인을 의뢰받은 피고인이 제3자를 기망하여 당좌수표를 할인받은 다음 그 할인금을 임의소비한 경우, 제3자에 대한 **사기죄와 별도로 위탁자에 대한 횡령죄**가 성립한다고 본 사례.

12 **[대판 96도1181]** [절취한 신용카드의 부정사용행위가 절도범행의 불가벌적 사후행위에 해당하는지 여부(소극)] **신용카드**를 절취한 후 이를 사용한 경우 신용카드의 부정사용행위는 새로운 법익의 침해로 보아야 하고 **그 법익침해가 절도범행보다 큰 것이 대부분**이므로 위와 같은 부정사용행위가 절도범행의 불가벌적 사후행위가 되는 것은 아니다.

13 **[대판 95도997]** 피해자 명의의 신용카드를 **부정사용**하여 현금자동인출기에서 **현금을 인출하고 그 현금을 취득**까지 한 행위는 신용카드업법 제25조 제1항의 **부정사용죄**에 해당할 뿐 아니라 그 현금을 취득함으로써 현금자동인출기 관리자의 의사에 반하여 그의 지배를 배제하고 그 현금을 자기의 지배하에 옮겨 놓는 것이 되므로 별도로 **절도죄**를 구성하고, 위 양 죄의 관계는 그 보호법익이나 행위태양이 전혀 달라 **실체적 경합관계**에 있는 것으로 보아야 한다.

14 **[대판 93도2143]** 피해자를 살해한 방에서 사망한 피해자 곁에 4시간 30분쯤 있다가 그곳 피해자의 자취방 벽에 걸려 있던 피해자가 소지하는 물건들을 영득의 의사로 가지고 나온 경우 피해자가 생전에 가진 점유는 사망 후에도 여전히 계속되는 것으로 보아 피고인의 위 행위는 **절도죄에 해당**한다. **cf)** 법원도 피고인에게 살인죄와 절도죄의 실체적 경합범을 인정하였다.

조세포탈의 경우

15-1 **[대판 92도147]** [회사의 대표자가 회사자금을 인출하여 횡령함에 있어 경비지출을 장부상 과다 계상하고, 이를 토대로 조세를 납부한 경우 **조세포탈행위**가 되는지 여부(적극)] 법인 대표자가 회사자금을 횡령하였다면 회사는 그에 상당하는 손해배상청구권 내지 부당이득반환청구권이 있는 것이고 이는 곧 회사의 익금으로 보아야 하므로 회사 대표자가 회사자금을 인출하여 **횡령함에 있어 경비지출을 과다계상**하여 장부에 기장하고 나아가 이를 토대로 법인세 등의 조세를 납부한 경우 국가의 **조세수입의 감소를 초래**하여 조세를 포탈하였다고 할 것이다. **조세포탈행위**는 **횡령범행**과는 전혀 다른 새로운 법익을 침해하는 행위로서 이를 횡령의 불가벌적 사후행위라고 볼 수 없다.

15-2 **[대판 2004도1297]** 편취하거나 장물로 취득한 해상용 면세 경유를 판매하면서 **부가가치세를 포탈**한 행위는 국가의 조세수입 확보라는 새로운 법익을 침해하는 행위로서 이를 사기 또는 장물취득의 불가벌적 사후행위라고 할 수 없다.

회사의 대표기관으로서 편취한 돈을 다시 횡령한 경우

16-1 **[대판 89도1605]** **대표이사** 등이 회사의 대표기관으로서 피해자들을 기망하여 교부받은 금원은 그 회사에 귀속되는 것인데, 그 후 대표이사 등이 이를 보관하고 있으면서 횡령한 것이라면 이는 위 **사기범행**과는 침해법익을 달리하므로 **횡령죄**가 성립되는 것이고, 이를 단순한 불가벌적 사후행위로만 볼 수 없다.

16-2 **[대판 2004도6503]** [주식회사의 대표이사가 타인을 기망하여 신주를 인수하게 한 후 그로부터 납입받은 신주인수대금을 횡령한 것이 사기죄의 불가벌적 사후행위인지 여부(소극)] [1] 주식회사의 대표이사가 타인을 기망하여 회사가 발행하는 신주를 인수하게 한 다음 그로부터 납입받은 신주인수대금을 보관하던 중 횡령한 행위는 사기죄와는 전혀 다른 새로운 보호법익을 침해하는 행위로서 별죄를 구성한다. [2] 주식회사의 주주 겸 대표이사가 장차 신주발행절차에서 자신이 취득하게 될 주식을 타인에게 매도하고자 하면서 다만 양도소득세 등의 부담을 피하기 위해 주식매수인이 회사에 대해 직접 신주를 인수하는 절차를 취한 경우, 회사에 대한 관계에서 신주인수인은 대표이사가 아니라 주식매수인이므로 대표이사가 주식매수인으로부터 받은 주식매매대금은 신주인수대금으로서 이를 보관 중 개인적인 용도로 사용하였다면 횡령죄를 구성한다.

16-3 **[대판 2005도741]** [대표이사가 회사의 상가분양 사업을 통해 수분양자들로부터 편취한 분양대금을 횡령하는 행위가 별도의 횡령죄를 구성하는지 여부(적극)] [1] 대표이사가 회사의 상가분양 사업을 수행하면서 수분양자들을 기망하여 편취한 분양대금은 회사의 소유로 귀속되는 것이므로, 대표이사가 그 분양대금을 횡령하는 것은 사기 범행이 침해한 것과는 다른 법익을 침해하는 것이어서 회사를 피해자로 하는 별도의 횡령죄가 성립된다. [2] 주식회사는 **주주와 독립된 별개의 권리주체**로서 그 이해가 반드시 일치하는 것은 아니므로 회사의 자금을 회사의 업무와 무관하게 주주나 대표이사의 개인 채무 변제, 다른 업체 지분 취득 내지 투자, 개인적인 증여 내지 대여 등과 같은 사적인 용도로 임의 지출하였다면 그 지출에 관하여 주주총회나 이사회의 결의가 있었는지 여부와는 관계없이 **횡령죄의 죄책을 면할 수는 없는 것**이고, 이는 1인 회사인 경우에도 마찬가지이다.

17 **[대판 86도1273]** [범죄집단의 일원으로부터 장물을 취득한 경우, 장물취득죄의 성부] 장물죄는 타인(본범)이 불법하게 영득한 재물의 처분에 관여하는 범죄이므로 자기의 범죄에 의하여 영득한 물건에 대하여는 성립하지 아니하고 이는 불가벌적 사후행위에 해당하나 여기에서 자기의 범죄라 함은 정범자(공동정범과 합동범을 포함한다)에 한정되는 것이므로 평소 본범과 공동하여 수차 상습으로 절도등 범행을 자행함으로써 실질적인 범죄집단을 이루고 있었다 하더라도, 당해 범죄행위의 정범자(공동정범이나 합동범)로 되지 아니한 이상 이를 자기의 범죄라고 할 수 없고 따라서 그 장물의 취득을 불가벌적 사후행위라고 할 수 없다.

18 **[대판 84도2263]** **사람을 살해**한 다음 그 범죄의 흔적을 은폐하기 위하여 그 시체를 다른 장소로 옮겨 유기하였을 때에는 **살인죄**와 **사체유기죄의 경합범이 성립**하고 사체유기를 불가벌적 사후행위라 할 수 없다.

19 **[대판 83도2031]** 판매목적으로 향정신성의약품(**히로뽕**)을 제조하여 이를 판매한 경우에 그 **제조행위**

와 **제조품의 판매행위**는 각각 독립된 가벌적 행위로서 별개의 죄를 구성한다고 봄이 상당하고 판매행위가 판매목적의 제조행위에 흡수되는 불가벌적 사후행위라고 볼 수 없으므로 경합범으로 처단하여야 한다.

20 [대판 81도2397] 초병이 일단 그 수소를 이탈하면 그 이탈행위와 동시에 **수소이탈죄는 완성**되고, 그 후 다시 부대에 복귀하기 전이라도 별도로 군무를 기피할 목적을 일으켜 그 직무를 이탈하였다면 초병의 수소이탈죄와 **군무이탈죄가 각각 독립**하여 성립하고, 그 두 죄는 서로 실체적 경합범의 관계에 있다.

제3자의 독자적 법익을 침해한 경우

21-1 [대판 80도2310] 절도범인이 절취한 장물을 자기 것인 양 제3자에게 **담보로 제공**하고 금원을 편취한 경우에는 **새로운 법익의 침해**가 있으므로 별도의 **사기죄가 성립**된다. **cf)** 이 경우 선의의 제3자는 민법상 선의취득요건(민법249)에 따라 소유권을 가지게 되지만 **민법 제250조의 도품 · 유실물 특례**[5]에 의하여 절도의 피해자인 원권리자로부터 2년간 반환청구권의 행사를 당하게 될 위험을 안게 된다.

21-2 [대판 80도2155] **절취한 전당표**를 제3자에게 교부하면서 자기 누님의 것이니 찾아 달라고 거짓말을 하여 이를 믿은 제3자가 전당포에 이르러 그 종업원에게 전당표를 제시하여 기망케 하고 전당물을 교부받게 하여 편취하였다면 이는 **사기죄를 구성**하는 것이다.

21-3 [대판 74도2817] **절취한 은행예금통장**을 이용하여 은행원을 기망해서 진실한 명의인이 예금을 찾는 것으로 오신시켜 예금을 편취한 것이라면 **새로운 법익의 침해**로 절도죄 외에 따로 **사기죄가 성립**한다.

21-4 [대판 90도1176] **강취한 은행예금통장**을 이용하여 은행직원을 기망하여 진실한 명의인이 예금의 환급을 청구하는 것으로 오신케 함으로써 예금의 환급 명목으로 금원을 편취하는 것은 다시 새로운 법익을 침해하는 행위이므로 장물의 단순한 사후처분과는 같지 아니하고 **별도의 사기죄를 구성한다.**

21-5 [대판 78도2175] [횡령행위의 기수시기와 경합범의 성립] 타인의 재물을 공유하는 자가 공유자의 승낙을 받지 않고 공유대지를 담보에 제공하고 가등기를 경료한 경우 횡령행위는 기수에 이르고 그후 가등기를 말소했다고 하여 중지미수에 해당하는 것이 아니며 **가등기말소 후에 다시 새로운 영득의사의 실현행위**가 있을 때에는 그 두개의 횡령행위는 경합범 관계에 있다.

22 [대판 69도692] **횡령교사**를 한 후 그 횡령한 물건을 취득한 때에는 **횡령교사죄**와 **장물취득죄**의 **경합범**이 성립한다.

Reference 3

불가벌적 수반행위를 인정한 판례

1 [대판 2002도51 전원합의체] 폭행 또는 협박으로 부녀를 강간한 경우에는 강간죄만 성립하고, 그것과 별도로 **강간의 수단으로 사용된 폭행 · 협박**이 형법상의 폭행죄나 협박죄 또는 폭력행위등처벌에관한법률위반의 죄를 구성한다고는 볼 수 없으며, 강간죄와 이들 각 죄는 이른바 법조경합의 관계일 뿐이다.

---

5) 민법 제250조(도품, 유실물에 대한 특례)전조의 경우에 그 동산이 도품이나 유실물인 때에는 피해자 또는 유실자는 도난 또는 유실한 날로부터 2년 내에 그 물건의 반환을 청구할 수 있다. 그러나 도품이나 유실물이 금전인 때에는 그러하지 아니하다.

2 [대판 96도2151] **공갈죄의 수단으로서 한 협박**은 공갈죄에 흡수될 뿐 별도로 협박죄를 구성하지 않는다.

3-1 [대판 89도1211] [향정신약의료품 수수후의 소지행위가 불가벌적 사후행위인지 여부(적극)] 향정신성의약품관리법 제42조 제1항 제1호가 규정하는 **향정신성의약품수수**의 죄가 성립되는 경우에는 그 수수행위의 결과로서 그에 당연히 수반되는 향정신성의약품의 **소지행위**는 수수죄의 불가벌적 수반행위로서 수수죄에 흡수되고 별도의 범죄를 구성하지 않는다고 볼 것이다.

3-2 [비교판례] [대판 96도304] [매매할 목적으로 마약을 소지한 자가 그 마약을 매도하거나 미수에 그친 경우 **마약매매죄 또는 마약매매미수죄**와 별도로 **마약매매목적소지죄**가 성립하는지 여부(적극)] 매매할 목적으로 마약을 소지한 자가 그 마약을 매도하거나 매매행위에 착수하였으나 미수에 그친 경우에는, 그 소지행위가 매매실행행위와 불가분의 관계에 있거나 사회 통념상 매매실행행위의 일부로 평가되는 것뿐이 아닌 한, 마약법 제60조 제1항 제1호 소정의 마약매매죄 또는 제60조 제3항, 제1항 제1호 소정의 마약매매미수죄와 제60조 제1항 제1호 소정의 마약 매매목적소지죄가 성립하고, 두 죄는 실체적 경합범의 관계에 있다고 봄이 상당하고, 그 마약의 소지행위가 매도행위의 준비의 일환으로 일시적으로 이루어진 것이라고 하더라도, 소지행위가 매매행위에 흡수되어 별죄를 구성하지 않는다고 볼 것은 아니다.

3-3 [비교판례] [대판 95도869] [매입한 향정신성의약품을 처분함이 없이 계속 소지하고 있는 경우, 향정신성의약품의 **매매죄와 별도로 그 소지죄가 성립**하는지 여부] [1] 매입한 향정신성의약품을 처분함이 없이 계속 소지하고 있는 경우, 그 소지행위가 매매행위와 불가분의 관계에 있는 것이라거나, 매매행위에 수반되는 필연적 결과로서 일시적으로 행하여진 것에 지나지 않는다고 평가되지 않는 한 그 소지행위는 매매행위에 포괄 흡수되지 아니하고 향정신성의약품의 매매죄와는 별도로 향정신성의약품의 소지죄가 성립한다고 보아야 한다. [2] 메스암페타민을 매수한 후 적당한 기회에 이를 투약하기 위하여 사무실 책상 위에 있는 **화분 밑에 숨겨 둔 행위**는 그 매매행위의 불가분의 필연적 결과로 평가될 수 없고, 오히려 사회통념상 매수행위와는 독립한 별개의 소지행위를 구성한다고 보아야 한다.

4 [대판 84도1573] 특정범죄가중처벌등에관한법률 제5조의4 제1항에 규정된 상습절도등 죄를 범한 범인이 그 범행의 수단으로 주거침입을 한 경우에 **주거침입행위는 상습절도등 죄에 흡수**되어 위 법조에 규정된 상습절도등죄의 1죄만이 성립하고 별개로 주거침입죄를 구성하지 않는다.

5 [대판 82도705] **감금을 하기 위한 수단으로서 행사된 단순한 협박행위**는 감금죄에 흡수되어 따로 협박죄를 구성하지 아니한다.

불가벌적 수반행위를 부정한 판례

6 [대판 2012도1895] **파기환송. [1] 상상적 경합**은 1개의 행위가 실질적으로 수개의 구성요건을 충족하는 경우를 말하고, **법조경합**은 1개의 행위가 외관상 수개의 죄의 구성요건에 해당하는 것처럼 보이나 실질적으로 1죄만을 구성하는 경우를 말하며, 실질적으로 1죄인가 또는 수죄인가는 구성요건적 평가와 보호법익의 측면에서 고찰하여 판단하여야 한다. 그리고 이른바 **'불가벌적 수반행위'**란 법조경합의 한 형태인 흡수관계에 속하는 것으로서, 행위자가 특정한 죄를 범하면 비록 논리 필연적인 것은 아니지만 일반적 · 전형적으로 다른 구성요건을 충족하고 이때 그 구성요건의 불법이나 책임의 내용이 주된 범죄에 비하여 경미하기 때문

에 처벌이 별도로 고려되지 않는 경우를 말한다. [2] **업무방해죄와 폭행죄**는 (가) 구성요건과 보호법익을 달리하고 있고, (나) 업무방해죄의 성립에 일반적 · 전형적으로 사람에 대한 폭행행위를 수반하는 것은 아니며, (다) 폭행행위가 업무방해죄에 비하여 별도로 고려되지 않을 만큼 경미한 것이라고 할 수도 없으므로, (라) 설령 피해자에 대한 폭행행위가 동일한 피해자에 대한 업무방해죄의 수단이 되었다고 하더라도 그러한 폭행행위가 이른바 '불가벌적 수반행위'에 해당하여 업무방해죄에 대하여 흡수관계에 있다고 볼 수는 없다. [3] 원심은, 피고인들이 피해자 1, 2의 택시운행을 방해하는 과정에서 이 부분 공소사실 기재와 같이 피해자들에 대한 폭행행위가 있었고, 이는 업무방해죄의 행위 태양인 '위력으로써 업무를 방해하는 행위'의 일부를 구성하는 것으로서 업무방해죄에 흡수되므로 업무방해죄 1죄만이 성립할 뿐 별도로 폭력행위 등 처벌에 관한 법률 위반(공동폭행)죄가 성립하지 않는다는 등 그 판시와 같은 이유를 들어 피고인들에 대한 이 사건 공소사실 중 「폭력행위 등 처벌에 관한 법률」위반(공동폭행)의 점을 무죄로 판단한 제1심판결을 그대로 유지하였다. 그러나 원심판결 이유를 앞서 본 법리에 비추어 살펴보면, (가) 피고인들이 피해자들의 택시 운행업무를 방해하기 위하여 이루어진 폭행행위가 피해자들에 대한 업무방해죄의 수단이 되었다 하더라도 그와 같은 **폭행행위가 업무방해죄의 성립에 일반적 · 전형적으로 수반되는 것이 아닐 뿐 아니라** (나) 그 폭행행위가 업무방해죄에 비하여 별도로 고려되지 않을 만큼 경미한 것이라고 할 수도 없으므로, 피고인들의 폭행행위가 업무방해죄에 흡수되어 별도의 범죄를 구성하지 않는다고 할 수는 없다. 한편 원심이 적법하게 채택한 증거들에 의하면, 피고인들이 공동폭행의 방법으로 피해자들의 택시 운행업무를 방해한 사실은 있으나 그 외의 방법으로 택시 운행업무를 방해한 사정은 보이지 아니하므로, 피고인들의 공동폭행이라는 1개의 행위가 「폭력행위 등 처벌에 관한 법률」위반(공동폭행)죄와 업무방해죄의 구성요건을 충족하는 경우에 해당한다 할 것이어서 **양죄는 상상적 경합의 관계**에 있다고 보아야 할 것이다.

7 [대판 2009도10340] 업무방해의 과정에서 행하여진 재물손괴나 손괴의 행위가 업무방해의 죄에 대하여 별도로 고려되지 않을 만큼 경미한 것이라고 할 수 없다. 원심이 피고인의 이 사건 재물손괴나 협박의 죄를 업무방해죄와 각 실체적 경합관계에 있다고 판단한 것은 정당하고, 그들 행위가 이른바 '불가벌적 수반행위'에 해당하여 처벌대상이 되지 않는다는 상고이유의 주장은 받아들일 수 없다.

8 [대판 83도323] [**감금행위가 강간미수죄의 수단인 경우**에 감금죄의 성부 및 죄수] [1] 강간죄의 성립에 언제나 직접적으로 또 필요한 수단으로서 감금행위를 수반하는 것은 아니므로 감금행위가 강간미수죄의 수단이 되었다 하여 **감금행위는 강간미수죄에 흡수되어 범죄를 구성하지 않는다고 할 수는 없는 것**이고, 그때에는 감금죄와 강간미수죄는 일개의 행위에 의하여 실현된 경우로서 형법 제40조의 상상적 경합관계에 있다. [2] 피고인이 피해자가 자동차에서 내릴 수 없는 상태에 있음을 이용하여 강간하려고 결의하고, 주행중인 자동차에서 탈출불가능하게 하여 외포케 하고 50킬로미터를 운행하여 여관 앞까지 강제연행한 후 강간하려다 미수에 그친 경우 위 협박은 감금죄의 실행의 착수임과 동시에 강간미수죄의 실행의 착수라고 할 것이다.

72 상상적 경합(수죄)

* 대법원 2002. 7. 18. 선고 2002도669 전원합의체 판결
* 참조조문: 형법 제40조,[1] 제37조,[2] 제347조 제1항,[3] 제355조 제2항[4]

1개의 행위에 관하여 사기죄와 업무상배임죄 또는 단순배임죄의 각 구성요건이 모두 구비된 경우의 죄수관계

●사실● 신용협동조합의 전무인 피고인 X는 이 조합의 담당직원을 기망하여 예금인출금 또는 대출금 명목으로 금원을 교부받았다.

원심은 타인의 사무를 처리하는 자가 그 사무처리상 임무에 위배하여 본인을 기망하고 착오에 빠진 본인으로부터 재물을 교부받은 경우에는 사기죄가 성립될 뿐, 설사 배임죄의 구성요건이 충족되어도 별도로 배임죄를 구성하지는 않는다고 보았다. 이에 검사가 상고하였다.

●판지● **파기환송.** 「[1] **상상적 경합**은 1개의 행위가 실질적으로 수개의 구성요건을 충족하는 경우를 말하고 **법조경합**은 1개의 행위가 외관상 수 개의 죄의 구성요건에 해당하는 것처럼 보이나 실질적으로 1죄만을 구성하는 경우를 말하며, 실질적으로 일죄인가 또는 수죄인가는 **구성요건적 평가와 보호법익의 측면에서 고찰하여 판단**하여야 한다.

[2] **업무상배임행위에 사기행위가 수반된 때**의 죄수 관계에 관하여 보면, (가) 사기죄는 사람을 기망하여 재물의 교부를 받거나 재산상의 이익을 취득하는 것을 구성요건으로 하는 범죄로서 임무위배를 그 구성요소로 하지 아니하고 사기죄의 관념에 임무위배 행위가 당연히 포함된다고 할 수도 없으며, (나) 업무상배임죄는 업무상 타인의 사무를 처리하는 자가 그 업무상의 임무에 위배하는 행위로써 재산상의 이익을 취득하거나 제3자로 하여금 이를 취득하게 하여 본인에게 손해를 가하는 것을 구성요건으로 하는 범죄로서 기망적 요소를 구성요건의 일부로 하는 것이 아니어서 **양 죄는 그 구성요건을 달리하는 별개의 범죄**이고 형법상으로도 **각각 별개의 장(章)에 규정**되어 있어, 1개의 행위에 관하여 사기죄와 업무상배임죄의 각 구성요건이 모두 구비된 때에는 양 죄를 법조경합 관계로 볼 것이 아니라 **상상적 경합관계**로 봄이 상당하다 할 것이다」.

●해설● 1 대상판결은 사안이 일죄(법조경합)인지 아니면 수죄(상상적 경합)인지가 다투어졌다. 일죄는 실체법상으로도 한 개의 죄가 성립되며, 처벌도 한 개의 죄명에 의하여 이루어진다. 소송법상(과형상)으로도 한 개의 죄가 된다. 단순일죄, 포괄일죄, 법조경합이 일죄에 해당된다. 수죄에는 상상적 경합과 실체적 경합이 있다.

2 본 판결 이전에는 타인의 사무를 처리하는 자가 기망을 수단으로 배임행위를 한 경우 사기죄만이

1) 형법 제40조(상상적 경합) 한 개의 행위가 여러 개의 죄에 해당하는 경우에는 **가장 무거운 죄에 대하여 정한 형**으로 처벌한다.
2) 형법 제37조(경합범) 판결이 확정되지 아니한 수개의 죄 또는 금고 이상의 형에 처한 판결이 확정된 죄와 그 판결확정 전에 범한 죄를 경합범으로 한다.
3) 형법 제347조(사기) ① 사람을 기망하여 재물의 교부를 받거나 재산상의 이익을 취득한 자는 10년 이하의 징역 또는 2천만원 이하의 벌금에 처한다.
4) 형법 제355조(배임) ② 타인의 사무를 처리하는 자가 그 임무에 위배하는 행위로써 재산상의 이익을 취득하거나 제삼자로 하여금 이를 취득하게 하여 본인에게 손해를 가한 때에도 전항의 형과 같다.

성립되며(법조경합의 관계) 배임죄의 구성요건이 충족되어도 별도로 배임죄를 구성하지는 않는다고 보았다(대판 82도1910).

3 하지만 대법원은 이 판결을 통해 기존의 입장을 바꾸어 **사기죄와 배임죄는 상상적 경합관계에 있다**고 입장을 변경한 것이다.「양 죄는 그 구성요건을 달리하는 **별개의 범죄**이고 형법상으로도 각각 별개의 장(章)에 규정되어 있어, 1개의 행위에 관하여 사기죄와 업무상배임죄의 각 구성요건이 모두 구비된 때에는 양 죄를 법조경합 관계로 볼 것이 아니라 **상상적 경합관계**로 봄이 상당하다 할 것이다」.

4 그러나 사기죄와 배임죄가 상상적 경합의 관계에 있는 것은 본인에 대한 관계에서 적용되는 법리이고, 타인의 사무를 처리하는 자가 제3자를 기망하여 재물 또는 재산상의 이익을 취득하고 그로 인하여 본인에게 재산상의 손해를 가한 때에는 배임죄와 사기죄가 모두 성립하는 실체적 경합관계에 있게 된다(대판 2010도10690).

5 **상상적 경합의 의의** 상상적 경합(관념적 경합)은 행위가 1개인 점에서 법조경합과 같지만 실질적으로 수죄에 해당하여 수 개의 구성요건이 적용된다는 점에서 법조경합과 구별되고, 행위가 1개임을 요한다는 점에서 수 개의 행위를 요건으로 하는 실체적 경합과는 구분된다. 이와 같이, 상상적 경합은 실질적으로는 수죄이지만 행위가 1개이기 때문에, '가장 무거운 죄의 형'으로만 처벌되는 특징이 있다. 즉 형법 제40조 과형상 일죄에서 "가장 무거운 죄에 정한 형으로 처벌"[5]하는 것은 이러한 행위가 사회적 사실로써 일체성이 있고, 그렇지 않은 경우와 비교하여 위법성이나 책임이 작기 때문에 처벌의 일회성에 의해 경합죄의 경우 보다 이를 가볍게 취급하는 것이 합리적이라는 취지이다(**이중평가의 방지**). 수 개의 **부작위범 사이**에도 상상적 경합이 가능하다. 이는 작위의무에 따른 가상적인 결과발생방지행위의 동일성이 인정될 수 있기 때문이다.

6 **상상적 경합의 법적 효과** 한편, ① 상상적 경합의 법적 효과는 수 개의 죄 중에서 가장 중한 형으로 처벌한다(법40). 형의 상한과 하한을 모두 대조하여 전체적으로 중한 형으로 각각 결정한다(**전체적 대조주의**; Ref 2). 따라서 상상적 경합관계에 있는 죄들 중 가장 중한 죄가 아닌 죄의 하한이 가장 중한 죄의 하한보다 중할 때, 이를 '가장 중한 형'의 하한으로 해야 한다. ② 상상적 경합은 성질상 수죄라 하더라도 **과형상 일죄**이므로 소송법상 1개의 사건으로 취급된다. 때문에 **기판력, 공소제기, 상소의 효력은 상상적 경합관계에 있는 죄 전체에 미친다**. 따라서 별도의 공소제기가 있으면 '면소판결'을 해야 한다.

Reference 1

상상적 경합을 인정한 판례

1 **[대판 2019도11688]** 수 개의 등록상표에 대하여 상표법 제230조의 상표권 침해행위가 계속하여 이루어진 경우에는 등록상표마다 포괄하여 1개의 범죄가 성립한다. 그러나 하나의 유사상표 사용행위로 수 개의

5) 형법 제40조의 '가장 중한 죄에 정한 형으로 처벌한다'함은 각 법조의 상한과 하한을 모두 중한 형의 범위 내에서 처단한다는 것을 포함하는 것으로 새겨야 한다(대판 83도3160). 또한 상상적 경합의 경우에도 경한 죄에 병과형 또는 부가형이 있을 때에는 이를 병과한다(대판 2005도8704).

등록상표를 동시에 침해하였다면 각각의 상표법 위반죄는 상상적 경합의 관계에 있다.

2 **[대판 2016도19659]** 공무원이 **직무관련자에게 제3자와 계약을 체결하도록 요구**하여 계약 체결을 하게 한 행위가 **제3자뇌물수수죄**의 구성요건과 **직권남용권리행사방해죄**의 구성요건에 모두 해당하는 경우에는, 제3자뇌물수수죄와 직권남용권리행사방해죄가 각각 성립하되, 이는 사회 관념상 하나의 행위가 수 개의 죄에 해당하는 경우이므로 두 죄는 형법 제40조의 상상적 경합관계에 있다.

3 **[대판 2015도12838]** 뇌물을 수수함에 있어서 공여자를 기망한 점이 있다 하여도 뇌물수수죄, 뇌물공여죄의 성립에는 영향이 없고, 이 경우 뇌물을 수수한 공무원에 대하여는 한 개의 행위가 **뇌물죄와 사기죄**의 각 구성요건에 해당하므로 형법 제40조에 의하여 상상적 경합으로 처단하여야 할 것이다.

4 **[대판 2014도16980]** 1개의 기망행위에 의하여 다수의 피해자로부터 각각 재산상 이익을 편취한 경우에는 **피해자별로 수 개의 사기죄**가 성립하고, 그 사이에는 상상적 경합의 관계에 있는 것으로 보아야 한다. **cf)** ① 다수의 피해자에 대하여 **각별로 기망행위를 하여 각각 재산상 이익을 편취한 경우**에는 범의가 단일하고 범행방법이 동일하더라도 각 피해자의 피해법익은 독립한 것이므로 이를 포괄일죄로 파악할 수 없고 **피해자별로 독립한 사기죄가 성립**된다(대판 93도743). ② 다만 피해자들이 **하나의 동업체를 구성하는 등으로 피해 법익이 동일하다고 볼 수 있는 사정이 있는 경우**에는 피해자가 복수이더라도 이들에 대한 사기죄를 포괄하여 일죄로 볼 수도 있을 것이다(대판 2011도769).

5 **[대판 2013도10020] [횡령죄의 죄수판단]** [1] 여러 개의 위탁관계에 의하여 보관하던 여러 개의 재물을 1개의 행위에 의하여 횡령한 경우 **위탁관계별로 수 개의 횡령죄가 성립**하고, 그 사이에는 상상적 경합의 관계가 있는 것으로 보아야 한다. [2] 피고인은 피해자 A회사와 사이에 렌탈(임대차)계약을 체결하고 그로부터 컴퓨터 본체 24대, 모니터 1대를 받아 보관하였고, 피해자 B회사와 사이에 리스(임대차)계약을 체결하고 그로부터 컴퓨터 본체 13대, 모니터 41대, 그래픽카드 13개, 마우스 11개를 보관하다가 2011.2.22.경 성명불상의 업체에 이를 **한꺼번에 처분**하여 횡령하였으므로, **이러한 횡령행위는 사회관념상 1개의 행위로 평가**함이 상당하고, 피해자들에 대한 각 횡령죄는 상상적 경합의 관계에 있다고 보아야 할 것이다. **cf)** 횡령죄는 신임관계를 보호하는 구성요건이라는 점에서 그 죄수판단의 기준은 **위탁관계의 수**에 따라 정해진다.

6 **[대판 2012도3927] [사기죄와 특경법상의 알선수재죄의 죄수]** 금융회사 등의 임직원의 직무에 속하는 사항에 관하여 알선할 의사와 능력이 없음에도 알선을 한다고 기망하고 금품 등을 수수한 경우, 이러한 피고인의 행위는 형법 제347조 제1항의 사기죄와 특정경제범죄가중처벌등에관한법률 제7조(알선수재죄) 위반죄에 각 해당하고 위 두 죄는 상상적 경합의 관계에 있다.

7 **[대판 2012도2087] [상호저축은행법위반죄와 업무상배임죄의 죄수]** 동일인 대출한도 초과대출 행위로 인하여 상호저축은행에 손해를 가함으로써 **상호저축은행법위반죄와 업무상배임죄**가 모두 성립한 경우, 위 두 죄는 형법 제40조에서 정한 상상적 경합관계에 있다.

8 **[대판 2012도544]** 피고인이 피해자의 주거에 침입하여 강간하려다 미수에 그침과 동시에 자기의 형사

사건의 수사 또는 재판과 관련하여 수사단서를 제공하고 진술한 것에 대한 보복 목적으로 그를 폭행하였다는 내용으로 기소된 사안에서, 특정범죄가중처벌등에관한법률위반(**보복범죄**등)죄 및 성폭력범죄의 처벌 등에 관한 특례법 위반(**주거침입강간**등)죄가 각 성립하고 두 죄가 상상적 경합관계에 있다.

9 [대판 2010도9330] 피고인 등이 피해자들을 유인하여 **사기도박으로 도금을 편취한 행위**는 사회관념상 1개의 행위로 평가하는 것이 타당하므로, 피해자들에 대한 각 사기죄는 상상적 경합의 관계에 있다고 보아야 함에도, 위 각 죄가 실체적 경합의 관계에 있는 것으로 보고 경합범 가중을 한 원심판결에 사기죄의 죄수에 관한 법리오해의 위법이 있다.

10 [대판 2010도4129] 채권자들에 의한 복수의 강제집행이 예상되는 경우 재산을 은닉 또는 허위양도함으로써 채권자들을 해하였다면 **채권자별로 각각 강제집행면탈죄가 성립**하고, 상호 상상적 경합범의 관계에 있다.

11 [대판 2009도11151] 무허가 카지노영업으로 인한 **관광진흥법위반죄**와 **도박개장죄**는 상상적 경합범 관계에 있다.

12 [대판 2009도10845] [1] 음주 또는 약물의 영향으로 정상적인 운전이 곤란한 상태에서 자동차를 운전하여 사람을 상해에 이르게 함과 동시에 다른 사람의 재물을 손괴한 때에는 특정범죄가중처벌 등에 관한 법률위반(**위험운전치사상)죄** 외에 **업무상과실 재물손괴로 인한 도로교통법위반죄가 성립하고,** 위 두 죄는 1개의 운전행위로 인한 것으로서 상상적 경합관계에 있다.

13 [대판 2009도3505] 범죄 피해 신고를 받고 **출동한 두 명의 경찰관**에게 욕설을 하면서 **차례로** 폭행을 하여 신고 처리 및 수사 업무에 관한 정당한 직무집행을 방해한 사안에서, **동일한 장소에서 동일한 기회에 이루어진 폭행 행위**는 사회관념상 1개의 행위로 평가하는 것이 상당하다는 이유로, 위 공무집행방해죄는 형법 제40조에 정한 상상적 경합의 관계에 있다. cf) 경찰관 두 명에 대해 각각 공무집행방해죄가 성립하고 양자는 상상적 경합의 관계가 된다. 공무집행방해죄의 죄수판단은 '공무원의 수'로 결정한다.

14 [대판 2009도1530] 구 전자금융거래법(2008.12.31. 법률 제9325호로 개정되기 전의 것) 제6조 제3항은 "접근매체는 다른 법률에 특별한 규정이 없는 한 양도 · 양수하거나 질권을 설정하여서는 아니된다."고 규정하고, 같은 법 제49조 제5항 제1호는 "제6조 제3항의 규정을 위반하여 접근매체를 양도 · 양수하거나, 질권을 설정한 자"는 1년 이하의 징역 또는 1천만 원 이하의 벌금에 처한다고 규정하고 있는바, 위 법률 조항에서 규정하는 **접근매체 양도죄**는 각각의 접근매체마다 1개의 죄가 성립하는 것이고, 다만 위와 같이 수 개의 접근매체를 한꺼번에 양도한 행위는 하나의 행위로 수 개의 전자금융거래법위반죄를 범한 경우에 해당하여 각 죄는 상상적 경합관계에 있다고 해석함이 상당하다.

15 [대판 2009도834] 국회의원 선거에서 정당의 공천을 받게 하여 줄 의사나 능력이 없음에도 이를 해줄 수 있는 것처럼 기망하여 공천과 관련하여 금품을 받은 경우, 공직선거법상 **공천관련금품수수죄와 사기죄**가 모두 성립하고 양자는 상상적 경합의 관계에 있다.

16 **[대판 2008도11999] [인권옹호직무명령불준수죄와 직무유기죄의 죄수]** 검사가 긴급체포 등 강제처분의 적법성에 의문을 갖고 대면조사를 위한 피의자 인치를 2회에 걸쳐 명하였으나 이를 이행하지 않은 사법경찰관에게 인권옹호직무명령불준수죄와 직무유기죄 모두 인정되며, 형법 제139조에 규정된 인권옹호직무명령불준수죄와 형법 제122조에 규정된 직무유기죄의 각 구성요건과 보호법익 등을 비교하여 볼 때, 인권옹호직무명령불준수죄가 직무유기죄에 대하여 법조경합 중 특별관계에 있다고 보기는 어렵고 양 죄를 상상적 경합관계로 보아야 한다.

17 **[대판 2008도10960] [집시법위반죄와 일반교통방해죄의 죄수]** 피고인이 야간옥외집회에 참가하여 교통을 방해하였다는 취지로 공소제기된 사안에서, **집회 및 시위와 그로 인하여 성립하는 일반교통방해는 상상적 경합관계에 있다**고 보는 것이 타당하므로, 이와 달리 피고인에 대한 '집회 및 시위에 관한 법률위반죄'와 '일반교통방해죄'가 실체적 경합관계에 있다는 전제에서 각 별개의 형을 정한 원심판결에 죄수에 관한 법리오해의 위법이 있다.

18 **[대판 2005도10233]** 이 사건 확정판결의 범죄사실 중 **업무방해죄**와 이 사건 공소사실 중 **명예훼손죄**는 모두 피고인이 **같은 일시, 장소**에서 피해자의 기념전시회에 참석한 손님들에게 피해자가 공사대금을 주지 않는다는 취지로 소리를 치며 소란을 피웠다는 1개의 행위에 의하여 실현된 경우로서 상상적 경합관계에 있다.

19 **[대판 2005도8704]** [1] 공무원이 취급하는 사건에 관하여 청탁 또는 알선을 할 의사와 능력이 없음에도 청탁 또는 알선을 한다고 기망하고 금품을 교부받은 경우, **사기죄와 변호사법위반죄가 상상적 경합의 관계**에 있다. [2] [상상적 경합에 있어서 중한 죄의 하한이 다른 법조의 최하한의 형보다 경한 경우의 처단형] 형법 제40조가 규정하는 1개의 행위가 수개의 죄에 해당하는 경우에는 '가장 중한 죄에 정한 형으로 처벌한다.' 함은 그 수개의 죄명 중 가장 중한 형을 규정한 법조에 의하여 처단한다는 취지와 함께 다른 법조의 최하한의 형보다 가볍게 처단할 수는 없다는 취지 즉, 각 법조의 상한과 하한을 모두 중한 형의 범위 내에서 처단한다는 것을 포함하는 것으로 새겨야 한다. [3] 상상적 경합의 관계에 있는 사기죄와 변호사법위반죄에 대하여 형이 더 무거운 사기죄에 정한 형으로 처벌하기로 하면서도, 필요적 몰수·추징에 관한 구 변호사법 제116조, 제111조에 의하여 청탁 명목으로 받은 금품 상당액을 추징한 원심의 조치를 수긍한 사례(전체적 대조주의).

20 **[대판 2004도1299]** 당좌수표를 조합 이사장 명의로 발행하여 그 소지인이 지급제시기간 내에 지급제시하였으나 거래정지처분의 사유로 지급되지 아니하게 한 사실(**부정수표단속법위반죄**)과 동일한 수표를 발행하여 조합에 대하여 재산상 손해를 가한 사실(**업무상배임죄**)은 **사회적 사실관계가 기본적인 점에서 동일하다고 할 것**이어서 1개의 행위가 수 개의 죄에 해당하는 경우로서 형법 제40조에 정해진 **상상적 경합관계에 있다.**

21 **[대판 98도3416]** 피고인들이 피해자들의 **재물을 강취한 후** 그들을 살해할 목적으로 현주건조물에 방화하여 사망에 이르게 한 경우, 피고인들의 행위는 **강도살인죄**와 **현주건조물방화치사죄**에 모두 해당하고 그 두 죄는 상상적 경합범 관계에 있다.

22 [대판 97도2956] 형법 제307조의 **명예훼손죄**와 공직선거및선거부정방지법 제251조의 **후보자비방죄**는 보호법익과 구성요건의 내용이 서로 다른 별개의 범죄로서 상상적경합의 관계에 있다.

23 [대판 94도2842] ●**사실**● 위험한 물건을 휴대하여 공무집행을 방해하던 중 고의로 그 공무원을 상해한 경우에는 **상해죄**와 **특수공무방해치상죄**의 상상적 경합이 될 수 있는지가 문제된 사안 ●**판지**● 기본범죄를 통하여 고의로 중한 결과를 발생케 한 부진정결과적가중범의 경우, 그 중한 결과가 별도의 구성요건에 해당한다면 **결과적가중범**과 **중한 결과에 대한 고의범**의 **상상적 경합관계**에 있다고 보아야 하는지 여부: 고의로 중한 결과를 발생케 한 경우에 무겁게 벌하는 구성요건이 따로 마련되어 있는 경우에는 당연히 무겁게 벌하는 구성요건에서 정하는 형으로 처벌하여야 할 것이고, 결과적가중범의 형이 더 무거운 경우에는 결과적가중범에 정한 형으로 처벌할 수 있도록 하여야 할 것이므로, **기본범죄를 통하여 고의로 중한 결과를 발생케 한 부진정결과적가중범의 경우**에 그 중한 결과가 별도의 구성요건에 해당한다면 이는 결과적가중범과 중한 결과에 대한 고의범의 상상적 경합관계에 있다고 보아야 할 것이다.

24 [대판 93도49] [차의 운전자가 업무상 과실로 사람을 상해에 이르게 함과 동시에 물건을 손괴하고 도주한 경우 특정범죄가중처벌등에관한법률위반죄 및 도로교통법 제106조 소정의 죄의 관계(=상상적 경합범) 및 위 2개의 죄와 같은 법 제113조 제1호 소정의 제44조 위반죄의 죄수관계(=실체적 경합범)] 차의 운전자가 업무상 주의의무를 게을리하여 사람을 상해에 이르게 함과 아울러 물건을 손괴하고도 피해자를 구호하는 등 도로교통법 제50조 제1항의 규정에 의한 조치를 취하지 아니한 채 도주한 때에는, 같은 법 제113조 제1호 소정의 제44조 위반죄와 같은 법 제106조 소정의 죄 및 특정범죄가중처벌등에관한법률위반죄가 모두 성립하고, 이 경우 **특정범죄가중처벌등에관한법률위반죄(도주차량)**와 물건손괴 후 필요한 조치를 취하지 아니함으로 인한 **도로교통법 제106조 소정의 죄(교통사고미조치)**는 1개의 행위가 수 개의 죄에 해당하는 **상상적 경합범**의 관계에 있고, 위의 2개의 죄와 같은 법 제113조 제1호 소정의 제44조 위반죄는 주체나 행위 등 구성요건이 다른 별개의 범죄이므로 실체적 경합범의 관계에 있다.

25 [대판 92도3035] 한국소비자보호원을 비방할 목적으로 18회에 걸쳐서 출판물에 의하여 공연히 허위의 사실을 적시 유포함으로써 한국소비자보호원의 **명예를 훼손**하고 **업무를 방해**하였다는 각 죄는 1개의 행위가 2개의 죄에 해당하는 형법 제40조 소정의 상상적 경합의 관계에 있다.(남양유업의 '아인슈타인우유'사건)

26-1 [대판 92도917] ① **절도범인이 체포를 면탈할 목적**으로 경찰관에게 폭행 협박을 가한 때에는 **준강도죄와 공무집행방해죄를 구성하고 양 죄는 '상상적 경합관계'**에 있으나, ② **강도범인이 체포를 면탈할 목적**으로 경찰관에게 폭행을 가한 때에는 **강도죄와 공무집행방해죄는 '실체적 경합관계'**에 있고 상상적 경합관계에 있는 것이 아니다.

26-2 [비교판례] [대판 2001도3447] 절도범이 체포를 면탈할 목적으로 체포하려는 여러 명의 피해자에게 같은 기회에 폭행을 가하여 그 중 1인에게만 상해를 가하였다면 이러한 행위는 **포괄하여 하나의 강도상해죄**만 성립한다.

27 [대판 91도2642] [도로공사 현장소장이 산업안전보건법 제23조 제3항의 위험방지조치를 취하지 아니한 같은 법 위반의 범죄사실과 그와 같은 조치를 취하지 아니한 업무상과실로 근로자를 사망케 한 업무상

과실치사죄의 죄수관계(=상상적경합범)] 도로공사의 현장소장은 지반의 붕괴 등에 의하여 근로자에게 위험을 미칠 우려가 있는 때에는 그 위험을 방지하기 위하여 지반을 안전한 경사로 하고 낙하의 위험이 있는 토석을 제거하거나 옹벽 및 흙막이 지보공 등을 설치하여야 함에도, 이러한 위험방지조치를 취하지 아니함으로써 **산업안전보건법 제23조 제3항의 규정에 위반**하였다는 범죄사실과 위와 같은 위험을 방지하기 위하여 필요한 조치를 취하지 아니한 **업무상과실**로 인하여 위 근로자를 사망에 이르게 하였다는 범죄사실에 있어서, 위의 산업안전보건법상의 위험방지조치의무와 업무상주의의무가 일치하고 이는 1개의 행위가 2개의 업무상과실치사죄와 산업안전보건법위반죄에 해당하는 경우이다.

28-1 **[대판 91도643]** [피고인의 여관 종업원과 주인에 대한 각 강도행위가 각별로 강도죄를 구성하되 법률상 1개의 행위로 평가되어 위 2죄는 **상상적 경합범관계에 있다**고 본 사례] [1] 강도가 동일한 장소에서 동일한 방법으로 시간적으로 접착된 상황에서 수인의 재물을 강취하였다고 하더라도, (가) 수인의 피해자들에게 폭행 또는 협박을 가하여 그들로부터 그들이 각기 점유관리하고 있는 재물을 각각 강취하였다면, **피해자들의 수에 따라 수 개의 강도죄를 구성**하는 것이고, (나) 다만 강도범인이 피해자들의 반항을 억압하는 수단인 폭행·협박행위가 사실상 공통으로 이루어졌기 때문에, 법률상 1개의 행위로 평가되어 상상적 경합으로 보아야 될 경우가 있는 것은 별문제이다. [2] 피고인이 여관에서 종업원을 칼로 찔러 상해를 가하고 객실로 끌고 들어가는 등 폭행·협박을 하고 있던 중, 마침 다른 방에서 나오던 여관의 주인도 같은 방에 밀어 넣은 후, 주인으로부터 금품을 강취하고, 1층 안내실에서 종업원 소유의 현금을 꺼내 갔다면, **여관 종업원과 주인에 대한 각 강도행위가 각별로 강도죄를 구성하되 피고인이 피해자인 종업원과 주인을 폭행·협박한 행위는 법률상 1개의 행위로 평가되는 것이 상당하므로 위 2죄는 상상적 경합범 관계에 있다**고 할 것이다.

28-2 **[비교사례]** [강도가 여관에 들어가 안내실에 있던 여관의 관리인을 칼로 찔러 상해를 가하고 그로부터 금품을 강취한 다음, 각 객실에 들어가 각 투숙객들로부터 금품을 강취한 행위가 **피해자 별로 강도상해죄 및 강도죄의 실체적 경합범**이 된다고 본 사례] 강도가 서로 다른 시기에 다른 장소에서 수인의 피해자들에게 각기 폭행 또는 협박을 하여 각 그 피해자들의 재물을 강취하고, 그 피해자들 중 1인을 상해한 경우에는, 각기 별도로 강도죄와 강도상해죄가 성립하는 것임은 물론, 법률상 1개의 행위로 평가되는 것도 아닌 바, 피고인이 여관에 들어가 1층 안내실에 있던 여관의 관리인을 칼로 찔러 상해를 가하고, 그로부터 금품을 강취한 다음, 각 객실에 들어가 각 투숙객들로부터 금품을 강취하였다면, 피고인의 위와 같은 각 행위는 비록 시간적으로 접착된 상황에서 동일한 방법으로 이루어지기는 하였으나, 포괄하여 1개의 강도상해죄만을 구성하는 것이 아니라 실체적경합범의 관계에 있는 것이라고 할 것이다. cf) 이 판례는 상상적 경합으로 처벌되는 경우와 실체적 경합으로 처벌되는 경우를 대비하여 보여주고 있는 점에서 그 의의가 있다.

29 **[대판 88도820]** **강도가** 재물강취의 뜻을 재물의 부재로 이루지 못한 채 **미수에 그쳤**으나 그 자리에서 항거불능의 상태에 빠진 피해자를 간음할 것을 결의하고 실행에 착수했으나 **역시 미수에 그쳤**더라도 반항을 억압하기 위한 폭행으로 피해자에게 상해를 입힌 경우에는 **강도강간미수죄**와 **강도치상죄**가 성립되고 이는 1개의 행위가 2개의 죄명에 해당되어 상상적 경합관계가 성립된다.

30 **[대판 89도252]** 계주가 단일하고 계속된 범의 아래 같은 장소에서 반복하여 여러 사람으로부터 **계 불입금**을 편취한 소위는 피해자별로 포괄하여 1개의 사기죄가 성립하고 이들 **포괄일죄 상호간에 상상적 경합**관계에 있다고 볼 것이므로 그중 일부 피해자들로부터 계 불입금을 편취하였다는 공소사실에 대하여 확정판

결이 있었다면 나머지 피해자들에 대한 이 사건 공소사실에 대하여도 위 판결의 기판력이 미치게 된다고 할 것이다.

31-1 **[대판 87도564]** [2인 이상의 연명으로 된 문서를 위조한 경우의 죄수관계] 문서에 2인 이상의 작성명의인이 있을 때에는 각 명의자 마다 1개의 문서가 성립되므로 **2인 이상의 연명으로 된 문서를 위조**한 때에는 **작성명의인의 수대로 수 개의 문서위조죄가 성립**하고 또 그 연명문서를 위조하는 행위는 자연적 관찰이나 사회통념상 하나의 행위라 할 것이어서 위 수 개의 문서위조죄는 형법 제40조가 규정하는 상상적 경합범에 해당한다.

31-2 **[비교판례] [대판 91도1722]** 피고인이 예금통장을 강취하고 예금자 명의의 예금청구서를 위조한 다음 이를 은행원에게 제출행사하여 예금인출금 명목의 금원을 교부받았다면 강도, 사문서위조, 동행사, 사기의 각 범죄가 성립하고 이들은 **실체적 경합관계**에 있다 할 것이다.

32 **[대판 86도2731]** **무면허인데다가 술이 취한 상태에서 오토바이를 운전**하였다는 것은 위의 관점에서 분명히 1개의 운전행위라 할 것이고 이 행위에 의하여 도로교통법 제111조 제2호, 제40조와 제109조 제2호, 제41조 제1항의 각 죄에 동시에 해당하는 것이니 두 죄(**도로교통법상의 무면허운전**과 **주취운전의 죄**)는 형법 제40조의 **상상적 경합**관계에 있다고 할 것이다.

33 **[대판 85도2658]** 자동차 운전자가 타 차량을 들이받아 그 차량을 **손괴**하고 동시에 동 차량에 타고 있던 승객에게 **상해**를 입힌 경우, 이는 동일한 **업무상과실로 발생한 수 개의 결과**로서 형법 제40조 소정의 상상적 경합관계에 있다.

연결효과에 의한 상상적 경합

34-1 **[대판 83도1378]** 예비군 중대장이 그 소속예비군으로부터 금원을 교부받고 그 예비군이 예비군훈련에 불참하였음에도 불구하고 참석한 것처럼 허위내용의 **중대학급편성명부를 작성, 행사**한 경우라면 수뢰후 부정처사죄 외에 별도로 허위공문서작성 및 동행사죄가 성립하고 이들 죄와 수뢰후 부정처사죄는 각각 상상적 경합관계에 있다고 할 것이다. **cf)** 이 판례는 **연결효과에 의한 상상적 경합**이 문제되는 사안이다. 연결효과에 의한 상상적 경합이란 서로 실체적 경합관계에 있는 A죄(허위공무서작성죄)와 B죄(허위공무서작성동행사죄)를 범한 사람이 양죄의 상상적 경합관계에 있는 C죄(수뢰후부정처사죄)를 범했을 때, 세 범죄 간에 상상적 경합을 인정할 수 있는지가 문제되는 것을 말한다. 우리 법원은 이 경우 상상적 경합을 인정한다. 하지만 이렇게 되면 형량에서 모순적 상황이 발생한다. 만약 행위자가 C범죄를 하지 않았다면, A죄와 B죄는 실체적 경합범이 되어 가중될 것이 오히려 C죄로 인하여 상상적 경합이 되어 가중이 안되기 때문이다.

34-2 **[대판 2000도1216]** 형법 제131조 제1항의 수뢰후부정처사죄에 있어서 공무원이 수뢰후 행한 부정행위가 공도화변조 및 동행사죄와 같이 보호법익을 달리하는 별개 범죄의 구성요건을 충족하는 경우에는 **수뢰후부정처사죄 외에 별도로 공도화변조 및 동행사죄가 성립**하고 이들 죄와 수뢰후부정처사죄는 각각 상상적 경합 관계에 있다고 할 것인바, 이와 같이 공도화변조죄와 동행사죄가 수뢰후부정처사죄와 각각 상상적 경합범 관계에 있을 때에는 **공도화변조죄와 동행사죄 상호간은 실체적 경합범 관계에 있다고 할지라도 상상적 경합범 관계에 있는 수뢰후부정처사죄와 대비하여 가장 중한 죄에 정한 형으로 처단하면 족한 것**이고 따로이 경합범 가중을 할 필요가 없다.

35-1 **[대판 83도323]** [감금행위가 강간미수죄의 수단인 경우에 감금죄의 성부 및 죄수] [1] 강간죄의 성립에 언제나 직접적으로 또 필요한 수단으로서 감금행위를 수반하는 것은 아니므로 **감금행위가 강간미수죄의 수단**이 되었다 하여 감금행위는 강간미수죄에 흡수되어 범죄를 구성하지 않는다고 할 수는 없는 것이고, 그때에는 감금죄와 강간미수죄는 일개의 행위에 의하여 실현된 경우로서 형법 제40조의 **상상적 경합관계**에 있다. [2] 피고인이 피해자가 자동차에서 내릴 수 없는 상태에 있음을 이용하여 강간하려고 결의하고, 주행 중인 자동차에서 탈출불가능하게 하여 외포케 하고 50킬로미터를 운행하여 여관 앞까지 강제연행한 후 강간하려다 미수에 그친 경우 **위 협박은 감금죄의 실행의 착수임과 동시에 강간미수죄의 실행의 착수**라고 할 것이다. **cf)** 본 사안은 동일한 피해자라고 하여도 보호법익이 다를 경우에는 상상적 경합이 될 수 있음을 보여주고 있다.

35-2 **[비교 판례] [대판 2002도4380]** [감금행위가 강도상해 범행의 수단에 그치지 아니하고 강도상해의 범행이 끝난 뒤에도 계속된 경우, 감금죄와 강도상해죄의 죄수] ●**사실**● 피고인은 공소외 1, 2, 3과 공모하여 2000.1.24. 15:00경 고양시 ○○구 ○○동 722 소재 단△주점 앞길에서 그 주점 종업원인 피해자를 승용차에 태우고 가다가 공소외 1이 주먹으로 피해자를 때려 반항을 억압한 다음 그로부터 현금 35만 원 등이 들어 있는 가방을 빼앗아 강취하고, 피해자에게 약 2주간의 치료를 요하는 안면부타박상 등의 상해를 가하였다. 그리고 계속하여 15Km 정도를 진행하다가 내려주었다. ●**판지**● 감금행위가 단순히 강도상해 범행의 수단이 되는 데 그치지 아니하고 **강도상해의 범행이 끝난 뒤에도 계속된 경우**에는 1개의 행위가 감금죄와 강도상해죄에 해당하는 경우라고 볼 수 없고, 이 경우 **감금죄와 강도상해죄는 형법 제37조의 경합범 관계**에 있다.

35-3 **[대판 82도705]** 감금을 하기 위한 수단으로서 행사된 **단순한 협박행위는 감금죄에 흡수**되어 따로 협박죄를 구성하지 아니한다.

36 **[대판 80도384 전원합의체]** 판매의 목적으로 휘발유에 **솔벤트벤젠** 등을 혼합하여 판매한 행위(유사휘발유판매행위)는 석유사업법 제24조, 제22조 위반죄와 형법상 사기죄의 상상적 경합관계에 있다.

37 **[대판 72도2001]** (가) 운전면허 없이 운전을 하다가 **두 사람을 한꺼번에 치어** 사상케 한 경우에 이 업무상 과실치사상의 소위는 상상적 경합죄에 해당하고 (나) 이와 무면허운전에 대한 본법위반죄와는 실체적 경합관계에 있다.

38 **[대판 70도562]** 시험을 관리하는 공무원이 (타인으로부터 돈을 받고) 그 직무상 지득한 구술시험 문제 중에서 소론 사항을 "병"에게 알린 것은 **공무상 비밀의 누설**인 동시에 형법 제131조 제1항(**수뢰후부정처사죄**)의 부정한 행위를 한 때에 해당한다.

39 **[대판 4294형상415]** 여러 사람이 함께 공무를 집행하는 경우에 이에 대하여 폭행을 하고 공무집행을 방해하는 경우에는 피해자의 수에 따라 여러 죄가 성립하는 것이 아니고 하나의 행위로서 여러 죄명에 해당하는 소위 상상적 경합관계에 있게 되는 것이다.

Reference 2

형의 전체적 대조주의

1 **[대판 2012도3927]** [1] 형법 제40조가 "1개의 행위가 수개의 죄에 해당하는 경우에는 가장 중한 죄에 정한 형으로 처벌한다."고 규정하는 것은 그 수개의 죄명 중 가장 중한 형을 규정한 법조에 의하여 처단한다는 취지와 함께 다른 법조의 최하한의 형보다 가볍게 처단할 수는 없다는 취지, 즉 각 법조의 상한과 하한을 모두 중한 형의 범위 내에서 처단한다는 것을 포함하는 것으로 새겨야 한다. 이와 같이 법조의 상한과 하한의 경중을 모두 비교하여 중하게 처단하도록 하는 것으로 해석되는 형법 제40조의 취지에 비추어 보면, 가벼운 죄에서 정한 병과형 또는 부가형의 법조가 있을 때에는 형이 더 무거운 죄에 정한 형으로 처벌하기로 한 경우에도 가벼운 죄에서 정한 병과형 또는 부가형의 법조 역시 적용된다고 보아야 한다. [2] 원심이 금융회사 등의 임직원의 직무에 속하는 사항의 알선에 관하여 알선할 의사와 능력이 없음에도 알선을 한다고 기망하고 이에 속은 피해자로부터 알선자금 명목으로 금원을 받은 피고인의 행위가 사기죄와 특정경제범죄 가중처벌 등에 관한 법률 위반(알선수재)죄에 해당하고 위 두 죄는 상상적 경합의 관계에 있다고 판단하는 한편 형이 더 무거운 사기죄에 정한 형으로 처벌하기로 하면서도 특정경제범죄 가중처벌 등에 관한 법률 제10조 제3항, 제2항에 의하여 피고인이 특정경제범죄 가중처벌 등에 관한 법률 위반(알선수재)죄로 받은 금품 상당액을 추징한 제1심을 유지한 조치는 정당하다.

2 **[대판 83도323]** 형법 제40조의 소위 상상적 경합은「1개의 행위가 수개의 죄에 해당하는 경우에는 과형상 1죄로서 처벌한다는 것이고, 또 가장 중한 죄에 정한 형으로 처벌한다는 것은 경한 죄는 중한 죄에 정한 형으로 처단된다는 것이지, **경한 죄는 그 처벌을 면한다는 것은 아니므로, 이 사건에서 중한 강간미수죄가 친고죄로서 고소가 취소되었다 하더라도 경한 감금죄(폭력행위등처벌에관한법률위반)에 대하여는 아무런 영향을 미치지 않는다**」.

73 실체적 경합(수죄)

* 대법원 2008. 11. 13. 선고 2008도7143 판결
* 참조조문: 형법 제37조,[1] 도로교통법 제44조 제1항,[2] 특정범죄가중처벌등에관한법률 제5조의11[3]

특정범죄가중처벌 등에 관한 법률상 '위험운전치사상죄'와 도로교통법상 '음주운전죄'의 관계

●**사실**● 피고인 X는 혈중알콜농도 0.112%의 음주상태에서 택시를 운전하던 중 주취운전으로 인하여 전방주시를 게을리 한 업무상 과실로 피해자들이 타고 있던 승용차를 들이받아 피해자들에게 각 상해를 입게 하였다.

검사는 특정범죄 가중처벌 등에 관한 법률위반(위험운전치사상)과 도로교통법위반(음주운전)의 **경합범으로 기소**하였다. 하지만 원심은 특정범죄가중처벌 등에 관한 법률위반(위험운전치사상)죄가 성립하면 도로교통법위반(음주운전)죄는 이에 **흡수된다고 판단**하였다. 이에 검사가 상고하였다.

●**판지**● **파기환송.** 「[1] 음주로 인한 특정범죄가중처벌등에관한법률위반(위험운전치사상)죄와 도로교통법위반(음주운전)죄는 **입법 취지와 보호법익 및 적용영역을 달리하는 별개의 범죄이므로, 양 죄가 모두 성립하는 경우 두 죄는 실체적 경합관계**에 있다.

[2] 원래 **도로교통법**은 도로에서 일어나는 교통상의 위험과 장해를 방지하고 제거하여 안전하고 원활한 교통을 확보함을 목적으로 하는 것이어서(도로교통법 제1조), 불특정다수의 사람 또는 차마의 통행을 위한 도로에서의 자동차 운전 등의 통행행위만을 법의 적용대상으로 삼고 도로 이외의 장소에서의 통행행위는 적용대상으로 하지 않고 있다(도로교통법 제2조 제1호, 제24호). 반면, **음주로 인한 특정범죄가중처벌등에관한법률위반(위험운전치사상)죄**는 입법 취지와 그 문언에 비추어 볼 때, 주취상태에서의 자동차 운전으로 인한 교통사고가 빈발하고 그로 인한 피해자의 생명·신체에 대한 피해가 중대할 뿐만 아니라 사고발생 전 상태로의 회복이 불가능하거나 쉽지 않은 점 등의 사정을 고려하여, **형법 제268조에서 규정하고 있는 업무상과실치사상죄의 특례를 규정하여 가중처벌**함으로써 피해자의 생명·신체의 안전이라는 개인적 법익을 보호하기 위한 것이어서, 그 적용범위가 도로에서의 자동차 운전으로 인한 경우뿐만 아니라 도로 이외 장소에서의 자동차 운전으로 인한 경우도 역시 포함되는 것으로 본다.

한편, **도로교통법위반(음주운전)죄**는 술에 취한 상태에서 자동차 등을 운전하는 행위를 처벌하면서, 술에 취한 상태를 인정하는 기준을 운전자의 혈중 알코올농도 0.05% 이상이라는 획일적인 수치로 규정하여, 운전자가 혈중 알코올농도의 최저기준치를 초과한 주취상태에서 자동차 등을 운전한 경우에는 구체적으로 정상적인 운전이 곤란한지 여부와 상관없이 이를 처벌대상으로 삼고 있는 바, 이는 위

---

1) 형법 제37조(경합범) 판결이 확정되지 아니한 수개의 죄 또는 **금고 이상의 형**에 처한 판결이 확정된 죄와 그 판결확정 전에 범한 죄를 경합범으로 한다.
2) 도로교통법 제44조 제1항은 "누구든지 술에 취한 상태에서 자동차 등(건설기계관리법 제26조 제1항 단서의 규정에 의한 건설기계 외의 건설기계를 포함한다)을 운전하여서는 아니 된다."라고 규정하고 있고, 같은 조 제4항은 "제1항의 규정에 따라 운전이 금지되는 술에 취한 상태의 기준은 혈중 알코올농도가 0.05% 이상으로 한다."라고 규정하고 있다. 그리고 같은 법 제150조 제1호는 제44조 제1항의 규정을 위반하여 술에 취한 상태에서 자동차 등을 운전한 사람을 2년 이하의 징역이나 500만 원 이하의 벌금에 처하도록 규정하고 있다.
3) 특정범죄가중처벌등에관한법률 제5조의11은 "음주 또는 약물의 영향으로 정상적인 운전이 곤란한 상태에서 자동차(원동기장치자전거를 포함한다)를 운전하여 사람을 상해에 이르게 한 자는 10년 이하의 징역 또는 500만 원 이상 3천만 원 이하의 벌금에 처하고, 사망에 이르게 한 자는 1년 이상의 유기징역에 처한다."라고 규정하고 있다.

와 같은 혈중 알코올농도의 주취상태에서의 운전행위로 인하여 추상적으로 도로교통상의 위험이 발생한 것으로 봄으로써 도로에서 주취상태에서의 운전으로 인한 교통상의 위험과 장해를 방지하고 제거하여 안전하고 원활한 교통을 확보하는데 그 목적이 있다. 반면, **음주로 인한 특정범죄가중처벌등에 관한법률위반(위험운전치사상)죄**는 도로교통법위반(음주운전)죄의 경우와는 달리 형식적으로 혈중 알코올농도의 법정 최저기준치를 초과하였는지 여부와는 상관없이 운전자가 음주의 영향으로 실제 정상적인 운전이 곤란한 상태에 있어야만 하고, 그러한 상태에서 자동차를 운전하다가 사람을 상해 또는 사망에 이르게 한 행위를 처벌대상으로 하고 있는 바, 이는 음주로 인한 특정범죄가중처벌 등에 관한 법률위반(위험운전치사상)**죄는 업무상과실치사상죄의 일종**으로 구성요건적 행위와 그 결과발생 사이에 인과관계가 요구되기 때문이다」.

●**해설**● 1 **실체적 경합범**이란 한 사람이 수 개의 행위로 수 개의 죄를 범하여 소송법상으로 수죄로 취급되는 경우를 말한다. 행위가 수 개라는 점에서 행위가 하나인 **상상적 경합**과 구분된다. 일반적으로 경합범이라 할 때에는 실체적 경합범을 지칭한다. 실체적 경합범에는 ① "판결이 확정되지 아니한 수 개의 죄"에 해당하는 **동시적 경합범**(법37 전단)과 ② "금고 이상의 형에 처한 판결이 확정된 죄와 그 판결확정 전에 범한 죄"인 **사후적 경합범**(법37 후단)이 있다.

2 동시적 경합범 동시적 경합범은 비록 수죄를 범하였지만 동시에 심판을 받을 수 있다. 때문에 동시적 경합의 경우 형법 제38조에서는 행위자에게 유리하게 처벌될 수 있도록 가장 중한 죄의 형에 따라서 **흡수주의, 가중주의, 병과주의**를 취한다(법38).[4] 동시적 경합범이 성립되기 위한 요건으로는 우선 ① 판결이 확정되지 않아야 하며, ② 수개의 죄가 동시에 판결될 상태에 있어야 한다.

3 사후적 경합범 사후적 경합범이란 금고 이상의 형에 처한 판결이 확정된 죄와 **그 판결확정 전**에 범한 죄를 말한다(따라서 판결확정 전의 죄와 '후'의 죄 사이에는 사후적 경합범이 성립될 수 없다). 형법 제39조에서는 이러한 사후적 경합범의 경우에 대해 동시에 기소되어 심판받을 경우와 비교하여 형의 불합리함이 없도록 형평을 고려하여 형을 선고하도록 하고 있다.[5] 따라서 아직 판결을 받지 아니한 죄가 이미 판결이 확정된 죄와 **동시에 판결할 수 없었던 경우에는** 형법 제37조 후단의 경합범 관계가 성립할 수 없다.[6]

---

4) 형법 제38조(경합범과 처벌례) ① 경합범을 동시에 판결할 때에는 다음 각 호의 구분에 따라 처벌한다. 1. 가장 무거운 죄에 대하여 정한 형이 사형, 무기징역, 무기금고인 경우에는 가장 무거운 죄에 대하여 정한 형으로 처벌한다. 2. 각 죄에 대하여 정한 형이 사형, 무기징역, 무기금고 외의 **같은 종류의 형인 경우**에는 가장 무거운 죄에 대하여 정한 형의 장기 또는 다액에 그 2분의 1까지 가중하되 각 죄에 대하여 정한 형의 장기 또는 다액을 합산한 형기 또는 액수를 초과할 수 없다. 다만, 과료와 과료, 몰수와 몰수는 병과할 수 있다. 3. 각 죄에 대하여 정한 형이 무기징역, 무기금고 외의 **다른 종류의 형인 경우**에는 병과한다. ② 제1항 각 호의 경우에 징역과 금고는 같은 종류의 형으로 보아 징역형으로 처벌한다.

5) 형법 제39조(판결을 받지 아니한 경합범, 수개의 판결과 경합범, 형의 집행과 경합범) ① 경합범중 판결을 받지 아니한 죄가 있는 때에는 그 죄와 판결이 확정된 죄를 동시에 판결할 경우와 형평을 고려하여 그 죄에 대하여 형을 선고한다. 이 경우 그 형을 감경 또는 면제**할 수 있다.** (임의적 감면)

6) **[대판 2013도12003]** '금고 이상의 형에 처한 판결이 확정된 죄와 그 판결 확정 전에 범한 죄'는 형법 제37조 후단에서 정하는 경합범에 해당하고, 이 경우 형법 제39조 제1항에 의하여 경합범 중 판결을 받지 아니한 죄와 판결이 확정된 죄를 동시에 판결할 경우와 형평을 고려하여 그 죄에 대하여 형을 선고하여야 하는바, **아직 판결을 받지 아니한 죄가 이미 판결이 확정된 죄와 동시에 판결할 수 없었던 경우에는** 형법 제39조 제1항에 따라 동

4 사안의 경우, 원심은 음주로 인한 특정범죄가중처벌 등에 관한 법률위반(위험운전치사상)죄는 도로교통법위반(음주운전)죄를 기본범죄로 하는 결과적가중범으로 그 행위유형과 보호법익을 모두 포함하고 있다는 이유로 특정범죄가중처벌 등에 관한 법률위반(위험운전치사상)죄가 성립하면 도로교통법위반(음주운전)죄는 이에 흡수된다고 판단하였으나 대법원은 양 죄는 입법 취지와 보호법익 및 적용영역을 달리하는 별개의 범죄이므로 두 죄는 실체적 경합관계에 있다고 보았다.

5 한편 형법 제37조 후단의 경합범에 있어서 '판결이 확정된 죄'라 함은 수 개의 독립된 죄 중의 어느 죄에 대하여 확정판결이 있었던 사실 자체를 의미하고 일반사면으로 형의 선고의 효력이 상실된 여부는 묻지 않는다(대판 95도2114). 그리고 경합범을 가중 처벌하는 경우에 가장 중한 죄에 정한 형의 단기보다 다른 죄에 정한 형의 단기가 중한 때에는 그 중한 단기를 하한으로 해야 한다(대판 84도2890[7]).

6 포괄일죄와 실체적 경합범의 구별 기준 동일 죄명에 해당하는 수개의 행위 혹은 연속된 행위를 단일하고 계속된 범의 하에 일정 기간 계속하여 행하고 그 피해법익도 동일한 경우에는 이들 각 행위를 통틀어 포괄일죄로 처단하여야 할 것이나, 범의의 단일성과 계속성이 인정되지 아니하거나 범행방법이 동일하지 않은 경우에는 각 범행은 실체적 경합범에 해당한다(대판 2005도4051, Ref 12).

Reference

실체적 경합관계를 인정한 판례들

1 **[대판 2015도8169]** [형법 제332조에 규정된 상습절도죄를 범한 범인이 범행의 수단으로 주간에 주거침입을 한 경우, 주간 주거침입행위가 별개로 주거침입죄를 구성하는지 여부] 형법 제330조에 규정된 야간주거침입절도죄 및 형법 제331조 제1항에 규정된 특수절도(야간손괴침입절도)죄를 제외하고 일반적으로 주거침입은 절도죄의 구성요건이 아니므로 절도범인이 범행수단으로 주거침입을 한 경우에 주거침입행위는 절도죄에 흡수되지 아니하고 별개로 주거침입죄를 구성하여 절도죄와는 실체적 경합의 관계에 서는 것이 원칙이다. 또 형법 제332조는 상습으로 단순절도(형법 제329조), 야간주거침입절도(형법 제330조)와 특수절도(형법 제331조) 및 자동차 등 불법사용(형법 제331조의2)의 죄를 범한 자는 그 죄에 정한 각 형의 2분의 1을 가중하여 처벌하도록 규정하고 있으므로, 위 규정은 주거침입을 구성요건으로 하지 않는 상습단순절도와 주거침입을 구성요건으로 하고 있는 상습야간주거침입절도 또는 상습특수절도(야간손괴침입절도)에 대한 취급을 달리하여, 주거침입을 구성요건으로 하고 있는 상습야간주거침입절도 또는 상습특수절도(야간손괴침입절도)를 더 무거운 법정형을 기준으로 가중처벌하고 있다. 따라서 상습으로 단순절도를 범한 범인이 상습적인 절도범행의 수단으로 주간(낮)에 주거침입을 한 경우에 주간 주거침입행위의 위법성에 대한 평가가 형법 제332조, 제329조의 구성요건적 평가에 포함되어 있다고 볼 수 없다. 그러므로 형법 제332조

시에 판결할 경우와 형평을 고려하여 형을 선고하거나 그 **형을 감경 또는 면제할 수 없다고 해석함이 상당하다.**

7) **[대판 84도2890]** 경합범의 처벌에 관하여 형법 제38조 제1항 제2호 본문은 각 죄에 정한 형이 사형 또는 무기징역이나 무기금고 이외의 동종의 형인 때에는 가장 중한 죄에 정한 장기 또는 다액에 그 2분의 1까지 가중하도록 규정하고 그 단기에 대하여는 명문을 두고 있지 않고 있으나 가장 중한 죄 아닌 죄에 정한 형의 단기가 가장 중한 죄에 정한 형의 단기보다 중한 때에는 위 **본문 규정취지에 비추어 그 중한 단기를 하한으로 한다고 새겨야 할 것이다.**

에 규정된 상습절도죄를 범한 범인이 범행의 수단으로 주간에 주거침입을 한 경우 **주간 주거침입행위는 상습절도죄와 별개로 주거침입죄를 구성한다.** 또 형법 제332조에 규정된 상습절도죄를 범한 범인이 그 범행 외에 상습적인 절도의 목적으로 주간에 주거침입을 하였다가 절도에 이르지 아니하고 주거침입에 그친 경우에도 **주간 주거침입행위는 상습절도죄와 별개로 주거침입죄를 구성한다.**

2 **[대판 2013도12301]** 미성년자인 피해자를 **약취한 후에 강간을 목적으로 피해자에게 가혹한 행위 및 상해**를 가하고 나아가 그 피해자에 대한 **강간 및 살인미수**를 범하였다면, 이에 대하여는 약취한 미성년자에 대한 상해 등으로 인한 **특정범죄가중처벌등에관한법률위반죄** 및 미성년자인 피해자에 대한 강간 및 살인미수 행위로 인한 **성폭력범죄의처벌등에관한특례법위반죄**가 각 성립하고, 설령 상해의 결과가 피해자에 대한 강간 및 살인미수행위 과정에서 발생한 것이라 하더라도 위 각 죄는 서로 형법 제37조 전단의 실체적 경합범 관계에 있다.

3 **[대판 2012도6079]** [1] 다른 사람 이름으로 된 계좌에 범죄수익 등을 입금하는 행위가 범죄수익은닉의규제및처벌등에관한법률 제3조 제1항 제1호에서 정한 '범죄수익 등의 취득 또는 처분에 관한 사실을 가장하는 행위'에 포함될 수 있는지 여부(적극) 및 이러한 같은 법 제3조 제1항 제1호 위반죄와 특정범죄 가중처벌등에관한법률위반(뇌물)죄의 죄수 관계(=실체적 경합범) [2] 경찰서 생활질서계에 근무하는 피고인 甲이 피고인 乙로부터 뇌물을 수수하면서, 피고인 乙의 자녀 명의 은행 계좌에 관한 현금카드를 받은 뒤 피고인 乙이 위 계좌에 돈을 입금하면 피고인 甲이 현금카드로 돈을 인출하는 방법으로 범죄수익의 취득에 관한 사실을 가장하였다는 내용으로 기소된 사안에서, 피고인 甲에게 **범죄수익은닉의규제및처벌등에관한법률위반죄와 특정범죄가중처벌등에관한법률위반**(뇌물)**죄가 성립**하고 두 죄가 실체적 경합범 관계에 있다고 본 원심판단을 정당하다.

4 **[대판 2011도277]** [1] 배임죄와 횡령죄의 구성요건적 차이에 비추어 보면, (가) 회사에 대한 관계에서 타인의 사무를 처리하는 자가 **임무에 위배하여 회사로 하여금 자신의 채무에 관하여 연대보증채무를 부담**하게 한 다음, (나) 회사의 금전을 보관하는 자의 지위에서 회사의 이익이 아닌 자신의 채무를 변제하려는 의사로 회사의 자금을 자기의 소유인 경우와 같이 **임의로 인출한 후 개인채무의 변제에 사용한 행위**는, 연대보증채무 부담으로 인한 배임죄와 다른 새로운 보호법익을 침해하는 것으로서 배임 범행의 불가벌적 사후행위가 되는 것이 아니라 별죄인 횡령죄를 구성한다고 보아야 하며, 횡령행위로 인출한 자금이 선행 임무위배행위로 인하여 회사가 부담하게 된 연대보증채무의 변제에 사용되었다 하더라도 달리 볼 것은 아니다. [2] 甲 주식회사의 대표이사와 실질적 운영자인 피고인들이 공모하여, 자신들이 乙에 대해 부담하는 개인채무 지급을 위하여 甲 회사로 하여금 약속어음을 공동발행하게 하고 위 채무에 대하여 **연대보증**하게 한 후에 甲 회사를 위하여 보관 중인 돈을 **임의로 인출**하여 乙에게 지급하여 위 채무를 변제한 사안에서, 피고인들에게 배임죄와 별도로 횡령죄를 인정한 원심판단을 정당하다고 한 사례.

5 **[대판 2010도6090]** 구 성매매알선등행위의처벌에관한법률(2011.5.23. 법률 제10697호로 개정되기 전의 것, 이하 '구 성매매알선등처벌법'이라 한다) 제2조 제1항 제2호는 '성매매알선등행위'로 (가)목에서 '성매매를 알선·권유·유인 또는 강요하는 행위'를, (다)목에서 '성매매에 제공되는 사실을 알면서 자금·토지 또는 건물을 제공하는 행위'를 규정하는 한편, 구 성매매알선 등 처벌법 제19조는 '영업으로 성매매알선등행위

를 한 자'에 대한 처벌을 규정하고 있는데, 성매매알선행위와 건물제공행위의 경우 비록 처벌규정은 동일하지만, 범행방법 등의 기본적 사실관계가 상이할 뿐 아니라 주체도 다르다고 보아야 한다. 또한 수 개의 행위태양이 동일한 법익을 침해하는 일련의 행위로서 각 행위 간 필연적 관련성이 당연히 예상되는 경우에는 포괄일죄의 관계에 있다고 볼 수 있지만, 건물제공행위와 성매매알선행위의 경우 성매매알선행위가 건물제공행위의 필연적 결과라거나 반대로 건물제공행위가 성매매알선행위에 수반되는 필연적 수단이라고도 볼 수 없다. 따라서 '영업으로 성매매를 알선한 행위'와 '영업으로 성매매에 제공되는 건물을 제공하는 행위'는 당해 행위 사이에서 각각 포괄일죄를 구성할 뿐, **서로 독립된 가벌적 행위로서 별개의 죄를 구성한다고 보아야 한다.**

6 **[대판 2010도10690]** 건물관리인이 건물주로부터 월세임대차계약 체결업무를 위임받고도 임차인들을 속여 전세임대차계약을 체결하고 그 보증금을 편취한 경우, **사기죄와 별도로 업무상배임죄가 성립하고 두 죄가 실체적 경합범의 관계**에 있다. …… 피고인이 이 사건 각 건물에 관하여 전세임대차계약을 체결할 권한이 없음에도 임차인들을 속이고 전세임대차계약을 체결하여 그 임차인들로부터 전세보증금 명목으로 돈을 교부받은 행위는 건물주인 공소외인이 민사적으로 임차인들에게 전세보증금반환채무를 부담하는지 여부와 관계없이 **사기죄에 해당**하고, 이 사건 각 건물에 관하여 전세임대차계약이 아닌 월세임대차계약을 체결하여야 할 업무상 임무를 위반하여 전세임대차계약을 체결하여 그 건물주인 피해자 공소외인으로 하여금 전세보증금반환채무를 부담하게 한 행위는 위 사기죄와 별도로 업무상배임죄에 해당한다.

7 **[대판 2010도2810]** 다수의 계(契)를 조직하여 수인의 계원들을 개별적으로 기망하여 계불입금을 편취한 사안에서, 각 **피해자별로 독립하여 사기죄가 성립**하고 그 사기죄 상호간은 실체적 경합범 관계에 있다.

8 **[대판 2009도13463]** 회사의 대표이사가 업무상 보관하던 회사 자금을 빼돌려 횡령한 다음 그 중 일부를 더 많은 장비 납품 등의 계약을 체결할 수 있도록 해달라는 취지의 묵시적 청탁과 함께 배임증재에 공여한 사안에서, 위 **횡령의 범행과 배임증재의 범행**은 서로 범의 및 행위의 태양과 보호법익을 달리하는 별개의 행위라고 보아, 위 횡령의 점에 대하여 약식명령이 확정되었다고 하더라도 그 기판력이 배임증재의 점에는 미치지 아니한다고 본 원심판결을 수긍한 사례.

9 **[대판 2008도8527]** ○○작가협회 회원이 타인의 명의를 도용하여 협회 교육원장을 비방하는 내용의 호소문을 작성한 후 이를 협회 회원들에게 우편으로 송달한 경우, **사문서위조죄와 명예훼손죄**가 각 성립하고, 이는 실체적 경합관계이다.

10 **[대판 2007도10056]** ['수출입거래를 가장한 신용장 개설 방법에 의한 **사기죄**'와 '분식회계에 의한 재무제표 등을 이용한 신용장 개설 방법에 의한 **사기죄**'의 죄수 관계] 석유를 수입하는 것처럼 가장하여 신용장 개설은행들로 하여금 신용장을 개설하게 하고 신용장 대금 상당액의 지급을 보증하게 함으로써 동액 상당의 재산상 이익을 취득한 행위는 피해자들인 신용장 개설은행별로 각각 포괄하여 1죄가 성립하고, 분식회계에 의한 재무제표 및 감사보고서 등으로 은행으로 하여금 신용장을 개설하게 하여 신용장 대금 상당액의 지급을 보증하게 함으로써 동액 상당의 재산상 이익을 취득한 행위도 포괄하여 1죄가 성립한다고 할 것이나, 위와 같이 '가장거래에 의한 사기죄'와 '분식회계에 의한 사기죄'는 **범행 방법이 동일하지 않아 그 피**

해자가 동일하더라도 포괄일죄가 성립한다고 할 수 없다.

11 **[대판 2006도9478]** [**공동재물손괴**의 범행이 **업무방해**의 과정에서 이루어졌다고 해도 양 죄의 피해자 및 행위의 태양이 다르므로 양 죄가 실체적 경합범의 관계에 있다고 본 사례] 공동재물손괴의 범행은 판시 업무방해의 과정에서, 그 소란의 일환으로 저지른 것이기는 하지만, 양 죄는 피해자가 다를 뿐 아니라, 판시 업무방해의 범행은 판시 공동재물손괴의 범행 외에 장시간에 걸쳐 집단적으로 한국철도공사 사업본부장실을 점거하고 구호를 제창하는 등의 위력을 행사하는 방법으로 저지른 것이어서 행위의 태양이 다르다고 할 것이고, 따라서 양 죄는 **실체적 경합범**의 관계에 있다고 할 것이다.

12 **[대판 2005도4051]** [1] 컴퓨터로 음란 동영상을 제공한 제1범죄행위로 서버컴퓨터가 압수된 이후 다시 장비를 갖추어 동종의 제2범죄행위를 하고 제2범죄행위로 인하여 약식명령을 받아 확정된 사안에서, 피고인에게 **범의의 갱신**이 있어 제1범죄행위는 약식명령이 확정된 제2범죄행위와 실체적 경합관계에 있다고 보아야 할 것이라는 이유로, 포괄일죄를 구성한다고 판단한 원심판결을 파기한 사례. [2] 피고인은 2004. 6. 7. 이 사건 정보통신망보호법률 위반 행위로 인하여 음란 동영상이 저장되어 있던 서버 컴퓨터 2대를 압수당한 후 다시 영업을 재개한 행위로 인하여 위 약식명령에 의한 처벌을 받았는바, 피고인이 위 범행에 가장 필요한 서버 컴퓨터를 압수당한 이후 새로운 장비와 프로그램을 갖추어 다시 범행을 저지른 이상 범의의 갱신이 있었다고 봄이 상당하고, 따라서 이 부분 공소사실은 확정된 위 약식명령의 범죄사실과 **실체적 경합관계**에 있다.

13 **[대판 2004도5257]**[**주취운전과 음주측정거부**의 각 도로교통법위반죄의 죄수관계(=실체적 경합)] 도로교통법 제107조의2 제2호 음주측정불응죄의 규정 취지 및 입법 연혁 등을 종합하여 보면, 주취운전은 이미 이루어진 도로교통안전 침해만을 문제삼는 것인 반면 음주측정거부는 기왕의 도로교통안전침해는 물론 향후의 도로교통안전 확보와 위험 예방을 함께 문제 삼는 것이고, 나아가 주취운전은 도로교통법시행령이 정한 기준 이상으로 술에 '취한' 자가 행위의 주체인 반면, 음주측정거부는 술에 취한 상태에서 자동차 등을 운전하였다고 인정할 만한 상당한 이유가 있는 자가 행위의 주체인 것이어서, 결국 양자가 반드시 동일한 법익을 침해하는 것이라거나 주취운전의 불법과 책임내용이 일반적으로 음주측정거부의 그것에 포섭되는 것이라고는 단정할 수 없으므로, 결국 주취운전과 음주측정거부의 각 도로교통법위반죄는 **실체적 경합관계**에 있는 것으로 보아야 한다.

14 **[대판 2002도4380]** ●**사실**● 피고인은 공소외 1, 2, 3과 공모하여 2000.1.24. 15:00경 고양시 ○○구 ○○동 722 소재 단란주점 앞길에서 그 주점 종업원인 피해자를 승용차에 태우고 가다가 공소외 1이 주먹으로 피해자를 때려 반항을 억압한 다음 그로부터 현금 35만 원 등이 들어 있는 가방을 빼앗아 강취하고, 피해자에게 약 2주간의 치료를 요하는 안면부타박상 등의 상해를 가하였다. 그리고 계속하여 15Km 정도를 진행하다가 내려주었다. ●**판지**● 감금행위가 단순히 강도상해 범행의 수단이 되는 데 그치지 아니하고 **강도상해의 범행이 끝난 뒤에도 계속된 경우**에는 1개의 행위가 감금죄와 강도상해죄에 해당하는 경우라고 볼 수 없고, 이 경우 **감금죄와 강도상해죄는 형법 제37조의 경합범 관계**에 있다.

15 **[대판 2000도1899] [형법 제347조 제1항의 사기죄와 방문판매등에관한법률 제45조 제2항 제1호의 위반**

죄와의 관계(=실체적 경합범)] 방문판매등에관한법률 제45조 제2항 제1호는 "누구든지 다단계판매조직 또는 이와 유사하게 순차적·단계적으로 가입한 가입자로 구성된 다단계조직을 이용하여 상품 또는 용역의 거래없이 금전거래만을 하거나 상품 또는 용역의 거래를 가장하여 사실상 금전거래만을 하는 행위를 하여서는 아니된다."고 규정하고 있어서 그 행위 자체를 사기행위라고 볼 수는 없고, 그러한 금전거래를 통한 형법 제347조 제1항의 사기죄와 방문판매등에관한법률 제45조 제2항 제1호의 위반죄는 (가) 법률상 1개의 행위로 평가되는 경우에 해당하지 않으며, 또 (나) 각 그 구성요건을 달리하는 별개의 범죄로서, (다) 서로 보호법익을 달리하고 있어 양 죄를 상상적 경합관계나 법조경합관계로 볼 것이 아니라 실체적 경합관계로 봄이 상당하다.

16 **[대판 98도2584]** [수인이 공모공동하여 향정신성의약품을 **매수한 후 그 공범자 사이에 그 중 일부를 수수한 경우**, 향정신성의약품매매죄와 별도로 향정신성의약품수수죄가 성립하는지 여부(한정 적극)] 수인이 공모공동하여 향정신성의약품을 매수한 후 그 공범자 사이에 그 중 일부를 수수하는 경우에 있어서 그 매수의 범행 당시 공범들이 각자 그 구입자금을 갹출하여 그 금액에 상응하는 분량을 분배하기로 약정하고, 그 약정에 따라 이를 수수하는 경우와 같이 그 수수행위와 매매행위가 불가분의 관계에 있는 것이라거나 매매행위에 수반되는 필연적 결과로서 일시적으로 행하여진 것에 지나지 않는다고 평가되지 아니하는 한, 그 수수행위는 매매행위에 포괄 흡수되지 아니하고 향정신성의약품매매죄와는 별도로 향정신성의약품수수죄가 성립하고, **두 죄는 실체적 경합관계**에 있다.

17 **[대판 96도1181]** [신용카드부정사용죄와 사기죄] 신용카드를 부정사용한 결과가 사기죄의 구성요건에 해당하고 그 각 사기죄가 실체적 경합관계에 해당한다고 하여도 신용카드부정사용죄와 사기죄는 그 보호법익이나 행위의 태양이 전혀 달라 실체적 경합관계에 있으므로 신용카드 부정사용행위를 포괄일죄로 취급하는데 아무런 지장이 없다.

18 **[대판 92도3334]** [직무유기죄와 허위공문서작성, 동행사죄와의 죄수관계] [1] 농지사무를 담당하고 있는 군직원으로서는 그 관내에서 발생한 농지불법전용 사실을 알게 되었으면 군수에게 그 사실을 보고하여 군수로 하여금 원상회복을 명하거나 나아가 고발을 하는 등 적절한 조치를 취할 수 있도록 하여야 할 직무상 의무가 있는 것이므로 농지불법전용 사실을 외면하고 아무런 조치를 취하지 아니한 것은 자신의 직무를 저버린 행위로서 농지의 보전·관리에 관한 국가의 기능을 저해하며 국민에게 피해를 야기시킬 가능성이 있어 **직무유기죄에 해당**한다. [2] 군직원이 농지전용허가를 하여 주어서는 안 됨을 알면서도 허가하여 줌이 타당하다는 취지의 현장출장복명서 및 심사의견서를 작성하여 결재권자에게 제출한 것이 **허위공문서작성, 동행사죄에 해당**한다고 본 사례. [3] (가) 공무원이 어떠한 위법사실을 발견하고도 직무상 의무에 따른 적절한 조치를 취하지 아니하고 위법사실을 적극적으로 은폐할 목적으로 허위공문서를 작성·행사한 경우에는 직무위배의 위법상태는 허위공문서작성 당시부터 그 속에 포함되는 것으로 **작위범인 허위공문서작성, 동행사죄만이 성립하고 부작위범인 직무유기죄는 따로 성립하지 아니하나,** (나) 위 복명서 및 심사의견서를 허위작성한 것이 농지일시전용허가를 신청하자 이를 허가하여 주기 위하여 한 것이라면 직접적으로 농지불법전용 사실을 은폐하기 위하여 한 것은 아니므로 위 **허위공문서작성, 동행사죄와 직무유기죄는 실체적 경합범의 관계**에 있다.

행위표준설에 따른 판례[8]

19-1 [대판 92도1534] 상관으로부터 집총을 하고 군사교육을 받으라는 명령을 수회 받고도 그때마다 이를 거부한 경우에는 **그 명령 횟수만큼의 항명죄가 즉시 성립**하는 것이지, 집총거부의 의사가 단일하고 계속된 것이며 피해법익이 동일하다고 하여 수회의 명령거부행위에 대하여 하나의 항명죄만 성립한다고 할 수는 없다.

19-2 [대판 82도2442] 미성년자의제강간죄 또는 미성년자의제강제추행죄는 **행위시마다 1개**의 범죄가 성립한다.

19-3 [대판 90도2900] 히로뽕 완제품을 제조할 때 함께 만든 액체 히로뽕 반제품을 땅에 묻어 두었다가 약 1년 9월 후에 앞서 제조시의 공범 아닌 자 등의 요구에 따라 그들과 함께 위 **반제품으로 그 완제품을 제조**한 경우 포괄일죄을 이룬다고 할 수 없으므로 형법 제37조 전단의 경합범으로 의율처단하여야 한다.

19-4 [대판 99도782] 조세포탈의 죄수는 위반사실의 구성요건 충족회수를 기준으로 하여 정하는 것인데, …… 수입물품의 수입신고를 하면서 과세가격 또는 관세율 등을 허위로 신고하여 수입하는 경우에는 그 수입신고시마다 당해 수입물품에 대한 정당한 관세의 확보라는 법익이 침해되어 별도로 구성요건이 충족되는 것이므로 각각의 허위 수입신고시마다 1개의 죄가 성립한다.

19-5 [대판 2000도1338] [관세법상 무신고수입죄에 있어서 서로 다른 시기에 수회에 걸쳐 이루어진 무신고수입행위의 죄수(=실체적 경합범)] 관세법상 무신고수입죄에 있어서는 수입신고 없이 유세품을 수입할 때마다 적법한 통관절차에 의한 관세의 확보라는 법익의 침해가 있다고 할 것이어서 그 위반사실의 구성요건 충족 회수마다 1죄가 성립하는 것이 원칙이고, 무신고수입행위의 특성상 동일한 물품을 계속하여 밀수입하는 경우에도 범죄행위자는 그 때마다 새로운 시기와 수단, 방법을 택하여 다시 무신고수입행위를 하는 것이어서 그 때마다 범의가 갱신된다고 보아야 할 것이므로, 서로 다른 시기에 수회에 걸쳐 이루어진 무신고수입행위는 그 행위의 태양, 수법, 품목 등이 동일하다 하더라도 원칙적으로 별도로 각각 1개의 무신고수입으로 인한 관세법위반죄를 구성한다.

19-6 [대판 2001도6281] [무면허운전으로 인한 도로교통법위반죄의 죄수] 무면허운전으로 인한 도로교통법위반죄에 있어서는 어느 날에 운전을 시작하여 다음날까지 동일한 기회에 일련의 과정에서 계속 운전을 한 경우 등 특별한 경우를 제외하고는 사회통념상 운전한 날을 기준으로 **운전한 날마다 1개의 운전행위**가 있다고 보는 것이 상당하므로 운전한 날마다 무면허운전으로 인한 도로교통법위반의 1죄가 성립한다고 보아야 할 것이고, 비록 계속적으로 무면허운전을 할 의사를 가지고 여러 날에 걸쳐 무면허운전행위를 반복하였다 하더라도 이를 포괄하여 일죄로 볼 수는 없다.

20 [대판 91도1722] 피고인이 예금통장을 강취하고 예금자 명의의 예금청구서를 위조한 다음 이를 은행원에게 제출행사하여 예금인출금 명목의 금원을 교부받았다면 **강도, 사문서위조, 동행사, 사기**의 각 범죄가 성립하고 이들은 실체적 경합관계에 있다 할 것이다.

21 [대판 90도2445] 피고인이 슈퍼마켓사무실에서 식칼을 들고 피해자를 협박한 행위와 식칼을 들고 매장을 돌아다니며 손님을 내쫓아 그의 영업을 방해한 행위는 별개의 행위이다.

---

8) **행위표준설**은 죄수를 결정하는 하나의 기준으로 자연적 의미의 행위의 수에 따라 죄의 수를 결정하는 견해이다(객관주의). 대법원은 마약류범죄(향정신의약품, 대마 등)나 관세법위반의 밀수, 불법다단계(피라미드)판매, 무면허운전 등의 범죄 등에서 행위표준설을 죄수판단의 중요 기준으로 고려한다.

22 **[대판 89도664]** [주인집 방과 세집 방에서 각 재물을 절취한 경우 절도죄의 죄수] 절도범이 갑의 집에 침입하여 그 집의 방안에서 그 소유의 재물을 절취하고 그 무렵 그 집에 세들어 사는 을의 방에 침입하여 재물을 절취하려다 미수에 그쳤다면 위 두 범죄는 그 범행장소와 물품의 관리자를 달리하고 있어서 별개의 범죄를 구성한다(구성요건기준설).

'동일한 피해자' 또는 '수인의 피해자'에 대한 수 개의 사기행위의 죄수

23-1 **[대판 89도1309] [동일한 피해자에 대한 3회의 금원편취 행위를 실체적 경합범으로 본 사례]** 피고인이 동일한 피해자로부터 3회에 걸쳐 돈을 편취함에 있어서 그 **시간적 간격이 각 2개월 이상**이 되고 그 기망방법에 있어서도 처음에는 경매보증금을 마련하여 시간을 벌어주면 경매목적물을 처분하여 갚겠다고 거짓말을 하였고, 두번째는 한 번만 더 시간을 벌면 위 부동산이 처분될 수 있다고 하여 돈을 빌려주게 하고, 마지막에는 돈을 빌려주지 않으면 두 번에 걸쳐 빌려준 돈도 갚을 수 없게 되었다고 거짓말을 함으로써 피해자로 하여금 부득이 그 돈을 빌려주지 않을 수 없는 상태에 놓이게 하였다면 피고인에게 범의의 단일성과 계속성이 있었다고 보여지지 아니하므로 위의 각 범행은 실체적 경합범에 해당한다.

23-2 **[비교판례] [대판 2005도8645] [동일한 피해자에 대해 수회에 걸쳐 기망행위를 하여 금원을 편취한 행위를 포괄일죄로 본 사례]** 사기죄에 있어서 동일한 피해자에 대하여 수회에 걸쳐 기망행위를 하여 금원을 편취한 경우, **그 범의가 단일하고 범행 방법이 동일하다면** 사기죄의 포괄일죄만이 성립한다. 기록에 의하면, 이 사건 각 범행은 위 피고인들이 자산관리위탁계약서상의 약정 및 계약금 지급의 유예 사실을 숨기는 한편 분양 계약금이 입금된 것처럼 가장하여 피해 저축은행들로부터 **10여 일의 짧은 기간 동안에 수백 회**에 걸쳐 중도금 대출 명목으로 금원을 편취한 것으로, 단일한 범의하의 동일한 수법의 범행이므로 피해 저축은행 별로 **사기죄의 포괄일죄가 성립된다**고 할 것이다.

23-3 **[대판 93도743] [수인의 피해자에 대해 단일한 범의 하에 동일한 방법으로 각별로 기망행위를 하여 각각 재물을 편취한 경우 실체적 경합범으로 본 사례]** 수인의 피해자에 대하여 각별로 기망행위를 하여 각각 재물을 편취한 경우에는 범의가 단일하고 범행방법이 동일하더라도 각 피해자의 피해법익은 독립한 것이므로 이를 포괄일죄로 파악할 수 없고 피해자별로 독립한 사기죄가 성립된다.

24-1 **[대판 87도694]** 피해자를 1회 강간하여 상처를 입게한 후 **약 1시간 후에 장소를 옮겨** 같은 피해자를 다시 1회 강간한 행위는 그 범행시간과 장소를 달리하고 있을 뿐만 아니라 각 별개의 범의에서 이루어진 행위로서 형법 제37조 전단의 실체적 경합범에 해당한다.

24-2 **[비교판례] [대판 70도1516]** 피해자를 위협하여 항거불능케 한 후 1회 간음하고 **200m쯤 오다가 다시 1회 간음**한 경우에 있어 피고인의 의사 및 그 범행시각과 장소로 보아 두 번째의 간음행위는 처음 한 행위의 계속으로 볼 수 있어 이를 단순일죄로 처단한 것은 정당하다.

25 **[대판 87도527]** 강도가 **한 개의 강도범행을 하는 기회에 수명의 피해자에게 각 폭행**을 가하여 각 상해를 입힌 경우에는 각 피해자별로 수 개의 강도상해죄가 성립하며 이들은 실체적 경합범의 관계에 있다.

26 **[대판 86도2360]** 피해자를 2회 강간하여 2주간 치료를 요하는 질입구파열창을 입힌 자가 피해자에게 용서를 구하였으나 피해자가 이에 불응하면서 위 강간사실을 부모에게 알리겠다고 하자 피해자를 살해하여 위 범행을 은폐시키기로 마음먹고 철사줄과 양손으로 피해자의 목을 졸라 질식 사망케 하였다면, 동인

의 위와 같은 소위는 **강간치상죄와 살인죄의 경합범**이 된다.

27 **[대판 84도2263]** [사람을 살해한 다음 그 범죄를 은폐하기 위해 시체를 유기한 경우의 죄수] 사람을 살해한 다음 그 범죄의 흔적을 은폐하기 위하여 그 시체를 다른 장소로 옮겨 유기하였을 때에는 **살인죄**와 **사체유기죄**의 경합범이 성립하고 사체유기를 불가벌적 사후행위라 할 수 없다.

28 **[대판 84도1906] [배임수재죄와 업무상 배임죄 및 배임죄의 관계**(경합범)] 형법 제357조 제1항의 배임수재죄는 타인의 사무를 처리하는 자가 그 임무에 관하여 부정한 청탁을 받고 재물 등을 취득함으로써 성립하는 것이고 어떠한 임무 위배행위나 본인에게 손해를 가한 것을 요건으로 하는 것이 아닌데 대하여 동법 제256조, 제355조 제2항의 배임죄는 타인의 사무를 처리하는 자가 그 임무에 위배하는 행위가 있어야 하고 그 행위로서 본인에게 손해를 가함으로써 성립하는 것이나 부정한 청탁을 받거나 금품을 수수한 것을 그 요건으로 하지 않고 있으므로 이들 양 죄는 행위의 태양을 전연 달리하고 있어 일반법과 특별법관계가 아닌 별개의 독립된 범죄라고 보아야 하고 또 업무상 배임죄의 법정형은 10년 이하의 징역(단순배임죄의 법정형도 5년 이하의 징역)인데 비하여 배임수재죄의 그것은 업무상 배임죄의 법정형 보다 경한 5년 이하의 징역이므로 업무상 배임죄가 배임수재죄에 흡수되는 관계에 있다거나 결과적 가중범의 관계에 있다고는 할 수 없으므로 위 양죄를 형법 제37조 전단의 경합범으로 의율처단하였음은 정당하다.

29 **[대판 81도2397]** 군형법 제28조 소정의 초병의 **수소이탈죄**는 초병의 경계, 정찰 등 임무의 중요성에 비추어 초병이 수소를 이탈하는 행위 자체를 처벌하기 위한 것으로서 그 이탈행위와 동시에 완성되고 이는 **군무이탈죄**에서와 같은 군무기피 목적이라든가 부대 또는 직무를 이탈한다는 개념과는 전혀 무관하므로 위 두 죄는 각 그 설치의 근거나 필요성, 그 요건 등에 있어 서로 확연히 구별되는 별개 성질의 죄라 할 것이고, 따라서 만약 초병이 일단 그 수소를 이탈한 후 다시 부대에 복귀하기 전이라도 별도로 군무를 기피할 목적을 일으켜 그 직무를 이탈하였다면 초병의 **수소이탈죄와 군무이탈죄가 각각 독립하여 성립하고, 그 두 죄는 서로 실체적 경합범의 관계**에 있다고 해석함이 상당하다.

법익표준설에 따른 판례

30-1 **[대판 79도840]** [**위조통화행사죄와 사기죄**] 위조통화의 행사라고 함은 위조통화를 유통 과정에서 진정한 통화로서 사용하는 것을 말하고 그것이 유상인가 무상인가는 묻지 않는 것이므로 진정한 통화라고 하여 위조통화를 다른 사람에게 증여하는 경우에도 위조통화행사죄가 성립되고 이런 경우에는 그 행사자(증여자)는 아무런 재산의 불법영득이 없는 것이어서 위조통화의 행사에 언제나 재물의 영득이 수반되는 것이라고는 할 수 없는 것이다. 그렇다면 **위조통화행사죄에 관한 규정이 사기죄의 특별규정이라고 할 수는 없는 것이다.** 그 뿐만 아니라 통화위조죄에 관한 규정은 공공의 거래상의 신용 및 안전을 보호하는 공공적인 법익을 보호함을 목적으로 하고 있고 사기죄는 개인의 재산법익에 대한 죄이어서 양죄는 그 보호법익을 달리하고 있으므로 **위조통화를 행사하여 재물을 불법영득한 때에는 위조통화행사죄와 사기죄의 양죄가 성립되는 것으로 보아야 할 것이다.**

30-2 **[대판 95도997]** [신용카드부정사용죄와 절도죄] 피해자 명의의 신용카드를 부정사용하여 현금자동인출기에서 현금을 인출하고 그 현금을 취득까지 한 행위는 **신용카드업법 제25조 제1항의 부정사용죄**에 해당할 뿐 아니라 그 현금을 취득함으로써 현금자동인출기 관리자의 의사에 반하여 그의 지배를 배제하고

그 현금을 자기의 지배하에 옮겨 놓는 것이 되므로 **별도로 절도죄를 구성**하고, 위 양 죄의 관계는 그 보호법익이나 행위태양이 전혀 달라 실체적 경합관계에 있는 것으로 보아야 한다. **cf)** 같은 맥락에서 **신용카드부정사용죄와 사기죄**의 경우도 그 보호법익이나 행위의 태양이 전혀 달라 실체적 경합관계에 있다(대판 96도1181).

30-3 [대판 2004도1751] 사기의 수단으로 발행한 수표가 지급거절된 경우 **부정수표단속법위반죄와 사기죄**는 그 행위의 태양과 보호법익을 달리하므로 실체적 경합범의 관계에 있다.

30-4 [대판 2005도5236] [**피고인이 어음을 편취한 후 이를 숨기고 제3자로부터 할인받은 경우**, 그 어음할인행위가 별도의 사기죄를 구성하는지 여부(적극)] 편취한 약속어음을 그와 같은 사실을 모르는 제3자에게 편취사실을 숨기고 할인받는 행위는 당초의 어음 편취와는 **별개의 새로운 법익을 침해하는 행위로서** 기망행위와 할인금의 교부행위 사이에 상당인과관계가 있어 새로운 사기죄를 구성한다 할 것이고, 설령 그 약속어음을 취득한 제3자가 선의이고 약속어음의 발행인이나 배서인이 어음금을 지급할 의사와 능력이 있었다 하더라도 이러한 사정은 사기죄의 성립에 영향이 없다.

30-5 [대판 2005도741] 대표이사가 회사의 상가분양 사업을 수행하면서 수분양자들을 기망하여 편취한 분양대금은 회사의 소유로 귀속되는 것이므로, 대표이사가 그 분양대금을 횡령하는 것은 **사기 범행이 침해한 것과는 다른 법익을 침해**하는 것이어서 회사를 피해자로 하는 **별도의 횡령죄가 성립**된다.

30-6 [대판 2007도10414] [유사수신행위의 금지에 관한 **유사수신행위의 규제에 관한 법률 제3조** 위반죄와 특정경제범죄 가중처벌 등에 관한 법률 제3조 제1항 위반(사기)죄의 관계(=실체적 경합범)] 유사수신행위의 규제에 관한 법률 제3조에서 금지하고 있는 유사수신행위 그 자체에는 기망행위가 포함되어 있지 않고, 이러한 위 법률 위반죄와 특정경제범죄 가중처벌 등에 관한 법률 위반(사기)죄는 각 그 구성요건을 달리하는 별개의 범죄로서, 서로 **행위의 태양이나 보호법익을 달리하고** 있어 양 죄는 상상적 경합관계가 아니라 실체적 경합관계로 봄이 상당할 뿐만 아니라, 그 기본적 사실관계에 있어서도 동일하다고 볼 수 없다.

30-7 [대판 2009도7052] 사기죄에서 **피해자에게 그 대가가 지급**된 경우, 피해자를 기망하여 그가 보유하고 있는 그 대가를 다시 편취하거나 피해자로부터 그 대가를 위탁받아 보관 중 횡령하였다면, 이는 **새로운 법익의 침해가 발생**한 경우이므로, 기존에 성립한 사기죄와는 별도의 **새로운 사기죄나 횡령**죄가 성립한다.

31 [대판 69도692] 횡령 교사를 한 후 그 횡령한 물건을 취득한 때에는 횡령교사죄와 장물취득죄의 경합범이 성립된다.

사후적 경합범의 처벌

32 [대판 2018도20698 전원합의체] [**사후적 경합범에 해당하지 않는다고 본 사례**] (가) 유죄의 확정판결을 받은 사람이 그 후 별개의 후행범죄를 저질렀는데 유죄의 확정판결에 대하여 재심이 개시된 경우, **후행범죄**가 재심대상판결에 대한 **재심판결 확정 전에 범하여졌다 하더라도** 아직 판결을 받지 아니한 후행범죄와 재심판결이 확정된 선행범죄 사이에는 형법 제37조 후단에서 정한 경합범 관계('후단 경합범')가 성립하지 않는다. (나) 재심판결이 후행범죄 사건에 대한 판결보다 먼저 확정된 경우에 후행범죄에 대해 재심판결을 근거로 후단 경합범이 성립한다고 하려면 **재심심판법원이 후행범죄를 동시에 판결할 수 있었어야 한다. 그러나** 아직 판결을 받지 아니한 후행범죄는 재심심판절차에서 재심대상이 된 선행범죄와 함께 심리하여 동시

에 판결할 수 없었으므로 후행범죄와 재심판결이 확정된 선행범죄 사이에는 후단 경합범이 성립하지 않고, 동시에 판결할 경우와 형평을 고려하여 그 형을 감경 또는 면제할 수 없다. (다) 재심판결이 후행범죄에 대한 판결보다 먼저 확정되는 경우에는 재심판결을 근거로 형식적으로 후행범죄를 판결확정 전에 범한 범죄로 보아 후단 경합범이 성립한다고 하면, 선행범죄에 대한 재심판결과 후행범죄에 대한 판결 중 어떤 판결이 먼저 확정되느냐는 **우연한 사정에 따라** 후단 경합범 성립이 좌우되는 형평에 반하는 결과가 발생한다.

33 **[대판 2017도14609 전원합의체] ●판시●** 피고인이 마약류관리에관한법률위반(향정)죄의 범죄사실로 징역 4년을 선고받아 그 판결이 확정되었는데, 위 판결확정 전에 향정신성의약품을 1회 판매하고 1회 판매하려다 미수에 그쳤다는 내용의 마약류관리에관한법률 위반(향정) 공소사실로 기소된 사안에서, 법정형인 무기 또는 5년 이상의 징역 중에서 유기징역을 선택하고 형법 제37조 후단 경합범에 대한 감경과 작량감경을 한 원심으로서는 형법 제56조[9] 제4호, 제5호, 제6호 및 제55조[10] 제1항 제3호에 따른 처단형인 징역 1년 3개월부터 11년 3개월까지의 범위 내에서 형을 정했어야 하는데도, 이와 달리 형법 제37조 후단 경합범에 대하여 형법 제39조 제1항에서 정한 감경을 할 때에는 형법 제55조 제1항이 적용되지 않는다는 전제에서 위와 같은 법률상 처단형의 하한을 벗어난 징역 6개월을 선고한 원심의 판단에 법리오해의 잘못이 있다고 한 사례. **●판지● [다수의견] 형법 제37조 후단 경합범(이하 '후단 경합범'이라 한다)에 대하여 형법 제39조 제1항에 의하여 형을 감경할 때에도 법률상 감경에 관한 형법 제55조 제1항이 적용되어 유기징역을 감경할 때에는 그 형기의 2분의 1 미만으로는 감경할 수 없다.** 그 이유는 다음과 같다. ① 처단형은 선고형의 최종적인 기준이 되므로 그 범위는 법률에 따라서 엄격하게 정하여야 하고, 별도의 명시적인 규정이 없는 이상 형법 제56조에서 열거하고 있는 가중·감경할 사유에 해당하지 않는 다른 성질의 감경 사유를 인정할 수는 없다. 형의 감경에는 법률상 감경과 재판상 감경인 작량감경이 있다. 작량감경 외에 법률의 여러 조항에서 정하고 있는 감경은 모두 법률상 감경이라는 하나의 틀 안에 놓여 있다. 따라서 형법 제39조 제1항 후문에서 정한 감경도 당연히 법률상 감경에 해당한다. 형법 제39조 제1항 후문의 "그 형을 감경 또는 면제할 수 있다."라는 규정 형식도 다른 법률상의 감경 사유들과 다르지 않다. 이와 달리 형법 제39조 제1항이 새로운 감경을 설정하였다고 하려면 그에 대하여 일반적인 법률상의 감경과 다른, 감경의 폭이나 방식이 제시되어야 하고 감경의 순서 또한 따로 정했어야 할 것인데 **이에 대하여는 아무런 정함이 없다. 감경의 폭이나 방식, 순서에 관해 달리 정하고 있지 않은 이상 후단 경합범에 대하여도 법률상 감경 방식에 관한 총칙규정인 형법 제55조, 제56조가 적용된다고 보는 것이 지극히 자연스럽다.** ② 후단 경합범에 따른 감경을 새로운 유형의 감경이 아니라 일반 법률상 감경의 하나로 보고, 후단 경합범에 대한 감경에 있어 형법 제55조 제1항에 따라야 한다고 보는 것은 문언적·체계적 해석에 합치될 뿐 아니라 입법자의 의사와 입법연혁 등을 고려한 목적론적 해석에도 부합한다.

9) 형법 제56조(가중·감경의 순서) 형을 가중·감경할 사유가 경합하는 경우에는 다음 각 호의 순서에 따른다. 1. 각칙 조문에 따른 가중 2. 제34조 제2항에 따른 가중 3. 누범 가중 4. 법률상 감경 5. 경합범 가중 6. 정상참작감경

10) 형법 제55조(법률상의 감경) ① 법률상의 감경은 다음과 같다. 1. 사형을 감경할 때에는 무기 또는 20년 이상 50년 이하의 징역 또는 금고로 한다. 2. 무기징역 또는 무기금고를 감경할 때에는 10년 이상 50년 이하의 징역 또는 금고로 한다. 3. 유기징역 또는 유기금고를 감경할 때에는 그 형기의 2분의 1로 한다. 4. 자격상실을 감경할 때에는 7년 이상의 자격정지로 한다. 5. 자격정지를 감경할 때에는 그 형기의 2분의 1로 한다. 6. 벌금을 감경할 때에는 그 다액의 2분의 1로 한다. 7. 구류를 감경할 때에는 그 장기의 2분의 1로 한다. 8. 과료를 감경할 때에는 그 다액의 2분의 1로 한다. ② 법률상 감경할 사유가 수 개 있는 때에는 거듭 감경할 수 있다.

34 [대판 2013도12003] '금고 이상의 형에 처한 판결이 확정된 죄와 그 판결 확정 전에 범한 죄'는 형법 제37조 후단에서 정하는 경합범에 해당하고, 이 경우 형법 제39조 제1항에 의하여 경합범 중 판결을 받지 아니한 죄와 판결이 확정된 죄를 동시에 판결할 경우와 형평을 고려하여 그 죄에 대하여 형을 선고하여야 하는바, **아직 판결을 받지 아니한 죄가 이미 판결이 확정된 죄와 동시에 판결할 수 없었던 경우**에는 형법 제39조 제1항에 따라 동시에 판결할 경우와 형평을 고려하여 형을 선고하거나 그 형을 감경 또는 면제할 수 없다고 해석함이 상당하다.

35 [대판 2006도8376] [무기징역의 판결이 확정된 죄와 형법 제37조 후단 경합범의 관계에 있는 죄에 대하여 공소가 제기된 경우, 형을 필요적으로 면제하여야 하는지 여부] [1] 형법 제37조의 후단 경합범에 대하여 심판하는 법원은 판결이 확정된 죄와 후단 경합범의 죄를 동시에 판결할 경우와 형평을 고려하여 후단 경합범의 처단형의 범위 내에서 후단 경합범의 선고형을 정할 수 있는 것이고, 그 죄와 판결이 확정된 죄에 대한 선고형의 총합이 두 죄에 대하여 형법 제38조를 적용하여 산출한 처단형의 범위 내에 속하도록 후단 경합범에 대한 형을 정하여야 하는 제한을 받는 것은 아니며, 후단 경합범에 대한 형을 감경 또는 면제할 것인지는 원칙적으로 그 죄에 대하여 심판하는 법원이 재량에 따라 판단할 수 있다. [2] 무기징역에 처하는 판결이 확정된 죄와 형법 제37조의 후단 경합범의 관계에 있는 죄에 대하여 공소가 제기된 경우, 법원은 두 죄를 동시에 판결할 경우와 형평을 고려하여 후단 경합범에 대한 처단형의 범위 내에서 후단 경합범에 대한 선고형을 정할 수 있고, 형법 제38조 제1항 제1호가 형법 제37조의 전단 경합범 중 가장 중한 죄에 정한 처단형이 무기징역인 때에는 흡수주의를 취하였다고 하여 뒤에 공소제기된 후단 경합범에 대한 형을 필요적으로 면제하여야 하는 것은 아니다.

형법

[시행 2023. 8. 8.] [법률 제19582호, 2023. 8. 8., 일부개정]

제1편 총칙

제1장 형법의 적용범위

제2장 죄

제1절 죄의 성립과 형의 감면

제2절 미수범

제3절 공범

제4절 누범

제5절 경합범

제3장 형

제1절 형의 종류와 경중

제41조(형의 종류) 형의 종류는 다음과 같다.

1. 사형
2. 징역
3. 금고
4. 자격상실
5. 자격정지
6. 벌금
7. 구류
8. 과료
9. 몰수

제42조(징역 또는 금고의 기간) 징역 또는 금고는 무기 또는 유기로 하고 유기는 1개월 이상 30년 이하로 한다. 단, 유기징역 또는 유기금고에 대하여 형을 가중하는 때에는 50년까지로 한다.

제43조(형의 선고와 자격상실, 자격정지) ① 사형, 무기징역 또는 무기금고의 판결을 받은 자는 다음에 기재한 자격을 상실한다.

1. 공무원이 되는 자격
2. 공법상의 선거권과 피선거권
3. 법률로 요건을 정한 공법상의 업무에 관한 자격
4. 법인의 이사, 감사 또는 지배인 기타 법인의 업무에 관한 검사역이나 재산관리인이 되는 자격

② 유기징역 또는 유기금고의 판결을 받은 자는 그 형의 집행이 종료하거나 면제될 때까지 전항 제1호 내지 제3호에 기재된 자격이 정지된다. 다만, 다른 법률에 특별한 규정이 있는 경우에는 그 법률에 따른다.

제44조(자격정지) ① 전조에 기재한 자격의 전부 또는 일부에 대한 정지는 1년 이상 15년 이하로 한다. ② 유기징역 또는 유기금고에 자격정지를 병과한 때에는 징역 또는 금고의 집행을 종료하거나 면제된 날로부터 정지기간을 기산한다.

제45조(벌금) 벌금은 5만원 이상으로 한다. 다만, 감경하는 경우에는 5만원 미만으로 할 수 있다.

제46조(구류) 구류는 1일 이상 30일 미만으로 한다.

제47조(과료) 과료는 2천원 이상 5만원 미만으로 한다.

제48조(몰수의 대상과 추징) ① 범인 외의 자의 소유에 속하지 아니하거나 범죄 후 범인 외의 자가 사정을 알면서 취득한 다음 각 호의 물건은 전부 또는 일부를 몰수할 수 있다.

1. 범죄행위에 제공하였거나 제공하려고 한 물건
2. 범죄행위로 인하여 생겼거나 취득한 물건
3. 제1호 또는 제2호의 대가로 취득한 물건

② 제1항 각 호의 물건을 몰수할 수 없을 때에는 그 가액을 추징한다.

③ 문서, 도화, 전자기록 등 특수매체기록 또는 유가증권의 일부가 몰수의 대상이 된 경우에는 그 부분을 폐기한다.

제49조(몰수의 부가성) 몰수는 타형에 부가하여 과한다. 단, 행위자에게 유죄의 재판을 아니할 때에도 몰수의 요건이 있는 때에는 몰수만을 선고할 수 있다.

제50조(형의 경중) ① 형의 경중은 제41조 각 호의 순서에 따른다. 다만, 무기금고와 유기징역은 무기금고를 무거운 것으로 하고 유기금고의 장기가 유기징역의 장기를 초과하는 때에는 유기금고를 무거운 것으로 한다. ② 같은 종류의 형은 장기가 긴 것과 다액이 많은 것을 무거운 것으로 하고 장기 또는 다액이 같은 경우에는 단기가 긴 것과 소액이 많은 것을 무거운 것으로 한다. ③ 제1항 및 제2항을 제외하고는 죄질과 범정(犯情)을 고려하여 경중을 정한다.

제2절 형의 양정

제51조(양형의 조건) 형을 정함에 있어서는 다음 사항을 참작하여야 한다.

1. 범인의 연령, 성행, 지능과 환경
2. 피해자에 대한 관계
3. 범행의 동기, 수단과 결과
4. 범행 후의 정황

제52조(자수, 자복) ① 죄를 지은 후 수사기관에 자수한 경우에는 형을 감경하거나 면제할 수 있다. ② 피해자의 의사에 반하여 처벌할 수 없는 범죄의 경우에는 피해자에게 죄를 자복(自服)하였을 때에도 형을 감경하거나 면제할 수 있다.

제53조(정상참작감경) 범죄의 정상(情狀)에 참작할 만한 사유가 있는 경우에는 그 형을 감경할 수 있다.

제54조(선택형과 정상참작감경) 한 개의 죄에 정한 형이 여러 종류인 때에는 먼저 적용할 형을 정하고 그 형을 감경한다.

제55조(법률상의 감경) ① 법률상의 감경은 다음과 같다.

1. 사형을 감경할 때에는 무기 또는 20년 이상 50년 이하의 징역 또는 금고로 한다.
2. 무기징역 또는 무기금고를 감경할 때에는 10년 이상 50년 이하의 징역 또는 금고로 한다.
3. 유기징역 또는 유기금고를 감경할 때에는 그 형기의 2분의 1로 한다.
4. 자격상실을 감경할 때에는 7년 이상의 자격정지로 한다.
5. 자격정지를 감경할 때에는 그 형기의 2분의 1로 한다.
6. 벌금을 감경할 때에는 그 다액의 2분의 1로 한다.
7. 구류를 감경할 때에는 그 장기의 2분의 1로 한다.
8. 과료를 감경할 때에는 그 다액의 2분의 1로 한다.

② 법률상 감경할 사유가 수개있는 때에는 거듭 감경할 수 있다.

제56조(가중 · 감경의 순서) 형을 가중 · 감경할 사유가 경합하는 경우에는 다음 각 호의 순서에 따른다.

1. 각칙 조문에 따른 가중
2. 제34조제2항에 따른 가중
3. 누범 가중
4. 법률상 감경
5. 경합범 가중
6. 정상참작감경

제57조(판결선고전 구금일수의 통산) ① 판결선고전의 구금일수는 그 전부를 유기징역, 유기금고, 벌금이나 과료에 관한 유치 또는 구류에 산입한다. ② 전항의 경우에는 구금일수의 1일은 징역, 금고, 벌금이나 과료에 관한 유치 또는 구류의 기간의 1일로 계산한다.

제58조(판결의 공시) ① 피해자의 이익을 위하여 필요하다고 인정할 때에는 피해자의 청구가 있는 경우에 한하여 피고인의 부담으로 판결공시의 취지를 선고할 수 있다. ② 피고사건에 대하여 무죄의 판결을 선고하는 경우에는 무죄판결공시의 취지를 선고하여야 한다. 다만, 무죄판결을 받은 피고인이 무죄판결공시 취지의 선고에 동의하지 아니하거나 피고인의 동의를 받을 수 없는 경우에는 그러하지 아니하다. ③ 피고사건에 대하여 면소의 판결을 선고하는 경우에는 면소판결공시의 취지를 선고할 수 있다.

제3절 형의 선고유예

제59조(선고유예의 요건) ① 1년 이하의 징역이나 금고, 자격정지 또는 벌금의 형을 선고할 경우에 제51조의 사항을 고려하여 뉘우치는 정상이 뚜렷할 때에는 그 형의 선고를 유예할 수 있다. 다만, 자격정지 이상의 형을 받은 전과가 있는 사람에 대해서는 예외로 한다. ② 형을 병과할 경우에도 형의 전부 또는 일부에 대하여 선고를 유예할 수 있다.

제59조의2(보호관찰) ① 형의 선고를 유예하는 경우에 재범방지를 위하여 지도 및 원호가 필요한 때에는 보호관찰을 받을 것을 명할 수 있다. ② 제1항의 규정에 의한 보호관찰의 기간은 1년으로 한다.

제60조(선고유예의 효과) 형의 선고유예를 받은 날로부터 2년을 경과한 때에는 면소된 것으로 간주한다.

제61조(선고유예의 실효) ① 형의 선고유예를 받은 자가 유예기간 중 자격정지 이상의 형에 처한 판결이 확정되거나 자격정지 이상의 형에 처한 전과가 발견된 때에는 유예한 형을 선고한다. ② 제59조의2의 규정에 의하여 보호관찰을 명한 선고유예를 받은 자가 보호관찰기간 중에 준수사항을 위반하고 그 정도가 무거운 때에는 유예한 형을 선고할 수 있다.

제4절 형의 집행유예

제62조(집행유예의 요건) ① 3년 이하의 징역이나 금고 또는 500만원 이하의 벌금의 형을 선고할 경우에 제51조의 사항을 참작하여 그 정상에 참작할 만한 사유가 있는 때에는 1년 이상 5년 이하의 기간 형의 집행을 유예할 수 있다. 다만, 금고 이상의 형을 선고한 판결이 확정된 때부터 그 집행을 종료하거나 면제된 후 3년까지의 기간에 범한 죄에 대하여 형을 선고하는 경우에는 그러하지 아니하다. ② 형을 병과할 경우에는 그 형의 일부에 대하여 집행을 유예할 수 있다.

제62조의2(보호관찰, 사회봉사 · 수강명령)

① 형의 집행을 유예하는 경우에는 보호관찰을 받을 것을 명하거나 사회봉사 또는 수강을 명할 수 있다. ② 제1항의 규정에 의한 보호관찰의 기간은 집행을 유예한 기간으로 한다. 다만, 법원은 유예기간의 범위내에서 보호관찰기간을 정할 수 있다. ③ 사회봉사명령 또는 수강명령은 집행유예기간 내에 이를 집행한다.

제63조(집행유예의 실효) 집행유예의 선고를 받은 자가 유예기간 중 고의로 범한 죄로 금고 이상의 실형을 선고받아 그 판결이 확정된 때에는 집행유예의 선고는 효력을 잃는다.

제64조(집행유예의 취소) ① 집행유예의 선고를 받은 후 제62조 단행의 사유가 발각된 때에는 집행유예의 선고를 취소한다. ② 제62조의2의 규정에 의하여 보호관찰이나 사회봉사 또는 수강을 명한 집행유예를 받은 자가 준수사항이나 명령을 위반하고 그 정도가 무거운 때에는 집행유예의 선고를 취소할 수 있다.

제65조(집행유예의 효과) 집행유예의 선고를 받은 후 그 선고의 실효 또는 취소됨이 없이 유예기간을 경과한 때에는 형의 선고는 효력을 잃는다.

제5절 형의 집행

제66조(사형) 사형은 교정시설 안에서 교수(絞首)하여 집행한다.

제67조(징역) 징역은 교정시설에 수용하여 집행하며, 정해진 노역(勞役)에 복무하게 한다.

제68조(금고와 구류) 금고와 구류는 교정시설에 수용하여 집행한다.

제69조(벌금과 과료) ① 벌금과 과료는 판결확정일로부터 30일내에 납입하여야 한다. 단, 벌금을 선고할 때에는 동시에 그 금액을 완납할 때까지 노역장에 유치할 것을 명할 수 있다. ② 벌금을 납입하지 아니한 자는 1일 이상 3년 이하, 과료를 납입하지 아니한 자는 1일 이상 30일 미만의 기간 노역장에 유치하여 작업에 복무하게 한다.

제70조(노역장 유치) ① 벌금이나 과료를 선고할 때에는 이를 납입하지 아니하는 경우의 노역장 유치기간을 정하여 동시에 선고하여야 한다. ② 선고하는 벌금이 1억원 이상 5억원 미만인 경우에는 300일 이상, 5억원 이상 50억원 미만인 경우에는 500일 이상, 50억원 이상인 경우에는 1천일 이상의 노역장 유치기간을 정하여야 한다.

제71조(유치일수의 공제) 벌금이나 과료의 선고를 받은 사람이 그 금액의 일부를 납입한 경우에는 벌금 또는 과료액과 노역장 유치기간의 일수(日數)에 비례하여 납입금액에 해당하는 일수를 뺀다.

제6절 가석방

제72조(가석방의 요건) ① 징역이나 금고의 집행 중에 있는 사람이 행상(行狀)이 양호하여 뉘우침이 뚜렷한 때에는 무기형은 20년, 유기형은 형기의 3분의 1이 지난 후 행정처분으로 가석방을 할 수 있다. ② 제1항의 경우에 벌금이나 과료가 병과되어 있는 때에는 그 금액을 완납하여야 한다.

제73조(판결선고 전 구금과 가석방) ① 형기에 산입된 판결선고 전 구금일수는 가석방을 하는 경우 집행한 기간에 산입한다.

② 제72조제2항의 경우에 벌금이나 과료에 관한 노역장 유치기간에 산입된 판결선고 전 구금일수는 그에 해당하는 금액이 납입된 것으로 본다.

제73조의2(가석방의 기간 및 보호관찰) ① 가석방의 기간은 무기형에 있어서는 10년으로 하고, 유기형에 있어서는 남은 형기로 하되, 그 기간은 10년을 초과할 수 없다. ② 가석방된 자는 가석방기간 중 보호관찰을 받는다. 다만, 가석방을 허가한 행정관청이 필요가 없다고 인정한 때에는 그러하지 아니하다.

제74조(가석방의 실효) 가석방 기간 중 고의로 지은 죄로 금고 이상의 형을 선고받아 그 판결이 확정된 경우에 가석방 처분은 효력을 잃는다.

제75조(가석방의 취소) 가석방의 처분을 받은 자가 감시에 관한 규칙을 위배하거나, 보호관찰의 준수사항을 위반하고 그 정도가 무거운 때에는 가석방처분을 취소할 수 있다.

제76조(가석방의 효과) ① 가석방의 처분을 받은 후 그 처분이 실효 또는 취소되지 아니하고 가석방기간을 경과한 때에는 형의 집행을 종료한 것으로 본다. ② 전2조의 경우에는 가석방중의 일수는 형기에 산입하지 아니한다.

제7절 형의 시효

제77조(형의 시효의 효과) 형(사형은 제외한다)을 선고받은 사람에 대해서는 시효가 완성되면 그 집행이 면제된다.

제78조(형의 시효의 기간) 시효는 형을 선고하는 재판이 확정된 후 그 집행을 받지 아니하고 다음 각 호의 구분에 따른 기간이 지나면 완성된다.

1. 삭제 〈2023. 8. 8.〉
2. 무기의 징역 또는 금고: 20년
3. 10년 이상의 징역 또는 금고: 15년
4. 3년 이상의 징역이나 금고 또는 10년 이상의 자격정지: 10년
5. 3년 미만의 징역이나 금고 또는 5년 이상의 자격정지: 7년

6. 5년 미만의 자격정지, 벌금, 몰수 또는 추징: 5년

7. 구류 또는 과료: 1년

제79조(형의 시효의 정지) ① 시효는 형의 집행의 유예나 정지 또는 가석방 기타 집행할 수 없는 기간은 진행되지 아니한다. ② 시효는 형이 확정된 후 그 형의 집행을 받지 아니한 사람이 형의 집행을 면할 목적으로 국외에 있는 기간 동안은 진행되지 아니한다.

제80조(형의 시효의 중단) 시효는 징역, 금고 및 구류의 경우에는 수형자를 체포한 때, 벌금, 과료, 몰수 및 추징의 경우에는 강제처분을 개시한 때에 중단된다.

제8절 형의 소멸

제81조(형의 실효) 징역 또는 금고의 집행을 종료하거나 집행이 면제된 자가 피해자의 손해를 보상하고 자격정지 이상의 형을 받음이 없이 7년을 경과한 때에는 본인 또는 검사의 신청에 의하여 그 재판의 실효를 선고할 수 있다.

제82조(복권) 자격정지의 선고를 받은 자가 피해자의 손해를 보상하고 자격정지 이상의 형을 받음이 없이 정지기간의 2분의 1을 경과한 때에는 본인 또는 검사의 신청에 의하여 자격의 회복을 선고할 수 있다.

74 사형의 선고

* 대법원 2016. 2. 19. 선고 2015도12980 전원합의체 판결[1]

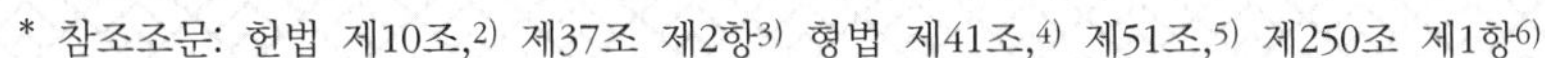
* 참조조문: 헌법 제10조,[2] 제37조 제2항[3] 형법 제41조,[4] 제51조,[5] 제250조 제1항[6]

사형 선고의 정당화요건

●**사실**● 군인인 피고인 X는 소속 부대의 간부나 동료 병사들의 자신에 대한 태도를 따돌림 내지 괴롭힘이라고 생각하던 중 초소 순찰일지에서 자신의 외모를 희화화하고 모욕하는 표현이 들어 있는 그림과 낙서를 보고 충격을 받았다. 이후 X는 소초원들을 모두 살해할 의도로 수류탄을 폭발시키거나 소총을 발사하고 도주함으로써 상관 및 동료 병사 5명을 살해하고 7명에게 중상을 가하였으며, 군용물손괴·군용물절도·군무이탈 행위를 하였다는 내용으로 기소되었다. 제1심과 원심은 X에 대해 사형을 선고하였다. 이에 X는 상고하였다.

●**판지**● **상고기각.** 「**[다수의견]** 범행 동기와 경위, 범행 계획의 내용과 대상, 범행의 준비 정도와 수단, 범행의 잔혹성, 피고인이 내보인 극단적인 인명 경시 태도, 피해자들과의 관계, 피해자의 수와 피해결과의 중대함, 전방에서 생사고락을 함께하던 부하 혹은 동료 병사였던 피해자들과 유족 및 가족들이 입은 고통과 슬픔, 국토를 방위하고 국민의 생명과 재산을 보호함을 사명으로 하는 군대에서 발생한 범행으로 성실하게 병역의무를 수행하고 있는 장병들과 가족들, 일반 국민이 입은 불안과 충격 등을 종합적으로 고려하면, 비록 피고인에게 일부 참작할 정상이 있고 예외적이고도 신중하게 사형 선고가 이루어져야 한다는 전제에서 보더라도, 범행에 상응하는 책임의 정도, 범죄와 형벌 사이의 균형, 유사한 유형의 범죄 발생을 예방하여 잠재적 피해자를 보호하고 사회를 방위할 필요성 등 제반 견지에서 법정 최고형의 선고가 불가피하므로 **피고인에 대한 사형 선고가 정당화될 수 있는 특별한 사정이 있다.**

[반대의견 1] 위 사안에서, 범행 수단과 방법의 잔인함과 포악함이 피고인 본성의 발현이라고 여겨질 정도로 범행 동기에 참작할 사정이 없음이 명백하다고 볼 수 없고, 생명을 박탈하여 피고인을 사회에서 영원히 격리시키는 것만이 유일한 선택임을 누구라도 납득할 수 있을 정도로 피고인에 대한 사

---

1) **강원도 고성 군부대 총기 난사 사건**은 2014년 6월 21일 20시 15분 경 강원도 고성군에 있는 대한민국 육군 22사단 55연대 13소초에서 발생한 사건이다. 총기를 난사한 병사는 22보병사단의 임 병장이었으며, K−2 소총과 실탄 60여 발을 소지하고 무장 탈영했다. 국방부는 6월 23일 오후 2시 44분경에 K2소총으로 자신의 옆구리를 쏴 자살을 시도하려던 임 병장을 생포했다. 임 병장은 본래 A급 관심병사였으나, 2013년 11월 B급으로 등급이 조정된 뒤 22보병사단에 전입하였다. 이를 두고 군의 인사 체계가 제대로 이루어지지 않는다는 비판이 나왔다. 또한 임 병장은 부대 내에서 상하 계급 모두에게 따돌림을 받는 '계급열외'를 당한 것으로 알려져 범행 동기 중 하나로 지적되었다. ko.wikipedia.org

2) 헌법 제10조 모든 국민은 인간으로서의 존엄과 가치를 가지며, 행복을 추구할 권리를 가진다. 국가는 개인이 가지는 **불가침의 기본적 인권을 확인하고 이를 보장할 의무를 진다.**

3) 헌법 제37조 ② 국민의 모든 자유와 권리는 국가안전보장·질서유지 또는 공공복리를 위하여 필요한 경우에 한하여 법률로써 제한할 수 있으며, 제한하는 경우에도 자유와 권리의 **본질적인 내용을 침해할 수 없다.**

4) 형법 제41조(형의 종류) 형의 종류는 다음과 같다. 1. 사형 2. 징역 3. 금고 4. 자격상실 5. 자격정지 6. 벌금 7. 구류 8. 과료 9. 몰수

5) 형법 제51조(양형의 조건) 형을 정함에 있어서는 다음 사항을 참작하여야 한다. 1. 범인의 연령, 성행, 지능과 환경 2. 피해자에 대한 관계 3. 범행의 동기, 수단과 결과 4. 범행후의 정황

6) 형법 제250조(살인) ① 사람을 살해한 자는 사형, 무기 또는 5년 이상의 징역에 처한다.

형 선고를 긍정하는 요건의 존재가 합리적 의심의 여지없이 증명되지 않았으며, 범행 결과가 매우 중하다 하여 사회적 파장과 형벌의 일반예방적 목적 등을 내세워 피고인에게 사형을 선고하는 것이 정당하다고 할 수 없고, 범행의 책임을 오로지 피고인에게 돌려 사형 선고를 통하여 피고인의 생명을 영원히 박탈하는 것이 합당한지 의문이므로, **원심이 피고인에게 사형을 선고한 제1심판결을 유지한 것은 형의 양정이 심히 부당하다고 인정할 현저한 사유가 있는 때에 해당한다.**

[반대의견 2] 위 사안에서, 피고인의 범행으로 5명의 군인이 사망하고 7명의 군인이 부상을 당하는 등 결과가 너무도 중대하다는 점에 대해서는 의문의 여지가 없으나, 피고인에 대하여 사형이라는 극형을 선택할 수밖에 없는 예외적이고도 특별한 사정이 있는지 여부, 즉 피고인의 생명권을 박탈하는 결과를 감수하면서까지도 막아야 하는 일반 국민의 생명 보호나 이에 준하는 매우 중대한 공익에 대한 현재의 급박하고도 실질적인 위협이 있는지, 중대한 결과의 발생을 피고인만의 책임으로 돌릴 수 있는지 등에 대해서 심리하지 아니한 채 사형을 선고한 제1심을 유지한 원심판결에는, 사형의 양정에 관한 법리를 오해하여 필요한 심리를 다하지 아니한 위법이 있다」.

●**해설**● 1 사형은 생명을 박탈하는 형벌이다. 우리 형법과 군형법 등에는 사형이 규정되어 있으나 1998년 이후 집행을 하지 않고 있어서 실질적으로 우리나라는 사형폐지국으로 분류된다. 하지만 헌법재판소와 대법원은 사형제도 자체는 합헌으로 보고 있다(헌재 2008헌가23; 대판 2015도12980 전원합의체).

2 사형은「인간의 생명 자체를 영원히 박탈하는 냉엄한 궁극의 형벌로서 문명국가의 이성적인 사법제도가 상정할 수 있는 극히 예외적인 형벌이라는 점을 감안할 때, 사형의 선고는 범행에 대한 책임의 정도와 형벌의 목적에 비추어 그것이 정당화될 수 있는 특별한 사정이 있다고 누구라도 인정할 만한 객관적인 사정이 분명히 있는 경우에만 허용」되어야 한다.

3 따라서 사형을 선고함에 있어서는「범인의 연령, 직업과 경력, 성행, 지능, 교육 정도, 성장과정, 가족관계, 전과의 유무, 피해자와의 관계, 범행의 동기, 사전 계획의 유무, 준비의 정도, 수단과 방법, 잔인하고 포악한 정도, 결과의 중대성, 피해자의 수와 피해감정, 범행 후의 심정과 태도, 반성과 가책의 유무, 피해회복의 정도, 재범의 우려 등 양형의 조건이 되는 모든 사항을 철저히 심리하여 위와 같은 특별한 사정이 있음을 명확하게 밝힌 후 비로소 사형의 선택 여부를 결정하여야 할 것」이다.

4 그리고 이를 위해서는 법원으로서는 마땅히「기록에 나타난 양형조건들을 평면적으로만 참작하는 것에서 더 나아가, 피고인의 주관적인 양형요소인 성행과 환경, 지능, 재범의 위험성, 개선교화 가능성 등을 심사할 수 있는 객관적인 자료를 확보하여 이를 통하여 사형선택 여부를 심사하여야 할 것은 물론이고, 피고인이 범행을 결의하고 준비하며 실행할 당시를 전후한 피고인의 정신상태나 심리상태의 변화 등에 대하여서도 정신의학이나 심리학 등 관련 분야의 전문적인 의견을 들어 보는 등 깊이 있는 심리를 하여 본 다음에 그 결과를 종합하여 양형에 나아가야 할 것」이다.

5 법원은 X가 주장하는 괴롭힘과 따돌림에 대한 여러 항변이 선뜻 납득하기 어렵다고 보았다. 당시 자신을 희화화 하는 그림을 보고 군 입대 전후의 기억들이 떠올라 감정을 주체할 수 없었고 그로 인해 동료들을 살해하겠다는 범행의 결심을 하였다 하더라도 그러한 사유가 피고인의 충격과 분노를 정당화할 만한 정도의 괴롭힘과 따돌림으로는 인정되지 않는다고 법원은 보았다. 그리고 이를 이 사건에서 정

상에 참작할 만한 범행동기로 볼 수는 없다 판단한 것이다.

6 그리고 원심은 사형 선고에 대한 양형판단과 관련하여 「피고인의 범행은 형법상 살인죄 및 군형법상 상관살해죄가 예상하고 있는 가장 중한 유형에 속하고 우리 법은 가장 중한 유형의 살인죄에 대하여는 그 법정형을 사형으로 정하고 있다. 비록 피고인이 아직 나이가 어리고 처벌전력은 없으나, 진심으로 잘못을 뉘우치고 있다고 보기 어려운 피고인에게 개선·교화의 기회를 부여하는 것은, 누구보다 믿고 의지하던 전우에게 그 목숨을 빼앗기고 상해를 입은 피해자들의 고통과 배신감, 사회 구성원 전체가 받은 충격, 저지른 죄와 형벌의 균형, 유사한 유형의 범죄 발생을 막기 위한 일반예방의 필요성 등을 종합적으로 고려할 때 적절하지 아니하다고 판단된다. 그렇다면 원심의 선고형량은 너무 무거워서 부당하다고 인정되지 않으므로, 피고인의 항소는 이유 없다」고 판단하였다(고등군사법원 2015노84).

7 대법원도 사형의 선고와 관련하여 「비록 법관이 인명의 존중과 인권의 보호를 그 중요한 사명으로 하고 있다고 하더라도, 현행 법제상 사형제도가 존치되어 있고 그것이 합헌으로 받아들여지고 있는 이상 법정 최고형으로 **사형이 규정되어 있는 범죄에 대하여 최고형으로 처벌함이 마땅하다고 판단되는 사건에서는 사형을 선고하는 것이 법관으로서의 책무**」에 부합하는 것으로 보았다.

Reference

사형제도에 대한 헌법재판소 합헌 결정

1 [헌재 95헌바1] [1] (가) 생명권 역시 헌법 제37조 제2항에 의한 일반적 법률유보의 대상이 될 수밖에 없는 것이나, 생명권에 대한 제한은 곧 생명권의 완전한 박탈을 의미한다 할 것이므로, 사형이 비례의 원칙에 따라서 최소한 동등한 가치가 있는 다른 생명 또는 그에 못지아니한 공공의 이익을 보호하기 위한 불가피성이 충족되는 예외적인 경우에만 적용되는 한, 그것이 비록 생명을 빼앗는 형벌이라 하더라도 헌법 제37조 제2항 단서에 위반되는 것으로 볼 수는 없다. (나) 모든 인간의 생명은 자연적 존재로서 동등한 가치를 갖는다고 할 것이나 그 동등한 가치가 서로 충돌하게 되거나 생명의 침해에 못지아니한 중대한 공익을 침해하는 등의 경우에는 국민의 생명·재산 등을 보호할 책임이 있는 국가는 어떠한 생명 또는 법익이 보호되어야 할 것인지 그 규준을 제시할 수 있는 것이다. 인간의 생명을 부정하는 등의 범죄행위에 대한 불법적 효과로서 지극히 한정적인 경우에만 부과되는 사형은 죽음에 대한 인간의 본능적 공포심과 범죄에 대한 응보욕구가 서로 맞물려 고안된 **"필요악"으로서 불가피하게 선택**된 것이며 지금도 여전히 제 기능을 하고 있다는 점에서 정당화될 수 있다. 따라서 사형은 이러한 측면에서 헌법상의 비례의 원칙에 반하지 아니한다 할 것이고, 적어도 우리의 현행 헌법이 스스로 예상하고 있는 형벌의 한 종류이기도 하므로 아직은 우리의 헌법질서에 반하는 것으로 판단되지 아니한다. [2] 형법 제250조 제1항이 규정하고 있는 살인의 죄는 인간생명을 부정하는 범죄행위의 전형이고, 이러한 범죄에는 그 행위의 태양이나 결과의 중대성으로 미루어 보아 반인륜적 범죄라고 규정지워질 수 있는 극악한 유형의 것들도 포함되어 있을 수 있는 것이다. 따라서 사형을 형벌의 한 종류로서 합헌이라고 보는 한 그와 같이 타인의 생명을 부정하는 범죄행위에 대하여 행위자의 생명을 부정하는 사형을 그 불법효과의 하나로서 규정한 것은 행위자의 생명과 그 가치가 동일한 하나의 혹은 다수의 생명을 보호하기 위한 불가피한 수난의 선택이라고 볼 수밖에 없으므로 이를 가리켜 **비례의 원칙에 반한다고 할 수 없어 헌법에 위반되는 것이 아니다.**

2 **[헌재 2008헌가23] [1] [사형제도가 헌법 제37조 제2항에 위반하여 생명권을 침해하는지 여부(소극)]** (가) 사형은 일반국민에 대한 심리적 위하를 통하여 범죄의 발생을 예방하며 극악한 범죄에 대한 정당한 응보를 통하여 정의를 실현하고, 당해 범죄인의 재범 가능성을 영구히 차단함으로써 사회를 방어하려는 것으로 그 입법목적은 정당하고, 가장 무거운 형벌인 사형은 입법목적의 달성을 위한 적합한 수단이다. (나) 사형은 무기징역형이나 가석방이 불가능한 종신형보다도 범죄자에 대한 법익침해의 정도가 큰 형벌로서, 인간의 생존본능과 죽음에 대한 근원적인 공포까지 고려하면, 무기징역형 등 자유형보다 더 큰 위하력을 발휘함으로써 가장 강력한 범죄억지력을 가지고 있다고 보아야 하고, 극악한 범죄의 경우에는 무기징역형 등 자유형의 선고만으로는 범죄자의 책임에 미치지 못하게 될 뿐만 아니라 피해자들의 가족 및 일반국민의 정의관념에도 부합하지 못하며, 입법목적의 달성에 있어서 사형과 동일한 효과를 나타내면서도 사형보다 범죄자에 대한 법익침해 정도가 작은 다른 형벌이 명백히 존재한다고 보기 어려우므로 사형제도가 침해최소성원칙에 어긋난다고 할 수 없다. 한편, 오판가능성은 사법제도의 숙명적 한계이지 사형이라는 형벌제도 자체의 문제로 볼 수 없으며 심급제도, 재심제도 등의 제도적 장치 및 그에 대한 개선을 통하여 해결할 문제이지, 오판가능성을 이유로 사형이라는 형벌의 부과 자체가 위헌이라고 할 수는 없다. (다) 사형제도에 의하여 달성되는 범죄예방을 통한 무고한 일반국민의 생명 보호 등 중대한 공익의 보호와 정의의 실현 및 사회방위라는 공익은 사형제도로 발생하는 극악한 범죄를 저지른 자의 생명권이라는 사익보다 결코 작다고 볼 수 없을 뿐만 아니라, 다수의 인명을 잔혹하게 살해하는 등의 극악한 범죄에 대하여 한정적으로 부과되는 사형이 그 범죄의 잔혹함에 비하여 과도한 형벌이라고 볼 수 없으므로, 사형제도는 법익균형성원칙에 위배되지 아니한다. **[2] [사형제도가 인간의 존엄과 가치를 규정한 헌법 제10조에 위반되는지 여부(소극)]** 사형제도는 우리 헌법이 적어도 간접적으로나마 인정하고 있는 형벌의 한 종류일 뿐만 아니라, 사형제도가 생명권 제한에 있어서 헌법 제37조 제2항에 의한 헌법적 한계를 일탈하였다고 볼 수 없는 이상, 범죄자의 생명권 박탈을 내용으로 한다는 이유만으로 곧바로 인간의 존엄과 가치를 규정한 헌법 제10조에 위배된다고 할 수 없으며, 사형제도는 형벌의 경고기능을 무시하고 극악한 범죄를 저지른 자에 대하여 그 중한 불법 정도와 책임에 상응하는 형벌을 부과하는 것으로서 범죄자가 스스로 선택한 잔악무도한 범죄행위의 결과인바, 범죄자를 오로지 사회방위라는 공익 추구를 위한 객체로만 취급함으로써 범죄자의 인간으로서의 존엄과 가치를 침해한 것으로 볼 수 없다. 한편 사형을 선고하거나 집행하는 법관 및 교도관 등이 인간적 자책감을 가질 수 있다는 이유만으로 사형제도가 법관 및 교도관 등의 인간으로서의 존엄과 가치를 침해하는 위헌적인 형벌제도라고 할 수는 없다.

75 몰수와 비례의 원칙

* 대법원 2013. 5. 23. 선고 2012도11586 판결
* 참조조문: 형법 제48조,[1] 제49조[2]

「범죄수익 은닉의 규제 및 처벌 등에 관한 법률」 제8조 제1항에 따라 범죄수익 등을 몰수하는 경우 비례의 원칙에 의한 제한을 받는지 여부 및 몰수가 비례의 원칙에 위배되는지 판단하는 기준

●사실● 피고인 X는 Y로부터 명의신탁을 받아 자신의 명의로 소유권이전등기를 마친 토지 및 그 지상 건물(5층)에서 Y와 공동하여 영업으로 성매매알선 등 행위를 함으로써 성매매에 제공되는 사실을 알면서 부동산을 제공하였다. X는 그곳에서 과장으로 월급을 받으면서 이 업소의 자금을 전반적으로 관리하였다. 이로 인해 「성매매알선 등 행위의 처벌에 관한 법률」 위반으로 유죄가 인정되었다.

원심은 X에 대해 유죄를 인정하면서 피고인의 행위는 「성매매알선 등 행위의 처벌에 관한 법률」 제19조 제2항 제1호, 제2조 제1항 제2호 다목에서 정한 "성매매에 제공되는 사실을 알면서 자금, 토지 또는 건물을 제공하는 행위"에 해당하고, 위 토지와 건물은 「범죄수익 은닉의 규제 및 처벌 등에 관한 법률」 제8조 제1항 제1호, 제2조 제2호 나목에서 정한 "범죄수익"에 해당하여 몰수의 대상이 된다고 판단하여 이 사건 건물을 몰수하였다. 이에 X는 이 사건 부동산의 가치는 8억 5천만 원으로 수익의 약 5배를 상회하는 것으로 이러한 부동산의 몰수는 재량권남용으로 비례의 원칙을 위반한 것이라며 상고하였다.

●판지● **상고기각.** 「[1] 형법 제48조 제1항 제1호에 의한 몰수는 **임의적인 것**이므로 그 몰수의 요건에 해당되는 물건이라도 이를 몰수할 것인지의 여부는 일응 **법원의 재량**에 맡겨져 있다 할 것이나, 형벌 일반에 적용되는 **비례의 원칙에 의한 제한**을 받으며, 이러한 법리는 범죄수익은닉의규제및처벌등에관한법률 제8조 제1항의 경우에도 마찬가지로 적용된다. 그리고 몰수가 비례의 원칙에 위반되는 여부를 판단하기 위하여는, 몰수 대상 물건이 범죄 실행에 사용된 정도와 범위 및 범행에서의 중요성, 물건의 소유자가 범죄 실행에서 차지하는 역할과 책임의 정도, 범죄 실행으로 인한 법익 침해의 정도, 범죄 실행의 동기, 범죄로 얻은 수익, 물건 중 범죄 실행과 관련된 부분의 별도 분리 가능성, 물건의 실질적 가치와 범죄와의 상관성 및 균형성, 물건이 행위자에게 필요불가결한 것인지 여부, 물건이 몰수되지 아니할 경우 행위자가 그 물건을 이용하여 **다시 동종 범죄를 실행할 위험성 유무 및 그 정도** 등 제반 사정이 고려되어야 한다.

[2] Y는 처음부터 성매매알선 등 행위를 하기 위해 부동산을 취득하여 피고인에게 명의신탁한 후 약 1년 동안 성매매알선 등 행위에 제공하였고, 일정한 장소에서 은밀하게 이루어지는 성매매알선 등 행위의 속성상 장소의 제공이 불가피하다는 점, 부동산은 5층 건물인데 2층 내지 4층 객실 대부분이 성매매알선 등 행위의 장소로 제공된 점, 피고인은 부동산에서 이루어지는 성매매알선 등 행위로 발생하는 수익의 자금관리인으로, Y와 함께 범행을 지배하는 주체가 되어 영업으로 성매매알선 등 행위

---

1) 형법 제48조(몰수의 대상과 추징) ① **범인 외의 자의 소유에 속하지 아니하거나 범죄 후 범인 외의 자가 사정을 알면서 취득한** 다음 각 호의 물건은 전부 또는 일부를 **몰수할 수 있다.** 1. 범죄행위에 제공하였거나 제공하려고 한 물건 2. 범죄행위로 인하여 생겼거나 취득한 물건 3. 제1호 또는 제2호의 대가로 취득한 물건 ② 제1항 각 호의 물건을 몰수할 수 없을 때에는 **그 가액을 추징한다.** ③ 문서, 도화, 전자기록 등 특수매체기록 또는 유가증권의 일부가 몰수의 대상이 된 경우에는 그 부분을 **폐기한다.**

2) 형법 제49조(몰수의 부가성) **몰수는 타형에 부가하여 과한다.** 단, 행위자에게 **유죄의 재판을 아니할 때에도** 몰수의 요건이 있는 때에는 몰수만을 선고할 수 있다.

를 한 점, 부동산의 실질적인 가치는 크지 않은 반면 피고인이 성매매알선 등 행위로 벌어들인 수익은 상당히 고액인 점, 피고인은 초범이나 공동정범 甲은 이와 동종 범죄로 2회 처벌받은 전력이 있을 뿐 아니라 성매매알선 등 행위의 기간, 특히 단속된 이후에도 성매매알선 등 행위를 계속한 점 등을 고려할 때, 부동산을 몰수한 원심의 조치는 정당하다」.

●**해설**● 1 몰수는 범죄행위와 **'관련된 물건'**의 소유권을 박탈하여 국가에 귀속시키는 처분이다. 몰수에는 필요적 몰수와 임의적 몰수가 있다. 총칙 제48조는 임의적 몰수를 규정하고 있지만, 각칙에서는 필요적 몰수[3]를 규정하는 경우가 있다. 판례는 범죄행위로 인한 이득의 박탈을 목적으로 하는 몰수(대판 2002도1283)와 징벌적 성격의 몰수(대판 2001도5158)를 모두 인정한다.

2 형법 제48조 제1항 제1호에 의한 몰수는 임의적인 것이므로 그 몰수의 요건에 해당하는 물건이라도 이를 몰수할 것인지 여부는 법원의 재량에 맡겨져 있다. 그렇지만 형벌 일반에 적용되는 **비례의 원칙에 의한 제한**을 받는다. 비례의 원칙은 적합성, 필요성, 균형성 3가지를 파생원칙으로 한다.

3 대상판결은 성매매에 제공된 토지와 건물을 몰수한 원심을 확정함으로써 성매매에 제공된 건물도 몰수할 수 있다고 판시한 첫 대법원 판결이다. 특히 대상판결은 **몰수가 비례의 원칙에 위반되는지 여부를 판단하기 위한 기준을 제시한 점에서 의의**가 크다. 대법원은 그 기준으로 「몰수 대상 물건이 범죄 실행에 사용된 정도와 범위 및 범행에서의 중요성, 물건의 소유자가 범죄 실행에서 차지하는 역할과 책임의 정도, 범죄 실행으로 인한 법익 침해의 정도, 범죄 실행의 동기, 범죄로 얻은 수익, 물건 중 범죄 실행과 관련된 부분의 별도 분리 가능성, 물건의 실질적 가치와 범죄와의 상관성 및 균형성, 물건이 행위자에게 필요불가결한 것인지 여부, **물건이 몰수되지 아니할 경우 행위자가 그 물건을 이용하여 다시 동종 범죄를 실행할 위험성 유무 및 그 정도** 등」을 제시하며 제반 사정이 고려되어야 함을 강조하고 있다.

4 몰수의 요건   몰수는 다음의 요건 하에 가능하다(대인적 요건과 대물적 요건). 먼저 ① **대인적 요건**으로 '범인 외의 자의 소유'에 속하지 아니하여야 한다. 따라서 공범자 소유의 물건(대판 2000도745), 무주물·소유자불명의 물건(대판 4285형상74)이나 '금제품' 등은 몰수가 가능하다. ② **대물적 요건으로** "1. 범죄행위에 제공하였거나 제공하려고 한 물건 2. 범죄행위로 인하여 생겼거나 취득한 물건 3. 제1호 또는 제2호의 대가로 취득한 물건"(법48)에 한정된다. 따라서 「**체포될 당시에 미처 송금하지 못하고 소지하고 있던 자기앞수표나 현금**은 장차 실행하려고 한 외국환거래법 위반의 범행에 제공하려는 물건일 뿐, 그 이전에 범해진 외국환거래법 위반의 '범죄행위에 제공하려고 한 물건'으로는 볼 수 없으므로 몰수할 수 없다」(대판 2007도10034). 그러나 「사기도박에 참여하도록 유인하기 위하여 **고액의 수표를 제시해 보인 경우**, 위 수표가 직접적으로 도박자금으로 사용되지 아니하였다 할지라도, 위 수표가 피해자로 하여금 사기도박에 참여하도록 만들기 위한 수단으로 사용된 이상, 이를 몰수할 수 있다」(대판 2002도3589).

5 몰수의 부가성(附加性)   몰수는 다른 형에 부가하여 과한다(법49). 몰수는 주형(主刑)이 내려질

3) 뇌물죄의 뇌물(법134), 아편에 관한 죄에서의 '아편·몰핀이나 그 화합물, 아편흡식기'(법206), 배임수재죄의 재물(법357③)은 **필요적 몰수**이다. 그리고 관세법상의 금제품몰수, 주세법에 의한 무면허주류, 전매법에 의한 전매위반물품, 총포화약류단속법위반의 물건, 수렵법위반의 동물, 마약법위반의 물품에 대한 몰수 등 **특별법상의 몰수는 거의 필요적 몰수**이다.

때 부가적으로 내릴 수 있는 형벌이다. 따라서 공소 제기 없이 별도로 몰수나 추징만을 선고할 수는 없다. 때문에, 몰수나 추징이 공소사실과 관련이 있다 하더라도 그 공소사실에 관하여 이미 공소시효가 완성되어 유죄 선고를 할 수 없는 경우에는 몰수나 추징도 할 수 없다(대판 92도700). 그러나 형법 제49조 단서는 "행위자에게 **유죄의 재판을 아니할 때에도** 몰수의 요건이 있는 때에는 몰수만을 선고할 수 있다."고 규정하고 있다. 이에 대한 예로는 **'선고유예'**를 들 수 있다(대판 73도1133).

6 현행 몰수제도에 대해서는 다음과 같은 비판이 있다 "몰수는 물건을 대상으로 한 것이므로 몰수대상 물건을 이용하여 형성한 재산에 대해서는 몰수할 수 없다. 예를 들어 1억 원을 절취하여 부동산투기를 하여 10억의 재산을 형성한 경우 1억에 대해서는 추징할 수 있지만 나머지 9억에 대해서는 몰수·추징할 수 없다. 그러나 범죄인이 범죄로 인해 생겨난 과실을 향유할 수 있도록 하는 것은 문제가 있으므로 이러한 수익들마저 몰수하는 것을 **불법수익몰수제도**라고 한다. 현재로서는 뇌물범죄, 마약범죄, 공무원범죄 등에 이러한 제도가 도입되어 있다. 그러나 모든 범죄에 확대해야 할 필요가 있다".[4)]

Reference 1

몰수와 관련된 판례

1 [대판 2022도8862] ●**사실**● 피해자 A는 성명불상의 보이스피싱 조직원에 속아 금융감독원 직원을 행세한 X에게 여행용 가방에 담긴 현금 2억 원을 교부하였고, X는 Y에게 그중 여행용 가방과 현금 1억 9,600만 원을 전달하였다. A의 신고로 수사가 개시되어 Y가 긴급체포되면서 여행용 가방과 함께 1억 3,630만 원이 압수되었다. 수사기관은 피고인들의 여러 건의 금전거래에 대하여 수사를 진행하였으나, 피고인들에 대하여 이 사건 피해자에 대한 사기죄로만 기소하였다. 하지만 이 사건 압수현금이 이 사건 피해자로부터 편취한 현금이라는 점은 밝혀지지 않았다(이 사건 압수현금이 이 사건 피해자로루터 편취한 피해품이라는 점이 증명되지 않아, 형사법적으로 이 사건 피해금인지 다른 피해자의 피해금인지 등이 불명인 상태). 제1심과 원심은 피고인들에 대해 사기죄를 인정하고 압수한 현금에 대해서도 몰수를 인정하였다. 이에 피고인이 상고했다. ●**판지**● [형법 제49조 단서에 근거하여 몰수를 선고하기 위해서는 **몰수의 요건이 공소가 제기된 공소사실과 관련**되어 있어야 하는지 여부(적극) 및 공소가 제기되지 않은 별개의 범죄사실을 법원이 인정하여 그에 관하여 몰수나 추징을 선고할 수 있는지 여부(소극)] [1] 형법 제49조 단서는 "행위자에게 유죄의 재판을 아니할 때에도 몰수의 요건이 있는 때에는 몰수만을 선고할 수 있다."라고 규정하고 있으나, 우리 법제상 공소의 제기 없이 별도로 몰수만을 선고할 수 있는 제도가 마련되어 있지 않으므로, 위 규정에 근거하여 몰수를 선고하기 위해서는 몰수의 요건이 공소가 제기된 공소사실과 관련되어 있어야 하고, **공소가 제기되지 않은 별개의 범죄사실**을 법원이 인정하여 그에 관하여 몰수나 추징을 선고하는 것은 불고불리의 원칙에 위반되어 허용되지 않는다. [2] …… 이러한 피해재산에 대한 몰수·추징의 원칙과 부패재산몰수법의 입법 목적, 범죄피해재산에 대한 몰수·추징을 허용하는 범죄를 특정범죄로 한정하면서 피해자 등에 대한 환부 절차를 두고 있는 취지 등을 종합적으로 고려하면, 부패재산몰수법 제6조 제1항, 제3조 제1항, 제2조 제3호에서 정한 몰수·추징의 원인이 되는 범죄사실은 공소제기된 범죄사실에 한정되고, '범죄피해재산'은 그 공소제기된 범죄사실 피해자로부터 취득한 재산 또는 그 재산의 보유·처분에 의하여 얻은 재산에 한정되며, 그 피해자의 피해회복이 심히 곤란하다고 인정되는 경우에만 몰수·추징이 허용된다고 보아야 한다. ●**해**

4) 오영근, 형법총론(제5판), 519면.

설● 사안의 쟁점은 피고인이 범한 부패범죄의 범죄피해재산인 경우에 해당하기만 하면, 당해 사건에서 기소되지 않은 범행의 피해재산에 대해서도 부패재산몰수법상 몰수가 가능한지 여부이다. 대법원 판단의 내용은 다음과 같다. (1) 일반 형법상 몰수를 선고하기 위해서는 기소된 공소사실과 관련되어 있어야 하고, 기소되지 않은 별개의 범죄사실을 법원이 인정하여 그에 관하여 몰수나 추징을 선고하는 것은 불고불리의 원칙에 위반되어 허 용되지 않는다는 것이 종전의 판례의 입장이다. (2) 이러한 몰수·추징의 원칙과 부패재산몰수법의 입법목적, 범죄피해재산에 대한 몰수·추징을 허용하는 범죄를 특정범죄로 한정하면서 피해자 등에 대한 환부절차를 두고 있는 취지 등을 종합하면, 부패재산몰수법에서 정한 몰수·추징의 원인이 되는 범죄사실은 기소된 범죄사실에 한정되고, '범죄피해재산'은 그 기소된 범죄사실 피해자로부터 취득한 재산 또는 그 재산의 보유·처분에 의하여 얻은 재산에 한정되며, 그 피해자의 피해회복이 심히 곤란하다고 인정되는 경우에만 몰수·추징이 허용된다고 보아야 한다. (3) 이 사건 압수현금이 이 사건 피해자에 대한 사기 범행으로 인하여 Y가 취득한 현금이거나 그 현금의 처분에 의하여 얻은 현금으로서 '범죄피해재산'에 해당하고, 이 사건 피해자의 피해회복이 심히 곤란하다고 인정되어야 이 사건 압수현금에 대하여 부패재산몰수법에 따른 몰수가 허용된다. (4) 따라서 원심판결에는 부패재산몰수법상 '범죄피해재산'과 몰수의 요건 등에 관한 법리를 오해함으로써 필요한 심리를 다하지 않아 판결에 영향을 미친 잘못이 있다. (4) 대법원은 본 판결을 통해 특별법인 부패재산몰수법에 따른 몰수·추징에 있어서도 **기소되지 않은 범죄피해재산은 몰수·추징의 대상의 되지 않는다는 점을 최초로 판시**하였다는 점에서 그 의미가 있다. scourt.go.kr

2 **[대판 2018도3619]** [범죄수익은닉의 규제 및 처벌 등에 관한 법률에 정한 중대범죄에 해당하는 범죄행위에 의하여 취득한 것으로 재산적 가치가 인정되는 **무형재산을 몰수**할 수 있는지 여부(적극)] **[1]** 범죄수익은닉규제법은 "중대범죄에 해당하는 범죄행위에 의하여 생긴 재산 또는 그 범죄행위의 보수로 얻은 재산"을 범죄수익으로 규정하고[제2조 제2호 (가)목], 범죄수익을 몰수할 수 있다고 규정한다(제8조 제1항 제1호). 그리고 범죄수익은닉규제법 시행령은 "은닉재산이란 몰수·추징의 판결이 확정된 자가 은닉한 현금, 예금, 주식, 그 밖에 재산적 가치가 있는 유형·무형의 재산을 말한다."라고 규정하고 있다(제2조 제2항 본문). 위와 같은 범죄수익은닉규제법의 입법 취지 및 법률 규정의 내용을 종합하여 보면, 범죄수익은닉규제법에 정한 중대범죄에 해당하는 범죄행위에 의하여 취득한 것으로 **재산적 가치가 인정되는 무형재산도 몰수할 수 있다.** [2] 피고인이 음란물유포 인터넷사이트를 운영하면서 정보통신망 이용촉진 및 정보보호 등에 관한 법률 위반(음란물유포)죄와 도박개장방조죄에 의하여 **비트코인(Bitcoin)을 취득한 사안**에서, 피고인의 정보통신망 이용촉진 및 정보보호 등에 관한 법률 위반(음란물유포)죄와 도박개장방조죄는 범죄수익은닉의 규제 및 처벌 등에 관한 법률에 정한 중대범죄에 해당하며, 비트코인은 재산적 가치가 있는 무형의 재산이라고 보아야 하고, 몰수의 대상인 비트코인이 특정되어 있다는 이유로, **피고인이 취득한 비트코인을 몰수할 수 있다**고 본 원심판단이 정당하다고 한 사례.

3-1 **[대판 2006도5586] [유죄의 죄책을 지지 않는 공범자의 소유물도 몰수할 수 있다]** [1] 형법 제48조 제1항의 **'범인'에는 공범자도 포함**되므로 피고인의 소유물은 물론 공범자의 소유물도 **그 공범자의 소추 여부를 불문하고 몰수할 수 있고,** 여기에서의 공범자에는 공동정범, 교사범, 방조범에 해당하는 자는 물론 **필요적 공범관계에 있는 자도 포함된다.** [2] 형법 제48조 제1항의 '범인'에 해당하는 **공범자는 반드시 유죄의 죄책을 지는 자에 국한된다고 볼 수 없고** 공범에 해당하는 행위를 한 자이면 족하므로 이러한 자의 소유물도 형법 제48조 제1항의 '범인 이외의 자의 소유에 속하지 아니하는 물건'으로서 이를 피고인으로부터 몰수할 수

있다.

3-2 **[대판 90도1904]** 강도상해의 범행에 사용된 자동차에 관하여 피고인은 원심법정에서 피고인의 처 소유라고 진술하고 있고 실제로도 처 명의로 등록되어 있는데도 원심이 그 의미가 분명하지 아니한 '제 소유 자동차'라는 피고인이 경찰에서 범행방법에 관한 진술시에 한 표현을 근거로 위 자동차가 피고인 이외의 자에 속하지 아니하는 것으로 단정하여 이를 몰수한 것은 위법하다.

형법 제48조 제1항 제1호의 "범죄행위에 제공한 물건"

4-1 **[대판 2006도4075]** [형법 제48조 제1항 제1호] [1] 형법 제48조 제1항 제1호의 "범죄행위에 제공한 물건"은, 가령 살인행위에 사용한 칼 등 범죄의 실행행위 자체에 사용한 물건에만 한정되는 것이 아니며, **실행행위의 착수 전의 행위 또는 실행행위의 종료 후의 행위에 사용한 물건이더라도 그것이 범죄행위의 수행에 실질적으로 기여하였다고 인정되는 한 위 법조 소정의 제공한 물건에 포함**된다. [2] 대형할인매장에서 수회 상품을 절취하여 **자신의 승용차에 싣고 간 경우, 위 승용차**는 형법 제48조 제1항 제1호에 정한 범죄행위에 제공한 물건으로 보아 **몰수할 수 있다.**

4-2 **[대판 2002도3589]** 피해자로 하여금 사기도박에 참여하도록 유인하기 위하여 **고액의 수표를 제시해 보인 경우**, 형법 제48조 소정의 몰수가 임의적 몰수에 불과하여 법관의 자유재량에 맡겨져 있고, 위 수표가 직접적으로 도박자금으로 사용되지 아니하였다 할지라도, **위 수표가 피해자로 하여금 사기도박에 참여하도록 만들기 위한 수단으로 사용된 이상, 이를 몰수할 수 있고**, 그렇다고 하여 피고인에게 극히 가혹한 결과가 된다고 볼 수는 없다.

4-3 **[대판 2006도6400]** [사행성 게임기의 기판뿐만 아니라 본체도 범죄행위에 제공된 물건으로서 몰수의 대상이 되는지 여부(적극)] 사행성 게임기는 기판과 본체가 서로 물리적으로 결합되어야만 비로소 그 기능을 발휘할 수 있는 기계로서, 당국으로부터 적법하게 등급심사를 받은 것이라고 하더라도 **본체를 포함한 그 전부**가 범죄행위에 제공된 물건으로서 몰수의 대상이 된다.

4-4 **[비교판례] [대판 2007도10034]** [1] 형법 제48조 제1항 제1호는 몰수할 수 있는 물건으로서 '범죄행위에 제공하였거나 제공하려고 한 물건'을 규정하고 있는데, 여기서 범죄행위에 제공하려고 한 물건이란 범죄행위에 사용하려고 준비하였으나 실제 사용하지 못한 물건을 의미하는바, 형법상의 몰수가 공소사실에 대하여 형사재판을 받는 피고인에 대한 유죄판결에서 다른 형에 부가하여 선고되는 형인 점에 비추어, 어떠한 물건을 '범죄행위에 제공하려고 한 물건'으로서 몰수하기 위하여는 그 물건이 유죄로 인정되는 당해 범죄행위에 제공하려고 한 물건임이 인정되어야 한다. [2] **체포될 당시에 미처 송금하지 못하고 소지하고 있던 자기앞수표나 현금**은 장차 실행하려고 한 외국환거래법 위반의 범행에 제공하려는 물건일 뿐, 그 이전에 범해진 외국환거래법 위반의 '범죄행위에 제공하려고 한 물건'으로는 볼 수 없으므로 몰수할 수 없다.

5 **[대판 2006도3302]** 오락실업자, 상품권업자 및 환전소 운영자가 공모하여 사행성 전자식 유기기구에서 경품으로 배출된 상품권을 현금으로 환전하면서 그 수수료를 일정한 비율로 나누어 가지는 방식으로 영업을 한 경우, 환전소 운영자가 **환전소에 보관하던 현금 전부**가 위와 같은 상품권의 환전을 통한 범죄행위에 제공하려 하였거나 그 범행으로 인하여 취득한 물건에 해당하여 형법 제48조 제1항 제1호 또는 제2호의 규정에 의하여 몰수의 대상이 되고, 환전소 운영자가 위 환전소 내에 보관하고 있던 현금 중 일부를 생활비 등의 용도로 소비하였다고 하여 달리 볼 것은 아니다.

6 **[대판 2003도705]** [몰수대상물건이 압수되어 있는지 및 적법한 절차에 의하여 압수되었는지 여부가 형법상 몰수의 요건인지 여부(소극)] 범죄행위에 제공하려고 한 물건은 범인 이외의 자의 소유에 속하지 아니하거나 범죄 후 범인 이외의 자가 정을 알면서 취득한 경우 이를 몰수할 수 있고, 한편 법원이나 수사기관은 필요한 때에는 증거물 또는 몰수할 것으로 사료하는 물건을 압수할 수 있으나, **몰수는 반드시 압수되어 있는 물건에 대하여서만 하는 것이 아니므로, 몰수대상물건이 압수되어 있는가 하는 점 및 적법한 절차에 의하여 압수되었는가 하는 점은 몰수의 요건이 아니다. 따라서** 이미 그 집행을 종료함으로써 효력을 상실한 압수·수색영장에 기하여 다시 압수·수색을 실시하면서 몰수대상물건을 압수한 경우, **압수 자체가 위법하게 됨은 별론으로 하더라도** 그것이 위 물건의 몰수의 효력에는 영향을 미칠 수 없다.

7 **[대판 2000도515]** [형법 제48조 제1항 제1호, 제2항에 의한 몰수 및 추징 여부가 법원의 재량에 속하는지 여부(적극)] 형법 제48조 제1항 제1호, 제2항에 의한 **몰수 및 추징은 임의적인 것**이므로 그 추징의 요건에 해당되는 물건이라도 이를 추징할 것인지의 여부는 **법원의 재량에 맡겨져 있다. cf)** 따라서 몰수나 추징의 부가는 **검사의 청구가 없어도 법원은 직권으로 선고할 수 있다.**

8 **[대판 99도3478] 밀수전용의 선박·자동차 기타 운반기구**가 관세법 제183조에 의하여 몰수대상이 되는지의 여부를 판단함에 있어 당해 운반기구가 누구의 소유에 속하는가 하는 것은 **그 공부상의 명의 여하에 불구하고 권리의 실질적인 귀속관계에 따라 판단하여야 한다.**

9 **[대판 99도1638]** 공무원이 뇌물을 받음에 있어서 그 취득을 위하여 상대방에게 뇌물의 가액에 상당하는 **금원의 일부를 비용의 명목으로 출연하거나 그 밖에 경제적 이익을 제공하였다 하더라도,** 이는 뇌물을 받는데 지출한 부수적 비용에 불과하다고 보아야 할 것이지, 이로 인하여 공무원이 받은 뇌물이 그 뇌물의 가액에서 위와 같은 지출액을 공제한 나머지 가액에 상당한 이익에 한정되는 것이라고 볼 수는 없으므로, 그 공무원으로부터 뇌물죄로 얻은 이익을 몰수·추징함에 있어서는 **그 받은 뇌물 자체를 몰수하여야 하고,** 그 뇌물의 가액에서 위와 같은 지출을 공제한 나머지 가액에 상당한 이익만을 몰수·추징할 것은 아니다.

10 **[대판 97다34235] 예금통장이 몰수되었다고 하여 예금반환채권까지 몰수된 것으로 볼 수 없다.**

11 **[대판 96도2490]** 변호사법 제94조의 규정에 의한 필요적 몰수 또는 추징은 같은 법 제27조의 규정에 위반하거나 같은 법 제90조 제1호, 제2호 또는 제92조의 죄를 범한 자 또는 그 정을 아는 제3자가 받은 금품 기타 이익을 그들로부터 박탈하여 그들로 하여금 부정한 이익을 보유하지 못하게 함에 그 목적이 있는 것이므로, **수인이 공동하여 공무원이 취급하는 사건 또는 사무에 관하여 청탁을 한다는 명목으로 받은 금품을 분배한 경우**에는 각자가 **실제로 분배받은 금품만을 개별적**으로 몰수하거나 그 가액을 추징하여야 한다.

12 **[대판 96도221]** 형법 제134조는 뇌물에 공할 금품을 필요적으로 몰수하고 이를 몰수하기 불가능한 때에는 그 가액을 추징하도록 규정하고 있는바, 몰수는 특정된 물건에 대한 것이고 추징은 본래 몰수할 수 있었음을 전제로 하는 것임에 비추어 **뇌물에 공할 금품이 특정되지 않았던 것은 몰수할 수 없고 그 가액을 추징할 수도 없다.**

13 [대판 96도2477] 관세법 제198조 제2항에 따라 몰수하여야 할 압수물이 멸실, 파손 또는 부패의 염려가 있거나 보관하기에 불편하여 이를 형사소송법 제132조의 규정에 따라 매각하여 그 대가를 보관하는 경우에는, 몰수와의 관계에서는 **그 대가보관금을 몰수 대상인 압수물과 동일시할 수 있다.**

14-1 [대판 92도700] 형법 제49조 단서는 행위자에게 유죄의 재판을 하지 아니할 때에도 몰수의 요건이 있는 때에는 몰수만을 선고할 수 있다고 규정하고 있으므로 몰수뿐만 아니라 몰수에 갈음하는 추징도 위 규정에 근거하여 선고할 수 있다고 할 것이나 우리 법제상 공소의 제기 없이 별도로 몰수나 추징만을 선고할 수 있는 제도가 마련되어 있지 아니하므로 위 규정에 근거하여 (가) 몰수나 추징을 선고하기 위하여서는 **몰수나 추징의 요건이 공소가 제기된 공소사실과 관련 되어 있어야 하고,** (나) 공소사실이 인정되지 않는 경우에 이와 별개의 공소가 제기되지 아니한 범죄사실을 법원이 인정하여 그에 관하여 몰수나 추징을 선고하는 것은 **불고불리의 원칙에 위반되어 불가능**하며, (다) 몰수나 추징이 공소사실과 관련이 있다 하더라도 그 공소사실에 관하여 이미 **공소시효가 완성되어 유죄의 선고를 할 수 없는 경우에는 몰수나 추징도 할 수 없다.** cf) 몰수는 실체재판의 경우에만 가능하고 **형식재판을 내릴 경우에는 몰수가 불가**하다.

14-2 [대판 2007도4556] 형법 제49조 단서는 행위자에게 유죄의 재판을 하지 아니할 때에도 몰수의 요건이 있는 때에는 몰수만을 선고할 수 있다고 규정하고 있으나, 우리 법제상 공소의 제기 없이 별도로 몰수만을 선고할 수 있는 제도가 마련되어 있지 아니하므로 **실체 판단에 들어가 공소사실을 인정하는 경우가 아닌 면소의 경우에는 원칙적으로 몰수도 할 수 없다.**

15-1 [대판 83도808] 군 피.엑스(P.X)에서 공무원인 군인이 그 권한에 의하여 작성한 **월간판매실적보고**서의 내용에 일부 허위기재된 부분이 있더라도 **이는 공무소인 소관 육군부대의 소유에 속하는 것**이므로 이를 허위공문서 작성의 범행으로 인하여 생긴 물건으로 누구의 소유도 불허하는 것이라 하여 형법 제48조 제1항 제1호를 적용, **몰수하였음은 부당하다.**

15-2 [대판 4292형상177] 공무원이 그 권한에 의하여 작성한 문서는 설령 그 내용이 신청 당사자의 허위신고에 의하여 작성되므로 인하여 객관적 사실에 상반되는 경우라 할지라도 **그 문서의 기재부분 자체는 당해 공무소의 소유에 속하고 있는 것**이라 해함이 타당한데도 불구하고 원심은 피고인의 허위신고에 의하여 작성된 동대문구청 **호적**과 소유의 본건 **가호적부** 기재부분을 범인 이외의 자의 소유에 속하지 아니한 것으로 동일시하여 몰수 처분하였음은 법조 해석을 그릇친 위법이 있다.

16 [대판 83도2680] [기소중지된 공범자의 소유물이 몰수의 대상이 되는지 여부(적극)] 형법 제48조 제1항의 **"범인" 속에는 "공범자"도 포함**되므로 범인 자신의 소유물은 물론 공범자의 소유물도 그 공범자의 소추 여부를 불문하고 몰수할 수 있다고 할 것이다.

17 [대판 82도1669] 피고인이 다른 공동 피고인들에게 도박자금으로 금원을 대여하였다면 그 금원은 그 때부터 피고인의 소유가 아니라 동 **공동 피고인들의 소유에 귀속**하게 되므로 그것을 동 공동 피고인들로부터 형법 제48조 제1항 제1호나 제2호를 적용하여 몰수함은 모르되 피고인으로 부터 몰수할 성질의 것은 아니다.

18 [대판 81도2930] 피고인이 미화를 휴대하여 우리나라에 입국한 후 이를 외국환관리법 제18조 동법 시행령 제28조 제1항의 규정에 따라 **등록하지 아니한 경우**에 있어서는 **그 행위 자체에 의하여 취득한 미화는**

있을 수 없는 것이므로 위 외국환관리법 제36조의2에 정하는 바에 따라 이 사건 미화를 몰수할 수 없다.

19 [대판 78도2246] 형벌은 공범자 전원에 대하여 각기 별도로 선고하여야 할 것이므로 공범자 중 1인 소유에 속하는 압수물에 대한 부가형인 몰수에 관하여도 **개별적으로 선고**하여야 할 것이다.

몰수의 부가적 성격

20-1 [대판 73도1133 전원합의체] ●사실● 피고인은 월남 파견 군인으로 귀국할 때 가지고 온 물건을 관세포탈 혐의로 압수당하였다. 원심은 피고인에게 징역 **1년의 주형은 그 선고를 유예하면서 부가형으로 이 사건 관세포탈로 취득한 물건의 몰수를 선고**하였다. ●판지● 원심은 피고인의 범죄사실에 대하여 징역 1년의 주형은 그 선고를 유예하면서 부가형으로 이건 관세포탈로 인하여 취득한 물건의 몰수를 선고함으로써 **당원의 종전판례와 상반되는 판결**을 하고 있음에 대하여 살펴보건대, 형법 제49조 본문에 의하면 몰수는 타형에 부가하여 과한다 라고 하여 몰수형의 부가성을 명정하고 있으나 **같은 법조 단서는 행위자에게 유죄의 재판을 아니할 때에도 몰수의 요건이 있는 때에는 몰수만을 선고할 수 있다고 규정**함으로써 일정한 경우에 몰수의 부가형성에 대한 예외를 인정하고 있는 점으로 보아 형법 제59조에 의하여 형의 선고의 유예를 하는 경우에도 몰수의 요건이 있는 때에는 몰수형만의 선고를 할 수 있다고 해석함이 상당하다.

20-2 [대판 78도3098] **파기환송.** 몰수에 갈음하는 추징은 부가형적 성질을 띠고 있어 그 주형에 대하여 선고를 유예하는 경우에는 그 부가할 추징에 대하여도 선고를 유예할 수 있으나 **그 주형에 대하여 선고를 유예하지 아니하면서 이에 부가할 추징에 대하여서만 선고를 유예할 수는 없다**고 할 것인 바, 그렇다면 원심이 위와 같이 피고인등에 대한 주형은 징역형의 집행유예와 벌금형을 선고하면서 위 추징에 한하여서만 그 선고를 유예하였음은 위 추징의 선고유예에 관한 법리를 오해하여 그 법률 적용을 잘못한 위법을 저질렀다고 할 것이다. cf) 대법원은 주형의 선고를 유예하면서 몰수나 추징만 선고할 수도 있고(20-1) 몰수나 추징의 선고를 유예할 수도 있으나, 주형을 선고하면서 그 부가형인 몰수나 추징의 선고만 유예할 수 없다(20-2)는 입장이다.

20-3 [대판 92도700] [공소사실이 인정되지 않거나 공소사실에 관하여 이미 공소시효가 완성되어 유죄의 선고를 할 수 없는 경우, 몰수나 추징만을 선고할 수 있는지 여부(소극)] 형법 제49조 단서는 행위자에게 유죄의 재판을 하지 아니할 때에도 몰수의 요건이 있는 때에는 몰수만을 선고할 수 있다고 규정하고 있으므로 몰수뿐만 아니라 몰수에 갈음하는 추징도 위 규정에 근거하여 선고할 수 있다고 할 것이나 우리 법제상 공소의 제기 없이 별도로 몰수나 추징만을 선고할 수 있는 제도가 마련되어 있지 아니하므로 위 규정에 근거하여 몰수나 추징을 선고하기 위하여서는 몰수나 추징의 요건이 공소가 제기된 공소사실과 관련되어 있어야 하고, 공소사실이 인정되지 않는 경우에 이와 별개의 공소가 제기되지 아니한 범죄사실을 법원이 인정하여 그에 관하여 몰수나 추징을 선고하는 것은 불고불리의 원칙에 위반되어 불가능하며, 몰수나 추징이 공소사실과 관련이 있다 하더라도 그 공소사실에 관하여 이미 공소시효가 완성되어 유죄의 선고를 할 수 없는 경우에는 몰수나 추징도 할 수 없다.

21 [대판 68도1672] 장물을 처분하여 그 대가로 취득한 압수물은 몰수할 것이 아니라 피해자에게 교부하여야 한다.

Reference 2

몰수 · 추징의 방법

1 **[대판 2016도11514]** 변호사법 제116조에 의한 필요적 몰수 또는 추징은, 금품, 향응, 그 밖의 이익을 범인 또는 제3자로부터 박탈하여 그들로 하여금 부정한 이익을 보유하지 못하게 함에 목적이 있으므로, **몰수 · 추징의 범위는 피고인이 실질적으로 취득하거나 그에게 귀속된 이익에 한정된다.**

2 **[대판 2002도1283]** 형법 제134조의 규정에 의한 필요적 몰수 또는 추징은, 범인이 취득한 당해 재산을 범인으로부터 박탈하여 범인으로 하여금 부정한 이익을 보유하지 못하게 함에 그 목적이 있는 것으로서, 공무원의 직무에 속한 사항의 알선에 관하여 금품을 받고 그 금품 중의 일부를 받은 취지에 따라 청탁과 관련하여 관계 공무원에게 뇌물로 공여하거나 다른 알선행위자에게 청탁의 명목으로 교부한 경우에는 **그 부분의 이익은 실질적으로 범인에게 귀속된 것이 아니어서 이를 제외한 나머지 금품만을 몰수하거나 그 가액을 추징하여야 한다.**

3 **[대판 98도3584]** 수뢰자가 **자기앞수표를 뇌물로 받아 이를 소비**한 후 자기앞수표 상당액을 증뢰자에게 반환하였다 하더라도 **뇌물 그 자체를 반환한 것은 아니므로 이를 몰수할 수 없고** 수뢰자로부터 그 가액을 추징하여야 할 것이다.

4 **[대판 96도2022]** **뇌물로 받은 돈을 은행에 예금한 경우** 그 예금행위는 뇌물의 처분행위에 해당하므로 그 후 수뢰자가 같은 액수의 돈을 증뢰자에게 반환하였다 하더라도 이를 뇌물 그 자체의 반환으로 볼 수 없으니 이러한 경우에는 수뢰자로부터 그 가액을 추징하여야 한다.

5 **[대판 92도1995]** [뇌물로 교부한 당좌수표가 부도나자 이를 반환받고 액면가액에 상응하는 현금이나 유가증권을 다시 교부한 경우 이 현금이나 유가증권이 몰수, 추징의 대상이 되는지 여부(적극)] 증뢰자가 교부한 당좌수표가 부도나자 부도된 당좌수표를 반환받고 그 수표에 대체하여 수표의 액면가액에 상응하는 현금이나 유가증권을 수뢰자에게 다시 교부하고 수뢰자가 이를 수수하였다면, 형법 제134조의 규정취지가 수뢰자로 하여금 불법한 이득을 보유시키지 않으려는 데에 있는 점에 비추어 볼 때, 이 현금이나 유가증권이 몰수, 추징의 대상이 된다.

6 **[대판 86도1951]** 피고인들이 **뇌물로 받은 돈을 그 후 다른 사람에게 다시 뇌물로 공여**하였다 하더라도 그 수뢰의 주체는 어디까지나 피고인들이고 그 수뢰한 돈을 다른 사람에게 공여한 것은 수뢰한 돈을 소비하는 방법에 지나지 아니하므로 피고인들로부터 그 수뢰액 전부를 각 추징하여야 한다.

7 **[대판 83도2783]** 수수한 뇌물을 반환한 경우 몰수 또는 추징의 상대방 무릇 **뇌물을 받은 자가 그 뇌물을 증뢰자에게 반환한 때**에는 이를 수뢰자로부터 추징할 수 없다 할 것이므로 피고인이 수수한 위 금원을 그대로 보관하고 있다가 이를 공여자에게 반환하였다면 **증뢰자로부터 몰수 또는 추징을 할 것이지 피고인으로부터 추징할 수 없다.**

8 **[대판 82도812]** 범인이 피해자로부터 받은 금품을 소비하고 나서 그에 상당한 금품을 반환하였을 경우나 상호합의에 이르러 고소를 취소한 경우에도 이를 **범인으로부터 추징**하여야 한다.

9 **[대판 77도1540]** 몰수 · 추징은 범인이나 그 정을 아는 제3자에게 그 범행으로 인한 어떤 이익도 남기지 않으려는데 있으므로 수인이 공모하여 금품을 받았을 경우에는 **각자가 실제로 받은 금품을 몰수하여야** 하고 이를 소비하여 몰수할 수 없는 경우에는 실제로 받은 이익에 따라 피고인들로부터 **개별적으로 추징**하여야 할 것이며, 그 받은 금품을 개별적으로 알 수 없는 경우에는 **평등하게 몰수 또는 추징**할 것이다.

10 **[대판 73도1963]** 수인이 공모하여 뇌물을 수수한 경우에 몰수불능으로 그 가액을 추징하려면 개별적으로 추징하여야 하고 **수수금품을 개별적으로 알 수 없을 때에는 평등하게 추징**하여야 한다.

76 추징

* 대법원 2009. 5. 14. 선고 2009도2223 판결
* 참조조문: 형법 제48조1)

필요적 몰수의 대상인 뇌물에 공할 금품의 범위

●**사실**● 피고인 X와 Y는 이 사건 성매매알선 등 행위와 관련하여 고객들로부터 60,663,634원을 수취하고 그 절반을 성매매 여성에게 지급하였다. 이로 인해 그들이 취득한 이익은 30,331,817원으로 평가된다.

원심은 X가 Y와 공동하여 성매매알선 등 행위를 함으로써 얻은 전체 이익 30,331,817원 가운데 실제로 취득한 개별적 이득액을 특정할 수 없음에도 그 이득액 전부를 X로부터 추징하였다. 이에 X가 상고하였다.

●**판지**● **파기환송.** 「[1] 성매매알선 등 행위의 처벌에 관한 법률 제25조2)의 규정에 의한 추징은 성매매알선 등 행위의 근절을 위하여 그 행위로 인한 부정한 이익을 필요적으로 박탈하려는데 그 목적이 있으므로, **그 추징의 범위는 범인이 실제로 취득한 이익에 한정된다**고 봄이 상당하고, 다만 범인이 성매매알선 등 행위를 하는 과정에서 지출한 **세금 등의 비용**은 성매매알선의 대가로 취득한 금품을 소비하거나 자신의 행위를 정당화시키기 위한 방법의 하나에 지나지 않으므로 추징액에서 이를 공제할 것은 아니다. [2] 수인이 공동하여 성매매알선 등 행위를 하였을 경우 그 범죄로 인하여 얻은 금품 그 밖의 재산을 몰수할 수 없을 때에는, **공범자 각자가 실제로 얻은 이익의 가액을 개별적으로 추징**하여야 하고 **그 개별적 이득액을 알 수 없다면 전체 이득액을 평등하게 분할하여 추징**하여야 하며, 공범자 전원으로부터 이득액 전부를 공동으로 연대하여 추징할 수는 없다」.

●**해설**● 1 **추징**은 ① 범죄 시에 몰수 가능한 일정한 물건이 ② 사후적으로 법률상·사실상 몰수 불가능하게 된 경우에 인정되는 **재량적 처분**으로서, 몰수의 대상을 대신할 수 있는 정도의 금액을 국고에 납부하도록 명하는 처분이다. 따라서 몰수할 수 없는 비유체물이나 범인 이외의 소유에 속하는 것은 추징할 수 없다. 추징은 몰수의 효력과 집행력을 강화하려는 제도이다.

2 몰수가 불가능하다는 것은 몰수할 물건을 소비하거나 양도, 분실, 처분, 은닉, 혼동한 경우 등으로 그 원인은 묻지 않는다. 예를 들어 뇌물의 경우 ① 접대나 향응과 같이 본래 몰수하기 어려운 경우나 ② 수수한 뒤에 소비하거나 멸실한 경우, ③ 다른 물건과 섞여 있거나 정을 모르는 제3자의 소유로 넘어간 경우 등이다. **가액의 산정은 '재판선고 시'의 가격을 기준**으로 한다(대판 91도352).

3 형법 제134조3)는 뇌물에 공할 금품을 필요적으로 몰수하고 이를 몰수하기 불가능한 때에는 그 가

---

1) 형법 제48조(몰수의 대상과 추징) ① **범인 외의 자의 소유에 속하지 아니하거나 범죄 후 범인 외의 자가 사정을 알면서 취득한** 다음 각 호의 물건은 전부 또는 일부를 **몰수할 수 있다.** 1. 범죄행위에 제공하였거나 제공하려고 한 물건 2. 범죄행위로 인하여 생겼거나 취득한 물건 3. 제1호 또는 제2호의 대가로 취득한 물건 ② 제1항 각 호의 물건을 몰수할 수 없을 때에는 **그 가액을 추징한다.** ③ 문서, 도화, 전자기록 등 특수매체기록 또는 유가증권의 일부가 몰수의 대상이 된 경우에는 그 부분을 폐기한다.

2) 성매매알선 등 행위의 처벌에 관한 법률 제25조(몰수 및 추징) 제18조부터 제20조까지에 규정된 죄를 범한 사람이 그 범죄로 인하여 얻은 금품이나 그 밖의 재산은 몰수하고, 몰수할 수 없는 경우에는 그 가액을 추징한다.

액을 추징하도록 규정하고 있다. 때문에 「몰수는 특정된 물건에 대한 것이고 추징은 본래 몰수할 수 있었음을 전제로 하는 것임에 비추어 **뇌물에 공할 금품이 특정되지 않았던 것은 몰수할 수 없고 그 가액을 추징할 수도 없다**」(대판 96도221).

4 판례에 의하면, ① 이익박탈적 성격의 몰수와 ② 징벌적 성격의 몰수의 경우 그 추징 방법이 다르다. 사안의 경우는 이익박탈적 성격의 몰수·추징의 경우이다. 이 경우는 「수인이 공동하여 성매매알선 등 행위를 하였을 경우 그 범죄로 인하여 얻은 금품 그 밖의 재산을 몰수할 수 없을 때는, **공범자 각자가 실제로 얻은 이익의 가액을 개별적으로 추징**하여야 하고 **그 개별적 이득액을 알 수 없다면 전체 이득액을 평등하게 분할하여 추징**하여야 하며, 공범자 전원으로부터 이득액 전부를 **공동으로 연대하여 추징할 수는 없다**」고 하여 개별적·분배적 추징원칙에 따른다.

5 ② 징벌적 성격의 몰수는 공동으로 연대하여 추징한다. 「외국환관리법상의 몰수와 추징은 일반 형사법의 경우와 달리 범죄사실에 대한 **징벌적 제재의 성격**을 띠고 있다고 할 것이므로, 여러 사람이 공모하여 범칙행위를 한 경우 몰수대상인 외국환 등을 몰수할 수 없을 때는 **각 범칙자 전원에 대하여 그 취득한 외국환 등의 가액 전부의 추징을 명하여야 하고,** 그중 한 사람이 추징금 전액을 납부하였을 때에는 다른 사람은 추징의 집행을 면할 것이나, 그 일부라도 납부되지 아니하였을 때는 그 범위 내에서 각 범칙자는 추징의 집행을 면할 수 없다」(대판 95도2002 전원합의체).

Reference 1

징벌적 성격의 몰수의 추징 방법

1-1 **[대판 2010도7251] 마약류관리에 관한 법률 제67조에 의한 몰수나 추징**은 범죄행위로 인한 이득의 박탈을 목적으로 하는 것이 아니라 **징벌적 성질의 처분**이므로, 그 범행으로 인하여 이득을 취득한 바 없다 하더라도 법원은 그 가액의 추징을 명하여야 하고, 그 추징의 범위에 관하여는 죄를 범한 자가 여러 사람일 때에는 각자에 대하여 그가 취급한 범위 내에서 의약품 **가액 전액의 추징을 명하여야 한다.**

1-2 **[비교판례] [대판 2016도4927]** 마약류 관리에 관한 법률에 따른 추징에서 그 소유자나 최종소지인으로부터 마약류 전부 또는 일부를 몰수하였다면 다른 취급자들과의 관계에 있어서 이를 몰수한 것과 마찬가지이므로 다른 취급자들에 대하여는 몰수된 마약류의 가액을 추징할 수 없다

2 **[대판 2008도7034] 밀항단속법 제4조 제3항의 취지**와 위법의 입법 목적에 비추어 보면, 밀항단속법상의 몰수와 추징은 일반 형사법과 달리 범죄사실에 대한 징벌적 제재의 성격을 띠고 있으므로, 여러 사람이 공모하여 죄를 범하고도 몰수대상인 수수 또는 약속한 보수를 몰수할 수 없을 때에는 **공범자 전원에 대하여 그 보수액 전부의 추징**을 명하여야 한다.

3 **[대판 2007도8401] 관세법상 추징은 일반 형사법에서의 추징과는 달리 징벌적 성격을 띠고 있어** 여러 사람이 공모하여 관세를 포탈하거나 관세장물을 알선, 운반, 취득한 경우에는 범칙자의 1인이 그 물품을 소

3) 형법 제134조(몰수, 추징) 범인 또는 사정을 아는 제3자가 받은 뇌물 또는 뇌물로 제공하려고 한 금품은 몰수한다. 이를 몰수할 수 없을 경우에는 그 가액을 추징한다.

유하거나 점유하였다면 그 물품의 범칙 당시의 국내도매가격 상당의 가액 전액을 그 물품의 소유 또는 점유사실의 유무를 불문하고 범칙자 전원으로부터 각각 추징할 수 있고, 범인이 밀수품을 소유하거나 점유한 사실이 있다면 압수 또는 몰수가 가능한 시기에 범인이 이를 소유하거나 점유한 사실이 있는지 여부에 상관없이 관세법 제282조에 따라 몰수 또는 추징할 수 있다.

4 **[대판 96도3397] 향정신성의약품관리법 제47조 제1항에 의한 몰수나 추징이 범죄행위로 인한 이득의 박탈을 목적으로 하는 것이 아니라 징벌적 성질의 처분**이라고 하더라도 피고인을 기준으로 하여 그가 취급한 범위 내에서 의약품 가액 전액의 추징을 명하면 되는 것이지, 동일한 의약품을 취급한 피고인의 일련의 행위가 별죄를 구성한다고 하여 그 행위마다 따로 그 가액을 추징하여야 하는 것은 아니다(피고인이 히로뽕 2g을 매수하여 그 중 0.18g을 6회에 걸쳐 십섭 투약한 것으로 기소되어 히로뽕 2g의 매매죄와 6회의 투약죄가 실체적 경합범 관계에 있는 별죄를 구성하는 것으로 인정된 사안에서, 피고인이 매수한 히로뽕 2g에 관하여만 몰수·추징을 선고하고 투약된 히로뽕의 시가 상당액에 관하여는 별도로 추징을 명하지 아니한 사례).

5 **[대판 95도2002 전원합의체] [다수의견] 외국환관리법상의 몰수와 추징은 일반 형사법의 경우와 달리 범죄사실에 대한 징벌적 제재의 성격을 띠고** 있다고 할 것이므로, 여러 사람이 공모하여 범칙행위를 한 경우 몰수대상인 외국환 등을 몰수할 수 없을 때에는 **각 범칙자 전원에 대하여 그 취득한 외국환 등의 가액 전부의 추징을 명하여야 하고**, 그 중 한 사람이 추징금 전액을 납부하였을 때에는 다른 사람은 추징의 집행을 면할 것이나, 그 일부라도 납부되지 아니하였을 때에는 그 범위 내에서 각 범칙자는 추징의 집행을 면할 수 없다. **[반대의견]** 형벌법규는 죄형법정주의의 내용인 **유추해석의 금지나 명확성의 원칙**상 문리에 따라 해석하여야 한다. 외국환관리법상의 추징의 성격이 징벌적인가 아니면 이익박탈적인가의 여부는 먼저 외국환관리법상의 추징에 관한 규정을 문리해석하여 그 결과에 따라 판단해야 할 것이다. 다수의견이 외국환관리법의 입법목적까지를 고려하여 그 추징에 징벌적 제재의 성격을 강조하는 이유는, 외국환관리법 위반 사범의 단속과 일반 예방의 철저를 기하기 위한 것으로 보여 타당한 면이 없지 아니하다. 그러나 외국환관리법 위반 사범의 단속과 일반예방의 철저를 기할 필요가 있다면 그것은 주형을 엄하게 하여 그 목적을 달성해야 할 것이지, 부가형인 몰수에 대한 환형처분에 불과한 추징으로 이를 달성하려고 할 것은 아니라고 생각될 뿐만 아니라, **이는 추징의 본질이나 보충성에 비추어 보더라도 그 한계를 벗어나는 것**이라고 하지 않을 수 없다. 다수의견에 따르면 여러 가지 논리상 모순이 생기고 따라서 외국환관리법상의 추징을 공동연대 추징으로 보는 것은 타당하지 아니하므로, 몰수의 대상이 된 외국환 등을 '취득한 사람'만이 추징의 대상자가 되는 것으로 해석함이 마땅하다. 외국환관리법상의 추징은 관세법상의 추징과는 그 조문의 규정내용과 형식이 모두 다르다. 다만 외국환관리법상의 추징이 외국환 등의 취득에 소요된 비용 내지 대가의 유무·다과를 고려함이 없이 그 가액 전부를 추징한다는 점에서 그 성격이 이익박탈적이기보다는 징벌적이라고 볼 여지가 없지 아니하나, 그렇다고 하여 **관련 규정의 문언과 공동연대 추징의 문제점 등에도 불구하고 굳이 외국환관리법 위반의 경우에까지 공동연대 추징의 유추해석을 도출하는 것은 죄형법정주의 원칙에 위배된다**고 하지 않을 수 없다.

Reference 2

추징가액의 산정방법과 관련된 판례

1 **[대판 2017도8611]** 몰수의 취지가 범죄에 의한 이득의 박탈을 목적으로 하는 것이고 추징도 이러한 몰수의 취지를 관철하기 위한 것이라는 점을 고려하면 몰수하기 불능한 때에 추징하여야 할 가액은 범인이 그 물건을 보유하고 있다가 몰수의 선고를 받았더라면 **잃게 될 이득상당액을 의미**하므로, **추징하여야 할 가액이 몰수의 선고를 받았더라면 잃게 될 이득상당액을 초과하여서는 아니 된다.**

2 **[대판 2012도7571]** [1] 甲 주식회사 대표이사인 피고인이 금융기관에 청탁하여 乙 주식회사가 대출을 받을 수 있도록 알선행위를 하고 그 대가로 용역대금 명목의 수수료를 甲 회사 계좌를 통해 송금받아 특정경제범죄 가중처벌 등에 관한 법률위반(알선수재)죄가 인정된 사안에서, 피고인이 甲 회사의 대표이사로서 같은 법 제7조에 해당하는 행위를 하고 당해 행위로 인한 대가로 수수료를 받았다면, **수수료에 대한 권리가 甲 회사에 귀속된다 하더라도 행위자인 피고인으로부터 수수료로 받은 금품을 몰수 또는 그 가액을 추징할 수 있으므로,** 피고인이 개인적으로 실제 사용한 금품이 없더라도 마찬가지라고 본 원심판단을 정당하다고 한 사례. [2] 뇌물수수나 알선수재에 이용된 공급계약이 실제 공급이 없는 형식적 계약에 불과하여 부가가치세 과세대상이 아니라면 그에 관한 납세의무가 없으므로, 설령 부가가치세 명목의 금전을 포함한 대가를 받았다고 하더라도 그 일부를 부가가치세로 거래 징수하였다고 할 수 없어 수수한 금액 전부가 범죄로 얻은 이익에 해당하여 추징대상이 되며, **그 후에 이를 부가가치세로 신고 · 납부하였다고 하더라도 달리 볼 수 없다.**

3 **[대판 2011도9585]** 뇌물을 수수한 자가 공동수수자가 아닌 교사범 또는 종범에게 뇌물 중 일부를 사례금 등의 명목으로 교부하였다면 이는 뇌물을 수수하는 데 따르는 부수적 비용의 지출 또는 뇌물의 소비행위에 지나지 아니하므로, **뇌물수수자에게서 수뢰액 전부를 추징**하여야 한다.

4 **[대판 2009도11660]** 특정범죄가중처벌 등에 관한 법률(이하 '특가법'이라고만 한다) 제13조의 규정에 의한 필요적 몰수 또는 추징은, 금품 기타 이익을 범인으로부터 박탈하여 그로 하여금 부정한 이익을 보유하지 못하게 함에 그 목적이 있는 것인데, 범인이 알선 대가로 수수한 금품에 관하여 소득신고를 하고 이에 관하여 **법인세 등 세금을 납부하였다고 하더라도 이는 범인이 자신의 알선수재행위를 정당화시키기 위한 것이거나, 범인 자신의 독자적인 판단에 따라 소비하는 방법**의 하나에 지나지 아니하므로 이를 추징에서 제외할 것은 아니다.

5 **[대판 2008도6944]** [1] 몰수는 범죄에 의한 이득을 박탈하는 데 그 취지가 있고, 추징도 이러한 몰수의 취지를 관철하기 위한 것인 점 등에 비추어 볼 때, 몰수할 수 없는 때에 추징하여야 할 가액은 범인이 그 물건을 보유하고 있다가 몰수의 선고를 받았더라면 잃었을 이득상당액을 의미하므로, 다른 특별한 사정이 없는 한 그 **가액산정은 재판선고시의 가격을 기준**으로 하여야 한다. [2] 변호사법 위반의 범행으로 금품을 취득한 경우 그 **범행과정에서 지출한 비용은 그 금품을 취득하기 위하여 지출한 부수적 비용에 불과**하고, 몰수하여야 할 것은 변호사법 위반의 범행으로 취득한 금품 그 자체이므로, 취득한 금품이 이미 처분되어 추징할 금원을 산정할 때 그 금품의 가액에서 위 지출 비용을 공제할 수는 없다.

6 **[대판 2008도2590] 금품의 무상차용을 통하여 위법한 재산상 이익을 취득한 경우** 범인이 받은 부정한 이익은 그로 인한 금융이익 상당액이므로 추징의 대상이 되는 것은 무상으로 대여 받은 금품 그 자체가 아니라 위 **금융이익 상당액**이다. 여기에서 추징의 대상이 되는 금융이익 상당액은 객관적으로 산정되어야 할 것인데, 범인이 금융기관으로부터 대출받는 등 통상적인 방법으로 자금을 차용하였을 경우 부담하게 될 **대출이율을 기준**으로 하거나, 그 대출이율을 알 수 없는 경우에는 금품을 제공받은 범인의 지위에 따라 민법 또는 상법에서 규정하고 있는 **법정이율을 기준**으로 하여, 변제기나 지연손해금에 관한 약정이 가장되어 무효라고 볼 만한 사정이 없는 한, 금품수수일로부터 약정된 변제기까지 금품을 무이자로 차용으로 얻은 금융이익의 수액을 산정한 뒤 이를 추징하여야 한다.

7-1 **[대판 2007도6775]** 범죄수익의 추징에 있어서 범죄수익을 얻기 위해 범인이 지출한 비용은 그것이 범죄수익으로부터 지출되었다고 하더라도 이는 범죄수익을 소비하는 방법에 지나지 않아 추징할 범죄수익에서 공제할 것은 아니라고 할 것이다.

7-2 **[대판 2000도440]** 변호사를 선임하여 주겠다는 명목이 아니라 판사, 검사에게 청탁하여 석방시켜 주겠다는 명목으로 돈을 받은 이상 **그 중 일부를 변호사 선임비로 사용하였다 하더라도 이는 변호사법 위반으로 취득한 재물의 소비방법에 불과**하므로 변호사 선임비로 사용한 금액 상당을 추징액에서 제외할 수는 없다.

8 **[대판 2003도4293]** [1] 피고인이 범죄행위로 취득한 주식이, 판결 선고 전에 그 발행회사가 다른 회사에 합병됨으로써 판결 선고 시의 주가를 알 수 없을 뿐만 아니라, 무상증자 받은 주식과 다시 매입한 주식까지 섞어서 처분되어 그 처분가액을 정확히 알 수 없는 경우, **주식의 시가가 가장 낮을 때를 기준으로 산정한 가액을 추징하여야 한다**고 한 원심의 판단을 수긍한 사례. [2] 범죄행위로 인하여 물건을 취득하면서 그 대가를 지급하였다고 하더라도 범죄행위로 취득한 것은 물건 자체이고 이는 몰수되어야 할 것이나, 이미 처분되어 없다면 그 가액 상당을 추징할 것이고, 그 가액에서 이를 취득하기 위한 대가로 지급한 금원을 뺀 나머지를 추징해야 하는 것은 아니다.

9 **[대판 2002도1283]** 형법 제134조의 규정에 의한 필요적 몰수 또는 추징은, 범인이 취득한 당해 재산을 범인으로부터 박탈하여 범인으로 하여금 부정한 이익을 보유하지 못하게 함에 그 목적이 있는 것으로서, 공무원의 직무에 속한 사항의 알선에 관하여 금품을 받고 그 금품 중의 일부를 **받은 취지에 따라 청탁과 관련하여** 관계 공무원에게 뇌물로 공여하거나 다른 알선행위자에게 청탁의 명목으로 교부한 경우에는 그 부분의 이익은 실질적으로 범인에게 귀속된 것이 아니어서 **이를 제외한 나머지 금품만을 몰수하거나 그 가액을 추징하여야 한다.**

10 **[대판 2001도4829]** 외국환을 몰수할 수 없게 되어 그 가액을 추징하면서 **외국환에 대한 판결 선고 당시의 가액** 상당으로 추징액을 산정하다.

11 **[대판 99도1638]** 공무원이 뇌물을 받음에 있어서 그 취득을 위하여 상대방에게 뇌물의 가액에 상당하는 금원의 일부를 **비용의 명목으로 출연하거나 그 밖에 경제적 이익을 제공하였다 하더라도**, 이는 뇌물을 받는 데 지출한 부수적 비용에 불과하다고 보아야 할 것이지, 이로 인하여 공무원이 받은 뇌물이 그 뇌물의 가액에서 위와 같은 지출액을 공제한 나머지 가액에 상당한 이익에 한정되는 것이라고 볼 수는 없으므로,

그 공무원으로부터 뇌물죄로 얻은 이익을 몰수·추징함에 있어서는 그 받은 뇌물 자체를 몰수하여야 하고, 그 뇌물의 가액에서 위와 같은 지출을 공제한 나머지 가액에 상당한 이익만을 몰수·추징할 것은 아니다.

12 **[대판 91도352]** [1] 몰수의 취지가 범죄에 의한 이득의 박탈을 그 목적으로 하는 것이고 추징도 이러한 몰수의 취지를 관철하기 위한 것이라는 점을 고려하면 몰수하기 불능한 때에 추징하여야 할 가액은 범인이 그 물건을 보유하고 있다가 몰수의 선고를 받았더라면 잃었을 이득상당액을 의미한다고 보아야 할 것이므로 **그 가액산정은 재판선고 시의 가격을 기준**으로 하여야 할 것이다. [2] 특정범죄가중처벌등에관한법률 제11조 제2항은 소지한 마약의 "가액"이라는 항상 변하는 기준을 가지고 범인을 처벌하고 있으므로 법원으로서는 그 "가액"의 해석을 객관적으로 엄격하게 할 수밖에 없다 할 것인데, 현재 국내에서는 코카인에 관하여는 객관적인 암거래 시세가 형성되어 있지 아니하고 실제 구매가격도 국제시세 등 가변적 요소에 의하여 변화가 심하여 그 물건의 객관적 가치를 반영하지 못하므로 암거래시세나 실제 매수가격을 기준으로 하여 정할 수는 없고 결국 정상적인 유통과정에 의하여 형성된 시장가격을 기준으로 정하여야 할 것인바, 현행 마약법상 소매업자는 병원 등 의료기관에 공급할 수 없어 소매가격은 없으므로 **정상적인 유통과정에 의하여 형성된 국내도매가격에 의하여 코카인의 가액을 산정하여야 할 것**이다.

13 **[대판 86도1951]** 피고인들이 뇌물로 받은 돈을 그 후 **다른사람에게 다시 뇌물로 공여**하였다 하더라도 그 수뢰의 주체는 어디까지나 피고인들이고 그 수뢰한 돈을 다른 사람에게 공여한 것은 수뢰한 돈을 소비하는 방법에 지나지 아니하므로 **피고인들로부터 그 수뢰액 전부를 각 추징**하여야 한다.

14 **[대판 83도2783]** 수뢰자가 뇌물을 그대로 보관하였다가 증뢰자에게 반환한 때에는 **증뢰자로부터 몰수·추징할 것**이므로 수뢰자로 부터 추징함은 위법하다.

15 **[대판 82도1310]** [불법이익이 공동피고인간에 개별적으로 귀속된 경우에 있어서의 추징의 한도] 몰수 또는 추징은 금품 기타 이익을 받은 범인 또는 제3자로부터 이를 박탈하여 그들로 하여금 불법한 이득을 보유하지 못하게 함에 그 목적이 있는 것이므로 그 이익이 개별적으로 귀속한 때는 그 이익의 한도내에서 개별적으로 추징하여야 하고 그 이익의 한도를 넘어서 추징할 수 없다 할 것이다. 따라서 피고인이 교부받은 금 170만원 중 금 100만원을 공동피고인에게 청탁의 명목으로 교부한 경우에는 피고인이 보유한 금 70만원에 한하여 추징하여야 한다.

Reference 3

그 밖의 추징과 관련된 판례

1 **[대판 2006도8663]** 추징은 일종의 형으로서 검사가 공소를 제기함에 있어 관련 추징규정의 적용을 빠뜨렸다 하더라도 **법원은 직권으로 이를 적용**하여야 한다.

2 **[대판 2000도546]** 구 향정신성의약품관리법(2000.1.12. 법률 제6146호 마약류관리에 관한 법률 부칙 제2조로 폐지) 제47조 제1항에 의한 **몰수나 추징**은 범죄행위로 인한 **이득의 박탈을 목적으로 하는 것이 아니라 징벌적 성질의 처분**이므로 그 범행으로 인하여 이득을 취득한 바 없다 하더라도 법원은 그 가액의 추징을

명하여야 하지만, 다만 그 추징의 범위에 관하여는 피고인을 기준으로 하여 그가 취급한 범위 내에서 의약품 가액 전액의 추징을 명하면 되는 것이지 동일한 의약품을 취급한 피고인의 일련의 행위가 별죄를 구성한다고 하여 그 행위마다 따로 그 가액을 추징하여야 하는 것은 아니다. 따라서 **히로뽕을 수수**하여 **그 중 일부를 직접 투약한 경우에는 수수한 히로뽕의 가액만을 추징할 수 있고 직접 투약한 부분에 대한 가액을 별도로 추징할 수 없다.** cf) 이는 이중 추징을 막기 위한 취지의 판결이다.

3 [대판 2000도515] 형법 제48조 제1항 제1호, 제2항에 의한 몰수 및 추징은 **임의적인 것**이므로 그 추징의 요건에 해당되는 물건이라도 이를 추징할 것인지의 여부는 **법원의 재량**에 맡겨져 있다.

4 [대판 96도2490] **변호사법 제94조의 규정에 의한 필요적 몰수 또는 추징**은 같은 법 제27조의 규정에 위반하거나 같은 법 제90조 제1호, 제2호 또는 제92조의 죄를 범한 자 또는 그 정을 아는 제3자가 받은 금품 기타 이익을 그들로부터 박탈하여 그들로 하여금 부정한 이익을 보유하지 못하게 함에 그 목적이 있는 것이므로, 수인이 공동하여 공무원이 취급하는 사건 또는 사무에 관하여 청탁을 한다는 명목으로 받은 금품을 분배한 경우에는 **각자가 실제로 분배받은 금품만을 개별적으로 몰수하거나 그 가액을 추징**하여야 한다.

5 [대판 88도551] 형법 제59조에 의하더라도 몰수는 선고유예의 대상으로 규정되어 있지 아니하고 다만 몰수 또는 이에 갈음하는 **추징은 부가형**적 성질을 띠고 있어 (가) 그 주형에 대하여 선고를 유예하는 경우에는 그 부가할 몰수 추징에 대하여도 선고를 유예할 수 있으나, (나) 그 주형에 대하여 선고를 유예하지 아니하면서 이에 부가할 몰수 추징에 대하여서만 선고를 유예할 수는 없다.

6 [대판 82도812] 범인이 피해자로부터 받은 금품을 소비하고 나서 그에 상당한 금품을 반환하였을 경우나 **상호합의에 이르러 고소를 취소한 경우에도 이를 범인으로부터 추징하여야 한다.**

7 [대판 96모14] 형법 제48조, 제49조, 사면법 제5조 제1항 제2호, 제7조 등의 규정 내용 및 취지에 비추어 보면, 추징은 부가형이지만 징역형의 집행유예와 추징의 선고를 받은 사람에 대하여 **징역형의 선고의 효력을 상실**케 하는 동시에 복권하는 특별사면이 있은 경우에 **추징에 대하여도 형 선고의 효력이 상실된다고 볼 수는 없다.**

77 집행유예 기간 중의 집행유예

* 대법원 2007. 2. 8. 선고 2006도6196 판결
* 참조조문: 형법 제62조 제1항,[1] 제65조[2]

집행유예 기간 중에 범한 죄에 대하여 공소가 제기된 후 그 재판 도중에 집행유예 기간이 경과한 경우 집행유예 기간 중에 범한 죄에 대하여 다시 집행유예를 선고할 수 있는가?

●사실● 피고인 X는 동사무소 공익근무요원으로 2005.2.18. 병역법위반죄(무단결근)로 징역 6월, 집행유예 1년을 선고받아 같은 달 26일에 위 판결이 확정되었다(제1범죄). 그러나 X는 집행유예 기간 중에 또다시 2005.6.28.부터 같은 해 7.29.까지에 걸쳐 통산 8일 이상의 기간 공익근무요원으로서의 복무를 이탈하였다(제2범죄). 검사는 다시 X를 병역법위반죄로 기소하였다.

제1심 재판이 진행되던 중에 제1범죄에 대한 집행유예 기간이 경과하였다. 제1심은 X의 병역법위반죄(제2범죄)에 대해 집행유예를 선고하였다. 검사는 제1범죄에 대한 집행유예 전과는 병역법위반죄에 대한 집행유예 결격사유에 해당한다고 주장하며 항소하였다. 그러나 항소심은 검사의 항소를 기각하였다. 이에 검사는 상고하였다.

●판지● **상고기각.** 「집행유예 기간 중에 범한 죄에 대하여 형을 선고할 때에, 집행유예의 결격사유를 정하는 형법 제62조 제1항 단서 소정의 요건에 해당하는 경우란, 이미 집행유예가 실효 또는 취소된 경우와 그 선고 시점에 미처 유예기간이 경과하지 아니하여 형 선고의 효력이 실효되지 아니한 채로 남아 있는 경우로 국한되고, **집행유예가 실효 또는 취소됨이 없이 유예기간을 경과한 때에는,** 형의 선고가 이미 그 효력을 잃게 되어 '금고 이상의 형을 선고'한 경우에 해당한다고 보기 어려울 뿐 아니라, 집행의 가능성이 더 이상 존재하지 아니하여 집행종료나 집행면제의 개념도 상정하기 어려우므로 위 단서 소정의 요건에 해당하지 않는다고 할 것이므로, **집행유예 기간 중에 범한 범죄라고 할지라도 집행유예가 실효 취소됨이 없이 그 유예기간이 경과한 경우에는 이에 대해 다시 집행유예의 선고가 가능하다**」.

●해설● 1 형의 집행유예란 일단 형을 선고하되 일정한 기간 동안 그 형의 집행을 유예하고 그 유예기간을 경과한 때에는 형의 선고의 효력을 잃게 하는 제도를 말한다(법62). 동 제도는 단기자유형의 폐단을 피하면서 피고인의 사회복귀를 도모하는데 그 주된 취지가 있다(**특별예방주의**). 현대 형법에서 가장 중요한 형사정책적 개선의 결과로 평가된다.

2 형법 제62조 제1항 단서에서 규정한 '금고 이상의 형을 선고한 판결이 확정된 때'는 실형의 선고뿐만 아니라 형의 집행유예를 선고받고 그 유예기간이 경과하지 아니한 경우도 포함된다(대판 87도2365 전

---

1) 형법 제62조(집행유예의 요건) ① **3년 이하의 징역이나 금고 또는 500만원 이하의 벌금의 형**을 선고할 경우에 제51조의 사항을 참작하여 그 정상에 참작할 만한 사유가 있는 때에는 **1년 이상 5년 이하의 기간 형의 집행을 유예**할 수 있다. **다만, 금고 이상의 형을 선고한 판결이 확정된 때부터 그 집행을 종료하거나 면제된 후 3년까지의 기간에 범한 죄에 대하여 형을 선고하는 경우에는 그러하지 아니하다.** ② 형을 병과할 경우에는 **그 형의 일부**에 대하여 집행을 유예할 수 있다.

2) 형법 제65조(집행유예의 효과) 집행유예의 선고를 받은 후 그 선고의 실효 또는 취소됨이 없이 유예기간을 경과한 때에는 형의 선고는 효력을 잃는다.

원합의체). 사안에서 검사는 「형의 집행유예를 선고받은 자가 형법 제65조에 의하여 그 선고가 실효 또는 취소됨이 없이 정해진 유예기간을 무사히 경과하여 형의 선고가 효력을 잃게 되었다고 하더라도, 형의 선고의 법률적 효과가 없어진다는 것일 뿐, 형의 선고가 있었다는 기왕의 사실 자체까지 없어지는 것은 아니라 할 것이고, 더구나 집행유예 기간 중에 죄를 범하였다는 역사적 사실마저 소급적으로 소멸되는 것은 아니」라고 주장한다.

3 하지만 대상판결은 명문규정의 의미를 피고인에게 불리한 방향으로 지나치게 확장해석하거나 유추해석하는 것은 죄형법정주의의 원칙에 어긋나는 것으로서 허용되지 아니한다고 전제한 뒤, 「위 단서 조항이 형의 집행종료나 집행면제 시점을 기준으로 집행유예 결격기간의 종기를 규정하고 있는 만큼, 이를 무시한 채 유예기간이 경과되어 집행 가능성이 소멸되었기 때문에 집행종료나 집행면제의 시기를 특정할 수 없게 된 경우까지를 위 단서 조항의 요건에 포함된다고 볼 수는 없고, 상고이유의 주장과 같이 집행유예를 선고한 판결의 경우에는 그 유예기간의 장단 및 경과 여부를 불문하고 일률적으로 그 판결의 확정시로부터 3년간이 결격기간으로 되는 것으로 유추해석할 수도 없다」고 보았다.

4 한편 형법은 '조건부 유죄판결제도'를 채택하고 있다. 따라서 형의 집행을 유예하는 경우에는 보호관찰을 받을 것을 명하거나 사회봉사 또는 수강을 명할 수 있다(법62의2)[3] 보호관찰이란 유죄판결을 받은 범죄인을 교정시설에 수용하지 않고 사회생활을 허용하면서 보호관찰기관의 지도·원호로 건전한 사회인으로 교화·선도하여 사회복귀를 도모하는 제도를 말한다.

Reference 1

집행유예와 관련된 주요 판례

1 [대판 2017도18291] [법원이 형의 집행을 유예하는 경우 명할 수 있는 **'사회봉사'의 의미**(=시간 단위로 부과될 수 있는 일 또는 근로활동)] 우리 헌법 제12조 제1항은 "모든 국민은 신체의 자유를 가진다. 누구든지 … 법률과 적법한 절차에 의하지 아니하고는 처벌·보안처분 또는 강제노역을 받지 아니한다."라고 규정하여 처벌, 보안처분, 강제노역에 관한 법률주의 및 적법절차원리를 선언하고 있다. 이에 따라 범죄인에 대한 사회 내 처우의 한 유형으로 도입된 사회봉사명령 등에 관하여 구체적인 사항을 정하고 있는 형법 제62조의2 제1항은 "형의 집행을 유예하는 경우에는 보호관찰을 받을 것을 명하거나 사회봉사 또는 수강을 명할 수 있다."라고 규정하고 있다. 나아가 보호관찰 등에 관한 법률 제59조 제1항은 "법원은 형법 제62조의2에 따른 사회봉사를 명할 때에는 500시간 … 의 범위에서 그 기간을 정하여야 한다. 다만 다른 법률에 특별한 규정이 있는 경우에는 그 법률에서 정한 바에 따른다."라고 규정하고 있다. 위 각 규정을 종합하면, 법원이 형의 집행을 유예하는 경우 명할 수 있는 사회봉사는 다른 법률에 특별한 규정이 없는 한 500시간 내에서 시간 단위로 부과될 수 있는 일 또는 근로활동을 의미하는 것으로 해석된다.

---

3) 제62조2(보호관찰, 사회봉사·수강명령) ① 형의 집행을 유예하는 경우에는 보호관찰을 받을 것을 명하거나 사회봉사 또는 수강을 명할 수 있다. ② 제1항의 규정에 의한 **보호관찰의 기간은 집행을 유예한 기간**으로 한다. 다만 법원은 유예기간의 범위 내에서 보호관찰기간을 정할 수 있다. ③ 사회봉사명령 또는 수강명령은 집행유예기간 내에 이를 집행한다.

2 **[대판 2011도14257]** 특정범죄자에대한위치추적전자장치부착등에관한법률 제4장에서는 '형의 집행유예와 부착명령'에 관하여 규정하고 있는데, 그 장에 포함된 법 제28조 제1항에서 정한 부착명령은 법원이 형의 집행을 유예하면서 보호관찰을 받을 것을 명하는 때에만 가능한 것으로서, 법 제2장에서 정하고 있는 '징역형 종료 이후의 부착명령'과는 성질과 요건이 다르다. 또한 법 제4장의 부착명령에 관하여는 법 제31조가 부착명령 '청구사건'의 판결에 대한 상소에 관한 규정들인 법 제9조 제8항과 제9항은 준용하지 아니하고 있는 점, 보호관찰부 집행유예의 경우 보호관찰명령 부분만에 대한 일부상소는 허용되지 않는 점 등에 비추어 볼 때, 위와 같은 **부착명령은 보호관찰부 집행유예와 서로 불가분의 관계에 있는 것으로서 독립하여 상소의 대상이 될 수 없다.** 위와 같은 여러 사정을 종합하여 보면, 특정 범죄자에 대하여 집행유예를 선고할 경우에 보호관찰을 받을 것을 함께 명할지 여부 및 구체적인 준수사항의 내용, 나아가 법 제28조 제1항에 따라 전자장치의 부착을 명할지 여부 및 그 기간 등에 대한 법원의 판단은 **그 전제가 되는 집행유예의 선고와 일체를 이루는 것**으로서, 보호관찰명령이나 부착명령이 관련 법령에서 정하고 있는 요건에 위반한 것이 아닌 한, **형의 집행유예를 선고하는 것과 마찬가지로 법원의 재량사항에 속한다고 보는 것이 타당하다.**

3 **[대판 2010도6403]** [형법 제62조의2 제1항에서 규정한 '보호관찰'의 법적 성격 및 준수사항 부과의 허용 한계] [1] 형법 제62조의2 제1항에서 말하는 보호관찰은 형벌이 아닌 보안처분의 성격을 갖는 것으로서, 과거의 불법에 대한 책임에 기초하고 있는 제재가 아니라 장래의 위험성으로부터 행위자를 보호하고 **사회를 방위하기 위한 합목적적인 조치**이다. 보호관찰은 위와 같은 형사정책적 견지에서 때로는 본래 개인의 자유에 맡겨진 영역이거나 또는 타인의 이익을 침해하는 법상 금지된 행위가 아니더라도 보호관찰 대상자의 특성, 그가 저지른 범죄의 내용과 종류 등을 구체적 · 개별적으로 고려하여 일정기간 동안 보호관찰 대상자의 자유를 제한하는 내용의 준수사항을 부과함으로써 대상자의 교화 · 개선을 통해 범죄를 예방하고 재범을 방지하려는 데에 그 제도적 의의가 있다. 다만 법치주의와 기본권 보장의 원칙 아래에서 **보호관찰 역시 자의적 · 무제한적으로 허용될 수 없음은 물론이다.** 보호관찰은 필요하고도 적절한 한도 내에서 이루어져야 하며, 가장 적합한 방법으로 실시되어야 하므로(보호관찰등에관한법률 제4조 참조), 대상자가 준수할 수 있고 그 자유를 부당하게 제한하지 아니하는 범위 내에서 구체적으로 부과되어야 한다(보호관찰등에관한법률 시행령 제19조 제8호 참조). [2] 버스회사 노동조합 지부장인 피고인이 운전기사 신규 채용 내지 정년 도과 후 촉탁직 근로계약의 체결과 관련하여 취업을 원하거나, 정년 후 계속 근로를 원하는 운전기사들로부터 청탁의 대가로 돈을 받아 이익을 취득하였고, 원심이 위 행위에 대해 근로기준법위반죄의 성립을 인정한 뒤, 피고인에 대하여 형의 집행을 유예함과 동시에 집행유예 기간 동안 보호관찰을 받을 것을 명하면서 **"보호관찰기간 중 노조지부장 선거에 후보로 출마하거나 피고인을 지지하는 다른 조합원의 출마를 후원하거나 하는 등의 방법으로 선거에 개입하지 말 것"**이라는 내용의 특별준수사항을 부과한 사안에서, 범행에 이르게 된 동기와 내용, 피고인의 지위, 업무 환경, 생활상태, 기타 개별적 · 구체적 특성들을 종합할 때, 원심이 피고인의 재범을 방지하고 개선 · 자립에 도움이 된다고 판단하여 위와 같은 **특별준수사항을 부과한 것은 정당하다.**

4 **[대판 2010오1, 2010전오1]** ['특정 범죄자에 대한 위치추적 전자장치 부착 등에 관한 법률'상 특정범죄를 범한 자에게 형의 집행을 유예하는 경우, 보호관찰을 명하는 때에만 위치추적 전자장치 부착을 명할 수 있는지 여부(적극)] [1] 특정 범죄자에 대한 위치추적전자장치부착등에관한법률 제28조 제1항에서 "법원은 특정범죄를 범한 자에 대하여 **형의 집행을 유예하면서 보호관찰을 받을 것을 명할 때**에는 보호관찰기간의 범

위 내에서 기간을 정하여 준수사항의 이행 여부 확인 등을 위하여 전자장치를 부착할 것을 명할 수 있다." 고 규정하고, 같은 법 제9조 제4항 제4호에서 "법원은 특정범죄사건에 대하여 선고유예 또는 집행유예를 선고하는 때(제28조 제1항에 따라 전자장치 부착을 명하는 때를 제외한다)에는 판결로 부착명령 청구를 기각하여야 한다."고 규정하고 있으며, 같은 법 제12조 제1항에서 "부착명령은 검사의 지휘를 받아 보호관찰관이 집행한다."고 규정하고 있으므로, 법원은 특정범죄를 범한 자에 대하여 **형의 집행을 유예하면서 보호관찰을 받을 것을 명하는 때에만 위치추적 전자장치 부착을 명할 수 있다.** [2] 원판결 및 제1심판결이 성폭력범죄를 범한 피고인에게 **형의 집행을 유예하면서 보호관찰을 받을 것을 명하지 않은 채 위치추적 전자장치 부착을 명한 것은 법령 위반**으로서 피부착명령청구자에게 불이익한 때에 해당한다는 이유로, 형사소송법 제446조 제1호 단서에 의하여 원판결 및 제1심판결 중 부착명령사건 부분을 파기하고 검사의 부착명령 청구를 기각한 사례.

5 **[대판 2007도8373] [1] [일정한 금원의 출연을 내용으로 하는 사회봉사명령이 허용되는지 여부(소극)]** 형법과 보호관찰 등에 관한 법률의 관계 규정을 종합하면, 사회봉사는 형의 집행을 유예하면서 부가적으로 명하는 것이고 집행유예 되는 형은 자유형에 한정되고 있는 점 등에 비추어, 법원이 형의 집행을 유예하는 경우 명할 수 있는 사회봉사는 자유형의 집행을 대체하기 위한 것으로서 500시간 내에서 시간 단위로 부과될 수 있는 일 또는 근로활동을 의미하는 것으로 해석되므로, 법원이 형법 제62조의2의 규정에 의한 사회봉사명령으로 피고인에게 일정한 금원을 출연하거나 이와 동일시할 수 있는 행위를 명하는 것은 허용될 수 없다.

[2] [피고인에게 자신의 범죄행위와 관련하여 어떤 말이나 글을 공개적으로 발표하도록 명하는 내용의 사회봉사명령이 허용되는지 여부(소극)] 법원이 피고인에게 유죄로 인정된 범죄행위를 뉘우치거나 그 범죄행위를 공개하는 취지의 말이나 글을 발표하도록 하는 내용의 사회봉사를 명하고 이를 위반할 경우 형법 제64조 제2항에 의하여 집행유예의 선고를 취소할 수 있도록 함으로써 그 이행을 강제하는 것은, 헌법이 보호하는 피고인의 양심의 자유, 명예 및 인격에 대한 심각하고 중대한 침해에 해당하므로 허용될 수 없고, 또 법원이 명하는 사회봉사의 의미나 내용은 피고인이나 집행 담당 기관이 쉽게 이해할 수 있어 집행 과정에서 그 의미나 내용에 관한 다툼이 발생하지 않을 정도로 특정되어야 하므로, 피고인으로 하여금 자신의 범죄행위와 관련하여 어떤 말이나 글을 공개적으로 발표하라는 사회봉사를 명하는 것은 경우에 따라 피고인의 명예나 인격에 대한 심각하고 중대한 침해를 초래할 수 있고, 그 말이나 글이 어떤 의미나 내용이어야 하는 것인지 쉽게 이해할 수 없어 집행 과정에서 그 의미나 내용에 관한 다툼이 발생할 가능성이 적지 않으며, 유죄로 인정된 범죄행위를 뉘우치거나 그 범죄행위를 공개하는 취지의 말이나 글을 발표하도록 하는 취지의 것으로도 해석될 가능성이 적지 않으므로 이러한 사회봉사명령은 위법하다.

[3] [재벌그룹 회장의 횡령행위 등에 대하여 집행유예를 선고하면서 사회봉사명령으로서 금전출연을 주된 내용으로 하는 사회공헌계획의 성실한 이행, 준법경영을 주제로 하는 강연과 기고를 명하는 것은 허용될 수 없다] 재벌그룹 회장의 횡령행위 등에 대하여 집행유예를 선고하면서 사회봉사명령으로서 일정액의 금전출연을 주된 내용으로 하는 사회공헌계획의 성실한 이행을 명하는 것은 시간 단위로 부과될 수 있는 일 또는 근로활동이 아닌 것을 명하는 것이어서 허용될 수 없고, 준법경영을 주제로 하는 강연과 기고를 명하는 것은 헌법상 양심의 자유 등에 대한 심각하고 중대한 침해가능성, 사회봉사명령의 의미나 내용에 대한 다툼의 여지 등의 문제가 있어 허용될 수 없다.

6 **[대판 2006도8555] [하나의 자유형 중 일부에 대해서는 실형을, 나머지에 대해서는 집행유예를 선고할 수 는 없다]** 집행유예의 요건에 관한 형법 제62조 제1항이 '형'의 집행을 유예할 수 있다고만 규정하고 있다고 하더라도, 이는 **같은 조 제2항이** 그 형의 '일부'에 대하여 집행을 유예할 수 있는 때를 **형을 '병과'할 경우로 한정하고 있는 점에 비추어 보면**, 조문의 체계적 해석상 하나의 형의 전부에 대한 집행유예에 관한 규정이라 할 것이고, 또한 하나의 자유형에 대한 일부집행유예에 관하여는 그 요건, 효력 및 일부 실형에 대한 집행의 시기와 절차, 방법 등을 입법에 의해 명확하게 할 필요가 있어, 그 인정을 위해서는 별도의 근거 규정이 필요하므로 하나의 자유형 중 일부에 대해서는 실형을, 나머지에 대해서는 집행유예를 선고하는 것은 허용되지 않는다.

집행유예의 취소

7-1 **[대결 2001모135]** [형법 제64조 제1항 소정의 '집행유예의 선고를 받은 후 형법 제62조 단행의 사유가 발각된 때'의 의미 및 집행유예 선고의 판결확정 전에 집행유예 결격사유를 당연히 알 수 있는 객관적 상황이 존재함에도 검사가 부주의로 알지 못한 경우, 위 '집행유예의 선고를 받은 후 형법 제62조 단행의 사유가 발각된 때'에 해당하는지 여부(소극)] [1] 형법 제64조 제1항에 의하면 집행유예의 선고를 받은 후 형법 제62조 단행의 사유가 발각된 때에는 집행유예의 선고를 취소한다고 규정되어 있는바, 여기에서 집행유예를 선고받은 후 형법 제62조 단행의 사유 즉 금고 이상의 형의 선고를 받아 집행을 종료한 후 또는 집행이 면제된 후로부터 5년을 경과하지 아니한 자인 것이 발각된 때라 함은 집행유예 선고의 판결이 확정된 후에 비로소 위와 같은 사유가 발각된 경우를 말하고 **그 판결확정 전에 결격사유가 발각된 경우에는 이를 취소할 수 없으며**, 이때 판결확정 전에 발각되었다고 함은 검사가 명확하게 그 결격사유를 안 경우만을 말하는 것이 아니라 당연히 그 결격사유를 알 수 있는 객관적 상황이 존재함에도 부주의로 알지 못한 경우도 포함된다. [2] 집행유예 선고의 판결확정 전에 **이미 수사단계에서 검사**가 집행유예 결격사유가 되는 전과의 존재를 당연히 알 수 있는 객관적 상황이 존재하였음에도 부주의로 알지 못한 경우에 해당한다고 하여 **집행유예의 선고를 취소할 수 없다**고 본 사례.

7-2 **[대결 98모151] [집행유예기간을 경과한 후** 형법 제62조 단행의 사유가 발각된 경우, 집행유예를 취소할 수 있는지 여부(소극)] 집행유예의 선고를 받은 후 그 선고의 실효 또는 취소됨이 없이 유예기간을 경과한 때에는 형법 제65조가 정하는 바에 따라 형의 선고는 효력을 잃는 것이고, 그와 같이 유예기간이 경과함으로써 형의 선고가 효력을 잃은 후에는 형법 제62조 단행의 사유가 발각되었다고 하더라도 그와 같은 이유로 집행유예를 취소할 수 없고 그대로 유예기간경과의 효과가 발생한다.

8 **[대판 2000도4637] [하나의 판결로 두 개의 징역형을 선고하는 경우, 그 중 하나의 징역형에 대하여만 집행유예를 선고할 수 있다]** [1] 형법 제37조 후단의 경합범 관계에 있는 죄에 대하여 형법 제39조 제1항에 의하여 따로 형을 선고하여야 하기 때문에 하나의 판결로 두 개의 자유형을 선고하는 경우 **그 두 개의 자유형은 각각 별개의 형이므로** 형법 제62조 제1항에 정한 집행유예의 요건에 해당하면 그 각 자유형에 대하여 각각 집행유예를 선고할 수 있는 것이고, 또 그 두 개의 자유형 중 하나의 자유형에 대하여 실형을 선고하면서 다른 자유형에 대하여 집행유예를 선고하는 것도 우리 형법상 이러한 조치를 금하는 명문의 규정이 없는 이상 허용되는 것으로 보아야 한다. [2] 형법 제37조 후단의 경합범 관계에 있는 죄에 대하여 두 개의 징역형을 선고하면서 하나의 징역형에 대하여만 집행유예를 선고하고 그 집행유예기간의 시기(始期)를 다른 하나의 징역형의 집행종료일로 한 것은 위법하다고 한 사례.

9 **[대결 99모33]** [보호관찰이나 사회봉사 또는 수강을 명한 집행유예를 받은 자가 준수사항이나 명령을 위반하고 그 위반사실이 범죄행위가 되는 경우, **그 범죄에 대한 형사절차와는 별도로 집행유예를 취소**할 수 있는지 여부(적극)] 형법 제62조의2의 규정에 의하여 보호관찰이나 사회봉사 또는 수강을 명한 집행유예를 받은 자가 준수사항이나 명령을 위반한 경우에 그 위반사실이 동시에 범죄행위로 되더라도 그 기소나 재판의 확정여부 등 **형사절차와는 별도**로 법원이 보호관찰등에관한법률에 의한 검사의 청구에 의하여 형법 제64조 제2항에 규정된 집행유예 취소의 요건에 해당하는가를 심리하여 준수사항이나 명령 위반사실이 인정되고 위반의 정도가 무거운 때에는 **집행유예를 취소할 수 있다.**

10 **[대판 98도98] [형법 제62조에 의하여 집행유예를 선고하는 경우에 같은 법 제62조의2 제1항에 규정된 보호관찰과 사회봉사를 동시에 명할 수 있다]** 형법 제62조의2 제1항은 "형의 집행을 유예하는 경우에는 보호관찰을 받을 것을 명하거나 사회봉사 또는 수강을 명할 수 있다."고 규정하고 있는바, 그 문리에 따르면, 보호관찰과 사회봉사는 각각 독립하여 명할 수 있다는 것이지, 반드시 그 양자를 동시에 명할 수 없다는 취지로 해석되지는 아니할 뿐더러, 소년법 제32조 제3항, 성폭력범죄의처벌및피해자보호등에관한법률 제16조 제2항, 가정폭력범죄의처벌등에관한특례법 제40조 제1항 등에는 보호관찰과 사회봉사를 동시에 명할 수 있다고 명시적으로 규정하고 있는바, 일반 형법에 의하여 보호관찰과 사회봉사를 명하는 경우와 비교하여 특별히 달리 취급할 만한 이유가 없으며, 제도의 취지에 비추어 보더라도, **범죄자에 대한 사회복귀를 촉진하고 효율적인 범죄예방을 위하여 양자를 병과할 필요성이 있는 점** 등을 종합하여 볼 때, 형법 제62조에 의하여 집행유예를 선고할 경우에는 같은 법 제62조의2 제1항에 규정된 보호관찰과 사회봉사 또는 수강을 동시에 명할 수 있다고 해석함이 상당하다.

11 **[대판 87도2365 전원합의체]** [집행유예기간 중에 다시 집행유예를 선고할 수 있는지 여부] (다수의견) 형법 제62조 제1항 단서에서 규정한 "금고 이상의 형의 선고를 받아 집행을 종료한 후 또는 집행이 면제된 후로부터 5년을 경과하지 아니한 자"라는 의미는 실형선고를 받고 집행종료나 집행면제 후 5년을 경과하지 않은 경우만을 가리키는 것이 아니라 형의 집행유예를 선고받고 그 유예기간이 경과하지 않은 경우를 포함하나 형법 제37조의 경합범관계에 있는 수죄가 전후로 기소되어 각각 별개의 절차에서 재판을 받게 된 결과 어느 하나의 사건에서 먼저 집행유예가 선고되어 그 형이 확정되었을 경우 다른 사건의 판결에서는 다시 집행유예를 선고할 수 없다면 그 수죄가 같은 절차에서 동시에 재판을 받아 한꺼번에 집행유예를 선고받을 수 있었던 경우와 비교하여 현저히 균형을 잃게 되므로 이러한 불합리가 생기는 경우에 한하여 위 단서 규정의 "형의 선고를 받아"라는 의미는 실형이 선고된 경우만을 가리키고 형의 집행유예를 선고받은 경우는 포함되지 않는다고 해석함이 상당하다.

12 **[대판 74도1266]** 징역형과 벌금형을 병과하면서 그 **징역형에 대하여 집행을 유예하고 그 벌금형에 대하여 선고를 유예하였음은 정당**하다. …… 형법 제59조 1항에 의하면 징역형이나 금고형은 그 선고형이 1년 이하인 경우에 한하여 그 선고를 유예할수 있다고 규정하였으나 그 벌금액에 대하여는 아무런 제한을 두지 않았고 동조 2항에 의하면 형을 병과한 경우에도 형의 전부 또는 일부에 대하여 선고를 유예할 수 있다고 규정하였으며 한편 보건범죄 단속에 관한 특별 조치법이나 식품위생법에 형법 제59조의 규정을 적용하지 아니한다고 규정된바도 없고 달리 보건 범죄 단속에 관한 특별조치법 제2조 2항에 의하여 벌금을 병과하는 경우 그 벌금형의 선고를 유예할 수 없다고 할 근거가 없으므로 본건에 있어서 원심이 피고인 등에 대하여

징역형과 벌금형을 병과하면서 그 징역형에 대하여 집행을 유예하고 그 벌금형에 대하여 선고를 유예하였음은 정당하고 거기에 소론과 같은 위법이 없다.

Reference 2

선고유예4)와 관련된 주요 판례

1 **[대판 2010도931]** [형법 제37조 후단 경합범 중 판결을 받지 아니한 죄에 대하여 형을 선고하는 경우에, 형법 제37조 후단에 규정된 '금고 이상의 형에 처한 판결이 확정된 죄'의 형도 형법 제59조 제1항 단서에서 정한 선고유예의 예외사유인 '자격정지 이상의 형을 받은 전과'에 포함되는지 여부(적극)] 선고유예가 주로 범정이 경미한 초범자에 대하여 형을 부과하지 않고 자발적인 개선과 갱생을 촉진시키고자 하는 제도인 점, 형법은 선고유예의 예외사유를 '자격정지 이상의 형을 받은 전과'라고만 규정하고 있을 뿐 그 전과를 범행 이전의 것으로 제한하거나 형법 제37조 후단 경합범 규정상의 금고 이상의 형에 처한 판결에 의한 전과를 제외하고 있지 아니한 점, 형법 제39조 제1항은 경합범 중 판결을 받지 아니한 죄가 있는 때에는 그 죄와 판결이 확정된 죄를 동시에 판결할 경우와 형평을 고려하여 그 죄에 대하여 형을 선고하여야 하는데 이미 판결이 확정된 죄에 대하여 금고 이상의 형이 선고되었다면 나머지 죄가 위 판결이 확정된 죄와 동시에 판결되었다고 하더라도 선고유예가 선고되었을 수 없을 것인데 나중에 별도로 판결이 선고된다는 이유만으로 선고유예가 가능하다고 하는 것은 불합리한 점 등을 종합하여 보면, 형법 제39조 제1항에 의하여 형법 제37조 후단 경합범 중 판결을 받지 아니한 죄에 대하여 형을 선고하는 경우에 있어서 형법 제37조 후단에 규정된 금고 이상의 형에 처한 판결이 확정된 죄의 형도 형법 제59조 제1항 단서에서 정한 '자격정지 이상의 형을 받은 전과'에 포함된다고 봄이 상당하다. [2] 피고인에게 이 사건 범행 이후에 금고 이상의 형을 선고받아 판결이 확정된 전과가 있음에도, 이 사건 범죄사실이 위 전과 이전에 저질러진 것으로서 위 확정판결과 동시에 판결할 수 있는 가능성이 있는 것이었고, 위 범행 당시에 벌금형 외에 처벌받은 전력이 없고 위 범행과 그 후에 판결이 확정된 위 죄를 동시에 판결할 경우와의 형평성을 고려하여야 한다는 등의 이유로, 피고인에 대한 형의 선고를 유예한 원심판단에 형법 제59조 제1항 단서에 관한 법리오해의 위법이 있다고 한 사례.

2 **[대판 2007도9405]** [집행유예의 선고를 받고 그 유예기간을 무사히 경과한 자에 대하여 선고유예가 가능한지 여부(소극)] 형법 제59조 제1항은 "1년 이하의 징역이나 금고, 자격정지 또는 벌금의 형을 선고할 경우 제51조의 사항을 참작하여 개전의 정상이 현저한 때에는 그 선고를 유예할 수 있다. 단, 자격정지 이상의 형을 받은 전과가 있는 자에 대하여는 예외로 한다."고 규정하고 있는바, 선고유예가 주로 범정이 경

4) **형법 제59조(선고유예의 요건)** ① 1년 이하의 징역이나 금고, 자격정지 또는 벌금의 형을 선고할 경우에 제51조의 사항을 고려하여 뉘우치는 정상이 뚜렷할 때에는 그 형의 선고를 유예할 수 있다. 다만, 자격정지 이상의 형을 받은 전과가 있는 사람에 대해서는 예외로 한다. ② 형을 병과할 경우에도 형의 전부 또는 일부에 대하여 선고를 유예할 수 있다. **제59조의2(보호관찰)** ① 형의 선고를 유예하는 경우에 재범방지를 위하여 지도 및 원호가 필요한 때에는 보호관찰을 받을 것을 명할 수 있다. ② 제1항의 규정에 의한 보호관찰의 기간은 1년으로 한다. **제60조(선고유예의 효과)** 형의 선고유예를 받은 날로부터 2년을 경과한 때에는 면소된 것으로 간주한다. **제61조(선고유예의 실효)** ① 형의 선고유예를 받은 자가 유예기간 중 자격정지 이상의 형에 처한 판결이 확정되거나 자격정지 이상의 형에 처한 전과가 발견된 때에는 유예한 형을 선고한다. ②제59조의2의 규정에 의하여 보호관찰을 명한 선고유예를 받은 자가 보호관찰기간중에 준수사항을 위반하고 그 정도가 무거운 때에는 유예한 형을 선고할 수 있다.

미한 초범자에 대하여 형을 부과하지 않고 자발적인 개선과 갱생을 촉진시키고자 하는 제도라는 점, 형법 제61조가 유예기간 중 자격정지 이상의 형에 처한 판결이 확정되거나 자격정지 이상의 형에 처한 전과가 발각된 경우 등을 선고유예의 실효사유로 규정하고 있는 점 등을 종합하여 보면, 형법 제59조 제1항 단행에서 정한 '자격정지 이상의 형을 받은 전과'라 함은 자격정지 이상의 형을 선고받은 범죄경력 자체를 의미하는 것이고, 그 형의 효력이 상실된 여부는 묻지 않는 것으로 해석함이 상당하다. 따라서 형의 집행유예를 선고받은 자는 형법 제65조에 의하여 그 선고가 실효 또는 취소됨이 없이 정해진 유예기간을 무사히 경과하여 형의 선고가 효력을 잃게 되었다고 하더라도 형의 선고의 법률적 효과가 없어진다는 것일 뿐, **형의 선고가 있었다는 기왕의 사실 자체까지 없어지는 것은 아니므로**, 형법 제59조 제1항 단행에서 정한 선고유예 결격사유인 '자격정지 이상의 형을 받은 전과가 있는 자'에 해당한다고 보아야 한다.

3 **[대판 2001도6138 전원합의체]** [선고유예의 요건 중 **'개전의 정상이 현저한 때'의 의미** 및 이에 대한 원심 판단의 당부를 상고심의 심판대상으로 삼을 수 있는지 여부(소극)] [다수의견] 선고유예의 요건 중 '개전의 정상이 현저한 때'라고 함은, 반성의 정도를 포함하여 널리 형법 제51조가 규정하는 양형의 조건을 종합적으로 참작하여 볼 때 형을 선고하지 않더라도 피고인이 다시 범행을 저지르지 않으리라는 사정이 현저하게 기대되는 경우를 가리킨다고 해석할 것이고, 이와 달리 여기서의 '개전의 정상이 현저한 때'가 반드시 피고인이 죄를 깊이 뉘우치는 경우만을 뜻하는 것으로 제한하여 해석하거나, **피고인이 범죄사실을 자백하지 않고 부인할 경우에는 언제나 선고유예를 할 수 없다고 해석할 것은 아니며**, 또한 형법 제51조의 사항과 개전의 정상이 현저한지 여부에 관한 사항은 널리 형의 양정에 관한 법원의 재량사항에 속한다고 해석되므로, 상고심으로서는 형사소송법 제383조 제4호에 의하여 사형·무기 또는 10년 이상의 징역·금고가 선고된 사건에서 형의 양정의 당부에 관한 상고이유를 심판하는 경우가 아닌 이상, 선고유예에 관하여 형법 제51조의 사항과 개전의 정상이 현저한지 여부에 대한 원심 판단의 당부를 심판할 수 없고, 그 원심 판단이 현저하게 잘못되었다고 하더라도 달리 볼 것이 아니다.

4 **[대판 86도2654]** [선고유예판결을 하는 경우 판결이유에서 선고가 유예된 형에 대한 판단(환형유치 등) 요부] 형법 제59조에 의하여 형의 선고를 유예하는 판결을 할 경우에도 선고가 유예된 형에 대한 판단을 하여야 하는 것이므로 선고유예 판결에서도 그 판결이유에서는 선고할 형의 종류와 량 즉 선고형을 정해 놓아야 하고 그 선고를 유예하는 형이 벌금형일 경우에는 그 벌금액 뿐만 아니라 **환형유치처분까지 해두어야 한다.**

5 **[대판 78도3098]** [주형의 선고를 유예하지 아니하면서 그에 부가할 추징에 대해서만 선고를 유예 할 수 있는지 여부] 몰수에 갈음하는 추징은 부가형적 성질을 띠고 있어 그 주형에 대하여 선고를 유예하는 경우에는 그 부가할 추징에 대하여도 선고를 유예할 수 있으나, 그 주형에 대하여 선고를 유예하지 아니하면서 이에 부가할 추징에 대하여서만 선고를 유예할 수는 없다.

6 **[대판 77도2027]** 주형을 선고유예하는 경우에 부가형인 몰수나 몰수에 갈음하는 부가형적 성질을 띠는 추징도 선고유예할 수 있다.

* 선고유예와 집행유예의 비교 *

	선고유예	집행유예
요건	• 1년 이하의 징역이나 금고, 자격정지 또는 벌금의 형을 선고할 경우에 제51조의 사항을 고려하여 뉘우치는 정상이 뚜렷할 것 • 자격정지 이상의 형을 받은 전과가 없을 것	• 3년 이하의 징역이나 금고 또는 500만원 이하의 벌금의 형을 선고할 경우에 제51조의 사항을 참작하여 그 정상에 참작할 만한 사유가 있을 것 • 금고 이상의 형을 선고한 판결이 확정된 때부터 그 집행을 종료하거나 면제된 후 3년까지의 기간에 범한 죄가 아닐 것
효과	• 선고유예를 받은 날로부터 2년을 경과한 때에는 '면소'된 것으로 간주	• 집행유예(1년 이상 5년 이하) 선고를 받은 후 그 선고의 실효 또는 취소됨이 없이 유예기간을 경과한 때에는 형의 선고는 효력을 상실

78 형벌과 보안처분

* 대법원 2010. 12. 23. 선고 2010도11996, 2010전도86 판결
* 참조조문: 형법 제1조 제1항,[1] 헌법 제13조 제1항[2]

'특정 범죄자에 대한 위치추적 전자장치 부착 등에 관한 법률' 이 개정되어 부착명령 기간을 연장하도록 규정한 것이 소급입법금지의 원칙에 반하는가?

●**판지**● 상고기각. 「특정 범죄자에 대한 위치추적 전자장치 부착 등에 관한 법률에 의한 전자감시제도는, 성폭력범죄자의 재범방지와 성행교정을 통한 재사회화를 위하여 그의 행적을 추적하여 위치를 확인할 수 있는 전자장치를 신체에 부착하게 하는 부가적인 조치를 취함으로써 성폭력범죄로부터 국민을 보호함을 목적으로 하는 **일종의 보안처분**이다. 이러한 전자감시제도의 목적과 성격, 그 운영에 관한 위 법률의 규정 내용 및 취지 등을 종합해 보면, 전자감시제도는 범죄행위를 한 자에 대한 응보를 주된 목적으로 그 책임을 추궁하는 사후적 처분인 형벌과 구별되어 그 본질을 달리하는 것으로서 형벌에 관한 소급입법금지의 원칙이 그대로 적용되지 않으므로, 위 법률이 개정되어 부착명령 기간을 연장하도록 규정하고 있더라도 그것이 소급입법금지의 원칙에 반한다고 볼 수 없다」.

●**해설**● 1 범죄의 제재에는 형벌과 보안처분이 있다. (1) **형벌**은 국가가 범죄에 대한 법률효과로서 범죄자에 대하여 그 책임을 전제로 하여 과하는 법익의 박탈을 말한다. 형벌은 범죄인의 위험성을 기초로 하는 것이 아니라, 개별적 행위 즉 '책임'을 기초로 과하여지는 제재라는 점에서 '비례성원칙'이 강조되는 보안처분과 구별된다. 반면 (2) **보안처분**이란 형벌로는 행위자의 사회복귀와 범죄의 예방이 불가능하거나 행위자의 특수한 위험성으로 인하여 형벌의 목적을 달성할 수 없는 경우에 형벌을 대체 또는 보완하기 위한 특별 예방적 성질의 목적적 조치를 말한다. 보안처분은 행위자의 위험성을 전제로 하여 특별예방의 관점에서 선고된다. (3) 형벌이 과거를 대상으로 하는 제재임에 반해 보안처분은 **장래의 위험성**에 대한 순수한 예방적 성격을 가진 제재라는 점에서 다르다. (4) 특히 보안처분의 경우, 재범의 위험성이 없으면 보안처분은 허용되지 않는다(헌재 88헌가5).

2 형벌의 정당성과 그 본질에 대한 설명으로 응보형주의와 목적형주의가 있다. (1) **응보형주의**는 형벌의 본질이 범죄에 대한 정당한 응보에 있다고 생각하는 사상이다. 형벌은 다른 목적을 가진 것이 아니라 그 자체가 목적이라고 한다(**절대설**). 반면 (2) **목적형주의**는 형벌은 그 자체가 목적이 아니라 범죄를 방지하기 위한 예방의 수단에 지나지 않는 것으로 본다(**상대설**). 목적형주의는 다시 일반예방주의와 특별예방주의로 나누어진다. (a) 일반예방주의는 형벌이 일반인에 대한 위하(威嚇)(소극적 일반예방) 및 일반인의 법의식을 강화(적극적 일반예방)함으로써 범죄억지적인 예방효과를 가질 수 있다고 생각하는 입장이다. 반면 (b) 특별예방주의란 개개 범죄인을 개선·교육하여 사회에 복귀시킬 것을 목적으로 한다.

3 보안처분의 대표적 법인 「치료감호법」의 제1조는 이를 잘 보여주고 있다. "이 법은 심신장애 상태, 마약류·알코올이나 그 밖의 약물중독 상태, 정신성적(精神性的) 장애가 있는 상태 등에서 범죄행위를 한

---

1) 형법 제1조(범죄의 성립과 처벌) ① 범죄의 성립과 처벌은 행위 시의 법률에 따른다.
2) 헌법 제13조 ① 모든 국민은 행위시의 법률에 의하여 범죄를 구성하지 아니하는 행위로 소추되지 아니하며, 동일한 범죄에 대하여 거듭 처벌받지 아니한다.

자로서 **재범의 위험성**이 있고 **특수한 교육 · 개선 및 치료가 필요**하다고 인정되는 자에 대하여 적절한 보호와 치료를 함으로써 재범을 방지하고 사회복귀를 촉진하는 것을 목적으로 한다."

4 보안처분의 본질과 관련하여 헌법재판소는 「보안처분은 형벌만으로는 행위자의 **장래의 재범에 대한 위험성**을 제거하기에 충분하지 못한 경우에 사회방위와 행위자의 사회복귀의 목적을 달성하기 위하여 고안된 특별예방적 목적처분으로, 헌법은 1972.12.27. 개정헌법 이래 보안처분제도를 헌법 상의 제도로 수용하여 왔으므로 헌법의 규정에 따라 어떠한 형태의 보안처분제도를 마련하느냐의 문제는 헌법에 위반되지 아니하는 한 **오로지 입법권자의 형성의 자유**에 속한다 할 것이다. …… 보안처분은 그 본질, 추구하는 목적 및 기능에 있어 **형벌과는 다른 독자적 의의**를 가진 사회보호적인 처분이므로 형벌과 보안처분은 서로 병과하여 선고한다고 해서 그것이 헌법 제13조 제1항 후단 소정의 거듭처벌금지의 원칙에 해당되지 아니한다고 할 것인데, 이 법상의 보안관찰처분 역시 그 본질이 헌법 제12조 제1항에 근거한 보안처분인 이상, 형의 집행종료 후 별도로 이 법상의 보안관찰처분을 명할 수 있다고 하여 헌법 제13조 제1항이 규정한 **일사부재리의 원칙에 위반하였다고 할 수 없다**」(헌재 92헌바28).

Reference

보안처분과 관련된 주요 판례

1 **[헌재 2013헌가9]** [1] 심판대상조항들은 성폭력범죄를 저지른 성도착증 환자의 동종 재범을 방지하기 위한 것으로서 그 입법목적이 정당하고, **성충동 약물치료**는 성도착증 환자의 성적 환상이 충동 또는 실행으로 옮겨지는 과정의 핵심에 있는 남성호르몬의 생성 및 작용을 억제하는 것으로서 수단의 적절성이 인정된다. 또한 성충동 약물치료는 전문의의 감정을 거쳐 성도착증 환자로 인정되는 사람을 대상으로 청구되고, 한정된 기간 동안 의사의 진단과 처방에 의하여 이루어지며, 부작용 검사 및 치료가 함께 이루어지고, 치료가 불필요한 경우의 가해제제도가 있으며, 치료 중단시 남성호르몬의 생성과 작용의 회복이 가능하다는 점을 고려할 때, 심판대상조항들은 원칙적으로 침해의 최소성 및 법익균형성이 충족된다. 다만 장기형이 선고되는 경우 치료명령의 선고시점과 집행시점 사이에 상당한 시간적 간극이 있어 집행시점에서 발생할 수 있는 불필요한 치료와 관련한 부분에 대해서는 침해의 최소성과 법익균형성을 인정하기 어렵다. **따라서 이 사건 청구조항은 과잉금지원칙에 위배되지 아니하나,** 이 사건 명령조항은 집행 시점에서 불필요한 치료를 막을 수 있는 절차가 마련되어 있지 않은 점으로 인하여 과잉금지원칙에 위배되어 치료명령 피청구인의 신체의 자유 등 기본권을 침해한다. [2] 이 사건 명령조항에는 위헌적 부분과 합헌적 부분이 공존하고 있고, 장기형 선고로 치료명령 선고시점과 집행시점 사이에 상당한 시간적 간극이 존재하는 경우 불필요한 치료가 이루어질 가능성을 배제할 수 있는 구체적인 방법과 절차의 형성은 입법자의 판단에 맡기는 것이 바람직하다. 또한 이 사건 명령조항의 위헌적 부분은 치료명령의 선고에 의하여 곧바로 현실화되는 것이 아니라 집행시점에서 비로소 구체적으로 문제가 되며, 그 집행시점까지 개선입법을 함으로써 제거될 수 있으므로, 법적 혼란의 방지를 위하여 헌법불합치 결정을 선고하되, 2017. 12. 31.을 시한으로 입법자가 개정할 때까지 계속 적용하도록 하였다.

2 **[헌재 2010헌가82, 2011헌바393(병합)]** [1] (가) 형사제재에 관한 종래의 일반론에 따르면, **형벌**은 본질적으로 행위자가 저지른 과거의 불법에 대한 책임을 전제로 부과되는 제재를 뜻함에 반하여, **보안처분**은

행위자의 장래 위험성에 근거하여 범죄자의 개선을 통해 범죄를 예방하고 장래의 위험을 방지하여 사회를 보호하기 위해서 형벌에 대신하여 또는 형벌을 보충하여 부과되는 자유의 박탈과 제한 등의 처분을 뜻하는 것으로서 양자는 그 근거와 목적을 달리하는 형사제재이다. 연혁적으로도 보안처분은 형벌이 적용될 수 없거나 형벌의 효과를 기대할 수 없는 행위자를 개선 · 치료하고, 이러한 **행위자의 위험성**으로부터 사회를 보호하기 위한 형사정책적인 필요성에 따라 만든 제재이므로 **형벌과 본질적인 차이**가 있다. 즉, 형벌과 보안처분은 다 같이 형사제재에 해당하지만, 형벌은 책임의 한계 안에서 과거 불법에 대한 응보를 주된 목적으로 하는 제재이고, 보안처분은 장래 재범 위험성을 전제로 범죄를 예방하기 위한 제재이다. (나) 그런데 오늘날에는 형벌과 보안처분의 형태가 다양해지고 형벌 집행에 있어서 범죄자에 대한 특별예방적 · 형사정책적 관심과 배려를 강조하는 새로운 형사제재수단들, 예를 들어 보호관찰, 사회봉사명령이나 수강명령 등이 등장하면서 형벌과 보안처분의 경계가 모호해지고 있다. 따라서 새로운 형사제재의 법적 성격을 논함에 있어서 종전과 같은 '과거 행위에 대한 응보－재범의 위험성에 따른 사회 예방'이라는 이분법적 논리를 단순히 적용하기에는 타당하지 않은 면이 있다. (다) 그러나 형벌과 보안처분이 본질적으로 다른 점이 있음은 부인할 수 없다. 외국의 입법례나 판례를 보아도 독일의 경우 보안처분은 재판시법에 따른다는 규정(형법 제2조 제6항)을 두고 있고, 미국의 경우 강력한 가석방 조건의 부과가 소급입법금지원칙에 위배되지 않는다고 보는 등 형벌과 보안처분을 구분하고 있으므로, 이 사건에서도 전자장치 부착명령의 법적 성격을 살펴보는 것이 필요하다. 다만 동일한 형태의 형사제재에 있어서도 그 목적, 요건, 운영방식에 따라 법적 성격을 달리할 수 있으므로 관련 제도의 목적, 요건 등을 고려하여 그 법적 성격을 구분해야 한다. [2] **전자장치 부착명령**은 전통적 의미의 형벌이 아닐 뿐 아니라, 성폭력범죄자의 성행교정과 재범방지를 도모하고 국민을 성폭력범죄로부터 보호한다고 하는 공익을 목적으로 하며, 의무적 노동의 부과나 여가시간의 박탈을 내용으로 하지 않고 전자장치의 부착을 통해서 피부착자의 행동 자체를 통제하는 것도 아니라는 점에서 처벌적인 효과를 나타낸다고 보기 어렵다. 또한 부착명령에 따른 피부착자의 기본권 침해를 최소화하기 위하여 피부착자에 관한 수신자료의 이용을 엄격하게 제한하고, 재범의 위험성이 없다고 인정되는 경우에는 부착명령을 가해제할 수 있도록 하고 있다. 그러므로 이 사건 부착명령은 형벌과 구별되는 비형벌적 보안처분으로서 소급효금지원칙이 적용되지 아니한다.

3 **[헌재 2011헌바106, 107(병합)]** (가) 심판대상조항에 따른 **신상정보 공개제도**는, 그 공개대상이나 공개기간이 제한적이고, 법관이 '특별한 사정' 등을 고려하여 공개 여부를 판단하도록 되어 있으며, 공개로 인한 피해를 최소화하는 장치도 마련되어 있으므로 침해의 최소성이 인정되고, 이를 통하여 달성하고자 하는 '아동 · 청소년의 성보호'라는 목적이 침해되는 사익에 비하여 매우 중요한 공익에 해당하므로 법익의 균형성도 인정된다. 따라서 심판대상조항은 과잉금지원칙을 위반하여 청구인들의 인격권, 개인정보 자기결정권을 침해한다고 볼 수 없다. (나) 아동 · 청소년 대상 성폭력범죄를 저지른 사람과 달리 아동 · 청소년 대상 일반범죄를 저지른 사람은 신상정보 공개대상자가 아니지만, 아동 · 청소년 대상 일반범죄는 성폭력범죄와 달리 청소년의 생명이나 신체의 완전성, 재산권을 보호하는 데 목적이 있으므로, 양자를 본질적으로 동일한 비교집단으로 보기 어렵다. 또한, 아동 · 청소년을 대상으로 성폭력범죄가 아닌 성범죄를 저지른 사람도 신상정보 공개대상자가 아니지만, 이는 행위불법성의 차이와 입법 당시의 사회적 상황, 일반 국민의 법감정 등을 종합적으로 고려한 결과이므로 이를 자의적이고 비합리적인 차별이라고도 보기 어렵다. 따라서 심판대상조항은 평등원칙을 위반한 것이라고 볼 수 없다. (다) 법관이 유죄판결을 선고하는 경우에만 여러 사정을 종합적으로 고려하여 신상정보 공개명령을 할 수 있으므로, 심판대상조항이 적법절차원칙에 반하거

나 청구인들의 재판받을 권리를 침해한다고 볼 수 없다. (라) 이중처벌은 동일한 행위를 대상으로 처벌이 거듭 행해질 때 발생하는 문제이고, 이 사건과 같이 특정한 범죄행위에 대하여 동일한 재판절차를 거쳐 형벌과 신상정보 공개명령을 함께 선고하는 것은 이중처벌금지원칙과 관련이 없다.

4 **[대판 2007도3820, 2007감도8]** **[형벌과 치료감호처분의 관계]** 형벌과 치료감호처분은 신체의 자유를 박탈하는 수용처분이라는 점에서 유사하기는 하나 그 본질과 목적 및 기능에 있어서 서로 다른 독자적 의의를 가진 제도인바, 명시적인 배제 조항 등이 없는 이상 어느 한 쪽의 적용 대상이라는 이유로 다른 쪽의 적용 배제를 주장할 수 없는 것이다. 특정범죄 가중처벌 등에 관한 법률 제5조의4 제6항이 2005.8.4. 사회보호법상 보호감호제도 폐지를 즈음하여 마련되었다고 하여 달리 볼 것은 아니다.

5 **[대판 2003감도8]** [구 사회보호법 제8조 제1항 제2호(현행 치료감호법 제2조 제1항) 소정의 **치료감호의 요건이 되는 '재범의 위험성'의 의미 및 그 판단 기준**] 사회보호법 제8조 제1항 제2호 소정의 '재범의 위험성'이라 함은 피감호청구인이 장차 그 물질 등의 주입등 습벽 또는 중독증세의 발현에 따라 다시 범죄를 저지를 것이라는 상당한 개연성이 있는 경우를 말한다 할 것인데, 그 위험성 유무는 ① 판결선고 당시의 피감호청구인의 습벽 또는 중독증세의 정도, 치료의 난이도, 향후 치료를 계속 받을 수 있는 환경의 구비여부, 피감호청구인 자신의 치료에 관한 의지의 유무와 그 정도, ② 피감호청구인의 연령, 성격, 가족관계, 직업, 재산정도, 전과사실, 개전의 정 등 사정, ③ 피감호청구인에 대한 위 습벽 또는 중독증세의 발현에 관한 하나의 징표가 되는 당해 감호청구원인이 된 범행의 동기, 수법 및 내용, ④ 전에 범한 범죄의 내용 및 종전 범죄와 이 사건 범행 사이의 시간적 간격 등 제반 사정을 종합적으로 평가하여 객관적으로 판단하여야 한다.

6 **[대판 2002두3911]** [보안관찰법 제4조 제1항 소정의 **보안관찰처분의 요건인 재범의 위험성의 의미 및 그 판단 기준**] 보안관찰법상의 보안관찰처분은 처분대상자가 이미 실행한 행위에 대한 책임을 물어 과하는 제재조치가 아니라 장래에 그 법 소정의 특정범죄를 범할 위험성을 미리 예방하여 국가의 안전과 사회의 안녕을 유지하는 한편, 처분대상자의 건전한 사회복귀를 촉진토록 하는 것을 본질로 하는 예방조치로서의 행정작용인 점에서 형벌과는 그 본질을 달리하는 것이므로, 이와 같은 보안관찰처분을 하기 위하여는 보안관찰법 제4조 제1항이 정하는 바에 의하여 보안관찰처분대상자가 보안관찰해당범죄를 다시 범할 위험성이 있다고 인정할 충분한 이유가 있어 재범의 방지를 위한 관찰이 필요한 경우이어야 하고, 여기서 말하는 **재범의 위험성**이란 장래에 다시 죄를 범할 개연성이 될 수밖에 없으며, 그 유무도 처분대상자의 전력이나 성격, 환경 등 제반 사정을 종합하여 판단할 수밖에 없다.

판례 번호 판례 색인

저자 약력

박상진

현재 건국대학교 경찰학과 교수

건국대학교 강의우수교수상(3회)

건국대학교 기획조정처장, 공공인재대학 학장, 링크사업단 ICC장

사법시험 등 국가고시 출제위원

중앙경찰학교 교육운영위원회 · 졸업사정위원회 위원(현)

중앙대학교 법학박사 · 법학석사 · 법학사

저서

최신중요 형법판례각론 (제2판, 박영사, 2024)

최신중요 형법판례총론 (제2판, 박영사, 2024)

최신중요 일본형법판례(총론편) (공저 · 박영사, 2021)

최신중요 일본형법판례(각론편) (공저 · 박영사, 2021)

반려동물법률상담사례집 (공저 · 박영사, 2021)

여성과 법 (공저 · 이진출판사, 2003)

제2판
최신중요 형법판례총론

초판발행 2022년 3월 1일
제2판발행 2024년 9월 10일

지은이 박상진
펴낸이 안종만 · 안상준

편 집 윤혜경
기획/마케팅 김한유
표지디자인 이은지
제 작 고철민 · 김원표

펴낸곳 (주) 박영사
서울특별시 금천구 가산디지털2로 53, 210호(가산동, 한라시그마밸리)
등록 1959. 3. 11. 제300-1959-1호(倫)
전 화 02)733-6771
f a x 02)736-4818
e-mail pys@pybook.co.kr
homepage www.pybook.co.kr
ISBN 979-11-303-4788-2 93360

정 가 37,000원